MINISTÈRE DE L'INSTRUCTION PUBLIQUE, DES BEAUX-ARTS ET DES CULTES

ARCHIVES NATIONALES

INVENTAIRES ET DOCUMENTS

PUBLIÉS

PAR L'ADMINISTRATION DES ARCHIVES NATIONALES

INVENTAIRE

DES

ARRÊTS DU CONSEIL D'ÉTAT

(RÈGNE DE HENRI IV)

PAR

M. NOËL VALOIS

ARCHIVISTE AUX ARCHIVES NATIONALES

TOME SECOND

PARIS

IMPRIMERIE NATIONALE

M DCCC XCIII

INVENTAIRE

DES

ARRÊTS DU CONSEIL D'ÉTAT

(RÈGNE DE HENRI IV)

SE TROUVE À PARIS

À LA LIBRAIRIE HACHETTE ET Cie

BOULEVARD SAINT-GERMAIN, 79

NOTE PRÉLIMINAIRE.

A mesure qu'on avance dans le règne de Henri IV, les lacunes que présente la collection de minutes conservée à l'hôtel Soubise (série E) deviennent de plus en plus rares. Il en résulte que ce second volume d'Inventaire, bien que rédigé sur le même plan que le premier, contient un nombre beaucoup plus restreint d'actes pris en dehors du dépôt des Archives nationales. Sur 9,986 analyses qu'il renferme, 314 seulement se réfèrent à des documents dont le texte n'a pu être retrouvé qu'à la Bibliothèque nationale.

Nous donnons ci-dessous la nomenclature des cotes sous lesquelles sont rangés, tant aux Archives nationales qu'à la Bibliothèque de la rue de Richelieu, les documents qui ont fourni la matière de ce second volume.

Archives nationales.

E 1ᵃ.	E 9ᵇ.	E 20ᵃ.	AD ✠ 134.
E 1ᵇ.	E 9ᶜ.	E 20ᵇ.	AD ✠ 135.
E 2ᵇ.	E 10ᵃ.	E 21.	AD ✠ 136.
E 3ᵃ.	E 10ᵇ.	E 22.	AD ✠ 137.
E 3ᵇ.	E 11ᵃ.	E 23ᵃ.	AD ✠ 138.
E 4ᵃ.	E 11ᵇ.	E 23ᵇ.	AD ✠ 139.
E 4ᵇ.	E 12ᵃ.	E 24ᵃ.	AD ✠ 140.
E 5ᵃ.	E 12ᵇ.	E 24ᵇ.	AD ✠ 141.
E 5ᵇ.	E 14ᵃ ⁽¹⁾.	E 24ᶜ.	AD ✠ 142.
E 6ᵃ.	E 14ᵇ — 15ᵃ	E 25ᵃ.	AD ✠ 143.
E 6ᵇ.	E 15ᵇ.	E 25ᵇ.	AD ✠ 144.
E 7ᵃ.	E 16ᵃ.	E 26ᵃ.	AD ✠ 145.
E 7ᵇ.	E 16ᵇ.	AE II (Musée des docu-	AD ✠ 146.
E 7ᶜ.	E 18ᵃ.	ments français) n° 768.	AD ✠ 147.
E 8ᵃ.	E 18ᵇ.	AE II n° 769.	
E 8ᵇ.	E 19ᵃ.	AD ✠ 132 (Collection Ron-	
E 8ᶜ — 9ᵃ.	E 19ᵇ.	donneau) ⁽²⁾.	

Bibliothèque nationale.

Ms. français n° 10842.	Ms. français n° 18168.	Ms. français n° 18174.
Ms. français n° 10843.	Ms. français n° 18169.	Ms. français n° 18175.
Ms. français n° 16216.	Ms. français n° 18170.	Ms. français n° 18176.
Ms. français n° 18161.	Ms. français n° 18171.	Ms. français n° 18177.
Ms. français n° 18165.	Ms. français n° 18172.	Ms. Clairambault n° 654.
Ms. français n° 18166.	Ms. français n° 18173.	Ms. Clairambault n° 655.
Ms. français n° 18167.		

⁽¹⁾ Les minutes autrefois classées sous les cotes E 13, E 17, provenaient du Conseil des parties : elles ont été replacées dans la série Vᵉ.

⁽²⁾ Il s'agit de la même série chronologique qui se trouve citée dans le tome I et dans les premières feuilles du tome II sous la cote ancienne AD I.

INVENTAIRE

DES

ARRÊTS DU CONSEIL D'ÉTAT.

———————⊙———————

RÈGNE DE HENRI IV.

1600, 4 janvier. — [Paris.]

5713. — Arrêt relatif à la reddition des comptes de Mathurin Le Loup, sieur du Bouchet, commis, en l'année 1594, à la recette du ban et de l'arrière-ban dans le bailliage de Touraine.

(Arrêt cancellé.)

E 2ᵇ, fᵒ 1 rᵒ, et ms. fr. 10843, fᵒ 1 rᵒ.

5714. — Arrêt ordonnant que les privilégiés de Sens et de Villeneuve-le-Roi seront entendus au Conseil au sujet des taxes levées pour la réparation des ponts desdites villes.

E 2ᵇ, fᵒ 1 rᵒ, et ms. fr. 10843, fᵒ 1 rᵒ.

5715. — Arrêt ordonnant que le règlement appliqué en la chambre de l'Édit de Paris sera observé en la chambre de l'Édit de Rouen.

E 2ᵇ, fᵒ 1 vᵒ, et ms. fr. 10843, fᵒ 1 rᵒ.

5716. — Arrêt autorisant les habitants de Charly à lever sur eux-mêmes une somme de 1,006 écus, pour l'acquittement de leurs dettes.

E 2ᵇ, fᵒ 1 vᵒ, et ms. fr. 10843, fᵒ 1 vᵒ.

5717. — Arrêt ordonnant le recouvrement des deniers du parisis demeurés aux mains des greffiers et tabellions.

E 2ᵇ, fᵒ 2 rᵒ, et ms. fr. 10843, fᵒ 2 rᵒ.

5718. — Arrêt relatif au payement de 2,888 écus 43 sols dus à André Huart, pourvoyeur de la Maison du Roi.

E 2ᵇ, fᵒ 2 vᵒ, et ms. fr. 10843, fᵒ 2 rᵒ.

5719. — Arrêt ordonnant l'élargissement provisoire de Mᵉ Gervais Honoré, receveur du domaine à Rennes, ci-devant fermier des impôts et billots de Bretagne.

E 2ᵇ, fᵒ 2 vᵒ, et ms. fr. 10843, fᵒ 2 vᵒ.

————————

1600, 8 janvier. — Paris.

5720. — Arrêt accordant aux bénéficiers de la généralité de Dauphiné décharge d'une somme de 26,767 écus 1/3 par eux payée, sur l'ordre du sieur de Lesdiguières, pour leur part de l'aliénation du temporel autorisée en 1586.

E 2ᵇ, fᵒ 5 rᵒ.

5721. — Arrêt accordant à l'évêque et au clergé du diocèse d'Amiens remise des décimes du quartier d'octobre 1599.

E 2ᵇ, fᵒ 5 vᵒ.

5722. — Arrêt accordant aux bénéficiers du diocèse d'Auch décharge d'une somme de 2,400 écus par eux payée sur l'ordre du marquis de Villars.

E a^b, f° 5 v°.

5723. — Arrêt accordant aux bénéficiers du diocèse de Narbonne décharge d'une somme de 800 écus par eux payée sur l'ordre du maréchal de Joyeuse.

E a^b, f° 5 v°.

5724. — Arrêt accordant aux bénéficiers du diocèse de Toulouse décharge d'une somme de 270 écus par eux payée sur l'ordre du maréchal de Joyeuse.

E a^b, f° 6 r°.

5725. — Arrêt accordant aux bénéficiers du diocèse de Montauban décharge d'une somme de 1,075 écus 23 sols 6 deniers par eux payée sur l'ordre du marquis de Villars.

E a^b, f° 6 r°.

5726. — Arrêt accordant à frère Jean Du Bourg, chevalier de l'ordre de Saint-Jean de Jérusalem, commandeur de Celles, au diocèse de Saint-Flour, remise des restes des décimes des années 1586 à 1588, 1593 et 1594.

E a^b, f° 6 r°.

5727. — Arrêt ordonnant que les curés de Saint-Eustache, de la Madeleine, de Saint-Nicolas et les autres curés de Paris payeront les sommes auxquelles ils ont été taxés pour leur quote-part des deux aliénations accordées au Roi par le Clergé en 1586 et en 1588.

E a^b, f° 6 v°.

5728. — Arrêt donnant décharge de 120 écus aux religieux de l'abbaye de Grestain.

E a^b, f° 6 v°.

5729. — Arrêt donnant décharge de 12 écus à frère Noël Thibonnet, sous-prieur du prieuré de Saint-Gilles en Normandie.

E a^b, f° 6 v°.

5730. — Arrêt accordant au clergé du diocèse de Fréjus décharge du tiers de ce qu'il devait des années 1593 à 1595.

E a^b, f° 7 r°.

5731. — Arrêt déclarant que le clergé de Bretagne jouira de la remise des décimes du terme de février 1598 à lui accordée par arrêt du 27 mars 1599 (n° 5397).

E a^b, f° 7 r°.

5732. — Arrêt renvoyant aux syndic et députés du clergé de Rouen une requête de M° Guillaume Guisle, tendant à ce que les bénéficiers du diocèse de Coutances soient contraints au payement des sommes par eux dues pendant l'exercice de feu M° Gaspard Guisle, receveur des décimes audit diocèse.

E a^b, f° 7 v°.

5733. — Arrêt déclarant que les religieux de l'abbaye du Relec jouiront, comme les autres bénéficiers de Bretagne, de la remise générale de toutes les décimes des années passées jusqu'au terme de février 1598.

E a^b, f° 7 v°.

5734. — Arrêt déclarant que les religieux de l'abbaye de Landévennec jouiront, comme les autres bénéficiers de Bretagne, de la remise générale de toutes les décimes des années passées jusqu'au terme de février 1598.

E a^b, f° 8 r°.

1600, 11 janvier. — Paris.

5735. — Arrêt renvoyant au parlement de Grenoble plusieurs marchands de Schaffouse et de Nuremberg, et leur donnant mainlevée d'un convoi de racine de buis saisi par la douane de Vienne.

E a^b, f° 9 r°.

5736. — Arrêt interprétant l'édit de suppression des offices de sergents des élections.

Ms. fr. 10843, f° 3 v°.

1600, 15 janvier. — [Paris.]

5737. — Arrêt ordonnant que le colonel Balthazar de Grissac et les possesseurs du greffe des juges-consuls seront entendus au Conseil au sujet d'une requête dudit colonel tendante à la revente dudit greffe.

E a^b, f° 11 r°.

5738. — Arrêt ordonnant que le colonel Balthazar de Grissac et les possesseurs du greffe de l'élection de Paris seront entendus au Conseil au sujet d'une requête dudit colonel tendante à la revente dudit greffe.

E 2ᵇ, f° 11 r°.

5739. — Arrêt relatif au payement du reste des 10,000 écus accordés au sieur de Pontcarré en remboursement de son office de premier président de Provence, donné par le Roi au sieur Du Vair.

E 2ᵇ, f° 11 r°.

5740. — Arrêt ordonnant que Pierre Franchart sera admis à faire le « tiercement » du prix de la traite domaniale de Poitou et de Marans.

E 2ᵇ, f° 11 v°.

5741. — Arrêt chargeant le sieur Jeannin, conseiller d'État, de rapporter au Conseil des finances, à la place du sieur de Pontcarré, le procès pendant entre Mᵉˢ Jean Cousin et Jean Royer au sujet de l'office de receveur général des finances en Bretagne.

E 2ᵇ, f° 11 v°.

5742. — Arrêt fixant à 700 écus l'indemnité allouée à Daniel Pillet, pour les frais par lui supportés en la poursuite du bail de la ferme de la Loire.

E 2ᵇ, f° 11 v°.

1600, 16 janvier. — [Paris.]

5743. — Arrêt accordant à Mᵉ Étienne Puget, trésorier de l'Épargne, 5,000 écus pour les intérêts des avances par lui faites au Roi en l'année 1598.

E 2ᵇ, f° 15 r°.

5744. — Arrêt ordonnant que le sieur de Montbarrot, donataire des droits et émoluments de la rivière de Vilaine, ou ceux à qui il a transporté ses droits seront entendus au Conseil au sujet d'une requête par laquelle Jean Mirault, Michel Le Gendre et consorts demandent à jouir encore pendant plusieurs années des profits de la navigation sur ladite rivière.

E 2ᵇ, f° 15 r°.

5745. — Arrêt attribuant une indemnité de 2,000 écus à Ives de Kermelec pour les frais d'une enchère par lui mise sur la ferme des taxes sur le vin entrant aux diocèses de Léon, de Tréguier, de Cornouaille et de Saint-Brieuc.

E 2ᵇ, f° 15 v°.

5746. — Arrêt chargeant un maître des requêtes ordinaire de l'Hôtel d'informer des violences commises par plusieurs habitants de Saintes sur la personne de Mᵉ Olivier de La Bonde, trésorier provincial des guerres en Guyenne.

E 2ᵇ, f° 16 r°.

5747. — Arrêt autorisant les receveurs des tailles en l'élection de Mortagne à rembourser du prix de son office le receveur triennal des tailles, lequel demeurera supprimé.

E 2ᵇ, f° 16 r°.

1600, 17 janvier. — Paris.

5748. — Arrêt ordonnant à Mᵉ Jacques Deschamps de présenter dans un mois son état de recettes et dépenses de la vente des offices de regrattiers.

E 2ᵇ, f° 19 r°.

1600, 18 janvier. — [Paris.]

5749. — Arrêt ordonnant que les habitants de Montreuil-sous-Bois seront déchargés de l'entretien des conduites d'eau du château de Vincennes, mais qu'ils contribueront aux tailles à partir de la présente année.

E 2ᵇ, f° 16 v°.

5750. — Arrêt accordant une indemnité de 500 écus à Gabrielle d'Allonville, veuve du sieur de Châtillon-le-Roy, dame d'Avon, du Monceau et de Fontainebleau, pour le préjudice qu'a pu lui causer une vente faite au Roi dans sa censive par le maréchal de Retz.

E 2ᵇ, f° 16 v°.

5751. — Arrêt ordonnant que Martin Baudichon et Guillaume Saulger, gardes généraux des vivres, seront désormais payés de leurs gages sur les deniers de l'Extraordinaire des guerres.

E 2ᵇ, f° 17 r°.

5752. — Arrêt renvoyant aux trésoriers de France à Bourges une requête en remise de tailles qu'ont présentée les habitants de Mézières-en-Brenne, attendu « que les trois partz desditz habitans sont mortz depuis le mois de juing dernier de la maladye contagieuse, et que le reste est absent ».

E 2ᵇ, fᵒ 17 rᵒ.

5753. — Arrêt ordonnant l'exécution de l'état expédié, le 16 novembre 1599, à Mᵉ Mistral, receveur général des bois, et cassant un arrêt de la Chambre des comptes du 27 novembre dernier.

E 2ᵇ, fᵒ 17 vᵒ.

1600, 22 janvier. — [Paris.]

5754. — Arrêt ordonnant que Mᵉ Antoine Pajot sera payé de l'arriéré de ses gages depuis le jour où il a payé finance pour un office de conseiller au Grand Conseil nouvellement créé, jusqu'au jour où il a été reçu en l'office vacant par la forfaiture de Mᵉ François Morin.

E 2ᵇ, fᵒ 22 rᵒ.

5755. — Arrêt réglant le payement de 1,750 écus dus au comte de Choisy « pour le tresfondz de la moitié de 300 arpens de boys, ou environ, réuniz au domaine des boys de grurie de la forest d'Orléans ».

E 2ᵇ, fᵒ 22 vᵒ.

5756. — Arrêt renvoyant aux trésoriers de France en Champagne une requête par laquelle Mᵉ Picart, contrôleur général des fortifications de Champagne et Brie, demande une concession de 100 arpents.

(Arrêt cancellé.)

E 2ᵇ, fᵒ 22 vᵒ.

5757. — Arrêt déclarant que, quoique l'édit du mois de janvier 1598 n'ait pas été vérifié au parlement de Bordeaux, les élus de l'élection de Périgord jouiront des attributions et payeront la taxe spécifiées par cet édit.

E 2ᵇ, fᵒ 23 rᵒ.

5758. — Arrêt enjoignant aux trésoriers provinciaux de l'Extraordinaire des guerres de rendre leurs comptes de l'année 1598 à Mᵉ Jean Murat, trésorier général de l'Extraordinaire des guerres.

E 2ᵇ, fᵒ 23 rᵒ.

5759. — Arrêt chargeant le sieur Maupeou, intendant des finances, de vérifier la radiation faite sur l'état de feu Jean de Fescamp, fermier des 6 et des 2 écus par pièce de vin levés en Bretagne.

E 2ᵇ, fᵒ 23 vᵒ.

5760. — Arrêt ordonnant que des lettres d'assiette seront expédiées gratuitement au syndic des États du Périgord pour la levée de 1,200 écus destinés au remboursement de l'office de Mᵉ Arnauld Deschamps, élu en l'élection du Périgord.

E 2ᵇ, fᵒ 24 rᵒ.

5761. — Arrêt renvoyant aux commissaires députés pour la revente du domaine l'opposition formée par Mᵉ Thielement, secrétaire du Roi, contre le contrat de revente du greffe du Grand Conseil conclu avec Mᵉ Simon Collon, secrétaire de la Chambre.

(Arrêt cancellé.)

E 2ᵇ, fᵒ 24 rᵒ.

1600, 24 janvier. — [Paris.]

5762. — Arrêt faisant défense au bailli et aux échevins de Pithiviers de troubler Jacques Veau et Aignan Benoist en la levée du nouvel impôt, et leur enjoignant de tenir les portes de la ville fermées de 10 heures du soir à 4 heures du matin.

E 2ᵇ, fᵒ 24 rᵒ.

5763. — Arrêt renvoyant à la Cour des aides une requête par laquelle les religieuses du Sauvoir demandent à être déchargées des taxes « qui regardent le particulier » de la ville de Laon.

E 2ᵇ, fᵒ 24 vᵒ.

1600, 26 janvier. — Paris.

5764. — Arrêt renvoyant à la Chambre des comptes une requête de Jean Grain de Saint-Marsault, gouverneur de Dijon, relative à un contrat d'échange conclu par François Iᵉʳ avec feu François Grain de Saint-Marsault, chambellan ordinaire du Roi et sénéchal de Périgord, contrat en vertu duquel ledit de Saint-Marsault acquérait les terres de Peudry et de Parcoul en place des terres de Millançay, de Villefranche-sur-Cher, de Billy, etc.

E 2ᵇ, fᵒ 26 rᵒ.

1600, 27 janvier. — [Paris.]

5765. — Arrêt ordonnant de surseoir à toutes les poursuites exercées par les créanciers du duc d'Arschot à l'encontre de Mᵉ Jules-César Bernier, secrétaire du Roi et caution dudit duc, attendu que le roi d'Espagne a accordé au duc d'Arschot décharge de toutes les dettes par lui contractées envers des sujets du roi de France.

E 2ᵇ, fᵒ 28 rᵒ.

5766. — Arrêt ordonnant que le sieur de Belsunce, vicomte de Macaye, jouira, en payant encore 1,000 écus, du droit de haute justice en la vicomté de Macaye.

E 2ᵇ, fᵒ 28 vᵒ, et ms. fr. 10843, fᵒ 3 vᵒ (sous la date du 11 janvier et en termes quelque peu différents).

5767. — Arrêt renvoyant aux trésoriers de France à Amiens une requête du sieur de Heilly tendante au payement d'une indemnité de 6,000 écus pour la démolition de l'hôtel de Heilly et de plusieurs autres édifices voisins dont les matériaux ont été employés à la construction de la citadelle d'Amiens.

E 2ᵇ, fᵒ 29 rᵒ.

5768. — Arrêt renvoyant au Parlement une requête du sieur de Marchaumont tendante au payement de 3,723 écus 1/3, nonobstant l'opposition du prévôt des marchands et des échevins de Paris.

E 2ᵇ, fᵒ 29 rᵒ.

5769. — Arrêt réglant le chiffre des sommes que les habitants de Nevers devront payer pour les tailles et crues de l'année 1600 et des années suivantes.

E 2ᵇ, fᵒ 29 rᵒ.

5770. — Avis du Conseil tendant à ce que les lettres de provision des offices de président et de trésorier de France à Bourges vacants par la résignation du sieur Brûlart, conseiller d'État, soient expédiées sans finance.

(Arrêt cancellé.)

E 2ᵇ, fᵒ 29 vᵒ.

5771. — Arrêt ordonnant à Mᵉ Raymond Phélypeaux, trésorier des Parties casuelles, de rendre 300 écus à Mᵉ Nicolas Le Tuillier, attendu que, depuis l'enchère mise par ledit Le Tuillier sur l'office de lieutenant et conseiller assesseur au siège de Ribemont, cet office a été levé aux Parties casuelles par Mᵉ Merri de Laon, fils du précédent titulaire.

E 2ᵇ, fᵒ 30 rᵒ.

5772. — Arrêt ordonnant l'élargissement de Pierre Hallé, qui, «pour empescher les monopoles qui se faisoient sur la ferme de la busche et autres adjugées par les esleuz de Paris en l'année dernière, auroit, par commandement d'aucuns spéciaux serviteurs de Sa Majesté, enchéry et augmenté de beaucoup, voire de moictié, le pris desdites fermes, soubz l'assurance qu'ilz luy donnèrent de l'indemniser».

E 2ᵇ, fᵒ 30 vᵒ.

5773. — Arrêt ordonnant : 1° l'examen des titres de ceux qui prétendent à des droits d'usage en la forêt de Rumilly ; 2° la vente de la ladite forêt, appartenant par indivis au Roi et à l'abbaye de Molesme ; 3° le payement des sommes dues à Jean d'Autruy, ci-devant maire de Troyes.

E 2ᵇ, fᵒ 31 rᵒ.

1600, 8 février. — Paris.

5774. — Arrêt confirmant les privilèges de l'ancienne compagnie du corail, et ordonnant que les frères Thomas et Antoine de Lanche, sieurs de Moissac, seront entendus au Conseil au sujet du titre de gouverneurs qu'ils s'attribuent à Mascara, en Barbarie.

E 2ᵇ, fᵒ 34 rᵒ.

5775. — Arrêt faisant défense aux frères Thomas et Antoine de Lanche, sieurs de Moissac, de transporter ailleurs qu'à Marseille les coraux, cuirs, cires, laines et autres marchandises de Barbarie.

E 2ᵇ, fᵒ 35 rᵒ.

5776. — Arrêt statuant sur un procès pendant entre le sieur de Saint-Luc, gouverneur de Brouage, et les héritiers de Jacques de Pons, baron de Mirambeau.

E 2ᵇ, fᵒ 36 rᵒ.

5777. — Arrêt ordonnant que Mᵉ Simon Collon jouira, par provision, des greffes civil, criminel et des présentations du Grand Conseil.

E 2ᵇ, fᵒ 38 rᵒ.

5778. — Arrêt révoquant les baux particuliers des 5 sols pour muid de vin entrant à Paris ou dans les villes et gros bourgs de la généralité d'Outre-Seine-et-Yonne qui ont été passés par les trésoriers de France ou élus de ladite généralité au préjudice de l'adjudication faite pour cinq ans à René Brunet.

E 2ᵇ, fᵒ 39 rᵒ.

5779. — Arrêt ordonnant que les officiers des finances seront contraints au payement de l'emprunt levé sur eux, nonobstant tout arrêt de la chambre des comptes de Bretagne, à laquelle a été interdite la connaissance de pareilles causes.

E 2ᵇ, fᵒ 41 rᵒ.

5780. — Arrêt évoquant au Conseil un procès pendant entre Mᵉ Jacques Born, receveur général des traites et impositions foraines d'Anjou, et Jean de La Haye, orfèvre de Paris.

E 2ᵇ, fᵒ 42 rᵒ.

5781. — Arrêt relatif au payement de 1,300 écus 26 sols dus au baron de Saint-Amand, pour le prix des boulets de canon, des couleuvrines et bâtardes par lui fournis à l'Arsenal.

E 2ᵇ, fᵒ 42 vᵒ.

5782. — Arrêt portant suppression des six offices de receveurs et payeurs des rentes constituées sur l'Hôtel de ville.

E 2ᵇ, fᵒ 42 vᵒ.

1600, 10 février. — Paris.

5783. — Arrêt retenant au Conseil d'État et des finances un procès pendant entre Gatien Rozier, ci-devant adjudicataire des nouvelles impositions en l'élection de Chinon, et Mᵉ Claude Boynard, élu en ladite élection, lequel, ajourné au Conseil d'État, s'est présenté au Conseil des parties, « encore que ce soit un faict de finance qui regarde l'intérest de Sa Majesté ».

E 2ᵇ, fᵒ 44 rᵒ.

5784. — Arrêt renvoyant aux trésoriers de France à Tours une requête en modération présentée par Pierre Belot, cessionnaire de Martin Péan, fermier du subside levé en Anjou pour le payement de la composition du sieur de Bois-Dauphin.

E 2ᵇ, fᵒ 44 rᵒ.

5785. — Arrêt ordonnant l'expédition des lettres de provision de l'office de contrôleur de l'Argenterie, résigné à Jean de Moissel par le précédent titulaire.

E 2ᵇ, fᵒ 44 vᵒ.

5786. — Arrêt autorisant les deux receveurs anciens des tailles de l'élection d'Argentan à rembourser à Mᵉ Charles Le Pilleur le prix de son office de receveur triennal, lequel demeurera supprimé.

E 2ᵇ, fᵒ 44 vᵒ.

5787. — Arrêt accordant un rabais à Pierre Cardinet, dit Daniel, ci-devant adjudicataire du vingtième du vin vendu par les marchands forains d'Orléans, attendu « que les marchans de Picardye, qui souloient faire le plus grand traffic de marchandise de vin en ladite ville, avoient du tout cessé d'y trafficquer depuis la perte de la ville d'Amyens ».

E 2ᵇ, fᵒ 45 rᵒ.

5788. — Arrêt réglant le remboursement des procureurs de fabrique, dont est chargé Mᵉ Olivier Cupif, receveur des tailles en l'élection d'Angers.

E 2ᵇ, fᵒ 45 rᵒ.

5789. — Arrêt ordonnant que les habitants d'Hennebont seront entendus au Conseil d'État au sujet de trente tonneaux de seigle qu'ils sont accusés d'avoir pris à Jacques Jacquelin, munitionnaire de l'armée de Bretagne, pour la nourriture des Espagnols.

E 2ᵇ, fᵒ 45 vᵒ.

5790. — Arrêt confirmant l'adjudication d'un

petit bois proche de Brouage faite à Isaac Desbaud, à condition qu'il n'y abattra pas les grands arbres, « attendu qu'ilz servent de marque aux navires et autres vaisseaux qui passent par les destroitz et dangers plus proches dudit Brouage et isles circonvoisines ».

E 2ᵇ, fᵒ 46 rᵒ.

5791. — Arrêt ordonnant le payement d'un acompte de 2,000 écus dû au vicomte d'Auchy, gouverneur de Saint-Quentin, et à Charlotte Des Ursins, sa femme.

E 2ᵇ, fᵒ 46 rᵒ.

1600, 12 février. — Paris.

5792. — Arrêt ordonnant à Jean Le Roy, fermier des impositions de Calais, d'avancer 25,000 écus pour la fortification de ladite ville.

E 2ᵇ, fᵒ 48 rᵒ.

5793. — Arrêt maintenant Mᵉ Jean Cousin en l'office de receveur général des finances en Bretagne, vacant par la mort de Mᵉ Pierre Morin.

E 2ᵇ, fᵒ 50 rᵒ.

5794. — Arrêt ordonnant que les sergents des tailles retenus seront remboursés de la finance par eux payée « tant pour l'attribution à eux donnée par eedit de 78 du port des commissions et semonces des tailles, que pouvoir d'exploicter pour les décymes et gabelles », et que les sergents des tailles supprimés seront remboursés du droit de confirmation par eux payé à l'avènement du Roi.

E 2ᵇ, fᵒ 52 rᵒ.

5795. — Arrêt condamnant Guillaume Hérouard, commis à la recette générale des deniers provenant de la revente des greffes et de la vente de l'augmentation du parisis, à rembourser à la veuve et aux héritiers de feu Mᵉ Robert Brisset le prix d'adjudication du greffe de l'élection de Noyon.

E 2ᵇ, fᵒ 53 rᵒ.

5796. — Arrêt ordonnant que les protestants de Châlons-sur-Marne exerceront leur religion non plus à Compertrix, mais à Fagnières.

E 2ᵇ, fᵒ 55 rᵒ.

5797. — Arrêt déclarant les habitants des vicomtés de Marsan, de Tursan et de Gabardan exempts de contribuer au payement des 12,000 écus dus à l'ingénieur Louis de Foix pour les travaux du Boucau, et remplaçant cette contribution par une taxe sur le vin, les marchandises et denrées qui sont transportés sur l'Adour.

E 2ᵇ, fᵒ 56 rᵒ.

5798. — Arrêt autorisant les habitants de Grenoble à lever les sommes nécessaires à l'acquittement des dettes par eux contractées pour fourniture de bois et de chandelle tant aux corps de garde de ladite ville qu'aux garnisons des forts.

E 2ᵇ, fᵒ 58 rᵒ.

5799. — Arrêt confirmant aux habitants de Nevers un octroi dont le produit doit servir à maintenir la Loire dans son ancien lit et à entretenir les ponts de ladite ville.

E 2ᵇ, fᵒ 60 rᵒ.

1600, 24 février. — Paris.

5800. — Arrêt affectant 764 écus 32 sols 6 deniers à la construction d'une chaussée pavée dans l'intérieur de l'Arsenal et à la réparation du pavage aux environs de la porte du port des Célestins, ainsi qu'aux environs de la porte Saint-Germain-des-Prés.

E 2ᵇ, fᵒ 61 rᵒ.

5801. — Arrêt ordonnant que la somme de 10,000 écus affectée à l'acquittement des obligations contractées par le prince de Conti sera levée en l'année 1601.

E 2ᵇ, fᵒ 63 rᵒ.

5802. — Arrêt renvoyant aux trésoriers de France à Béziers une requête du sieur de Cachac, gouverneur de Carcassonne, relative aux réparations du château de ladite ville.

E 2ᵇ, fᵒ 63 rᵒ.

5803. — Avis du Conseil tendant à admettre, avec dispense des 40 jours, la résignation de l'office de receveur triennal des tailles à Joigny faite par feu Claude Boucquot à Jean-Baptiste Le Clerc, secrétaire du Roi.

E 2ᵇ fᵒ 63 rᵒ.

5804. — Arrêt ordonnant une enquête sur l'emploi des deniers provenant du droit de boîte levé à Nantes, Saumur, Tours, la Charité, Orléans, etc.

E 2ᵇ, fᵒ 63 vᵒ.

5805. — Arrêt chargeant le sieur Jeannin, conseiller d'État, de vérifier le montant des sommes dues au feu sieur de La Vérune, lieutenant général en Normandie.

E 2ᵇ, fᵒ 63 vᵒ.

5806. — Arrêt autorisant les protestants de Châlons-sur-Marne à continuer pendant deux mois l'exercice de leur religion à Compertrix, en attendant qu'ils aient pu bâtir un temple commode à Fagnières.

E 2ᵇ, fᵒ 64 rᵒ.

———

1600, 26 février. — [Paris.]

5807. — Arrêt confirmant l'assiette des tailles faite en l'élection de Saint-Flour par le sieur de Caumartin, conseiller d'État, « commissaire depputé pour l'administration de la justice et finance ès généralitez de Moulins et Ryom ».

E 2ᵇ, fᵒ 65 rᵒ.

5808. — Arrêt nommant un rapporteur dans le procès pendant au Conseil entre Mᵉˢ Simon Collon et Séraphin Thielement au sujet des greffes du Grand Conseil.

E 2ᵇ, fᵒ 65 vᵒ.

5809. — Arrêt ordonnant que Mᵉˢ Charles de Luz et Bénigne Bernard seront entendus au Conseil au sujet de l'adjudication du greffe de la Cour des aides.

E 2ᵇ, fᵒ 65 vᵒ.

5810. — Arrêt faisant remise de 900 écus à Joachim Guitonneau, fermier de la coutume du poisson de mer à Paris, « attendu le trouble qui luy a esté faict en la jouissance de son bail par le sieur de Gondy, évesque de Paris,... et par les abbé, religieux et couvent de l'abbaye Saint-Denis..., et la cessation de tout commerce et traffic à l'occasion de la contagion qui a regné véhément en ladite ville durant l'année 1596...»

E 2ᵇ, fᵒ 66 rᵒ.

5811. — Arrêt ordonnant à Jean Aleaume de payer 200 écus à Mathurin Longuet, huissier au Conseil, nonobstant toute saisie faite à la requête du sieur de Bellengreville.

E 2ᵇ, fᵒ 66 vᵒ.

5812. — Arrêt ordonnant que Mᵉ François Belin sera remboursé d'une somme de 6,000 écus par lui payée pour la composition de son office de trésorier de France à Chartres.

E 2ᵇ, fᵒ 66 vᵒ.

5813. — Arrêt cassant une ordonnance du duc de Ventadour, lieutenant général en Languedoc, et ordonnant que le payement des officiers des garnisons de Montpellier, d'Aigues-Mortes, du fort de Peccais et de la tour Carbonnière se fera conformément à l'état dressé au commencement de l'année 1599.

E 2ᵇ, fᵒ 67 rᵒ.

5814. — Arrêt ordonnant que les lettres de provision de deux offices de grènetiers alternatifs au grenier à sel de Condrieu seront réformées au nom d'une personne capable désignée par la veuve du précédent titulaire.

(Arrêt cancellé.)

E 2ᵇ, fᵒ 67 vᵒ.

5815. — Arrêt ordonnant à Mᵉ Martin-Denis de La Béraudière de verser entre les mains de Mᵉ Laurent Le Lettier, receveur général des finances à Tours, une somme de 3,000 écus qu'il a consignée pour la taxe d'un office de receveur alternatif des aides et tailles en l'élection de Loches à lui résigné par Mᵉ Théodore de La Fontaine.

E 2ᵇ, fᵒ 67 vᵒ.

5816. — Arrêt ordonnant que Mᵉˢ Thomas Le Potier et Charles Le Mercier, lieutenants du bailli de Caen à Bayeux, Robert Camus, lieutenant du vicomte, Gilles Fumée, Joachim de Lescalle et Jacques Dolbel, avocats et procureurs du Roi, Denis Du Fresne et Jacques Le Maigre, enquêteurs, et Richard Flambert, assesseur à Bayeux, coupables d'avoir résisté à l'exécution de l'édit de révocation des officiers de judicature, seront provisoirement suspendus de leurs charges et seront contraints de payer leurs taxes.

———

E 2ᵇ, fᵒ 71 rᵒ.

1600, 29 février. — Paris.

5817. — Arrêt réservant au Conseil des finances la connaissance du procès intenté à M⁵ Jacques Le Maire, trésorier des menues affaires de la Chambre, par Jacques Byon, ci-devant cocher du lit de chasse du Roi, par-devant le grand prévôt de l'Hôtel.

E 2ᵇ, f° 73 r°.

5818. — Arrêt chargeant les sieurs de Maisse, conseiller d'État, et de Versigny, maître des requêtes ordinaire de l'Hôtel, de faire la vérification des dettes de la ville de Paris.

E 2ᵇ, f° 73 r°.

5819. — Arrêt ordonnant à M⁵ Jean Pileur de verser provisoirement à l'Épargne les deniers provenant de l'écu pour muid de vin sortant du royaume par la Champagne, jusqu'à ce qu'il ait été décidé si les deniers reçus aux bureaux de Laon, de Guise et de la Capelle seront portés aux recettes générales de Soissons ou de Châlons-sur-Marne.

E 2ᵇ, f° 73 v°.

5820. — Arrêt réglant le payement d'une moitié de la pension de 400 écus accordée par le Roi au sieur Émile Caurcenne.

E 2ᵇ, f° 74 r°.

5821. — Arrêt confirmant le jugement des commissaires députés pour le régalement des tailles en ce qui concerne les habitants du bourg de Maisse, sauf aux parties intéressées à se pourvoir par-devant la Cour des aides.

E 2ᵇ, f° 74 r°.

5822. — Arrêt ordonnant que M⁵ Jean Cousin, receveur général des finances en Bretagne, consignera entre les mains d'Antoine Robineau, bourgeois de Paris, les 4,072 écus qu'il a été condamné à payer à M⁵ Jean Roger, débiteur dudit Robineau.

E 2ᵇ, f° 74 r°.

1600, 2 mars. — Paris.

5823. — Arrêt ordonnant l'exécution de l'état gé-

néral des bois de l'année 1598, arrêté au Conseil le 20 mars 1599.

E 2ᵇ, f° 77 r°.

5824. — Arrêt désignant un curateur au sieur de Richelieu dans le procès pendant au Conseil entre lui et le sieur de Fontenay, grand prévôt de France.

E 2ᵇ, f° 77 r°.

5825. — Arrêt ordonnant une nouvelle adjudication de la ferme des anciens droits de traite et imposition foraine d'Anjou et du doublement du trépas de la Loire.

E 2ᵇ, f° 77 v°.

5826. — Arrêt confirmant l'adjudication des traites domaniales de Poitou et de Marans faite à Pierre Franchart, sauf le droit réservé à Jean Manceau de se pourvoir pour ses dommages-intérêts par requête adressée au Conseil.

E 2ᵇ, f° 77 v°.

5827. — Arrêt réglant le payement d'un quartier des gages des officiers de l'élection de Sézanne.

E 2ᵇ, f° 78 r°.

5828. — Arrêt autorisant le trésorier et receveur ordinaire du domaine en la sénéchaussée de Beaucaire à rembourser le trésorier et receveur alternatif.

E 2ᵇ, f° 78 r°.

5829. — Arrêt ordonnant le rétablissement d'une somme de 1,227 écus prise pour le payement de la garnison de Coucy et rayée par la Chambre des comptes sur le compte de M⁵ Nicolas Parent.

E 2ᵇ, f° 78 v°.

5830. — Arrêt ordonnant qu'aucun grand maître des eaux et forêts de Champagne ne pourra procéder aux ventes de bois de l'année de sa charge avant l'achèvement des ventes de son compagnon d'office.

E 2ᵇ, f° 79 r°.

5831. — Arrêt autorisant M⁵ Nicolas Fyot, ci-devant receveur général en Bretagne, à produire ses pièces au procès pendant au Conseil entre lui et le sieur de La Regnardière.

E 2ᵇ, f° 81 r°.

1600, 4 mars. — Paris.

5832. — Arrêt ordonnant que, nonobstant les lettres patentes obtenues par le chapitre de Sainte-Croix d'Orléans, les maire et échevins de Tours ou leurs ayants droit jouiront du produit de la levée de 3 sols 9 deniers par minot de sel vendu dans les greniers de la généralité de Tours.

E 2ᵇ, f° 82 rº.

5833. — Arrêt statuant sur une requête du procureur des évêque, bailli et conseil de Valais, et déchargeant le sieur de Langes-Montmirail d'un ajournement personnel au Conseil.

E 2ᵇ, fº 84 rº.

5834. — Arrêt ordonnant qu'une somme de 1,800 écus sera levée sur tous les habitants de Grenoble et des bailliages de Graisivaudan, de Briançonnais, d'Embrunois et de Gapençois, pour travaux destinés à prévenir les inondations du Drac.

E 2ᵇ, fº 85 rº.

1600, 7 mars. — Paris.

5835. — Arrêt déclarant que les procureurs des sénéchaussées et des sièges présidiaux de Languedoc pourvus en titre d'offices exerceront leur charge, et ordonnant la réception des vingt-cinq procureurs pourvus au siège présidial de Nîmes.

E 2ᵇ, fº 86 rº.

5836. — Arrêt ordonnant de surseoir pendant six mois à l'exécution des jugements rendus par les commissaires députés « pour la restitution des droictz de gabelle » des années 1595 à 1599.

E 2ᵇ, fº 88 rº, et ms. fr. 10843, fº 10 rº.

5837. — Arrêt ordonnant que l'office de grand maître-enquêteur et général réformateur des eaux et forêts de France au département de Normandie, dont est pourvu le sieur de La Ferrière-Miron, sera réuni à l'office que le Roi a précédemment donné au sieur de Fleury-Clausse, conseiller d'État.

E 2ᵇ, fº 89 rº.

5838. — Adjudication de la crue d'Ingrande faite,

pour cinq ans, à Claude Des Vallées, moyennant le payement annuel de 5,000 écus.

E 2ᵇ, fº 96 rº.

1600, 11 mars. — Paris.

5839. — Arrêt ratifiant les ventes de bois faites par le sieur de Fleury, surintendant et grand maître des eaux et forêts de France, ainsi que les ordres par lui donnés pour la délivrance des « chauffages » et pour le recepage du bois de la Rothonde.

E 2ᵇ, fº 100 rº.

5840. — Arrêt faisant défense aux échevins et habitants de Montargis, de Cosne et des autres villes de la généralité d'Orléans de troubler le fermier Mathurin Lambert dans la perception du nouveau droit d'entrée des denrées et marchandises.

E 2ᵇ, fº 101 rº.

5841. — Arrêt attribuant au sieur de Heilly une indemnité de 1,600 écus pour la démolition de son hôtel, dont les matériaux ont été employés aux travaux de la citadelle d'Amiens.

E 2ᵇ, fº 102 rº.

5842. — Arrêt renvoyant aux « commissaires deputez par le Roi pour juger les malversations commises aux nouvelles impositions de Paris » le procès d'Antoine Abelly, l'un des douze marchands privilégiés de la Cour fournissant de vin la Maison du Roi.

E 2ᵇ, fº 102 rº.

5843. — Arrêt accordant au receveur du taillon en l'élection de Château-Gontier décharge d'une somme de 400 écus volée au messager ordinaire de Château-Gontier.

E 2ᵇ, fº 102 vº.

5844. — Arrêt portant confirmation de l'exemption des habitants de Mézières.

E 2ᵇ, fº 102 vº.

5845. — Arrêt ordonnant que Mᵉ Claude Rabet, avocat du Roi au siège présidial et en l'élection de Chartres, sera reçu en l'office de conseiller audit présidial, « à la charge qu'il ne pourra faire l'office de juge ès causes ès quelles Sa Majesté aura intérêt, et qu'il sera tenu demeurer en la place d'advocat du Roy ès audiences publicques ».

E 2ᵇ, fᵒ 103 rᵒ.

1600, 16 mars. — Paris.

5846. — Arrêt portant résiliation du contrat passé le 27 avril 1595, aux termes duquel le Roi achetait au maréchal de Retz la terre du Pecq et du Vésinet.

E 2ᵇ, fᵒ 106 rᵒ.

5847. — Arrêt ordonnant que les sommes dues à la ville de Paris sur les décimes du diocèse de Castres lui seront payées, par préférence, sur les revenus de l'évêché de Castres.

E 2ᵇ, fᵒ 106 rᵒ.

5848. — Arrêt chargeant le sieur Des Arches, maître des requêtes ordinaire de l'Hôtel, de terminer à l'amiable, à la place du sieur de Maisse, conseiller d'État, le procès pendant entre les officiers du parlement de Provence et plusieurs communautés dudit pays, à l'occasion des tailles (cf. nᵒ 5889).

(Arrêt cancellé.)

E 2ᵇ, fᵒ 106 vᵒ.

5849. — Arrêt cassant une sentence rendue par Mᵉ Pierre de Miraumont, lieutenant en la prévôté de l'Hôtel, contre Mᵉ Jacob de Girard, trésorier général de la Maison du Roi, à la poursuite des officiers de bouche de Sa Majesté.

E 2ᵇ, fᵒ 107 rᵒ.

5850. — Requête des officiers des traites foraines de France et de la douane de Lyon relative à la levée de 5 sols par minot de sel vendu dans les greniers du ressort de Paris, avec la réponse du Conseil.

Ms. fr. 10843, fᵒ 11 rᵒ.

1600, 18 mars. — Paris.

5851. — Arrêt ordonnant l'élargissement de Mᵉ Gervais Honoré, receveur du domaine de Rennes, ci-devant fermier général des impôts et billots de Bretagne et de la prévôté de Nantes.

E 2ᵇ, fᵒ 110 rᵒ.

5852. — Arrêt confirmant l'établissement des greniers à sel du Rethélois, nonobstant un arrêt de la Cour des aides obtenu par Pierre Chasteauru à l'encontre de la duchesse de Nevers.

E 2ᵇ, fᵒ 110 vᵒ.

5853. — Arrêt ordonnant que les sieurs d'Ambérieu et de Bothéon seront entendus au Conseil au sujet d'une demande en cassation d'un arrêt de la Cour des aides formée par un ancien commis à la recette des tailles en l'élection de Forez.

E 2ᵇ, fᵒ 110 vᵒ.

5854. — Arrêt accordant à Regnauld Carré, ci-devant adjudicataire de la ferme du huitième du vin vendu à Amiens, remise de tout ce qu'il doit de ses fermages jusqu'au 30 septembre 1597.

E 2ᵇ, fᵒ 111 rᵒ.

5855. — Arrêt ordonnant que la veuve et les héritiers de Thierry Badoer recueilleront un quart des bénéfices réalisés au moyen des avis qu'ils offrent de donner au Roi, et ce principalement « en considération de la grande perte que feit ledit deffunct, le jour Saint-Berthelemy de l'année 1572, d'ung grand nombre de pierreryes, bagues, joyaux et choses précieuses qu'il avoit apportées d'Allemagne, par commandement des feu roy Charles et Royne mère, pour servir au mariage de Sa Majesté à présent régnant, desquelles le pris fut dès lors arresté à 250,000 escuz, et qui furent pillées avant que pouvoir estre livrées en l'Argenterye dudit feu seigneur ».

E 2ᵇ, fᵒ 111 vᵒ.

1600, 21 mars. — Paris.

5856. — Arrêt réglant l'acquittement des dettes contractées par le clergé et par les habitants d'Autun, tant pour l'entretien des troupes durant les troubles que pour la réduction de la ville en l'obéissance du Roi.

E 2ᵇ, fᵒ 114 rᵒ.

5857. — Arrêt ordonnant qu'Étienne de Loisy, président, Pierre Buatier, Philibert Dugay, Claude Berger, Simon Barbotte et Arthur Valon, maîtres ordinaires, Pierre Bernier, maître extraordinaire, Jean Girault et Pierre Penet, correcteurs, et Antoine Des

Noyers, auditeur en la chambre des comptes de Dijon, seront rétablis en leurs offices, attendu que les délais fixés pour leur remboursement sont expirés.

E 2ᵇ, fᵒ 116 rᵒ.

5858. — Arrêt portant validation des dépenses faites en 1597 et 1598, sur l'ordre du sieur de Lesdiguières, lieutenant général en Dauphiné, par Mᵉˢ Jérôme Garrault et Jean de Murat, trésoriers généraux de l'Extraordinaire des guerres en Dauphiné, Piémont et Savoie.

E 2ᵇ, fᵒ 117 rᵒ.

5859. — Arrêt faisant défense aux juges de Bellac de passer outre à l'exécution d'une commission en vertu de laquelle « on veult exiger certaines sommes de deniers des gentilshommes qu'on prétend n'avoir servy le Roy au siège d'Amyens, ce qui tourne à la foulle et oppression du pauvre peuple, en ce qu'on establist les laboureurs commissaires des terres desditz gentilshommes, dont pour se rédimer, ils sont contraincts bailler argent... »

E 2ᵇ, fᵒ 119 rᵒ.

5860. — Arrêt ordonnant que les lettres de provision des offices de grèneliers alternatifs au grenier à sel de Condrieu, expédiées au nom de feu Mᵉ François Gélas, seront réformées au nom d'une personne capable que désignera la veuve dudit Gélas.

E 2ᵇ, fᵒ 120 rᵒ.

5861. — Arrêt allouant une indemnité de 20,000 écus à Sébastien Zamet, cessionnaire des droits d'Olivier-Julien de Montigny, sieur de La Hottière, pour la perte de deux vaisseaux de guerre qui, après avoir servi à rapatrier la garnison espagnole de Blavet, ont été pris par don Francesco Colonna et emmenés aux Indes pour le service du roi d'Espagne.

E 2ᵇ, fᵒ 121 rᵒ.

5862. — Arrêt ordonnant le payement d'une rente de 1,000 écus constituée au duc de Luxembourg sur les aides, huitièmes et vingtièmes de l'élection de Sézanne.

E 2ᵇ, fᵒ 123 rᵒ.

5863. — Arrêt déclarant que les anciens trésoriers de France à Lyon, Moulins, Toulouse et Montpellier présideront les bureaux des finances, conformément à l'édit du mois de décembre 1598.

E 2ᵇ, fᵒ 124 rᵒ.

5864. — Arrêt ordonnant à Benoît Bernardin, à Étienne Bonvisi, aux héritiers Capponi et à d'autres étrangers demeurant à Lyon de produire par-devant le Conseil les quittances de ceux auxquels ils ont payé 30,000 écus par ordre du feu duc de Nemours.

E 2ᵇ, fᵒ 125 rᵒ.

5865. — Arrêt ordonnant que tout navire ou bateau étranger abordant en France payera 3 sols par tonneau plein, s'il est chargé, et 1 sol 6 deniers, s'il est vide, à titre de droit d'ancrage, et attribuant le produit de ce droit au maréchal d'Ornano, en déduction de ce qui lui est dû.

E 2ᵇ, fᵒ 127 rᵒ.

5866. — Arrêt accordant à Mᵉ Séraphin Thielement un délai de trois jours pour mettre une nouvelle enchère, au Conseil des finances, sur les greffes du Grand Conseil, adjugés à Mᵉ Simon Collon.

E 2ᵇ, fᵒ 128 rᵒ.

5867. — Arrêt ordonnant qu'avant le jugement de divers procès pendants entre les marchands et ouvriers qui exploitent les manufactures de drap d'or et d'argent, de satin, de velours, de taffetas, etc., à Lyon, le fermier général de la douane, le prévôt des marchands et les échevins de Lyon, il sera procédé à une enquête sur les droits des parties.

E 2ᵇ, fᵒ 129 rᵒ.

5868. — Arrêt faisant remise de 1,000 écus à Michel Bodo, fermier général de partie des aides et huitièmes de l'élection de Chartres.

E 2ᵇ, fᵒ 130 rᵒ.

5869. — Arrêt renvoyant au Grand Conseil la connaissance de l'émeute survenue à Saintes le 17 novembre 1599, ordonnant l'élargissement de Mᵉ Dominique Du Bourg, ci-devant maire de Saintes, et la translation dans les prisons du Grand Conseil de Charles Bytot, dit L'Angevin.

E 2ᵇ, fᵒ 131 rᵒ.

5870. — Adjudication du devoir de 8 écus par muid de sel sortant de la province de Bretagne par la rivière de Loire faite, pour quatre ans, à Étienne Prunier, moyennant le payement annuel de 25,000 écus.

E 2ᵇ, fᵒ 132 rᵒ.

5871. — Adjudication du droit de patente sur les blés, vins, bestiaux, etc., transportés du Languedoc hors du royaume faite, pour cinq ans, au sieur Arnauld Pain, habitant de Narbonne, moyennant le payement annuel de 4,500 écus.

E 2ᵇ, fᵒ 134 rᵒ. Cf. *ibid.*, fᵒ 138 rᵒ et 140 rᵒ.

5872. — Arrêt ordonnant à Mᵉ Antoine Audouyn de Montherbu, commis à la recette générale des deniers provenant de l'hérédité des offices de notaires, de remettre au sieur de La Roche-Chemerault, grand maréchal des logis du Roi, le quart du produit de la recette du comté de Civray, de la sénéchaussée d'Usson, de la baronnie de Melle, etc.

E 2ᵇ, fᵒ 141 rᵒ.

5873. — Arrêt fixant à 3,440 écus 50 sols 9 deniers la somme due à la comtesse de Châteauvillain à raison « du prest fait par le feu conte de Chasteauvillain, son mary, en l'année 1590, de tout ce qu'il avoit de vaisselle d'argent pour le payement de la garnison de la ville de Metz ».

E 2ᵇ, fᵒ 141 rᵒ.

5874. — Arrêt faisant défense à Mᵉ Pierre de Prugnes, trésorier de France à Bordeaux, de prendre connaissance des affaires en lesquelles seraient intéressés Mᵉ Pierre Martin, receveur général des finances en Guyenne, et Mathieu Martin, son frère.

E 2ᵇ, fᵒ 141 vᵒ.

5875. — Arrêt ordonnant que Mᵉ Henri de Laussade, comptable du convoi de Bordeaux, sera contraint de payer 4,700 écus assignés à Jacques Borel, capitaine du charroi de l'Artillerie.

E 2ᵇ, fᵒ 142 rᵒ.

5876. — Arrêt accordant surséance aux habitants de la Grande-Paroisse pour le payement des restes de l'année 1597.

E 2ᵇ, fᵒ 142 rᵒ.

5877. — Arrêt ordonnant le payement de 100 écus dus à Edme Le Breton, payeur de la gendarmerie, pauvre, aveugle et sourd.

E 2ᵇ, fᵒ 142 vᵒ.

5878. — Arrêt commettant Mᵉ Nicolas Thomas, receveur des aides en l'élection de Paris, pour faire la recette des deniers provenant de la recherche des malversations commises par les officiers des élections et greniers à sel, par les receveurs et payeurs des rentes de la ville de Paris, par les ravisseurs du trésor caché en la maison de Mᵉ Pierre Molan, etc.

Ms. fr. 10843, fᵒ 13 rᵒ.

————

1600, 23 mars. — Paris.

5879. — Arrêt renvoyant au Parlement le procès intenté à Jean Le Marchant, Jean Cauterel et Nicolas Richany, accusés d'avoir transporté une somme de 20,025 écus hors du royaume.

E 2ᵇ, fᵒ 145 rᵒ.

————

1600, 24 mars. — Paris.

5880. — Arrêt confirmant l'exemption des tailles des habitants de Chaumont-en-Bassigny, attendu que ladite ville est frontière de la province de Champagne.

E 2ᵇ, fᵒ 147 rᵒ.

5881. — Arrêt ordonnant que l'on continuera de lever, en la ville d'Angers et dans les généralités de Tours et de Poitiers, une somme de 32,000 écus destinée au remboursement de Mᵉ Marin Boylesve, lieutenant général en Anjou, de Claude Frubert et de Jean Richart, échevins d'Angers, qui ont avancé pareille somme aux sieurs de La Trémoille, de Mirepoix et de Saint-Offange, pour les indemniser de la démolition du château de Rochefort-sur-Loire.

E 2ᵇ, fᵒ 147 rᵒ.

5882. — Arrêt ordonnant à Mathurin Longuet, huissier au Conseil, de remettre à Antoine Hervé, fermier du sol pour livre levé sur les denrées et marchandises entrant dans Paris, une somme de 200 écus consignée entre ses mains par Georges Rodrigues, caution de plusieurs marchands de vin de Rouen.

E 2ᵇ, fᵒ 148 rᵒ.

5883. — Arrêt ordonnant que les lettres de provision d'un office de notaire au Châtelet seront expédiées au nom du résignataire de M° Denis Chantemerle.

E 2ᵇ, fᵒ 148 rᵒ.

5884. — Arrêt déclarant que Pierre Bioche, Richard Ysaac et Jean Lorion ne pourront être cotisés sur les rôles des tailles que dans la paroisse de Bonnières.

E 2ᵇ, fᵒ 151 rᵒ.

5885. — Arrêt ordonnant que tout maître de navire voulant s'embarquer pour un voyage au long cours dans un des ports dépendant de l'amirauté de Guyenne devra prendre un sauf-conduit du comte de Coligny, amiral de Guyenne, «jurer de ne mesfaire aux naturels subjectz, ny aux amys et alliez de ceste Couronne», et laisser faire la visite des marchandises de son chargement.

E 2ᵇ, fᵒ 153 rᵒ.

5886. — Arrêt évoquant au Conseil les procès relatifs au remboursement des sommes avancées par des villes, paroisses ou habitants de la généralité de Lyon pour le payement des gens de guerre, pour l'entretien des garnisons, etc.

E 2ᵇ, fᵒ 154 rᵒ.

5887. — Arrêt confirmant diverses sentences des requêtes du palais de Rennes et du parlement de Bretagne, et condamnant M° Jean Roger, receveur général des finances audit pays, à payer 1,633 écus 1/3 à Gabriel Gaulterot, sieur de La Regnardière.

E 2ᵇ, fᵒ 156 rᵒ.

5888. — Arrêt déboutant Jacques de Collart des fins de sa requête à l'encontre de M° Jean Seigneuret, président et trésorier de France à Montpellier.

E 2ᵇ, fᵒ 157 rᵒ.

5889. — Arrêt chargeant le sieur Des Arches, maître des requêtes ordinaire de l'Hôtel, de terminer à l'amiable, au lieu et place du sieur de Maisse, conseiller d'État, le différend pendant entre les officiers du parlement de Provence et les communautés de Pertuis, de Rians, de Reillanne, d'Apt, etc., au sujet de l'exemption des tailles prétendue par lesdits officiers (cf. nᵒ 5848).

E 2ᵇ, fᵒ 159 rᵒ.

5890. — Arrêt ordonnant à Jean Le Roy, fermier des traites domaniales de Picardie, et à son cessionnaire, René Brunet, de verser directement le montant de leurs fermages, entre les mains du trésorier de l'Épargne.

E 2ᵇ, fᵒ 161 rᵒ.

5891. — Arrêt ordonnant à Robert Barat, maître d'hôtel du Roi, de s'adresser pour le payement d'une somme de 720 écus à M° Robert de Louvigny, receveur des tailles en l'élection de Beauvais.

E 2ᵇ, fᵒ 163 rᵒ.

5892. — Arrêt déclarant que les habitants du «mandement» d'Oriol contribueront aux impositions comme les autres habitants de l'élection de Forez.

E 2ᵇ, fᵒ 164 rᵒ.

5893. — Arrêt ordonnant que les habitants de Montreuil-sous-Bois seront tenus d'entretenir les fontaines du château de Vincennes et de faire le guet audit château, moyennant quoi leur abonnement aux tailles demeurera fixé à 200 écus.

E 2ᵇ, fᵒ 166 rᵒ.

1600, 27 mars. — Paris.

5894. — Arrêt ordonnant que Denise Feucheine sera entendue au Conseil au sujet d'une rente sur les aides dont elle réclame le payement au receveur des aides en l'élection de Paris.

E 2ᵇ, fᵒ 167 rᵒ.

5895. — Arrêt maintenant définitivement Séraphin Thielement en possession des greffes du Grand Conseil.

E 2ᵇ, fᵒ 168 rᵒ.

1600, 30 mars. — Paris.

5896. — Arrêt ordonnant que, sur les 19,516 écus 43 sols qui devaient être imposés en la généralité de Picardie, il ne sera levé qu'une somme de 6,000 écus, destinée au remboursement des avances faites par plusieurs habitants de Montdidier.

E 2ᵇ, fᵒ 170 rᵒ.

5897. — Arrêt attribuant à Mᵉ Jean Palot, notaire et secrétaire du Roi, un office de receveur triennal en la recette particulière de Bordeaux, en place d'un office de receveur des tailles triennal au diocèse de Saint-Papoul.

E 2ᵇ, fᵒ 172 rᵒ.

5898. — Arrêt supprimant l'office de président en l'élection de Moulins, nonobstant la déclaration obtenue par la Reine douairière le 26 janvier 1598.

E 2ᵇ, fᵒ 173 rᵒ.

5899. — Arrêt ordonnant que, nonobstant deux arrêts du parlement de Bordeaux, les huissiers et sergents du ressort dudit parlement jouiront des attributions à eux nouvellement conférées et qu'ils seront contraints de payer la taxe mentionnée dans l'arrêt du Conseil du 3 août dernier (nᵒ 5414).

E 2ᵇ, fᵒ 174 rᵒ.

5900. — Arrêt confirmant pour l'avenir l'exemption de toutes tailles et crues dont jouissaient les villes de Troyes, Reims, Langres, Châlons, Chaumont, Saint-Dizier, Mézières, Rocroi, Maubert-Fontaine et Villefranche, prorogeant l'abonnement conclu avec la ville de Sainte-Menehould, déclarant que la ville de Donchery sera taxée modérément, et maintenant l'impôt levé sur les villes de Vitry, Rethel, Mouzon, Joinville et Éclaron.

E 2ᵇ, fᵒ 175 rᵒ.

5901. — Arrêt ordonnant que Lazare de La Porte et Jean de Bèze, habitants de Tannay, contribueront au payement des tailles.

E 2ᵇ, fᵒ 176 rᵒ.

5902. — Arrêt faisant remise des restes des tailles à neuf paroisses de l'élection de Montreuil-Bellay.

E 2ᵇ, fᵒ 177 rᵒ.

5903. — Arrêt renouvelant l'abonnement aux tailles des habitants de la baronnie de Didonne, qui appartient à la princesse de Condé.

E 2ᵇ, fᵒ 179 rᵒ.

5904. — Arrêt relatif au payement d'une somme de 2,200 écus due par demoiselle Henriette-Catherine de Balzac, fille émancipée du sieur d'Entragues, pour le tiers d'une enchère qu'elle a mise sur la terre de Beaugency.

E 2ᵇ, fᵒ 180 rᵒ.

5905. — Arrêt défendant aux habitants de l'Armagnac, du Bazadais et du Condomois de faire passer leur vin pour vin de Chalosse, et renvoyant au parlement de Bordeaux la connaissance du débat soulevé entre eux et les gens de Saint-Sever, au sujet du privilège exclusif prétendu par ces derniers de transporter du vin à Bayonne entre l'époque de la vendange et celle du carême-prenant.

E 2ᵇ, fᵒ 181 rᵒ.

5906. — Arrêt accordant au chapitre de Douriez mainlevée de ses biens saisis à l'occasion des guerres.

E 2ᵇ, fᵒ 182 rᵒ.

5907. — Arrêt accordant aux bourgs de Château et de Chouzé surséance pour le payement des tailles de l'année 1598, attendu que la plupart des habitants ont fui, ou « sont mortz ès prisons pour le payement des tailles ».

E 2ᵇ, fᵒ 183 rᵒ.

5908. — Arrêt déchargeant les grènetiers-receveurs des magasins et greniers à sel de la généralité de Tours de la somme à laquelle ils ont été taxés, comme faisant la recette des deniers d'octroi et des deniers extraordinaires.

(Arrêt cancellé.)

E 2ᵇ, fᵒ 183 rᵒ.

5909. — Arrêt faisant remise aux habitants de Beauvais de la subvention des villes closes de l'année 1598, attendu qu'ils sont pour la plupart de pauvres ouvriers et artisans.

E 2ᵇ, fᵒ 183 vᵒ.

5910. — Arrêt ordonnant une enquête au sujet de la fabrication d'un faux mandat de 2,875 écus produit par Mᵉ Pierre Olivier en la chambre des comptes de Bretagne.

E 2ᵇ, fᵒ 183 vᵒ.

5911. — Arrêt autorisant les officiers de l'élection de Mantes à rembourser à Martin Bonneaux son office d'élu particulier, lequel demeurera supprimé.

E 2ᵇ, fᵒ 184 rᵒ.

1600, mars.

5912. — Édit accordant à tous les sujets du royaume remise des impôts passés jusqu'à l'année 1597, et réglant les formes de la répartition des tailles.

E 2ᵇ, fᵒ 187 rᵒ.

1600, 22 avril. — Paris.

5913. — Arrêt attribuant à la reine Marguerite, duchesse de Valois, un office de receveur des tailles à Rivière-Verdun, dont est pourvu Mᵉ Guillaume Advisard.

E 2ᵇ, fᵒ 193 rᵒ.

1600, 26 mai. — Paris.

5914. — Arrêt déclarant que la levée de 5 sols par minot de sel sera continuée dans le ressort du parlement de Paris, et que la moitié du produit en sera attribuée aux officiers de la douane de Lyon, l'autre moitié aux officiers de la Cour des aides et aux héritiers du président du présidial de Mantes.

AD I 130, nᵒ 21.

1600, 4 juin. — Paris.

5915. — Arrêt déclarant que, conformément à l'édit du mois d'avril dernier, et malgré l'opposition des trésoriers de France, les greffes de tous les greniers et chambres à sel du royaume seront revendus conjointement avec le droit de 12 deniers par minot de sel précédemment attribué aux lieutenants desdits greniers.

AD I 130, nᵒ 22.

1600, 10 juin. — Moulins.

5916. — Arrêt accordant une remise de décimes à Mᵉ Nicolas Jeannin, prieur et grand doyen de Saint-Vivant-sous-Vergy.

E 2ᵇ, fᵒ 149 rᵒ.

5917. — Arrêt confirmant Mᵉ Jean de La Serre en la charge de président en la première chambre des enquêtes du parlement de Bordeaux.

E 2ᵇ, fᵒ 196 rᵒ.

5918. — Arrêt ordonnant que la veuve d'Ives Brinon, trésorier de France à Moulins, soit remboursée du prix des droits de justice acquis par son défunt mari en la paroissse de Toulon, attendu l'opposition faite à ladite acquisition par la Reine douairière, usufruitière du Bourbonnais.

E 2ᵇ, fᵒ 196 rᵒ.

5919. — Arrêt confirmant aux habitants des hameaux de la Folie et de Couvrechef le droit de payer la taille comme les habitants des faubourgs de Caen.

E 2ᵇ, fᵒ 196 vᵒ.

5920. — Arrêt accordant à Mᵉ Jean de Champfeu, receveur général des finances à Moulins, décharge d'une somme de 3,500 écus à lui réclamée par Jean de La Boisssière, trésorier-payeur de la Prévôté de l'Hôtel.

E 2ᵇ, fᵒ 196 vᵒ.

5921. — Arrêt modérant à 6,000 écus la somme due par les villes de la généralité de Bourges pour les nouvelles impositions mises sur les marchandises et denrées.

E 2ᵇ, fᵒ 197 rᵒ. Cf. *ibid.*, fᵒ 206 rᵒ (sous la date du 10 juillet).

1600, 10 juillet. — Lyon.

5922. — Arrêt ordonnant que les hameaux de la Folie et de Couvrechef seront unis, dans le nouveau département des tailles, aux paroisses de Saint-Martin et de Saint-Gilles des faubourgs de Caen.

E 2ᵇ, fᵒ 200 rᵒ.

5923. — Arrêt réglant la levée de la pancarte en la ville de Paris.

E 2ᵇ, fᵒ 201 rᵒ.

5924. — Arrêt défendant à Mᵉ René Salvert, sieur de L'Isle, d'exercer l'office de conseiller au présidial de Tours.

E 2ᵇ, fᵒ 204 rᵒ.

5925. — Arrêt relatif à la reddition des comptes de plusieurs receveurs particuliers de la généralité de Tours.

E 2ᵇ, f° 208 r°.

5926. — Arrêt autorisant la levée d'une somme de 2,244 écus 50 sols 2 deniers due par les habitants de Vendeuvre à leurs procureurs-syndics, pour fournitures de vivres et de munitions.

E 2ᵇ, f° 210 r°.

5927. — Arrêt ordonnant la restitution d'une des deux sommes payées, pour droit de sortie, par trois marchands de vin successivement à Reims et à Saint-Quentin, et décidant que désormais le droit de sortie sur le vin ne sera acquitté qu'au bureau le plus voisin de la frontière.

E 2ᵇ, f° 210 r°.

5928. — Arrêt ordonnant que les villes de la généralité de Caen payeront, sous forme de subvention, une somme de 15,800 écus, de laquelle toutefois sera déduite la somme à laquelle aura été affermé le nouvel impôt sur les marchandises levé en place du sol pour livre.

E 2ᵇ, f° 210 v°.

1600, 12 juillet. — Lyon.

5929. — Arrêt ordonnant la levée d'une somme de 1,390 écus accordée aux députés des États de Normandie pour vacations extraordinaires.

E 2ᵇ, f° 210 v°.

5930. — Arrêt ordonnant au receveur des États de Bourgogne de verser à la recette générale une somme de 6,000 écus provenant de la composition du vingtième, et ce nonobstant une saisie-arrêt faite à la requête du parlement de Dijon.

E 2ᵇ, f° 211 r°.

5931. — Avis du Conseil tendant à ne pas faire don au duc et à la duchesse de Nemours du produit des droits de parisis des greffes levés dans le duché de Nemours, dans la seigneurie de Montargis et dans toutes les terres à eux délaissées par transaction du mois de décembre 1570.

E 2ᵇ, f° 211 v°.

5932. — Arrêt ordonnant que le versement fait aux Parties casuelles par Mᵉ Arnoul de Nouveau, trésorier de France à Tours, pour une résignation à condition de survivance, vaudra comme taxe de résignation pure et simple.

E 2ᵇ, f° 211 v°.

1600, 14 juillet. — Lyon.

5933. — Arrêt de décharge rendu en faveur des cautions de feu Simon Compotière, fermier du commerce et de l'imposition d'Étampes.

E 2ᵇ, f° 214 r°.

5934. — Arrêt autorisant Jean Thomas, sieur de Fontaine, à construire un moulin sur la rivière du fief du Hable, en aval de Cricqueville.

E 2ᵇ, f° 214 r°.

5935. — Arrêt renvoyant aux trésoriers de France à Paris une action intentée par le sieur de Maunoy, commissaire des guerres, contre Mᵉ Nicolas Regnard, ci-devant receveur général des finances à Paris.

E 2ᵇ, f° 214 v°.

1600, 15 juillet. — Lyon.

5936. — Arrêt condamnant Mᵉ Nicolas Chevalier, maître des requêtes de l'Hôtel, à restituer une somme de 2,875 écus que le receveur général des finances à Paris avait été condamné à lui payer par arrêt de la Cour des aides.

E 2ᵇ, f° 216 r°.

5937. — Arrêt ordonnant aux élus du Forez de rendre compte de l'opposition par eux faite à la réception de Mᵉ Pierre Petit en la charge de receveur des tailles.

E 2ᵇ, f° 218 r°.

5938. — Arrêt accordant à Mᵉ Nicolas Guyonnet, trésorier général des fortifications en Picardie, et à Mᵉ Nicolas de Lan, trésorier de France en Picardie, décharge d'une somme de 490 écus 25 sols enlevée par les Espagnols, lors de la surprise d'Amiens.

E 2ᵇ, f° 220 r°.

5939. — Arrêt accordant à Mᵉ Germain Simon,

receveur du taillon à Soissons, décharge d'une somme de 350 écus qui lui a été volée sur la route de Soissons à Paris.

E 2ᵇ, fᵒ 220 rᵒ.

5940. — Arrêt interdisant au parlement de Toulouse et réservant au Conseil la connaissance du procès pendant entre Arnauld Du Mont, sieur de Godetz, et les habitants de Montpezat.

E 2ᵇ, fᵒ 220 vᵒ.

5941. — Arrêt ordonnant aux héritiers de Pierre Ziepe, dit Le Bac, de représenter au Conseil les lettres de représailles par eux obtenues contre les habitants des Provinces-Unies.

E 2ᵇ, fᵒ 221 rᵒ.

5942. — Arrêt ordonnant au trésorier de l'Extraordinaire des guerres de délivrer à Boniface Masson, à Étienne Tardieu et à Charles Perrache quittance des trois offices de juge royal, de lieutenant du viguier à Fayence et de lieutenant du sénéchal des soumissions à Grasse.

E 2ᵇ, fᵒ 221 rᵒ.

5943. — Arrêt, rendu sur la requête des colonels et capitaines suisses, ordonnant l'exécution de l'édit d'hérédité des offices de notaires, nonobstant l'opposition des notaires de Provence.

E 2ᵇ, fᵒ 221 vᵒ.

5944. — Arrêt accordant aux habitants de Saint-Mathurin modération de l'impôt du sel.

E 2ᵇ, fᵒ 222 vᵒ.

5945. — Arrêt évoquant au Conseil l'action intentée par Daniel et Christophe Studer, marchands suisses, contre les officiers de la foraine de Bourgogne, lesquels ont confisqué, contrairement aux privilèges de la nation suisse, des ballots et des sommes d'argent expédiés de Lyon auxdits marchands.

E 2ᵇ, fᵒ 222 vᵒ.

1600, 17 juillet. — Lyon.

5946. — Arrêt ordonnant le remboursement d'une somme de 4,000 écus payée par Mᵉ Jean de Champfeu, receveur général des finances à Moulins.

E 2ᵇ, fᵒ 224 rᵒ.

5947. — Arrêt ordonnant la levée d'une somme de 6,000 écus sur la sénéchaussée et le plat pays d'Agenais, pour le produit en être versé aux mains du gouverneur de Penne.

E 2ᵇ, fᵒ 226 rᵒ.

1600, 20 juillet. — Lyon.

5948. — Arrêt réservant à la nomination de Mᵉ Nicolas de Sayve l'office de conseiller clerc au parlement de Dijon vacant par la mort de Mᵉ Michel Millière.

E 2ᵇ, fᵒ 228 rᵒ.

1600, 21, 22 et 24 juillet. — Lyon.

5949. — Arrêt ordonnant que Gabriel de Flesselles soit entendu au Conseil au sujet des saisies-arrêts par lui faites entre les mains des fermiers généraux du domaine de Forez appartenant à la Reine douairière.

E 2ᵇ, fᵒ 229 rᵒ.

5950. — Arrêt réservant à la nomination de David L'Aumosnier l'office de sergent ordinaire en Poitou vacant par la mort de son frère Simon, lequel a été tué par les paysans de Rochechouart, tandis qu'il procédait au recouvrement des tailles.

E 2ᵇ, fᵒ 229 vᵒ.

5951. — Arrêt évoquant au Conseil des finances le procès jugé au Conseil des parties entre Jean Le Terrier, sieur des Carreaux, ci-devant commis à l'exercice de la recette générale de Caen, et Pierre de Fontenay, chevalier, sieur de La Resnière, attendu « qu'estant le différend un faict de finance, il ne pouvoit estre jugé qu'audit Conseil des finances ».

E 2ᵇ, fᵒ 229 vᵒ.

5952. — Arrêt renvoyant aux trésoriers de France à Lyon la demande de surséance formée par les cautions de l'élu-collecteur des tailles de Saint-Didier et de Saint-Just-en-Bas.

E 2ᵇ, fᵒ 230 rᵒ.

5953. — Arrêt ordonnant que le pays du Haut-Vivarais se fournira de sel à la ferme dite « à la part du royaume ».

E 2ᵇ, fᵒ 230 rᵒ.

1600, 22 juillet. — Lyon.

5954. — Arrêt autorisant Jean Fontaine, maître des œuvres de charpenterie des bâtiments du Roi, à reprendre les bois qu'il a fournis au château et au monastère du parc de Vincennes, aux Capucins et aux Feuillants près Paris, desquels il n'a pu être encore payé.

E 2ᵇ, fᵒ 229 rᵒ.

5955. — Arrêt défendant aux juges et autres officiers de Bretagne de commettre à des personnes non pourvues par le Roi l'exercice des fonctions de notaires et de sergents royaux.

E 2ᵇ, fᵒ 231 rᵒ.

5956. — Arrêt défendant aux habitants du Haut-Vivarais de se fournir d'autre sel que celui de Jean Hopil.

E 2ᵇ, fᵒ 233 rᵒ.

5957. — Arrêt ordonnant à un conseiller en la Cour des aides de passer outre à la réforme des abus et malversations commis au fait des gabelles en la généralité de Tours nonobstant l'opposition des habitants d'Angers.

E 2ᵇ, fᵒ 235 rᵒ.

1600, 26 juillet. — Lyon.

5958. — Arrêt ordonnant que le maire, les consuls et autres habitants de Tulle répondront par-devant le Conseil des actes de rébellion par eux commis à l'encontre des commissaires du Roi.

E 2ᵇ, fᵒ 237 rᵒ.

5959. — Arrêt réglant le payement des dettes de la ville de Lyon, et substituant, comme commissaire, le président de Calignon au sieur de Vic, nommé ambassadeur en Suisse.

E 2ᵇ, fᵒ 239 rᵒ.

1600, 27 juillet. — Lyon.

5960. — Arrêt réglant le payement de ce qui reste dû aux Suisses en garnison à Lyon.

E 2ᵇ, fᵒ 243 rᵒ.

5961. — Arrêt ordonnant que le parlement de Bretagne siégera toute l'année.

E 2ᵇ, fᵒ 245 rᵒ.

1600, 31 juillet. — Lyon.

5962. — Arrêt ordonnant qu'une somme de 10,683 écus 35 sols, représentant le capital et les intérêts des sommes avancées au feu maréchal d'Aumont et au feu duc de Nemours, sera levée tant sur la ville de Moulins que sur d'autres villes et châtellenies de la généralité.

E 2ᵇ, fᵒ 246 rᵒ.

5963. — Arrêt réglant l'union de l'office de receveur triennal des tailles en l'élection des Sables-d'Olonne aux deux offices de receveur ancien et de receveur alternatif.

E 2ᵇ, fᵒ 246 vᵒ.

5964. — Arrêt ordonnant que, pendant un mois, les députés du tiers état de Dauphiné pourront venir à Lyon pour régler leurs affaires, sans crainte d'être arrêtés par leurs créanciers.

E 2ᵇ, fᵒ 247 rᵒ.

5965. — Arrêt renvoyant aux trésoriers de France en Dauphiné la demande en décharge présentée par Antoine Claperon, fermier de la douane de Vienne.

E 2ᵇ, fᵒ 247 rᵒ.

5966. — Arrêt relatif au payement de la somme restée due aux capitaines suisses du canton de Soleure qui ont servi en Dauphiné, en l'année 1580, dans l'armée du duc de Mayenne.

E 2ᵇ, fᵒ 247 vᵒ.

5967. — Arrêt ordonnant au procureur général en la chambre des comptes de Provence et au sieur de Gastines, commissaire député pour la direction des finances audit pays, de s'expliquer au sujet des contraintes par eux décernées contre les sous-fermiers de la traite des blés et vins passant par la ville d'Arles.

E 2ᵇ, fᵒ 247 vᵒ.

5968. — Arrêt de surséance rendu en faveur d'Adrien de Barastre, fermier du vingtième du vin vendu en gros à Amiens, et de Raoul Chocquet,

3.

fermier de l'entrée des 2 et 5 sols pour chaque muid entrant en ladite ville.

E 2ᵇ, fᵒ 248 rᵒ.

5969. — Arrêt réglant la délivrance des lettres de provision d'offices réclamées par Boniface Masson, par Étienne Tardieu et par Charles Perrache (cf. nᵒ 5940).

E 2ᵇ, fᵒ 248 rᵒ.

5970. — Arrêt portant réduction des dettes contractées par les trois états du Vivarais pour le fait de la guerre.

E 2ᵇ, fᵒ 248 vᵒ.

5971. — Arrêt ordonnant que le lieutenant particulier au siège de Villeneuve-le-Roi, le substitut du procureur, plusieurs conseillers et habitants de ladite ville s'expliqueront au Conseil au sujet des actes de rébellion par eux commis à l'encontre des commissaires du Roi.

E 2ᵇ, fᵒ 248 vᵒ.

5972. — Arrêt accordant à plusieurs marchands de Lyon mainlevée de l'argent et des ballots saisis par Mᵉ Thomas Deschamps, commis «pour empescher le le transport de l'or et de l'argent hors du royaume».

E 2ᵇ, fᵒ 249 rᵒ.

5973. — Arrêt ordonnant que le versement d'une partie de la somme payée par Mᵉ Claude Monet pour la taxe de survivance de ses offices de receveur général des domaine et finances à Calais sera considéré comme le payement de sa taxe de résignation.

E 2ᵇ, fᵒ 249 rᵒ.

5974. — Arrêt réglant l'union de l'office de receveur triennal des aides et tailles en l'élection de Chinon aux deux offices de receveur ancien et de receveur alternatif.

E 2ᵇ, fᵒ 249 vᵒ.

1600, 2 août. — Lyon.

5975. — Arrêt ordonnant que les créanciers de l'ancien domaine de Navarre seront tenus de prendre, en payement des sommes qui leur sont dues, des terres dudit domaine, et ce suivant l'estimation qui en a été faite d'accord avec leur syndic.

E 2ᵇ, fᵒ 251 rᵒ.

5976. — Arrêt nommant de nouveaux commissaires pour établir à Rennes une pancarte dont le produit doit être affecté à la construction d'un palais royal.

E 2ᵇ, fᵒ 253 rᵒ.

5977. — Arrêt prorogeant la levée des deux subsides de 20 et de 40 sols mis sur chaque pipe de vin entrant en Bretagne.

E 2ᵇ, fᵒ 255 rᵒ. Cf. ibid., fᵒ 262 rᵒ.

5978. — Arrêt ordonnant qu'une nouvelle commission sera décernée aux officiers du parlement de Bretagne pour qu'ils fassent leur service ordinaire pendant les mois d'août-septembre-octobre.

E 2ᵇ, fᵒ 256 rᵒ.

1600, 5 août. — Lyon.

5979. — Arrêt validant les provisions des notaires et sergents des ressorts de Toulouse et de Bordeaux dont les offices avaient été attribués au duc de Biron.

E 2ᵇ, fᵒ 257 rᵒ.

5980. — Arrêt accordant au sieur de Bellegarde, grand écuyer, mainlevée de ses gages et pensions, saisis par ses créanciers.

E 2ᵇ, fᵒ 259 rᵒ.

5981. — Arrêt autorisant Mᵉ Jean Le Normand, sieur de Moussy, à résigner son office de conseiller au Grand Conseil et de grand rapporteur de France sans payer finance.

E 2ᵇ, fᵒ 259 rᵒ.

5982. — Arrêt déchargeant d'une taxe Louis Coqueray, sergent à verge priseur-vendeur de biens au Châtelet de Paris.

E 2ᵇ, fᵒ 259 vᵒ.

5983. — Arrêt confirmant l'exemption de tous impôts dont jouissent les mortes-payes et habitants de la cité de Carcassonne.

E 2ᵇ, fᵒ 259 vᵒ.

5984. — Arrêt déclarant que Jean de Loyac, jurat de Bordeaux, et Mᵉ Jean Fayet, secrétaire de la Chambre, commis à la recette du convoi de Bordeaux, pourront venir et séjourner à Paris sans crainte d'être inquiétés par le sieur Allamant, président au Grand Conseil.

E 2ᵇ, fᵒ 260 rᵒ.

5985. — Arrêt autorisant le clergé d'Autun à aliéner de son temporel jusqu'à concurrence de 6,000 écus.

E 2ᵇ, fᵒ 261 rᵒ.

5986. — Arrêt ordonnant que les bénéficiers du diocèse d'Autun seront contraints au payement du tiers des décimes dont ils avaient obtenu remise, et que le produit en sera affecté au payement des gages des contrôleurs et receveurs des décimes.

E 2ᵇ, fᵒ 261 rᵒ.

5987. — Arrêt prescrivant des poursuites contre les personnes accusées d'avoir commis des actes de rébellion à l'encontre du prévôt des maréchaux établi à Ingrande pour la recherche des faux-sauniers.

E 2ᵇ, fᵒ 261 vᵒ.

5988. — Arrêt réservant au Conseil la connaissance des procès survenus à l'occasion d'une maison appartenant à Octavien Du Goin, sieur de Bouzet, laquelle a été prise, durant les troubles, par Philippe de Sus, commandant d'une compagnie de chevau-légers.

E 2ᵇ, fᵒ 262 vᵒ.

5989. — Arrêt réglant le payement de la pension du capitaine La Fonte.

E 2ᵇ, fᵒ 262 vᵒ.

5990. — Arrêt ordonnant le payement d'une somme de 100 écus donnée par le Roi à Jacques Foullart, un des chevau-légers de la compagnie du feu sieur de Givry.

E 2ᵇ, fᵒ 263 rᵒ.

5991. — Arrêt de surséance rendu en faveur des habitants de Poule.

E 2ᵇ, fᵒ 263 rᵒ.

5992. — Arrêt ordonnant la vérification des dettes contractées par les habitants de Langres pour subvenir aux réparations de la ville, à l'entretien des troupes et aux frais des sièges de Montsaugeon, de Château-villain, de Coiffy et de Montigny.

E 2ᵇ, fᵒ 263 vᵒ.

5993. — Arrêt ordonnant la vérification de ce qui reste dû de la somme de 12,000 écus promise par les habitants de Langres au vicomte de Tavannes pour la réduction du château de Montsaugeon.

E 2ᵇ, fᵒ 263 vᵒ.

5994. — Lettres patentes portant règlement au sujet des faux-sauniers.

E 2ᵇ, fᵒ 265 rᵒ.

—————

1600, 7 août. — Lyon.

5995. — Arrêt enjoignant au clergé de Troyes de payer la somme de 1,000 écus à laquelle il a été taxé pour la subvention des villes closes.

E 2ᵇ, fᵒ 269 rᵒ.

—————

1600, 8 août. — Lyon.

5996. — Arrêt évoquant au Conseil le procès pendant devant le sénéchal de Lyon entre dame Charlotte de Pisseleu, veuve de Jacques de Broullart, sieur de Lizy-sur-Ourcq, et les héritiers Bonvisi, Michaëli, Arnolfini, au sujet des sommes par eux dues audit sieur de Lizy et au feu cardinal de Châtillon.

E 2ᵇ, fᵒ 271 rᵒ.

—————

1600, 12 août. — Lyon.

5997. — Arrêt accordant décharge ou surséance aux collecteurs de plusieurs paroisses de l'élection de Lyon détenus dans les prisons de la ville, et ordonnant leur élargissement.

E 2ᵇ, fᵒ 273 rᵒ.

5998. — Arrêt enjoignant aux sieurs Bonvisi, Capponi et consorts de satisfaire à l'arrêt du Conseil du 21 mars dernier (n° 5864).

E 2ᵇ, fᵒ 275 rᵒ.

5999. — Arrêt réglant le payement des gages dus au prévôt des maréchaux de Berry, à ses lieutenants, procureur du Roi, payeur, greffier et archers.

E 2ᵇ, fᵒ 276 rᵒ.

1600, 14 août. — Lyon.

6000. — Arrêt autorisant Antoine Hervé, fermier du sol pour livre en la ville de Paris, à percevoir le droit de pancarte sur certaines sortes de denrées ou de marchandises non mentionnées en l'édit de 1597, telles que le vin d'Espagne, la vache, le marsouin, la baleine, le thon, l'anchois et tout autre poisson de mer salé, la teinture d'Inde, les meules de moulin, les cordages, le parchemin, les cendres, les plumes d'autruche, l'acier, les verres, le vieux linge.

E 2ᵇ, fᵒ 278 rᵒ.

6001. — Arrêt condamnant la ville de Nantes à payer 1,000 écus à raison de la révocation que le Roi a consenti à faire de l'édit sur l'aunage des toiles en Bretagne.

E 2ᵇ, fᵒ 280 rᵒ.

6002. — Arrêt portant acceptation des offres qu'a faites Ives de La Lande pour reprendre la ferme des traites domaniales de Poitou et de Marans.

E 2ᵇ, fᵒ 282 rᵒ.

6003. — Arrêt déclarant que Henri de Laussade, comptable de Bordeaux, Bernard de Pichon, secrétaire du Roi, et Henri de La Lane, conseiller au présidial de Guyenne, pourront venir et séjourner à Paris sans crainte d'être inquiétés par Mᵉ François Allamant, président au Grand Conseil, lequel réclame 1,832 écus 1/2 aux maire et jurats de Bordeaux à raison de l'acquisition qu'ils ont faite de la baronnie de Montferrand.

E 2ᵇ, fᵒ 282 vᵒ.

6004. — Arrêt ordonnant la mise en adjudication de la traite foraine d'Anjou.

E 2ᵇ, fᵒ 283 rᵒ.

6005. — Arrêt déchargeant les suisses Jacob de Neufchâtel et Imbert de Diesbach de l'enchère par eux mise sur la terre de Tremblevif.

E 2ᵇ, fᵒ 283 vᵒ.

6006. — Arrêt fixant à six mois la surséance accordée à Gabriel de Chambray, trésorier de France à Caen, pour le payement des arrérages dus à Nicolas de Croismare, conseiller au parlement de Rouen.

E 2ᵇ, fᵒ 283 vᵒ.

6007. — Arrêt accordant aux habitants de la généralité de Moulins modération de 2,000 écus sur le droit d'entrée des denrées et marchandises.

E 2ᵇ, fᵒ 284 rᵒ.

6008. — Arrêt autorisant Henri de Laussade, comptable de Bordeaux, à percevoir, comme par le passé, jusqu'à l'expiration de son bail, 1 écu 45 sols sur chaque balle de pastel passant par les rivières de Garonne ou Dordogne.

E 2ᵇ, fᵒ 284 vᵒ.

6009. — Arrêt modérant à 700 écus la subvention imposée sur la ville de Langres, et ordonnant que le produit de la pancarte sera précompté sur ladite somme.

E 2ᵇ, fᵒ 284 vᵒ.

6010. — Arrêt réglant l'union de l'office de contrôleur général triennal de l'Argenterie aux deux offices de contrôleurs généraux anciens.

E 2ᵇ, fᵒ 285 rᵒ.

6011. — Arrêt ordonnant que les habitants de la Côte-en-Couzan jouiront de la surséance générale accordée pour le payement des restes de l'année 1597.

E 2ᵇ, fᵒ 285 rᵒ.

6012. — Arrêt ordonnant que l'exercice de la Religion prétendue réformée aura lieu, dans le bailliage de Chalon, du côté du faubourg des Chavannes et au bourg de Buxy.

E 2ᵇ, fᵒ 288 rᵒ.

6013. — Arrêt renvoyant à une commission la requête des sieurs de Ramefort, qui demandent à être payés par les communautés de Provence des sommes à eux dues, nonobstant la surséance générale accordée par le Roi.

E 2ᵇ, fᵒ 289 rᵒ.

6014. — Arrêt ordonnant à Gatien Rozier, cidevant fermier du sol pour livre en l'élection de Chinon, de procéder au recouvrement dudit impôt avant qu'il soit statué sur son procès avec les officiers de l'élection.

E 2ᵇ, fᵒ 290 rᵒ.

6015. — Arrêt maintenant au nombre de vingt les archers du vice-bailli de Chartres, nonobstant l'édit de suppression des prévôts des maréchaux et des archers.

E 2ᵇ, fᵒ 291 rᵒ.

1600, 16 août. — Lyon.

6016. — Arrêt établissant une taxe sur les denrées entrant en la ville de Chalon-sur-Saône, pour le produit en être affecté au remboursement des 26,989 écus empruntés, en 1595, par ordre du duc de Mayenne, pour le payement des gens de guerre.

E 2ᵇ, fᵒ 292 rᵒ.

6017. — Arrêt réglant à 45,000 écus les sommes dues au sieur de Brèves, ambassadeur dans le Levant, tant pour ses appointements que pour dons faits au Grand Seigneur et à ses principaux ministres, et pour frais extraordinaires.

E 2ᵇ, fᵒ 293 rᵒ.

6018. — Arrêt ordonnant que les habitants de la généralité de Lyon rembourseront au maréchal de Biron, gouverneur de Bourgogne et de Bresse, les sommes par lui avancées aux gens de guerre, en 1597, pour la conservation des places de Bresse en l'obéissance du Roi.

E 2ᵇ, fᵒ 295 rᵒ.

6019. — Arrêt autorisant la levée d'une somme de 2,000 écus destinée à l'acquittement des dettes de la ville de Langres.

E 2ᵇ, fᵒ 297 rᵒ.

6020. — « Articles et mémoires de ce qui est deu par le Roy à la Royne douairière, qu'elle supplie faire voir et résoudre en son Conseil », avec les réponses du Conseil en marge de chaque article.

E 2ᵇ, fᵒ 298 rᵒ.

1600, 18 août. — Lyon.

6021. — Arrêt ouvrant une enquête sur les actes de rébellion commis par Mᵉ Jérôme Du Verger, receveur général des finances en Languedoc, « lors des commandementz à luy faictz de païer au duc de Biron la somme de 8,000 escus ».

E 2ᵇ, fᵒ 303 rᵒ.

1600, 19 août. — Lyon.

6022. — Arrêt établissant, pour six ans, un impôt sur les denrées consommées en la ville de Beaune, le produit en devant être affecté au payement des dettes contractées par ladite ville sur l'ordre du duc de Mayenne.

E 2ᵇ, fᵒ 305 rᵒ.

1600, 21 août. — Lyon.

6023. — Arrêt évoquant au Conseil le débat pendant entre le chapitre de Sens et Jean Pointlasne, fermier de champarts appartenant au chapitre, lesquels avaient été saisis par le Roi comme biens de personnes habitant une ville rebelle.

E 2ᵇ, fᵒ 306 rᵒ.

6024. — Arrêt ordonnant que les contrôleurs, receveurs et autres commis qui, depuis quinze ans, ont manié des deniers publics, par commission du Roi ou des chefs du parti contraire, représenteront les originaux ou les doubles de leurs comptes devant les commissaires députés pour la recherche des malversations.

E 2ᵇ, fᵒ 308 rᵒ.

1600, 25 août. — Lyon.

6025. — Arrêt ordonnant que les élus et officiers de l'élection de Reims, nobles et non nobles, privilégiés ou non, contribueront au payement de la subvention de 4,000 écus levée dans ladite ville en place du sol pour livre.

E 2ᵇ, fᵒ 310 rᵒ.

6026. — Arrêt réduisant de 3,005 écus la subvention levée en la ville d'Angers en place du sol pour livre.

E 2ᵇ, fᵒ 310 vᵒ.

6027. — Arrêt ordonnant que les notaires du

Forez et de Montbrison seront contraints au payement des taxes levées sur eux pour l'hérédité de leurs charges.

E 2ᵇ, fᵒ 310 vᵒ.

6028. — Arrêt ordonnant que, jusqu'à plus ample informé, les marchands et cabaretiers suivant la Cour ne jouiront plus du privilège de faire venir du vin à Paris, tant par eau que par terre, sans acquitter aucun droit.

E 2ᵇ, fᵒ 311 rᵒ.

6029. — Arrêt accordant aux habitants de Poule et de Propières surséance pour le payement d'une taxe levée sur eux, en 1595, à l'effet d'entretenir la garnison de Beaujeu.

E 2ᵇ, fᵒ 311 vᵒ.

6030. — Arrêt interdisant pendant deux mois le transport du blé hors du Languedoc.

E 2ᵇ, fᵒ 312 rᵒ.

6031. — Arrêt autorisant Mᵉ Antoine Pajot à résigner son office de conseiller au Grand Conseil sans payer finance.

E 2ᵇ, fᵒ 312 rᵒ.

6032. — Arrêt ordonnant que les mayeur, échevins et habitants de Saint-Quentin payeront 3,500 écus, par forme de subvention, sans préjudice de leurs privilèges.

E 2ᵇ, fᵒ 312 vᵒ.

6033. — Arrêt révoquant les autorisations ci-devant données aux élus, syndics et autres officiers de la généralité de Lyon de lever sur les contribuables les sommes au payement desquelles certains habitants desdits pays pourraient avoir été condamnés.

E 2ᵇ, fᵒ 312 vᵒ.

6034. — Adjudication des droits de traite et d'imposition foraine d'Anjou faite, pour cinq ans, à Étienne Ringues et à Jean Ravenel, moyennant le payement annuel de 14,000 écus.

E 2ᵇ, fᵒ 316 rᵒ.

1600, 26 août. — Lyon.

6035. — Arrêt confirmant l'exemption de toutes

tailles accordée à la ville de Toulouse par Louis XI et Charles IX et renouvelée par Henri IV, pour cent ans, en 1596.

E 2ᵇ, fᵒ 320 rᵒ.

6036. — Arrêt confirmant le chapitre de Lyon en la jouissance d'un droit de leyde et d'un droit de péage sur tout le sel qui se décharge en la ville de Lyon.

E 2ᵇ, fᵒ 322 rᵒ.

1600, 28 août. — Lyon.

6037. — Arrêt relatif au droit prétendu par le parlement et la chambre des comptes de Grenoble sur le sel destiné à l'approvisionnement de la ferme du Lyonnais dite «à la part du royaume».

E 2ᵇ, fᵒ 323 rᵒ.

1600, 7 septembre. — Chamonix.

6038. — Arrêt ordonnant que tous les deniers provenant de l'impôt du sol pour livre tant à Châlons que dans les autres villes et bourgs de ladite généralité seront versés aux mains de Mᵉ Pierre Le Charron, trésorier général de l'Extraordinaire des guerres, pour être affectés aux frais de recouvrement du marquisat de Saluces.

E 2ᵇ, fᵒ 325 rᵒ.

1600, 16 septembre. — Chambéry.

6039. — Arrêt enjoignant à Guillaume de Léveillé et à René Rousseau, trésoriers de France à Poitiers, de se conformer à l'édit de décembre 1598 et au règlement du 8 avril 1600 relatifs à la suppression des bureaux des généralités, sans rien changer à l'ordre de leurs réceptions.

E 2ᵇ, fᵒ 326 rᵒ.

6040. — Arrêt ordonnant la levée sur le comté d'Auxonne des sommes nécessaires au remboursement du capital et des intérêts de 3,500 écus empruntés par ladite ville pour le service du Roi.

E 2ᵇ, fᵒ 326 vᵒ.

6041. — Arrêt évoquant au Conseil les procès intentés successivement au Grand Conseil et à la Cour des aides contre André Négrier, maître de la Chambre aux deniers.

E 2ᵇ, fᵒ 3ₐ6 vᵉ.

6042. — Arrêt réglant l'union de l'office de receveur triennal des aides et tailles en l'élection d'Étampes aux deux offices de receveur ancien et de receveur alternatif.

E 2ᵇ, fᵒ 3ₐ7 rᵒ.

6043. — Arrêt réglant l'union de l'office de receveur triennal des tailles et taillon en l'élection de Beauvais aux deux offices de receveur ancien et de receveur alternatif.

E 2ᵇ, fᵒ 3ₐ7 ιᵉ.

6044. — Arrêt réglant l'union de l'office de receveur triennal des tailles en l'élection de Limoges à celui de receveur des tailles dont est pourvu Jean Malledent.

E 2ᵇ, fᵒ 3ₐ7 vᵒ.

6045. — Arrêt réglant l'union de l'office de receveur triennal des tailles en l'élection de Sens aux deux offices de receveur ancien et de receveur alternatif.

E 2ᵇ, fᵒ 3ₐ8 rᵒ.

6046. — Arrêt ordonnant la remise en adjudication de la ferme des dix-sept greniers de Languedoc.

E 2ᵇ, fᵒ 3ₐ8 rᵒ.

6047. — Arrêt réglant le remboursement des sommes prêtées par le duc de Wurtemberg tant au feu Roi qu'à Sa Majesté à présent régnante, montant, avec les intérêts, à la somme de 301,849 écus 37 sols 12 deniers, le trésorier de l'Épargne devant commencer par rembourser les sommes prêtées à 8 ⅓ o/o.

E 2ᵇ, fᵒ 3ₐ8 rᵒ.

6048. — Arrêt renvoyant à la cour des comptes de Provence la vérification de ce qui est dû au sieur de Soliers pour le payement de la garnison de Toulon.

E 2ᵇ, fᵒ 33o rᵒ.

6049. — Arrêt ordonnant qu'une somme de 2,875 écus consignée par Mᵉ Nicolas Chevalier, maître

des requêtes de l'Hôtel, sera délivrée à Mᵉ Dreux Barbin, receveur général des finances à Paris.

E 2ᵇ, fᵒ 33ₐ rᵒ.

———

1600, 18 septembre. — Chambéry.

6050. — Arrêt réglant la suppression d'un office de président, de quatre offices de maîtres ordinaires des comptes, d'un office de maître extraordinaire, de deux offices de correcteurs et d'un office d'auditeur en la chambre des comptes de Dijon créés en vertu des édits d'août 1594 et de juin 1595.

E 2ᵇ, fᵒ 333 rᵒ.

6051. — « Estat des officiers tant catholicques que de la Religion prétendue refformée qui doibvent servir en la chambre my-partie ordonnée pour le ressort du parlement de Bourdeaux », avec l'état de leurs appointements.

E 2ᵇ, fᵒ 335 rᵒ.

———

1600, 19 septembre. — Chambéry.

6052. — Arrêt réglant l'union de l'office de receveur général triennal en la généralité de Guyenne aux deux offices de receveur ancien et de receveur alternatif.

E 2ᵇ, fᵒ 337 rᵒ.

———

1600, 24 septembre. — Grenoble.

6053. — Arrêt accordant seulement 8,000 écus à François de Montmorency, sieur de Fosseux, au lieu des 49,919 écus 30 sols qu'il réclame, pour l'entretien de la garnison et pour la démolition des fortifications du château d'Opoul, attendu que ce sont dépenses faites sans l'ordre exprès du Roi.

E 2ᵇ, fᵒ 339 rᵒ.

6054. — Arrêt prorogeant pour deux années les subsides de l'extinction du convoi et de l'imposition des rivières de Bordeaux, et ordonnant qu'ils soient baillés à ferme à Mᵉˢ Henri de Laussade, comptable, et Mathieu Martin, contrôleur en la chancellerie de Bordeaux.

E 2ᵇ, fᵒ 341 rᵒ.

6055. — Arrêt ordonnant que Joseph de La Rivière, avocat au parlement de Bordeaux, aura la garde des prisonniers en la chambre de l'Édit établie en Guyenne, ainsi que la garde de ladite chambre.

E 2^b, f° 343 r°.

6056. — Arrêt ordonnant que Jacques Bernardin et Antoine Maliverne, receveurs des traites et impositions foraines d'Anjou au tablier de Saumur, prendront 6 deniers pour livre sur les deniers reçus en leur tablier.

E 2^b, f° 343 r°.

6057. — Arrêt maintenant en leurs charges les huit notaires, secrétaires et greffiers du parlement de Grenoble, nonobstant la réunion au domaine des greffes du Dauphiné.

E 2^b, f° 343 v°.

6058. — Arrêt accordant aux habitants de Reims, de Joinville et de Vitry-le-François décharge d'un tiers de la subvention des années 1599 et 1600.

E 2^b, f° 344 r°.

6059. — Arrêt prorogeant les taxes de 15 sols par muid de vin, de 2 écus par bateau chargé et de 15 sols par cent de plâtre passant sous les ponts de Meulan, pour le produit en être affecté moitié aux réparations desdits ponts, moitié au remboursement du sieur de Bellengreville.

E 2^b, f° 344 v°.

6060. — Arrêt ordonnant que, jusqu'à plus ample informé, les douze et les vingt-cinq cabaretiers suivant la Cour payeront les droits de transport levés sur le vin, sauf sur celui « qu'ilz feront conduire à la suitte de Sa Majesté estant hors de Paris ».

E 2^b, f° 345 r°.

1600, 26 septembre. — Grenoble.

6061. — Arrêt réglant l'union des offices de receveurs triennaux des tailles dans les élections de Châlons-sur-Marne, d'Angoulême et de Mauléon aux offices de receveurs anciens et alternatifs.

E 2^b, f° 345 v°.

6062. — Arrêt réglant l'union de l'office de receveur triennal des aides et de l'équivalent de Poitou

aux deux offices de receveur ancien et de receveur alternatif.

E 2^b, f° 345 v°.

6063. — Arrêt réglant l'union de l'office de receveur triennal des tailles en l'élection de Fontenay-le-Comte aux deux offices de receveur ancien et de receveur alternatif.

E 2^b, f° 346 r°.

6064. — Arrêt modérant à 3,000 écus la somme imposée sur les habitants de Limoges pour le mariage du Roi, et leur accordant décharge d'un tiers de la subvention des années 1599 et 1600.

E 2^b, f° 346 v°.

6065. — Arrêt maintenant le sieur Orlandini en la charge de maître des courriers de la nation florentine à Lyon, mais ordonnant que tous paquets et toutes dépêches envoyés de France à l'étranger ou de l'étranger en France seront centralisés entre les mains du contrôleur général des postes à Lyon, lequel devra faire en sorte que, le 1er et le 15 de chaque mois, il parte deux courriers de Lyon, l'un pour Rome, l'autre pour Venise, et deux courriers pour Lyon, l'un de Venise, l'autre de Rome.

E 2^b, f° 351 r°.

1600, 27 septembre. — Grenoble.

6066. — Arrêt maintenant le prévôt des maréchaux de Normandie, son lieutenant, ses greffiers et archers en l'exercice de leurs charges, nonobstant un arrêt du parlement de Rouen.

E 2^b, f° 353 r°.

6067. — Arrêt comblant un déficit de 25,200 écus dans le budget des gabelles.

E 2^b, f° 355 r°.

1600, 28 septembre. — Grenoble.

6068. — Arrêt réglant le payement d'une somme de 4,000 écus due aux mortes-payes de Languedoc.

E 2^b, f° 347 r°.

6069. — Arrêt défendant à René Brunet, fermier des nouveaux 5 sols par muid de vin entrant à Paris, de troubler Paul de Cornouaille en la jouissance de sa ferme des aides, de l'équivalent et des nouveaux 5 sols par muid de vin entrant dans la ville ou dans les villages de l'élection de Senlis.

E 2ᵇ, fᵒ 357 rᵒ.

6070. — Arrêt ordonnant aux maire, échevins et habitants de Nantes de payer 1,000 écus pour la suppression de l'office d'auneur et visiteur des toiles en ladite ville.

E 2ᵇ, fᵒ 359 rᵒ.

────────

1600, 30 septembre. — Grenoble.

6071. — Arrêt prohibant l'usage du sel blanc dans le royaume.

E 2ᵇ, fᵒ 360 rᵒ.

6072. — Arrêt ordonnant l'institution d'une chambre appelée à statuer souverainement sur les abus et malversations commis en Bourgogne en matière de finances.

E 2ᵇ, fᵒ 362 rᵒ.

6073. — Arrêt ordonnant au sieur de Beaurepaire, maître des requêtes de l'Hôtel, commissaire député pour la réforme des gabelles en Bourgogne, de conférer avec les députés des États de Bourgogne, ainsi qu'avec les personnes intéressées, au sujet de la diminution du prix du sel.

E 2ᵇ, fᵒ 363 rᵒ.

6074. — Arrêt déclarant que, dans les bailliages et sénéchaussées où les protestants peuvent exercer publiquement leur culte en deux villes ou bourgs appartenant soit au Roi, soit à un seigneur catholique, ils pourront se faire donner un troisième lieu conformément à l'édit de Nantes, mais non pas un quatrième en invoquant l'édit de 1577.

E 2ᵇ, fᵒ 365 rᵒ.

6075. — Arrêt ordonnant à Mᵉ René Salvert, sieur de L'Isle, de rapporter au Conseil ses lettres de provision de l'office de conseiller au présidial de Tours.

E 2ᵇ, fᵒ 367 rᵒ.

6076. — Arrêt ordonnant que le cahier des dettes du pays de Bourgogne soit examiné par les États provinciaux dudit pays.

E 2ᵇ, fᵒ 369 rᵒ.

6077. — Arrêt ordonnant que les procureurs généraux du parlement et de la chambre des comptes de Dijon seront entendus au Conseil au sujet d'une requête en remise de tailles présentée par les habitants de Saulieu.

E 2ᵇ, fᵒ 370 rᵒ.

6078. — Arrêt renvoyant aux trésoriers de France en Bretagne une requête par laquelle les habitants de Saint-Malo demandent l'autorisation de lever sur eux-mêmes une somme de 12,393 écus 49 sols 11 deniers.

E 2ᵇ, fᵒ 372 rᵒ.

6079. — Arrêt prorogeant le délai accordé à la dame d'Aumale pour justifier d'un droit de péage qu'elle prétend exercer sur le Rhône.

E 2ᵇ, fᵒ 372 vᵒ.

────────

1600, 6 octobre. — Grenoble.

6080. — Arrêt ordonnant la confection d'un rôle général sur lequel seront évalués tous les offices de notaire du pays de Provence.

E 2ᵇ, fᵒ 374 rᵒ, et ms. fr. 18165, fᵒ 76 rᵒ.

6081. — Arrêt relatif au payement de 57,000 écus réclamés par le sieur Du Guast pour la fortification du château d'Amboise.

E 2ᵇ, fᵒ 375 rᵒ, et ms. fr. 18165, fᵒ 75 vᵒ.

6082. — Avis du Conseil tendant à gratifier le prince et la princesse de Conti du produit des droits de rachat perçus en Bretagne à la mort des veuves douairières et des juveigneurs.

E 2ᵇ, fᵒ 376 rᵒ, et ms. fr. 18165, fᵒ 75 rᵒ.

6083. — Arrêt renvoyant aux trésoriers de France en Dauphiné la vérification de ce qui est dû à quatre conseillers nouvellement créés au parlement de Grenoble, et ordonnant, dans la même cour, l'établissement d'une chambre des vacations.

E 2ᵇ, fᵒ 377 rᵒ, et ms. fr. 18165, fᵒ 76 vᵒ.

4.

6084. — Réponses du Conseil aux requêtes présentées par la moitié des communautés du vicariat de Barcelonne au sujet :

1° De la répartition de l'impôt;

2° D'une décharge de 11,600 écus;

3° D'une taxe annuelle levée autrefois par le duc de Savoie;

4° Du blé emmagasiné par ordre du sieur de Lesdiguières;

5° De l'exemption de tous droits forains sur les marchandises amenées de Provence et de Dauphiné.

Ms. fr. 18165, f° 77 v°.

1600, 7 octobre. — [Grenoble.]

6085. — Avis du Conseil tendant à accorder à la prieure et aux religieuses de Montfleury une somme de 2,743 écus pour les réparations du monastère.

E 2ᵇ, f° 379 r°, et ms. fr. 18165, f° 75 r°.

6086. — Arrêt ordonnant la vérification du montant des pertes subies par le capitaine Olivier et par Jean Hopil, enjoignant toutefois au sieur Olivier de payer une somme de 7,000 écus destinée à l'acquittement des gages du parlement, de la chambre des comptes et des trésoriers de France de Dauphiné.

E 2ᵇ, f° 379 r°, et ms. fr. 18165, f° 75 v°.

1600, 10 octobre. — Grenoble.

6087. — Arrêt réglant le remboursement des officiers des gabelles de la généralité de Bourgogne.

E 2ᵇ, f° 381 r°, et ms. fr. 18165, f° 78 r°.

6088. — Arrêt affectant au payement des Suisses une somme de 4,072 écus due au Roi par Mᵉ Jean Roger, ci-devant receveur général des finances en Bretagne.

E 2ᵇ, f° 382 r°, et ms. fr. 18165, f° 78 v°.

6089. — Arrêt réglant le payement des gages des officiers du présidial de Saint-Pierre-le-Moutier.

E 2ᵇ, f° 384 r°, et ms. fr. 18165, f° 78 r°.

6090. — Arrêt renvoyant au parlement de Bretagne le procès criminel des habitants du Croisic qui se sont portés à des actes de violence à l'occasion de la perception du droit d'entrée levé sur le vin dans le diocèse de Nantes.

E 2ᵇ, f° 386 r°, et ms. fr. 18165, f° 77 r°.

6091. — Arrêt accordant à Philippe de La Roche, fermier des droits levés sur l'alun entrant dans le royaume par la descente de Marseille, décharge de deux années de fermages, attendu que le 30 décembre 1592 il a été dépouillé de sa ferme par la violence de Charles de Casaux, chef des rebelles en ladite ville, et au profit du capitaine Jean Caire.

E 2ᵇ, f° 387 r°, et ms. fr. 18165, f° 79 r°.

6092. — Arrêt ordonnant que le duc de Ventadour fasse apparoir au Conseil de ses droits sur le péage de Baix.

E 2ᵇ, f° 387 v°, et ms. fr. 18165, f° 79 v°.

6093. — Arrêt accordant aux habitants de Châteauvillain décharge d'un tiers de la subvention à laquelle ils ont été taxés en place du sol pour livre.

E 2ᵇ, f° 387 v°, et ms. fr. 18165, f° 80 r°.

6094. — Arrêt renvoyant aux trésoriers de France en Guyenne une requête par laquelle les habitants de Barcelonne demandent à être exemptés de tous impôts durant le règne de Henri IV.

E 2ᵇ, f° 388 r°, et ms. fr. 18165, f° 80 r°.

6095. — Arrêt renvoyant aux trésoriers de France à Amiens une requête en remise de tailles présentée par vingt-quatre villages de l'élection de Montdidier ruinés par les grêles du 25 juillet et du 14 août derniers.

E 2ᵇ, f° 388 r°, et ms. fr. 18165, f° 80 r°.

6096. — Arrêt accordant aux habitants de Châlons décharge d'un tiers de la subvention levée en place du sol pour livre.

E 2ᵇ, f° 388 v°, et ms. fr. 18165, f° 80 r°.

6097. — Arrêt accordant aux habitants de Chaumont-en-Bassigny décharge d'un tiers de la subvention levée en place du sol pour livre.

E 2ᵇ, f° 388 v°, et ms. fr. 18165, f° 80 v°.

6098. — Extrait du cahier présenté au Roi par les États du Dauphiné, avec les réponses du Conseil.

Ms. fr. 18165, f° 80 v°.

1600, 18 octobre. — Grenoble.

6099. — Arrêt autorisant la construction d'un étal de boucher le long des murs du Petit-Châtelet.

E 2^b, f° 390 r°, et ms. fr. 18165, f° 84 r°.

6100. — Arrêt accordant à Antoine Coppin, fermier de l'impôt du hareng et du poisson de mer en la ville d'Amiens, décharge de ce qu'il doit pour l'année 1597.

E 2^b, f° 390 r°, et ms. fr. 18165, f° 84 v°.

6101. — Arrêt relatif au payement des gages des officiers du présidial d'Agen.

E 2^b, f° 392 r°, et ms. fr. 18165, f° 83 v°.

6102. — Arrêt accordant à Gilles Pichot décharge d'une somme de 500 écus qu'il a été condamné à payer à Thibaud de Lancrô par arrêt de la Cour des aides.

E 2^b, f° 394 r°, et ms. fr. 18165, f° 83 r°.

1600, 18 octobre. — Chambéry.

6103. — Arrêt ordonnant aux receveurs généraux des finances à Bourges et à Châlons de payer sans aucun retranchement les gages et pensions du duc de Nevers, gouverneur de Champagne et Brie, attendu les services personnels que ledit seigneur rend au Roi dans la guerre de Savoie, « avec une grande despense, qu'il supporte dès le commencement d'icelle, et pour luy donner plus de moyen de la continuer à l'advenir ».

Ms. fr. 18165, f° 83 v°.

1600, 20 octobre. — Chambéry.

6104. — Arrêt relatif au remboursement d'un office de sergent des tailles en l'élection de Paris appartenant à Claude Périer.

E 2^b, f° 396 r°, et ms. fr. 18165, f° 89 r°.

6105. — Arrêt réglant l'union de l'office de receveur général triennal en la généralité de Tours aux deux offices de receveur général ancien et de receveur général alternatif.

E 2^b, f° 397 r°, et ms. fr. 18165, f° 84 v°.

1600, 21 octobre. — Chambéry.

6106. — Arrêt maintenant Pierre Franchart en la jouissance de la ferme des traites domaniales de Poitou.

E 2^b, f° 398 r°, et ms. fr. 18165, f° 88 r°.

6107. — Arrêt ordonnant la remise en adjudication de la ferme d'un écu 3 sols par muid de vin entrant à Noyon.

E 2^b, f° 399 r°, et ms. fr. 18165, f° 88 r°.

6108. — Arrêt affectant au payement d'une somme de 20,000 écus due à Me Jean Palot, secrétaire du Roi, les deniers provenant de la crue de 16 sols par quintal de sel levée dans les quatorze greniers de Languedoc.

E 2^b, f° 400 r°, et ms. fr. 18165, f° 87 r°.

6109. — Arrêt ordonnant que les offices de contrôleurs-visiteurs-marqueurs de cuirs ne pourront être délivrés que sur les quittances du trésorier des Parties casuelles.

E 2^b, f° 402 r°, et ms. fr. 18165, f° 86 v°.

6110. — Arrêt attribuant à plusieurs habitants de Mézières une indemnité de 4,000 écus à l'occasion de la construction de la citadelle.

E 2^b, f° 403 r°, et ms. fr. 18165, f° 86 r°.

6111. — Arrêt prorogeant la levée de 15 sols par muid de vin, de 2 écus par bateau chargé et de 15 sols par cent de plâtre passant sous les ponts de Meulan, nonobstant un arrêt de la Cour des aides.

E 2^b, f° 404 r°, et ms. fr. 18165, f° 85 r°.

6112. — Arrêt enjoignant au fermier des droits de passeport de Brouage de payer 30,000 écus assignés au duc de Bar et à sa femme.

Ms. fr. 18165, f° 88 r°.

6113. — Arrêt enjoignant au fermier des 5 sols pour muid de sel perçus à Brouage de payer ses fermages de l'année présente.

Ms. fr. 18165, f° 88 r°.

6114. — Arrêt ordonnant l'arrestation de M⁶ Jean Meynard, commis par les États du Rouergue à la recette des tailles et taillon de la Haute-Marche de Rouergue.

Ms. fr. 18165, f° 88 v°.

6115. — Arrêt ordonnant à M⁶ Simon Biscul, général en la Cour des monnaies, de procéder sans retard à l'adjudication de la monnaie de Chambéry, et d'en assujettir le personnel aux règlements appliqués aux autres officiers des monnaies.

Ms. fr. 18165, f° 89 r°.

1600, octobre. — Chambéry.

6116. — Arrêt ordonnant que les paroisses du May, de la Séguinière, de Roussay, de la Romagne, du Longeron, de Saint-André-de-la-Marche, de Torfou, de Montigné, etc., payeront leurs impôts nonobstant un arrêt de la Cour des aides.

E 2ᵇ, f° 405 r°, et ms. fr. 18165, f° 85 v°.

6117. — Arrêt défendant à tous officiers du Roi de faire aucune levée sans commission expresse et sans lettres patentes du grand sceau, dûment contrôlées, lesquelles ne seront expédiées qu'après examen du Conseil; interdisant spécialement toute levée irrégulière en la généralité de Guyenne.

E 2ᵇ, f° 406 r°, et ms. fr. 18165, f° 86 v°.

1600, 10 novembre. — Marseille.

6118. — Arrêt autorisant les villes de Provence à s'acquitter du don qu'elles ont gratuitement offert au Roi à l'occasion de son mariage en telles espèces qu'il leur conviendra.

E 2ᵇ, f° 407 r°, et ms. fr. 18165, f° 90 r°.

1600, 22 novembre. — Chambéry.

6119. — Arrêt maintenant Pierre Franchart en la jouissance de la ferme des traites domaniales de Poitou, à condition qu'il indemnisera Ives de La Lande.

E 2ᵇ, f° 409 r°, et ms. fr. 18165, f° 90 r°.

1600, 6 décembre.

6120. — Arrêt accordant une remise de décimes aux religieuses du monastère des Ayes.

E 2ᵇ, f° 411 r°, et ms. fr. 18165, f° 90 v°.

6121. — Arrêt confirmant une remise de trois demi-années de décimes précédemment accordée au clergé du diocèse de Soissons.

E 2ᵇ, f° 411 r°, et ms. fr. 18165, f° 91 r°.

6122. — Arrêt accordant au clergé du diocèse de Chalon-sur-Saône remise d'un tiers des décimes de l'année 1599.

E 2ᵇ, f° 411 v°, et ms. fr. 18165, f° 91 v°.

6123. — Arrêt accordant une remise de décimes au clergé du diocèse de Rodez.

E 2ᵇ, f° 412 r°, et ms. fr. 18165, f° 91 v°.

6124. — Arrêt accordant une remise de décimes à l'évêque de Rodez.

E 2ᵇ, f° 412 r°, et ms. fr. 18165, f° 91 v°.

6125. — Arrêt accordant au clergé du diocèse d'Aire remise des cinq sixièmes des décimes de l'année 1598.

E 2ᵇ, f° 412 r°, et ms. fr. 18165, f° 91 v°.

6126. — Arrêt accordant une remise de décimes au prieur commendataire de la Dorade de Toulouse.

E 2ᵇ, f° 412 v°, et ms. fr. 18165, f° 92 r°.

6127. — Arrêt accordant au clergé du diocèse d'Auch décharge d'une somme de 6,950 écus 20 sols 10 deniers.

E 2ᵇ, f° 413 r°, et ms. fr. 18165, f° 92 r°.

1600, 12 décembre. — Lyon.

6128. — Arrêt ordonnant le payement de 50 écus

dus à M⁰ Christophe de Baignolz, pour ses gages de maître particulier des eaux et forêts à Romorantin.

Ms. fr. 18165, f° 92 v°.

1600, 13 décembre. — Lyon.

6129. — Arrêt ordonnant qu'il sera sursis pendant deux mois à la vérification des fausses reprises, doubles emplois, abus et malversations commis depuis quinze ans au fait des finances.

E 2ᵇ, f° 415 r°, et ms. fr. 18165, f° 93 v°.

6130. — Arrêt déboutant Jacques Robin, contrôleur triennal de l'Argenterie, de son opposition à l'édit de remboursement des offices triennaux.

E 2ᵇ, f° 416 r°, et ms. fr. 18165, f° 94 r°.

6131. — Arrêt réglant le remboursement du capital et des intérêts d'une somme de 4,000 écus prêtée au Roi, au mois de septembre 1590, par plusieurs habitants de Montdidier.

E 2ᵇ, f° 417 r°, et ms. fr. 18165, f° 92 v°.

1600, 14 décembre. — Lyon.

6132. — Arrêt ordonnant le payement d'une somme de 14,700 écus due au sieur de Buzenval, gentilhomme ordinaire de la Chambre, ambassadeur du Roi dans les Provinces-Unies.

E 2ᵇ, f° 419 r°, et ms. fr. 18165, f° 94 r°.

6133. — Arrêt réglant l'union de l'office de receveur général triennal en la généralité de Limoges aux deux offices de receveur ancien et de receveur alternatif.

E 2ᵇ, f° 420 r°, et ms. fr. 18165, f° 95 r°.

6134. — Arrêt enjoignant aux trésoriers de France à Tours de s'expliquer au sujet des états de M⁰ François Jusseaume, receveur général des finances à Tours.

E 2ᵇ, f° 422 r°, et ms. fr. 18165, f° 94 v°.

6135. — Arrêt ordonnant que, nonobstant un arrêt de la cour des aides de Normandie, les nou-

velles impositions de l'élection d'Argentan seront levées au lieu de la Brière.

E 2ᵇ, f° 424 r°, et ms. fr. 18165, f° 94 v°.

6136. — Arrêt ordonnant que les maîtres des requêtes de l'Hôtel statueront, sur le rapport du sieur de Refuge, au sujet d'une prétendue fausseté relevée en l'arrêt du Conseil du 7 octobre dernier (n° 6086), laquelle consiste en une rature et en l'addition du nom de Hopil.

E 2ᵇ, f° 425 r°, et ms. fr. 18165, f° 95 v°.

6137. — Arrêt, rendu sur la requête de l'ambassadeur d'Angleterre, ordonnant de surseoir à l'exécution d'un arrêt rendu au Conseil privé, le 21 avril dernier, entre les marchands anglais et les maîtres-gardes de la draperie de Rouen.

E 2ᵇ, f° 425 v°, et ms. fr. 18165, f° 96 r°.

6138. — Arrêt ordonnant de surseoir à l'exécution de l'édit de 1581 relatif à l'établissement des maîtrises en la ville de Lyon.

E 2ᵇ, f° 425 v°, et ms. fr. 18165, f° 96 r°.

6139. — Arrêt évoquant au Conseil le procès pendant entre François Du Tertre, l'ancien procureur du Roi et le receveur des tailles de la Rochelle.

E 2ᵇ, f° 426 r°, et ms. fr. 18165, f° 96 v°.

1600, 16 décembre. — Lyon.

6140. — Arrêt autorisant Antoine Le Vacher à exercer l'office de trésorier de France à Riom.

E 2ᵇ, f° 426 r°, et ms. fr. 18165, f° 96 v°.

6141. — Arrêt enjoignant aux consuls de Limoges de procéder, au mois de janvier suivant, à la levée de la subvention.

E 2ᵇ, f° 427 r°, et ms. fr. 18165, f° 97 r°.

6142. — Arrêt réglant le payement d'une somme de 8,000 écus due au sieur de Boisrozay pour fourniture de vivres et de munitions par lui faite lors du siège de Fécamp.

E 2ᵇ, f° 427 v°, et ms. fr. 18165, f° 97 v°.

6143. — Arrêt désignant M⁰ Vizet, commis au

greffe du Conseil privé, pour exercer ledit office sous les greffiers du Conseil, durant les quartiers de janvier et avril, en place de Me Michel Simon, son collègue, pourvu d'un office de trésorier de France à Soissons.

E 2ᵇ, fᵒ 428 rᵒ, et ms. fr. 18165, fᵒ 97 vᵒ.

6144. — Arrêt renvoyant aux trésoriers de France à Bordeaux une requête par laquelle les habitants de Capbreton demandent la concession des dunes comprises entre la mer et l'ancien canal de l'Adour pour les immobiliser au moyen de plantations de pins et de semis de gourbet.

E 2ᵇ, fᵒ 428 rᵒ, et ms. fr. 18165, fᵒ 98 rᵒ.

6145. — Arrêt ordonnant la remise aux mains des receveurs particuliers des tailles d'une somme d'environ 27,000 écus levée par les trésoriers de France à Lyon sur les élections de Forez et de Beaujolais en vertu de lettres surannées.

E 2ᵇ, fᵒ 430 rᵒ, et ms. fr. 18165, fᵒ 98 rᵒ.

6146. — Arrêt ordonnant à Me Henri de Laussade, comptable de Bordeaux, de payer une somme de 2,400 écus assignée au sieur de Barrault, gouverneur de Bazadais, vice-amiral en Guyenne.

Ms. fr. 18165, fᵒ 98 vᵒ.

1600, 19 décembre. — Lyon.

6147. — Arrêt réglant l'exercice de la Religion prétendue réformée en la ville de Béziers.

E 2ᵇ, fᵒ 431 rᵒ, et ms. fr. 18165, fᵒ 99 rᵒ.

6148. — Arrêt relatif au payement des mortespayes du Languedoc.

E 2ᵇ, fᵒ 433 rᵒ, et ms. fr. 18165, fᵒ 98 vᵒ.

1600, 20 décembre. — Lyon.

6149. — Arrêt réglant le payement des gages des officiers des eaux et forêts en la généralité de Poitiers.

Ms. fr. 18165, fᵒ 99 vᵒ.

1600, 22 décembre. — Lyon.

6150. — Arrêt autorisant Me François Jusseaume

à continuer l'exercice de son office de receveur général des finances à Tours, nonobstant l'arrêt du Conseil du 20 octobre dernier (nᵒ 6105).

E 2ᵇ, fᵒ 435 rᵒ, et ms. fr. 18165, fᵒ 100 rᵒ.

6151. — Arrêt réglant l'union de l'office de receveur particulier triennal du taillon en l'élection de Guyenne et de Bordelais aux deux offices de receveur ancien et de receveur alternatif.

E 2ᵇ, fᵒ 436 rᵒ, et ms. fr. 18165, fᵒ 100 rᵒ.

6152. — Adjudication des droits d'entrée levés à Paris sur les denrées et marchandises faite à Antoine Hervé, pour l'année 1601, aux mêmes conditions que pour les années précédentes.

Ms. fr. 18165, fᵒ 100 vᵒ.

1600, 23 décembre. — Lyon.

6153. — Arrêt relatif au payement des gages du sieur de Jambeville, conseiller au Conseil d'État et président au Grand Conseil.

E 2ᵇ, fᵒ 437 rᵒ, et ms. fr. 18165, fᵒ 101 vᵒ.

6154. — Adjudication du droit d'entrée levé sur les denrées et marchandises dans la généralité d'Orléans (excepté dans la ville et l'élection d'Orléans) faite, pour l'année 1601, à Mathurin Lambert, chevalier du guet d'Orléans, moyennant le payement de 17,000 écus.

Ms. fr. 18165, fᵒ 102 rᵒ.

1600, 26 décembre. — Lyon.

6155. — Arrêt ordonnant au fermier du sol pour livre en la ville de Paris de payer comptant à l'Épargne une somme de 1,600 écus.

Ms. fr. 18165, fᵒ 102 vᵒ.

1600, 28 décembre. — Lyon.

6156. — Arrêt ordonnant que le droit de sol pour livre sera levé à Paris sur toutes les marchandises spécifiées en la pancarte dressée sur les édits de 1581 et de 1597, nonobstant un arrêt de la Cour des aides du 23 septembre dernier.

E 2ᵇ, fᵒ 438 rᵒ, et ms. fr. 18165, fᵒ 108 vᵒ.

6157. — Adjudication de la ferme générale des dix-sept greniers à sel de Languedoc faite, pour cinq ans, à Jacques Boyadan, bourgeois de Paris.

Ms. fr. 18165, fᵒ 103 rᵒ; cf. ibid., fᵒˢ 108 vᵒ, 114 rᵒ et vᵒ.

1600, 29 décembre. — Lyon.

6158. — Arrêt ordonnant la réception de Mᵉ Antoine de Dorne en un office de président au parlement de Grenoble, et déclarant que Mᵉ Soffrey de Calignon, chancelier de Navarre, président audit parlement, ne sera tenu de servir qu'à son tour dans la chambre mi-partie et sera pourvu du premier office de président catholique qui deviendra vacant.

E 2ᵇ, fᵒ 439 rᵒ, et ms. fr. 18165, fᵒ 111 rᵒ.

6159. — Arrêt réglant le salaire des commis du greffier en la chambre de l'Édit de Guyenne.

E 2ᵇ, fᵒ 443 rᵒ, et ms. fr. 18165, fᵒ 113 rᵒ.

6160. — Arrêt relatif au remboursement d'un office de conseiller au parlement de Toulouse dont a été pourvu Mᵉ Jean Poictevin, président au présidial de Provins.

E 2ᵇ, fᵒ 444 rᵒ.

6161. — Arrêt réglant le payement d'une somme de 3,500 écus due au sieur de Born, lieutenant général de l'Artillerie.

E 2ᵇ, fᵒ 445 rᵒ, et ms. fr. 18165, fᵒ 112 vᵒ.

6162. — Arrêt accordant aux habitants de Toulouse remise d'un tiers de la somme de 15,000 écus qu'ils ont promise volontairement au Roi pour les frais de la prise d'Amiens.

E 2ᵇ, fᵒ 446 rᵒ, et ms. fr. 18165, fᵒ 110 rᵒ.

6163. — Arrêt fixant à 1,600 écus l'indemnité due à Simon Leber, acquéreur des tabellionages du bailliage de Mantes, à raison du préjudice à lui causé par l'arrêt du Parlement du 22 mars dernier qui a at-

tribué au baron de Rosny les tabellionages de la terre et de la seigneurie de Rosny.

E 2ᵇ, fᵒ 448 rᵒ, et ms. fr. 18165, fᵒ 111 rᵒ.

6164. — Arrêt ordonnant que, dans les trois jours, Mᵉ Auguste Prévost et Mᵉ Pierre Martin, receveur général des finances en Guyenne, produiront respectivement par écrit tout ce que bon leur semblera.

E 2ᵇ, fᵒ 449 rᵒ, et ms. fr. 18165, fᵒ 113 vᵒ.

6165. — Arrêt relatif à l'union de l'office de receveur triennal des tailles en l'élection du Haut-Limousin aux deux offices de receveur ancien et de receveur alternatif.

E 2ᵇ, fᵒ 450 rᵒ, et ms. fr. 18165, fᵒ 109 rᵒ.

6166. — Arrêt relatif à la réception de Mᵉ Joachim Olivier en l'office de receveur des tailles en l'élection de Fontenay-le-Comte.

E 2ᵇ, fᵒ 450 rᵒ, et ms. fr. 18165, fᵒ 109 vᵒ.

6167. — Arrêt réglant le payement d'une somme de 366 écus 2/3 due à Nicolas Guyon, capitaine et conducteur du charroi de la chancellerie de France.

E 2ᵇ, fᵒ 450 vᵒ, et ms. fr. 18165, fᵒ 109 vᵒ.

6168. — Arrêt accordant nouvelle surséance de trois mois à Paul Choquet et à Adrien de Barastre, fermiers des 2 et 5 sols par muid de vin vendu en gros et du vingtième du vin vendu en la ville d'Amiens.

E 2ᵇ, fᵒ 450 vᵒ, et ms. fr. 18165, fᵒ 109 vᵒ.

6169. — Arrêt renvoyant aux trésoriers de France à Béziers une requête par laquelle les propriétaires de greniers à sel de Narbonne, Peyriac et Sigean, demandent le rétablissement des guérites de Narbonne.

E 2ᵇ, fᵒ 451 rᵒ, et ms. fr. 18165, fᵒ 110 rᵒ.

1600, 30 décembre. — Lyon.

6170. — Arrêt enjoignant aux trésoriers provinciaux de l'Extraordinaire des guerres de présenter, dans les deux mois, leurs comptes de l'année 1599 à Mᵉ Jean Fabry, trésorier général de l'Extraordinaire des guerres.

E 2ᵇ, fᵒ 452 rᵒ, et ms. fr. 18165, fᵒ 113 vᵒ.

6171. — Arrêt ordonnant aux fermiers des droits forains et du droit de tonneau levé sur les blés et vins passant par la ville d'Arles de payer une somme de 2,600 écus au sieur de Gastines, maître des Comptes, commissaire député à la direction des finances en Provence.

E 2ᵇ, fᵒ 453 rᵒ, et ms. fr. 18165, fᵒ 115 rᵒ.

1600.

6172. — Arrêt portant révocation des surséances accordées aux habitants de Champagne par les trésoriers de France pour le payement des tailles des années 1598 et 1599.

E 2ᵇ, fᵒ 455 rᵒ, et ms. fr. 18165, fᵒ 114 vᵒ.

6173. — Projet d'arrêt relatif à la reddition des comptes des receveurs particuliers de la généralité de Tours qui étaient en charge durant l'année 1598.

Ms. fr. 10843, fᵒ 5 rᵒ.

1601, 2 janvier. — Lyon.

6174. — Arrêt ordonnant à Mᵉ Claude Bourbon, receveur des tailles au pays de Beaujolais, de représenter au Conseil les lettres en vertu desquelles il a levé sur ledit pays une somme de 7,000 écus et prétend en lever une autre de 12,000 écus.

E 3ᵃ, fᵒ 1 rᵒ.

6175. — Arrêt réglant le payement des gages dus aux quatre trésoriers des gardes du Roi.

E 3ᵃ, fᵒ 1 rᵒ.

6176. — Arrêt ordonnant que le duc de Wurtemberg sera remboursé premièrement des sommes pour lesquelles il a été stipulé un intérêt de 8 ⅓ o/o, secondement des sommes pour lesquelles il a été stipulé un intérêt de 5 o/o, et en dernier lieu des sommes pour lesquelles il n'a été stipulé aucun intérêt.

E 3ᵃ, fᵒ 1 vᵒ.

6177. — Arrêt assignant au Conseil les marchands de Paris intéressés à la non-exécution de l'édit qui prohibe l'entrée dans le royaume des draps d'or, d'argent et de soie provenant de l'étranger.

E 3ᵃ, fᵒ 2 rᵒ.

6178. — Arrêt autorisant Mᵉ Zacharie Piget, trésorier provincial de l'Extraordinaire des guerres en Bourgogne, à rembourser à Mᵉ Claude Baudet son office de trésorier des mortes-payes audit pays.

E 3ᵃ, fᵒ 2 rᵒ.

6179. — Arrêt renvoyant aux trésoriers de France à Béziers une requête par laquelle les habitants de Béziers demandent à être exemptés, comme ceux de Marseille, des droits de foraine, rêve et haut passage.

E 3ᵃ, fᵒ 2 vᵒ.

1601, 4 janvier. — Lyon.

6180. — Arrêt réglant les droits et obligations de Jean Hopil, fermier de la traite de deux cent quarante gros muids de sel en Lyonnais.

E 3ᵃ, fᵒ 5 rᵒ.

1601, 8 janvier. — Lyon.

6181. — Arrêt ordonnant que Guillaume Boucault, Richard Pichon et leurs associés seront payés d'une somme de 23,422 écus 34 sols 10 deniers par Mᵉ Henri de Laussade, fermier des subsides de Royan et du convoi de Bordeaux.

E 3ᵃ, fᵒ 7 rᵒ.

6182. — Arrêt autorisant l'établissement d'un octroi à Seurre.

E 3ᵃ, fᵒ 10 rᵒ.

6183. — Arrêt déclarant que les maîtres des postes ne pourront être exécutés en leurs personne, biens, chevaux et harnais pour les dettes des communautés et des paroisses dans lesquelles ils résident et possèdent des héritages.

E 3ᵃ, fᵒ 11 rᵒ.

6184. — Arrêt relatif au remboursement de l'office de receveur alternatif du domaine en la sénéchaussée de Beaucaire et de Nîmes proposé par le receveur ancien.

E 3ᵃ, fᵒ 11 rᵒ.

6185. — Arrêt accordant aux habitants de Messimy remise de toutes les tailles et impositions passées.

E 3ᵃ, fᵒ 11 vᵒ.

6186. — Arrêt ordonnant que la requête du duc de Montpensier tendante au rétablissement de l'élection de Mirebeau sera communiquée aux trésoriers de France à Tours.

E 3ᵃ, fᵒ 11 vᵒ.

6187. — Arrêt renvoyant aux trésoriers de France à Béziers la proposition faite par Jean Orthelin, de la ville d'Agde, de prendre à bail le cinquième denier affecté au payement des gages des officiers anciens des bureaux et passages de la sénéchaussée de Carcassonne.

E 3ᵃ, fᵒ 12 rᵒ.

6188. — Arrêt ratifiant le bail conclu avec Gaspard de Rabastens, écuyer, pour tous les greniers à sel de Provence.

E 3ᵃ, fᵒ 12 rᵒ.

6189. — Arrêt ordonnant que les protestants de Lodève seront entendus au Conseil au sujet de la requête par laquelle les consuls et catholiques de ladite ville protestent contre l'exercice du culte protestant en une terre d'Église.

E 3ᵃ, fᵒ 12 vᵒ.

6190. — Arrêt accordant 10 écus par voyage, c'est-à-dire 240 écus par an, aux courriers ordinaires établis pour le service du Roi entre Lyon et Venise.

E 3ᵃ, fᵒ 12 vᵒ.

_____

1601, 16 janvier. — Lyon.

6191. — Arrêt réglant le payement des deux tiers des arrérages des rentes constituées à divers particuliers sur les recettes générales ou particulières.

E 3ᵃ, fᵒ 14 rᵒ, ms. fr. 10843, fᵒ 14 rᵒ, et AD I 132, nᵒ 1.

_____

1601, 17 janvier. — Lyon.

6192. — Arrêt ordonnant le rétablissement des sommes rayées sous le nom du sieur Zamet dans les comptes des tailles de Troyes.

E 3ᵃ, fᵒ 16 rᵒ.

6193. — Arrêt ordonnant que les cabaretiers soidisant privilégiés suivant la Cour seront entendus au Conseil des finances au sujet de la plainte déposée par le commis à la recette des 8 sols par muid de vin passant sous les ponts de Melun.

E 3ᵃ, fᵒ 16 rᵒ.

6194. — Arrêt ordonnant que l'intendant de la douane de Lyon sera entendu au Conseil au sujet de la plainte de Michel Particelli, moulinier de soie de la ville de Lyon.

E 3ᵃ, fᵒ 16 vᵒ.

6195. — Arrêt réglant le remboursement de la finance payée par Daniel de Rozel, commissaire ordinaire des guerres, pour un office de conseiller au Parlement dont il n'a pu jouir.

E 3ᵃ, fᵒ 17 rᵒ.

6196. — Arrêt ordonnant que l'aliénation des biens patrimoniaux de la ville d'Arles sera effectuée par un conseiller au parlement de Provence ou par le lieutenant du sénéchal.

E 3ᵃ, fᵒ 17 rᵒ.

6197. — Arrêts accordant diverses remises de décimes :

1° Au clergé du diocèse de Luçon ;
2° Au clergé du diocèse de Vaison ;
3° Au clergé du diocèse de Laon.

E 3ᵃ, fᵒ 20 rᵒ et vᵒ.

_____

1601, 18 janvier. — Lyon.

6198. — Arrêt accordant un rabais à Antoine Claperon, fermier de la douane de Vienne.

E 3ᵃ, fᵒ 17 vᵒ.

6199. — Arrêt portant confirmation des nominations et provisions aux bénéfices ecclésiastiques faites par l'archevêque de Rouen, par les évêques de Coutances et de Bayeux, entre le moment où ils ont prêté serment de fidélité au Roi et celui où il leur a été permis de demander leurs bulles en Cour de Rome.

E 3ᵃ, fᵒ 18 rᵒ.

6200. — Arrêt renvoyant aux trésoriers de France

5.

à Moulins une requête par laquelle Louis David, collecteur des tailles de Saint-Pourçain, demande à être déchargé de 80 écus, « attendu sa pauvreté et imbécillité de son esprit ».

E 3*, f° 18 v°.

6201. — Arrêt renvoyant aux commissaires députés pour l'exécution de l'édit de Nantes une requête tendante à l'autorisation d'exercer le culte protestant en la ville de Paray.

E 3*, f° 19 r°.

6202. — Arrêt déchargeant les avocats du siège de la Ferté-Bernard des taxes pour l'érection en titre d'offices des procureurs-postulants dans le Maine et dans l'Anjou, attendu que la juridiction de la Ferté-Bernard fait partie du patrimoine du duc de Mayenne.

E 3*, f° 24 r°.

6203. — Lettres patentes adjugeant à Me Léonard de Mausse les droits de patente du Languedoc, précédemment baillés à ferme au sieur Arnauld Pain.

E 3*, f° 25 r°.

1601, 19 janvier. — Lyon.

6204. — Arrêt ordonnant la suppression de l'office de receveur général triennal des finances en Guyenne.

E 3*, f° 29 r°.

6205. — Arrêt ordonnant la levée sur le Dauphiné d'une somme de 13,180 écus 10 deniers restée due à Me Pierre Boisson, ci-devant commis à la recette des deniers des fortifications audit pays.

E 3*, f° 30 r°.

1601, 20 janvier. — Lyon.

6206. — Arrêt ordonnant que, jusqu'à plus ample examen des privilèges de la ville de Lyon, il sera sursis en ladite ville à l'établissement des maîtrises.

E 3*, f° 31 r°.

6207. — Arrêt confirmant le don fait au sieur de Villeroy, conseiller d'État et secrétaire des commandements, de tous les émoluments provenant des coches d'eau appelés les *Corbillats*.

E 3*, f° 32 r°.

6208. — Arrêt ordonnant la levée des sommes dues à plusieurs capitaines et gouverneurs de places du gouvernement du maréchal de Biron.

E 3*, f° 34 r°.

6209. — Arrêt relatif au remboursement des sommes restées dues au duc d'Épernon par les habitants de la Provence.

(Arrêt cancellé.)

E 3*, f° 35 r°.

6210. — Arrêt répartissant les frais de réparation du Chemin-Neuf de la ville de Lyon entre le corps de ville, les propriétaires limitrophes et les villages circonvoisins.

E 3*, f° 35 r°.

6211. — Arrêt ouvrant une enquête sur les excès commis par François de Costaing, sieur de Pusignan, qui aurait fait fouetter de sangles Jean Leconte, consu et collecteur des tailles de Feyzin.

E 3*, f° 35 v°.

6212. — Arrêt renvoyant aux trésoriers de Franc à Bordeaux une requête des habitants de Villeneuve-d'Agen tendante à la levée des sommes nécessaires à la réparation du pont du Lot.

E 3*, f° 35 v°.

1601, 21 janvier. — Lyon.

6213. — Arrêt maintenant Me René Salvert en l'office de conseiller au présidial de Tours, et accordant aux officiers dudit présidial décharge des dépens auxquels ils ont été condamnés par le Parlement.

E 3*, f° 37 r°.

6214. — Arrêt réglant le payement d'une somme de 371 écus restée due à Me Jean Estiot, commis à la recette des tailles de Saulieu.

E 3*, f° 38 r°.

6215. — Arrêt autorisant le syndic du diocèse de Toulouse à rembourser l'office de receveur triennal des tailles audit diocèse.

E 3*, f° 39 r°.

6216. — Arrêt révoquant les pouvoirs des commissaires députés pour la taxe des offices de notaires et de sergents royaux au comté de Provence.

E 3*, f° 40 r°.

6217. — Arrêt autorisant le prévôt des marchands et les échevins de Lyon à prendre sur le produit de l'octroi les sommes dépensées pour les entrées de la Reine et du légat, le cardinal Aldobrandini.

E 3*, f° 41 r°.

6218. — Arrêt ordonnant de surseoir à la levée des tailles du marquisat de Saint-Sorlin jusqu'à plus ample examen des titres du duc de Nemours, qui revendique lesdites tailles, comme faisant partie de son apanage.

E 3*, f° 43 r°.

6219. — Arrêt ordonnant l'élargissement du sieur de Montbrun, emprisonné en vertu d'un arrêt du parlement d'Aix, bien que sa cause fût pendante pardevant le Conseil d'État.

E 3*, f° 44 r°.

6220. — Arrêt autorisant l'établissement d'un octroi à Saulieu.

E 3*, f° 45 r°.

6221. — Arrêt renvoyant aux trésoriers de France et au commissaire député pour la direction des finances en Lyonnais une requête par laquelle les marchands des villes impériales d'Allemagne demeurant en France demandent à n'être soumis qu'aux droits anciens pour l'importation et l'exportation des marchandises non prohibées.

E 3*, f° 46 r°.

6222. — Arrêt accordant au procureur des États et au receveur de Dauphiné surséance pour le payement des 7,946 écus qu'ils ont été condamnés à payer au fils et héritier de M° Hugues Thomasset, receveur audit pays.

E 3*, f° 47 r°.

6223. — Arrêt accordant aux habitants de Langres décharge d'un tiers de la subvention de l'année 1600.

E 3*, f° 47 r°.

6224. — Arrêt accordant aux habitants de Vassy

décharge d'un tiers de la subvention de l'année 1600.

E 3*, f° 47 v°.

6225. — Arrêt autorisant Isaac Guydon, greffier des insinuations ecclésiastiques au diocèse de Poitiers, à résigner son office à personne catholique et capable, nonobstant un arrêt du Conseil privé du 26 mai dernier.

E 3*, f° 47 v°.

1601, 22 janvier. — Lyon.

6226. — Requêtes lamentables des habitants du bailliage de Briançonnais et réponses du Conseil au sujet :

1° De la désolation du pays;

2° Des préparatifs de guerre faits depuis l'arrivée de Sa Majesté à Lyon;

3° De l'entretien des troupes royales, et particulièrement des légionnaires;

4° De la construction de nouvelles tours et barricades;

5° De la franchise du marché de Briançon;

6° De l'entretien des postes.

E 3*, f° 50 r°.

1601, 23 janvier. — Lyon.

6227. — Arrêt attribuant au parlement de Toulouse la connaissance de tous les procès instruits en Languedoc par le sieur Fauchet, premier président de la Cour des monnaies, contre les maîtres-monnayeurs et officiers des monnaies, sans préjudice de la juridiction de la Cour des monnaies.

E 3*, f° 54 r°.

6228. — Arrêt défendant à M° Jean Roger, receveur général des finances en Bretagne, d'exercer aucune contrainte à l'encontre d'Étienne Ringues, concessionnaire des deniers casuels donnés à la feue Reine mère.

E 3*, f° 56 r°.

1601, 10 février. — Paris.

6229. — Arrêt ordonnant que les marchands forains fréquentant la foire de Saint-Germain seront contraints de payer l'impôt du sol pour livre.

E 3ᵉ, fᵒ 57 rᵒ.

1601, 17 février. — Paris.

6230. — Arrêt enjoignant aux trésoriers de France de se conformer scrupuleusement à l'état du Roi qui leur est envoyé au commencement de l'année, et défendant aux receveurs généraux des finances, sous peine de suspension, de compter en la Chambre des comptes avant d'avoir fait arrêter leur état au vrai par le Conseil des finances.

E 3ᵉ, fᵒ 58 rᵒ.

6231. — Arrêt ordonnant que toutes les villes sans exception payeront l'impôt du sol pour livre, reconnu juste par les Notables.

E 3ᵉ, fᵒ 58 vᵒ.

6232. — Arrêt ordonnant que les ducatons perçus dans les généralités de Lyon et de Provence seront employés aux dépenses du renouvellement de l'alliance avec les Suisses, après quoi lesdites monnaies seront décriées par toute la France.

(Arrêt cancellé.)

E 3ᵉ, fᵒ 59 rᵒ.

1601, 20 février. — Paris.

6233. — Arrêt ordonnant la vérification de ce qui a été remboursé des sommes levées sur les comptables en 1597 par manière d'emprunt.

E 3ᵉ, fᵒ 59 rᵒ.

6234. — Arrêt autorisant Bernardin Cassanot à prendre la ferme générale des gabelles des dix-sept greniers de Languedoc aux conditions de son ancien bail, si mieux il n'aime payer une folle enchère.

E 3ᵉ, fᵒ 59 vᵒ.

6235. — Arrêt relatif au remboursement des officiers du sel supprimés.

E 3ᵉ, fᵒ 60 rᵒ.

6236. — Arrêt ordonnant la vérification de ce qui a été reçu du demi-doublement des aides et des

15 sols par minot de sel affectés au remboursement des prêts de la Fère et d'Amiens.

E 3ᵉ, fᵒ 60 rᵒ.

6237. — Arrêt ordonnant que, jusqu'à plus ample examen de leurs privilèges, les marchands et cabaretiers suivant la Cour acquitteront les droits d'octroi concédés sur le vin aux villes et aux communautés.

E 3ᵉ, fᵒ 60 vᵒ.

6238. — Arrêt ordonnant la création de trois élections à Bourg, à Belley et à Gex.

E 3ᵉ, fᵒ 60-vᵒ.

6239. — Arrêt accordant 100 écus aux marchands fréquentant la foire de Saint-Germain-des-Prés, à titre d'indemnité, ladite foire ayant été reculée, puis prolongée par le Roi.

E 3ᵉ, fᵒ 61 rᵒ.

6240. — Arrêt relatif à la suppression de l'office de procureur du Roi en la sénéchaussée de Toulouse.

(Arrêt cancellé.)

E 3ᵉ, fᵒ 61 rᵒ.

6241. — Arrêt prorogeant pour trois ans la levée de 12 deniers par pot et de 3 écus 18 sols par tonneau de vin en toutes les villes de Picardie, pour le produit en être affecté aux fortifications des villes frontières.

E 3ᵉ, fᵒ 61 rᵒ.

6242. — Arrêt accordant à Mᵉ Michel Jolly, procureur du Roi au siège de Montereau-Faut-Yonne, décharge de partie de la somme à laquelle il a été taxé pour la révocation de l'édit de création des lieutenants généraux et procureurs du Roi alternatifs.

E 3ᵉ, fᵒ 61 vᵒ.

6243. — Adjudication du droit d'entrée et de l'imposition de la ville, des faubourgs et de l'élection d'Orléans faite, pour 10,000 écus, à Joseph Fourmy, habitant d'Orléans.

E 3ᵉ, fᵒ 63 rᵒ.

1601, 22 février. — Paris.

6244. — Arrêt ordonnant que les officiers de

l'élection de Pithiviers rendront raison au Conseil des actes de vengeance qu'ils sont accusés d'avoir commis à l'encontre des asséeurs et collecteurs de ladite ville qui les avaient taxés pour le payement des tailles.

E 3ᵃ, fᵒ 65 rᵒ.

6245. — Arrêt maintenant en leurs charges le prévôt général des maréchaux de Châlons résidant en Rethelois, ses archers, son greffier et le procureur du Roi, attendu que ledit pays est couvert de bois favorables aux vols et aux coups de main.

E 3ᵃ, fᵒ 65 vᵒ.

1601, 27 février. — Paris.

6246. — Arrêt accordant à Laurent Gérard, marchand de Liège, mainlevée de soixante-sept tonnes de sel expédiées, par la Meuse, à Château-Regnault, terre souveraine de la duchesse de Guise.

E 3ᵃ, fᵒ 65 vᵒ.

6247. — Arrêt défendant à de prétendus commis à la recette des deniers provenant des taxes de maîtrises jurées de contraindre aucun artisan au payement des taxes des maîtrises, notamment dans le bourg de Maisse.

E 3ᵃ, fᵒ 66 rᵒ.

6248. — Arrêt accordant 100 écus à demoiselle Alix de Pila, en souvenir de son frère, le feu sieur de Saint-Michel, lequel a dépensé de 4 à 5,000 écus pour la conservation des droits du Roi sur l'abbaye de Dommartin, réclamée par le roi d'Espagne, et a retrouvé à grands frais des titres de fondation qui justifient les droits du Roi sur plusieurs villages situés au delà de la rivière d'Authie.

E 3ᵃ, fᵒ 69 rᵒ.

1601, 1ᵉʳ mars. — Paris.

6249. — Arrêt ordonnant aux prévôts des maréchaux d'escorter, avec leurs archers, les receveurs particuliers quand ils portent de l'argent à la recette générale, et les receveurs généraux quand ils en portent à l'Épargne.

E 3ᵃ, fᵒ 70 rᵒ.

6250. — Arrêt cassant un arrêt de la Cour des aides et une sentence des élus de Melun contraires à l'édit des asséeurs et collecteurs des tailles.

E 3ᵃ, fᵒ 71 rᵒ.

6251. — Arrêt évoquant au Conseil le procès pendant à la Cour des aides entre Mᵉ Jérôme Garrault, trésorier général de l'Extraordinaire des guerres, et le commis du trésorier provincial de l'Extraordinaire des guerres en Poitou.

E 3ᵃ, fᵒ 71 vᵒ.

6252. — Arrêt restituant aux Franciscains de Chartres un terrain à eux pris, en 1591, et enclavé dans la citadelle.

E 3ᵃ, fᵒ 71 vᵒ.

6253. — Arrêt chargeant le sieur de Maisse, conseiller d'État, de vérifier si les gages des commissaires et contrôleurs placés aux ports et portes de Paris doivent être payés par le fermier de l'imposition du sol pour livre.

E 3ᵃ, fᵒ 72 rᵒ.

1601, 3 mars. — Paris.

6254. — Arrêt renvoyant au Grand Conseil les procès criminels instruits par Mᵉ Jérôme Luillier, notamment celui d'Antoine Beloteau, sénéchal de Montreuil-Bellay.

E 3ᵃ, fᵒ 75 rᵒ.

1601, 9 mars. — Paris.

6255. — Arrêt ordonnant que les receveurs généraux des finances des généralités de Toulouse et de Montpellier seront contraints de représenter leurs comptes des années 1596 à 1600.

E 3ᵃ, fᵒ 77 rᵒ.

6256. — Arrêt ordonnant à Mᵉ Pierre Le Charron, trésorier général de l'Extraordinaire des guerres, de verser 30,000 écus aux mains de son collègue, Mᵉ Jean Charron.

Ms. fr. 10843, fᵒ 16 rᵒ.

1601, 12 mars. — Paris.

6257. — Arrêt attribuant à Robert Le Givre

l'office de grènetier au grenier à sel de Château-Thierry.

E 3ᵃ, fᵒ 78 rᵒ.

1601, 13 mars. — Paris.

6258. — Arrêt accordant aux habitants de la Ferté-Gaucher décharge de la subvention des villes closes de la généralité de Châlons, attendu qu'ils ressortissent à l'élection de Coulommiers et à la généralité de Paris.

E 3ᵃ, fᵒ 79 rᵒ.

6259. — Arrêt ouvrant une enquête sur les fraudes commises pour éviter le payement du droit de marc d'or, et ordonnant l'acquittement de tous les droits échus.

E 3ᵃ, fᵒ 80 rᵒ.

6260. — Arrêt ordonnant de surseoir, jusqu'à plus ample informé, aux poursuites intentées par le trésorier provincial des décimes à Toulouse contre le syndic du diocèse d'Albi pour le payement de sa quote-part de l'aliénation des biens du Clergé ordonnée par le maréchal de Joyeuse, en 1586.

(Arrêt cancellé.)

E 3ᵃ, fᵒ 81 rᵒ.

6261. — Arrêt maintenant Louis Morel, sieur de La Tour, prévôt de la maréchaussée en Normandie, son lieutenant, son greffier et ses archers en possession de leurs charges, nonobstant l'opposition du parlement de Rouen.

E 3ᵃ, fᵒ 81 rᵒ.

6262. — Arrêt ordonnant la restitution de la taxe indûment perçue à Rouen sur quatre-vingts tonneaux de vin que l'ambassadeur d'Angleterre faisait venir à Paris pour l'entretien de sa maison.

E 3ᵃ, fᵒ 82 rᵒ.

1601, 15 mars. — Paris.

6263. — Arrêt ordonnant que, jusqu'à l'audition des parties au Conseil, il sera sursis à l'exécution de l'arrêt rendu par le parlement de Bordeaux dans un procès relatif aux revenus d'une cure du diocèse de Condom.

E 3ᵃ, fᵒ 82 rᵒ.

6264. — Arrêt ordonnant que Mᵉˢ François Guerry et Nicolas Granger exerceront dans le pays de Bresse et autres lieux acquis par échange du duc de Savoie les offices de trésorier des réparations et de trésorier provincial de l'Extraordinaire des guerres qu'ils exerçaient dans le Piémont, dans le Montferrat et dans le marquisat de Saluces.

E 3ᵃ, fᵒˢ 82 vᵒ et 83 rᵒ.

6265. — Arrêt renvoyant au Grand Conseil les appels interjetés contre les sentences de Mᵉ Jérôme Luillier, commissaire député pour la recherche des abus et malversations commis par les officiers des greniers à sel dans les généralités d'Orléans et de Tours.

E 3ᵃ, fᵒ 85 rᵒ.

1601, 17 mars. — Paris.

6266. — Arrêt réglant le remboursement du capital et des intérêts d'une somme de 4,000 écus empruntée par le Roi, en un besoin urgent, au mois de septembre 1590, à Nicolas Desprez, Jean Pasquier, Nicolas Germain, Jean Le Maire, François Grandvallet, Jean Mallet, Guy Lempereur, Jean Camel, Jossiau Du Pré, Israël Du Bus, Pierre Bosquillon et Antoine Bourson.

E 3ᵃ, fᵒ 87 rᵒ.

6267. — Arrêt cassant les sentences rendues par le sénéchal de Nantes contre le receveur des fouages et le commis à la recette des droits levés sur les blés et légumes descendant la Loire.

E 3ᵃ, fᵒ 89 rᵒ.

6268. — Arrêt déchargeant le comte de Saint-Pol, les sieurs de Belin et Le Fèvre de Caumartin de l'obligation par eux contractée envers dame Claire d'Amerval, veuve du sieur de Gomeron, et ordonnant la vérification des dépenses faites tant par elle que par son défunt mari pour la fortification et la munition du château de Ham.

E 3ᵃ, fᵒ 91 rᵒ.

6269. — Arrêt enjoignant aux trésoriers de la Maison du Roi et des Menus de rendre leurs comptes des quatre dernières années.

E 3ᵃ, fᵒ 93 rᵒ.

6270. — Arrêt ordonnant la vérification des sommes dépensées pour les réparations du château de Loudun.

E 3°, f° 94 r°.

6271. — Arrêt confirmant une remise de décimes accordée au duc de Nemours et aux habitants de ses terres de Gènevois, du marquisat de Saint-Sorlin et de Bugey.

E 3°, f° 94 r°.

6272. — Arrêt ordonnant la levée de 4,000 écus destinés aux réparations du pont de Jargeau.

E 3°, f° 94 v°.

6273. — Arrêt ordonnant aux gens des Comptes de vérifier si une somme de 22,000 écus a été réellement prêtée au Roi par le sieur de Lussan, capitaine des gardes écossaises.

E 3°, f° 95 r°.

6274. — Arrêt accordant à Philibert Petit, maître particulier des eaux et forêts au bailliage de Chaumont-en-Bassigny, décharge du supplément levé sur les officiers pourvus par le duc de Mayenne.

E 3°, f° 95 r°.

6275. — Arrêt accordant semblable décharge à M° Georges de Nailly, conseiller au bailliage et au présidial de Beauvais.

E 3°, f° 95 v°.

6276. — Arrêt ordonnant le payement de partie des 8,000 écus dus à Jean Fontaine, maître des œuvres de charpenterie des Bâtiments du Roi, pour divers travaux faits aux châteaux du Louvre et de Vincennes, au bâtiment neuf du parc de Vincennes, aux Capucins et aux Feuillants de Paris, au parc des Tournelles.

E 3°, f° 96 r°.

6277. — Arrêt ordonnant le remboursement et la suppression de l'office de receveur général triennal des finances à Châlons.

E 3°, f° 96 r°.

1601, 18 mars. — [Paris.]

6278. — Arrêts accordant diverses remises de décimes :

1° Au clergé du diocèse de Langres;
2° Au clergé du diocèse de Grenoble;
3° Au clergé du diocèse de Viviers;
4° Au prieur de Champcouelle;
5° A l'évêque et au clergé du diocèse de Rodez.

E 3°, f°° 20 v°-21 v°.

1601, 21 mars. — Paris.

6279. — Arrêt ordonnant la livraison des arbres marqués en la forêt de Cuise, sur une étendue de 10 arpents, pour servir aux réparations du château de Madrid.

E 3°, f° 98 r°.

6280. — Arrêt ordonnant au receveur général des finances à Toulouse de payer 6,733 écus 1/3 au receveur des rentes de la ville de Paris.

Ms. fr. 10843, f° 18 r°.

1601, 22 mars. — Paris.

6281. — Arrêt répondant aux requêtes des habitants de Châlons au sujet :

1° Du payement des rentes qui leur sont dues;
2° De la levée des subventions qui sont imposées sur eux;
3° De l'affectation du produit de l'octroi aux fortifications et aux réparations de leur ville.

E 3°, f° 99 r°.

6282. — Arrêt réglant le payement de diverses sommes dues pour la solde de la garnison de Nantes, pour les états du sieur de Montbazon, lieutenant général au comté et au diocèse de Nantes, et pour ceux du duc de Vendôme, gouverneur de Nantes.

Ms. fr. 10843, f° 19 r°.

1601, 24 mars. — Paris.

6283. — Arrêt ordonnant que M° Henri de Fourcroy, receveur ordinaire du domaine au comté de Clermont, sera contraint de se conformer, comme ses collègues, à l'état dressé au Conseil le 3 juin 1600.

E 3°, f° 101 r°.

6284. — Arrêt réglant le nombre et l'expédition des états que doivent dresser les officiers des eaux et forêts après toute vente de bois.

E 3ᵃ, fᵒ 102 rᵒ.

6285. — Arrêt déclarant qu'une somme de 1,500 écus payée par Mᵉ Nicolas Girard, trésorier des Ligues, comme taxe de survivance, vaudra comme taxe de résignation.

E 3ᵃ, fᵒ 103 rᵒ.

6286. — Arrêt ordonnant que les assemblées des trésoriers de France à Poitiers auront lieu au logis du sieur de La Parisière, attendu qu'il est situé en un fort beau quartier.

E 3ᵃ, fᵒ 104 rᵒ.

6287. — Arrêt ordonnant aux commissaires députés pour la réforme de la coutume de Normandie d'envoyer au Conseil les motifs qui les ont portés à insérer dans l'avant-dernier article une disposition ainsi conçue : « Les decretz d'héritages et choses immobiliaires ne pourront estre poursuiviz, faictz ny passez pardevant aucuns juges extraordinaires, ny mesmes les esleuz, ains seullement pardevant les juges ordinaires. »

E 3ᵃ, fᵒ 106 rᵒ.

6288. — Arrêt renvoyant aux trésoriers de France à Caen une requête en remise de subvention présentée par les habitants de Bayeux, fondée sur ce que « ladite ville n'est composée que de gens ecclésiastiques et quelques pauvres artisans ».

E 3ᵃ, fᵒ 106 rᵒ.

6289. — Arrêt réglant le payement des rentes dues au sieur Du Peschié, gouverneur de Château-Thierry.

(Arrêt cancellé.)

E 3ᵃ, fᵒ 106 vᵒ.

6290. — Arrêt confirmant aux maire, échevins et habitants de Troyes la jouissance d'un octroi à eux accordé à l'occasion de la réduction de leur ville en l'obéissance du Roi.

E 3ᵃ, fᵒ 106 vᵒ.

6291. — Arrêt modérant la taxe imposée sur le clergé d'Angers comme contribution à l'impôt du sol pour livre.

E 3ᵃ, fᵒ 107 rᵒ.

6292. — Arrêt refusant de décharger, quant à présent, les habitants de Beauvais d'une taxe de 2,000 écus.

E 3ᵃ, fᵒ 107 vᵒ.

———

1601, 27 mars. — Paris.

6293. — Arrêt autorisant le trésorier des États de Bretagne à exercer des contraintes contre les fermiers généraux des devoirs du diocèse de Vannes, nonobstant l'opposition des trésoriers de France.

E 3ᵃ, fᵒ 110 rᵒ.

6294. — Arrêt relatif au payement des gages des officiers du présidial d'Agen.

E 3ᵃ, fᵒ 111 rᵒ.

6295. — Arrêts relatifs à l'exercice de la Religion prétendue réformée à Vitré, à Château-du-Loir, dans le bailliage du Perche, dans le bailliage de Montfort-[l'Amaury] et dans le bailliage d'Étampes.

E 3ᵃ, fᵒ 113 rᵒ et vᵒ.

6296. — Arrêt réglant le remboursement d'une somme de 5,500 écus due au baron de Chambray, principalement pour la réduction du château et de la ville de Dreux.

E 3ᵃ, fᵒ 115 rᵒ.

6297. — Arrêt ordonnant de surseoir : 1° à la recherche des exactions commises par les greffiers des tailles ; 2° à la vérification des fausses reprises, doubles emplois et malversations commis au fait des finances ; 3° au recouvrement des taxes levées sur les artisans pour droit de maîtrise.

E 3ᵃ, fᵒ 115 vᵒ.

6298. — Arrêt ordonnant que le receveur des tailles de Loudun fera, en la présente année, la recette et la dépense des deniers imposés en l'élection de Mirebeau.

E 3ᵃ, fᵒ 116 rᵒ.

6299. — Arrêt validant les mesures prises par les trésoriers de France à Tours contre Mᵉ Étienne Pelletier, receveur des tailles à Loches.

E 3ᵃ, fᵒ 116 vᵒ.

6300. — Arrêt ordonnant aux trésoriers de France

de surseoir à l'adjudication des « places estans sur la voirye » dont M° Guillaume Hubert, voyer de Paris, revendique la jouissance.

Ms. fr. 10843, f° 21 r°.

1601, 28 mars. — Paris.

6301. — Arrêt ordonnant que Gaspard de Comminges, sieur de Saujon, sera entendu au Conseil au sujet de son procès avec le fermier des nouveaux droits levés aux embouchures de la Charente, de la Gironde et de la Seudre.

E 3°, f° 116 v°.

6302. — Arrêt confirmant, sur la requête du prince de Joinville, l'exemption de tous impôts accordée aux habitants de Joinville, mais seulement pour les années 1602 à 1605.

E 3°, f° 117 r°.

6303. — Arrêt prorogeant, pour six années à partir du 1er janvier 1603, l'exemption de tous impôts accordée à la ville de Corbie, attendu qu'elle est située à une lieue et demie des Pays-Bas.

E 3°, f° 117 v°.

6304. — Arrêt ordonnant que les habitants de Montreuil-sous-Bois continueront désormais à ne payer que 200 écus pour toutes tailles et crues, attendu qu'ils sont tenus de faire le guet, de monter la garde et d'entretenir les fontaines au château du bois de Vincennes.

E 3°, f° 117 v°.

6305. — Arrêt confirmant l'ordonnance prononcée par le sieur de Gastines, maître des Comptes, commis à la direction des finances dans les généralités de Lyon, de Bourgogne, de Dauphiné et de Provence, et par les trésoriers de France à Lyon à l'encontre des élus du Forez.

E 3°, f° 118 r°.

6306. — Arrêt confirmant jusqu'à nouvel ordre la saisie des 1,500 écus que Jean Cromelin et Jean Deleau voulaient expédier dans les Pays-Bas.

E 3°, f° 118 v°.

6307. — Arrêt ordonnant que le sieur de Saint-Luc et les héritiers du sieur de Mirambeau seront entendus au Conseil d'État.

E 3°, f° 119 r°.

6308. — Arrêt ordonnant la visite de la rivière de Bar et l'examen des mesures à prendre pour la rendre navigable et pour empêcher les dégâts qu'elle cause dans les prairies.

E 3°, f° 119 r°.

6309. — Arrêt ordonnant au greffier de la Cour des monnaies de délivrer au procureur général au parlement de Toulouse toutes les procédures faites par le premier président Fauchet à l'encontre des officiers des monnaies et des faux-monnayeurs du Languedoc.

E 3°, f° 119 v°.

6310. — « Articles des colonnelz et cappitaines des régimens suisses et grisons », avec les réponses du Conseil, au sujet :

1° De la vente des terres vaines et vagues;

2° Du payement des sommes dues au prince d'Anhalt;

3° De l'aliénation des justices;

4° De la vente du domaine;

5° De la vente des terres de Grassay, en Poitou, et de Juvigny, en Champagne.

E 3°, f° 123 r°, et ms. fr. 10843, f° 22 r°.

1601, 29 mars. — [Paris.]

6311. — Arrêt autorisant le doublement du droit de 2 deniers par muid de vin passant par les détroits de Moret et de Saint-Mammès, pour le produit en être affecté aux réparations du pont, des chaussées, du pavé et des murailles de Moret.

E 3°, f° 120 r°.

6312. — Arrêt réglant le payement des sommes dues au sieur de Saint-Félix, tant pour ses gages de procureur général au parlement de Toulouse, que pour ses vacations comme commissaire chargé de provoquer, dans le ressort dudit parlement, des secours pour la reprise d'Amiens.

E 3°, f° 120 r°.

6313. — Arrêt réglant le payement d'une rente constituée au sieur Du Peschié, bailli et gouverneur de Château-Thierry.

E 3ᵉ, fᵒ 120 vᵒ.

6314. — Arrêt confirmant, pour les années 1602 et 1603, l'exemption de tous impôts accordée à la ville de Donchery, comme étant ville frontière et ville de garnison.

E 3ᵉ, fᵒ 121 rᵒ.

1601, 31 mars. — Paris.

6315. — Arrêt levant l'interdiction portée par arrêt du Conseil du 14 décembre dernier (n° 6134) contre les trésoriers de France à Tours.

E 3ᵉ, fᵒ 125 rᵒ.

1601, 5 juillet. — Paris.

6316. — Arrêt réglant le remboursement du capital et des intérêts d'une somme de 8,350 écus empruntée, en 1591, pour le payement des gages du parlement de Paris.

E 3ᵉ, fᵒ 126 rᵒ.

6317. — Arrêt ordonnant l'exécution de l'édit d'ampliation des pouvoirs attribués aux huissiers et sergents dans le ressort du parlement de Bordeaux.

E 3ᵉ, fᵒ 128 rᵒ.

6318. — Arrêt interdisant toute poursuite à l'encontre du sieur de La Grange-le-Roy au sujet d'une somme de 2,666 écus 2/3 à lui payée pour ses gages et pension de conseiller d'État pendant l'année 1599.

E 3ᵉ, fᵒ 130 rᵒ.

6319. — Arrêt fixant à 2 écus pour 100 livres le droit d'entrée sur les étamines payable, à partir du 1ᵉʳ janvier 1601, par les marchands-merciers et joailliers de Paris.

E 3ᵉ, fᵒ 131 rᵒ.

6320. — Arrêt modérant la taxe imposée sur les villes closes et gros bourgs de la généralité de Moulins en place du sol pour livre.

E 3ᵉ, fᵒ 132 rᵒ.

6321. — Arrêt ordonnant que lettres de jussion seront adressées à la chambre des comptes de Bretagne pour faire jouir le sieur de Sourdéac, lieutenant du Roi en Basse-Bretagne, du contenu des lettres de validation d'août 1598.

E 3ᵉ, fᵒ 133 rᵒ.

1601, 7 juillet. — Paris.

6322. — Arrêt condamnant Jérôme Trossart, habitant de Chartres, à contribuer aux impôts dont il prétend exempt «comme descendant d'Eudes Le Maire, dit Chalo-Saint-Mars».

E 3ᵉ, fᵒ 135 rᵒ.

1601, 10 juillet. — Paris.

6323. — Arrêt prorogeant pour neuf années le bail de la geôle du Grand Châtelet fait à Philippe de Lyère.

E 3ᵉ, fᵒ 137 rᵒ.

6324. — Arrêt évoquant au Conseil un procès pendant entre les sergents royaux de la sénéchaussée de Saintonge et ceux de la sénéchaussée d'Angoumois.

E 3ᵉ, fᵒ 138 rᵒ.

6325. — Arrêt confirmant une sentence rendue par les commissaires députés pour la recherche des droits de signature contre un greffier en l'élection de Châteaudun.

E 3ᵉ, fᵒ 140 rᵒ.

6326. — «Estat des gaiges et pensions ordonnez par le Roy aux gentilhommes et officiers du marquisat de Saluces qui ont quitté et habandonné ledit marquisat.»

E 3ᵉ, fᵒ 142 rᵒ.

1601, 12 juillet. — Paris.

6327. — Arrêt réglant le payement de 1,000 écus dus à la Chartreuse de Bourbon, près Gaillon.

E 3ᵉ, fᵒ 144 rᵒ.

6328. — Arrêt ordonnant la vérification des sommes dues à François Cailleau et consorts pour les vivres et munitions par eux fournis, en 1594, aux galères du Roi mouillées dans le port de Nantes.

E 3ᵉ, fᵒ 145 rᵒ.

6329. — Arrêt ordonnant que Louis Monceau, adjudicataire du sol pour livre en la généralité de Champagne, jouira de son bail nonobstant l'opposition des habitants de Reims.

E 3ᵉ, fᵒ 146 rᵒ.

6330. — Arrêt ordonnant l'exécution de l'édit des arts et métiers, dont le produit est affecté au payement des Suisses.

E 3ᵉ, fᵒ 147 rᵒ.

6331. — Arrêt relatif au payement des sommes dues au colonel des reîtres Arndt Reitz de Frensch.

E 3ᵉ, fᵒ 148 rᵒ.

6332. — Arrêt ordonnant que les habitants de Dinan seront entendus au Conseil au sujet de la demande de rabais présentée par Julien Herbert, fermier de 4 écus pour pipe de vin et d'un écu pour pipe de cidre vendues en la ville de Dinan.

E 3ᵉ, fᵒ 149 rᵒ.

6333. — Arrêt ordonnant le rétablissement d'une somme de 5,748 écus sur le compte de l'Extraordinaire des guerres de Bretagne.

E 3ᵉ, fᵒ 150 rᵒ.

6334. — Arrêt renvoyant au parlement de Paris le procès intenté par Mᵉ Jules-César Bernier, secrétaire du Roi, et François Jacquier, cautions du duc d'Arschot, pour obtenir décharge et mainlevée de leurs biens, conformément au traité de Vervins.

E 3ᵉ, fᵒ 151 rᵒ.

6335. — Arrêt attribuant aux officiers du présidial de Vitry la connaissance d'une rixe survenue à Verdun, dont prétendait connaître le capitaine espagnol commandant en l'absence du baron d'Haussonville.

E 3ᵉ, fᵒ 153 rᵒ.

6336. — Arrêt ordonnant que l'évêque de Verdun parachèvera la visite de l'abbaye de Saint-Maur, nonobstant l'appel interjeté par l'abbesse en Cour de Rome.

E 3ᵉ, fᵒ 154 rᵒ.

6337. — Arrêt réglant le payement des gages du

sieur de Montifray, grand maître des eaux et forêts en Bretagne.

E 3ᵉ, fᵒ 155 rᵒ.

6338. — Arrêt ordonnant au prévôt des marchands et aux échevins de Lyon d'envoyer au Conseil l'état des dettes de ladite ville, ainsi que l'état des deniers à eux octroyés pour l'acquittement desdites dettes.

E 3ᵉ, fᵒ 157 rᵒ.

6339. — Arrêt interprétant l'arrêt du Conseil du 5 juillet dernier (nᵒ 6319) obtenu par les marchands-grossiers, merciers et joailliers de Paris à l'encontre d'Antoine Hervé, fermier de la douane et des nouvelles impositions mises sur les marchandises entrant à Paris.

E 3ᵉ, fᵒ 158 rᵒ.

6340. — Arrêt réglant le payement d'une rente due au duc de Ventadour, lieutenant général en Languedoc.

E 3ᵉ, fᵒ 159 rᵒ.

6341. — Arrêt confirmant les arrêts de règlement relatifs au remboursement des sergents des tailles.

E 3ᵉ, fᵒ 160 rᵒ.

———

1601, 13 juillet. — Paris.

6342. — Arrêt réglant le payement des gages des six archers du prévôt des maréchaux en Auvergne rétablis par lettres patentes du 28 mars 1600.

E 3ᵉ, fᵒ 161 rᵒ.

———

1601, 14 juillet. — Paris.

6343. — Arrêt désignant le Plessis-Marly, à la place du village de Garancières, comme lieu où se peut exercer le culte réformé dans le bailliage de Montfort.

E 3ᵉ, fᵒ 162 rᵒ.

6344. — Arrêt maintenant Thibaud de Lancreau en son office de receveur des décimes au diocèse de Rodez, mais autorisant l'évêque et le clergé dudit diocèse à lui rembourser son office.

E 3ᵉ, fᵒ 163 rᵒ.

6345. — Arrêt ordonnant que le maire et les

échevins de Troyes seront contraints de remettre au fermier Léon Luquin le produit du nouveau subside de 5 sols par muid de vin entrant ès villes et bourgs de la généralité de Champagne.

E 3ᵃ, fᵒ 165 rᵒ.

6346. — Arrêt accordant des rabais à Adrien de Barastre, fermier du vingtième du vin vendu en gros à Amiens, et à Raoul Chocquet, fermier de l'ancien et du nouveau subside de 2 et de 5 sols par muid de vin entrant à Amiens, Picquigny, Doullens, Corbie et Beauquesne.

E 3ᵃ, fᵒ 167 rᵒ.

6347. — Arrêt renvoyant au Parlement le procès pendant entre Jean Cronier et Guillaume Fournier, sieur du Roussay, grand maître-enquêteur des eaux et forêts.

E 3ᵃ, fᵒ 169 rᵒ.

6348. — Arrêt réintégrant les protestants d'Angoulême en la possession d'une maison située dans les faubourgs, où ils exercent leur culte.

E 3ᵃ, fᵒ 170 rᵒ.

6349. — Arrêt accordant un rabais aux cautions de feu Étienne Chousteau, fermier des 7 sols 6 deniers par pipe de vin entrant dans les villes de Tours et de Montbazon.

E 3ᵃ, fᵒ 171 rᵒ.

6350. — Arrêt renvoyant au Parlement le procès pendant entre Mᵉ Laurent Moreau, et Mᵉ Jules-César Bernier, notaire et secrétaire du Roi, caution du duc d'Arschot.

E 3ᵃ, fᵒ 172 rᵒ.

1601, 17 juillet. — Paris.

6351. — Arrêt enjoignant aux trésoriers de France à Lyon de faire observer de point en point l'état que le Roi a fait faire des dépenses à acquitter sur le produit de la douane de Lyon.

E 3ᵃ, fᵒ 174 rᵒ.

6352. — Arrêt ordonnant qu'un sieur La Mare, soi-disant maître-visiteur et réformateur des métiers, sera entendu au Conseil au sujet d'une contravention à l'édit des arts et métiers, duquel le produit est affecté au payement des Suisses.

E 3ᵃ, fᵒ 175 rᵒ.

6353. — Arrêt ordonnant que les États de Bourgogne seront contraints de rembourser les offices de maîtres ordinaires en la chambre des comptes de Dijon dont étaient pourvus feu Martin Tisserand, feu François Theseut et feu Philibert Dugay.

E 3ᵃ, fᵒ 176 rᵒ.

6354. — Arrêt ordonnant aux États de Bourgogne de rembourser la finance payée pour plusieurs offices supprimés de maître, de correcteur et d'auditeur en la chambre des comptes de Dijon.

E 3ᵃ, fᵒ 178 rᵒ.

6355. — Arrêt ordonnant que le greffe des présentations du parlement de Paris sera remis en adjudication sur une enchère de 2,000 écus faite par les colonels et capitaines suisses.

E 3ᵃ, fᵒ 180 rᵒ.

6356. — Arrêt portant à 7 sols 6 deniers la taxe levée sur chaque minot de sel vendu aux greniers de Melun, de Nemours et de Brie, pour le produit en être affecté au payement des gages des officiers du présidial de Melun.

E 3ᵃ, fᵒ 182 rᵒ.

6357. — Arrêt autorisant le duc de Nemours à poursuivre l'obtention d'un monitoire à fin de révélation, pour s'en aider dans le procès pendant au Conseil entre lui et André Laurens, Raymond Dévot, Pierre Bernier, les Bonvisi, Capponi et consorts de Lyon.

E 3ᵃ, fᵒ 183 rᵒ.

6358. — Arrêt autorisant les Bonvisi, Capponi et Cenami de Lyon à poursuivre l'obtention d'un monitoire à fin de révélation, pour s'en aider dans le même procès.

E 3ᵃ, fᵒ 184 rᵒ.

6359. — Arrêt ordonnant que les receveurs généraux des finances de Toulouse et de Montpellier seront contraints par emprisonnement de leur personne d'envoyer au Conseil, dans les trois mois, le double collationné de leurs comptes des années 1596 à 1600.

E 3ᵃ, fᵒ 185 rᵒ.

6360. — Arrêt augmentant les gages des officiers des gabelles en Languedoc.

E 3ᵃ, f° 187 r°.

1601, 19 juillet. — Paris.

6361. — Arrêt déclarant que les huissiers et sergents de la sénéchaussée d'Agen ne pourront se prévaloir de l'édit des ampliations pour se faire exempter, la première fois, de leur taxe de résignation, attendu que cette exemption causerait un préjudice notable à la reine Marguerite; mais modérant la taxe levée sur eux à raison desdites ampliations.

E 3ᵃ, f° 188 r°.

6362. — Arrêt réglant le payement des sommes dues au sieur de Saint-Félix, tant pour ses gages de procureur général au parlement de Toulouse, que pour ses vacations comme commissaire chargé de provoquer, dans le ressort dudit parlement, l'octroi de subsides destinés aux dépenses de la reprise d'Amiens.

E 3ᵃ, f° 190 r°.

6363. — Arrêt accordant modération de tailles aux habitants de Mézières-en-Brenne, éprouvés par une épidémie.

E 3ᵃ, f° 192 r°.

6364. — Arrêt ordonnant à Mᵉˢ Jacques Pastourel et Jean Le Lièvre, gardes-receveurs généraux au passage et au mesurage d'Ingrande, de rembourser à Charles Giron son office de contre-garde général pour le Roi au passage et au mesurage d'Ingrande.

E 3ᵃ, f° 193 r°.

6365. — Arrêt évoquant au Conseil les procès intentés à la requête de Jean de Chaussart, Jacques Faulcheret et autres au sujet de l'exécution de l'édit des ampliations de pouvoirs accordées aux huissiers et sergents du royaume.

E 3ᵃ, f° 194 r°.

6366. — Arrêt portant rétablissement d'un office de président, de trois offices de maîtres ordinaires, d'un office de maître extraordinaire, de deux offices de correcteurs et d'un office d'auditeur en la chambre des comptes de Dijon créés par édits d'août 1594 et de

juin 1595, offices dont les titulaires n'avaient pu obtenir le remboursement.

E 3ᵃ, f° 196 r°.

1601, 20 juillet. — Paris.

6367. — Arrêt ordonnant aux officiers de l'élection de Paris de dresser, pour le receveur des aides, l'état exact du poisson salé qui a passé par Paris sans payer le droit de pancarte.

E 3ᵃ, f° 198 r°.

1601, 21 juillet. — Paris.

6368. — Arrêt accordant aux pauvres habitants d'Avrolles décharge de la subvention levée en place du sol pour livre sur les villes et bourgs de la généralité de Champagne.

E 3ᵃ, f° 200 r°.

1601, 24 juillet. — Paris.

6369. — Arrêt relatif aux différends soulevés en Normandie au sujet des gabelles et de l'exécution du contrat de Mᵉ Claude Josse.

E 3ᵃ, f° 201 r°.

6370. — Arrêt maintenant en son intégrité la juridiction de la cour des aides et des élus de Normandie, jusqu'à ce que les commissaires députés pour la réforme de la coutume aient exposé les motifs qui leur ont fait rédiger un article ainsi conçu : « Les ventes et aliénations d'héritages par décret de justice ne pourront estre poursuivies devant les esleus ny autres juges extraordinaires. »

E 3ᵃ, f° 205 r°.

6371. — Arrêt déclarant que, dans certains cas, la chambre de l'Édit du parlement de Grenoble devra passer outre au jugement des procès nonobstant le nombre inégal des juges protestants et catholiques.

E 3ᵃ, f° 206 r°.

1601, 26 juillet. — Paris.

6372. — Arrêt autorisant une levée commencée en la ville d'Aurillac à l'insu des trésoriers de France.

E 3ᵃ, f° 209 r°.

1601, 27 juillet. — Paris.

6373. — Arrêt ordonnant que les trésoriers provinciaux des guerres compteront dans les huit mois qui suivront l'expiration de leur exercice, et les trésoriers généraux, par-devant le Conseil, dans les quatre mois suivants.

E 3ᵉ, f° 211 r°.

1601, 28 juillet. — Paris.

6374. — Arrêt réglant la vente du sel confisqué dans les greniers d'Arles suivant un arrêt de la chambre des comptes de Provence du 30 octobre dernier.

E 3ᵉ, f° 212 r°.

6375. — Arrêt accordant aux protestants de Clermont-de-Lodève une maison dans le faubourg pour y exercer leur culte.

E 3ᵉ, f° 213 r°.

6376. — Arrêt accordant à Louis Pouard, de Lyon, nouvelle surséance pour le payement des dettes par lui contractées au cours de son procès avec le sieur de Montbrun.

E 3ᵉ, f° 214 r°.

6377. — Arrêt ordonnant que les habitants de la Ferté-sous-Jouarre supporteront un tiers des frais de réparations du pont de ladite ville.

E 3ᵉ, f° 215 r°.

6378. — Arrêt ordonnant la mise en adjudication des travaux de réparations à faire au chemin qui longe la Seine entre Mantes et Bonnières, vis-à-vis le château de Rosny.

E 3ᵉ, f° 216 r°.

6379. — Arrêt ordonnant la levée d'une taxe sur le vin entrant à Grenoble, pour le produit en être affecté à la réparation du pont sur l'Isère.

E 3ᵉ, f° 217 r°.

6380. — Arrêt réglant le remboursement de 14,203 écus 2/3 dus au duc de Montpensier.

E 3ᵉ, f° 218 r°.

6381. — Arrêt autorisant les officiers du présidial de Bourges à rendre la justice en la maison du Roi jusqu'à ce que la grand'salle du Palais soit remise en état de les recevoir.

E 3ᵉ, f° 219 r°.

1601, 31 juillet. — Paris.

6382. — Arrêt déclarant les habitants de Toulouse exempts du taillon.

E 3ᵉ, f° 220 r°.

6383. — Arrêt ordonnant que Mᵉ Étienne Bachelier sera contraint de rendre compte à Claude Des Vallées, adjudicataire de la crue d'Ingrande, de tous les deniers qu'il a reçus durant l'année 1600.

E 3ᵉ, f° 222 r°.

1601, juillet. — Paris.

6384. — Arrêt enjoignant au receveur général des finances à Limoges d'acquitter un mandement de 3,000 écus expédié à Mᵉ Jérôme Garrault, trésorier général de l'Extraordinaire des guerres.

E 3ᵉ, f° 223 r°.

1601, 1ᵉʳ août. — Paris.

6385. — Arrêt ordonnant l'application sévère des ordonnances relatives à la sortie de l'or et de l'argent, des bagues et des joyaux, de même qu'à l'entrée et à la sortie des étoffes d'or, d'argent et de soie et autres produits manufacturés.

E 3ᵉ, f° 225 r°.

1601, 2 août. — Paris.

6386. — « Roolle des lecteurs et professeurs ordinaires du Roy (en la langue hébraïque, en la philosophie grecque, en la langue grecque, en mathématique, en la langue latine, en médecine) que Sa Majesté veult et entend estre payez sur l'assignation des 3,200 écus cy-devant ordonnez pour cest effect, à commencer du premier jour de juillet prochain. »

E 3ᵉ, f° 228 r°.

6387. — « Estat des gaiges et pensions que le Roy

veult et entend estre paiez aux lecteurs et professeurs de Sa Majesté en l'Université de Paris. . . »

Musée des Archives, n° 768.

6388. — Arrêt prescrivant l'observation desdits rôle et état, ainsi que l'observation des arrêts et lettres patentes précédemment rendus sur la matière, et défendant au Grand Aumônier d'admettre aucune résignation de lecteurs du Roi, jusqu'à ce qu'ils se trouvent réduits au nombre ancien.

E 3ᵃ, f° 227 r°.

6389. — Adjudication des droits de traite domaniale du Languedoc appelés « patente », faite, pour six ans, à Pierre Maurin, moyennant le payement annuel de 10,000 écus.

E 3ᵃ, f° 231 r°.

1601, 3 août. — Paris.

6390. — Arrêt rendu sur la requête de l'ambassadeur d'Espagne, lequel demande, conformément aux traités de paix, la cassation des arrêts rendus le 4 août 1590 et le 9 janvier 1593 dans le procès de la duchesse de Guise et du duc de Croy et d'Arschot.

E 3ᵃ, f° 235 r°.

1601, 4 août. — Paris.

6391. — Arrêt réglant le payement d'une somme de 23,700 écus due aux sieurs Scipion et Marc-Antoine Sardini et au sieur Rodolphe Cenami.

E 3ᵃ, f° 236 r°.

6392. — Arrêt évoquant l'instance pendante au Parlement entre François de La Grange, sieur de Montigny, mestre de camp de la cavalerie légère de France, et Mᵉ Florimond Dupuy, sieur de Vatan, et déchargeant ledit sieur de Montigny d'une obligation insérée dans le contrat de mariage de feu Claude Dupuy, sieur de Vatan.

E 3ᵃ, f° 239 r°.

6393. — Arrêt condamnant Antoine Hervé, fermier de la nouvelle imposition de Paris, à payer les gages des commissaires, clercs et contrôleurs établis ès ports et portes de la ville.

E 3ᵃ, f° 241 r°.

6394. — Arrêt ordonnant qu'une somme de 32,666 écus sera levée sur les habitants de Saint-Malo et employée à l'acquittement des dettes contractées par ladite ville pour le service du Roi.

E 3ᵃ, f° 243 r°.

6395. — Arrêt réglant le payement de la somme à laquelle ont été taxés les frais et vacations du sieur de Saint-Félix.

E 3ᵃ, f° 244 r°.

6396. — Arrêt ouvrant une enquête sur les actes de rébellion commis par le lieutenant général en la sénéchaussée de Moulins à l'encontre des trésoriers de France qui procédaient à la réunion du domaine de Bourbonnais et à la prise de possession des titres et papiers dudit domaine.

E 3ᵃ, f° 247 r°.

6397. — Adjudication des gabelles de Dauphiné faite, pour douze ans, au procureur des États de la province, moyennant une somme de 1,113,600 écus, laquelle sera employée tant au rachat du domaine en Dauphiné qu'à l'acquittement des dettes contractées par la province pour le service du Roi.

E 3ᵃ, fᵒˢ 249 r° et 255 r°.

1601, 7 août. — Paris.

6398. — Arrêt accordant aux pauvres habitants du diocèse de Cornouaille surséance pour le payement des fouages et du taillon des années 1598 et 1599.

E 3ᵃ, f° 261 r°.

6399. — Arrêt cassant tous les arrêts obtenus en la Cour des aides par des marchands de Reims à l'encontre de Mᵉ Jean Pileur, ci-devant commis à la recette du nouvel impôt d'un écu pour muid de vin sortant du royaume par la Champagne.

E 3ᵃ, f° 262 r°.

6400. — Arrêt maintenant, sur la remontrance du duc de Biron, David Gibert en son office de notaire royal à Montpellier.

E 3ᵃ, f° 263 r°.

6401. — Arrêt ordonnant que les sieurs Du Favouet et de [Ker]sauzon auront communication des enquêtes faites au sujet d'une rançon soi-disant extorquée au sieur de Coëtnizan, pour s'en aider dans le procès pendant au Conseil entre eux, le sieur de Coëtnizan et le duc de Mercœur.

E 3ᵉ, fᵒ 265 rᵒ.

6402. — Arrêt confirmant l'exemption de tous impôts accordée pour quatre années, le 12 juin 1597, aux habitants d'Aubenton et de la baronnie de Rumigny.

E 3ᵉ, fᵒ 266 rᵒ.

6403. — Arrêt réglant l'emploi des sommes consignées par Antoine Hervé entre les mains d'un huissier au Grand Conseil.

E 3ᵉ, fᵒ 267 rᵒ.

6404. — Arrêt ordonnant que les édits et déclarations portant suppression des sergents des tailles seront exécutés dans le ressort de la cour des aides de Montferrand et dans les généralités de Châlons, Caen et Bourges, nonobstant les remontrances de ladite cour et celles des trésoriers de France.

E 3ᵉ, fᵒ 269 rᵒ.

6405. — Arrêt ordonnant la mise en adjudication des greffes et tabellionnage de Mantes et de Meulan, les émoluments en devant être partagés entre les greffiers, le tabellion et Charles Larcher, commissaire de l'Artillerie, propriétaire du «droit d'augmentation de parisis».

E 3ᵉ, fᵒ 271 rᵒ.

1601, 9 août. — Paris.

6406. — Arrêt ordonnant l'union des deux chapitres de Saint-Spire et de Notre-Dame de Corbeil, et livrant l'église de Notre-Dame aux habitants pour leur servir de paroisse, à la place de l'église ruinée de Saint-Nicolas, dont les matériaux ont servi aux fortifications de la ville.

E 3ᵉ, fᵒ 272 rᵒ.

6407. — Arrêt renvoyant au sieur de Refuge, surintendant de la justice à Lyon, les procédures commencées par les officiers des gabelles contre Pierre Bidault, dit le capitaine La Caille, et contre ses complices.

E 3ᵉ, fᵒ 274 rᵒ.

1601, 10 août. — Paris.

6408. — Arrêt ordonnant la vente d'une maison de la rue Saint-Merry appartenant au domaine, pour le prix en être versé aux mains des colonels et capitaines suisses.

E 3ᵉ, fᵒ 276 rᵒ.

1601, 11 août. — Paris.

6409. — Arrêt ordonnant que les particuliers assignés sur la recette générale de Soissons ne pourront poursuivre le receveur général devant la Cour des aides ni devant aucune juridiction autre que celles des trésoriers de France et du Conseil.

E 3ᵉ, fᵒ 277 rᵒ.

6410. — Arrêt ordonnant la revente du greffe des juges-consuls de Paris, qui est poursuivie par Balthazar de Grissac, lieutenant des Cent-Suisses de la garde du Roi.

E 3ᵉ, fᵒ 279 rᵒ.

6411. — Arrêt faisant remise de 500 écus aux fermiers du revenu de la châtellenie de Châtel-Gérard.

E 3ᵉ, fᵒ 281 rᵒ.

6412. — Arrêt confirmant l'attribution de l'office d'élu à Amboise faite à la veuve et aux héritiers de Robert Besnard.

E 3ᵉ, fᵒ 282 rᵒ.

6413. — Arrêt rendant à dame Jeanne Chasteignier, veuve du comte de Schonberg, la jouissance d'une rente de 333 écus 1/3.

E 3ᵉ, fᵒ 283 rᵒ.

6414. — Arrêt ordonnant que Gabriel Gaulterot, sieur de La Regnardière, sera payé de ses gages sur les premiers deniers extraordinaires.

E 3ᵉ, fᵒ 285 rᵒ.

6415. — Arrêt ouvrant une enquête sur la nécessité de remplacer le pont de la porte de Croy à Soissons.

E 3ᵉ, fᵒ 286 rᵒ.

1601, 14 août. — Paris.

6416. — Arrêt séparant de l'élection de Montbrison, et rattachant à l'élection de Clermont en Auvergne le lieu de Chignor, dépendant de la paroisse de Vollore.

E 3ᵃ, fᵒ 287 rᵒ.

6417. — Arrêt réservant au Conseil la connaissance des appels interjetés contre les sentences des commissaires députés pour le régalement des tailles, et ordonnant que Jacques Cotton, élu en l'élection de Forez, Antoine Du Sausey, contrôleur en l'élection de Lyonnais, et Jacob Besset seront conduits prisonniers à la suite du Conseil.

E 3ᵃ, fᵒ 289 rᵒ.

6418. — Arrêt assignant au Conseil deux marchands de la Rochelle condamnés à payer 480 écus à Mᵉ Isaac Bernard, commis à la recette des taxes levées sur le blé descendant la Loire et passant à Nantes.

E 3ᵃ, fᵒ 290 rᵒ.

6419. — Arrêt autorisant la levée d'une somme de 6,000 écus destinée à l'acquittement d'une dette de la ville de Noyon.

E 3ᵃ, fᵒ 291 rᵒ.

6420. — Arrêt engageant au sieur de Boisrozay divers bois, prévôtés et terres vaines et vagues des vicomtés de Caudebec et de Montivilliers, jusqu'à son entier remboursement d'une somme de 8,000 écus à lui due pour les fournitures de vivres et de munitions qu'il a faites lors du siège du fort de Fécamp.

E 3ᵃ, fᵒ 293 rᵒ.

6421. — Arrêt relatif au remboursement d'un office de conseiller au parlement de Toulouse dont n'a pu jouir Mᵉ Jean Poictevin, président au présidial de Provins.

E 3ᵃ, fᵒ 294 rᵒ.

1601, 17 août. — Paris.

6422. — Arrêt portant assignation d'une somme de 3,750 écus destinée à l'acquittement des dettes de Bordeaux.

E 3ᵃ, fᵒ 296 rᵒ.

6423. — Arrêt relatif au remboursement d'une somme de 155 écus 33 sols due à la fille et héritière de feu Mᵉ Audebert Beauclerc, payeur de la compagnie du sieur de Torcy.

E 3ᵃ, fᵒ 298 rᵒ.

6424. — Arrêt réglant le payement de 1,500 écus dus à Philippe Vigier, secrétaire du Roi et interprète de Sa Majesté en langue germanique.

E 3ᵃ, fᵒ 299 rᵒ.

6425. — Arrêt accordant à deux marchands de chevaux allemands mainlevée provisoire des deniers sur eux saisis à Reims, comme transportés hors du royaume contrairement aux ordonnances, et admettant les marchands de chevaux tant français qu'étrangers à faire apparoir de leurs privilèges.

E 3ᵃ, fᵒ 300 rᵒ.

6426. — Arrêt déclarant que les gens de la chambre des comptes de Bretagne auront la préséance sur les officiers du présidial de Nantes, et ouvrant une enquête sur les troubles advenus en ladite ville lors de la dernière procession du sacre.

E 3ᵃ, fᵒ 302 rᵒ.

1601, 21 août. — Paris.

6427. — Arrêt réglant la levée du sol pour livre dans la généralité d'Orléans.

E 3ᵃ, fᵒ 304 rᵒ.

6428. — Arrêt accordant au sieur de Fontaines-Martel décharge de diverses sommes par lui prises sur les deniers des aides et des gabelles, avant la réduction de la ville de Neufchâtel en l'obéissance du Roi.

E 3ᵃ, fᵒ 306 rᵒ.

6429. — Arrêt assignant au Conseil les principaux habitants de Néronde et le receveur des tailles en l'élection de Forez, pour y rendre compte de l'emploi d'une somme de 4,535 écus levée sur ladite élection en 1598.

E 3ᵃ, fᵒ 307 rᵒ.

7.

6430. — Arrêt accordant au sieur de Fourny, ambassadeur du duc de Savoie, mainlevée d'objets précieux et d'espèces d'or saisis dans son bagage par les officiers de la foraine de Péronne, alors qu'il allait en Flandre, muni d'un passeport du Roi.

E 3ᵃ, f° 309 r°.

6431. — Arrêt accordant aux habitants du diocèse de Rieux décharge d'une somme de 2,000 écus par eux versée entre les mains du sieur de Saint-Félix, pour le secours du siège d'Amiens.

E 3ᵃ, f° 310 r°.

6432. — Arrêt déclarant que Renauld de Beaune, élu à l'archevêché de Sens et à l'abbaye de Saint-Jean de Sens, sera exempté des taxes levées pour l'extinction des dettes de la ville de Sens antérieures à la réduction de ladite ville, attendu que ledit archevêque a toujours suivi le parti du Roi et n'a été nommé à l'archevêché que le 28 mars 1594.

E 3ᵃ, f° 313 r°.

6433. — Arrêt relatif au payement des sommes dues à Barthélemy Gallois et à Guillaume de Charancy, fermiers du tirage du sel, par les habitants du Lyonnais, du Forez, du Vivarais, du Beaujolais et du Mâconnais.

E 3ᵃ, f° 314 r°.

6434. — Arrêt confirmant à quarante officiers de l'Artillerie le droit de prendre deux minots de sel par an sans payer d'autre taxe que le droit ancien de marchand.

E 3ᵃ, f° 317 r°.

6435. — Arrêt réglant le payement de 2,000 écus dus aux Cent-Suisses de la garde du Roi.

E 3ᵃ, f° 319 r°.

6436. — Arrêt déchargeant la veuve du sieur de Mortefontaine des obligations contractées par son défunt mari envers les trésoriers des Ligues.

E 3ᵃ, f° 321 r°.

1601, 23 août. — Paris.

6437. — Arrêt condamnant les sieurs Hugues Caulet et Pierre Pommereil, ci-devant commis à la recette des deniers imposés dans le Rouergue, à verser entre les mains du receveur triennal du comté de Rodez les deniers par eux perçus, en 1599 et en 1600, dans le Rouergue et dans la Marche.

E 3ᵃ, f° 323 r°.

6438. — Arrêt cassant un arrêt rendu au Parlement entre Claude de Beauvillier, comte de Saint-Aignan, et Anne de Beauvillier, femme de Pierre Forget, secrétaire des commandements, d'une part, et Michelle Le Febvre, d'autre part.

E 3ᵃ, f° 324 r°.

1601, 25 août. — Paris.

6439. — Arrêt prorogeant l'exemption de tous impôts accordée aux habitants de Vervins, attendu que ladite ville est située seulement à 2 lieues du Hainaut et a été prise trois fois pendant les dernières guerres.

E 3ᵃ, f° 327 r°.

6440. — Arrêt relevant l'appel interjeté par Humbert de La Plume contre les jugements obtenus devant les Hauts Jours par l'évêque de Verdun.

E 3ᵃ, f° 329 r°.

6441. — Arrêt cassant un arrêt de la Cour des aides obtenu par un nommé Guillaume Grenouillat au préjudice des droits cédés à Jean Palot, secrétaire du Roi, sur les offices d'avocats du Roi de nouvelle création.

E 3ᵃ, f° 330 r°.

6442. — Arrêt assignant 1,200 écus à Isaac Arnauld, contrôleur général des restes des officiers comptables, pour les frais des poursuites auxquelles il s'est trouvé entraîné.

E 3ᵃ, f° 331 r°.

6443. — Arrêt réglant l'époque des levées qui se doivent faire successivement sur les habitants du Dauphiné.

E 3ᵃ, f° 333 r°.

6444. — Arrêt cassant un arrêt rendu au parlement de Rouen contre les commissaires généraux de la Cour des monnaies, et défendant audit parlement d'entreprendre aucune juridiction sur le fait des monnaies et des finances.

E 3ª, f° 335 r°.

6445. — Arrêt confirmant Mᵉ Mathieu Martin et consorts en la jouissance de la ferme des droits d'extinction du convoi de Bordeaux et de l'imposition des rivières de Garonne et Dordogne.

E 3ª, f° 336 r°.

6446. — Arrêt ordonnant la restitution de divers objets et espèces d'or et d'argent confisqués à la douane de Guise sur Mᵉ Thomas Wartington, docteur en théologie, principal du collège anglais entretenu par le Pape en la ville de Douai, et sur Jérôme Menard-Peyne, gentilhomme anglais.

E 3ª, f° 339 r°.

6447. — Arrêt modérant à 4,000 écus l'aide levée sur la ville de Rennes pour les frais du mariage du Roi.

E 3ª, f° 340 r°.

6448. — Arrêt réglant le remboursement de 262 écus 23 sols prêtés au Roi, en 1589, par plusieurs habitants de Clermont-en-Beauvoisis.

E 3ª, f° 343 r°.

6449. — Arrêt confirmant à Mᵉ Léonard Foullé la possession du greffe des présentations du parlement de Paris, moyennant le payement d'une somme de 3,500 écus destinée aux Suisses.

E 3ª, f° 344 r°.

6450. — Arrêt accordant décharge de quatre années de fermages à Barthélemy Lentrade et à Jacques Michelet, fermiers des droits de foraine, de rêve et de haut passage dans les sénéchaussées de Toulouse et de Carcassonne, et déclarant qu'il leur sera tenu compte des exemptions accordées à la duchesse de Ventadour.

E 3ª, f° 346 r°.

6451. — Arrêt modérant à 150 écus la taxe imposée à Mᵉ Roland Cassot, lieutenant général au bailliage et au présidial de Meaux, pour la suppression des lieutenants généraux alternatifs.

E 3ª, f° 348 r°.

6452. — Arrêt réduisant à 3,000 écus la subvention levée sur la ville de Troyes.

E 3ª, f° 349 r°.

6453. — État des taxes ou indemnités de voyages qui seront allouées aux personnes de diverses qualités envoyées en commission pour le service du Roi.

E 3ª, f° 351 r°.

1601, 28 août. — Paris.

6454. — Arrêt ordonnant l'exécution du règlement fait sur les péages pour toute la région dans laquelle le tirage du sel est affermé sous le nom de ferme «à la part du royaume».

E 3ª, f° 353 r°.

6455. — Arrêt ordonnant l'observation du règlement fait sur les péages du Rhône, de la Saône et de l'Isère.

E 3ª, f° 354 r°.

6456. — Arrêt confirmant provisoirement Mᵉ Isaac Fournier, protestant, avocat au parlement de Dijon, en une charge de conseil aux affaires du pays de Bourgogne.

E 3ª, f° 355 r°.

6457. — Arrêt ordonnant le payement de 1,000 écus dus au capitaine Englischberg, du canton de Fribourg.

E 3ª, f° 356 r°.

6458. — Arrêt prorogeant pour six ans l'exemption de tous impôts accordée aux habitants de Laon.

E 3ª, f° 357 r°.

6459. — Arrêt donnant pleins pouvoirs au sieur de Rosny, grand maître de l'Artillerie, à Mᵉˢ François Le Febvre et de Donon, trésoriers de France à Paris, pour traiter, d'une part, avec les religieux Célestins, d'autre part, avec la ville de Paris de l'acquisition de deux maisons du quai des Célestins nécessaire à l'agrandissement et à l'embellissement de l'Arsenal.

E 3ª, f° 358 r°.

1601, 30 août. — Paris.

6460. — Arrêt ordonnant l'exécution de l'édit

relatif à l'établissement des contrôleurs-visiteurs-marqueurs de cuirs dans toutes les villes du royaume.

E 3ᵃ, fᵒ 360 rᵒ.

6461. — Arrêt ordonnant que François Bon, secrétaire de la Chambre, poursuivra la vente des offices de contrôleurs-visiteurs-marqueurs de cuirs.

E 3ᵃ, fᵒ 362 rᵒ.

6462. — Arrêt ordonnant que Françoise d'Auberville, dame de Sainte-Colombe, payera 500 écus à sa mère, la dame de Renty, pour la dédommager des poursuites occasionnées par son mariage.

E 3ᵃ, fᵒ 363 rᵒ.

6463. — Arrêt attribuant aux colonels et capitaines suisses une somme de 239 écus 52 sols sur le produit de la vente d'un office de sergent à cheval au Châtelet dont était pourvu Bertrand Royer.

E 3ᵃ, fᵒ 364 rᵒ.

6464. — Arrêt relatif au différend soulevé entre Pierre Hamart, valet de chambre du Roi, et Simon Crevet au sujet d'un office de contrôleur-visiteur-marqueur de cuirs à Rouen.

E 3ᵃ, fᵒ 365 rᵒ.

6465. — Arrêt enjoignant aux créanciers du pays de Rouergue de s'abstenir de toutes poursuites pendant six mois.

E 3ᵃ, fᵒ 368 rᵒ.

6466. — Arrêt réglant la levée du subside des 5 sols et de l'imposition nouvelle, ou droit d'entrée du vin, sur les habitants d'Argenteuil.

E 3ᵃ, fᵒ 369 rᵒ.

6467. — Arrêt ordonnant que la vente aux enchères des offices des cuirs continuera de se faire en province, mais que les contrats d'adjudication seront dressés à Paris par les soins des commissaires députés à l'exécution de l'édit.

E 3ᵃ, fᵒ 371 rᵒ.

6468. — Arrêt autorisant la remise aux enchères par « tiercement » et par « doublement » des offices déjà vendus de contrôleurs-visiteurs-marqueurs de cuirs.

E 3ᵃ, fᵒ 373 rᵒ.

6469. — Arrêt accordant à François Bon, commis à la recette générale des deniers provenant des offices de contrôleurs-visiteurs-marqueurs de cuirs, mainlevée des deniers perçus en Normandie, lesquels ont été saisis à la requête de Mᵉ Jérôme Le Roy.

E 3ᵃ, fᵒ 374 rᵒ.

6470. — Arrêt autorisant Mᵉ François Bon à compter en une fois, par-devant la chambre des comptes de Paris, des deniers de sa commission perçus tant dans le ressort du parlement de Paris que dans celui du parlement de Rouen.

E 3ᵃ, fᵒ 376 rᵒ.

6471. — Arrêt autorisant Mᵉ Jean Hopil à entrer en jouissance de la ferme des traites étrangères et des gabelles du Lyonnais, de la Bresse, du Bugey, du Valromey et du bailliage de Gex.

E 3ᵃ, fᵒ 378 rᵒ.

1601, 31 août. — Paris.

6472. — Arrêt ordonnant que Guillaume de Limbourg, fermier de la douane de Lyon et des traites de Picardie, Champagne et Bourgogne, jouira des droits d'entrée des étoffes spécifiés par l'édit de janvier 1599.

E 3ᵃ, fᵒ 379 rᵒ.

1601, août. — Paris.

6473. — Arrêt donnant mainlevée au sieur de Montgommery des saisies faites par ses créanciers tant sur sa pension que sur les deniers destinés à l'entretien des garnisons qu'il commande.

E 3ᵃ, fᵒ 381 rᵒ.

1601, 1ᵉʳ septembre. — Paris.

6474. — Avis du Conseil tendant à accorder 6,000 écus au sieur Des Barres, ci-devant commandant de Saulieu, qui a réussi à conserver ladite ville en l'obéissance du Roi, et qui avait été envoyé par Henri III dans la plupart des villes de Champagne, après la mort du duc de Guise, pour leur faire entendre, sur ce sujet, l'intention du Roi et essayer de les retenir dans le devoir.

E 3ᵇ, fᵒ 1 rᵒ.

6475. — Arrêt ordonnant la levée du dernier tiers de la crue des garnisons imposée sur l'élection du Blanc.

E 3ᵇ, fᵒ 2 rᵒ.

6476. — Arrêt, rendu sur la requête de la duchesse de Mercœur, réglant la possession des offices qui ont vaqué dans l'étendue du douaire de la reine Louise de Lorraine jusqu'au jour de son décès.

E 3ᵇ, fᵒ 5 rᵒ.

6477. — Arrêt réglant le payement de 666 écus 2/3 dus au sieur de Montifray pour ses gages et états de grand maître des eaux et forêts et de grand veneur en Bretagne.

E 3ᵇ, fᵒ 7 rᵒ.

6478. — Arrêt condamnant les habitants de Sainte-Lizaigne à payer 90 écus au meunier Silvain Blondeau.

E 3ᵇ, fᵒ 9 rᵒ.

6479. — « Estat de la recepte et despence qui sera faicte par Mᵉ Auguste Prévost, receveur général des finances en Guyenne, des deniers qui ont esté imposez en l'année dernière, et qui le seront en la présente ou en la prochaine, pour les compositions faictes ou à faire avec ceulx de Rouergue et Quercy. »

E 3ᵇ, fᵒ 10 rᵒ.

6480. — « Mémoire des impositions pour la générallité de Guyenne de l'année 1600. »

E 3ᵇ, fᵒ 15 rᵒ.

1601, 4 septembre. — Paris.

6481. — Arrêt relatif au procès pendant entre le maréchal de Biron et plusieurs adjudicataires des aides et huitièmes de la généralité de Limoges.

E 3ᵇ, fᵒ 21 rᵒ.

6482. — Arrêt ordonnant qu'une somme de 3,500 écus provenant de l'adjudication du greffe des présentations du parlement de Paris sera délivrée aux colonels et capitaines suisses, nonobstant l'opposition de Mᵉ Richard Tardieu, notaire et secrétaire du Roi.

E 3ᵇ, fᵒ 23 rᵒ.

6483. — Arrêt ordonnant que la taxe d'un écu par muid de vin transporté hors du royaume sera comprise dans le bail des impôts levés sur le vin en Picardie pour la fortification des villes frontières.

E 3ᵇ, fᵒ 25 rᵒ.

1601, 6 septembre. — Paris.

6484. — Arrêt ordonnant que le procureur-syndic du pays de Languedoc sera entendu au Conseil au sujet d'une requête des députés du Rouergue tendante à ce que les greniers à sel de Rouergue ne supportent plus de taxes extraordinaires « pour les affaires du pays de Languedoc ».

E 3ᵇ, fᵒ 26 rᵒ.

6485. — Arrêt réglant la vente des impôts et billots de Bretagne, le produit en devant être affecté au payement des régiments suisses de Soleure, de Glaris, de Balthazar et des Grisons.

E 3ᵇ, fᵒ 28 rᵒ.

6486. — Arrêt ordonnant la vérification du bail de Jean Hopil, cessionnaire de la ferme générale des gabelles du Lyonnais, dite « à la part du royaume ».

E 3ᵇ, fᵒ 30 rᵒ.

6487. — Arrêt défendant à Robert Du Ruble, soi-disant fermier du huitième du vin vendu au quartier de Grève, et à tous autres fermiers de Paris de contraindre les marchands-cabaretiers privilégiés suivant la Cour au payement d'aucun droit jusqu'au jugement de leur procès par le Conseil.

E 3ᵇ, fᵒ 32 rᵒ.

6488. — Arrêt ordonnant que le sieur Prévost, maître des Comptes, et son greffier seront payés de leurs vacations par les pays de Rouergue, de Quercy, de Comminges et de Rivière-Verdun, dont ils sont chargés de liquider les dettes.

E 3ᵇ, fᵒ 33 rᵒ.

1601, 11 septembre. — Paris.

6489. — Arrêt adjugeant à Mᵉ Jean Bugy l'office de receveur des aides et tailles en l'élection de Chinon.

E 3ᵇ, fᵒ 35 rᵒ.

6490. — Arrêt maintenant au Pont-de-Beauvoisin, dans le diocèse de Belley, un official forain,
à condition que les appels ordinaires de ses sentences
seront relevés par-devant l'évêque de Grenoble et l'archevêque de Vienne, les appels comme d'abus par-
devant le parlement de Grenoble.

E 3ᵇ, f° 37 r°.

6491. — Arrêt autorisant la levée d'une somme de
2,000 écus destinée à l'acquittement des dettes de
Villefranche-de-Rouergue.

E 3ᵇ, f° 38 r°.

6492. — Arrêt accordant un rabais au fermier des
droits de 2 o/o levés sur les marchandises aux bureaux de Digne, Seyne, Barrême, Castellanne, etc.

E 3ᵇ, f° 39 r°.

6493. — Arrêt condamnant le fermier général des
gabelles de Languedoc, ainsi que les receveurs généraux des finances à Toulouse et à Montpellier, à
acquitter les assignations décernées aux Suisses.

E 3ᵇ, f° 40 r°.

6494. — Arrêt enjoignant à Mᵉ Alexandre de
Girard, receveur général des finances à Riom, de
verser entre les mains du trésorier des Ligues le produit de sa recette des quartiers de janvier et d'avril
1601.

E 3ᵇ, f° 42 r°.

6495. — Arrêt maintenant Thomas de Pontac en
l'office de greffier en chef au ressort du parlement
de Bordeaux, et ordonnant que Henri de Laussade
exercera par commission la charge de greffier civil et
criminel en la chambre de l'Édit établie à Nérac.

E 3ᵇ, f° 44 r°.

6496. — Arrêt ordonnant qu'exécutoire soit délivré
à Antoine Benoist, receveur général des finances à
Riom, à l'encontre des particuliers dénommés en son
état au vrai de l'année 1599.

E 3ᵇ, f° 46 r°.

6497. — Requêtes des habitants du Rouergue,
avec les réponses du Conseil.

E 3ᵇ, f° 48 r°.

6498. — Mandement prohibant l'importation des
tapisseries étrangères à personnages, à bocages ou à
verdures.

E 3ᵇ, f° 52 r°.

1601, 13 septembre. — Paris.

6499. — Adjudication de la traite domaniale ou
patente de Languedoc faite, pour six ans, à Antoine
Laurens, moyennant le payement annuel de
15,000 écus.

E 3ᵇ, f° 53 r°.

1601, 15 septembre. — Paris.

6500. — Arrêt ordonnant la réception de Mᵉ Jean
Regnard en un office d'auditeur en la chambre des
comptes de Normandie.

E 3ᵇ, f° 57 r°.

6501. — Arrêt statuant sur le différend pendant
entre les Capucins et les Feuillants du faubourg Saint-
Honoré, et ordonnant l'ouverture d'une rue qui, par-
tant des Tuileries, aboutira à la rue du Faubourg-
Saint-Honoré, vis-à-vis l'hôtel de Retz; elle servira
de séparation entre les deux couvents et le passage
en sera réservé au Roi.

E 3ᵇ, f° 58 r°.

6502. — Arrêt ouvrant une enquête sur les violences commises par les protestants de Languedoc à
l'encontre des fermiers des dîmes pour les forcer de
contribuer au payement de leurs ministres.

E 3ᵇ, f° 61 r°.

6503. — Arrêt évoquant l'instance pendante entre
Mᵉ Claude de Bury, trésorier de France en Bourgogne,
et messire Antoine d'Aumont, comte de Châteauroux,
et ordonnant l'exécution d'un arrêt obtenu au Parlement par le sieur de Luxembourg, duc de Piney,
et par les habitants de Vendeuvre.

E 3ᵇ, f° 62 r°.

6504. — Arrêt déclarant que l'avance de 2,300 écus
faite, en 1595, par quelques-uns des plus riches habitants de Beaune, pour le payement des Suisses qui
assiégeaient le château, n'est pas un prêt à intérêts.

E 3ᵇ, f° 65 r°.

6505. — Arrêt déclarant que les comptables poursuivis par des particuliers et qui, au lieu de porter leurs causes devant les trésoriers de France ou le Conseil, se sont volontairement soumis à la juridiction de la Cour des aides, ne peuvent se pourvoir contre les arrêts de ladite Cour que par les voies de la requête civile et de la proposition d'erreur.

E 3ᵇ, fᵒ 66 rᵒ.

6506. — Arrêt ordonnant l'ouverture et la description d'un baril rempli d'or et d'argent saisi sur un nommé Guillaume Bouquet.

E 3ᵇ, fᵒ 67 rᵒ.

6507. — Arrêt ordonnant que les officiers de l'élection de Poitiers se transporteront, chaque année, . en la ville de Montmorillon pour y rendre la justice.

E 3ᵇ, fᵒ 69 rᵒ.

6508. — Réponses aux articles présentés par les habitants catholiques de Pamiers.

E 3ᵇ, fᵒ 70 rᵒ.

6509. — «Instructions que le Roy veult estre suivies par les sieurs commissaires députez à l'exécution de son eedict faict pour la réunyon du domaine de Dauphiné.»

E 3ᵇ, fᵒ 72 rᵒ.

1601, 18 septembre. — Paris.

6510. — Arrêt ordonnant la répartition de tous les offices des greniers à sel attribués à Barthélemy Gallois et à Guillaume de Charancy, fermiers du tirage du sel de la ferme dite «à la part du royaume».

E 3ᵇ, fᵒ 76 rᵒ.

6511. — Arrêt accordant un sursis à Henri de Laussade, comptable de Bordeaux, fermier des impositions des rivières de Garonne et Dordogne.

E 3ᵇ, fᵒ 78 rᵒ.

6512. — Arrêt accordant un rabais à Mathieu Du Croquet, fermier de l'imposition du bétail à pied fourché vendu en la ville d'Amiens.

E 3ᵇ, fᵒ 79 rᵒ.

6513. — Arrêt accordant aux habitants du bailliage de Coucy surséance pour le payement des deniers affectés aux frais de construction d'un nouvel auditoire à Soissons.

E 3ᵇ, fᵒ 80 rᵒ.

6514. — Arrêt accordant une remise de tailles aux pauvres habitants de Neuilly-le-Noble, et ordonnant aux trésoriers de France à Tours «de faire en sorte à l'advenir qu'il ne vienne plus de telles plainctes au Conseil, et qu'ilz ayent à y pourveoir».

E 3ᵇ, fᵒ 81 rᵒ.

6515. — Arrêt ordonnant que la recette des deniers provenant des taxes des officiers qui n'ont pas encore payé le droit de marc d'or sera faite par Mᵉ Pierre Pasquier, secrétaire ordinaire de la Chambre.

E 3ᵇ, fᵒ 83 rᵒ.

6516. — Arrêt, rendu sur la requête des colonels et capitaines suisses, déboutant le syndic des États de Bourgogne et le vicomte de Tavannes de leur opposition à l'arrêt du Conseil et aux lettres patentes du 7 juillet 1598 relatifs à l'exécution de l'édit du doublement des petits sceaux.

E 3ᵇ, fᵒ 85 rᵒ.

6517. — Arrêt enjoignant à la cour des aides de Montpellier de procéder diligemment à la vérification pure et simple du bail de Jean Hopil, cessionnaire de Barthélemy Gallois et de Guillaume de Charancy.

E 3ᵇ, fᵒ 87 rᵒ.

6518. — Arrêt relatif au procès pendant entre le sieur de Beaulieu-Ruzé, conseiller d'État, et le sieur de Sourdéac, lieutenant du Roi en Basse-Bretagne.

E 3ᵇ, fᵒ 89 rᵒ.

6519. — Plaintes et remontrances des protestants, en soixante-huit articles, au sujet des «modifications, inexécutions et contraventions» faites à l'édit de Nantes : cahier précédemment présenté par les députés du synode national tenu à Jargeau, et accompagné des réponses du Conseil.

E 3ᵇ, fᵒ 91 rᵒ.

1601, 20 septembre. — Paris.

6520. — Arrêt ordonnant que l'office de garde

des archives de la chambre des comptes de Montpellier sera revendu au titulaire, Mᵉ Moïse de Vaulx.

E 3ᵇ, fᵒ 101 rᵒ.

6521. — Adjudication des droits de sol pour livre de la généralité de Moulins faite, pour trois ans, à Raoul Marchant, moyennant le payement annuel de 12,000 écus.

E 3ᵇ, fᵒ 103 rᵒ.

6522. — État des dettes du pays de Bourgogne, avec les observations du Conseil.

E 3ᵇ, fᵒ 105 rᵒ.

1601, 25 septembre. — Paris.

6523. — Arrêt ordonnant à Mᵉ François Remy, receveur général des finances à Béziers, de compter pardevant le Conseil des deniers provenant de la recette du domaine en la généralité de Toulouse, pour qu'il puisse être pourvu au remboursement de Jean Charron, bourgeois de Castelsarrasin, chargé par le sieur de Vic, en 1595, d'emprunter 7,525 écus pour la réduction de Toulouse.

E 3ᵇ, fᵒ 130 rᵒ.

6524. — Arrêt réglant le payement de 3,310 écus dus à Antoine Grollier, sieur de Servières, maître d'hôtel du Roi, pour l'abandon d'une maison cédée à la monnaie de Lyon et en échange de laquelle il a déjà reçu la seigneurie de la Salle de Quincieux.

E 3ᵇ, fᵒ 132 rᵒ.

6525. — Arrêt relatif à une saisie que le sieur Du Fayot, commis à la recette de l'emprunt levé sur les officiers des finances, a fait faire sur les biens de Claude Caheu, fille de feu Mᵉ Pierre Caheu, élu en l'élection de Tours.

E 3ᵇ, fᵒ 133 rᵒ.

6526. — Arrêt prolongeant le sursis accordé à Étienne Milsan, caution de Jacques Milsan, ci-devant receveur des aides et tailles en l'élection de Chinon.

E 3ᵇ, fᵒ 134 rᵒ.

6527. — Arrêt ordonnant l'exécution d'un arrêt rendu en la Cour des aides au profit de Gabriel Gaul-

terot contre Mᵉ Nicolas Fyot, ci-devant receveur général des finances en Bretagne.

E 3ᵇ, fᵒ 135 rᵒ.

6528. — Arrêt accordant divers sursis aux fermiers des châtellenies de Chantelle et d'Ussel, en Bourbonnais.

E 3ᵇ, fᵒ 136 rᵒ.

6529. — Arrêt réglant le payement d'une somme de 4,600 écus due à la dame de Senecey et faisant partie des sommes promises par le Roi au vicomte de Tavannes, au mois de juin 1595, pour la réduction du fort de Talant.

E 3ᵇ, fᵒ 138 rᵒ.

6530. — Arrêt ordonnant aux élus des États de Bourgogne de prendre en considération, lors de la répartition des taxes, les ruines causées en la ville d'Avallon par les ouragans du mois de juillet dernier.

E 3ᵇ, fᵒ 139 rᵒ.

6531. — Arrêt enjoignant à Mᵉ Ayrault de rapporter au Conseil ses lettres de provision de l'office de lieutenant général et criminel à Angers.

E 3ᵇ, fᵒ 140 rᵒ.

6532. — Arrêt réglant le payement de moitié des 12,000 écus promis au sieur Franchesse pour la réduction du château de Dijon.

E 3ᵇ, fᵒ 142 rᵒ.

6533. — Arrêt évoquant au Conseil le débat pendant entre le général de l'ordre de Prémontré et frère Jean Chesneau, soi-disant abbé de Saint-Éloi de Metz, d'une part, et les habitants de Metz, qui, en vertu d'un bref, ont converti ladite abbaye en collège, d'autre part.

E 3ᵇ, fᵒ 143 rᵒ.

6534. — Arrêt ordonnant la vérification des avances faites, pendant les troubles, par les habitants de Charroux pour l'entretien des armées du Roi.

E 3ᵇ, fᵒ 145 rᵒ.

6535. — Arrêt ordonnant la levée de 666 écus 2/3 destinés à la réparation de l'auditoire du bailliage d'Auxois en la ville de Semur.

E 3ᵇ, fᵒ 146 rᵒ.

6536. — Arrêt approuvant le choix et ratifiant les ordonnances de Me Miles Marion et de Raulin de Reignac, nouveaux commissaires chargés de délimiter la ferme des gabelles de Languedoc.

E 3b, fo 147 ro.

6537. — Arrêt réglant le payement d'une partie des travaux de menuiserie que Pierre Maure a exécutés pour le feu Roi, tant en son oratoire du parc des Tournelles qu'en son logis voisin des Capucins du faubourg Saint-Honoré.

E 3b, fo 149 ro.

1601, 27 septembre. — Paris.

6538. — Arrêt réglant le payement des dettes du pays de Bourgogne, et ordonnant, à cet effet, une levée de 25,000 écus sur ledit pays pendant cinq ans.

E 3b, fos 150 ro et 153 ro.

6539. — Arrêt ordonnant le payement de partie des 1,031 écus 58 sols 10 deniers dus à la succession de Me Louis Ludet, en son vivant « maistre en grammaire et ayant charge de la nourriture et entretenement des enfants de cœur de la Sainte-Chappelle ».

E 3b, fo 152 ro.

6540. — Arrêt désignant des commissaires pour statuer sur les récusations proposées par les habitants de la forêt de Lyons contre les sieurs de Courvaudon, de Motteville et Du Quesnel, commissaires en la chambre de réformation établie pour la revente du domaine de Normandie.

E 3b, fo 155 ro.

6541. — Arrêt réglant le payement d'une rente de 2,500 écus constituée à l'ordre des Chartreux en échange de terres dépendantes de la Chartreuse de Strasbourg, laquelle Sa Majesté a déjà cédée à la république de Strasbourg.

E 3b, fo 156 ro.

6542. — Arrêt ordonnant que les maire et jurats de Bordeaux prendront, sur la ferme de l'extinction du convoi, une somme de 5,000 écus promise pour les frais du mariage du Roi.

E 3b, fo 158 ro.

6543. — Arrêt défendant aux trésoriers de France à Bordeaux d'augmenter les charges pesant sur la ferme de la comptablie.

E 3b, fo 160 ro.

6544. — Arrêt ordonnant la vérification des dettes du pays de Dauphiné.

E 3b, fo 162 ro.

6545. — Adjudication de la taxe de 3 écus 18 sols par tonneau de vin entrant ès villes et gros bourgs de la généralité de Picardie, ainsi que du droit de sortie d'un écu, faite, pour trois ans, à Antoine Hervé, moyennant le payement annuel de 26,000 écus.

E 3b, fo 163 ro.

6546. — Adjudication des droits de sol pour livre levés dans la généralité de Tours faite, pour trois ans, à Claude Des Vallées, moyennant le payement annuel de 30,000 écus.

E 3b, fo 165 ro.

6547. — Articles présentés par les députés de la ville de Poitiers au sujet de l'établissement du sol pour livre et de l'élection d'un maire; observations du Conseil.

E 3b, fo 167 ro.

6548. — « Estat des gaiges et aultres charges accoustumées d'estre payées par chascun an sur la recepte géneralle du marquisat de Saluces, tant aux officiers de la chambre des comptes [de Dauphiné] qu'aux trésoriers de France et généraulx des finances. »

E 3b, fo 169 ro.

1601, 29 septembre. — Paris.

6549. — Réponses du Conseil aux articles présentés au nom du parlement de Toulouse au sujet :
1° Des affaires ecclésiastiques;
2° De la compétence du parlement;
3° De la vente du domaine;
4° Des protestants.

E 3b, fo 171 ro.

1601, 1er octobre. — Paris.

6550. — Arrêt adjugeant à Jean Boucher les offices

8.

de receveur ancien et triennal des tailles en l'élection de Rouen dont est pourvu Adam Bonvallet.

E 3ᵇ, fᵒ 175 rᵒ.

6551. — Arrêt ordonnant qu'il ne sera accordé aucune indemnité aux receveurs et comptables qui se sont trouvés détenteurs de monnaies décriées lors de la déclaration du 24 mai dernier, et leur interdisant toute opération de change.

E 3ᵇ, fᵒ 179 rᵒ, et ms. fr. 18165, fᵒ 117 rᵒ.

6552. — Arrêt ordonnant le dépôt entre les mains du sieur de Maupeou, intendant des finances, de tous les procès-verbaux des ventes de bois faites depuis 1596 dans la Normandie et l'Île-de-France.

E 3ᵇ, fᵒ 181 rᵒ, et ms. fr. 18165, fᵒ 117 vᵒ.

1601, 2 octobre. — Paris.

6553. — Adjudication du sol pour livre de la généralité de Soissons faite, pour trois ans, à Claude Des Vallées, moyennant le payement annuel de 9,900 écus.

E 3ᵇ, fᵒ 182 rᵒ, et ms. fr. 18165, fᵒ 118 rᵒ.

1601, 4 octobre. — Paris.

6554. — «Estat du deppartement que le Roy veult estre faict sur les provinces cy-après déclarées de la somme de 55,000 escus pour laquelle Sa Majesté a ordonné estre faict vente de ses bois, buissons et terres vaines et vagues assises au ressort du parlement de Paris, par son eedict du mois de juillet derrenier passé.»

Ms. fr. 18165, fᵒ 119 rᵒ.

1601, 6 octobre. — Paris.

6555. — Adjudication du sol pour livre de la généralité d'Orléans faite, pour trois ans, à Pierre Daulphin, secrétaire de la Chambre, moyennant le payement annuel de 43,333 écus 20 sols.

E 3ᵇ, fᵒ 184 rᵒ, et ms. fr. 18165, fᵒ 119 vᵒ.

1601, 10 octobre. — Fontainebleau.

6556. — Arrêt réglant le payement des frais supportés par François Girault, clerc au greffe de la ville de Poitiers, en la procédure criminelle intentée contre Mᵉ Jacques Maignan, avocat du Roi en ladite ville.

E 3ᵇ, fᵒ 188 rᵒ, et ms. fr. 18165, fᵒ 127 rᵒ.

6557. — Arrêt accordant au maréchal de Biron un délai de trois mois pour faire vendre vingt-deux offices de notaires et de sergents nouvellement créés au ressort du parlement de Bordeaux.

E 3ᵇ, fᵒ 189 rᵒ, et ms. fr. 18165, fᵒ 127 vᵒ.

6558. — Arrêt ordonnant la levée sur le Languedoc d'une somme de 10,694 écus 13 sols 4 deniers destinée à combler le déficit constaté en l'état de Mᵉ Jean de Murat, trésorier général de l'Extraordinaire des guerres.

E 3ᵇ, fᵒ 190 rᵒ, et ms. fr. 18165, fᵒ 122 rᵒ.

6559. — Arrêt relatif à une demande en remise de tailles présentée par plusieurs paroisses de l'élection de Beauvais éprouvées par la grêle du mois de juillet 1598.

E 3ᵇ, fᵒ 191 rᵒ, et ms. fr. 18165, fᵒ 121 vᵒ.

6560. — Arrêt déchargeant Nicolas Doucin du loyer des treize bannes tendues entre les murs du Châtelet de Paris et la pierre au poisson.

E 3ᵇ, fᵒ 193 rᵒ, et ms. fr. 18165, fᵒ 127 vᵒ.

6561. — Arrêt donnant assignation de 200 écus au capitaine Englischberg, «pour luy donner moyen de s'en retourner et estre au renouvellement de l'alliance en Suisse».

Ms. fr. 18165, fᵒ 121 vᵒ.

6562. — Arrêt ordonnant le rétablissement de plusieurs offices de la chambre des comptes de Dijon, nonobstant l'opposition des anciens officiers, et déterminant les conditions dans lesquelles ces offices pourront être remboursés.

Ms. fr. 18165, fᵒ 123 rᵒ.

6563. — Arrêt défendant à toutes personnes de

transporter hors du royaume or, argent ou billon, soit en monnaies, soit en lingots, « à peine d'estre penduz et estranglez et de confiscation de tous leurs biens », le tiers des valeurs saisies devant être offert aux dénonciateurs.

Ms. fr. 18165, f° 124 r°.

6564. — « Estat de la recepte et despense des deniers provenans de la ferme de la douane de Vienne, pour la première année d'icelle, commenceant le III° jour de may de la présente année. »

Ms. fr. 18165, f° 126 v°.

1601, 12 octobre. — Fontainebleau.

6565. — Arrêt enjoignant au greffier de la Cour des aides de délivrer aux fermiers du sol pour livre, chaque fois qu'il en sera requis, un extrait du tableau et tarif des droits d'entrée levés en vertu de l'édit du mois de mars 1597.

E 3b, f° 194 r°, et ms. fr. 18165, f° 126 r°.

6566. — Arrêt déclarant que les officiers des finances seront contraints de restituer à l'Épargne les sommes qu'ils se sont fait rembourser contrairement à l'arrêt du 10 novembre 1598 (n° 4995).

E 3b, f° 195 r°, et ms. fr. 18165, f° 126 r°.

6567. — Arrêt ordonnant à M° Philippe de Castille et au sieur Champin de compter par-devant deux correcteurs tant du million de livres accordé par le Clergé en l'année 1580, que des 12,000 écus de rentes rachetés au Clergé par le Roi.

E 3b, f° 196 r°, et ms. fr. 18165, f° 125 v°.

6568. — Arrêt ordonnant que deux cent seize quittances d'offices de sergents en Bretagne délivrées en payement à M° Jacquelin, trésorier des Bâtiments, seront contrôlées, bien que les noms des titulaires soient en blanc.

E 3b, f° 197 r°, et ms. fr. 18165, f° 125 r°.

6569. — Arrêt réglant la levée d'une somme de 300 écus que les habitants de Villiers-Adam ont été

condamnés à payer aux sieurs Samson Marchant et François Baudemont.

E 3b, f° 198 r°, et ms. fr. 18165, f° 125 r°.

1601, 16 octobre. — Fontainebleau.

6570. — Arrêt autorisant Jacques Poisson, bourgeois de Lyon, à transporter hors du royaume, en payant les droits anciens et nouveaux, le blé qu'il a acheté en Velay, en Bourgogne et en Dauphiné.

E 3b, f° 199 r°, et ms. fr. 18165, f° 128 r°.

6571. — Arrêt accordant un délai à Jean de Beauchasteau, bourgeois de Thonon, pour compter de la recette des deniers levés dans le Chablais, en l'année 1600, pour le service du Roi.

E 3b, f° 200 r°, et ms. fr. 18165, f° 129 r°.

6572. — Arrêt renvoyant au sieur de Gastines, commissaire député à la direction des finances en la généralité de Lyon et dans le pays de Bresse, la demande de rabais présentée par Gaspard Corneille, fermier des péages de la « traverse » et du « demi pour cent » dans le duché de Savoie.

E 3b, f° 201 r°, et ms. fr. 18165, f° 128 v°.

6573. — Arrêt réglant le payement de douze muids de blé et de huit muids d'avoine dus, chaque année, au couvent de Trinitaires fondé dans le château de Fontainebleau.

E 3b, f° 202 r°, et ms. fr. 18165, f° 129 r°.

6574. — Arrêt défendant aux habitants du Lyonnais, du Forez, du Haut-Vivarais, du Beaujolais, du Mâconnais, de la Bresse, du Bugey, du Valromey et du bailliage de Gex de se fournir d'autre sel que de celui qui est tiré par Jean Hopil, cessionnaire de la ferme dite « à la part du royaume ».

E 3b, f° 204 r°, et ms. fr. 18165, f° 130 r°.

6575. — Arrêt ordonnant que les sergents royaux de la sénéchaussée de Condomois payeront les taxes levées sur eux en vertu de l'édit des ampliations, sans bénéficier de la remise accordée aux sergents d'Agenais par arrêt du 19 juillet dernier (n° 6361).

E 3b, f° 206 r°, et ms. fr. 18165, f° 130 v°.

6576. — Arrêt ordonnant une enquête sur l'emploi de 3,500 écus levés, en 1598, pour l'acquittement des dettes de la ville de Gannat.

E 3ᵇ, fᵒ 207 rᵒ, et ms. fr. 18165, fᵒ 131 rᵒ.

6577. — Arrêt ordonnant que les sergents royaux résidant à Bellac et dans tout le ressort du parlement de Bordeaux payeront les sommes auxquelles ils ont été taxés pour l'ampliation de leurs pouvoirs.

E 3ᵇ, fᵒ 208 rᵒ, et ms. fr. 18165, fᵒ 131 rᵒ.

6578. — Arrêt interdisant aux officiers du bailliage et du présidial d'Alençon la connaissance des abus et malversations commis au fait du sel, laquelle appartient, en première instance, aux officiers des greniers à sel, en appel, à la Cour des aides.

E 3ᵇ, fᵒ 210 rᵒ, et ms. fr. 18165, fᵒ 133 rᵒ.

6579. — Arrêt interdisant au parlement de Rouen la connaissance des abus et malversations commis au fait du sel.

E 3ᵇ, fᵒ 211 rᵒ, et ms. fr. 18165, fᵒ 132 rᵒ.

1601, 17 octobre. — Fontainebleau.

6580. — Arrêt demandant l'avis des parlements de Paris, Toulouse, Grenoble, Bordeaux et Rouen, ainsi que celui des chambres établies dans lesdits parlements, au sujet des renvois sollicités par les protestants et du moyen de prévenir les conflits entre les parlements et les chambres.

E 3ᵇ, fᵒ 212 rᵒ, et ms. fr. 18165, fᵒ 134 rᵒ.

6581. — Arrêt ordonnant l'examen des privilèges en vertu desquels les habitants de Genève se prétendent « exempts de tous péages pour les marchandises qui passent par les pays donnez en échange à Sa Majesté au lieu du marquisat de Salusses », et aussi exempts du payement des tailles pour leurs biensfonds du bailliage de Gex.

E 3ᵇ, fᵒ 213 rᵒ, et ms. fr. 18165, fᵒ 133 rᵒ.

6582. — Arrêt ordonnant aux receveurs particuliers de la généralité de Limoges de restituer certaines sommes qu'il se sont fait attribuer par la Chambre des comptes.

E 3ᵇ, fᵒ 214 rᵒ, et ms. fr. 18165, fᵒ 133 vᵒ.

1601, 25 octobre. — Fontainebleau.

6583. — Arrêt ordonnant que le duc et la duchesse de Mercœur ne pourront être poursuivis pour le payement des fournitures faites avant le 1ᵉʳ octobre 1589 à la maison de la feue reine douairière Louise de Lorraine.

E 3ᵇ, fᵒ 215 rᵒ, et ms. fr. 18165, fᵒ 136 rᵒ (sous la date du 27 octobre).

6584. — Arrêt réglant le remboursement des avances faites par Mᵉ Jean Roussat, maire de Langres.

E 3ᵇ, fᵒ 217 rᵒ, et ms. fr. 18165, fᵒ 135 rᵒ.

6585. — Arrêt autorisant Claude Des Vallées, fermier pour trois ans du sol pour livre en la généralité de Soissons, à « tiercer » tous les baux particuliers conclus pour quatre mois par les trésoriers de France dans ladite généralité.

E 3ᵇ, fᵒ 219 rᵒ, et ms. fr. 18165, fᵒ 135 vᵒ.

6586. — Arrêt adjugeant au sieur de Buzenval, ambassadeur aux Pays-Bas, des terres du domaine d'Hennebont, jusqu'à concurrence d'une somme de 14,700 écus.

E 3ᵇ, fᵒ 220 rᵒ, et ms. fr. 18165, fᵒ 134 vᵒ.

6587. — Arrêt ratifiant la vente faite à la ville de Chauny des huitièmes et vingtièmes du vin entrant en ladite ville, nonobstant l'opposition de la ville de Paris.

E 3ᵇ, fᵒ 221 rᵒ, et ms. fr. 18165, fᵒ 137 rᵒ (sous la date du 27 octobre).

6588. — Arrêt portant confiscation des espèces d'or et d'argent décriées saisies par le fermier général de la douane de Lyon sur Bénédict-Bernardin Massey et sur Antoine Balbani, bourgeois de Paris.

E 3ᵇ, fᵒ 223 rᵒ, et ms. fr. 18165, fᵒ 138 rᵒ (sous la date du 27 octobre).

6589. — Arrêt réglant le payement des droits de parisis dus à Innocent Desboys tant sur les émoluments du greffe de l'élection de Sens que sur ceux du greffe des Requêtes de l'Hôtel.

E 3ᵇ, fᵒ 225 rᵒ, et ms. fr. 18165, fᵒ 136 vᵒ (sous la date du 27 octobre).

1601, 30 octobre. — Fontainebleau.

6590. — Arrêt enjoignant aux trésoriers de France et aux contrôleurs généraux des finances de s'acquitter de leurs fonctions conformément aux ordonnances et de veiller sur les départements des receveurs généraux.

E 3ᵇ, fᵒ 226 rᵒ, et ms. fr. 18165, fᵒ 140 rᵒ.

6591. — Arrêt confirmant aux habitants des pays de Quercy, de Comminges et de Rivière-Verdun le droit de faire remonter le sel de Brouage par la Garonne et par le Tarn jusqu'à Grenade et Montauban.

E 3ᵇ, fᵒ 227 rᵒ, et ms. fr. 18165, fᵒ 139 rᵒ.

6592. — Arrêt ordonnant à Mᵉ Jean Regnard de représenter au Conseil ses lettres de provision de l'office d'auditeur en la chambre des comptes de Normandie.

E 3ᵇ, fᵒ 229 rᵒ, et ms. fr. 18165, fᵒ 141ᵒ.

6593. — Arrêt prorogeant le délai accordé au sieur de Sourdéac pour recouvrer certains extraits de comptes rendus en la chambre des comptes de Bretagne.

E 3ᵇ, fᵒ 230 rᵒ, et ms. fr. 18165, fᵒ 141 rᵒ.

6594. — Arrêt ordonnant qu'une somme de 2,071 écus due à l'Épargne par Mᵉ Du Vignau, receveur général des finances à Soissons, sera prise sur le produit de la vente de deux offices de receveurs généraux dont était pourvu ledit Du Vignau.

E 3ᵇ, fᵒˢ 231 rᵒ et 233 rᵒ, et ms. fr. 18165, fᵒ 141 vᵒ.

6595. — Arrêt maintenant Jacques Boyadan en possession de la ferme générale des dix-sept greniers à sel du Languedoc.

E 3ᵇ, fᵒ 234 rᵒ, et ms. fr. 18165, fᵒ 142 rᵒ.

6596. — Avis du Conseil tendant à faire remise des droits de péage et des amendes encourues à ceux des adjudicataires de greniers à sel qui dénonceront les fraudes et malversations commises par leurs associés.

E 3ᵇ, fᵒ 235 rᵒ, et ms. fr. 18165, fᵒ 142 rᵒ.

6597. — Arrêt autorisant l'établissement d'un octroi à Toulon en Charolais, pour le produit en être affecté au payement de la rançon promise par ladite ville au feu duc de Nemours.

E 3ᵇ, fᵒ 236 rᵒ, et ms. fr. 18165, fᵒ 142 vᵒ.

6598. — Arrêt accordant un rabais à Pierre Belot, cessionnaire de la ferme du subside octroyé au maréchal de Bois-Dauphin.

E 3ᵇ, fᵒ 238 rᵒ, et ms. fr. 18165, fᵒ 143 rᵒ.

6599. — Arrêt cassant un arrêt obtenu en la cour des aides de Montpellier par Jacques Boyadan, fermier général des gabelles de Languedoc, contre Jean Hopil, cessionnaire de la ferme dite « à la part du royaume », et renvoyant toutes contestations soulevées à propos de cette dernière ferme au sieur de Refuge, maître des requêtes, intendant de la justice en Lyonnais.

E 3ᵇ, fᵒ 240 rᵒ, et ms. fr. 18165, fᵒ 144 vᵒ.

1601, 6 novembre. — Paris.

6600. — Arrêt relatif au rachat des rentes constituées à la ville de Paris.

E 3ᵇ, fᵒ 242 rᵒ, et ms. fr. 18165, fᵒ 146 vᵒ.

6601. — Arrêt commettant le sieur de Refuge, maître des requêtes résidant à Lyon, pour informer, à la place du sieur de Marillac, contre le lieutenant général en la sénéchaussée de Moulins.

E 3ᵇ, fᵒ 243 rᵒ, et ms. fr. 18165, fᵒ 147 rᵒ.

6602. — Arrêt ordonnant que 1,000 écus seront payés comptant, chaque mois, pour la dépense, la nourriture et l'entretien du Dauphin, à Mᵐᵉ de Montglat, sa gouvernante.

E 3ᵇ, fᵒ 244 rᵒ, et ms. fr. 18165, fᵒ 147 rᵒ.

6603. — Arrêt modérant d'un tiers la subvention imposée aux habitants de Saintes en place du sol pour livre.

E 3ᵇ, fᵒ 245 rᵒ, et ms. fr. 18165, fᵒ 146 rᵒ.

6604. — Arrêt accordant aux habitants de Pontoise décharge de toute taxe sur le vin entré dans ladite ville durant le mois de septembre 1599.

E 3ᵇ, fᵒ 246 rᵒ, et ms. fr. 18165, fᵒ 147 vᵒ.

6605. — Arrêt attribuant à Mᵉ Pierre Ayrault l'office de lieutenant criminel en la ville d'Angers, que lui a résigné son père.

E 3ᵇ, fᵒ 248 rᵒ, et ms. fr. 18165, fᵒ 148 vᵒ.

6606. — Arrêt ordonnant que Mᵉ Du Fayot comptera dans un mois au Conseil des deniers provenant de la taxe faite sur les financiers.

E 3ᵇ, fᵒ 249 rᵒ, et ms. fr. 18165, fᵒ 146 rᵒ.

6607. — Arrêt réglant le payement des gages et états dus au président de Metz.

E 3ᵇ, fᵒ 250 rᵒ, et ms. fr. 18165, fᵒ 149 rᵒ.

6608. — Arrêt condamnant le fermier de l'impôt de 2 o/o levé à Marseille à payer au sieur de Fresnes, conseiller d'État, les arrérages de la pension du capitaine Libertat échus depuis la mort dudit capitaine.

E 3ᵇ, fᵒ 251 rᵒ, et ms. fr. 18165, fᵒ 149 vᵒ.

6609. — Arrêt défendant à Jean Hopil, adjudicataire de la ferme dite « à la part du royaume », de payer une somme de 3,000 écus qu'il avait promise à Jean Pomey, de Lyon, pour que ce dernier renonçât à surenchérir.

Ms. fr. 18165, fᵒ 148 vᵒ.

· 1601, 8 novembre. — Paris.

6610. — Arrêt ordonnant qu'il soit sursis, jusqu'à plus ample vérification, au payement des dettes de la ville et de la collecte de Nogaro.

E 3ᵇ, fᵒ 253 rᵒ, et ms. fr. 18165, fᵒ 151 rᵒ.

6611. — Arrêt ordonnant qu'il soit sursis, jusqu'à plus ample vérification, au payement des dettes de la ville et de la collecte de Vic-Fezensac.

E 3ᵇ, fᵒ 254 rᵒ, et ms. fr. 18165, fᵒ 150 vᵒ.

6612. — Arrêt ordonnant que les receveurs et commis qui ont fait, depuis 1595, la recette et dépense des 2 sols pour livre levés sur les acquéreurs du domaine compteront dans les deux mois par-devant le Conseil.

E 3ᵇ, fᵒ 255 rᵒ, et ms. fr. 18165, fᵒ 151 vᵒ.

6613. — Arrêt condamnant l'évêque et le clergé de Poitiers à rembourser à Mᵉ Isaac Guydon le prix du greffe des insinuations ecclésiastiques du diocèse.

E 3ᵇ, fᵒ 256 rᵒ, et ms. fr. 18165, fᵒ 152 rᵒ.

6614. — Arrêt réglant le payement de 28,000 écus dus aux lieutenants général et particulier, aux capitaines des places et aux garnisons de Bretagne, pour leurs états de l'année 1599.

E 3ᵇ, fᵒ 258 rᵒ, et ms. fr. 18165, fᵒ 156 vᵒ.

6615. — Arrêt réglant l'emploi des 50,000 écus levés en la présente année sur la Bretagne pour le payement des garnisons.

E 3ᵇ, fᵒ 260 rᵒ, et ms. fr. 18165, fᵒ 153 rᵒ.

6616. — Arrêt autorisant Mᵉ Claude Josse, adjudicataire général des greniers à sel, à prendre tel nombre d'archers qu'il jugera nécessaire pour empêcher le commerce des faux-sauniers.

E 3ᵇ, fᵒ 260 rᵒ, et ms. fr. 18165, fᵒ 154 rᵒ.

6617. — Arrêt accordant une prime de 6,000 écus à Nicolas Le Turc pour le cas où l'expédient qu'il propose de faire connaître au Roi rapporterait, comme il l'affirme, 12,000 écus par an.

E 3ᵇ, fᵒ 261 rᵒ, et ms. fr. 18165, fᵒ 153 vᵒ.

6618. — Arrêt accordant à Nicolas Le Turc le quart du prix d'un office vacant depuis de longues années qu'il propose de faire connaître au Roi.

E 3ᵇ, fᵒ 262 rᵒ, et ms. fr. 18165, fᵒ 153 vᵒ.

6619. — Arrêt ordonnant le payement des sommes assignées à Mᵉ Jean de Murat, trésorier général de l'Extraordinaire des guerres au département de delà les Monts, pour la solde des garnisons d'Auvergne et du fort de Barraux.

E 3ᵇ, fᵒ 263 rᵒ, et ms. fr. 18165, fᵒ 154 vᵒ.

6620. — Arrêt autorisant le maître paveur du Roi à prendre aux environs de Fontainebleau, même dans les propriétés particulières, le grès nécessaire à l'achèvement du pavage de la rue Saint-Antoine.

E 3ᵇ, fᵒ 264 rᵒ, et ms. fr. 18165, fᵒ 155 rᵒ.

6621. — Arrêt défendant aux sieurs de L'Arthusie et de Fabry de s'aider d'une sentence obtenue aux

Requêtes du Palais à l'encontre de M° Gabriel de Guénegaud.

E 3ᵇ, fᵒ 266 rᵒ, et ms. fr. 18165, fᵒ 156 rᵒ.

6622. — Arrêt accordant à Jean de Goulaines, sieur du Favouet, surséance de toute contrainte par corps pendant deux mois, attendu que le procès qu'il poursuit, depuis trois ans, contre le sieur de Coëtnisan et contre le duc de Mercœur est prêt à juger au Conseil d'État.

Ms. fr. 18165, fᵒ 156 vᵒ.

1601, 10 novembre. — Paris.

6623. — Arrêt condamnant le sieur Lenfant, M° Josias Mortier, sieur de Soisy, et autres à payer la folle enchère par eux mise sur la ferme du sol pour livre de la généralité de Paris.

E 3ᵇ, fᵒ 267 rᵒ, et ms. fr. 18165, fᵒ 157 rᵒ.

6624. — Arrêt accordant une surséance aux habitants de Bailleul-le-Soc, Éraine, Saint-Julien[-le-Pauvre], Estrées-Saint-Denis, Moyvillers, Rémécourt, Maimbeville et Fouilleuse, à raison des pertes que leur a fait subir l'orage du 5 juillet dernier.

E 3ᵇ, fᵒ 269 rᵒ, et ms. fr. 18165, fᵒ 164 rᵒ.

6625. — Arrêt, en treize articles, réglant les fonctions des élus, particulièrement en ce qui concerne le recouvrement des impôts.

E 3ᵇ, fᵒ 270 rᵒ, et ms. fr. 18165, fᵒ 157 vᵒ.

6626. — Arrêt, en vingt-trois articles, réglant les fonctions des trésoriers de France, des élus, des receveurs généraux et particuliers, particulièrement en ce qui concerne le recouvrement des impôts.

E 3ᵇ, fᵒ 276 rᵒ, et ms. fr. 18165, fᵒ 160 rᵒ.

1601, 13 novembre. — Paris.

6627. — Arrêt affectant aux frais du renouvellement de l'alliance avec les Suisses une somme de 80,000 écus primitivement destinée au remboursement des officiers du sel supprimés.

E 3ᵇ, fᵒ 282 rᵒ, et ms. fr. 18165, fᵒ 164 vᵒ.

6628. — Arrêt ordonnant au trésorier de l'Épargne d'employer au renouvellement de l'alliance avec les Suisses même les sommes réservées pour être mises aux mains du Roi, ou pour les dépenses extraordinaires de la maison de la Reine.

E 3ᵇ, fᵒ 283 rᵒ, et ms. fr. 18165, fᵒ 182 vᵒ.

1601, 14 novembre. — Paris.

6629. — Arrêt donnant assignation de 5,600 écus au grand prieur de Champagne, tant pour la construction de sa galère que pour la nourriture des forçats.

Ms. fr. 18165, fᵒ 167 rᵒ.

1601, 15 novembre. — Paris.

6630. — Arrêt révoquant les collecteurs généraux des tailles institués par les députés des États dans les provinces de Quercy, Comminges, Rivière-Verdun, Condomois et Armagnac.

E 3ᵇ, fᵒ 284 rᵒ, et ms. fr. 18165, fᵒ 175 vᵒ.

6631. — Arrêt modérant d'un tiers la subvention imposée aux habitants de Saint-Jean-d'Angely en place du sol pour livre.

E 3ᵇ, fᵒ 285 rᵒ, et ms. fr. 18165, fᵒ 165 rᵒ.

6632. — Arrêt ordonnant la levée d'une somme de 1,849 écus 26 sols 6 deniers assignée à M° Louis de Foix pour le parachèvement de la tour de Cordouan.

E 3ᵇ, fᵒ 286 rᵒ, et ms. fr. 18165, fᵒ 165 vᵒ.

6633. — Arrêt supprimant les offices de collecteurs des deniers royaux à Nérac et à Casteljaloux, dont Sa Majesté, en tant que duc d'Albret, et avant son avènement à la Couronne, avait pourvu Mᵉˢ Imbert Roy et Jérémie Castaing.

E 3ᵇ, fᵒ 288 rᵒ, et ms. fr. 18165, fᵒ 176 rᵒ.

6634. — Arrêt réglant le payement de 2,400 écus dus au sieur de Barrault, gouverneur de Bazadais, pour le fret d'un navire, à lui appartenant, qui a servi en la flotte royale pendant le siège de Blaye.

E 3ᵇ, fᵒ 290 rᵒ, et ms. fr. 18165, fᵒ 166 rᵒ.

6635. — Arrêt accordant surséance et réduction à Laurent Quenault, ci-devant adjudicataire du grenier à sel d'Autun.

E 3ᵇ, fᵒ 292 rᵒ, et ms. fr. 18165, fᵒ 167 vᵒ.

6636. — Arrêt enjoignant au procureur général en la cour des aides de Normandie d'envoyer au Conseil les motifs de l'arrêt rendu par ladite cour dans le procès pendant entre Mᵉ Jean Longis, commis à la recette des tailles en l'élection de Lisieux, et la caution de Nicolas Asselin, receveur des aides audit lieu.

E 3ᵇ, fᵒ 293 rᵒ, et ms. fr. 18165, fᵒ 169 rᵒ.

6637. — Arrêt accordant un rabais à Jean Granier, adjudicataire des greniers à sel de Charolles, Paray[-le-Monial] et Mont-Saint-Vincent.

E 3ᵇ, fᵒ 295 rᵒ, et ms. fr. 18165, fᵒ 167 vᵒ.

6638. — Arrêt ordonnant l'établissement de vingt-quatre nouvelles pêcheries le long de la Loire, entre la Pierre-d'Ingrande et la Pierre-Auge, attendu que ledit fleuve s'est fort élargi dans cette partie de son cours, et attribuant, moyennant une rente, le produit desdites pêcheries au sieur de Cangé, lieutenant du duc de Montbazon à Nantes.

E 3ᵇ, fᵒ 296 rᵒ, et ms. fr. 18165, fᵒ 168 rᵒ.

6639. — Arrêt évoquant au Conseil l'appel interjeté en la cour des aides de Montpellier par Bertrand Cabalby contre une ordonnance du sieur de Martin, trésorier de France en Guyenne, commissaire député à la direction des finances au pays de Comminges, et enjoignant audit Cabalby de rendre compte des levées faites tant par lui que par son père, et de leur propre autorité, depuis 1576 dans la vicomté de Conserans et de Saint-Girons.

E 3ᵇ, fᵒ 298 rᵒ, et ms. fr. 18165, fᵒ 180 rᵒ.

6640. — Arrêt défendant à la cour des aides de Montpellier, au sénéchal, au lieutenant du sénéchal et au juge mage de Toulouse d'autoriser aucune levée sans lettres patentes du Roi.

E 3ᵇ, fᵒ 300 rᵒ, et ms. fr. 18165, fᵒ 179 rᵒ.

6641. — Arrêt défendant à tous gouverneurs, capitaines et gens de guerre de poursuivre les syndics et habitants des pays de Quercy, Comminges, Rivière-Verdun, Armagnac et Agenais pour le payement des assignations dont ils sont porteurs.

E 3ᵇ, fᵒ 301 rᵒ, et ms. fr. 18165, fᵒ 173 rᵒ.

6642. — Arrêt ordonnant la vérification des sommes dues par les habitants de la collecte de Jegun pour l'entretien d'une garnison placée, en 1569, par Blaise de Monluc dans la ville de Fleurance.

E 3ᵇ, fᵒ 303 rᵒ, et ms. fr. 18165, fᵒ 177 rᵒ.

6643. — Arrêt défendant au parlement de Toulouse de mettre aucun obstacle à l'exécution des commissions données aux trésoriers de France en Guyenne, particulièrement au sieur de Martin, député à la direction des finances et à la vérification des dettes ès provinces de Quercy, Comminges, Rivière-Verdun et Armagnac.

E 3ᵇ, fᵒ 305 rᵒ, et ms. fr. 18165, fᵒ 178 rᵒ.

6644. — Arrêt réglant la levée des aides dans l'Agenais.

E 3ᵇ, fᵒ 306 rᵒ.

6645. — Arrêt réglant la suppression ou le remboursement des offices de receveurs triennaux des tailles et du taillon en Guyenne.

E 3ᵇ, fᵒ 307 rᵒ, et ms. fr. 18165, fᵒ 178 vᵒ.

6646. — Arrêt déclarant soumis à la taille les biens des commensaux du Roi situés dans des pays tels que la Guyenne, où les tailles sont réelles.

E 3ᵇ, fᵒ 309 rᵒ, et ms. fr. 18165, fᵒ 174 vᵒ.

6647. — Arrêt défendant aux créanciers des communautés de Quercy, Armagnac, Comminges, Rivière-Verdun, Agenais et Condomois d'exercer aucune poursuite à l'encontre desdites communautés.

E 3ᵇ, fᵒ 310 rᵒ, et ms. fr. 18165, fᵒ 175 rᵒ.

6648. — Arrêt suspendant pour un an Mᵉ Sauvat de Lalane de ses fonctions de receveur des tailles d'Armagnac, et le condamnant à faire restitution aux habitants de la collecte de Vic-Fezensac.

E 3ᵇ, fᵒ 311 rᵒ, et ms. fr. 18165, fᵒ 180 vᵒ.

6649. — Arrêt défendant aux officiers présidiaux

de Toulouse de faire contraindre les habitants du pays de Comminges à leur payer leurs gages avant l'échéance.

E 3ᵇ, f° 315 r°, et ms. fr. 18165, f° 182 v°.

6650. — Arrêt ordonnant que les collecteurs des pays d'Armagnac, Quercy, Comminges, Condomois, Rivière-Verdun et Agenais seront contraints de compter par-devant le sieur de Martin du produit des levées faites dans lesdits pays depuis dix ans.

E 3ᵇ, f° 316 r°, et ms. fr. 18165, f° 183 r°.

6651. — Arrêt supprimant la charge de Gérard Vigier, soi-disant trésorier-collecteur du marquisat de Fimarcon, et ce nonobstant les prétentions du marquis.

E 3ᵇ, f° 317 r°, et ms. fr. 18165, f° 183 v°.

6652. — Adjudication du droit de douane qui se lève à Paris sur les draps, soies, laines et autres marchandises, faite pour une année à Daniel Johanyn, pour la somme de 6,600 écus.

E 3ᵇ, f° 319 r°, et ms. fr. 18165, f° 169 v°.

6653. — Adjudication du sol pour livre de la généralité de Paris, faite pour trois ans à Josias Mortier, sieur de Soisy, moyennant le payement annuel de 138,000 écus.

E 3ᵇ, f° 321 r°, et ms. fr. 18165, f° 171 r°.

6654. — Arrêt ordonnant la réunion au domaine et la mise en adjudication de tous les offices de jaugeurs-visiteurs-mesureurs de tonneaux et barriques.

Ms. fr. 18165, f° 165 v°.

1601, 17 novembre. — Paris.

6655. — Arrêt accordant au sieur de Coëtnisan mainlevée de ses biens saisis par ses créanciers.

E 3ᵇ, f° 323 r°, et ms. fr. 18165, f° 185 r°.

6656. — Arrêt accordant au sieur de Saint-Christophe décharge d'une somme de 1,177 écus 10 sols qu'il a été condamné à payer pour avoir pris, en 1589, de l'aveu du duc de Mayenne, certaine quantité de sel au grenier de Semur-en-Brionnais.

E 3ᵇ, f° 324 r°, et ms. fr. 18165, f° 185 v°.

6657. — Arrêt réglant le payement de 1,750 écus dus au colonel Heyd et aux capitaines de son régiment.

E 3ᵇ, f° 325 r°, et ms. fr. 18165, f° 186 r°.

6658. — Arrêt ordonnant que la duchesse de Nemours et la dame Claude de Linières seront payées de leurs rentes sur les aides de Chartres par préférence au sieur Annibal de Schonberg.

E 3ᵇ, f° 327 r°, et ms. fr. 18165, f° 186 v°.

6659. — Arrêt ordonnant que les officiers du Roi seront contraints de payer le droit de marc d'or suivant le rôle arrêté le 23 janvier 1599.

E 3ᵇ, f° 329 r°, et ms. fr. 18165, f° 185 v°.

6660. — Arrêt acceptant les offres de tiercement faites par Antoine Hervé sur la ferme du droit de sortie de la ville de Péronne.

E 3ᵇ, f° 330 r°, et ms. fr. 18165, f° 187 v°.

6661. — Adjudication du sol pour livre de la généralité de Lyon, faite pour trois ans à Mathurin Fouquet, moyennant le payement annuel de 20,000 écus.

E 3ᵇ, f°ˢ 332 r° et 336 r°, et ms. fr. 18165, f° 190 v°.

6662. — Adjudication du sol pour livre des généralités de Bourges, Poitiers, Limoges et Riom, faite pour trois ans à Jean Dubois, moyennant le payement annuel de 84,000 écus.

E 3ᵇ, f°ˢ 340 r° et 342 r°, et ms. fr. 18165, f° 188 v°.

1601, 20 novembre. — Paris.

6663. — Arrêt accordant à Antoine de Bréhan, écuyer ordinaire du Roi et de la Reine, mainlevée des fruits de la terre de Hédé, à condition qu'il pourvoira la ville de Hédé d'une geôle.

E 3ᵇ, f° 346 r°, et ms. fr. 18165, f° 194 r°.

6664. — Arrêt accordant une réduction de 333 écus 20 sols aux anciens adjudicataires des greniers à sel de Chalon-sur-Saône et de Semur-en-Brionnais.

E 3ᵇ, f° 347 r°, et ms. fr. 18165, f° 192 r°.

6665. — Arrêt ordonnant la vente des impôts et

billots de Bretagne jusqu'à concurrence d'une somme de 30,000 écus due aux régiments de Soleure, de Glaris, de Balthazar et des Grisons.

E 3ᵇ, fᵒ 348 rᵒ, et ms. fr. 18165, fᵒ 193 vᵒ.

6666. — Arrêt renvoyant à la cour des comptes, aides et finances de Provence la vérification des sommes dues aux sieurs de Ramefort pour la réduction de la ville de Sisteron.

E 3ᵇ, fᵒ 349 rᵒ, et ms. fr. 18165, fᵒ 193 rᵒ.

6667. — Arrêt confirmant la location de l'ancien hôpital des pestiférés de Bordeaux faite par les maire et jurats de ladite ville aux religieux Capucins.

E 3ᵇ, fᵒ 350 rᵒ, et ms. fr. 18165, fᵒ 192 vᵒ.

6668. — Arrêt condamnant Mᵉ Nicolas Pajot, commis à la recette des deniers provenant de la vente du domaine en Guyenne, à payer 2,000 écus à un ancien commis de Mᵉ Étienne Regnault, trésorier général de l'Extraordinaire des guerres.

E 3ᵇ, fᵒ 351 rᵒ, et ms. fr. 18165, fᵒ 194 vᵒ.

6669. — Arrêt accordant aux habitants d'Auxerre remise des deux tiers d'une somme de 3,000 écus par eux promise pour le siège d'Amiens.

E 3ᵇ, fᵒ 353 rᵒ, et ms. fr. 18165, fᵒ 194 rᵒ.

6670. — Arrêt accordant à Mᵉ Jean Duval, receveur des tailles en l'élection de Chartres, décharge des sommes prêtées, en 1593, par plusieurs habitants de la ville pour les frais du siège de Dreux.

E 3ᵇ, fᵒ 354 rᵒ, et ms. fr. 18165, fᵒ 195 rᵒ.

———

1601, 22 novembre. — Paris.

6671. — Arrêt ordonnant le dépôt au greffe du Conseil de toutes les pièces du procès fait à Mᵉ Antoine Beloteau, élu en l'élection de Montreuil-Bellay.

E 3ᵇ, fᵒ 356 rᵒ, et ms. fr. 18165, fᵒ 196 vᵒ.

———

1601, 24 novembre. — Paris.

6672. — Arrêt accordant un sursis de deux ans

aux cautions du fermier des subsides de 5 sols pour muid de vin entrant en la ville de Meaux.

E 3ᵇ, fᵒ 358 rᵒ, et ms. fr. 18165, fᵒ 197 vᵒ.

———

1601, 27 novembre. — Paris.

6673. — Arrêt relatif au procès pendant entre Mᵉ François d'Alesso, ci-devant maître des Comptes, et le maréchal de Bois-Dauphin.

E 3ᵇ, fᵒ 359 rᵒ, et ms. fr. 18165, fᵒ 198 rᵒ.

6674. — Arrêt ordonnant l'élargissement de Guillaume Gazeau, caution des fermiers des aides de la Ferté-Aucoul, de la Chapelle-sur-Crécy et de Claye.

Ms. fr. 18165, fᵒ 197 vᵒ.

———

1601, 29 novembre. — Paris.

6675. — Arrêt nommant Mᵉ Pierre Le Clerc abbé de Saint-Paul-lès-Sens, à la recommandation de MM. de Loménie et Le Clerc, secrétaires du Roi, et le déchargeant de la taxe levée pour l'acquittement des dettes de la ville de Sens.

E 3ᵇ, fᵒ 360 rᵒ, et ms. fr. 18165, fᵒ 199 rᵒ.

6676. — Arrêt ordonnant aux trésoriers de France des généralités de Tours, Soissons, Moulins et Châlons d'avoir égard aux pertes subies par les paroisses qu'ont ravagées l'orage et la grêle du mois d'août dernier.

E 3ᵇ, fᵒ 361 rᵒ, et ms. fr. 18165, fᵒ 198 vᵒ.

6677. — Arrêt confirmant à Étienne Audouyn de Montherbu, secrétaire de la Chambre, le droit de recevoir tous les deniers provenant de l'édit d'hérédité des offices de notaires royaux.

E 3ᵇ, fᵒ 362 rᵒ, et ms. fr. 18165, fᵒ 202 vᵒ.

6678. — Arrêt condamnant Mᵉ Paul Tissandier, ci-devant receveur général des finances en Auvergne, à payer diverses sommes au comte de Busset, au sieur de Sistels et à Mᵉ Jean de Laporte, receveur des décimes au diocèse de Saint-Flour.

E 3ᵇ, fᵒ 364 rᵒ, et ms. fr. 18165, fᵒ 201 rᵒ.

6679. — Arrêt chargeant Mᵉ Jacques Vignier,

conseiller au Grand Conseil, et M° Charles Barentin, conseiller en la Cour des aides, de faire le procès aux officiers de l'élection de Châteaudun.

E 3ᵇ, f° 366 rº, et ms. fr. 18165, f° 200 rº.

6680. — Arrêt ordonnant le remboursement de la finance payée par Jacques Roussel pour l'office de receveur au grenier à sel de Doullens.

E 3ᵇ, fº 368 rº, et ms. fr. 18165, fº 199 vº.

1601, 1ᵉʳ décembre. — Paris.

6681. — Arrêt ordonnant l'arrestation de M° Jusseaume, receveur général des finances à Tours, lequel s'est sauvé en emportant les deniers de sa recette.

E 3ᵇ, fº·370 rº, et ms. fr. 18165, fº 204 vº.

1601, 4 décembre. — Paris.

6682. — Arrêt ordonnant que le payement des gages des lecteurs ordinaires du Roi en l'Université de Paris se fera conformément à l'état du 2 août dernier (n° 6387), nonobstant les réclamations de M° François Parent.

E 3ᵇ, fº 371 rº, et ms. fr. 18165, fº 205 rº.

6683. — Arrêt réglant l'expédition de lettres de provision de l'office de receveur des aides et tailles en l'élection de Gisors en faveur de M° Noël Hureau.

E 3ᵇ, fº 372 rº, et ms. fr. 18165, fº 205 rº.

6684. — Arrêt autorisant M° Charles Du Lis à résigner sans finance l'office de substitut du procureur général au Parlement, en prenant l'office d'avocat général en la Cour des aides.

E 3ᵇ, fº 373 rº, et ms. fr. 18165, fº 206 rº.

1601, 6 décembre. — Paris.

6685. — Arrêt prorogeant une taxe sur le vin levée à Bayonne et au bourg de Saint-Esprit, pour le produit en être affecté tant aux fortifications de Bayonne qu'aux réparations du Boucau.

E 3ᵇ, fº 374 rº, et ms. fr. 18165, fº 208 vº.

6686. — Arrêt octroyant aux habitants de Bayonne la moitié du subside appelé « coutume de Bayonne », pour le produit en être employé aux fortifications.

E 3ᵇ, fº 376 rº, et ms. fr. 18165, fº 209 vº.

6687. — Arrêt réglant le payement des gages de M° Honoré de Serres, trésorier et receveur général de la marine du Levant et des galères de France, payeur des mortes-payes de Provence.

E 3ᵇ, fº 378 rº.

6688. — Arrêt supprimant les changeurs dans toutes les villes où il y a monnaie, et réunissant le change aux fermes et aux maîtrises des monnaies.

E 3ᵇ, fº 379 rº, et ms. fr. 18165, fº 207 rº.

6689. — Arrêt ordonnant aux receveurs des amendes du Châtelet de Paris de représenter au Conseil leurs comptes depuis l'année 1581.

E 3ᵇ, fº 381 rº, et ms. fr. 18165, fº 206 rº.

6690. — Arrêt défendant aux gardes des sceaux des petites chancelleries d'expédier aucunes lettres d'assiette pour levées excédant 50 écus, excepté dans les ressorts de Toulouse, de Provence, de Bordeaux, de Grenoble et de Rennes, où ils pourront expédier lettres d'assiette jusqu'à concurrence de 100 écus.

E 3ᵇ, fº 382 rº, et ms. fr. 18165, fº 207 vº.

6691. — Arrêt ordonnant aux receveurs des amendes de la cour des aides de Montpellier de représenter par-devant les trésoriers de France de la généralité de Toulouse leurs comptes depuis l'année 1581.

E 3ᵇ, fº 384 rº, et ms. fr. 18165, fº 206 rº.

6692. — Arrêt ordonnant la vérification des comptes de M° Julien Colin, sieur de Champferrand, commis au maniement des deniers provenant de la vente des recettes des consignations dans le ressort du parlement de Paris.

Ms. fr. 18165, fº 206 vº.

1601, 10 décembre. — Paris.

6693. — Arrêt assignant au Conseil les créanciers de M° Jusseaume, receveur général des finances à Tours.

E 3ᵇ, fº 385 rº, et ms. fr. 18165, fº 211 vº.

6694. — Arrêt ordonnant le rétablissement des nouveaux officiers créés en la chambre des comptes de Dijon, leur remboursement' pouvant toutefois être effectué dans l'année.

E 3ᵇ, f° 386 r°.

1601, 11 décembre. — Paris.

6695. — Arrêt confirmant l'adjudication de l'ancienne douane faite par le prévôt des marchands et les échevins de Paris, et ordonnant que désormais ils ne pourront procéder à l'adjudication des anciennes aides qu'en la présence d'un trésorier de France et d'un conseiller d'État.

E 3ᵇ, f° 388 r°, et ms. fr. 18165, f° 211 v°.

6696. — Arrêt ordonnant la levée : 1° de la subvention établie en place du sol pour livre ; 2° de la nouvelle imposition du sol pour livre dans la généralité de Poitou, l'une et l'autre devant être affectées aux frais du renouvellement de l'alliance avec les Suisses.

E 3ᵇ, f° 389 r°, et ms. fr. 18165, f° 212 r°.

1601, 13 décembre. — Paris.

6697. — Arrêt accordant au comte d'Emden et au sieur de Brederode, gentilhomme du prince d'Orange, mainlevée des chevaux, hardes, bijoux, cachets et deniers saisis sur eux au bureau de la traite foraine de Péronne.

E 3ᵇ, f° 391 r°, et ms. fr. 18165, f° 214 v°.

6698. — Arrêt ordonnant à la chambre des comptes de Normandie de rembourser à Mᵉ Jean Regnard la finance par lui payée pour un office d'auditeur.

E 3ᵇ, f° 393 r°, et ms. fr. 18165, f° 215 v°.

6699. — Arrêt ordonnant que Mᵉ Jérôme Garrault, trésorier général de l'Extraordinaire des guerres, Mᵉ Antoine Courault, ci-devant procureur du Roi au siège de la Rochelle, et Jacques Chollet, receveur des tailles audit lieu, seront entendus au Conseil au sujet de leurs différends.

E 3ᵇ, f° 395 r°, et ms. fr. 18165, f° 213 r°.

6700. — Arrêt modérant d'un tiers la subvention de 4,333 écus levée sur les habitants du Mans en place du sol pour livre.

E 3ᵇ, f° 396 r°, et ms. fr. 18165, f° 213 v°.

6701. — Arrêt renvoyant à la Cour des aides une requête des habitants de Villeneuve-le-Roi relative à, certaine levée irrégulière.

E 3ᵇ, f° 397 r°, et ms. fr. 18165, f° 214 r°.

1601, 14 décembre. — [Paris.]

6702. — Arrêt accordant au clergé du diocèse de Limoges surséance pour le payement des décimes des années 1586 à 1588, attendu les avances faites par ledit clergé, sur l'ordre du duc de Ventadour, pour le payement des gens de guerre.

E 3ᵇ, f° 399 r°, et ms. fr. 18165, f° 217 r°.

6703. — Arrêt accordant au clergé du diocèse de Limoges décharge de 1,734 écus 48 sols 6 deniers sur les décimes de l'année 1588.

E 3ᵇ, f° 399 r°, et ms. fr. 18165, f° 217 r°.

6704. — Arrêt déchargeant le clergé du diocèse de Gap de sa quote-part du « million », attendu les contraintes exercées par le sieur de Lesdiguières et les pertes qu'ont fait subir audit clergé les guerres religieuses des années 1574 à 1580.

E 3ᵇ, f° 400 r°, et ms. fr. 18165, f° 218 r°.

6705. — Arrêt accordant au clergé du diocèse de Nevers décharge de 2,000 écus sur les décimes des années 1598 à 1600, attendu les pertes que ledit clergé a souffertes durant les troubles.

E 3ᵇ, f° 401 r°, et ms. fr. 18165, f° 218 v°.

1601, 15 décembre. — Paris.

6706. — Arrêts accordant divers rabais à Mᵉ Alexandre Bedeau, fermier général des devoirs de Bretagne, de la ville de Morlaix et des diocèses de Léon et de Cornouaille.

E 3ᵇ, fᵒˢ 403 r°, 404 r° et 405 r°, et ms. fr. 18165, fᵒˢ 219 r°, 219 v° et 220 r°.

6707. — Arrêt condamnant les habitants de Saint-Malo à payer 15,000 écus à M° Alexandre Bedeau.

E 3ᵇ, f° 406 r°, et ms. fr. 18165, f° 220 r°.

6708. — Arrêt relatif au remboursement d'une somme de 200 écus avancée, en 1590, par M° Jacques Le Dossu, grènetier à Saint-Quentin, pour la dépense de la bouche du Roi, qui se trouvait alors dans ladite ville.

E 3ᵇ, f° 407 r°, et ms. fr. 18165, f° 221 v°.

6709. — Arrêt accordant au sieur de Dampierre, général des galères du Roi, mainlevée de la somme par lui consignée au bureau de la douane de Vienne comme montant des droits de péage par lui dus à raison du blé expédié à Marseille pour la nourriture des forçats.

E 3ᵇ, f° 408 r°, et ms. fr. 18165, f° 221 r°.

6710. — Arrêt ordonnant à Prégent Proust de remettre au trésorier de l'Épargne l'argent déposé chez lui par François Jusseaume, receveur général des finances à Tours.

E 3ᵇ, f° 409 r°, et ms. fr. 18165, f° 221 v°.

6711. — Arrêt ordonnant la vérification et la communication aux colonels de Diesbach et de Montricher des comptes de M° François Bon, commis à la recette des deniers provenant de la vente des offices de contrôleurs-visiteurs-marqueurs de cuirs.

E 3ᵇ, f° 410 r°, et ms. fr. 18165, f° 222 v°.

6712. — Arrêt statuant sur le procès pendant entre les héritiers du sieur de Mirambeau et Timoléon d'Espinay, sieur de Saint-Luc, tant en son nom qu'au nom des receveurs du domaine de Brouage.

E 3ᵇ, f° 412 r°, et ms. fr. 18165, f° 223 r°.

6713. — Arrêt condamnant les marchands de meules à payer le droit de sol pour livre pour les meules qu'ils vendent à Paris.

E 3ᵇ, f° 414 r°, et ms. fr. 18165, f° 223 v°.

6714. — Arrêt évoquant au Conseil le procès pendant entre M° Florent d'Argouges, ci-devant trésorier général des gabelles, et les héritiers de Charles de Saldaigne, sieur d'Incarville.

E 3ᵇ, f° 416 r°, et ms. fr. 18165, f° 224 v°.

6715. — Arrêt déclarant que le duc de Nemours jouira, dans les terres de son apanage situées en Bresse, Bugey et Valromey, des mêmes droits et prééminences dont il jouissait quand ces pays appartenaient au duc de Savoie.

E 3ᵇ, f° 420 r°, et ms. fr. 18165, f° 226 r°.

6716. — Arrêt ordonnant à M° Jérôme Garrault de faire fournir comptant 2,731 écus 5 sols, en ducatons, à M° Claude Leroux, trésorier des Ligues.

Ms. fr. 18165, f° 221 r°.

1601, 18 décembre. — Paris.

6717. — Arrêt relatif à l'union des deux offices de receveur ancien alternatif et de receveur triennal des tailles au diocèse de Mirepoix.

E 3ᵇ, f° 422 r°, et ms. fr. 18165, f° 226 v°.

6718. — Arrêt déclarant que M° Jean Favyer, avocat du Roi en la ville et en l'élection de Troyes, jouira du droit de signature et de vérification des rôles, dont jouissent les élus de Troyes et tous les avocats du Roi dans les autres élections du royaume.

E 3ᵇ, f° 423 r°, et ms. fr. 18165, f° 227 r°.

6719. — Arrêt relatif à un débat soulevé entre les officiers du parlement et ceux de la chambre des comptes de Dijon au sujet du payement de leurs gages.

E 3ᵇ, f° 424 r°, et ms. fr. 18165, f° 227 v°.

6720. — Arrêt ordonnant que le comte de Soissons, fils et unique héritier de dame Françoise d'Orléans, princesse de Condé, et les héritiers de M° Sébastien Fontenu, procureur en la Chambre des comptes, seront entendus au Conseil au sujet de leur différend.

E 3ᵇ, f° 425 r°, et ms. fr. 18165, f° 228 r°.

6721. — Arrêt ordonnant que la subvention de l'année 1600 sera levée, en même temps que la subvention de l'année 1601, sur tous les habitants de Poitiers.

E 3ᵇ, f° 426 r°, et ms. fr. 18165, f° 228 v°.

6722. — Arrêt ordonnant le payement du reste

des 6,000 écus assignés au sieur de Villiers, conseiller d'État, pour ses appointements d'ambassadeur à Venise.

E 3ᵇ, fᵒ 427 rᵒ, et ms. fr. 18165, fᵒ 228 vᵒ.

6723. — Arrêt ordonnant aux trésoriers de France à Paris de tenir compte, dans le département des tailles, des pertes qu'a fait subir aux habitants de Compiègne la grêle du 5 juillet dernier.

E 3ᵇ, fᵒ 428 rᵒ, et ms. fr. 18165, fᵒ 229 rᵒ.

6724. — Arrêt déclarant que les personnes vendant, à pot ou à pinte, du vin de leur cru, et qui n'ont l'habitude ni d'héberger ni de faire asseoir les chalands, n'ont pas besoin de se pourvoir de lettres d'autorisation comme hôteliers ou cabaretiers.

E 3ᵇ, fᵒ 429 rᵒ, et ms. fr. 18165, fᵒ 229 rᵒ.

6725. — Arrêt relatif à une requête de demoiselle Anne d'Hallwin, petite-fille et héritière du duc d'Hallwin, laquelle revendique les boutiques et les étaux des halles de Morlaix et autres villes bretonnes.

E 3ᵇ, fᵒ 430 rᵒ, et ms. fr. 18165, fᵒ 230 rᵒ.

6726. — Arrêt enjoignant à Mᵉ Pierre Moynier et à Jean Gaillard de représenter au Conseil leurs lettres de provision de l'office de receveur et payeur des collèges et des universités de Languedoc.

E 3ᵇ, fᵒ 432 rᵒ, et ms. fr. 18165, fᵒ 230 vᵒ.

6727. — Arrêt ordonnant le dépôt au greffe du Conseil de la minute des baux conclus avec Henri Chauvetet et Philibert Quenet, adjudicataires des amendes, épaves, aubaines et confiscations du siège de Langres.

E 3ᵇ, fᵒ 434 rᵒ, et ms. fr. 18165, fᵒ 231 rᵒ.

6728. — Arrêt ordonnant le versement à l'Épargne d'une somme de 10,545 écus appartenant à Mᵉ François Jusseaume, receveur général des finances à Tours, nonobstant l'opposition des créanciers dudit Jusseaume.

E 3ᵇ, fᵒ 436 rᵒ, et ms. fr. 18165, fᵒ 232 rᵒ.

6729. — Arrêt réglant le payement des sommes restées dues par Mᵉ Antoine Fumoze, receveur général du taillon à Bordeaux.

E 3ᵇ, fᵒ 438 rᵒ, et ms. fr. 18165, fᵒ 232 vᵒ.

6730. — Arrêt maintenant l'ancienne estimation à 6,000 écus des travaux et dépenses faits par Mᵉ Richer de Belleval au jardin des simples de Montpellier.

E 3ᵇ, fᵒ 440 rᵒ, et ms. fr. 18165, fᵒ 233 rᵒ.

6731. — Arrêt réglant à 100 écus les gages de Charles Payen, clerc et garde de l'ancienne douane et de la nouvelle imposition du sol pour livre en la ville de Paris.

E 3ᵇ, fᵒ 442 rᵒ, et ms. fr. 18165, fᵒ 233 vᵒ.

6732. — Arrêt ordonnant la vérification des comptes des anciens fermiers de la nouvelle imposition d'Argenteuil.

Ms. fr. 18165, fᵒ 229 vᵒ.

1601, 20 décembre. — Paris.

6733. — Arrêt enjoignant à tous les receveurs généraux des finances de fournir chacun dans le mois un cautionnement de 10,000 écus.

E 3ᵇ, fᵒ 444 rᵒ, et ms. fr. 18165, fᵒ 235 vᵒ.

6734. — Arrêt ordonnant que les officiers des sept offices de la maison du Roi seront payés de leur dernier quartier de l'année 1599 après que les autres officiers domestiques du Roi auront reçu les deux premiers quartiers de la même année.

E 3ᵇ, fᵒ 446 rᵒ, et ms. fr. 18165, fᵒ 235 vᵒ.

6735. — Arrêt réduisant à 1,000 écus l'assignation donnée à Mᵉ Gaston Midorge, trésorier général de l'Artillerie, sur la recette générale de Toulouse.

Ms. fr. 18165, fᵒ 235 rᵒ.

1601, 22 décembre. — Paris.

6736. — Arrêt accordant en principe une réduction de tailles aux habitants des faubourgs d'Amboise.

E 3ᵇ, fᵒ 447 rᵒ, et ms. fr. 18165, fᵒ 236 rᵒ.

6737. — Arrêt renvoyant aux trésoriers de France à Soissons la requête en remise de tailles présentée par les habitants de Bazoches, Cerseuil, Quincy et Limé, fondée sur les pertes que leur a fait subir la grêle du 5 juillet dernier.

E 3ᵇ, fᵒ 448 rᵒ, et ms. fr. 18165, fᵒ 237 rᵒ.

6738. — Arrêt chargeant le sieur de Maupeou, conseiller d'État, de la vérification des dettes de la ville de Sens.

E 3ᵇ, f° 449 r°, et ms. fr. 18165, f° 237 r°.

6739. — Arrêt ordonnant aux grands maîtres enquêteurs et généraux réformateurs des eaux et forêts d'envoyer chaque mois au sieur de Fleury, conseiller d'État, l'état des ventes de bois, buissons et terres vaines et vagues qu'ils auront faites en vertu de l'édit du mois de juillet dernier.

E 3ᵇ, f° 450 r°, et ms. fr. 18165, f° 237 v°.

6740. — Arrêt réglant le remboursement et la suppression de l'office de garde de la geôle et de la conciergerie d'Arles.

E 3ᵇ, f° 451 r°, et ms. fr. 18165, f° 238 r°.

6741. — Arrêt chargeant le sieur de Maupeou de la vérification des dettes du Mans.

E 3ᵇ, f° 452 r°, et ms. fr. 18165, f° 238 v°.

6742. — Arrêt accordant à l'abbaye de Saint-Martin d'Autun et à Pierre Brûlart, abbé commendataire, décharge de la somme à laquelle ils ont été taxés pour l'acquittement des dettes contractées durant les troubles.

E 3ᵇ, f° 453 r°, et ms. fr. 18165, f° 238 v°.

6743. — Arrêt ordonnant à Mᵉ Jean de Flesselles, receveur général des bois au département de Normandie, d'avancer au Roi une somme de 45,000 écus pour les frais du renouvellement de l'alliance avec les Suisses.

E 3ᵇ, f° 455 r°, et ms. fr. 18165, f° 239 r°.

6744. — Arrêt réglant le recouvrement de la subvention levée en place du sol pour livre sur les villes et bourgs des généralités de Riom, Limoges, Poitiers, Tours, Bourges, Caen, Châlons, Soissons, Moulins et Lyon.

E 3ᵇ, f° 457 r°, et ms. fr. 18165, f° 239 v°.

6745. — Arrêt adjugeant à Daniel Gallières la ferme de la traite domaniale, ou patente, levée sur les blés, vins, bestiaux, etc., qui sortent des généralités de Toulouse et de Montpellier.

E 3ᵇ, f° 459 r°, et ms. fr. 18165, f° 240 v°. — Cf. ibid., f° 241 r°.

6746. — Arrêt réglant le payement des grains pris, en 1589 et en 1591, dans la maison de François Hardy, à Étampes.

Ms. fr. 18165, f° 236 v°.

———

1601, 24 décembre. — Paris.

6747. — Arrêt déchargeant Mᵉ Étienne Regnault, trésorier et receveur général des finances du feu duc d'Anjou, et son commis, Noël Brisset, d'une somme de 4,500 florins promise, le 30 novembre 1582, au nom du duc d'Anjou, à Thierry Vanden Berghe, secrétaire d'État du Brabant.

E 3ᵇ, f° 461 r°, et ms. fr. 18165, f° 243 r°.

6748. — Articles présentés par les trésoriers de France à Limoges, et réponses du Conseil, écrites de la main de Sully, au sujet :

1° De l'administration desdits trésoriers;
2° Du recouvrement des taxes;
3° De l'établissement du sol pour livre;
4° Du rachat de la geôle de Limoges;
5° De la conduite des deniers du Roi.

Musée des Archives, n° 769, et ms. fr. 18165, f° 243 v°.

———

1601, 27 décembre. — Paris.

6749. — Adjudication de l'imposition nouvelle du sol pour livre des généralités de Rouen et de Caen, faite pour trois ans à Jean Goday, moyennant le payement annuel de 30,000 écus.

E 3ᵇ, f° 462 r°, et ms. fr. 18165, f° 244 v°.

———

1601, 28 décembre. — Paris.

6750. — « Articles accordez par le Roy et nosseigneurs de son Conseil à Noël Sourley, pour la composition des offices, tant de judicature, de finances, que gabelles, nouvellement créez par Sa Majesté en ses pays de Bresse, Beugey, Veromey et bailliage de Gez, montant à la somme de 29,560 escus. »

E 3ᵇ, f° 466 r°, et ms. fr. 18165, f° 246 r°.

———

1601, 29 décembre. — Paris.

6751. — Arrêt autorisant Antoine Hervé, fermier du sol pour livre en la ville de Paris, à retenir 2,000 écus sur une somme assignée au trésorier des Bâtiments.

E 3ᵇ, f° 470 r°, et ms. fr. 18165, f° 248 v°.

6752. — Arrêt ordonnant l'exécution de l'édit relatif à la vente du domaine en Normandie, nonobstant les remontrances du parlement et de la chambre des comptes de Rouen.

E 3ᵇ, f° 471 r°, et ms. fr. 18165, f° 250 v°.

6753. — Arrêt autorisant André Laurens, Pierre Bernier et autres bourgeois de Lyon à prendre connaissance des papiers produits par leurs parties adverses, les Bonvisi, Capponi, Cenami et consorts.

E 3ᵇ, f° 473 r°, et ms. fr. 18165, f° 248 r°.

6754. — Arrêt ordonnant que les sommes dues à la duchesse de Guise lui seront payées sur les deniers provenant de la vente en hérédité des offices de mesureurs-jaugeurs des vaisseaux de vin, cidre, bière, huile et autres breuvages.

E 3ᵇ, f° 474 r°, et ms. fr. 18165, f° 247 v°.

6755. — Arrêt autorisant Mᵉ Claude Dumoulin, « commis procureur du Roi en la réformation des gabelles », à faire saisir les biens des officiers et adjudicataires du grenier à sel de Tours, condamnés au payement d'une somme de 3,248 écus.

E 3ᵇ, f° 475 r°, et ms. fr. 18165, f° 248 r°.

6756. — Arrêt réglant le payement des gages du sieur Jacquinot, maître des eaux et forêts au bailliage de Troyes.

E 3ᵇ, f° 476 r°, et ms. fr. 18165, f° 248 v°.

6757. — Arrêt déclarant que l'établissement de l'impôt du sol pour livre n'emporte pas la révocation des impôts levés sur la Gironde, la Charente et la Seudre.

E 3ᵇ, f° 477 r°, et ms. fr. 18165, f° 249 r°.

6758. — Arrêt relatif à un appel interjeté par les protestants de la Neuville contre une sentence du bailli de Caux ou de son lieutenant au siège de Montivilliers, laquelle les condamnait à contribuer à la levée faite pour la réparation du clocher de ladite paroisse.

E 3ᵇ, f° 478 r°, et ms. fr. 18165, f° 249 v°.

6759. — Arrêt attribuant à Balthazar de Grissac, colonel et lieutenant des Cent-Suisses de la garde du corps, la moitié des deniers revenant au Roi sur certaines ventes de bois faites en vertu d'une déclaration du mois de juillet dernier.

E 3ᵇ, f° 479 r°, et ms. fr. 18165, f° 250 r°.

6760. — Arrêt autorisant Mᵉ Jean Chalinot, élu en l'élection de la Rochelle, à s'en retourner dans ladite ville, sauf à se représenter au Conseil à première réquisition.

E 3ᵇ, f° 480 r°, et ms. fr. 18165, f° 249 v°.

6761. — « Inventaire des lettres de change pour Lyon représentées par Prégent Proust, bourgeois de Paris, suivant l'arrest du Conseil du xvᵉ décembre dernier, comme appartenant à Mᵉ François Jusseaulme, receveur général des finances à Tours. »

Ms. fr. 18165, f° 251 r°.

6762. — Arrêt ordonnant le payement des lettres de change représentées par Prégent Proust.

Ms. fr. 18165, f° 252 r°.

1601, 31 décembre. — Paris.

6763. — Arrêt ordonnant à Mᵉ Claude Josse, adjudicataire des greniers à sel du royaume, de remplacer par un versement de 8,000 écus à l'Épargne la fourniture de mille corselets qu'il s'était engagé à faire en l'arsenal de Paris.

Ms. fr. 18165, f° 252 r°.

6764. — Arrêt ordonnant le payement des sommes dues aux deux contrôleurs généraux du domaine de Moulins.

Ms. fr. 18165, f° 252 v°.

6765. — Arrêt ordonnant au trésorier des Parties casuelles de délivrer à Noël Sourley, moyennant 25,748 écus, les quittances des offices nouvellement

créés dans la Bresse, le Bugey, le Valromey et le pays de Gex.

Ms. fr. 18165, f° 252 v°.

1601. — Paris.

6766. — Arrêt autorisant le trésorier de l'Épargne Beaumarchais à disposer des quittances d'offices qui lui ont été remises en payement de ses avances dès l'année 1596.

E 3ᵇ, f° 173 r°.

6767. — Projet d'arrêt ordonnant aux prétendus descendants d'Eudes de Chalo-Saint-Mard de comparaître au Conseil pour se voir condamner au payement du sol pour livre levé sur les denrées et marchandises entrant à Paris.

Ms. fr. 10843, f° 24 r°.

1602, 2 janvier. — [Paris.]

6768. — Présentation de caution faite par Noël Sourley, habitant de Lyon, auquel ont été attribués les offices nouvellement créés au pays de Bresse.

Ms. fr. 18166, f° 1 r°.

6769. — Arrêt chargeant le président Jeannin, conseiller d'État, de se faire amener et d'interroger l'auteur de certain mémoire adressé au Roi et relatif au bail général des nouvelles impositions de Normandie.

Ms. fr. 18166, f° 1 r°.

6770. — Arrêt déchargeant Mathurin Lambert de la ferme de la nouvelle imposition de la généralité de Tours.

Ms. fr. 18166, f° 1 v°.

6771. — Arrêt ordonnant le payement de partie des munitions, vivres et boulets de canon fournis au Roi, lors du siège de Dieppe, par feu Corneille Cuper, marchand de Rouen.

Ms. fr. 18166, f° 1 v°.

6772. — Arrêt ordonnant le payement d'une partie de la poudre à canon saisie, en 1595, par le sieur de L'Estang, commandant de Honfleur, sur le navire de Georges Wood, marchand écossais.

Ms. fr. 18166, f° 2 r°.

6773. — Arrêt accordant aux habitants de Choisy-au-Bac et de Berneuil surséance pour le payement des tailles, attendu les pertes que leur a fait subir l'orage du 5 juillet dernier.

Ms. fr. 18166, f° 2 r°.

6774. — Arrêt déclarant que Mᵉ Nicolas Gaultier, trésorier de France en Picardie, jouira d'une augmentation de gages proportionnée à la finance qu'il a payée pour la survivance de son office.

Ms. fr. 18166, f° 2 v°.

6775. — Arrêt autorisant Antoine Daubray, receveur général des finances à Soissons, à ne fournir qu'un cautionnement de 3,333 écus 1/3.

Ms. fr. 18166, f° 3 r°.

6776. — Arrêt accordant même faveur à François Desrues, receveur général des finances à Soissons.

Ms. fr. 18166, f° 3 v°.

6777. — Arrêt attribuant à Denis Gedoyn la vingtième partie du bénéfice qui résultera d'un expédient que ledit Gedoyn propose de faire connaître au Roi.

Ms. fr. 18166, f° 3 v°.

6778. — Arrêt accordant aux habitants d'Attichy, de Bitry, de Saint-Crépin et d'Autrêches surséance pour le payement des tailles, attendu les pertes que leur a fait subir l'orage du 5 juillet dernier.

Ms. fr. 18166, f° 3 v°.

1602, 4 janvier. — Paris.

6779. — Arrêt réglant le remboursement des sommes avancées par Mᵉ Jean de Flesselles, receveur général des bois au département de Normandie, notamment pour le renouvellement de l'alliance avec les Suisses.

Ms. fr. 16216, f° 127 r°.

10.

1602, 5 janvier. — Paris.

6780. — Arrêt donnant décharge à Jean Fontaine, maître des œuvres de charpenterie des bâtiments du Roi, certificateur de caution de Mᵉ Emmanuel Du Vignau, receveur général ancien et alternatif des finances en la généralité de Soissons.

Ms. fr. 18166, f° 4 r°.

6781. — Arrêt ordonnant le payement de 1,650 écus assignés sur la recette générale de Soissons pour les menues nécessités de la Chambre des comptes et pour les épices des comptes de la recette générale de Soissons.

Ms. fr. 18166, f° 4 v°.

6782. — Arrêt défendant à Mᵉˢ Nicolas Le Clerc et Claude Bragelongne, conseillers au Parlement, ainsi qu'aux héritiers de Mᵉ Guillaume Angenoust, conseiller au Parlement, et de Mᵉ Hugues de Laistre, commis aux fonctions d'avocat général au parlement de Châlons, de poursuivre par-devant la Cour des aides demoiselle Catherine de Paillard, héritière de feu Jean de Paillard, sieur de Jumeauville, commis au payement des gages des officiers du Parlement.

Ms. fr. 18166, f° 5 r°.

6783. — Arrêt réglant l'union de l'office de receveur général triennal des finances à Paris aux deux offices de receveur ancien et de receveur alternatif.

Ms. fr. 18166, f° 5 v°.

6784. — Arrêt déclarant que Claude Des Vallées versera à l'Épargne le prix intégral de sa ferme de la crue d'Ingrande tant que les trésoriers de France à Tours n'auront pas envoyé au Conseil un état au vrai des charges pesant sur ladite imposition.

Ms. fr. 18166, f° 6 r°.

6785. — Arrêt ordonnant la réception de Scipion et de Marc-Antoine Sardini en qualité de cautions de Claude Des Vallées, fermier du sol pour livre dans les généralités de Tours et de Soissons.

Ms. fr. 18166, f° 6 v°.

6786. — Arrêt ordonnant la réception de Sébastien Zamet et de Barthélemy Cenami en qualité de cautions de Jean Dubois, fermier du sol pour livre dans les généralités de Riom, Bourges, Poitiers et Limoges.

Ms. fr. 18166, f° 7 r°.

6787. — Arrêt ordonnant la réception des cautions présentées par Mathurin Fouquet, fermier du sol pour livre en la généralité de Lyon.

Ms. fr. 18166, f° 7 r°.

1602, 8 janvier. — Paris.

6788. — Arrêt réglant le payement des sommes dues au sieur de Lierramont, gouverneur du Catelet, pour fournitures par lui faites avant le siège de ladite forteresse, et lorsque les Espagnols la prirent au mois de juillet 1595.

E 4*, f° 1 r°, et ms. fr. 18166, f° 7 v°.

6789. — Arrêt ordonnant la restitution de certaine quantité de douzains saisie sur Mᵉ Pierre Chomel, commis à la recette générale des finances à Lyon, et sur Henri Muller, marchand de Lyon.

E 4*, f° 2 r°, et ms. fr. 18166, f° 8 r°.

1602, 10 janvier. — Paris.

6790. — Arrêt prorogeant le délai accordé à Jean de Goulaines, sieur du Favouet, pour le payement de ses dettes, attendu que le procès qu'il poursuit depuis trois ans au Conseil d'État contre le duc de Mercœur et le sieur de Coëtnisan n'a pu encore être jugé.

E 4*, f° 4 r°, et ms. fr. 18166, f° 9 r°.

1602, 12 janvier. — Paris.

6791. — Arrêt ordonnant aux sieurs Balbani, Massey, César et Rodolphe Cenami et autres de verser le montant de certaines lettres de change entre les mains du trésorier des Ligues, à la décharge de Mᵉ François Jusseaume, receveur général des finances à Tours.

E 4*, f° 5 r°, et ms. fr. 18166, f° 9 v°.

6792. — Arrêt ordonnant qu'après le payement

des susdites lettres de change, Prégent Proust, Jean-Jacques-Louis Gond et Jacques Rataud, accusés d'avoir coopéré à l'évasion de Mᵉ François Jusseaume, auront mainlevée de leurs biens.

E 4*, f° 7 r°, et ms. fr. 18166, f° 9 r°.

1602, 15 janvier. — Paris.

6793. — Arrêt ordonnant la vérification des sommes levées sur le haut et le bas pays d'Auvergne, en l'année 1598, pour le «plat» du comte d'Auvergne.

E 4*, f° 8 r°, et ms. fr. 18166, f° 10 v°.

6794. — Arrêt ordonnant à Mᵉ Duhamel, receveur des rentes de l'Hôtel de ville, de payer 2,200 écus aux contrôleurs desdites rentes.

Ms. fr. 16216, f° 128 r°.

1602, 16 janvier. — Paris.

6795. — Arrêt chargeant les sieurs de Calignon et Jeannin, conseillers d'État, d'examiner «les mémoires qui ont esté baillez à Sa Majesté sur le faict des eaues et forests».

E 4*, f° 9 r°, et ms. fr. 18166, f° 13 r°.

6796. — Arrêt confirmant à Antoine Du Prat, baron de Vitteaux, la jouissance du droit de courtepinte en la ville de Vitteaux, conformément aux articles à lui accordés par le Roi le 13 juillet 1593.

·E 4*, f° 10 r°, et ms. fr. 18166, f° 12 r°.

6797. — Arrêt relatif à une réclamation faite par le cardinal d'Ossat, nouvellement pourvu de l'évêché de Rennes, contre l'attribution des revenus dudit évêché au chapitre de la Sainte-Chapelle du Palais.

E 4*, f° 12 r°, et ms. fr. 18166, f° 11 v°.

6798. — Lettres patentes commettant le sieur de Tenon, maître des requêtes de l'Hôtel, pour faire le procès des consuls, officiers et habitants de Montluçon, coupables de violences à l'encontre des fermiers du sol pour livre.

Ms. fr. 18166, f° 11 r°.

6799. — Arrêt ordonnant le payement de 4,000 écus dus au sieur de Gondi.

Ms. fr. 18166, f° 13 r°.

1602, 17 janvier. — Paris.

6800. — Arrêt relatif à la vérification des comptes de Jean et Claude de Fescamp, fermiers des 6 et des 3 écus par pipe de vin levés en Bretagne pendant l'année 1596.

E 4*, f° 13 r°, et ms. fr. 18166, f° 13 v°.

6801. — Arrêt maintenant Mᵉ Guillaume Le Mercier en un office de secrétaire du Roi, maison et couronne de France dont il a été pourvu par la démission de Martin Ruzé, sieur de Beaulieu.

E 4*, f° 15 r°, et ms. fr. 18166, f° 14 v°.

6802. — Arrêt prélevant sur le budget de la Chambre aux deniers une somme de 200 écus pour l'achat du bois, des flambeaux et des bougies du Conseil, attendu que «ceulx qui ont la charge des bougies et flambeaux en la fruterie de Sa Majesté» ont refusé d'en faire la fourniture.

Ms. fr. 10843, f° 28 r°.

1602, 19 janvier. — Paris.

6803. — Arrêt interdisant à la Chambre royale la connaissance du procès pendant au Conseil d'État entre Mᵉ Pierre de Vassault, secrétaire des finances, et Guillaume Chaillaut, maître de la monnaie de la Rochelle.

E 4*, f° 17 r°, et ms. fr. 18166. f° 17 v°.

6804. — Arrêt confirmant au duc de Ventadour la jouissance du péage de Baix jusqu'à son entier remboursement d'un prêt de 20,000 écus.

E 4*, f° 18 r°, et ms. fr. 18166, f° 16 r°.

1602, 22 janvier. — Paris.

6805. — Arrêt ordonnant le payement de 2,333 écus 1/3 dus au maréchal de Retz, pour l'entretien de la garnison de Belle-Isle.

E 4*, f° 20 r°, et ms. f·. 18166, f° 18 r°.

6806. — Arrêt ordonnant à la veuve, aux héritiers et aux commis de M⁰ Jean de Bailly, receveur général des finances à Poitiers, de rendre dans la huitaine leurs comptes de l'exercice 1598.

E 4ᵉ, f° 21 r°, et ms. fr. 18166, f° 17 v°.

6807. — Adjudication du sol pour livre de la généralité de Soissons, faite pour trois ans à Claude Des Vallées, moyennant le payement annuel de 7,000 écus.

Ms. fr. 18166, f° 18 v°.

6808. — Adjudication de la traite domaniale, ou patente, levée dans les généralités de Toulouse et de Montpellier, faite pour six ans à Gabriel Lambert, moyennant le payement annuel de 15,000 écus.

Ms. fr. 18166, f° 19 v°.

—————

1602, 24 janvier. — Paris.

6809. — Arrêt adjugeant « en hérédité » à M⁰ Jacques Mareschal, avocat au Conseil, l'office de contrôleur-visiteur-marqueur de cuirs en la ville de Troyes.

E 4ᵉ, f° 22 r°, et ms. fr. 18166, f° 22 v°.

6810. — Arrêt relatif à la levée du sol pour livre sur les habitants des gros bourgs de l'élection de Saint-Jean-d'Angely.

E 4ᵉ, f° 24 r°, et ms. fr. 18166, f° 23 v°.

6811. — Arrêt ordonnant la vente de certains bois, buissons, terres vaines et vagues de la maîtrise de Châtellerault, nonobstant l'opposition de l'agent d'affaires du duc de Montpensier.

E 4ᵉ, f° 25 r°, et ms. fr. 18166, f° 24 r°.

6812. — Arrêt ordonnant aux habitants de Bar-sur-Aube de payer l'impôt du sol pour livre.

E 4ᵉ, f° 26 r°, et ms. fr. 18166, f° 24 v°.

6813. — Arrêt ordonnant à toutes les personnes chargées de la recette des deniers provenant de l'aliénation du domaine, des aides, des huitièmes, vingtièmes et autres impôts depuis l'année 1582 de présenter au Conseil leurs états au vrai dans le délai de deux mois.

E 4ᵉ, f° 27 r°, et ms. fr. 18166, f° 25 r°.

6814. — Arrêt enjoignant à François Parent et à Léon de Remisson, commis à la recette du parisis, de rendre leurs comptes dans la huitaine sous peine d'emprisonnement.

E 4ᵉ, f° 28 r°, et ms. fr. 18166, f° 25 r°.

6815. — Arrêt renvoyant à la chambre de l'Édit établie à Paris la requête du commandeur d'Oisemont tendante à l'interdiction de l'exercice du culte protestant à Oisemont.

E 4ᵉ, f° 29 r°, et ms. fr. 18166, f° 25 v°.

6816. — Arrêt réglant le payement d'une somme de 2,000 écus due à la princesse de Condé sur la pension de son fils et pupille.

E 4ᵉ, f° 30 r°, et ms. fr. 18166, f° 26 r°.

6817. — Arrêt renvoyant à M° Devetz, conseiller en la Cour des aides, le procès de Guillaume Porteau, sénéchal de la châtellenie d'Aizenay.

E 4ᵉ, f° 31 r°, et ms. fr. 18166, f° 25 v°.

6818. — Arrêt ordonnant le remboursement de la finance payée par M⁰ Jean Constant pour l'office de procureur du Roi aux fiefs en Poitou au cas où il viendrait à être évincé de cet office.

Ms. fr. 18166, f° 23 r°.

—————

1602, 26 janvier. — Paris.

6819. — Arrêt ordonnant une enquête au sujet des abus qu'entraîne le privilège en vertu duquel les habitants d'Arles prétendent pouvoir faire sortir leur blé sans acquitter l'impôt levé pour l'entretien des galères.

E 4ᵉ, f° 32 r°, et ms. fr. 18166, f° 26 v°.

6820. — Arrêt ordonnant aux trésoriers de France à Rouen de faire savoir pour quelles causes ils ont troublé M° Pierre Sohier en la jouissance de son office de receveur du domaine à Lyons.

E 4ᵉ, f° 33 r°, et ms. fr. 18166, f° 26 v°.

6821. — Arrêt commettant le sieur de Tenon, maître des requêtes de l'Hôtel, pour procéder, à la place du sieur de Refuge, à l'enquête ouverte sur la rébellion du lieutenant général en la sénéchaussée de Moulins.

E 4*, f° 34 r°, et ms. fr. 18166, f° 29 v°.

6822. — Arrêt ordonnant l'exécution de l'édit du mois de juillet dernier sur la vente des bois, nonobstant l'opposition du maréchal de La Châtre.

E 4*, f° 35 r°, et ms. fr. 18166, f° 29 v°.

6823. — Arrêt réglant le recouvrement des sommes restées dues par les receveurs des greniers à sel de Laval, de Cholet, de Craon et de Pouancé.

E 4*, f° 36 r°, et ms. fr. 18166, f° 27 v°.

6824. — Arrêt relatif à la reddition du compte présenté par le sieur de Fresnes, secrétaire des commandements, pour la charge de grand audiencier, qu'il a exercée précédemment.

E 4*, f° 38 r°, et ms. fr. 18166, f° 30 r°.

6825. — Arrêt ordonnant que les procédures commencées contre diverses personnes accusées d'avoir dévasté les forêts du Languedoc seront remises aux mains de M° Antoine de Saint-Yon, lieutenant général des Eaux et forêts.

E 4*, f° 39 r°, et ms. fr. 18166, f° 30 v°.

6826. — Arrêt déclarant que, conformément aux demandes des habitants de Digne et de Forcalquier, il ne sera établi aucun siège de sénéchal en la ville de Sisteron.

E 4*, f° 41 r°, et ms. fr. 18166, f° 31 v°.

6827. — Arrêt déclarant nulle toute saisie faite entre les mains du trésorier de l'Épargne, par quelque personne et pour quelque cause que ce soit.

E 4*, f° 43 r°, et ms. fr. 18166, f° 28 v°.

6828. — Arrêt ordonnant la mise en liberté sous caution de Claude Des Vallées, adjudicataire du sol pour livre en la généralité de Soissons.

E 4*, f° 45 r°, et ms. fr. 18166, f° 27 r°.

6829. — Arrêt déclarant vacant l'office de maître ordinaire en la chambre des comptes de Dijon dont était pourvu feu M° Drouin Vincent.

E 4*, f° 46 r°, et ms. fr. 18166, f° 29 r°.

6830. — Arrêt faisant remise aux habitants de Chaource d'un tiers de la subvention levée en place du sol pour livre.

Ms. fr. 18166, f° 32 v°.

6831. — Arrêt ordonnant qu'il sera sursis pendant un an aux poursuites exercées contre le sieur de Coëtnisan par ses créanciers, afin qu'il puisse faire juger le procès pendant entre lui et les sieurs Du Favouet et de Kersauson.

Ms. fr. 18166, f° 32 v°.

6832. — Arrêt déclarant que tous les ecclésiastiques, officiers et autres habitants de Troyes soi-disant privilégiés seront tenus de contribuer au payement des 3,000 écus levés sur ladite ville en vertu de lettres patentes du 13 septembre dernier.

Ms. fr. 18166, f° 33 r°.

6833. — Arrêt déclarant que le droit du sol pour livre sera levé sur tous les vins, denrées et marchandises entrant à Lyon conformément à la pancarte enregistrée en la Cour des aides le 5 décembre 1601, excepté toutefois sur les marchandises soumises au droit de douane.

Ms. fr. 18166, f° 33 v°.

6834. — Arrêt attribuant une indemnité de 1,000 écus aux Célestins de la Sainte-Trinité-lès-Mantes, propriétaires d'un moulin que l'on a dû démolir pour réparer le pont de Mantes.

Ms. fr. 18166, f° 34 r°.

6835. — Arrêt ouvrant une enquête sur la validité d'une résignation faite par feu M° Jean de La Serre, président au parlement de Bordeaux, en faveur de son fils, M° Antoine de La Serre.

Ms. fr. 18166, f° 34 r°.

1602, 29 janvier. — Paris.

6836. — Arrêt accordant à Antoine Demurat, aumônier ordinaire du Roi, mainlevée de ses biens saisis à la requête de ses créanciers.

E 4*, f° 47 r°, et ms. fr. 18166, f° 35 v°.

6837. — Arrêt renvoyant au sénéchal de Poitiers

le soin de procéder à l'adjudication d'un office de receveur des tailles en l'élection de Mauléon dont le titulaire est en fuite.

E 4°, f° 48 r°, et ms. fr. 18166, f° 34 v°.

6838. — Arrêt accordant à Marie de Luxembourg, au nom de son mari, le duc de Mercœur, un quartier du revenu dont jouissait la reine douairière Louise de Lorraine, à savoir 6,666 écus 2/3.

E 4°, f° 51 r°, et ms. fr. 18166, f° 39 v°.

6839. — Arrêt réglant le payement des sommes assignées sur M° François Jusseaume, receveur général des finances à Tours.

E 4°, f° 51 r°, et ms. fr. 18166, f° 36 r°.

6840. — Arrrêt réglant le remboursement des quittances demeurées aux mains de M° Olivier de Lalonde, commis à l'exécution de « l'eedit des ampliations et pouvoir accordé aux huissiers et sergens en l'estenduc du parlement de Bourdeaux ».

E 4°, f° 52 r°, et ms. fr. 18166, f° 35 r°.

6841. — Arrêt ordonnant à M° Euverte Rousseau, président, et à M° Jean Du Plessis, élu en l'élection de Pithiviers, de reprendre l'exercice de leurs charges, mais de se représenter au Conseil à première réquisition.

E 4°, f° 53 r°, et ms. fr. 18166, f° 36 v°.

6842. — Arrêt autorisant les syndics de la république de Genève à transporter hors du royaume 3,866 écus 2/3 en douzains à la clef.

E 4°, f° 54 r°, et ms. fr. 18166, f° 36 v°.

6843. — Arrêt attribuant 500 écus aux habitants des villes de la Haute-Marche pour les aider à soutenir le procès pendant au Conseil entre eux et le sénéchal de la Haute-Marche au sujet d'une maison sise à Guéret, appartenant au sénéchal et transformée en citadelle par le vicomte de La Guierche.

E 4°, f° 55 r°, et ms. fr. 18166, f° 37 r°.

6844. — Arrêt ordonnant la vérification des fournitures de blé, de pois et de fèves faites au magasin de Bayonne.

E 4°, f° 56 r°, et ms. fr. 18166, f° 42 r°.

6845. — Arrêt évoquant au Conseil le procès pendant aux Requêtes du Palais entre dame Anne de Bossu, veuve d'Othon-Henri, duc de Brunswick, et Charles de Lorraine, duc de Mayenne, au sujet de la solde du régiment de Brunswick.

E 4°, f° 58 r°, et ms. fr. 18166, f° 41 r°.

6846. — Arrêt réglant le remboursement de 2,260 écus 39 sols 6 deniers avancés, en 1589, par M° Gaxiot de Mazelières, réformateur du domaine d'Albret, pour l'entretien de l'armée conduite au pays d'Albret par le duc de Bouillon.

E 4°, f° 60 r°, et ms. fr. 18166, f° 40 v°.

6847. — Arrêt ordonnant le payement de 2,218 écus donnés par le Roi à Claude-Marguerite de Gondi, veuve du marquis de Maignelers.

E 4°, f° 62 r°, et ms. fr. 18166, f° 39 v°.

6848. — Arrêt ordonnant que M° Jean Coynart, secrétaire du Roi, sera payé d'une somme de 1,500 écus sur le produit de la vente de l'office de juge-conservateur des salines de Brouage.

E 4°, f° 63 r°, et ms. fr. 18166, f° 39 r°.

6849. — Arrêt supprimant l'office d'élu particulier à Corbeil.

E 4°, f° 64 r°, et ms. fr. 18166, f° 38 v°.

6850. — Arrêt déclarant que les Suisses, Grisons et Allemands demeurant en France acquitteront les droits de sol pour livre.

E 4°, f° 65 r°, et ms. fr. 18166, f° 38 v°.

6851. — Arrêt accordant surséance, pour le payement de ses dettes et assignations, à Claude de Fescamp, ci-devant fermier des 6 et des 3 écus pour pipe de vin entrant en Bretagne.

E 4°, f° 66 r°, et ms. fr. 18166, f° 38 r°.

6852. — Arrêt ordonnant la vente de certains buissons et terres vaines et vagues situés en Angoumois, nonobstant l'opposition de la duchesse d'Angoulême.

E 4°, f° 67 r°, et ms. fr. 18166, f° 37 v°.

1602, 31 janvier. — Paris.

6853. — Arrêt ordonnant la vérification pure et simple du bail de Jean Hopil, adjudicataire de la ferme dite «à la part du royaume».

E 4°. f° 68 r°, et ms. fr. 18166, f° 42 v°.

1602, 5 février. — Paris.

6854. — Arrêt réglant le remboursement des sommes avancées par René Brouard, en son vivant fermier général des cinq grosses fermes, dont les droits ont été transmis à Guillaume de Limbourg.

E 4°, f° 70 r°, et ms. fr. 18166, f° 43 v°.

1602, 7 février. — [Paris.]

6855. — Arrêt ordonnant l'expédition des lettres patentes qui transfèrent en la ville de Saint-Lô le siège de la juridiction des sergenteries de Saint-Gilles, du Hommet et de la Comté.

Ms. fr. 18166, f° 45 v°.

6856. — Arrêt autorisant Lazare Chappel, maître du logis de Sainte-Catherine à Saint-Germain-en-Laye, à agrandir son écurie sur la place de la Vieille-Boucherie, à condition qu'il paye au domaine 12 deniers de cens et autant de rente annuelle, et qu'il loge les chevaux de la grande et de la petite écurie du Roi, quand Sa Majesté réside à Saint-Germain.

Ms. fr. 18166, f° 45 v°.

1602, 9 février. — Paris.

6857. — Arrêt enjoignant aux trésoriers provinciaux de l'Extraordinaire des guerres de rendre, dans les six mois, leurs comptes des années 1597 à 1600, sous peine de révocation.

E 4°, f° 74 r°, et ms. fr. 18166, f° 46 r°.

6858. — Arrêt prolongeant de quatre mois le délai accordé à Noël Sourley pour disposer des offices nouvellement créés aux pays de Bresse, de Bugey, de Valromey et de Gex.

E 4°, f° 75 r°, et ms. fr. 18166, f° 46 v°.

6859. — Arrêt ordonnant nouvelle adjudication du domaine et des aides du bailliage de Troyes, nonobstant toute opposition.

E 4° f° 76 r°, et ms. fr. 18166, f° 46 v°.

6860. — Arrêt déclarant que Jean Richard, ci-devant fermier du droit de huitième en Bretagne, condamné à la prison, pourra demeurer deux mois encore sous la garde d'un huissier.

E 4°, f° 77 r°, et ms. fr. 18166, f° 47 r°.

6861. — Arrêt attribuant à M° Jean Baron l'office de conseiller au présidial de Poitiers, à lui résigné par feu Georges Baron.

E 4°, f° 78 r°, et ms. fr. 18166, f° 48 r°.

6862. — Arrêt prorogeant la levée de 5 sols par minot de sel vendu dans le ressort du parlement de Paris, et déclarant que le produit en sera affecté tant au payement des sommes dues au baron de Dampmartin qu'au payement des gages des officiers des monnaies.

E 4°, f° 79 r°, et ms. fr. 18166, f° 48 r°.

6863. — Arrêt cassant la vente de la forêt de Saint-Pierre de Rethondes, sur la réclamation de la reine Marguerite et des habitants de Rethondes.

E 4°, f° 81 r°, et ms. fr. 18166, f° 47 v°.

6864. — Arrêt réglant le payement de partie des vivres fournis par les munitionnaires de Langres aux armées étrangères qui sont venues secourir le Roi au mois de décembre 1589.

E 4°, f° 82 r°, et ms. fr. 18166, f° 49 r°.

6865. — Arrêt ordonnant à M° Pierre Martin, receveur général des finances en Guyenne, de verser 21,236 écus 21 sols 10 deniers aux mains de son collègue M° Auguste Prévost.

E 4°, f° 84 r°, et ms. fr. 18166, f° 50 v°.

6866. — Arrêt ordonnant aux chambres des comptes de Dijon, Grenoble, Aix, Montpellier, Nantes et Rouen d'envoyer au Conseil d'État le double des états de receveurs généraux des années 1595 à 1600, et d'adresser désormais tous les ans le double des comptes des recettes générales à la chambre des comptes de Paris, leur défendant en outre d'admettre aucun receveur général à compter s'il ne représente premièrement son état de recettes et de dépenses arrêté au Conseil des finances.

E 4*, f° 86 r°, et ms. fr. 18166, f° 50 r°.

—————

1602, 11 février. — [Paris.]

6867. — Arrêt ordonnant que les habitants de Honfleur payeront les sommes auxquelles ils ont été taxés pour les tailles en la présente année.

Ms. fr. 18166, f° 55 r°.

6868. — Arrêt suspendant les poursuites exercées contre la caution et le certificateur de M° François Jusseaume, receveur général des finances à Tours.

Ms. fr. 18166, f° 55 v°.

6869. — Arrêt demandant l'avis des trésoriers de France à Béziers au sujet des réparations à faire au château de Roquemaure, sur le Rhône, dont une partie aurait été renversée à coups de canon durant les troubles, et dont le reste menacerait ruine.

Ms. fr. 18166, f° 55 v°.

6870. — Arrêt permettant à Georges Moucheron, fermier de la prévôté de Nantes, d'entretenir un ou plusieurs commis au mesurage à sel d'Ingrande.

Ms. fr. 18166, f° 56 r°.

—————

1602, 12 février. — Paris.

6871. — Arrêt ordonnant l'élargissement de M° Isaac de Ligoure, receveur particulier des tailles en l'élection de Saint-Jean-d'Angely.

E 4*, f° 88 r°, et ms. fr. 18166, f° 56 v°.

—————

1602, 14 février. — [Paris.]

6872. — Arrêt prolongeant le délai accordé aux habitants de Genève pour faire apparoir de leur prétendue exemption des tailles et péages dans le bailliage de Gex.

E 4*, f° 89 r°, et ms. fr. 18166, f° 56 r°.

6873. — Édit supprimant les offices de vendeurs de poisson créés à Paris et à Rouen.

Ms. fr. 18166, f° 57 r°.

6874. — Arrêt accordant à M° Nicolas Fyot, ci-devant trésorier et receveur général des finances en Bretagne, nouvelle surséance de trois mois pour le payement des dettes par lui contractées, durant les troubles, au service du Roi.

Ms. fr. 18166, f° 57 v°.

6875. — Arrêt réservant au Conseil et interdisant à la cour des aides de Montpellier la connaissance d'un appel interjeté contre une sentence du maître des ports de Beaucaire et, d'une manière générale, la connaissance de tous appels concernant la ferme générale de la douane de Lyon.

Ms. fr. 18166, f° 58 r°.

6876. — Conditions du contrat conclu avec M° Charles Paulet au sujet des émoluments précédemment attribués aux officiers des élections.

Ms. fr. 18166, f° 59 r°.

6877. — Conditions du contrat conclu avec Scipion Balbani pour le remboursement des seize offices de vendeurs de marée établis à Paris et à Rouen.

Ms. fr. 18166, f° 62 v°.

—————

1602, 16 février. — Paris.

6878. — Arrêt réglant le payement de 4,628 écus dus à la succession de Pierre Hotman, pour fournitures d'orfèvrerie faites à Henri III.

E 4*, f° 90 r°, et ms. fr. 18166, f° 63 r°.

6879. — Arrêt relatif à une requête de M° Charles Prévost, curateur aux causes de César, duc de Vendôme, tendant à renvoyer au Parlement le procès pendant en la Cour des aides entre les habitants de Vendôme et ceux de Bouloire et de Maisoncelles.

E 4*, f° 91 r°, et ms. fr. 18166, f° 63 v°.

6880. — Arrêt relatif au payement de 25,000 écus assignés à la reine Marguerite sur la recette générale de Tours.

E 4*, f° 92 r°, et ms. fr. 18166, f° 64 r°.

6881. — Arrêt ordonnant le remboursement de la finance payée par Charles Rouillart pour l'office supprimé d'élu en l'élection de Carentan et Saint-Lô.

Ms. fr. 10843, f° 29 r°.

6882. — Arrêt enjoignant à Étienne Audouyn de Montherbu de payer au duc et à la duchesse de Mercœur ce qui reste en ses mains du quart des deniers provenant des offices de notaires vendus dans les terres de la feue reine Louise de Lorraine.

Ms. fr. 18166, f° 65 r°.

6883. — Arrêt déclarant que tous les officiers de la feue reine Louise de Lorraine couchés sur l'état de sa maison de l'année 1600 seront maintenus en leurs exemptions et privilèges.

Ms. fr. 18166, f° 65 r°.

1602, 21 février. — Paris.

6884. — Arrêt réglant la levée du droit de patente de Languedoc sur les habitants d'Avignon.

E 4°, f° 94 r°, et ms. fr. 18166, f° 67 v°.

6885. — Arrêt défendant à la cour des aides de Montpellier de connaître de l'opposition faite par la ville d'Avignon à la vérification du bail de M° Pierre de Pomey, fermier général de la douane de Lyon et des traites et impositions foraines de Picardie, Champagne et Bourgogne.

E 4°, f° 96 r°, et ms. fr. 18166, f° 67 r°.

6886. — Arrêt ordonnant l'institution d'un second prévôt des maréchaux en Bretagne, nonobstant l'opposition des États provinciaux.

E 4°, f° 98 r°, et ms. fr. 18166, f° 66 r°.

6887. — Arrêt ordonnant que les marchands d'Orléans acquitteront le droit de sol pour livre sur tous les draps qu'ils feront entrer en ladite ville pour y être apprêtés ou vendus.

E 4°, f° 99 r°, et ms. fr. 18166, f° 65 v°.

6888. — Arrêt ordonnant le payement de 1,460 écus assignés à la demoiselle de Guise et à la marquise de Verneuil.

E 4°, f° 100 r°, et ms. fr. 18166, f° 66 r°.

6889. — Adjudication de la traite domaniale de Picardie et de divers autres droits perçus en ladite province et à Calais, faite pour trois ans à Simon Hubert.

Ms. fr. 18166, f° 68 v°.

6890. — Arrêt réglant le remboursement de l'office de receveur triennal des aides et tailles en l'élection d'Étampes.

Ms. fr. 18166, f° 71 r°.

6891. — Avis du Conseil tendant à attribuer à la veuve et aux enfants de Gaspard de Villeneufve l'office de sergent à verge au Châtelet vacant par la mort dudit Villeneufve, lequel a été tué dans l'exercice de sa charge.

Ms. fr. 18166, f° 71 v°.

6892. — Arrêt autorisant les créanciers du feu sieur d'O à faire une coupe dans les bois de Fourqueux appartenant audit défunt.

Ms. fr. 18166, f° 72 r°.

6893. — Arrêt réservant au Conseil des finances la connaissance du procès que le sénéchal d'Armagnac a intenté, par-devant le parlement de Bordeaux, à M° Auguste Prévost, receveur général des finances en Guyenne.

Ms. fr. 18166, f° 72 r°.

1602, 26 février. — Paris.

6894. — Arrêt attribuant à la Chambre royale la connaissance du procès criminel intenté aux officiers de l'élection de Verneuil et de Châteauneuf-en-Thymerais.

E 4°, f° 101 r°, et ms. fr. 18166, f° 76 r°.

6895. — Arrêt renvoyant à la Chambre royale établie au Palais le jugement des récusations proposées par les officiers de l'élection de Châteaudun et Bonneval.

E 4°, f° 102 r°, et ms. fr. 18166, f° 72 v°.

6896. — Arrêt ordonnant à René Hervé de représenter au Conseil ses lettres de provision de l'office de lieutenant criminel à Loudun.

E 4°, f° 103 r°, et ms. fr. 18166, f° 76 v°.

6897. — Arrêt réglant le payement du sol pour livre en la généralité de Champagne.

E 4*, f° 104 r°, et ms. fr. 18166, f° 76 v°.

6898. — Arrêt ordonnant que le procès fait, en 1589, par le lieutenant du prévôt de l'Hôtel à Jacques Valletz, soi-disant huissier et garde-meubles du Conseil, sera déposé entre les mains du greffier du Conseil pour servir dans le différend pendant entre ledit Valletz et Jean Guéroult, Georges Le Cirier, Jacques Faucher, Jacques Hardou, huissiers ordinaires du Conseil.

E 4*, f° 105 r°, et ms. fr. 18166, f° 77 r°.

6899. — Arrêt ordonnant l'acquittement du droit de sol pour livre en la ville de Blois.

E 4*, f° 106 r°, et ms. fr. 18166, f° 75 v°.

6900. — Arrêt ordonnant de surseoir, pour la présente année, à l'exécution de l'arrêt du 20 décembre 1601 (n° 6733), et ordonnant aux trésoriers de France de veiller à l'acquittement des assignations levées sur les recettes générales et au transport des deniers de l'Épargne.

E 4*, f° 107 r°, et ms. fr. 18166, f° 75 r°.

6901. — Arrêt confirmant au duc de Nevers, gouverneur de Champagne, la jouissance du domaine de Sainte-Menehould.

E 4*, f° 108 r°, et ms. fr. 18166, f° 73 v°.

6902. — Arrêt déchargeant de la subvention levée en place du sol pour livre ceux des officiers de la garnison de Saint-Jean-d'Angely qui ne sont point domiciliés en ladite ville.

E 4*, f° 110 r°, et ms. fr. 18166, f° 73 r°.

6903. — Arrêt réglant le payement de 2,000 écus dus aux Cent-Suisses de la garde du corps.

E 4*, f° 111 r°, et ms. fr. 18166, f° 74 v°.

6904. — Arrêt ordonnant au prévôt des marchands et aux échevins de Lyon de dresser de nouveaux états plus détaillés de la recette et de la dépense des deniers affectés au payement des dettes de ladite ville.

E 4*, f° 112 r°, et ms. fr. 18166, f° 77 v°.

6905. — Arrêt autorisant les protestants d'Amiens à exercer publiquement leur culte au fief de la Mairie, dans le village de Hem.

E 4*, f° 114 r°, et ms. fr. 18166, f° 72 v°.

6906. — Arrêt réglant le recouvrement et l'adjudication des aides en l'élection de Paris.

E 4*, f° 115 r°, et ms. fr. 18166, f° 78 r°.

6907. — Arrêt ordonnant le payement de 1,000 écus dus à l'aumônier ordinaire du Roi « ayant la garde et charge du corps du feu Roy », aux religieux de Saint-Corneille de Compiègne, qui ont prié pour l'âme de Henri III, ainsi qu'aux personnes qui ont, en 1601, fourni le luminaire, disposé et nettoyé les tentures du chœur de Saint-Corneille, allumé et éteint, chaque jour, les cierges et torches de la chapelle ardente, enfin sonné les cloches aux heures des services célébrés pour le repos de l'âme dudit feu Roi.

Ms. fr. 10843, f° 30 r°.

1602, 27 février. — Paris.

6908. — Arrêt accordant à René de Lucinge, seigneur des Alimes, mainlevée des greffes du présidial et du juge mage de Bresse.

E 4*, f° 119 r°, et ms. fr. 18166, f° 81 r°.

1602, 28 février. — Paris.

6909. — Arrêt évoquant le procès pendant en la Cour des aides entre M° Jacques Chollet, receveur des tailles, et M° Jacques Gaultier, lieutenant en l'élection de la Rochelle, et donnant gain de cause audit Chollet.

E 4*, f° 121 r°, et ms. fr. 18166, f° 85 v°.

6910. — Arrêt défendant à la Cour des aides d'exercer aucune poursuite contre les seigneurs d'Anjou et de Touraine, pour contraventions aux ordonnances sur les gabelles, et maintenant les termes de l'arrêt, rendu en présence du Roi au mois d'avril 1601, qui exemptait ladite noblesse « de prendre le sel par impost ».

E 4*, f° 123 r°, et ms. fr. 18166, f° 84 v°.

6911. — Arrêt rétablissant M⁰ Bernardin Pradel en un office de trésorier de France à Montpellier.

E 4ᵃ, fᵒ 125 rᵒ, et ms. fr. 18166, fᵒ 82 vᵒ.

6912. — Arrêt ordonnant l'établissement du culte réformé en la ville de Hastingues.

E 4ᵃ, fᵒ 127 rᵒ, et ms. fr. 18166, fᵒ 82 rᵒ.

6913. — Arrêt établissant une crue sur le sel, dont le produit doit être affecté au payement des secrétaires du Roi du collège ancien des Six-Vingts.

E 4ᵃ, fᵒ 128 rᵒ, et ms. fr. 18166, fᵒ 83 vᵒ.

6914. — Arrêt ordonnant de surseoir aux poursuites exercées en la Cour des aides contre Guillaume Remoy, tailleur et valet de chambre du Roi, caution de feu Mᵉ Philibert Chercault, receveur général des finances à Moulins.

Ms. fr. 18166, fᵒ 87 rᵒ.

6915. — Arrêt accordant à Girard Vuillot, ci-devant munitionnaire de Rocroi, décharge de certaine quantité de grain et de vin prise par le sieur de Champagnac, gouverneur de Rocroi.

Ms. fr. 18166, fᵒ 88 rᵒ.

6916. — Arrêt accordant à Antoine et à François de Vienne surséance de six mois pour le payement des 4,000 écus par eux dus à Jean d'Autruy, maire de Troyes, attendu qu'il leur est encore dû 13,000 écus sur la somme employée à la réduction de Troyes.

Ms. fr. 18166, fᵒ 88 rᵒ.

1602, février. — Paris.

6917. — Édit portant que les droits de signature de rôles, d'adjudication de baux, de bordereau, etc., jusqu'ici attribués aux officiers des élections, aux receveurs et contrôleurs particuliers des tailles, seront, pendant huit ans, versés entre les mains de Mᵉ Charles Paulet, secrétaire de la Chambre, lequel devra rembourser la finance payée par lesdits officiers pour l'attribution desdits droits.

Ms. fr. 18166, fᵒ 51 vᵒ.

1602, 2 mars. — Paris.

6918. — Arrêt évoquant au Conseil le procès pendant en la Cour des aides entre les maire et échevins d'Orléans et la communauté des marchands de vin de Paris au sujet des droits du sol pour livre.

E 4ᵃ, fᵒ 130 rᵒ, et ms. fr. 18166, fᵒ 93 rᵒ.

6919. — Arrêt déchargeant Mᵉ Pierre de Vassault, secrétaire des finances, d'une somme de 1,000 écus à lui réclamée par Guillaume Chaillaut, maître de la monnaie de la Rochelle.

E 4ᵃ, fᵒ 131 rᵒ, et ms. fr. 18166, fᵒ 90 rᵒ.

6920. — Arrêt accordant à Claude Dumoulin, sieur de Boutard, la vingtième partie du bénéfice que procureront au Roi les moyens que ledit Dumoulin propose d'indiquer pour augmenter le revenu des gabelles, et chargeant le sieur de Maisse d'examiner ces moyens.

Ms. fr. 18166, fᵒ 88 vᵒ.

6921. — Arrêt ordonnant la vérification des sommes dues par les habitants du Forez à Mᵉ Claude Giraud, leur ancien syndic, particulièrement pour les négociations par lui entreprises lors de la réduction de Montbrison.

Ms. fr. 18166, fᵒ 88 vᵒ.

6922. — Arrêt défendant provisoirement à Mᵉ Martial Jupille de poursuivre les bailes et maîtres jurés des métiers de Limoges pour les forcer à lever les provisions des deux maîtrises créées en ladite ville à l'occasion du mariage du Roi.

Ms. fr. 18166, fᵒ 89 rᵒ.

6923. — Arrêt renvoyant aux trésoriers de France à Tours une requête par laquelle les habitants de Varrains demandent l'argent nécessaire à l'agrandissement de la chapelle de Menais, attendu que le sieur Du Plessis-Mornay a fait enfermer leur église paroissiale dans la fortification du château de Saumur.

Ms. fr. 18166, fᵒ 89 rᵒ.

6924. — Arrêt renvoyant aux trésoriers de France

à Paris l'examen des réparations faites ou à faire en la grand'salle du collège de Cambrai.

Ms. fr. 18166, f° 89 v°.

1602, 3 mars. — Paris.

6925. — Arrêt déclarant que provisoirement les protestants continueront à exercer publiquement leur culte en la ville de Pont-de-Veyle.

E 4°, f° 133 r°, et ms. fr. 18166, f° 94 r°.

1602, 4 mars. — Paris.

6926. — Arrêt ordonnant l'exécution d'une transaction intervenue entre les protestants et l'évêque de Pamiers.

E 4°, f° 135 r°, et ms. fr. 18166, f° 92 v°.

6927. — Arrêt déclarant que les protestants et les catholiques de Pamiers seront indifféremment admis à l'exercice des charges municipales.

E 4°, f° 137 r°, et ms. fr. 18166, f° 92 r°.

6928. — Arrêt interdisant l'exercice du culte réformé à Clermont, au diocèse de Lodève.

E 4°, f° 138 r°, et ms. fr. 18166, f° 93 v°.

6929. — Arrêt ordonnant au parlement de Rouen de faire connaître les modifications par lui apportées au texte de l'édit de Nantes, et cependant ordonnant la restitution des sommes levées sur Robert Boutillon et autres protestants pour la reconstruction de l'église de Quillebeuf.

E 4°, f° 139 r°, et ms. fr. 18166, f° 91 r°.

6930. — Arrêt rendant aux protestants de Bazas la jouissance d'un cimetière en ladite ville.

E 4°, f° 141 r°, et ms. fr. 18166, f° 90 v°.

6931. — Arrêts accordant diverses remises de décimes :

1° Au clergé du diocèse de Sens;
2° Au clergé du diocèse de Troyes;
3° Au clergé du diocèse de Saint-Flour;
4° Au chapitre de Saint-Étienne de Dreux.

Ms. fr. 18166, f° 94 v° à 95 v°.

1602, 5 mars. — Paris.

6932. — Arrêt renvoyant aux trésoriers de France à Rouen les requêtes en réduction ou en décharge de tailles présentées par les habitants de la paroisse et par les religieux de l'abbaye de Jumièges.

E 4°, f° 142 r°, et ms. fr. 18166, f° 95 v°.

6933. — Arrêt révoquant la commission expédiée le 22 juin 1601 pour la recherche des malversations commises au bureau des traites de Marans.

E 4°, f° 143 r°, et ms. fr. 18166, f° 96 r°.

6934. — Arrêt statuant sur la requête de Rodolphe Winwood, agent de la reine d'Angleterre, et ordonnant la radiation de certaines paroles blessantes pour l'honneur de la nation anglaise prononcées par Pierre Du Til, avocat au parlement de Bordeaux.

E 4°, f° 144 r°, et ms. fr. 18166, f° 96 v°.

6935. — Arrêt attribuant à Me Maurice Boileau l'office de receveur alternatif des tailles en l'élection de Chinon.

E 4°, f° 145 r°, et ms. fr. 18166, f° 97 r°.

6936. — Arrêt accordant aux habitants de Charroux décharge d'une somme de 550 écus.

E 4°, f° 146 r°, et ms. fr. 18166, f° 97 v°.

6937. — Arrêt condamnant Rodolphe Cenami à payer 1,500 écus à Me Jean de Vauhardy, secrétaire de la Chambre, ci-devant trésorier de l'Extraordinaire des guerres en Champagne.

E 4°, f° 147 r°, et ms. fr. 18166, f° 98 r°.

6938. — Arrêt relatif aux demandes de restitution des espèces saisies sur Jean Hémart, marchand d'Amiens, et sur Jacques Le Fort, grènetier de Grandvilliers.

E 4°, f° 149 r°, et ms. fr. 18166, f° 100 r°.

6939. — « Reiglement que le Roy en son Conseil veult estre doresnavant gardé et observé par les esleuz, procureur du Roy, greffier et receveurs de l'eslection de Paris. »

Ms. fr. 18166, f° 100 v°.

1602, 6 mars. — Paris.

6940. — Arrêt accordant aux habitants du pays de Comminges décharge d'une somme de 9,530 écus 44 sols 8 deniers sur les tailles des années 1598 et 1599.

E 4*, f° 151 r°, et ms. fr. 18166, f° 103 r°.

6941. — «Instruction aux commissaires deputtez par le Roy pour l'exécution de son eedict du mois de novembre 1601... pour la vente en hérédité des offices de jaulgeurs et mesureurs de vaisseaux à mettre vin, bières, verjus, vinaigres, cildre et autres bruvages et liqueurs.»

Ms. fr. 10843, f° 32 r°.

6942. — Arrêt déclarant que le droit du sol pour livre sera levé dans toutes les bourgades des généralités de Berry, de Limoges, de Poitiers et de Riom où il y a foire ou marché.

Ms. fr. 18166, f° 104 r°.

6943. — Arrêt défendant aux personnes assignées sur le domaine de Mantes et de Meulan de poursuivre les voyers et receveurs ordinaires, si ce n'est pour le payement des parties portées en l'état au vrai.

Ms. fr. 18166, f° 104 r°.

6944. — Arrêt renvoyant aux trésoriers de France en Bretagne une requête en remise d'impôts présentée par les habitants du diocèse de Cornouaille et de quelques paroisses des diocèses voisins.

Ms. fr. 18166, f° 105 r°.

6945. — Arrêt ordonnant aux élus en l'élection de Gannat de faire connaître au Conseil les raisons pour lesquelles ils ont taxé outre mesure les paroisses dépeuplées de Veauce, Vicq, Sussat, Valignat, Chouvigny et la Lizolle.

Ms. fr. 18166, f° 105 r°.

1602, 7 mars. — Paris.

6946. — Arrêt accordant au sieur de Coëtnisan, chevalier de l'ordre du Roi, gentilhomme ordinaire de la Chambre et gouverneur de Morlaix, mainlevée de toutes les saisies qui pourraient être faites sur sa personne et sur ses biens à la requête de ses créanciers.

E 4*, f° 153 r°, et ms. fr. 18166, f° 105 v°.

6947. — Arrêt partageant par moitié entre la duchesse de Nemours et Annibal de Schonberg certains deniers provenant de la ferme des aides de Chartres.

E 4*, f° 154 r°, et ms. fr. 18166, f° 107 v°.

6948. — Arrêt ordonnant aux protestants du bailliage de Chauny de procéder dans la quinzaine à la désignation des lieux où ils désirent exercer leur culte.

E 4*, f° 156 r°, et ms. fr. 18166, f° 106 r°.

6949. — Lettres patentes ordonnant de lever séparément la taxe de 5 sols par muid de vin établie anciennement dans la généralité de Lyon et confondue, depuis les troubles, avec l'octroi d'un écu 1/3 par muid de vin affecté à l'acquittement des dettes de la ville de Lyon.

Ms. fr. 18166, f° 107 r°.

6950. — Arrêt ordonnant l'élargissement du capitaine basque Michel Daguindeguy, emprisonné à la requête du receveur des tailles au diocèse de Saint-Pons.

Ms. fr. 18166, f° 108 v°.

6951. — Arrêt réglant le remboursement de l'office de contrôleur-élu triennal en l'élection de Paris.

Ms. fr. 18166, f° 108 r°.

1602, 14 mars. — Paris.

6952. — Arrêt défendant aux créanciers de Jean de Goulaines, sieur du Favouet, de le contraindre par corps pendant deux mois, attendu le procès qu'il poursuit au Conseil d'État, depuis trois ans, à l'encontre du duc de Mercœur et du sieur de Coëtnisan.

E 4*, f° 158 r°, et ms. fr. 18166, f° 109 r°.

6953. — Arrêt répartissant une somme de 3,000 écus entre Louis Monceau, fermier du sol pour livre en la généralité de Champagne, et ses associés.

E 4*, f° 159 r°, et ms. fr. 18166, f° 109 v°.

6954. — Arrêt ordonnant la réparation de la grosse tour du Temple, employée par Henri III et par Sa Majesté régnante comme magasin à poudre.

E 4*, f° 160 r°, et ms. fr. 18166, f° 109 v°.

6955. — Arrêt donnant mainlevée des espèces saisies sur Jean Hémart, Louis Du Fresne et Jacques Le Fort.

E 4*, f° 161 r°, et ms. fr. 18166, f° 112 r°.

6956. — Arrêt accordant au sieur de Sourdéac, lieutenant général du Roi en Basse-Bretagne, mainlevée des sommes saisies à la requête du sieur de Beaulieu-Ruzé, conseiller d'État.

E 4*, f° 163 r°, et ms. fr. 18166, f° 115 v°.

6957. — Arrêt accordant à plusieurs marchands de salines décharge des sommes à eux réclamées par les sieurs de Frontenac, de Chamberet et de Bannes, par le prévôt des marchands et par les échevins de Paris, pour l'acquittement des droits du sol pour livre.

E 4*, f° 165 r°, et ms. fr. 18166, f° 113 v°.

6958. — Arrêt ordonnant de surseoir à l'exécution de l'arrêt du 20 novembre dernier (n° 6668).

E 4*, f° 167 r°, et ms. fr. 18166, f° 113 r°.

6959. — Arrêt portant validation des dépenses faites, pendant les troubles, pour les réparations et fortifications du château d'Amboise, notamment par le sieur Du Guast, gouverneur de ladite ville.

E 4*, f° 168 r°, et ms. fr. 18166, f° 116 r°.

6960. — Arrêt défendant aux prévôt des marchands et échevins de Lyon de prendre aucune connaissance de la levée du sol pour livre, laquelle devra être effectuée par les commis du fermier; déclarant, en outre, soumises au droit du sol pour livre les marchandises que les Allemands, les Suisses et les Grisons feront entrer en ladite ville.

Ms. fr. 18166, f° 110 r°.

6961. — Arrêt accordant une surséance à Vincent Besnard, caution de son fils M° François Besnard, ci-devant receveur des tailles en l'élection de Chinon.

Ms. fr. 18166, f° 110 v°.

6962. — Arrêt ordonnant le payement de 1,000 écus assignés au prince de Joinville sur la recette générale de Tours au moyen d'un mandement du trésorier de l'Épargne dont l'original a été emporté par M° François Jusseaume.

Ms. fr. 18166, f° 111 r°.

6963. — Arrêt accordant une remise de tailles aux habitants de Compiègne.

Ms. fr. 18166, f° 111 v°.

6964. — Arrêt ordonnant aux trésoriers de France à Lyon de remettre en adjudication, sur l'enchère de César Béraud, l'île nouvellement formée dans le Rhône non loin du village d'Irigny.

Ms. fr. 18166, f° 117 v°.

6965. — Arrêt assignant 100 écus à Nicolas Vic et à Pierre Cadeau, marchands de Paris, pour avoir sauvé une somme de 10,545 écus que M° François Jusseaume s'efforçait d'emporter dans sa fuite.

Ms. fr. 18166, f° 118 r°.

6966. — Arrêt interdisant au parlement de Dijon et réservant au Conseil la connaissance du différend survenu entre les habitants d'Auxonne et le fermier général de la douane de Lyon et des traites et impositions foraines de Picardie, Champagne et Bourgogne.

Ms. fr. 18166, f° 118 r°.

6967. — Arrêt renvoyant aux trésoriers de France à Paris l'examen des réparations à faire au château d'Oulchy, et donnant à Annibal de Schonberg mainlevée du revenu des terres de Neuilly-Saint-Front et d'Oulchy-le-Château.

Ms. fr. 18166, f° 118 v°.

1602, 16 mars. — Paris.

6968. — Arrêt ordonnant qu'aux funérailles des personnes de qualité, les torches et flambeaux envoyés par le doyen et les chanoines de Lyon seront portés immédiatement après ceux du Roi et de l'archevêque et avant ceux du corps de ville, mais ordonnant, d'autre part, que les feux de joie allumés par le prévôt des marchands et par les échevins de Lyon, aux jours de réjouissance publique, précéderont tous les autres feux.

E 4°, f° 170 r°, ms. fr. 18166, f° 119 r°, et AD I 134, n° 16.

1602, 20 mars. — Paris.

6969. — Arrêt renvoyant au parlement de Provence le procès pendant entre l'évêque et le chapitre de Castres, au sujet des réparations de l'église, d'un achat d'ornements et de l'entretien d'un prédicateur.

E 4°, f° 172 r°, et ms. fr. 18166, f° 122 v°.

1602, 21 mars. — Paris.

6970. — Arrêt réglant l'union des offices de commissaire et de contrôleur triennal de la marine du Levant aux offices de commissaires généraux et de contrôleurs généraux anciens de ladite marine.

E 4°, f° 174 r°, et ms. fr. 18166, f° 120 v°.

6971. — Arrêt ordonnant à la veuve et aux héritiers du sieur de Combault, premier maître d'hôtel du Roi, de surseoir aux poursuites qu'ils ont commencées contre la veuve et les enfants de Pierre Habert, secrétaire des finances, ayant la charge des deniers du coffre du Roi.

E 4°, f° 175 r°, et ms. fr. 18166, f° 119 v°.

6972. — Arrêt ordonnant qu'une somme de 6,000 écus sera levée, pendant huit ans, sur le Languedoc pour la construction du pont de Toulouse.

E 4°, f° 176 r°, et ms. fr. 18166, f° 121 v°.

6973. — Arrêt ordonnant que les habitants des pays de Comminges, d'Armagnac, de Rivière-Verdun, de Bigorre et d'Astarac contribueront, comme par le passé, aux frais de construction du pont de Toulouse.

E 4°, f° 178 r°, et ms. fr. 18166, f° 120 r°.

6974. — Arrêt défendant au capitaine Beaulieu de poursuivre ailleurs qu'au Conseil le trésorier provincial de l'Extraordinaire des guerres en Saintonge pour le payement de sa compagnie.

E 4°, f° 179 r°, et ms. fr. 18166, f° 121 r°.

6975. — Arrêt renvoyant aux sieurs de Maisse et de Versigny plusieurs créanciers de la ville de Paris qui ont fait saisir le revenu de ladite ville, et par là même interrompu divers travaux indispensables de fortification et de voirie, en réclamant le payement des fournitures par eux faites pendant la guerre, particulièrement pour les travaux des ponts de Saint-Cloud, de Charenton et de Saint-Maur.

E 4°, f° 180 r°, et ms. fr. 18166, f° 123 r°.

6976. — Arrêt réglant l'union de l'office de receveur et payeur triennal des gages du Parlement aux deux offices de receveurs et payeurs ancien et alternatif.

E 4°, f° 182 r°, et ms. fr. 18166, f° 124 r°.

6977. — Arrêt attribuant à François Desarobertz et à Mathieu de Lane un office de notaire royal à Bayonne.

E 4°, f° 184 r°, et ms. fr. 18166, f° 125 r°.

6978. — Arrêt donnant gain de cause à Me Florent d'Argouges, ci-devant trésorier général des gabelles, dans le procès par lui intenté aux héritiers du sieur d'Incarville.

E 4°, f° 186 r°, et ms. fr. 18166, f° 126 r°.

6979. — Avis réglant le payement et la levée des sommes dues par le gouverneur et échevins de Meaux à Me Isaac Lebert, élu en l'élection de Meaux.

E 4°, f° 188 r°, et ms. fr. 18166, f° 127 r°.

6980. — Arrêt ordonnant la restitution de 75 écus saisis par les gardes des traites de Péronne sur un courrier flamand.

E 4°, f° 190 r°, et ms. fr. 18166, f° 130 v°.

6981. — Arrêt réglant la vente de certaines terres vaines et vagues, de certains bois et buissons de la forêt d'Orléans, dont le tréfonds appartient à divers particuliers et communautés.

E 4°, f° 191 r°, et ms. fr. 18166, f° 131 r°.

6982. — Adjudication du droit d'entrée d'un écu par quintal d'alun, faite pour cinq années à François Belin, moyennant le payement annuel de 6,400 écus.

Ms. fr. 18166, f° 128 v°.

1602, 23 mars. — Paris.

6983. — Arrêt renvoyant à la Chambre royale le procès criminel intenté aux officiers de l'élection de Châteaudun.

E 4*, f° 192 r°, et ms. fr. 18166, f° 132 r°.

6984. — Arrêt ordonnant la vérification de la perte subie par les receveurs généraux des finances et des gabelles de Montpellier à raison du décri des monnaies.

E 4*, f° 193 r°, et ms. fr. 18166, f° 132 v°.

6985. — Arrêt réglant le recouvrement des 18 sols 9 deniers par minot de sel affectés au remboursement des officiers des gabelles supprimés.

E 4*, f° 194 r°, et ms. fr. 18166, f° 131 v°.

6986. — Arrêt fixant à quatre le nombre des archers adjoints à Antoine-Jacques de Garnier, viguier et capitaine de Saint-Maximin en Provence.

E 4*, f° 196 r°, et ms. fr. 18166, f° 133 r°.

6987. — Arrêt ordonnant que tous les habitants catholiques et protestants de Lunel procéderont indistinctement à une nouvelle élection de consuls.

E 4*, f° 198 r°, et ms. fr. 18166, f° 133 v°.

1602, 27 mars. — Paris.

6988. — Arrêt confirmant à M° Jean-Georges Caulet la jouissance d'un office de trésorier de France à Toulouse, et ordonnant le remboursement de la finance payée par M° Pierre Boucher, sieur de Marolles.

E 4*, f° 200 r°, et ms. fr. 18166, f° 135 r°.

6989. — Arrêt autorisant les habitants catholiques de Lunel à lever sur eux-mêmes la somme de 2,000 écus pour la reconstruction de l'église de Notre-Dame-du-Lac.

E 4*, f° 202 r°, et ms. fr. 18166, f° 136 v°.

6990. — Arrêt réglant le payement des gages et pension de 2,000 écus affectés à l'office de premier président du parlement de Toulouse.

Ms. fr. 18166, f° 136 r°.

1602, 28 mars. — Paris.

6991. — Arrêt ordonnant aux trésoriers des Parties casuelles d'expédier dorénavant leurs quittances de tous les offices taxés au Conseil, et renvoyant au Chancelier la connaissance des oppositions formées contre lesdites expéditions.

E 4*, f° 203 r°, et ms. fr. 18166, f° 137 r°.

6992. — Arrêt donnant assignation de 200 écus au receveur du domaine de la Marche pour les frais des procès des « criminelz prevostaux de la congnoissance du visseneschal des pays de la Haulte-Marche, Montagu et Combraille durant la présente année ».

Ms. fr. 10843, f° 34 r°.

1602, 29 mars. — Paris.

6993. — Avis du Conseil tendant à faire don au seigneur des Alimes de partie des émoluments du greffe du présidial de Bourg.

E 4*, f° 204 r°, et ms. fr. 18166, f° 137 v°.

1602, 30 mars. — Paris.

6994. — Arrêt réglant l'union de l'office de contrôleur général triennal des finances en la généralité de Caen aux deux offices de contrôleurs généraux ancien et alternatif.

E 4*, f° 205 r°, et ms. fr. 18166, f° 137 v°.

6995. — Arrêt accordant à Marie de La Barre, veuve de Mathurin Ducoudray, pilote et capitaine de mer du Roi, le tiers de la somme qui proviendra d'un expédient qu'elle offre de faire connaître au Roi, si ledit expédient est trouvé raisonnable.

E 4*, f° 206 r°, et ms. fr. 18166, f° 138 r°.

6996. — Arrêt accordant à M° Antoine Raby, ci-devant commis du receveur général des finances à Riom, décharge d'une somme de 400 écus à lui prise, en 1589, par les Ligueurs de la garnison de Riom.

E 4*, f° 207 r°, et ms. fr. 18166, f° 138 v°.

6997. — Arrêt relatif à la reddition des comptes

de M° Delong, trésorier de France à Montpellier, ci-devant trésorier-provincial en Languedoc.

E 4°, f° 208 r°, et ms. fr. 18166, f° 138 v°.

6998. — Arrêt commettant M° Le Gras, trésorier de France à Paris, pour procéder à la vérification des dettes de la ville de Sens.

E 4°, f° 209 r°, et ms. fr. 18166, f° 139 v°.

6999. — Arrêt prorogeant pendant trois ans un octroi de 5 sols par minot de sel vendu au grenier de Pontoise, pour le produit en être employé aux réparations des murailles.

E 4°, f° 210 r°, et ms. fr. 18166, f° 140 r°.

7000. — Arrêt liquidant à 800 écus les frais de la vente des greffes du parlement de Toulouse faite à Olympe Du Faur, laquelle somme sera remboursée à Paul Hurault de L'Hospital, archevêque d'Aix, conseiller d'État.

E 4°, f° 211 r°, et ms. fr. 18166, f° 140 v°.

7001. — Arrêt autorisant la levée de divers impôts destinés à l'amortissement des dettes de la ville de Nantes.

E 4°, f° 212 r°, et ms. fr. 18166, f° 141 r°.

7002. — Arrêt obligeant les propriétaires de Saint-Mars-la-Pile à contribuer à divers travaux de curage et d'irrigation.

E 4°, f° 213 r°, et ms. fr. 18166, f° 141 r°.

7003. — Arrêt ordonnant nouvelle adjudication du greffe des requêtes du palais de Toulouse.

E 4°, f° 214 r°, et ms. fr. 18166, f° 141 v°.

7004. — Arrêt renvoyant à la Cour des monnaies la requête en décharge présentée par Guillaume Pasnager, maître particulier de la monnaie de Rennes.

E 4°, f° 216 r°, et ms. fr. 18166, f° 142 v°.

7005. — Arrêt ordonnant le payement de 1,000 écus assignés au sieur de Montmartin et à ses enfants par acquit patent du 22 mai 1597.

E 4°, f° 217 r°, et ms. fr. 18166, f° 143 r°.

7006. — Avis du Conseil, rendu sur la requête du sieur de Bertier, coadjuteur et successeur désigné de l'évêque de Rieux, tendant à révoquer certain brevet qui assure une pension de 1,333 écus 1/4 au sieur de Clermont, commandant de l'Isle-en-Jourdain, sur les revenus de l'évêché de Rieux; quand il deviendra vacant.

E 4°, f° 218 r°, et ms. fr. 18166, f° 144 r°.

7007. — Arrêt ordonnant le payement de 1,000 écus dus à Jean Hameau, ancien adjudicataire de plusieurs greniers à sel de Normandie.

E 4°, f° 220 r°, et ms. fr. 18166, f° 144 v°.

7008. — Arrêt évoquant au Conseil le procès pendant en la Cour des aides entre les échevins et plusieurs habitants d'Amiens au sujet de la taxe levée sur les plus aisés pour la réparation des brèches de ladite ville.

E 4°, f° 222 r°, et ms. fr. 18166, f° 143 v°.

7009. — Arrêt accordant, pendant quinze années nouvelles, aux entrepreneurs des travaux de la rivière de Vilaine la jouissance de tous les droits perçus sur ladite rivière, pour les dédommager des pertes qu'ils ont subies pendant les troubles.

E 4°, f° 224 r°, et ms. fr. 18166, f° 145 v°.

7010. — Arrêt accordant décharge de 437 écus 19 sols 6 deniers à M° Pierre Le Vassor, receveur des tailles en l'élection de Dreux.

E 4°, f° 226 r°, et ms. fr. 18166, f° 147 r°.

7011. — Arrêt ordonnant l'exécution de l'arrêt du 13 février 1599 (n° 5230), nonobstant l'opposition du prévôt des marchands et des échevins de Lyon.

E 4°, f° 228 r°, et ms. fr. 18166, f° 151 r°.

7012. — Arrêt confirmant, en ce qui touche seulement l'office de visiteur des gabelles aux pays de Bugey, Bresse et Valromey, le don fait par le Roi, le 24 octobre 1601, à Guillaume de Feuqueret et à Jacques Lallier.

E 4°, f° 232 r°, et ms. fr. 18166, f° 150 r°.

7013. — Arrêt statuant sur les procès pendants entre le maréchal de Bois-Dauphin et les habitants de Château-Gontier.

E 4°, f° 233 r°, et ms. fr. 18166, f° 148 v°.

7014. — Arrêt portant validation d'un payement de 2,078 écus fait à feu Mathurin Chartier, président au bureau des finances de Riom.

E 4*, f° 235 r°, et ms. fr. 18166, f° 150 r°.

7015. — Arrêt ordonnant que François Sermenton et Jean Caresse seront entendus au Conseil au sujet de leurs prétentions à l'office de sergent royal en la sénéchaussée de Guyenne résidant à Bordeaux.

E 4*, f° 237 r°, et ms. fr. 18166, f° 147 v°.

7016. — Arrêt réglant l'exécution de l'édit des arts et métiers, les deniers en provenant devant être affectés au payement des Suisses.

E 4*, f° 239 r°, ms. fr. 18166, f° 153 r°, et AD I 134, n° 19.

7017. — Arrêt déterminant la quantité de sel que sont tenus de prendre au grenier de Péronne les habitants de plusieurs villages frontières de Picardie, et les exemptant de tout autre droit de gabelle.

E 4*, f° 241 r°, et ms. fr. 18166, f° 139 r°.

7018. — Arrêt ou projet d'arrêt accordant remise de 55 écus aux habitants de Coupru, attendu les pertes que leur ont fait subir les gelées et grêles de 1599.

Ms. fr. 10843, f° 36 r°.

7019. — Requêtes présentées par les habitants du haut pays d'Auvergne, avec les réponses du Conseil, au sujet :

1° De la remise générale des restes des années 1594 à 1596, dont n'ont pu jouir lesdits habitants;

2° De la répartition de la taille entre le haut et le bas pays d'Auvergne;

3° De la répartition des crues;

4° De la subvention des villes;

5° Des possesseurs de rentes constituées sur les tailles;

6° Du remboursement des emprunts;

7° De l'achat d'une maison servant d'auditoire au présidial d'Aurillac;

8° Des droits de clerc, de parisis, de double sceau et de double présentation;

9° Des gages des juges présidiaux d'Aurillac;

10° De la réparation des avenues d'Aurillac;

11° De la crue affectée à l'entretien des turcies de l'Allier, du Cher et de la Loire. .

Ms. fr. 18166, f° 154 r°.

7020. — Requêtes présentées par les habitants d'Aurillac, avec les réponses du Conseil, au sujet :

1° De la destruction de toutes les églises catholiques;

2° De l'auditoire du présidial;

3° De la présence des chefs de métiers aux assemblées de ville;

4° Du nombre des consuls.

Ms. fr. 18166, f° 157 r°.

1602, 15 avril. — Fontainebleau.

7021. — Arrêt statuant sur les procès pendants entre les trois ordres du Dauphiné, déterminant les cas d'exemption, prescrivant la recherche des usurpateurs de noblesse, révoquant les anoblissements faits depuis, ou moins de vingt ans avant l'édit de 1598, ordonnant une nouvelle revision des feux, etc.

AD I 134, n°° 21 et 22.

1602, 1er mai. — Blois.

7022. — Arrêt réglant la suppression des offices de secrétaires de la chancellerie de Provence.

E 4*, f° 243 v°.

1602, 4 mai. — Blois.

7023. — Arrêt accordant à Guillaume Du Fayot, commis à la recette de l'emprunt des financiers, un délai de trois mois pour la reddition de ses comptes.

E 4*, f° 245 r°.

7024. — Arrêt ordonnant de surseoir aux levées du ban et de l'arrière-ban faites, pour les années 1587 et 1594, sur la noblesse du haut pays d'Auvergne.

E 4*, f° 246 r°.

1602, 6 mai. — Blois.

7025. — Arrêt interdisant à la cour des aides de Montpellier la connaissance des appels interjetés contre les sentences du sieur Le Prévost, maître des Comptes, commis à la direction des finances ès pays de Rouergue, Quercy, Comminges et Rivière-Verdun.

E 4*, f° 247 r°.

7026. — Arrêt ordonnant qu'une somme de 22,000 écus sera comptée à Marie de La Barre, quand on aura vérifié l'utilité des expédients qu'elle propose, et ce pour la dédommager de la perte des deux navires que son défunt mari, Mathurin Ducoudray, avait fait armer pour le service du Roi.

E 4*, f° 248 r°.

7027. — Arrêt ordonnant aux trésoriers de France à Tours de verser à l'Épargne le produit du sol pour livre et de la subvention de l'année 1601, nonobstant l'assignation levée au nom du trésorier des Ligues.

E 4*, f° 250 r°.

1602, 7 mai. — Blois.

7028. — Arrêt réglant le versement à l'Épargne du prix des nouvelles impositions de Normandie, affermées à Jean Goday.

E 4*, f° 252 r°.

1602, 9 mai. — Blois.

7029. — Arrêt réglant le payement de 3,218 écus 50 sols dus à M° Oudard Hennequin, conseiller au Parlement, sur les deniers du Clergé.

E 4*, f° 253 r°.

7030. — Arrêt déclarant qu'il sera sursis à toute levée extraordinaire ordonnée tant sous le précédent règne que sous celui de Sa Majesté.

AD I 135, n° 2.

1602, 19 juin. — Paris.

7031. — Arrêt enjoignant aux élus de la généralité de Tours de se conformer à l'article 6 de l'édit de mars 1600 au sujet de la procédure à suivre dans les instances en réduction de tailles.

E 4*, f° 255 r°.

7032. — Arrêt assignant au Conseil M° Pierre Beraudin, qui, nonobstant un arrêt de la Cour des

aides, continue à exercer, ainsi que son frère, l'office d'élu en l'élection de Mirebeau.

E 4*, f° 256 r°.

1602, 4 juillet. — Paris.

7033. — Arrêt relatif à la reddition des comptes de Jacques Boyadan, fermier général des gabelles en Languedoc.

E 4*, f° 257 r°.

1602, 10 juillet. — Paris.

7034. — Arrêt ordonnant à M° Bastard, facteur et négociateur des Suisses, de rembourser à Jean Croppet toutes les finances par lui payées pour le greffe de la sénéchaussée et du présidial de Lyon.

E 4*, f° 259 r°.

1602, 11 juillet. — Paris.

7035. — Arrêt réglant le payement des gages de Pierre Delavau, commissaire ordinaire de l'Artillerie.

E 4*, f° 261 r°.

7036. — Arrêt renvoyant au sieur de Tenon, maître des requêtes de l'Hôtel, commissaire député pour l'établissement du sol pour livre en la généralité de Moulins, la connaissance des excès et rébellions commis dans les paroisses d'Auvergne dépendantes de l'élection de Gannat.

E 4*, f° 262 r°.

7037. — Arrêt approuvant le choix de quatre marchands de Lyon entre les mains desquels Jean Hopil, cessionnaire de la ferme dite «à la part du royaume», devra verser les sommes qu'il est obligé de fournir pour l'acquittement des dettes du Lyonnais, du Forez, du Beaujolais, du Mâconnais et du Haut-Vivarais.

E 4*, f° 263 r°.

7038. — Arrêt accordant surséance à Pierre Savaron et à Antoine Bourrassot, députés pour les communes affaires du tiers état du bas pays d'Auvergne, à condition qu'ils feront vérifier leurs dettes au Conseil.

E 4*, f° 264 r°.

7039. — Arrêt défendant aux habitants de Dammartin de poursuivre ailleurs qu'au Conseil les sous-fermiers du sol pour livre.

E 4ª, fº 265 rº.

7040. — Arrêt octroyant 500 écus aux habitants de Mantes pour les réparations de leur ville.

E 4ª, fº 266 rº.

1602, 18 juillet. — Paris.

7041. — Arrêt annulant les poursuites exercées contre le sieur de Sorhoette pour le faire contribuer à l'emprunt levé à l'occasion du voyage de Sa Majesté en Bretagne.

E 4ª, fº 267 rº.

7042. — Arrêt confirmant à Mª Antoine de La Serre la possession de l'office de président au parlement de Bordeaux que lui a résigné son père.

E 4ª, fº 268 rº.

7043. — Arrêt ordonnant que Mª Esprit de Beaulieu, receveur des tailles, et Joseph Régis, receveur des décimes au diocèse de Viviers, répondront au Conseil de leurs excès et de leur refus d'acquitter l'emprunt levé sur les officiers des finances.

E 4ª, fº 270 rº.

7044. — Arrêt ordonnant que, nonobstant les arrêts du parlement de Toulouse et de la chambre des comptes de Montpellier, Mⁿ Mathieu de Commignan et Jean Delisle, payeurs des gages dudit parlement, et les héritiers de Mª de La Fondz, commis à la recette de l'Extraordinaire des guerres, seront contraints au payement de l'emprunt levé sur les officiers des finances.

E 4ª, fº 271 rº.

7045. — Arrêt renvoyant aux Requêtes du Palais l'exécution d'une sentence donnée entre Mª Gabriel de Guénegaud, notaire et secrétaire du Roi, d'une part, Antoine de Guillermy, sieur de L'Arthusie, et Sicard de Fabry, de l'autre.

E 4ª, fº 273 rº.

7046. — Arrêt affectant 2,000 écus à l'acquittement des dettes de la ville de Vienne.

E 4ª, fº 275 rº.

7047. — Arrêt ordonnant que le produit des ventes de bois faites à Mouzon en vertu de l'édit de juillet 1601 sera versé entre les mains de Mª Christophe de Bréda, receveur général des bois au département de Champagne.

E 4ª, fº 276 rº.

7048. — Arrêt réglant l'amortissement d'une rente de 300 écus constituée, en 1591, par le maréchal de Fervacques pour la réduction de la ville de Dreux.

E 4ª, fº 278 rº.

7049. — Arrêt enjoignant au receveur général des finances à Poitiers de remettre au Conseil l'état de ses restes de l'année 1598.

E 4ª, fº 279 rº.

7050. — Arrêt accordant à Mª Michel Du Faur, sieur de Pibrac, gentilhomme ordinaire de la Chambre, décharge de la taxe levée sur les officiers des finances.

E 4ª, fº 280 rº.

7051. — Arrêt déclarant soumises au droit de patente les denrées et marchandises transportées en Avignon, même par les consuls de ladite ville.

E 4ª, fº 281 rº.

7052. — Arrêt ordonnant la vérification des finances payées et des gages touchés par les officiers des gabelles en Languedoc.

E 4ª, fº 283 rº.

7053. — Arrêt ordonnant au receveur des deniers communs de la ville de Lyon de verser 561 écus 16 sols 10 deniers entre les mains de Mathurin Fouquet, adjudicataire du sol pour livre en la généralité de Lyon.

E 4ª, fº 284 rº.

7054. — Arrêt déclarant que le droit du sol pour livre sera perçu dans toutes les bourgades de la généralité de Paris qui payent la solde des cinquante mille hommes.

E 4ª, fº 285 rº.

7055. — Arrêt ordonnant la levée du sol pour livre en l'élection de Saint-Florentin.

E 4ª, fº 286 rº.

7056. — Arrêt fixant à 400 écus la contribution annuelle des faubourgs d'Amboise à la taille, au taillon et aux crues.

E 4ᵉ, fᵒ 288 rᵒ.

7057. — Arrêt accordant au comte de Montgommery mainlevée de sa pension et des sommes destinées au payement de la garnison de Clermont-de-Lodève.

E 4ᵉ, fᵒ 289 rᵒ.

1602, 20 juillet. — Paris.

7058. — Arrêt relatif à la reddition des comptes de Mᵉ Guillaume Pasnager, maître particulier et fermier de la monnaie de Rennes.

E 4ᵉ, fᵒ 299 rᵒ.

1602, 25 juillet. — Paris.

7059. — Arrêt réglant le payement de la solde et de l'entretien du commandant, du chapelain et des douze mortes-payes de la Bastille.

E 4ᵉ, fᵒ 301 rᵒ.

1602, 30 juillet. — Paris.

7060. — Arrêt confirmant l'exemption des officiers de l'Artillerie et de leurs veuves.

E 4ᵉ, fᵒ 303 rᵒ.

1602, 31 juillet. — Paris.

7061. — Arrêt confirmant l'exemption générale précédemment accordée aux habitants de Montreuil et prorogée par lettres du 27 décembre 1598.

E 4ᵉ, fᵒ 305 rᵒ.

1602, 1ᵉʳ août. — Paris.

7062. — Arrêt autorisant Mᵉˢ Martial de Verthamon, Guillaume Guarreau et Isaac Cybot à reprendre l'exercice de leurs charges de trésorier de France à Limoges, de conseiller et d'avocat au présidial de ladite ville.

E 4ᵉ, fᵒ 306 rᵒ.

7063. — Arrêt autorisant Mᵉ Pierre Martin à reprendre l'exercice de son office de président au présidial de Limoges.

E 4ᵉ, fᵒ 307 rᵒ.

1602, 7 août. — Paris.

7064. — Arrêt ordonnant la vérification des sommes levées sur les greniers à sel et affectées au payement des gages des officiers du présidial de Beauvais.

E 4ᵉ, fᵒ 308 rᵒ.

7065. — Arrêt accordant surséance, pour le payement des tailles, aux habitants de Saint-Pierre-Abitry.

E 4ᵉ, fᵒ 312 rᵒ.

7066. — Arrêt maintenant Pierre Maugier en l'office de contrôleur général alternatif du domaine en la généralité de Picardie.

E 4ᵉ, fᵒ 313 rᵒ.

7067. — Arrêt réglant la fourniture des greniers à sel de Provence, et défendant aux habitants d'Arles de prendre du sel ailleurs que dans les greniers du Roi.

E 4ᵉ, fᵒ 316 rᵒ.

1602, 13 août. — Paris.

7068. — Arrêt accordant décharge de 347 écus 22 sols 7 deniers à Martial Vauzelle, maître particulier et fermier de la monnaie de Tours.

E 4ᵉ, fᵒ 315 rᵒ.

7069. — Arrêt ordonnant l'exécution de l'édit de suppression des changeurs, nonobstant l'opposition du parlement de Toulouse.

E 4ᵉ, fᵒ 318 rᵒ.

7070. — Arrêt confirmant aux habitants de Vienne la jouissance d'un octroi dont le produit est affecté aux frais de reconstruction du pont, et ce nonobstant la requête de Jean Hopil, fermier des gabelles du Lyonnais.

E 4ᵉ, fᵒ 320 rᵒ.

7071. — Arrêt réglant l'union de l'office de contrôleur général triennal des finances en la généralité de Caen aux deux offices de contrôleurs généraux ancien et alternatif.

E 4*, f° 321 r°.

7072. — Arrêt établissant, pour six années, en la châtellenie de Fougères une taxe sur le vin et sur le cidre, pour le produit en être affecté aux réparations des murs de ladite ville.

E 4*, f° 323 r°.

7073. — Arrêt établissant une taxe sur le vin vendu en détail dans l'élection de Château-Gontier, pour le produit en être affecté au payement des fournitures faites, en 1592, à la garnison établie par le sieur de Bois-Dauphin.

E 4*, f° 324 r°.

7074. — Arrêt chargeant M° Jacques Goussot, lieutenant criminel au bailliage de Saint-Pierre-le-Moutier, de faire le procès aux habitants de Hérisson, coupables de violences et d'opposition à l'établissement de l'impôt du sol pour livre.

E 4*, f° 326 r°.

7075. — Arrêt autorisant la levée des sommes empruntées, en 1595, par les habitants de Roujan pour le rachat du domaine royal.

E 4*, f° 328 r°.

7076. — Arrêt remplaçant l'impôt du sol pour livre par une subvention de 4,500 écus dans les élections de Montluçon, de la Marche, de Combrailles et de Franc-Alleu.

E 4*, f° 330 r°.

7077. — Arrêt ordonnant la restitution de diverses sommes payées par le fermier de la douane de Lyon, sur l'ordre des trésoriers de France.

E 4*, f° 332 r°.

7078. — Arrêt remplaçant, en l'élection de Sens, l'impôt du sol pour livre par une subvention de 3,200 écus.

E 4*, f° 333 r°.

7079. — Arrêt autorisant la levée d'une somme de 500 écus nécessaire au remboursement des avances faites aux habitants de Bagneux quand, au commencement des troubles, ils ont fait enclore leur village.

E 4*, f° 334 r°.

7080. — Arrêt autorisant la prorogation ou l'établissement d'octrois en la ville de Troyes, pour le produit en être affecté à l'amortissement des dettes, ainsi qu'à la réparation des chaussées et des ponts.

E 4*, f° 336 r°.

7081. — Arrêt ordonnant la levée du droit d'ancrage sur tous les navires étrangers ancrés dans les havres ou ports du royaume.

E 4*, f° 338 r°.

7082. — Arrêt défendant à plusieurs marchands allemands de poursuivre ailleurs qu'au Conseil Ambroise Hubert, fermier de la douane de Vienne.

E 4*, f° 339 r°.

7083. — Arrêt autorisant Nicolas Alexandre, avocat au parlement de Bordeaux, à céder à son collègue M° Geoffroy-Girard de Langlade ses droits sur un office de conseiller au présidial de Périgueux dont il avait été pourvu par le duc de Mayenne.

E 4*, f° 340 r°.

7084. — Arrêt réglant l'union des offices de receveurs et de contrôleurs triennaux des aides et tailles ès élections de Combrailles et de Franc-Alleu aux offices de receveurs et de contrôleurs anciens et alternatifs.

E 4*, f° 341 r°.

7085. — Arrêt prolongeant de deux mois le délai accordé à Jean Richard, ci-devant fermier des 8 écus par muid de sel sortant de la province de Bretagne, pour poursuivre au Conseil, sous la garde d'un huissier, certain arrêt de réduction.

E 4*, f° 342 r°.

7086. — Arrêt ordonnant la restauration du château royal de Suscinio, commandé par le sieur de Montigny.

E 4*, f° 343 r°.

7087. — Arrêt accordant surséance, pour le payement des tailles, aux habitants de Saint-Sauveur-en-Puisaye, de Perreuse, de Sainte-Colombe[-en-Puisaye], de Lainsecq, de Sainpuits et de Taingy.

E 4*, f° 345 r°.

7088. — Arrêt validant les payements d'arrérages faits à dame Claude Du Puy sur la rente constituée par Henri III à son défunt mari, le sieur d'Abain, gouverneur de la Marche.

E 4*, f° 346 r°.

7089. — Arrêt accordant à M° Claude de Bugnon, trésorier des Ligues, décharge d'une somme de 1,260 écus 48 sols, montant de la tare subie par 3,759 écus 13 sols de douzains aux clefs et armes pontificales convertis en grosse monnaie.

E 4*, f° 347 r°.

7090. — Arrêt relatif à la vente des bois, buissons, terres vaines et vagues dans le département de Touraine et d'Anjou.

E 4*, f° 349 r°.

1602, 17 août. — Paris.

7091. — Arrêt réglant le remboursement des avances faites par le sieur de Navailles, lieutenant du Roi dans le haut pays d'Auvergne, tant pour l'arrestation du sieur de Morèze, gouverneur du château de Carlat, que pour la réduction et l'avitaillement dudit château.

E 4*, f° 351 r°.

1602, 20 août. — Paris.

7092. — Arrêt autorisant les élus d'Orléans, Montargis, Nemours, Dourdan, Étampes et Melun à rembourser les officiers de l'élection de Pithiviers.

E 4*, f° 353 r°.

7093. — Arrêt prélevant sur le prix d'un office de receveur des aides et tailles en l'élection de Lyon, adjugé à M° Étienne Chomel, une somme de 600 écus payable aux Parties casuelles pour droit de résignation.

E 4*, f° 355 r°.

7094. — Arrêt réglant le payement des vacations de M° Claude Monnet, receveur général de Calais, chargé de dresser le terrier de Calais et du Pays reconquis.

E 4*, f° 356 r°.

7095. — Arrêt autorisant les receveurs ancien et alternatif des tailles en l'élection de Loches à payer les sommes dues par le receveur triennal sur la recette des années 1598 et 1601.

E 4*, f° 357 r°.

7096. — Arrêt ordonnant l'exécution de l'édit de suppression des sergents des tailles dans toutes les élections du royaume.

E 4*, f° 359 r°.

7097. — Arrêt ordonnant la levée des sommes empruntées, en 1577, par le feu sieur de Longua pour l'entretien de la garnison de Sainte-Foy.

E 4*, f° 360 r°.

7098. — Arrêt défendant d'entasser du bois le long du quai de l'Arsenal.

E 4*, f° 361 r°.

7099. — Arrêt rétablissant, en faveur des receveurs des tailles, les droits de 5 deniers par quittance et de 3 deniers par livre supprimés par l'édit de février 1602, à condition qu'ils acquitteront le subside de 50,000 écus par eux offert au Roi.

E 4*, f° 362 r°, et AD I 135, n° 14.

7100. — Arrêt relatif à l'adjudication des greffes, tabellionages et droits de parisis du bailliage de Mantes et de Meulan.

E 4*, f° 364 r°.

7101. — Arrêt réglant le payement des sommes dues par Jean Fontaine, maître des œuvres de charpenterie du Roi, comme certificateur de caution de M° Emmanuel Du Vignau, ci-devant receveur général à Soissons.

E 4*, f° 365 r°.

7102. — Arrêt ordonnant que désormais les officiers de la cour des aides de Montferrand seront payés intégralement de tous leurs gages, sans subir de reculement.

E 4*, f° 367 r°.

7103. — Offres faites par les fermiers des gabelles de France et de Lyonnais pour la fourniture du sel en Basse-Auvergne.

E 4*, f° 368 r°.

7104. — Arrêt défendant d'entasser des pièces de bois dans le parc des Tournelles, ou dans les rues de Paris sans le consentement des propriétaires des maisons riveraines, ordonnant, en outre, aux ouvriers en bâtiments qui posent sur la voie publique des matériaux ou des déblais de laisser libre un des côtés de la rue pour le passage des voitures.

E 4ᵉ, f° 369 r°.

7105. — Arrêt révoquant les membres d'une commission nommée par la chambre des comptes de Bretagne pour procéder à la description des forêts de ladite province.

E 4ᵉ, f° 371 r°.

7106. — Arrêt ordonnant que désormais toutes les cautions et tous les certificateurs de cautions des fermiers du Roi seront tenus de faire, par-devant les avocats et procureurs du Roi dans les élections, une déclaration de leurs biens.

E 4ᵉ, f° 373 r°.

7107. — Arrêt défendant aux gens de la cour de Montpellier de prendre aucune connaissance des jugements rendus par le sieur Le Prévost, maître en la chambre des comptes de Paris, commissaire député à la direction des finances ès provinces de Rouergue, Quercy, Comminges et Rivière-Verdun.

E 4ᵉ, f° 375 r°.

7108. — Arrêt ordonnant le rétablissement d'une partie employée dans le compte des gabelles de Languedoc, en l'année 1597, sous le nom de deux secrétaires du maréchal d'Ornano.

E 4ᵉ, f° 376 r°.

7109. — Arrêt réglant le payement des gages des gens de la Cour des monnaies.

E 4ᵉ, f° 377 r°.

7110. — Arrêt ordonnant la levée de la traite foraine dite « patente du Languedoc », nonobstant l'opposition du parlement de Toulouse.

E 4ᵉ, f° 378 r°.

7111. — Arrêt autorisant la levée de diverses sommes dues par la ville de Troyes tant à l'abbé de Moustier-la-Celle et au commandeur du Temple de ladite ville que pour le remboursement des jaugeurs de vin et pour la construction d'un collège.

E 4ᵉ, f° 379 r°.

7112. — Arrêt enjoignant à trois habitants de Châlons-sur-Marne de venir répondre par-devant le Conseil des actes de rébellion par eux commis à l'encontre des gardes généraux des traites.

E 4ᵉ, f° 381 r°.

7113. — Arrêt réglant le payement des gages des officiers du parlement et de la chambre des comptes de Bourgogne.

E 4ᵉ, f° 382 r°.

7114. — Arrêt ordonnant la levée d'une somme de 1,200 écus avancée par la ville d'Auxerre pour le remboursement des officiers du grenier à sel de Cravant.

E 4ᵉ, f° 384 r°.

7115. — Arrêt ordonnant que René Cotteblanche, élu en l'élection de Mayenne, s'expliquera par-devant le Conseil au sujet des levées par lui faites en vertu de lettres du petit sceau.

E 4ᵉ, f° 386 r°.

7116. — Arrêt ordonnant l'exécution des édits de janvier 1598 sur la juridiction des élus, sur le rétablissement des offices de clercs-commissaires des huitièmes, vingtièmes et quatrièmes, enfin sur la revente des offices de receveurs des consignations.

E 4ᵉ, f° 387 r°.

————

1602, 27 août. — Paris.

7117. — Arrêt ordonnant le remboursement des offices de greffier et d'auditeur en la chambre des comptes de Dijon dont sont pourvus Mᵉ Barthélemy Morisot et Mᵉ Pierre Garnier.

E 4ᵉ, f° 388 r°.

7118. — Arrêt défendant au bailli d'Alençon et à tous autres juges de prendre connaissance du contrat passé avec Mᵉ Claude Josse, fermier général des gabelles, et ordonnant l'élargissement des archers préposés à la conservation du grenier à sel d'Alençon.

E 4ᵉ, f° 390 r°.

————

1602, 28 août. — Paris.

7119. — Arrêt affectant à diverses dépenses urgentes, particulièrement aux frais du renouvellement de l'alliance avec les Suisses, les sommes provenant des états et pensions du feu duc de Biron.

E 4*, f° 392 r°.

1602, 29 août. — Paris.

7120. — Arrêt ordonnant le remboursement d'une somme de 8,331 écus avancée, durant les derniers troubles, par les habitants de Semur pour le service du Roi.

E 4*, f° 394 r°.

7121. — Arrêt ordonnant que le receveur général des finances à Toulouse sera contraint au payement intégral de 39,181 écus 37 sols 6 deniers affectés aux dépenses de l'Épargne.

E 4*, f° 395 r°.

7122. — Arrêt ordonnant à M° Antoine Fumoze, receveur général du taillon, d'accélérer la levée du taillon en la généralité de Bordeaux.

E 4*, f° 397 r°.

7123. — Arrêt ordonnant que le clergé et les privilégiés de Tours payeront par moitié les deux derniers tiers de la subvention imposée en l'année 1601.

E 4*, f° 398 r°.

7124. — Arrêt réglant la mise en adjudication du tabellionage et du droit de parisis de Provins.

E 4*, f° 400 r°.

7125. — Arrêt condamnant plusieurs particuliers à acquitter les droits levés sur les denrées et marchandises passant par la Gironde et la Seudre conformément au traité passé avec le fermier Jacques Razin.

E 4*, f° 401 r°.

7126. — Arrêt accordant un délai à Paul Tissandier, ci-devant receveur général des finances en Auvergne, pour le payement d'une somme de 6,236 écus 15 sols 7 deniers due au comte de Busset, aux sieurs de Sistels et de Laporte.

E 4*, f° 403 r°.

7127. — Arrêt maintenant M° Pierre Bouchet en l'office de procureur des fiefs en Poitou.

E 4*, f° 404 r°.

7128. — Arrêt déclarant que la ville d'Auxerre sera représentée aux États de Bourgogne.

E 4*, f° 406 r°.

7129. — Arrêt accordant un rabais à Gatien Rozier, ci-devant fermier des droits d'entrée en la ville et en l'élection de Chinon.

E 4*, f° 408 r°.

7130. — Arrêt ordonnant que Jacques Boyadan, fermier des gabelles du Languedoc, sera contraint de verser directement à l'Épargne ce qu'il doit de l'année dernière et de l'année présente.

E 4*, f° 410 r°.

1602, 31 août. — Paris.

7131. — Arrêt déclarant plusieurs drapiers d'Orléans quittes des droits d'entrée levés par les échevins de ladite ville sur les draps qu'ils teignent et apprêtent, pour les débiter ensuite dans les foires de Poitou.

E 4*, f° 412 r°.

1602, 1er septembre. — Paris.

7132. — Arrêt ordonnant aux trésoriers de France d'accélérer le recouvrement et le versement à l'Épargne des restes de l'année 1601.

E 4b, f° 1 r°.

1602, 5 septembre. — Paris.

7133. — Arrêt ordonnant le versement à l'Épargne des deniers provenant de la vente des offices de receveurs ancien et triennal des aides et tailles et de receveur des consignations d'Amboise, ainsi que de la vente des biens de M° Pierre Thomas, receveur en ladite ville.

E 4b, f° 2 r°.

1602, 6 septembre. — Paris.

7134. — Arrêt ordonnant que M° Jean de Fourcroy sera payé de ses gages de surintendant, gouverneur

13.

et bailli du château de Fiennes et des autres terres confisquées sur le comte d'Egmond.

E 4ᵇ, fᵒ 5 rᵒ.

1602, 7 septembre. — Paris.

7135. — Arrêt réglant le payement de la garnison du fort de Barraux.

E 4ᵇ, fᵒ 7 rᵒ.

1602, 10 septembre. — Paris.

7136. — Arrêt enjoignant au sénéchal de Mirebeau d'assigner sans retard aux protestants un lieu pour enterrer leurs morts, et lui ordonnant d'informer des troubles suscités en ladite ville par frère Toussaint Guérin, moine de Bourgueil.

E 4ᵇ, fᵒ 8 rᵒ.

7137. — Arrêt ordonnant au lieutenant général à Coucy de donner un cimetière aux protestants.

E 4ᵇ, fᵒ 9 rᵒ.

7138. — Arrêt confirmant à Jacques Margueritte la jouissance du bail particulier de la nouvelle imposition en la ville et en l'élection de Falaise.

E 4ᵇ, fᵒ 10 rᵒ.

7139. — Arrêt déclarant que, par l'édit du mois de juillet 1602, il n'a été mis aucun obstacle au cours des lettres de change.

E 4ᵇ, fᵒ 12 rᵒ.

7140. — Arrêt autorisant le sieur de Bonnevau à établir, à ses frais, des bacs à Saint-Maur-sur-Loire, à la Daguenière et au Thoureil en Anjou.

E 4ᵇ, fᵒ 14 rᵒ.

7141. — Arrêt ordonnant une enquête sur la ruine du pont et sur le déplacement du lit de la Loire à Nevers, accordant aux habitants un octroi et leur assignant 2,000 écus par an pour les travaux indispensables.

E 4ᵇ, fᵒ 15 rᵒ.

7142. — Arrêt évoquant au Conseil le procès pendant entre Claude Josse, fermier général des gabelles, et la dame de Sesseval.

E 4ᵇ, fᵒ 18 rᵒ.

7143. — Arrêt ordonnant que Gaspard de Comminges, sieur de Saujon, qui n'a point satisfait à l'arrêt du 28 mars 1601 (n° 6301), sera appréhendé au corps et amené prisonnier à la suite du Conseil.

E 4ᵇ, fᵒ 19 rᵒ.

7144. — Arrêt renvoyant à la cour des aides de Normandie le jugement de l'appel interjeté contre un arrêt de la chambre des comptes de Rouen par Robert Le Moulinet, ci-devant receveur des aides et tailles en l'élection d'Alençon, et ce nonobstant l'article 594 nouvellement ajouté à la coutume de Normandie.

E 4ᵇ, fᵒ 22 rᵒ.

7145. — Arrêt ordonnant que les protestants exerceront provisoirement leur culte au bourg de Laigle, jusqu'à ce que le Conseil ait statué sur l'opposition de la dame de Laigle, et enjoignant aux juges des lieux de leur assigner un cimetière.

E 4ᵇ, fᵒ 23 rᵒ.

7146. — Arrêt ordonnant la vérification des dettes de la ville de Clermont en Auvergne.

E 4ᵇ, fᵒ 24 rᵒ.

7147. — Arrêt réglant le payement des dettes du bas pays d'Auvergne.

E 4ᵇ, fᵒ 25 rᵒ.

7148. — Arrêt attribuant aux protestants du Perche un lieu dans la paroisse de Saint-Langis-lès-Mortagne pour y exercer leur culte.

E 4ᵇ, fᵒ 26 rᵒ.

7149. — Arrêt cassant une sentence rendue par le conseiller au parlement de Bretagne tenant l'audience au siège de Morlaix en faveur des précédents fermiers des 4 et 2 écus 40, 20, 16 et 8 sols par pipe de vin levés en Basse-Bretagne.

E 4ᵇ, fᵒ 27 rᵒ.

7150. — Arrêt ordonnant que Jean d'Autruy, l'aîné, demeurera deux années encore maire de Troyes et ne pourra être poursuivi, non plus que les échevins, pendant une année entière pour le payement des dettes de ladite ville.

E 4ᵇ, fᵒ 29 rᵒ.

7151. — Arrêt accordant surséance aux fermiers du sol pour livre en la généralité de Moulins, à raison du retard apporté au recouvrement de la subvention dans les élections de Montluçon, de la Marche, de Combrailles et de Franc-Alleu.

E 4ᵇ, fᵒ 31 rᵒ.

7152. — Arrêt réservant au Conseil la connaissance d'un procès intenté à Pierre de Pomey, fermier de la douane de Lyon, et à Ambroise Hubert, fermier de la douane de Vienne.

E 4ᵇ, fᵒ 32 rᵒ.

7153. — Arrêt enjoignant au lieutenant criminel assesseur de Montdidier de verser au bureau général de la traite foraine de Picardie une somme de 1,500 écus saisie sur Nicolas Vaillant.

E 4ᵇ, fᵒ 33 rᵒ.

7154. — Arrêt interdisant toutes poursuites contre les marchands de vin d'Anjou jusqu'à plus ample examen des rôles des taxes sur le vin.

E 4ᵇ, fᵒ 36 rᵒ.

7155. — Arrêt autorisant les villes de marchés des généralités de Bourges, Poitiers, Limoges et Riom à remplacer par une subvention le nouvel impôt du sol pour livre.

E 4ᵇ, fᵒ 37 rᵒ.

7156. — Arrêt ordonnant l'expédition de la quittance réclamée au trésorier des Parties casuelles par Mᵉ Pierre Loys, avocat au parlement de Bretagne, pour la résignation qu'il a faite de l'office de sénéchal de Hédé, et ce nonobstant les droits prétendus sur la terre de Hédé par Antoine de Bréhan, premier écuyer de la Reine.

E 4ᵇ, fᵒ 40 rᵒ.

7157. — Arrêt déclarant que, par l'arrêt du 9 mai dernier (nᵒ 7030), le Roi n'a point entendu surseoir à l'exécution des édits sur la revente des greffes.

E 4ᵇ, fᵒ 41 rᵒ.

7158. — Arrêt réduisant à 10,000 écus la somme due à la veuve du sieur de Bernet, gouverneur de Boulogne.

E 4ᵇ, fᵒ 42 rᵒ.

7159. — Arrêt condamnant le comte de Saint-Aignan et dame Anne de Beauvillier, femme de Pierre Forget, sieur de Fresnes, à payer 954 écus pour fournitures de casaques faites, vers 1570, à la compagnie de Monsieur.

E 4ᵇ, fᵒ 43 rᵒ.

7160. — Arrêt relatif au payement des gages du prévôt général de Dauphiné, de ses lieutenant, greffier et archers.

E 4ᵇ, fᵒ 44 rᵒ.

7161. — Arrêt déclarant que le droit de 18 sols par tonneau de vin affermé à Antoine Hervé doit être perçu sur le vin transporté hors de Calais et d'Ardres en d'autres villes de Picardie.

E 4ᵇ, fᵒ 47 rᵒ.

7162. — Arrêt maintenant la confiscation des espèces saisies au bureau de la foraine de Reims sur plusieurs habitants de Sedan, et ce nonobstant les privilèges revendiqués par le duc de Bouillon et par les habitants de Sedan.

E 4ᵇ, fᵒ 48 rᵒ.

7163. — Arrêt ordonnant le versement à l'Épargne des restes de toutes les levées ordinaires et extraordinaires faites en 1601 dans la généralité de Riom.

E 4ᵇ, fᵒ 51 rᵒ.

7164. — Arrêt accordant décharge de 2,000 écus à Pierre de Pomey, fermier de la douane de Lyon.

E 4ᵇ, fᵒ 52 rᵒ.

7165. — Arrêt ordonnant aux trésoriers de France à Paris de passer outre à la vérification des états des receveurs généraux et particuliers, des receveurs des décimes et des payeurs des rentes de la ville, nonobstant l'opposition du prévôt des marchands et des échevins de Paris.

E 4ᵇ, fᵒ 55 rᵒ.

7166. — Arrêt ordonnant une enquête au sujet de la perception d'une taxe levée sur le poisson de mer salé vendu à Meaux.

E 4ᵇ, fᵒ 56 rᵒ.

7167. — Arrêt ordonnant que les différends soulevés entre le fermier du sol pour livre et les marchands de la généralité de Paris seront jugés en première instance par le plus ancien élu, et en appel, au Conseil.

E 4ᵇ, fᵒ 57 rᵒ.

7168. — Arrêt réglant le remboursement du reste des sommes avancées par le sieur de La Varenne, contrôleur général des Postes, au maréchal de Bois-Dauphin.

E 4ᵇ, fᵒ 58 rᵒ.

7169. — Arrêt ordonnant aux receveurs et payeurs des rentes de l'Hôtel de Ville de rapporter au Conseil l'état de leurs recettes et dépenses.

E 4ᵇ, fᵒ 59 rᵒ.

7170. — Arrêt ordonnant la vérification des comptes des receveurs de certaine taxe levée à Paris sur la marée, et dont le produit est affecté aux frais de réparations des routes conduisant de Paris aux ports de mer.

E 4ᵇ, fᵒ 60 rᵒ.

7171. — Arrêt réglant le payement de certaine quantité de blé fournie aux places frontières de Picardie.

E 4ᵇ, fᵒ 61 rᵒ.

7172. — Arrêt interdisant, avant quinze jours, la vente des meubles du feu maréchal de Biron.

E 4ᵇ, fᵒ 63 rᵒ.

1602, 14 septembre. — Paris.

7173. — Arrêt réglant pour l'avenir le payement des gages des officiers du mesurage d'Ingrande.

E 4ᵇ, fᵒ 64 rᵒ.

1602, 15 septembre. — Paris.

7174. — Arrêt mettant sous la sauvegarde du Roi un huissier de la chambre des comptes de Normandie et ses records, qui ont été arrêtés par ordre du parlement de Rouen tandis qu'ils exécutaient l'arrêt obtenu au Conseil, le 27 juin dernier, par Pierre Hamart, valet de chambre du Roi, à l'encontre de Simon Crevet.

E 4ᵇ, fᵒ 66 rᵒ.

1602, 17 septembre. — Paris.

7175. — Arrêt déclarant que, conformément à l'ordonnance de 1549, et aux lettres patentes du 2 mars 1585 et du 8 janvier 1600, les épiceries venant du Levant ne pourront être débarquées qu'à Marseille.

E 4ᵇ, fᵒ 67 rᵒ.

7176. — Arrêt relatif au procès pendant au Conseil entre les conseillers aux présidiaux de Nîmes et de Montpellier et le syndic des présidiaux de Languedoc.

E 4ᵇ, fᵒ 69 rᵒ.

7177. — Arrêt accordant mainlevée des saisies faites, à la requête de Michel Longuet, sur les biens de la veuve et des enfants mineurs de François d'Escoubleau de Sourdis.

E 4ᵇ, fᵒ 70 rᵒ.

7178. — Arrêt ordonnant que les procès soulevés à l'occasion du contrat de Pierre de Pomey, fermier général de la douane de Lyon, seront jugés par appel au Conseil, nonobstant l'opposition du parlement de Grenoble.

E 4ᵇ, fᵒ 72 rᵒ.

7179. — Arrêt ordonnant le rétablissement des bureaux de traite foraine, de rève et de haut passage du Mâconnais, supprimés par Mᵉ Jean Maillard, trésorier de France en Bourgogne.

E 4ᵇ, fᵒ 73 rᵒ.

7180. — Arrêt exemptant du sol pour livre les habitants de Bracieux, attendu qu'ils n'ont jamais contribué à la crue des cinquante mille hommes.

E 4ᵇ, fᵒ 75 rᵒ.

7181. — Arrêt ordonnant à plusieurs tonneliers de Lyon de payer derechef le montant des droits perçus par le fermier de la douane de Vienne sur le bois qu'ils ont fait charger en ladite ville, cette somme leur ayant été ensuite restituée par ordre des trésoriers de France à Lyon.

E 4ᵇ, fᵒ 76 rᵒ.

7182. — Arrêt ordonnant que Mᵉ François Belin, fermier du droit d'entrée sur les aluns, payera seulement chaque année 133 écus 1/3 pour les gages du receveur des droits d'entrée sur les épiceries et drogueries à Rouen.

E 4ᵇ, fᵒ 77 rᵒ.

7183. — Arrêt ordonnant la réception de Pierre de Barthélemy en l'office de contrôleur des traites au bureau d'Arles, et ce nonobstant l'opposition des officiers de la foraine, des consuls et des habitants de ladite ville.

E 4ᵇ, fᵒ 78 rᵒ.

7184. — Arrêt ouvrant une enquête sur les persécutions exercées par le marquis de Montlaur contre les protestants d'Aubenas, qui auraient été forcés de quitter la ville au nombre de plus de cent vingt familles.

E 4ᵇ, fᵒ 80 rᵒ.

7185. — Arrêt renvoyant au parlement de Rennes le jugement des appels interjetés contre les taxes d'amendes faites par les officiers des eaux et forêts de Bretagne.

E 4ᵇ, fᵒ 81 rᵒ.

7186. — Arrêt renvoyant à la Chambre des comptes, nonobstant un arrêt du Conseil privé, les difficultés soulevées par Pierre Duport, sieur de Mouillepied, contrôleur général des vivres des camps et armées du Roi, au sujet du compte de l'année 1598 présenté par Mᵉ Pierre Le Charron, trésorier général de l'Extraordinaire des guerres.

E 4ᵇ, fᵒ 82 rᵒ.

7187. — Arrêt maintenant les stipulations d'un bail conclu, le 25 mai 1597, avec Jean Maluz, ancien maître particulier et fermier de la monnaie de Bordeaux.

E 4ᵇ, fᵒ 83 rᵒ.

1602, 18 septembre. — Paris.

7188. — Arrêt réglant le payement de la pension de 2,000 écus confirmée au duc de Ventadour par brevet du 10 juillet 1596.

E 4ᵇ, fᵒ 87 rᵒ.

7189. — Arrêt réglant les droits de Jean Hopil, cessionnaire de la ferme dite « à la part du royaume »,

et ceux d'Antoine Thésée, adjudicataire de la fourniture des greniers à sel de Bugey, de Valromey et du bailliage de Gex.

E 4ᵇ, fᵒ 88 rᵒ.

1602, 23 septembre. — Paris.

7190. — Arrêt réglant le payement de la solde et de l'entretien du lieutenant, du chapelain et des dix-sept soldats à pied qui, depuis le licenciement des mortes-payes, composent la garnison de la Bastille.

E 4ᵇ, fᵒ 90 rᵒ.

1602, 26 septembre. — Paris.

7191. — Arrêt maintenant, pour deux années encore, l'exemption précédemment accordée aux habitants de Vitry-le-François.

E 4ᵇ, fᵒ 91 rᵒ.

7192. — Arrêt ordonnant la nouvelle mise en adjudication de terres vaines et vagues voisines de l'étang de Solanson, près Cognac.

E 4ᵇ, fᵒ 94 rᵒ.

7193. — Arrêt ordonnant que la ferme des huitièmes et vingtièmes du vin vendu à Argenteuil sera remise en adjudication sur les offres d'Antoine Noël, procureur en l'hôtel de ville de Paris.

E 4ᵇ, fᵒ 96 rᵒ.

7194. — Arrêt défendant aux habitants d'Arles, de Saintes-Maries et autres villes de Provence de prendre du sel dans les salines dudit pays sans la permission de Gaspard de Rabastens, fermier général des gabelles de Provence.

E 4ᵇ, fᵒ 97 rᵒ.

7195. — Arrêt réduisant à 6,000 écus la somme due au baron de Ramefort, gouverneur de Sisteron, et à son frère pour la reddition de ladite place.

E 4ᵇ, fᵒ 98 rᵒ.

7196. — Arrêt relatif au payement de la garnison de Barraux.

E 4ᵇ, fᵒ 99 rᵒ.

7197. — Arrêt adjugeant à Gaspard de Rabastens les deux tiers du sel confisqué en la ville d'Arles, et affectant le dernier tiers au payement de 4,000 écus donnés à M⁰ˢ Jean de La Rivière et André Du Laurens, médecins ordinaires du Roi.

E 4ᵇ, fᵒ 100 rᵒ.

7198. — Arrêt ordonnant la restitution des sommes payées par le receveur du domaine au bailliage de Sens en vertu d'arrêts rendus par le Parlement au profit d'anciens fermiers des défauts et amendes du siège royal de Langres.

E 4ᵇ, fᵒ 104 rᵒ.

7199. — Arrêt ordonnant la levée d'une somme de 517 écus 35 sols que les habitants de Noyon ont été condamnés à payer à Jacques de Harlay, commandeur de Coulours.

E 4ᵇ, fᵒ 106 rᵒ.

7200. — Arrêt relatif au remboursement d'une avance faite par le fermier des traites de Picardie à feu Guillaume de Poisblanc, fournisseur des magasins du Roi.

E 4ᵇ, fᵒ 108 rᵒ.

7201. — Arrêt confirmant aux mortes-payes de la cité de Carcassonne la jouissance annuelle de cent quintaux de sel.

E 4ᵇ, fᵒ 109 rᵒ.

7202. — Arrêt accordant au sieur de Crillon, chevalier des ordres du Roi, mestre de camp du régiment des gardes, mainlevée de ses gages et pensions.

E 4ᵇ, fᵒ 110 rᵒ.

7203. — Arrêt ordonnant le remboursement de 636 écus payés par Adam Bruguet pour le droit de résignation d'un office de maître particulier des eaux et forêts à Chauny.

E 4ᵇ, fᵒ 113 rᵒ.

7204. — Arrêt réservant au Conseil la connaissance d'un appel interjeté par Nicolas Guerrier contre une sentence de confiscation prononcée par les maîtres des ports de Beaucaire.

E 4ᵇ, fᵒ 114 rᵒ.

7205. — Arrêt confirmant au duc de Mayenne la jouissance des droits à lui accordés par les arrêts du 16 novembre 1599 et du 3 mai 1600, et signifiant aux sergents des tailles de la généralité de Moulins d'avoir à se contenter des sommes qui leur ont été offertes pour leur remboursement.

E 4ᵇ, fᵒ 117 rᵒ.

7206. — Arrêt confirmant les sentences prononcées contre plusieurs nobles ou ecclésiastiques de Normandie par Mᵉ Jacques Renard, conseiller au Grand Conseil, commis à la réformation des gabelles en ladite province.

E 4ᵇ, fᵒ 119 rᵒ.

7207. — Arrêt ordonnant la vérification des ventes de bois, buissons ou terres vaines et vagues faites en exécution de l'édit du mois de juillet 1601, et enjoignant aux receveurs généraux des bois de payer par préférence les parties assignées au trésorier de l'Épargne.

E 4ᵇ, fᵒ 120 rᵒ.

7208. — Arrêt réglant le remboursement des avances faites, en 1598, par le duc de Mayenne pour décider le sieur de L'Arthusie à évacuer Chalon-sur-Saône.

E 4ᵇ, fᵒ 123 rᵒ.

7209. — Arrêt accordant à Mᵉ Claude Josse, adjudicataire général des greniers à sel, mainlevée d'une somme de 738 écus 7 sols 6 deniers saisie par le receveur général des finances à Dijon.

E 4ᵇ, fᵒ 124 rᵒ.

7210. — Arrêt prélevant sur la somme consignée par les contrôleurs généraux ancien et alternatif des finances à Tours, pour le remboursement de l'office du contrôleur triennal, le montant des sommes dues par ledit contrôleur triennal à Mᵉ François Jusseaume, ancien receveur général triennal des finances à Tours.

E 4ᵇ, fᵒ 125 rᵒ.

7211. — Arrêt ordonnant au procureur général en la chambre des comptes de Normandie de faire connaître les motifs pour lesquels ladite chambre a refusé de vérifier l'aveu et le dénombrement de Charles de Prunelé, baron d'Esneval, vidame de Normandie.

E 4ᵇ, fᵒ 127 rᵒ.

7212. — Arrêt statuant sur les instances pendantes, au sujet de la ferme des 5 sols par muid de vin de la généralité de Lyon, entre Jérôme de Gondi, chevalier d'honneur de la Reine, Sébastien Zamet, intendant général de la maison de la Reine, Philippe Barjot, lieutenant général au bailliage de Mâcon, etc.

E 4ᵇ, f° 129 r°.

7213. — Arrêt désignant un maître des requêtes de l'Hôtel comme rapporteur dans le procès criminel intenté à Simon Luzeau, procureur au présidial de Nantes.

E 4ᵇ, f° 133 r°.

7214. — Arrêt accordant un rabais aux deux fermiers du sol pour livre des vins et de la mercerie ou quincaillerie de Troyes.

E 4ᵇ, f° 134 r°.

7215. — Arrêt condamnant les habitants de Dammartin à l'acquittement des droits du sol pour livre.

E 4ᵇ, f° 135 r°.

7216. — Arrêt ordonnant de surseoir à l'exécution d'un arrêt de la cour des aides de Montpellier qui condamne les consuls d'Auch à payer 1,166 écus 25 sols au vicomte de Fontrailles, à Louis Fillol et à Jacques La Garde, sieur de La Roque, pour l'entretien de leurs compagnies.

E 4ᵇ, f° 137 r°.

7217. — Arrêt ordonnant que le maire et les échevins d'Autun seront entendus au Conseil au sujet d'une requête par laquelle les habitants de ladite ville, protestants ou catholiques, qui se sont éloignés pendant les troubles demandent à être déchargés des dettes contractées durant leur absence.

E 4ᵇ, f° 139 r°.

7218. — Arrêt défendant aux religieux, juge et autres habitants de Saint-Denis de s'opposer à la levée du sol pour livre sur les marchandises vendues aux foires de ladite ville.

E 4ᵇ, f° 141 r°.

7219. — Arrêt déclarant que les habitants d'Eu et du Tréport demeureront abonnés aux tailles au taux de 500 écus.

E 4ᵇ, f° 143 r°.

7220. — Arrêt ordonnant l'acquittement des droits du sol pour livre en la généralité de Paris.

E 4ᵇ, f° 144 r°.

7221. — Arrêt interprétant celui du 31 août dernier (n° 7131), rendu en faveur des marchands drapiers d'Orléans.

E 4ᵇ, f° 145 r°.

7222. — Arrêt accordant au « contador » Pedro de Laudanc et à Domingo de Pinariette, « contador » du tribunal des comptes du roi d'Espagne aux Pays-Bas, mainlevée de leurs bagages saisis par sentence du bailli d'Amiens.

E 4ᵇ, f° 146 r°.

7223. — Arrêt déclarant que Mᵉ Jean Texier, receveur général des finances à Limoges, s'il ne représente pas dans le délai d'un mois le double de son compte au Conseil, sera condamné personnellement au payement de 11,035 écus.

E 4ᵇ, f° 147 r°.

7224. — Arrêt ordonnant qu'une somme de 300 écus soit levée sur tous les habitants de la paroisse de Saint-Jean-des-Champs de Bourges pour les réparations de l'église, incendiée le 20 juillet 1599.

E 4ᵇ, f° 148 r°.

7225. — Arrêt déclarant qu'il sera statué sur la demande de rabais présentée par Simon Hubert, adjudicataire des traites de Picardie et de Calais, quand il aura prouvé que le commerce est redevenu libre entre les sujets du roi d'Espagne et de l'archiduc d'Autriche, les États des Pays-Bas de Hollande et de Zélande.

E 4ᵇ, f° 149 r°.

7226. — Arrêt exemptant les religieux d'Ourscamps de l'imposition de 1 écu 3 sols par muid de vin entrant en l'abbaye, à condition qu'ils n'abuseront pas de cette permission.

E 4ᵇ, f° 152 r°.

7227. — Arrêt ordonnant la restitution de tous les meubles ou tapisseries appartenant au Roi qui auraient été enlevés, pendant les troubles, du Louvre, de l'hôtel de Bourbon ou du château de Fontainebleau.

E 4ᵇ, fᵒ 154 rᵒ.

1602, 30 septembre. — Paris.

7228. — Arrêt déclarant que le sieur de Saint-Blancart jouira de l'effet des lettres patentes par lesquelles le Roi lui a fait don des biens d feu duc de Biron avant même que ces lettres soient vérifiées dans les parlements.

E 4ᵇ, fᵒ 155 rᵒ.

1602, 1ᵉʳ octobre. — Paris.

7229. — Arrêt enjoignant aux comptables qui se sont absentés par crainte des commissaires députés sur le fait des malversations de retourner à leur poste, sous peine de révocation.

E 4ᵇ, fᵒ 157 rᵒ.

7230. — Arrêt ordonnant que les consuls et le trésorier de la ville d'Aix seront contraints au payement d'une somme de 2,000 écus, à laquelle ils ont été taxés à l'occasion du mariage du Roi et pour les frais du renouvellement de l'alliance avec les Suisses.

E 4ᵇ, fᵒ 158 rᵒ.

7231. — Arrêt relatif aux contestations soulevées entre Jean Hopil, adjudicataire de la ferme dite « à la part du royaume », et Mᵉ Jean Goujon, procureur de la ville de Lyon.

E 4ᵇ, fᵒ 160 rᵒ.

1602, 4 octobre. — Paris.

7232. — Arrêt ordonnant la levée d'une somme de 120,000 livres sur les généralités de Paris, Orléans, Tours et Lyon, pour assurer l'exécution du contrat passé entre les commissaires députés sur le fait du commerce et les marchands qui ont entrepris d'établir en France l'industrie de la soie.

E 4ᵇ, fᵒ 161 rᵒ.

7233. — Arrêt réglant la perception du droit de patente en Provence et en Languedoc.

E 4ᵇ, fᵒ 163 rᵒ.

1602, 5 octobre. — Paris.

7234. — Arrêt déchargeant Jean de Sorhoette, sieur de Pommérieux, d'une somme de 500 écus à lui réclamée par les collecteurs de Montfort en Bretagne pour sa contribution au subside de 1598.

E 4ᵇ, fᵒ 164 rᵒ.

7235. — Arrêt réservant au Conseil la connaissance du procès pendant entre les habitants et les jurats de la Réole au sujet d'une levée de 266 écus 7 sols 6 deniers.

E 4ᵇ, fᵒ 168 rᵒ.

7236. — Arrêt accordant un rabais à Philibert Patin, ci-devant fermier du nouvel impôt et subside de Beauvais.

E 4ᵇ, fᵒ 170 rᵒ.

7237. — Arrêt ordonnant de surseoir à la levée du subside perçu à Belleville[-sur-Saône] pour le payement de la rançon du vicomte de Chamoix.

E 4ᵇ, fᵒ 171 rᵒ.

7238. — Arrêt déclarant que le sieur de Rambouillet, conseiller d'État, continuera de pourvoir aux offices de notaires dans la baronnie de Château-du-Loir, comme avant « l'édit d'hérédité ».

E 4ᵇ, fᵒ 172 rᵒ.

7239. — Arrêt prescrivant la levée des sommes avancées, en 1588 et en 1589, par Vincent Berthelot, Charles de Montreux et Pierre Monchastre, pour lors échevins et procureur du Mans.

E 4ᵇ, fᵒ 174 rᵒ.

7240. — Arrêt réglant le payement des gages des officiers du présidial de Mantes.

E 4ᵇ, fᵒ 176 rᵒ.

7241. — Arrêt ordonnant le maintien ou la suppression de plusieurs offices de conseillers aux présidiaux de Nîmes, de Béziers et de Montpellier.

E 4ᵇ, fᵒ 177 rᵒ.

7242. — Arrêt relatif au procès pendant entre le syndic général du Languedoc et les États provinciaux de Rouergue et d'Auvergne au sujet des crues du sel.

E 4ᵇ, f° 179 r°.

7243. — Arrêt ordonnant le payement de 12,404 livres dues au sieur de La Rocheposay pour l'entretien de cinquante chevau-légers et de soixante hommes de guerre à pied dans le gouvernement de la Marche.

E 4ᵇ, f° 181 r°.

7244. — Arrêt confirmant les privilèges des habitants d'Aigues-Mortes, mais limitant leur exemption en ce qui concerne le droit de patente.

E 4ᵇ, f° 183 r°.

7245. — Arrêt accordant à la veuve et aux enfants de Michel Le Boulanger, cornet-dessus et hautbois du Roi, le privilège exclusif de construire et de tenir à Rouen et à Caen des jeux publics de «pallemail», autorisant toutefois Jacques de Bernage, prieur de Notre-Dame-du-Parc, près Rouen, et aumônier du Roi, à achever l'installation du pallemail commencé sur les terres du prieuré.

E 4ᵇ, f° 185 r°.

1602, 7 octobre. — Paris.

7246. — Arrêt renvoyant aux trésoriers de France à Caen une requête tendante au payement de huit chevaux pris, lors du siège d'Amiens, à plusieurs habitants de Bayeux.

E 4ᵇ, f° 187 r°.

1602, 8 octobre. — Paris.

7247. — Plaintes adressées au Conseil par les seigneurs de Genève au sujet des vexations dont les Genevois sont l'objet de la part des officiers du bailliage de Gex, particulièrement des commis du grenier à sel et du fermier de la traverse; réponses du Conseil.

E 4ᵇ, f° 188 r°.

7248. — Arrêt suspendant toutes poursuites exercées contre les chaperonnières et les coquillières de Paris pour le payement de leurs droits de maîtrise.

E 4ᵇ, f° 190 r°.

7249. — Arrêt confirmant Mᵉ Bernard de Louans en la jouissance d'un office d'élu en l'élection de Meaux.

E 4ᵇ, f° 191 r°.

7250. — Arrêt déclarant que tous huissiers et sergents royaux du ressort du parlement de Paris qui se voudront aider de l'édit de janvier 1586 et de l'arrêt du 27 novembre 1594 obtiendront, moyennant finance, le droit d'exploiter dans tout le royaume.

E 4ᵇ, f° 192 r°, et AD I 135, n° 21.

7251. — Arrêt ordonnant que Mᵉ Jean Demarquetz, trésorier de France en Bourgogne, soit payé de ses gages de président du bureau des finances.

E 4ᵇ, f° 194 r°.

1602, 10 octobre. — Paris.

7252. — Arrêt dispensant la ville d'Auch de restituer à la ville de Toulouse deux canons et une couleuvrine que le marquis de Villars, au commencement des troubles, avait fait venir de Toulouse pour les envoyer ensuite à Rocamadour et à Bayonne.

E 4ᵇ, f° 195 r°.

7253. — Arrêt ordonnant qu'en l'absence des présidents, la présidence de la chambre de Castres appartiendra au plus ancien conseiller reçu, protestant ou catholique.

E 4ᵇ, f° 197 r°.

7254. — Arrêt ordonnant l'élargissement provisoire des collecteurs des tailles d'Ourouer en Berry, condamnés par la Cour des aides au payement des tailles de l'année 1594.

E 4ᵇ, f° 198 r°.

7255. — Arrêt autorisant les villes de marchés où se lève la solde des cinquante mille hommes, dans toute l'étendue des généralités de Champagne et de Lyon, à remplacer par une subvention l'imposition du sol pour livre.

E 4ᵇ, f° 199 r°.

7256. — Arrêt ordonnant communication au commandeur d'Oisemont de la requête des protestants de

14.

Vimeux tendante à ce qu'il leur soit permis d'exercer leur culte dans le fief de Bernapré.

E 4ᵇ, fᵒ 200 rᵒ.

7257. — Arrêt défendant au parlement, à la chambre des comptes et à la cour des aides de Normandie de prendre aucune connaissance des pouvoirs et juridiction de la Chambre royale instituée par lettres patentes du mois d'août 1601.

E 4ᵇ, fᵒ 201 rᵒ.

7258. — Arrêt attribuant à Olivier Alart un office de lieutenant de robe courte au bailliage de Sézanne.

E 4ᵇ, fᵒ 203 rᵒ.

7259. — Arrêt déclarant que, par l'édit du mois de mai dernier, Sa Majesté n'a pas entendu surseoir à l'exécution de l'édit « des ampliations et pouvoir accordé aux huissiers et sergents du ressort du parlement de Bordeaux ».

E 4ᵇ, fᵒ 205 rᵒ.

7260. — Arrêt ordonnant l'adjudication de « l'imposition des rivières » et du subside de « l'extinction du convoi », nonobstant l'opposition du maire et des jurats de Bordeaux.

E 4ᵇ, fᵒ 206 rᵒ.

1602, 12 octobre. — Paris.

7261. — Arrêt concédant gratuitement l'emplacement d'un cimetière aux protestants de Bordeaux.

E 4ᵇ, fᵒ 207 rᵒ.

7262. — Arrêt confirmant un accord en vertu duquel les habitants de Morlaix doivent payer 8,000 écus à Guillaume Du Plessis, et celui-ci leur abandonner le château du Taureau.

E 4ᵇ, fᵒ 208 rᵒ.

7263. — Arrêt accordant au sieur de Crillon, mestre de camp du régiment des gardes, mainlevée de ses gages et appointements saisis à la requête de Gabriel de Born, de la dame de Chanlivault, etc.

E 4ᵇ, fᵒ 210 rᵒ.

7264. — Arrêt interdisant aux Requêtes du Palais et réservant au Conseil la connaissance du procès

intenté par les receveurs particuliers d'Auvergne à Thomas de Lorme, sieur des Bordes, ci-devant intendant des finances en l'armée de Dauphiné.

E 4ᵇ, fᵒ 212 rᵒ.

7265. — Arrêt accordant une décharge aux habitants de Jegun, nonobstant la réclamation des habitants de Fleurance.

E 4ᵇ, fᵒ 213 rᵒ.

7266. — Arrêt autorisant Jacques Davy, évêque d'Évreux, conseiller d'État et premier aumônier du Roi, à disposer de deux offices de conseillers au présidial d'Orléans.

E 4ᵇ, fᵒ 215 rᵒ.

7267. — Arrêt réglant le payement des vacations de Mᵉˢ Jean de Bobier et Pierre Jaupitre, commis à la réforme des gabelles.

E 4ᵇ, fᵒ 217 rᵒ.

1602, 15 octobre. — Paris.

7268. — Arrêt accordant décharge de 3,630 livres à la caution de Jean Lequin, fermier des 12 deniers pour livre levés sur les draps vendus en gros dans les halles de Paris.

E 4ᵇ, fᵒ 218 rᵒ.

7269. — Arrêt ordonnant la vérification des comptes des receveurs et payeurs des gages des officiers du présidial de Beauvais.

E 4ᵇ, fᵒ 220 rᵒ.

7270. — Arrêt prorogeant un sursis accordé à Gervais Honoré, fermier général des impôts et billots de Bretagne.

E 4ᵇ, fᵒ 221 rᵒ.

1602, 17 octobre. — Paris.

7271. — Arrêt autorisant Jean Delahaye, orfèvre du Roi, à fondre 12,000 écus d'or pour la fabrication des chaînes d'or que le Roi destine aux ambassadeurs suisses venus en France « pour jurer le renouvellement de l'alliance ».

E 4ᵇ, fᵒ 222 rᵒ.

7272. — Arrêt renvoyant aux trésoriers de France

à Béziers une requête tendante à ce que la monnaie de Villeneuve-lès-Avignon fabrique des douzains, des doubles et des liards.

E 4ᵇ, fᵒ 223 rᵒ.

1602, 19 octobre. — Paris.

7273. — Arrêt chargeant le marquis de Rosny, grand voyer de France, de faire faire les réparations nécessaires au pavé de Paris.

E 4ᵇ, fᵒ 224 rᵒ.

7274. — Arrêt donnant mainlevée de divers objets d'or et d'argent et de plusieurs pistolets saisis, par sentence du lieutenant criminel au bailliage d'Amiens, sur Charles Strata, sur Marcellus Venerosus, gentilhomme genevois, et sur Louis Alvarez de Lillo, espagnol.

E 4ᵇ, fᵒ 225 rᵒ.

7275. — Arrêt donnant mainlevée au sieur d'Entragues de ses états et pensions, saisis à la requête de ses créanciers.

E 4ᵇ, fᵒ 227 rᵒ.

1602, 22 octobre. — Paris.

7276. — Arrêt donnant un mois à Mᵉ Geoffroy-Girard de Langlade pour se faire pourvoir d'un office de conseiller au présidial de Périgueux.

E 4ᵇ, fᵒ 228 rᵒ.

7277. — Lettres patentes déclarant que toutes les monnaies spécifiées en l'édit de septembre 1602 auront cours au prix fixé par cet édit, mais suspendant l'exécution de la déclaration du 27 septembre relative au poids desdites monnaies.

E 4ᵇ, fᵒ 229 rᵒ.

7278. — Arrêt déclarant que la réduction de tailles accordée aux habitants d'Eu et du Tréport par arrêt du 26 septembre (nᵒ 7219) ne doit valoir qu'à partir de l'année 1603.

E 4ᵇ, fᵒ 231 rᵒ.

7279. — Arrêt maintenant en prison fermée Mᵉ François Remy, receveur général des finances à Béziers, jusqu'à ce qu'il ait rendu compte du produit de la revente du domaine en la généralité de Toulouse.

E 4ᵇ, fᵒ 232 rᵒ.

7280. — Arrêt cassant un arrêt du parlement de Toulouse qui ordonnait aux receveurs particuliers du Languedoc de payer aux habitants de ladite province la totalité de leurs rentes.

E 4ᵇ, fᵒ 234 rᵒ.

1602, 24 octobre. — Paris.

7281. — Arrêt renvoyant aux commissaires de la Chambre royale députés en la généralité de Tours une requête du sieur de Rambouillet tendante au payement d'une somme de 2,799 écus 58 sols à lui assignée sur les restes de 1593.

E 4ᵇ, fᵒ 236 rᵒ.

7282. — Arrêt ordonnant nouvelle vérification des états des capitaines du charroi de l'Artillerie.

E 4ᵇ, fᵒ 238 rᵒ.

7283. — Arrêt ordonnant le versement à la recette générale d'une somme de 3,333 écus 1/3 qui est due par Antoine Fouquet, commis au remboursement des officiers des gabelles, à une caution de feu François Jusseaume, receveur général des finances à Tours.

E 4ᵇ, fᵒ 239 rᵒ.

7284. — Arrêt renvoyant à la cour des comptes, aides et finances de Provence le jugement des malversations commises dans les salines d'Arles.

E 4ᵇ, fᵒ 241 rᵒ.

7285. — Arrêt ordonnant le remboursement de 9,995 écus 46 sols dus à Mᵉ Nicolas Fyot, ci-devant trésorier et receveur général des finances en Bretagne.

E 4ᵇ, fᵒ 242 rᵒ.

7286. — Arrêt accordant à Mᵉ Isnard Jassault, notaire et secrétaire du Roi, décharge du droit de marc d'or de son office de contrôleur de l'audience de France à Paris.

E 4ᵇ, fᵒ 244 rᵒ.

1602, 25 octobre. — [Paris.]

7287. — Arrêt accordant à Mᵉ Jean Louveau, sieur

de Clairvaux, abbé commendataire de Notre-Dame-du-Reclus, remise des décimes de l'année 1599.

E 4ᵇ, fᵒ 245 rᵒ.

7288. — Arrêt donnant décharge au clergé du diocèse d'Apt d'une somme de 600 écus payée pour les dépenses de la guerre, en 1596, par ordre du duc de Guise, gouverneur de Provence.

E 4ᵇ, fᵒ 245 rᵒ.

1602, 26 octobre. — Paris.

7289. — Arrêt cassant, sur la demande des tanneurs, corroyeurs et cordonniers d'Orléans, un arrêt du Conseil des parties, et interdisant la levée d'un droit pour seconde marque des cuirs en la ville d'Orléans.

E 4ᵇ, fᵒ 247 rᵒ.

7290. — « Estat de la creue extraordinaire ordonnée par le Roy estre levée pour l'année prochaine 1603, tant pour l'entretenement des garnisons que despences nécessaires de son estat. »

E 4ᵇ, fᵒ 249 rᵒ.

7291. — Avis du Conseil tendant à la révocation de l'édit de création des vendeurs de bétail.

E 4ᵇ, fᵒ 253 rᵒ.

7292. — Arrêt relatif à une assignation de 1,550 écus donnée au comte de Saint-Pol sur Mᵉ Julien Colin, sieur de Champferrand, commis à la recette des deniers provenant de la revente des offices de receveurs des consignations.

E 4ᵇ, fᵒ 254 rᵒ.

1602, 28 octobre. — Paris.

7293. — Arrêt donnant décharge de 1,400 écus au clergé du diocèse de Toulouse.

E 4ᵇ, fᵒ 255 rᵒ.

7294. — Arrêt ordonnant vérification de la recette et de l'emploi des sommes payées, en 1586, 1587, 1588, par plusieurs bénéficiers du diocèse de Limoges sur l'ordre du duc de Ventadour, gouverneur du Limousin, et prorogeant la surséance accordée au clergé dudit diocèse.

E 4ᵇ, fᵒ 255 rᵒ.

7295. — Arrêt donnant décharge de 2,600 écus au clergé du diocèse d'Albi sur sa part de l'aliénation de 1585.

E 4ᵇ, fᵒ 256 rᵒ.

7296. — Arrêts accordant diverses remises de décimes au clergé des diocèses d'Auch, de Lombez, de Lavaur et d'Alet.

E 4ᵇ, fᵒˢ 256 vᵒ à 257 vᵒ.

7297. — Arrêt donnant décharge de 370 écus 29 sols au clergé du diocèse de Castres sur sa part de l'aliénation de 1585.

E 4ᵇ, fᵒ 257 vᵒ.

7298. — Arrêt renvoyant aux trésoriers de France à Moulins une requête en réduction de tailles présentée par les habitants de l'élection de Nevers.

E 4ᵇ, fᵒ 259 rᵒ.

1602, 29 octobre. — Paris.

7299. — Arrêt déclarant qu'une requête du clergé d'Anjou et des cabaretiers d'Angers tendante à la suppression d'un droit de sol pour livre levé sur les décimes et d'un droit d'appetissement de pinte levé sur le vin sera communiquée aux maire et échevins d'Angers.

E 4ᵇ, fᵒ 260 rᵒ.

7300. — Arrêt relatif à un procès pendant entre Barthélemy Gallois et Guillaume de Charancy, ci-devant adjudicataire de la ferme dite « à la part du royaume », et les habitants des pays ressortissants à ladite ferme.

E 4ᵇ, fᵒ 262 rᵒ.

7301. — Adjudication de la « plus-vente » du sel faite, pour trois années, à Mᵉ Claude Josse, moyennant le payement annuel de 600,000 livres.

E 4ᵇ, fᵒ 264 rᵒ.

7302. — Arrêt réglant les formes de l'adjudication des fermes dont le produit est affecté au payement des rentes constituées à l'hôtel de ville de Paris.

E 4ᵇ, fᵒ 268 rᵒ.

7303. — Arrêt réglant les privilèges des douze

marchands de vin et des vingt-cinq cabaretiers suivant la Cour.

E 4ᵇ, fᵒ 269 rᵒ.

1602, 30 octobre. — Paris.

7304. — Arrêt opérant diverses radiations sur les états et comptes de Mᵉ Étienne Ringues, fermier du domaine et de la traite d'Anjou, du comté de Beaufort et de la vicomté de Thouars.

E 4ᵇ, fᵒ 271 rᵒ.

1602, 31 octobre. — Paris.

7305. — Arrêt rejetant les offres de David Morice, bourgeois de Paris, pour la ferme de la « plus-vente » du sel, précédemment adjugée à Claude Josse.

E 4ᵇ, fᵒ 275 rᵒ.

7306. — Arrêt réglant le recouvrement de la subvention levée en place du sol pour livre dans la généralité de Poitiers.

E 4ᵇ, fᵒ 277 rᵒ.

7307. — Arrêt réglant le payement de 6,236 écus 15 sols 7 deniers dus par la recette générale des finances en Auvergne au comte de Busset, aux sieurs de Sistels et de Laporte.

E 4ᵇ, fᵒ 279 rᵒ.

7308. — Arrêt commettant le sieur de Maupeou pour régler sommairement le procès pendant entre la duchesse d'Angoulême, le baron de Salagnac et le trésorier provincial de l'Extraordinaire des guerres en Limousin.

E 4ᵇ, fᵒ 281 rᵒ.

7309. — Articles présentés par les députés des trois États de Rouergue, et réponses du Conseil au sujet :

1° Des impositions;

2° Des attributions financières des États;

3° De l'exécution de l'édit de juin 1599 sur l'envoi des commissions relatives à la levée des impôts;

4° Des pièces d'artillerie conservées dans les places de Rodez et de Villefranche.

5° De l'époque des sessions;

6° Des abus commis par les officiers des gabelles de Languedoc.

E 4ᵇ, fᵒ 282 rᵒ.

7310. — Arrêt recevant Sébastien Zamet, gentilhomme ordinaire de la Chambre, comme caution de Jean Le Roy, fermier des traites foraines et domaniales de Picardie.

E 4ᵇ, fᵒ 288 rᵒ.

1602, octobre.

7311. — « Responce aux articles contenans les offres faictes par Louvigny pour les selz de ce roiaume. »

E 4ᵇ, fᵒ 289 rᵒ.

7312. — Instructions au sujet des monnaies, portant notamment que toutes les espèces « qui ne parroistront trop apparamment et visiblement rongnées s'exposeront comme elles faisoient auparavant l'eedit, pour le regard du poidz seullement ».

E 4ᵇ, fᵒ 290 rᵒ.

1602, 2 novembre. — Paris.

7313. — Arrêt ordonnant l'élargissement de Mᵉ Pierre Denis, sieur de La Hogue, trésorier provincial de l'Extraordinaire des guerres en Normandie, pour lui donner moyen de poursuivre au Conseil son procès contre le sieur de Montaignac, capitaine des gardes du comte de Soissons.

E 4ᵇ, fᵒ 292 rᵒ.

7314. — Arrêt autorisant Scipion Sardini à faire exécuter l'édit de 1577 sur les hôteliers et cabaretiers, Henri III lui ayant constitué une rente de 20,000 écus sur les deniers provenant dudit édit.

E 4ᵇ, fᵒ 293 rᵒ.

7315. — Arrêt supprimant l'office de receveur et payeur des pavages en la ville du Mans.

E 4ᵇ, fᵒ 295 rᵒ.

7316. — Arrêt déclarant que la duchesse de Mercœur touchera annuellement 324 livres sur les greniers à sel de Berre, comme possédant la vicomté de Martigues.

E 4ᵇ, fᵒ 296 rᵒ.

7317. — Arrêt ordonnant que le sieur de Maupeou procède au plus tôt à la vérification des dettes de la ville du Mans, et déclarant que les créanciers de ladite ville ne pourront poursuivre cette vérification ailleurs qu'au Conseil ou au Parlement.

E 4ᵇ, f° 297 r°.

7318. — « Estat au vray des sommes qui restent à rembourcer sur les deniers de l'imposition ordonnée par le Roy estre levée en la ville de Bordeaulx à cause du prest faict par les bourgeoys d'icelle pendant la guerre. »

E 4ᵇ, f° 298 r°.

_____

1602, 6 novembre. — Paris.

7319. — Arrêt accordant un rabais de 15,000 écus à Josias Mortier, fermier général du sol pour livre en la généralité de Paris.

E 4ᵇ, f° 302 r°.

7320. — Arrêt prorogeant le délai accordé à Mᵉ François de Vigny, ci-devant receveur de la ville de Paris, pour procéder à la vérification des rentes constituées sur ladite ville.

E 4ᵇ, f° 304 r°.

7321. — Arrêt relatif à l'exécution des règlements sur les gabelles et aux mesures à prendre contre toutes personnes, ecclésiastiques, nobles ou autres, qui usent de sel non gabellé.

E 4ᵇ, f° 306 r°.

7322. — Arrêt renvoyant aux trésoriers de France à Nantes une requête en décharge présentée par les receveurs des fouages au diocèse de Vannes, requête fondée sur les dégats commis en plusieurs paroisses par les Espagnols de la garnison de Blavet.

E 4ᵇ, f° 308 r°.

7323. — Arrêt ordonnant l'élargissement de deux trompettes jurés de la ville de Bordeaux emprisonnés en basse fosse par les jurats de ladite ville, pour avoir coopéré à la publication des lettres patentes du 25 septembre dernier relatives au « surhaussement » des monnaies.

E 4ᵇ, f° 309 r°.

7324. — Arrêt déclarant que les habitants des marches communes de Bretagne et de Poitou contribueront au payement des tailles en l'élection de Mauléon.

E 4ᵇ, f° 310 r°.

7325. — Arrêt déclarant que les officiers des sénéchaussées et présidiaux de Nîmes, Béziers et Montpellier devront rembourser de leurs deniers trois offices de conseillers aux présidiaux desdites villes.

E 4ᵇ, f° 311 r°.

7326. — Arrêt décidant l'établissement de chambres à sel en Rouergue, en Haute-Auvergne, en trois prévôtés de Basse-Auvergne, dans le comté de Foix et dans les territoires de Pamiers, de Chalabre et de Rieux; ordonnant, en outre, que provisoirement les habitants desdits pays se serviront de sel gabellé en Languedoc.

E 4ᵇ, f° 313 r°.

7327. — Arrêt accordant un rabais de 3,500 écus à Claude Des Vallées, fermier des nouvelles impositions en la généralité de Tours.

E 4ᵇ, f° 314 r°.

7328. — Arrêt accordant un rabais de 12,000 écus à Jean Goday, fermier de la nouvelle imposition en Normandie.

E 4ᵇ, f° 315 r°.

7329. — Arrêt accordant surséance de deux mois à Mᵉ Alexandre Bedeau, ci-devant fermier des 6 écus par pipe de vin entrant en Bretagne, pour le payement de diverses assignations.

E 4ᵇ, f° 317 r°.

7330. — Arrêt autorisant la résignation des offices nouvellement créés de receveurs particuliers des tailles ès pays de Rouergue et de Quercy.

E 4ᵇ, f° 319 r°.

_____

1602, 7 novembre. — Paris.

7331. — Arrêt réglant le remboursement de 30,000 écus prêtés au Roi, en 1590, par les États des Pays-Bas de Flandre, dont la princesse douairière d'Orange tient les droits, ainsi que de 30,000 écus dus à la veuve du baron Théodoric de Schonberg pour les levées de troupes faites en Allemagne par son défunt mari, etc.

E 4ᵇ, fᵒ 3ao rᵒ.

7332. — Arrêt relatif aux procès pendants entre les sieurs Bonvisi, Cenami, Capponi et consorts, Mᵉˢ André Laurens, Pierre Bernier et consorts, Henri de Savoie, duc de Génevois et de Nemours.

E 4ᵇ, fᵒ 3aa rᵒ.

7333. — Arrêt défendant à Mᵉ Charles Motte, enquêteur à Reims, exerçant la lieutenance des traites foraines, de troubler en l'exercice de sa juridiction le commis de Pierre de Pomey, fermier de la douane de Lyon, des traites et impositions foraines de Picardie, Champagne et Bourgogne.

E 4ᵇ, fᵒ 3a4 rᵒ.

7334. — Arrêt réglant le payement de 18,000 livres dues au sieur de Villars, gouverneur du Havre.

E 4ᵇ, fᵒ 3a6 rᵒ.

7335. — Arrêt réglant le payement des gages des receveurs particuliers du diocèse d'Évreux et supprimant une levée de 4,000 écus faite, pour cet objet, sur le clergé dudit diocèse.

E 4ᵇ, fᵒ 3a7 rᵒ.

1602, 15 novembre. — Fontainebleau.

7336. — Arrêt ordonnant que le clocher de l'église Saint-Gervais de Lectoure sera restitué aux catholiques, que les clefs de la ville demeureront aux mains du commandant, le sieur de Fontrailles, et que les catholiques ne seront contraints de poser aucune sentinelle ni de faire aucune fourniture à la garnison protestante.

E 4ᵇ, fᵒ 3a9 rᵒ.

1602, 16 novembre. — Fontainebleau.

7337. — Arrêt ordonnant à Jacques Boyadan, fermier des gabelles de Languedoc, de payer 11,020 écus au trésorier général de la marine du Levant, pour l'entretien des galères et pour les fortifications et réparations de Provence.

E 4ᵇ, fᵒ 330 rᵒ.

7338. — Arrêt cassant le marché conclu par les officiers des fortifications avec un entrepreneur de maçonnerie pour la construction d'une grosse tour à Saint-Tropez, et mettant ledit entrepreneur en demeure d'accepter les conditions qu'il a imposées lui-même à des sous-entrepreneurs.

E 4ᵇ, fᵒ 33a rᵒ.

7339. — Arrêt défendant aux trésoriers de France à Riom de troubler le receveur général en la levée des restes de l'année 1601.

E 4ᵇ, fᵒ 334 rᵒ.

7340. — Arrêt ordonnant au trésorier de l'Épargne de payer comptant 6,000 livres au marquis de Brandebourg, pour l'électeur de Brandebourg, son père.

E 4ᵇ, fᵒ 335 rᵒ.

1602, 21 novembre. — Fontainebleau.

7341. — Arrêt interdisant à la Chambre des comptes et réservant au Conseil la connaissance du procès pendant entre Mᵉ Paul Parent, sieur de Villemenon, ci-devant commissaire général des vivres, et Pierre Duport, sieur de Mouillepied.

E 4ᵇ, fᵒ 336 rᵒ.

7342. — Articles présentés par Gaspard Corneglia, fermier général des péages ès pays de Bresse, Bugey, Valromey et Gex, avec les réponses du Conseil.

E 4ᵇ, fᵒ 338 rᵒ.

1602, 26 novembre. — Fontainebleau.

7343. — Arrêt interdisant dans tout le royaume, et particulièrement au Puy, la fabrication de la poudre, à moins d'autorisation spéciale du Roi ou du marquis de Rosny, grand maître de l'Artillerie.

E 4ᵇ, fᵒ 34a rᵒ.

7344. — Arrêt évoquant au Conseil le procès pendant entre l'amiral de Damville et le capitaine de La Villeneufve, ancien commandant ligueur de Châteauneuf en Bourgogne, au sujet des sommes promises par l'amiral au capitaine pour la reddition de ladite ville.

E 4ᵇ, fᵒ 344 rᵒ.

7345. — Arrêt ordonnant que, jusqu'à plus ample informé, il sera sursis à la vente des offices de ver-diers aux eaux et forêts de Normandie.

E 4ᵇ, fᵒ 346 rᵒ.

7346. — Arrêt ordonnant que, jusqu'à plus ample examen de leurs lettres d'abonnement aux tailles, les habitants des châtellenies de Royan et de Didonne payeront les sommes auxquelles ils ont été taxés pour les années 1600 à 1602.

E 4ᵇ, fᵒ 347 rᵒ.

7347. — Arrêt réduisant à 300 écus la contri-bution du Clergé à la subvention levée, en place du sol pour livre, sur les villes et gros bourgs de l'élec-tion du Mans.

E 4ᵇ, fᵒ 348 rᵒ; cf. ibid., fᵒ 349 rᵒ.

7348. — Arrêt ordonnant le payement des sommes assignées au trésorier des réparations et fortifications de Dauphiné sur la recette générale de Languedoc.

E 4ᵇ, fᵒ 351 rᵒ.

7349. — Arrêt défendant à la Cour des aides de prendre aucune connaissance des poursuites intentées par Louis d'Amboise, marquis de Resnel, contre les habitants d'Effincourt.

E 4ᵇ, fᵒ 352 rᵒ.

1602, 28 novembre. — Fontainebleau.

7350. — Arrêt réglant le payement des gages des officiers du parlement de Paris.

E 4ᵇ, fᵒ 353 rᵒ.

7351. — Arrêt ordonnant la vérification des dettes du diocèse de Mende.

E 4ᵇ, fᵒ 354 rᵒ.

7352. — Arrêt ordonnant la vérification des comptes des receveurs et payeurs des gages de la Chambre des comptes, du Grand Conseil et de la Cour des aides.

E 4ᵇ, fᵒ 355 rᵒ.

7353. — Arrêt ordonnant que les habitants d'Au-teuil, de Boulogne, de Saint-Cloud, de Suresnes et de Villiers-la-Garenne « informeront si les officiers de la capitainerie et gruerie du bois de Boulogne tiennent tavernes et hostelleryes, terres et fermes de particu-liers, au préjudice de l'exemption par eulx prétendue ».

E 4ᵇ, fᵒ 356 rᵒ.

7354. — Arrêt enjoignant à Mᵉ Hubert, receveur du domaine et voyer de la prévôté de Paris, suspendu de ses fonctions par arrêt de la Chambre royale, de rapporter au Conseil ses lettres de provision.

E 4ᵇ, fᵒ 357 rᵒ.

7355. — Arrêt maintenant Mᵉ André de Jessé en la jouissance des greffes criminels de la sénéchaussée de Toulouse.

E 4ᵇ, fᵒ 358 rᵒ.

7356. — Arrêt ordonnant le payement des sommes dues au comte de Soissons sur les ventes de bois des généralités de Rouen, Orléans et Poitiers.

E 4ᵇ, fᵒ 360 rᵒ.

1602, 5 décembre. — Paris.

7357. — Arrêt ordonnant l'exécution des édits dont le produit est destiné au payement des Suisses.

E 4ᵇ, fᵒ 361 rᵒ.

1602, 7 décembre. — Paris.

7358. — Arrêt faisant remise de 268 écus 46 sols à Louis Nicou, marchand de la forêt d'Orléans, sur le prix du bois à lui vendu en l'année 1600.

E 4ᵇ, fᵒ 363 rᵒ.

7359. — Arrêt relatif au remboursement des sommes empruntées, en 1590, par le feu maréchal de Matignon pour le payement des garnisons de Condom et de Fleurance.

E 4ᵇ, fᵒ 364 rᵒ.

7360. — Arrêt évoquant au Conseil d'État l'in-stance pendante entre Jean Le Roy, marchand fran-çais, courrier ordinaire d'Angleterre en France, et les officiers de la foraine de Dieppe, au sujet de perles et de marchandises saisies sur ledit Le Roy.

E 4ᵇ, fᵒ 365 rᵒ.

1602, 10 décembre. — Paris.

7361. — Arrêt réglant la levée de la subvention tenant lieu du sol pour livre sur les habitants privilégiés et non privilégiés de Tours.

E 4ᵇ, fᵒ 367 rᵒ.

7362. — Adjudication de la taxe des 30 sols par muid de vin entrant en la ville de Paris faite pour deux ans à Josias Mortier, sieur de Soisy, moyennant le payement annuel de 180,000 livres.

E 4ᵇ, fᵒ 369 rᵒ.

1602, 12 décembre. — Paris.

7363. — Arrêt relatif à une décharge requise par les anciens adjudicataires des greniers à sel de Chalon-sur-Saône et de Semur-en-Brionnais.

E 4ᵇ, fᵒ 371 rᵒ.

7364. — Arrêt ordonnant que les fermiers des gabelles de Languedoc soient contraints au payement des sommes affectées aux fortifications de Champagne, de Brie et du Pays-Messin.

E 4ᵇ, fᵒ 372 rᵒ.

7365. — Arrêt relatif à une instance pendante entre Mᵉ Jean Palot, secrétaire du Roi, et Mᵉ Jean Ledoux, avocat au grenier à sel de Joigny, au sujet de la taxe levée sur ledit avocat pour l'attribution du droit de 7 deniers par minot de sel.

E 4ᵇ, fᵒ 374 rᵒ.

7366. — Arrêt relatif à une instance pendante entre les habitants de Provins et plusieurs marchands de Paris au sujet des grains trouvés après la réduction de Provins (1590) dans le magasin des Cordeliers.

E 4ᵇ, fᵒ 375 rᵒ.

7367. — Arrêt réglant le payement des gages des officiers des eaux et forêts au comté de Boulonnais.

E 4ᵇ, fᵒ 376 rᵒ.

7368. — Arrêt confirmant un don de 19,000 écus fait, en 1595, à la défunte duchesse de Montmorency, en considération des services de son mari, le Connétable.

E 4ᵇ, fᵒ 377 rᵒ.

7369. — Arrêt ordonnant la mise en adjudication des greffes et places de clercs, ainsi que des droits de parisis du bailliage et du présidial de Blois, le cinquième du prix devant être payé par les adjudicataires au sieur Chevalier, président au parlement de Paris.

E 4ᵇ, fᵒ 379 rᵒ.

1602, 17 décembre. — Paris.

7370. — Arrêt statuant sur un procès pendant entre le procureur général du Roi en la chambre des comptes de Bretagne, le trésorier des États et Mᵉ Julien Merault, sieur de La Noue, au sujet de fournitures de poudre.

E 4ᵇ, fᵒ 380 rᵒ.

7371. — Arrêt défendant à tous les receveurs généraux des finances, sous peine de révocation, de compter dans les chambres des comptes avant d'avoir fait vérifier au Conseil leurs états, préalablement arrêtés par les trésoriers de France.

E 4ᵇ, fᵒ 384 rᵒ.

7372. — Arrêt relatif à un procès pendant entre Mᵉ Jean Loriot, ci-devant receveur des États de Bretagne, et Mᵉ Bonabes Biet, procureur-syndic desdits États.

E 4ᵇ, fᵒ 386 rᵒ.

7373. — Arrêt promettant au sieur Desbarres, gentilhomme servant de la bouche du Roi, et aux autres porteurs d'une requête signée par des marchands poitevins, saintongeais, etc., la vingtième partie du gain qui pourra être réalisé grâce à un avis par eux donné relativement aux gabelles de Guyenne.

E 4ᵇ, fᵒ 387 rᵒ.

7374. — Arrêt accordant surséance aux habitants de Villeneuve-le-Roi pour le payement d'une somme de 124 écus.

E 4ᵇ, fᵒ 388 rᵒ.

1602, 18 décembre. — [Paris.]

7375. — Décharge donnée au lieutenant des gardes du corps qui a amené le sieur de Jaulges au logis du Chancelier.

E 4ᵇ, fᵒ 389 rᵒ.

15.

1602, 19 décembre. — Paris.

7376. — Arrêt évoquant au Conseil l'instance pendante en la Cour des aides entre Scipion et Marc-Antoine Sardini, cautions de Claude Des Vallées, fermier du sol pour livre en la généralité de Tours, et les sous-fermiers dudit impôt.

E 4ᵇ, fᵒ 390 rᵒ.

7377. — Arrêt rendu sur la requête du sieur de La Noue, et ordonnant que les habitants du hameau du Châtellier ne pourront être contraints solidairement au payement des tailles et gabelles de la paroisse de Neuilly-le-Noble.

E 4ᵇ, fᵒ 392 rᵒ.

7378. — Arrêt déclarant que les habitants de l'élection de Dreux payeront le droit du sol pour livre pour le vin qu'ils auront fait entrer ès villes et gros bourgs de ladite élection avant le 1ᵉʳ janvier 1603.

E 4ᵇ, fᵒ 393 rᵒ.

7379. — Arrêt ordonnant la vente du buisson appelé les Haies d'Amboise, ainsi que la vente des terres vaines et vagues de la baronnie de Château-du-Loir, nonobstant l'appel interjeté de la part du sieur de Rambouillet.

E 4ᵇ, fᵒ 394 rᵒ.

7380. — Articles présentés par Mᵉ Claude Josse au sujet de son contrat des « plus-ventes du sel », avec les réponses du Conseil.

E 4ᵇ, fᵒ 396 rᵒ.

7381. — Arrêt réglant le payement de 200 écus dus au sieur Violle, président en la Cour des aides, sur les gages de l'office de maître des requêtes de l'Hôtel qu'il a exercé durant les années 1589 à 1594.

E 4ᵇ, fᵒ 400 rᵒ.

1602, 19 décembre. — Fontainebleau.

7382. — Arrêt déclarant que les élus de l'élection de Pithiviers fixeront désormais « en leurs loyaultez et consciences » la quotité des tailles imposées sur les habitants de Janville, nonobstant un arrêt de la Cour des aides du 2 avril dernier.

E 4ᵇ, fᵒ 395 rᵒ.

1602, 21 décembre. — Paris.

7383. — Arrêt déclarant que, de toutes les sommes réclamées par les États du Mâconnais aux États du duché de Bourgogne, ceux-ci ne seront tenus de payer que la somme de 18,000 livres pour les dépenses des sièges de Dondin et de Cruzilles.

E 4ᵇ, fᵒˢ 401 rᵒ et 403 rᵒ.

7384. — Arrêt ordonnant que la fabrication des doubles et des deniers de cuivre fin sera continuée à Paris, en la monnaie du Moulin.

E 4ᵇ, fᵒ 405 rᵒ.

1602, 23 décembre. — Paris.

7385. — Arrêt enjoignant à Mᵉ Claude Des Vallées, fermier de l'extinction du convoi et de l'imposition des rivières de Garonne et Dordogne, de satisfaire aux conditions de son bail et de bailler cautions.

E 4ᵇ, fᵒ 406 rᵒ.

1602, 31 décembre. — Paris.

7386. — Adjudication de la ferme de la comptablie de Bordeaux faite pour cinq ans à Mᵉ Emmanuel Addée, secrétaire du Roi, avocat au Conseil, moyennant le payement annuel de 83,000 livres.

E 4ᵇ, fᵒ 407 rᵒ.

7387. — Arrêts ordonnant aux commissaires députés pour la recherche des abus et malversations commis au fait des finances de suspendre toutes les poursuites dirigées contre des jurats, maires, échevins, consuls, procureurs, receveurs, asséeurs, collecteurs, marguilliers, etc., de villes, villages et paroisses pour le fait du maniement des deniers patrimoniaux et d'octroi.

E 4ᵇ, fᵒˢ 412 rᵒ et 415 rᵒ.

7388. — Adjudication des droits de traite foraine et de patente de Languedoc et de Provence faite pour six ans à Pierre Costes, moyennant le payement annuel de 162,350 livres.

E 4ᵇ, fᵒ 416 rᵒ.

7389. — Arrêt ordonnant que les sommes restées

dues par les comptables à une recette générale ou à l'Épargne seront payées, préférablement à toute autre, sur le prix de leurs offices, quand il arrivera que ceux-ci seront saisis et vendus.

E 4ᵇ, fᵒ 422 rᵒ.

7390. — Arrêt confiant à Michel Choart, sur la demande de son père, la garde des munitions des villes de Calais et Ardres.

E 4ᵇ, fᵒ 424 rᵒ.

7391. — Arrêt ordonnant communication au procureur-syndic et aux collecteurs de Poitiers d'une requête par laquelle Louise de Clermont, veuve de Joseph Doyneau, sieur de Sainte-Solyne, chevalier de l'ordre du Roi, demande à être déchargée de sa part de la subvention levée sur ladite ville.

E 4ᵇ, fᵒ 425 rᵒ.

7392. — Arrêt ordonnant le rétablissement de diverses parties rayées sur le compte de Mᵉ Jacques Germain, receveur général des finances en la généralité de Paris.

E 4ᵇ, fᵒ 426 rᵒ.

7393. — Arrêt faisant remise aux habitants de Balesmes de la taille des années 1598 à 1600.

E 4ᵇ, fᵒ 427 rᵒ.

7394. — Arrêt ordonnant que Jean Goday, fermier général du sol pour livre en Normandie, sera contraint au payement de ses fermages du présent quartier, et levant une saisie faite à la requête du receveur des rentes de la ville de Rouen en vertu d'un arrêt de la Cour des aides du 19 décembre dernier.

E 4ᵇ, fᵒ 428 rᵒ.

7395. — Arrêt ordonnant le payement des vacations du sieur Tenon, maître des requêtes, commissaire député à la visite des greniers du petit impôt dans les généralités de Bourges, Tours et Orléans.

E 4ᵇ, fᵒ 430 rᵒ.

7396. — Arrêt réduisant à seize le nombre des feux imposables du village de Callas, entièrement rasé, en 1595, par le sieur d'Épernon.

E 4ᵇ, fᵒ 431 rᵒ.

7397. — Arrêt ordonnant l'élargissement de François Estienne, ancien commis de Mᵉ François de Vigny, receveur de la ville de Paris, chargé de la vérification des rentes.

E 4ᵇ, fᵒ 432 rᵒ.

7398. — Arrêt ordonnant que les sels tirés du Galejon, près la ville d'Arles, seront transportés aux greniers du fermier général.

E 4ᵇ, fᵒ 434 rᵒ.

7399. — Arrêt ordonnant le payement de 400 livres dues à Nicolas Guérin, jardinier du Louvre, pour ses gages des années 1587 à 1593.

E 4ᵇ, fᵒ 435 rᵒ.

———

1603, 2 janvier. — Paris.

7400. — Acte par lequel le fermier des droits de foraine et de patente de Languedoc et Provence s'engage à ne demander aucun rabais de ses fermages, pourvu que le Conseil n'accorde aucune exemption nouvelle aux habitants d'Arles pour le transport de leurs blés.

E 4ᵇ, fᵒ 411 rᵒ.

———

1603, 6 janvier. — Paris.

7401. — « Estat des ventes faictes ez greniers des generallitez cy après déclarées durant l'année commencée le 1ᵉʳ jour d'octobre 1601 . . . »

Ms. fr. 18166, fᵒ 161 rᵒ.

———

1603, 7 janvier. — Paris.

7402. — Arrêt ordonnant l'exécution de l'édit du mois de juillet 1601 relatif à la vente des bois et terres vaines et vagues du ressort du parlement de Rouen.

E 5ᵃ, fᵒ 1 rᵒ, et ms. fr. 18166, fᵒ 162 rᵒ.

7403. — Arrêt ordonnant le remboursement de la finance payée par Roland Chauvel pour un office de notaire royal à Moncontour-de-Bretagne.

E 5ᵃ, fᵒ 2 rᵒ, et ms. fr. 18166, fᵒ 161 vᵒ.

———

1603, 11 janvier. — Paris.

7404. — Arrêt, rendu sur la requête de l'évêque d'Évreux, ordonnant que les lettres de provision de l'office de conseiller au présidial d'Évreux accordées à Mathieu Du Vivier seront réformées au nom de M⁰ Nicolas Cristy.

E 5⁴, f⁰ 3 r⁰, et ms. fr. 18166, f⁰ 162 v⁰.

7405. — Arrêt acceptant les nouvelles offres de Simon Hubert, fermier de la traite domaniale de l'entrée des grosses denrées et marchandises, etc., en Picardie et à Calais, les conditions de son bail ayant été changées par suite de la reprise du commerce entre l'Espagne et les Pays-Bas.

E 5⁴, f⁰ 4 r⁰, et ms. fr. 18166, f⁰ 163 r⁰.

1603, 14 janvier. — Paris.

7406. — Arrêt statuant sur une instance pendante entre plusieurs marchands écossais, le sieur de Villars, gouverneur du Havre, le lieutenant de l'amirauté et les avocats de ladite ville; confirmant, en outre, les privilèges accordés en France aux commerçants écossais.

E 5⁴, f⁰ 6 r⁰, et ms. fr. 18166, f⁰ 164 r⁰.

1603, 16 janvier. — Paris.

7407. — Arrêt ordonnant la remise au Conseil des finances des contrats et comptes de M⁰ Guichard Faure, de Nicolas Le Lièvre, de M⁰ Jean-Baptiste Champin, de Noël de Hère et de M⁰ Nicolas Parent, qui ont successivement tenu le grand parti du fournissement des greniers à sel dans les généralités de Paris, Bourgogne, Champagne, Picardie, Rouen, Caen, Bourges, Tours, Orléans et Blois.

E 5⁴, f⁰ 8 r⁰, et ms. fr. 18166, f⁰ 165 r⁰.

7408. — Arrêt ordonnant de nouveau à M⁰ Hubert, suspendu de ses fonctions par la Chambre royale, de rapporter au Conseil ses lettres de provision des offices de receveur du domaine et de voyer en la vicomté de Paris.

E 5⁴, f⁰ 9 r⁰, et ms. fr. 18166, f⁰ 166 r⁰.

7409. — Arrêt réglant la contribution de chacune des villes d'Orléans, Blois, Chartres et Montargis à la subvention de 24,000 livres levée en la généralité d'Orléans à la place du sol pour livre.

E 5⁴, f⁰ 11 r⁰, et ms. fr. 18166, f⁰ 165 v⁰.

7410. — Arrêt relatif à la liquidation des dettes des adjudicataires de la ferme dite «à la part du royaume».

E 5⁴, f⁰ 12 r⁰, et ms. fr. 18166, f⁰ 166 v⁰.

1603, 20 janvier. — Paris.

7411. — Arrêt ordonnant aux dépositaires de l'argent destiné à l'acquittement des dettes des pays ressortissants à la ferme dite «à la part du royaume» de payer 1,800 livres à M⁰ Jean Goujon, avocat et procureur général desdits pays, «pour le voyage, séjour et despence qu'il a faict à la suitte du Conseil».

Ms. fr. 10843, f⁰ 39 r⁰.

1603, 21 janvier. — Paris.

7412. — Arrêt relatif au payement de la solde d'Antoine Du Terraux et de Jean-Jacques Triboulet, ci-devant capitaine d'une compagnie de 300 hommes de pied suisses.

E 5⁴, f⁰ 14 r⁰, et ms. fr. 18166, f⁰ 167 v⁰.

1603, 24 janvier. — Paris.

7413. — Arrêt statuant sur diverses instances pendantes entre Jean Du Boys, M⁰ Alexandre Moreau, et Madeleine Spifame, veuve du sieur Du Faur d'Hermé, maître des requêtes de l'Hôtel, au sujet des levées extraordinaires et de l'arrière-ban dont le produit a été concédé au feu duc d'Anjou et à la reine Marguerite.

E 5⁴, f⁰ 16 r⁰, et ms. fr. 18166, f⁰ 168 r⁰.

7414. — Adjudication de la traite domaniale de Poitou et de Marans faite pour trois ans à Pierre Franchart, moyennant le payement annuel de 49,000 livres.

E 5⁴, f⁰ 18 r⁰, et ms fr. 18166, f⁰ 169 v⁰.

1603, 28 janvier. — Paris.

7415. — Arrêt réglant le payement des rentes constituées à la ville de Rouen.

E 5ᵉ, fᵒ 22 rᵒ, et ms. fr. 18166, fᵒ 173 rᵒ.

7416. — Arrêt autorisant les habitants de la ville Françoise-de-Grâce à remplacer l'impôt du sol pour livre, préjudiciable au commerce de la morue, par telle autre taxe sur les denrées ou marchandises qu'il leur conviendra.

E 5ᵉ, fᵒ 24 rᵒ, et ms. fr. 18166, fᵒ 173 vᵒ.

7417. — Arrêt ordonnant le recouvrement des sommes levées, par manière d'emprunt, sur les officiers des finances dans les généralités du Languedoc.

E 5ᵉ, fᵒ 25 rᵒ.

7418. — Arrêt faisant itératives défenses à la cour des aides de Normandie de prendre aucune connaissance des abus et malversations commis sur le fait des finances et gabelles, toutes matières dont la connaissance appartient à la Chambre royale.

E 5ᵉ, fᵒ 26 rᵒ, et ms. fr. 18166, fᵒ 172 rᵒ.

1603, 29 janvier. — Paris.

7419. — Arrêt réunissant au domaine le droit de provision aux offices de notaires et de gardes des sceaux des contrats dans le comté du Maine, droit qui appartenait au chapitre de la chapelle du Gué-de-Maulny au Mans en vertu de lettres patentes données par Philippe de Valois au mois de septembre 1329.

E 5ᵉ, fᵒ 28 rᵒ, et ms. fr. 18166, fᵒ 178 vᵒ
(sous la date du 30 janvier).

1603, 30 janvier. — Paris.

7420. — Avis du Conseil tendant à attribuer l'office de garde à cheval des traites foraines et domaniales au bureau de Saint-Dizier à la veuve et aux enfants du précédent titulaire, Michel Bertel, assassiné, dans l'exercice de ses fonctions, par les gens du sieur de Betencourt.

E 5ᵉ, fᵒ 30 rᵒ, et ms. fr. 18166, fᵒ 174 rᵒ.

7421. — Arrêt réglant le remboursement des avances faites, durant les troubles, pour la réduction de la citadelle de Chalon-sur-Saône, notamment par les sieurs de Crespy, président, et Millet, conseiller au parlement de Bourgogne.

E 5ᵉ, fᵒ 31 rᵒ, et ms. fr. 18166, fᵒ 333 vᵒ.

7422. — Arrêt ordonnant que les offices de Mᵉ François Remy, receveur général des finances et des gabelles en Languedoc, seront vendus au Conseil.

E 5ᵉ, fᵒ 32 rᵒ, et ms. fr. 18166, fᵒ 175 rᵒ.

7423. — Arrêt cassant un arrêt de la chambre des comptes de Montpellier relatif au payement des rentes.

E 5ᵉ, fᵒ 34 rᵒ, et ms. fr. 18165, fᵒ 174 vᵒ.

7424. — Arrêt déclarant que la faute de fonds provenant du rabais accordé au fermier général des nouvelles impositions de Normandie sera supportée également par le trésorier de l'Épargne et par le receveur des deniers communs de la ville de Rouen.

E 5ᵉ, fᵒ 35 rᵒ, et ms. fr. 18166, fᵒ 175 vᵒ.

7425. — Arrêt ordonnant le remboursement des offices des élus particuliers établis à Aubigny, Sancerre, Vierzon et Argenton.

E 5ᵉ, fᵒ 37 rᵒ, et ms. fr. 18166, fᵒ 176 vᵒ.

7426. — Adjudication de l'extinction du convoi de Bordeaux et de l'imposition des rivières de Garonne et Dordogne faite pour deux ans à Mᵉ Mathieu Martin, audiencier en la chancellerie de Bordeaux, moyennant le payement annuel de 360,000 livres.

E 5ᵉ, fᵒ 38 rᵒ, et ms. fr. 18166, fᵒ 181 rᵒ.

7427. — Arrêt ordonnant de surseoir encore pendant la présente année à l'exécution de l'arrêt du 20 décembre 1601 (nᵒ 6733) relatif au cautionnement des receveurs généraux.

E 5ᵉ, fᵒ 42 rᵒ, et ms. fr. 18166, fᵒ 183 vᵒ.

7428. — Arrêt confirmant un octroi précédemment accordé aux habitants de Villeneuve-le-Roi.

E 5ᵉ, fᵒ 43 rᵒ, et ms. fr. 18166, fᵒ 180 rᵒ.

7429. — Arrêt accordant aux habitants de Chau-mont-en-Bassigny remise d'un tiers de la subvention levée à la place du sol pour livre en l'année 1601.

E 5ᵉ, fᵒ 45 rᵒ, et ms. fr. 18166, fᵒ 178 rᵒ.

7430. — Arrêt accordant aux habitants de Langres remise d'un tiers de la subvention levée à la place du sol pour livre en l'année 1601.

E 5ᵉ, fᵒ 46 rᵒ, et ms. fr. 18166, fᵒ 177 vᵒ.

7431. — Arrêt accordant aux habitants de Lan-gres remise d'un tiers de la subvention levée à la place du sol pour livre en l'année 1599.

E 5ᵉ, fᵒ 47 rᵒ, et ms. fr. 18166, fᵒ 177 vᵒ.

7432. — Arrêt enjoignant aux commissaires dé-putés à la vente du domaine en Languedoc de pré-senter leurs comptes, dans un mois, au sieur Pradel, trésorier de France à Béziers, sous peine de suspen-on.

E 5ᵉ, fᵒ 48 rᵒ, et ms. fr. 18166, fᵒ 178 rᵒ.

1603, 31 janvier. — Paris.

7433. — Arrêt accordant, pour six années, di-verses remises d'impôts aux habitants du Tréport.

E 5ᵉ, fᵒ 50 rᵒ, et ms. fr. 18166, fᵒ 184 vᵒ.

7434. — Arrêt accordant surséance d'un an aux communautés de Bourgogne pour le payement de leurs dettes.

E 5ᵉ, fᵒ 52 rᵒ, et ms. fr. 18166, fᵒ 184 rᵒ.

1603, 1ᵉʳ février. — Paris.

7435. — Arrêt ordonnant à Mᵉ Pierre Pasquier, commis à la levée des droits de marc d'or, de repré-senter ses états au Conseil.

E 5ᵉ, fᵒ 54 rᵒ, et ms. fr. 18166, fᵒ 186 rᵒ.

7436. — Arrêt ordonnant le payement à l'Épargne de 59,961 livres 16 sols 4 deniers dus par la ville de Toulouse, pour les arrérages du taillon depuis l'année 1580 jusqu'à l'année 1601.

E 5ᵉ, fᵒ 55 rᵒ, et ms. fr. 18166, fᵒ 185 rᵒ.

7437. — Arrêt accordant un rabais de 1,000 écus à Jean Goday, fermier général de la nouvelle imposi-tion en Normandie.

E 5ᵉ, fᵒ 57 rᵒ, et ms. fr. 18166, fᵒ 87 rᵒ.

7438. — Arrêt ordonnant que la connaissance des comptes de la recette générale des finances, taillon et gabelles de Montpellier, attribuée à la chambre des comptes de Paris par édit d'août 1602, sera rendue à la chambre des comptes de Montpellier.

E 5ᵉ, fᵒ 58 rᵒ, et ms. fr. 18166, fᵒ 186 rᵒ.

1603, 4 février. — Paris.

7439. — Arrêt accordant aux habitants de Saint-Gervais[-d'Auvergne] remise de leurs tailles des années 1598 à 1600, attendu les excès commis en ladite paroisse par un nommé Fournier et ses complices.

E 5ᵉ, fᵒ 60 rᵒ, et ms. fr. 18166, fᵒ 187 vᵒ.

7440. — Arrêt validant le payement de 433 écus 7 sols 6 deniers dus à Guillaume de L'Aubespine, évêque nommé d'Orléans, pour l'indemnité accordée audit évêque à raison de la perte des prairies réunies au haras de Meung.

E 5ᵉ, fᵒ 61 rᵒ, et ms. fr. 18166, fᵒ 188 rᵒ.

7441. — Arrêt maintenant les vice-baillis, lieute-nants, greffiers et archers de Normandie en l'exercice de leurs charges, nonobstant la prétention du sieur Du Raullet de se faire pourvoir en titre d'office de la charge de grand prévôt général de Normandie.

E 5ᵉ, fᵒ 62 rᵒ, et ms. fr. 18166, fᵒ 198 vᵒ.

7442. — Arrêt ordonnant que lettres de jussion seront expédiées à la chambre des comptes de Mont-pellier pour faire rétablir sur le compte du receveur général des gabelles deux parties rayées sous les noms des secrétaires du maréchal d'Ornano, lieutenant gé-néral en Guyenne.

E 5ᵉ, fᵒ 64 rᵒ, et ms. fr. 18166, fᵒ 188 vᵒ.

7443. — Arrêt enjoignant aux trésoriers de France à Limoges de faire payer au trésorier général de l'Ar-tillerie tout ce que doit le fermier des 37 sols 6 deniers levés sur le sel dans le gouvernement de Brouage, l'île de Ré, les îles de Saintonge et le pays d'Aunis.

E 5*, f° 66 r°, et ms. fr. 18166, f° 189 r°.

7444. — Arrêt défendant aux commissaires députés pour la recherche des abus commis par les officiers des finances de s'ingérer dans la connaissance et direction des finances, et encore plus d'accorder surséances, modérations, mainlevées, élargissements, etc.

E 5*, f° 68 r°, et ms. fr. 18166, f° 195 r°.

7445. — Arrêt ordonnant aux trésoriers de France à Moulins, en faisant le département des tailles de l'année 1604, de statuer sur la décharge requise par les habitants du Nivernais.

E 5*, f° 70 r°, et ms. fr. 18166, f° 190 r°.

7446. — Arrêt défendant aux Cordeliers et aux Recollets de se poursuivre les uns les autres jusqu'à l'arrivée en France du général de leur ordre.

E 5*, f° 71 r°, et ms. fr. 18166, f° 190 v°.

7447. — Arrêt statuant sur une requête du procureur-syndic des États de Normandie, et réglant la levée de l'impôt du sel dans les diverses sergenteries de la province.

E 5*, f° 72 r°, et ms. fr. 18166, f° 190 v°.

7448. — Arrêt ordonnant, sur les remontrances des États de Bretagne, la suppression de l'office de second prévôt audit pays.

E 5*, f° 78 r°, et ms. fr. 18166, f° 195 r°.

7449. — Arrêt ordonnant de nouveau à M° Jean Texier, receveur général des finances à Limoges, de satisfaire dans un mois aux ordres contenus dans l'arrêt du 26 septembre 1602 (n° 7223).

E 5*, f° 80 r°, et ms. fr. 18166, f° 196 r°.

7450. — Arrêt réglant le payement des diverses parties assignées sur les gabelles de Languedoc en l'année 1601.

E 5*, f° 82 r°, et ms. fr. 18116, f° 197 v°.

7451. — Arrêt rendu sur la requête du sieur de Saint-Germain, député général des églises prétendues réformées, et évoquant au Conseil les poursuites inten-

tées aux Requêtes du Palais par les créanciers du comte de Montgommery, lesquels ont fait saisir les deniers destinés aux appointements dudit comte et à la solde de la garnison de Clermont-de-Lodève.

E 5*, f° 83 r°, et ms. fr. 18166, f° 197 r°.

7452. — Arrêt ordonnant aux trésoriers de France de procéder à la vente des recettes des consignations, dont le produit est affecté au payement des dettes du duc de Mayenne.

E 5*, f° 84 r°, et ms. fr. 18166, f° 196 v°.

7453. — Arrêt ordonnant le payement du demi-quartier retenu par le trésorier provincial de la généralité de Guyenne sur les sommes assignées aux garnisons et aux commandants de Lectoure, de l'Isle-en-Jourdain et du Mas-de-Verdun.

E 5*, f° 85 r°, et ms. fr. 18166, f° 198 r°.

7454. — Arrêt évoquant au Conseil le procès pendant en la Cour des aides entre les habitants de Melun et plusieurs particuliers demeurant en la paroisse de Saint-Aspais de Melun, au sujet de pertes subies lors de la prise et du sac de ladite paroisse, du 7 au 12 avril 1590.

E 5*, f° 86 r°, et ms. fr. 18166, f° 200 r°.

7455. — Arrêt relatif au payement des sommes assignées à Aymon de Mailloc, gentilhomme ordinaire de la Chambre, gouverneur de Lisieux et de Conches.

E 5*, f° 88 r°, et ms. fr. 18166, f° 199 v°.

7456. — Arrêt condamnant les habitants de Sugny à payer les droits de traite entre les mains de Pierre de Pomey, fermier général de la douane de Lyon, etc., nonobstant une ordonnance du sieur de La Vieuville, gouverneur de Mézières.

E 5*, f° 90 r°, et ms. fr. 18166, f° 200 v°.

7457. — Arrêt réglant l'union de l'office de receveur triennal des tailles et de l'équivalent en l'élection de Tulle aux deux offices de receveur ancien et de receveur alternatif.

E 5*, f° 91 r°, et ms. fr. 18166, f° 202 r°.

7458. — Arrêt réglant le payement de 80 écus

restés dus à M⁰ Charles Rousseau, trésorier-payeur de la gendarmerie.

E 5⁴, f° 93 r°, et ms. fr. 18166, f° 201 v°.

7459. — Arrêt ordonnant que les trésoriers de France à Orléans, en procédant au département des tailles de l'année 1604, auront égard à la requête en réduction présentée par les habitants de l'élection de Montargis.

E 5⁴, f° 94 r°, et ms. fr. 18166, f° 201 r°.

7460. — Arrêt ordonnant qu'une somme de 7,500 livres soit levée, par manière de subvention, sur l'élection de Gannat, en place du sol pour livre.

E 5⁴, f° 95 r°, et ms. fr. 18166, f° 202 v°.

7461. — Arrêt renvoyant aux Requêtes du Palais le procès pendant au Conseil, depuis 1588, entre les héritiers de Jacques David, marchand fréquentant les foires de Lyon, et ceux de M⁰ Christophe Moreau.

E 5⁴, f° 97 r°, et ms. fr. 18166, f° 204 r°.

1603, 6 février. — Paris.

7462. — Arrêt réglant l'exécution de l'arrêt du 9 avril 1602 relatif à l'exercice du culte protestant en Provence.

E 5⁴, f° 98 r°, et ms. fr. 18166, f° 203 v°.

7463. — Arrêt ordonnant l'élargissement de Guillaume de Charancy, ci-devant adjudicataire de la ferme appelée « du royaume ».

E 5⁴, f° 100 r°, et ms. fr. 18166, f° 204 v°.

7464. — Arrêt concédant un cimetière aux protestants de Rocheservière.

E 5⁴, f° 101 r°, et ms. fr. 18166, f° 205 r°.

7465. — Arrêt autorisant la levée d'une somme de 105 écus due par les habitants de Crosnes à la veuve de l'un des gardes de la forêt de Senart.

E 5⁴, f° 102 r°, et ms. fr. 18166, f° 205 v°.

7466. — Arrêt relatif aux empêchements apportés par le lieutenant particulier, le substitut du procureur général, l'évêque et le maire de Saintes à la construction d'un temple protestant.

E 5⁴, f° 103 r°, et ms. fr. 18166, f° 206 r°.

1603, 10 février. — Paris.

7467. — Articles présentés par le syndic et les habitants de Bourg-en-Bresse, avec les réponses du Conseil, au sujet :

1° Des dettes de la ville et d'un projet d'octroi;
2° Du siège de la justice des seigneurs bannerets;
3° Du payement des tailles;
4° De l'abolition de la pancarte;
5° De l'exemption de tous impôts.

E 5⁴, f° 104 r°, et ms. fr. 18166, f° 206 v°.

1603, 14 février. — [Paris.]

7468. — Arrêt faisant remise de 10,000 écus au clergé du diocèse de Chartres.

E 5⁴, f° 108 r°, et ms. fr. 18166, f° 208 r°.

7469. — Arrêt donnant au clergé du diocèse d'Agde décharge de 3,889 écus 14 sols versés, en 1590 et en 1591, aux mains des trésoriers de l'Extraordinaire des guerres.

E 5⁴, f° 108 v°, et ms. fr. 18166, f° 208 v°.

7470. — Arrêt donnant décharge de 1,355 écus 6 sols 2 deniers au clergé du diocèse de Langres.

E 5⁴, f° 109 r°, et ms. fr. 18166, f° 209 v°.

7471. — Arrêts accordant diverses remises de décimes au clergé des diocèses de Montauban et de Mirepoix.

E 5⁴, f° 109 v° et 110 r°, et ms. fr. 18166, f° 209 v° et 210 r°.

7472. — Arrêt donnant décharge de 1,083 écus 46 sols au clergé du diocèse d'Aix.

E 5⁴, f° 110 r°, et ms. fr. 18166, f° 210 r°.

1603, 15 février. — Paris.

7473. — Arrêt condamnant Jean Boileau, caution de feu François Jusseaume, receveur général des finances à Tours, à payer 10,000 livres au receveur général actuel.

E 5ᵉ, fᵒ 112 rᵒ, et ms. fr. 18166, fᵒ 211 rᵒ.

7474. — Arrêt condamnant Jean Richard, ci-devant fermier du devoir des 8 écus par muid de sel sortant de Bretagne, à verser 18,000 livres aux mains du trésorier de l'Épargne.

E 5ᵉ, fᵒ 116 rᵒ, et ms. fr. 18166, fᵒ 212 vᵒ.

7475. — Arrêt réduisant à 4,000 écus la somme due par neuf paroisses des marches communes de Poitou et d'Anjou pour les tailles des années 1600 et 1601.

E 5ᵉ, fᵒ 118 rᵒ, et ms. fr. 18166, fᵒ 210 vᵒ.

7476. — Arrêt réglant l'union de l'office de trésorier triennal de la marine du Levant aux deux offices de trésorier ancien et de trésorier alternatif.

E 5ᵉ, fᵒ 120 rᵒ, et ms. fr. 18166, fᵒ 213 vᵒ.

7477. — Arrêt accordant un rabais de 34,410 livres à Antoine Hervé, ci-devant fermier du sol pour livre en la ville de Paris.

E 5ᵉ, fᵒ 122 rᵒ, et ms. fr. 18166, fᵒ 215 vᵒ.

7478. — Arrêt acceptant les offres de Mᵉ Miles Marion, trésorier de France en Languedoc, et réunissant au domaine la terre et seigneurie de Coussergues, vendue à feu Jean de Serres, en 1543.

E 5ᵉ, fᵒ 123 rᵒ, et ms. fr. 18166, fᵒ 214 rᵒ.

7479. — Arrêt accordant au milanais Jean-André Turrato un logement au bout du jardin de l'hôtel de la Reine, 3,000 livres pour frais d'installation, une pension annuelle de 1,200 livres, l'exemption des commensaux du Roi, enfin le privilège d'exercer seul en France l'art de battre et de filer l'or à la façon de Milan.

E 5ᵉ, fᵒ 125 rᵒ, et ms. fr. 18166, fᵒ 215 rᵒ.

7480. — Arrêt accordant surséance à Michel Estienne, fermier des huitièmes et vingtièmes de Bar-sur-Aube.

E 5ᵉ, fᵒ 127 rᵒ, et ms. fr. 18166, fᵒ 216 rᵒ.

1603, 18 février. — Paris.

7481. — Arrêt réglant le payement de 18,000 livres dues par la succession du duc de Guise au prince de Joinville, comme donataire universel de sa tante, la feue dame de Montpensier.

E 5ᵉ, fᵒ 128 rᵒ, et ms. fr. 18166, fᵒ 216 vᵒ.

1603, 20 février. — Paris.

7482. — Arrêt ordonnant la vente ou revente du domaine de Normandie, pour le produit en être affecté au payement de 200,000 écus assignés au duc de Wurtemberg.

E 5ᵉ, fᵒ 129 rᵒ, et ms. fr. 18166, fᵒ 216 vᵒ.

1603, 21 février. — Paris.

7483. — Arrêt autorisant les religieux de l'abbaye de Saint-Éloi de Noyon à rentrer en possession de leurs maisons comprises dans l'enceinte actuelle de la citadelle.

E 5ᵉ, fᵒ 131 rᵒ, et ms. fr. 18166, fᵒ 217 vᵒ.

7484. — Arrêt accordant à Mᵉ Hugues de La Garde, secrétaire de la Chambre, et consorts le vingtième denier du produit d'un expédient qu'ils proposent de faire connaître au Roi.

E 5ᵉ, fᵒ 132 rᵒ, et ms. fr. 18166, fᵒ 218 rᵒ.

7485. — Arrêt ordonnant que les arrêts du Conseil privé et des chambres de l'Édit relatifs aux protestants seront exécutés en Provence sans visa ni pareatis.

E 5ᵉ, fᵒ 133 rᵒ, et ms. fr. 18166, fᵒ 219 rᵒ.

7486. — Arrêt ordonnant qu'il soit procédé à une nouvelle nomination de consuls en la ville de Layrac, et déclarant que dorénavant protestants et catholiques pourront indifféremment y être admis au consulat.

E 5ᵉ, fᵒ 134 rᵒ, et ms. fr. 18166, fᵒ 218 vᵒ.

1603, 22 février. — Paris.

7487. — Arrêt réglant la forme des saisies et des ventes publiques des offices de comptables.

E 5ᵉ, fᵒ 135 rᵒ, et ms. fr. 18166, fᵒ 221 vᵒ.

7488. — Arrêt maintenant provisoirement Phi-

16.

lippe Chahu en la jouissance de son office de trésorier général de la marine du Levant, des réparations, fortifications et mortes-payes de Provence.

E 5ᵉ, fᵒ 136 rᵒ, et ms. fr. 18166, fᵒ 219 vᵒ.

7489. — Arrêt ordonnant le payement d'une indemnité de 2,000 livres due à Olivier Lordonné pour l'expropriation d'une partie de sa maison des *Étuves*, sise quai de la Mégisserie, ledit Lordonné étant autorisé à rebâtir un petit logis sur arcade au-dessus du passage conduisant à l'abreuvoir Popin.

E 5ᵉ, fᵒ 138 rᵒ, et ms. fr. 18166, fᵒ 222 rᵒ.

7490. — Arrêt relatif à l'emplacement du temple et du cimetière protestants de Saintes, ordonnant aux protestants de ladite ville de restituer à dame Françoise de La Rochefoucauld le cimetière des pauvres de son abbaye de Notre-Dame-hors-les-Murs.

E 5ᵉ, fᵒ 140 rᵒ, et ms. fr. 18166, fᵒ 220 rᵒ.

1603, 24 février. — Paris.

7491. — Arrêt ordonnant la saisie de certaine somme consignée par Mᵉ François Byonneau, trésorier de la marine du Levant, pour le remboursement de l'office de Mᵉ Philippe Chahu.

E 5ᵉ, fᵒ 142 rᵒ, et ms. fr. 18166, fᵒ 222 vᵒ.

1603, 25 février. — Paris.

7492. — Arrêt relatif au recouvrement des restes de la recette générale des finances à Soissons.

E 5ᵉ, fᵒ 143 rᵒ, et ms. fr. 18166, fᵒ 223 rᵒ.

1603, 27 février. — Paris.

7493. — Arrêt concédant aux protestants de Mortagne une maison en la paroisse de Saint-Langis-lès-Mortagne pour y exercer leur culte.

E 5ᵉ, fᵒ 144 rᵒ, et ms. fr. 18166, fᵒ 223 rᵒ.

7494. — Arrêt réglant le payement des gages de Mᵉ Nicolas Pouffier, contrôleur général des finances en Bourgogne.

E 5ᵉ, fᵒ 145 rᵒ, et ms. fr. 18166, fᵒ 224 rᵒ.

7495. — Arrêt déclarant Mᵉ Pierre Legoux bien et dûment pourvu de son office de trésorier de France en Bourgogne.

E 5ᵉ, fᵒ 146 rᵒ, et ms. fr. 18166, fᵒ 225 rᵒ.

7496. — Arrêt ordonnant que les fermiers du devoir du vin entrant en Bretagne pour l'année 1601 seront contraints de payer 1,703 écus 10 sols au trésorier des États de Bretagne.

E 5ᵉ, fᵒ 148 rᵒ, et ms. fr. 18166, fᵒ 224 vᵒ.

7497. — Arrêt enjoignant aux trésoriers de France de procéder à la vérification du bail de Pierre Costes, fermier général des droits de patente de Languedoc et de Provence.

E 5ᵉ, fᵒ 149 rᵒ, et ms. fr. 18166, fᵒ 227 rᵒ.

7498. — Arrêt répartissant entre les trésoriers de France à Paris le travail de préparation du terrier de la généralité.

E 5ᵉ, fᵒ 150 rᵒ, et ms. fr. 18166, fᵒ 226 vᵒ.

7499. — Arrêt réglant le payement de 24,000 livres dues au prince de Joinville sur la succession du duc de Guise et de 3,000 livres destinées à l'entretien de la demoiselle de Guise.

E 5ᵉ, fᵒ 151 rᵒ, et ms. fr. 18166, fᵒ 225 vᵒ.

7500. — Arrêt faisant remise de 65 écus aux habitants de la paroisse d'Eyjeaux, ruinés « par le moyen de la gresle et pierre qui tomba du ciel » le 23 juin 1602.

E 5ᵉ, fᵒ 153 rᵒ, et ms. fr. 18166, fᵒ 231 vᵒ.

7501. — Arrêt confirmant à Gaspard de Rabastens, fermier général des gabelles en Provence, la jouissance des deux tiers des amendes et confiscations de sel.

E 5ᵉ, fᵒ 154 rᵒ, et ms. fr. 18166, fᵒ 231 rᵒ.

7502. — Arrêt adjugeant aux fermiers des droits de patente de Languedoc les sommes consignées par frère Pierre de Roquelaure, grand prieur de Saint-Gilles, et par les autres chevaliers de l'ordre de Saint-Jean-de-Jérusalem qui transportent des grains hors du royaume ou en Provence.

E 5ᵉ, fᵒ 156 rᵒ, et ms. fr. 18166, fᵒ 230 rᵒ.

7503. — Arrêt faisant remise aux habitants de Thouars des deux tiers de la subvention levée, en l'année 1601, à la place du sol pour livre.

E 5ᵉ, fᵒ 158 rᵒ, et ms. fr. 18166, fᵒ 229 vᵒ.

7504. — Arrêt ordonnant le remboursement de 500 écus payés par Mᵉ Gabriel Fournier, conseiller au parlement de Paris, pour la survivance de son office.

E 5ᵉ, fᵒ 159 rᵒ, et ms. fr. 18166, fᵒ 228 rᵒ.

7505. — Arrêt ordonnant que les habitants d'Avignon payeront le droit de patente sur les denrées, vins et bestiaux qu'ils feront transporter hors du royaume ou dans les provinces où les aides n'ont point cours.

E 5ᵉ, fᵒ 160 rᵒ, et ms. fr. 18166, fᵒ 228 vᵒ.

7506. — Arrêt ordonnant qu'en attendant sa réception, Mᵉ Isaac Fournier, protestant, avocat au parlement de Bourgogne, exercera les fonctions et touchera les émoluments de conseil des États de Bourgogne.

E 5ᵉ, fᵒ 162 rᵒ, et ms. fr. 18166, fᵒ 229 vᵒ.

7507. — Arrêt accordant un rabais de 200 écus au fermier de l'imposition d'un écu 3 sols par muid de vin entrant à Noyon, et déchargeant dudit impôt le vin amené en l'abbaye d'Ourscamps et destiné à l'usage des religieux du monastère.

E 5ᵉ, fᵒ 163 rᵒ, et ms. fr. 18166, fᵒ 227 vᵒ.

7508. — Adjudication de la fourniture de six cents muids de sel au bas pays d'Auvergne faite pour quatre ans à Mᵉ Claude Josse, moyennant le payement de 12,000 livres.

E 5ᵉ, fᵒ 165 rᵒ, et ms. fr. 18166, fᵒ 251 rᵒ.

7509. — Arrêt régularisant le remboursement des avances faites en 1596 par les trésoriers de France à Lyon.

E 5ᵉ, fᵒ 173 rᵒ, et ms. fr. 18166, fᵒ 233 vᵒ.

7510. — Arrêt établissant divers impôts à Dreux, pour l'acquittement des dettes de ladite ville.

E 5ᵉ, fᵒ 175 rᵒ, et ms. fr. 18166, fᵒ 250 rᵒ.

7511. — Arrêt ordonnant à Louis Morel, sieur de La Tour, prévôt en la maréchaussée de France, de courir sus aux faux-sauniers porteurs d'arquebuses ou d'autres armes prohibées, et l'autorisant à faire sonner le tocsin dans tous les bourgs ou villages que traverseront les faux-sauniers.

E 5ᵉ, fᵒ 177 rᵒ, et ms. fr. 18166, fᵒ 249 vᵒ.

7512. — Arrêt défendant à toute personne de former des provisions de sel dans les villes, villages ou demeures de Bretagne distants de moins de cinq lieues de la Normandie ou des autres provinces soumises aux droits de gabelle.

E 5ᵉ, fᵒ 179 rᵒ, et ms. fr. 18166, fᵒ 249 rᵒ.

7513. — Arrêt déclarant exempts des droits de gabelle, non pas les secrétaires de la Chambre, mais seulement les secrétaires du Roi, maison et couronne de France.

E 5ᵉ, fᵒ 180 rᵒ, et ms. fr. 18166, fᵒ 248 vᵒ.

7514. — Arrêt mettant fin aux poursuites exercées par la Chambre royale contre Jacques Delaville et Toussaint Dieppedalle, voiturier par eau, demeurant à Rouen, au sujet du transport de certaine quantité de sel.

E 5ᵉ, fᵒ 181 rᵒ, et ms. fr. 18166, fᵒ 248 rᵒ.

7515. — Arrêt assignant 125 écus à Isaac Tholon pour le remboursement de l'office de garde des prisons d'Arles.

E 5ᵉ, fᵒ 183 rᵒ, et ms. fr. 18166, fᵒ 247 vᵒ.

7516. — Arrêt réglant la composition des tribunaux chargés de juger les faux-sauniers.

E 5ᵉ, fᵒ 184 rᵒ, et ms. fr. 18166, fᵒ 247 rᵒ.

7517. — Arrêt déchargeant du droit de marc d'or Mᵉ Jean Goulas, auquel Mᵉ Vincent Bouhier a résigné son office de trésorier général ordinaire des guerres.

E 5ᵉ, fᵒ 185 rᵒ, et ms. fr. 18166, fᵒ 247 rᵒ.

7518. — Arrêt déchargeant du droit de marc d'or Mᵉ Claude de Montescot, auquel feu Mᵉ Michel Sublet a résigné son office de trésorier des Parties casuelles.

E 5ᵉ, fᵒ 186 rᵒ, et ms. fr. 18166, fᵒ 246 vᵒ.

7519. — Arrêt admettant les protestants de Bourgueil à prouver par-devant le sénéchal de Saumur que leur culte était exercé en ladite ville dès les années 1596 et 1597.

E 5*, f° 187 r°, et ms. fr. 18166, f° 246 r°.

7520. — Arrêt ordonnant le payement des sommes dues aux anciens fermiers du droit de patente de Languedoc pour la sortie des denrées transportées sur le Rhône hors du royaume, ou dans des provinces où les aides n'ont pas cours.

E 5*, f° 188 r°, et ms. fr. 18166, f° 245 r°.

7521. — Arrêt évoquant au Conseil le procès pendant en la Cour des aides entre Me Gabriel de Guénegaud, commis au payement des dettes du duc de Mayenne, et les contrôleurs et gardes aux ports et portes de Paris pour la nouvelle imposition.

E 5*, f° 190 r°, et ms. fr. 18166, f° 245 r°.

7522. — Arrêt autorisant les députés du Dauphiné et des provinces circonvoisines à s'assembler par-devant les trésoriers de France à Lyon et à Grenoble, pour rechercher les meilleurs moyens d'acquitter les assignations levées sur la douane de Vienne, dont ils demandent la suppression.

E 5*, f° 191 r°, et ms. fr. 18166, f° 244 r°.

7523. — Arrêt ordonnant le remboursement de l'office supprimé de contrôleur des titres au bailliage d'Étampes.

E 5*, f° 192 r°, et ms. fr. 18166, f° 244 v°.

7524. — Arrêt interdisant au parlement de Bretagne et réservant au Conseil la connaissance de toutes les poursuites exercées par le lieutenant criminel à Nantes pour cause de l'établissement du devoir de 8 écus par muid de sel sortant de Bretagne.

E 5*, f° 193 r°, et ms. fr. 18166, f° 240 r°.

7525. — Arrêt déclarant que Jean Hopil, adjudicataire de la ferme dite «à la part du royaume», fournira ses cautions, non pas à Lyon, mais à Paris, par-devant le prévôt ou son lieutenant.

E 5*, f° 194 r°, et ms. fr. 18166, f° 241 r°.

7526. — Arrêt réglant le payement de la solde

des compagnies du commandeur de Chaste et du sieur de Villars, gouverneurs de Dieppe et du Havre-de-Grâce.

E 5*, f° 195 r°, et ms. fr. 18166, f° 242 v°.

7527. — Arrêt ordonnant à l'ambassadeur du Roi de tenter une nouvelle démarche auprès de l'Archiduc pour faire rendre à Corneille Jeusse, marchand hollandais demeurant à Rouen, deux bâtiments capturés par un vaisseau de guerre de Dunkerque, sans quoi des lettres de marque seraient délivrées audit marchand.

E 5*, f° 196 r°, et ms. fr. 18166, f° 241 v°.

7528. — Arrêt ordonnant aux trésoriers généraux de la marine du Levant de présenter, de quartier en quartier, au sieur de Dampierre, général des galères, l'état de recettes et de dépenses des deniers destinés à l'entretien des galères.

E 5*, f° 198 r°, et ms. fr. 18166, f° 243 r°.

7529. — Arrêt ordonnant aux États de Bourgogne de payer au sieur de Pouilly une indemnité de 15,000 livres, à raison des pertes par lui subies à l'occasion du siège de Seurre.

E 5*, f° 199 r°, et ms. fr. 18166, f° 240 v°.

7530. — Arrêt défendant aux fermiers, gardes et contrôleurs des bureaux de traite foraine établis sur la frontière du duché de Bourgogne de lever aucun droit sur les habitants de Saint-Amour, et autres du comté de Bourgogne, pour fruits récoltés dans l'intérieur du duché, ou pour fruits transportés d'un lieu à un autre du comté à travers une enclave dépendante du duché.

E 5*, f° 201 r°, et ms. fr. 18166, f° 243 v°.

7531. — Arrêt suspendant les poursuites exercées contre le sieur de Loudon, gentilhomme ordinaire de la Chambre, pour la répétition d'une somme à lui payée par ordre du feu duc de Nemours.

E 5*, f° 203 r°, et ms. fr. 18166, f° 239 v°.

7532. — Arrêt déclarant les habitants de la vicomté de Castillon-sur-Dordogne exempts des nouveaux subsides levés sur la Dordogne en tant qu'il s'agit de vin ou de denrées récoltées sur leur territoire, tout ainsi que les autres habitants de la sénéchaussée de Bordelais.

E 5°, f° 2o5 r°, et ms. fr. 18166, f° 238 v°.

7533. — Arrêt ordonnant que les habitants de Honfleur, ville reconnue frontière par Louis XI, payeront chaque année 282 écus 26 sols pour leur abonnement aux tailles.

E 5°, f° 2o6 r°, et ms. fr. 18166, f° 238 r°.

7534. — Arrêt relatif au payement des gages des officiers du présidial de Beauvais.

E 5°, f° 2o7 r°, et ms. fr. 18166, f° 237 v°.

7535. —Arrêt interdisant au parlement de Rennes et réservant au Conseil d'État la connaissance de l'appel interjeté par les habitants de Milizac contre une ordonnance des trésoriers de France en Bretagne.

E 5°, f° 2o8 r°, et ms. fr. 18166, f° 237 v°.

7536. — Arrêt autorisant M° Jacques Debriand, sieur de Filberant, avocat au parlement de Toulouse, à construire un moulin à eau près de Grenade, sur la Save.

E 5°, f° 2o9 r°, et ms. fr. 18166, f° 237 r°.

7537. — Arrêt défendant à M° Alain de Pourpry, conseiller au parlement de Bretagne, de faire exécuter la sentence par lui obtenue aux requêtes du palais de Rennes contre le receveur des fouages au diocèse de Tréguier.

E 5°, f° 2io r°, et ms. fr. 18166, f° 236 v°.

7538. — Arrêt prorogeant l'impôt levé sur les breuvages, en place du sol pour livre, dans les villes de Rouen, de Dieppe et du Havre.

E 5°, f° 2i1 r°, et ms. fr. 18166, f° 235 v°.

7539. — Arrêt donnant gain de cause à la ville du Mans dans le procès par elle intenté à M° François Le Gras, conseiller au Grand Conseil.

E 5°, f° 2i3 r°, et ms. fr. 18166, f° 235 r°.

7540. — Arrêt ordonnant la restitution d'une somme payée pour droit de marc d'or par Claude de Bugnon, trésorier des Ligues, attendu que M° Jean

Goulas, son prédécesseur, ayant fait plusieurs prêts au Roi, avait obtenu le privilège de résigner sans finance.

E 5°, f° 2i5 r°, et ms. fr. 18166, f° 232 v°.

7541. — Arrêt donnant mainlevée de cent deux balles de laine saisies sur trois marchands de Paris par le fermier général de la douane de Lyon, et déclarant que l'on n'est pas tenu de faire passer par Lyon, pour y acquitter le droit de douane, les laines provenant de Provence, de Dauphiné et de Languedoc.

E 5°, f° 2i6 r°, et ms. fr. 18166, f° 234 r°.

7542. — Arrêt attribuant provisoirement 6,ooo livres à Barthélemy Gallois et à Guillaume de Charancy, adjudicataires de la ferme dite « à la part du royaume », sur les deniers affectés au payement des dettes des pays ressortissants à ladite ferme.

E 5°, f° 2i8 r°, et ms. fr. 18166, f° 233 r°.

7543. — Arrêt maintenant la chambre des comptes de Bretagne en son ancienne juridiction sur les finances, sur le domaine, sur les eaux et forêts.

E 5°, f° 2i9 r°, et ms. fr. 18166, f° 232 r°.

7544. — Arrêt ordonnant à M° Pierre Le Charron, trésorier général de l'Extraordinaire des guerres, de fournir comptant 32,590 livres à M° Jean Charron, son compagnon d'office.

Ms. fr. 10843, f° 41 r°.

1603, 28 février. — Paris.

7545. — Arrêt condamnant M° Julien Colin, sieur de Champferrand, commis à la recette des deniers provenant de la vente des offices de receveurs des consignations, au payement de 1,550 écus assignés au comte de Saint-Paul, gouverneur de Picardie.

E 5°, f° 221 r°, et ms. fr. 18166, f° 223 v° (sous la date du 27 février).

1603, 4 mars. — Paris.

7546. — Arrêt ordonnant la vérification des prêts faits au Roi, depuis son avènement, par l'électeur Palatin, et lui assignant provisoirement la somme de 50,000 livres.

E 5°, f° 222 r°, et ms. fr. 18166, f° 255 v°.

7547. — Arrêt autorisant l'établissement d'un octroi à Louhans, le produit en devant être affecté au payement des dettes de ladite ville et particulièrement au payement de la rançon exigée par le feu duc de Nemours lorsqu'il s'empara de la ville.

E 5ᵉ, fᵒ 223 rᵒ, et ms. fr. 18166, fᵒ 256 rᵒ.

1603, 6 mars. — Paris.

7548. — Arrêt interdisant au parlement de Grenoble et réservant au Conseil la connaissance du fait des décimes, et déchargeant les bénéficiers de Dauphiné dont le revenu n'excède pas 100 livres du payement de leurs décimes des années 1586 à 1602.

E 5ᵉ, fᵒ 225 rᵒ, et ms. fr. 18166, fᵒ 257 vᵒ.

7549. — Arrêt statuant sur le procès pendant entre Henri de Monpezat, Guyon de Clermont, sieur de Vertilhac, et Pons de Lauzières, sieur de Themynes, sénéchal et gouverneur de Quercy.

E 5ᵉ, fᵒ 227 rᵒ, et ms. fr. 18166, fᵒ 256 vᵒ.

7550. — Arrêt ordonnant l'élargissement de Jean Boileau, sieur de Maulaville, caution de feu Mᵉ François Jusseaume, receveur général des finances à Tours.

E 5ᵉ, fᵒ 229 rᵒ, et ms. fr. 18166, fᵒ 258 vᵒ.

7551. — Arrêt ordonnant l'élargissement de Guilaume de Charancy, ci-devant adjudicataire de la ferme dite « à la part du royaume ».

E 5ᵉ, fᵒ 230 rᵒ, et ms. fr. 18166, fᵒ 259 rᵒ.

7552. — Arrêt ordonnant aux prévôts des maréchaux de faire escorter de ville en ville les deniers du Roi transportés à l'armée, aux recettes générales ou à l'Épargne.

E 5ᵉ, fᵒ 231 rᵒ, et ms. fr. 18166, fᵒ 260 rᵒ.

1603, 8 mars. — Paris.

7553. — Arrêt ordonnant le prompt recouvrement des restes du taillon de l'année 1602 dans les généralités de Tours, de Poitiers, de Bourges, de Limoges, de Riom et de Bordeaux.

Ms. fr. 10843, fᵒ 42 rᵒ.

7554. — Avis du Conseil tendant à renvoyer au sénéchal de Boulonnais une requête du sieur de Beaurepaire relative à un certain article du traité de Vervins.

Ms. fr. 10843, fᵒ 44 rᵒ.

1603, 13 mars. — Paris.

7555. — Arrêt révoquant les pouvoirs des commissaires députés pour la distribution des deniers affectés à l'acquittement des dettes de la maison de Guise, et ordonnant que dorénavant lesdits deniers seront distribués conformément aux états arrêtés au Conseil.

E 5ᵉ, fᵒ 232 rᵒ.

7556. — Arrêt relatif à la suppression de l'office de second prévôt en Bretagne.

E 5ᵉ, fᵒ 233 rᵒ, et ms. fr. 18166, fᵒ 260 rᵒ.

7557. — Arrêt accordant un rabais aux fermiers de l'ancien et du nouveau subside des 5 sols par muid de vin entrant en la ville de Troyes.

E 5ᵉ, fᵒ 235 rᵒ, et ms. fr. 18166, fᵒ 262 rᵒ.

7558. — Arrêt ordonnant que les habitants des Deffais contribueront au payement des impôts, non plus à Longué, mais à Saint-Philbert.

E 5ᵉ, fᵒ 236 rᵒ, et ms. fr. 18166, fᵒ 261 vᵒ.

7559. — Arrêt renvoyant aux trésoriers de France la requête de plusieurs marchands anglais et hollandais trafiquant par mer à Rouen, lesquels demandent à être déchargés de l'imposition du sol pour livre levée sur le hareng.

E 5ᵉ, fᵒ 237 rᵒ, et ms. fr. 18166, fᵒ 261 rᵒ.

7560. — Arrêt ordonnant la vérification des comptes des receveurs particuliers de la généralité d'Auvergne.

E 5ᵉ, fᵒ 238 rᵒ, et ms. fr. 18166, fᵒ 269 vᵒ.

7561. — Arrêt relatif à l'exemption de la ville d'Arles.

E 5ᵉ, fᵒ 239 rᵒ, et ms. fr. 18166, fᵒ 262 vᵒ.

7562. — Arrêt faisant itératives défenses à la

chambre des comptes de Normandie de connaître des malversations commises sur le fait des finances et gabelles antérieurement à l'année 1601, malversations dont la connaissance appartient à la Chambre royale.

E 5°, f° 241 r°, et ms. fr. 18166, f° 263 v°.

7563. — Arrêt adjugeant à M° Jean Ralluau l'office de receveur des tailles en l'élection de Mauléon.

E 5°, f° 243 r°, et ms. fr. 18166, f° 270 r°.

7564. — Arrêt faisant expresses défenses au parlement de Bourgogne et à tous autres juges de prendre connaissance du fait des décimes, et autorisant le receveur des décimes d'Autun à exercer des contraintes contre l'abbé de la Bussière.

E 5°, f° 245 r°, et ms. fr. 18166, f° 282 v°.

7565. — Arrêt chargeant Jean Boileau, sieur de Maulaville, du recouvrement des créances de feu François Jusseaume, receveur général des finances à Tours, et lui accordant le cinquième des sommes qu'il recouvrera.

E 5°, f° 247 r°, et ms. fr. 18166, f° 264 v°.

7566. — Arrêt autorisant le capitaine Colombier, désigné par les habitants de Saint-Malo, à armer un vaisseau et à se joindre, au besoin, aux capitaines Prevert et Pontgravé pour « aller au trafficq et descouverture des terres de Canada et païs adjacens, à la charge de contribuer à la tierce partie des loyaulx cousts et fraiz qui se feront en ladite descouverture ».

E 5°, f° 248 r°, et ms. fr. 18166, f° 265 r°.

7567. — Arrêt accordant à M° Jean Poictevin le premier office de conseiller qui viendra à vaquer dans les parlements de Toulouse, de Provence, de Grenoble ou de Bourgogne.

E 5°, f° 249 r°, et ms. fr. 18166, f° 265 v°.

7568. — Arrêt prorogeant une levée faite en la généralité de Tours et destinée au remboursement de 10,000 écus avancés par le sieur de La Frette, ci-devant gouverneur de la Ferté-Bernard.

E 5°, f° 250 r°, et ms. fr. 18166, f° 266 v°.

7569. — Arrêt statuant sur une instance pendante

entre le sieur de Trillart, ci-devant commandant d'une compagnie de lansquenets, et M° Pierre Martin, receveur général des finances en Guyenne.

E 5°, f° 251 r°, et ms. fr. 18166, f° 266 r°.

7570. — Arrêt confirmant à Louis de Pierres, sieur de Chagny, la jouissance de l'office de maître particulier des eaux et forêts en la vicomté d'Argentan.

E 5°, f° 252 r°, et ms. fr. 18166, f° 266 v°.

7571. — Arrêt rendu sur la requête du colonel Heyd, et réglant la vente des greffes de greniers ou de chambres à sel en Normandie.

E 5°, f° 254 r°, et ms. fr. 18166, f° 268 v°.

7572. — Arrêt ordonnant que, nonobstant un arrêt de la Cour des aides, les marchands de Meaux payeront l'impôt levé sur le poisson vendu en détail.

E 5°, f° 256 r°, et ms. fr. 18166, f° 269 r°.

1603, 15 mars. — Paris.

7573. — Arrêt relatif à la résignation de l'office de trésorier de France à Lyon faite par M° Jean Barailhon en faveur de M° Jean Sève.

E 5°, f° 258 r°, et ms. fr. 18166, f° 277 r°.

7574. — Arrêt donnant à Jacqueline Forget assignation d'une somme de 95,859 écus 38 sols avancée par son défunt mari, Pierre Le Grand, secrétaire du Roi.

E 5°, f° 259 r°, et ms. fr. 18166, f° 277 v°.

7575. — Arrêt accordant rabais de 1,045 livres 12 sols à M° Pierre de Pomey, fermier de la douane de Lyon, condamné pour des motifs qu'il ne doit pas chercher à connaître, à payer pareille somme au « baron de Rouspec », dont ses gardes avaient saisi l'argent et les pierreries à la frontière de Champagne.

E 5°, f° 260 r°, et ms. fr. 18166, f° 278 r°.

7576. — Arrêt accordant rabais de 5,000 écus au sous-fermier de la taxe des 20 sols par barrique de vin débitée à Bayonne, « attendu la contagion et stérilité du vin qui a esté si grande en Espagne et ès environs de Bayonne. »

E 5°, f° 262 r°, et ms. fr. 18166, f° 279 r°.

7577. — Arrêt ordonnant la vérification des sommes payées à Pierre Carlin pour le prix des greffes de Béziers et pour le prix d'autres offices dont il se trouve dépossédé.

E 5*, f° 264 r°, et ms. fr. 18166, f° 279 v°.

7578. — Arrêt déclarant la ville du Mans quitte de toutes les parties rayées en l'état des dettes arrêté par le sieur de Maupeou le 27 février dernier.

E 5*, f° 265 r°, et ms. fr. 18166, f° 283 v°.

7579. — Arrêt refusant d'autoriser les habitants d'Issoire à lever, chaque année, sur eux-mêmes 1,200 livres sous forme de capitation, mais leur permettant d'établir un droit d'entrée sur les denrées et marchandises.

E 5*, f° 266 r°, et ms. fr. 18166, f° 283 v°.

7580. — Arrêt autorisant la levée de 1,062 livres 8 sols que la ville de Beaugency a été condamnée à payer à d'anciens échevins.

E 5*, f° 267 r°, et ms. fr. 18166, f° 283 r°.

7581. — Arrêt interdisant la levée d'une taxe particulière ayant cours à Cusset en Auvergne.

E 5*, f° 268 r°, et ms. fr. 18166, f° 280 v°.

7582. — Arrêt réglant les conditions dans lesquelles Jean Gallois, fermier de la coutume du sel à Poissy, continuera à jouir de son bail.

E 5*, f° 270 r°, et ms. fr. 18166, f° 281 r°.

7583. — Arrêt affectant aux réparations de la ville de Chartres 500 écus pris sur l'impôt du vin levé en place du sol pour livre.

E 5*, f° 271 r°, et ms. fr. 18166, f° 282 r°.

7584. — Arrêt confirmant les sieurs de Mesmes et de Maignan, lieutenants du marquis de Rosny, grand maître de l'Artillerie, ès pays de Guyenne et Bretagne, en la jouissance de deux îles de la Garonne à eux données par le Roi.

E 5*, f° 272 r°, et ms. fr. 18166, f° 271 r°.

7585. — Arrêt ordonnant l'élargissement de Jean Richard, fermier du devoir des 8 écus par muid de sel sortant de Bretagne.

E 5*, f° 273 r°, et ms. fr. 18166, f° 271 v°.

7586. — Arrêt affectant une partie des gabelles du ressort du parlement de Paris au payement des gages des officiers de la Cour des monnaies.

E 5*, f° 275 r°, et ms. fr. 18166, f° 272 v°.

7587. — Arrêt déchargeant les habitants de Trainel de la subvention levée en place du sol pour livre durant les années 1599 et 1600.

E 5*, f° 277 r°, et ms. fr. 18166, f° 272 r°.

7588. — Arrêt ordonnant la réception de M° Claude Le Fèvre en l'office de maître ordinaire en la chambre des comptes de Bretagne.

E 5*, f° 279 r°, et ms. fr. 18166, f° 273 r°.

7589. — Arrêt ordonnant la vérification des finances payées par les clercs, commissaires et contrôleurs des fermes des aides, huitièmes, etc., en l'élection de Paris.

E 5*, f° 281 r°, et ms. fr. 18166, f° 274 v°.

7590. — Arrêt interdisant à la Cour des aides la connaissance du procès pendant au Conseil entre le baron de Salagnac, la duchesse d'Angoulême et le trésorier provincial de l'Extraordinaire des guerres en Limousin.

E 5*, f° 282 r°, et ms. fr. 18166, f° 275 r°.

7591. — Arrêt accordant 4,000 écus aux habitants de Castres pour la construction d'un nouvel hôpital, et ajournant toute réponse aux requêtes relatives à l'entretien des collèges et au payement des dettes municipales.

E 5*, f° 283 r°, et ms. fr. 18166, f° 275 v°.

7592. — Arrêt ordonnant que dorénavant les «passagers» et gens des postes seront payés de leurs gages par les trésoriers des menues affaires de la Chambre du Roi.

E 5*, f° 285 r°, et ms. fr. 18166, f° 276 r°.

7593. — Arrêt relatif à la perception d'un droit mis sur le sel à Brouage pour subvenir à l'entretien d'une balise qui indique l'endroit du port où plusieurs navires ont été coulés pendant le siège de ladite ville.

E 5*, f° 286 r°, et ms. fr. 18166, f° 276 v°.

7594. — Arrêt interdisant au présidial de Poitiers et réservant au Conseil la connaissance de l'appel interjeté par les fermiers des traites et impositions foraines de l'Anjou, de la vicomté de Thouars et du duché de Beaumont contre une ordonnance d'un trésorier de France en Poitou.

E 5ᵉ, fᵒ 287 rᵒ, et ms. fr. 18166, fᵒ 277 rᵒ.

7595. — Arrêt autorisant l'examen d'une prétendue procuration en vertu de laquelle Mᵉ Jean Verdier, trésorier de France à Limoges, a fait pourvoir son fils, âgé de moins de vingt ans, de l'office de lieutenant général au présidial de ladite ville.

E 5ᵉ, fᵒ 289 rᵒ, et ms. fr. 18166, fᵒ 284 rᵒ.

7596. — Arrêt défendant aux commissaires députés pour la recherche des officiers des finances de mettre les scellés sur les coffres des recettes et de s'immiscer en quoi que ce soit dans la direction des finances.

E 5ᵉ, fᵒ 291 rᵒ, et ms. fr. 18166, fᵒ 274 rᵒ.

7597. — Arrêt fixant à 30,000 livres la somme due au baron de Ramefort, gouverneur de Sisteron, et à son frère, et en ordonnant la levée.

E 5ᵉ, fᵒ 293 rᵒ, et ms. fr. 18166, fᵒ 280 rᵒ.

7598. — Arrêt ordonnant à Mᵉ Claude Josse, fermier général des gabelles, de payer, pendant les six années de son bail, une rente de 500 livres appartenant à Mᵉ Raymond Phélypeaux, conseiller d'État et trésorier de l'Épargne.

Ms. fr. 10843, fᵒ 45 rᵒ.

1603, 16 mars. — Paris.

7599. — Arrêt autorisant André Turrato et Jérôme Gérasme, ce dernier installé dans la maison d'Alexandre Devieux, parfumeur et valet de chambre du Roi, à exercer, chacun de son côté, le métier de batteur d'or et « à faire les essaiz dudit art, pour, après lesditz essays, estre ordonné par Sa Majesté ainsy que de raison ».

E 5ᵉ, fᵒ 294 rᵒ, et ms. fr. 18166, fᵒ 281 vᵒ.

1603, 18 mars. — Paris.

7600. — Arrêt commettant le sieur de Vienne, conseiller d'État, pour vérifier les finances payées par les clercs, commissaires et contrôleurs des fermes des aides en l'élection de Paris.

E 5ᵉ, fᵒ 295 rᵒ, et ms. fr. 18166, fᵒ 285 rᵒ.

7601. — Arrêt affectant au remboursement de Mᵉ Philippe Chahu, trésorier triennal de la marine du Levant, 5,725 écus 40 sols saisis sur Mᵉ François Byonneau, trésorier de ladite marine.

E 5ᵉ, fᵒ 296 rᵒ, et ms. fr. 18166, fᵒ 284 vᵒ.

7602. — Arrêt ordonnant à Mᵉ Honoré de Serres, trésorier de la marine du Levant, de bailler, dans les deux mois, à Mᵉ Philippe Chahu, son compagnon d'office, tous les deniers, mandements et certifications qu'il peut avoir entre les mains.

Ms. fr. 10843, fᵒ 46 rᵒ.

7603. — Arrêt ordonnant à Mᵉ Byonneau, trésorier de la marine du Levant, de bailler immédiatement à Mᵉ Philippe Chahu, son compagnon d'office, tous les deniers, mandements et certifications qu'il peut avoir entre les mains.

Ms. fr. 10843, fᵒ 48 rᵒ.

1603, 20 mars. — Paris.

7604. — Arrêt autorisant Pierre, François et Foulque Rinucini, marchands florentins fréquentant les foires de Lyon, à poursuivre un procès devant le Grand Conseil.

E 5ᵉ, fᵒˢ 298 rᵒ et 302 rᵒ, et ms. fr. 18166, fᵒ 285 vᵒ.

7605. — Arrêt réglant le payement de 6,975 livres 4 sols 6 deniers assignés à Mᵉ Jean Palot, secrétaire du Roi, commis au payement des garnisons protestantes.

E 5ᵉ, fᵒ 304 rᵒ, et ms. fr. 18166, fᵒ 288 vᵒ.

1603, 22 mars. — Paris.

7606. — Arrêt autorisant provisoirement les

17.

protestants d'Amiens à exercer leur culte au village de Guignemicourt, en attendant l'avis du comte de Saint-Pol, gouverneur de Picardie, et du sieur de Caulaincourt, propriétaire dudit village.

E 5°, f° 3o5 r°, et ms. fr. 18166, f° 288 r°.

7607. — Arrêt relatif au procès pendant entre Scipion Sardini et le clergé des diocèses de Grenoble et de Gap.

E 5°, f° 3o6 r°, et ms. fr. 18166, f° 288 r°.

7608. — Arrêt statuant sur un procès pendant entre les syndics des États de Bretagne et les veuve et héritiers du duc de Mercœur.

E 5°, f° 3o7 r°, et ms. fr. 18166, f° 287 v°.

7609. — Arrêt réservant au Conseil la connaissance des procès soulevés à l'occasion de la vente des offices de M° François Remy, receveur général des gabelles à Montpellier.

E 5°, f° 3o8 r°, et ms. fr. 18166, f° 287 r°.

7610. — Arrêt cassant plusieurs arrêts du parlement de Bourgogne relatifs aux droits du fermier général de la douane de Lyon, des traites et impositions foraines de Picardie, de Champagne et de Bourgogne.

E 5°, f° 3io r°, et ms. fr. 18166, f° 289 r°.

7611. — Arrêt relatif à la levée de 5,765 livres 1 sol 2 deniers que les gouverneur et échevins de Meaux ont été condamnés à payer aux héritiers d'un receveur particulier des tailles.

E 5°, f° 314 r°, et ms. fr. 18166, f° 290 v°.

7612. — Arrêt relatif au remboursement de l'office de M° Philippe Chahu, trésorier général de la marine du Levant.

E 5°, f° 3i6 r°, et ms. fr. 18166, f° 291 v°.

1603, 24 mars. — Paris.

7613. — Adjudication des droits de traite foraine et de patente de Provence et Languedoc faite, pour six ans, à Jean Lejay, moyennant le payement annuel de 217,000 livres.

E 5°, f° 317 r°, et ms. fr. 18166, f° 316 r°.

7614. — Adjudication des gabelles de Provence faite, pour six ans, à Jean Chevalier, moyennant le payement annuel de 183,000 livres.

E 5°, f° 324 r°, et ms. fr. 18166, f° 322 v°.

7615. — Arrêt statuant sur les instances pendantes entre la ville d'Arles et M° Gaspard de Rabastens, fermier général des greniers à sel de Provence.

E 5°, f° 332 r°, et ms. fr. 18166, f° 312 v°.

7616. — Arrêt accordant à M° Claude Dumoulin, sieur de Boutard, la vingtième partie du bénéfice qui pourra être obtenu grâce à un avis que ledit Dumoulin propose de donner au Roi.

E 5°, f° 336 r°, et ms. fr. 18166, f° 292 r°.

7617. — Arrêt ordonnant le payement de 200 livres dues à Pierre Maure, menuisier, pour travaux exécutés, par ordre du feu Roi, tant à l'oratoire du parc des Tournelles qu'en la maison voisine des Capucins du faubourg Saint-Honoré.

E 5°, f° 337 r°, et ms. fr. 18166, f° 292 v°.

7618. — Arrêt accordant à deux marchands suisses mainlevée de plusieurs pièces de drap et de serge de Beauvais saisies au bureau de la foraine de Troyes.

E 5°, f° 338 r°, et ms. fr. 18166, f° 293 r°.

7619. — Arrêt ordonnant la restitution des sommes consignées par M° François Byonneau, trésorier général de la marine du Levant, pour le remboursement de l'office de trésorier triennal de M° Philippe Chahu.

E 5°, f° 340 r°, et ms. fr. 18166, f° 294 v°.

7620. — Arrêt interprétant, sur la demande de M° Claude Josse, fermier général des gabelles, l'arrêt du 4 février dernier (n° 7447) relatif aux gabelles de Normandie.

E 5°, f° 342 r°, et ms. fr. 18166, f° 293 v°.

7621. — Arrêt confirmant celui du 21 février dernier (n° 7486), nonobstant la requête des catholiques de Layrac.

E 5°, f° 344 r°, et ms. fr. 18166, f° 295 v°.

7622. — Arrêt confirmant l'exemption de décimes

accordée, par lettres de 1594, de 1597 et de 1600, à Éléonore de Bourbon, abbesse de Fontevrault.

E 5ª, fᵒ 345 rᵒ, et ms. fr. 18166, fᵒ 295 rᵒ.

7623. — Arrêt rendu sur une instance entre la ville de Jegun et Jean Pallato, bourgeois d'Auch, ordonnant vérification des levées faites dans le comté d'Armagnac pour le remboursement des sommes payées au sieur de Montespan, etc.

E 5ª, fᵒ 347 rᵒ, et ms. fr. 18166, fᵒ 296 vᵒ.

7624. — Arrêt déclarant que les marchandises venant du Levant, de l'Italie ou de l'Espagne seront transportées directement à Lyon avant de pouvoir être débitées au royaume, tout ainsi que les marchandises expédiées du Languedoc, de la Provence ou du Dauphiné à destination de la Savoie, du pays de Dombes, de la Franche-Comté, de Genève, de la Suisse ou de l'Allemagne.

E 5ª, fᵒ 351 rᵒ, et ms. fr. 18166, fᵒ 296 rᵒ.

7625. — Arrêt assignant 4,500 écus au sieur de La Resnière, gouverneur de Bellême, pour le reste de la rançon du sieur de La Mothe-Serrant, déféré, par ordre du Roi, au parlement de Tours et condamné à être rompu vif.

E 5ª, fᵒ 353 rᵒ, et ms. fr. 18166, fᵒ 301 rᵒ.

7626. — Arrêt ordonnant que Mᵉ Geoffroy Geuffremieau, receveur général du taillon à Châlons, soit contraint au payement d'une somme de 756 écus 47 sols 3 deniers.

E 5ª, fᵒ 354 rᵒ, et ms. fr. 18166, fᵒ 301 vᵒ (sous la date du 15 mars).

7627. — Arrêt ordonnant aux trésoriers des Parties casuelles d'expédier leurs quittances des offices taxés au Conseil, nonobstant tous actes de saisie ou d'opposition qui pourraient être signifiés à la requête des particuliers.

E 5ª, fᵒ 355 rᵒ, et ms. fr. 18166, fᵒ 300 vᵒ.

7628. — Arrêt réglant le payement de 6,000 écus dus aux capitaines suisses Peter von Derlach et Antoine Meyster.

E 5ª, fᵒ 356 rᵒ, et ms. fr. 18166, fᵒ 299 vᵒ.

7629. — Arrêt validant le payement d'une somme de 459 écus employée au rachat de la geôle des prisons de Limoges.

E 5ª, fᵒ 358 rᵒ, et ms. fr. 18166, fᵒ 299 rᵒ.

7630. — Arrêt relatif à l'instance pendante entre le sieur de Montmartin, gouverneur de Vitré, et les habitants des paroisses de Piré et Moulins.

E 5ª, fᵒ 359 rᵒ, et ms. fr. 18166, fᵒ 306 rᵒ.

7631. — Arrêt accordant un rabais aux héritiers de François Perrin, fermier de l'équivalent au diocèse de Castres, attendu les pertes par lui subies à raison du siège de Castres.

E 5ª, fᵒ 361 rᵒ, et ms. fr. 18166, fᵒ 305 vᵒ.

7632. — Arrêt déclarant exempts des droits de traites foraines et domaniales établis en 1597 le blé et le vin des habitants de Linchamp, de Château-Regnault et des autres terres franches, situées au delà et en deçà de la Meuse, appartenant à la duchesse de Guise.

E 5ª, fᵒ 362 rᵒ, et ms. fr. 18166, fᵒ 305 rᵒ.

7633. — Quittance de Sébastien Zamet pour une somme de 6,000 écus à lui empruntée, en 1596, par les seigneurs du Conseil, et à lui remboursée sur les deniers du parisis des greffes.

E 5ª, fᵒ 364 rᵒ, et ms. fr. 18166, fᵒ 303 vᵒ.

7634. — Arrêt ordonnant l'adjudication de la fourniture du sel au bas pays d'Auvergne, nonobstant la requête des gens du tiers état.

E 5ª, fᵒ 365 rᵒ, et ms. fr. 18166, fᵒ 304 rᵒ.

7635. — Arrêt évoquant au Conseil les procès intentés en la Cour des aides contre Mᵉ Claude Josse par les fournisseurs du grenier à sel de Rouen et par les anciens adjudicataires de la fourniture du sel.

E 5ª, fᵒ 366 rᵒ, et ms. fr. 18166, fᵒ 303 rᵒ.

7636. — Arrêt relatif à la prorogation d'un octroi mis sur le sel en la ville de Sens.

E 5ª, fᵒ 367 rᵒ, et ms. fr. 18166, fᵒ 303 rᵒ.

7637. — Avis du Conseil tendant à accorder une indemnité de 1,500 livres à la dame de Carnavalet, marquise de Saint-Martin, pour la perte du blé que lui a pris le baron de Lux, lieutenant du Roi en Bresse.

E 5*, f° 368 r°, et ms. fr. 18166, f° 302 v°.

7638. — Arrêt ordonnant le remboursement des offices de receveurs particuliers des greniers et magasins à sel, des receveurs et contrôleurs généraux provinciaux du sel de la généralité de Berry.

E 5*, f° 369 r°, et ms. fr. 18166, f° 321 v°.

7639. — Arrêt ordonnant qu'Éléazar Sevin, avocat au parlement de Paris, soit remboursé de son office de procureur du Roi en la prévôté d'Orléans.

E 5*, f° 371 r°, et ms. fr. 18166, f° 302 r°.

7640. — Arrêt autorisant Me Bénigne Saulnier, receveur général des finances à Lyon, à rembourser du prix de son office, bien que les délais soient expirés, le receveur général triennal des finances à Lyon.

E 5*, f° 372 r°, et ms. fr. 18166, f° 302 r°.

7641. — Arrêt donnant mainlevée aux habitants de Bréchainville d'une somme de 145 écus réclamée par Léonard de Chaumont, sieur de Saint-Cheron.

E 5*, f° 373 r°, et ms. fr. 18166, f° 320 v°.

7642. — Arrêt attribuant à la Reine tous les deniers qui proviendront de l'ampliation de pouvoirs des huissiers-sergents dans les ressorts des parlements de Bretagne, de Normandie et de Bourgogne, pour lui donner moyen d'acquitter certaines dettes de son écurie et de son argenterie, attendu que ses états ordinaires suffisent à peine aux dépenses de sa maison.

E 5*, f° 375 r°, et ms. fr. 18166, f° 321 r°.

7643. — Arrêt relatif au payement des fermages de Jean Lejay, adjudicataire des droits de patente de Languedoc et de Provence.

E 5*, f° 377 r°, et ms. fr. 18166, f° 320 r°.

7644. — « Reiglement... touchant le faict des eaues et forestz au deppartement de Languedoc, Provence, Daulphiné et ressort de la court de parlement de Thoulouze. »

E 5*, f° 378 r°, et ms. fr. 18166, f° 310 r°.

7645. — Arrêt fixant à 2,500 écus le prix des fournitures extraordinaires faites par feu Guillaume de Poisblanc aux magasins de Montreuil, Boulogne et Rue.

E 5*, f° 382 r°, et ms. fr. 18166, f° 309 v°.

7646. — Arrêt ordonnant le payement de 1,016 écus 54 sols 3 deniers dus à la duchesse de Nemours sur le produit des ventes de bois faites en la forêt de Montargis.

E 5*, f° 383 r°, et ms. fr. 18166, f° 309 r°.

7647. — Arrêt ordonnant qu'il soit procédé, nonobstant l'opposition de la duchesse d'Angoulême, à la vente des terres vaines et vagues, des buissons et broussailles des châtellenies de Montluçon, Bourbon-l'Archambault, Hérisson, Souvigny, Verneuil et Ainay.

E 5*, f° 384 r°, et ms. fr. 18166, f° 308 v°.

7648. — Arrêt évoquant au Conseil le procès pendant entre les officiers du présidial de Troyes et Me Jean de Villeboys, receveur général des présidiaux de Champagne.

E 5*, f° 385 r°, et ms. fr. 18166, f° 308 r°.

7649. — Arrêt déclarant que les habitants d'Avignon ne seront soumis aux droits de foraine ou de patente que comme les habitants de la Provence, du Dauphiné et des autres provinces où les aides n'ont point cours.

E 5*, f° 387 r°, et ms. fr. 18166, f° 307 v°.

7650. — Arrêt attribuant à Jean Baziant, receveur triennal des aides et tailles en l'élection de Melun, l'office de receveur ancien saisi sur Me Jean Gilles.

E 5*, f° 389 r°, et ms. fr. 18166, f° 327 r°.

7651. — Arrêt réglant l'union de l'office de trésorier général triennal de l'Artillerie aux deux offices de trésorier ancien et de trésorier alternatif.

E 5*, f° 391 r°, et ms. fr. 18166, f° 328 r°.

7652. — Arrêt relatif au payement de la pension du comte d'Auvergne.

E 5*, f° 393 r°, et ms. fr. 18166, f° 328 v°.

7653. — Arrêt ordonnant le remboursement de l'office d'élu particulier à Lagny.

E 5*, f° 395 r°, et ms. fr. 18166, f° 332 r°.

7654. — Arrêt ordonnant le payement des sommes dues aux receveurs des traites et impositions foraines d'Anjou par le fermier général du nouveau subside de la Loire.

E 5ᵉ, f° 397 r°, et ms. fr. 18166, f° 331 v°.

7655. — Arrêt statuant sur une instance pendante entre le fermier général des greniers à sel de Provence et les habitants de Saintes-Maries.

E 5ᵉ, f° 398 r°, et ms. fr. 18166, f° 304 v°.

7656. — Arrêt statuant sur un procès pendant entre Guillaume Remoy, valet de chambre du Roi, et François Naulet, marchand de Nevers.

E 5ᵉ, f° 400 r°, et ms. fr. 18166, f° 330 r°.

7657. — Arrêt accordant au tuteur de Louis Hurault, baron d'Huriel, mainlevée d'une somme de 6,000 écus due par le duc et la duchesse de Mercœur au feu chancelier Philippe Hurault, et saisie à la requête de Mᵉ Pierre Maupeou, sieur du Monceau.

E 5ᵉ, f° 402 r°, et ms. fr. 18166, f° 329 v°.

7658. — Arrêt réglant l'union de l'office de receveur triennal des aides et tailles en l'élection de Montreuil-Bellay aux deux offices de receveur ancien et de receveur alternatif.

E 5ᵉ, f° 404 r°, et ms. fr. 18166, f° 329 r°.

7659. — Arrêt accordant à Jean Augier, lieutenant de la maréchaussée à Châteauroux, mainlevée de ses gages saisis à la requête de ses créanciers, à moins que ses dettes ne procèdent d'achats d'armes et de chevaux ou de dépenses de bouche.

E 5ᵉ, f° 405 r°, et ms. fr. 18166, f° 332 v°.

7660. — Arrêt autorisant le tiercement du droit de 12 deniers par minot de sel précédemment affecté aux lieutenants des greniers et chambres à sel, et maintenant réuni aux greffes desdits greniers.

E 5ᵉ, f° 406 r°, et ms. fr. 18166, f° 306 v°.

7661. — Arrêt déclarant que les receveurs des tailles en la généralité de Rouen jouiront des droits de 40 et de 10 sols parisis à eux attribués par édit de juin 1599 pour le port des commissions de la taille et des crues, et ce nonobstant un arrêt de la cour des aides de Normandie.

Ms. fr. 10843, f° 50 r°.

7662. — Arrêt renvoyant en la seconde chambre de la Cour des aides les procès pendants entre dame Louise Jay, comtesse d'Escars, auparavant veuve de Georges de Villequier, vicomte de La Guierche, et Mᵉ Guillaume de Sève, sieur de Saint-Julien, notaire et secrétaire du Roi, au sujet d'une somme de 5,270 écus prise par ledit Villequier, en 1589, dans la recette de Guéret.

Ms. fr. 10843, f° 51 r°.

7663. — Arrêt pourvoyant au remplacement de Mᵉ Pierre Guillemynot, secrétaire du prince de Condé, comme greffier de la commission chargée de la recherche du domaine usurpé et de la confection du papier terrier dans la généralité de Paris.

Ms. fr. 10843, f° 53 r°.

7664. — Arrêt ordonnant la restitution de certaines étoffes et denrées expédiées à l'ambassadeur d'Angleterre en France, et saisies par le fermier de la romaine de Rouen.

Ms. fr. 10843, f° 55 r°.

7665. — Arrêt ordonnant l'exécution du règlement fait au sujet de la coupe des bois de la seigneurie de Mouzon.

Ms. fr. 18166, f° 333 r°.

1603, 17 avril. — Paris.

7666. — Arrêt ordonnant que les commis ou associés du fermier des 37 sols 6 deniers par muid de sel sortant du gouvernement de Brouage seront arrêtés ou gardés à vue.

E 5ᵉ, f° 408 r°.

7667. — «Remonstrances... faictes... par le sieur Delorme, trésorier général de France en Champaigne, les lieutenans. généraulx et procureurs du Roy des bailliages de ladite généralité, commissaires depputez de Sa Majesté... pour la confection du papier terrier de son domaine et recherche de ses droictz dommaniaulx en ladite générallitté », avec les réponses du Conseil.

Ms. fr. 10843, f° 57 r°.

1603, 10 mai. — Fontainebleau.

7668. — Arrêt réservant aux quatre huissiers ordinaires du Conseil le droit exclusif d'exécuter : 1° les arrêts du Conseil des finances et du Conseil des parties simplement revêtus de la signature d'un secrétaire du Conseil; 2° les ordonnances des conseillers d'État relatives aux matières traitées dans le Conseil des finances; autorisant, au contraire, les huissiers du Grand Conseil et des Requêtes de l'Hôtel à exécuter concurremment avec les huissiers du Conseil : 1° les arrêts du Conseil scellés; 2° les ordonnances des maîtres des requêtes relatives aux matières traitées dans le Conseil des parties.

AD I 136, n° 19.

1603, 3 juin. — Paris.

7669. — Arrêt désignant un rapporteur dans l'instance pendante au Conseil entre Jean Maillart, Guillaume Perigot et Raoul Marchand, instance dans laquelle il est question de la pancarte.

Ms. fr. 16216, f° 129 r°.

1603, 1er juillet. — Paris.

7670. — Arrêt réglant le remboursement des offices de payeurs des prévôts des maréchaux, naguère supprimés.

E 5ᵇ, f° 1 r°.

7671. — Arrêt confirmant les franchises des foires de Lyon, et évoquant au Conseil d'État le procès pendant entre plusieurs marchands et le fermier des droits de traite et de patente de Languedoc.

E 5ᵇ, f° 2 r°.

7672. — Arrêt réglant le remboursement de 480 écus avancés, en 1597, par Jacques Borel, capitaine ordinaire du charroi de l'Artillerie.

E 5ᵇ, f° 4 r°.

7673. — Arrêt ordonnant le déplacement du bureau de la recette des tailles de Niort, attendu l'épidémie qui sévit en ladite ville.

E 5ᵇ, f° 6 r°.

7674. — Arrêt relatif à l'élargissement des prisonniers détenus par ordre des commissaires députés pour la recherche des malversations commises au fait des finances en la généralité de Lyon.

E 5ᵇ, f° 7 r°.

7675. — Arrêt ordonnant la mise en adjudication de la ferme des droits d'entrée et de sortie du vin en la généralité de Picardie.

E 5ᵇ, f° 9 r°.

7676. — Arrêt confirmant sœur Renée de La Salle en la possession de l'abbaye de Saint-Antoine-des-Champs, nonobstant les provisions obtenues en Cour de Rome par sœur Marie de La Salle, prieure de l'hôpital de Senlis.

E 5ᵇ, f° 10 r°.

7677. — Arrêt déchargeant Urbain de Laval, maréchal de Bois-Dauphin, des condamnations portées contre lui par un arrêt de la Cour des aides donné au profit de Mᵉ Étienne de Vaulx, chirurgien de Laval.

Ms. fr. 16216, f° 131 r°.

1603, 4 juillet. — Paris.

7678. — Remontrances, en trente-deux articles, présentées par les églises réformées de France au sujet de diverses contraventions à l'édit de Nantes, avec les réponses du Conseil.

E 5ᵇ, f° 12 r°.

1603, 8 juillet. — Paris.

7679. — Arrêt autorisant l'emprunt de 12,000 livres destinées aux réparations les plus urgentes des ponts d'Orléans.

E 5ᵇ, f° 24 r°.

7680. — Arrêt relatif au cautionnement de Mᵉ Gédéon Garrault, commis à la recette des taxes d'hérédité levées sur les officiers des gabelles.

E 5ᵇ, f° 25 r°.

7681. — Réponses aux articles présentés par Gédéon Garrault au sujet de plusieurs difficultés qu'il a rencontrées en l'exécution de sa commission susdite.

Ms. fr. 16216, f° 133 r°.

7682. — Arrêt ordonnant la vérification des pouvoirs conférés au sieur de Laporte, président en la chambre des comptes de Bretagne, pour la recherche des parties tenues en souffrance par ladite chambre sur les comptes des receveurs de Bretagne.

E 5ᵇ, f° 26 r°.

1603, 10 juillet. — Paris.

7683. — Avis du Conseil tendant à attribuer l'office de sergent à verge, priseur et vendeur de biens au Châtelet de Paris à la veuve et aux enfants du précédent titulaire, Jacques Yvonneau, tué dans l'exercice de ses fonctions.

E 5ᵇ, f° 27 r°.

7684. — Arrêt déclarant que les habitants de Frontignan jouiront provisoirement, et en baillant caution, de l'exemption du droit de patente sur le vin à eux accordée par arrêt du 11 octobre 1599 (n° 5533).

Ms. fr. 16216, f° 135 r°.

1603, 12 juillet. — Paris.

7685. — Arrêt maintenant Mᵉ Jean-Jacques Le Febvre en l'office de procureur général au parlement de Bretagne.

E 5ᵇ, f° 28 r°.

1603, 15 juillet. — Paris.

7686. — Arrêt déclarant les habitants de Marseille exempts des droits forains pour toute marchandise chargée au port de ladite ville, à condition qu'ils acquitteront les droits de la « table de la mer ».

E 5ᵇ, f° 29 r°.

7687. — Arrêt de décharge rendu en faveur de Mᵉ Claude Faure, ci-devant commis à la recette des 60,000 écus levés sur les pays ressortissants à la ferme dite « à la part du royaume ».

E 5ᵇ, f° 31 r°.

7688. — Arrêt condamnant le receveur des tailles au diocèse de Saint-Pons à payer 2,000 écus pour attribution de nouveaux droits.

E 5ᵇ, f° 36 r°.

7689. — Arrêt relatif à une instance pendante entre des marchands d'Agen et le fermier général de la douane de Lyon.

E 5ᵇ, f° 38 r°.

1603, 17 juillet. — Paris.

7690. — Arrêt défendant à tous marchands trafiquant en la Méditerranée de longer les côtes placées sous la domination du Grand Seigneur, si ce n'est avec des vaisseaux d'au moins 7,000 quintaux, pourvus d'un équipage capable de les défendre.

E 5ᵇ, f° 39 r°.

7691. — Arrêt statuant sur une instance pendante entre les habitants d'Auteuil, Boulogne, Saint-Cloud, Suresnes et Villiers-la-Garenne et les officiers de la gruerie du bois de Boulogne, et déterminant dans quelle mesure ceux-ci contribueront aux tailles.

E 5ᵇ, f° 41 r°.

7692. — Arrêt prorogeant le sursis accordé à Antoine et à François de Vienne pour le payement de 4,000 écus par eux dus à Jean d'Autruy, maire de Troyes.

E 5ᵇ, f° 43 r°.

7693. — Arrêt réglant le payement d'une rente constituée à Mᵉ Blaise Feloix, lieutenant criminel à Troyes.

E 5ᵇ, f° 44 r°.

7694. — Arrêt condamnant Louis Bechon, receveur des aides et tailles à Péronne, à rembourser aux héritiers de Mathias Fournier, receveur alternatif, la moitié du prix de l'office de receveur triennal.

E 5ᵇ, f° 4 r°.

7695. — Arrêt évoquant le procès criminel intenté aux sieurs d'Aunon et de Ricarville à la poursuite du fermier général des gabelles.

E 5ᵇ, f° 46 r°.

7696. — Arrêt défendant aux fermiers de la foraine de Languedoc de lever aucun droit de péage sur le blé conduit à Marseille par Philippe-Emmanuel de Gondi, sieur de Dampierre, général des galères, pour la nourriture des forçats.

E 5ᵇ, fˢ 47 rᵉ et 49 rᵉ.

1603, 18 juillet. — Paris.

7697. — Arrêt accordant un délai au tuteur des enfants de Mᵉ Gilles Prin, receveur des tailles en l'élection de Nogent-sur-Seine, pour la production des comptes du défunt.

E 5ᵇ, fˢ 51 rᵉ.

7698. — Arrêt réglant le payement des sommes dues aux compagnies du duc d'Épernon et du comte de Candalle, son fils, pour deux quartiers de l'année 1598.

E 5ᵇ, fˢ 52 rᵉ.

7699. — Arrêt ordonnant le remboursement de la finance payée, en 1588, par Mᵉ Claude Le Tonnelier, trésorier de France à Orléans, pour un office de président-trésorier de France au bureau établi à Chartres.

E 5ᵇ, fˢ 53 rᵉ.

7700. — Arrêt déclarant l'évêque, les députés du diocèse et les habitants de Langres exempts de tous droits de traite pour les denrées qu'ils transportent en Bourgogne.

E 5ᵇ, fˢ 55 rᵉ.

7701. — Arrêt renvoyant à la Cour des aides l'instance pendante entre Louis Leschassier, secrétaire du Roi, et Mᵉ François Boireau au sujet de l'office de receveur des aides, tailles et taillon en l'élection de Montluçon.

Ms. fr. 16216, fˢ 137 rᵉ.

1603, 24 juillet. — Paris.

7702. — Arrêt ordonnant qu'Imbert de Diesbach, ci-devant colonel suisse, soit mis en possession de la terre de Vauchassis, à lui adjugée le 9 août 1595.

E 5ᵇ, fˢ 56 rᵉ.

7703. — Arrêt réglant la mise en adjudication des offices de Mᵉ François Remy, receveur général des finances et des gabelles en la généralité de Montpellier.

E 5ᵇ, fˢ 58 rᵉ.

7704. — Arrêt de décharge rendu en faveur de Guillaume Remoy, valet de chambre du Roi, caution de feu Mᵉ Philippe Chercault, receveur général des finances à Moulins.

E 5ᵇ, fˢ 60 rᵉ.

7705. — Arrêt ordonnant aux trésoriers de France à Riom de faire savoir pour quels motifs ils ont voulu faire contribuer la ville ouverte d'Usson aux 10,000 livres levées sur les villes closes de la généralité, attendu que ladite ville est exemptée de tous impôts pour tout le temps que la reine Marguerite y fera sa résidence habituelle.

E 5ᵇ, fˢ 62 rᵉ.

7706. — Arrêt relatif aux actes de rebellion commis par plusieurs officiers de Beauvais à l'occasion de la recherche du droit de marc d'or.

E 5ᵇ, fˢ 63 rᵉ.

7707. — Arrêt interprétant celui du 10 mai dernier (nᵒ 7668) et déclarant que, sous le nom d'arrêts du Conseil des parties, Sa Majesté a entendu comprendre même les appointements et ordonnances mis au bas des requêtes signées par le greffier dudit Conseil et relatives à l'instruction du procès.

AD I 136, nᵒ 19.

7708. — Arrêt déclarant les gentilshommes et les ecclésiastiques de Normandie exempts de l'obligation de prendre du sel « par impôt », à condition qu'ils s'approvisionneront dans les greniers du Roi, et renvoyant à la cour des aides de Normandie la connaissance des appels interjetés contre les sentences des commissaires députés sur le fait des abus et malversations commis au fait des gabelles.

AD I 137, nᵒ 1.

1603, 26 juillet. — Paris.

7709. — Arrêt déchargeant du droit de marc d'or,

à la requête de la reine Marguerite, les officiers du duché de Valois, des comtés de Senlis, d'Agenais, de Condomois, de Rouergue et de Lauraguais et de la châtellenie d'Usson.

E 5ᵇ, fᵒ 64 rᵒ.

7710. — Arrêt accordant un rabais aux héritiers de Jean Rivière, fermier de l'équivalent au diocèse de Castres.

E 5ᵇ, fᵒ 65 rᵒ.

7711. — Arrêt relatif à l'opposition formée par le prévôt des marchands, les échevins, les tanneurs, corroyeurs et aiguilletiers de Lyon contre l'exécution de l'édit de la marque des cuirs.

E 5ᵇ, fᵒ 66 rᵒ.

7712. — Arrêt réglant le payement des gages des officiers du guet d'Orléans.

E 5ᵇ, fᵒ 67 rᵒ.

7713. — Arrêt renvoyant à la Chambre royale le procès intenté aux élus, contrôleurs et officiers de l'élection de Périgord.

E 5ᵇ, fᵒ 69 rᵒ.

7714. — Arrêt ordonnant le remboursement de la finance payée par feu Pierre Gaultier pour un office d'élu en l'élection de Loudun.

E 5ᵇ, fᵒ 71 rᵒ.

7715. — Arrêt évoquant au Conseil le procès intenté à deux sergents royaux de Pierre-Buffière par un clerc au greffe du parlement de Bordeaux.

E 5ᵇ, fᵒ 72 rᵒ.

7716. — Articles présentés par Gaspard Corneglia, fermier des péages de la traverse aux pays de Bresse, Bugey, Valromey et Gex, avec les réponses du Conseil.

E 5ᵇ, fᵒ 73 rᵒ.

7717. — Arrêt autorisant les officiers de l'élection du Maine et le greffier de l'élection de Mayenne à rembourser les offices d'élus particuliers au bailliage de Lassay et à Gorron.

E 5ᵇ, fᵒ 75 rᵒ.

7718. — Arrêt ordonnant que Mᵉ Raymond Gonnet soit reçu en l'office de conseiller au siège particulier de Sarlat par les maîtres des requêtes de l'Hôtel.

E 5ᵇ, fᵒ 76 rᵒ.

7719. — Arrêt relatif à la restitution des gages du quartier de janvier 1596 payés aux trésoriers de France et aux autres officiers de la recette générale de Bourges par Mᵉ Jean Fineau, ci-devant receveur général, ou par Jean Ragueau, son commis.

Ms. fr. 16216, fᵒ 138 rᵒ.

1603, 28 juillet. — [Paris.]

7720. — Arrêt ordonnant l'arrestation de Michel Artault, à la suite des procédures entamées contre les notaires et sergents royaux par le sieur de Refuge, intendant de la justice en Lyonnais, Forez et Beaujolais.

E 5ᵇ, fᵒ 78 rᵒ.

7721. — Arrêt relatif au procès intenté à Mᵉ Étienne de Thelis, lieutenant général au bailliage de Forez.

E 5ᵇ, fᵒ 79 rᵒ.

7722. — Arrêt ordonnant l'arrestation d'Antoine Racquet, de Montbrison, à la suite des procédures entamées par le sieur de Refuge.

E 5ᵇ, fᵒ 80 rᵒ.

7723. — Arrêt ordonnant, à la suite des mêmes procédures, l'arrestation de Jean Bruyère, soi-disant sergent royal à Montbrison.

E 5ᵇ, fᵒ 81 rᵒ.

7724. — Arrêt relatif au procès criminel intenté à Mᵉ Étienne de Thelis.

E 5ᵇ, fᵒ 82 rᵒ.

1603, 29 juillet. — Paris.

7725. — Arrêt accordant aux habitants de Vitry-le-François le privilège d'élire quatre échevins.

E 5ᵇ, fᵒ 84 rᵒ.

7726. — Arrêt ordonnant le recouvrement des sommes provenant de la taxe sur le vin établie au pont

18.

de Villeneuve-le-Roi et employées à d'autres dépenses que la réparation dudit pont.

E 5ᵇ, fᵒ 85 rᵒ.

7727. — Arrêt ordonnant à Mᵉ Emmanuel Sturbe, maître des ports en la sénéchaussée de Beaucaire, de venir s'expliquer au Conseil au sujet d'actes de rébellion.

E 5ᵇ, fᵒ 86 rᵒ.

7728. — Arrêt ordonnant la recherche des restes des tailles demeurés entre les mains des collecteurs des élections de Sens, Nogent et Nemours.

E 5ᵇ, fᵒ 87 rᵒ.

1603, 31 juillet. — Paris.

7729. — Arrêt défendant à Antoine Hervé, fermier de la taxe d'un écu par muid de vin levée en la province de Picardie, de poursuivre l'établissement d'un bureau à Guise, malgré l'opposition des fermiers de la douane de Lyon et des traites de Champagne.

E 5ᵇ, fᵒ 89 rᵒ.

7730. — Arrêt autorisant une enquête sur la conduite des officiers de Provence qui, au préjudice des droits du fermier général de la douane de Lyon, ont laissé passer certains ballots de drap et de soie venant de Gênes.

E 5ᵇ, fᵒ 90 rᵒ.

7731. — Arrêt accordant aux habitants de Concarneau remise de la moitié du droit d'entrée du vin perçu avant le 31 décembre 1602.

E 5ᵇ, fᵒ 92 rᵒ.

7732. — Arrêt réglant le payement de huit chevaux fournis, en 1597, par plusieurs habitants de Bayeux pour le siège d'Amiens.

E 5ᵇ, fᵒ 93 rᵒ.

7733. — Arrêt ordonnant la levée de 9,000 livres destinées au curage de la rivière de Bar, entre Buzancy et Saint-Aignan.

E 5ᵇ, fᵒ 94 rᵒ.

7734. — Arrêt condamnant les prévôt des marchands et échevins de Lyon à payer 18,000 livres au receveur des épices de la Chambre des comptes.

E 5ᵇ, fᵒ 96 rᵒ.

7735. — Arrêt réglant le recouvrement du taillon en la généralité de Bordeaux.

E 5ᵇ, fᵒ 98 rᵒ.

7736. — Arrêt ordonnant que les marchands de marée, les prévôt des marchands et échevins de Paris seront entendus au Conseil sur la question suivante : les huîtres sont-elles soumises aux droits de 12 et de 6 deniers par livre de poisson de mer frais et salé?

E 5ᵇ, fᵒ 100 rᵒ.

7737. — Arrêt réduisant à 3,075 livres la somme due par le fermier des traites domaniales et de l'entrée des grosses denrées et marchandises de Picardie pour le payement des rentes constituées sur la recette générale de Picardie.

Ms. fr. 16216, fᵒ 139 rᵒ.

7738. — Arrêt attribuant provisoirement une certaine quantité de bois de chauffage à Blaise de Verneson, secrétaire des finances et maître des eaux mortes du comté de Blois.

Ms. fr. 16216, fᵒ 141 rᵒ.

1603, 2 août. — Paris.

7739. — Brevet de la taille pour l'année 1604, avec les annotations de Sully.

E 5ᵇ, fᵒ 101 rᵒ.

1603, 5 août. — Paris.

7740. — Arrêt renvoyant aux commissaires chargés du procès criminel de Mᵉ Étienne de Thelis, lieutenant général au bailliage de Forez, la requête par laquelle il demande à ne point tenir prison fermée.

E 5ᵇ, fᵒ 111 rᵒ.

7741. — Arrêt ordonnant que 10,044 écus 55 sols 9 deniers, consignés entre les mains d'un huissier du Conseil, seront remis au commis à la recette des deniers affectés à l'acquittement des dettes du duc de Guise.

E 5ᵇ, fᵒ 112 rᵒ.

7742. — Arrêt ordonnant au fermier des droits de foraine et de patente de Languedoc et Provence de verser ses fermages, non plus à l'Épargne, mais aux recettes générales de Toulouse, Béziers et Provence.

E 5ᵇ, fᵒ 115 rᵒ.

7743. — Arrêt ordonnant la mise en adjudication de la taxe de boucherie de la ville de Meaux.

E 5ᵇ, fᵒ 116 rᵒ.

7744. — Arrêt, rendu sur la requête des protestants de Guyenne et du Haut-Languedoc, réglant la taxe de Mᵉ Jean Palot.

E 5ᵇ, fᵒ 118 rᵒ.

7745. — Arrêt prorogeant le sursis accordé à Mᵉ Jules Gassot, secrétaire des finances, pour le payement de 719 écus par lui dus au receveur général des finances en Berry.

E 5ᵇ, fᵒ 120 rᵒ.

7746. — Arrêt ordonnant que les aides des élections de Laon, Soissons, Crépy et Château-Thierry soient mises aux enchères sur les offres de Claude Des Vallées.

E 5ᵇ, fᵒ 121 rᵒ.

7747. — Arrêt accordant à la duchesse d'Angoulême un tiers du produit des ventes de terres vaines et vagues, de broussailles et de buissons dans les châtellenies de Montluçon, Bourbon-l'Archambault, Hérisson, Souvigny, Verneuil et Ainay.

E 5ᵇ, fᵒ 122 rᵒ.

7748. — Arrêt défendant à la chambre des comptes de Montpellier de prendre aucune connaissance de la commission de Mᵉ Moreau, chargé de la recette des finances en la généralité de Béziers, non plus que des fermes des gabelles du Dauphiné, ni de la traite des Suisses.

E 5ᵇ, fᵒ 123 rᵒ.

7749. — Arrêt relatif à une instance pendante entre plusieurs fermiers des aides, les trésoriers de France à Paris et les élus en ladite ville.

E 5ᵇ, fᵒ 124 rᵒ.

7750. — Arrêt ordonnant le payement d'une indemnité de 15,000 livres accordée au sieur de Pouilly, à raison du préjudice à lui causé par la construction du fort que le feu sieur de Biron avait fait bâtir à Pouilly pour arrêter les incursions du capitaine La Fortune, commandant à Seurre.

E 5ᵇ, fᵒ 125 rᵒ.

7751. — Arrêt ordonnant aux procureurs généraux en la chambre des comptes et au parlement de Grenoble de vaquer au rachat du domaine delphinal.

E 5ᵇ, fᵒ 127 rᵒ.

7752. — « Articles contenant les difficultés qui se présentent en la réunion du domayne delphinal, présentés à Monseigneur de Rosni au nom du procureur général au parlement de Daulphiné », avec les réponses de Sully.

E 5ᵇ, fᵒ 128 rᵒ.

7753. — « Articles envoyés au procureur général du Roy au parlement de Daulphiné par Monseigneur de Rosni, » réponses du procureur, et observations de Sully au sujet de ces réponses.

E 5ᵇ, fᵒ 130 rᵒ.

1603., 11 août. — Saint-Germain-en-Laye.

7754. — Arrêt ordonnant que Jean Lejay, fermier des droits forains et de patente de Languedoc et Provence, percevra lesdits droits en Languedoc, nonobstant l'opposition du parlement de Toulouse.

E 5ᵇ, fᵒ 134 rᵒ.

1603, 12 août. — Saint-Germain-en-Laye.

7755. — Arrêt relatif à l'établissement des courtiers de vin à Orléans.

E 5ᵇ, fᵒ 136 rᵒ.

7756. — Arrêt réglant le payement des gages des grands maîtres enquêteurs et généraux réformateurs des eaux et forêts, des receveurs et contrôleurs généraux des bois au département d'Orléans, Poitou, Saintonge et Angoumois et des officiers des eaux et forêts du duché d'Orléans.

E 5ᵇ, fᵒ 137 rᵒ.

7757. — Arrêt ordonnant que plusieurs habitants de Montluçon seront assignés au Conseil pour répondre au sujet de leurs actes de rébellion.

E 5ᵇ, fᵒ 138 rᵒ.

7758. — Arrêt défendant à M⁰ François Bon de ne plus s'immiscer en la recette des deniers provenant des offices de contrôleurs-visiteurs-marqueurs de cuirs.

E 5ᵇ, f° 139 r°.

7759. — Arrêt assignant 4,500 livres au sieur de Viçose pour le remboursement d'un office de lieutenant particulier assesseur en la sénéchaussée de Poitiers.

E 5ᵇ, f° 140 r°.

7760. — Arrêt accordant aux habitants de Reims une augmentation d'octroi, pour le produit en être employé aux fortifications, aux réparations des ponts, des tours et du pavé et à l'acquittement des dettes de ladite ville.

E 5ᵇ, f° 141 r°.

7761. — Arrêt augmentant les gages des commissaires de la Chambre royale et leur ordonnant de procéder sans interruption au jugement des procès.

E 5ᵇ, f° 142 r°.

7762. — Arrêt enjoignant à la chambre des comptes de Bretagne de recevoir M⁰ Claude Le Fèvre en l'office de maître des comptes.

E 5ᵇ, f° 143 r°.

7763. — Arrêt relatif au payement des rentes de la ville de Paris.

E 5ᵇ, f° 145 r°.

7764. — Arrêt réglant le remboursement des offices supprimés de receveurs des gabelles en Bourgogne.

E 5ᵇ, f° 147 r°.

7765. — Arrêt autorisant la levée, par forme de capitation, de 37,384 livres 11 sols destinés au payement des dettes de Gimont-en-Verdun.

E 5ᵇ, f° 149 r°.

7766. — Arrêt défendant à deux marchands de Marseille de poursuivre le fermier de la douane de Lyon par-devant le parlement de Toulouse.

E 5ᵇ, f° 151 r°.

7767. — Arrêt cassant un arrêt donné au parlement de Dijon en faveur de Jean Mareschal, et défendant à ladite cour de prendre connaissance du procès pendant entre le fermier de la douane de Lyon et les habitants de la comté de Bourgogne.

E 5ᵇ, f° 153 r°.

7768. — Arrêt réglant le recouvrement des deniers levés sur les greniers à sel du ressort de Paris et attribués aux officiers de la Cour des monnaies.

E 5ᵇ, f° 155 r°.

7769. — Arrêt ordonnant la restitution d'un lit de soie, de brocatelles, de camisolles, de bas et autres vêtements de soie envoyés à la Reine par sa sœur, la princesse de Mantoue, et saisis par les officiers de la douane de Lyon.

E 5ᵇ, f° 156 r°.

7770. — Arrêt réglant le remboursement des offices de payeurs des prévôts des maréchaux.

E 5ᵇ, f° 158 r°.

7771. — Arrêt maintenant M⁰ François Brisset en l'office de grènetier alternatif au grenier à sel de Poissy.

E 5ᵇ, f° 160 r°.

7772. — Arrêt ordonnant l'élargissement de Jeanne Houze, poursuivie pour le payement des dettes de son premier mari, François Allette, capitaine de l'Artillerie.

E 5ᵇ, f° 161 r°.

7773. — Arrêt donnant mainlevée à M⁰ Jules Gassot, secrétaire des finances, de ses biens saisis à la requête du receveur général des finances à Bourges.

E 5ᵇ, f° 162 r°.

7774. — Arrêt accordant aux habitants de Boulogne un sursis d'un an pour rembourser 1,300 écus payés, au mois de décembre 1595, au maréchal de Bouillon par feu Claude-André Dormy, évêque de Boulogne.

E 5ᵇ, f° 164 r°.

7775. — Arrêt interdisant à tous juges ordinaires la connaissance du fait des gabelles et la réservant, en première instance, aux officiers des greniers à sel, en appel, à la Cour des aides.

E 5ᵇ, fᵒ 165 rᵒ.

7776. — Arrêt assignant au Conseil plusieurs personnes coupables de s'être opposées à l'arrestation de faux-sauniers.

E 5ᵇ, fᵒ 167 rᵒ.

7777. — Arrêt relatif à la commission de Mᵉ Pierre Pasquier, commis à la recette du droit de marc d'or.

E 5ᵇ, fᵒ 169 rᵒ.

7778. — Arrêt autorisant la levée de 1,000 écus destinés aux frais de réparation des ponts d'Orléans.

E 5ᵇ, fᵒ 170 rᵒ.

1603, 14 août. — Saint-Germain-en-Laye.

7779. — Arrêt déclarant que Sa Majesté n'a entendu comprendre, dans la surséance accordée le 9 mai 1602, les deniers dus par les officiers privilégiés à cause de son avènement à la Couronne, deniers attribués à sa sœur, la duchesse de Bar.

E 5ᵇ, fᵒ 172 rᵒ.

7780. — Arrêt relatif à une vente de bois que Christophe de Couppes, sieur de Saint-Vincent et de Jarjayes, prétend lui appartenir en la Montagne Pellegrine.

E 5ᵇ, fᵒ 174 rᵒ.

7781. — «Estat au vray des sommes de deniers deus par le Roy au prince Palatin, électeur du Saint-Empire, d'argent presté tant au feu roy Henri IIIᵉ qu'au Roy à present reignant. »

E 5ᵇ, fᵒ 175 rᵒ.

1603, 26 août. — Rouen.

7782. — Arrêt renvoyant au sieur Balthazar, lieutenant de robe courte en la prévôté de l'Hôtel, le procès des habitants de Dannemarie-en-Mantois, accusés d'avoir commis des actes de rébellion lors du passage des hommes d'armes de la compagnie du Dauphin.

E 5ᵇ, fᵒ 179 rᵒ.

1603, 28 août. -- Rouen.

7783. — Arrêt évoquant au Conseil l'appel interjeté par les protestants du duché de Bar contre les ordonnances des officiers du duc de Lorraine.

E 5ᵇ, fᵒ 180 rᵒ.

7784. — Arrêt réduisant à 10,000 livres le cautionnement de Mᵉ Charles Fouquet, receveur général des finances à Tours.

E 5ᵇ, fᵒ 182 rᵒ.

7785. — Arrêt accordant à Mᵉ Trajan de La Coussaye, sieur de La Porte, président en la chambre des comptes de Bretagne, l'office de trésorier de France audit pays vacant par la mort de son beau-père, Mᵉ François Miron.

E 5ᵇ, fᵒ 183 rᵒ.

7786. — Arrêt interdisant aux trésoriers de France à Dijon et réservant aux trésoriers de France à Lyon toute juridiction sur les fermiers et officiers des greniers à sel dépendant de la ferme dite «à la part du royaume».

E 5ᵇ, fᵒ 184 rᵒ.

7787. — Arrêt relatif à une instance pendante entre les consuls de Larroque, en Condomois, et le nommé Pierre de Bures.

E 5ᵇ, fᵒ 185 rᵒ.

7788. — Arrêt réglant les taxes que peuvent exiger les élus en la généralité de Tours à l'occasion des lettres d'assiette accordées aux habitants pour leurs besoins particuliers.

E 5ᵇ, fᵒ 186 rᵒ.

1603, 30 août. — Rouen.

7789. — Arrêt ordonnant le recouvrement de 60,000 livres assignées aux Suisses sur la recette générale de Lyon.

E 5ᵇ, fᵒ 187 rᵒ.

7790. — Arrêt déclarant supprimés les offices de vice-sénéchaux de Guyenne érigés ou démembrés depuis moins de vingt ans.

E 5ᵇ, fᵒ 189 rᵒ.

7791. — Arrêt confirmant la résignation de l'office de receveur des aides et tailles en l'élection de Provins faite par feu Mᵉ Nicolas Bonnot en faveur de Mᵉ Jean de Beaufort.

E 5ᵇ, fᵒ 190 rᵒ.

7792. — Arrêt renvoyant au sénéchal de Bourbonnais le procès des habitants de Guéret accusés d'actes de rébellion à l'encontre d'un huissier et d'un collecteur des finances.

E 5ᵇ, fᵒ 191 rᵒ.

7793. — Arrêt autorisant l'établissement d'un droit d'entrée sur le vin en la ville de Dreux, pour le produit en être affecté au payement des dettes de ladite ville.

E 5ᵇ, fᵒ 192 rᵒ.

7794. — Arrêt réglant le payement de 2,931 écus restés dus par Mᵉ Byonneau, trésorier de la marine du Levant, à Mᵉ Chahu, son compagnon d'office.

E 5ᵇ, fᵒ 193 rᵒ.

7795. — Arrêt relatif aux poursuites exercées contre les habitants de Dieppe, au sujet de la vente du sel, par le sieur de Sauzelle, maître des requêtes de l'Hôtel, commissaire député par la Chambre royale en Normandie.

E 5ᵇ, fᵒ 195 rᵒ.

7796. — Arrêt relatif au payement de plusieurs assignations données sur Mᵉ Dreux Barbin, ci-devant receveur général des finances à Paris.

E 5ᵇ, fᵒ 196 rᵒ.

7797. — Arrêt ordonnant que le sieur de Juvigny sera entendu au Conseil au sujet des faux bruits qui ont couru dans les élections de Bayeux, Mortagne, Avranches et Vire relativement à une remise générale des tailles.

E 5ᵇ, fᵒ 197 rᵒ.

7798. — Arrêt ordonnant aux marchands anglais et hollandais de payer le droit de sol pour livre sur toutes les marchandises qu'ils ont fait entrer en la ville de Rouen durant le premier quartier de la présente année.

E 5ᵇ, fᵒ 198 rᵒ.

7799. — Arrêt réduisant de 500 livres le don fait aux enfants du feu maréchal de Retz et portant sur les droits de rachats et de sous-rachats dévolus à la Couronne par suite de la mort de leurs père et mère.

E 5ᵇ, fᵒ 200 rᵒ.

1603, 2 septembre. — Rouen.

7800. — Arrêt réglant le payement annuel de 34,800 livres que le fermier de la traite de 300 gros muids de sel de Peccais est obligé, par son bail, de payer à l'avoyer et au conseil de Berne.

E 5ᵇ, fᵒ 201 rᵒ.

7801. — Arrêt autorisant Guillaume Dupré, sculpteur ordinaire du Roi, à tenir publiquement forges, fourneaux et soufflets dans la galerie du Louvre, et lui confirmant, nonobstant l'opposition des orfèvres, son privilège pour la fonte des médailles d'or et d'argent aux effigies du Roi et de la Reine.

E 5ᵇ, fᵒ 203 rᵒ.

7802. — Arrêt prorogeant jusqu'au 30 juin 1604 le délai pendant lequel les espèces autorisées par édit de septembre 1602 doivent avoir cours, à moins de rognure apparente, et ne faisant exception que pour les réaux d'Espagne.

E 5ᵇ, fᵒ 204 rᵒ.

1603, 4 septembre. — Rouen.

7803. — Arrêt ordonnant le payement de 107,650 livres accordées, à titre d'indemnité ou de remboursement, aux fermiers du sol pour livre dans les généralités de Berry, Poitiers, Limoges, Riom et Lyon.

E 5ᵇ, fᵒ 205 rᵒ.

7804. — Arrêt enjoignant aux regrattiers de tenir registre du sel qu'ils lèvent en chaque grenier à sel pour le distribuer à petite mesure.

E 5ᵇ, fᵒ 207 rᵒ.

7805. — Arrêt interdisant au parlement de Paris la connaissance des appels interjetés par les maire, échevins et habitants de Langres contre les sentences de Mᵉ Vincent Hébert, conseiller en la Cour des aides, commissaire sur le fait des gabelles en la province de Champagne.

E 5ᵇ, fᵒ 208 rᵒ.

7806. — Arrêt défendant à tous prétendus commissaires royaux de vaquer, jusqu'à nouvel ordre, à la revente des greffes des présentations en Bretagne.

E 5ᵇ, fᵒ 210 rᵒ.

7807. — Arrêt ordonnant à Mᵉ Claude Josse, fournisseur général des gabelles, de verser à l'Épargne 9,392 écus.

E 5ᵇ, fᵒ 211 rᵒ.

7808. — Arrêt déclarant que le droit de présence des trésoriers de France à Rouen demeurera supprimé, mais qu'il leur sera réservé une taxe annuelle de 300 livres, pourvu qu'il n'y ait aucune non-valeur en leur généralité.

E 5ᵇ, fᵒ 212 rᵒ.

7809. — Arrêt réglant le payement des gages arriérés des officiers des eaux et forêts du Boulonnais.

E 5ᵇ, fᵒ 213 rᵒ.

7810. — Arrêt déclarant la sergenterie noble d'Avrilly non sujette à la revente du domaine, attendu qu'elle appartient en propriété à Nicolas et à Charles Coquelerres.

E 5ᵇ, fᵒ 214 rᵒ.

1603, 5 septembre. — Rouen.

7811. — Arrêt relatif à la reddition des comptes de Mᵉ Gérard Paul, ci-devant receveur général des finances en Provence.

E 5ᵇ, fᵒ 216 rᵒ.

1603, 12 septembre. — Caen.

7812. — Arrêt réglant l'ordre des cérémonies pour l'entrée du Roi et de la Reine à Caen.

E 5ᵇ, fᵒ 217 rᵒ.

1603, 16 septembre. — Caen.

7813. — Arrêt réglant le remboursement du reste des 6,485 livres avancées par le sieur d'Arquien,

commandant en la citadelle de Metz, pour l'installation de la garnison.

E 5ᵇ, fᵒ 218 rᵒ.

7814. — Arrêt réglant le fait des gabelles en Normandie.

E 5ᵇ, fᵒ 219 rᵒ.

7815. — Arrêt cassant un arrêt de la cour des aides de Montpellier, et ordonnant à Mᵉ Pierre de La Rivière, contrôleur général des greniers à sel de Dauphiné, de passer outre à l'exécution de sa commission sur le fait du «payement des péages en argent, et non en essence de sel».

E 5ᵇ, fᵒ 223 rᵒ.

7816. — Arrêt ordonnant la vérification de l'emploi des deniers provenant de l'office de Mᵉ Gérard Paul, receveur général des finances en Provence.

E 5ᵇ, fᵒ 225 rᵒ.

1603, 18 septembre. — Caen.

7817. — Arrêt interdisant toutes poursuites contre les habitants de Ségur ou autres au sujet du payement des restes antérieurs à l'année 1596.

E 5ᵇ, fᵒ 226 rᵒ.

7818. — Arrêt autorisant les Cordeliers de Caen à prendre dix minots de sel au grenier à sel de Caen.

E 5ᵇ, fᵒ 228 rᵒ.

7819. — Arrêt ordonnant au sieur de Juvigny de représenter au Conseil les mémoires détaillés qu'il dit avoir entre les mains, relatifs aux malversations commises par les officiers des finances de Normandie.

E 5ᵇ, fᵒ 229 rᵒ.

7820. — Arrêt ordonnant que les habitants de Harfleur payeront chaque année 250 écus par forme d'abonnement aux tailles.

E 5ᵇ, fᵒ 230 rᵒ.

7821. — Arrêt ordonnant le dépôt au greffe du Conseil du procès commencé en la Chambre royale contre Mᵉ Durant, receveur des tailles en l'élection de Poitiers.

E 5ᵇ, fᵒ 231 rᵒ.

7822. — Arrêt autorisant M° Pierre de La Rivière et ses commis, chargés de faire observer le règlement des péages, à porter armes et bâtons à feu dans l'exercice de leurs fonctions.

E 5ᵇ, f° 232 r°.

7823. — Arrêt confirmant les privilèges des habitants de la ville et de la prévôté de Vaucouleurs.

E 5ᵇ, f° 233 r°.

7824. — Arrêt ordonnant la vérification des comptes de M° Élie Razin, receveur particulier des tailles à Saint-Jean-d'Angely.

E 5ᵇ, f° 235 r°.

7825. — Arrêt accordant à la ville de Troyes 20 sols sur chaque minot de sel, pour le produit en être affecté à l'acquittement des dettes de ladite ville.

E 5ᵇ, f° 236 r°.

7826. — Arrêt ordonnant la vérification des comptes rendus par les receveurs particuliers des tailles en la généralité de Limoges de 1596 à 1601.

E 5ᵇ, f° 237 r°.

7827. — Arrêt ordonnant la vérification des états des ventes de bois faites dans les généralités de Rouen et de Caen durant l'année 1602.

E 5ᵇ, f° 238 r°.

7828. — Arrêt ordonnant que les élus, en faisant leurs chevauchées, enjoindront aux paroisses d'élire des asséeurs et collecteurs solvables, lesquels, à partir du mois de janvier, ne pourront plus être déchargés.

E 5ᵇ, f° 239 r°.

7829. — Arrêt ordonnant que les habitants de Honfleur payeront chaque année 350 écus par forme d'abonnement aux tailles.

E 5ᵇ, f° 240 r°.

7830. — Arrêt ordonnant communication aux receveurs particuliers et à M° Jean Palot de la requête qu'a présentée M° Jean Texier, receveur général des finances à Limoges, pour être élargi et déchargé du payement de 11,035 écus.

E 5ᵇ, f° 241 r°.

7831. — Arrêt autorisant la levée d'un sol par pot de vin et de 3 deniers par pot de bière ou de cidre vendus en détail à Saint-Brieuc, pour le produit en être affecté au payement des dettes de ladite ville.

E 5ᵇ, f° 243 r°.

7832. — Arrêt interdisant toutes poursuites contre les habitants de l'élection de Reims pour le payement des restes des tailles des années 1595 à 1597.

E 5ᵇ, f° 244 r°.

1603, 7 octobre. — Paris.

7833. — Arrêt ordonnant à la Chambre des comptes de passer outre à la vente des biens de feu M° Rogais, trésorier général de l'Ordinaire des guerres.

E 5ᵇ, f° 245 r°, et AD I 137, n° 14.

7834. — Arrêt ordonnant que, nonobstant l'opposition des habitants de Saint-Flour, une somme de 45,000 livres sera levée sur le haut pays d'Auvergne pour les frais de démolition du château de Carlat.

E 5ᵇ, f° 247 r°.

7835. — Arrêt ordonnant la vérification des comptes des receveurs généraux des bois.

E 5ᵇ, f° 248 r°.

1603, 9 octobre. — Paris.

7836. — Arrêt autorisant François Pasquié, tailleur de marbre étranger, à tenir boutique ouverte à Paris, «pour travailler en marbre, le sier et pollir, et faire boulles rondes et pilliers».

E 5ᵇ, f° 249 r°.

7837. — Arrêt ordonnant la restitution des deniers versés par les receveurs particuliers des tailles entre les mains des receveurs de la Chambre royale.

E 5ᵇ, f° 251 r°.

7838. — Arrêt interdisant toutes poursuites au sujet du payement des tailles antérieures à l'année 1598, dont remise générale a été accordée en l'année 1600.

E 5ᵇ, f° 252 r°.

7839. — Arrêt ordonnant le change de 20,000

écus d'or de douzains, réaux, etc., destinés au paye-ment des Suisses.

E 5ᵇ, fᵒ 253 rᵒ.

7840. — Arrêt ordonnant la mise en adjudication des aides de l'élection de Paris, achetées jadis par MM. de Sourdis, le comte de Choisy, de Sancy, de La Grange-le-Roy, de Mareuil, Testu, d'O, de Schon-berg, le président Brisson, par M. et Mᵐᵉ de Clermont d'Entragues, etc.

E 5ᵇ, fᵒ 254 rᵒ.

7841. — Arrêt accordant un rabais à Antoine Hervé, fermier des droits d'entrée et de sortie levés sur le vin en la généralité de Picardie.

E 5ᵇ, fᵒ 258 rᵒ.

7842. — Arrêt cassant un décret d'ajournement personnel décerné contre le sieur de Vassé, chevalier des ordres du Roi.

E 5ᵇ, fᵒ 260 rᵒ.

7843. — Arrêt ordonnant la vérification des comptes de Mᵉ Dreux Barbin, ci-devant receveur gé-néral des finances à Paris.

E 5ᵇ, fᵒ 261 rᵒ.

7844. — Arrêt faisant remise d'un quart des de-niers restés dus par plusieurs capitaines du charroi de l'Artillerie.

E 5ᵇ, fᵒ 262 rᵒ.

7845. — Arrêt ordonnant la vérification des sommes versées par le receveur général du Clergé pour le payement des rentes de l'Hôtel de ville.

E 5ᵇ, fᵒ 263 rᵒ.

7846. — Arrêt ordonnant que, nonobstant une ordonnance des commissaires de la police de Rouen, les grains exportés hors du royaume pourront passer par ladite ville, et qu'il ne sera pas nécessaire de les laisser huit jours dans le port ou sur le quai de Rouen.

E 5ᵇ, fᵒ 265 rᵒ.

7847. — Arrêt enjoignant au sieur Borilly fils de produire les lettres en vertu desquelles il prétend exercer l'office de receveur général des finances en Provence.

E 5ᵇ, fᵒ 266 rᵒ.

7848. — Arrêt ordonnant la remise aux mains de Mᵉ Philippe Chahu, trésorier de la marine du Levant, des deniers consignés aux mains d'un huissier du Conseil.

E 5ᵇ, fᵒ 267 rᵒ.

7849. — Arrêt relatif aux exactions commises à Pithiviers par Mᵉ Étienne Parent, soi-disant grand maître visiteur et général réformateur des marchan-dises de grosserie, mercerie, épicerie, joaillerie, dro-guerie, draperie, des poids et mesures, etc.

E 5ᵇ, fᵒ 269 rᵒ.

7850. — Arrêt ordonnant la vérification des comptes de Mᵉ Guillaume Barré, receveur des tailles et de l'équivalent dans le Haut-Limousin.

E 5ᵇ, fᵒ 270 rᵒ.

7851. — « A été résolue au Conseil » la déclaration royale, datée du 16 suivant, qui autorise l'exportation des blés.

E 5ᵇ, fᵒ 285 rᵒ.

1603, 11 octobre. — Paris.

7852. — Arrêt confirmant Mᵉ Jean Du Puy en un office de conseiller au présidial du Bas-Limousin, à Brive.

E 5ᵇ, fᵒ 271 rᵒ.

7853. — Arrêt supprimant l'office d'élu particulier des doyennés de Pont-Sainte-Maxence et de Breteuil établi à Bulles.

E 5ᵇ, fᵒ 273 rᵒ.

7854. — Arrêt condamnant plusieurs habitants de Vernon à payer l'imposition nouvelle pour le vin qu'ils ont fait entrer durant les mois d'octobre, no-vembre et décembre 1602.

E 5ᵇ, fᵒ 275 rᵒ.

7855. — Arrêt prorogeant et augmentant les oc-trois de la ville de Sens.

E 5ᵇ, fᵒ 277 rᵒ.

7856. — Arrêt ordonnant la réception de Pierre Le Blond en l'office de lieutenant particulier assesseur criminel et civil à Noyon.

E 5ᵇ, fᵒ 279 rᵒ.

19.

7857. — Avis du Conseil tendant à faire don de 500 livres à Noël Mention, pauvre laboureur ruiné par un orage.

E 5ᵇ, fᵒ 280 rᵒ.

7858. — Arrêt ordonnant aux élus en l'élection de Paris de continuer les poursuites commencées contre Mᵉ Antoine Hervé, ci-devant fermier du sol pour livre.

E 5ᵇ, fᵒ 281 rᵒ.

7859. — Arrêt relatif à une somme de 9,392 écus réclamée à Mᵉ Claude Josse, adjudicataire général des greniers à sel.

E 5ᵇ, fᵒ 282 rᵒ.

1603, 16 octobre. — Fontainebleau.

7860. — Arrêt ordonnant la vérification des comptes de la démolition du fort de Fécamp.

E 5ᵇ, fᵒ 283 rᵒ.

1603, 20 octobre. — Fontainebleau.

7861. — Arrêt donnant mainlevée à Mᵉ Pierre de Pomey, fermier de la douane de Lyon, des deniers saisis à la requête de plusieurs officiers de la foraine de Bourgogne.

E 5ᵇ, fᵒ 287 rᵒ.

7862. — Arrêt réduisant la taxe des offices de commissaires-examinateurs récemment créés ou rétablis dans les vicomtés de Coutances, d'Avranches, de Saint-Sauveur-Lendelin, de Valognes et de Pont-Audemer.

E 5ᵇ, fᵒ 289 rᵒ.

7863. — Arrêt réglant la juridiction de la Chambre royale.

E 5ᵇ, fᵒ 290 rᵒ.

7864. — Arrêt réservant au Conseil la connaissance des procès intentés à Mᵉ Gabriel Hue, trésorier des États de Bretagne.

E 5ᵇ, fᵒ 292 rᵒ.

7865. — Arrêt ordonnant que les receveurs généraux des finances compteront par état devant le Conseil six mois après la fin de leur exercice, et ce sous peine de suspension.

E 5ᵇ, fᵒ 294 rᵒ.

7866. — Arrêt ordonnant que Mᵉ Guillaume Du Fayot, commis à la recette de l'emprunt levé sur les officiers des finances, sera entendu au sujet d'une décharge demandée par Daniel Huet, ci-devant commis à la recette de l'impôt levé sur les marchandises à Henricarville.

E 5ᵇ, fᵒ 295 rᵒ.

7867. — Arrêt réglant le payement d'une somme de 1,366 écus 2/3 restée due par Mᵉ Jean Chenut, ci-devant receveur des aides et tailles en l'élection d'Andely.

E 5ᵇ, fᵒ 296 rᵒ.

7868. — Arrêt déclarant que les receveurs généraux des finances, des tailles et des gabelles des généralités de Toulouse et de Montpellier compteront par-devant la chambre des comptes de Montpellier.

E 5ᵇ, fᵒ 298 rᵒ.

7869. — Arrêt enjoignant à Mᵉ Pierre Pasquier, ci-devant commis à la recette des deniers provenant de la recherche du droit de marc d'or, de présenter ses comptes au Conseil.

E 5ᵇ, fᵒ 299 rᵒ.

7870. — Arrêt ordonnant le versement aux recettes générales des restes de la crue du sel affectée à l'augmentation des gages des lieutenants, prévôts et procureurs du Roi ès sièges royaux.

E 5ᵇ, fᵒ 300 rᵒ.

7871. — Arrêt ordonnant la vérification des comptes de Mᵉ Martin Le Febvre, commis à la recette générale des amendes payées pour cause de malversations.

E 5ᵇ, fᵒ 301 rᵒ.

7872. — Arrêt ordonnant la continuation des poursuites commencées par Mᵉ Gabriel Hue, trésorier des États de Bretagne, contre les anciens fermiers du devoir de 4 et de 2 écus par pipe de vin levé dans les diocèses de Léon, de Tréguier, de Cornouaille et de Saint-Brieuc.

E 5ᵇ, fᵒ 302 rᵒ.

7873. — Arrêt accordant décharge à Jean Le Roy, capitaine du charroi de l'Artillerie.

E 5ᵇ, fᵒ 3o3 rᵒ.

7874. — Arrêt donnant mainlevée de marchandises et de deniers appartenant à Christophe, à Daniel Studer, etc.

E 5ᵇ, fᵒ 3o5 rᵒ.

7875. — Arrêt, rendu sur la plainte des habitants du Lyonnais, ordonnant l'arrestation de Mᵉ François Leblanc, soi-disant chargé d'une commission extraordinaire au sujet de la confirmation des greffes des paroisses.

E 5ᵇ, fᵒ 3o7 rᵒ.

7876. — Arrêt accordant à Mᵉ Claude de Hère, conseiller au parlement de Paris, remise de la moitié de la finance par lui payée pour la résignation de son office de conseiller au parlement de Bretagne.

E 5ᵇ, fᵒ 3o9 rᵒ.

7877. — Lettres patentes portant règlement au sujet des taxes des élus et du département des tailles.

E 5ᵇ, fᵒ 3ıo rᵒ.

1603, 21 octobre. — Fontainebleau.

7878. — Arrêt ordonnant à Mᵉ Louis Monceau de passer outre à la recherche des droits de marc d'or, nonobstant l'opposition du parlement de Rouen.

E 5ᵇ, fᵒ 3ı4 rᵒ.

7879. — Arrêt ordonnant la vérification des comptes d'un receveur des tailles à Brive.

E 5ᵇ, fᵒ 3ı6 rᵒ.

7880. — Arrêt ordonnant que les élus des trois États de Bourgogne seront assignés au Conseil pour se voir condamnés à payer des dommages et intérêts à Mᵉ Antoine Brocard, président en la chambre des comptes de Dijon.

E 5ᵇ, fᵒ 3ı7 rᵒ.

7881. — Arrêt relatif au remboursement de l'office de receveur triennal des aides et tailles en l'élection de Reims.

E 5ᵇ, fᵒ 3ı9 rᵒ.

7882. — Arrêt accordant remise de tailles et mo-

dération de gabelles aux habitants de Flixecourt, attendu l'incendie du 24 mai dernier qui a dévoré quarante-deux maisons.

E 5ᵇ, fᵒ 3ᴢo rᵒ.

1603, 23 octobre. — Fontainebleau.

7883. — Arrêt relatif au payement de 6,000 livres dues aux capitaines Derlach et Meyster.

E 5ᵇ, fᵒ 3ᴢı rᵒ.

7884. — Arrêt, rendu sur la requête du duc de Nevers, déclarant non comprise dans la ferme du sieur Hervé la taxe d'un écu par muid de vin perçue aux bureaux de Guise, de Hirson et de la Capelle.

E 5ᵇ, fᵒ 3ᴢ3 rᵒ; cf. ibid., fᵒ 3ᴢ4 rᵒ.

1603, 30 octobre. — Fontainebleau.

7885. — Arrêt ordonnant que tous les officiers du Roi, héréditaires ou non, seront contraints au payement du droit de marc d'or, s'ils ne l'ont encore acquitté.

E 5ᵇ, fᵒ 3ᴢ5 rᵒ.

7886. — Règlement relatif aux forêts de Saint-Germain-en-Laye, de Cruye et des Alluets.

E 5ᵇ, fᵒ 3ᴢ6 rᵒ.

1603, 6 novembre. — Fontainebleau.

7887. — Arrêt relatif à l'exécution d'un arrêt obtenu en la cour des aides de Normandie contre les habitants d'Alençon par les héritiers de Martin Pilois, receveur des deniers communs.

E 5ᵇ, fᵒ 33o rᵒ.

7888. — Arrêt déclarant qu'Antoine Hervé, fermier des droits d'entrée et de sortie du vin en Picardie, jouira du droit de sortie perçu dans les bureaux des généralités de Picardie, de Soissons et de Champagne.

E 5ᵇ, fᵒ 33ᴢ rᵒ.

7889. — Arrêt retenant au Conseil le procès pendant entre Jean Le Roy, fermier général des traites de Picardie, et Vincent Voiture, l'un des douze marchands suivant la Cour.

E 5ᵇ, fᵒ 334 rᵒ.

7890. — Arrêt ordonnant l'expédition des lettres de provision de l'office de trésorier de la cavalerie légère vacant par la mort de M° Nicolas Rogais.

E 5ᵇ, f° 336 r°.

7891. — Arrêt relatif à la vérification des dettes de la ville de Marseille.

E 5ᵇ, f° 337 r°.

7892. — Arrêt ordonnant à Gaspard de Rabastens de bailler caution pour la ferme du sel de Provence.

E 5ᵇ, f° 338 r°.

1603, 7 novembre. — Fontainebleau.

7893. — Arrêt ordonnant que, conformément aux bulles des papes Jules III et Paul IV, le village de Ciboure sera détaché de la paroisse d'Urrugne.

E 5ᵇ, f° 339 r°.

1603, 8 novembre. — Fontainebleau.

7894. — Arrêt ordonnant l'élargissement des cautions de Mathias Nantier, ancien fermier du subside des 5 sols de la ville de Meaux.

E 5ᵇ, f° 341 r°.

7895. — Arrêt déchargeant du droit de marc d'or M° Jean Croppet, greffier de la sénéchaussée et du présidial de Lyon.

E 5ᵇ, f° 342 r°.

7896. — Arrêt autorisant les gardes et commis du fermier général de la douane de Lyon à porter des bâtons à feu, nonobstant l'édit du 14 août dernier.

E 5ᵇ, f° 343 r°.

7897. — Arrêt maintenant le duc de Nemours en possession de ses droits de justice dans le marquisat de Saint-Sorlin et dans ses autres terres du Bugey.

E 5ᵇ, f° 344 r°.

1603, 11 novembre. — Fontainebleau.

7898. — Arrêt déclarant non soumis au droit de marc d'or les offices de lieutenants et de greffiers de la prévôté de l'Hôtel.

E 5ᵇ, f° 346 r°.

7899. — Arrêt relatif à une requête en décharge présentée par M° Claude Josse, adjudicataire général des greniers à sel.

E 5ᵇ, f° 347 r°.

1603, 12 novembre. — [Fontainebleau.]

7900. — Arrêt donnant mainlevée aux anciens receveur et échevins de Sully de leurs biens saisis à la requête des héritiers de Pierre Boucher.

E 5ᵇ, f° 348 r°.

1603, 13 novembre. — Fontainebleau.

7901. — Arrêt ordonnant, conformément à la réponse des États de Languedoc, l'expédition des lettres d'assiette d'une somme de 691,380 livres destinée à l'acquittement des dettes des diocèses de Toulouse, Béziers, Carcassonne, Saint-Pons et Beaucaire.

E 5ᵇ, f° 349 r°.

7902. — Arrêt relatif à une requête par laquelle la duchesse d'Angoulême demande à être déchargée du payement des épices de la chambre des comptes de Blois pendant la durée des troubles, attendu qu'elle n'a pu jouir des terres de Coucy et de Folembray, occupées par Lamet.

E 5ᵇ, f° 350 r°.

7903. — Arrêt statuant sur une instance pendante entre l'amiral de Damville et Jacques de Vienne, chevalier, comte de Commarin, et ordonnant la levée de 1,238 écus restés dus à M. de La Villeneufve pour l'évacuation de la place de Châteauneuf en Bourgogne.

E 5ᵇ, f° 351 r°.

7904. — Arrêt augmentant la taxe sur le vin levée à Montreuil-Bellay au profit de la dame de Longueville, à condition qu'elle réparera les ports, écluses et chaussées du Thouet.

E 5ᵇ, f° 353 r°.

7905. — Arrêt ordonnant que le colonel Imbert de Diesbach soit mis en possession de la terre de Vauchassis.

E 5ᵇ, f° 355 r°.

7906. — Arrêt accordant un rabais de 2,500 livres à un ancien fermier du huitième d'Amiens.

E 5ᵇ, fᵒ 357 rᵒ.

7907. — Arrêt maintenant en prison deux élus et un ancien substitut du procureur général en l'élection de Poitiers.

E 5ᵇ, fᵒ 359 rᵒ.

1603, 15 novembre. — Fontainebleau.

7908. — Arrêt ordonnant la vérification des sommes dues par les habitants de Saint-Rambert, en Bugey, à d'anciens procureurs-syndics pour l'entretien des garnisons établies en ladite ville par le duc de Savoie en l'année 1595.

E 5ᵇ, fᵒ 360 rᵒ.

7909. — Arrêt relatif au remboursement de l'office de receveur général triennal à Limoges.

E 5ᵇ, fᵒ 361 rᵒ.

7910. — Arrêt accordant un rabais au fermier du sol pour livre en la généralité de Moulins.

E 5ᵇ, fᵒ 363 rᵒ.

7911. — Arrêt suspendant, sur la plainte des habitants de l'Embrunois et du Gapençois, l'exécution des lettres patentes du 22 janvier 1601 relatives au remboursement des dépenses supportées pendant les troubles par les habitants du Briançonnais.

E 5ᵇ, fᵒ 364 rᵒ.

7912. — Arrêt prescrivant une enquête au sujet des abus commis par les employés de Mᵉ Pierre Pasquier en la levée des deniers provenant de la recherche du droit de marc d'or.

E 5ᵇ, fᵒ 366 rᵒ, et AD I 137, nᵒ 17.

7913. — Arrêt ordonnant le versement à l'Épargne du reste des deniers affectés aux fortifications de Verneuil, « n'ayant Sa Majesté agréable la continuation desdites fortifications ».

E 5ᵇ, fᵒ 367 rᵒ.

7914. — Arrêt déterminant ceux des possesseurs de greffes et de tabellionages qui sont tenus au payement du droit de marc d'or.

E 5ᵇ, fᵒ 368 rᵒ.

7915. — Arrêt ordonnant l'élargissement du receveur général du taillon à Toulouse, emprisonné pour avoir voulu rendre ses comptes en la chambre des comptes de Paris.

E 5ᵇ, fᵒ 369 rᵒ.

7916. — Arrêt réservant au Conseil la connaissance du haro interjeté par Antoine Le Fèvre, sergent à cheval en la forêt de la Londe, contre les sergent et records de Mᵉ François Dufour, trésorier et payeur de la gendarmerie, commis au recouvrement de la taxe des offices des eaux et forêts de Normandie.

E 5ᵇ, fᵒ 371 rᵒ.

7917. — Arrêt réglant le maintien des notaires et sergents des pays de Bresse, Bugey, Valromey et Gex pourvus par le duc de Savoie.

E 5ᵇ, fᵒ 372 rᵒ.

7918. — Arrêt relatif au remboursement de 14,200 écus dus au sieur de Massès, lieutenant général au gouvernement d'Angoumois et de Saintonge.

E 5ᵇ, fᵒ 373 rᵒ.

7919. — Arrêt statuant sur une instance pendante entre les habitants des Sables-d'Olonne et le receveur des tailles en ladite élection.

E 5ᵇ, fᵒ 374 rᵒ.

7920. — Arrêt relatif à une levée faite à Mehun-sur-Yèvre au profit de plusieurs habitants de ladite ville.

E 5ᵇ, fᵒ 376 rᵒ.

7921. — Arrêt relatif au remboursement de l'office de receveur triennal des aides et tailles en l'élection de Loches.

E 5ᵇ, fᵒ 377 rᵒ.

7922. — Arrêt ordonnant l'exécution de l'arrêt du 16 septembre dernier (nᵒ 7814), nonobstant l'opposition de la cour des aides de Normandie, et notamment l'établissement de l'impôt du sel dans le ressort du grenier de Caudebec.

E 5ᵇ, fᵒ 378 rᵒ.

7923. — Arrêt interdisant les levées faites en la généralité de Bordeaux et ailleurs par ordre de la cour des aides de Montpellier.

E 5ᵇ, fᵒ 380 rᵒ.

7924. — Arrêt maintenant la taxe de supplément d'offices imposée, par déclaration du 29 janvier 1598, aux clercs, commissaires et contrôleurs des fermes des aides de Paris.

E 5ᵇ, fᵒ 381 rᵒ.

1603, 18 novembre. — Fontainebleau.

7925. — Arrêt réglant la répartition des impôts en la ville d'Angers.

E 5ᵇ, fᵒ 383 rᵒ.

7926. — Arrêt attribuant une taxe annuelle de 300 livres à chacun des trésoriers de France en exercice dans les généralités d'Orléans, de Tours, de Poitiers et de Bourges.

E 5ᵇ, fᵒˢ 385 rᵒ à 388 rᵒ.

1603, 27 novembre. — Paris.

7927. — Arrêt déclarant que tous les officiers de finance ou de judicature condamnés, pour fautes ou malversations, à se défaire de leurs offices seront tenus de les rapporter aux Parties casuelles et en recevront le remboursement.

E 5ᵇ, fᵒ 389 rᵒ.

7928. — Arrêt confirmant les baux des quatrièmes ou des quarts de sel conclus par les trésoriers de France en Normandie.

E 5ᵇ, fᵒ 390 rᵒ,

7929. — Arrêt ordonnant aux acquéreurs du domaine royal de remettre aux trésoriers de France l'évaluation ou le dénombrement des portions de domaine dont ils sont devenus possesseurs.

E 5ᵇ, fᵒ 392 rᵒ.

1603, 2 décembre. — Paris.

7930. — Arrêt ordonnant la vérification des levées faites, de 1591 à 1593, soi-disant pour les dépenses de la fortification de Cognac.

E 5ᵇ, fᵒ 393 rᵒ.

1603, 6 décembre. — Paris.

7931. — Arrêt statuant sur une instance pendante entre Alexis Rivière et Robert de Lormel au sujet du tabellionage de Neufchâtel et de Mortemer.

E 5ᵇ, fᵒ 394 rᵒ.

7932. — Arrêt ordonnant la création d'un office de greffier des trésoriers de France en Bretagne.

E 5ᵇ, fᵒ 396 rᵒ.

7933. — Arrêt ordonnant la restitution à la recette générale de Limoges d'une somme versée par un receveur particulier des tailles entre les mains du receveur de la Chambre royale.

E 5ᵇ, fᵒ 397 rᵒ.

7934. — Arrêt relatif à une instance pendante entre Mᵉ Étienne Regnault, ci-devant trésorier de l'Extraordinaire des guerres, et les veuve et héritiers de Guillaume de Poisblanc, munitionnaire des vivres en Champagne, au sujet de la revente du greffe civil de Péronne.

E 5ᵇ, fᵒ 398 rᵒ.

1603, 9 décembre. — Paris.

7935. — Arrêt relatif au recouvrement d'une somme de 7,000 livres imposée sur la Rochelle en place du sol pour livre.

E 5ᵇ, fᵒ 400 rᵒ.

7936. — Arrêt réglant l'union de l'office de receveur triennal des tailles d'Armagnac aux deux offices de receveur ancien et de receveur alternatif.

E 5ᵇ, fᵒ 401 rᵒ.

7937. — Arrêt relatif à l'instance pendante entre Jérémie Danglade, receveur des tailles de Condomois, d'Astarac et de Bazadais, et Mᵉ Odet Du Drot, garde des sceaux au présidial de Condom.

E 5ᵇ, fᵒ 403 rᵒ.

7938. — Arrêt relatif au payement d'une pension de 8,000 livres assignée au comte de Soissons sur la recette des aides de Château-Thierry.

E 5ᵇ, fᵒ 404 rᵒ.

7939. — Arrêt ordonnant la vérification des sommes payées par les receveurs généraux des finances pour jouir de l'attribution des 2 deniers pour livre sur toutes les levées extraordinaires.

E 5ᵇ, fᵒ 405 rᵒ.

7940. — Arrêt ordonnant aux trésoriers de France à Châlons d'expliquer pour quels motifs ils ont compris la ville de Rethel parmi les villes franches et abonnées sur lesquelles se lève la subvention établie en place du sol pour livre.

E 5ᵇ, fᵒ 406 rᵒ.

1603, 11 décembre. — Paris.

7941. — Arrêt accordant un rabais au fermier du sol pour ivre en la généralité d'Orléans, attendu les pertes par lui souffertes, notamment à cause des inondations de la Loire.

E 5ᵇ, fᵒ 407 rᵒ.

7942. — Arrêt autorisant les habitants de Bazas à racheter leur ville, et déclarant qu'elle ne pourra plus être séparée du domaine royal.

E 5ᵇ, fᵒ 408 rᵒ.

7943. — Arrêt accordant un sursis aux habitants de la ville et de la collecte d'Auch pour faire vérifier leurs dettes.

E 5ᵇ, fᵒ 409 rᵒ.

7944. — Arrêt relatif à la résignation d'un office de trésorier de France en Provence faite par Mᵉ Jean Garron, entré dans la congrégation des Pères Ermites.

E 5ᵇ, fᵒ 410 rᵒ.

7945. — Arrêt accordant un rabais au fermier du contrôle des cuirs des halles de Paris.

E 5ᵇ, fᵒ 411 rᵒ.

7946. — Arrêt ordonnant aux commissaires députés pour la recherche des malversations en Champagne de suspendre toutes poursuites contre Claude Thiret, commis des fermiers des traites.

E 5ᵇ, fᵒ 413 rᵒ.

7947. — Arrêt maintenant en la jouissance de leurs charges les officiers triennaux qui n'ont pas encore été remboursés.

E 5ᵇ, fᵒ 415 rᵒ.

1603, 13 décembre. — Paris.

7948. — Arrêt ordonnant la mise en adjudication des greffe, places de clercs et parisis de l'élection d'Amiens.

E 5ᵇ, fᵒ 416 rᵒ.

7949. — Arrêt ordonnant le payement de 2,800 livres 13 sols dus au Roi pour les profits de rachat de la terre de Cernay, à raison de la mort du sieur d'Alluye.

E 5ᵇ, fᵒ 418 rᵒ.

7950. — Arrêt prorogeant le délai accordé aux élus en l'élection de Paris pour recouvrer 900 écus sur un ancien fermier des subsides de Meulan.

E 5ᵇ, fᵒ 420 rᵒ.

7951. — Arrêt ordonnant le recouvrement de 860 écus dus par un ancien fermier des subsides de Meulan.

E 5ᵇ, fᵒ 421 rᵒ.

7952. — Arrêt ordonnant qu'il soit procédé en la Cour des aides à la vente des biens saisis sur plusieurs capitaines du charroi de l'Artillerie.

E 5ᵇ, fᵒ 422 rᵒ.

7953. — Arrêt réglant le payement des gages dus à Mᵉ Antoine Brocard, président en la chambre des comptes de Dijon, jadis blessé à l'assaut de Sens.

E 5ᵇ, fᵒ 423 rᵒ.

7954. — Arrêt mettant en demeure les religieux et habitants catholiques de Bourgueil de prouver que la Religion prétendue réformée n'était point exercée à Bourgueil durant les années 1596 et 1597.

E 5ᵇ, fᵒ 425 rᵒ.

7955. — Arrêt unissant les quatre offices de commissaires-examinateurs aux offices de juges ordinaires au présidial et en la vicomté de Rouen.

E 5ᵇ, fᵒ 426 rᵒ.

7956. — Arrêt ordonnant à quiconque exerce l'office de sergent royal en vertu d'une simple matricule des juges du lieu de prendre lettres de provision du Roi.

E 5ᵇ, fᵒ 427 rᵒ.

7957. — Arrêt relatif à une instance pendante entre Antoine et Pierre de Gingins, barons de Divonne, et frère Antoine de Senailly, au sujet de la possession du prieuré de Divonne.

E 5ᵇ, fᵒ 428 rᵒ.

7958. — Arrêt ordonnant l'exécution des édits de mai 1586 et de septembre 1587 qui portaient création d'offices de substituts et d'huissiers audienciers dans les juridictions royales.

E 5ᵇ, fᵒ 430 rᵒ.

7959. — Arrêt ordonnant que les droits d'entrée établis dans les villes de Rouen, de Dieppe et du Havre sur le vin, le cidre et le poiré seront payés par toutes les personnes ou établissements autres que les hôpitaux et mendiants.

E 5ᵇ, fᵒ 432 rᵒ.

7960. — Arrêt adjugeant à Mᵉ Paul Arnauld, moyennant 50,000 livres, les deux offices de receveurs généraux des finances et des gabelles de Languedoc.

E 5ᵇ, fᵒ 436 rᵒ.

7961. — Arrêt renouvelant les défenses faites déjà nombre de fois au parlement de Dijon de connaître des procès relatifs à la ferme de la douane de Lyon et des traites de Picardie, Champagne et Bourgogne.

E 5ᵇ, fᵒ 438 rᵒ.

1603, 16 décembre. — Paris.

7962. — Arrêt ordonnant le versement aux recettes générales des deniers revenant bons de la crue affectée au payement des prévôts des maréchaux et des vice-baillis supprimés.

E 5ᵇ, fᵒ 440 rᵒ.

7963. — Arrêt ordonnant la vérification de l'emploi des deniers provenant de la taxe affectée aux réparations des murailles de Valence.

E 5ᵇ, fᵒ 442 rᵒ.

7964. — Arrêt ordonnant la réception de Mᵉ Vincent-Anne Meynier, baron d'Oppède, en l'office de conseiller au parlement d'Aix.

E 5ᵇ, fᵒ 443 rᵒ.

7965. — Arrêt évoquant au Conseil la connaissance des saisies faites sur les papiers et hardes de feu Simon Flory, marchand grison.

E 5ᵇ, fᵒ 445 rᵒ.

7966. — Arrêt ordonnant que les receveurs particuliers du Rouergue seront contraints au payement de 36,533 livres 9 sols 8 deniers provenant des levées de l'année courante, et assignant au Conseil les consuls de Milhau, ainsi que plusieurs officiers de la cour des aides de Montpellier.

E 5ᵇ, fᵒ 447 rᵒ.

7967. — Arrêt ordonnant à tous les receveurs généraux présents et anciens des finances, des gabelles et du taillon qui comptent ou qui ont compté par-devant les chambres des comptes de province d'envoyer le double de leurs comptes à la chambre des comptes de Paris.

E 5ᵇ, fᵒ 449 rᵒ.

1603, 20 décembre. — Paris.

7968. — Arrêt autorisant l'établissement de péages dont le produit doit être affecté à l'entretien des ponts établis, près de Vierzon, sur le Cher et l'Arnon.

E 5ᵇ, fᵒ 451 rᵒ.

1603, 23 décembre. — Paris.

7969. — Arrêt, rendu sur la requête du fermier général des droits de patente de Languedoc et de Provence, réglant le payement des gages des officiers de la foraine du bureau de Narbonne.

E 5ᵇ, fᵒ 453 rᵒ.

7970. — Arrêt ordonnant le versement à l'Épargne du reliquat dû par Mᵉ Pierre Fyot, trésorier et receveur général des finances en Bretagne.

E 5ᵇ, fᵒ 455 rᵒ.

7971. — Arrêt réglant le payement des charges de la recette ordinaire du domaine de Touraine.

E 5ᵇ, fᵒ 456 rᵒ.

7972. — Arrêt supprimant l'un des trois offices de receveurs généraux des finances à Orléans.

E 5ᵇ, fᵒ 457 rᵒ.

7973. — Arrêt assignant au Conseil le greffier de la foraine au bureau de Pont-Saint-Esprit pour qu'il y réponde au sujet de ses malversations.

E 5ᵇ, f° 458 r°.

7974. — Arrêt prorogeant le sursis accordé à Mᵉ Jean Fineau, ci-devant receveur général des finances à Bourges, et à son commis pour le payement du reliquat de leurs comptes.

E 5ᵇ, f° 459 r°.

7975. — Arrêt ordonnant la vérification des pouvoirs des prétendus commissaires députés en Champagne sur le fait du plant des ormes et de la voirie des grands chemins.

E 5ᵇ, f° 461 r°.

7976. — Arrêt ordonnant la continuation des poursuites commencées contre les habitants de Concarneau pour le payement d'une moitié seulement des droits de 4 et de 2 écus par pipe de vin entrée en ladite ville de 1598 à 1601.

E 5ᵇ, f° 462 r°.

7977. — Arrêt ordonnant l'emprisonnement de Nicolas Le Bègue, ci-devant receveur et payeur des gages du présidial de Beauvais.

E 5ᵇ, f° 464 r°.

7978. — Arrêt ordonnant que les procureurs des trois États de Provence seront assignés au Conseil pour voir casser un arrêt par eux obtenu en la cour des comptes d'Aix au préjudice du fermier général des droits de patente de Languedoc et Provence.

E 5ᵇ, f° 465 r°.

7979. — Arrêt interdisant toutes poursuites contre aucun des habitants d'Auch, à raison de deux canons et d'une couleuvrine empruntés, pendant les troubles, par lesdits habitants à la ville de Toulouse.

E 5ᵇ, f° 467 r°.

7980. — Arrêt ordonnant que Mᵉ François Remy, receveur général des finances et des gabelles en Languedoc, sera transféré, ainsi que ses cautions, dans les prisons du Grand Châtelet.

E 5ᵇ, f° 469 r°.

7981. — Arrêt ordonnant la vérification des comptes du droit de sortie levé sur le vin à Reims en 1593 et en 1594, dont le reliquat a été donné à Pierre de Beringhen, premier valet de chambre, et à Nicolas Jacquinot, premier valet de garde-robe du Roi.

E 5ᵇ, f° 471 r°.

1603, 26 décembre. — Paris.

7982. — Arrêt ordonnant le payement de 64,800 livres dues à la seigneurie de Berne, tant pour remboursement de prêts et payement de pensions que pour les frais de la guerre de Savoie.

E 5ᵇ, f° 472 r°.

1603, 30 décembre. — Paris.

7983. — Arrêt maintenant jusqu'au 15 janvier les conditions du bail des traites de Picardie et de Calais, affermées à Simon Hubert, et ce nonobstant la peste qui règne en Angleterre et qui suspend tout commerce avec ledit pays.

E 5ᵇ, f° 474 r°.

7984. — Arrêt relatif aux gages de garde des sceaux en la chancellerie de Bordeaux réclamés par Mᵉ Guillaume Alesme, conseiller au parlement de Bordeaux.

E 5ᵇ, f° 476 r°.

7985. — Arrêt faisant remise de 1,780 écus 16 sols 10 deniers aux habitants de Saint-Christophe-la-Montagne.

E 5ᵇ, f° 477 r°.

7986. — Arrêt réglant le payement de 1,000 écus donnés par le Roi à Edme Brunet, dit le capitaine Bourdeaulx.

E 5ᵇ, f° 478 r°.

7987. — Arrêt ordonnant qu'il sera retenu sur les gages de Denis Le Normand, garde-vaisselle ordinaire du commun du Roi, la valeur de treize plats et de six écuelles d'argent par lui perdus pendant les troubles.

E 5ᵇ, f° 480 r°.

7988. — Arrêt ordonnant que Mᵉ Emmanuel de Sturbe, maître des ports de Villeneuve-lès-Avignon, et plusieurs autres officiers dudit bureau s'expliqueront au Conseil au sujet de leurs malversations et de leurs contraventions au bail de Jean Lejay, fermier général des droits de patente de Languedoc et Provence.

E 5ᵇ, f° 481 r°.

7989. —- Avis du Conseil tendant à assigner 18,000 livres au maréchal d'Ornano.

E 5ᵇ, f° 482 r°.

7990. — Arrêt confirmant les rabais et modérations accordés par le roi Charles IX aux anciens fermiers des traites et impositions foraines d'Anjou.

E 5ᵇ, f° 483 r°.

7991. — Arrêt ordonnant communication au Conseil des finances d'un double du compte rendu pour l'année 1598 par Mᵉ Gérard Paul, ci-devant receveur général des finances en Provence.

E 5ᵇ, f° 485 r°.

7992. — Arrêt statuant sur un procès pendant entre Mᵉ Claude de Montescot, trésorier des Parties casuelles, et Jean Baron, marchand passementier, valet de chambre du Roi, au sujet d'un office de sergent royal au bailliage de Tours.

E 5ᵇ, f° 487 r° et 489 r°.

7993. — Arrêt réglant le payement des gages de feu Guillaume Fournier, sieur du Roussay, grand maître des eaux et forêts au département de Champagne.

E 5ᵇ, f° 491 r°.

7994. — Arrêt ordonnant l'élargissement de Philippe Chassaigne, ci-devant commis du fermier général des gabelles.

E 5ᵇ, f° 492 r°.

7995. — Arrêt déterminant les conditions dans lesquelles les commissaires députés à la recherche des malversations pourront poursuivre les officiers des élections de Moulins, de la Marche, de Combrailles, de Montluçon et de Nevers.

E 5ᵇ, f° 494 r°.

7996. — Arrêt relatif à une requête des habitants d'Angers au sujet de la taxe de 30,000 livres levée en place du sol pour livre sur les villes franches de la généralité de Tours.

E 5ᵇ, f° 495 r°.

7997. — Arrêt renvoyant au commissaire député à la vérification des dettes des communautés d'Auvergne une requête relative à la levée des sommes dues par la ville de Riom.

E 5ᵇ, f° 496 r°.

7998. — Arrêt réglant le payement des gages des contrôleurs généraux du domaine.

E 5ᵇ, f° 497 r°.

7999. — Arrêt maintenant jusqu'au 15 janvier les conditions du bail de Pierre de Pomey, fermier de la douane de Lyon et des traites de Picardie, Champagne et Bourgogne, nonobstant les empêchements apportés au commerce soit par la guerre du duc de Savoie contre Genève, soit par les épidémies sévissant en Angleterre, en Flandre, en Touraine et en Poitou.

E 5ᵇ, f° 499 r°.

8000. —- Arrêt maintenant jusqu'au 15 janvier les conditions du bail de Léon Luquin, fermier des traites de Normandie, nonobstant la prohibition qui frappe les marchandises venant d'Angleterre.

E 5ᵇ, f° 501 r°.

8001. — Arrêt, rendu sur la requête de la reine Marguerite, faisant remise aux habitants d'Usson de la moitié des 2,200 livres levées sur eux pour leur part de l'imposition des villes franches et abonnées de la généralité de Riom.

E 5ᵇ, f° 503 r°.

1603, décembre. — Paris.

8002. — Édit portant règlement au sujet de la forêt de Saint-Germain-en-Laye.

E 5ᵇ, f° 504 r°.

1604, 7 janvier. — Paris.

8003. — Arrêt ordonnant l'arrestation de toutes les personnes qui se trouvent avoir reçu des deniers de la recette générale d'Orléans, le receveur général,

Mᵉ Jacques Hilaire, ayant disparu avant la reddition de ses comptes.

E 6ᵉ, fᵒ 1 rᵒ, et ms. fr. 18167, fᵒ 1 rᵒ.

1604, 8 janvier. — Paris.

8004. — Arrêt ordonnant qu'il soit fait inventaire des papiers et des biens de Guillaume Turquoys, commis de Mᵉ Jacques Hilaire, receveur général des finances à Orléans.

E 6ᵉ, fᵒ 2 rᵒ, ms. fr. 10843, fᵒ 61 rᵒ, et ms. fr. 18167, fᵒ 2 rᵒ.

8005. — Arrêt ordonnant au sieur de Beaumont, maître des requêtes de l'Hôtel, de passer outre à l'exécution de sa commission pour la recherche du droit de marc d'or, nonobstant l'opposition du parlement de Bordeaux.

E 6ᵉ, fᵒ 3 rᵒ, et ms. fr. 18167, fᵒ 2 vᵒ.

8006. — Arrêt relatif à la folle enchère mise par Bernardin Cassanot sur la ferme des gabelles de Languedoc.

E 6ᵉ, fᵒ 4 rᵒ, et ms. fr. 18167, fᵒ 1 rᵒ.

8007. — Avis du Conseil tendant à accorder à Jean Chevalier, fermier des gabelles de Provence, l'office de contrôleur des épiceries et drogueries de Marseille.

E 6ᵉ, fᵒ 5 rᵒ, et ms. fr. 18167, fᵒ 2 vᵒ.

1604, 10 janvier. — Paris.

8008. — Arrêt ordonnant le payement d'une somme de 6,995 livres due au comte de Soissons, pour le dixième des ventes ordinaires de bois faites dans le département de Normandie.

Ms. fr. 10843, fᵒ 62 rᵒ.

8009. — Arrêt ordonnant le payement d'une somme de 2,008 livres 18 sols 8 deniers due au comte de Soissons, pour le dixième des ventes ordinaires de bois faites en Normandie dans l'ancien apanage du feu duc d'Anjou.

Ms. fr. 10843, fᵒ 63 rᵒ.

1604, 14 janvier. — Paris.

8010. — Lettres patentes ordonnant la mise en adjudication de la ferme générale des gabelles de Languedoc, sur les offres de Bernardin Cassanot.

E 6ᵉ, fᵒ 6 rᵒ, et ms. fr. 18167, fᵒ 4 vᵒ.

8011. — Arrêt ordonnant l'arrestation du secrétaire du marquis de Villars, accusé de s'être porté à des actes violents et d'avoir proféré des paroles scandaleuses à l'occasion d'un arrêt qui suspendait certaine levée faite au profit dudit marquis.

E 6ᵉ, fᵒ 7 rᵒ et ms. fr. 18167, fᵒ 5 vᵒ.

8012. — Arrêt ordonnant au sieur de Maulaville, commis à la garde des papiers de Mᵉ Jusseaume, ci-devant receveur général des finances à Tours, de bailler caution de 6,000 livres.

E 6ᵉ, fᵒ 8 rᵒ, et ms. fr. 18167, fᵒ 3 rᵒ.

8013. — Arrêt renvoyant aux prévôt des marchands et échevins de Paris la requête en rabais présentée par le fermier des 15 sols nouveaux par muid de vin entrant en ladite ville.

E 6ᵉ, fᵒ 9 rᵒ, et ms. fr. 18167, fᵒ 4 rᵒ.

8014. — Arrêt relatif à l'amortissement des rentes dues par la ville de Lyon.

E 6ᵉ, fᵒ 10 rᵒ, et ms. fr. 18167, fᵒ 3 vᵒ.

8015. — Arrêt relatif au procès criminel fait à Thomas Le Clerc et à Jean Lange.

E 6ᵉ, fᵒ 11 rᵒ, et ms. fr. 18167, fᵒ 4 vᵒ.

8016. — Arrêt ordonnant que l'office de président en la chambre des comptes de Montpellier attribué à Mᵉ Étienne de Ratte sera taxé comme vacant par mort, et non par résignation.

E 6ᵉ, fᵒ 12 rᵒ, et ms. fr. 18167, fᵒ 5 rᵒ.

1604, 15 janvier. — Paris.

8017. — Arrêt statuant sur une instance pendante entre Mᵉ Jean Richard, ci-devant fermier des 8 écus par muid de sel sortant de Bretagne, et plusieurs officiers du mesurage d'Ingrande.

E 6ᵉ, fᵒ 13 rᵒ, et ms. fr. 18167, fᵒ 6 rᵒ.

8018. — Arrêt ordonnant la vérification du montant des sommes payées par les receveurs généraux des finances à Rouen comme arrérages des rentes constituées sur leur recette.

E 6*, f° 15 r°, et ms. fr. 18167, f' 7 r°.

8019. — Arrêt défendant aux trésoriers de France de grossir arbitrairement le chiffre des rentes et autres charges pesant sur les recettes générales, et leur enjoignant d'envoyer quatre fois par an au Conseil l'état des deniers revenant bons par suite de mort ou de suppression d'offices, ainsi que l'état des deniers casuels échus à Sa Majesté.

E 6*, f° 17 r°, et ms. fr. 18167, f° 8 r°.

8020. — Arrêt maintenant M⁰ François Caillet en l'office de prévôt des maréchaux à Châteaudun, vacant par la forfaiture d'Oudart Blavet, et attribué audit Caillet par lettres de la duchesse de Bar.

.E 6*, f° 19 r°, et ms. fr. 18167, f° 8 v°.

1604, 17 janvier. — Paris.

8021. — Arrêt condamnant les receveurs généraux du taillon dans les généralités de Paris, Rouen et Amiens à payer à M⁰ François Olier, trésorier ordinaire des guerres et de la cavalerie légère, les sommes qu'ils prétendent avoir payées, contre quittances non contrôlées, à son prédécesseur, feu Nicolas Rogais.

E 6*, f° 21 r°, et ms. fr. 18167, f° 11 r°.

8022. — Arrêt ordonnant l'élargissement du fermier des 15 sols nouveaux par muid de vin entrant à Paris.

E 6*, f° 22 r°, et ms. fr. 18167, f° 12 r°.

8023.— Arrêt défendant aux trésoriers de l'Épargne d'acquitter aucune dette, à moins que la vérification n'en ait été faite et le payement ordonné par le Conseil du Roi.

E 6*, f° 23 r°, et ms. fr. 18167, f° 10 v°.

8024.— Arrêt suspendant toutes poursuites contre Bernardin Cassanot à raison de la folle enchère par lui mise sur la ferme générale des gabelles de Languedoc.

E 6*, f° 24 r°, et ms. fr. 18167, f° 12 r°.

1604, 22 janvier. — Paris.

8025. — Arrêt ordonnant à M⁰ Jean de Champfeu, receveur général à Moulins, de venir présenter au Conseil des finances ses comptes de l'année 1602.

E 6*, f° 25 r°, et ms. fr. 18167, f° 13 v°.

8026. — Arrêt prescrivant une enquête sur les exactions commises en Normandie par le sieur de Juvigny.

E 6*, f° 26 r°, et ms. fr. 18167, f° 13 r°.

8027. — Arrêt déclarant que les offices des comptables condamnés pour fausseté ou concussion demeureront supprimés.

E 6*, f° 27 r°, et ms. fr. 18167, f° 12 v°.

8028. — Arrêt autorisant M⁰ Claude Josse, adjudicataire des greniers à sel de France, à commettre telles personnes qu'il lui conviendra aux recettes des greniers à sel des généralités de Moulins et d'Orléans.

E 6*, f° 28 r°, et ms. fr. 18167, f° 1ᵘ r°.

1604, 24 janvier. — Paris.

8029. — Arrêt donnant mainlevée à Charles de Rambures de ses gages de gouverneur de Doullens saisis à la requête de demoiselle Anne Duduil.

E 6*, f° 29 r°, et ms. fr. 18167, f° 17 r°.

8030. — Arrêt statuant sur une instance pendante entre la ville de Melun, Claude Mèze et Anne Gesu, veuve de Charles de Maizières, sieur de La Boissière, au sujet de lettres d'assiette obtenues par ces derniers.

E 6*, f° 30 r°, et ms. fr. 18167, f° 15 r°.

8031. — Arrêt ordonnant le remboursement des finances payées par Quentin Fromentin, laboureur, par Jean Gaupilliard le jeune, tisserand, et par Pierre Marcelle, tanneur de cuir, pour plusieurs offices de notaires.

E 6*, f° 32 r°, et ms. fr. 18167, f° 17 v°.

8032. — Arrêt accordant surséance aux habitants du faubourg de Vienne à Blois, attendu l'épidémie qui règne dans ledit faubourg.

E 6*, f° 34 r°, et ms. fr. 18167, f° 19 r°.

8033. — Arrêt ordonnant aux commissaires royaux de passer outre à la recherche du droit de marc d'or en Bretagne, nonobstant l'opposition du parlement de la province.

E 6°, f° 35 r°, et ms. fr. 18167, f° 19 r°.

1604, 26 janvier. — Paris.

8034. — Arrêt relatif au payement des rentes de la ville de Paris.

E 6°, f° 36 r°, et ms. fr. 18167, f° 19 v°.

1604, 27 janvier. — [Paris.]

8035. — Avis du Conseil tendant à accorder 1,500 écus aux religieuses de Sainte-Claire de Nîmes, réfugiées depuis trente-six ans en une pauvre maison d'Arles.

E 6°, f° 37 r°, et ms. fr. 18167, f° 20 r°.

8036. — Arrêt portant règlement au sujet de la chambre de Castres.

E 6°, f° 38 r°, et ms. fr. 18167, f° 20 v°.

1604, 31 janvier. — Paris.

8037. — Arrêt statuant sur une instance pendante entre M° Claude de Mascon, procureur, et M° Joseph Grignette, greffier des présentations au parlement de Dijon.

E 6°, f° 40 r°, et ms. fr. 18167, f° 22 v°.

8038. — Arrêt ordonnant que, conformément à l'édit de révocation des survivances, la finance payée pour taxe de survivance par M° Gabriel Piétrequin, élu en l'élection de Langres, lui donnera droit seulement à une augmentation de gages.

E 6°, f° 42 r°, et ms. fr. 18167, f° 23 v°.

8039. — Arrêt enjoignant à M° Étienne de Thelis, lieutenant général au bailliage de Forez, de satisfaire à l'arrêt du 28 juillet dernier (n° 7721).

E 6°, f° 43 r°, et ms. fr. 18167, f° 23 v°.

8040. — Arrêt ordonnant la reddition des comptes de tous les commis à la recette des deniers provenant de la vente des offices de contrôleurs-visiteurs-marqueurs de cuirs.

E 6°, f° 44 r°, et ms. fr. 18167, f° 24 r°.

8041. — Arrêt ordonnant la vente des offices et des biens de M° Jacques Hilaire, receveur général des finances à Orléans, qui a pris la fuite.

E 6°, f° 45 r°, et ms. fr. 18167, f° 25 r°.

8042. — Arrêt relatif à la liquidation des comptes de M° Jacques Hilaire, receveur général des finances à Orléans.

E 6°, f° 47 r°, et ms. fr. 18167, f° 24 v°.

8043. — Arrêt autorisant la levée des sommes nécessaires à la réparation de la chaussée d'Auxonne.

Ms. fr. 18167, f° 22 r°.

8044. — Arrêt ordonnant que Jean Maraude, commis au greffe de la Cour des aides, sera élargi à sa caution juratoire.

Ms. fr. 10843, f° 64 r°.

1604, 3 février. — Paris.

8045. — Arrêt réglant le payement d'une somme de 10,000 écus due au baron de Médavy pour la réduction de Verneuil.

E 6°, f° 49 r°, et ms. fr. 18167, f° 26 v°.

8046. — Arrêt autorisant les greffiers des élections de la généralité de Tours à délivrer des expéditions sur parchemin, nonobstant l'arrêt du 28 août dernier (n° 7788).

E 6°, f° 50 r°, et ms. fr. 18167, f° 221 r°.

8047. — Arrêt interdisant toutes poursuites contre Pierre Lollivet pour raison des sommes dues par le fermier du domaine de la vicomté de Conches et de Breteuil.

E 6°, f° 51 r°, et ms. fr. 18167, f° 27 r°.

8048. — Arrêt ordonnant des coupes annuelles dans les forêts de Retz et de Laigle au profit de la reine Marguerite, duchesse de Valois.

E 6°, f° 53 r°, et ms. fr. 18167, f° 29 v°.

8049. — Arrêt accordant surséance aux habitants

de la généralité de Moulins pour le payement des tailles des années 1598 et 1599.

E 6*, f° 55 r°, et ms. fr. 18167, f° 30 r°.

8050. — Arrêt ordonnant la vérification d'un compte de M° Guillaume Barré, receveur des tailles en l'élection de Tulle.

E 6*, f° 56 r°, et ms. fr. 18167, f° 31 r°.

8051. — Arrêt ordonnant l'envoi au Conseil des finances d'un état des paroisses du diocèse de Cornouaille qui sont incapables de payer leurs fouages.

E 6*, f° 57 r°, et ms. fr. 18167, f° 31 r°.

8052. — Arrêt, rendu sur la requête de Jean Lejay, fermier général des droits de patente de Languedoc et Provence, ordonnant que plusieurs officiers de l'amirauté de Provence répondront au Conseil de leurs malversations.

E 6*, f° 58 r°, et ms. fr. 18167, f° 28 r°.

8053. — Arrêt déclarant soumis au droit de patente tous grains, vins, denrées et marchandises envoyés hors de Provence en pays étranger ou dans une province où les aides n'ont point cours.

E 6*, f° 59 r°, et ms. fr. 18167, f° 28 v°.

8054. — Arrêt ordonnant aux trésoriers de France en Provence de comprendre, chaque année, dans l'état par estimation qu'ils envoient au Conseil le prix d'adjudication du droit de douane perçu sur les drogueries et épiceries entrant dans le port de Marseille.

E 6*, f° 60 r°, et ms. fr. 18167, f° 30 v°.

8055. — Arrêt ordonnant le versement à l'Épargne de 1,046 livres 7 sols 10 deniers dus par Gervais Le Grand, marchand de Laigle.

E 6*, f° 61 r°, et ms. fr. 18167, f° 32 r°.

8056. — Arrêt ordonnant que Gilbert Lochon, élu en l'élection d'Ainay-le-Château, comparaîtra au Conseil des finances pour répondre au sujet d'une levée par lui faite sur les habitants de Montluçon.

E 6*, f° 62 r°, et ms. fr. 18167, f° 31 v°.

8057. — Arrêt réglant le payement de 30,000 livres

restées dues à dame Claude de Linières, veuve de Raymond-Roger de Bernet, gouverneur de Boulogne.

E 6*, f° 63 r°, et ms. fr. 18167, f° 25 v°.

8058. — Arrêt autorisant une permutation d'offices entre M° Michel Moricet et M° Jean Pioger, l'un et l'autre receveurs généraux des finances à Amiens.

E 6*, f° 65 r°, et ms. fr. 18167, f° 26 v°.

————

1604, 4 février. — [Paris.]

8059. — Arrêt accordant décharge de 3,500 écus aux héritiers de M° Pierre Bardion, receveur des décimes au diocèse de Toulouse.

E 6*, f° 66 r°, et ms. fr. 18167, f° 34 r°.

8060. — Arrêt déchargeant le clergé du diocèse de Léon d'une somme de 5,806 livres 15 sols 9 deniers sur les décimes des années 1578 à 1580.

E 6*, f° 67 r°, et ms. fr. 18167, f° 32 v°.

8061. — Arrêt accordant au clergé du diocèse d'Autun remise d'un tiers de ses décimes des années 1600 à 1602.

E 6*, f° 68 r°, et ms. fr. 18167, f° 33 v°.

8062. — Arrêt donnant décharge de 924 livres au chapitre du Mas-d'Agenais.

E 6*, f° 68 v°, et ms. fr. 18167, f° 33 v°.

8063. — Arrêt cassant les lettres de provision d'un office de maître en la chambre des comptes de Montpellier obtenues par M° Pierre Baudan.

Ms. fr. 16216, f° 143 r°.

————

1604, 5 février. — Paris.

8064. — Arrêt ordonnant le remboursement de 8,480 livres avancées par le sieur de Boisguérin, commandant au château de Loudun, et par plusieurs particuliers pour les réparations dudit château.

E 6*, f° 71 r°, et ms. fr. 18167, f° 41 r°.

8065. — Arrêt déclarant quittes des droits forains les armes expédiées à l'Arsenal par Jean L'Homme-Dieu, marchand de Sedan, fournisseur des armées.

E 6*, f° 72 r°, et ms. fr. 18167, f° 40 v°.

8066. — Arrêt ordonnant aux officiers des gabelles de payer, dans un délai de six semaines, « les sommes ausquelles ilz ont esté taxez pour joïr héréditairement du droit de 7 deniers pour minot de sel ».

E 6ᵉ, f° 73 r°, et ms. fr. 18167, f° 39 r°.

8067. — Arrêt ordonnant à Mᵉ Pierre de La Rivière, contrôleur général des gabelles en Dauphiné, de passer outre à l'exécution de sa commission sur le fait des péages du Rhône, nonobstant l'opposition de la cour des aides de Montpellier.

E 6ᵉ, f° 75 r°, et ms. fr. 18167, f° 35 r°.

8068. — Lettres patentes adjugeant au sieur Chapelier, notaire et secrétaire du Roi, l'office de receveur général des finances à Orléans dont était pourvu Mᵉ Jacques Hilaire, actuellement en fuite.

Ms. fr. 18167, f° 38 v°.

1604, 7 février. — Paris.

8069. — Arrêt évoquant au Conseil l'instance pendante par-devant le prévôt de Paris entre « Sébastien de Juye, secrétaire de la Chambre du Roy, cy-devant agent pour Sa Majesté en Constantinople », et « Olivier Oliviery, trucheman de Sa Majesté, qui réside près de ses ministres à la Porte du Grand-Seigneur ».

E 6ᵉ, f° 79 r°, et ms. fr. 18167, f° 48 v°.

8070. — Arrêt accordant un rabais à Simon Ledet, fermier du domaine de Romorantin et de Millançay, dépossédé par le sieur de Rochefort depuis la mort de la reine Louise.

E 6ᵉ, f° 80 r°, et ms. fr. 18167, f° 48 r°.

8071. — Arrêt renvoyant au sieur de Fleury, grand maître des eaux et forêts, une requête de Romain de Creuilly relative à une coupe de bois dans la forêt de Lyons.

E 6ᵉ, f° 81 r°, et ms. fr. 18167, f° 47 v°.

8072. — Arrêt évoquant au Conseil l'instance pendante au parlement de Bretagne entre les créanciers de François d'O et les habitants de Dreux.

E 6ᵉ, f° 82 r°, et ms. fr. 18167, f° 47 r°.

ARRÊTS DU CONSEIL D'ÉTAT. — II.

8073. — Arrêt confirmant un rabais précédemment obtenu par d'anciens fermiers des subsides de 5 sols par muid de vin entrant en la ville de Troyes.

E 6ᵉ, f° 83 r°, et ms. fr. 18167, f° 46 v°.

8074. — Arrêt ordonnant aux trésoriers de France à Riom de venir s'expliquer au Conseil au sujet de la vérification d'un compte de la recette générale de Riom.

E 6ᵉ, f° 84 r°, et ms. fr. 18167, f° 46 r°.

8075. — Arrêt réservant au Conseil la connaissance des poursuites exercées contre la ville de Pithiviers par divers particuliers au sujet des démolitions de maisons et des prises de bois ordonnées, pendant les troubles, par le feu sieur de Dunes, gouverneur de Pithiviers.

E 6ᵉ, f° 85 r°, et ms. fr. 18167, f° 45 v°.

8076. — « Estat de ce qui est deub par le Roy à M. de Luxembourg, tant pour son estat et appoinctement d'ambassadeur à Rome que de don et récompance de deniers pris par Sa Majesté sur l'abbaïe de Saint-Quentin... », avec les observations du Conseil.

E 6ᵉ, f° 86 r°, et ms. fr. 18167, f° 42 v°.

1604, 10 février. — [Paris.]

8077. — Arrêt ordonnant la vérification des payements faits par les six receveurs supprimés des rentes de la ville de Paris.

E 6ᵉ, f° 92 r°, et ms. fr. 18167, f° 50 v°.

8078. — Arrêt relatif aux cautions d'Antoine Hervé, fermier des droits d'entrée et de sortie levés sur le vin en Picardie et fermier du droit d'un écu pour muid de vin sortant du royaume par les généralités de Picardie, de Soissons et de Châlons.

E 6ᵉ, f° 94 r°, et ms. fr. 18167, f° 49 v°.

8079. — Arrêt ordonnant la levée de 2,250 livres dues par la ville d'Auxerre pour l'achat « en hérédité » des offices de jaugeurs-visiteurs des tonneaux de vin, cidre, huile, etc., en l'élection d'Auxerre.

E 6ᵉ, f° 96 r°, et ms. fr. 18167, f° 49 r°.

1604, 14 février. — [Paris.]

8080. — Arrêt relatif au payement des gages des officiers du parlement de Toulouse.

E 6ᵃ, fᵒ 97 rᵒ, et ms. fr. 18167, fᵒ 53 rᵒ.

8081. — Arrêt donnant à Claude Josse, fermier général des gabelles, mainlevée des deniers saisis sur le sous-fermier de la fourniture du sel en la généralité de Moulins par des créanciers de Mᵉˢ Isaïe Goyer et Jacques Hilaire, receveurs généraux des finances à Orléans.

E 6ᵃ, fᵒ 98 rᵒ, et ms. fr. 18167, fᵒ 51 vᵒ.

8082. — Arrêt ordonnant le payement des appointements de «Jehan Machado, capitaine entretenu par le Roy en la ville de Grandville».

E 6ᵃ, fᵒ 100 rᵒ, et ms. fr. 18167, fᵒ 54 rᵒ.

8083. — Arrêt statuant sur diverses instances pendantes entre un marchand de Saint-Gall, les douze cantons suisses et Geoffroy-Aldebert de Marchastel, baron de Peyre, au sujet de balles de safran.

E 6ᵃ, fᵒ 101 rᵒ, et ms. fr. 18167, fᵒ 54 vᵒ.

8084. — Arrêt ordonnant aux gens de la Cour des aides de fournir des explications au sujet d'un arrêt par eux rendu sur la requête de Josse Doré, prévôt de l'Artillerie, contre Mᵉ Jean de Lafont, ci-devant commis en l'armée royale sous le trésorier général de l'Artillerie.

E 6ᵃ, fᵒ 103 rᵒ, et ms. fr. 18167, fᵒ 53 vᵒ.

1604, 17 février. — Paris.

8085. — Arrêt ordonnant qu'il sera sursis au jugement de l'instance pendante entre le comte de Saint-Trivier et les sieurs de Montieregnault et de Montsimon jusqu'à ce que le duc de Savoie ait été mis en demeure de purger, suivant les clauses du traité d'échange du marquisat de Saluces, l'hypothèque qui fait l'objet du débat.

E 6ᵃ, fᵒ 104 rᵒ, et ms. fr. 18167, fᵒ 60 rᵒ.

8086. — Arrêt autorisant le sieur de Puichairic, lieutenant au gouvernement d'Anjou, à poursuivre la revendication des droits domaniaux dépendant de la vicomté de Domfront, laquelle il a acquise par engagement.

E 6ᵃ, fᵒ 105 rᵒ, et ms. fr. 18167, fᵒ 62 vᵒ.

8087. — Arrêt assignant aux protestants de Coucy, comme premier «lieu de bailliage», le village de Trosly.

E 6ᵃ, fᵒ 107 rᵒ, et ms. fr. 18167, fᵒ 59 rᵒ.

8088. — Arrêt réglant la continuation des payements commencés par les six receveurs supprimés des rentes de l'Hôtel de ville.

E 6ᵃ, fᵒ 108 rᵒ, et ms. fr. 18167, fᵒ 60 vᵒ.

8089. — Arrêt accordant à un particulier non dénommé la vingtième partie du profit qu'il doit procurer au Roi en lui révélant certaines créances oubliées.

E 6ᵃ, fᵒ 109 rᵒ, et ms. fr. 18167, fᵒ 59 vᵒ.

8090. — Arrêt ordonnant le payement de la garnison du château de Brest.

E 6ᵃ, fᵒ 110 rᵒ, et ms. fr. 18167, fᵒ 56 vᵒ.

8091. — Arrêt réduisant à 10,000 livres le cautionnement de Mᵉ David Danneray, nouveau receveur des finances en la généralité de Rouen.

E 6ᵃ, fᵒ 111 rᵒ, et ms. fr. 18167, fᵒ 56 vᵒ.

8092. — Arrêt maintenant jusqu'à nouvel ordre Jean Lejay en la jouissance de son bail des droits de patente de Languedoc et de Provence.

E 6ᵃ, fᵒ 112 rᵒ, et ms. fr. 18167, fᵒ 59 vᵒ.

8093. — Arrêt prorogeant pour trois ans l'abonnement aux tailles des habitants de la baronnie de Didonne.

E 6ᵃ, fᵒ 113 rᵒ, et ms. fr. 18167, fᵒ 61 vᵒ.

8094. — Arrêt autorisant les seigneurs du canton de Berne à rabattre 10,800 écus sur le prix de 75 gros muids de sel à eux fournis par les fermiers de la traite du sel de Peccais, attendu que pareille somme leur est due par le Roi, tant pour leurs pensions que pour les frais de la guerre de Savoie.

E 6ᵃ, fᵒ 115 rᵒ, et ms. fr. 18167, fᵒ 63 vᵒ.

8095. — Articles présentés par les députés des protestants, avec les réponses du Conseil, au sujet de l'exécution de l'édit de Nantes en Normandie.

E 6°, f° 117 r° et 118 r°, et ms. fr. 18167, f° 57 r°.

1604, 21 février. — Paris.

8096. — Arrêt défendant à Pierre Affaneur, jusqu'à plus ample informé, de faire la recette des amendes adjugées par le maître-visiteur et général réformateur des poids et mesures en Poitou.

E 6°, f° 125 r°, et ms. fr. 18167, f° 74 v°.

8097. — Arrêt faisant itératives défenses aux créanciers de la ville de Sens de continuer leurs poursuites.

E 6°, f° 126 r°, et ms. fr. 18167, f° 75 r°.

8098. — Arrêt relatif au payement des gages des officiers du bailliage et du présidial de Rouen.

E 6°, f° 128 r°, et ms. fr. 18167, f° 70 r°.

8099. — Arrêt ordonnant le dépôt à la recette générale de Paris d'un état remis par un trésorier de France à M° Hilaire, receveur général des finances à Orléans.

E 6°, f° 129 r°, et ms. fr. 18167, f° 75 v°.

8100. — Arrêt donnant aux maire et échevins de Nantes mainlevée des deniers de l'octroi saisis à la requête des créanciers de ladite ville.

E 6°, f° 131 r°, et ms. fr. 18167, f° 70 r°.

8101. — Arrêt ordonnant le payement des sommes dues à M° Jean Ragueau, ci-devant commis de M° Jean Fineau, receveur général des finances à Bourges.

E 6°, f° 132 r°, et ms. fr. 18167, f° 73 r°.

8102. — Arrêt évoquant au Conseil le procès pendant entre M°° Antoine Celoni et Jean Augé au sujet de l'office de greffier du prévôt des maréchaux de Provence.

E 6°, f° 133 r°, et ms. fr. 18167, f° 69 r°.

8103. — Arrêt concédant, à titre de fief, à Louis Garsin, sergent d'une compagnie en garnison au Château-Trompette, une partie de la place des Char-

treux de Bordeaux, pour y construire un jeu de « pallemail ».

E 6°, f° 134 r°, et ms. fr. 18167, f° 72 v°.

8104. — Arrêt ordonnant que dorénavant, dans l'état dressé au commencement de l'année pour la direction des finances, les recettes et dépenses de chaque élection formeront des chapitres distincts.

E 6°, f° 136 r°, et ms. fr. 18167, f° 72 r°.

8105. — Arrêt renvoyant aux commissaires de la Chambre royale une plainte déposée par Nicolas Sorin, ci-devant receveur des aides et tailles à Carentan, contre M° Nicolas Le Cordier, procureur général en la chambre des comptes de Normandie.

E 6°, f° 137 r°, et ms. fr. 18167, f° 71 r°.

8106. — Arrêt ordonnant communication aux trésoriers de France à Châlons et aux officiers du bailliage de Vitry du texte de la déclaration royale sollicitée par Antoine de Silly, damoiseau de Commercy, comte de La Rochepot, laquelle exempterait des droits de traites les habitants de Commercy et du territoire de Saint-Aubin, Méligny, etc.

E 6°, f° 138 r°, et ms. fr. 18167, f° 71 v°.

8107. — Arrêt réglant le payement de 98,000 livres dues à dame Charlotte de Beaune, marquise de Noirmoutier.

E 6°, f° 139 r°, et ms. fr. 18167, f° 69 v°.

8108. — Arrêt ordonnant à la chambre des comptes de Bretagne d'envoyer au Conseil des finances les titres en vertu desquels elle expédie des lettres de prorogation pour le payement des fouages.

E 6°, f° 140 r°, et ms. fr. 18167, f° 74 r°.

8109. — Arrêt évoquant au Conseil le procès intenté en la Cour des aides aux habitants de Brie-Comte-Robert par deux laboureurs de Grisy, au sujet de grains saisis, en 1590, par le surintendant des vivres de l'armée du Roi.

E 6°, f° 141 r°, et ms. fr. 18167, f° 73 v°.

8110. — Arrêt ordonnant la vérification des dettes de la ville de Cusset.

E 6°, f° 143 r°, et ms. fr. 18167, f° 68 v°.

8111. — Arrêt ordonnant la vérification de ce qui a été payé d'arrérages de rentes par la recette générale de Rouen.

E 6*, f° 152 r°.

1604, 24 février. — Paris.

8112. — Arrêt ordonnant à M° Vincent Hébert, général en la Cour des aides, de passer outre à l'exécution de sa commission sur la réforme des abus commis au fait des gabelles en Champagne et Picardie, nonobstant l'opposition du lieutenant criminel à Reims.

E 6*, f° 153 r°, et ms. fr. 18167, f° 78 v°.

8113. — Arrêt ordonnant le payement d'une rente de 3,000 livres constituée jadis au baron de Dampmartin, colonel des reîtres.

E 6*, f° 155 r°, et ms. fr. 18167, f° 78 r°.

8114. — Arrêt fixant à 10,000 livres le cautionnement que doit fournir M° Jean Saulnier, receveur général des finances à Lyon.

E 6*, f° 157 r°, et ms. fr. 18167, f° 77 v°.

8115. — Arrêt relatif au procès pendant entre le sieur de Vienne, conseiller d'État, contrôleur général des finances, les sieurs de Nerestang et de Loménie, M° Du Lis, secrétaire du Roi, et M° Gasteau, au sujet d'un office de secrétaire du nombre des Cinquantequatre.

E 6*, f° 158 r°, et ms. fr. 18167, f° 77 r°.

8116. — Arrêt évoquant au Conseil le procès pendant en la Cour des aides entre les habitants d'Angers et le fermier de la taxe d'un sol pour livre concédée à ladite ville.

E 6*, f° 159 r°, et ms. fr. 18167, f° 76 v°.

8117. — Arrêt ordonnant la vérification des comptes de feu M° Pierre Billard, trésorier général de l'Extraordinaire des guerres.

E 6*, f° 160 r°, et ms. fr. 18167, f° 76 v°.

1604, 26 février. — Paris.

8118. — Arrêt réglant le versement des fonds destinés au remboursement des receveurs des gabelles supprimés en la province de Bourgogne.

E 6*, f° 161 r°, et ms. fr. 18167, f° 83 v°.

8119. — Arrêt ordonnant que M° Jean de Moisset, receveur et payeur des rentes de la ville de Paris, recevra désormais tous les deniers destinés au payement desdites rentes, suivant l'ordre fixé par l'arrêt du 17 courant (n° 8088).

E 6*, f° 163 r°, et ms. fr. 18167, f° 82 v°.

8120. — Arrêt faisant remise des tailles aux habitants de Montreuil pour six années nouvelles, attendu les pertes que leur ont fait subir la guerre et l'épidémie de 1596, et « pour leur donner plus de moyen de veiller à la garde de la frontière ».

E 6*, f° 165 r°, et ms. fr. 18167, f° 81 r°.

8121. — Arrêt prorogeant de six ans la modération des gabelles ci-devant accordée aux habitants de Montreuil.

E 6*, f° 166 r°, et ms. fr. 18167, f° 81 v°.

8122. — Arrêt réunissant à la juridiction de la mairie et du château de Semur-en-Auxois la châtellenie qui a son siège sur l'emplacement de l'ancien donjon.

E 6*, f° 168 r°, et ms. fr. 18167, f° 82 r°.

8123. — Arrêt accordant aux officiers de l'élection de Mantes décharge des taxes qui sont levées sur eux, en vertu de l'édit de janvier 1598, pour l'attribution des 3 sols par signature de rôle.

E 6*, f° 169 r°, et ms. fr. 18167, f° 80 r°.

8124. — Arrêt ordonnant de surseoir à l'exécution de l'arrêt donné en la Cour des aides au profit de Josse Doré, prévôt de l'Artillerie.

E 6*, f° 170 r°, et ms. fr. 18167, f° 80 v°.

8125. — Arrêt réglant le payement de partie des 6,000 livres données au sieur de La Court, un des gentilshommes servants du Roi, à l'occasion de son mariage.

E 6*, f° 177 r°, et ms. fr. 18167, f° 80 r°.

8126. — Arrêt relatif à la criée des immeubles

d'Antoine Hervé, fermier du sol pour livre en la ville de Paris, et de ses cautions.

E 6*, f° 172 r°, et ms. fr. 18167, f° 79 v°.

8127. — Arrêt évoquant au Conseil un procès pendant au Parlement entre un marchand du Lyonnais et le fermier de la douane de Vienne.

E 6*, f° 173 r°, et ms. fr. 18167, f° 85 r°.

1604, 28 février. — Paris.

8128. — Arrêt admettant toutes personnes au tiercement et au doublement des offices de jaugeurs-visiteurs-mesureurs de vaisseaux à mettre vin et autres breuvages.

E 6*, f° 174 r°, et ms. fr. 18167, f° 86 v°.

8129. — Arrêt ordonnant que le sieur de Saint-Romain sera remboursé d'une somme de 10,000 écus sur les deniers provenant d'anciennes créances qu'il doit faire connaître à Sa Majesté.

E 6*, f° 175 r°, et ms. fr. 18167, f° 86 r°.

8130. — Arrêt ordonnant la vérification des dettes contractées par la ville de Narbonne pour l'entretien de la garnison et pour les travaux du canal de l'Aude.

E 6*, f° 176 r°, et ms. fr. 18167, f° 90 r°.

8131. — Arrêt concédant en fief à Mathurin Valtère et à Jean Courant, habitants de Narbonne, les terres inondées du domaine de Livière, à la charge de faire tarir et écouler les eaux.

E 6*, f° 178 r°, et ms. fr. 18167, f° 90 v°.

8132. — Arrêt relatif au remboursement de 1,600 écus payés à deux marchands lyonnais par M° Gilbert Blanc, procureur au siège de Riom, caution du tiers état du bas pays d'Auvergne.

E 6*, f° 180 r°, et ms. fr. 18167, f° 89 r°.

8133. — Arrêt déchargeant M° Antoine Fouquet, fournisseur des gabelles en la généralité de Tours, du payement des gages de M° René Langelier, avocat du Roi en l'élection et au grenier à sel de Loudun.

E 6*, f° 181 r°, et ms. fr. 18167, f° 92 v°.

8134. — Arrêt renvoyant à la Cour des aides le jugement de l'appel interjeté par plusieurs habitants de Noyon contre les sentences de M° Gabriel Machault, commissaire député pour la recherche des faux-sauniers en Picardie.

E 6*, f° 183 r°, et ms. fr. 18167, f° 88 v°.

8135. — Arrêt donnant mainlevée des deniers de la ferme dite «à la part du royaume» saisis en vertu de l'ordonnance de M° Claude de Tournay, trésorier de France à Dijon.

E 6*, f° 184 r°, et ms. fr. 18167, f° 88 r°.

8136. — Arrêt confirmant et interprétant les statuts et règlements de la sayetterie, industrie exercée en la ville d'Amiens.

E 6*, f° 185 r°, et ms. fr. 18167, f° 91 v°.

8137. — Arrêt ordonnant que la demande de rabais présentée par le fermier des 15 sols par muid de vin entrant à Paris sera communiquée aux commissaires députés pour la construction du Pont-Neuf.

E 6*, f° 187 r°, et ms. fr. 18167, f° 87 v°.

8138. — Arrêt ordonnant le rétablissement de certaines parties rayées sur le compte du receveur des deniers communs de Pont-Audemer.

E 6*, f° 188 r°, et ms. fr. 18167, f° 87 r°.

8139. — Arrêt renvoyant aux trésoriers de France à Poitiers la requête par laquelle les habitants de Niort demandent à obtenir une remise de tailles à raison de la peste qui sévit dans leur ville depuis six mois.

E 6*, f° 189 r°, et ms. fr. 18167, f° 86 r°.

8140. — Arrêt mettant en demeure les consuls de Thiers de prouver que les habitants de ladite ville consentent à la levée d'une somme de 5,350 livres que lesdits consuls ont été condamnés à payer au sieur de La Guesle.

E 6*, f° 190 r°, et ms. fr. 18167, f° 85 v°.

8141. — Arrêt confirmant au sieur d'Aiguillon la qualité de duc et pair, et maintenant néanmoins la reine Marguerite en tous les droits qu'elle exerce sur la terre d'Aiguillon comme comtesse d'Agenais.

E 6*, f° 191 r°, et ms. fr. 18167, f° 156 v°.

1604, 29 février. — Paris.

8142. — Arrêt ordonnant le payement d'une somme de 3,000 écus due pour la garde du corps et pour l'entretien de la chapelle ardente de Henri III, ainsi que pour les services célébrés à l'intention dudit roi durant l'année 1603.

Ms. fr. 18167, f° 94 v°.

1604, 4 mars. — Paris.

8143. — Arrêt ordonnant la vérification des sommes dues à Jean de Vauhardy, ci-devant commis à la recette des deniers provenant des offices de présidents et de conseillers au Grand Conseil, de conseillers présidiaux, etc.

E 6*, f° 192 r°, et ms. fr. 18167, f° 102 v°.

8144. — Arrêt interdisant au Parlement la connaissance du procès intenté par Me Olivier Fondriac au sujet d'une maison de la rue Saint-Merry adjugée par les commissaires députés à la vente du domaine à Me Michel Brice, receveur et payeur des gages des officiers du Parlement.

E 6*, f° 194 r°, et ms. fr. 18167, f° 100 r°.

8145. — Arrêt autorisant les Cordeliers de Dijon, de Beaune et de Châtillon à prendre, chaque année, quatre charges de sel sans payer aucun droit.

E 6*, f° 195 r°, et ms. fr. 18167, f° 100 r°.

8146. — Arrêt ordonnant la mise en liberté sous caution de Gabriel de Thianges, sieur de Maussac.

E 6*, f° 196 r°, et ms. fr. 18167, f° 100 v°.

8147. — Arrêt réglant l'acquittement d'une dette contractée par le colonel Heyd et les capitaines de son régiment envers le greffier de la ville de Quimper-Corentin.

E 6*, f° 197 r°, et ms. fr. 18167, f° 101 v°.

8148. — Arrêt relatif au payement de la finance

due par les officiers des Eaux et forêts pour le droit de chauffage à eux attribué par l'édit de janvier 1578.

E 6*, f° 199 r°, et ms. fr. 18167, f° 101 r°.

8149. — Adjudication des aides anciennes faite pour dix ans à Pierre Drouart, sieur du Bouchet, moyennant l'acquittement des charges ordinaires et le versement annuel de 510,000 livres, parmi lesquelles 180,000 sont affectées au payement du prince Christian d'Anhalt.

E 6*, f° 200 r°, et ms. fr. 18167, f° 95 r°.

1604, 6 mars. — Paris.

8150. — Arrêt réglant le payement de 6,000 livres dues à la princesse de Condé pour partie de la pension du prince de Condé, son fils, durant l'année 1599.

E 6*, f° 206 r°, et ms. fr. 18167, f° 109 r°.

8151. — Arrêt validant les levées faites à Trainel, en 1594, pour l'entretien de l'armée occupant Sens sous les ordres du maréchal de Biron.

E 6*, f° 208 r°, et ms. fr. 18167, f° 108 r°.

8152. — Arrêt réglant le payement de 12,000 livres restées dues au sieur de Roquelaure, conseiller d'État, maître de la garde-robe et lieutenant général au haut pays d'Auvergne.

E 6*, f° 210 r°, et ms. fr. 18167, f° 107 r°.

8153. — Arrêt ordonnant la vente des meubles et marchandises saisis sur Me Guillaume Turquoys, qui a manié une partie des deniers de la recette générale d'Orléans pour le compte de Me Jacques Hilaire, receveur général.

E 6*, f° 212 r°, et ms. fr. 18167, f° 106 v°.

8154. — Arrêt rejetant sur les habitants d'Orléans une augmentation de 500 livres mise par les trésoriers de France à la charge des habitants de Montargis.

E 6*, f° 214 r°, et ms. fr. 18167, f° 106 r°.

8155. — Arrêt prorogeant durant six années l'exemption de tous impôts accordée aux villages dépendant du gouvernement de Montreuil.

E 6*, f° 215 r°, et ms. fr. 18167, f° 105 v°.

8156. — Arrêt relatif aux poursuites exercées par Mᵉ Guillaume de Montholon, conseiller au Grand Conseil, commissaire député à la recherche des malversations commises au fait des finances, contre le fermier d'un péage de la baronnie de Beaujolais, lequel appartient au duc de Montpensier.

E 6ᵉ, fᵒ 216 rᵒ, et ms. fr. 18167, fᵒ 105 rᵒ.

8157. — Arrêt autorisant les prévôt des marchands et échevins de Lyon à régler comme ils l'entendent le payement de l'entretien des chaînes et des bateaux qui ferment la rivière de Saône à la hauteur du boulevard Saint-Jean et de la porte Saint-Georges.

E 6ᵉ, fᵒ 217 rᵒ, et ms. fr. 18167, fᵒ 104 vᵒ.

1604, 11 mars. — Paris.

8158. — Arrêt maintenant, jusqu'à plus ample informé, Mᵉ Jean Goujon en son office d'avocat et de procureur général de la communauté de Lyon.

E 6ᵉ, fᵒ 218 rᵒ, et ms. fr. 18167, fᵒ 121 rᵒ.

8159. — Arrêt ordonnant la vente des immeubles de feu Jacques Borel, capitaine du charroi de l'Artillerie, en même temps que la remise du produit de la vente de ses biens meubles au trésorier général de l'Artillerie.

E 6ᵉ, fᵒ 220 rᵒ, et ms. fr. 18167, fᵒ 121 vᵒ.

8160. — Arrêt ordonnant à Mᵉ Louis Monceau de passer outre à l'exécution de sa commission pour la recette du droit de marc d'or, nonobstant l'opposition du parlement de Normandie.

E 6ᵉ, fᵒ 221 rᵒ, et ms. fr. 18167, fᵒ 117 vᵒ.

8161. — Arrêt ordonnant au même de passer outre à l'exécution de sa commission, nonobstant l'opposition du parlement de Dijon, et ordonnant la continuation des poursuites commencées contre les notaires, procureurs et autres officiers des bailliages de Dijon, de Beaune, de Seurre et de Chalon-sur-Saône.

E 6ᵉ, fᵒ 222 rᵒ, et ms. fr. 18167, fᵒ 118 rᵒ.

8162. — Adjudication de la taxe de 8 écus levée sur le sel sortant de Bretagne par la rivière de Loire, faite pour quatre ans à Mathurin Rodais, moyennant le payement annuel de 69,000 livres.

E 6ᵉ, fᵒ 223 rᵒ, et ms. fr. 18167, fᵒ 118 vᵒ.

8163. — Adjudication des travaux de construction du canal de Briare faite à Hugues Cosnier, au prix de 500,000 livres.

E 6ᵉ, fᵒ 227 rᵒ, et ms. fr. 18167, fᵒ 115 vᵒ.

8164. — Devis des travaux d'établissement du canal de Briare.

Ms. fr. 18167, fᵒ 110 rᵒ.

8165. — Adjudication du droit de 3 livres par tonneau levé sur les navires des ports de Normandie, faite pour trois ans à Claude Courtailier, moyennant le payement de 132,000 livres.

E 6ᵉ, fᵒ 231 rᵒ, et ms. fr. 18167, fᵒ 122 vᵒ.

1604, 13 mars. — Paris.

8166. — Arrêt ordonnant le remboursement de 12,000 livres avancées au plus fort de la guerre, pour fournitures de vivres et de munitions, par le feu sieur de Vivans en la ville de Domme.

E 6ᵉ, fᵒ 237 rᵒ, et ms. fr. 18167, fᵒ 126 rᵒ.

8167. — Arrêt accordant aux habitants de Honfleur une prorogation d'octroi dont le produit doit être affecté à l'entretien des quais, port, havre, barres, murailles, etc.

E 6ᵉ, fᵒ 238 rᵒ, et ms. fr. 18167, fᵒ 126 vᵒ.

8168. — Arrêt ordonnant la vente de la moitié de l'office de receveur général à Orléans appartenant naguère à Mᵉ Jacques Hilaire, comme aussi la vente de l'office d'Isaïe Goyer, receveur général à Orléans, dans le cas où celui-ci serait resté débiteur du Roi.

E 6ᵉ, fᵒ 239 rᵒ, et ms. fr. 18167, fᵒ 124 vᵒ.

8169. — Avis du Conseil tendant à rétablir Mathieu de Champagnac en la jouissance de son office de vice-sénéchal du Haut-Limousin.

E 6ᵉ, fᵒ 241 rᵒ, et ms. fr. 18167, fᵒ 125 vᵒ.

8170. — Arrêt statuant sur diverses instances

pendantes entre la ville de Lyon, le duc de Nemours, André Laurens et consorts, Benoît Bernardin, Étienne Bonvisi et consorts.

E 6*, f° 242 r°, et ms. fr. 18167, f° 209 v°.

8171. — Arrêt ordonnant la levée d'une somme de 51,800 livres affectée à la démolition du château de Craon et à l'indemnité qu'en doit recevoir la princesse de Condé.

E 6*, f° 244 r°, et ms. fr. 18167, f° 125 r°.

———————

1604, 16 mars. — Paris.

8172. — Arrêt maintenant le baron de Montricher, cessionnaire du colonel Imbert de Diesbach, en possession de la terre de Vauchassis.

E 6*, f° 245 r°, et ms. fr. 18167, f° 143 r°.

8173. — Arrêt ordonnant que Me Martin Delaruelle, lieutenant de robe courte au bailliage et au comté de Beaumont-sur-Oise, siégera dorénavant à Senlis.

E 6*, f° 247 r°, et ms. fr. 18167, f° 146 r°.

8174. — Arrêt cassant un arrêt de la Cour des aides donné contre le receveur des aides et tailles en l'élection d'Amboise.

E 6*, f° 248 r°, et ms. fr. 18167, f° 146 v°.

8175. — Arrêt maintenant le bailli et, à son défaut, le lieutenant de Vitry-le-François en possession du droit de présider le conseil de ville.

E 6*, f° 250 r°, et ms. fr. 18167, f° 137 v°.

8176. — Arrêt réglant l'union de l'office de receveur triennal des tailles en l'élection de Conches aux deux offices de receveur ancien et de receveur alternatif.

E 6*, f° 251 r°, et ms. fr. 18167, f° 136 v°.

8177. — Arrêt ordonnant que les maïeur et échevins de Saint-Valery-sur-Mer payeront ce à quoi ils ont été taxés pour les tailles de l'année présente, sans préjudice de l'exemption à eux accordée par lettres du 2 octobre 1602.

E 6*, f° 252 r°, et ms. fr. 18167, f° 151 v°.

8178. — Arrêt réglant l'administration du temporel du prieuré de Port-Dieu, en Limousin, ainsi que le payement de l'exempt chargé d'en expulser les gens de guerre qui s'en étaient emparés.

E 6*, f° 254 r°, et ms. fr. 18167, f° 130 r°.

8179. — Arrêt confirmant l'exemption de tous impôts accordée, par lettres patentes du 4 juin 1601, aux habitants du pays de Sault, de Fenouillet, de Bugarach, de Sougraigne et des Bains, sur la frontière d'Espagne.

E 6*, f° 255 r°, et ms. fr. 18167, f° 152 v°.

8180. — Arrêt, rendu sur la requête de Gaspard, comte de Coligny, sieur de Châtillon, amiral de Guyenne, ordonnant à tous seigneurs de produire les titres en vertu desquels ils prétendent exercer les droits d'amirauté dans les ports de leurs terres.

E 6*, f° 257 r°, et ms. fr. 18167, f° 153 r°.

8181. — Arrêt statuant sur diverses instances au sujet de la vente des offices de receveurs des aides et tailles à Lyons, et donnant gain de cause à Me Jacques Le Maire, trésorier des menues affaires du Roi.

E 6*, f° 259 r°, et ms. fr. 18167, f° 154 v°.

8182. — Arrêt statuant sur une instance pendante entre l'évêque et les députés du diocèse de Langres, les habitants du pays de Bassigny et les États de Bourgogne, d'une part, le fermier général des traites domaniales de Champagne, d'autre part, autorisant ledit fermier à établir tels bureaux qu'il lui plaira ès provinces de Champagne et Bourgogne.

E 6*, f° 263 r°, et ms. fr. 18167, f° 157 r°.

8183. — Arrêt autorisant les maréchaux jurés de la ville de Paris à assister à toutes ventes de chevaux, mulets, etc., s'ils y sont appelés par le vendeur ou l'acheteur, et pourvu qu'ils n'empiètent pas sur les fonctions des jurés courtiers de chevaux.

E 6*, f° 265 r°, et ms. fr. 18167, f° 158 v°.

8184. — Arrêt prescrivant une enquête au sujet de la requête par laquelle les habitants de l'élection et de la châtellenie de Pontoise demandent à être imposés séparément.

E 6*, f° 267 r°, et ms. fr. 18167, f° 160 r°.

8185. — Arrêt accordant une indemnité de
300 livres à certains rouliers d'Amiens pour le louage
de vingt-neuf chevaux qui ont servi à l'armée conduite au secours de Cambrai.

E 6ᵉ, fᵒ 269 rᵒ, et ms. fr. 18167, fᵒ 161 vᵒ.

8186. — Arrêt assurant le payement d'une indemnité de 3,600 livres due au sieur de Maignan, lieutenant du grand maître de l'Artillerie en Bretagne,
pour l'abandon de ses droits sur les pièces et munitions trouvées dans le château de Dinan.

E 6ᵉ, fᵒ 271 rᵒ, et ms. fr. 18167, fᵒ 145 vᵒ.

8187. — Arrêt enjoignant aux trésoriers de France
à Poitiers de parachever la «réduction à raison du
denier vingt» de toutes les portions du domaine de
leur généralité, les deniers provenant de cette opération devant être affectés au payement des gages des
officiers du domaine, à l'acquittement des fiefs et aumônes, etc.

E 6ᵉ, fᵒ 273 rᵒ, et ms. fr. 18167, fᵒ 144 vᵒ.

8188. — Arrêt déclarant que toutes personnes
privilégiées, même les officiers domestiques et commensaux du Roi, qui possèdent des biens roturiers
dans des pays où les tailles sont réelles contribueront
au payement des tailles, nommément Mᵉ Bernard
d'Eymeric, conseiller au Grand Conseil, possesseur
de terres dans l'Agenais.

E 6ᵉ, fᵒ 275 rᵒ, et ms. fr. 18167, fᵒ 141 vᵒ.

8189. — Arrêt maintenant Jean de Fenix en
l'office de receveur triennal des tailles en l'élection du
Bas-Limousin, établie à Tulle.

E 6ᵉ, fᵒ 277 rᵒ, et ms. fr. 18167, fᵒ 144 rᵒ.

81.90. — Arrêt interprétant l'édit relatif aux taxes
des marchands de vin en gros.

E 6ᵉ, fᵒ 279 rᵒ, et ms. fr. 18167, fᵒ 141 rᵒ.

8191. — Arrêt évoquant au Conseil le procès pendant en la Cour des aides entre deux marchands de
vin et le fermier des taxes perçues aux ponts de Meulan.

E 6ᵉ, fᵒ 281 rᵒ, et ms. fr. 18167, fᵒ 140 rᵒ.

8192. — Arrêt donnant acte à Pierre Drouart de

sa déclaration relative aux conditions dans lesquelles
il prend le bail général des aides.

E 6ᵉ, fᵒ 283 rᵒ, et ms. fr. 18167, fᵒ 139 vᵒ.

8193. — Arrêt ordonnant que le jeu d'arquebuse
et d'arbalète établi rue Saint-Denis, près de Saint-
Jacques-de-l'Hôpital, sera transféré hors Paris.

E 6ᵉ, fᵒ 284 rᵒ, et ms. fr. 18167, fᵒ 134 rᵒ.

8194. — Arrêt ordonnant le payement de 8,000 écus
dus à François de Montmorency, sieur de Fosseux,
pour l'entretien de la garnison, pour la construction
et pour la démolition du fort d'Opoul, au comté de
Roussillon.

E 6ᵉ, fᵒ 286 rᵒ, et ms. fr. 18167, fᵒ 135 rᵒ.

8195. — Arrêt renvoyant aux trésoriers de France
à Paris une requête des fermiers de l'arche du Grand-
Pont et des droits de fruit et de pied fourché de la
ville, prévôté et vicomté de Paris.

E 6ᵉ, fᵒ 287 rᵒ, et ms. fr. 18167, fᵒ 135 vᵒ.

8196. — Arrêt relatif aux doubles prétentions de
Jean Chevalier et de Gaspard de Rabastens sur la ferme
des gabelles de Provence.

E 6ᵉ, fᵒ 287 rᵒ, et ms. fr. 18167, fᵒ 132 vᵒ.

8197. — Arrêt autorisant le procureur fiscal
d'Amiens à établir sur la Somme un bateau faisant le
service entre Abbeville et Amiens.

E 6ᵉ, fᵒ 290 rᵒ, et ms. fr. 18167, fᵒ 139 rᵒ.

8198. — Arrêt fixant à 10,000 livres le cautionnement de Mᵉ Jacques Moireau, receveur général
triennal des finances en la généralité de Montpellier.

E 6ᵉ, fᵒ 291 rᵒ, et ms. fr. 18167, fᵒ 137 rᵒ.

8199. — Arrêt évoquant au Conseil l'instance
pendante en la Cour des aides entre Étienne Pron et
la veuve de Louis Lebeuf, commis à la recette de
l'écu pour muid de vin passant sous les ponts de
Mantes.

E 6ᵉ, fᵒ 292 rᵒ, et ms. fr. 18167, fᵒ 138 rᵒ.

8200. — Arrêt ordonnant la levée des sommes
nécessaires aux réparations de la maison où se tient
le siège royal de Beaune.

E 6ᵉ, fᵒ 293 rᵒ, et ms. fr. 18167, fᵒ 138 vᵒ.

8201. — Arrêt autorisant M⁰ Dunesmes à exercer, en la présente année, son office de receveur général des finances à Poitiers sans renforcer son cautionnement.

E 6ᵃ, fᵒ 294 rᵒ, et ms. fr. 18167, fᵒ 136 vᵒ.

8202. — Arrêt maintenant pour l'année présente le département fait au Conseil de la somme de 24,000 livres levée, par forme de subvention, sur les villes franches et abonnées de la généralité d'Orléans.

E 6ᵃ, fᵒ 295 rᵒ, et ms. fr. 18167, fᵒ 135 vᵒ.

8203. — Arrêt accordant aux habitants de Saint-Léonard-de-Noblat décharge de leur part et portion de la subvention de 12,000 livres levée sur les villes franches et abonnées de la généralité de Limoges, attendu l'exemption qui leur a été reconnue « en faveur de saint Léonard, yssu du sang de France », et considérant « la singuliere dévotion que la Royne a audit saint Léonard ».

E 6ᵃ, fᵒ 296 rᵒ, et ms. fr. 18167, fᵒ 127 rᵒ.

8204. — Arrêt réglant le payement de 454 écus 10 sols dus à deux anciens trésoriers de France à Bourges, M⁰ François Le Mareschal, et M⁰ Étienne Millet, sieur de Chastellier.

E 6ᵃ, fᵒ 297 rᵒ, et ms. fr. 18167, fᵒ 193 vᵒ.

8205. — Arrêt ordonnant la levée de la somme nécessaire aux réparations et à l'exhaussement de l'auditoire où s'expédient les causes du bailliage de Chalon-sur-Saône.

E 6ᵃ, fᵒ 299 rᵒ, et ms. fr. 18167, fᵒ 127 vᵒ.

8206. — Arrêt ordonnant le versement à la recette générale de Paris des deniers revenant bons de la crue levée sur les greniers à sel de la généralité de Tours, crue dont le produit est affecté au payement de l'augmentation de gages qui a été attribuée aux officiers de judicature pour la révocation des alternatifs.

E 6ᵃ, fᵒ 300 rᵒ, et ms. fr. 18167, fᵒ 128 rᵒ.

8207. — Arrêt autorisant M⁰ Gervaise à exercer, en la présente année, son office de receveur général des finances à Bourges sans renforcer son cautionnement.

E 6ᵃ, fᵒ 301 rᵒ, et ms. fr. 18167, fᵒ 128 vᵒ.

8208. — Arrêt ordonnant la vérification des droits et devoirs levés au profit du Roi dans les ports de Bretagne.

E 6ᵃ, fᵒ 302 rᵒ, et ms. fr. 18167, fᵒ 129 rᵒ.

8209. — Arrêt ordonnant le versement à la recette générale de Paris des deniers revenant bons de la crue mise sur les greniers à sel de la généralité de Champagne, crue dont le produit est affecté au payement de l'augmentation de gages qui a été attribuée aux officiers de judicature pour la révocation des alternatifs.

E 6ᵃ, fᵒ 303 rᵒ, et ms. fr. 18167, fᵒ 129 vᵒ.

8210. — Arrêt fixant à 10,000 livres le cautionnement de M⁰ Alexandre de Girard, receveur général des finances à Riom.

E 6ᵃ, fᵒ 304 rᵒ, et ms. fr. 18167, fᵒ 129 rᵒ.

8211. — Arrêt ordonnant la mise en adjudication du « trespas de Loire » et de la « traite par terre d'Anjou ».

E 6ᵃ, fᵒ 305 rᵒ, et ms. fr. 18167, fᵒ 130 vᵒ.

8212. — Arrêt subrogeant Simon Dumoulin, sieur de Beauchamp, à Jean Lejay en qualité de fermier général de la foraine et du droit de patente de Languedoc et Provence.

E 6ᵃ, fᵒ 307 rᵒ, et ms. fr. 18167, fᵒ 131 vᵒ.

8213. — Arrêt fixant la quotité des droits dus par plusieurs marchands de Beauvais au fermier des nouvelles impositions du vin de l'élection de Chaumont.

E 6ᵃ, fᵒ 309 rᵒ, et ms. fr. 18167, fᵒ 132 rᵒ.

8214. — Lettres patentes défendant à la Cour des aides de prendre connaissance des parties employées dans les états des officiers comptables avant que ceux-ci aient rendu leurs comptes en la Chambre des comptes.

E 6ᵃ, fᵒ 311 rᵒ, et ms. fr. 18167, fᵒ 133 vᵒ.

8215. — Articles présentés par les députés du parlement de Toulouse, et réponses du Conseil au sujet :

1º De la translation de la chambre de Castres en une autre ville de la province;

2° Du bail de Jean Lejay;

3° Des entreprises de la cour des aides de Montpellier;

4° De la juridiction attribuée au sénéchal de Lectoure.

E 6*, f** 144 r° et 145 r°, et ms. fr. 18167, f° 147 v°.

1604, 17 mars. — Paris.

8216. — Arrêt, rendu sur la requête de Petermann de Grissac, fils du feu colonel Balthazar, ordonnant à deux conseillers d'État de se transporter en la maison des Robin et de saisir leurs registres et papiers-journaux depuis l'année 1601.

E 6*, f° 314 r°, et ms. fr. 18167, f° 137 v°.

1604, 18 mars. — Paris.

8217. — Arrêt chargeant un maître des requêtes de l'Hôtel de procéder à l'établissement de l'impôt au grenier à sel de Caudebec.

E 6*, f° 315 r°, et ms. fr. 18167, f° 165 r°.

8218. — Arrêt attribuant à la veuve de Paul Genet, sergent général et d'armes en Bretagne du nombre des dix-huit établis au comté de Nantes, l'office de son défunt mari.

E 6*, f° 316 r°, et ms. fr. 18167, f° 165 v°.

8219. — Arrêt ordonnant aux prévôt des marmands et échevins de Paris d'assigner, dans l'Hôtel de ville, un lieu clos et sûr et de donner une caisse à Jean de Moisset, commis à la recette et au payement des rentes de la ville de Paris.

E 6*, f° 317 r°, et ms. fr. 18167, f° 163 v°.

8220. — Arrêt défendant aux trésoriers de France à Montpellier d'adjoindre de leur propre autorité aucun délégué aux commissaires royaux, nommément au sieur de Refuge, chargé de la recherche des malversations commises en Velay.

E 6*, f° 319 r°, et ms. fr. 18167, f° 163 r°.

8221. — Arrêt accordant une remise de tailles à dix-neuf paroisses de l'élection de Beauvais dévastées « par

le moyen de la gresle... de douze à treize poulces de grosseur tombée du ciel le... 25° juillet 1600 ».

E 6*, f° 320 r°, et ms. fr. 18167, f° 164 r°.

1604, 20 mars. — Paris.

8222. — Arrêt renvoyant aux trésoriers de France la requête par laquelle Antoine Hervé demande à être déchargé des fermes de Picardie, Champagne et Soissons, « attendu les deffenses faictes par le Roy de trafficquer avec le roy d'Espaigne et archiduc d'Austriche, publiées le huictiesme febvrier dernier ».

E 6*, f° 322 r°, et ms. fr. 18167, f° 166 r°.

8223. — Arrêt déclarant que par l'arrêt du 14 février dernier (n° 8080), Sa Majesté n'a pas entendu porter préjudice à la juridiction de la cour des aides de Languedoc.

E 6*, f° 323 r°, et ms. fr. 18167, f° 166 r°.

1604, 23 mars. — Paris.

8224. — Arrêt évoquant au Conseil l'appel interjeté par les maîtres-gardes de l'orfèvrerie de Paris contre un jugement des généraux des monnaies relatif à l'admission audit métier de Pierre Béliart, compagnon orfèvre.

E 6*, f° 325 r°, et ms. fr. 18167, f° 167 v°.

8225. — Arrêt réglant le payement des vacations dues à Jean Poujain pour avoir perçu et transporté le produit des décimes et autres deniers extraordinaires levés sur les bénéficiers du diocèse de Cornouaille.

E 6*, f° 327 r°, et ms. fr. 18167, f° 168 r°.

8226. — Arrêt cassant une ordonnance d'un subdélégué des commissaires sur le fait des malversations, laquelle portait atteinte au droit de M° Thomas Morant, trésorier de France à Rouen, acquéreur de la terre du Mesnil-Garnier.

E 6*, f° 329 r°, et ms. fr. 18167, f° 169 v°.

8227. — Arrêt accordant pour vingt ans au sieur Pradel le privilège de fabriquer toiles, cordes, etc., avec l'écorce du mûrier blanc.

E 6*, f° 330 r°, et ms. fr. 18167, f° 166 v°.

8228. — Arrêt accordant une remise de décimes au clergé du diocèse d'Auch, « afin qu'il ait moïen de réparer les esglizes dudit diocèse ».

E 6*, f° 332 r°, et ms. fr. 18167, f° 169 r°.

8229. — Arrêt ordonnant que M° Ives Cormier comptera au Conseil des finances des deniers du sol pour livre payé par les acquéreurs des impôts et billots des diocèses de Nantes, Rennes, Léon, Dol et Saint-Malo.

E 6*, f° 333 r°, et ms. fr. 18167, f° 168 v°.

——————

1604, 24 mars. — Paris.

8230. — Arrêt donnant acte d'une demande de rabais formée par le fermier des droits d'entrée et de traite domaniale levés en Champagne.

Ms. fr. 10843, f° 67 r°.

——————

1604, 27 mars. — Paris.

8231. — Arrêt ordonnant la restitution de la somme de 4,000 livres payée, en 1521, par feu Charles de Bressey pour l'acquisition de la fiefferme de Cailly.

E 6*, f° 334 r°, et ms. fr. 18167, f° 178 v°.

8232. — Arrêt ordonnant l'exécution d'un arrêt du 30 mars 1600 (n° 5911) relatif à la suppression d'un office d'élu particulier à Mantes.

E 6*, f° 336 r°, et ms. fr. 18167, f° 173 r°.

8233. — Arrêt confirmant l'arrêt de bannissement rendu par la moitié des juges de la chambre de Nérac contre un artisan de Pons, en Saintonge, coupable d'avoir causé accidentellement la mort d'un novice, lors de l'entrée du cardinal de Sourdis.

E 6*, f° 338 r°, et ms. fr. 18167, f° 173 r°.

8234. — Arrêt confirmant le privilège de franc-salé du couvent de la Grande-Chartreuse, et ordonnant la vérification des titres des couvents de Ville-neuve-lès-Avignon, de Bonnefoy et de Valbonne.

E 6*, f° 340 r°, et ms. fr. 18167, f° 174 r°.

8235. — Arrêt accordant un rabais aux fermiers

de l'extinction du convoi, de l'impôt des rivières de Garonne et Dordogne et de la comptablie de Bordeaux, à partir du jour où les défenses de trafiquer avec les terres du roi d'Espagne et de l'archiduc d'Autriche ont été publiées à Bordeaux.

E 6*, f° 342 r°, et ms. fr. 18167, f° 172 r°.

8236. — Arrêt réglant le payement des gages des officiers du présidial du Mans.

E 6*, f° 344 r°, et ms. fr. 18167, f° 171 r°.

8237. — Arrêt ordonnant la levée de 770 livres accordées par Charles IX, à titre d'indemnité, aux adjudicataires des greniers à sel de Bar-sur-Seine et d'Arcis-sur-Aube, pour la perte du sel pillé à Nogent-sur-Seine, en 1567, par les gens de guerre tenant le parti du feu prince de Condé.

E 6*, f° 346 r°, et ms. fr. 18167, f° 170 v°.

8238. — Arrêt maintenant Claude Guymont en son office de second lieutenant en la maréchaussée d'Orléans.

E 6*, f° 348 r°, et ms. fr. 18167, f° 169 v°.

8239. — Arrêt réglant le payement du loyer de la maison où se rend la justice du bailliage, du présidial et de la prévôté de Melun.

E 6*, f° 350 r°, et ms. fr. 18167, f° 174 v°.

8240. — Arrêt autorisant Conrard Ganzen, marchand flamand, à poser un ingénieux système de bouées dont il est l'inventeur aux trois passes les plus périlleuses de l'embouchure de la Garonne, et fixant le taux des droits payables par les navires qui traverseront ces passes.

E 6*, f° 352 r°, et ms. fr. 18167, f° 175 r°.

8241. — Arrêt interdisant à la Cour des aides et réservant au Conseil la connaissance des procès pendants entre plusieurs marchands de Thiers et le fermier de la traite domaniale imposée sur les papiers sortant du royaume par la Loire.

E 6*, f° 354 r°, et ms. fr. 18167, f° 176 v°.

8242. — Arrêt maintenant Jean Boileau, sieur de Maulaville, en sa commission pour la recherche et le recouvrement des dettes de feu M° François Jusseaume, receveur général des finances à Tours.

E 6°, f° 356 r°, et ms. fr. 18167, f° 177 r°.

8243. — Arrêt relatif au payement des dettes du duc de Guise.

E 6°, f° 358 r°, et ms. fr. 18167, f° 178 r°.

8244. — Arrêt ordonnant l'exécution de l'édit d'hérédité des offices de notaires royaux dans l'étendue des domaines aliénés ou engagés par le Roi, attribuant toutefois à l'acquéreur ou à l'engagiste un quart de la finance perçue au cours de ladite exécution.

E 6°, f° 360 r°, et ms. fr. 18167, f° 179 v°.

8245. — Arrêt relatif à une instance pendante entre le fermier général des gabelles de Languedoc et les habitants de la ville, du diocèse et de la judicature de Rieux.

E 6°, f° 362 r°, et ms. fr. 18167, f° 180 v°.

8246. — Arrêt relatif à une instance pendante entre le fermier général des gabelles de Languedoc et les gens des trois États du comté de Foix et de la ville de Pamiers.

E 6°, f° 364 r°, et ms. fr. 18167, f° 181 v°.

8247. — Arrêt accordant un rabais à la caution de feu Sébastien Le Tonnelier, fermier du quatrième et de l'aide du vin vendu en détail en la ville d'Amiens.

E 6°, f° 366 r°, et ms. fr. 18167, f° 182 v°.

8248. — Arrêt maintenant M° Jacques Dantin en l'office de conservateur et juge des péages de la traverse et du demi pour cent levés ès pays de Bresse, Bugey, Valromey et Gex.

E 6°, f° 368 r°, et ms. fr. 18167, f° 183 r°.

8249. — Arrêt renvoyant à la chambre des comptes de Bretagne la vérification des avances faites, de 1591 à 1594, par le sieur de Sourdéac pour l'entretien de la garnison de Brest.

E 6°, f° 370 r°, et ms. fr. 18167, f° 183 v°.

8250. — Arrêt ordonnant au commissaire député sur le fait des malversations en la généralité de Bourbonnais et d'Auvergne d'envoyer au Conseil les motifs des jugements par lui prononcés contre M° Jean Salonnier, élu en l'élection de Château-Chinon.

E 6°, f° 372 r°, et ms. fr. 18167, f° 185 r°.

8251. — Arrêt déclarant que nul ne sera plus reçu par préférence aux offices de lieutenants-assesseurs criminels et de commissaires-examinateurs en Normandie.

E 6°, f° 374 r°, et ms. fr. 18167, f° 185 v°.

8252. — Arrêt relatif à la résignation d'un office de trésorier de France en Provence faite au profit de M° Jean Garron par son fils, entré en religion.

E 6°, f° 376 r°, et ms. fr. 18167, f° 186 v°.

8253. — Arrêt ordonnant le remboursement de diverses sommes payées par les adjudicataires des offices de notaires à Brienne.

E 6°, f° 378 r°, et ms. fr. 18167, f° 187 r°.

8254. — Arrêt condamnant le procureur au présidial de Nîmes à payer 3,000 livres à M° Antoine de Loménie, conseiller d'État, secrétaire du Cabinet du Roi, ou à lui rendre les provisions de vingt-cinq offices de procureurs-postulants à Nîmes.

E 6°, f° 380 r°, et ms. fr. 18167, f° 188 r°.

8255. — Arrêt ordonnant le payement des sommes dues au sieur de Poyanne pour l'entretien de la garnison de Dax pendant les années 1600 à 1603.

E 6°, f° 381 r°, et ms. fr. 18167, f° 188 r°.

8256. — Arrêt fixant à 10,000 livres le cautionnement de M° Henri Simon, receveur général des finances à Moulins.

E 6°, f° 382 r°, et ms. fr. 18167, f° 188 v°.

8257. — Arrêt ordonnant le versement à la recette générale de Paris des deniers revenant bons de la crue levée sur les greniers à sel de la généralité de Soissons, crue dont le produit est affecté au payement de l'augmentation de gages qui a été attribuée aux officiers de judicature pour la suppression des alternatifs.

E 6°, f° 383 r°, et ms. fr. 18167, f° 189 r°.

8258. — Arrêt donnant assignation de 3,000 li-

vres à M° Pierre Poictevin, sieur d'Émery, président
à Provins.

E 6ᵉ, f° 384 r°, et ms. fr. 18167, f° 190 r°.

8259. — Arrêt enjoignant aux grands maîtres-
enquêteurs et généraux réformateurs des eaux et
forêts de France d'envoyer, dans la quinzaine, au
Conseil les états des ventes de bois et de terres vaines
et vagues faites en exécution de l'édit de juillet 1601.

E 6ᵉ, f° 385 r°, et ms. fr. 18167, f° 189 v°.

8260. — Arrêt transformant le droit de vingt
pots de vin octroyé aux connétable, confrères, ca-
nonniers et arquebusiers de Saint-Quentin en une
gratification annuelle de 300 livres payable pendant
dix ans.

E 6ᵉ, f° 386 r°, et ms. fr. 18167, f° 190 r°.

8261. — Arrêt réglant le payement des gages des
officiers du présidial de Bourbonnais.

E 6ᵉ, f° 387 r°, et ms. fr. 18167, f° 190 v°.

8262. — Arrêt confiant aux trésoriers généraux de
l'Artillerie le soin de pourvoir au payement de certains
commissaires-canonniers ou autres officiers de l'Artillerie servant en plusieurs places.

E 6ᵉ, f° 388 r°, et ms. fr. 18167, f° 191 r°.

8263. — Arrêt relatif au payement de 5,224
écus 1/3 dus à Gabriel Gaulterot, sieur de Langle et
de La Regnardière.

E 6ᵉ, f° 389 r°, et ms. fr. 18167, f° 191 v°.

8264. — Arrêt prorogeant un octroi accordé aux
habitants du Tréport, et dont le produit doit être employé à l'entretien des pavé, portes, ponts et quais de
ladite ville.

E 6ᵉ, f° 390 r°, et ms. fr. 18167, f° 191 v°.

8265. — Arrêt accordant un rabais au fermier de
la bûche en la ville d'Amiens.

E 6ᵉ, f° 391 r°, et ms. fr. 18167, f° 192 r°.

8266. — Arrêt ordonnant le payement de 9,480
livres dues à Mathieu d'Herbannes, tapissier ordinaire
du Roi.

E 6ᵉ, f° 392 r°, et ms. fr. 18167, f° 192 v°.

8267. — Arrêt accordant un sursis à Claude
Boutin, fermier de la bûche et du bois à brûler pour
l'année 1602-1603.

E 6ᵉ, f° 393 r°, et ms. fr. 18167, f° 192 v°.

8268. — Arrêt donnant au duc de Nemours une
assignation annuelle de 1,265 livres sur les tailles des
pays de Bresse, Bugey et Valromey.

E 6ᵉ, f° 394 r°, et ms. fr. 18167, f° 176 r°.

8269. — Arrêt ordonnant la recherche de tous
les droits domaniaux recélés ou usurpés dans l'étendue
du bailliage de Saint-Pierre-le-Moutier.

E 6ᵉ, f° 396 r°, et ms. fr. 18167, f° 193 r°.

8270. — Arrêt ordonnant le payement de 2,735
écus 31 sols 12 deniers dus au sieur de La Force,
capitaine des gardes du corps, gouverneur de Navarre
et de Béarn.

E 6ᵉ, f° 397 r°, et ms. fr. 18167, f° 184 r°.

8271. — Arrêt ordonnant le versement à l'Épargne
de 654 livres dues par M° Bernardin Pradel, trésorier
de France à Montpellier, à M° François Remy, ci-
devant receveur général des finances et gabelles de
Languedoc.

E 6ᵉ, f° 399 r°, et ms. fr. 18167, f° 193 r°.

8272. — Arrêt ordonnant que M° Jean Delabarre
sera payé de ses gages de trésorier de France à
Bourges à partir du jour de sa provision.

E 6ᵉ, f° 400 r°, et ms. fr. 18167, f° 194 r°.

8273. — Arrêt relatif à une saisie faite à la re-
quête de M° François Allamant, président au Grand
Conseil, sur quelques deniers des gabelles dus à feu
M° Nicolas Parent.

E 6ᵉ, f° 401 r°, et ms. fr. 18167, f° 194 v°.

8274. — Arrêt ordonnant le versement entre les
mains du receveur de la Chambre royale de tous les
deniers dus par les comptables de la généralité de
Limoges, pour omissions de recettes, fausses reprises
et autres malversations constatées par le sieur de
Champlay, maître des requêtes de l'Hôtel, commissaire député sur le fait des malversations.

E 6ᵉ, f° 402 r°, et ms. fr. 18167, f° 195 v°.

8275. — Arrêt relatif à une instance pendante entre M° Jacques Boucquet, receveur du domaine de Sens, M⁰ˢ Antoine Médart et Hubert de Moulinet, avocat et procureur du Roi au présidial de Langres.

E 6*, f° 4o3 r°, et ms. fr. 18167, f° 195 r°.

8276. — Arrêt ordonnant au parlement de Bretagne de faire connaître au Conseil les motifs de son arrêt du 29 mars 1585, relatif à l'érection en châtellenie de la terre de la Musse.

E 6*, f° 4o4 r°, et ms. fr. 18167, f° 195 v°.

8277. — Arrêt relatif au payement de 20,600 livres assignées à Pierre Fournier, sieur du Roussay, pour les gages de son père, le feu sieur du Roussay, grand maître des Eaux et forêts.

E 6*, f° 4o5 r°, et ms. fr. 18167, f° 196 v°.

8278. — Arrêt ordonnant le remboursement de 6,150 livres dépensées par Louis de Harlay, sieur de Saint-Aubin, gouverneur de Saint-Maixent en Poitou, pour les réparations du château.

E 6*, f° 4o6 r°, et ms. fr. 18167, f° 196 r°.

8279. — Arrêt réglant les fonctions des auditeurs en la chambre des comptes du Languedoc établie à Montpellier.

E 6*, f° 4o7 r°, et ms. fr. 18167, f° 197 r°.

1604, 3o mars. — Paris.

8280. — Arrêt donnant mainlevée à Annibal de Schonberg du revenu des terres d'Oulchy-le-Château et de Neuilly-Saint-Front, saisi à la requête de Médard Gaullier, soi-disant capitaine du château desdits lieux.

E 6*, f° 4o9 r°, et ms. fr. 18167, f° 2o1 v°.

8281. — Arrêt ordonnant la concession d'un cimetière dans l'intérieur de la ville aux protestants de Bordeaux.

E 6*, f° 4io r°, et ms. fr. 18167, f° 2i1 v°.

8282. — Arrêt ordonnant qu'il soit passé outre à la recherche du droit de marc d'or, nonobstant les arrêts du parlement de Toulouse.

E 6*, f° 4i2 r°, et ms. fr. 18167, f° 198 v°.

8283. — Arrêt ordonnant qu'il soit passé outre à la recherche du droit de marc d'or, nonobstant un arrêt du parlement de Bordeaux.

E 6*, f° 4i4 r°, et ms. fr. 18167, f° 199 r°.

8284. — Arrêt ordonnant qu'il soit frappé en la monnaie du Moulin, à Paris, 15,000 livres de doubles et de deniers de cuivre fin.

E 6*, f° 4i5 r°, et ms. fr. 18167, f° 199 v°.

8285. — Arrêt accordant un rabais au fermier des droits d'affouage et de bancage de la baronnie d'Amboise.

E 6*, f° 4i6 r°, et ms. fr. 18167, f° 2oo r°.

8286. — Arrêt autorisant le trésorier du domaine d'Auvergne à continuer la perception des deniers de l'arrière-ban d'Auvergne pour l'année 1594, lesquels ont été donnés par le Roi au comte d'Auvergne.

E 6*, f° 4i7 r°, et ms. fr. 18167, f° 2oo r°.

8287. — Arrêt attribuant à Jacques Joard un office d'enquêteur-examinateur au présidial de Lyon.

E 6*, f° 4i8 r°, et ms. fr. 18167, f° 2oo v°.

8288. — Arrêt prorogeant pour six années l'exemption des tailles accordée aux habitants de Restigné, de la Chapelle-Blanche, de Chouzé, de Saint-Médard, de Varennes-sous-Montsoreau, de Villebernier, de Saint-Lambert-des-Levées, de l'Ile-Neuve, de Saint-Martin-de-la-Place, des Rosiers et de Trèves-en-Vallée, à condition qu'ils entretiendront les turcies et levées de la Loire.

E 6*, f° 4i9 r°, et ms. fr. 18167, f° 2o1 r°.

8289. — Arrêt relatif à la perception des droits de foraine levés sur les fruits, denrées et bétail en la ville d'Avignon.

E 6*, f° 4ao r°, et ms. fr. 18167, f° 2o2 r°.

8290. — Arrêt attribuant à Mathurin Charton un office de sergent royal en Anjou.

E 6*, f° 4a1 r°, et ms. fr. 18167, f° 2o2 r°.

8291. — Arrêt réservant au Conseil la connaissance de l'appel interjeté par Jean Hopil, adjudicataire de la ferme dite « à la part du royaume », contre des sentences prononcées par M° Pierre de La Rivière, contrôleur général des gabelles en Dauphiné.

E 6°, f° 422 r°, et ms. fr. 18167, f° 202 v°.

8292. — Arrêt ordonnant la remise en adjudication de la ferme des traites de Poitou et de Marans, dont l'adjudicataire actuel, Pierre Franchart, demande à être déchargé, attendu les défenses qui ont été faites de trafiquer sur les terres du roi d'Espagne et de l'archiduc d'Autriche.

E 6°, f° 423 r°, et ms. fr. 18167, f° 203 r°.

8293. — Arrêt affectant à la réparation des ponts de Cherisy et de Sainte-Gemme sur l'Eure les deniers revenant bons de la crue levée à Dreux pour l'augmentation des gages des officiers de judicature.

E 6°, f° 424 r°, et ms. fr. 18167, f° 203 v°.

8294. — Arrêt fixant à 10,000 livres le cautionnement de M° Hercule Chapelier, receveur général des finances à Orléans.

E 6°, f° 425 r°, et ms. fr. 18167, f° 204 r°.

8295. — Arrêt renvoyant aux élus de Paris le soin de recevoir les cautions et certificateurs de Pierre Drouart, sieur du Bouchet, fermier général des aides.

E 6°, f° 426 r°, et ms. fr. 18167, f° 204 r°.

8296. — Arrêt ordonnant que toutes les pièces du procès de M° Étienne de Thelis déposées au greffe du Conseil seront remises au substitut du procureur général en la sénéchaussée de Lyon.

E 6°, f° 427 r°, et ms. fr. 18167, f° 204 v°.

8297. — Arrêt défendant aux syndic et conseillers de Montluel d'aliéner les droits de justice et revenus domaniaux de ladite ville.

E 6°, f° 428 r°, et ms. fr. 18167, f° 205 r°.

8298. — Arrêt réglant les charges et les privilèges du sieur de La Varenne, contrôleur général des postes de France.

E 6°, f° 429 r°, et ms. fr. 18167, f° 208 r°.

8299. — Arrêt, rendu sur la requête des États du Mâconnais, déchargeant les habitants de l'élection de Mâcon de la taxe levée pour l'attribution aux receveurs des tailles du port et de l'envoi des commissions, à condition toutefois qu'il sera levé sur ladite élection une somme de 1,500 livres.

E 6°, f° 431 r°, et ms. fr. 18167, f° 207 v°.

8300. — Arrêt ordonnant de surseoir à l'exécution des arrêts obtenus par M° Jean Ragueau, commis du receveur général Fineau, à l'encontre des trésoriers de France et du receveur général des finances à Bourges, du maire et des échevins de ladite ville, etc.

E 6°, f° 432 r°, et ms. fr. 18167, f° 211 v°.

8301. — Arrêt donnant mainlevée à M° Louis Des Saules de son office de receveur ordinaire du domaine de Vermandois, saisi à la requête de M° Jean Allamant, sieur de Guépéan, président au Grand Conseil et propriétaire des greffes de Laon, Noyon et Soissons.

E 6°, f° 434 r°, et ms. fr. 18167, f° 212 v°.

8302. — Arrêt relatif à l'instance pendante au Conseil entre le duc de Mayenne, le sieur Bellier, dit le capitaine Le Maistre, M° Jean Griffon, etc.

E 6°, f° 436 r°, et ms. fr. 18167, f° 213 v°.

8303. — Arrêt prélevant une somme de 50,181 livres 4 sols sur la taxe du vin levée à Grenoble pour les travaux destinés à prévenir les inondations du Drac, lequel menace de ruiner les fortifications de la ville.

E 6°, f° 438 r°, et ms. fr. 18167, f° 214 r°.

8304. — Arrêt défendant à la prieure de l'Hôtel-Dieu de Pontoise de poursuivre le receveur du domaine de Mantes et de Meulan ailleurs que par-devant les trésoriers de France.

E 6°, f° 440 r°, et ms. fr. 18167, f° 215 r°.

8305. — Arrêt autorisant les habitants de Saint-Pierre-de-Cerqueux à se pourvoir par voie de requête civile en la cour des aides de Paris contre un arrêt rendu en la cour des aides de Rouen au profit de Jean Charrestier, homme d'armes de la compagnie du duc de Montpensier.

E 6°, f° 442 r°, et ms. fr. 18167, f° 215 v°.

8306. — Adjudication des droits levés sur la Charente, dans les ports de la Gironde, de la Seudre, etc., faite pour cinq ans à Pierre Jarousseau, moyennant le payement annuel de 99,000 livres.

. E 6ᵗ, fᵒ 444 rᵒ, et ms. fr. 18167, fᵒ 205 vᵒ.

_____

1604, 6 avril. — [Paris.]

8307. — Arrêt réglant définitivement les attributions judiciaires du parlement et de la chambre des comptes de Bourgogne.

E 6ᵗ, fᵒ 448 rᵒ, et ms. fr. 18167, fᵒ 216 vᵒ.

_____

1604, 10 avril. — Paris.

8308. — « Instruction au commissaire député par le Roy pour l'exécution de son eedict du moys de septembre мvɪᵉ deux... pour la vente en hérédité des offices de jaulgeurs et mesureurs de thonneaulx, vaisseaulx et baricques à mettre vin, bières, verjus, vinaigres, huilles et autres breuvages et licqueurs. »

Ms. fr. 10843, fᵒ 69 rᵒ.

_____

1604, 13 mai. — Fontainebleau.

8309. — Arrêt ordonnant le payement des rentes assignées au duc de Montpensier sur les recettes générales de Rouen, de Caen et de Poitiers.

Ms. fr. 10843, fᵒ 92 rᵒ.

_____

1604, 14 mai. — Fontainebleau.

8310. — Arrêt confirmant et complétant l'édit de juin 1601 sur les mines, ordonnant le châtiment des ouvriers blasphémateurs, affectant un trentième du produit net à l'entretien des aumôniers et chirurgiens, nommant Christophe-Ulrich de Cronach fondeur-essayeur-affineur général, déclarant les biens des mineurs étrangers non soumis au droit d'aubaine, etc.

AD I 138, nᵒ 11.

_____

1604, 15 mai. — Fontainebleau.

8311. — Arrêt réglant les droits et les obligations des sujets du Roi et de ceux du duc de Lorraine qui demeurent sur la frontière de la Lorraine et de la Champagne.

AD I 138; nᵒ 13.

_____

1604, 18 juin. — Paris.

8312. — Arrêt réglant l'exécution de l'édit d'établissement des contrôleurs-visiteurs-marqueurs de cuirs.

AD I 138, nᵒ 14.

_____

1604, 1ᵉʳ juillet. — Paris.

8313. — Arrêt relatif au contrôle des quittances de Mᵉ Jean de Moisset, receveur général des rentes de la ville de Paris.

E 6ᵇ, fᵒ 1 rᵒ.

8314. — Arrêt relatif à la liquidation des comptes de Mᵉ Jacques Hilaire, receveur général des finances à Orléans.

E 6ᵇ, fᵒ 3 rᵒ.

8315. — Arrêt retenant au Conseil la connaissance du procès pendant entre Mᵉ Denis Favier, avocat au bailliage et au présidial de Troyes, d'une part, Mᵉ Louis Guibert, sieur de Bussy, et Nicolas Bernard, sieur de Mondebize, d'autre part.

E 6ᵇ, fᵒ 5 rᵒ.

8316. — Arrêt homologuant une transaction consentie par les créanciers de Barthélemy Gallois et de Guillaume de Charancy, anciens adjudicataires de la ferme dite « à la part du royaume ».

E 6ᵇ, fᵒ 7 rᵒ.

_____

1604, 3 juillet. — Paris.

8317. — Arrêt inféodant à perpétuité l'île d'Aix, près la Rochelle, à présent déserte, au sieur de L'Auzeray, l'un des premiers valets de chambre du Roi, « à la charge que [lui et ses successeurs] seront tenuz d'y faire bastir un chasteau et faire accommoder ung havre..., de bailler [par chacun an] six aygrettes rendues vives au chasteau de Fontainebleau, et un fer de lance doré apretié à trente solz, à chasque mutation de vassal »; accordant, en outre, aux futurs habitants de l'île une exemption de tous impôts et les mêmes privilèges que ceux dont jouissent les habitants de l'île de Ré.

E 6ᵇ, fᵒ 9 rᵒ.

8318. — Arrêt réglant la perception des droits forains sur les marchandises débitées en la foire de Beaucaire.

E 6ᵇ, fᵒ 11 rᵒ.

8319. — Arrêt confirmant Mᵉ Pierre de Griffy en la possession de son office de maître des comptes ordinaire en la chambre des comptes de Montpellier.

E 6ᵇ, fᵒ 13 rᵒ.

8320. — Arrêt imposant un supplément de finance aux receveurs et contrôleurs particuliers triennaux du Languedoc, aux receveurs-payeurs triennaux du parlement de Toulouse, de la chambre de l'Édit de Castres, de la chambre des comptes et de la cour des aides de Montpellier, aux payeurs des présidiaux du Languedoc, tous offices créés en 1597 et vendus à vil prix.

E 6ᵇ, fᵒ 15 rᵒ.

1604, 5 juillet. — [Paris.]

8321. — Arrêt déclarant que, conformément au vœu des habitants, la baronnie de Tournon demeurera perpétuellement unie au comté d'Armagnac.

E 6ᵇ, fᵒ 16 rᵒ.

1604, 6 juillet. — Paris.

8322. — Arrêt statuant sur une instance pendante entre la veuve et le tuteur des enfants d'Auffroy Toulgoët, receveur des fouages au diocèse de Léon, et René de Rieux, sieur de Sourdéac, lieutenant du Roi en Basse-Bretagne.

E 6ᵇ, fᵒ 18 rᵒ.

8323. — Arrêt relatif aux instances pendantes entre le duc de Mayenne, Mᵉ Jean Griffon, secrétaire du Roi, la veuve du sieur de Villefâllier et Antoine Bellier, dit Le Maistre, capitaine du charroi de l'Artillerie.

E 6ᵇ, fᵒ 24 rᵒ.

8324. — Arrêt ordonnant que les receveurs généraux du taillon ès généralités de Paris, Rouen et Amiens seront contraints de satisfaire à l'arrêt du 17 janvier dernier (nᵒ 8021).

E 6ᵇ, fᵒ 26 rᵒ.

8325. — Arrêt évoquant au Conseil le procès intenté par l'évêque aux échevins et habitants de Châlons, au sujet de son prétendu droit d'autoriser les assemblées de ville.

E 6ᵇ, fᵒ 27 rᵒ.

1604, 8 juillet. — Paris.

8326. — Arrêt prorogeant pour six ans un octroi destiné à la réparation des murailles et du pavé de Semur-en-Auxois.

E 6ᵇ, fᵒ 29 rᵒ.

8327. — Arrêt ordonnant que les difficultés survenues entre la Couronne et le connétable de Montmorency au sujet du partage de la forêt de Laigue seront terminées par voie de transaction.

E 6ᵇ, fᵒ 31 rᵒ.

8328. — Arrêt renvoyant à la Cour des monnaies une requête par laquelle Mᵉ Pierre Costes demande à être déchargé du bail de la monnaie de Montpellier, «attendu l'interdiction faicte du negoce et commerce d'Espaigne».

E 6ᵇ, fᵒ 33 rᵒ.

1604, 10 juillet. — Paris.

8329. — Arrêt ordonnant que les chanoines de Senlis seront entendus au Conseil au sujet de la réforme du chapitre entreprise par l'évêque.

E 6ᵇ, fᵒ 34 rᵒ.

8330. — «A esté leu au Conseil... la minutte d'un passeport que Jehan Du Verger, Jehan Goret et autres leurs associez, marchans et bourgeois de Vitré et Saint-Malo..., demandent à Sa Majesté pour envoyer ung navire... en Allep et païs de Chipres...»

E 6ᵇ, fᵒ 35 rᵒ.

8331. — Arrêt accordant aux anciens trésoriers de France et au receveur général des finances à Bourges décharge des sommes à eux réclamées par Mᵉ Jean

Ragueau, ci-devant commis du receveur général Fineau.

E 6ᵇ, f° 36 r°.

8332. — Arrêt relatif à une instance pendante entre la veuve de Jean Verny, grènetier au grenier à sel de Montpellier, et Pierre Bascon, receveur au même grenier.

E 6ᵇ, f° 38 r°.

8333. — Arrêt renvoyant à la Cour des monnaies la requête en décharge présentée par Pierre Portail, ci-devant fermier de la monnaie de Montpellier.

E 6ᵇ, f° 4o r°.

8334. — «A esté leu au Conseil... la minutte d'un passeport que Mathurin Le Moyne, sieur de La Reboursière, et Claude Du Verger, sieur de Gaillon, et autres... habitans de Vitré... demandent à Sa Majesté pour envoyer ung navire... ès isles de Canarye...»

E 6ᵇ, f° 41 r°.

8335. — Arrêt relatif à l'instance pendante entre Mᵉ Paul Tissandier, Guillaume Fontfreyde, Étienne Senezes, Hugues Poisson, d'une part, Mᵉ Thomas de Lorme, sieur des Bordes, d'autre part.

E 6ᵇ, f° 42 r°.

8336. — Arrêt ordonnant la remise au secrétaire du Conseil de toutes les pièces relatives à la folle enchère mise par Bernardin Cassanot sur la ferme des gabelles de Languedoc.

E 6ᵇ, f° 44 r°.

1604, 13 juillet. — Paris.

8337. — Arrêt accordant nouvelle surséance aux échevins de Clermont, représentants du tiers état du bas pays d'Auvergne, pour le remboursement des dettes contractées lors de l'expédition du feu duc de Joyeuse en Gévaudan.

E 6ᵇ, f° 46 r°.

8338. — Arrêt accordant surséance à Mᵉ François Dumas, greffier en la cour des aides de Montferrand, ancien député aux États d'Auvergne, pour le remboursement des sommes qu'il a empruntées en 1588 afin de subvenir aux besoins du pays.

E 6ᵇ, f° 48 r°.

8339. — Arrêt accordant pour six ans un octroi à la ville de Saint-Malo.

E 6ᵇ, f° 5o r°.

8340. — Arrêt accordant lettres de marque à Corneille Jeusse, marchand de Rouen, pour qu'il puisse s'emparer des vaisseaux, marchandises et denrées appartenant aux sujets de l'Archiduc.

E 6ᵇ, f° 51 r°.

8341. — Arrêt attribuant à Mᵉ François Le Breton l'office de lieutenant particulier assesseur criminel au présidial de Saintes.

E 6ᵇ, f° 52 r°.

8342. — Arrêt ordonnant la vérification de ce qui a été payé soit au feu maréchal de Retz, soit au sieur de La Roche, premier écuyer de la Reine, pour l'acquisition de la terre du Vésinet.

E 6ᵇ, f° 54 r°.

8343. — Arrêt accordant à la ville d'Aigueperse un délai de trois mois pour le payement d'une somme de 1,860 livres due aux consuls de l'année 1596.

E 6ᵇ, f° 55 r°.

8344. — Arrêt ordonnant la reddition des comptes de toutes les personnes commises au recouvrement des sommes données par le Roi à la feue duchesse de Bar.

E 6ᵇ, f° 56 r°.

8345. — Arrêt suspendant, jusqu'à plus ample informé, l'exécution des sentences données par Mᵉ François Du Faure, procureur général au parlement de Grenoble, commissaire député à la recherche des malversations, contre Mᵉ Achille Du Faure, ancien député du tiers état de Dauphiné, chargé de poursuivre au Conseil le procès intenté aux deux premiers ordres de ladite province.

E 6ᵇ, f° 58 r°.

1604, 15 juillet. — Paris.

8346. — Arrêt renvoyant aux trésoriers de France

à Poitiers une requête par laquelle Pierre Franchart demande à être déchargé de la ferme générale des traites de Poitou et de Marans.

E 6ᵇ, fᵒ 60 rᵒ.

8347. — Arrêt relatif à une décharge requise par Gérard Paul, ci-devant receveur général des finances en Provence.

E 6ᵇ, fᵒ 61 rᵒ.

8348. — Arrêt désignant le sieur de Granet, lieutenant général à Bourg-en-Bresse, pour recevoir au nom du Roi l'abandon que les habitants de Montluel entendent faire de leurs droits domaniaux.

E 6ᵇ, fᵒ 62 rᵒ.

8349. — Arrêt ordonnant la vérification des sommes touchées par le sieur de La Severie, gentilhomme ordinaire de la Chambre, ci-devant commandant au château de la Garnache.

E 6ᵇ, fᵒ 63 rᵒ.

8350. — Arrêt relatif au payement des gages dus à Claude Pigeon, lequel a tenu pendant plusieurs années les livres de la ferme dite « à la part du royaume ».

E 6ᵇ, fᵒ 65 rᵒ.

8351. — Arrêt augmentant les gages de Mᵉ Denis Godefroy, procureur général en la Cour des monnaies, à raison du denier dix de la finance par lui payée pour la survivance de cet office.

E 6ᵇ, fᵒ 66 rᵒ.

8352. — Arrêt ordonnant la réception de Mᵉ Vincent-Anne de Meynier, baron d'Oppède, en un office de conseiller au parlement de Provence, nonobstant l'opposition de Mᵉ Marc-Antoine de Reillanne, sieur de Sainte-Croix, avocat au même parlement.

E 6ᵇ, fᵒ 68 rᵒ.

8353. — Arrêt déchargeant Philippe Lebuteux, procureur au bailliage d'Amiens, de la condamnation portée par un arrêt du Conseil du 5 juin dernier.

E 6ᵇ, fᵒ 70 rᵒ.

8354. — Arrêt renvoyant au sieur de Refuge une requête par laquelle Antoine Boiron demande à être déchargé de la recette d'une taille levée à Lyon sur le sel en l'année 1596.

E 6ᵇ, fᵒ 71 rᵒ.

8355. — Arrêt ordonnant la réception d'André Lombart en un office de conseiller en la cour des comptes, aides et finances de Provence.

E 6ᵇ, fᵒ 72 rᵒ.

8356. — Arrêt donnant assignation de 25,000 livres au comte de Saint-Pol.

E 6ᵇ, fᵒ 74 rᵒ.

8357. — Arrêt réglant l'amortissement d'une rente constituée, en 1587, par la ville de Pontoise à demoiselle Madeleine Dauvergne, laquelle avait avancé 500 écus pour la solde de la garnison commandée par le capitaine Roger.

E 6ᵇ, fᵒ 76 rᵒ.

8358. — Arrêt réglant le payement du « droit d'avis » dû à Marie de Baillon, veuve de René Crespin, sieur du Guast, conseiller d'État, sur le produit de la vente des greffes de consuls et d'huissiers audienciers.

E 6ᵇ, fᵒ 78 rᵒ.

8359. — Arrêt ordonnant la restitution de 300 livres que le sieur de Villars a consignées pour éviter l'emprisonnement de sa personne.

E 6ᵇ, fᵒ 80 rᵒ.

8360. — Arrêt accordant au commis à la recette du nouvel impôt d'un écu par muid de vin passant à Rouen décharge de ce qu'il aurait pu toucher sur 800 demi-queues de vin destinées à la maison de la Reine.

E 6ᵇ, fᵒ 82 rᵒ.

8361. — Arrêt accordant au sieur de Sourdéac, lieutenant du Roi en Basse-Bretagne, mainlevée des sommes sur lui saisies à la requête de la veuve et des enfants d'Auffroy Toulgoët, receveur des fouages au diocèse de Léon.

E 6ᵇ, fᵒ 83 rᵒ.

8362. — Arrêt ordonnant que Charles Paulet, secrétaire ordinaire de la Chambre, comptera par-devant la chambre des comptes de Paris des deniers provenant de la vente des greffes de greniers à sel en la généralité de Bourgogne.

E 6ᵇ, fᵒ 85 rᵒ.

8363. — Arrêt relatif au différend pendant entre les sieurs de Chamberet et de Saint-Bonnet au sujet de l'acquisition de la seigneurie de Masseré, dépendant de l'ancien domaine de Navarre.

E 6ᵇ, fᵒ 87 rᵒ.

8364. — Arrêt renvoyant aux trésoriers de France en Bretagne une requête en rabais présentée par les fermiers des devoirs de la prévôté de Nantes.

E 6ᵇ, fᵒ 88 rᵒ.

8365. — Arrêt renvoyant aux trésoriers de France la requête en réduction de taxe présentée par les habitants de Châlons.

E 6ᵇ, fᵒ 89 rᵒ.

8366. — Arrêt renvoyant au sieur de Refuge l'exécution d'une commission décernée à la requête de Guillaume de Balmes, adjudicataire de la ferme dite « à la part du royaume ».

E 6ᵇ, fᵒ 90 rᵒ.

8367. — Arrêt renvoyant aux trésoriers de France la requête en remise de tailles présentée par les habitants de Saint-Agnan, de Neuville et de Gambais.

E 6ᵇ, fᵒ 91 rᵒ.

8368. — Arrêt accordant à Mᵉ Jacques Bigot, ci-devant procureur général du Roi au Grand Conseil, mainlevée des biens sur lui saisis à la requête de Mᵉ Jean Rageau, commis du receveur général Fineau.

E 6ᵇ, fᵒ 92 rᵒ.

8369. — Arrêt réglant le payement de 15,750 livres restées dues à Mᵉ Jean Palot, secrétaire du Roi, commis à la recette et distribution des sommes accordées aux protestants.

E 6ᵇ, fᵒ 94 rᵒ.

8370. — Arrêt ordonnant la restitution des deniers de la douane de Lyon remis aux mains des créanciers d'un négociant failli.

E 6ᵇ, fᵒ 95 rᵒ.

8371. — Arrêt renforçant de six archers la compagnie du vice-sénéchal du Bas-Limousin, attendu le grand nombre des voleurs qui infestent ledit pays.

E 6ᵇ, fᵒ 97 rᵒ.

8372. — Arrêt ordonnant qu'une somme de 11,902 livres 16 sols tournois, destinée à l'acquittement de diverses dettes municipales, sera levée sur tous les habitants non ecclésiastiques de la ville et des faubourgs de Reims.

E 6ᵇ, fᵒ 98 rᵒ.

8373. — Arrêt statuant sur une instance pendante entre Louis Habert, ci-devant trésorier de l'Ordinaire des guerres, d'une part, Jean Latte, dit La Roche, la veuve de Pierre Denis, dit La Treille, et Nicolas Boudin, ci-devant archer de la Connétablie, d'autre part.

E 6ᵇ, fᵒ 99 rᵒ.

8374. — Arrêt déchargeant les habitants de Rethel de toute contribution à la taxe de 24,000 livres levée, en place du sol pour livre, sur les villes franches et abonnées de la généralité de Châlons.

E 6ᵇ, fᵒ 101 rᵒ.

8375. — Arrêt ordonnant qu'une somme de 2,790 livres provenant des ventes extraordinaires de bois sera affectée, non pas aux réparations du palais de Bourges, mais au payement des gages des grands maîtres enquêteurs et généraux réformateurs des eaux et forêts au département d'Orléans, de Berry, de Poitou et de Guyenne.

E 6ᵇ, fᵒ 102 rᵒ.

8376. — Arrêt déchargeant Charlotte de Villiers de la restitution d'une somme de 742 écus 24 sols 4 deniers prise, en 1593, par son défunt mari, le sieur de La Boissière, gouverneur d'Amiens, pour l'entretien de sa compagnie.

E 6ᵇ, fᵒ 104 rᵒ.

8377. — Arrêt ordonnant à dame Jeanne Chasteignier de faire vérifier en la Chambre des comptes le prêt de 6,000 écus fait au Roi, en 1595, par son défunt mari, le comte de Schonberg, pour les frais du siège de la Fère.

E 6ᵇ, fᵒ 106 rᵒ.

. 8378. — Arrêt prorogeant une taxe levée sur le sel au profit de la dame de Tannerre, et dont le produit doit être affecté au remboursement de la finance payée par Mᵉ Claude Le Tonnelier pour un office de président-trésorier de France au bureau établi à Chartres.

E 6ᵇ, fᵒ 107 rᵒ.

8379. — Arrêt ordonnant la levée d'une taxe sur les denrées et marchandises dont le produit est destiné au payement des réparations des murs d'Auxonne.

E 6ᵇ, fᵒ 109 rᵒ.

8380. — Arrêt confirmant celui du 16 mars dernier (nᵒ 8193) et ordonnant que la communauté des arbalétriers de Paris soit mise en possession d'un des deux terrains que lui destine le sieur de Rosny.

E 6ᵇ, fᵒ 111 rᵒ.

———

1604, 20 juillet. — Paris.

8381. — Arrêt accordant un sursis à Gaspard Corneglia, fermier des péages de la traverse et du demi pour cent ès pays de Bresse, Valromey et Gex.

E 6ᵇ, fᵒ 113 rᵒ.

8382. — Arrêt interdisant la vente d'un office d'élu en l'élection de Paris jusqu'au jugement d'une instance pendante au Conseil entre Mᵉˢ Martin Roland et Claude Feullette.

E 6ᵇ, fᵒ 115 rᵒ.

8383. — Arrêt réglant le payement de partie des 3,000 livres données par le Roi à Mᵉ Guillaume Le Rebours, conseiller au Conseil du Roi et président en la Cour des aides.

E 6ᵇ, fᵒ 116 rᵒ.

8384. — Arrêt ordonnant le payement de partie des 7,200 livres restées dues aux sieurs Dupin et de La Bastardière, négociateurs de la réduction d'Ancenis.

E 6ᵇ, fᵒ 117 rᵒ.

8385. — Arrêt relatif à la résignation d'un office de lieutenant particulier du bailli d'Alençon faite au profit de Guillaume Brossard par Mᵉ Pierre Brossard, son père.

E 6ᵇ, fᵒ 119 rᵒ.

8386. — Arrêt renvoyant aux trésoriers de France en Provence une requête d'Antoine de Sallettes, sieur de Saint-Mandrier, propriétaire de salines près Toulon.

E 6ᵇ, fᵒ 120 rᵒ.

8387. — Avis du Conseil tendant au recouvrement de tous les deniers du sol pour livre dans les élections où ledit impôt n'a pas été baillé à ferme, le Roi ayant fait don au duc d'Aiguillon de la moitié desdits deniers.

E 6ᵇ, fᵒ 121 rᵒ.

8388. — Arrêt assignant au Conseil les créanciers de feu Mᵉ Claude Donon, maître des requêtes de l'Hôtel, intendant de la justice en Picardie ès années 1589 et 1590.

E 6ᵇ, fᵒ 122 rᵒ.

8389. — Arrêt réglant le payement de 18,142 livres 8 sols 6 deniers restés dus à Mᵉ Nicolas Fiot, ci-devant receveur général des finances en Bretagne.

E 6ᵇ, fᵒ 123 rᵒ.

8390. — Arrêt relatif au recouvrement des deniers affectés au payement des rentes de l'Hôtel de ville.

E 6ᵇ, fᵒ 124 rᵒ.

8391. — Arrêt interdisant toute poursuite contre la veuve du sieur de La Bastide au sujet de l'obligation contractée, en 1596, par son défunt mari pour les frais de capitulation du château de Montpensier.

E 6ᵇ, fᵒ 126 rᵒ.

8392. — Arrêt ordonnant le payement de 6,300 livres accordées, par acquit patent, au sieur de La Varenne, conseiller d'État et contrôleur général des Postes.

E 6ᵇ, fᵒ 127 rᵒ.

8393. — Arrêt déchargeant du droit de marc d'or Jacques et Pierre Mallet, receveurs particuliers des tailles à Cahors et à Figeac.

E 6ᵇ, fᵒ 128 rᵒ.

8394. — « Ont esté acceptez » au Conseil les caution et certificateur de M° Pierre de Pomey, fermier général de la douane de Lyon, des traites et impositions foraines de Picardie, de Champagne et de Bourgogne.

E 6ᵇ, f° 129 r°.

8395. — Arrêt ordonnant que le maître-échevin, le conseil et les habitants de Metz seront entendus au Conseil au sujet de la requête du général de l'ordre de Prémontré et de frère Jean Chesneau, soi-disant abbé de Saint-Éloi, qui revendiquent ladite abbaye, transformée en collège.

E 6ᵇ, f° 130 r°.

8396. — Arrêt réglant le recouvrement de plusieurs parties rayées sur un état de M° Henri d'Ambray, ci-devant receveur général des finances à Rouen.

E 6ᵇ, f° 132 r°.

8397. — Arrêt relatif à la décharge requise par les fermiers de l'impôt du hareng vendu à Rouen.

E 6ᵇ, f° 134 r°.

8398. — Arrêt défendant à la cour des aides de Montferrand de ratifier, contrairement aux ordonnances, l'exemption prétendue par les officiers de Riom.

E 6ᵇ, f° 135 r°.

8399. — Remontrances des trésoriers de France à Toulouse « sur les empeschemens et traverses qui leur sont données journellement en l'exercice de leurs charges », avec les réponses du Conseil.

E 6ᵇ, f° 136 r°.

1604, 24 juillet. — Paris.

8400. — Arrêt ordonnant le dépôt entre les mains du secrétaire du Conseil de tous les papiers des receveurs supprimés des rentes de l'Hôtel de ville, et concentrant la recette et le payement desdites rentes entre les mains de M° Jean de Moisset.

E 6ᵇ, f° 140 r°.

8401. — Arrêt ordonnant que les lettres de provision d'un office de receveur général des finances à Orléans et d'un demi-office de receveur alternatif seront expédiées au nom de M° Bertrand Soly.

E 6ᵇ, f° 142 r°.

8402. — Arrêt déclarant que les gages des maîtres des ports, ponts et passages de Toulouse et Narbonne ne sont réduits qu'à partir du 1ᵉʳ octobre dernier.

E 6ᵇ, f° 144 r°.

8403. — Arrêt interdisant pendant six mois toutes poursuites contre le sieur de Montbarrot, gouverneur de la ville et du diocèse de Rennes, en tant que caution du fermier des 6 écus par pipe de vin entrant en Bretagne.

E 6ᵇ, f° 145 r°.

8404. — Arrêt admettant la résignation de l'office de lieutenant criminel au siège de Beaufort-en-Vallée, faite par Pierre Poictrineau au profit de M° Gilles Crouyn.

E 6ᵇ, f° 146 r°.

8405. — Arrêt fixant à 18,000 livres la somme payable, chaque année, par les adjudicataires de la ferme dite « à la part du royaume » aux syndics et habitants des pays de Bresse, Bugey, Valromey et Gex.

E 6ᵇ, f° 148 r°.

8406. — Arrêt ordonnant la vérification d'une dette de 5,813 écus 20 sols contractée pendant les troubles par le dernier évêque de Béziers, pour l'entretien d'une garnison en sa maison épiscopale, et ce suivant le commandement du connétable de Montmorency.

E 6ᵇ, f° 149 r°.

8407. — Arrêt statuant sur diverses instances pendantes entre Catherine de Thierry, veuve de René de La Gresille, seigneur de La Tremblaye, gouverneur de Moncontour et de Paimpol, M° Gabriel Hus, trésorier des États de Bretagne, et Jacques d'Alligault.

E 6ᵇ, f° 150 r°.

8408. — Arrêt réglant le payement de 600 livres restant dues sur la pension du sieur de Villars, bailli de Gex.

E 6ᵇ, f° 152 r°.

8409. — Arrêt déchargeant Annibal de Schonberg de la restitution d'une somme de 1,000 écus payée au feu comte de Schonberg par M⁰ Jean Fineau, receveur général des finances à Bourges.

E 6ᵇ, fᵒ 153 rᵒ.

8410. — Arrêt déchargeant les maire et échevins de Bourges, ainsi que M⁰ Étienne Girard, trésorier de France à Bourges, de toutes les sommes à eux réclamées par M⁰ Jean Rageau, commis du receveur général Fineau.

E 6ᵇ, fᵒ 154 rᵒ.

8411. — Arrêt donnant à M⁰ Antoine Lefebvre, trésorier de France en Picardie, assignation de 3,000 livres dues pour les vacations de feu M⁰ Antoine Lefebvre, trésorier de France en Picardie, commis à la saisie des biens des rebelles durant les années 1590 à 1592.

E 6ᵇ, fᵒ 155 rᵒ.

8412. — Arrêt relatif à un procès pendant entre les habitants de la ville et de la châtellenie de Pontoise et ceux de la ville et de la châtellenie de Gisors.

E 6ᵇ, fᵒ 156 rᵒ.

1604, 27 juillet. — Paris.

8413. — Arrêt maintenant M⁰ Jérôme Thielement, greffier du Grand Conseil, en la possession de la recette des consignations du Grand Conseil, nonobstant une requête du duc de Mayenne.

E 6ᵇ, fᵒ 157 rᵒ.

8414. — Arrêt ordonnant la levée d'une somme de 1,000 livres due, pour prise de grains et à titre de dommages-intérêts, par le sieur de Genouilly, l'un des cent gentilshommes de la Maison du Roi, ci-devant commandant de Châteauvillain.

E 6ᵇ, fᵒ 159 rᵒ.

8415. — Arrêt ordonnant le rétablissement d'une partie de 200 écus rayée au compte de M⁰ Jacques Hilaire, ci-devant receveur général des finances à Orléans, ladite somme ayant été donnée par le Roi, à titre d'indemnité, à « dames Anne de Belestat, prieure de Marsat, Suzanne Dabonnal et Marie Bourdet, religieuses professes en l'abbaye de Nostre-Dame de Soissons », qui ont supporté les frais du service de Madame de Bourbon, abbesse dudit couvent de Soissons, tante de Sa Majesté.

E 6ᵇ, fᵒ 161 rᵒ.

8416. — Arrêt autorisant les protestants de Saint-Jean-de-Losne à continuer d'enterrer leurs morts dans le cimetière de Saint-Michel, jusqu'à ce qu'un autre cimetière leur ait été concédé ou acheté aux frais communs de tous les habitants.

E 6ᵇ, fᵒ 163 rᵒ.

8417. — Arrêt prescrivant une enquête sur l'état et l'origine des biens de M⁰ François Bon, ci-devant commis à la recette des deniers provenant de la vente des offices de visiteurs-contrôleurs des cuirs.

E 6ᵇ, fᵒ 164 rᵒ.

8418. — Arrêt renvoyant au sénéchal de Nantes, conformément à un arrêt du Conseil privé, les procès de Jean Richard, ci-devant fermier du devoir de 8 écus par muid de sel sortant de Bretagne.

E 6ᵇ, fᵒ 166 rᵒ.

8419. — Arrêt relatif à une requête d'Antoine de Fouchères, sieur de La Salle, homme d'armes de la compagnie du Dauphin, tendante à la validation des payements faits, pendant les troubles, à la garnison mise par le duc de Mercœur dans le château de Dinan.

E 6ᵇ, fᵒ 167 rᵒ.

8420. — Arrêt renvoyant à la Cour des monnaies la requête de Claude Bourgeois, qui demande l'autorisation de construire à Troyes un moulin semblable à celui de Paris, pour y fabriquer 9,000 écus de doubles et de deniers.

E 6ᵇ, fᵒ 168 rᵒ.

8421. — Arrêt autorisant la levée d'une somme de 700 livres destinée à l'acquittement des dettes de la paroisse de Montanet.

E 6ᵇ, fᵒ 169 rᵒ.

8422. — Arrêt renvoyant au parlement de Paris toutes les procédures entamées au sujet de certaines médailles et pièces d'or découvertes au village d'Oisy.

E 6ᵇ, fᵒ 170 rᵒ.

8423. — Arrêt ordonnant le rétablissement d'une partie de 400 livres employée, dans un état des deniers levés sur plusieurs paroisses d'Anjou, au nom de feu Mathurin Cochelin, lieutenant général du sénéchal d'Anjou.

E 6ᵇ, fᵒ 171 rᵒ.

8424. — Arrêt relatif au remboursement de la finance payée par feu Jean Leguay pour le greffe du consulat de Calais.

E 6ᵇ, fᵒ 173 rᵒ.

8425. — Arrêt renvoyant aux trésoriers de France à Béziers la requête de l'évêque d'Albi qui demande à jouir du droit de leude sur le sel entrant à Albi.

E 6ᵇ, fᵒ 174 rᵒ.

8426. — Arrêt condamnant le receveur particulier du domaine de la vicomté d'Aulnay à payer le reste du produit des ventes extraordinaires de bois faites dans les forêts de ladite vicomté.

E 6ᵇ, fᵒ 175 rᵒ.

8427. — Arrêt renvoyant à la Cour des monnaies la requête en décharge présentée par le fermier de la monnaie de Troyes.

E 6ᵇ, fᵒ 176 rᵒ.

8428. — Arrêt donnant à François Marcel, trésorier de France en Provence, mainlevée de ses gages jusqu'à concurrence d'une somme de 600 livres.

E 6ᵇ, fᵒ 177 rᵒ.

8429. — Arrêt retenant au Conseil le procès pendant entre Mᵉˢ Antoine de Chaulnes et Claude Du Benoict, secrétaires du Roi, et les consuls et habitants de la ville de Grenoble.

E 6ᵇ, fᵒ 178 rᵒ.

8430. — Arrêt autorisant les protestants d'Auxonne à faire enterrer leurs morts au cimetière de l'hôpital, jusqu'à ce qu'un autre cimetière leur ait été concédé ou acheté aux frais communs de tous les habitants.

E 6ᵇ, fᵒ 179 rᵒ.

8431. — Arrêt déclarant que tous les commissaires députés à la vérification des abus commis sur le fait des finances seront tenus de remettre le texte de leurs jugements aux mains de Martin Le Febvre, secrétaire de la Chambre, à première réquisition.

E 6ᵇ, fᵒ 180 rᵒ.

8432. — Arrêt déclarant que tous les commis chargés par Martin Le Febvre de recevoir le montant des amendes prononcées pour faits de malversations seront tenus de compter entre ses mains, « comme de clercs à maistre ».

E 6ᵇ, fᵒ 181 rᵒ.

8433. — Arrêt ordonnant la levée de 1,399 livres 5 sols 4 deniers restés dus par les habitants de Neuilly sur le taillon des années 1589 à 1593.

E 6ᵇ, fᵒ 182 rᵒ.

8434. — Arrêt fixant au 20 août prochain la vente des deux offices de Mᵉˢ Jean Texier et Léonnet Guillon, receveurs généraux des finances à Limoges.

E 6ᵇ, fᵒ 183 rᵒ.

8435. — Arrêt ordonnant aux maire, échevins et habitants d'Angers de manifester en assemblée générale leur consentement à l'impôt qu'ils demandent l'autorisation de lever, et dont le produit doit être affecté à l'acquittement des dettes qu'ils ont contractées « pour empescher le progrès de la maladie contagieuse ».

E 6ᵇ, fᵒ 184 rᵒ.

8436. — Arrêt donnant assignation de 600 livres à l'adjudicataire des travaux de réparation des prisons du château de Nogent-le-Roi.

E 6ᵇ, fᵒ 185 rᵒ.

8437. — Arrêt ordonnant que Louis Monceau passe outre à l'exécution de sa commission sur la recherche du droit de marc d'or, nonobstant plusieurs arrêts du parlement de Bourgogne.

E 6ᵇ, fᵒ 186 rᵒ.

8438. — Arrêt autorisant David Chambrelan à faire entrer et à vendre dans le royaume divers ballots de cuirs, de sucre et de salsepareille provenant du Pérou et par lui achetés en Angleterre.

E 6ᵇ, fᵒ 188 rᵒ.

8439. — Instructions aux commissaires députés

sur le fait de la vente et revente des offices de contrôleurs-visiteurs-marqueurs de cuirs.

E 6ᵇ, fᵒ 190 rᵒ.

——————

1604, 31 juillet. — Paris.

8440. — Arrêt relatif au payement de certaines rentes constituées aux sieurs de Luxembourg et de Dinteville, ainsi qu'au maréchal d'Aumont.

E 6ᵇ, fᵒ 192 rᵒ.

8441. — Arrêt chargeant les trésoriers de France à Moulins de procéder à la vente des offices des deux receveurs Potiere et Seigliere.

E 6ᵇ, fᵒ 194 rᵒ.

8442. — Arrêt ordonnant que Mᵉ Claude Josse comptera par état au Conseil des 8 écus par muid de sel vendu dans les greniers de sa ferme.

E 6ᵇ, fᵒ 195 rᵒ.

——————

1604, 3 août. — Paris.

8443. — Arrêt acceptant les offres du sieur de La Vieuville, chevalier des ordres du Roi et gouverneur de Mézières, acquéreur des aides de Bar-sur-Seine.

E 7ᵃ, fᵒ 196 rᵒ.

8444. — Arrêt ordonnant aux maire, échevins et habitants de Chartres de rapporter au Conseil l'autorisation qu'ils ont récemment obtenue d'établir une taxe pour l'acquittement des prétendues dettes de leur ville.

E 7ᵃ, fᵒ 197 rᵒ.

——————

1604, 7 août. — Paris.

8445. — Arrêt statuant sur une instance pendante entre Jean Hopil, adjudicataire de la ferme dite « à la part du royaume », Mᵉ Pierre de La Rivière, contrôleur général des greniers à sel de Dauphiné, commissaire député sur le fait des péages du Rhône, etc.

E 7ᵃ, fᵒ 198 rᵒ.

8446. — Arrêt réglant le payement de 13,500 livres assignées au sieur de La Reynière, gouverneur de Bellême.

E 7ᵃ, fᵒ 200 rᵒ.

8447. — Arrêt statuant sur une instance pendante entre Mᵉ Nicolas Regnard, ci-devant trésorier de France à Paris, et Mathieu Bourlon, caution de feu Mᵉ François de La Ville, receveur des tailles à Beauvais.

E 7ᵃ, fᵒ 202 rᵒ.

8448. — Arrêt accordant au village d'Aussy décharge de la subvention, du droit d'entrée sur le vin et des autres taxes levées sur les villes closes, « attendu que, pendant ces derniers troubles, leurs murailles ont esté du tout desmolies et abattues jusques aux fondemens ».

E 7ᵃ, fᵒ 206 rᵒ.

8449. — Arrêt autorisant les habitants de la côte de Saint-Jean-de-Luz, depuis Hendaye jusqu'à Cap-Breton, à continuer la pêche de la morue à Terre-Neuve et la vente de la morue en Espagne, nonobstant l'interdiction générale de trafiquer avec l'Espagne.

E 7ᵃ, fᵒ 207 rᵒ.

8450. — Arrêt prescrivant une enquête au sujet des frais occasionnés aux habitants de Pithiviers par le séjour de plusieurs gendarmes de la compagnie du Dauphin.

E 7ᵃ, fᵒ 208 rᵒ.

8451. — Arrêt accordant aux maire et échevins d'Orléans décharge des sommes à eux réclamées par Jean Malartin et consorts.

E 7ᵃ, fᵒ 209 rᵒ.

8452. — Arrêt réduisant à 16,000 livres la somme payable par Mᵉ Claude Josse, fermier général des gabelles, ladite somme devant être remise aux sieurs Des Barreaux, de Villeneufve, de Bussy et d'Attichy, anciens contrôleurs généraux des finances, et aux héritiers du sieur de Combaud.

E 7ᵃ, fᵒ 211 rᵒ.

8453. — Arrêt déclarant soumis au payement des tailles Mᵉ Fiacre Terrier, élu en l'élection de Pontoise.

E 7ᵃ, fᵒ 213 rᵒ.

8454. — Arrêt réglant, conformément à l'arrêt du 16 mars dernier (nᵒ 8178), le payement de l'exempt et des archers chargés de la garde du prieuré de Port-Dieu en Limousin.

E 7ª, fª 215 rº.

8455. — Arrêt ordonnant l'exécution d'une commission expédiée à Mª Claude Cornulier, trésorier de France en Bretagne, et à François Goffroy, bailli et lieutenant de Léon, pour l'examen des titres des possesseurs du domaine royal, et ce nonobstant un arrêt du parlement de Rennes.

E 7ª, fª 216 rº.

8456. — Arrêt acceptant les offres de la communauté des merciers du Palais pour le renouvellement du bail des boutiques, bannes et échoppes situées dans le Palais, aux Halles, dans le cimetière Saint-Jean, ou adossées aux murs du Grand-Châtelet.

E 7ª, fª 217 rº.

1604, 12 août. — Paris.

8457. — Arrêt relatif au payement des gages des officiers du bailliage et du présidial de Saint-Pierre-le-Moutier.

E 7ª, fª 219 rº.

8458. — Arrêt ordonnant que Josse Tardif, officier ordinaire de l'Artillerie, devra, avant d'être autorisé à établir l'exercice du culte protestant en son fief de la Rivière-Grosvilain, près Beaugency, établir que ledit manoir est le lieu de sa résidence habituelle.

E 7ª, fª 221 rº.

8459. — Arrêt ordonnant l'exécution des lettres patentes du 31 juillet 1603 qui autorisent le libre exercice de la Religion prétendue réformée dans la sénéchaussée de Bazadais.

E 7ª, fª 222 rº.

8460. — Arrêt autorisant les protestants du pays de Vimeux à exercer leur culte dans le fief de Bernapré, tant qu'y résidera Mª Jean Routier, sieur de Bernapré, nonobstant l'opposition d'Antoine de Pienne, commandeur d'Oisemont.

E 7ª, fª 223 rº.

8461. — Arrêt donnant à plusieurs habitants d'Auch décharge des canons et couleuvrines empruntés, pendant les troubles, à la ville de Toulouse.

E 7ª, fª 225 rº.

8462. — Arrêt maintenant les habitants de Passavant, de la Côte-en-Vosges et de Vougécourt en leurs privilèges et droits sur la forêt de Passavant.

E 7ª, fª 228 rº.

8463. — Arrêt ordonnant que les protestants d'Issoire ne pourront être contraints au payement des taxes levées en ladite ville dans l'intérêt des catholiques, et les déclarant éligibles aux charges consulaires.

E 7ª, fª 229 rº.

8464. — Arrêt renvoyant au sieur de Refuge, intendant de la justice à Lyon, la requête des protestants de ladite ville tendante à la concession d'un nouveau cimetière aux Terreaux, et lui ordonnant de faire observer le règlement qui est en vigueur à Paris pour l'enterrement des protestants, « comme estant tres utile pour empescher toute sorte de seditions ».

E 7ª, fª 230 rº.

8465. — Arrêt statuant sur un procès intenté à Jacques Valletz, huissier-garde des meubles du Conseil, par Jean Guéroult, Georges Le Cirier, Jacques Faucher et Jacques Hardou, huissiers aux Conseils d'État et privé, qui veulent lui faire interdire de porter le titre d'huissier au Conseil.

E 7ª, fª 231 rº.

8466. — Arrêt relatif au prix de la terre et de la seigneurie de Glennes, adjugées à Mª Guy Blondeau, secrétaire du Roi.

E 7ª, fª 235 rº.

8467. — Arrêt renvoyant aux trésoriers de France à Orléans la requête en décharge présentée par les cautions de feu Mª Jean Dubois, receveur des deniers communs de Jargeau.

E 7ª, fª 236 rº.

8468. — Arrêt recevant le syndic d'Agenais partie au procès pendant entre Jean Nadau et Moïse d'Esparbez, vice-sénéchal d'Armagnac.

E 7ª, fª 237 rº.

24.

8469. — Arrêt renvoyant aux trésoriers de France en Dauphiné une requête des héritiers de feu Mathieu Giraud, fermier de l'octroi accordé par Henri III à Valence.

E 7*, f° 238 r°.

8470. — Arrêt ordonnant l'élargissement de Jean de La Fosse, ci-devant commis en l'armée royale sous M° Étienne Puget, lors trésorier général de l'Artillerie, et emprisonné à la requête de Josse Doré, prévôt de l'Artillerie.

E 7*, f° 239 r°.

8471. — Arrêt ordonnant l'achèvement du procès de François Marcel, trésorier de France en Provence, de Claude Marcel, son fils, avocat au parlement de Provence, et de Pierre Marcel, son frère, huissier en ladite cour.

E 7*, f° 240 r°.

8472. — Arrêt ordonnant la vérification d'une avance de 6,000 écus faite, en 1592, par le sieur de Chandon, conseiller d'État, pour le payement des Suisses.

E 7*, f° 241 r°.

8473. — Arrêt réglant le transport à Lyon des deniers assignés aux Suisses sur la recette générale de Riom.

E 7*, f° 242 r°.

8474. — Arrêt renvoyant à la Chambre de l'Édit le procès pendant entre les protestants de Bourgueil, les religieux dudit lieu et les habitants des paroisses Saint-Germain et Saint-Nicolas, au sujet de l'exercice public du culte réformé.

E 7*, f° 243 r°.

8475. — Arrêt ordonnant la restitution d'une somme de 128 livres 4 sols 6 deniers payée par Philibert Boulon, contrôleur alternatif des réparations et fortifications de Bourgogne et Bresse, pour l'emprunt levé sur les officiers des finances.

E 7*, f° 244 r°.

8476. — Arrêt interdisant à la Cour des aides et réservant au Conseil la connaissance de la vente des offices de M° François Remy, receveur général des finances et gabelles en Languedoc, ainsi que la connaissance de l'emprisonnement de M° François Bon, son associé.

E 7*, f° 245 r°.

———

1604, 14 août. — Paris.

8477. — Arrêt autorisant les marchands suisses, grisons et allemands de Lyon à faire conduire d'Espagne en Allemagne, à travers la France, cinquante-quatre balles de safran.

E 7*, f° 247 r°.

8478. — Arrêt statuant sur une instance pendante entre Bertrand de Plouvier, conseiller d'État, premier président de la chambre des comptes de Dauphiné, et Jean Hopil, fermier des gabelles du Lyonnais.

E 7*, f° 249 r°.

8479. — Arrêt réduisant de moitié la somme de 7,800 livres imposée sur la ville de Clermont en Auvergne pour sa part de la subvention levée en place du sol pour livre.

E 7*, f° 251 r°.

8480. — Arrêt autorisant M° Claude Durand à résigner en faveur de son frère Annet l'office d'élu en l'élection de Clermont, au lieu de l'office de conseiller au présidial de Clermont.

E 7*, f° 252 r°.

8481. — Arrêt ordonnant à Jean Salonnier, ci-devant commis à la revente du sel au grenier de Moulins-Engilbert, d'envoyer au Conseil les motifs du jugement prononcé contre lui par le commissaire député sur le fait des malversations dans les généralités de Moulins et d'Auvergne.

E 7*, f° 253 r°.

8482. — Arrêt accordant aux habitants de Bussiers, de Gelas et de Fontanes remise de leurs impôts des années 1597 à 1601.

E 7*, f° 254 r°.

8483. — Arrêt accordant surséance à Jean Pic, fils de famille, ci-devant commis à la recette des aides et tailles en l'élection de Forez.

E 7*, f° 256 r°.

8484. — Arrêt réservant au Conseil la connaissance du procès pendant entre la ville de Toul et M⁰ Claude Thiret, fermier des traites domaniales en Champagne.

E 7¹, f° 258 r°.

8485. — Arrêt accordant un sursis à Claude Boutin, ci-devant fermier de la bûche et du bois à brûler.

E 7¹, f° 259 r°.

8486. — Arrêt ordonnant la levée d'une somme de 2,679 livres 10 sols destinée au remboursement des dépenses faites pour l'établissement des échevins de Vitry-le-François.

E 7¹, f° 261 r°.

8487. — Arrêt déclarant que le Roi n'entend pas enlever à M⁰ Bernardin Pradel, trésorier de France à Montpellier, la connaissance de la ferme générale du Languedoc, mais seulement la connaissance des affaires concernant la ferme de M⁰ Jérôme Du Verger.

E 7¹, f° 262 r°.

8488. — Arrêt ordonnant que M⁰ Isaac Fournier, avocat au parlement de Dijon, protestant, exercera, par provision, la charge d'avocat et de conseil des États de Bourgogne.

E 7¹, f° 263 r°.

8489. — Arrêt ordonnant qu'Antoine Couste, créancier de la ville de Sens, sera entendu au Conseil des finances conjointement avec les maire et échevins de ladite ville.

E 7¹, f° 265 r°.

8490. — Arrêt donnant mainlevée à Louis Vigier, marchand d'Orléans, d'un navire chargé de marchandises espagnoles, saisi par les officiers de l'Amirauté en rade du Havre-de-Grâce.

E 7¹, f° 266 r°.

8491. — Arrêt autorisant la levée d'une taxe sur le vin et le cidre vendus à Laval, dont le produit doit être affecté au payement des dettes de ladite ville.

E 7¹, f° 267 r°.

8492. — Arrêt accordant un sursis à Jean Ra-
gueau, ci-devant commis de M⁰ Jean Fineau, receveur général des finances à Bourges.

E 7¹, f° 268 r°.

8493. — Arrêt fixant à 10,000 livres le cautionnement de M⁰ François Guerry, receveur général des finances à Moulins.

E 7¹, f° 269 r°.

8494. — Arrêt fixant à 6,000 livres le cautionnement de M⁰ Pierre Grangier, receveur général des gabelles en Languedoc.

E 7¹, f° 270 r°.

8495. — Arrêt faisant remise aux habitants de Chérence des trois quarts de leurs tailles de la présente année.

E 7¹, f° 271 r°.

8496. — Arrêt déclarant que, si Louis de Pierre-Buffière, sieur de Chamberet, ne satisfait pas dans un délai de six semaines aux conditions de sa surenchère, la terre de Masseré, en Limousin, demeurera acquise à Léonard d'Escars, sieur de Saint-Bonnet.

E 7¹, f° 272 r°.

8497. — Arrêt accordant à Pierre Longuet, secrétaire de la Chambre, et aux autres fermiers de la traite du sel de Peccais concédée aux Suisses, mainlevée du sel saisi à la requête de M⁰ Jean Joubert, fermier de l'impôt levé pour la réparation des murs de Valence.

E 7¹, f° 274 r°.

8498. — Arrêt accordant à la ville de Semur-en-Auxois un sursis pour le payement de ses dettes contractées durant les troubles.

E 7¹, f° 275 r°.

8499. — Arrêt ordonnant la vérification des dettes de Saint-Seine-en-Auxois.

E 7¹, f° 276 r°.

8500. — Arrêt accordant à Pierre Longuet, secrétaire de la Chambre, et aux autres fermiers de la traite du sel de Peccais concédée aux Suisses, mainlevée du sel saisi à la requête du visiteur général des gabelles de Bresse, de Bugey, de Valromey et de Gex.

E 7¹, f° 277 r°.

8501. — Arrêt condamnant les consuls de Frontignan à payer, pour le vin du cru, le droit de patente dû au fermier général Jean Leguay.

E 7*, f° 279 r°.

8502. — Arrêt relatif au recouvrement des restes des tailles des années 1598 à 1602 en l'élection du Haut-Limousin.

E 7*, f° 280 r°.

8503. — Arrêt affectant les deniers revenant bons de l'octroi concédé aux habitants de Fougères tant à l'acquittement des dettes de la ville qu'aux réparations, aux fortifications et à l'ameublement du château.

E 7*, f° 281 r°.

1604, 17 août. — Paris.

8504. — Arrêt donnant à Gilbert Blanc, procureur au présidial d'Auvergne, mainlevée de ses biens, saisis à la requête de deux marchands lyonnais envers lesquels il s'était obligé, pendant les troubles, pour les affaires du tiers état du bas pays d'Auvergne.

E 7*, f° 282 r°.

8505. — Arrêt déclarant que Jean Genoux, suisse servant sous les ordres du gouverneur d'Amiens, sera soumis au payement du huitième et du vingtième pour le vin qu'il vend en ladite ville.

E 7*, f° 283 r°.

8506. — Arrêt ordonnant le payement des droits dus au Roi tant par les cordonniers et tanneurs que par les marchands de vin de Mâcon.

E 7*, f° 284 r°.

8507. — Arrêt ordonnant à Me Jean de Moisset, receveur général et payeur des rentes de l'Hôtel de ville, de faire dorénavant le payement des arrérages de l'année courante.

E 7*, f° 286 r°.

8508. — Arrêt confirmant un arrêt rendu par la chambre des comptes de Nantes au profit de messire François de Talhouët, et ce nonobstant la requête de Me Jean Loriot, habitant de Nantes.

E 7*, f° 288 r°.

1604, 19 août. — Paris.

8509. — Arrêt réduisant à 60,000 livres la somme payable en six ans à Me Jean de Vauhardy, pour son entier remboursement des 64,000 écus par lui avancés au feu Roi.

E 7*, f° 290 r°.

8510. — Arrêt relatif à la saisie faite sur les biens d'Antoine Hervé, de Guy et de Claude Celot, « à faulte de payement de la somme de 36,000 livres deubz à Sa Majesté pour le reste de la ferme de sold pour livre de la ville de Paris de l'année 1601 ».

E 7*, f° 292 r°.

8511. — Arrêt accordant aux receveurs des décimes et aux députés du clergé du diocèse de Carcassonne décharge des sommes à eux réclamées par Me Philippe de Castille.

E 7*, f° 293 r°.

8512. — Arrêt relatif à une instance pendante entre Me Jean Le Terrier, sieur des Carreaux, ci-devant commis à la recette générale des finances de Caen, d'une part, Me Jean Le Sueur, sieur de Vauponteau, receveur des aides et tailles en l'élection de Verneuil, et Me Pierre de Fontenay, sieur de La Resnière.

E 7*, f° 295 r°.

8513. — Arrêt confirmant un arrêt donné au Conseil des parties contre Michel de La Fontaine, sieur de Lespine.

E 7*, f° 297 r°.

8514. — Arrêt ordonnant, sur la demande de Jean de Camuzat, valet de chambre ordinaire du Roi, la réception de Philibert de Jours en un office d'huissier audiencier en la prévôté de Vitry-le-François.

E 7*, f° 299 r°.

8515. — Arrêt retenant au Conseil l'instance pendante entre François-Étienne et Pierre de Gingins, barons de Divonne, et dom Antoine de Senailly, cellérier de l'abbaye de Saint-Claude, prieur de Divonne, au sujet de la possession dudit prieuré.

E 7*, f° 301 r°.

8516. — Arrêt statuant sur une instance pendante entre le sieur de Loménie, conseiller d'État, secrétaire du Cabinet du Roi, et M° Pierre de Pomcy, fermier général de la douane de Lyon.

E 7*, f° 3o3 r°.

8517. — « Mémoires et articles concernans l'exécution de la commission décernée par le Roy pour la vérification de ce qui s'est passé en l'aliénation de son domaine en la généralité de Bourgongne... », avec les réponses du Conseil.

E 7*, f° 3o5 r°.

————

1604, 20 août. — Paris.

8518. — Arrêt accordant à Raymond Camus, à Pierre Goubé, à Hugues de Mussy, à Philibert Naudin et à Claude Guérin la huitième partie des sommes qui proviendront de la recherche des malversations commises par certains receveurs particuliers des décimes.

E 7*, f° 3i3 r°.

8519. — Arrêt ordonnant la levée d'une nouvelle taxe sur le sel vendu aux greniers de Lagny et de Meaux, le produit en devant être affecté au payement des gages des officiers du présidial de Meaux.

E 7*, f° 3i4 r°.

————

1604, 21 août. — Paris.

8520. — Arrêt ordonnant la vente des biens saisis sur M° François Bon, ci-devant commis à la recette des deniers provenant de la vente des offices de contrôleurs-visiteurs-marqueurs de cuirs.

E 7*, f° 3i5 r°.

8521. — Arrêt accordant à Scipion de Rosan et à Pellegrin Grandcotte un privilège pour la fabrication des tapisseries de cuir doré drapé et non drapé à la manière espagnole.

E 7*, f° 3i6 r°.

8522. — Arrêt déchargeant Jeanne Targer d'une rente grevant certain terrain dont elle a été expropriée pour le prolongement du port Saint-Paul jusqu'au quai des Ormes, vers la Grève.

E 7*, f° 3i8 r°.

8523. — Arrêt déchargeant Pierre de Mouchy, secrétaire de la Chambre et contrôleur général du domaine en Champagne, de la restitution d'une somme de 200 écus.

E 7*, f° 3i9 r°.

8524. — Arrêt renvoyant aux trésoriers de France les offres faites par Claude Maudisné pour les fermes de 9 livres 18 sols par tonneau de vin entrant en Picardie et Boulonnais, de 12 deniers par pot de vin vendu en Picardie et de 60 sols par muid de vin sortant des généralités de Picardie, de Champagne et de Soissons.

E 7*, f° 3ao r°.

8525. — Arrêt ordonnant que les droits de confirmation dus par les officiers et autres privilégiés à l'occasion de l'avènement du Roi continueront d'être perçus pendant six mois en Bretagne, et ce nonobstant l'opposition des corps de métiers et des privilégiés de Nantes.

E 7*, f° 3ai r°.

8526. — Arrêt ordonnant que les mémoires relatifs à l'établissement d'un baliseur-marqueur juré en tous les ports du royaume seront envoyés à l'amiral de France, à l'amiral de Guyenne, aux juges et officiers desdites amirautés, « pour, appellé avec eulx les principaux marchans des villes maritimes, donner advis à Sa Majesté sur le contenu ausdits mémoires ».

E 7*, f° 3a3 r°.

8527. — Arrêt ordonnant le payement des sommes assignées dans les états du Roi à François de Saint-Offange, sieur de Hurtault, et à son frère Amaury de Saint-Offange, sieur de La Houssaye, gentilshommes ordinaires de la Chambre.

E 7*, f° 3a4 r°.

8528. — Arrêt prescrivant une enquête au sujet des malversations commises par les députés des États de Bourgogne depuis l'année 1599.

E 7*, f° 3a6 r°.

8529. — Arrêt condamnant M° Isaac de Gruville, président en l'élection de Montivilliers, M° Jonas Marie et Robert Cyron, receveurs des tailles dans les élections de Montivilliers et de Caudebec, à restituer diverses sommes dues à Jean de Goustimenil, sieur de Boisrozay.

E 7ᵉ, fᵒ 327 rᵒ.

8530. — Arrêt autorisant la levée d'une somme de 14,970 livres 1 sol 9 deniers destinée à l'acquittement des dettes contractées par la ville d'Angers à l'occasion de l'épidémie, notamment pour l'acquisition d'une maison appelée *la Pautière*, transformée en hôpital.

E 7ᵉ, fᵒ 329 rᵒ.

8531. — Arrêt ordonnant le payement des gages dus à Pierre Decantes, commissaire de l'Artillerie.

E 7ᵉ, fᵒ 330 rᵒ.

8532. — Arrêt réglant la recherche des fauxsauniers dans l'étendue du ressort de Jacques Boyadan, fermier général des gabelles du Languedoc.

E 7ᵉ, fᵒ 331 rᵒ.

8533. — Arrêt confirmant les Chartreux de Villeneuve-lès-Avignon, de Bonnefoy et de Valbonne en la jouissance de leur privilège de franc-salé.

E 7ᵉ, fᵒ 332 rᵒ.

8534. — Arrêt ordonnant à Jean de Moisset de payer une indemnité de 9,600 livres à Pierre Drouart, ci-devant adjudicataire des aides de France.

E 7ᵉ, fᵒ 334 rᵒ.

8535. — Arrêt relatif à une instance pendante au sujet des deniers de l'octroi destiné à la reconstruction de l'église Sainte-Croix d'Orléans, lesquels ont été saisis à la requête des veuves des entrepreneurs du canal de la Loire creusé entre Saint-Ay et Meung.

E 7ᵉ, fᵒ 336 rᵒ.

8536. — Arrêt accordant au sieur de La Severie, gentilhomme ordinaire de la Chambre, ci-devant commandant du château de la Garnache, décharge d'une somme de 587 écus 9 sols 6 deniers par lui reçue, en 1597, de plusieurs paroisses qui tenaient le parti du duc de Mercœur.

E 7ᵉ, fᵒ 337 rᵒ.

8537. — Arrêt ordonnant la mise en adjudication de l'office de jaugeur des vaisseaux à mettre vin, cidre, etc. dans le bailliage de Rouen.

E 7ᵉ, fᵒ 338 rᵒ.

8538. — Arrêt déclarant que Mᵉ de Fontis, retenu par ses fonctions de lieutenant de robe courte de la ville de Paris, sera dispensé de conduire à Clermont les deniers de Sa Majesté.

E 7ᵉ, fᵒ 340 rᵒ.

8539. — Arrêt maintenant Louis Le Vavasseur en la jouissance des offices de courtier de chevaux et d'auneur de draps et toiles en la vicomté de Valognes, et ce nonobstant l'opposition du procureur-syndic des États de Normandie.

E 7ᵉ, fᵒ 341 rᵒ.

8540. — Arrêt ordonnant la vérification des sommes dues à Mᵉ Claude de Bugnon, trésorier des Ligues, par les receveurs généraux de Moulins, Riom, Lyon et Bourges.

E 7ᵉ, fᵒ 343 rᵒ.

8541. — Arrêt ordonnant que Mᵉ Claude Vallon, receveur des États de Bourgogne, restera chargé, pour cette fois, de la recette des 63,760 livres levées pour l'entretien des garnisons de la province.

E 7ᵉ, fᵒ 345 rᵒ.

8542. — Arrêt accordant un sursis à la ville de Boulogne pour le remboursement d'une somme de 3,900 livres prêtée, en 1595, au maréchal de Bouillon par le feu sieur Dormy, évêque de Boulogne.

E 7ᵉ, fᵒ 347 rᵒ.

8543. — Arrêt ordonnant aux propriétaires des maisons démolies dans la haute ville de Boulogne de les rebâtir dans les six mois, faute de quoi les maïeur et échevins seraient subrogés en leur place.

E 7ᵉ, fᵒ 348 rᵒ.

8544. — Arrêt assignant au Conseil le lieutenant du prévôt général du Languedoc à Beaucaire, pour y répondre au sujet des actes de violence commis contre le commis de Jean Lejay, fermier général des droits forains et de patente de Languedoc et de Provence.

E 7ᵉ, fᵒ 349 rᵒ.

1604, 26 août. — Paris.

8545. — Arrêt relatif à une instance pendante entre le trésorier provincial de l'Extraordinaire des guerres à Orléans, dame Françoise de Prie, veuve de Jacques d'Orléans, sieur de Bastardes, gouverneur de Romorantin, et Marie Coiffier, veuve de Pierre de Souchay, sieur de Villiers.

E 7ª, fº 350 rº.

8546. — Arrêt ordonnant la vérification du payement des rentes assignées sur la recette générale de Caen.

E 7ª, fº 352 rº.

1604, 31 août. — Paris.

8547. — Arrêt accordant aux consuls et habitants de Rodez une surséance de six mois pour le payement de leurs dettes.

E 7ª, fº 354 rº.

8548. — Arrêt ordonnant que le bail de Mª Jean de Moisset, adjudicataire général des aides de France, soit enregistré, dans la quinzaine, par les officiers auxquels la connaissance en appartient.

E 7ª, fº 356 rº.

8549. — Arrêt ordonnant que les acquéreurs du domaine aliéné dans la généralité de Tours seront contraints au payement des taxes ordonnées par arrêt du Conseil du 23 (ou du 25) décembre 1603, nonobstant les arrêts de mainlevée rendus au parlement de Paris.

E 7ª, fº 358 rº.

8550. — Arrêt ordonnant la vérification des sommes payées par les villes, par les communautés ou par les particuliers pour jouir des aides, impôts et billots, ainsi que des offices de clercs et de commissaires des aides, lesquels impôts ou offices sont compris dans le bail de Jean de Moisset.

E 7ª, fº 360 rº.

8551. — Arrêt relatif à une demande de rabais présentée par Jean Frapier, receveur des tailles en

l'élection de Guyenne et fermier de la grande coutume de Bayonne.

E 7ª, fº 361 rº.

8552. — Arrêt défendant aux baliseurs de la Loire de poursuivre la démolition de la chambre construite dans le port d'Ingrande pour la perception des droits domaniaux.

E 7ª, fº 362 rº.

8553. — Arrêt statuant sur une instance pendante entre Claude Josse, fermier général des gabelles, et les habitants de la vicomté d'Auge au sujet du commerce et de la fabrication du sel blanc.

E 7ª, fº 364 rº.

8554. — Arrêt faisant remise de 3,250 livres à la succession d'Antoine Guilly, fermier de l'équivalent du diocèse de Lavaur.

E 7ª, fº 366 rº.

8555. — Arrêt réglant l'union de l'office de receveur triennal des tailles en l'élection de Reims aux deux offices de receveur ancien et de receveur alternatif.

E 7ª, fº 367 rº.

8556. — Arrêt ordonnant que les habitants d'Ardres, de Boulogne, de Montreuil, de Doullens, du Catelet, de la Capelle, de Maubert [-Fontaine] et de Rocroi ne pourront être contraints au payement des taxes levées sur ceux qui désirent prendre lettres de taverniers et cabaretiers.

E 7ª, fº 370 rº.

8557. — Arrêt confirmant l'autorisation donnée aux taverniers et cabaretiers de Paris, par lettres du 22 novembre et du 6 juin derniers, de vendre bœuf, mouton, veau, porc, poulets et chapons, comme les rôtisseurs.

. E 7ª, fº 371 rº.

8558. — Arrêt interdisant la levée d'une somme de 20,000 livres environ imposée, sans autorisation du Roi, par plusieurs communautés de la généralité de Bordeaux pour l'acquittement des frais de certains voyages occasionnés par les affaires de la Chambre royale.

E 7ª, fº 372 rº.

25

8559. — Arrêt maintenant Bertrand Borilly en possession de son office de receveur général des finances en Provence.

E 7ᵃ, fᵒ 373 rᵒ.

8560. — Arrêt ordonnant que le rôle des taxes levées sur les marchands de vin de Rouen soit rapporté et examiné au Conseil.

E 7ᵃ, fᵒ 375 rᵒ.

8561. — Arrêt enjoignant à Mᵉ Gilbert Badier, receveur général des finances en Provence, de remettre dans les deux mois son compte de l'année 1602 au sieur de Vienne, conseiller d'État et contrôleur général des finances.

E 7ᵃ, fᵒ 376 rᵒ.

8562. — Arrêt accordant au bourg d'Usson, où demeure la reine Marguerite, décharge de la subvention levée en place du sol pour livre.

E 7ᵃ, fᵒ 378 rᵒ.

1604, 2 septembre. — Paris.

8563. — Arrêt autorisant les protestants de la ville et du bailliage d'Amiens à exercer leur culte et à bâtir un temple dans le village de Guignemicourt, appartenant au sieur de Caulaincourt.

E 7ᵇ, fᵒ 1 rᵒ.

8564. — Arrêt autorisant Pierre Carlin, receveur des décimes à Béziers, à mettre une nouvelle enchère sur les greffes des sceaux de Montpellier et d'Aigues-Mortes.

E 7ᵇ, fᵒ 2 rᵒ.

8565. — Arrêt renvoyant à la Chambre de l'Édit à Paris la requête présentée par le sieur de Chouppes pour qu'il soit interdit aux protestants d'exercer leur culte au bourg de Chouppes et jusque dans l'enclos de sa maison.

E 7ᵇ, fᵒ 6 rᵒ.

8566. — Arrêt attribuant aux protestants de la ville et du bailliage de Chauny le village de. Vouël comme premier lieu de bailliage, et leur concédant un cimetière en la ville de Chauny.

E 7ᵇ, fᵒ 7 °.

8567. — Arrêt relatif à la suppression de l'office de receveur général triennal des finances à Limoges.

E 7ᵇ, fᵒ 9 rᵒ.

8568. — Arrêt adjugeant à Antoine Abelly, pour la somme de 41,000 livres, l'office de receveur général ancien des finances à Limoges.

E 7ᵇ, fᵒ 10 rᵒ.

8569. — Arrêt ordonnant aux adjudicataires du terrain de la rue Saint-Denis jadis occupé par les arbalétriers de payer le prix dudit terrain, nonobstant la saisie faite par la princesse de Condé.

7ᵇ, fᵒ 12 rᵒ.

1604, 3 septembre. — Paris.

8570. — Arrêt faisant remise de 30,000 livres au clergé du diocèse de Bourges, attendu les pertes par lui souffertes à l'occasion des sièges d'Aubigny, de Selles, de Dun-le-Roi, de Graçay, de Bourg-Déols, d'Ainay, de Sancoins, d'Apremont, etc., le pays se trouvant dépeuplé et un grand nombre de cures sans titulaires.

E 7ᵇ, fᵒ 14 rᵒ.

8571. — Arrêt donnant à l'évêque de Rieux décharge de 1,200 écus.

E 7ᵇ, fᵒ 14 vᵒ.

8572. — Arrêt donnant au clergé du diocèse de Senez décharge de 400 écus.

E 7ᵇ, fᵒ 15 rᵒ.

1604, 4 septembre. — Paris.

8573. — Arrêt attribuant à Louis Neveu l'office de receveur et garde du mesurage à sel de la prévôté de Nantes.

E 7ᵇ, fᵒ 16 rᵒ.

8574. — Arrêt accordant un délai à Mᵉ Jean Roger, ci-devant trésorier et receveur général des finances en Bretagne, pour la reddition de ses comptes.

E 7ᵇ, fᵒ 17 rᵒ.

8575. — Arrêt confirmant celui du 30 mars dernier (nᵒ 8293) relatif à la réparation des ponts de

Cherisy et de Sainte-Gemme, par lesquels passent, pour aller à Paris, les voyageurs venant de Bretagne, de Basse-Normandie et du Perche.

E 7ᵇ, fᵒ 18 rᵒ.

8576. — Arrêt prorogeant le délai pendant lequel les habitants de Martres sont admis à rembourser à Mᵉ Bertrand Lagriffe le prix de la seigneurie de Martres dont il s'est porté adjudicataire.

E 7ᵇ, fᵒ 20 rᵒ.

8577. — Arrêt ordonnant que deux cautions de Mᵉ François Remy, ci-devant receveur général des finances et gabelles en Languedoc, seront élargies moyennant le versement de 10,000 livres à l'Épargne.

E 7ᵇ, fᵒ 22 rᵒ.

8578. — Arrêt ordonnant qu'Anne de Barbanson, veuve du sieur de Chanlivault, soit assignée d'une somme de 3,000 livres due à son défunt mari.

E 7ᵇ, fᵒ 23 rᵒ.

8579. — Arrêt déchargeant Jean Jacquinot, maître des eaux et forêts de Troyes, de l'ajournement personnel à lui donné au Conseil sur la requête du sieur de Montricher.

E 7ᵇ, fᵒ 24 rᵒ.

8580. — Arrêt ordonnant la vente de l'office de Mᵉ Antoine Benoist, receveur général des finances à Riom.

E 7ᵇ, fᵒ 25 rᵒ.

8581. — Arrêt établissant diverses crues sur le sel dans le bailliage de Rouen, le produit en devant être affecté au payement des gages des officiers du présidial et du bailliage de Rouen.

E 7ᵇ, fᵒ 26 rᵒ.

8582. — Arrêt enjoignant aux gardes de la foraine du Languedoc d'empêcher plus efficacement le commerce entre la France et l'Espagne, et aux trésoriers de France d'y avoir l'œil.

E 7ᵇ, fᵒ 28 rᵒ.

8583. — Arrêt ordonnant l'élargissement sous caution de Mᵉ François Remy, ci-devant receveur gé-néral des finances et gabelles en la généralité de Montpellier.

E 7ᵇ, fᵒ 29 rᵒ.

8584. — Arrêt ordonnant au sieur de La Roche, premier écuyer de la Reine, de remettre les terres du Pecq et du Vésinet aux mains de Sa Majesté.

E 7ᵇ, fᵒ 30 rᵒ.

8585. — Arrêt ordonnant qu'Emmanuel Sturbe, fermier général des gabelles de Languedoc, soit en-tendu au Conseil au sujet d'une assignation de 30,000 livres baillée, après la journée d'Arques, au colonel Gallaty.

E 7ᵇ, fᵒ 32 rᵒ.

8586. — Arrêt ordonnant une enquête sur l'em-ploi des deniers levés dans le Forez pour le payement des Suisses de la garnison de Montbrison.

E 7ᵇ, fᵒ 33 rᵒ.

8587. — Arrêt prorogeant un octroi accordé à la ville de Tours, et dont le produit doit être employé aux réparations des ponts, chemins, canaux et fon-taines.

E 7ᵇ, fᵒ 34 rᵒ.

8588. — Arrêt ordonnant au receveur et payeur des gages du présidial de Chaumont-en-Bassigny de verser 940 livres entre les mains de Mᵉ Jean Bour-derel, commis à la recette des deniers revenant bons de la crue affectée à l'augmentation des gages des officiers des présidiaux.

E 7ᵇ, fᵒ 35 rᵒ.

8589. — Arrêt autorisant la levée de nouvelles taxes sur le vin, la bière et le cidre débités à Saint-Malo, le produit en devant être affecté à l'acquittement des dettes de ladite ville.

E 7ᵇ, fᵒ 36 rᵒ.

8590. — Arrêt ordonnant que, moyennant 200 li-vres, les habitants de Limay, près Mantes, jouiront de la ferme du vingtième du vin vendu dans leur vil-lage.

E 7ᵇ, fᵒ 37 rᵒ.

1604, 7 septembre. — Paris.

8591. — Arrêt évoquant au Conseil l'instance pendante aux Requêtes du Palais entre la duchesse de Mercœur et plusieurs habitants de Vitré, au sujet d'un emprunt de 14,000 écus fait par le feu duc de Mercœur pour l'acquittement des frais du siège de Vitré.

E 7ᵇ, f° 38 r°.

8592. — Arrêt ordonnant que les habitants usagers de la forêt de Passavant et les officiers des eaux et forêts de Chaumont seront entendus au Conseil au sujet d'une requête du grand maître des eaux et forêts au département de Champagne tendante à l'exécution d'un arrêt du 12 août dernier.

E 7ᵇ, f° 40 r°.

1604, 9 septembre. — Paris.

8593. — Arrêt ordonnant à Louis Monceau de passer outre à la recherche du droit de marc d'or en Dauphiné, nonobstant l'opposition du parlement de Grenoble.

E 7ᵇ, f° 41 r°.

8594. — Arrêt interdisant à frère Jean André, religieux récollet, toute juridiction sur les anciens Cordeliers du royaume, jusqu'à ce que le Pape ait déclaré son intention à ce sujet.

E 7ᵇ, f° 42 r°.

8595. — Arrêt relatif au rachat des aides de Berry que possède actuellement la duchesse de Mercœur, tant en son nom que comme tutrice de Françoise de Lorraine, sa fille, héritière de la feue reine douairière Louise de Lorraine.

E 7ᵇ, f° 43 r°.

8596. — Arrêt relatif à une instance pendante entre les conseillers commissaires aux Requêtes du Palais et les conseillers des chambres des Enquêtes du parlement de Paris.

E 7ᵇ, f° 45 r°.

1604, 10 septembre. — Paris.

8597. — Arrêt homologuant une transaction passée entre les quatre huissiers du Roi et en ses Conseils privé et d'État et Jacques Valletz, huissier-garde-meubles èsdits conseils.

E 7ᵇ, f° 47 r°.

1604, 11 septembre. — Paris.

8598. — Arrêt ordonnant l'exécution des jugements rendus par le sieur de Maupeou au sujet de certain état soumis à l'approbation du Conseil.

E 7ᵇ, f° 49 r°.

8599. — Arrêt relatif à la décharge qu'ont requise les fermiers du gros des harengs débités à Rouen, en se fondant sur la défense de trafiquer en Angleterre, dans les Pays-Bas et en Basse-Allemagne à cause des maladies contagieuses.

E 7ᵇ, f° 50 r°.

8600. — Arrêt ordonnant la vérification des payements d'arrérages de rentes sur l'Hôtel de ville faits depuis le 1ᵉʳ janvier 1595.

E 7ᵇ, f° 51 r°.

8601. — Arrêt confirmant celui du 20 avril 1600 qui condamnait Mᵉ Pierre Denis, sieur de La Hogue, trésorier provincial de l'Extraordinaire des guerres en Normandie, à payer 880 écus au comte de Soissons.

E 7ᵇ, f° 53 r°.

8602. — Arrêt relatif à l'instance pendante au Conseil entre le Connétable, les maréchaux, leur lieutenant à la Table de marbre et le procureur général en la Cour des aides, au sujet de leurs attributions respectives.

E 7ᵇ, f° 55 r°.

8603. — Arrêt ordonnant l'exécution dans le ressort du parlement de Dijon des arrêts du 3 novembre 1597 (n° 3970) et du 14 janvier 1598, ainsi que des lettres patentes du 3 janvier 1602, relatifs à l'hérédité des offices de notaires royaux.

E 7ᵇ, f° 56 r°.

8604. — Arrêt déclarant que plusieurs marchands d'Agen pourront avoir mainlevée de leurs marchandises en payant double droit de douane, et ordonnant l'exécution des règlements sur la marque des draps, soies et autres marchandises soumises au droit de douane.

E 7ᵇ, fᵒ 57 rᵒ.

8605. — Arrêt renvoyant à la chambre des comptes de Grenoble la vérification des comptes de Michel Aleyron, commis à la recette des impôts levés en Dauphiné tant par le feu sieur de Nemours que par le sieur de Nemours, son frère.

E 7ᵇ, fᵒ 59 rᵒ.

8606. — Arrêt accordant surséance pour le payement de leurs tailles à quatre laboureurs du village de Chanteloup.

E 7ᵇ, fᵒ 60 rᵒ.

8607. — Arrêt maintenant provisoirement les saisies faites par le baron de Dampmartin sur les grènetiers des généralités de Paris, de Champagne et de Soissons.

E 7ᵇ, fᵒ 61 rᵒ.

8608. — Arrêt statuant sur une instance pendante entre Claude Josse, adjudicataire des greniers à sel de France, et Claude Pellot, grènetier au grenier à sel d'Autun.

E 7ᵇ, fᵒ 63 rᵒ.

8609. — Arrêt ordonnant une enquête au sujet des abus reprochés aux commis des sergents héréditaires de Normandie.

E 7ᵇ, fᵒ 65 rᵒ.

8610. — Arrêt ordonnant la réception de Pierre Cavot en un office de sergent royal au bailliage de Concressault.

E 7ᵇ, fᵒ 66 rᵒ.

8611. — Arrêt adjugeant pour neuf années aux marchands merciers du Palais les échoppes, bannes et places du cimetière Saint-Jean, des Halles et des environs du Grand et du Petit-Châtelet, moyennant le payement annuel de 15,000 livres.

E 7ᵇ, fᵒ 68 rᵒ.

8612. — Arrêt ordonnant la vérification des comptes de Pierre Bascon, receveur au grenier à sel de Montpellier.

E 7ᵇ, fᵒ 69 rᵒ.

8613. — Arrêt ordonnant la remise aux trésoriers des Ligues de tous les deniers provenant des « eedilz et autres moiens extraordinaires » imaginés au profit des Suisses.

E 7ᵇ, fᵒ 70 rᵒ.

8614. — Arrêt ordonnant la vérification du nombre d'arrérages dus au chapitre de Saint-Merry sur la rente de 30 livres à lui concédée par Philippe III, en 1273, en échange de son droit de haute justice sur la ville de Paris.

E 7ᵇ, fᵒ 71 rᵒ.

8615. — Arrêt ordonnant la coupe successive et la vente de tous les vieux chênes et hêtres de la forêt de Romilly.

E 7ᵇ, fᵒ 72 rᵒ.

1604, 14 septembre. — Paris.

8616. — Arrêt exemptant du droit de marc d'or les élus en Guyenne nouvellement créés.

E 7ᵇ, fᵒ 74 rᵒ.

8617. — Arrêt faisant remise aux habitants de la Rochelle de la subvention de l'année présente et des années passées, attendu « qu'estant ladite place maritime et frontière, les despenses publicques y sont sy excessives que lesdits habitans sont contraincts d'y contribuer la plupart de leurs moïens, et que nouvellement encor la contagion qui y est survenue les a... incommodez... »

E 7ᵇ, fᵒ 75 rᵒ.

8618. — Arrêt déclarant que toutes les villes et tous les villages abonnés de l'élection de la Rochelle qui ont obtenu ou obtiendront des lettres d'assiette seront tenus de les faire enregistrer au greffe de l'élection.

E 7ᵇ, fᵒ 76 rᵒ.

8619. — Arrêt ordonnant de surseoir à toutes levées extraordinaires en Guyenne, et prescrivant une enquête au sujet de l'utilité et de l'opportunité de ces levées.

E 7ᵇ, fᵒ 77 rᵒ.

8620. — Arrêt maintenant les termes de la commission expédiée à l'un des maîtres des requêtes de l'Hôtel pour l'interdiction du commerce en Espagne, et ce nonobstant un arrêt du parlement de Bordeaux.

E 7ᵇ, fᵒ 78 rᵒ.

8621. — Arrêt relatif à une instance pendante entre Moïse d'Esparbez et Mᵉ Jean Nadau.

E 7ᵇ, fᵒ 79 rᵒ.

8622. — Arrêt réglant le payement des gages dus au président de Metz.

E 7ᵇ, fᵒ 80 rᵒ.

1604, 16 septembre. — Paris.

8623. — Arrêt renvoyant à la cour des aides de Normandie la connaissance de l'assassinat commis par les gens de Nicolas Laisné, soi-disant noble, sur la personne de Pierre Connart, collecteur des tailles à Chavigny.

E 7ᵇ, fᵒ 82 rᵒ.

8624. — Arrêt ordonnant la réception de Mᵉ Roland Marest en l'office de président au présidial du Mans.

E 7ᵇ, fᵒ 83 rᵒ.

8625. — Arrêt statuant sur une instance pendante entre Mᵉ Nicolas Pagevin, ci-devant maître de la chambre aux deniers du feu duc d'Anjou, et Mᵉ Étienne Regnault, ci-devant receveur des finances dudit prince.

E 7ᵇ, fᵒ 84 rᵒ.

8626. — Avis du Conseil remettant à la libéralité du Roi le soin de rembourser au sieur de Saint-Germain-Beaupré les sommes par lui avancées « pour l'entretenement des gens de guerre qu'il a mis sus pour s'opposer aux mauvais desseings des Crocquans ».

E 7ᵇ, fᵒ 86 rᵒ.

8627. — Arrêt rendu sur la requête de l'évêque d'Évreux, et confirmant Mᵉ Gilles Bardin, avocat au Conseil, en la jouissance d'un office de conseiller au présidial d'Orléans.

E 7ᵇ, fᵒ 87 rᵒ.

8628. — Arrêt liquidant à la somme de 326,666 livres 6 sols la folle enchère mise sur la ferme géné-

rale des gabelles de Languedoc par Bernardin Cassanot et par Jérôme Du Verger, receveur général des finances en la généralité de Béziers.

E 7ᵇ, fᵒ 89 rᵒ.

8629. — Arrêt enjoignant aux trésoriers de France d'observer scrupuleusement l'ordre établi par l'édit de décembre 1598 pour leur service alternatif, leur résidence, leurs chevauchées, etc.

E 7ᵇ, fᵒ 91 rᵒ.

1604, 18 septembre. — Paris.

8630. — Arrêt ordonnant la restitution des états déposés entre les mains des commissaires pour la recherche des finances par Paul Tissandier, Guillaume Fontfreyde et Antoine Sansot, ci-devant receveurs des finances et tailles d'Auvergne.

E 7ᵇ, fᵒ 93 rᵒ.

8631. — Arrêt condamnant les habitants d'Irancy à payer le subside des 5 sols nouveaux par muid de vin entrant ès villes et bourgs de la généralité de Paris.

E 7ᵇ, fᵒ 94 rᵒ.

8632. — Arrêt donnant acte à Mᵉ Claude Thiret d'une déclaration relative à la dépréciation de sa ferme des droits d'entrée en Champagne.

E 7ᵇ, fᵒ 96 rᵒ.

8633. — Arrêt relatif à la reddition des comptes de François Courtin, receveur des aides et tailles en l'élection de Beauvais.

E 7ᵇ, fᵒ 97 rᵒ.

8634. — Arrêt évoquant au Conseil le procès pendant au parlement de Bretagne entre les tuteurs de demoiselle Anne d'Hallwin, fille de feu Florimond d'Hallwin, seigneur de Maignelais, et le receveur du domaine à Rennes, au sujet de la saisie des terres de Dinan, Lannion et Lanmeur engagées par le feu Roi audit seigneur de Maignelais.

E 7ᵇ, fᵒ 98 rᵒ.

8635. — Arrêt ordonnant l'élargissement de Mᵉ Étienne Arviset, secrétaire du Roi et audiencier en la chancellerie de Bourgogne, et le renvoyant à la

Chambre des comptes pour le jugement de sa requête en décharge.

E 7ᵇ, fº 99 rº.

8636. — Arrêt donnant mainlevée des biens de l'abbaye de Saint-Éloi de Noyon à Pierre Cotton, économe nommé par le Roi, ladite abbaye ayant été donnée au sieur de Chemerault, grand maréchal des logis du Roi, pour qu'il en fasse pourvoir personne capable en Cour de Rome.

E 7ᵇ, fº 101 rº.

8637. — Arrêt autorisant la levée d'une nouvelle crue sur le sel vendu au grenier de Brie-Comte-Robert, le produit en devant être employé aux réparations des murailles, ponts et pavé de ladite ville.

E 7ᵇ, fº 103 rº.

8638. — Arrêt renvoyant aux trésoriers de France à Poitiers la requête en remise de tailles présentée par les habitants de la Chaize-le-Vicomte, éprouvés par la grêle.

E 7ᵇ, fº 104 rº.

8639. — Arrêt réglant le payement de partie des gages dus au sieur Becherel, grand maître enquêteur et général réformateur des eaux et forêts au département d'Anjou et de Touraine.

E 7ᵇ, fº 105 rº.

8640. — Arrêt ordonnant qu'une somme de 6,000 livres soit levée, en quatre ans, sur les habitants de la paroisse de Sainte-Catherine d'Orléans, pour les frais de réparations de l'église de ladite paroisse.

E 7ᵇ, fº 106 rº.

8641. — Arrêt réglant le recouvrement des restes des tailles des années 1598 à 1602 dans le Haut-Limousin.

E 7ᵇ, fº 107 rº.

8642. — Arrêt autorisant les habitants d'Issoire à lever sur eux-mêmes, pendant trois ans, la somme de 1,200 livres pour le payement de leurs prédicateurs et agents et pour l'entretien des puits, fontaines, conduits, ponts et pavé de la ville.

E 7ᵇ, fº 109 rº.

8643. — Arrêt ordonnant à Louis Neveu, receveur et garde de la prévôté et du mesurage à sel de Nantes, de rapporter au Conseil l'arrêt qui lui confère, au préjudice de son compagnon d'office, la jouissance exclusive du droit de 12 deniers par muid de sel nantois.

E 7ᵇ, fº 110 rº.

8644. — Arrêt déclarant que Mᵉ Jean de Vauhardy, trésorier provincial de l'Extraordinaire des guerres en Champagne, sera contraint de rendre ses comptes «comme de clerc à maistre», à Étienne Regnault, ci-devant trésorier général de l'Extraordinaire des guerres.

E 7ᵇ, fº 111 rº.

8645. — Arrêt attribuant à Mᵉ Pierre Grefeuille l'office de visiteur général des gabelles en Languedoc, à lui résigné par Mᵉ André Gibron.

E 7ᵇ, fº 112 rº.

8646. — Arrêt ordonnant vérification de la somme restée due à Hector Morel, échevin de Mâcon, par les habitants de ladite ville.

E 7ᵇ, fº 113 rº.

1604, 21 septembre. — Paris.

8647. — Arrêt réglant l'exécution, dans le ressort du parlement de Bourgogne, de l'édit de mars 1594 sur l'exemption des lieutenants de baillis et de sénéchaux, des conseillers-assesseurs, des avocats et des procureurs généraux ès sièges présidiaux.

E 7ᵇ, fº 114 rº.

8648. — Arrêt ordonnant de surseoir à toutes poursuites contre Macé Chevrollier, attendu qu'il «a plusieurs advis et mémoires entre ses mains concernant le service de Sa Majesté, et qu'il est nécessaire qu'il les déduise en personne».

E 7ᵇ, fº 115 rº.

8649. — Arrêt supprimant la Chambre royale, ainsi que les commissaires députés pour la recherche des malversations, et évoquant au Conseil les procès commencés.

E 7ᵇ, fº 117 rº.

8650. — Arrêt accordant aux habitants de Ségur décharge des restes des tailles des années 1589 à 1594.

E 7ᵇ, fᵒ 119 rᵒ.

1604, 23 septembre. — Paris.

8651. — Arrêt réglant le payement des frais de voyages de Jean Poiresson, procureur du Roi au bailliage et au présidial de Chaumont-en-Bassigny, chargé par le sieur Viart, président de Metz, de s'enquérir des droits de Sa Majesté sur le village d'Ourches, que le chapitre de Saint-Étienne de Toul prétend tenir de l'Empire.

E 7ᵇ, fᵒ 123 rᵒ.

8652. — Arrêt donnant acte d'une requête des prévôt des marchands et échevins de Paris tendante à ce que le fermier général des gabelles ait à sa charge le payement des rentes de ladite ville assignées sur les gabelles.

E 7ᵇ, fᵒ 124 rᵒ.

8653. — Arrêt ordonnant aux receveurs généraux d'expédier, tous les trois mois, l'état au vrai des deniers qu'ils auront versés entre les mains de Mᵉ Jean de Moisset, receveur et payeur des rentes de la ville de Paris.

E 7ᵇ, fᵒ 125 rᵒ.

8654. — Arrêt ordonnant l'envoi à Sainte-Menehould d'une troupe de quinze arquebusiers à cheval destinée à escorter les sommes expédiées à Metz et dans le pays Messin pour le payement des gens de guerre.

E 7ᵇ, fᵒ 126 rᵒ.

8655. — Arrêt assignant au Conseil le sieur Faure, un de ceux qui ont tenu le parti de la fourniture des greniers à sel dans les généralités de Paris, de Bourgogne, de Champagne, de Picardie, de Rouen, de Caen, de Bourges, de Tours, d'Orléans et de Blois.

E 7ᵇ, fᵒ 127 rᵒ.

8656. — Arrêt ordonnant la vérification du montant des sommes volées par les assassins de Pierre Batut, commis du receveur particulier des tailles au diocèse de Castres.

E 7ᵇ, fᵒ 128 rᵒ.

8657. — Arrêt fixant au 15 octobre la vente aux enchères de l'office de receveur général des finances à Riom.

E 7ᵇ, fᵒ 129 rᵒ.

8658. — Arrêt prorogeant pendant trois ans la crue de 10 sols par minot de sel levée en la généralité de Paris au bénéfice de l'Hôtel-Dieu.

E 7ᵇ, fᵒ 130 rᵒ.

8659. — Arrêt relatif à une demande de rabais présentée par le fermier des droits forains de la sénéchaussée de Beaucaire et de Nîmes et du gouvernement de Montpellier.

E 7ᵇ, fᵒ 131 rᵒ.

8660. — Arrêt ordonnant que le prix d'adjudication de l'office de contrôleur du vin vendu en gros et en étape à Paris acquis par Guillaume L'Espicier lui tiendra lieu de finance, comme s'il l'avait versé aux mains du trésorier des Parties casuelles.

E 7ᵇ, fᵒ 132 rᵒ.

8661. — Arrêt accordant à Jeanne Chasteignier, veuve du sieur de Schonberg, et à Isabelle Babou, veuve du sieur de Sourdis, mainlevée des aides acquises par leurs défunts maris, sans préjudice du droit de rachat reconnu à Mᵉ Jean de Moisset, fermier général des aides.

E 7ᵇ, fᵒ 133 rᵒ.

8662. — Arrêt donnant à la duchesse de Mercœur mainlevée des aides de Berry acquises par la feue reine Louise de Lorraine, sans préjudice du droit de rachat reconnu à Mᵉ Jean de Moisset.

E 7ᵇ, fᵒ 134 rᵒ.

8663. — Arrêt déclarant comprise dans le bail de Mᵉ Jean de Moisset la taxe de 5 sols par muid de vin vendu à Orléans, ainsi que l'imposition foraine, mais réservant aux habitants la jouissance du douzième du vin, appelé la courte-pinte, dont le produit doit être affecté aux réparations des murailles.

E 7ᵇ, fᵒ 136 rᵒ.

8664. — Arrêt statuant sur une instance pendante entre Claude Gouffier, sieur de Caravas, et Mᵉ Trajan de La Coussaye, sieur de La Porte, président en la chambre des comptes de Bretagne, au sujet du produit de la vente de l'office de feu M⁰ François Miron, trésorier de France en Bretagne.

E 7ᵇ, fᵒ 138 rᵒ.

8665. — Arrêt réduisant à 15,000 livres, en considération des services rendus par M⁰ Jean Savaron, conseiller à la cour des aides de Montferrand, le prix des offices de président, de lieutenant général et de commissaire-examinateur au présidial de Clermont.

E 7ᵇ, fᵒ 140 rᵒ.

8666. — Arrêt autorisant la distribution d'une somme de 44,000 livres entre les créanciers d'Isaïe Goyer, sieur de La Borde, et de Jacques Hilaire, sieur des Cheneaux, ci-devant receveurs généraux des finances à Orléans.

E 7ᵇ, fᵒ 141 rᵒ.

8667. — Arrêt réglant le payement du voyage entrepris par Antoine Houy, prévôt de Ribemont, et par M⁰ Jean Le Page, pour venir rendre raison de leurs contraventions à la défense de trafiquer avec les sujets du roi d'Espagne et de l'archiduc de Flandre.

E 7ᵇ, fᵒ 143 rᵒ.

8668. — Arrêt ordonnant aux officiers de l'élection de Vernon de rapporter au Conseil le département qu'ils ont fait de la somme de 3,600 livres levée pour le payement des dettes de ladite ville.

E 7ᵇ, fᵒ 144 rᵒ.

8669. — Adjudication des cinq grosses fermes faite, pour cinq ans à Charles Du Hen moyennant le payement annuel de 412,000 livres pendant la durée de l'interdiction du commerce avec les sujets du roi d'Espagne et de l'archiduc de Flandre, et moyennant le payement annuel de 670,000 livres après la levée de l'interdiction.

E 7ᵇ, fᵒ 146 rᵒ. — Cf. ibid., fᵒˢ 154 rᵒ, 156 rᵒ, 158 rᵒ, 159 rᵒ, 160 rᵒ, 161 rᵒ, 162 rᵒ et 166 rᵒ.

8670. — Adjudication de l'impôt de 9 livres 18 sols par tonneau de vin entrant dans les villes de la généralité de Picardie et de l'impôt de 12 deniers par pot de vin vendu en détail dans ladite généra-

lité, faite pour trois années à Barthélemy Carteret, moyennant le payement annuel de 98,000 livres.

E 7ᵇ, fᵒ 168 rᵒ.

8671. — Adjudication de l'impôt de 60 sols par muid de vin sortant des généralités de Picardie, de Champagne et de Soissons, faite pour trois ans à Barthélemy Carteret, moyennant le payement annuel de 72,000 livres.

E 7ᵇ, fᵒ 170 rᵒ. — Cf. ibid., fᵒ 172 rᵒ.

1604, 25 septembre. — Paris.

8672. — Arrêt ordonnant l'élargissement provisoire de M⁰ Pierre de Bernières, trésorier de France à Caen.

E 7ᵇ, fᵒ 173 rᵒ.

8673. — Arrêt déchargeant le tiers état de Basse-Auvergne du remboursement des sommes payées en 1589 par le feu sieur de Saint-Hérem pour faire cesser les incursions et ravages de la garnison d'Auzon.

E 7ᵇ, fᵒ 174 rᵒ.

8674. — Arrêt ordonnant l'élargissement de Nicolas Chappus, avocat et garde du sceau de la ville de Cusset, emprisonné à la requête des créanciers de ladite ville.

E 7ᵇ, fᵒ 175 rᵒ.

8675. — Arrêt ordonnant le rétablissement d'une partie de 900 livres allouée à François Philippe pour avoir secondé les députés des États de Bourgogne « en la composition de ce qui estoit deub au sieur de Saint-Blancard des biens du feu sieur duc de Biron, son frère ».

E 7ᵇ, fᵒ 177 rᵒ.

8676. — Arrêt renvoyant à la Chambre des comptes une demande de compensation présentée par Jean Parent, receveur particulier du taillon en l'élection de Doullens.

E 7ᵇ, fᵒ 178 rᵒ.

8677. — Arrêt réunissant l'office de maître particulier des eaux et forêts en la vicomté de Domfront à celui de maître des eaux et forêts au bailliage d'Alençon.

E 7ᵇ, fᵒ 179 rᵒ.

8678. — Arrêt renvoyant aux trésoriers de France en Bretagne une demande de rabais présentée par le fermier du domaine de Nantes et fondée sur la durée de l'épidémie.

E 7ᵇ, fᵒ 180 rᵒ.

8679. — Arrêt ordonnant le remboursement des sommes payées par la caution de Nicolas Songis, adjudicataire de 600 arpents de bois en la forêt de Romilly.

E 7ᵇ, fᵒ 181 rᵒ.

8680. — Arrêt réglant le montant de l'indemnité payable par les anoblis du Dauphiné.

E 7ᵇ, fᵒ 183 rᵒ.

———————

1604, 28 septembre. — Paris.

8681. — Arrêt maintenant provisoirement le comte de Cheverny en possession des aides et huitièmes du bourg de Gallardon, sans préjudice du droit de rachat reconnu à Mᵉ Jean de Moisset.

E 7ᵇ, fᵒ 185 rᵒ.

8682. — Arrêt accordant une résiliation de bail au fermier de la monnaie de Troyes, attendu les nouveaux règlements sur le fait des monnaies.

E 7ᵇ, fᵒ 186 rᵒ.

8683. — Arrêt déterminant les droits que doit ou ne doit pas acquitter l'adjudicataire de la ferme dite « à la part du royaume ».

E 7ᵇ, fᵒ 187 rᵒ.

8684. — Arrêt ordonnant le remboursement à la ville de Metz du reste d'une somme de 11,500 livres qui a été estimée équivalente à une somme de 4,000 francs d'or versée, en 1383, par ladite ville entre les mains de l'évêque Thierry en échange du droit de battre monnaie.

E 7ᵇ, fᵒ 189 rᵒ.

8685. — Arrêt ordonnant le payement d'une somme de 4,000 écus due à dame Claire d'Amerval pour les réparations, constructions et fournitures

d'armes faites par elle et par son défunt mari, le sieur de Gomeron, gouverneur du château de Ham.

E 7ᵇ, fᵒ 191 rᵒ.

8686. — Arrêt défendant aux créanciers du pays d'Auvergne de poursuivre, pendant deux mois, Paul Tissandier, Guillaume Fontfreyde et Antoine Senezes, obligés par un procès de « s'acheminer à la suicte du Conseil ».

E 7ᵇ, fᵒ 192 rᵒ.

8687. — Arrêt adjugeant à Denis Vauderan l'office de jaugeur de vaisseaux à mettre vin, cidre et autres breuvages dans le bailliage et la vicomté de Rouen.

E 7ᵇ, fᵒ 193 rᵒ.

8688. — Arrêt donnant provisoirement mainlevée à Jacques Duval de six barils de cochenille saisis par les officiers de l'amirauté du Havre.

E 7ᵇ, fᵒ 194 rᵒ.

8689. — Arrêt statuant sur une instance pendante entre Guillaume Languedoc et Bonaventure Du Mont, fournisseurs des vivres en l'armée de Bretagne, et Jacques d'Aumont, sieur de Chappes, fils du feu maréchal d'Aumont.

E 7ᵇ, fᵒ 195 rᵒ.

8690. — Arrêt statuant sur une instance pendante entre Thibaud Achard, André Pipart et Jacques Pelletier, d'une part, Étienne Hamelin et Théodore Bazin, d'autre part, au sujet des offices triennaux des aides et tailles de Loches.

E 7ᵇ, fᵒ 197 rᵒ.

8691. — Arrêt maintenant les habitants de Dreux en possession du droit de choquet et d'apetissement des mesures, nonobstant la vente qu'ils en avaient faite, le 17 août 1593, à messire François d'O.

E 7ᵇ, fᵒ 199 rᵒ.

———————

1604, 30 septembre. — Paris.

8692. — Arrêt attribuant à Mᵉ Jean de Moisset, adjudicataire des aides de France, les amendes frappées sur les personnes convaincues de malversations au fait des aides, et l'autorisant à rembourser les clercs-commissaires et contrôleurs des aides.

E 7ᵇ, fᵒ 201 rᵒ.

8693. — Arrêt ordonnant la restitution de la maison prise à Jean Du Rieu, sieur de Fontebuffeau, sénéchal de la Basse-Marche, pour la construction de la citadelle de Guéret, et la levée sur la Haute-Marche d'une somme de 7,500 livres destinée à l'indemniser.

E 7ᵇ, fᵒ 203 rᵒ.

8694. — Arrêt supprimant tous les huissiers et sergents royaux qui n'ont point obtenu de lettres de provision du Roi, particulièrement dans le ressort du parlement de Toulouse.

E 7ᵇ, fᵒ 205 rᵒ.

8695. — Arrêt supprimant tous les huissiers et sergents royaux qui n'ont point obtenu de lettres de provision du Roi, particulièrement dans la généralité d'Auvergne, dans les pays de la Marche, de Combrailles et de Franc-Alleu.

E 7ᵇ, fᵒ 206 rᵒ.

8696. — Arrêt réduisant de 2,000 livres, en faveur de Pierre Rabiot, le prix de l'office de garde des livres, papiers et registres de la Chambre des comptes.

E 7ᵇ, fᵒ 207 rᵒ.

8697. — Arrêt autorisant Mᵉ Jean de Moisset, adjudicataire des aides de France, à traiter directement avec le prince d'Anhalt, auquel il est obligé, suivant les termes de son bail, de payer chaque année la somme de 180,000 livres.

E 7ᵇ, fᵒ 208 rᵒ.

8698. — Arrêt faisant remise du droit de marc d'or à Mᵉ Charles Le Prévost, greffier de la Chambre des comptes, attendu les « services qu'il a rendus à Sa Majesté, tant en l'exercice de sa charge qu'en la commission de la recherche des tiltres du comté de Saint-Pol, et autres différendz réservez par les traictez de Vervin et Chasteau-Cambrésis, et mesmes au faict des limites et terres limitrofes ».

E 7ᵇ, fᵒ 210 rᵒ.

8699. — Arrêt ordonnant la vérification du pro-

duit de la taxe levée, en l'année 1600, sur l'élection de Forez, au profit de Mᵉ Pierre Mutin, receveur des aides et tailles en ladite élection.

E 7ᵇ, fᵒ 211 rᵒ.

8700. — Arrêt réservant au Conseil et interdisant à la Cour des aides la connaissance des prétendues exemptions accordées par le Roi aux Suisses.

E 7ᵇ, fᵒ 213 rᵒ.

8701. — Arrêt interdisant la levée sur le duché de Bourgogne d'une somme de 18,000 livres accordée au sieur de La Planche pour l'indemniser du sac de sa maison fait, en 1597, par le capitaine Gaulcher.

E 7ᵇ, fᵒ 214 rᵒ.

8702. — Arrêt ordonnant le remboursement des finances payées par Pierre de Nicolas, avocat au présidial de Nîmes, pour un office supprimé de conseiller audit présidial.

E 7ᵇ, fᵒ 216 rᵒ.

8703. — Arrêt donnant à Daniel Du Tens, trésorier provincial de l'Extraordinaire des guerres au pays messin, mainlevée de ses biens saisis à la requête d'un prétendu créancier du sieur de Vannes, gouverneur de Toul.

E 7ᵇ, fᵒ 217 rᵒ.

8704. — Arrêt ordonnant la levée d'une somme de 4,095 livres empruntées, au mois de mars 1594, par Antoine Mercier, au nom de la ville de Saint-Gengoux-le-Royal, pour arrêter le pillage et les hostilités lors de la prise de ladite ville.

E 7ᵇ, fᵒ 219 rᵒ.

8705. — Arrêt réglant le payement des sommes dues à Mᵉ Jean de Moisset, receveur des rentes de l'Hôtel de ville, par l'acquéreur du demi-office de receveur général des finances à Orléans ayant appartenu à Mᵉ Jacques Hilaire.

E 7ᵇ, fᵒ 221 rᵒ.

8706. — Arrêt ordonnant que les détenteurs de marchandises provenant d'Angleterre, de Flandre ou d'Allemagne et entrant en France par la Normandie, la Picardie ou la Champagne, à destination de Lyon, bailleront caution à la frontière de rapporter, dans

26.

les trois mois, un certificat prouvant que lesdites marchandises ont acquitté les droits de douane à Lyon.

E 7ᵇ, fᵒ 222 rᵒ.

8707. — Arrêt interdisant toute poursuite faite, à l'insu du Roi ou du Conseil, contre Mᵉ François de Castille, receveur général du Clergé, particulièrement à la requête du prévôt des marchands et des échevins de Paris.

E 7ᵇ, fᵒ 224 rᵒ.

8708. — Arrêt réglant la restitution des sommes payées, pour droit de sortie, par plusieurs marchands de vin de Reims qui n'ont pu faire transporter leur vin en Flandre, attendu l'interdiction de faire le commerce avec ledit pays.

E 7ᵇ, fᵒ 226 rᵒ.

8709. — Arrêt faisant remise à la ville de Lyon de la subvention de l'année 1602 et modérant à 12,000 livres la subvention des deux années suivantes.

E 7ᵇ, fᵒ 228 rᵒ.

8710. — Arrêt renvoyant aux trésoriers de France à Paris la requête par laquelle les habitants de Théméricourt demandent à être déchargés des tailles pendant dix ans, attendu l'incendie qui a dévoré les deux tiers de leur village.

E 7ᵇ, fᵒ 229 rᵒ.

8711. — Arrêt réglant le payement des sommes dues à Marguerite d'Asnières pour les gages arriérés de son défunt mari, Guillaume Fournier, sieur du Roussay, grand maître enquêteur et général réformateur des Eaux et forêts.

E 7ᵇ, fᵒ 230 rᵒ.

8712. — Arrêt ordonnant le payement de 1,437 écus 9 deniers accordés à feu Gaspard de Pinac, le 30 novembre 1588, pour le rembourser du prix des bois des Haies et de la Pénillière, au territoire d'Argilly, lesquels ont été réunis au domaine royal.

E 7ᵇ, fᵒ 231 rᵒ.

8713. — Arrêt annulant les saisies faites par Mᵉ Jean de Moisset, fermier général des aides, sur les deniers de l'apetissement de la pinte destinés aux

réparations des murs, ponts, pavé et avenues de Tours.

E 7ᵇ, fᵒ 232 rᵒ.

8714. — Arrêt ordonnant aux receveurs-payeurs des gages des officiers du présidial de Reims de verser entre les mains de Mᵉ Jean Bourderel, receveur général des finances à Paris, les deniers revenant bons de la crue du sel destinée à l'augmentation des gages qui a été accordée aux officiers présidiaux à l'occasion de la révocation des officiers alternatifs.

E 7ᵇ, fᵒ 233 rᵒ.

8715. — Arrêt ordonnant le payement de 1,825 livres dues à Nicolas Fiot, ci-devant receveur général des finances en Bretagne.

E 7ᵇ, fᵒ 234 rᵒ.

8716. — Arrêt ordonnant la vérification des dettes de la ville d'Ennezat.

E 7ᵇ, fᵒ 235 rᵒ.

8717. — Arrêt déchargeant la province de Normandie des taxes de 40 et de 10 sols parisis levées pour le port des commissions et mandements de la taille et des crues.

E 7ᵇ, fᵒ 237 rᵒ.

8718. — Arrêt ordonnant le payement des gages dus à Nicolas Parreau, déchargeur ordinaire de l'Artillerie.

E 7ᵇ, fᵒ 238 rᵒ.

8719. — Arrêt prolongeant la surséance accordée à Gilles Després, sergent-collecteur des amendes des eaux et forêts au duché de Valois.

E 7ᵇ, fᵒ 240 rᵒ.

8720. — Arrêt déclarant insaisissable la pension de 24,000 livres donnée par le Roi à François de Nadaillac, sieur de Morèze, « pour luy donner moyen de s'entretenir près de Sa Majesté ».

E 7ᵇ, fᵒ 241 rᵒ.

8721. — Arrêt ordonnant la levée d'une crue sur le sel, le produit en devant être affecté aux réparations du pont construit sur le Lot à Villeneuve-d'Agen, ainsi qu'aux réparations de la tour qui surmonte ledit pont.

E 7ᵇ, fᵒ 242 rᵒ.

8722. — Avis du Conseil tendant au rejet de la proposition du sieur Michel de Montsalve.

E 7ᵇ, f° 243 r°.

8723. — Arrêt autorisant la levée de 3,103 livres 4 sols destinés à l'amortissement des emprunts faits par la ville de Châtellerault pour l'entretien de la garnison et pour le traitement des malades pendant l'épidémie.

E 7ᵇ, f° 244 r°.

8724. — Arrêt faisant remise aux habitants de Niort des restes de la subvention, « estant ladite place subjecte à beaucoup de despences à cause de l'entretenement de la rivière artifficielle qui leur donne la communication de la mer, et ayant encor esté nouvellement affligez de la contagion ».

E 7ᵇ, f° 245 r°.

8725. — Arrêt réglant le payement des gages du lieutenant criminel de robe courte à Péronne, Montdidier et Roye et le payement des gages de ses archers.

E 7ᵇ, f° 247 r°.

8726. — Arrêt ordonnant le payement d'une somme de 108 livres due au greffier du lieutenant criminel de robe courte à Mantes, pour ses vacations au sujet du vol de la garenne de Saint-Germain.

E 7ᵇ, f° 249 r°.

8727. — Arrêt suspendant la levée de la taxe de 50 ou de 30 sols par minot de sel destinée à payer la réparation des fortifications de Langres.

E 7ᵇ, f° 250 r°.

8728. — Arrêt assurant au duc de Nemours la jouissance, sa vie durant, d'une pension de 8,000 écus sur l'archevêché d'Auch, attendu que cette pension a été constituée à la requête de l'archevêque actuel, le sieur de Trapes, « qui ne pouvoit autrement obtenir le tiltre dudit bénéfice ».

E 7ᵇ, f° 251 r°.

8729. — Arrêt ordonnant au receveur général des finances à Tours de verser entre les mains de Mᵉ Jean Bourderel, receveur général des finances à Paris, le produit de la crue destinée à l'augmentation des gages qui a été accordée aux officiers de judicature à l'occasion de la suppression des officiers alternatifs.

E 7ᵇ, f° 253 r°.

8730. — Requêtes tendantes à l'élargissement des officiers des finances emprisonnés par la Chambre royale ou par les commissaires, ainsi qu'à la cessation de toutes poursuites et à la révocation de toute commission nouvelle; réponses favorables du Conseil.

E 7ᵇ, f° 255 r°.

1604, 26 octobre. — Fontainebleau.

8731. — Arrêt ordonnant que les marchands de vin en gros ne seront plus tenus de prendre lettres de permission du Roi, mais pourront se contenter de la quittance qu'ils obtiendront aux Parties casuelles pour la finance par eux payée.

AD I 138, n° 27.

8732. — Arrêt déterminant les attributions des lieutenants particuliers assesseurs criminels créés en chaque bailliage, sénéchaussée, prévôté, vicomté, présidial, etc.

AD I 138, n° 28.

8733. — Arrêt déterminant les attributions des commissaires-examinateurs créés dans chaque bailliage, sénéchaussée, prévôté, présidial, etc.

AD I 138, n° 28.

1604, 6 novembre. — Fontainebleau.

8734. — Arrêt ordonnant que les comptes de la ville de Paris seront rendus au Bureau de la ville, en présence du prévôt des marchands, des échevins et du procureur de la ville, un des échevins tenant les acquits, et un autre les comptes de l'année précédente, comme il s'observe en toutes les chambres des comptes.

E 7ᶜ, f° 1 r°.

1604, 9 novembre. — Fontainebleau.

8735. — Arrêt ordonnant aux grands maîtres des Eaux et forêts d'adresser chaque année aux trésoriers

de France, pour être transmis au Conseil, un état des
2 sols pour livre levés sur chaque vente de bois.

E 7ᵉ, fᵒ 2 rᵒ.

1604, 13 novembre. — Fontainebleau.

8736. — Arrêt renvoyant aux trésoriers de France
en Provence une requête en décharge présentée par
Géraud Deportal, fermier des droits d'entrée levés en
1593 sur les drogueries, épiceries et aluns dans la
ville de Marseille, qui était pour lors rebelle.

E 7ᵉ, fᵒ 4 rᵒ.

8737. — Arrêt relatif aux taxes perçues sur les
marchandises et denrées de la république de Genève.

E 7ᵉ, fᵒ 5 rᵒ.

1604, 2 décembre. — Paris.

8738. — Arrêt renvoyant aux commissaires députés sur le fait de la réunion du domaine royal en Dauphiné la requête par laquelle le sieur de Lestang,
gentilhomme ordinaire de la Chambre, demande à
échanger le château, la terre et la juridiction de Len-
tiol contre les paroisses de Lens et de Châtenay.

E 7ᵉ, fᵒ 6 rᵒ.

8739. — Arrêt confirmant l'exemption accordée,
jusqu'en l'année 1608, aux habitants du pays de
Sault, de Fenouillet, de Bugarach, de Sougraigne et
des Bains.

E 7ᵉ, fᵒ 7 rᵒ.

8740. — Arrêt ordonnant le payement d'une
somme de 3,165 livres due pour les travaux de clôture de la boire du Cul-de-Bœuf, près Ingrande.

E 7ᵉ, fᵒ 9 rᵒ.

8741. — Arrêt accordant à Jean Le Vavasseur,
sieur de Callenge, capitaine d'Évreux, à Mᵉ Jean de
La Biche, avocat au bailliage d'Évreux, aux héritiers
de Jean Bosguérard et à Simon Fourquette, ci-devant
membre du Conseil de l'Union en ladite ville, décharge des condamnations portées contre eux à raison
de la destruction d'une maison appartenant à Jacques
de Saint-Amand.

E 7ᵉ, fᵒ 11 rᵒ.

8742. — Arrêt ordonnant la levée de 3,000 livres
sur les habitants de Soissons, ladite somme devant
être employée à la reconstruction du pont sur l'Aisne.

E 7ᵉ, fᵒ 13 rᵒ.

8743. — Arrêt ordonnant aux héritiers des sieurs
de Bassompierre et d'Incarville, ainsi qu'aux sieurs de
Guépéan et de Maupeou de représenter au Conseil les
contrats en vertu desquels engagement leur a été fait
de certaines portions du domaine royal.

E 7ᵉ, fᵒ 14 rᵒ.

8744. — Arrêt défendant à Israël de Hugueliers,
marchand allemand, de poursuivre par-devant le sénéchal de Boulonnais la veuve du sieur de Bernet,
commandant à Boulogne, au sujet de la prise de certaine quantité de grains.

E 7ᵉ, fᵒ 15 rᵒ.

8745. — Arrêt renvoyant aux trésoriers de France
à Riom la requête en remise de tailles présentée par
les habitants de Trizac.

E 7ᵉ, fᵒ 17 rᵒ.

8746. — Arrêt ordonnant à Gaspard Le Prince de
rapporter au Conseil ses prétendues lettres de maître
particulier des eaux et forêts au bailliage d'Auxerre.

E 7ᵉ, fᵒ 18 rᵒ.

8747. — Arrêt renvoyant à la cour des comptes
et aides de Provence le procès du lieutenant des visiteurs généraux des gabelles de Languedoc en la sénéchaussée de Toulouse.

E 7ᵉ, fᵒ 19 rᵒ.

8748. — Arrêt relatif à une requête des habitants
de Montauban, Figeac, Milhau, Saint-Affrique, Saint-
Antonin et Camarès, demandant à être déchargés
d'une taxe de 2,835 livres.

E 7ᵉ, fᵒ 21 rᵒ.

1604, 4 décembre. — Paris.

8749. — Arrêt renvoyant aux trésoriers de France
à Lyon une requête par laquelle les anciens fermiers
du comté de Forez demandent à être déchargés de

leur bail à partir du 21 janvier 1601, date de la mort de la reine Louise de Lorraine.

E 7ᵉ, fᵒ 22 rᵒ.

8750. — Arrêt ordonnant au fermier des gabelles du Lyonnais de remettre, à chaque quartier, entre les mains des receveurs généraux des gabelles les sommes destinées au payement des gages des officiers assignés sur sa ferme.

E 7ᵉ, fᵒ 23 rᵒ.

8751. — Arrêt ordonnant de communiquer au fermier de la douane de Marseille les offres de tiercement faites par Pierre de Montguibert.

E 7ᵉ, fᵒ 24 rᵒ.

8752. — Arrêt relatif à la levée de la suspension prononcée contre Mᵉ Julien Bellet, receveur des tailles et de l'équivalent au bureau de Brioude.

E 7ᵉ, fᵒ 25 rᵒ.

8753. — Arrêt renvoyant aux trésoriers de France à Amiens et à Soissons une requête par laquelle les habitants de Ham demandent à être déchargés des subsides de 5 sols par muid de vin, de 9 livres 18 sols par tonneau et du sol pour pot levés en la généralité d'Amiens.

E 7ᵉ, fᵒ 26 rᵒ.

8754. — Arrêt ordonnant de communiquer au fermier de la douane de Vienne les offres de tiercement faites par Mᵉ Pierre de Montguibert.

E 7ᵉ, fᵒ 27 rᵒ.

8755. — Arrêt déclarant Mᵉ Étienne Pasté seul contrôleur en l'élection de Rethelois à partir de la mort de Mᵉ Henri Lermitte, son compagnon d'office.

E 7ᵉ, fᵒ 28 rᵒ.

8756. — Arrêt retenant au Conseil l'instance pendante entre les religieux Jacobins de Paris, les particuliers auxquels ils ont baillé à rente ou à emphytéose un terrain à eux donné par Charles V, sis en dehors de la ville entre les portes Saint-Jacques et Saint-Michel, et les commissaires députés à la recherche des droits de lods et ventes, ces derniers agissant au nom de la princesse de Condé.

E 7ᵉ, fᵒ 29 rᵒ.

8757. — Arrêt ordonnant le payement de la pension de 200 écus accordée à Mᵉ François Busnel, avocat général au parlement de Bretagne.

E 7ᵉ, fᵒ 30 rᵒ.

8758. — Adjudication des travaux de pavage de la ville, des faubourgs et de la banlieue de Paris faite à Claude Voisin, au prix de 15 deniers par toise.

E 7ᵉ, fᵒ 31 rᵒ.

8759. — Arrêt autorisant la levée d'une somme de 2,000 livres destinée à la réparation du pavé de la grande place des Lices à Moulins, «laquelle est à présent rendue inaccessible à cause des eaues, boues et fanges qui y sont, pour estre plus basse et cavée qu'elle n'estoit antiennement, ayant esté aultrefois pavée et dépavée pour les tournoys faictz au baptesme d'ung filz de l'ung des princes de Bourbon».

E 7ᵉ, fᵒ 35 rᵒ.

8760. — Arrêt donnant à la veuve et aux enfants de Mᵉ Guillaume Tenon, trésorier de France à Bourges, mainlevée de leurs biens saisis à la requête de Mᵉ Jean Ragueau, commis de Mᵉ Jean Fineau, receveur général des finances à Bourges.

E 7ᵉ, fᵒ 36 rᵒ.

8761. — Arrêt ordonnant que Mᵉ Jean Saulnier entrera, à partir de l'année 1605, en jouissance de l'office de receveur des aides et tailles en l'élection de Forez.

E 7ᵉ, fᵒ 38 rᵒ.

8762. — Arrêt déchargeant de l'obligation de comparaître au Conseil Mᵉ Barthélemy Valbelle de Huc, lieutenant en l'amirauté du Levant au siège de Marseille, et Honoré Grenier, substitut du procureur du Roi en ladite amirauté, accusés de malversations, et réglant, en outre, les fonctions des officiers de l'amirauté.

E 7ᵉ, fᵒ 39 rᵒ.

1604, 7 décembre. — Paris.

8763. — Arrêt déclarant que les princes, ducs, seigneurs, gentilshommes et autres auxquels le Roi a permis de pourvoir aux offices ordinaires dans l'étendue des domaines engagés ou délaissés continueront à jouir de ce privilège.

E 7ᵉ, fᵒ 41 rᵒ.

8764. — Arrêt ordonnant aux trésoriers de France de chaque généralité d'envoyer au mois de juin 1605 l'état des gages d'officiers ou autres taxations assignées sur les différentes recettes.

E 7ᵉ, fᵒ 42 rᵒ.

8765. — Arrêt autorisant le « procureur général du Roi sur le faict de la revision des comptes cy-devant examinez pour le maniment du sel » à faire appeler au Conseil Horace Ruccellaï,

E 7ᵉ, fᵒ 44 rᵒ.

8766. — Arrêt ordonnant aux receveurs généraux et particuliers d'effectuer en douzains les payements afférents à leurs charges, afin d'éviter le transport à l'Épargne d'une trop grande quantité de menue monnaie.

E 7ᵉ, fᵒ 45 rᵒ.

8767. — Arrêt réglant le payement de la pension de 8,000 livres donnée par le feu Roi au comte de Soissons.

E 7ᵉ, fᵒ 46 rᵒ.

8768. — Arrêt concédant à Mᵉ Isaac Bernard, pendant dix ans, le privilège de pouvoir seul faire transporter hors du royaume les eaux-de-vie fabriquées dans les généralités de Tours, de Poitou, de Languedoc et de Guyenne.

E 7ᵉ, fᵒ 47 rᵒ.

8769. — Arrêt autorisant Mᵉ Charles Paulet, secrétaire de la Chambre, à associer des gentilshommes ou des officiers du Roi au parti qu'il a conclu avec Sa Majesté au sujet du revenu des Parties casuelles et au sujet des 4 deniers pour livre payables annuellement par les officiers du Roi pour la dispense des quarante jours.

E 7ᵉ, fᵒ 48 rᵒ, et AD I 138, nᵒ 39.

8770. — « Articles contenans les conditions que Mᵉ Charles Paulet.... supplie très humblement Sa Majesté et Messeigneurs de son Conseil luy accorder pour parvenir à l'exécution des offres qu'il entend faire cy-après à Sadite Majesté. »

E 7ᵇ, fᵒ 49 rᵒ. — Cf. ibid., fᵒ 121 rᵒ.

8771. — Arrêt déclarant que, moyennant le payement annuel de 4 deniers pour livre de la valeur de leurs charges, les officiers de finance et de judicature seront dispensés des « quarante jours », et qu'ils ne verseront, pour la résignation de leurs offices, qu'un huitième de la valeur de leur charge.

E 7ᵉ, fᵒ 55 rᵒ.

8772. — Adjudication des gabelles de Languedoc faite pour six années à Mᵉ Guillaume Alliez.

E 7ᵉ, fᵒ 59 rᵒ. — Cf. ibid., fᵒ 65 rᵒ.

1604, 9 décembre. — Paris.

8773. — Arrêt prolongeant de trois mois le délai accordé aux habitants de la prévôté d'Entre-Deux-Mers pour rembourser au sieur de Pressac le prix d'acquisition des justices haute, moyenne et basse de Dardenac et de Guillac.

E 7ᵉ, fᵒ 67 rᵒ.

8774. — Arrêt ordonnant l'emprisonnement de Mᵉ François Tantillon, condamné par arrêt de la Chambre royale.

E 7ᵉ, fᵒ 69 rᵒ.

8775. — Arrêt ordonnant que les échevins de Vernon seront assignés au Conseil pour répondre au sujet de la répartition d'une taxe de 3,600 livres.

E 7ᵉ, fᵒ 70 rᵒ.

1604, 10 décembre. — Paris.

8776. — Arrêt réglant l'amortissement d'une rente constituée, sur l'ordre du Roi, par le baron de Chambray, pour les frais de capitulation de la ville et du château de Dreux.

E 7ᵉ, fᵒ 71 rᵒ.

1604, 11 décembre. — Paris.

8777. — Arrêt réduisant à 200 livres les taxations de Mᵉ Denis Robert, receveur général des finances à Riom.

E 7ᵉ, fᵒ 73 rᵒ.

8778. — Arrêt relatif aux abus commis par les marchands de poisson frais et salé en la ville de Paris.

E 7ᵉ, fᵒ 74 rᵒ.

8779. — Arrêt ordonnant la remise au greffe du Conseil privé de toutes les pièces du procès intenté à Mᵉ Pierre de Bernières, trésorier de France à Caen.

E 7ᵉ, fᵒ 76 rᵒ.

8780. — Arrêt ordonnant l'élargissement de Mᵉ Jean Pic, ci-devant commis à la recette des tailles en l'élection de Forez.

E 7ᵉ, fᵒ 77 rᵒ.

8781. — Arrêt ordonnant la réception de Mᵉ André Loubart en un office de conseiller à la cour des comptes, aides et finances de Provence.

E 7ᵉ, fᵒ 78 rᵒ.

8782. — Arrêt ordonnant le dépôt au greffe du Conseil des accusations articulées par Jean d'Espinay, sieur de Clehunault, contre Mᵉ Jean-Jacques Le Febvre, procureur général au parlement de Bretagne.

E 7ᵉ, fᵒ 79 rᵒ.

8783. — Arrêt accordant décharge à Mᵉ Pierre Costes, maître particulier de la monnaie de Montpellier, pour tout le temps qu'a duré l'interdiction de trafiquer avec l'Espagne.

E 7ᵉ, fᵒ 80 rᵒ.

8784. — Arrêt ordonnant le remboursement de 2,444 livres avancées par Mᵉ Jean Fontaine, maître des œuvres de charpenterie des bâtiments du Roi, et autorisant la reconstruction partielle de la *maison du Chantier*, habitée par ledit Fontaine, et en partie démolie par suite du prolongement du port Saint-Paul jusqu'à la Grève,

E 7ᵉ, fᵒ 82 rᵒ.

8785. — Arrêt ordonnant la restitution des marchandises et mulets de Jean Chastaignier, sauf payement des droits de douane.

E 7ᵉ, fᵒ 84 rᵒ.

8786. — Arrêt ordonnant de communiquer aux conseillers et échevins de Rouen une requête par laquelle les administrateurs du bureau des pauvres de ladite ville demandent le payement de certaine rente, « affin qu'ilz ayent moïen de faire bastir une maison qu'ilz ont commancée en ladite ville, pour y retirer et faire travailler les pauvres valides estans en icelle en grand nombre ».

E 7ᵉ, fᵒ 86 rᵒ.

8787. — Arrêt relatif à une instance pendante entre Mᵉ Louis Briand, contrôleur des traites domaniales au bureau de Marans, et Pierre Franchart, fermier général des traites de Marans et de Poitou.

E 7ᵉ, fᵒ 87 rᵒ.

8788. — Arrêt maintenant Mᵉ André de Verney en l'office de capitaine et de châtelain de la ville de Feurs, nonobstant les prétentions de Mᵉ Jean Boiron.

E 7ᵉ, fᵒ 89 rᵒ.

8789. — Arrêt renvoyant aux trésoriers de France en Provence la requête en décharge présentée par le fermier du droit de 2 p. 100 sur toutes marchandises et denrées passant devant la ville d'Arles.

E 7ᵉ, fᵒ 91 rᵒ.

8790. — Arrêt renvoyant aux trésoriers de France en Picardie l'examen des privilèges et exemptions prétendus par les habitants du Catelet.

E 7ᵉ, fᵒ 92 rᵒ.

8791. — Arrêt réglant la vente des porcs en la ville de Paris.

E 7ᵉ, fᵒ 93 rᵒ.

8792. — Arrêt ordonnant que lettres de provision de l'office de receveur des aides et tailles en l'élection de Forez soient expédiées à Mᵉ Jean Saulnier.

E 7ᵉ, fᵒ 94 rᵒ.

8793. — Arrêt accordant un rabais à Jean Douart, fils d'un ancien fermier des vingtième et huitième de Boissy-Saint-Léger, Ozouer-la-Ferrière, Santeny, Servon, Villemenon, Lésigny, Ferrolles, Marolles, etc.

E 7ᵉ, fᵒ 95 rᵒ.

8794. — Arrêt ordonnant qu'une somme de

15 écus par muid de sel demeurera affectée au remboursement des officiers des gabelles supprimés.

E 7ᵉ, fᵒ 97 rᵒ.

8795. — Arrêt évoquant au Conseil et renvoyant au Parlement l'appel interjeté par plusieurs habitants de Saint-Loubès contre une sentence de Mᵉ Balthazar de Goty, contrôleur général du domaine en Guyenne et commis à la recherche des usurpations dudit domaine.

E 7ᵉ, fᵒ 99 rᵒ.

8796. — Arrêt ordonnant le payement d'une somme de 4,981 livres 2 sols 6 deniers due par la ville de Nantes à Mathurin François.

E 7ᵉ, fᵒ 101 rᵒ.

8797. — Arrêt accordant décharge de 757 livres 3 sols 6 deniers à Mᵉ Pierre Portail, ci-devant fermier de la monnaie de Montpellier.

E 7ᵉ, fᵒ 103 rᵒ.

8798. — Arrêt évoquant au Conseil le procès pendant au Parlement entre Mᵉ Jean de Drain, avocat au présidial de Quercy, et Mᵉ Jean Poictevin, président au présidial de Provins, au sujet d'un office de conseiller au parlement de Toulouse.

E 7ᵉ, fᵒ 104 rᵒ.

8799. — Arrêt évoquant le procès pendant en la Cour des aides entre Mᵉ François Bon, ci-devant commis à la recette des deniers provenant de la vente des offices de visiteurs-marqueurs de cuirs, et Jean-Baptiste Lelong, son commis.

E 7ᵉ, fᵒ 105 rᵒ.

8800. — Adjudication des subsides levés sur les rivières de Garonne et Dordogne, ainsi que des droits d'extinction du convoi de Bordeaux, faite pour deux années à Mᵉ Pierre Moynier, moyennant le payement annuel de 432,600 livres.

E 7ᵉ, fᵒ 107 rᵒ.

1604, 14 décembre. — Paris.

8801. — Arrêt autorisant les habitants de Beaumont-du-Périgord à racheter, pour le compte du Roi, le domaine aliéné du bailliage, à condition qu'il demeurera ensuite inaliénable.

E 7ᵉ, fᵒ 111 rᵒ.

8802. — Arrêt relatif à l'aliénation de 90,000 livres de rentes constituées sur les revenus de Bretagne qui a été faite en faveur des Suisses.

E 7ᵉ, fᵒ 113 rᵒ.

8803. — Arrêt ordonnant au sieur de La Roche et à dame Catherine de Rillac, son épouse, de remettre dans les huit jours aux mains du Roi les terres et seigneuries du Pecq et du Vésinet.

E 7ᵉ, fᵒ 114 rᵒ.

8804. — Arrêt relatif à une instance pendante entre Antoine Gonzalez Passalin et Jérôme Vierre, marchand portugais, et Antoine de Forcin, habitant de Rouen.

E 7ᵉ, fᵒ 115 rᵒ.

8805. — Arrêt renvoyant à la Chambre des comptes l'examen des comptes de feu Mᵉ Antoine Palis, commis à la recette des tailles et autres impôts levés sur le haut pays de Rouergue, pour après être pourvu aux réclamations de Mᵉ Jacques Cayron, président au parlement de Toulouse.

E 7ᵉ, fᵒ 117 rᵒ.

1604, 16 décembre. — Paris.

8806. — Arrêt accordant à Louis Vigier, marchand d'Orléans, à Jean Duval et à Guillaume Laval, capitaines de navires, à Nicolas Sauce et à Jean Baillardet, maîtres de navires, demeurant au Havre, mainlevée de leurs personnes, navires et marchandises, saisis par les officiers de l'amirauté du Havre.

E 7ᵉ, fᵒ 123 rᵒ.

8807. — Arrêt prorogeant pendant six ans l'exemption de tailles accordée aux habitants d'Achères, d'Ury, de Recloses, de Grés et de Meun, près Fontainebleau, attendu le dommage que leur causent les « bestes sauvages qui se retirent en la forest de Biere ».

E 7ᵉ, fᵒ 124 rᵒ.

8808. — Arrêt confirmant l'exemption accordée

de tout temps aux habitants de la haute ville de Lusignan en Poitou.

E 7°, f° 125 r°.

8809. — Arrêt accordant surséance aux habitants d'Éclaron pour le payement d'une somme de 1,625 livres 16 sols due à divers particuliers.

E 7°, f° 126 r°.

8810. — Arrêt donnant acte à M°° Vincent Bouhier, Étienne Puget et Raymond Phélypeaux, trésoriers de l'Épargne, de leur renonciation au bénéfice de l'abolition accordée par le Roi aux officiers des finances.

E 7°, f° 127 r°.

8811. — Arrêt réglant le payement de 2,586 livres 8 sols 8 deniers restés dus au sieur de La Varane.

E 7°, f° 128 r°.

8812. — Arrêt ordonnant que M° Jean Valette, procureur du Roi au présidial et à la monnaie de Riom, sera entendu au Conseil au sujet de sa contribution aux tailles.

E 7°, f° 130 r°.

8813. — Arrêt ordonnant que M° Bertrand Soly, acquéreur du demi-office de receveur général des finances à Orléans dont était pourvu M° Jacques Hilaire, sera contraint de payer 19,725 livres à M° Jean de Moisset, commis au payement des rentes de l'Hôtel de ville.

E 7°, f° 131 r°.

8814. — Arrêt ordonnant l'exécution provisoire du jugement rendu par la Cour des monnaies dans le procès de Pierre Béliart, compagnon orfèvre, demeurant à Paris, en attendant qu'il soit statué sur le conflit de juridictions pendant entre le Parlement et la Cour des monnaies.

E 7°, f° 132 r°.

8815. — Arrêt, rendu sur la requête des États de Provence, donnant mainlevée aux mariniers de Toulon, la Ciotat, Martigues, Sixfours, Saint-Tropez, Antibes, Fréjus, etc., de leurs vaisseaux et marchandises saisis par l'amirauté pour contravention à la défense de commercer avec l'Espagne.

E 7°, f° 133 r°.

8816. — Arrêt prescrivant une enquête sur les actes de rébellion commis par les habitants d'Appoigny et de Chichery à l'encontre de M° Pierre Branche, élu en l'élection de Tonnerre.

E 7°, f° 135 r°.

8817. — Arrêt donnant mainlevée provisoire aux mariniers des ports de Normandie de leurs navires et marchandises saisis par l'amirauté pour contravention à la défense de trafiquer avec l'Espagne.

E 7°, f° 136 r°.

8818. — Arrêt renvoyant au Parlement les procès pendants entre Charlotte-Catherine de La Trémoille, princesse de Condé, et messire Henri de Gondi, évêque de Paris, maître de l'oratoire du Roi, au sujet des rachats et profits de fief donnés par le Roi au prince de Condé.

E 7°, f° 137 r°.

1604, 18 décembre. — Paris.

8819. — Arrêt chargeant deux trésoriers de France à Paris de déterminer le prix de location des boutiques, échoppes et bannes de l'enclos du Palais, des Halles, du cimetière Saint-Jean et des environs du Grand et du Petit-Châtelet.

E 7°, f° 139 r°.

8820. — Arrêt donnant acte à M°° Jean Du Tremblay, François Garrault, Pierre Le Charron, Jean de Murat, Jean Charron et Jean Fabry, trésoriers généraux de l'Extraordinaire des guerres, de leur renonciation au bénéfice de l'abolition accordée aux officiers des finances.

E 7°, f° 141 r°.

8821. — Arrêt ordonnant aux trésoriers de France à Lyon d'envoyer au Conseil le texte des commissions par lesquelles ils ont autorisé les sieurs Picq et Barrière à exercer la recette des tailles en l'élection de Forez, ainsi que les actes de réception du cautionnement desdits commis.

E 7°, f° 142 r°.

8822. — Arrêt autorisant la levée d'une somme de 840 livres 9 sols 8 deniers que les habitants de Châteauneuf-en-Thymerais ont été condamnés à payer à demoiselle Anne Ruzé, veuve de M⁰ Pierre Bona-corsi, trésorier de France à Rouen.

E 7ᵉ, fᵒ 143 rᵒ.

8823. — Arrêt renvoyant au parlement de Bretagne l'accusation portée contre M⁰ Jacques Le Febvre, procureur général en ladite cour, par Jean d'Espinay sieur de Clehunault.

E 7ᵉ, fᵒ 144 rᵒ.

8824. — Arrêt autorisant M⁰ Thomas Robin, sous-fermier des gabelles en la généralité de Bourges, à poursuivre le payement d'une composition de 7,200 livres à lui consentie par deux particuliers de la ville du Blanc, à l'occasion d'une émeute et du meurtre du sieur Palierne, capitaine d'archers.

E 7ᵉ, fᵒ 146 rᵒ.

8825. — Arrêt ordonnant que M⁰ Lugles Poulletier sera contraint de payer 6,090 livres au prévôt royal d'Amiens.

E 7ᵉ, fᵒ 148 rᵒ.

8826. — Arrêt autorisant M⁰ Joseph Croisier, receveur général des finances à Limoges, à rembourser intégralement l'office de M⁰ Jean Texier, receveur triennal.

E 7ᵉ, fᵒ 149 rᵒ.

8827. — Arrêt supprimant l'un des quatre offices de messagers ordinaires de la ville de Fontenay-le-Comte.

E 7ᵉ, fᵒ 151 rᵒ.

8828. — Arrêt faisant remise de 6,000 livres aux cautions et associés de feu Georges Moucheron, fermier de la prévôté de Nantes, attendu les pertes causées par l'épidémie qui a sévi en Bretagne, Anjou, Touraine et Poitou durant les années 1602 et 1603, attendu aussi la défense de trafiquer avec l'Espagne.

E 7ᵉ, fᵒ 152 rᵒ.

8829. — Arrêt statuant sur une instance pendante entre M⁰ Nicolas Fyot, ci-devant trésorier général des finances en Bretagne, et la veuve de Nicolas Daraines, procureur du sieur Du Haillan, historiographe de France.

E 7ᵉ, fᵒ 153 rᵒ.

8830. — Arrêt réglant le payement des gages de l'année 1597 dus à M⁰ Bernardin Pradel, trésorier de France à Montpellier.

E 7ᵉ, fᵒ 155 rᵒ.

8831. — Arrêt réglant le payement d'une somme de 36,000 livres accordée au duc de Guise par lettres patentes du 22 mai dernier.

E 7ᵉ, fᵒ 157 rᵒ.

8832. — Arrêt ordonnant que M⁰ˢ Pierre Suzanne, François Bosquillon et Michel Lenepveu exerceront seuls, en l'année 1605, les offices d'élus en l'élection d'Arques.

E 7ᵉ, fᵒ 158 rᵒ.

8833. — Arrêt confirmant provisoirement aux officiers du bailliage de Dijon le droit de connaître des procès de l'abbé et du couvent de Cîteaux.

E 7ᵉ, fᵒ 160 rᵒ.

1604, 23 décembre. — Paris.

8834. — Arrêt défendant au bailli de Touraine, ainsi qu'aux maire et échevins de Tours de prendre aucune connaissance de l'assiette des 5,085 livres 18 sols 6 deniers levés en ladite ville pour les frais occasionnés par l'épidémie de 1602 à 1603.

E 7ᵉ, fᵒ 161 rᵒ.

8835. — Arrêt ordonnant que les receveurs des tailles en l'élection de Reims répondront par-devant le Conseil de l'emploi de certains deniers.

E 7ᵉ, fᵒ 163 rᵒ.

8836. — Arrêt relatif à une instance pendante entre plusieurs marchands d'Orléans, d'une part, la ville du Mans et les échevins de ladite ville qui exerçaient en l'année 1589, d'autre part, au sujet d'un achat de « rozette » et de mitraille.

E 7ᵉ, fᵒ 164 rᵒ.

8837. — Arrêt fixant à 10,000 livres le cautionnement de M⁰ Pierre Abelly, receveur général ancien des finances en la généralité de Limoges.

E 7ᵉ, fᵒ 166 rᵒ.

8838. — Arrêt faisant remise aux habitants de Poitiers des restes de la subvention.

E 7°, f° 167 r°.

8839. — Arrêt faisant remise aux habitants de Fontenay-le-Comte des restes de la subvention.

E 7°, f° 168 r°.

8840. — Arrêt réglant le payement des dettes de la ville de Lyon.

E 7°, f° 169 r°.

8841. — Arrêt faisant remise aux habitants de Niort des restes de la subvention.

E 7°, f° 173 r°.

8842. — Arrêt autorisant la levée d'une somme de 1,300 livres due par les habitants de Bar-sur-Aube au fermier du sol pour livre en la généralité de Champagne.

E 7°, f° 174 r°.

8843. — Arrêt ordonnant à tous les receveurs et payeurs des officiers des présidiaux de compter pardevant le marquis de Rosny du produit des crues sur le sel, le reste desdits deniers devant être employé aux réparations du pavage des chaussées, quais, ponts et places publiques en plusieurs villes du royaume.

E 7°, f° 176 r°.

8844. — Arrêt autorisant la levée d'une somme de 2,645 livres 16 sols due par les habitants de Sacy-le-Grand pour la clôture dudit village.

E 7°, f° 177 r°.

8845. — Arrêt donnant mainlevée provisoire à Ezéchiel de Caen, bourgeois de Rouen, de ses vaisseaux et marchandises saisis par les officiers de l'amirauté de Dieppe.

E 7°, f° 178 r°.

8846. — Arrêt admettant, sur la demande du maréchal d'Ornano, la résignation d'un office de conseiller au parlement de Bordeaux jadis faite par feu Bertrand Duplessis à son frère Gaillard, avocat audit parlement, et dispensant celui-ci des « quarante jours » moyennant le versement d'une somme de 18,000 livres.

E 7°, f° 180 r°.

8847. — Avis du Conseil tendant à l'acceptation des offres du sieur de Châteauneuf, lieutenant général en Limousin, qui propose de faire élargir et creuser à ses frais le lit de la Vienne et de la Vézère, à condition qu'il jouira seul pendant quinze ans du privilège d'y faire passer des trains de bois.

E 7°, f° 181 r°.

8848. — Arrêt acceptant Antoine Valletz, premier huissier et garde des meubles du Conseil, et Jean Grisson, sieur de Villebouzin, comme cautions du fermier des 9 livres 18 sols par tonneau de vin entrant ès villes de Picardie.

E 7°, f° 182 r°.

8849. — Arrêt faisant remise de diverses sommes à Guillaume Pasnager, ci-devant maître particulier et fermier de la monnaie de Rennes, et ordonnant son élargissement.

E 7°, f° 183 r°.

8850. — Arrêt réglant le payement d'une somme de 12,000 livres assignée au sieur de Themynes, sénéchal et gouverneur de Quercy.

E 7°, f° 185 r°.

8851. — Arrêt accordant un rabais de 12,000 livres à Pierre de Pomey, ci-devant fermier de la douane de Lyon, des traites et impositions foraines de Picardie, Champagne et Bourgogne.

E 7°, f° 187 r°.

8852. — Arrêt ordonnant que lettres de jussion seront envoyées au parlement de Bretagne pour l'obliger à enregistrer purement et simplement les lettres du 2 juillet 1604 relatives à la levée des droits de francs-fiefs et de nouveaux acquêts.

E 7°, f° 189 r°.

8853. — « Reiglement que le Roy veult et entend estre observé... entre les trésoriers et les contrerolleurs des Ligues de Suisses et Grisons. »

E 7°, f° 191 r°.

8854. — Arrêt commettant Mᵉ Jean Le Prevost, sieur de Saint-Germain-de-Lassis, comme contrôleur de la recette de 4 deniers pour livre levés à l'occasion de la dispense des quarante jours.

E 7°, f° 193 r°.

8855. — Arrêt ordonnant que les offres de Mᵉ Antoine Philippon soient signifiées à Jean Lejay, fermier actuel des droits de rêve, d'imposition foraine et de patente de Languedoc et de Provence.

E 7ᵉ, fᵒ 195 rᵒ.

8856. — Arrêt renvoyant aux trésoriers de France à Amiens la demande de rabais formée par Antoine Hervé, fermier des 9 livres 18 sols par tonneau de vin entrant en la généralité de Picardie.

E 7ᵉ, fᵒ 196 rᵒ.

1604, 30 décembre. — Paris.

8857. — Arrêt relatif au payement de la somme de 36,000 livres accordée au duc de Guise par lettres patentes du 22 mai dernier.

E 7ᵉ, fᵒ 197 rᵒ.

8858. — Arrêt ordonnant que toutes personnes pourvues d'offices dans les terres d'Issoudun, de Chinon et de Vierzon autrement qu'à la nomination de la feue douairière de Montpensier, de la feue demoiselle de Joinville ou du prince de Joinville seront tenues de rapporter leurs titres au Conseil.

E 7ᵉ, fᵒ 199 rᵒ.

8859. — Arrêt réglant le payement de 561,447 livres 18 sols 3 deniers dus au sieur de Lesdiguières, lieutenant général en Dauphiné, pour avances par lui faites ès années 1593 à 1598.

E 7ᵉ, fᵒ 200 rᵒ.

8860. — Arrêt accordant une décharge à André Coste, cessionnaire de la ferme des droits forains de la sénéchaussée de Beaucaire et de Nîmes et du gouvernement de Montpellier.

E 7ᵉ, fᵒ 206 rᵒ.

8861. — Arrêt enjoignant de nouveau à Mᵉ Philippe Devetz, ancien greffier de la Chambre royale, de remettre aux mains du garde des sacs et productions du Conseil le procès de Mᵉˢ Pierre de Bernières et Henri Morel, trésoriers de France à Caen.

E 7ᵉ, fᵒ 208 rᵒ.

8862. — Arrêt confirmant l'adjudication faite à Pierre Jarrousseau de la ferme des subsides levés sur la Charente, la Gironde et la Seudre.

E 7ᵉ, fᵒ 209 rᵒ.

8863. — Arrêt accordant décharge de 135 écus à Mᵉ Charles Larcher, voyer et receveur ordinaire du domaine de Mantes et Meulan.

E 7ᵉ, fᵒ 210 rᵒ.

8864. — Arrêt ordonnant que les trésoriers de la marine du Levant et du Ponant enverront désormais au Conseil, à chaque quartier, l'état au vrai de leurs recettes et dépenses.

E 7ᵉ, fᵒ 212 rᵒ.

8865. — Arrêt ordonnant que les trésoriers provinciaux de l'Extraordinaire des guerres enverront désormais à chaque quartier l'état au vrai de leurs recettes et dépenses aux trésoriers généraux, lesquels feront passer immédiatement lesdits états sous les yeux du Conseil.

E 7ᵉ, fᵒ 213 rᵒ.

8866. — Arrêt ordonnant que Mᵉ Jean Roussat, maire de Langres, et les autres personnes assignées sur la recette générale de Poitiers seront payés par le receveur actuel au prorata de leurs créances.

E 7ᵉ, fᵒ 214 rᵒ.

8867. — Arrêt relatif à la vente des biens de Guy Celot, caution d'Antoine Hervé, ci-devant fermier du sol pour livre en la généralité de Paris.

E 7ᵉ, fᵒ 215 rᵒ.

8868. — Arrêt relatif à la reddition des comptes de Mᵉ René Tremault, commis à la recette des deniers provenant de la rente de 90,000 livres constituée, en 1592, sur la prévôté de Nantes et sur les billots de Bretagne aux cinquante-deux capitaines et colonels suisses.

E 7ᵉ, fᵒ 216 rᵒ.

8869. — Arrêt réglant la vérification des levées faites en divers villages, particulièrement pour frais de clôture, et même sans permission du Roi.

E 7ᵉ, fᵒ 220 rᵒ.

8870. — Arrêt ordonnant la restitution des sommes payées par le receveur général des finances à Montpellier au préjudice des assignations contenues dans l'état du Roi.

E 7ᵉ, fᵒ 222 rᵒ.

8871. — Arrêt ordonnant la levée de diverses crues sur le sel vendu dans les greniers de Blois, de Mer, de Cheverny, de Romorantin, de Selles, de Châteaudun, Brou et Bonneval, le produit en devant être affecté au payement des gages des officiers du présidial de Blois.

E 7ᵉ, fᵒ 224 rᵒ.

8872. — Arrêt ajournant après enquête la validation des lettres de provision de l'office de receveur et payeur des officiers du parlement de Bretagne accordées à Mᵉ Gilles Guitton.

E 7ᵉ, fᵒ 226 rᵒ.

8873. — Acte de réception de Josias Mortier, sieur de Fresnes et de Soisy, en qualité de caution du fermier des 30 sols par muid de vin entrant à Paris.

E 7ᵉ, fᵒ 227 rᵒ.

8874. — Arrêt prorogeant la levée d'un octroi sur le sel concédé aux habitants de Langres, à condition que le produit en sera employé aux réparations de ladite ville, et qu'il en sera chaque année rendu compte au marquis de Rosny.

E 7ᵉ, fᵒ 229 rᵒ.

8875. — Arrêt renvoyant aux trésoriers de France en Champagne une requête par laquelle les habitants d'Éclaron, de la Neuville-au-Pont, d'Allichamp, de Moëlain, d'Humbécourt, de Vecqueville etc., demandent à être déchargés de la taxe levée en Champagne pour cause d'affranchissements accordés par les seigneurs à leurs hommes.

E 7ᵉ, fᵒ 231 rᵒ.

8876. — Arrêt renvoyant aux trésoriers de France en Champagne semblable requête présentée par les habitants de Piney, de Ramerupt, de Pougy-sur-Aube, de Verricourt, d'Isle, de Vaupoisson, d'Auzon, de Rouilly, de Pel-et-Der, d'Avant, de Villehardouin, de Brevonne, de Mesnil-Lettre, de Précy-Notre-Dame,

de Chaudrey, de Sacey, d'Aubigny, de Magnicourt, de Montangon, de Saint-Nabord et de Dienville.

E 7ᵉ, fᵒ 233 rᵒ.

8877. — Arrêt rendu sur la requête des habitants d'Angers et remplaçant les subsides de 20 sols par pipe de vin et du sol pour livre des marchandises entrant en ladite ville par une imposition annuelle de 60,000 livres levée sur tous les habitants, même sur les ecclésiastiques et les privilégiés.

E 7ᵉ, fᵒ 236 rᵒ.

8878. — « Estat des debtes deues à plusieurs officiers de la défuncte Royne douairiere, pour despence de bouche et fournitures par eulx faictes et advancées à la maison de la dite dame Royne, du vivant du défunct Roy, depuis le commancement de l'année 1587 jusques au premier jour d'octobre 1589. »

E 7ᵉ, fᵒ 237 rᵒ.

8879. — Arrêt attribuant, pour neuf années, au maréchal de Fervacques la jouissance des droits de tiers et danger dans les bois de la baronnie de Mauny, dont il est devenu propriétaire.

E 7ᵉ, fᵒ 246 rᵒ.

1605, 4 janvier. — Paris.

8880. — Arrêt défendant à Mᵉ François Bon de poursuivre par-devant la Chambre des comptes l'apurement de son compte des deniers provenant de la vente des offices de contrôleurs-visiteurs-marqueurs de cuirs, lequel a été jugé défectueux par les commissaires du Roi.

E 8ᵃ, fᵒ 1 rᵒ, et ms. fr. 18168, fᵒ 1 rᵒ.

1605, 8 janvier. — Paris.

8881. — Arrêt statuant sur une instance pendante entre Jean-François de Bellegarde, d'une part, la ville de Montlouet et Philibert de Nerestang, chevalier de l'ordre, mestre de camp d'un régiment français, d'autre part, refusant de remettre ledit de Bellegarde en possession du domaine de Montlouet.

E 8ᵃ, fᵒ 3 rᵒ, et ms. fr. 18168, fᵒ 1 vᵒ.

1605, 12 janvier. — Paris.

8882. — Arrêt ordonnant à Mᵉ Crépin Parat, trésorier général de la Maison du Roi, de rapporter au Conseil son état de l'année présente.

Ms. fr. 18168, f° 3 r°.

8883. — Arrêt ordonnant à Mᵉ Girard, trésorier général de la Maison du Roi, de rapporter au Conseil son compte de l'année 1604.

Ms. fr. 18168, f° 3 v°.

1605, 13 janvier. — Paris.

8884. — « Reiglement et ordre que le Roy veult estre observé tant par le Grand voier de France que lieutenans, les trésoriers de France, surintendans des turcyes et levées, esleus et voiers particuliers, sur le faict des constructions, repparations et entretenement des ponts, pavez, chemins et chaussées, turcies et levées et autres ouvrages publicqs. »

E 8ᵃ, f° 7 r°, et ms. fr. 10843, f° 71 r°.

1605, 18 janvier. — Paris.

8885. — Arrêt ordonnant la restitution d'un navire anglais capturé, au mois de juillet dernier, par les vaisseaux du comte de Gramont, gouverneur de Bayonne.

E 8ᵃ, f° 11 r°, et ms. fr. 18168, f° 3 v°.

8886. — Arrêt rétablissant Mᵉ Gilles Guyton en l'exercice de sa charge de receveur et payeur des gages des officiers du parlement de Bretagne.

E 8ᵃ, f° 12 r°, et ms. fr. 18168, f° 8 r°.

8887. — Arrêt relatif à l'exécution du contrat par lequel le clergé du diocèse de Rodez s'est engagé à rembourser l'office de Mᵉ Thibaud de Lancreau, receveur des décimes audit diocèse.

E 8ᵃ, f° 14 r°, et ms. fr. 18168, f° 5 v°.

8888. — Arrêt confirmant Ambroise Hubert en la jouissance de la ferme de la douane de Vienne, nonobstant les offres de tiercement de Pierre de Montguibert.

E 8ᵃ, f° 18 r°, et ms. fr. 18168, f° 10 r°.

8889. — Arrêt ordonnant aux trésoriers de France à Lyon de faire savoir à qui appartient le pont de Saint-Rambert sur la Loire, et s'il s'y lève aucun péage, pour, ce fait, être décidé s'il y a lieu de lever au pays de Forez un impôt destiné aux réparations dudit pont.

E 8ᵃ, f° 20 r°, et ms. fr. 18168, f° 9 r°.

8890. — Arrêt relatif à une instance pendante entre le syndic des États de Provence, le parlement, la chambre des comptes et cour des aides de Provence au sujet du payement des tailles.

E 8ᵃ, f° 21 r°, et ms. fr. 18168, f° 4 v°.

8891. — Arrêt ordonnant que les consuls et députés du commerce de Marseille seront assignés au Conseil pour répondre à une requête de Jean Holman, Jérôme Hyden et consorts, marchands anglais.

E 8ᵃ, f° 23 r°, et ms. fr. 18168, f° 4 r°.

8892. — Arrêt confirmant Mᵉ Simon de Maire en la possession de l'office de receveur des tailles et taillon en l'élection de Niort.

E 8ᵃ, f° 24 r°, et ms. fr. 18168, f° 10 v°.

8893. — Arrêt maintenant la reine Marguerite, duchesse de Valois, comtesse de Lauraguais, en la possession du droit de rêve dans la sénéchaussée de Carcassonne et dans la maîtrise de Narbonne.

E 8ᵃ, f° 25 r°, et ms. fr. 18168, f° 9 r°.

1605, 20 janvier. — Paris.

8894. — Arrêt renvoyant aux trésoriers de France à Poitiers la demande en remise de tailles formée par les habitants de Saint-Hilaire-de-Voust, « à l'occasion de la gresle et impétuosité des eaues tombées du ciel le xᵉ juing dernier ».

E 8ᵃ, f° 27 r°, et ms. fr. 18168, f° 11 v°.

8895. — Arrêt ordonnant qu'Antoine Sallettes, sieur de Saint-Mandrier, sera entendu au Conseil au sujet de l'établissement de salines près la ville de Toulon, établissement auquel s'opposent les consuls et habitants de cette ville.

E 8*, f° 28 r°, et ms. fr. 18168, f° 11 r°.

8896. — Arrêt ordonnant le transfert à Marseille et la mise en jugement de Jean Bouillon, prisonnier en Toscane, ci-devant lieutenant du sieur de Moissac, gentilhomme ordinaire de la Chambre et gouverneur du Bastion-de-France, en Afrique.

E 8*, f° 29 r°, et ms. fr. 18168, f° 13 r°.

8897. — Arrêt déchargeant du payement du marc d'or M° Pierre de Gravet, président et lieutenant général au bailliage et au présidial de Bresse, Bugey, Valromey et Gex.

E 8*, f° 30 r°, et ms. fr. 18168, f° 12 v°.

8898. — Arrêt enjoignant à Pierre Goyer de rapporter dans quinzaine au Conseil ses lettres de provision de l'office de sénéchal-juge criminel et commissaire examinateur au siège de Beaufort-en-Vallée.

E 8*, f° 31 r°, et ms. fr. 18168, f° 15 r°.

8899. — Arrêt renvoyant au Parlement la requête par laquelle les maîtres et jurés tailleurs d'habits demandent à être maintenus dans le privilège de faire seuls les vertugadins, bourrelets et manches.

E 8*, f° 33 r°, et ms. fr. 18168, f° 11 r°.

8900. — Arrêt ordonnant l'élargissement sous caution de M° Nicolas Pajot, secrétaire de la Chambre, emprisonné à la requête du maréchal de Brissac, afin qu'il puisse poursuivre la vérification de son état des deniers provenant de la vente du domaine en Bretagne.

E 8*, f° 34 r°, et ms. fr. 18168, f° 13 v°.

8901. — Arrêt relatif au remboursement des offices de procureurs aux sièges présidiaux de Languedoc, proposé par les avocats auxdits sièges et réclamé par les États.

E 8*, f° 35 r°, et ms. fr. 18168, f° 13 r°.

8902. — Arrêt ordonnant de surseoir à l'exécution de l'arrêt donné contre Denis Des Barres, sieur de Saint-Martin, l'un des gentilshommes servants du Roi, commissaire ordinaire de l'Artillerie, au profit de frère Denis Bressin, de l'ordre de Saint-Dominique.

E 8*, f° 36 r°, et ms. fr. 18168, f° 11 v°.

8903. — Arrêt donnant au sieur de Monts, lieutenant général en Acadie, Canada et Nouvelle-France, pleine et entière mainlevée de vingt-deux balles de castor saisies par les officiers des traites.

E 8*, f° 37 r°, et ms. fr. 18168, f° 12 r°.

8904. — Arrêt ordonnant l'exécution de la commission décernée au sieur de Barbizy, président au parlement de Dijon, au sujet de l'hérédité des offices de notaires royaux en Bourgogne.

E 8*, f° 38 r°; cf. ibid., f° 39 r°; ms. fr. 18168, f° 15 v°.

8905. — Arrêt accordant décharge de 333 livres 5 sols 6 deniers à M° Robert Roblastre, receveur du domaine de Mantes et Meulan.

E 8*, f° 40 r°, et ms. fr. 18168, f° 16 v°.

8906. — Arrêt ordonnant aux États de Bourgogne de faire payer au sieur de Franchesse le reste d'une somme de 18,000 livres à lui accordée pour la réduction du château de Dijon.

E 8*, f° 42 r°, et ms. fr. 18168, f° 14 v°.

8907. — Arrêt relatif à une prétendue surtaxe de 800 livres supportée par les habitants de Châlons.

E 8*, f° 43 r°, et ms. fr. 18168, f° 14 r°.

1605, 22 janvier. — Paris.

8908. — Arrêt autorisant le maréchal d'Ornano et le colonel, son fils, à garder les sommes à eux données, mais ordonnant la restitution des sommes baillées aux sieurs de Viçose et de Monguignon, à M° Bongars, secrétaire du maréchal, aux sieurs Soulier et Remigeon, sur les deniers levés sans permission du Roi en aucunes communautés de la généralité de Bordeaux.

E 8*, f° 44 r°, et ms. fr. 18168, f° 17 r°.

8909. — Arrêt dispensant M° Nicolas Servient, receveur général des finances à Rouen, de l'obligation de fournir un cautionnement de 30,000 livres.

E 8*, f° 46 r°, et ms. fr. 18168, f° 18 v°.

8910. — Arrêt dispensant M⁰ Alexandre Servient, receveur général des finances à Tours, de l'obligation de fournir un cautionnement de 30,000 livres.

E 8⁰, f⁰ 47 r⁰, et ms. fr. 18168, f⁰ 18 v⁰.

8911. — Arrêt accordant à M⁰ Augustin Caillet, ci-devant lieutenant au bailliage d'Épernay, décharge d'une somme de 250 écus à laquelle il avait été taxé pour la révocation de l'édit des lieutenants alternatifs.

E 8⁰, f⁰ 48 r⁰, et ms. fr. 18168, f⁰ 19 r⁰.

8912.— Arrêt ordonnant que M⁰ Martin Le Febvre, commis à la recette des amendes adjugées au Roi pour cause de malversations, sera contraint de remettre dans la huitaine son état réformé.

E 8⁰, f⁰ 49 r⁰, et ms. fr. 18168, f⁰ 19 r⁰.

———————

1605, 25 janvier. — Paris.

8913. — Arrêt réglant le remboursement d'une somme de 1,000 écus prêtée au Roi, en 1585, par M⁰ Antoine Olivier, trésorier de France à Bourges.

E 8⁰, f⁰ 50 r⁰, et ms. fr. 18168, f⁰ 20 r⁰.

8914. — Arrêt renvoyant aux trésoriers de France à Amiens la requête par laquelle les habitants de Saint-Valery-sur-Mer demandent à être déchargés des tailles de l'année 1605, conformément à l'arrêt du 26 mars 1604.

E 8⁰, f⁰ 51 r⁰, et ms. fr. 18168, f⁰ 19 v⁰.

8915. — Arrêt fixant le montant des gages du prévôt provincial de la maréchaussée en Normandie, de son lieutenant, de son greffier et de ses vingt archers.

E 8⁰, f⁰ 52 r⁰, et ms. fr. 18168, f⁰ 20 v⁰.

8916. — Arrêt donnant mainlevée à plusieurs marchands de Vitré et de Saint-Malo d'une somme de 4,250 écus prise par le capitaine Hoirigoity sur le navire *la Marie de Pernef*.

E 8⁰, f⁰ 53 r⁰, et ms. fr. 18168, f⁰ 21 r⁰.

8917. — Arrêt autorisant M⁰ Mathieu Maledent à exercer son office de receveur des tailles en l'élection de Limoges, nonobstant toutes poursuites faites contre lui à l'occasion du compte de son prédécesseur.

E 8⁰, f⁰ 54 r⁰.

8918. — Arrêt réglant le payement de la pension de 375 livres attribuée à l'office de procureur général du Roi aux eaux et forêts de France, dont est pourvu M⁰ Claude Rousseau, sieur de Bazoches.

E 8⁰, f⁰ 55 r⁰, et ms. fr. 18168, f⁰ 22 r⁰.

8919. — Arrêt accordant aux habitants de la paroisse Saint-Jean-et-Saint-Nicolas de la Chaize-le-Vicomte remise des tailles de la présente année, à raison des pertes que leur a fait subir l'orage du 10 juin dernier.

E 8⁰, f⁰ 56 r⁰, et ms. fr. 18168, f⁰ 22 v⁰.

8920. — Arrêt évoquant au Conseil les différends survenus entre M⁰ Daniel Persicault, secrétaire de la chambre du Roi, «ayant traicté avec Sa Majesté pour la suppression de la Chambre royale», et plusieurs de ses associés.

E 8⁰, f⁰ 57 r⁰, et ms. fr. 18168, f⁰ 23 r⁰.

8921. — Arrêt renvoyant aux trésoriers de France à Orléans une requête par laquelle les habitants de Saint-Fargeau demandent la prorogation d'une crue sur le sel, attendu l'incendie qui a dévoré la moitié de leur ville le 16 juillet dernier.

E 8⁰, f⁰ 58 r⁰, et ms. fr. 18168, f⁰ 23 v⁰.

8922.— Arrêt ordonnant aux trésoriers de France à Bourges de faire exécuter les lettres de suppression des élections particulières et de défendre à Blaise Perot de s'entremettre en l'exercice d'élu particulier à Argenton.

E 8⁰, f⁰ 59 r⁰, et ms. fr. 18168, f⁰ 26 r⁰.

8923. — Arrêt maintenant définitivement le contrat conclu, le 7 décembre, avec M⁰ Charles Paulet, tant pour le revenu des Parties casuelles que pour la recette du droit annuel moyennant le payement duquel les officiers du Roi peuvent obtenir dispense des «quarante jours».

E 8⁰, f⁰ 60 r⁰, et ms. fr. 18168, f⁰ 46 v⁰.

8924. — Arrêt autorisant M⁰ Jean de Moisset,

fermier général des aides, et ses commis à recevoir encore pendant trois mois les offres de tiercement et de doublement, bien que le temps en soit expiré.

E 8ᵉ, fᵒ 62 rᵒ.

8925. — Arrêt ordonnant que Nicolas Largentier, fournisseur des greniers à sel de l'élection de Paris, sera entendu au Conseil au sujet d'une plainte des habitants.

E 8ᵉ, fᵒ 63 rᵒ, et ms. fr. 18168, fᵒ 25 vᵒ.

8926. — Arrêt donnant mainlevée à Louis Gon, marchand de Tours, d'une balle de soie de la Chine saisie par les fermiers de la romaine à Rouen.

E 8ᵉ, fᵒ 64 rᵒ, et ms. fr. 18168, fᵒ 25 rᵒ.

8927. — Arrêt ordonnant que Barthélemy Carteret, fermier des 9 livres 18 sols par tonneau de vin entrant ès villes de la généralité de Picardie, du sol pour pot vendu en ladite généralité et des 60 sols par muid de vin sortant du royaume par les généralités de Picardie, de Soissons et de Champagne, versera le prix desdites fermes entre les mains du trésorier de l'Épargne.

E 8ᵉ, fᵒ 65 rᵒ, et ms. fr. 18168, fᵒ 24 vᵒ.

8928. — Arrêt ordonnant que la mère de feu Daniel Mayet, fermier des afforages de la baronnie d'Amboise et caution dudit fermier, bénéficiera du rabais accordé audit Mayet pour les années 1602 et 1603.

E 8ᵉ, fᵒ 66 rᵒ, et ms. fr. 18168, fᵒ 24 rᵒ.

8929. — Arrêt donnant mainlevée à plusieurs marchands de Laval et de Morlaix d'une somme de 3,616 écus chargée, en Espagne, sur le navire la Marie de Pernef et saisie par le capitaine Hoirigoity.

E 8ᵉ, fᵒ 67 rᵒ, et ms. fr. 18168, fᵒ 28 rᵒ.

8930. — Arrêt, rendu sur la requête de Charlotte de Villiers-Saint-Pol, veuve du sieur de La Boissière, gouverneur d'Amiens, ordonnant l'exécution des commissions expédiées pour la réunion au domaine des terres vagues et usurpées dans le comté de Boulonnais, à Calais et dans le Pays reconquis.

E 8ᵉ, fᵒ 68 rᵒ, et ms. fr. 18168, fᵒ 28 vᵒ.

8931. — Arrêt donnant mainlevée à deux marchands de Vitré de ballots de toile de Brabant saisis en mer par le capitaine Hoirigoity.

E 8ᵉ, fᵒ 69 rᵒ, et ms. fr. 18168, fᵒ 27 vᵒ.

8932. — Arrêt ordonnant la réception d'Esmé Bergevin en un office de sergent royal au bailliage de Concressault.

E 8ᵉ, fᵒ 70 rᵒ, et ms. fr. 18168, fᵒ 27 vᵒ.

8933. — Arrêt renvoyant au trésorier de France à Blois une requête en rabais présentée par le fermier des droits de péage de la vicomté de Blois, et fondée sur la perte qu'il a subie par suite de l'interdiction de trafiquer en Espagne.

E 8ᵉ, fᵒ 71 rᵒ, et ms. fr. 18168, fᵒ 27 rᵒ.

8934. — Arrêt liquidant à 6,045 livres la somme due aux héritiers Miron par Mᵉ Trajan de La Coussaye, sieur de La Porte, président en la chambre des comptes de Bretagne, et pourvu de l'office de trésorier de France en Bretagne vacant par la mort de son beau-père, Mᵉ François Miron.

E 8ᵉ, fᵒ 72 rᵒ, et ms. fr. 18168, fᵒ 26 vᵒ.

8935. — Arrêt donnant acte à Timoléon Billiad, à Joachim Marchant, à Pierre Sublet, à Pierre Baudouin, à Charles Leconte, à Nicolas Lescalopier et aux sieurs Brethe et Beauharnois, secrétaires et contrôleurs généraux des guerres, de leur renonciation au bénéfice de l'abolition accordée par le Roi aux officiers des finances.

E 8ᵉ, fᵒ 73 rᵒ, et ms. fr. 18168, fᵒ 35 vᵒ.

8936. — Arrêt donnant nouvelle assignation d'une somme de 4,449 livres due au sieur de Bellengreville, prévôt de l'Hôtel et grand prévôt de France.

E 8ᵉ, fᵒ 74 rᵒ, et ms. fr. 18168, fᵒ 35 vᵒ.

8937. — Arrêt statuant sur un procès pendant entre les comtes de Brandis et de Montmayeur et François d'Ugnye, sieur de La Chaux, déclarant la baronnie de Varey et de Jujurieux partie intégrante du domaine de Bresse et, comme telle, unie inséparablement à la Couronne.

E 8ᵉ, fᵒ 75 rᵒ, et ms. fr. 18168, fᵒ 33 vᵒ.

8938. — Arrêt ordonnant que les habitants de Mer qui sont allés demeurer provisoirement à Courbouzon, Séris, Avaray et Herbilly, tout en conservant la jouissance de leurs maisons de Mer, contribueront aux tailles en ladite ville de Mer.

E 8*, f° 79 r°, et ms. fr. 18168, f° 31 r°.

8939. — Arrêt ordonnant que le comte de Soissons sera payé de la dixième partie des deniers revenant bons des ventes de bois des généralités de Paris, d'Orléans et de Poitiers pour l'année 1604.

E 8*, f° 80 r°, et ms. fr. 18168, f° 30 v°.

8940. — Arrêt ordonnant le versement entre les mains de M° Jean Bourderel, receveur général des finances à Paris, des deniers revenant bons de la crue sur le sel établie dans la généralité de Soissons pour l'augmentation des gages des officiers présidiaux.

E 8*, f° 81 r°, et ms. fr. 18168, f° 29 v°.

8941. — Arrêt ordonnant de surseoir pendant six mois aux poursuites exercées contre le sieur de Montbarrot, gouverneur de Rennes, en tant que caution d'Alexandre Bedeau, fermier des 6 écus par pipe de vin entrant en Bretagne.

E 8*, f° 82 r°, et ms. fr. 18168, f° 29 r°.

8942. — Arrêt ordonnant à l'ancien receveur des aides et tailles en l'élection de la Châtre de remettre au receveur actuel un état abrégé des restes des années 1597 à 1600.

E 8*, f° 83 r°, et ms. fr. 18168, f° 36 v°.

8943. — Arrêt donnant acte à M° Jean Goulas, Jean Habert, Nicolas de Lancy et François Olier, trésoriers généraux de l'Ordinaire des guerres, de leur renonciation au bénéfice de l'abolition accordée par le Roi aux officiers des finances.

E 8*, f° 84 r°, et ms. fr. 18168, f° 36 r°.

8944. — Arrêt réglant le payement des sommes dues au sieur de La Rochepot.

E 8*, f° 85 r°, et ms. fr. 18168, f° 41 r°.

8945. — Arrêt autorisant la levée des sommes que les habitants de Saint-Étienne-de-Furens ont

été condamnés à payer à leurs anciens consuls de l'année 1593.

E 8*, f° 87 r°, et ms. fr. 18168, f° 39 r°.

8946. — Arrêt donnant à Jacques Duval, marchand de Paris, mainlevée de six barils de cochenille saisis par les officiers de l'amirauté du Havre.

E 8*, f° 88 r°, et ms. fr. 18168, f° 38 r°.

8947. — Arrêt renvoyant aux trésoriers de France à Montpellier les offres de Gilles Carteyrade, habitant de Tourbes, lequel demande à être substitué aux habitants de Servian pour la jouissance de certains bois et fours.

E 8*, f° 89 r°, et ms. fr. 18168, f° 38 r°.

8948. — Arrêt accordant un délai de trois mois au receveur des présidiaux de Vitry-le-François pour le recouvrement de 2,500 livres restées dues à M° Jean Bourderel par les officiers du présidial de Vitry-le-François.

E 8*, f° 90 r°, et ms. fr. 18168, f° 37 v°.

8949. — Arrêt donnant à Jacques Le Conte, à François Le Fevre, à Jean Du Molin, à François de Donon, à Jean de Fourcy, à Laurent de Gaumont, à Simon Le Gras, à Henri Godefroy et aux sieurs Arnauld et Vallée, trésoriers de France à Paris, acte de leur renonciation au bénéfice de l'abolition accordée par le Roi aux officiers des finances.

E 8*, f° 91 r°, et ms. fr. 18168, f° 37 r°.

8950. — Arrêt renvoyant au lieutenant civil et au procureur du Roi au Châtelet de Paris le placet de Pierre Vernier, coutelier du Roi, qui demande à être payé d'une somme de 10,500 livres sur les deniers provenant du règlement auquel il est question de soumettre le commerce des cendres et gravelées en la ville de Paris.

E 8*, f° 92 r°, et ms. fr. 18168, f° 36 v°.

8951. — Arrêt autorisant les fermiers de la traite d'Anjou et du nouveau subside établi sur la Loire et ses affluents, ainsi que leurs gardes et commis, à porter armes et bâtons à feu.

E 8*, f° 93 r°, et ms. fr. 18168, f° 21 v°.

8952. — Arrêt ordonnant que Charles Du Han, fermier des cinq grosses fermes, jouira du droit nouveau de 5 sols par muid de vin entrant ès villes et villages de Normandie, Picardie et Champagne, nonobstant le bail conclu par les élus de Laon.

E 8ᵉ, fᵒ 94 rᵒ, et ms. fr. 18168, fᵒ 40 rᵒ.

8953. — Arrêt ordonnant qu'il soit procédé à l'inventaire des vins conservés ès caves et celliers des Riceys.

E 8ᵉ, fᵒ 96 rᵒ, et ms. fr. 18168, fᵒ 39 vᵒ.

8954. — Arrêt réglant la levée du droit de 5 sols par muid de vin dans le bourg d'Appoigny.

E 8ᵉ, fᵒ 97 rᵒ, et ms. fr. 18168, fᵒ 38 vᵒ.

8955. — Arrêt ordonnant la réception de François Gaucher en l'office de lieutenant en l'élection de Chartres.

E 8ᵉ, fᵒ 98 rᵒ, et ms. fr. 18168, fᵒ 30 rᵒ.

8956. — Arrêt ordonnant vérification des levées faites pour le remboursement des sommes empruntées au syndic de Toulouse par les habitants de l'Armagnac.

E 8ᵉ, fᵒ 99 rᵒ, et ms. fr. 18168, fᵒ 45 vᵒ.

8957. — Arrêt réglant la suppression des offices de receveurs ancien et alternatif du taillon au pays de Comminges, offices dont les receveurs des tailles audit pays offrent le remboursement.

E 8ᵉ, fᵒ 101 rᵒ, et ms. fr. 18168, fᵒ 45 rᵒ.

8958. — Arrêt accordant décharge de 1,586 livres à Mᵉ René Gohier, receveur des gages des présidiaux d'Angers.

E 8ᵉ, fᵒ 103 rᵒ, et ms. fr. 18168, fᵒ 44 vᵒ.

8959. — Arrêt interdisant l'enquête ordonnée au sujet des levées faites sur la communauté des marchands de vin de Paris pour le remboursement d'un reliquat dû à Guillaume Marye et à René Mallet, ci-devant maîtres et gardes de ladite marchandise.

E 8ᵉ, fᵒ 105 rᵒ, et ms. fr. 18168, fᵒ 44 rᵒ.

8960. — Arrêt autorisant le remboursement d'une partie de 10,412 livres 7 sols 4 deniers due par le pays de Dauphiné à Mᵉ Gaspard Perrinet, maître ordinaire en la chambre des comptes dudit pays, pour fournitures de vivres faites au régiment de Rosans.

E 8ᵉ, fᵒ 107 rᵒ, et ms. fr. 18168, fᵒ 43 rᵒ.

8961. — Arrêt ordonnant le payement d'une somme de 50,478 livres due à Mᵉ Nicolas Lejay, procureur du Roi au Châtelet, pour la valeur des blés soi-disant appartenant au feu cardinal de Bourbon et pris, en 1599, pour le service du Roi en une maison de Compiègne.

E 8ᵉ, fᵒ 109 rᵒ, et ms. fr. 18168, fᵒ 42 rᵒ.

8962. — Arrêt ordonnant l'élargissement sous caution de Mᵉ Pierre Cremoux, receveur des tailles de Périgord.

E 8ᵉ, fᵒ 111 rᵒ, et ms. fr. 18168, fᵒ 41 vᵒ.

8963. — Arrêt ordonnant que Mᵉ Gilbert Badier, receveur général des finances en Provence, sera contraint de verser à l'Épargne une somme de 18,083 livres 6 sols 6 deniers provenant de la ferme de la foraine et patente de Languedoc et Provence.

E 8ᵉ, fᵒ 113 rᵒ, et ms. fr. 18168, fᵒ 47 vᵒ.

8964. — Arrêt confirmant à Mᵉ Jean de Moisset, nouveau fermier des gabelles, le droit d'établir dès à présent des commis dans les greniers, nonobstant la réclamation de son prédécesseur, Mᵉ Claude Josse.

E 8ᵉ, fᵒ 115 rᵒ, et ms. fr. 18168, fᵒ 117 vᵒ.

8965. — Arrêt maintenant Mᵉ Timothée de Merignac en l'office de prévôt royal à Dax.

E 8ᵉ, fᵒ 117 rᵒ, et ms. fr. 18168, fᵒ 49 vᵒ.

8966. — Arrêt déboutant Michel Quenet de la requête par laquelle il demande à être déchargé, pour l'année 1605, de sa ferme des 15 sols par muid de vin passant à Rouen.

E 8ᵉ, fᵒ 119 rᵒ, et ms. fr. 18168, fᵒ 48 vᵒ.

8967. — Adjudication de la crue d'Ingrande faite pour cinq ans à Mathurin Rodais, moyennant le payement de 16,000 livres.

Ms. fr. 18168, fᵒ 31 vᵒ.

1605, 27 janvier. — Paris.

8968. — Arrêt ordonnant à M° Jean de Moisset, fermier général des gabelles, de bailler dans la huitaine bonnes et suffisantes cautions pour une somme de 360,000 livres.

E 8°, f° 121 r°, et ms. fr. 18168, f° 51 v°.

8969. — Arrêt faisant expresses défenses au fermier actuel des impositions des rivières de Garonne et Dordogne et de l'extinction du convoi de Bordeaux de commettre aucun abus en l'exploitation de sa ferme pendant le temps qui lui reste à courir.

E 8°, f° 122 r°, et ms. fr. 18168, f° 51 r°.

8970. — Traité passé avec Jacques Paillard d'Urfé, marquis de Bagé, bailli de Forez, représenté par sa femme, dame Marie de Neufville, pour l'établissement d'un haras dans le marquisat de Bagé.

E 8°, f° 123 r°, et ms. fr. 18168, f° 51 v°.

1605, 30 janvier. — Paris.

8971. — Arrêt ouvrant une enquête au sujet des levées de tailles faites sur plusieurs paroisses du Gévaudan, contrairement à la remise générale de tous les restes antérieurs à l'année 1596.

E 8°, f° 125 r°, et ms. fr. 18168, f° 53 r°.

1605, 1er février. — Paris.

8972. — Arrêt ordonnant la levée entière et immédiate des deniers que Sa Majesté a ordonné être imposés sur la sénéchaussée de Rouergue pour aider à supporter les dépenses de l'État.

E 8°, f° 127 r°, et ms. fr. 18168, f° 54 r°.

1605, 3 février. — Paris.

8973. — Arrêt attribuant exclusivement à la cour des aides de Normandie la juridiction sur « ceulx qui usurpent la qualité d'escuyer et s'exemptent indeûement de la contribution des tailles ».

E 8°, f° 128 r°, et ms. fr. 18168, f° 54 v°.

8974. — Arrêt réglant le payement de la subvention levée à Angers en place du sol pour livre et autorisant en outre la levée d'une somme de 60,000 livres sur tous les habitants d'Angers, clercs ou laïques, même privilégiés.

E 8°, f° 129 r°, et ms. fr. 18168, f° 55 r°.

8975. — Arrêt donnant à M° de Choisy, receveur général des finances à Caen, acte de sa renonciation au bénéfice de l'édit de novembre 1604 qui garantissait les officiers des finances contre les poursuites de la Chambre royale.

Ms. fr. 10843, f° 75 r°.

1605, 5 février. — Paris.

8976. — Arrêt renvoyant aux trésoriers de France à Tours une requête par laquelle les habitants de Courcoué demandent remise des tailles, attendu les ravages de l'épidémie.

E 8°, f° 131 r°, et ms. fr. 18168, f° 61 r°.

8977. — Arrêt statuant sur un procès pendant entre Thomas et Louis Le Comte, M° Antoine Herambourg et François Daniel, lieutenants généraux des eaux et forêts au bailliage d'Évreux.

E 8°, f° 132 r°, et ms. fr. 18168, f° 56 v°.

8978. — Arrêt déchargeant du droit de marc d'or M° Antoine Danguechin, sieur du Buc, et M° Guybert, conseiller au Châtelet, à raison de la résignation de l'office de procureur général en la Cour des aides faite par ledit Danguechin audit Guybert.

E 8°, f° 136 r°, et ms. fr. 18168, f° 60 v°.

8979. — Arrêt réglant le payement d'une somme de 880 écus restée due sur les appointements du sieur de Buzenval, ambassadeur près les Provinces-Unies.

E 8°, f° 137 r°, et ms. fr. 18168, f° 60 r°.

8980. — Arrêt ordonnant que le sieur Le Prevost, maître des comptes, demeurera commis à la vérification des dettes des villes et collectes du comté d'Armagnac.

E 8°, f° 138 r°, et ms. fr. 18168, f° 60 r°.

8981. — Arrêt renvoyant aux trésoriers de France

à Paris une requête des habitants de Lagny, Coulommiers, Château-Thierry, Meaux, Crécy, etc., tendante à l'établissement d'un droit de barrage dont le produit serait affecté à la réparation du chemin de Montevrain à Lagny.

E 8ª, fº 139 rº, et ms. fr. 18168, fº 59 vº.

8982. — Arrêt accordant surséance à la ville de Bray[-sur-Seine] pour le payement de ses dettes, et autorisant la levée d'un octroi sur le vin, si les habitants y consentent.

E 8ª, fº 140 rº, et ms. fr. 18168, fº 62 vº.

8983. — Arrêt accordant surséance à Mᵉ Nicolas Pajot, secrétaire ordinaire de la Chambre, pour le payement de ce qu'il doit à Étienne Dunesmes.

E 8ª, fº 141 rº, et ms. fr. 18168, fº 62 rº.

8984. — Arrêt interdisant à la cour des aides de Normandie toute connaissance de l'instance pendante au Conseil entre Mᵉ Jean Le Terrier, ci-devant commis à la recette générale de Caen, Mᵉ Jean Le Sueur, receveur des aides et tailles en l'élection de Verneuil, et Mᵉ Pierre de Fontenay, sieur de La Resnière.

E 8ª, fº 142 rº, et ms. fr. 18168, fº 61 vº.

8985. — Arrêt prolongeant le délai accordé à Mᵉ Jean Delom, trésorier de France à Montpellier, pour la production du double de ses comptes de receveur général des finances et de trésorier provincial de l'Extraordinaire des guerres.

E 8ª, fº 143 rº, et ms. fr. 18168, fº 61 rº.

8986. — Arrêt réglant le payement de 6,000 livres dues à Mᵉ Émile Perrot, conseiller au siège des eaux et forêts de la Table de marbre.

E 8ª, fº 144 rº, et ms. (18168, fº 63 vº.

8987. — Arrêt accordant 600 livres à Mᵉ Pierre Moynier, à titre d'indemnité, pour cause du tiercement par lui mis sur la ferme de la douane de Vienne.

E 8ª, fº 146 rº.

8988. — Arrêt suspendant de ses fonctions Mᵉ Nicolas Le Bègue, receveur et payeur des gages du présidial de Beauvais, jusqu'à ce qu'il ait satisfait aux arrêts du Conseil.

E 8ª, fº 147 rº, et ms. fr. 18168, fº 63 rº.

8989. — Arrêt réglant ou autorisant la levée de diverses sommes sur les habitants de Saint-Honoré-lès-Blois.

E 8ª, fº 149 rº, et ms. fr. 18168, fº 76 vº.

———

1605, 8 février. — Paris.

8990. — Arrêt renvoyant aux commissaires chargés de l'exécution de l'Édit une requête des protestants du bailliage de Briançon tendante à l'obtention d'un second lieu de bailliage pour l'exercice de leur religion.

E 8ª, fº 151 rº, et ms. fr. 18168, fº 64 rº.

8991. — Arrêt ordonnant une enquête au sujet des droits qu'a le Roi sur certaines boutiques de Paris et au sujet des prétentions respectives des trésoriers de France à Paris, du marquis de Rosny, grand voyer de France, et du procureur de la marée.

E 8ª, fº 152 rº, et ms. fr. 18168, fº 68 rº.

8992. — Arrêt autorisant la levée d'une somme de 609 livres 8 sols due par le village de Boran à Pierre Le Bel, chevaucheur d'écurie du Roi.

E 8ª, fº 153 rº, et ms. fr. 18168, fº 67 vº.

8993. — Arrêt réglant le payement de 1,750 écus dus au comte de Choisy pour le prix de certains bois réunis au domaine de la forêt d'Orléans.

E 8ª, fº 154 rº, et ms. fr. 18168, fº 67 rº.

8994. — Arrêt réglant pour l'avenir le payement des rentes et des fiefs et aumônes dus à dame Éléonore de Bourbon, abbesse de Fontevrault.

E 8ª, fº 155 rº, et ms. fr. 18168, fº 67 rº.

8995. — Arrêt renvoyant aux trésoriers de France à Tours une requête par laquelle les habitants de Sainte-Maure demandent remise des tailles, attendu les ravages causés par l'épidémie.

E 8ª, fº 156 rº, et ms. fr. 18168, fº 66 vº.

8996. — Arrêt prorogeant de deux ans l'octroi

ci-devant accordé aux habitants de Villeneuve-le-Roi.

E 8*, f° 157 r°, et ms. fr. 18168, f° 80 v°.

8997. — Arrêt confirmant René Verdier en la jouissance de la ferme des 8 écus par muid de sel sortant de Bretagne par la Loire.

E 8*, f° 159 r°, et ms. fr. 18168, f° 74 v°.

8998. — Arrêt donnant mainlevée à un marchand de Limerick des marchandises, deniers et hardes saisis sur le navire *la Marie de Pernef* par les capitaines Martial et Menjoin Hoirigoity, commandants d'un navire de Bayonne armé en guerre.

E 8*, f° 161 r°, et ms. fr. 18168, f° 66 r°.

8999. — Arrêt cassant, sur la requête des députés protestants, tous les arrêts et délibérations du parlement de Rouen contraires à l'édit de Nantes.

E 8*, f° 162 r°, et ms. fr. 18168, f° 66 r°.

9000. — Arrêt cassant le jugement donné en la grand'chambre du parlement de Rouen dans le procès pendant entre Jean de Gillain, sieur du Houssay, et M° Hilaret Myard, curé de Saint-Aquilin, d'une part, François Hautier, sieur de La Braguetière, et M° Pierre Marin, d'autre part, au sujet d'un patronage laïque, renvoyant ledit procès à la Chambre de l'Édit et enjoignant à la grand'chambre de se conformer aux prescriptions de l'édit de Nantes.

E 8*, f° 163 r°, et ms. fr. 18168, f° 65 v°.

9001. — Arrêt cassant, sur la requête de Guillaume Du Bosc, dit Thomine, avocat à Bayeux, un arrêt du parlement de Rouen contraire à l'article 61 de l'édit de Nantes.

E 8*, f° 164 r°, et ms. fr. 18168, f° 65 r°.

9002. — Arrêt ordonnant l'élargissement de Thomas Martinet, emprisonné à Périgueux par ordre du lieutenant criminel de Bergerac, s'il n'a été arrêté que pour le fait de la Religion prétendue réformée.

E 8*, f° 165 r°, et ms. fr. 18168, f° 65 r°.

9003. — Arrêt évoquant le procès pendant en la chambre de l'Édit de Nérac entre Jean Domère et Crapazy Sidérac, et déclarant, sur la requête des députés protestants, que ledit Domère ne sera tenu que de lever la main, de jurer et de promettre à Dieu de dire la vérité.

E 8*, f° 166 r°, et ms. fr. 18168, f° 64 v°.

9004. — Arrêt ouvrant une enquête sur l'époque à laquelle le culte protestant a été établi aux lieux de Janville et du Puiset, en Beauce.

E 8*, f° 167 r°, et ms. fr. 18168, f° 64 v°.

9005. — Arrêt réduisant d'un tiers la subvention levée, pour l'année 1600, sur la ville d'Épernay en place du sol pour livre.

E 8*, f° 168 r°, et ms. fr. 18168, f° 69 v°.

9006. — Arrêt renvoyant aux prochains États du Languedoc une requête par laquelle les habitants d'Alet demandent modération d'impôts, attendu les ravages causés par une inondation.

E 8*, f° 169 r°, et ms. fr. 18168, f° 69 r°.

9007. — Arrêt donnant acte aux trésoriers de France à Orléans de leur renonciation au bénéfice de l'abolition accordée par le Roi aux officiers des finances.

E 8*, f° 170 r°, et ms. fr. 18168, f° 69 r°.

9008. — Arrêt relatif à l'action en inscription de faux intentée par les paroisses de Poule et de Propières à la ville de Beaujeu.

E 8*, f° 171 r°, et ms. fr. 18168, f° 68 v°.

9009. — Arrêt accordant un rabais de 4,500 livres aux héritiers de Mathieu Goirant, fermier de l'octroi accordé en 1585 à la ville de Valence, attendu les pertes que lui ont fait subir la guerre et la contagion.

E 8*, f° 172 r°, et ms. fr. 18168, f° 72 v°.

9010. — Arrêt donnant à Louis Vigier, marchand d'Orléans, mainlevée de deux navires revenant de Terre-Neuve, qui avaient été forcés par les mauvais temps d'aller s'approvisionner de sel en Portugal.

E 8*, f° 173 r°, et ms. fr. 18168, f° 72 r°.

9011. — Arrêt renvoyant aux trésoriers de France à Paris la réclamation du duc d'Épernon, comte de

Montfort, et la requête de Marc-Antoine de Bassy, garde du haras du Roi, au sujet de la translation dudit haras dans les prairies de Saint-Léger dépendantes du comté de Montfort.

E 8ᵉ, fᵒ 174 rᵒ, et ms. fr. 18168, fᵒ 71 vᵒ.

9012. — Arrêt ordonnant que les prévôts des maréchaux, lieutenants, greffiers et archers et les officiers de judicature des pays de Bresse, Bugey, Valromey et Gex seront payés de leur solde et de leurs gages par les receveurs particuliers des élections de Bourg et de Belley.

E 8ᵉ, fᵒ 175 rᵒ, et ms. fr. 18168, fᵒ 70 vᵒ.

9013. — Arrêt autorisant la levée d'une somme de 1,650 livres destinée à l'acquittement des dettes de la ville de Saint-Léonard.

E 8ᵉ, fᵒ 176 rᵒ, et ms. fr. 18168, fᵒ 70 vᵒ.

9014. — Arrêt donnant acte aux trésoriers de France à Tours de leur renonciation au bénéfice de l'abolition accordée par le Roi aux officiers des finances.

E 8ᵉ, fᵒ 177 rᵒ, et ms. fr. 18168, fᵒ 70 rᵒ.

9015. — Arrêt autorisant la levée d'une somme de 600 livres destinée aux réparations des murailles et au payement des autres travaux publics de la ville de Sézanne.

E 8ᵉ, fᵒ 178 rᵒ, et ms. fr. 18168, fᵒ 69 vᵒ.

9016. — Arrêt statuant sur une instance pendante entre Mᵉ Olivier Coquereau et Louis Neveu, receveurs et gardes du sel au mesurage de Nantes.

E 8ᵉ, fᵒ 179 rᵒ, et ms. fr. 18168, fᵒ 81 vᵒ.

9017. — Arrêt relatif à la résignation d'un office de président et trésorier de France à Lyon faite par Mᵉ Claude de Montconis à Jean-Baptiste Sardé.

E 8ᵉ, fᵒ 181 rᵒ, et ms. fr. 18168, fᵒ 79 rᵒ.

9018. — Arrêt déclarant que Bertrand Dulard, sieur de Regalières, devra répondre, dans les trois mois, aux griefs articulés par les capitaines Jean Du Blanc et Jean Castain, Antoine Conquaire et autres protestants de la juridiction de Montagnac, appelant d'une sentence des commissaires députés en Languedoc pour l'exécution de l'édit de Nantes.

E 8ᵉ, fᵒ 183 rᵒ, et ms. fr. 18168, fᵒ 78 rᵒ.

9019. — Arrêt accordant un privilège à Michel, à Pierre et à Luc Taschereau pour la fabrication de la futaine en la province de Touraine pendant huit ans, sans préjudice des droits acquis par les manufactures de futaines déjà établies en ladite province.

E 8ᵉ, fᵒ 185 rᵒ, et ms. fr. 18168, fᵒ 77 vᵒ.

9020. — Arrêt ordonnant de faire connaître au sieur de Saint-Bonnet les offres de remboursement qu'a faites le sieur de Chamberet pour être maintenu en jouissance de la terre et seigneurie de Masseret.

E 8ᵉ, fᵒ 187 rᵒ, et ms. fr. 18168, fᵒ 76 rᵒ.

9021. — Arrêt maintenant Alphonse d'Elbène, évêque et seigneur d'Albi, en la jouissance du «droict de leode du sel entrant dans ladite ville et consulat d'Alby», à condition qu'il payera les pensions par lui dues au Roi, au chapitre de Saint-Salvy et aux consuls d'Albi.

E 8ᵉ, fᵒ 189 rᵒ, et ms. fr. 18168, fᵒ 76 rᵒ.

9022. — Arrêt désignant Trosly et Jumencourt comme lieux du bailliage de Coucy où sera permis l'exercice du culte protestant, et ordonnant la concession de cimetières aux protestants dudit bailliage.

E 8ᵉ, fᵒ 191 rᵒ, et ms. fr. 18168, fᵒ 75 rᵒ.

9023. — Arrêt autorisant la levée de 36,000 livres destinées à l'acquittement des dettes du Rouergue.

E 8ᵉ, fᵒ 193 rᵒ, et ms. fr. 18168, fᵒ 74 rᵒ.

9024. — Arrêt accordant un rabais au fermier du gros des harengs en la ville de Rouen, attendu la prolongation de la foire franche de la Chandeleur en 1603 et la défense, faite en la même année, de trafiquer avec l'Angleterre, les Pays-Bas et la Basse-Allemagne à cause de l'épidémie.

E 8ᵉ, fᵒ 194 rᵒ, et ms. fr. 18168, fᵒ 73 vᵒ.

9025. — Arrêt rejetant une requête de Mᵉ Pierre Pilverdier, procureur du Roi à Châteaudun, et de René Pinçon, ci-devant greffier en l'élection de ladite ville, laquelle tend à l'annulation du jugement d'absolution prononcé par la Chambre royale en faveur des officiers de ladite élection.

E 8ª, f° 195 r°, et ms. fr. 18168, f° 73 v°.

9026. — Arrêt ordonnant que les princes, seigneurs et autres personnes autorisées à pourvoir aux offices ordinaires dans l'étendue des domaines engagés continueront à jouir de ce droit, mais qu'ils ne pourront pourvoir aux offices extraordinaires que pendant six années.

Ms. fr. 18168, f° 73 r°.

9027. — Arrêt ouvrant une enquête sur l'époque à laquelle le culte protestant a été établi en la ville de Saint-Léonard-de-Corbigny.

Ms. fr. 18168, f° 79 v°.

1605, 10 février. — Paris.

9028. — Arrêt ordonnant de signifier à la veuve de Bénigne Pastey, trésorier de la feue duchesse de Nemours, une requête du duc de Rohan tendante à l'évocation au Conseil du procès pendant entre ladite veuve, Jean d'Apchon, sieur de Serezat, et Mᵐᵉ de Rohan mère, au sujet de la rançon de feu Henri de Savoie, duc de Genevois.

E 8ª, f° 196 r°, et ms. fr. 18168, f° 84 r°.

9029. — Arrêt déclarant que les bâtards soi-disant issus de maison noble ne pourront obtenir lettres d'anoblissement, conformément à l'article 26 de l'édit de mars 1600, qu'à la condition de prouver qu'ils sont issus de personnes nobles et qu'ils ont été reconnus.

E 8ª, f° 197 r°, et ms. fr. 18168, f° 83 v°.

9030. — Arrêt admettant les offres faites par les traitants pour faciliter la levée des 600,000 livres qui doivent être imposées sur les officiers des finances.

E 8ª, f° 198 r°, et ms. fr. 18168, f° 83 r°.

9031. — Arrêt relatif à une requête de dame Anne de Chanay, de Jean Roussel, sieur d'Auvigny, et du sieur de Tantonville tendante à ce que Jean Deltouf, dit de Pradine, et sa femme soient déboutés du pri-

vilège de committimus, et leurs procès renvoyés aux Treize de la justice de Metz.

E 8ª, f° 199 r°, et ms. fr. 18168, f° 82 v°.

9032. — Arrêt déclarant qu'il ne sera plus expédié lettres d'exemption aux personnes ayant servi dans les armées du Roi et remplissant les conditions de l'article 27 de l'édit du mois de mars 1600, sinon sur le vu des rôles de montres dûment certifiés.

E 8ª, f° 200 r°, et ms. fr. 18168, f° 82 v°.

1605, 12 février. — Paris.

9033. — Arrêt maintenant Mᵉ François de Loménie en son office de notaire et secrétaire du Roi, maison et couronne de France du nombre des Cinquante-quatre, et créant secrétaire du Roi Mᵉ Robert de Boislévesque, pour qu'il puisse continuer d'exercer son office de greffier civil au parlement de Rouen.

E 8ª, f° 201 r°, et ms. fr. 18168, f° 87 r°.

9034. — Arrêt ordonnant que les échevins et procureur de la ville du Mans, ainsi que le fermier du droit d'appetissement, seront entendus au Conseil au sujet d'une requête des taverniers et cabaretiers de ladite ville.

E 8ª, f° 203 r°, et ms. fr. 18168, f° 86 v°.

9035. — Arrêt ordonnant la levée d'une somme de 12,000 livres destinée à la réparation des ponts de Saint-Jacques et de Saint-Julien, à Saint-Jean-d'Angely.

E 8ª, f° 205 r°, et ms. fr. 18168, f° 85 v°.

9036. — Arrêt ordonnant que la veuve et les enfants de Jean Léger seront entendus au Conseil, ainsi que Moïse de Vouzay, au sujet de leur différend relatif à un office de sergent à cheval au Châtelet.

E 8ª, f° 206 r°, et ms. fr. 18168, f° 86 r°.

9037. — Arrêt ordonnant vérification des sommes reçues par Mᵉ de Coste sur les deniers provenant de la réformation de la forêt de Retz.

E 8ª, f° 207 r°, et ms. fr. 18168, f° 85 r°.

9038. — Arrêt ordonnant que la ferme des 20 sols

levés sur chaque muid de vin entrant à Rouen, pour la réparation du pont de ladite ville, sera mise en adjudication sur les offres d'Abraham Moisson.

E 8*, f° 208 r°, et ms. fr. 18168, f° 85 v°.

9039. — Arrêt interdisant à la Cour des aides la connaissance du procès intenté par la ville de Paris aux receveurs particuliers des décimes.

E 8*, f° 209 r°, et ms. fr. 18168, f° 84 v°.

9040. — Arrêt ordonnant communication aux prévôt des marchands et échevins de Paris des lettres de création d'un office de contrôleur de la manufacture de la draperie au bailliage de Beauvais.

E 8*, f° 210 r°, et ms. fr. 18168, f° 84 v°.

9041. — Arrêt ordonnant que les habitants de Normandie non compris dans les rôles des tailles, et dont les pères n'y étaient point compris, ne seront cotisés qu'après instruction faite par la cour des aides de Rouen.

E 8*, f° 211 r°, et ms. fr. 18168, f° 84 v°.

1605, 19 février. — [Paris.]

9042. — Arrêt ordonnant que tous les commissaires ci-devant députés dans les provinces pour la recherche des malversations devront remettre dans la huitaine leurs dossiers aux mains du greffier de la commission chargée de faire la taxe des officiers des finances.

E 8*, f° 212 r°, et ms. fr. 18168, f° 88 r°.

1605, 26 février. — Paris.

9043. — Arrêt autorisant la levée d'une somme de 1,135 livres que la ville de Noyon a été condamnée à payer à l'évêque de Noyon, à Louis Josset et à Jean Boquet.

E 8*, f° 213 r°, et ms. fr. 18168, f° 102 r°.

9044. — Arrêt réglant le payement d'une somme de 3,500 livres due au sieur de Santeny pour ses gages de grand maître des eaux et forêts ès pays de Languedoc, Provence et Dauphiné.

E 8*, f° 214 r°, et ms. fr. 18168, f° 101 v°.

9045. — Arrêt autorisant la levée d'une somme de 4,771 livres due par la sénéchaussée de Bazadais aux anciens syndics de ladite sénéchaussée.

E 8*, f° 215 r°, et ms. fr. 18168, f° 101 r°.

9046. — Arrêt ordonnant le rétablissement d'une partie rayée sur le compte de l'Extraordinaire des guerres de 1594, partie relative au remboursement des sommes avancées, pour le siège de Villandraut, par le sieur de La Force, capitaine des gardes du corps, lieutenant général au royaume de Navarre et dans le pays souverain de Béarn.

E 8*, f° 216 r°, et ms. fr. 18168, f° 100 v°.

9047. — Arrêt prorogeant de six ans l'exemption accordée aux habitants de la ville et du duché de Guise.

E 8*, f° 217 r°, et ms. fr. 18168, f° 100 r°.

9048. — Arrêt ordonnant que les tiercements et doublements des fermes des aides, impôts et billots pourront être reçus encore pendant trois mois.

E 8*, f° 218 r°, et ms. fr. 18168, f° 99 v°.

9049. — Arrêt ordonnant la vérification pure et simple de l'édit du mois de janvier 1603 sur l'hérédité des officiers des gabelles de Normandie.

E 8*, f° 219 r°, et ms. fr. 18168, f° 93 r°.

9050. — Arrêt ordonnant aux trésoriers de France à Nantes de faire porter sur divers chapitres la faute de fonds signalée dans l'état du trésorier général de l'Extraordinaire des guerres.

E 8*, f° 220 r°, et ms. fr. 18168, f° 92 v°.

9051. — Arrêt statuant sur un procès pendant entre les fermiers du parisis des épices en la généralité de Poitou.

E 8*, f° 221 r°, et ms. fr. 18168, f° 91 v°.

9052. — Arrêt statuant sur un procès pendant entre dame Jacqueline d'Humières, vicomtesse de Brigueil, et les receveur des deniers communs, gouverneurs et attournés de Compiègne, au sujet d'une somme de 5,000 écus prêtée, pendant les troubles, au feu sieur d'Humières, frère de ladite dame.

E 8*, f° 223 r°, et ms. fr. 18168, f° 90 v°.

9053. — Arrêt réglant le payement des sommes promises aux reîtres, lors de l'avènement du Roi, alors qu'ils faisaient difficulté de se joindre à son armée, sommes au payement desquelles s'était obligé le feu baron de Créhange, colonel de douze cents reîtres.

E 8ᵉ, fᵒ 225 rᵒ, et ms. fr. 18168, fᵒ 89 vᵒ.

9054. — Arrêt annulant une vente de bois faite sans autorisation au sieur de Praslin, capitaine des gardes du corps, par les commissaires députés à la vente du domaine en Bourgogne.

E 8ᵉ, fᵒ 226 rᵒ.

9055. — Arrêt renvoyant à la Cour des aides la connaissance des faits reprochés à Claude Thiret, commis des fermiers généraux des traites en Champagne.

E 8ᵉ, fᵒ 228 rᵒ, et ms. fr. 18168, fᵒ 89 rᵒ.

9056. — Arrêt ordonnant l'élargissement de Jean Laubier, sieur de La Chaussée, détenu dans le château de Nantes.

E 8ᵉ, fᵒ 229 rᵒ, et ms. fr. 18168, fᵒ 90 rᵒ.

9057. — Arrêt accordant un rabais au fermier des péages de la traverse et du demi pour cent ès pays de Bresse, Bugey, Valromey et Gex, attendu les exemptions accordées par le Roi aux Genevois, Allemands, Suisses et Grisons.

E 8ᵉ, fᵒ 230 rᵒ, et ms. fr. 18168, fᵒ 105 vᵒ.

9058. — Arrêt ordonnant que Mᵉ Étienne Ratte sera reçu par la chambre des comptes de Paris en un office de président en la chambre des comptes de Montpellier.

E 8ᵉ, fᵒ 232 rᵒ, et ms. fr. 18168, fᵒ 88 rᵒ.

9059. — Arrêt ouvrant une enquête sur la valeur exacte de la forêt de Masseret vendue, fort au-dessous de sa valeur, d'abord au sieur de Saint-Bonnet, puis au sieur de Chamberet.

E 8ᵉ, fᵒ 234 rᵒ, et ms. fr. 18168, fᵒ 104 vᵒ.

9060. — Arrêt ordonnant que le neveu de feu Mᵉ Jean Rabiot, garde des livres de la Chambre des comptes, sera débouté dudit office, que lui a accordé le Roi, s'il ne paye dans les trois jours 8,000 livres aux Parties casuelles.

E 8ᵉ, fᵒ 236 rᵒ, et ms. fr. 18168, fᵒ 96 vᵒ.

9061. — Arrêt donnant assignation de 12,000 livres au vidame d'Amiens «pour les frais qu'il a faitz à la réduction de ladite ville et pour la levée d'une compagnie de cent chevaux legers».

E 8ᵉ, fᵒ 237 rᵒ, et ms. fr. 18168, fᵒ 104 vᵒ.

9062. — Arrêt ordonnant la vente de quelque quantité de bois dans les buissons de Castillon et de Bazoches, jusqu'à concurrence d'une somme de 1,500 livres que Sa Majesté a promise à la duchesse de Nemours pour la reconstruction de l'auditoire et de la cohue de Falaise.

E 8ᵉ, fᵒ 238 rᵒ, et ms. fr. 18168, fᵒ 107 vᵒ.

9063. — Arrêt retenant au Conseil l'instance pendante entre les clercs, commissaires et contrôleurs aux ports et portes de Paris et Mᵉ Jean de Moisset, fermier général des aides.

E 8ᵉ, fᵒ 239 rᵒ, et ms. fr. 18168, fᵒ 106 vᵒ.

9064. — Arrêt donnant acte à Mᵐᵉ Nicolas Guyonnet et Philippe Danguechin, trésoriers des réparations et fortifications de Picardie et d'Île-de-France, de leur renonciation au bénéfice de l'abolition accordée par le Roi aux officiers des finances.

E 8ᵉ, fᵒ 241 rᵒ.

9065. — Arrêt condamnant les habitants abonnés du bailliage de Marennes, de la châtellenie d'Oloron et du gouvernement de Brouage à payer 20,000 livres à Gabriel Laloue, écuyer, sieur de Touchelonge, pour l'indemniser de la perte des marais et terrains englobés dans les fortifications de Brouage.

E 8ᵉ, fᵒ 242 rᵒ, et ms. fr. 18168, fᵒ 115 rᵒ.

9066. — Arrêt relatif au remboursement de l'office supprimé de contrôleur en l'élection de Falaise.

E 8ᵉ, fᵒ 246 rᵒ, et ms. fr. 18168, fᵒ 114 rᵒ.

9067. — Arrêt relatif au procès pendant entre les habitants de Marle et de Montcornet et Mᵉ Jean de Moisset, fermier général des aides, prenant fait et cause pour le sous-fermier des aides de l'élection de Laon, au sujet de l'exemption prétendue par lesdits habitants.

E 8°, f° 248 r°, et ms. fr. 18168, f° 113 r°.

9068. — Arrêt autorisant la levée d'une taxe sur le vin, le cidre et la bière vendus en la ville d'Hennebont, le produit en devant être affecté au payement des dettes de ladite ville et à la réparation du pont.

E 8°, f° 250 r°, et ms. fr. 18168, f° 112 r°.

9069. — Arrêt relatif au payement des fiefs et aumônes dus aux chanoines et chapelains de Notre-Dame de Mantes, au couvent de la Croix-le-Roi et à la maladrerie de Meulan.

E 8°, f° 252 r°, et ms. fr. 18168, f° 106 r°.

9070. — Arrêt autorisant la levée d'une somme de 1,500 livres destinée au payement des réparations de l'église de Lucé.

E 8°, f° 254 r°, et ms. fr. 18168, f° 111 v°.

9071. — Arrêt relatif à diverses instances pendantes entre les marchands et fabricants de draps d'or et d'argent, de satin, de velours, de taffetas, etc., en la ville de Lyon, Guillaume de Limbourg, fermier général de la douane de Lyon, et les prévôt des marchands et échevins de ladite ville.

E 8°, f° 255 r°, et ms. fr. 18168, f° 109 v°.

9072. — Arrêt accordant un rabais aux fermiers des anciens et nouveaux 5 sols pour muid de vin levés en la généralité de Soissons, attendu qu'ils n'ont pu jouir des anciens et nouveaux 5 sols levés en la ville de Ham.

E 8°, f° 259 r°.

9073. — Arrêt réglant le payement d'une somme de 6,000 livres due à Abdenago de La Palme, contrôleur et clerc d'office en la maison du Roi, et au sieur Joudiou, sieur de Sainte-Catherine, « tant pour gaiges que pour voyages qu'ilz ont faicts ès années passées ».

E 8°, f° 261 r°, et ms. fr. 18168, f° 94 v°.

9074. — Arrêt ordonnant vérification de la levée

faite par plusieurs habitants de Morlaix pour la fortification de la ville et du château du Taureau.

E 8°, f° 262 r°, et ms. fr. 18168, f° 94 r°.

9075. — Arrêt prolongeant de neuf mois la surséance accordée à M° Jean Ragueau, ci-devant commis de M° Jean Fineau, receveur général des finances et des décimes à Bourges.

E 8°, f° 263 r°, et ms. fr. 18168, f° 93 v°.

9076. — Arrêt renvoyant aux trésoriers de France à Paris une requête par laquelle les habitants de Vireaux demandent à être exemptés du droit de 5 sols sur le vin qui se lève dans les bourgs clos.

E 8°, f° 264 r°, et ms. fr. 18168, f° 97 v°.

9077. — Arrêt renvoyant aux trésoriers de France à Dijon une requête par laquelle M° Nicolas Humbert, maître ordinaire des comptes en Bourgogne, demande à jouir des avantages accordés à feu M° Pierre Robert, trésorier de France en Bourgogne, « pour le service par luy rendu durant les troubles ».

E 8°, f° 265 r°, et ms. fr. 18168, f° 97 v°.

9078. — Arrêt ordonnant la levée d'une somme de 120 livres destinée, ainsi qu'une somme de 900 livres précédemment levée, aux réparations des fontaines de Pougues.

E 8°, f° 266 r°, et ms. fr. 18168, f° 97 r°.

9079. — Arrêt interdisant, jusqu'à nouvel ordre, aux commissaires-députés pour la vérification des aides la connaissance des poursuites exercées par M° Jean de Moisset, fermier général des aides, contre les douze marchands de vin et les vingt-cinq cabaretiers privilégiés suivant la Cour.

E 8°, f° 267 r°, et ms. fr. 18168, f° 96 v°.

9080. — Arrêt renvoyant aux trésoriers de France à Tours une requête par laquelle Jean Bernard, lieutenant du prévôt de Loudun, demande à être payé de ses gages, ainsi que ses greffier et archers.

E 8°, f° 268 r°, et ms. fr. 18168, f° 96 r°.

9081. — Arrêt réglant le payement des gages de

Mᵉ Pierre de Compans, contrôleur général des bois au département de l'Île-de-France.

E 8ᵃ, fᵒ 269 rᵒ, et ms. fr. 18168, fᵒ 118 vᵒ.

9082. — Arrêt autorisant Mathurin Rodais, fermier des 55, des 20 et des 10 sols par muid de sel levés à Ingrande, à porter armes à feu, ainsi que ses dix archers, pour pouvoir poursuivre les faux-sauniers et conserver les droits de ladite ferme.

E 8ᵃ, fᵒ 270 rᵒ, et ms. fr. 18168, fᵒ 96 rᵒ.

9083. — Avis du Conseil tendant à accorder une gratification de 1,000 livres à Mᵉ Guy de Cervolle, avocat en la cour des aides de Montferrand, « attendu qu'il est party exprès de sa maison pour donner advis de la mort et recellement de Mᵉ François Redouches, conseiller en ladite cour des aydes, la résignation duquel office Mᵉ Marin Dumas avoit faict admettre les quarante jours d'icelle estans expirez ».

E 8ᵃ, fᵒ 271 rᵒ, et ms. fr. 18168, fᵒ 95 vᵒ.

9084. — Arrêt autorisant la levée d'une somme de 750 livres due par les habitants de Bar-sur-Seine au comte de Gramont sur le prix d'une couleuvrine bâtarde.

E 8ᵃ, fᵒ 272 rᵒ, et ms. fr. 18168, fᵒ 94 vᵒ.

9085. — Arrêt ordonnant la levée d'une somme de 1,374 livres 3 sols due par les habitants de Saint-Étienne-de-Furens aux anciens consuls de ladite ville.

E 8ᵃ, fᵒ 273 rᵒ, et ms. fr. 18168, fᵒ 95 rᵒ.

9086. — Arrêt ordonnant que Mᵉ Thomas Robin, receveur général des finances à Bourges, sera dispensé de fournir caution de 30,000 livres.

E 8ᵃ, fᵒ 274 rᵒ, et ms. fr. 18168, fᵒ 98 rᵒ.

9087. — Arrêt autorisant la levée d'une somme de 3,000 livres due à Jean Monet, de Thoirette, par les habitants des mandements de Cornod et de Montdidier.

E 8ᵃ, fᵒ 275 rᵒ, et ms. fr. 18168, fᵒ 99 vᵒ.

9088. — Arrêt ordonnant le versement à l'Épargne des deniers revenant bons des dernières ventes de bois faites dans l'apanage du feu duc d'Anjou.

E 8ᵃ, fᵒ 276 rᵒ, et ms. fr. 18168, fᵒ 98 rᵒ.

9089. — Arrêt ordonnant que le cardinal de Gondi sera remboursé d'une somme de 20,000 livres à raison de la suppression de l'office de Mᵉ Jean Guesnay, trésorier de France en Provence.

E 8ᵃ, fᵒ 277 rᵒ, et ms. fr. 18168, fᵒ 98 vᵒ.

9090. — « Estat de ce qui est deub par le Roy au sieur de Souvré, dont il supplie Sa Majesté le faire paier... », avec les réponses du Conseil.

E 8ᵃ, fᵒ 278 rᵒ, et ms. fr. 18168, fᵒ 108 vᵒ.

9091. — « Estat des deniers que Mᵐᵉ la vidame d'Amyens pretend luy estre deubz par le Roy comme héritière par bénéfice d'inventaire de feu M. le conte de Chaulnes, son frère, pour despence par luy faicte pour le service de Sa Majesté aux guerres dernières », avec les réponses du Conseil.

E 8ᵃ, fᵒ 280 rᵒ, et ms. fr. 18168, fᵒ 103 rᵒ.

9092. — Rôle fixant à 1,500 livres le montant du droit annuel que devra payer chacun des trois trésoriers de l'Épargne s'il veut jouir de la dispense de quarante jours.

Ms. fr. 10843, fᵒ 77 rᵒ.

1605, 1ᵉʳ mars. — Paris.

9093. — Arrêt ordonnant que le lieutenant particulier assesseur criminel au bailliage de Forez sera remboursé de son office, à moins qu'il ne préfère payer un supplément de 1,500 écus.

E 8ᵇ, fᵒ 1 rᵒ, et ms. fr. 18168, fᵒ 119 rᵒ.

9094. — Arrêt ordonnant, sur l'avis des principaux membres du clergé de Paris, qu'il sera sursis à l'exécution des statuts faits par frère François Souza, général de l'ordre de Saint-François, jusqu'à la tenue du prochain chapitre général, et que les religieux du couvent de Paris procéderont, comme d'habitude, à l'élection de leur gardien le jour de la Saint-Barnabé.

E 8ᵇ, fᵒ 2 rᵒ, et ms. fr. 18168, fᵒ 119 rᵒ.

9095. — Arrêt donnant à Mᵉ Pierre Chomel, receveur général des finances à Lyon, acte de sa renonciation au bénéfice de l'édit de novembre 1604, qui garantissait les officiers des finances contre les poursuites de la Chambre royale.

Ms. fr. 10843, f° 80 r°.

9096. — Acte par lequel Mathurin Lambert, chevalier du guet d'Orléans, s'engage à ne demander aucun rabais sur le parti du sceau et de la police des draps.

Ms. fr. 10843, f° 85 r°.

1605, 3 mars. — Paris.

9097. — Arrêt renvoyant au parlement de Bordeaux le procès d'André Benoist, sieur de Tayac, et de frère Nicolas Bourdichon, religieux de l'abbaye de Saint-Romain à Blaye, « accusez d'une entreprise sur la ville de Blaye».

E 8b, f° 3 r°, et ms. fr. 18168, f° 119 v°.

1605, 5 mars. — Paris.

9098. — Arrêt relatif à la taxe levée sur les officiers des gabelles en vertu de l'édit de janvier 1603 sur l'hérédité du droit de 7 deniers par minot de sel.

E 8b, f° 4 r°, et ms. fr. 18168, f° 121 v°.

9099. — Arrêt ordonnant aux receveurs généraux des finances à Paris de payer les gages des lecteurs et professeurs publics du Roi, conformément à l'état dressé chaque année par le Grand Aumônier, particulièrement les gages dus à Me Raffar, lecteur extraordinaire, à Mes Parent, Théodore Marcile et Riolan.

E 8b, f° 6 r°, et ms. fr. 18168, f° 121 r°.

9100. — Arrêt annulant les contrats passés avec Me Augustin Fumoze pour la taxe des offices d'Agenais et de Condomois.

E 8b, f° 7 r°, et ms. fr. 18168, f° 122 r°.

9101. — Arrêt échangeant la châtellenie de Hédé et les bois de Nidecourt, faisant partie du domaine royal, contre les seigneuries du Pecq et du Vésinet, appartenant au sieur de La Roche, premier écuyer de la Reine, et à dame Catherine de Rillac, sa femme.

E 8b, f° 8 r°, et ms. fr. 18168, f° 119 v°.

1605, 8 mars. — Paris.

9102. — Arrêt statuant sur les différends et réglant les fonctions de Me Thomas de Pontac, baron d'Escassefort, greffier au parlement de Bordeaux, de Mes Jean et Guillaume Marrast, commis, et de Charles Materre, Jean La Basse, Pierre La Vielle et Pierre Bastier, clercs aux greffes de la chambre mi-partie de Guyenne établie à Nérac.

E 8b, f° 101 r°, et ms. fr. 18168, f° 122 v°.

9103. — Requête par laquelle Me Martin de Montigny, ci-devant receveur des gabelles de Château-Thierry, demande à renoncer au bénéfice de l'édit de novembre 1604 qui garantit les officiers des finances contre les poursuites de la Chambre royale.

Ms. fr. 10843, f° 79 r°, et ms. fr. 18168, f° 127 r°.

1605, 10 mars. — Paris.

9104. — Arrêt renvoyant aux trésoriers de France à Orléans une requête en réduction de tailles présentée par les habitants de Courville, « attandu que, ès années dernières, la pluspart des habitans de la baronnie... se seroient retirez... ès parroisses circonvoisines ».

E 8b, f° 14 r°, et ms. fr. 18168, f° 138 r°.

9105. — Arrêt renvoyant aux avocats et procureurs généraux au parlement et en la cour des aides de Rouen le différend pendant entre les élus de Gisors et Pontoise et le lieutenant général au bailliage de Gisors, au sujet de leurs attributions respectives.

E 8b, f° 15 r°, et ms. fr. 18168, f° 137 v°.

9106. — Arrêt réunissant au domaine royal la ville de Montluel.

E 8b, f° 16 r°, et ms. fr. 18168, f° 134 r°.

9107. — Arrêt relatif à une instance pendante entre les sieurs Du Houssay et de Grieu, conseillers au Parlement.

E 8b, f° 18 r°, et ms. fr. 18168, f° 136 v°.

9108. — Arrêt défendant à Israël de Hugueliers, marchand allemand, d'intenter aucune poursuite contre dame Claude de Linières au sujet des prises faites par son premier mari, le sieur de Bernet, gouverneur de Boulogne.

E 8ᵇ, fᵒ 19 rᵒ, et ms. fr. 18168, fᵒ 135 vᵒ.

9109. — Arrêt ordonnant l'élargissement de Léonard de Remergeras, dit Le Petit, emprisonné à Limoges en vertu de l'arrêt du Conseil du 30 juin 1604.

E 8ᵇ, fᵒ 21 rᵒ, et ms. fr. 18168, fᵒ 135 rᵒ.

9110. — Arrêt ordonnant que Jean Boileau, sieur de Maulaville, commis à la recherche des créances de feu Mᵉ François Jusseaume, receveur général des finances à Tours, répondra de ses recherches, non pas devant les trésoriers de France, mais devant le Conseil.

E 8ᵇ, fᵒ 23 rᵒ, et ms. fr. 18168, fᵒ 133 vᵒ.

9111. — Arrêt ordonnant que les commissaires députés sur le fait des aliénations du domaine dans le ressort du parlement de Bourgogne et dans les bailliages de Bresse, Bugey, Valromey et Gex passeront outre, nonobstant toute opposition, à la recherche des malversations.

E 8ᵇ, fᵒ 25 rᵒ, et ms. fr. 18168, fᵒ 142 rᵒ.

9112. — Arrêt prolongeant le délai accordé à Mᵉ Jean Goujon, avocat et procureur général de la communauté de Lyon, pour résigner son office de juge-conservateur des privilèges des foires de Lyon.

E 8ᵇ, fᵒ 26 rᵒ, et ms. fr. 18168, fᵒ 151 rᵒ.

9113. — Arrêt ordonnant qu'en payant comptant 60,000 livres, Mᵉ Charles Paulet, secrétaire ordinaire de la Chambre, sera maintenu définitivement en la jouissance de son contrat sur le fait du droit annuel.

E 8ᵇ, fᵒ 27 rᵒ, et ms. fr. 18168, fᵒ 141 rᵒ.

9114. — Arrêt faisant remise à l'archevêque d'Auch de 12,000 livres sur les arrérages d'une pension que le duc de Nemours a cédée au Roi.

E 8ᵇ, fᵒ 28 rᵒ, et ms. fr. 18168, fᵒ 142 rᵒ.

9115. — Arrêt, rendu sur la requête des maire et échevins de Troyes, défendant à tous étrangers, particulièrement aux Lorrains, de faire sortir du royaume des chiffons pouvant servir à la fabrication du papier, non plus que de faire entrer à Paris et dans le royaume des papiers fabriqués à l'étranger.

E 8ᵇ, fᵒ 29 rᵒ, et ms. fr. 18168, fᵒ 140 vᵒ.

9116. — Arrêt renvoyant au duc de Guise, gouverneur de Provence, le différend pendant entre Pierre d'Hostagier, sieur de La Grande-Bastide, maître d'hôtel ordinaire du Roi, Mᵉ Nicolas Bausset, lieutenant du sénéchal de Provence à Marseille, et Barthélemy de Libertat, au sujet d'un factum imprimé.

E 8ᵇ, fᵒ 30 rᵒ, et ms. fr. 18168, fᵒ 141 vᵒ.

9117. — Arrêt donnant mainlevée à Michel Passart et à François Serrus, marchands de Paris, de 325 balles de laine espagnole saisies par les officiers de la maîtrise des ports en la ville d'Agde.

E 8ᵇ, fᵒ 32 rᵒ, et ms. fr. 18168, fᵒ 143 rᵒ.

9118. — Arrêt statuant sur une instance pendante entre Mᵉ Guillaume Dalesme, conseiller au parlement et garde des sceaux en la chancellerie de Bordeaux, et Mᵉ Charles Dusault, avocat général du Roi en ladite cour.

E 8ᵇ, fᵒ 33 rᵒ, et ms. fr. 18168, fᵒ 139 vᵒ.

9119. — Arrêt relatif à un procès pendant entre Mᵉ Germain Duval, prieur de Saint-Nicolas-lès-Montfort, au diocèse de Saint-Malo, et Mᵉ Nicolas Fyot, ci-devant receveur général des finances en Bretagne.

E 8ᵇ, fᵒ 35 rᵒ, et ms. fr. 18168, fᵒ 138 vᵒ.

9120. — Arrêt enjoignant aux présidents et aux maîtres en la chambre des comptes de Languedoc de laisser les conseillers-correcteurs jouir des attributions à eux conférées par les ordonnances.

E 8ᵇ, fᵒ 37 rᵒ, et ms. fr. 18168, fᵒ 132 rᵒ.

9121. — Arrêt ordonnant que l'office de receveur triennal des finances à Limoges, dont était pourvu Mᵉ Jean Tessier, demeurera supprimé, et que, sur le prix dudit office, 12,000 livres seront payées à la duchesse d'Angoulême et 9,000 à Mᵉ Jean Palot, secrétaire du Roi, commis à la recette des deniers accordés aux protestants.

E 8ᵇ, fᵒ 39 rᵒ, et ms. fr. 18168, fᵒ 130 rᵒ.

9122. — Arrêt autorisant Guillaume de Balmes, adjudicataire de la ferme dite « à la part du royaume », à tirer trois cents gros muids de sel des marais salants de Peccais et de Narbonne.

E 8ᵇ, fᵒ 43 rᵒ, et ms. fr. 18168, fᵒ 133 rᵒ.

9123. — Arrêt ordonnant que le commandeur de Saint-Gilles sera entendu au Conseil au sujet de ses droits prétendus sur les pâtis de Fourques avant qu'il soit pourvu sur la demande d'inféodation présentée par le sieur de Saint-André.

E 8ᵇ, fᵒ 45 rᵒ, et ms. fr. 18168, fᵒ 138 rᵒ.

9124. — Arrêt donnant pleine décharge aux marchands suisses, grisons et allemands de Lyon, autorisés à faire transporter en Allemagne cinquante-quatre balles de safran venues d'Espagne, attendu qu'ils ont satisfait aux conditions de l'arrêt du 14 août dernier.

E 8ᵇ, fᵒ 46 rᵒ, et ms. fr. 18168, fᵒ 142 vᵒ.

9125. — Articles présentés par les députés de Guyenne et réponses du Conseil au sujet :

1° De l'établissement des élections dans le pays;

2° De l'extinction des subsides levés depuis 1585 sur les rivières de Garonne et Dordogne;

3° D'une surtaxe de 4 deniers pour livre attribuée aux receveurs des tailles.

E 8ᵇ, fᵒ 47 rᵒ.

1605, 12 mars. — Paris.

9126. — Arrêt, rendu sur la requête de la duchesse de Guise, ordonnant que les habitants des terres de Château-Regnault et de Linchamp et des terres franches situées en deçà et au delà de la Meuse demeureront exempts des droits de traites établis, en 1577, pour la sortie des blés, à condition de payer l'ancien droit de foraine.

E 8ᵇ, fᵒ 51 rᵒ, et ms. fr. 18168, fᵒ 152 vᵒ.

9127. — Arrêt ordonnant que Mᵉ Louis Hubault, trésorier du feu cardinal Charles II de Bourbon, et qui a subvenu à l'entretien ainsi qu'aux frais des obsèques dudit cardinal, sera assigné d'une somme de 45,188 livres 12 sols 6 deniers, équivalant à la va-

leur des meubles trouvés au château de Gaillon après la mort du cardinal Charles III de Bourbon; ordonnant en outre que Claude Siron, syndic des créanciers des deux cardinaux, sera assigné d'une somme de 9,871 livres 6 sols, estimation des meubles et des livres laissés par le dernier cardinal dans l'abbaye de Saint-Germain-des-Prés et transportés au château du Louvre pour l'usage de Sa Majesté.

E 8ᵇ, fᵒ 52 rᵒ, et ms. fr. 18168, fᵒ 163 rᵒ.

9128. — Arrêt statuant sur une instance pendante entre Charles Huart, trésorier provincial de l'Extraordinaire des guerres à Romorantin, d'une part, Françoise de Prie, veuve de Jacques d'Orléans, sieur de Bastardes, gouverneur de Romorantin, et Marie Coiffier, veuve de Pierre de Souchay, d'autre part.

E 8ᵇ, fᵒ 54 rᵒ, et ms. fr. 18168, fᵒ 164 vᵒ.

9129. — Arrêt réglant le remboursement des avances faites, en 1594 et en 1596, par le sieur de Montigny, gouverneur de Paris, pour l'entretien des compagnies de gendarmes, de chevau-légers et de carabins.

E 8ᵇ, fᵒ 56 rᵒ, et ms. fr. 18168, fᵒ 150 vᵒ.

9130. — Arrêt réglant le remboursement des avances faites par le sieur de La Ferrière, commandant au château de Vezins, pour la fortification dudit château.

E 8ᵇ, fᵒ 57 rᵒ, et ms. fr. 18168, fᵒ 153 vᵒ.

9131. — Arrêt ordonnant l'envoi de lettres de jussion à la chambre des comptes de Rouen pour la vérification des lettres patentes par lesquelles les prévôtés d'Étretat, du Parc-d'Anxtot et de Mélamare, les bois des côtes de Pleinbosc, la Valette, la Houssaye, etc., sont engagés à Charles de Goustimenil, sieur de Boisrozay, gentilhomme ordinaire de la Chambre et lieutenant de l'Artillerie en la province de Normandie.

E 8ᵇ, fᵒ 58 rᵒ, et ms. fr. 18168, fᵒ 151 vᵒ.

9132. — Arrêt ordonnant le payement des sommes dues par les receveurs des gages des cours souveraines à Mᵉ Claude Josse, adjudicataire général des greniers à sel de France.

E 8ᵇ, fᵒ 59 rᵒ, et ms. fr. 18168, fᵒ 155 rᵒ.

9133. — Arrêt ordonnant le remboursement de la finance payée par M° Simon Bastonneau, élu supprimé en l'élection de la Châtre, « pour la confirmation des exemptions et nouvelle attribution faicte aux officiers des eslections ».

E 8ᵇ, fᵒ 61 rᵒ, et ms. fr. 18168, fᵒ 153 rᵒ.

9134. — Avis du Conseil tendant à attribuer gratuitement à la veuve et aux enfants de M° Jean Joyeulx, commissaire au Châtelet, l'office du défunt, attendu qu'il a été mortellement blessé en repoussant les écoliers qui s'efforçaient de briser la porte du sieur de Dampierre, général des galères.

E 8ᵇ, fᵒ 62 rᵒ, et ms. fr. 18168, fᵒ 154 rᵒ.

9135. — Arrêt autorisant la levée d'une somme de 3,695 livres destinée à l'amortissement des rentes constituées, pendant les troubles, par la ville de Meung.

E 8ᵇ, fᵒ 63 rᵒ, et ms. fr. 18168, fᵒ 154 vᵒ.

9136. — Arrêt accordant un délai au receveur et payeur des gages du présidial d'Angers pour procéder à la vente des biens saisis sur les héritiers de Jacques Le Moyne.

E 8ᵇ, fᵒ 64 rᵒ, et ms. fr. 18168, fᵒ 155 vᵒ.

9137. — Arrêt réglant le payement de 33,900 livres restées dues au prince de Conti sur sa pension des années 1599 à 1602.

E 8ᵇ, fᵒ 65 rᵒ, et ms. fr. 18168, fᵒ 149 rᵒ.

9138. — Arrêt ordonnant que M° Pierre Braux, président et trésorier de France en Champagne, sera payé de l'intérêt de la finance par lui versée aux Parties casuelles pour la survivance de ses offices.

E 8ᵇ, fᵒ 66 rᵒ, et ms. fr. 18168, fᵒ 149 vᵒ.

9139. — Arrêt autorisant la levée d'une somme de 900 livres qui servira à réparer la maison de santé de Saumur et à y pratiquer des séparations en vue des « malades de la contagion ».

E 8ᵇ, fᵒ 67 rᵒ, et ms. fr. 18168, fᵒ 150 rᵒ.

9140. — Arrêt ordonnant que Jean Ragueau, commis à la recette générale des finances de Bourges,

sera tenu de restituer 806 livres 5 sols à M° Hugues Legrant, trésorier de France à Bourges.

E 8ᵇ, fᵒ 68 rᵒ, et ms. fr. 18168, fᵒ 150 vᵒ.

9141. — Arrêt réglant le remboursement des avances faites par le sieur d'Auriac, ci-devant commandant de troupes sur la frontière du Piémont, pour l'achat de vivres et de munitions, pour la fortification d'Exilles et autres places, etc.

E 8ᵇ, fᵒ 69 rᵒ, et ms. fr. 18168, fᵒ 157 rᵒ.

9142. — Arrêt donnant décharge de 650 livres à M° Jacques Petau, lieutenant général civil et criminel au bailliage d'Étampes.

E 8ᵇ, fᵒ 71 rᵒ, et ms. fr. 18168, fᵒ 158 rᵒ.

9143. — Arrêt ordonnant que M° Jean de Moisset sera contraint au payement de la pension de 8,000 livres due au comte de Soissons.

E 8ᵇ, fᵒ 73 rᵒ, et ms. fr. 18168, fᵒ 158 vᵒ.

9144. — Arrêt réglant le payement d'un supplément de gages de 350 livres accordé à M° Gabriel Hus, receveur des fouages et impôts du diocèse de Saint-Malo.

E 8ᵇ, fᵒ 75 rᵒ, et ms. fr. 18168, fᵒ 159 rᵒ.

9145. — Arrêt ordonnant le payement de 4,500 livres restées dues au sieur de Lieudieu, ci-devant gouverneur de Verdun.

E 8ᵇ, fᵒ 77 rᵒ, et ms. fr. 18168, fᵒ 160 vᵒ.

9146. — Arrêt ordonnant que les habitants de Saint-Genest-Malifaux et de Roche-la-Molière jouiront de la remise générale des tailles des années antérieures à 1597.

E 8ᵇ, fᵒ 79 rᵒ, et ms. fr. 18168, fᵒ 161 vᵒ.

9147. — Arrêt ordonnant la réception de Moïse de Vouzay en un office de sergent à cheval au Châtelet.

E 8ᵇ, fᵒ 81 rᵒ, et ms. fr. 18168, fᵒ 148 vᵒ.

9148. — Arrêt déclarant qu'une levée de 2,475 livres, autorisée par lettres patentes du 8 décembre 1603, sera faite sur tous les habitants de Sens, même privilégiés.

E 8ᵇ, fᵒ 82 rᵒ, et ms. fr. 18168, fᵒ 156 rᵒ.

9149. — Arrêt autorisant Mᵉ Guillaume de Balmes, adjudicataire de la ferme dite « à la part du royaume », à faire faire les chargements de sel soit « en garenne », soit « en saquerie ».

E 8ᵇ, fᵒ 84 rᵒ, et ms. fr. 18168, fᵒ 149 rᵒ.

9150. — Arrêt défendant aux habitants du Lyonnais, du Forez, du Haut-Vivarais et autres pays ressortissants à la ferme dite « à la part du royaume », de se fournir de sel ailleurs qu'aux greniers desdits pays.

E 8ᵇ, fᵒ 85 rᵒ, et ms. fr. 18168, fᵒ 156 vᵒ.

9151. — Arrêt accordant au colonel Imbert de Diesbach un délai de trois mois pour envoyer chercher en Suisse les papiers dont il a besoin dans son procès contre Jacques Vincent.

E 8ᵇ, fᵒ 87 rᵒ, et ms. fr. 18168, fᵒ 147 rᵒ.

9152. — Arrêt ordonnant que Mᵉ Jean de Moisset sera tenu de payer les rentes constituées sur les aides à la ville d'Orléans.

E 8ᵇ, fᵒ 88 rᵒ, et ms. fr. 18168, fᵒ 146 vᵒ.

9153. — Arrêt ordonnant que les officiers de l'élection de Bernay exerceront leurs charges suivant l'ordre de leurs réceptions, conformément à l'édit de suppression des présidents et lieutenants d'élections.

E 8ᵇ, fᵒ 89 rᵒ, et ms. fr. 18168, fᵒ 148 rᵒ.

9154. — Arrêt ordonnant la levée annuelle de 22,500 livres, pendant dix ans, sur tous les habitants de Clermont en Auvergne, le produit en devant être affecté à l'acquittement des dettes de ladite ville.

E 8ᵇ, fᵒ 90 rᵒ, et ms. fr. 18168, fᵒ 147 vᵒ.

9155. — Arrêt condamnant Mᵉ Jean-Georges Caulet, commis de l'Extraordinaire des guerres, à produire un récépissé du garde de l'Artillerie pour certaine quantité de poudre qui a dû être achetée avec une somme de 2,000 écus assignée au feu marquis de Canillac.

E 8ᵇ, fᵒ 91 rᵒ, et ms. fr. 18168, fᵒ 144 rᵒ.

9156. — Arrêt réglant le payement des gages dus à Mᵐˢ Léonard de Torvéon et Adam Bonvallet, trésoriers des réparations du Lyonnais, du Forez et du Beaujolais.

E 8ᵇ, fᵒ 92 rᵒ, et ms. fr. 18168, fᵒ 160 rᵒ.

9157. — Arrêt accordant un rabais d'un quart aux fermiers des deniers de la prévôté de Nantes, attendu les pertes qu'ils ont subies par suite de la défense de trafiquer avec les terres du roi d'Espagne et de l'archiduc de Flandre.

E 8ᵇ, fᵒ 94 rᵒ.

9158. — Arrêt ordonnant le payement de la rente de 3,000 livres constituée, le 3 juin 1592, sur la recette générale de Caen, au baron de Dampmartin, colonel des reîtres.

E 8ᵇ, fᵒ 95 rᵒ, et ms. fr. 18168, fᵒ 144 vᵒ.

9159. — Arrêt accordant à Martin Dagron, commissaire ordinaire de l'Artillerie, mainlevée de ses gages saisis à la requête de ses créanciers, à moins qu'il ne soit poursuivi pour payement de vivres, d'armes et de chevaux.

E 8ᵇ, fᵒ 96 rᵒ, et ms. fr. 18168, fᵒ 145 rᵒ.

9160. — Arrêt accordant une indemnité de 18,585 livres à Pierre Carlin, receveur des décimes au diocèse de Béziers, dépossédé des greffes de Béziers par suite de la revente du domaine.

E 8ᵇ, fᵒ 97 rᵒ, et ms. fr. 18168, fᵒ 166 rᵒ.

9161. — Arrêt taxant à 4,000 livres les vacations de Mᵉ Bernard Maire, maître des requêtes de l'hôtel de la Reine, chargé de poursuivre la vérification de l'édit de création des offices de contrôleurs-visiteurs-marqueurs de cuirs en Bourgogne.

E 8ᵇ, fᵒ 99 rᵒ, et ms. fr. 18168, fᵒ 145 vᵒ.

9162. — Arrêt déchargeant du payement du droit de marc d'or Mᵉ Thomas Dreux, notaire et secrétaire du Roi, ci-devant greffier du Conseil privé.

E 8ᵇ, fᵒ 100 rᵒ, et ms. fr. 18168, fᵒ 146 rᵒ.

9163. — Arrêt ordonnant l'examen des lettres de provision de l'office de maître particulier alternatif des eaux et forêts au bailliage d'Auxerre obtenues par Mᵉ Gaspard Le Prince.

E 8ᵇ, fᵒ 101 rᵒ, et ms. fr. 18168, fᵒ 146 rᵒ.

9164. — Arrêt ordonnant que M⁰ˢ Thuret et Bou-
let, receveurs des tailles en l'élection de Reims, seront
contraints à la reddition de leurs comptes par l'emprisonnement de leur personne.

E 8ᵇ, fᵒ 102 rᵒ, et ms. fr. 18168, fᵒ 146 rᵒ.

1605, 15 mars. — Paris.

9165. — Arrêt défendant à Mᵉ de Castille, commis
à la recette du Clergé, de prendre aucune quittance
de Mᵉ François de Vigny, ci-devant receveur et payeur
des rentes de l'Hôtel de ville, lequel n'a plus le maniement de ladite charge.

E 8ᵇ, fᵒ 10C rᵒ, et ms. fr. 18168, fᵒ 168 rᵒ.

9166. — Arrêt annulant le bail de la ferme de la
police des draps conclu avec Hugues de La Noue par
Mᵉ Jean de Moisset, et ordonnant que ladite ferme
sera de nouveau adjugée audit La Noue dans le Conseil.

E 8ᵇ, fᵒ 105 rᵒ, et ms. fr. 18168, fᵒ 167 vᵒ.

1605, 17 mars. — Paris.

9167. — Arrêt autorisant Mᵉ Claude Josse, fermier
général des gabelles, à mettre le sel en vente après
qu'il aura reposé six mois entiers soit dans les dépôts
ou salorges, soit dans les greniers de vente.

E 8ᵇ, fᵒ 106 rᵒ, et ms. fr. 18168, fᵒ 178 vᵒ.

9168. — Arrêt ordonnant que les officiers du
grenier à sel de Rouen seront assignés au Conseil
pour répondre aux plaintes de Mᵉ Jean de Moisset,
fermier général des gabelles.

E 8ᵇ, fᵒ 108 rᵒ, et ms. fr. 18168, fᵒ 179 rᵒ.

1605, 19 mars. — Paris.

9169. — Arrêt ordonnant à Mᵉ Baptiste Champin
de répondre, dans les trois jours, aux mémoires qui
lui ont été remis par le procureur général député
pour la recherche des affaires du sel.

E 8ᵇ, fᵒ 109 rᵒ, et ms. fr. 18168, fᵒ 171 vᵒ.

9170. — Arrêt donnant décharge de 12,210 livres

à Mᵉ Joseph Croisier, receveur général des finances à
Limoges.

E 8ᵇ, fᵒ 110 rᵒ, et ms. fr. 18168, fᵒ 171 vᵒ.

9171. — Arrêt ordonnant aux trésoriers de France
à Rouen et à Caen d'envoyer au Conseil l'état au vrai
des charges qui pèsent sur les portions de domaine
aliénées et qui doivent être portées par les acquéreurs
desdites portions.

E 8ᵇ, fᵒ 111 rᵒ, et ms. fr. 18168, fᵒ 171 rᵒ.

9172. — Arrêt ordonnant à Mᵉ Noël de Here de
déférer, dans les trois jours, à la réquisition qui lui a
été faite par le procureur général député à la recherche
des dettes du sel.

E 8ᵇ, fᵒ 112 rᵒ, et ms. fr. 18168, fᵒ 170 vᵒ.

1605, 22 mars. — Paris.

9173. — Arrêt ordonnant la démolition des vieilles
tours, des fausses braies et des aqueducs d'Antibes,
les matériaux en devant être employés à la fortification de la ville.

E 8ᵇ, fᵒ 113 rᵒ, et ms. fr. 18168, fᵒ 172 rᵒ.

1605, 24 mars. — Paris.

9174. — Arrêt ordonnant la réunion au domaine
du greffe de la sénéchaussée de Guyenne, dont
Henri III avait abandonné le revenu au défunt évêque
de Valence « en considération des signallez services et
de plusieurs despences qu'il auroit faites en son ellec-
tion pour le royaume de Pollongne ».

E 8ᵇ, fᵒ 114 rᵒ, et ms. fr. 18168, fᵒ 173 vᵒ.

9175. — Arrêt fixant l'époque et les conditions
auxquelles les taxes de résignations et du quart denier
doivent appartenir à Mᵉ Charles Paulet.

E 8ᵇ, fᵒ 116 rᵒ, et ms. fr. 18168, fᵒ 172 vᵒ.

9176. — Avis du Conseil tendant à affecter au
remboursement du sieur de Rambouillet les deniers
provenant de la recherche des amendes prononcées
depuis vingt-cinq ans par les officiers des Eaux et
forêts.

E 8ᵇ, fᵒ 118 rᵒ, et ms. fr. 18168, fᵒ 173 rᵒ.

9177. — Arrêt ordonnant de passer outre au recouvrement des fouages et crues en Bretagne, nonobstant un arrêt du parlement de Rennes rendu sur la requête des États de Bretagne.

E 8ᵇ, fᵒ 119 rᵒ, et ms. fr. 18168, fᵒ 172 rᵒ.

1605, 25 mars. — Paris.

9178. — Arrêt, signé seulement par Sully, ordonnant aux receveurs généraux des finances à Rouen, à Caen et à Poitiers de payer sur simple quittance les rentes dues, pour l'année 1605, au duc de Montpensier, « nonobstant que par les estatz il leur soit prescript payer les susdites sommes... par les mandemens du trésorier de l'Espargne ».

Ms. fr. 10843, fᵒ 90 rᵒ.

1605, 26 mars. — Paris.

9179. — Arrêt accordant aux cures, aux prieurés et aux autres petits bénéfices du diocèse de Die dont le revenu n'excède pas 100 livres, remise des restes des décimes pour les années 1587, 1588 et 1593 à 1602.

E 8ᵇ, fᵒ 120 rᵒ, et ms. fr. 18168, fᵒ 184 rᵒ.

9180. — Arrêt accordant modération de décimes aux bénéficiers du diocèse de Pamiers.

E 8ᵇ, fᵒ 120 vᵒ, et ms. fr. 18168, fᵒ 184 vᵒ.

9181. — Arrêt déclarant que Mᵉ Claude Fineau, ci-devant receveur général des finances et décimes à Bourges, ne pourra être poursuivi pour raison de l'administration de son commis, Mᵉ Jean Ragueau, tant que durera la surséance accordée audit Ragueau.

E 8ᵇ, fᵒ 122 rᵒ, et ms. fr. 18168, fᵒ 177 rᵒ.

9182. — Arrêt ordonnant que les réparations à faire aux maisons des Jésuites seront à la charge des personnes qui les ont occupées, jusqu'à concurrence d'une somme représentant la valeur de la location desdites maisons pendant toute la durée de l'occupation.

E 8ᵇ, fᵒ 123 rᵒ, et ms. fr. 18168, fᵒ 177 rᵒ.

9183. — Arrêt ordonnant la vérification des dettes de la ville de Chartres.

E 8ᵇ, fᵒ 124 rᵒ, et ms. fr. 18168, fᵒ 176 vᵒ.

9184. — Arrêt donnant à l'évêque de Rieux décharge de 600 écus.

E 8ᵇ, fᵒ 125 rᵒ, et ms. fr. 18168, fᵒ 176 rᵒ.

9185. — Arrêt accordant surséance pour le payement de ses dettes à Jean Moreau, boulanger de la Maison du Roi, attendu qu'il est créancier d'une somme de 15,908 livres 5 sols sur les fournitures de pain faites au Roi de 1589 à 1603.

E 8ᵇ, fᵒ 126 rᵒ, et ms. fr. 18168, fᵒ 175 vᵒ.

9186. — Arrêt ordonnant que dorénavant une somme de 8,000 livres sera affectée, dans l'état du Roi, au payement des gages des deux receveurs et payeurs et des deux contrôleurs des rentes constituées sur les gabelles de Normandie.

E 8ᵇ, fᵒ 127 rᵒ, et ms. fr. 18168, fᵒ 175 rᵒ.

9187. — Arrêt ordonnant que les rentes constituées sur les gabelles de Normandie seront dorénavant payées à Rouen.

E 8ᵇ, fᵒ 128 rᵒ, et ms. fr. 18168, fᵒ 175 vᵒ.

9188. — Avis du Conseil tendant à faire don de 5,042 livres 11 sols au sieur de Loudrière, dont le père avait payé diverses fournitures de poudre et de munitions avant l'avènement du Roi à la couronne de France.

E 8ᵇ, fᵒ 129 rᵒ, et ms. fr. 18168, fᵒ 175 rᵒ.

9189. — Arrêt ordonnant que nouvelle commission soit expédiée au sénéchal de Beaufort au sujet de l'usurpation des droits domaniaux dans le comté de Beaufort.

E 8ᵇ, fᵒ 130 rᵒ, et ms. fr. 18168, fᵒ 174 vᵒ.

9190. — Arrêt donnant décharge à Pierre Breton, bourgeois de Mehun-sur-Yèvre, et défendant aux élus et administrateurs des affaires de la ville de faire aucune levée sans commission du Roi.

E 8ᵇ, fᵒ 131 rᵒ, et ms. fr. 18168, fᵒ 180 vᵒ.

9191. — Arrêt ordonnant aux trésoriers de France

dans chaque généralité de dresser un état des gages assignés aux officiers des Eaux et forêts, ainsi qu'un état des taxes payées aux Parties casuelles pour la finance desdits offices.

E 8ᵇ, fᵒ 133 rᵒ, et ms. fr. 18168, fᵒ 178 rᵒ.

9192. — Arrêt ordonnant le remboursement d'une somme de 19,441 livres 15 sols prêtée au Roi, en 1591 et en 1592, par le feu sieur de La Boulaye, lieutenant général en Bas-Poitou.

E 8ᵇ, fᵒ 134 rᵒ, et ms. fr. 18168, fᵒ 179 rᵒ.

9193. — Arrêt ordonnant le remboursement d'une somme de 1,680 livres avancée, en 1592, pour le service du Roi, par Antoine Noël, marchand de Châteaudun.

E 8ᵇ, fᵒ 136 rᵒ, et ms. fr. 18168, fᵒ 179 rᵒ.

9194. — Arrêt ordonnant que, nonobstant l'opposition de Mᵉ Charles Paulet, fermier des Parties casuelles, les lettres de provision de l'office de sénéchal d'Auray seront délivrées toutes scellées au sieur de La Guesle, procureur général au parlement de Paris, tuteur de demoiselle Anne d'Hallwin, fille du duc d'Hallwin.

E 8ᵇ, fᵒ 137 rᵒ, et ms. fr. 18168, fᵒ 177 vᵒ.

9195. — Arrêt nommant une commission pour procéder au nouvel affouagement des terres et localités de Provence.

E 8ᵇ, fᵒ 138 rᵒ, et ms. fr. 18168, fᵒ 183 rᵒ.

9196. — Arrêt ordonnant à toutes les personnes ou communautés ecclésiastiques qui prétendent toucher la dîme sur les ventes faites dans les forêts de Normandie, particulièrement aux abbés de Cerisy et de Saint-Wandrille et à l'abbesse de Saint-Sauveur d'Évreux, de représenter leurs titres dans les trois mois.

E 8ᵇ, fᵒ 139 rᵒ, et ms. fr. 18168, fᵒ 183 vᵒ.

9197. — Arrêt ordonnant que Mᵉ Étienne Ratte sera reçu en l'office de président en la chambre des comptes de Montpellier par les maîtres des requêtes siégeant en leur auditoire du Palais à Paris, et qu'il sera installé par le premier maître des requêtes, président ou conseiller requis.

E 8ᵇ, fᵒ 140 rᵒ, et ms. fr. 18168, fᵒ 182 vᵒ.

9198. — Arrêt accordant diverses indemnités aux propriétaires des maisons qui ont été ruinées par suite de la démolition du château de Carlat, ainsi qu'à la veuve d'un homme tué par accident.

E 8ᵇ, fᵒ 141 rᵒ, et ms. fr. 18168, fᵒ 182 rᵒ.

9199. — Arrêt ordonnant que les boutiques, bancs et échoppes de l'enclos du Palais, des Halles, du cimetière Saint-Jean et des environs du Châtelet seront loués pour neuf années aux merciers du Palais, au prix annuel de 12,000 livres.

E 8ᵇ, fᵒ 142 rᵒ, et ms. fr. 18168, fᵒ 181 rᵒ.

9200. — Arrêt réunissant le greffe de Torcy au domaine de ladite châtellenie, actuellement engagé au sieur de Pontcarré, conseiller d'État.

E 8ᵇ, fᵒ 144 rᵒ.

9201. — Arrêt réglant le remboursement des avances faites, sur la frontière de Piémont, pour le service du Roi, par le sieur d'Auriac, vicomte de Tallard.

E 8ᵇ, fᵒ 145 rᵒ, et ms. fr. 18168, fᵒ 180 rᵒ.

9202. — Arrêt ordonnant que Jean Decombes, ci-devant fermier du tirage du sel en Dauphiné, sera entendu au Conseil au sujet d'une requête des prévôt des marchands et échevins de Lyon, tendante à l'évocation au Conseil du procès pendant entre ledit Decombes et la ville de Lyon.

E 8ᵇ, fᵒ 147 rᵒ, et ms. fr. 18168, fᵒ 182 rᵒ.

9203. — Arrêt ordonnant de surseoir pendant trois mois à l'exécution d'une sentence rendue au Châtelet contre le colonel de Diesbach et les capitaines de son régiment.

E 8ᵇ, fᵒ 148 rᵒ, et ms. fr. 18168, fᵒ 185 rᵒ.

———

1605, 26-29 mars. — Paris.

9204. — Offres diverses de Thomas Robin et du sieur de Colanges au sujet des partis des aides et du sel et de l'amortissement d'un million de rente, avec les réponses du Conseil.

Ms. fr. 10843, fᵒˢ 81 rᵒ, 82 rᵒ, 87 rᵒ et 88 rᵒ.

1605, 29 mars. — Paris.

9205. — Arrêt autorisant M⁰ Guillaume de Balmes, adjudicataire de la ferme dite « à la part du royaume », à commettre des regrattiers en tous les greniers et chambres à sel du ressort de sa ferme.

E 8ᵇ, fᵒ 149 rᵒ, et ms. fr. 18168, fᵒ 190 vᵒ.

9206. — Arrêt mettant Guillaume Alliez en demeure de déclarer s'il entend prendre la ferme des gabelles de Languedoc à partir du 1ᵉʳ janvier 1605 ou à partir du 1ᵉʳ janvier 1606.

E 8ᵇ, fᵒ 150 rᵒ, et ms. fr. 18168, fᵒ 193 rᵒ.

9207. — Arrêt confirmant aux présidents et maîtres ordinaires en la chambre des comptes de Dijon la jouissance des gages et des droits d'élus.

E 8ᵇ, fᵒ 151 rᵒ, et ms. fr. 18168, fᵒ 193 vᵒ.

9208. — Arrêt donnant décharge de 771 livres 12 sols à M⁰ Pierre Nourry, receveur et payeur des gages du présidial du Mans.

E 8ᵇ, fᵒ 152 rᵒ, et ms. fr. 18168, fᵒ 194 vᵒ.

9209. — Arrêt donnant à l'archevêque d'Auch mainlevée de son temporel, et modérant à 30,000 livres la somme due par ledit archevêque pour arrérages d'une pension cédée au Roi par le duc de Nemours.

E 8ᵇ, fᵒ 153 rᵒ, et ms. fr. 18168, fᵒ 195 vᵒ.

9210. — Arrêt ordonnant le payement d'une somme de 600 livres due sur les gages de feu M⁰ Mathurin Renault, juge des traites de la Rochelle.

E 8ᵇ, fᵒ 154 rᵒ, et ms. fr. 18168, fᵒ 195 rᵒ.

9211. — Arrêt ordonnant aux trésoriers de France en Languedoc de pourvoir à l'entretien des salines dudit pays, « pour la fourniture tant des provinces de Languedoc et Daulphiné que pays ressortissantz à la ferme dite « à la part du royaume ».

E 8ᵇ, fᵒ 155 rᵒ, et ms. fr. 18168, fᵒ 196 rᵒ.

9212. — Arrêt donnant à Pierre Fermanet mainlevée des marchandises saisies par les officiers de la romaine de Rouen.

E 8ᵇ, fᵒ 156 rᵒ, et ms. fr. 18168, fᵒ 189 rᵒ.

9213. — Arrêt autorisant le sieur de Viçose à garder une somme de 1,800 livres à lui accordée, pour frais de voyages, par les députés de quelques communautés de Guyenne.

E 8ᵇ, fᵒ 157 rᵒ, et ms. fr. 18168, fᵒ 219 vᵒ.

9214. — Arrêt ordonnant le rétablissement d'une somme de 1,500 écus payée sur les gages du sieur de Viçose, « attendu que, en l'année mvᶜ iiijˣˣ xiiii, il a servy non seullement come intendant des finances en Guyenne, mais en maintes occasions qui se sont présentées en ladite province pour le service du Roy, près le sʳ mareschal de Matignon ».

E 8ᵇ, fᵒ 158 rᵒ, et ms. fr. 18168, fᵒ 220 rᵒ.

9215. — Arrêt évoquant au Conseil et renvoyant à la Cour des aides le procès pendant aux Requêtes du Palais entre Jean Boileau, sieur de Maulaville, caution de feu M⁰ François Jusseaume, receveur général des finances à Tours, et demoiselle Élisabeth Bon, veuve dudit Jusseaume.

E 8ᵇ, fᵒ 159 rᵒ.

9216. — Arrêt prélevant 300 livres chaque année sur les amendes et confiscations du présidial de Bourg, pour l'entretien d'un prêtre qui doit célébrer une messe chaque jour avant la tenue de l'audience dudit siège, et aussi pour le bois et la chandelle nécessaires aux officiers dudit présidial.

E 8ᵇ, fᵒ 160 rᵒ, et ms. fr. 18168, fᵒ 189 vᵒ.

9217. — Arrêt ordonnant aux trésoriers de France à Orléans de mettre leur attache sur les lettres d'assiette obtenues par les habitants d'Arrou pour la levée d'une somme de 300 livres.

E 8ᵇ, fᵒ 161 rᵒ, et ms. fr. 18168, fᵒ 190 rᵒ.

9218. — Arrêt réglant le payement des gages de Jean Jacquinot, maître des eaux et forêts au bailliage de Troyes.

E 8ᵇ, fᵒ 162 rᵒ, et ms. fr. 18168, fᵒ 191 rᵒ.

9219. — Arrêt ordonnant aux États de Bourgogne de faire lever sur ledit pays une somme de 3,700 livres jadis avancée par le sieur de Damville, amiral de France, au capitaine Villeneufve pour la réduction du château de Châteauneuf.

E 8ᵇ, fᵒ 163 rᵒ, et ms. fr. 18168, fᵒ 191 rᵒ.

9220. — Arrêt déclarant que les consuls d'Arles seront tenus de compter, en la cour des comptes de Provence, des deniers provenant de l'imposition de 2 p. 100 sur les denrées et marchandises passant devant ladite ville et devant le fort du Baron.

E 8ᵇ, fᵒ 164 rᵒ, et ms. fr. 18168, fᵒ 192 rᵒ.

9221. — Arrêt réglant le payement des gages de Mᵉ Philibert de Mesangarbe, président au bailliage et au présidial d'Auxerre.

E 8ᵇ, fᵒ 165 rᵒ, et ms. fr. 18168, fᵒ 192 vᵒ.

9222. — Arrêt prorogeant de six années l'abonnement aux tailles des habitants de Sainte-Menchould.

E 8ᵇ, fᵒ 166 rᵒ, et ms. fr. 18168, fᵒ 186 vᵒ.

9223. — Arrêt confirmant Alphonse Granger en la jouissance de la ferme du quatrième des vins et menues boissons de Caen, qui lui a été adjugée par Mᵉ Jean de Moisset, fermier général des aides, non-obstant les réclamations du précédent fermier.

E 8ᵇ, fᵒ 167 rᵒ, et ms. fr. 18168, fᵒ 186 vᵒ.

9224. — Arrêt accordant un rabais au fermier des revenus du comté de la Basse-Marche.

E 8ᵇ, fᵒ 168 rᵒ, et ms. fr. 18168, fᵒ 187 rᵒ.

9225. — Arrêt ordonnant de poursuivre la vérification des restes des années 1594 à 1596 demeurés aux mains des collecteurs des paroisses dans les élections de Sens, Nogent et Nemours, deniers sur lesquels le Roi a donné une somme de 1,000 écus à Edme Brunet, dit le capitaine Bourdeaulx.

E 8ᵇ, fᵒ 169 rᵒ, et ms. fr. 18168, fᵒ 187 vᵒ.

9226. — Arrêt interdisant à toute personne d'entreprendre aucun travail de pavage dans Paris sans le consentement de Claude Voisin, adjudicataire de l'entretien dudit pavé.

E 8ᵇ, fᵒ 170 rᵒ, et ms. fr. 18168, fᵒ 188 rᵒ.

9227. — Arrêt attribuant aux élus de Paris la connaissance de toutes les demandes et oppositions formées au sujet de la vente des biens d'Antoine Hervé.

E 8ᵇ, fᵒ 171 rᵒ, et ms. fr. 18168, fᵒ 188 vᵒ.

9228. — Arrêt ordonnant qu'une somme de 4,487 livres 1 sol 8 deniers sera levée sur les généralités de Rouen et de Caen pour les affaires de la province de Normandie, particulièrement pour les vacations des députés qui ont été envoyés en Savoie, où se trouvait pour lors Sa Majesté.

E 8ᵇ, fᵒ 172 rᵒ, et ms. fr. 18168, fᵒ 197 vᵒ.

9229. — Arrêt réglant le remboursement d'une somme de 141,327 écus 27 sols 9 deniers avancée par feu Pierre de Saint-Sixte pour le service du Roi en Languedoc.

E 8ᵇ, fᵒ 174 rᵒ, et ms. fr. 18168, fᵒ 198 rᵒ.

9230. — Arrêt supprimant l'office de garde-marteau de Saint-Dizier.

E 8ᵇ, fᵒ 176 rᵒ, et ms. fr. 18168, fᵒ 199 rᵒ.

9231. — Arrêt annulant un contrat passé entre la ville de Troyes et l'exécuteur de l'édit de décembre 1581, qui obligeait les marchands de vin en gros à se munir d'une autorisation du Roi.

E 8ᵇ, fᵒ 178 rᵒ, et ms. fr. 18168, fᵒ 201 rᵒ.

9232. — Arrêt affectant 3,000 livres à la réparation et à l'agrandissement de la maison du présidial de Bourg.

E 8ᵇ, fᵒ 180 rᵒ, et ms. fr. 18168, fᵒ 189 rᵒ.

9233. — Arrêt ordonnant à Mᵉ Jacques Pierrefort de consigner 2,000 livres pour les frais de l'instruction du procès criminel intenté à Mᵉ Étienne de Thelis, lieutenant général au bailliage de Forez, et dans lequel il s'est porté partie civile.

E 8ᵇ, fᵒ 181 rᵒ, et ms. fr. 18168, fᵒ 201 vᵒ.

9234. — Arrêt déclarant que les habitants de Troyes qui possèdent aux environs de la ville une maison de campagne seront astreints au payement de la subvention levée en place du sol pour livre, pour peu qu'ils viennent demeurer plus de deux mois en la ville.

E 8ᵇ, fᵒ 183 rᵒ, et ms. fr. 18168, fᵒ 200 vᵒ.

9235. — Arrêt réservant au Conseil la connaissance du procès pendant entre les sieur et dame de Pouilly, cessionnaires du colonel Imbert de Diesbach, et l'intendant des affaires de la reine Marguerite, duchesse de Valois.

E 8ᵇ, fᵒ 185 rᵒ, et ms. fr. 18168, fᵒ 202 vᵒ.

9236. — Arrêt renvoyant à la Chambre royale établie à Paris diverses instances pendantes entre Mᵉ Guillaume Perroteaulx, lieutenant général au siège de Redon, Gilles Héligon, Guillaume Moulnier et François Courriolles, marchand de Redon.

E 8ᵇ, fᵒ 187 rᵒ, et ms. fr. 18168, fᵒ 203 rᵒ.

9237. — Arrêt statuant sur une instance pendante entre les habitants de Chalabre, Puivert, Nébias et lieux adjacents, d'une part, le syndic de Languedoc et Mᵉ Jacques Boyadan, fermier général des gabelles en Languedoc, d'autre part.

E 8ᵇ, fᵒ 189 rᵒ, et ms. fr. 18168, fᵒ 205 vᵒ.

9238. — Arrêt enjoignant au parlement de Bordeaux de procéder, dans les deux mois, à l'enregistrement des édits rétablissant les offices de lieutenants particuliers assesseurs criminels en chaque siège présidial, bailliage ou autre juridiction royale.

E 8ᵇ, fᵒ 191 rᵒ, et ms. fr. 18168, fᵒ 191 vᵒ.

9239. — Arrêt ordonnant le payement de 51,000 livres restées dues sur les 90,000 livres accordées par le Roi au sieur de Villars, gouverneur du Havre et de Pont-de-l'Arche, à l'occasion de son mariage.

E 8ᵇ, fᵒ 192 rᵒ.

9240. — Arrêt ordonnant l'exécution de la condamnation à mort prononcée, par contumace, par le vice-sénéchal de Limousin contre Louis de Rouffignac, sieur de Saint-Germain, et ses complices, coupables d'un vol nocturne en la maison du lieutenant général d'Uzerche, et déclarant que désormais, pour maintenir la tranquillité publique, les deux vice-sénéchaux du Haut et du Bas-Limousin ou leurs lieutenants résideront alternativement à Uzerche.

E 8ᵇ, fᵒ 193 rᵒ, et ms. fr. 18168, fᵒ 199 vᵒ.

9241. — Arrêt réunissant les charges de vice-sé-

néchaux d'Armagnac, de Bigorre, de Comminges, de Rivière-Verdun, d'Agenais, de Condomois et des Lannes en deux offices, dont les titulaires seront Moïse d'Esparbez et Jean de Saint-Paul.

E 8ᵇ, fᵒ 195 rᵒ, et ms. fr. 18168, fᵒ 207 rᵒ (sous la date du 31 mars).

9242. — Arrêt accordant un privilège de douze ans au sieur Du Fournel, intendant des fortifications et réparations du Lyonnais et de la Bresse, pour l'exploitation des scieries mécaniques dont il est l'inventeur.

E 8ᵇ, fᵒ 201 rᵒ, et ms. fr. 18168, fᵒ 197 rᵒ.

1605, 30 mars. — Paris.

9243. — Arrêt ordonnant le payement de l'escorte requise pour le transport des deniers de la recette particulière de Dourdan, attendu le grand nombre de voleurs qui infestent la forêt de Dourdan et qui ont mis la main sur les deniers de la recette de Chartres.

E 8ᵇ, fᵒ 202 rᵒ.

1605, 31 mars. — Paris.

9244. — Arrêt relatif à la validation d'une prise de deniers faite, en 1589, par le feu sieur de Beauregard, gouverneur de Saint-Aignan, lequel a été tué à la bataille d'Ivry.

E 8ᵇ, fᵒ 203 rᵒ, et ms. fr. 18168, fᵒ 235 vᵒ.

9245. — Arrêt réglant le payement de 22,500 livres dues au duc de Lorraine.

E 8ᵇ, fᵒ 205 rᵒ, et ms. fr. 18168, fᵒ 194 rᵒ.

9246. — Arrêt ordonnant le payement de 360 livres 6 sols 9 deniers dus à Pierre Maure, menuisier, pour travaux ordonnés par le feu Roi tant en son oratoire du parc des Tournelles qu'en son logis proche des Capucins du faubourg Saint-Honoré.

E 8ᵇ, fᵒ 206 rᵒ, et ms. fr. 18168, fᵒ 213 vᵒ.

9247. — Arrêt donnant aux officiers de la prévôté de l'Hôtel et de la grande prévôté de France mainlevée de leurs gages, armes et chevaux saisis par leurs créanciers.

E 8ᵇ, fᵒ 207 rᵒ, et ms. fr. 18168, fᵒ 213 vᵒ.

9248. — Arrêt ordonnant la vérification des titres et lettres de provision des sergents héréditaires de Normandie.

E 8ᵇ, fᵒ 208 rᵒ, et ms. fr. 18168, fᵒ 213 rᵒ.

9249. — Arrêt réservant à la personne du Roi la connaissance du procès pendant au Conseil entre la ville de Toulon et les États de Provence, au sujet des privilèges de ladite ville.

E 8ᵇ, fᵒ 209 rᵒ, et ms. fr. 18168, fᵒ 213 rᵒ.

9250. — Arrêt réduisant à 54 livres la somme que doivent payer, pour droit de marc d'or, trois conseillers au présidial de Bourg-en-Bresse, attendu la pauvreté du pays et les services rendus au Roi par lesdits officiers, particulièrement dans le marquisat de Saluces et pendant les guerres de Savoie.

E 8ᵇ, fᵒ 210 rᵒ, et ms. fr. 18168, fᵒ 212 vᵒ.

9251. — Arrêt réglant le payement des gages de Jean Jacquinot, maître des eaux et forêts au bailliage de Troyes, de Guillaume Linage et d'Edme Marchant, maîtres des eaux et forêts à Épernay.

E 8ᵇ, fᵒ 211 rᵒ, et ms. fr. 18168, fᵒ 241 rᵒ.

9252. — Arrêt enjoignant à la Chambre des comptes de passer outre à l'enregistrement du règlement sur les charges de trésoriers et de contrôleurs des Ligues.

E 8ᵇ, fᵒ 213 rᵒ, et ms. fr. 18168, fᵒ 214 rᵒ.

9253. — Arrêt confirmant à Mᵉ Jean de Moisset, fermier général des aides, et à ses sous-fermiers la jouissance du droit de 7 sols 6 deniers par pipe de vin entrant dans les villes du Maine.

E 8ᵇ, fᵒ 214 rᵒ, et ms. fr. 18168, fᵒ 222 rᵒ.

9254. — Arrêt ordonnant l'élargissement sous caution de Mᵉ Pompone Thuret, ci-devant receveur des tailles en l'élection de Reims.

E 8ᵇ, fᵒ 215 rᵒ, et ms. fr. 18168, fᵒ 223 rᵒ.

9255. — Arrêt ordonnant le recouvrement des restes des années 1594 à 1596 demeurés aux mains des consuls, syndics, collecteurs, etc., de l'élection du haut pays d'Auvergne, et attribués par le Roi au sieur de Noailles, lieutenant général audit pays.

E 8ᵇ, fᵒ 216 rᵒ, et ms. fr. 18168, fᵒ 224 rᵒ.

9256. — Arrêt ordonnant que les charges imposées au comte de Choisy, chevalier des ordres du Roi et acquéreur de la terre de Lorris, se réduiront à l'entretien de la halle, de la geôle et de la boucherie de Lorris.

E 8ᵇ, fᵒ 217 rᵒ, et ms. fr. 18168, fᵒ 223 vᵒ.

9257. — Arrêt prorogeant pour six années les privilèges et octrois concédés aux habitants de Calais et du Pays reconquis.

E 8ᵇ, fᵒ 218 rᵒ.

9258. — Arrêt renvoyant à la chambre des comptes de Bretagne la vérification du compte de Mᵉ Jean Roger, ci-devant receveur général des finances en Bretagne.

E 8ᵇ, fᵒ 219 rᵒ, et ms. fr. 18168, fᵒ 222 vᵒ.

9259. — Arrêt, rendu sur la requête de Mᵉ Jean de Moisset, fermier général des aides, prescrivant une enquête sur la manière dont se sont libérés les acquéreurs des aides aliénées.

E 8ᵇ, fᵒ 220 rᵒ, et ms. fr. 18168, fᵒ 228 vᵒ.

9260. — Arrêt renvoyant au sieur de Fromont, grand maître des Eaux et forêts, les plaintes formées, tant par le procureur du Roi que par les religieux de l'abbaye de Molesme, au sujet des abus et malversations commis dans la forêt de Romilly par Jean d'Autruy, l'aîné.

E 8ᵇ, fᵒ 221 rᵒ, et ms. fr. 18168, fᵒ 217 vᵒ.

9261. — Arrêt réduisant à 10,000 livres le cautionnement que doit fournir Mᵉ Richard, receveur général des finances à Poitiers.

E 8ᵇ, fᵒ 222 rᵒ, et ms. fr. 18168, fᵒ 214 rᵒ.

9262. — Arrêt fixant un jour pour le renouvellement des offres de Mᵉ Thomas Robin relativement aux partis des aides et du sel.

E 8ᵇ, fᵒ 223 rᵒ, et ms. fr. 18168, fᵒ 216 rᵒ.

9263. — Arrêt ordonnant aux trésoriers de France de faire la recherche des malversations commises lors de la levée du sol pour livre, afin de satisfaire le duc d'Aiguillon, grand chambellan de France, auquel le Roi a attribué la moitié des deniers provenant de ladite recherche.

E 8ᵇ, fᵒ 224 rᵒ, et ms. fr. 18168, fᵒ 216 vᵒ.

9264. — Arrêt autorisant M⁰ Jean de Moisset, fermier général des aides, à toucher les sommes dues par les fermiers des aides de l'élection de Beauvais, en attendant le jugement de l'instance pendante au Conseil entre lui et le receveur des aides en l'élection de Beauvais.

E 8ᵇ, f° 225 r°, et ms. fr. 18168, f° 217 r°.

9265. — Arrêt chargeant le lieutenant criminel au bailliage de Riom d'instruire le procès de M⁰ Antoine Roqueplan, receveur des tailles en Velay, et de son commis, le jugement devant être prononcé à Paris par la Chambre royale.

E 8ᵇ, f° 226 r°, et ms. fr. 18168, f° 218 r°.

9266. — Arrêt ordonnant de surseoir à toutes poursuites contre le receveur du taillon en l'élection de Chartres au sujet d'une somme de 3,807 livres volée dans la forêt d'Orléans.

E 8ᵇ, f° 227 r°, et ms. fr. 18168, f° 217 v°.

9267. — Arrêt ordonnant que lettres de jussion soient expédiées à la chambre des comptes de Bretagne pour qu'elle procède à l'enregistrement du bail de M⁰ Jean de Moisset, nonobstant l'opposition des États dudit pays.

E 8ᵇ, f° 228 r°, et ms. fr. 18168, f° 218 v°.

9268. — Arrêt ordonnant que M⁰ Claude Josse, adjudicataire de la fourniture des greniers à sel, et Étienne Gaultier, grènetier du magasin de Sens, seront entendus au Conseil au sujet de leurs différends.

E 8ᵇ, f° 229 r°, et ms. fr. 18168, f° 220 v°.

9269. — Arrêt déchargeant du payement du droit de marc d'or les notaires et sergents de Bresse, de Bugey, de Valromey et du bailliage de Gex pourvus avant l'échange desdits pays contre le marquisat de Saluces.

E 8ᵇ, f° 230 r°, et ms. fr. 18168, f° 221 r°.

9270. — Arrêt déchargeant Guillaume de Willermin, baron de Montricher, des droits seigneuriaux dus au Roi à raison de la terre de Vauchassis, que ledit baron a acquise, puis revendue à M⁰ Nicolas Largentier, sieur de Vaussemin.

E 8ᵇ, f° 231 r°, et ms. fr. 18168, f° 221 v°.

9271. — Arrêt accordant au sieur de Monts, lieutenant général pour le Roi aux terres d'Acadie et de Canada et autres pays de la Nouvelle-France, mainlevée des marchandises et des balles de castor saisies au bureau d'Avranches.

E 8ᵇ, f° 232 r°, et ms. fr. 18168, f° 230 r°.

9272. — Arrêt renvoyant aux élus de Paris l'opposition formée par Denise Boucher à la vente des biens de son mari, Guy Celot, caution d'Antoine Hervé.

E 8ᵇ, f° 233 r°, et ms. fr. 18168, f° 231 r°.

9273. — Arrêt supprimant l'office de receveur des tailles au tablier de la Châtre en Berry.

E 8ᵇ, f° 234 r°, et ms. fr. 18168, f° 231 r°.

9274. — Arrêt attribuant à M⁰ Louis Briand, contrôleur des traites domaniales au bureau de Marans, la ferme des traites de Marans et de Poitou.

E 8ᵇ, f° 235 r°, et ms. fr. 18168, f° 232 v°.

9275. — Arrêt confirmant aux neuf cordonniers suivant la Cour le droit de tenir boutiques ouvertes en telles villes du royaume que bon leur semblera, nonobstant l'opposition des maîtres jurés de la communauté des cordonniers de Paris.

E 8ᵇ, f° 236 r°, et ms. fr. 18168, f° 247 v°.

9276. — Arrêt ordonnant l'exécution de l'édit de suppression des procureurs aux sièges présidiaux du Languedoc.

E 8ᵇ, f° 238 r°, et ms. fr. 18168, f° 219 r°.

9277. — Arrêt enjoignant au parlement de Toulouse de procéder dans les deux mois à l'enregistrement : 1° de l'« édit des cuirs »; 2° des édits rétablissant les offices de commissaires-examinateurs et de lieutenants particuliers assesseurs criminels en chacun des sièges présidiaux du royaume.

E 8ᵇ, f° 239 r°, et ms. fr. 18168, f° 215 v°.

9278. — Arrêt enjoignant à la Chambre des comptes d'obtempérer à l'arrêt du 31 juillet 1604 (n° 8440) relatif aux rentes des sieurs de Luxembourg et de Dinteville et du feu maréchal d'Aumont.

E 8ᵇ, f° 240 r°, et ms. fr. 18168, f° 248 v°.

9279. — Arrêt accordant remise de leurs fermages aux fermiers des droits de l'extinction du convoi de Bordeaux, des impositions des rivières de Garonne et Dordogne et du droit de la comptablie de Bordeaux pendant les huit mois et vingt-cinq jours pendant lesquels le commerce a été interdit avec les sujets du roi d'Espagne et de l'archiduc de Flandre.

E 8ᵇ, fᵒ 242 rᵒ, et ms. fr. 18168, fᵒ 225 vᵒ.

9280. — Arrêt confirmant la surséance accordée à Mᵉ Nicolas Pajot par arrêt du 5 février dernier (nᵒ 8983).

E 8ᵇ, fᵒ 243 rᵒ, et ms. fr. 18168, fᵒ 227 rᵒ.

9281. — Arrêt autorisant la levée d'un octroi destiné à l'acquittement des dettes des habitants de Villeneuve-le-Roi.

E 8ᵇ, fᵒ 244 rᵒ, et ms. fr. 18168, fᵒ 227 rᵒ.

9282. — Arrêt déclarant que Mᵉ Charles Paulet sera tenu de recevoir la somme versée par Mᵉ Antoine de Serre, trésorier de France en Provence, pour jouir de la dispense des « quarante jours ».

E 8ᵇ, fᵒ 245 rᵒ, et ms. fr. 18168, fᵒ 227 vᵒ.

9283. — Arrêt ordonnant aux habitants de Toulon de faire connaître les motifs de leur opposition au projet d'Antoine Sallettes, sieur de Saint-Mandrier, qui se dispose à installer des salines en un lieu proche de ladite ville.

E 8ᵇ, fᵒ 246 rᵒ, et ms. fr. 18168, fᵒ 228 rᵒ.

9284. — Arrêt déclarant qu'en Normandie et en Bretagne le bail de Mᵉ Jean de Moisset, fermier général des aides, ne sera réputé courir qu'à partir du 1ᵉʳ janvier 1604.

E 8ᵇ, fᵒ 247 rᵒ, et ms. fr. 18168, fᵒ 229 rᵒ.

9285. — Arrêt réduisant de moitié la taxe levée à Auxonne sur les denrées et marchandises pour la réparation des murs de la ville.

E 8ᵇ, fᵒ 248 rᵒ, et ms. fr. 18168, fᵒ 229 vᵒ.

9286. — Arrêt maintenant le remboursement des offices de Mᵉˢ Claude Boisgaultier et Jean de Boismartin, receveurs généraux, de Mᵉˢ François Com-

muny, Pierre Gombault et Jean Parfaict, receveurs particuliers des gabelles en la généralité de Bourges.

E 8ᵇ, fᵒ 249 rᵒ, et ms. fr. 18168, fᵒ 244 rᵒ.

9287. — Arrêt faisant remise d'une année de tailles aux habitants de Saint-Hilaire-de-Voust, attendu les pertes que leur a fait subir la grêle du 10 juin dernier.

E 8ᵇ, fᵒ 251 rᵒ, et ms. fr. 18168, fᵒ 214 vᵒ.

9288. — Arrêt autorisant la levée supplémentaire d'une somme de 836 livres 2 sols sur la paroisse de Saint-Valérien, aux faubourgs de Châteaudun.

E 8ᵇ, fᵒ 252 rᵒ, et ms. fr. 18168, fᵒ 215 rᵒ.

9289. — Arrêt réduisant à 10,000 livres le cautionnement que doit fournir Mᵉ Jean Lefebvre, receveur général des finances à Bordeaux.

E 8ᵇ, fᵒ 253 rᵒ, et ms. fr. 18168, fᵒ 215 vᵒ.

9290. — Arrêt relatif au remboursement des 2,200 écus payés par feu Guillaume de Poisblanc, commissaire ordinaire des guerres, pour l'acquisition des greffes de la prévôté de Péronne.

E 8ᵇ, fᵒ 254 rᵒ, et ms. fr. 18168, fᵒ 234 rᵒ.

9291. — Arrêt ordonnant l'examen d'une commission adressée à Mᵉ Pierre Le Gras, conseiller au Grand Conseil, « pour la recherche des sergens royaux et non royaux ».

E 8ᵇ, fᵒ 256 rᵒ, et ms. fr. 18168, fᵒ 234 vᵒ.

9292. — Arrêt réglant le payement des rentes constituées sur les aides et chargeant les sieurs de Chasteauneuf et de Maisse, conseillers d'État, de connaître des différends qui pourraient survenir entre les prévôt des marchands et échevins de Paris et les partisans des aides.

E 8ᵇ, fᵒ 258 rᵒ, et ms. fr. 18168, fᵒ 232 rᵒ.

9293. — Arrêt réglant le payement des dettes du pays de Velay.

E 8ᵇ, fᵒ 260 rᵒ, et ms. fr. 18168, fᵒ 236 rᵒ.

9294. — Arrêt évoquant au Conseil l'instance pendante au parlement de Dauphiné entre le procureur des États de Dauphiné et le fermier de la douane de Vienne.

E 8ᵇ, fᵒ 266 rᵒ, et ms. fr. 18168, fᵒ 226 vᵒ.

9295. — Arrêt déclarant que toutes les causes relatives au bail de Mᵉ Jean de Moisset, fermier général des aides, ressortiront, en première instance, aux élus, et en appel, aux cours des aides, à moins que les droits dudit fermier ne soient méconnus, auquel cas le jugement définitif de l'affaire appartiendrait au Conseil.

E 8ᵇ, fᵒ 267 rᵒ, et ms. fr. 18168, fᵒ 229 rᵒ.

9296. — Arrêt ordonnant qu'il soit plus amplement informé des contraventions reprochées à François Rosel, substitut du procureur général en la cour des aides de Montpellier, et accordant un sursis de deux mois à Pierre Grasset, général en ladite cour, pour comparaître au Conseil.

E 8ᵇ, fᵒ 268 rᵒ, et ms. fr. 18168, fᵒ 243 rᵒ.

9297. — Arrêt autorisant Mᵉ Jean de Moisset à déposséder, dans tout le royaume, les acquéreurs des aides en leur payant au denier douze les intérêts de leur prix d'acquisition.

E 8ᵇ, fᵒ 270 rᵒ, et ms. fr. 18168, fᵒ 221 vᵒ.

9298. — Arrêt évoquant au Conseil l'instance pendante entre plusieurs marchands boulonnais et Antoine Hervé, fermier des 9 livres 18 sols par tonneau de vin entrant en la province de Picardie.

E 8ᵇ, fᵒ 271 rᵒ, et ms. fr. 18168, fᵒ 218 vᵒ.

9299. — Arrêt condamnant François de Hecques et Jean de Pouilly, munitionnaires de Montreuil, à payer le droit de 9 livres 18 sols par tonneau de vin entrant en la province de Picardie, ainsi que le droit de 60 sols par muid de vin sortant de ladite province.

E 8ᵇ, fᵒ 272 rᵒ, et ms. fr. 18168, fᵒ 230 vᵒ.

9300. — Arrêt statuant sur diverses instances pendantes entre Jean Le Roy, fermier général des traites foraines et domaniales de Picardie, et Vincent Voicture, caution de feu Guillaume Poisblanc, commissaire général ordinaire des guerres.

E 8ᵇ, fᵒ 273 rᵒ, et ms. fr. 18168, fᵒ 245 rᵒ.

9301. — Arrêt déclarant que les offices des vice-baillis de Normandie et ceux de leurs lieutenants de robe longue et assesseurs demeureront compris dans le contrat conclu avec Mᵉ Charles Paulet.

E 8ᵇ, fᵒ 275 rᵒ, et ms. fr. 18168, fᵒ 216 vᵒ.

9302. — Arrêt maintenant la saisie des papiers de feu Simon Flory, nonobstant la requête de Jean de Saint-Paul, bourgeois du canton de Berne.

Ms. fr. 18168, fᵒ 233 vᵒ.

9303. — Adjudication de la ferme de la police des draps faite pour cinq ans à Hugues de La Noue, moyennant le payement annuel de 15,000 livres.

Ms. fr. 18168, fᵒ 241 vᵒ.

9304. — Adjudication du droit de 20 sols par muid de vin entrant à Rouen faite pour trois ans à Jacques Bertemont, moyennant le payement annuel de 18,500 livres, lesquelles doivent être employées aux réparations du pont de Rouen.

Ms. fr. 18168, fᵒ 249 rᵒ.

———

1605, 23 avril. — Paris.

9305. — Arrêt renouvelant les défenses faites aux États, communautés, syndics et consuls des villes et des provinces d'imposer, pour leurs affaires particulières, plus de 3,000 livres sans autorisation du Roi, et mettant un terme aux exactions insupportables des États et syndics du pays de Comminges et de Rivière-Verdun.

Ms. fr. 10842, fᵒ 133 rᵒ.

9306. — Arrêt ordonnant aux trésoriers de France en Provence de passer outre à l'exécution de leur commission relative aux réparations des chemins, ponts, pavés, chaussées et autres ouvrages publics, et défendant à la chambre des comptes de Provence « de plus s'entremettre en la congnoissance desdites réparations ».

Ms. fr. 10842, fᵒ 209 vᵒ.

———

1605, 26 avril. — Paris.

9307. — Arrêt défendant aux élus d'imposer, sur

les villes et paroisses abonnées, de plus grandes sommes que celles qui sont portées par leurs abonnements, sous peine d'en être personnellement responsables.

Ms. fr. 10842, f° 134 r°.

1605, 28 avril. — Paris.

9308. — Arrêt défendant aux chambres des comptes « de prendre à l'advenir aucunes espices pour l'audition des comptes d'appurement qui seront présentez et renduz en icelles soit sur Sa Majesté ou sur les comptables, à peine de répétition du double de ce qui en aura esté payé ».

Ms. fr. 10842, f° 8 r°.

9309. — Arrêt déclarant que les receveurs généraux des finances seront tenus de présenter au Conseil leurs états de recettes et dépenses aussitôt après l'année de leur exercice, sous peine d'être suspendus de leurs charges.

Ms. fr. 10842, f° 47 r°.

1605, 11 mai. — Fontainebleau.

9310. — Arrêt évoquant le procès pendant au Grand Conseil entre les habitants d'Angers et les marchands fréquentant la Loire ou ses affluents, maintenant lesdits habitants d'Angers dans le droit de percevoir sur les bateaux de la Loire l'impôt connu sous le nom de « cloison d'Angers », mais leur défendant d'exiger, à cette occasion, double droit.

AD I 139, n° 16.

1605, 4 juin. — Paris.

9311. — Arrêt portant rétablissement des quarante offices de sergents à verge, priseurs, vendeurs des biens en la ville, prévôté et vicomté de Paris.

AD I 139, n° 21.

1605, 7 juin. — Paris.

9312. — Arrêt défendant à tous notaires, huissiers, sergents « ou autres » d'exercer leurs offices sans lettres de provision du Roi, et seulement en vertu de commissions ou matricules expédiées par les juges des lieux.

AD I 139, n° 22 et 23.

1605, 10 juin. — Paris.

9313. — Projet d'arrêt suspendant certaines levées extraordinaires qui donnent lieu à un grand nombre d'abus, jusqu'à ce que les commissaires chargés de ces levées soient venus rendre leurs comptes au Conseil.

Ms. fr. 10843, f° 100 r° et 102 r°.

1605, 18 juin. — Paris.

9314. — Arrêt ordonnant la vérification des comptes rendus depuis six ans par les receveurs et payeurs des gages des officiers du parlement de Toulouse, de la chambre de Castres, de la chambre des comptes et de la cour des aides, ainsi que des officiers des présidiaux et des régents de collèges du Languedoc.

Ms. fr. 10842, f° 248 r°.

9315. — Arrêt ordonnant aux greffiers des cours souveraines et autres juridictions du royaume d'envoyer au Conseil un état des rentes dues par le Roi qui ont été vendues par décret depuis le 1er janvier 1575.

Ms. fr. 10842, f° 274 v°.

1605, 2 juillet. — Paris.

9316. — Adjudication des droits de traite et d'imposition foraine d'Anjou et du « droit de réappréciation » faite, pour cinq ans, à Étienne Ringues et à Jean Ravenel, moyennant le payement annuel de 65,000 livres.

E 8°, f° 1 r°.

1605, 5 juillet. — Paris.

9317. — Arrêt relatif au procès pendant entre les héritiers de Jean Combe et Guillaume de Candault, conseiller au parlement de Toulouse.

E 8°, f° 3 r°.

9318. — Arrêt ordonnant que l'office de président en la chambre des comptes de Dauphiné, supprimé par le fait de la mort de M° Jean Léotard, sera rétabli au profit de M° Pierre Le Blanc, contrôleur du domaine audit pays.

E 8°, f° 5 r°.

9319. — Arrêt validant les levées de deniers faites pour l'entretien du fort de Peccais et prorogeant une taxe sur le sel destinée au remboursement des sommes dues au sieur Gaultier, commandant dudit fort.

E 8°, f° 7 r°.

9320. — Arrêt condamnant Philippe Lepage, sieur du Breuil, qui a enchéri la ferme générale des aides, à payer la folle enchère, sur laquelle une somme de 1,500 livres sera distribuée aux pauvres.

E 8°, f° 9 r°.

9321. — Arrêt déclarant que, sur la finance payée par M° Pierre Le Blanc pour se faire pourvoir de l'office de président en la chambre des comptes de Dauphiné supprimé par le fait de la mort de M° François Léotard, 9,900 livres demeureront au Roi et 21,600 livres seront attribuées à M° Charles Paulet.

E 8°, f° 10 r°.

9322. — Arrêt autorisant M° Charles Paulet à faire taxer aux Parties casuelles l'office de contrôleur général des Vivres vacant par la forfaiture de Pierre Duport.

E 8°, f° 11 r°.

9323. — Arrêt condamnant le procureur-syndic des États de Normandie à rembourser la finance payée par les receveurs des tailles des généralités de Rouen et Caen « à cause de l'attribution des droicts du port des commissions et mandemens des tailles ».

E 8°, f° 13 r°.

9324. — Arrêt autorisant la levée d'une somme de 1,875 livres due par le diocèse d'Agde à M° François Pons, de la ville de Pezénas.

E 8°, f° 15 r°.

9325. — Arrêt accordant un rabais à Claude Boutin, fermier des droits d'entrée levés à Paris sur le poisson de mer, attendu le froid et les tempêtes advenues pendant la durée de sa ferme.

E 8°, f° 16 r°.

9326. — Arrêt assignant 1,500 livres à Georges Le Cirier, à Jacques Hardou, à Simon Reperant et à Jacques Valletz, huissiers ordinaires du Roi, pour leur permettre de remplacer les chaînes d'or dérobées à leurs prédécesseurs par les ennemis du Roi pendant les guerres de la Ligue.

E 8°, f° 18 r°.

9327. — Arrêt autorisant la levée d'une somme de 6,162 livres destinée à l'acquittement des dettes des habitants de Marsillargues.

E 8°, f° 20 r°.

9328. — Arrêt autorisant la levée d'une somme de 4,515 livres destinée à l'acquittement des dettes du diocèse de Saint-Papoul.

E 8°, f° 21 r°.

9329. — Arrêt ordonnant que les procureur et avocat généraux en la chambre des comptes de Languedoc, dont les offices ont été exceptés du bail fait à M° Charles Paulet, pourront néanmoins jouir de la dispense des quarante jours en payant au trésorier des Parties casuelles les 4 deniers pour livre de la valeur de leurs offices.

E 8°, f° 22 r°.

9330. — Arrêt ordonnant de surseoir à l'exécution des sentences rendues contre Jean Laubier, sieur de La Chaussée, pendant qu'il était en prison au château de Nantes.

E 8°, f° 24 r°.

9331. — Arrêt accordant aux habitants de Courcoué remise de tout l'arriéré des tailles et remise de la moitié des tailles de l'année courante, attendu les ravages qu'a faits l'épidémie dans ladite paroisse.

E 8°, f° 25 r°.

9332. — Arrêt autorisant la levée d'une somme de 7,570 livres destinée à l'acquittement des dettes des habitants de la Salvetat, au diocèse de Saint-Pons.

E 8°, f° 27 r°.

9333. — Arrêt ordonnant la levée d'une somme de 12,000 livres nécessaire aux habitants de Coursan pour qu'ils puissent rembourser Jean Bionneau, acquéreur du domaine dudit lieu.

E 8°, f° 28 r°.

1605, 7 juillet. — Paris.

9334. — Arrêt ordonnant qu'il soit passé outre à la recherche des abus et malversations commis par Jean d'Autruy en la forêt de Romilly.

E 8°, f° 30 r°.

1605, 9 juillet. — Paris.

9335. — Arrêt déclarant que les officiers des greniers à sel d'Amiens, Saint-Valery, etc., seront tenus de procéder rapidement au déchargement des navires frétés par M° Jean de Moisset pour leur apporter leur provision de sel.

E 8°, f° 31 r°.

9336. — Arrêt réglant le remboursement de partie des avances faites, durant les années 1593 à 1598, par le sieur de Lesdiguières, lieutenant général en Dauphiné, pour l'entretien des armées du Roi.

E 8°, f° 33 r°.

9337. — Arrêt autorisant la levée d'une somme de 1,800 livres due par les habitants de Briare au sieur de Villiers, bailli de Gien, grand maître réformateur des eaux et forêts de France, dont la maison a été occupée par un corps de garde pendant les dernières guerres.

E 8°, f° 35 r°.

9338. — Arrêt ordonnant le payement des sommes dues au grand prieur de Champagne pour sa solde et pour l'entretien des forçats qui rament sur les galères dont il avait le commandement.

E 8°, f° 37 r°.

9339. — Arrêt ordonnant de surseoir à la levée d'une somme de 19,000 écus que Pierre Mutin, receveur des tailles en l'élection de Forez, a obtenu l'autorisation de faire imposer sur ledit pays.

E 8°, f° 39 r°.

9340. — Arrêt déclarant que les Chartreux de Villeneuve-lès-Avignon continueront de percevoir en nature le péage du sel, nonobstant l'opposition du fermier général des gabelles de Provence.

E 8°, f° 41 r°.

9341. — Arrêt statuant sur un procès pendant entre Pierre d'Hostagier, écuyer, de la ville de Marseille, maître d'hôtel ordinaire du Roi, et M° Bernard Mittre, notaire royal en ladite ville.

E 8°, f° 43 r°.

9342. — Arrêt déclarant qu'il sera pourvu aux offices de procureurs du Roi, de greffiers et de sergents créés en 1555 dans chaque monnaie du royaume.

E 8°, f° 45 r°.

9343. — Arrêt renvoyant en la Chambre royale le procès pendant entre Jacques Maulevault et M° Pierre de Bernières, trésorier de France à Caen.

E 8°, f° 47 r°.

9344. — Arrêt ordonnant l'élargissement de René Boileau, sieur de Beauregard, et de ses archers emprisonnés par ordre du juge de Selles, tandis qu'ils vaquaient à la recherche des faux-sauniers.

E 8°, f° 49 r°.

9345. — Arrêt maintenant M° Pierre Henris en la jouissance de son office de lieutenant particulier assesseur criminel au bailliage de Forez.

E 8°, f° 51 r°.

9346. — Arrêt déclarant que Hugues Cosnier, adjudicataire du canal de la Loire à la Seine, ne sera tenu de payer d'autres indemnités d'expropriation que celles qui ont été taxées par M° Jean Fontaine, maître des œuvres et bâtiments du Roi, procureur au bailliage de Montargis.

E 8°, f° 53 r°.

9347. — Arrêt relatif à une instance pendante entre Guillaume Languedoc et Bonaventure de Mont, ci-devant munitionnaires de l'armée de Bretagne, le syndic et le greffier des États dudit pays.

E 8°, f° 55 r°.

9348. — Arrêt ordonnant que lettres de jussion seront adressées aux trésoriers de France à Lyon pour qu'ils procèdent, dans l'étendue de leur généralité, à la levée des 12 deniers par minot de sel destinés au payement des gages des notaires-secrétaires du Roi, maison et couronne de France du collège ancien des Six-vingts.

E 8ᵉ, fᵒ 57 rᵒ.

9349. — Arrêt ordonnant la mise en adjudication de la ferme des prisons de Bayeux sur les offres de Pierre Plagney.

E 8ᵉ, fᵒ 59 rᵒ.

9350. — Arrêt, rendu sur la requête de Louise de L'Hospital, abbesse de Montivilliers, renouvelant la défense faite à toute personne, en la vicomté de Montivilliers, de porter armes, tambours, masques ou déguisements, de se livrer à des danses ou à «autres actes dissolus, soubz ombre de devotion», le jour de la Fête-Dieu ou les autres jours de fête.

E 8ᵉ, fᵒ 60 rᵒ.

9351. — Arrêt maintenant les maîtres-gardes de la draperie de Paris dans le privilège de nommer leurs courtiers.

E 8ᵉ, fᵒ 62 rᵒ.

9352. — Arrêt renvoyant aux trésoriers de France à Poitiers une requête en remise de tailles qu'ont présentée les habitants de Saint-André-Goule-d'Oie, en se fondant sur les ravages causés par la tempête du 2 juin dernier.

E 8ᵉ, fᵒ 63 rᵒ.

9353. — Arrêt condamnant Mᵉ Jean Poictevin, président au présidial de Provins, à payer 1,500 livres à Mᵉ Jean de Drain, avocat au présidial de Cahors.

E 8ᵉ, fᵒ 64 rᵒ.

9354. — Arrêt maintenant Mᵉ Isaac Bitayer en l'office de juge de Montflanquin, nonobstant les prétendus privilèges de ladite ville.

E 8ᵉ, fᵒ 66 rᵒ.

9355. — Arrêt déclarant que Jean Ravenel demeurera, concurremment avec Étienne Ringues, fermier de l'imposition de la rivière de Loire.

E 8ᵉ, fᵒ 68 rᵒ.

1605, 13 juillet. — Paris.

9356. — Arrêt relatif à une instance pendante entre Antoine Rochel, David Chais et Melchior Magnan, ce dernier demandant la cassation d'un arrêt de la cour des comptes, aides et finances de Provence.

E 8ᵉ, fᵒ 69 rᵒ.

1605, 14 juillet. — Paris.

9357. — Arrêt interdisant de nouveau à la Cour des aides, ainsi qu'à tous juges ordinaires, et réservant à la Chambre royale la connaissance des malversations commises par les officiers des finances visés dans l'édit du mois d'octobre dernier.

E 8ᵉ, fᵒ 71 rᵒ.

9358. — Arrêt fixant les gages des officiers qui composeront la Chambre royale.

E 8ᵉ, fᵒ 73 rᵒ.

9359. — Arrêt déchargeant les habitants de Chinon de la taxe de 4 livres 20 sols par pipe de vin qui descend la Vienne et remonte la Loire pour gagner d'autres provinces que l'Anjou.

E 8ᵉ, fᵒ 75 rᵒ.

9360. — Arrêt relatif à diverses instances pendantes entre les habitants de Concarneau, le syndic des États de Bretagne et les fermiers du droit de 4 et de 2 écus par pipe de vin.

E 8ᵉ, fᵒ 77 rᵒ.

1605, 16 juillet. — Paris.

9361. — Arrêt déclarant que Philippe Du Glas, sieur d'Arancy, et consorts toucheront les revenus annuels des greffes du petit sceau et du sceau de la clameur des décimes de Montpellier, ainsi que du greffe de la justice ordinaire d'Aigues-Mortes, jusqu'à concurrence de la vingtième partie de leur prix d'achat.

E 8ᵉ, fᵒ 81 rᵒ.

9362. — Arrêt accordant à Jérôme Meurant, marchand d'Avesnes, mainlevée de cent vingt-six bœufs saisis par sentence du juge des traites établi à Vaux-sous-Laon.

E 8ᵉ, fᵒ 83 rᵒ.

9363. — Arrêt ordonnant la levée d'une somme de 2,679 livres 10 sols due par les habitants de Vitry à Pierre de Nevelet, sieur d'Osches, et à Richard Blanchart, conseillers au bailliage et au présidial de ladite ville, qui ont été chargés d'obtenir du Roi l'établissement d'un échevinage.

E 8ᵉ, f° 85 r°.

9364. — Arrêt déclarant que les protestants de Ventérol, lesquels vivent en terre possédée par l'ordre de Saint-Jean-de-Jérusalem, proposeront trois lieux de bailliage parmi lesquels les commissaires députés pour l'exécution de l'Édit choisiront un lieu où puisse être exercé le culte réformé.

E 8ᵉ, f° 87 r°.

9365. — Arrêt ordonnant qu'en baillant caution, Bénédict Massey, commis à la recette des 400,000 écus accordés par le Roi au duc de Guise, rentrera en possession d'une somme de 10,500 livres qu'il a été contraint de consigner en vertu d'un arrêt de la Cour des aides.

E 8ᵉ, f° 89 r°.

9366. — Arrêt donnant gain de cause à Jean de La Reynerie et à François de La Richardie dans le procès à eux intenté par Claude de Chazeron, veuve de Gaspard de Saint-Hérem, au sujet de la capitulation du château d'Auzon.

E 8ᵉ, f° 91 r°.

9367. — Arrêt ordonnant que Martissant et Jean de Hoirigoity, prisonniers à Bayonne, seront interrogés au sujet de la prise du navire portugais le Saint-Jacques.

E 8ᵉ, f° 93 r°.

9368. — Arrêt ouvrant une enquête sur les abus commis par un élu du Mans chargé de l'exécution de plusieurs arrêts donnés à la requête de Jean Landron, d'Augustin Bontemps et consorts.

E 8ᵉ, f° 94 r°.

9369. — Arrêt relatif au procès pendant entre Côme Clausse, évêque de Châlons, et les gouverneurs et échevins de ladite ville, auxquels se sont joints les officiers du Roi, au sujet des droits et privilèges dudit évêque comme seigneur temporel.

E 8ᵉ, f° 96 r°.

9370. — Arrêt ordonnant une expertise pour estimer les travaux de réparations faits au château, au pressoir, au four et aux moulins banaux de Brie-Comte-Robert.

E 8ᵉ, f° 97 r°.

9371. — Arrêt ordonnant vérification des sommes levées dans les pays « où le sel se distribue et baille par impost » pour le salaire et les vacations des officiers des gabelles.

E 8ᵉ, f° 98 r°.

9372. — Arrêt prorogeant de six années l'exemption d'impôts et l'octroi précédemment accordés aux habitants de Péronne.

E 8ᵉ, f° 100 r°.

9373. — Arrêt ordonnant vérification des sommes levées en l'élection de Reims depuis l'année 1601 pour l'entretien des pionniers.

E 8ᵉ, f° 102 r°.

9374. — Avis du Conseil tendant à donner nouvelle assignation des sommes dues par le Roi à la veuve et aux enfants du sieur de Guitry.

E 8ᵉ, f° 104 r°.

9375. — Arrêt déchargeant du droit de confirmation les procureurs du siège présidial de Limoges, attendu qu'ils n'ont pas été pourvus par lettres du Roi, mais seulement au moyen de matricules à eux données par les officiers dudit siège.

E 8ᵉ, f° 105 r°.

9376. — Arrêt accordant à Marc-Antoine Sardini mainlevée d'une somme de 30,000 livres à lui cédée par René de Saint-Clément, sieur de Longuerais, et saisie, comme appartenant à ce dernier, entre les mains de l'agent d'affaires du prince d'Anhalt.

E 8ᵉ, f° 107 r°.

9377. — Arrêt ordonnant l'établissement d'une nouvelle taxe sur le sel de Peccais et l'adjudication des travaux de réparation du pont de Saint-Esprit, qui menace ruine, nonobstant l'opposition du syndic de Languedoc et de la cour des aides de Montpellier.

E 8ᵉ, f° 109 r°.

1605, 19 juillet. — Paris.

9378. — Arrêt renvoyant au sénéchal de Nîmes la plainte déposée contre Louis Goutard, dit Saint-Martin, capitaine, et consorts par le fermier général des droits de patente, de rêve et de haut passage en Languedoc et Provence.

E 8ᵉ, fᵒ 111 rᵒ.

9379. — Arrêt renvoyant au Grand Conseil les procès pendants entre Antoine Roze, évêque de Senlis, et le chapitre de ladite ville.

E 8ᵉ, fᵒ 113 rᵒ.

9380. — Arrêt renvoyant au sénéchal de Nîmes les plaintes déposées par le fermier général des droits de patente, de rêve et de haut passage de Languedoc et Provence contre diverses personnes qu'il accuse d'avoir contrevenu à la défense de trafiquer avec l'Espagne.

E 8ᵉ, fᵒ 115 rᵒ.

9381. — Arrêt relatif à une instance pendante entre le fermier général des droits forains et domaniaux de Provence et de Languedoc et le procureur des États de Provence.

E 8ᵉ, fᵒ 117 rᵒ.

9382. — Arrêt relatif à diverses instances pendantes entre Antoine Claperon, ancien fermier de la douane de Vienne, et Jean Petiot, marchand, demeurant à Doizieux.

E 8ᵉ, fᵒ 119 rᵒ.

1605, 21 juillet. — Paris.

9383. — Arrêt ordonnant le payement des sommes dues à Gaspard Gallaty, colonel du canton de Glaris, par Mᵉ Emmanuel Sturbe, ancien fermier général des gabelles de Languedoc.

E 8ᵉ, fᵒ 121 rᵒ.

9384. — Avis du Conseil tendant à attribuer au maréchal d'Ornano, lieutenant général en Guyenne, un office de conseiller au parlement de Bordeaux, vacant depuis longtemps par la mort de Mᵉ de Laborie.

E 8ᵉ, fᵒ 123 rᵒ.

1605, 23 juillet. — Paris.

9385. — Arrêt ordonnant la levée d'une somme de 75,000 livres sur les officiers des finances de Bretagne qui désirent s'exempter de toutes poursuites, et ordonnant, en outre, qu'il soit procédé extraordinairement à la recherche des malversations commises par les autres officiers dudit pays.

E 8ᵉ, fᵒ 125 rᵒ.

9386. — Arrêt autorisant, moyennant finance, les hôteliers, taverniers et cabaretiers de Paris, des généralités d'Amiens et de Soissons, ainsi que de la partie de l'Ile-de-France voisine de la Picardie, à vendre à leurs clients toutes sortes de viandes rôties ou bouillies.

E 8ᵉ, fᵒ 127 rᵒ.

9387. — Arrêt relatif à l'apurement des comptes de Pierre Chappeau, receveur et payeur des officiers du présidial de Sens, commis à la recette de la crue de 2 sols 6 deniers par minot de sel vendu dans les greniers ressortissants audit siège.

E 8ᵉ, fᵒ 129 rᵒ.

9388. — Arrêt ordonnant le payement de 4,500 livres 1 sol 11 deniers dus à quatre anciens échevins de Sully-sur-Loire pour fournitures de blé faites : 1° « à l'armée de Sa Majesté estant devant la citadelle d'Orléans »; 2° aux habitants de Jargeau; 3° à l'armée du feu maréchal d'Aumont.

E 8ᵉ, fᵒ 130 rᵒ.

9389. — Arrêt réduisant à 30,000 livres la somme imposée annuellement sur les habitants de Clermont en Auvergne pour le payement des dettes de ladite ville.

E 8ᵉ, fᵒ 132 rᵒ.

9390. — Arrêt autorisant la levée d'une somme de 3,497 livres 9 deniers destinée au payement des dettes de la ville de Serrières, dans le Haut-Vivarais.

E 8ᵉ, fᵒ 134 rᵒ.

9391. — Arrêt déclarant que les syndics, receveurs et communautés du Rouergue compteront de toutes levées de deniers patrimoniaux, munici-

32.

paux, etc., par-devant les commissaires députés en ladite province, et non pas en la chambre des comptes de Paris, mais à la condition d'envoyer au Conseil, durant les trois années prochaines, leurs états de recettes et de dépenses.

E 8ᵉ, fᵒ 136 rᵒ.

9392. — Arrêt accordant à Jean et à Michel Bernardays, marchands de Vitré, mainlevée pure et simple d'une somme de 800 écus en or qu'ils ont fait venir d'Espagne.

E 8ᵉ, fᵒ 138 rᵒ.

9393. — Arrêt renvoyant aux trésoriers de France à Bourges une requête en remise de tailles qu'ont présentée les habitants de Saint-Baudel, de Villecelin, de Montlouis et de la Celle[-Condé], en se fondant sur les dégâts causés par l'orage du 7 mai dernier.

E 8ᵉ, fᵒ 139 rᵒ.

9394. — Arrêt réduisant à 10,000 livres le cautionnement que doit fournir Mᵉ René Sain, receveur général des finances en Bretagne.

E 8ᵉ, fᵒ 140 rᵒ.

9395. — Arrêt déclarant que les capitaines ordinaires du charroi de l'Artillerie compteront désormais, non pas devant la Chambre des comptes, mais devant le grand maître de l'Artillerie.

E 8ᵉ, fᵒ 142 rᵒ.

9396. — Arrêt autorisant la levée d'une taxe sur le vin et sur le bois vendu à la Flèche, le produit en devant être affecté aux dépenses de ladite ville.

E 8ᵉ, fᵒ 144 rᵒ.

9397. — Arrêt ordonnant aux officiers des eaux et forêts de la maîtrise de Chinon de représenter leurs lettres de provision d'offices, ainsi que la quittance des finances payées par eux ou par leurs prédécesseurs, avant qu'il soit pourvu au payement de leurs gages.

E 8ᵉ, fᵒ 145 rᵒ.

9398. — Arrêt renvoyant à la Cour des aides le procès pendant entre le fermier du nouvel impôt de 20 sols par muid de vin entrant au bourg de Châtres

et plusieurs prétendus descendants d'Eudes Le Maire, dit Chalo-Saint-Mars.

E 8ᵉ, fᵒ 147 rᵒ.

9399. — Arrêt évoquant au Conseil les instances pendantes à la Table de marbre entre le receveur du domaine de la vicomté de Paris et Eustache Pellehaste, marchand de Poissy.

E 8ᵉ, fᵒ 149 rᵒ.

9400. — Arrêt évoquant au Conseil le procès pendant en la Cour des aides entre la ville d'Angers et les fermiers de la pancarte ou subvention levée en ladite ville, jusqu'au mois de février dernier, en place du sol pour livre.

E 8ᵉ, fᵒ 151 rᵒ.

9401. — Arrêt relatif au payement des grains et du vin fournis, en 1590, au magasin de Langres.

E 8ᵉ, fᵒ 153 rᵒ.

9402. — Arrêt autorisant la levée d'une somme de 1,258 livres 4 deniers due par les consuls d'Issoire de l'année 1604 à ceux de l'année 1603.

E 8ᵉ, fᵒ 155 rᵒ.

9403. — Arrêt ordonnant le rétablissement d'une partie tenue en souffrance sur le compte du receveur et payeur des gages du présidial de Beauvais.

E 8ᵉ, fᵒ 157 rᵒ.

9404. — Arrêt réglant le payement d'une somme de 8,500 livres restée due aux héritiers du sieur de Sainte-Colombe sur une somme de 24,000 écus donnée par le Roi audit défunt, en 1595, à cause de ses longs services.

E 8ᵉ, fᵒ 159 rᵒ.

9405. — Arrêt affectant au payement du colonel Gallaty les deniers provenant du tiercement des offices de contrôleurs des cuirs en la ville de Paris.

E 8ᵉ, fᵒ 161 rᵒ.

9406. — Arrêt autorisant Jacques Cosnier, adjudicataire du canal d'entre Loire et Seine, à réédifier à ses frais quelques-uns des moulins démolis sur le parcours dudit canal, lui conférant les droits de pêche et autres dont jouissaient les propriétaires expropriés, et lui permettant de planter sur les levées les mûriers « qu'il est tenu fournir pour peupler tous les endroictz de ce royaume ».

E 8ᵉ, fᵒ 163 rᵒ.

9407. — Arrêt réglant le payement de 5,940 livres précédemment assignées au trésorier général des Ligues.

E 8ᵉ, fᵒ 165 rᵒ.

9408. — Arrêt donnant mainlevée au prince d'Anhalt de certaines sommes saisies entre les mains du trésorier de l'Épargne ou du trésorier de l'Extraordinaire des guerres, à la requête de René de Saint-Clément, sieur de Longuerais, antérieurement à l'arrêt du 28 juin dernier.

E 8ᵉ, fᵒ 167 rᵒ.

9409. — Arrêt donnant gain de cause à la veuve et aux héritiers de Mᵉ Pierre Habert, secrétaire des finances, dans le procès pendant entre eux et les veuve et héritiers du sieur de Combault, maître d'hôtel du Roi.

E 8ᵉ, fᵒ 169 rᵒ.

1605, 26 juillet. — Paris.

9410. — Arrêt réglant les droits et devoirs de Mᵉ Claude Pelletier, « subrogé au traicté de la composition des officiers de finances de la généralité de Limoges ».

E 8ᵉ, fᵒ 173 rᵒ.

9411. — Arrêt maintenant Gilles de Ruellan et consorts en la jouissance de la ferme des impôts et billots de Bretagne.

E 8ᵉ, fᵒ 175 rᵒ.

9412. — Arrêt déclarant que la taxe de 7 sols 6 deniers par pipe de vin levée en l'élection de Chinon sera perçue à l'entrée des villes et villages, et déterminant les cas dans lesquels les fermiers pourront procéder à des visites domiciliaires.

E 8ᵉ, fᵒ 177 rᵒ.

9413. — Arrêt maintenant les protestants de Châteldon en possession de leur cimetière.

E 8ᵉ, fᵒ 179 rᵒ.

9414. — Arrêt ordonnant que le corps du protestant Martin Marois demeurera dans l'ancien cimetière de Péré, en Aunis, mais qu'il sera concédé un cimetière spécial aux protestants dudit bourg.

E 8ᵉ, fᵒ 180 rᵒ.

9415. — Arrêt chargeant un maître des requêtes d'instruire le procès de Jean Boissonnet, sergent à verge au Châtelet, accusé d'avoir commis des violences et des exactions en la ville de Montluçon.

E 8ᵉ, fᵒ 181 rᵒ.

9416. — Arrêt relatif aux difficultés survenues entre le feu sieur Du Roussay, grand maître des eaux et forêts de Champagne, et Julien d'Elbène, gentilhomme ordinaire de la Chambre, engagiste des taillis d'Épernay.

E 8ᵉ, fᵒ 183 rᵒ.

9417. — Arrêt maintenant Dom Antoine de Senailly, cellerier de l'abbaye de Saint-Claude, en possession du prieuré de Divonne, dont il a été pourvu par l'archevêque de Besançon, à condition qu'il remboursera 1,000 écus payés au canton de Berne par les barons de Divonne François, Antoine et Pierre de Gingins, ou leurs prédécesseurs.

E 8ᵉ, fᵒ 185 rᵒ.

9418. — Arrêt confirmant l'érection en châtellenie de la terre du Plessis et de Bois-de-la-Musse, en Bretagne, autorisant Sarah Du Bois, dame douairière de la Musse et de Ponthus, à y exercer et à y faire prêcher la religion réformée, mais lui interdisant d'y faire aucune fortification.

E 8ᵉ, fᵒ 187 rᵒ.

9419. — Arrêt évoquant au Conseil l'instance pendante au parlement de Toulouse entre les pauvres de Mazères, au comté de Foix, et le monastère de Notre-Dame de Boulbonne.

E 8ᵉ, fᵒ 189 rᵒ.

9420. — Arrêt approuvant l'édit de réunion au domaine des offices de notaires royaux, tabellions et gardes-notes en Languedoc et en Provence.

E 8ᵉ, fᵒ 190 rᵒ.

9421. — Arrêt ordonnant qu'il soit procédé sans retard au déchargement des navires hollandais qui ont apporté du sel de Brouage à Saint-Valery-sur-Somme.

E 8ᵉ, fᵒ 192 rᵒ.

9422. — Arrêt relatif à l'apurement des comptes de Mᵉ Jean Talon, successeur de feu Mᵉ Noël de Here dans le « parti du sel ».

E 8ᵉ, fᵒ 194 rᵒ.

9423. — Arrêt ordonnant que des cimetières soient concédés, dans la quinzaine, aux protestants de Beauvais, de Libus, de Crèvecœur, de Haute-Épine, de Conteville, de [Thérines], de Moliens, de Saint-Thibault, de Bouvresse et de Feuquières.

E 8ᵉ, fᵒ 195 rᵒ.

9424. — Arrêt relatif au procès pendant entre le procureur général « député pour la recherche du sel » et Sébastien Zamet.

E 8ᵉ, fᵒ 196 rᵒ.

9425. — Arrêt relatif au procès pendant entre le procureur général « député pour la recherche du sel » et le partisan Mᵉ Nicolas Le Lièvre.

E 8ᵉ, fᵒ 197 rᵒ.

9426. — Arrêt révoquant les sentences par lesquelles le sénéchal de Clermont a prétendu contraindre François de La Rochefoucauld, évêque, et les autres bénéficiers du diocèse de Clermont au payement de certaines aumônes.

E 8ᵉ, fᵒ 198 rᵒ.

9427. — Arrêt condamnant Mᵉ Largentier, associé à la fourniture des greniers à sel de France, à payer au fermier des 8 écus par muid de sel levé à Ingrande 24 livres par chaque muid de sel qu'il aura fait parvenir au lieu d'Ingrande.

E 8ᵉ, fᵒ 200 rᵒ.

9428. — Arrêt ordonnant qu'il soit passé outre à la revision des feux du Dauphiné, nonobstant une requête du tiers état dudit pays.

E 8ᵉ, fᵒ 204 rᵒ.

9429. — Arrêt ordonnant que Mᵉ Isaac Choppin et ses cessionnaires soient entendus au sujet de l'évocation d'un procès par eux intenté à Jean Geuffremieau, receveur général du taillon en Champagne.

E 8ᵉ, fᵒ 205 rᵒ.

9430. — Arrêt réglant le payement de 45,000 livres dues par la ville de Troyes à Jean Dauvet, sieur de Rieus.

E 8ᵉ, fᵒ 207 rᵒ.

9431. — Arrêt défendant à Paul Garrigues, à Pierre de La Garde et à tous autres habitants de Fiac, tant catholiques que protestants, d'élever aucune fortification dans l'intérieur ou sur les murs de la ville.

E 8ᵉ, fᵒ 208 rᵒ.

9432. — Arrêt ordonnant qu'un vaste emplacement soit réservé dans le cimetière Dieu aux protestants de la ville et du bailliage d'Évreux.

E 8ᵉ, fᵒ 209 rᵒ.

9433. — Arrêt ordonnant la production des titres de tous les ecclésiastiques qui prétendent à des droits de dîmes dans les forêts de Longboël, de Breteuil, de Lyons et de Brotonne, particulièrement la production des titres du cardinal Du Perron, évêque d'Évreux, abbé commendataire de Notre-Dame-de-Lire, et des abbés de Cerisy et de Saint-Wandrille.

E 8ᵉ, fᵒ 210 rᵒ.

9434. — Arrêt ordonnant le payement du droit de « sallage » qui appartient au Roi dans le grenier à sel de Sens.

E 8ᵉ, fᵒ 212 rᵒ.

1605, 30 juillet. — Paris.

9435. — Arrêt réglant les attributions respectives de Claude de Harville, sieur de Palaiseau, gouverneur de Compiègne, du lieutenant du bailli de Senlis, des attournés et gouverneurs de Compiègne.

E 8ᵉ, fᵒ 214 rᵒ.

9436. — Arrêt ordonnant la vérification des rentes constituées sur le domaine du comté de Forez.

E 8ᵉ, fᵒ 220 rᵒ.

9437. — Arrêt relatif à diverses instances pendantes entre Pierre Bascon et la veuve de M° Jean Verny, grènetier au grenier à sel de Montpellier.

      E 8°, f° 221 r°.

1605, 2 août. — Paris.

9438. — Arrêt réglant le payement d'une somme de 12,000 livres assignée au sieur de La Buisse sur les gabelles de Dauphiné.

      E 9°, f° 223 r°.

9439. — Arrêt ordonnant qu'il soit fait estimation des réparations nécessaires pour empêcher la ruine complète du château d'Angers.

      E 9°, f° 225 r°.

9440. — Arrêt autorisant les maire et échevins d'Angers à continuer la levée : 1° des 14,970 livres 1 sol 9 deniers destinés au payement des dépenses occasionnées par l'épidémie; 2° des 9,500 livres imposées sur les habitants de ladite ville en place du sol pour livre.

      E 9°, f° 227 r°.

9441. — Arrêt déboutant les habitants d'Auxonne de la demande qu'ils ont formée pour être autorisés à rembourser à M° Jacques de Boisson, conseiller au parlement de Toulouse, le prix d'acquisition de la seigneurie d'Auxonne.

      E 9°, f° 229 r°.

9442. — Arrêt ordonnant la vérification des sommes payées pour les décimes, en 1594, par le clergé du diocèse de Mende.

      E 9°, f° 233 r°.

9443. — Arrêt relatif à la liquidation des biens de feu François Jusseaume, receveur général des finances à Tours, liquidation dont est chargé M° Jean Boileau, sieur de Maulaville.

      E 9°, f° 235 r°.

9444. — Arrêt ordonnant la levée de certaines sommes avancées par M° Claude Giraud, ci-devant procureur-syndic du Forez, pour la solde du capitaine Hans Schwaller, de Soleure, lequel a tenu garnison à Montbrison, à Feurs, à Cervières, etc., de-

puis le mois d'août 1597 jusqu'au mois de janvier 1598.

      E 9°, f° 237 r°.

9445. — Arrêt déclarant que Scipion Sardini, acquéreur des droits du maréchal de Bouillon sur le domaine de Beaufort, sera contraint de payer chaque année 3,200 livres au receveur dudit domaine.

      E 9°, f° 239 r°.

9446. — Arrêt renvoyant à la Chambre des comptes le différend pendant entre Jean de Champfeu et M° Claude Huiselin, trésoriers de France à Moulins.

      E 9°, f° 241 r°.

9447. — Arrêt déclarant que tous ecclésiastiques, particulièrement ceux du diocèse de Sens, jouiront de l'exemption des droits de francs-fiefs et de nouveaux acquêts, sans être tenus de bailler aveu ou dénombrement, mais qu'ils devront fournir les déclarations nécessaires à la confection du terrier.

      E 9°, f° 243 r°.

9448. — Arrêt statuant sur diverses instances pendantes entre plusieurs marchands portugais et Antoine Forsin, «avictuailleur du navire dict de *Sainct-Georges-le-Catholicque*».

      E 9°, f° 245 r°.

9449. — Arrêt déclarant admissibles les moyens de faux proposés par le procureur général en la Chambre des comptes, sur la dénonciation de Jean de Beaufort, contre plusieurs ordonnances du feu sieur de Matignon, lieutenant général en Guyenne.

      E 9°, f° 249 r°.

9450. — Arrêt ordonnant aux trésoriers de France de dresser l'état des rentes et autres charges grevant les aides.

      E 9°, f° 251 r°.

1605, 4 août. — Paris.

9451. — Arrêt ratifiant une transaction passée entre les lieutenants en la mairie, échevins et gens de conseil de Bayonne et les jurats et habitants de Capbreton, au sujet d'une taxe sur le vin dont une partie est affectée au payement des fortifications de Bayonne.

E 9ᵉ, fᵒˢ 253 rᵒ et 255 rᵒ.

9452. — Arrêt statuant sur une instance pendante entre les maire et échevins d'Orléans, d'une part, Jacques Bénard, sieur de La Rivière, Philippe Grouin et Pierre Finet, d'autre part, au sujet de la valeur de certaines maisons démolies, pendant les troubles, pour la défense d'Orléans.

E 9ᵉ, fᵒ 257 rᵒ.

9453. — Arrêt réservant au Conseil la connaissance de l'instance pendante entre les officiers des traites du bureau de Vaucouleurs et le chapitre de Toul, «qui prétend avoir droict de régalle et souveraineté sur vingt-cinq ou vingt-six bourgs et villages estans sur la frontière».

E 9ᵉ, fᵒ 259 rᵒ.

9454. — Arrêt suspendant toutes les poursuites commencées contre les vassaux de Berry qui n'ont pu faire foi et hommage et bailler aveu et dénombrement dans le délai fixé par la Chambre des comptes.

E 9ᵉ, fᵒ 260 rᵒ.

9455. — Arrêt déclarant que toutes les espèces d'or et d'argent conformes aux ordonnances auront cours jusqu'à la Saint-Jean de l'année 1606, à moins de rognure évidente.

E 9ᵉ, fᵒ 262 rᵒ.

9456. — Arrêt défendant provisoirement à la Cour des aides de passer oûtre au jugement du procès intenté à Mᵉ Pons Lépaignol, lieutenant particulier assesseur criminel au présidial de Reims, attendu qu'il s'agit d'une «émotion populaire advenue» à Reims.

E 9ᵉ, fᵒ 264 rᵒ.

9457. — Arrêt défendant provisoirement à la Cour des aides de passer outre à l'instruction du procès intenté à Mᵉ Antoine Branche, lieutenant général criminel du bailli de Vermandois au présidial de Reims.

E 9ᵉ, fᵒ 265 rᵒ.

9458. — Arrêt ordonnant que Mᵉ Isaac Four-

nier, avocat au parlement de Dijon, soit installé provisoirement en la charge d'avocat et de conseil des États de Bourgogne, bien qu'il fasse profession de la Religion réformée.

E 9ᵉ, fᵒ 266 rᵒ.

9459. — Arrêt ordonnant nouvelle vérification des levées faites pour le remboursement des sommes empruntées pendant les troubles par la ville de Brienon-l'Archevêque.

E 9ᵉ, fᵒ 267 rᵒ.

9460. — Arrêt ordonnant de surseoir aux poursuites commencées contre Mᵉ Pierre Mercier, receveur et payeur triennal des gages du parlement de Toulouse, au sujet de son supplément d'office.

E 9ᵉ, fᵒ 269 rᵒ.

9461. — Arrêt accordant aux correcteurs et auditeurs de la chambre des comptes de Montpellier la préséance sur les avocat et procureur du Roi en ladite chambre.

E 9ᵉ, fᵒ 276 rᵒ, et AD I 139, nᵒ 25.

1605, 6 août. — Paris.

9462. — Arrêt déclarant que Claude Belin sera tenu de résigner son abbaye de Beaulieu en faveur de la personne désignée par le sieur de Thons, maréchal de Lorraine, lequel fera pourvoir ledit Belin d'un canonicat à Langres ou d'un prieuré rapportant 500 livres dans les diocèses de Langres ou de Paris.

E 9ᵉ, fᵒ 272 rᵒ.

9463. — Arrêt autorisant les habitants de Lignières en Berry à jouir pendant six ans de divers octrois, conformément aux lettres du roi Charles VIII, pour en employer le produit tant aux fortications de la ville qu'à l'entretien des chemins défoncés par le passage des bestiaux.

E 9ᵉ, fᵒ 274 rᵒ.

9464. — Arrêt accordant au sieur Philippe Lepage et consorts surséance pour le payement d'une folle enchère par eux mise sur la ferme du sel.

E 9ᵉ, fᵒ 276 rᵒ.

9465. — Arrêt accordant à Isaac Plastrier et à Philippe Lepage surséance pour le payement de la folle enchère par eux mise sur la ferme générale des aides.

E 9', f° 277 r°.

9466. — Arrêt relatif au procès pendant entre le procureur général au parlement de Bretagne et le sieur de Clehunault.

E 9', f° 278 r°.

9467. — Arrêt relatif au procès pendant entre M° Martin Rivière, auditeur en la chambre des comptes de Montpellier, et demoiselle Agnès de Sapporta.

E 9', f° 279 r°.

9468. — Arrêt ordonnant à M° Bertrand Cabalby, sieur d'Aulus, receveur et collecteur des tailles en la vicomté de Conserans, de représenter dans les deux mois le compte des levées faites depuis 1576 en ladite vicomté.

E 9', f° 280 r°.

9469. — Arrêt déclarant que tous les deniers consignés en vertu d'arrêts du Grand Conseil devront être remis à M° Jérôme Thielement, secrétaire du Roi et receveur des consignations du Grand Conseil.

E f° 282 r°.

1605, 9 août. — Paris.

9470. — Arrêt autorisant la levée d'une somme de 2,904 livres due par la ville de Billom à un ancien consul, Jacques Brioude.

E 9', f° 284 r°.

9471. — Arrêt maintenant Gaspard de Coligny, sieur de Châtillon, amiral de Guyenne, et ses vice-amiraux en possession du droit exclusif de visiter les barques et navires dans l'étendue de leur circonscription, autorisant toutefois le comte de Gramont, gouverneur de Bayonne, à faire la même visite dans l'étendue de son gouvernement.

E 9', f° 285 r°.

1605, 13 août. — Paris.

9472. — Arrêt ordonnant le payement d'une

somme de 6,300 livres due à Charles Fouquet, sieur de Seves, receveur général des finances à Tours et ci-devant capitaine d'une compagnie de gens de pied au château de Rochefort.

E 9', f° 287 r°.

9473. — Arrêt prescrivant une enquête au sujet de la perception du droit de 5 sols par muid de vin entrant en la ville de Troyes.

E 9', f° 289 r°.

9474. — Arrêt confiant aux sieurs de Calignon et Maupeou, conseillers d'État, la vérification des comptes de Nicolas Pajot, commis à la recette des 2 sols pour livre du domaine vendu en Bretagne, et défendant au maréchal de Brissac et à tous autres de poursuivre ledit Pajot durant deux mois.

E 9', f° 291 r°.

9475. — Arrêt interdisant à la Cour des aides la connaissance du procès pendant entre Bénigne et Jean Saulnier et la veuve de M° Simon Mayet, receveur des aides et tailles en l'élection de la Châtre.

E 9', f° 292 r°.

9476. — Arrêt ordonnant au procureur du Roi en la sénéchaussée d'Agenais de représenter au Conseil l'arrêt en vertu duquel il poursuit les habitants au sujet des levées faites depuis vingt ans par les consuls, collecteurs, receveurs et autres magistrats de Guyenne.

E 9', f° 293 r°.

9477. — Arrêt confirmant une assignation donnée au maréchal de Laverdin sur les deniers que les grènetiers et contrôleurs des greniers à sel sont tenus de payer en vertu de l'arrêt du 4 mai dernier.

E 9', f° 295 r°.

9478. — Arrêt déclarant que les deniers provenant des ventes de bois faites dans les sénéchaussées de Toulouse et de Carcassonne demeureront affectés au payement des gages de François de Caulet, sieur de Cadars, grand maître enquêteur et général réformateur des eaux et forêts de Languedoc, de Provence et de Dauphiné.

E 9', f° 297 r°.

9479. — Arrêt confirmant une sentence rendue par les Requêtes du Palais dans les procès pendants entre Benjamin Aubry, Gaspard Miglio, etc., et Henri de Savoie, duc de Nemours.

E 9*, f° 301 r°.

9480. — Arrêt autorisant la levée d'une somme de 4,500 livres due pour les frais de construction de l'église de Baugé.

E 9*, f° 303 r°.

9481. — Arrêt ordonnant que Jean Pilon et Guillaume Dupré concourront, en présence des commissaires, sur un sujet donné, avant le jugement de leur procès au sujet de l'office de contrôleur général des poinçons, caractères et effigies des monnaies de France.

E 9*, f° 305 r°.

9482. — Arrêt accordant aux habitants de Vireaux décharge du droit d'entrée de 5 sols par muid de vin.

E 9*, f° 306 r°.

9483. — Arrêt relatif à une requête par laquelle plusieurs sergents à cheval de la sénéchaussée de Limoges demandent à être dispensés de l'obligation de prendre des lettres d'ampliation conformément à l'édit de 1586.

E 9*, f° 308 r°.

9484. — Arrêt ordonnant l'exécution provisoire des arrêts rendus en la Cour des monnaies dans le procès pendant entre les maîtres orfèvres et les gardes de l'orfèvrerie de Paris au sujet des statuts de leur métier et de l'élection des gardes.

E 9*, f° 310 r°.

9485. — Arrêt défendant à Pierre Fauvel et à Julien Barbes de poursuivre Gabriel Hus, sieur de La Bouchetière, au sujet d'une somme de 108 livres.

E 9*, f° 311 r°.

9486. — Arrêt confirmant un arrêt du parlement de Paris du 23 décembre 1602 donné contre Ives de La Lande, fermier des traites domaniales de Poitou, et au profit de plusieurs marchands de Laval et de plusieurs voituriers par eau.

E 9*, f° 312 r°.

9487. — Arrêt fixant à 20 sols par pipe de vin le droit d'appetissement dû par les taverniers, cabaretiers et habitants de la ville et de la banlieue du Mans; ordonnant, en outre, la vérification des comptes des syndic et échevins.

E 9*, f° 314 r°.

9488. — Arrêt ordonnant le payement des gages de Claude Faure, élu en l'élection de Lyon, ci-devant commis à la recette des 60,000 écus levés sur les pays ressortissants à la ferme dite « à la part du royaume ».

E 9*, f° 316 r°.

9489. — Arrêt ordonnant aux communautés de Lambesc, de la Garde, etc., de payer 416 écus à Jean Bonfilz, lieutenant général du sénéchal d'Aix en Provence.

E 9*, f° 318 r°.

9490. — Arrêt ordonnant la restitution du prix des mulets et marchandises confisqués sur Jean Chasteignier par les officiers de la douane de Vienne.

E 9*, f° 319 r°.

9491. — Arrêt condamnant les États de Bourgogne à payer 16,800 livres à Jean de Gontaut-Biron, baron de Saint-Blancart, mestre de camp du régiment de Picardie.

E 9*, f° 320 r°.

9492. — Arrêt confirmant la surséance accordée aux sieurs de Juvigny, Longuerais, Cochon, Plastrier et Drouin pour le payement de folles enchères sur lesquelles une somme de 105,000 livres devait être abandonnée aux pauvres, une somme de 1,500 livres affectée à l'achat des chaînes d'or des huissiers du Conseil.

E 9*, f° 322 r°.

9493. — Arrêt déclarant que les échevins et consuls de Clermont et de Riom, comme tous ceux qui ont eu le maniement des deniers communs d'Auvergne, seront dispensés de compter en la Chambre des comptes.

E 9*, f° 324 r°.

9494. — Arrêt enjoignant à Georges Le Cirier,

huissier du Conseil, de représenter dans la huitaine le sieur Antoine Forsin, confié à sa garde, sinon de payer 5,000 livres à Antoine Gonzalez Passalin.

E 9ᵉ, f° 3₂6 r°.

9495. — Arrêt accordant à la veuve de Mᵉ Gilbert Durand, trésorier de France à Riom, mainlevée des biens saisis à la requête de Bertrand Durand.

E 9ᵉ, f° 3₂8 r°.

9496. — Arrêt déclarant que le sieur de Montmoyen, gouverneur de Beaune, ne pourra être payé sur le produit des ventes extraordinaires de bois faites en Bourgogne d'une somme de 6,840 livres, «à luy accordée pour la recompense de la cappitainerie du chasteau de Chastillon-sur-Seine», laquelle avait été retirée de ses mains et donnée au feu baron de Thenissey.

E 9ᵉ, f° 330 r°.

9497. — Arrêt ordonnant à Philibert Bon de rapporter au Conseil l'arrêt par lui obtenu en la Cour des aides à l'encontre de Pierre Le Berche, grand maître enquêteur et général réformateur des eaux et forêts d'Orléans, Guyenne, etc., et d'Abraham Le Berche, commissaire ordinaire des guerres; ordonnant, en outre, au maréchal d'Ornano d'indemniser lesdits Le Berche.

E 9ᵉ, f° 33₂ r°.

9498. — Arrêt réglant le payement de 2,640 livres dues au comte de Soissons pour la solde de ses gardes et pour l'entretien de la garnison de son château de Nogent-le-Rotrou.

E 9ᵉ, f° 334 r°.

9499. — Arrêt renvoyant au parlement de Bretagne les accusations portées par Jean d'Espinay, sieur de Clehunault, contre Mᵉ Jean-Jacques Le Febvre, procureur général audit parlement.

E 9ᵉ, f° 335 r°.

9500. — Arrêt relatif à l'évocation du procès pendant au Parlement entre les officiers des Eaux et forêts au siège de la Table de marbre et les grands maîtres enquêteurs et généraux réformateurs des Eaux et forêts de France.

E 9ᵉ, f° 337 r°.

9501. — Arrêt réglant le payement des gages d'Arnauld de Froissin, prévôt des maréchaux en Dauphiné, de ses lieutenant, greffier et archers.

E 9ᵉ, f° 339 r°.

9502. — Arrêt défendant aux trésoriers de France en Picardie de faire verser ailleurs qu'en l'Épargne le produit des fermes des 9 livres 18 sols par tonneau de vin entrant ès villes de Picardie, du sol pour pot de vin vendu en ladite généralité, et des 60 sols par muid de vin sortant du royaume par les généralités de Picardie, de Champagne et de Soissons.

E 9ᵉ, f° 341 r°.

9503. — Arrêt ordonnant la levée d'une somme de 600 livres destinée à l'acquittement des sommes dues à Mᵉ Roland Lambert, collecteur des tailles et des autres subsides de la ville de Loudun.

E 9ᵉ, f° 343 r°.

9504. — Arrêt prorogeant durant six ans l'octroi concédé aux religieux et habitants de la Charité, le produit en devant être employé à l'entretien de la ville, aux réparations des tours, des murailles, du pavé et du pont sur la Loire.

E 9ᵉ, f° 345 r°.

1605, 16 août. — Paris.

9505. — Arrêt relatif au procès pendant entre Mᵉ François Miron, conseiller d'État et prévôt des marchands, d'une part, Madeleine Dolet et Mᵉ Nicolas Lejay, substitut du procureur général au Châtelet, d'autre part.

E 9ᵉ, f° 347 r°.

1605, 23 août. — Paris.

9506. — Arrêt réservant au Conseil la connaissance des blessures faites à Gilles Després, chargé de la recherche des malversations commises en la forêt de Retz.

E 9ᵉ, f° 348 r°.

9507. — Arrêt autorisant le syndic et procureur des Jésuites de France à faire assigner au Conseil les

33.

acquéreurs ou possesseurs de leurs biens, pour qu'il puisse traiter avec eux de la restitution de ces biens.

E 9*, f° 35o r°.

9508. — Arrêt accordant surséance à Baptiste d'Erlon, bourgeois de Metz, pour le payement d'une somme de 4,200 livres qu'il a été condamné, comme caution du sieur de Sobolle, commandant de Metz, à payer au sieur de Barnet, gouverneur des salines de Moyenvic.

E 9*, f° 351 r°.

9509. — Arrêt ordonnant que Me Antoine Rousselety, chancelier de l'église de Metz, sera remis en possession des revenus de sa prébende, dont il avait été privé par sentence du chapitre «pour avoir esté entremetteur de la conférance qu'un sien confrère..... avoit eue avec le sieur de Sobolle, lors lieutenant général au gouvernement de ladite ville».

E 9*, f° 35a r°.

9510. — Arrêt ordonnant aux commissaires députés «pour la réunion, vériffication des engagementz, nouvelles evalluations, confection de papiers terriers et recherche des entreprises et usurpations de son domaine de Normandie» de passer outre à l'exécution de leur commission, nonobstant l'opposition du parlement de Normandie.

E 9*, f° 353 r°.

1605, 25 août. — Paris.

9511. — Arrêt faisant défense à la Chambre des comptes, à la Cour des aides et à tous autres juges d'examiner les comptes de la ferme des nouvelles impositions de Pontoise, ainsi que ceux de la levée de 45,000 écus faite lors de la prise de la ville par Henri III.

E 9*, f° 355 r°.

9512. — Arrêt déclarant que l'office de lieutenant général en la sénéchaussée de Béziers sera taxé à 25,000 livres pour «la dispence de quarante jours», et que le titulaire pourra jouir du «droit annuel» en versant les 4 deniers pour livre de

cette somme aux mains du trésorier des Parties casuelles.

E 9*, f° 357 r°.

9513. — Arrêt enjoignant derechef au sieur Pinard de représenter l'état des sommes qu'il a touchées sur une rente de 1,333 écus 1/3 à lui constituée par les trésoriers de France à Châlons «soubz le desdommagement des sieurs de Luxembourg et d'Inteville».

E 9*, f° 359 r°.

9514. — Arrêt ordonnant au fermier des rivières de Garonne et Dordogne et de l'extinction du convoi de Bordeaux de faire connaître les diverses sortes de marchandises dont le commerce a été entravé par la peste actuellement sévissant à Bordeaux, pour qu'il puisse être statué sur sa demande de rabais.

E 9*, f° 36o r°.

9515. — Arrêt réglant la levée des sommes auxquelles ont été taxés les officiers des greniers à sel de Normandie, en vertu de l'édit du mois de janvier 1603, pour jouir héréditairement du droit de 7 deniers par minot.

E 9*, f° 361 r°.

9516. — Arrêt prolongeant de quinze ans le bail de soixante-dix-sept boutiques, bancs, loges ou échoppes établis dans la salle du Palais ou dans le voisinage de ladite salle et appartenant au domaine royal.

E 9*, f° 363 r°.

9517. — Arrêt déclarant que le Conseil, par arrêt du 3 mai dernier, n'a entendu accorder à certaines provinces décharge du droit de patente qu'à partir du jour où serait établie la traite domaniale de Languedoc et Provence, qui est substituée audit droit de patente.

E 9*, f° 365 r°.

9518. — Arrêt confiant à l'un des lieutenants et conseillers de la Table de marbre, au procureur général audit siège et à Me François Crochet, lieutenant civil et criminel au bailliage de Clermont-en-Beauvoisis, la recherche des abus et malversations commis depuis vingt-cinq ans dans l'administration des Eaux et forêts.

E 9', f° 366 r°.

_____

1605, 27 août. — Paris.

9519. — Arrêt ordonnant la levée d'une somme de 1,056 livres 4 sols due à Pierre Courtizet, maire de Melun.

E 9', f° 368 r°.

9520. — Arrêt enjoignant à M° Gabriel Hue, trésorier des États de Bretagne, de verser régulièrement à l'Épargne le produit des 4 et des 2 écus par pipe de vin levés en Bretagne, nonobstant la saisie-arrêt faite par le baron de La Roche et par plusieurs autres particuliers.

E 9', f° 370 r°.

9521. — Arrêt déclarant que l'ancien commis de M° Jacques Hilaire, ci-devant receveur général des finances à Orléans, sera contraint à la restitution d'une somme de 1,000 livres, mais non pas au payement du quadruple de cette somme comme l'avaient ordonné les trésoriers de France à Orléans.

E 9', f° 372 r°.

9522. — Arrêt ordonnant, à la requête du prince de Joinville, une vérification des titres en vertu desquels sont exercés tous les offices ordinaires des terres d'Issoudun, de Vierzon et de Chinon.

E 9', f° 374 r°.

9523. — Arrêt statuant sur une instance pendante entre M° Barthélemy Mosnier, ci-devant prévôt ordonné par le Roi à la suite du feu maréchal d'Aumont, et les héritiers de M° François Poupier, receveur des fouages au diocèse de Léon, etc.

E 9', f° 376 r°.

9524. — Arrêt cassant tous les substituts des avocats et procureurs aux enquêtes institués dans les diverses juridictions du royaume sans lettres de provision du Roi.

E 9', f° 381 r°.

9525. — Arrêt renvoyant au gouverneur de Montpellier l'instruction du procès intenté à Pierre de Lanne, garde général à cheval de la douane de Lyon, contre lequel plusieurs marchands de la foire de Beaucaire auraient ameuté « ung grand nombre de femmes qui se seroient ruées sur ledit de Lanne et l'auroient oultragé grandement : parmy lesquelles femmes s'en seroit trouvé une qui estoit grosse, laquelle, ou poussée par les autres, ou s'estant ellemesme trop efforcée à le battre, s'est tellement offensée qu'elle seroict incontinant après acouchée d'un enfant mort, dont aucuns desdits marchans auroient malicieusement, à l'heure mesme, accuzé ledit de Lanne estre cause de la mort dudit enfant ».

E 9', f° 383 r°.

9526. — Arrêt élevant à 8 sols 4 deniers par minot le droit levé dans les greniers à sel de Caen, Bayeux et Falaise pour le payement des gages courants des officiers du présidial de Caen.

E 9', f° 385 r°.

9527. — Arrêt partageant entre le prince de Condé et le sieur de Rambouillet le produit de la recherche des malversations commises dans les forêts.

E 9', f° 387 r°.

9528. — Arrêt ordonnant de surseoir à l'exécution des arrêts rendus contre Martin Lefebvre, secrétaire de la Chambre, ci-devant commis à la recette générale des deniers provenant des abus et malversations commis au fait des finances.

E 9', f° 389 r°.

9529. — Arrêt renvoyant aux trésoriers de France à Orléans une requête en remise de tailles présentée par les habitants de Miermaigne, Moulhard, Unverre, Chapelle-Royale, Villevillon et Charbonnières, et fondée sur les pertes que leur a fait subir l'orage du 28 juin dernier.

E 9', f° 391 r°.

9530. — Arrêt ordonnant le payement d'une somme de 2,167 livres 5 sols 6 deniers restée due à Catherine-Henriette de Balzac, marquise de Verneuil, sur le produit de l'octroi levé en Bourgogne de 1601 à 1604, dont Sa Majesté lui a fait don.

E 9', f° 393 r°.

9531. — Arrêt autorisant les habitants de Saint-Rambert à lever sur eux-mêmes le capital et les intérêts d'une somme de 3,096 livres par eux due à M° Pierre Gendrier, receveur du Roi en Bresse.

E 9°, f° 395 r°.

9532. — Arrêt autorisant les habitants de Gorrevod à lever sur eux-mêmes une somme de 600 livres due pour les réparations de leur église.

E 9°, f° 397 r°.

9533. — Arrêt donnant décharge de 1,779 écus aux fermiers « du gros des menus boires de la ville de Rouen ».

E 9°, f° 399 r°.

9534. — Arrêt autorisant les habitants de Cusset à lever sur eux-mêmes une somme de 1,925 livres 16 sols 8 deniers par eux empruntée, en 1590, 1597 et 1599, au sieur de Châteauroux.

E 9°, f° 401 r°.

9535. — Arrêt autorisant la levée d'une somme de 2,013 livres 10 sols destinée à l'acquittement des dettes de la paroisse de Nort.

E 9°, f° 403 r°.

9536. — Arrêt ordonnant de surseoir à toutes les poursuites qui pourraient être exercées contre Jean Pallato, syndic et procureur de la ville et de la collecte d'Auch, à l'occasion des sommes par lui empruntées pour la ville et la collecte d'Auch et pour le comté d'Armagnac.

E 9°, f° 405 r°.

9537. — Arrêt confirmant à Léonard de Mausse la jouissance de la ferme générale des traites foraines et domaniales de Languedoc et de Provence.

E 9°, f° 407 r°.

9538. — Arrêt accordant un délai aux consuls de Montaigut-en-Combraille pour faire apparoir du consentement des habitants à une levée de 5,870 livres 2 sols 6 deniers.

E 9°, f° 409 r°.

9539. — Arrêt réduisant à 12,000 livres la subvention imposée en la présente année sur les villes

franches et abonnées de la généralité de Lyon, attendu qu'il n'y a en ladite généralité d'autre ville abonnée que Lyon.

E 9°, f° 410 r°.

9540. — Arrêt renvoyant aux trésoriers de France à Moulins la requête en remise de tailles présentée par les habitants des Écherolles et de Saint-Loup.

E 9°, f° 412 r°.

9541. — Arrêt renvoyant aux trésoriers de France à Moulins une requête en remise de tailles présentée par les habitants de Vaux, lesquels ont été éprouvés par la grêle.

E 9°, f° 413 r°.

9542. — Arrêt autorisant la levée d'une somme de 1,260 livres destinée au rachat de la rente due par les habitants de Saint-Cloud au sieur de Bonvillet, conseiller au Parlement.

E 9°, f° 414 r°.

9543. — Arrêt ordonnant le dépôt aux mains de Sébastien Zamet d'une somme de 3,770 livres saisie sur Laurent Severt, cessionnaire de la douane de Lyon, et sur Jacques Jacquet, sieur de La Verrière, caution dudit Severt.

E 9°, f° 416 r°.

9544. — Arrêt ordonnant l'exécution de l'édit du mois de janvier 1598 relatif aux ampliations de pouvoirs des huissiers et sergents royaux dans le ressort du parlement de Bordeaux, nonobstant l'opposition des trésoriers de France à Limoges.

E 9°, f° 418 r°.

9545. — Arrêt ordonnant la mise en liberté sous caution de M° Antoine Hervé, emprisonné depuis plus de trois ans et demi à la Conciergerie.

E 9°, f° 420 r°.

9546. — Arrêt renvoyant aux trésoriers de France en Bretagne une requête de François Du Bernet tendante à la confirmation d'un privilège conféré par le feu duc Jean de Bretagne à Alain Lamauguin.

E 9°, f° 421 r°.

9547. — Arrêt déclarant que le payement des

gages du receveur alternatif du domaine d'Agenais et de Condomois ne pourra être mis à la charge de la reine Marguerite de Valois.

E 9', f° 422 r°.

9548. — Arrêt ordonnant l'élargissement provisoire de Nicolas Buffet, salpêtrier, accusé d'avoir détenu du faux sel qu'il extrayait des salpêtres, attendu que le sel empoisonné ainsi obtenu n'a jamais été employé que dans l'industrie du cuir.

E 9', f° 424 r°.

9549. — Arrêt ordonnant le payement de la somme due au sieur Du Raullet, maître d'hôtel ordinaire du Roi, prévôt général de Normandie, à ses lieutenant, greffier et archers, pour leur solde de l'année 1604.

E 9', f° 426 r°.

9550. — Arrêt portant acceptation des conditions offertes par Thibaud de Lancreau, commis à la recette des deniers restés dus sur le produit du sol pour livre.

E 9', f° 427 r°.

9551. — Arrêt ordonnant la restitution d'une maison sise à Amboise et prise à Mᵉ Jean Convers, lieutenant général au bailliage d'Amboise, pour servir de geôle et de maison de justice.

E 9', f° 429 r°.

9552. — Arrêt déclarant que Christophe Danneray, Jacques Poiteras, la veuve de Mᵉ François Maillet, secrétaire du Roi, et Jean Le Nain, anciennement pourvu de pareil office, contribueront à la taxe levée en la ville de Tours pour le payement des dépenses nécessitées par l'épidémie de 1602 à 1604.

E 9', f° 430 r°.

9553. — Arrêt autorisant la levée du capital et des intérêts d'une somme de 2,120 livres 13 sols 7 deniers due par les habitants de Brioude aux consuls de ladite ville.

E 9', f° 432 r°.

9554. — Arrêt accordant aux petits bénéficiers du diocèse de Valence dont le revenu n'excède pas

100 livres remise des restes des décimes des années 1595 à 1602.

E 9', f° 434 r°.

[1605], 30 [août]. — Paris.

9555. — Arrêt déchargeant le clergé du diocèse de Tarbes d'une somme de 2,633 livres 15 sols.

E 9', f° 438 r°.

9556. — Arrêt confirmant à Jacques Boyadan et à ses associés la jouissance de la ferme générale [des dix-sept greniers à sel de Languedoc].

(Arrêt très endommagé.)

E 9', f° 442 r°.

9557. — Arrêt renvoyant à l'examen du procureur général certain avis présenté par le sieur Du Luat.

(Arrêt très endommagé.)

E 9', f° 445 r°.

1605, 1ᵉʳ septembre. — Paris.

9558. — Arrêt statuant sur une instance pendante entre Claude Rauquet, bourgeois du Puy, d'une part, Philibert Des Serpentz, sieur de Gondras, Vidal d'Ollezon, syndic du Velay, et plusieurs habitants du Puy, d'autre part.

E 9ᵇ, f° 1 r°.

9559. — Arrêt ordonnant à Mᵉ Pierre Abelly de payer une somme de 4,070 livres à [Jean] Palot, secrétaire du Roi.

(Arrêt très endommagé.)

E 9ᵇ, f° 5 r°.

9560. — Arrêt faisant défense aux protestants de Saint-Jean-d'Angely de troubler les catholiques en l'exercice de leur culte.

E 9ᵇ, f° 7 r°.

9561. — Arrêt relatif aux instances pendantes entre les conseillers au Parlement commissaires aux Requêtes du Palais, les conseillers des chambres des Enquêtes, Mᵉ Gaston de Grieu, conseiller aux Enquêtes, et Mᵉ Pierre Du Houssay, conseiller au Parlement, ci-devant commissaire aux Requêtes.

E 9ᵇ, f° 8 r°.

1605, 3 septembre. — Paris.

9562. — Arrêt interdisant au Grand Conseil la connaissance du procès pendant au Conseil d'État au sujet de la création de deux huissiers audienciers en la Prévôté de l'Hôtel.

E 9ᵇ, fᵒ 11 rᵒ.

1605, 6 septembre. — Paris.

9563. — Arrêt évoquant au Conseil les procédures entamées par les officiers de la mairie et de l'amirauté de la Rochelle contre un capitaine de navire faisant la guerre aux Espagnols par ordre du prince Maurice, et qui, après avoir pris une barque espagnole, avait relâché près de la Rochelle pour mettre ses bâtiments en état de recevoir des troupes envoyées au sieur de Châtillon.

E 9ᵇ, fᵒ 12 rᵒ.

9564. — Arrêt ordonnant le dépôt au greffe du Conseil des procédures dirigées contre un archer au sujet de la mort d'un faux-saunier blessé mortellement à Sainte-Maure-de-Touraine.

E 9ᵇ, fᵒ 14 rᵒ.

9565. — Arrêt ordonnant au lieutenant en la mairie, aux échevins et aux jurats de Bayonne d'envoyer au Conseil le devis des réparations qui sont à faire au Boucau.

E 9ᵇ, fᵒ 16 rᵒ.

9566. — Arrêt ordonnant l'exécution de l'édit du mois de mai 1597 relatif à l'hérédité des offices de notaires dans l'étendue des terres délaissées à la reine Marguerite.

E 9ᵇ, fᵒ 18 rᵒ.

9567. — « Reiglement arresté au Conseil du Roy touchant la despence des deniers provenans de la moictié de la grande coustume de Bayonne accordée par Sa Magesté aux habitans de ladite ville pour l'entretenement de leurs ponts, pavez, reparations et autres affaires... »

Ms. fr. 10842, fᵒ 210 vᵒ.

1605, 9 septembre. — Paris.

9568. — Arrêt relatif à une requête d'un maître marinier d'Amsterdam tendante au payement du prix d'un chargement de blé qui a été saisi sur son navire, alors relâchant dans la Somme, et qui a été transporté par ordre du Roi dans le magasin de Montreuil.

E 9ᵇ, fᵒ 20 rᵒ.

9569. — Arrêt portant à 315 livres les gages de Nicolas de La Barre, procureur en l'élection de Château-Thierry.

E 9ᵇ, fᵒ 22 rᵒ.

9570. — Arrêt ordonnant la levée d'une somme de 1,062 livres 19 sols due par les habitants de Coulommiers aux héritiers de leur syndic, feu Jean Lambert.

E 9ᵇ, fᵒ 24 rᵒ.

9571. — Arrêt prorogeant pour neuf années l'octroi concédé à la ville de Pontailler-sur-Saône, le produit en devant être affecté à l'entretien des ponts et de la levée.

E 9ᵇ, fᵒ 26 rᵒ.

9572. — Arrêt renvoyant à la Cour des monnaies la requête par laquelle le sieur Dulivier demande à être déchargé de la ferme des monnaies de Bayonne, attendu l'interdiction de trafiquer avec l'Espagne.

E 9ᵇ, fᵒ 28 rᵒ.

9573. — Arrêt ordonnant à Mᵉ Pierre Alméras, ci-devant trésorier des Ligues, de poursuivre le recouvrement des sommes assignées au précédent titulaire de son office, feu Claude Leroux.

E 9ᵇ, fᵒ 29 rᵒ.

9574. — Arrêt renvoyant au Grand Conseil le pourvoi formé par le sieur d'Elbène, gentilhomme ordinaire de la Chambre, contre un jugement de la Table de marbre.

E 9ᵇ, fᵒ 31 rᵒ.

9575. — Arrêt donnant décharge de 54,807 livres 4 sols à François Marcel et à Mᵉ Gérard Paul, ci-devant receveur général des finances en Provence.

E 9ᵇ, fᵒ 33 rᵒ.

9576. — Arrêt ordonnant la reddition des comptes de tous les receveurs préposés à la perception de la taxe d'un écu par tonneau de marchandise levée sur les navires dans les ports de Normandie.

E 9ᵇ, fᵒ 35 rᵒ.

9577. — Arrêt renouvelant la défense faite au receveur des amendes et à tous autres d'inquiéter Julien d'Elbène, gentilhomme ordinaire de la Chambre, au préjudice de la surséance à lui accordée par arrêt du 26 juillet dernier.

E 9ᵇ, fᵒ 36 rᵒ.

9578. — Arrêt subrogeant Mᵉ Jean Fleury aux droits de Charles Bidault, lequel avait traité avec le Roi pour l'avance de la somme empruntée aux officiers des finances de la généralité de Tours.

E 9ᵇ, fᵒ 38 rᵒ.

9579. — Arrêt ordonnant l'exécution du traité passé avec Gabriel de Sainte-Luce, lequel, en versant aux mains du Roi 36,000 livres, devait pouvoir imposer, par forme d'emprunt, 52,000 livres sur les officiers des finances de la généralité de Lyon.

E 9ᵇ, fᵒ 40 rᵒ.

9580. — Arrêt autorisant la levée d'une somme de 600 livres promise par les habitants du Port-Sainte-Marie au sieur de Gans, ci-devant commandant de la citadelle de Pugos en ladite ville.

E 9ᵇ, fᵒ 42 rᵒ.

9581. — Arrêt ordonnant le payement d'une rente due à François Allamant, président, à Jean Aubery, conseiller au Grand Conseil, et à Marthe Bresse, veuve de Claude de La Bistrade.

E 9ᵇ, fᵒ 44 rᵒ.

9582. — Arrêt maintenant les habitants du Catelet en jouissance de leurs exemptions, les déclarant particulièrement exempts de l'impôt du sol pour pot de vin vendu en détail dans ledit bourg et de la taxe de 9 livres 18 sols par tonneau de vin entrant dans leur ville, mais jusqu'à concurrence de 50 muids de vin par année seulement.

E 9ᵇ, fᵒ 45 rᵒ.

9583. — Arrêt déclarant que le payement des rentes constituées sur les greniers à sel de Normandie sera fait encore, pour le quartier d'avril de la présente année, par Mᵉ Claude Josse, fermier généra des gabelles, puis, pour les arrérages échus postérieurement au 1ᵉʳ juillet, par l'un des deux payeurs et controleurs desdites recettes nouvellement créés.

E 9ᵇ, fᵒ 47 rᵒ.

9584. — Arrêt admettant Jean de Beaufort à se pourvoir en inscription de faux par-devant les commissaires ordonnés pour la recherche des faux acquits employés dans les comptes de l'Extraordinaire des guerres.

E 9ᵇ, fᵒ 53 rᵒ.

9585. — Arrêt renvoyant au Châtelet le soin de distribuer entre les créanciers de Jacques Jacquet et de Laurent Severt une somme de 43,770 livres provenant de la vente de leurs biens.

E 9ᵇ, fᵒ 54 rᵒ.

9586. — Arrêt rejetant les offres faites par Henri de La Ruelle pour être subrogé aux droits de Mᵉ Jean Moisset, fermier général des aides.

E 9ᵇ, fᵒ 56 rᵒ.

9587. — Arrêt ordonnant au procureur général au parlement de Bordeaux et aux trésoriers de France à Bordeaux de donner leur avis sur l'exemption de tous droits de francs-fiefs et de nouveaux acquêts prétendue par les habitants de Bourg-sur-Gironde, et leur ordonnant de faire savoir si les villes de Bordeaux, Blaye et Libourne jouissent de pareille exemption.

E 9ᵇ, fᵒ 57 rᵒ.

9588. — Arrêt attribuant 200 livres aux officiers du bailliage et du présidial de Chaumont-en-Bassigny pour droit de buvette, c'est-à-dire pour l'achat du bois, du charbon, de la chandelle, de l'encre, du papier, etc.

E 9ᵇ, fᵒ 58 rᵒ.

9589. — Arrêt affectant 3,000 livres aux réparations des ponts et chaussées de Cognac.

E 9ᵇ, fᵒ 59 rᵒ.

9590. — Arrêt ordonnant que délivrance soit

faite à l'abbaye de Notre-Dame de Valsery de six arpents de bois en la forêt de Retz, et renvoyant d'ailleurs à la Table de marbre la vérification du droit de tréfonds prétendu par ladite abbaye en ladite forêt.

E 9ᵇ, fᵒ 61 rᵒ.

9591. — Arrêt interdisant à la cour des aides de Montpellier et réservant au Conseil la connaissance des procès pendants entre le syndic et plusieurs paroisses du pays de Gévaudan.

E 9ᵇ, fᵒ 62 rᵒ.

9592. — Arrêt renvoyant aux trésoriers de France à Soissons la requête en décharge présentée par Claude Des Vallées, fermier des 5 sols par muid de vin entrant dans les villes de la généralité de Soissons.

E 9ᵇ, fᵒ 64 rᵒ.

9593. — Arrêt ordonnant le rétablissement de sept places d'archers supprimées dans la compagnie du bailli du haut pays d'Auvergne.

E 9ᵇ, fᵒ 66 rᵒ.

9594. — Arrêt faisant défense à Jacques Maulevault de poursuivre ailleurs qu'en la Chambre royale Mᵉ Pierre de Bernières, trésorier de France à Caen.

E 9ᵇ, fᵒ 67 rᵒ.

9595. — Arrêt ordonnant l'envoi à la Chambre des comptes de tous les comptes rendus de 1580 à 1600 par les voituriers et adjudicataires de la ferme dite « à la part du royaume ».

E 9ᵇ, fᵒ 68 rᵒ.

9596. — Arrêt déclarant que le greffier général des traites et de l'entrée des marchandises étrangères en Normandie touchera 3 deniers pour livre sur le produit desdites traites et droits d'entrée, évalué à 160,000 livres.

E 9ᵇ, fᵒ 70 rᵒ.

9597. — Arrêt confirmant pour six années nouvelles l'exemption de tous droits de traites, impositions foraines, etc., dont jouissent les habitants de Bayonne.

E 9ᵇ, fᵒ 71 rᵒ.

9598. — Arrêt ordonnant le rétablissement de diverses parties rayées par la Chambre des comptes sur le compte de Mᵉ Gaston Midorge, trésorier de l'Artillerie.

E 9ᵇ, fᵒ 73 rᵒ.

9599. — Arrêt accordant décharge de 1,000 livres à la veuve de Mᵉ Jean Mingault, procureur au présidial de Châteauroux et fermier du sol pour livre en l'élection de Châteauroux, lequel a été tué au moment où il voulait établir ledit impôt en la ville d'Argenton.

E 9ᵇ, fᵒ 75 rᵒ.

9600. — Arrêt validant la levée d'une somme de 756 écus 26 sols 6 deniers faite sur les habitants de Saint-Léonard-de-Noblat pour subvenir aux frais de réparation du clocher de leur grande église, des tours et murailles de leur ville, des arches du pont sur la Vienne, etc.

E 9ᵇ, fᵒ 77 rᵒ.

9601. — Arrêt attribuant à Mᵉ Claude Josse, fermier général des gabelles, le produit des « déchets extraordinaires » que sont tenus de payer les voituriers du sel, « lesquelz vendent du sel le long des rivières et chemins où ilz passent », et renvoyant aux grènetiers, en première instance, et aux cours des aides, en appel, la connaissance des différends soulevés au sujet desdits déchets.

E 9ᵇ, fᵒ 78 rᵒ.

9602. — Arrêt enjoignant aux trésoriers de France à Lyon de faire exécuter l'arrêt du 9 juillet dernier, lequel ordonnait de surseoir à la levée de 19,000 écus dus à Mᵉ Pierre Mutin, receveur des tailles en l'élection de Forez.

E 9ᵇ, fᵒ 79 rᵒ.

9603. — Arrêt assignant au Conseil Mᵉ Blaise Perrot, qui, malgré la suppression des élections particulières, ne laisse pas d'exercer l'office d'élu particulier en la ville d'Argenton.

E 9ᵇ, fᵒ 81 rᵒ.

9604. — Arrêt ordonnant « la vente en hérédité des greffes de l'impost du sel en chacune paroisse où ledit impost a lieu », nonobstant l'opposition des trésoriers de France en Champagne.

E 9ᵇ, fᵒ 82 rᵒ.

9605. — Arrêt ordonnant que les habitants de Louhans soient assignés au Conseil pour répondre aux fins d'une requête présentée par Mᵉ Claude Josse, fermier général des gabelles.

E 9ᵇ, fᵒ 83 rᵒ.

9606. — Arrêt accordant au receveur du taillon en l'élection de Chartres décharge d'une somme de 3,807 livres 6 deniers volée en la forêt d'Orléans.

E 9ᵇ, fᵒ 84 rᵒ.

9607. — Arrêt ordonnant l'exécution des sentences rendues par les conseillers du Trésor et des Eaux et forêts à la poursuite de la princesse de Condé, conformément au don fait par le Roi au prince de Condé de tous les deniers provenant des abus et malversations commis depuis trente ans dans les forêts de la généralité de Paris.

E 9ᵇ, fᵒ 85 rᵒ.

9608. — Arrêt renvoyant au sieur de Maupeou, intendant des finances, la vérification du compte des nouvelles impositions de Pontoise, ainsi que la vérification du compte des 45,000 écus levés lors de la réduction de ladite ville en l'obéissance du feu Roi.

E 9ᵇ, fᵒ 86 rᵒ.

9609. — Arrêt portant à 5 sols le droit levé sur chaque pipe de vin passant par la Mayenne, entre Laval et Château-Gontier, le produit en devant être affecté au payement des réparations faites aux vingt-deux chaussées et aux quarante-quatre portes marines établies sur la Mayenne entre Laval et Château-Gontier.

E 9ᵇ, fᵒ 87 rᵒ.

9610. — Arrêt ordonnant la vente de l'office de contrôleur triennal des tailles au diocèse de Béziers.

E 9ᵇ, fᵒ 89 rᵒ.

9611. — Arrêt ordonnant la vente de l'office de contrôleur triennal des tailles en la recette particulière de Saint-Pons.

E 9ᵇ, fᵒ 90 rᵒ.

9612. — Arrêt ordonnant la vente de l'office de receveur particulier triennal des tailles au diocèse de Béziers.

E 9ᵇ, fᵒ 92 rᵒ.

9613. — Arrêt ordonnant la vente de l'office de receveur particulier triennal des aides, tailles, taillon, octroi, équivalent et deniers extraordinaires levés au diocèse d'Agde.

E 9ᵇ, fᵒ 94 rᵒ.

9614. — Arrêt ordonnant la vente de l'office de receveur ancien et triennal des tailles au diocèse de Saint-Pons.

E 9ᵇ, fᵒ 96 rᵒ.

9615. — Arrêt ordonnant l'envoi de « lettres patentes excitatives » aux baillis et sénéchaux pour les engager à poursuivre activement les usuriers.

E 9ᵇ, fᵒ 98 rᵒ.

9616. — Arrêt déclarant que Claude Courtaillier jouira de la ferme des 60 sols par tonneau levés sur tous les navires entrant dans les ports de Normandie, sauf Dieppe et le Havre, les navires entrant dans ces deux derniers ports payant seulement un droit de 20 sols par tonneau.

E 9ᵇ, fᵒ 99 rᵒ.

9617. — Arrêt ordonnant aux trésoriers de France à Tours d'enregistrer les lettres de prorogation de l'impôt de 5 sols par muid de vin ou autre boisson recueilli et consommé dans l'étendue de la généralité de Tours.

E 9ᵇ, fᵒ 101 rᵒ.

9618. — Arrêt ordonnant aux trésoriers de France à Lyon d'envoyer un état des rentes constituées sur l'équivalent du Lyonnais.

E 9ᵇ, fᵒ 103 rᵒ.

9619. — Arrêt autorisant les habitants de Châtillon-sur-Loire à lever, en deux années, une somme de 3,216 livres 8 sols 2 deniers destinée au payement de leurs dettes.

E 9ᵇ, fᵒ 104 rᵒ.

9620. — Arrêt déclarant que les deniers revenant bons de la vente des bois de Sainte-Menehould seront affectés au payement d'une rente due au duc de Nevers.

E 9ᵇ, fᵒ 105 rᵒ.

9621. — Arrêt ordonnant la revente du péage et des aides de Mâcon, le produit en devant être affecté au remboursement des sommes pour lesquelles le feu comte de Charny, au nom du Roi, s'était obligé envers les Suisses.

E 9ᵇ, fᵒ 106 rᵒ.

9622. — Arrêt autorisant la levée d'une somme de 2,610 livres 10 sols restée due par les habitants de Saint-Flour à leurs anciens consuls de l'année 1586, pour dépenses occasionnées par une épidémie.

E 9ᵇ, fᵒ 108 rᵒ.

9623. — Arrêt déclarant que Joseph Fourny, adjudicataire du droit d'entrée levé sur les denrées et marchandises en l'élection d'Orléans, étant fermier et non comptable, n'a point de comptes à rendre à la Chambre des comptes.

E 9ᵇ, fᵒ 110 rᵒ.

9624. — Arrêt ordonnant la réception de Mᵉ Pierre Baudan en un office de maître ordinaire en la chambre des comptes de Montpellier.

E 9ᵇ, fᵒ 112 rᵒ.

9625. — Arrêt ordonnant la réception de Mᵉ Thomas Le Cornier en un office de commissaire-examinateur en la vicomté de Lyons.

E 9ᵇ, fᵒ 113 rᵒ.

9626. — Arrêt renvoyant au juge d'Andely et, en appel, au parlement de Rouen le procès pendant entre Louis de Martinville et Louis de Sebonville, sieur des Marestz, au sujet d'une fourniture de blé faite, en 1591, à l'armée campée sous les murs de Rouen.

E 9ᵇ, fᵒ 115 rᵒ.

9627. — Arrêt confirmant aux trésorier, chapelains et clercs de la chapelle royale du Gué de Maulny, au Mans, le droit de nommer à tous les offices de notaires royaux dans le comté du Maine, conformément aux lettres de Philippe VI du mois de septembre 1329.

E 9ᵇ, fᵒ 117 rᵒ.

9628. — Arrêt révoquant le don fait à Mᵉ Paul Du Thier de la charge de garde des quais de Nogent-le-Roi.

E 9ᵇ, fᵒ 119 rᵒ.

9629. — Arrêt déclarant que Mᵉ Jean de Moisset, fermier général des aides, jouira paisiblement de son bail, nonobstant les modifications imposées par la cour des aides de Normandie.

E 9ᵇ, fᵒ 121 rᵒ.

9630. — Arrêt accordant au sieur de Fournel, intendant des fortifications et réparations du Lyonnais, mainlevée d'un certain nombre de bœufs qui lui servaient à faire des charrois dans les bois de la Madeleine et du Sapet, et qui ont été saisis par le maître particulier des Eaux et forêts en Bourbonnais.

E 9ᵇ, fᵒ 123 rᵒ.

9631. — Arrêt renvoyant au grand maître des Eaux et forêts au département de Champagne, Bourgogne, Forez et Bourbonnais une requête du sieur de Fournel, qui se plaint de n'avoir pas trouvé dans les bois de la Madeleine et du Sapet les 3,320 pieds d'arbres dont il s'était porté adjudicataire.

E 9ᵇ, fᵒ 125 rᵒ.

9632. — Arrêt déclarant que les habitants d'Avignon et du Comtat-Venaissin sont regnicoles et jouiront des mêmes privilèges, payeront les mêmes droits pour le transport de l'or, de l'argent, des marchandises ou des denrées, seront soumis aux mêmes ordonnances que les autres sujets du royaume; maintenant, en outre, les droits d'entrée établis à Avignon antérieurement à l'adjudication du droit de patente de Languedoc.

E 9ᵇ, fᵒ 126 rᵒ.

9633. — Arrêt autorisant les habitants du diocèse de Mirepoix à lever sur eux-mêmes en quatre années une somme de 44,810 livres 2 sols 6 deniers pour l'acquittement de leurs dettes.

E 9ᵇ, fᵒ 128 rᵒ.

9634. — Arrêt accordant à Mᵉ Raymond Ducup mainlevée de son office de receveur des tailles au diocèse de Carcassonne.

E 9ᵇ, fᵒ 130 rᵒ.

9635. — Arrêt déclarant que les habitants de la ville et du duché de Thouars payeront seulement l'impôt de 4 livres 10 sols par pipe de vin pour le vin de leur cru transporté en Bretagne, en Anjou, etc.

E 9ᵇ, fᵒ 131 rᵒ.

9636. — Arrêt ordonnant des perquisitions chez tous les teinturiers du royaume et la destruction de l'anil et de l'indigo qui y seront trouvés, attendu que ces drogues de provenance étrangère ont contribué à ruiner le commerce du pastel, naguère florissant en Languedoc.

E 9ᵇ, fᵒ 132 rᵒ.

9637. — Arrêt réglant le payement des dettes de la ville de Troyes.

E 9ᵇ, fᵒ 133 rᵒ.

9638. — Arrêt ordonnant que le viguier et les consuls de Sisteron, etc., seront assignés au Conseil pour répondre aux accusations portées contre eux par le visiteur général des gabelles à l'occasion des troubles et de l'émeute survenus en ladite ville dès le mois de juin dernier.

E 9ᵇ, fᵒ 137 rᵒ.

9639. — Arrêt condamnant Mᵉ Charles Du Han, fermier des cinq grosses fermes, à laisser jouir Mᵉ Étienne Piétrequin de son office de greffier des traites foraines et domaniales au bureau de Chaumont, ou à lui en payer les gages et émoluments.

E 9ᵇ, fᵒ 139 rᵒ.

9640. — Arrêt ordonnant aux habitants de Moulins de rapporter le compte du produit de l'octroi destiné aux réparations des ponts sur l'Allier, afin qu'il puisse être statué sur leur requête tendante à la prorogation dudit octroi.

E 9ᵇ, fᵒ 140 rᵒ.

9641. — Arrêt déchargeant Mᵉ Jean Delom, ci-devant trésorier provincial de l'Extraordinaire des guerres en Languedoc, des obligations à lui imposées par arrêt du 30 mars 1602 et par commission du 26 octobre dernier.

E 9ᵇ, fᵒ 141 rᵒ.

9642. — Arrêt réglant le payement d'une somme

de 30,000 livres due par le prince d'Anhalt à René de Saint-Clément, sieur de Longuerais, lequel a cédé ses droits à Marc-Antoine Sardini, cette somme ayant été ensuite saisie, à la requête des huissiers du Conseil, pour le payement de leurs chaînes d'or.

E 9ᵇ, fᵒ 142 rᵒ.

1605, 10 septembre. — Paris.

9643. — Arrêt autorisant Briand Pomey, grand-père et tuteur des enfants mineurs de feu Pierre Pomey, ci-devant fermier de la douane de Lyon, à compter « comme de clerc à maître » des deniers provenus de ladite ferme entre le 1ᵉʳ janvier et le 30 septembre de l'année 1604.

E 9ᵇ, fᵒ 143 rᵒ.

9644. — Arrêt déclarant que les sous-fermiers établis par Mᵉ Jean de Moisset, adjudicataire général des aides de France, jouiront seuls du produit des impôts et billots de Bretagne, nonobstant l'opposition du parlement de ce pays.

E 9ᵇ, fᵒ 147 rᵒ.

9645. — Arrêt ordonnant que tous les comptes des levées extraordinaires affectées au payement des Suisses seront concentrés entre les mains du sieur de Vic, ci-devant ambassadeur en Suisse, lequel Sa Majesté charge de veiller, conjointement avec Mᵉ Claude Le Sergent, auditeur en la Chambre des comptes, à ce que lesdits deniers parviennent à destination.

E 9ᵇ, fᵒ 148 rᵒ.

9646. — Arrêt cassant tous les arrêts du parlement de Bourgogne contraires à l'édit rendu au sujet de l'hérédité des offices de notaires royaux.

E 9ᵇ, fᵒ 150 rᵒ.

9647. — Arrêt ordonnant que Jacqueline d'Humières, vicomtesse de Brigueil, soit remboursée d'une somme de 51,445 écus 6 sols avancée en 1589 et en 1590 par son défunt frère, le sieur d'Humières, pour l'entretien de la garnison de Compiègne.

E 9ᵇ, fᵒ 152 rᵒ.

9648. — Arrêt ordonnant que nouvelle assignation soit donnée à la reine Marguerite d'une somme de 32,939 livres à elle restée due sur la pension de l'année 1596.

E 9^b, f° 154 r°.

9649. — Arrêt confirmant au sieur de Châtillon, amiral de Guyenne, le droit de nommer aux offices de juges, lieutenants, avocats, procureurs, greffiers, etc., dans les sièges dépendants de ladite amirauté, nonobstant l'opposition de M° Charles Paulet, secrétaire de la Chambre, « ayant contracté tant du droit annuel de dispence que du revenu des Partyes cazuelles ».

E 9^b, f° 155 r°.

9650. — Arrêt réglant le payement des dettes qu'a contractées, pendant les troubles, la ville de Thiers pour se maintenir en l'obéissance du Roi.

E 9^b, f° 157 r°.

9651. — Arrêt réglant le payement des dettes contractées, avant et pendant les troubles, par les gens du tiers état du bas pays d'Auvergne et par les échevins de Clermont.

E 9^b, f° 159 r°.

9652. — Arrêt réglant le remboursement de diverses sommes dues à Claude La Noyerie de Maringues pour fourniture de sel faite en Auvergne.

E 9^b, f° 161 r°.

9653. — Arrêt ordonnant aux trésoriers de France à Riom de faire compter par état M° Hugues Poisson, ci-devant commis à la recette des 2 écus 5 sols par minot de sel affectés au payement des dettes du bas pays d'Auvergne.

E 9^b, f° 163 r°.

9654. — Arrêt déclarant qu'il sera fait compensation entre une somme de 3,000 livres due par le Roi à Nicolas Le Bègue pour le remboursement des greffes du présidial de Beauvais, et une somme égale due au Roi par ledit Le Bègue comme caution d'un ancien fermier du sol pour livre à Beauvais.

E 9^b, f° 164 r°.

1605, 10 septembre. — Fontainebleau.

9655. — Arrêt déclarant que, moyennant les 2 sols pour livre à lui attribués par arrêt du 18 janvier 1598 (n° 4392), Étienne Audouyn de Montherbu doit supporter tous les frais du recouvrement des deniers provenant de l'« hérédité » des offices de notaires, lui attribuant toutefois une indemnité de 30,000 livres, attendu qu'en plusieurs ressorts l'édit des hérédités n'a point reçu d'exécution.

E 9^b, f° 165 r°.

1605, 14 septembre. — Paris.

9656. — Arrêt accordant surséance aux villages de Dauphiné pour le payement de leurs dettes, en attendant que les prochains États de la province statuent sur la réduction ou sur l'acquittement desdites dettes.

E 9^b, f° 167 r°.

1605, 15 septembre. — Fontainebleau.

9657. — Arrêt relatif à la vérification de la finance payée par les acquéreurs des domaines de Saint-Sauveur-Lendelin, de Saint-Sauveur-le-Vicomte, de Valognes et d'Alençon.

E 9^b, f° 169 r°.

9658. — Arrêt ordonnant que les offices de vendeurs de bétail jurés nouvellement créés dans les villes et bourgs de marché devront être supprimés dans les terres inféodées en cas de réclamation des seigneurs.

E 9^b, f° 170 r°.

9659. — Arrêt adjugeant à Gaspard Corneglia, au prix de 6,000 livres, la ferme de la traverse et du demi pour cent dans les pays de Bresse, Bugey, Valromey et Gex.

E 9^b, f° 171 r°.

9660. — Arrêt adjugeant à Gaspard Corneglia l'office de maître des ports, ponts et hauts passages dans les pays de Bresse, Bugey et Gex.

E 9^b, f° 172 r°.

9661. — Arrêt ordonnant l'élargissement de

M° Claude Amaury, receveur ordinaire du domaine de Paris, emprisonné à la requête d'Eustache Puthomme, cordonnier, qui poursuivait la restitution des droits de lods et ventes par lui payés pour l'acquisition d'une maison sise près la porte Baudoyer, dans la censive du Roi.

E 9ᵇ, f° 173 r°.

9662. — Arrêt acceptant les offres faites par Saubat de Sainte-Croix au sujet de la ferme du domaine forain de Dax, Saint-Sever, etc.

E 9ᵇ, f° 175 r°.

9663. — Arrêt attribuant à la duchesse de Nemours les deux tiers seulement des deniers provenants des droits de lods et ventes recélés en la ville et vicomté de Paris, et cela jusqu'à concurrence d'une somme de 50,000 livres à elle donnée en 1563.

E 9ᵇ, f° 176 r°.

9664. — Arrêt statuant sur un procès intenté au syndic général des États de Dauphiné par le comte de Grignan à l'occasion de la démolition de son château de Champs, près Grenoble.

E 9ᵇ, f° 178 r°.

9665. — Arrêt ordonnant que M° Jean-Georges Caulet, trésorier de France à Toulouse, sera contraint de verser à l'Épargne une somme de 6,000 livres.

E 9ᵇ, f° 180 r°.

9666. — Arrêt ordonnant que les maîtres jurés tailleurs et chaussetiers se réuniront en assemblée générale au Châtelet de Paris pour délibérer sur une proposition de la comtesse de Guiche tendante à ce qu'il soit permis indifféremment aux deux métiers de fabriquer des chausses et des pourpoints.

E 9ᵇ, f° 181 r°.

9667. — Arrêt chargeant les trésoriers de France à Riom de déterminer la somme pour laquelle les cent vingt-neuf paroisses distraites de l'élection de Clermont et jointes à l'élection de Gannat contribueront à la taxe de 90,000 livres levée chaque année sur les élections de Clermont, d'Issoire et de Brioude.

E 9ᵇ, f° 182 r°.

9668. — Arrêt ordonnant l'expédition d'un édit qui crée un office de vicomte, un office de lieutenant et un office de procureur du Roi dans chacun des sièges dépendants des anciennes vicomtés de Normandie et où les anciens vicomtes devaient aller rendre la justice.

E 9ᵇ, f° 184 r°.

9669. — Avis du Conseil tendant à faire don de 5,000 livres à Joseph Croisier, receveur général des finances à Limoges, lequel a payé pareille somme à un nommé Pierre Guybert, soi-disant valet de chambre du Roi, au vu d'une lettre fausse du marquis de Rosny.

E 9ᵇ, f° 185 r°.

9670. — Arrêt déclarant que les sommes levées en Dauphiné pour les frais du procès pendant au Conseil entre les trois ordres de la province seront employées à l'exécution du règlement rendu au Conseil au sujet des dettes des villages de Dauphiné; autorisant, en outre, les paroisses de cette province à faire, pour le même objet, une levée supplémentaire, et mettant sous la garde du Roi le commissaire chargé de faire exécuter ce règlement.

E 9ᵇ, f° 186 r°.

9671. — Arrêt ordonnant le versement à l'Épargne des deniers provenants de la recherche des abus commis depuis 1599 sur le fait des traites de Normandie.

E 9ᵇ, f° 188 r°.

9672. — Arrêt ordonnant au prévôt de Paris de recevoir, quoique comptable, M° Denis Feydeau, receveur général des finances à Amiens et à Soissons, comme caution de Henri de La Ruelle, nouveau fermier général des aides de France.

E 9ᵇ, f° 189 r°.

9673. — Arrêt déclarant que Henri de La Ruelle sera subrogé aux droits de M° Jean de Moisset dans le bail général des aides comme dans le contrat conclu avec le prince d'Anhalt.

E 9ᵇ, f° 190 r°.

9674. — Arrêt réglant le payement des gages de

Louis Texier et de Gabriel Milet, contrôleurs généraux du domaine en Berry.

E 9ᵇ, fᵒ 192 rᵒ.

9675. — « Articles du traicté des amandes adjugées au Roy par Messieurs les commissaires depputez pour la recherche des finances en la province de Bretaigne accordez à Mᵉ Bridon. »

E 9ᵇ, fᵒ 194 rᵒ.

9676. — Arrêt déclarant que les nommés Nicolas Thierry et Nicolas de Baucourt, qui ont traité au sujet de la taxe des officiers des finances de la généralité d'Amiens, seront tenus de remplir leurs engagements.

E 9ᵇ, fᵒ 196 rᵒ.

1605, 17 septembre. — Fontainebleau.

9677. — Arrêt autorisant les habitants de Saint-Chamond à lever, en deux ans, une somme de 2,400 livres.

E 9ᵇ, fᵒ 197 rᵒ.

9678. — Arrêt ordonnant l'élargissement du geôlier du Petit-Châtelet, emprisonné par ordre de la Chambre des comptes pour avoir, en vertu d'une ordonnance des trésoriers de France, élargi le receveur du domaine de Paris.

E 9ᵇ, fᵒ 198 rᵒ.

9679. — Arrêt faisant remise des restes des tailles des années 1597 à 1601 aux habitants de Nervieux, de la Bouteresse et de Saint-Barthélemy-Lestra, « attendu la notoire ruyne et pauvreté advenue ausdites parroisses pendant les derniers troubles, en sorte qu'à présent elles sont demeurées desertes ».

E 9ᵇ, fᵒ 200 rᵒ.

9680. — Arrêt renvoyant aux trésoriers de France en Picardie une requête par laquelle les habitants de Desvres demandent remise des arrérages par eux dus au domaine depuis 1589 jusqu'à 1599, attendu la dévastation de leurs terres et le décroissement de la population, qui de deux cent cinquante est descendue à vingt-deux.

E 9ᵇ, fᵒ 201 rᵒ.

1605, 19 septembre. — Fontainebleau.

9681. — Arrêt accordant aux sieurs de Comans et de La Planche, directeurs de la fabrique de tapisseries établie au faubourg Saint-Marcel et à Amiens, mainlevée, pour cette fois seulement, des balles de soie qu'ils avaient fait venir de Flandre, et qui avaient été saisies comme n'étant pas entrées par Lyon.

E 9ᵇ, fᵒ 202 rᵒ.

9682. — Arrêt autorisant les adjudicataires de la ferme générale des gabelles du Lyonnais à saisir une somme de 123,000 livres entre les mains des adjudicataires de la ferme dite « à la part du royaume ».

E 9ᵇ, fᵒ 203 rᵒ.

9683. — Arrêt faisant remise aux habitants de Clermont de moitié de la subvention levée en la présente année à la place du sol pour livre.

E 9ᵇ, fᵒ 204 rᵒ.

9684. — Arrêt ordonnant que le produit de la vente de l'office de contrôleur-visiteur des cuirs à Paris et à Saint-Denis sera délivré au colonel Gallaty et au capitaine Keller.

E 9ᵇ, fᵒ 205 rᵒ.

9685. — Arrêt renvoyant au Grand Conseil le procès pendant entre Emmanuel de Savoie, marquis de Villars, les syndics et consuls des collectes de Jegun, de Vic-Fezensac et d'Eauze, des pays de Comminges, d'Agenais, de la collecte d'Auch, de Nogaro, de Mauvezin, de la collecte de Fezensaguet, de Castelnau-Rivière-Basse, du Condomois, du Bazadais, de Rivière-Verdun, etc.

E 9ᵇ, fᵒ 207 rᵒ.

9686. — Arrêt ordonnant à Mᵉ Henri Guillemot de passer outre au recouvrement des taxes levées sur les officiers des finances, nonobstant l'opposition des trésoriers de France à Lyon.

E 9ᵇ, fᵒ 209 rᵒ.

9687. — Arrêt ordonnant que Mᵉ Isaac Fournier sera maintenu en la charge d'avocat et de conseil des

États de Bourgogne, conformément aux arrêts du 14 août 1604 et du 4 août dernier.

E 9ᵇ, fᵒ 210 rᵒ.

1605, 20 septembre. — Fontainebleau.

9688. — Arrêt réglant l'ordre de préséance des trésoriers de France à Moulins, et ordonnant à tous les trésoriers de France de prêter dorénavant serment devant le Chancelier avant de se faire recevoir en la Chambre des comptes.

E 9ᵇ, fᵒ 211 rᵒ.

9689. — Arrêt défendant à la Chambre des comptes de procéder à la réception des trésoriers de France avant qu'il lui soit apparu de la prestation du serment que lesdits trésoriers sont tenus de faire entre les mains du Chancelier ou du Garde des sceaux.

E 9ᵇ, fᵒ 213 rᵒ.

1605, 5 octobre. — Tours.

9690. — Arrêt déchargeant le geôlier du Petit-Châtelet, le receveur du domaine de la vicomté de Paris et les trésoriers de France à Paris des condamnations portées contre eux par arrêts de la Chambre des comptes au sujet du payement des droits de lods et ventes dus par Eustache Puthomme; enjoignant toutefois aux trésoriers de France de respecter dorénavant les jugements rendus par la Chambre des comptes, et leur ordonnant de conférer à l'amiable avec ladite Chambre au sujet des affaires dépendantes de leurs charges.

E 9ᶜ, fᵒ 1 rᵒ; ms. fr. 18169, fᵒ 1 vᵒ, et AD I 139, nᵒ 32.

9691. — Arrêt ordonnant la réduction des intérêts des sommes dues par les bourgs et villages de Bourgogne, nonobstant l'opposition du parlement de Dijon, et confiant à deux commissaires la vérification de leurs dettes.

E 9ᶜ, fᵒ 3 rᵒ, et ms. fr. 18169, fᵒ 2 vᵒ.

9692. — Arrêt déclarant que les boulangers fils de maîtres, qui veulent parvenir à la maîtrise en la ville de Tours, doivent payer 9 livres pour leur réception à Pierre Ribot, «fermier des droicts du Roy pour les mestiers jurez de la ville et faulxbourgs de Tours».

E 9ᶜ, fᵒ 5 rᵒ, et ms. fr. 18169, fᵒ 1 rᵒ.

9693. — Arrêt ordonnant l'élargissement de Henri Tireul, huissier en la Chambre des comptes, emprisonné en vertu d'un arrêt du Conseil du 17 septembre dernier.

E 9ᶜ, fᵒ 6 rᵒ, et ms. fr. 18169, fᵒ 3 vᵒ.

1605, 17 octobre. — Limoges.

9694. — Arrêt déterminant la place que doivent occuper l'évêque, le clergé et l'abbé de Saint-Martial de Limoges lors de l'entrée du Roi en l'église Saint-Martial.

E 9ᶜ, fᵒ 7 rᵒ, et ms. fr. 18169, fᵒ 4 vᵒ.

9695. — Arrêt accordant de nouveaux octrois aux habitants de Selles-en-Berry, le produit en devant être affecté aux réparations des murailles et des ponts.

E 9ᶜ, fᵒ 8 rᵒ, et ms. fr. 18169, fᵒ 4 rᵒ.

9696. — Arrêt ordonnant l'élargissement de Mᵉ Pierre Abelly, receveur général des finances à Limoges, emprisonné à la requête de Mᵉ Jean Palot, ci-devant commis à la recette des deniers octroyés par le Roi à ceux de la Religion prétendue réformée.

E 9ᶜ, fᵒ 9 rᵒ, et ms. fr. 18169, fᵒ 5 rᵒ.

9697. — Arrêt réglant le payement de l'augmentation de gages accordée aux officiers de la Chambre des comptes qui ont payé finance pour la survivance de leurs offices.

E 9ᶜ, fᵒ 10 rᵒ, et ms. fr. 18169, fᵒ 9 rᵒ.

9698. — Arrêt ordonnant le versement à l'Épargne de tous les restes de l'année 1602 recouvrés par le receveur général des finances à Lyon, nonobstant une requête présentée par le trésorier des Ligues, Mᵉ Claude de Bugnon.

E 9ᶜ, fᵒ 12 rᵒ, et ms. fr. 18169, fᵒ 9 vᵒ.

9699. — Arrêt ordonnant qu'à partir du 1ᵉʳ janvier prochain l'élection de Montluçon sera incorporée à la généralité de Bourges, et l'élection de Château-Chinon à la généralité de Moulins.

E 9ᶜ, fᵒ 13 rᵒ.

9700. — Règlement en seize articles au sujet de la ferme des impositions de Garonne et Dordogne et de l'extinction du convoi de Bordeaux.

E 9°, f° 14 r°, et ms. fr. 18169, f° 6 r°.

1605, 19 octobre. — Limoges.

9701. — Arrêt déclarant que les habitants d'Auxonne conserveront la jouissance des halles de leur ville, à eux vendues à faculté de rachat, nonobstant la réunion au domaine du droit de hallage.

E 9°, f° 18 r°, et ms. fr. 18169, f° 11 r°.

9702. — Arrêt accordant un nouveau délai d'un an à la princesse d'Orange et à la dame de Bourzolles pour vendre les ampliations attribuées aux huissiers et sergents royaux dans le ressort du parlement de Paris.

E 9°, f° 20 r°, et ms. fr. 18169, f° 10 v°.

9703. — Arrêt ordonnant de surseoir à l'exécution d'un arrêt du Conseil privé du 13 juin dernier qui condamnait M° Jean Verdier, trésorier de France à Limoges, à rembourser à M° Jean Dupin le prix du greffe des insinuations ecclésiastiques dudit diocèse.

E 9°, f° 21 r°, et ms. fr. 18169, f° 10 r°.

9704. — Arrêt annulant les décrets de prises de corps rendus en la Chambre royale contre M° Christophe Vincent, président, et François Hobelin, élu en l'élection d'Auxerre.

E 9°, f° 22 r°, et ms. fr. 18169, f° 9 v°.

9705. — Arrêt ordonnant la levée d'une somme de 2,000 livres destinée à l'acquisition ou à la construction d'une maison qui servira de prison à Auxonne.

E 9°, f° 23 r°, et ms. fr. 18169, f° 12 r°.

1605, 21 octobre. — Limoges.

9706. — Arrêt relatif à une requête par laquelle les habitants de Castelvieil-lès-Albi demandent à racheter les terre et seigneurie de Castelvieil, ven-

dues en 1521 à M° Albert Dupuy, médecin du roi François I°.

E 9°, f° 24 r°, et ms. fr. 18169, f° 14 v°.

9707. — Arrêt autorisant M° Denis Feydeau, receveur général des finances en Picardie, «ayant l'administration generale du bail des aydes de France», à faire procéder à Paris à l'adjudication des fermes comprises dans ledit bail.

E 9°, f° 25 r°, et ms. fr. 18169, f° 13 v°.

9708. — Arrêt ordonnant la remise en adjudication de la ferme de la douane de Vienne.

E 9°, f° 26 r°, et ms. fr. 18169, f° 13 r°.

9709. — Arrêt déclarant que les trésoriers provinciaux de l'Extraordinaire des guerres seront tenus de résider, pendant leur exercice, dans la principale ville de leur département, et que ceux qui ont deux départements seront tenus d'entretenir un commis dans celui de leurs départements dans lequel ils ne résideront pas.

E 9°, f° 27 r°; ms. fr. 18169, f° 14 r°, et ms. fr. 10842, f° 174 r°.

9710. — Arrêt ordonnant le recouvrement des «faulces reprises et obmissions de recepte faictes par aulcuns receveurs et comptables» du royaume.

E 9°, f° 28 r°, et ms. fr. 18169, f° 16 v°.

9711. — Arrêt donnant mainlevée des revenus des abbayes de Saint-Germain-des-Prés et de la Couture, ainsi que du prieuré de Grandmont-en-Berry, saisis par les créanciers de François de Bourbon, prince de Conti, et de feue Jeanne de Coësme, princesse de Conti.

E 9°, f° 29 r°, et ms. fr. 18169, f° 14 v°.

9712. — Arrêt accordant un délai à dame Anne de La Baume, comtesse de Saint-Trivier, pour l'acquittement des dettes contractées avec hypothèques sur ledit comté.

E 9°, f° 30 r°, et ms. fr. 18169, f° 19 r°.

9713. — Arrêt ordonnant la restitution de la somme de 2,700 livres remise aux receveurs du taillon en l'élection de Chinon pour les gages des offices supprimés de commissaires et contrôleurs à faire les montres du prévôt des maréchaux en ladite élection.

E9ᵉ, f° 3₂ r°, et ms. fr. 1816g, f° 19 r°.

9714. — Arrêt enjoignant aux deux receveurs particuliers du Quercy de faire résidence au siège de leur recette pendant l'année de leur exercice, et de bailler caution par-devant les trésoriers de France à Bordeaux.

E 9ᵉ, f° 33 r°, et ms. fr. 1816g, f° 1₂ v°. .

9715. — Arrêt ordonnant la mise en liberté sous caution de Mᵉ Laurent Ruelles, receveur des tailles du Blanc en Berry.

E 9ᵉ, f° 34 r°, et ms. fr. 1816g, f° 18 r°.

9716. — Arrêt déclarant que Mᵉ Martin Lefebvre, secrétaire de la Chambre, ci-devant commis à la recette des deniers provenant des abus et malversations commis au maniement des finances, sera dispensé de faire les restitutions auxquelles il peut avoir été ou pourra être condamné par arrêts de la Chambre royale, de la Chambre des comptes, de la Cour des aides, etc.

E 9ᵉ, f° 35 r°, et ms. fr. 1816g, f° 17 v°.

9717. — Arrêt réglant le recouvrement des amendes adjugées au Roi par la Chambre royale, et déclarant que, dans le cas où lesdites amendes ne pourraient pas être recouvrées par la faute des trésoriers de France qui n'auraient pas exigé de caution des comptables, ces trésoriers de France seraient eux-mêmes astreints à acquitter lesdites amendes en leur nom propre.

E 9ᵉ, f° 36 r°, et ms. fr. 1816g, f° 17 r°.

9718. — Prestation de serment de Mᵉ Isaac Arnauld en qualité d'intendant des finances et en qualité de conseiller d'État.

Ms. fr. 1816g, f° 15 v° et 16 r°.

1605, 23 octobre. — Limoges.

9719. — Requête des consuls et des habitants de Limoges tendant à l'autorisation de lever une somme de 6,000 écus pour les frais de réception de Henri IV

à Limoges, et réponse, écrite de la main de Sully, contenant l'autorisation de lever 12,000 livres.

E 9ᵉ, f° 38 r°, et ms. fr. 1816g, f° 2₂ r°.

9720. — Arrêt ordonnant le payement des gages dus à Pierre de Champeaux, sieur du Mazet, pour le temps qu'il a exercé l'office de vice-sénéchal de Limousin.

E 9ᵉ, f° 4o r°, et ms. fr. 1816g, f° 19 v°.

9721. — Arrêt statuant sur le procès pendant entre la dame douairière de Pompadour, à présent remariée, et le sieur de Pompadour, son fils.

E 9ᵉ, f° 41 r°, et ms. fr. 1816g, f° 2o v°.

1605, 14 novembre. — Paris.

9722. — Arrêt déclarant que le fermier des 3o sols par muid de vin entrant à Paris sera contraint de verser 117,000 livres à l'Épargne, et assurant le contrôle et le versement régulier des deniers perçus par les commis à la recette dudit impôt.

E 9ᵉ, f° 44 r°, et ms. fr. 1816g, f° 2₂ v°.

1605, 24 novembre. — Paris.

9723. — Arrêt autorisant les habitants de Gallargues à rembourser à Mᵉ Gabriel de Cussonnel, maître en la chambre des comptes de Languedoc, le prix des terre, seigneurie, moulin et pont de Gallargues-le-Montueux, qui seront ensuite réunis au domaine royal.

E 9ᵉ, f° 45 r°, et ms. fr. 1816g, f° 33 v°.

9724. — Arrêt déclarant que le fermier du droit de patente de Languedoc et Provence jouira des droits perçus tant sur les marchandises transportées hors du royaume que sur les marchandises transportées en Dauphiné, en Provence, dans le Comtat-Venaissin et dans la principauté d'Orange où les aides n'ont pas cours.

E 9ᵉ, f° 47 r°, et ms. fr. 1816g, f° 29 r°.

9725. — Arrêt défendant de faire contribuer les habitants du plat pays de la généralité de Moulins à

35.

une levée destinée au payement des réparations des quais, pavés, etc., de la ville de Moulins.

E 9ᵉ, fᵒ 49 rᵒ, et ms. fr. 18169, fᵒ 24 rᵒ.

9726. — Arrêt ordonnant que les procédures relatives à l'inventaire des biens du receveur particulier des tailles en l'élection d'Amiens, récemment décédé, seront poursuivies, comme elles ont été commencées, par les trésoriers de France en la généralité d'Amiens.

E 9ᵉ, fᵒ 50 rᵒ, et ms. fr. 18169, fᵒ 24 rᵒ.

9727. — Arrêt réduisant à 8,000 livres la taxe levée sur l'office de lieutenant général de Carcassonne pour la dispense des quarante jours, et ce en considération des services rendus par le titulaire, Mᵉ Philippe Roux, et par son père.

E 9ᵉ, fᵒ 51 rᵒ, et ms. fr. 18169, fᵒ 23 vᵒ.

9728. — Arrêt ordonnant l'exécution des baux conclus par Mᵉ Denis Feydeau, « commis à l'administration du bail général des aydes de France ».

E 9ᵉ, fᵒ 52 rᵒ, et ms. fr. 18169, fᵒ 22 vᵒ.

9729. — Arrêt déclarant que les officiers des forêts ne payeront pas les sommes auxquelles plusieurs d'entre eux se sont fait volontairement taxer pour esquiver les poursuites de la Chambre royale, et qu'ils demeureront justiciables des commissaires députés à la réformation des forêts.

E 9ᵉ, fᵒ 53 rᵒ ; ms. fr. 18169, fᵒ 31 vᵒ, et AD I 139, nᵒ 36.

9730. — Arrêt défendant à l'abbé de Saint-Germain-des-Prés et à tous autres justiciers prétendant droit de voirie en la ville et vicomté de Paris de faire aucune poursuite à ce sujet ailleurs qu'au Conseil du Roi.

E 9ᵉ, fᵒ 54 rᵒ ; ms. fr. 18169, fᵒ 31 rᵒ, et AD I 139, nᵒˢ 34 et 35.

9731. — Arrêt accordant un délai de deux mois au receveur des tailles et du taillon de Quercy pour le recouvrement des restes de la présente année.

E 9ᵉ, fᵒ 55 rᵒ, et ms. fr. 18169, fᵒ 30 vᵒ.

9732. — Arrêt ordonnant que Mᵉ Jacques Moreau, receveur général des finances à Montpellier, sera ex-trait des prisons de la chambre des comptes de Montpellier et amené sous bonne escorte en la Conciergerie de Paris, pour répondre au Conseil au sujet de sa gestion en l'année 1603 et au sujet de la vente de son office.

E 9ᵉ, fᵒ 56 rᵒ, et ms. fr. 18169, fᵒ 30 rᵒ.

9733. — Arrêt déclarant que les officiers de la cour des aides de Montpellier ne pourront recevoir leurs gages que par les mains des receveurs et payeurs des gages de ladite cour.

E 9ᵉ, fᵒ 57 rᵒ, et ms. fr. 18169, fᵒ 27 vᵒ.

9734. — Arrêt enjoignant à la cour des aides de Normandie de procéder immédiatement à la vérification pure et simple du bail de Jacques Berthemont, fermier des 20 sols par muid de vin entrant à Rouen, dont le produit doit être affecté à la réparation du pont de Rouen.

E 9ᵉ, fᵒ 58 rᵒ, et ms. fr. 18169, fᵒ 28 rᵒ.

9735. — Arrêt ordonnant la levée d'une somme de 2,946 livres 12 sols due par la ville de Châtellerault pour les frais occasionnés par le traitement des pauvres atteints de la « contagion ».

E 9ᵉ, fᵒ 59 rᵒ, et ms. fr. 18169, fᵒ 27 rᵒ.

9736. — Arrêt relatif à une requête par laquelle la veuve d'un greffier au siège de Beaune demande à être déchargée des 150 livres de « refuzion » qui lui sont réclamées chaque année en vertu d'une ordonnance des trésoriers de France en Bourgogne, « attendu que ledict greffe a esté acquis à plus que le denier vingt, n'estant à ce moïen subject à aucune refuzion ».

E 9ᵉ, fᵒ 60 rᵒ ; ms. fr. 18169, fᵒ 26 vᵒ, et ms. fr. 10843, fᵒ 116 rᵒ.
— Cf. ibid., fᵒ 106 rᵒ (motifs allégués par les trésoriers de France en Bourgogne le 18 janvier 1606).

9737. — Arrêt relatif à une requête par laquelle la veuve d'un greffier au bailliage de Dijon demande à être déchargée des 200 livres de « refuzion » qui lui sont réclamées chaque année en vertu d'une ordonnance des trésoriers de France en Bourgogne, « attendu que ledict greffe a esté acquis à beaucoup plus que du denier vingt, et que les esmolumens d'iceluy sont encor de beaucoup diminuez depuis ladite acquisition par le moïen de l'erection des requestes du pallais et du marquisat de Mirebel..., de la jurisdition des juges consulz et de l'attribution des causes civilles à la jurisdition de la mairie de Dijon».

E 9°, f° 61 r°, et ms. fr. 18169, f° 25 v°.

9738. — Arrêt ordonnant l'exécution de l'édit relatif à la vente des exemptions et affranchissements en chaque paroisse du royaume.

E 9°, f° 62 r°, et ms. fr. 18169, f° 25 r°.

9739. — Arrêt révoquant l'abonnement aux tailles obtenu par les paroisses de Royan et de Didonne, attendu que «les habitans desdictes parroisses sont des plus riches et aisez de la generallité de Lymoges».

E 9°, f° 63 r°, et ms. fr. 18169, f° 25 r°.

9740. — Arrêt relatif à une requête par laquelle l'avocat au bailliage d'Auxois et la veuve d'un conseiller audit bailliage demandent à être déchargés des 100 livres de «refuzion» qui leur sont réclamées chaque année sur le petit scel et sur les tabellionages de Semur et de Flavigny, en vertu d'une ordonnance des trésoriers de France en Bourgogne.

E 9°, f° 64 r°, et ms. fr. 18169, f° 35 v°.

9741. — Arrêt relatif à une requête par laquelle les adjudicataires du greffe de la chancellerie et du petit scel de Beaune demandent à être déchargés des 160 livres de «refuzion» qui leur sont réclamées chaque année en vertu d'une ordonnance des trésoriers de France en Bourgogne.

E 9°, f° 65 r°, et ms. fr. 18169, f° 33 r°.

9742. — Arrêt ordonnant que Me Jean de Moisset, fermier général des aides, sera entendu au Conseil au sujet d'une réclamation des sous-fermiers auxquels il a cédé ses droits sur les impôts et billots de Bretagne.

E 9°, f° 66 r°, et ms. fr. 18169, f° 32 v°.

1605, 26 novembre. — Paris.

9743. — Arrêt évoquant au Conseil l'appel interjeté par Me Jean Palot, ci-devant commis au paye-ment des deniers attribués aux protestants, contre deux sentences rendues aux Requêtes du Palais sur la poursuite d'un créancier du comte de Montgommery, gouverneur de Clermont-de-Lodève.

E 9°, f° 67 r°.

9744. — Arrêt réglant la composition du corps des officiers de l'élection nouvelle de Saint-Amand.

E 9°, f° 69 r°, et ms. fr. 18169, f° 37 r°.

9745. — Arrêt accordant au sieur d'Elbène, gentilhomme ordinaire de la Chambre, mainlevée des blés, vins et autres denrées saisis en exécution d'un jugement de la Table de marbre.

E 9°, f° 71 r°, et ms. fr. 18169, f° 36 r°.

9746. — Arrêt ordonnant que les habitants de Brou s'assembleront un dimanche, à l'issue de la grand'messe paroissiale, pour déclarer s'ils se reconnaissent débiteurs de 1,911 livres envers la veuve de Claude Le Porcher.

E 9°, f° 72 r°, et ms. fr. 18169, f° 37 r°.

9747. — Arrêt ordonnant, sur la requête du procureur général du domaine de Navarre, qu'il sera sursis à l'exécution d'une sentence des Requêtes du Palais condamnant le trésorier de la feue duchesse de Bar à payer 5,000 livres au tailleur des pages de ladite dame.

E 9°, f° 73 r°, et ms. fr. 18169, f° 41 v°.

9748. — Arrêt déclarant que les sieurs de Luxembourg, de Dinteville et autres acquéreurs des aides de Champagne devront faire vérifier dans les six mois le payement de leur prix d'achat, sans quoi ils pourront être dépossédés par Me Denis Feydeau, commis à l'administration du bail général des aides du royaume.

E 9°, f° 75 r°, et ms. fr. 18169, f° 41 r°.

9749. — Arrêt ordonnant le remboursement des sommes payées par Me Claude Le Prévost, avocat au Parlement, pour un office de substitut du procureur général en la Chambre des comptes auquel il n'a pu se faire recevoir.

E 9°, f° 76 r°, et ms. fr. 18169, f° 40 r°.

9750. — Arrêt, rendu sur la requête des fermiers

du huitième de Paris, ordonnant l'exécution provisoire du règlement fait au Conseil le 28 octobre 1602 au sujet des vingt-cinq marchands de vin cabaretiers suivant la Cour,

E 9°, f° 77 r°, et ms. fr. 18169, f° 39 v°.

9751. — Arrêt déclarant que René Magnin, dit La Cornière, contribuera aux tailles en la paroisse du Pont-de-Beauvoisin, s'il ne fait juger avant trois mois son procès au parlement de Grenoble.

E 9°, f° 78 r°, et ms. fr. 18169, f° 43 r°.

9752. — Arrêt ordonnant la vérification des taxes payées par les secrétaires des finances, pour qu'ils puissent être pourvus des vingt-six offices de secrétaire nouvellement créés.

E 9°, f° 79 r°.

9753. — Arrêt déchargeant Me Jean de Moisset, ci-devant adjudicataire général des aides du royaume, du payement des rentes assignées sur l'équivalent de Poitou et non constituées au profit de l'hôtel de ville de Paris.

E 9°, f° 80 r°, et ms. fr. 18169, f° 42 r°.

1605, 29 novembre. — Paris.

9754. — Arrêt ordonnant la levée, pendant six ans, d'une taxe de 30 sols par pipe de vin vendue en détail à Saint-Brieuc, taxe dont le produit sera affecté à la réparation du chemin conduisant de ladite ville au port du Légué.

E 9°, f° 82 r°, et ms. fr. 18169, f° 44 v°.

9755. — Arrêt autorisant une levée de 2,456 livres 2 sols 6 deniers sur les habitants de la Réole.

E 9°, f° 83 r°, et ms. fr. 18169, f° 46 v°.

9756. — Arrêt déclarant que les deux offices de lieutenant particulier assesseur criminel et de lieutenant particulier civil au Châtelet, dont est pourvu Me Antoine Ferrand, seront inséparablement unis, et renvoyant au Parlement le jugement du procès pendant entre ledit Ferrand et les conseillers au Châtelet.

E 9°, f° 84 r°, et ms. fr. 18169, f° 47 v°.

9757. — Arrêt accordant à Isaac de La Haye,

sieur de Lintot, et à Charles de La Haye, sieur de La Jurye, acquéreurs de la terre d'Ouainville, remise de la moitié des reliefs et treizièmes dus au Roi à raison de ladite acquisition, et attribuant l'autre moitié à Gabrielle de Courcelles, veuve de Jean Austin, sieur de Henouard, chevalier de l'ordre du Roi.

E 9°, f° 86 r°, et ms. fr. 18169, f° 47 r°.

9758. — Arrêt condamnant Me Nicolas Largentier à verser à l'Épargne une somme de 271,465 livres 12 sols 6 deniers à la décharge de Me Claude Josse, fermier général des greniers à sel de France.

E 9°, f° 87 r°, et ms. fr. 18169, f° 43 v°.

9759. — Arrêt ordonnant la levée en Dauphiné d'une somme de 27,240 livres destinée au payement des gages du prévôt des maréchaux en Dauphiné, de ses lieutenants, greffier et archers.

E 9°, f° 88 r°, et ms. fr. 18169, f° 49 v°.

9760. — Arrêt ordonnant que la ferme des gabelles de Languedoc sera remise en adjudication sur les offres de Jean de Bellissent, sieur de Guillaumet.

E 9°, f° 89 r°, et ms. fr. 18169, f° 45 r°.

1605, 1er décembre. — Paris.

9761. — Arrêt ordonnant que les paroisses des «marches communes d'entre le Poictou et la Bretaigne» seront contraintes au payement des sommes auxquelles elles ont été taxées pour les années 1604 et 1605 par les élus en l'élection de Mauléon.

E 9°, f° 92 r°, et ms. fr. 18169, f° 50 v°.

9762. — Arrêt autorisant la levée d'une somme de 2,400 livres empruntée par les habitants de Vervins à Antoinette d'Ongnies, douairière de Vervins, et à Antoine Feroit.

E 9°, f° 93 r°, et ms. fr. 18169, f° 51 r°.

1605, 3 décembre. — Paris.

9763. — Arrêt ordonnant qu'il sera sursis pendant trois mois aux poursuites exercées contre les habitants de Joigny par les receveurs des deniers communs de ladite ville.

E 9°, f° 94 r°, et ms. fr. 18169, f° 53 v°.

9764. — Arrêt ordonnant aux trésoriers de France à Tours et à Bourges de prendre part à l'opération du «régalement» de l'impôt du sel.

E 9°, f° 95 r°; ms. fr. 18169, f° 54 v°, et ms. fr. 10842, f° 23 r°.

9765. — Arrêt autorisant M° Jérôme Du Verger, receveur général des finances et des gabelles en Languedoc, à faire extraire des prisons de Béziers et à faire comparaître au Conseil M° Bernardin Cassanot, qui, sur le conseil de M° Bernardin Pradel, ennemi dudit Du Verger, s'était retiré dans un château appartenant au comte de Montgommery, puis échappé à travers les bois et enfui en Piémont.

E 9°, f° 96 r°, et ms. fr. 18169, f° 52 v°.

9766. — Arrêt ordonnant le payement de la pension annuelle de 12,000 livres accordée au prince de Conti sur les «deniers de Daulphiné».

E 9°, f° 98 r°, et ms. fr. 18169, f° 52 r°.

9767. — Arrêt accordant un nouveau délai de trois mois aux habitants de Marseille pour le payement de leurs dettes.

E 9°, f° 99 r°, et ms. fr. 18169, f° 51 v°.

9768. — Arrêt ordonnant que la compagnie du vice-sénéchal du Limousin demeurera composée de dix-huit archers, et réglant le payement des gages du vice-sénéchal, de son lieutenant et de ses archers.

E 9°, f° 100 r°, et ms. fr. 18169, f° 54 r°.

1605, 10 décembre. — Paris.

9769. — Adjudication des droits levés sur le cours de la Charente, de la Gironde et de la Seudre, faite pour cinq années à Pierre Chenu, bourgeois de Paris, moyennant le payement annuel de 102,000 livres.

E 9°, f° 101 r°; cf. ibid., f° 105 r°. Ms. fr. 18169, f° 68 v°.

9770. — Adjudication de la douane de Vienne faite pour deux ans à M° Jean Demonceaux, avocat à Lyon, moyennant le payement annuel de 138,000 livres.

E 9°, f° 106 r°, et ms. fr. 18169, f° 65 r°.

9771. — Arrêt, rendu sur la requête des officiers des traites de Vaucouleurs, ordonnant au chapitre de Toul de remettre au greffe du Conseil les pièces d'après lesquelles deux arrêts ont été rendus en la Cour des aides, à leur profit, les 17 et 30 mars dernier.

E 9°, f° 110 r°, et ms. fr. 18169, f° 55 v°.

9772. — Arrêt déclarant l'office de receveur des tailles au bureau de Figeac hypothéqué aux dettes du précédent titulaire, M° Vincent Galtier.

E 9°, f° 111 r°, et ms. fr. 18169, f° 55 r°.

9773. — Arrêt retenant au Conseil la connaissance du procès pendant entre les maîtres et gardes de l'orfèvrerie de Paris, d'une part, Mathurin Ferré, Pierre Hallevault, David Vimont, Paul de Louvigny, Laurent Du Couldray, etc., maîtres orfèvres à Paris, d'autre part, au sujet de l'élection des maîtres et gardes de la communauté et au sujet de la juridiction compétente en cas de difficulté.

E 9°, f° 112 r°, et ms. fr. 18169, f° 56 v°.

9774. — Arrêt ordonnant à M° Émile Johier de rapporter au Conseil ses lettres de provision d'un office de conseiller clerc au parlement de Rouen.

E 9°, f° 114 r°, et ms. fr. 18169, f° 56 v°.

9775. — Arrêt autorisant la levée d'une somme de 4,646 livres tournois destinée à l'acquittement des dettes de la ville de Saint-Servan.

E 9°, f° 115 r°, et ms. fr. 18169, f° 58 v°.

9776. — Arrêt accordant aux habitants de Melisey décharge de l'impôt des 5 sols par muid de vin entrant en la généralité de Paris.

E 9°, f° 116 r°, et ms. fr. 18169, f° 59 r°.

9777. — Arrêt chargeant le sieur de Refuge, superintendant de la justice à Lyon et le plus ancien trésorier de France à Dijon, de procéder, conjointement avec les commissaires nommés par le duc de

Montpensier, à la délimitation des provinces de Bresse
et de Dombes.

E 9ᵉ, f° 118 r°, et ms. fr. 18169, f° 58 r°.

9778. — Arrêt accordant à Claude Des Vallées,
fermier du subside ancien des 5 sols par muid de vin
entrant dans les villes de la généralité de Soissons,
remise de 994 livres 7 sols 10 deniers, attendu le
préjudice que lui ont causé le bail conclu avec Mᵉ Jean
de Moisset et la défense de trafiquer avec les sujets
du roi d'Espagne et de l'archiduc d'Autriche.

E 9ᵉ, f° 119 r°, et ms. fr. 18169, f° 57 v°.

9779. — Arrêt ordonnant que les habitants de
Montdidier seront entendus au Conseil au sujet des
réclamations du fermier des impôts sur le vin entrant
en la généralité de Picardie ou sortant du royaume
par les généralités de Picardie, de Champagne et de
Soissons.

E 9ᵉ, f° 120 r°, et ms. fr. 18169, f° 61 v°.

9780. — Arrêt commettant Mᵉ Jean de Sauzey
pour exercer en l'année 1606 l'office de receveur des
aides et tailles en l'élection de Beaujolais, à la place
de Mᵉ Alexandre Du Four, qui est toujours employé
à la recette des épices de la Chambre des comptes,
sous Mᵉ Pierre Du Four, son frère.

E 9ᵉ, f° 121 r°, et ms. fr. 18169, f° 61 r°.

9781. — Arrêt accordant à un ancien fermier de
l'impôt levé sur le papier transporté hors du royaume
par le détroit d'Ingrande remise d'une demi-année
de fermages, attendu le préjudice que lui a causé
l'épidémie régnante à Nantes.

E 9ᵉ, f° 122 r°, et ms. fr. 18169, f° 61 r°.

9782. — Arrêt statuant sur diverses instances
pendantes entre Jean Darbalays, « courrier majour du
roy d'Espaigne », plusieurs marchands de Bayonne,
les héritiers du sieur de La Hillière, gouverneur de
Bayonne, etc.

E 9ᵉ, f° 123 r°, et ms. fr. 18169, f° 62 v°.

9783. — Arrêt renvoyant au parlement d'Aix le
procès pendant entre Philibert de Foissy, grand prieur
de Champagne, et Gaspard de Lanthelmy, dit Gaspre,

au sujet des saisies faites sur les deniers destinés à
l'entretien des galériens.

E 9ᵉ, f° 125 r°, et ms. fr. 18169, f° 64 v°.

9784. — Arrêt ordonnant au procureur du Roi
au Châtelet de Paris de consulter les ouvriers en cuir
de Paris et de donner lui-même son avis au sujet d'un
projet d'édit qui consisterait à créer, à titre héréditaire, un garde chargé de recevoir, dans les halles de
Paris, tous les cuirs venant du dehors et d'en tenir
compte aux marchands forains.

E 9ᵉ, f° 127 r°, et ms. fr. 18169, f° 64 r°.

1605, 13 décembre. — Paris.

9785. — Arrêt statuant sur le procès pendant
entre Messire François de Donadieu, évêque d'Auxerre,
héritier sous bénéfice d'inventaire de feu Messire
Pierre de Donadieu, sieur de Puichairic, son frère,
et Thomas Du Val, maître des eaux et forêts d'Alençon.

E 9ᵉ, f° 128 r°, et ms. fr. 18169, f° 73 r°.

9786. — Arrêt autorisant la levée d'une somme
de 1,800 livres destinée à l'acquittement des dettes
de la ville de Saint-Léonard-de-Noblat.

E 9ᵉ, f° 129 r°, et ms. fr. 18169, f° 76 v°.

9787. — Arrêt renvoyant aux trésoriers de France
à Moulins le soin de procéder à l'adjudication de
l'office de receveur des aides et tailles en l'élection de
Montluçon.

E 9ᵉ, f° 130 r°, et ms. fr. 18169, f° 77 v°.

9788. — Arrêt ordonnant qu'il soit passé outre à
la réformation des eaux et forêts dans le département
d'Anjou, de Touraine et du Maine, nonobstant toutes
oppositions, dont la connaissance est retenue au Conseil.

E 9ᵉ, f° 131 r°, et ms. fr. 18169, f° 76 r°.

9789. — Arrêt déchargeant Mᵉ Hercule Chapelier, receveur général des finances à Orléans, d'une
assignation en la Cour des aides à lui donnée sur la
requête des habitants de Decize.

E 9ᵉ, f° 133 r°, et ms. fr. 18169, f° 74 v°.

9790. — Arrêt renvoyant aux maîtres des requêtes de l'Hôtel étant actuellement de quartier au Conseil le procès extraordinaire commencé contre Jean Boissonnet, huissier-sergent à cheval au Châtelet, et ses complices.

E 9°, f° 134 r°, et ms. fr. 18169, f° 74 v°.

9791. — Arrêt relatif à diverses instances pendantes entre Bernard Potier, sieur de Blerencourt, et dame Charlotte de Vieuspont, sa femme, le maire et les échevins de Mantes, etc., au sujet de l'entretien des troupes qui vinrent défendre Mantes, au mois de juillet 1589, sous la conduite du comte de Brissac et de feu Gabriel de Vieuspont, sieur de Challoüé.

E 9°, f° 135 r°, et ms. fr. 18169, f° 73 v°.

9792. — Arrêts réglant le payement des gages de Jean d'Armagnac, premier valet de chambre du Roi, maître particulier des eaux et forêts de Chinon, et des autres officiers de la forêt de Chinon.

E 9°, f°° 136 r° et 147 r°, et ms. fr. 18169, f°° 73 r° et 82 r°.

9793. — Arrêt statuant sur un procès relatif aux émoluments d'un office de jaugeur des vins, cidres et autres breuvages dans le bailliage et la vicomté de Rouen.

E 9°, f° 137 r°, et ms. fr. 18169, f° 78 v°.

9794. — Arrêt déclarant que Sa Majesté n'entend point comprendre dans les donations qu'elle fait des biens des condamnés les sommes dont elle peut être redevable envers lesdits condamnés.

E 9°, f° 139 r°; ms. fr. 18169, f° 77 r°, et ms. fr. 10842, f° 77 v°.

9795. — Arrêt ordonnant la création de deux offices de visiteurs généraux alternatifs des gabelles en Languedoc, dont les quittances seront délivrées, moyennant 15,000 livres, à Pierre de Villa, contrôleur des tailles au diocèse de Narbonne; avis du Conseil tendant à récompenser le service qu'a rendu au Roi ledit Pierre de Villa en proposant cette création.

E 9°, f° 140 r°, et ms. fr. 18169, f° 75 v°.

9796. — Arrêt rejetant l'enchère mise par Olivier Dupont sur la ferme des impôts levés le long de la Gironde, de la Charente et de la Seudre.

E 9°, f° 141 r°, et ms. fr. 18169, f° 80 v°.

9797. — Arrêt accordant au sieur Marbais, grand arpenteur de France, une somme de 3,000 livres à prendre sur le produit d'un expédient qu'il propose au Roi et qui consisterait à racheter le poids-le-Roi de la ville de Paris, ainsi que vingt-deux étaux, bancs et boutiques appartenant au domaine royal.

E 9°, f° 142 r°, et ms. fr. 18169, f° 80 v°.

9798. — Arrêt ordonnant que la crue de 37 sols par quintal de sel débité dans les dix-sept greniers de Languedoc sera éteinte à partir du 1er janvier 1606 et remplacée par la subvention que les trois états dudit pays ont promise à Sa Majesté.

E 9°, f° 143 r°, et ms. fr. 18169, f° 72 r°.

9799. — Arrêt ordonnant aux élus en l'élection de Paris d'informer au sujet des monopoles qui se seraient produits lors de l'adjudication des aides de Paris et qui ont été dénoncés par Me Denis Feydeau, fermier général des aides de France.

E 9°, f° 144 r°, et ms. fr. 18169, f° 82 v°.

9800. — Arrêt ordonnant la vérification des frais et vacations de Me Nicolas Denetz, général en la Cour des aides, commis à l'exécution de l'arrêt de règlement de 1601 par lequel ladite Cour, terminant un procès pendant depuis quatre-vingts ans, a déclaré réelles les tailles de la sénéchaussée d'Agenais.

E 9°, f° 145 r°, et ms. fr. 18169, f° 81 r°.

9801. — Arrêt ordonnant la vérification des titres en vertu desquels les officiers de la cour des aides de Montpellier prétendent toucher des pensions et des augmentations de gages.

E 9°, f° 149 r°, et ms. fr. 18169, f° 78 r°.

1605, 15 décembre. — Paris.

9802. — Arrêt défendant de nouveau aux officiers des traites et impositions foraines de Languedoc et Provence de s'entremettre en l'exercice de leurs charges sans l'autorisation de Léonard de Mausse, fermier général desdites traites et impositions.

E 9°, f° 150 r°, et ms. fr. 18169, f° 83 r°.

9803. — Arrêt ordonnant la mise en adjudication

des deux offices de receveur et de contrôleur triennal des tailles au diocèse de Narbonne.

E 9°, f° 152 r°, et ms. fr. 18169, f° 93 v°.

9804. — Arrêt approuvant les comptes de M° Jean de Moisset, commis par lettres du 12 novembre 1603 à la recette et au payement des rentes constituées sur les aides, sur les recettes générales et sur le clergé de France.

E 9°, f° 154 r°, et ms. fr. 18169, f° 87 v°.

9805. — Arrêt ordonnant la reddition des comptes de M° Isambert Fleury et de Nicolas Hus, commis à la recette du droit d'un écu par tonne levé sur les bâtiments entrant dans les ports de Normandie.

E 9°, f° 156 r°, et ms. fr. 18169, f° 85 v°.

9806. — Arrêt renvoyant aux officiers du bailliage de Gex et à l'un des trésoriers de France à Dijon une requête par laquelle les religieux de l'abbaye de Saint-Claude demandent à être réintégrés en la possession des héritages dépendants du prieuré de Cessy qui ont été aliénés par la seigneurie de Berne lors des guerres de Savoie.

E 9°, f° 158 r°, et ms. fr. 18169, f° 94 v°.

9807. — Arrêt ordonnant à M° Jacques de Forgues et à Raymond Lescuyer de faire transférer en la Conciergerie de Paris Benoît L'Homme, qu'ils ont fait emprisonner à Gien, attendu qu'il y a procès entre eux pendant au Conseil d'État.

E 9°, f° 159 r°, et ms. fr. 18169, f° 84 r°.

9808. — Arrêt défendant aux fermiers des aides de poursuivre ailleurs qu'au Conseil les habitants de Limay, auxquels le Roi a accordé la ferme du vingtième du vin vendu en leurdite paroisse.

E 9°, f° 160 r°, et ms. fr. 18169, f° 84 v°.

9809. — Arrêt réglant la vérification de ce qui a été payé des rentes assignées sur les aides.

E 9°, f° 161 r°.

9810. — Arrêt relatif au procès pendant au Conseil entre M° Jean de Saint-Germain, maître des

Comptes, et M° Nicolas Lescalopier, notaire et secrétaire du Roi.

E 9°, f° 163 r°, et ms. fr. 18169, f° 72 r°.

9811. — Arrêt ordonnant aux trésoriers et contrôleurs des fortifications de remettre dorénavant leurs comptes, dans les six mois qui suivent l'expiration de leur service, au sieur de Boutin, surintendant des fortifications de France et gouverneur de Mantes, et, quant aux comptes des années 1602 à 1604, de les présenter dans les trois mois, sous peine de destitution.

E 9°, f° 164 r°, et ms. fr. 18169, f° 93 r°.

9812. — Arrêt assurant l'efficacité du contrôle exercé par le Conseil sur les comptes des commis à la recette de certains deniers extraordinaires destinés au payement des Suisses.

E 9°, f° 165 r°, et ms. fr. 18169, f° 92 r°.

9813. — Arrêt renvoyant aux Requêtes de l'Hôtel, «attendu qu'il est question de tiltre d'office», l'instance pendante entre M° Jean Boutaut et le sieur de Rambouillet, baron de Château-du-Loir, au sujet de la nomination à l'office de procureur du Roi à Château-du-Loir.

E 9°, f° 167 r°, et ms. fr. 18169, f° 91 v°.

9814. — Arrêt autorisant le lieutenant civil de la prévôté de Paris à lever une taxe modérée sur les officiers du Châtelet pour subvenir aux frais de décoration intérieure du Châtelet.

E 9°, f° 168 r°, et ms. fr. 18169, f° 91 r°.

9815. — Arrêt déclarant qu'après la réparation des murs de Fougères, le produit des 6 deniers par pot de vin et des 3 deniers par pot de cidre demeurera affecté au payement des dettes de la ville.

E 9°, f° 169 r°, et ms. fr. 18169, f° 90 v°.

9816. — Arrêt réservant au Conseil la connaissance des poursuites exercées au nom de René de Saint-Clément, dit Longuerais, contre Élisée Lescuyer, agent du prince d'Anhalt, au sujet d'une promesse de 2,000 écus faite par le prince audit Longuerais.

E 9°, f° 170 r°, et ms. fr. 18169, f° 90 r°.

9817. — Arrêt prolongeant de trois mois la sur-séance accordée aux habitants de Rodez pour le paye-ment de leurs dettes.

E 9ᵉ, fᵒ 171 rᵒ, et ms. fr. 18169, fᵒ 89 vᵒ.

9818. — Arrêt ordonnant aux officiers de l'élec-tion de Caen de réduire la cote des tailles imposées sur les paroisses d'Ouistreham et de Saint-Aubin-d'Arquenay, attendu les pertes que leur a fait subir l'épidémie.

E 9ᵉ, fᵒ 172 rᵒ, et ms. fr. 18169, fᵒ 89 vᵒ.

1605, 17 décembre. — Paris.

9819. — Arrêt ordonnant qu'une somme de 13,000 livres due par Mᵉ Jacques Hilaire, ci-devant receveur général des finances à Orléans, à messire Gabriel de L'Aubespine, évêque d'Orléans, lui sera payée sur le produit de la vente des biens dudit Hi-laire.

E 9ᵉ, fᵒ 173 rᵒ, et ms. fr. 18169, fᵒ 102 rᵒ.

9820. — Arrêt réglant les indemnités dues au duc d'Épernon, engagiste du comté de Montfort-l'Amaury, pour les pertes à lui causées par l'établissement des haras royaux de Saint-Léger, et ordonnant le curage des fossés, ainsi que l'enlèvement des broussailles qui se trouvent dans les herbages de Saint-Léger.

E 9ᵉ, fᵒ 175 rᵒ, et ms. fr. 18169, fᵒ 102 vᵒ.

9821. — Arrêt réglant l'union de l'office de prévôt provincial d'Auvergne à celui de prévôt général de Langue d'Oïl, possédé par Pierre de Bonavene, sieur de Beaumevielle.

E 9ᵉ, fᵒ 177 rᵒ, et ms. fr. 18169, fᵒ 98 rᵒ.

9822. — Arrêt chargeant deux maîtres des requêtes de rapporter le procès intenté à Joseph Dorat, mar-chand de Paris, et à tous autres receleurs de la drogue appelée « anil d'Inde ».

E 9ᵉ, fᵒ 178 rᵒ, et ms. fr. 18169, fᵒ 97 vᵒ.

9823. — Arrêt autorisant les consuls d'Eauze à lever une somme de 400 livres destinée au rembour-sement des sommes empruntées durant les troubles pour subvenir aux frais de la guerre.

E 9ᵉ, fᵒ 179 rᵒ, et ms. fr. 18169, fᵒ 98 vᵒ.

9824. — Arrêt ordonnant la radiation de l'écrou d'emprisonnement de Mᵉ Jean de L'Aubespin, trésorier de France à Moulins, scandaleusement arrêté dans le Palais par plusieurs sergents du Roi et conduit de force au Châtelet.

E 9ᵉ, fᵒ 180 rᵒ, et ms. fr. 18169, fᵒ 99 rᵒ.

9825. — Arrêt relatif à l'envoi d'une somme de 5,300 livres destinée à l'entretien du cardinal Du Perron à Rome.

E 9ᵉ, fᵒ 182 rᵒ, et ms. fr. 18169, fᵒ 100 rᵒ.

9826. — Arrêt déclarant les Clarisses d'Argentan exemptes du payement des décimes.

E 9ᵉ, fᵒ 183 rᵒ, et ms. fr. 18169, fᵒ 100 vᵒ.

9827. — Arrêt ordonnant le payement des sommes dues, sur l'exercice présent, par les fermiers et sous-fermiers des impôts et billots de Bretagne.

E 9ᵉ, fᵒ 184 rᵒ, et ms. fr. 18169, fᵒ 101 rᵒ.

9828. — Arrêt suspendant les poursuites exercées contre les officiers des Eaux et forêts à l'occasion du bois de chauffage qu'ils peuvent avoir indûment reçu, et ordonnant la préparation d'un règlement sur la matière.

E 9ᵉ, fᵒ 185 rᵒ, et ms. fr. 18169, fᵒ 97 rᵒ.

9829. — Arrêt accordant à une personne non dénommée la vingtième partie du bénéfice qui résul-terait pour le Roi d'un expédient qu'elle offre de faire connaître, et qui rapporterait, dit-elle, plus de 300,000 livres.

E 9ᵉ, fᵒ 187 rᵒ.

9830. — Arrêt ordonnant au receveur général des finances à Châlons de faire le recouvrement de 6,025 livres destinées à l'acquittement des charges de l'équivalent.

E 9ᵉ, fᵒ 188 rᵒ, et ms. fr. 18169, fᵒ 105 rᵒ.

9831. — Arrêt ordonnant que Mᵉ Denis Feydeau, successeur de Mᵉ Jean de Moisset en l'administration de la ferme générale des aides, pourra prendre com-munication des procès intentés par-devant le Conseil par ledit de Moisset à plusieurs villes ou particuliers.

E 9ᵉ, fᵒ 189 rᵒ, et ms. fr. 18169, fᵒ 104 vᵒ.

36.

9832. — Arrêt autorisant la levée d'une somme de 12,650 livres 8 sols empruntée par les habitants de Vallabrègues pour les frais de réparation des digues et remparts qui protègent la ville contre les flots du Rhône.

E 9ᵉ, f° 190 rᵒ, et ms. fr. 18169, f° 104 rᵒ.

9833. — Arrêt déclarant que les élus et contrôleurs des élections du royaume jouiront, en payant finance, des droits de vérification de rôles et de taxations extraordinaires, conformément à l'édit du mois de mai dernier.

E 9ᵉ, fᵒ 191 rᵒ, et ms. fr. 18169, fᵒ 95 rᵒ.

9834. — Arrêt ordonnant que les habitants de Troyes soient assemblés pour opter entre un impôt de 5 sols par muid de vin ou une taxe sur la vendange.

E 9ᵉ, fᵒ 192 rᵒ, et ms. fr. 18169, fᵒ 103 vᵒ.

9835. — Arrêt déclarant, conformément à une demande de la comtesse de Guiche, que les tailleurs et chaussetiers seront libres de fabriquer des chausses et des pourpoints, après s'être fait délivrer des lettres de ce privilège.

E 9ᵉ, fᵒ 193 rᵒ, et ms. fr. 18169, fᵒ 95 vᵒ.

9836. — Arrêt statuant sur un procès pendant entre Mᵉ Gabriel de Vouldy et les religieuses de l'abbaye de Cusset au sujet du droit de parisis et des clercs du greffe de Cusset.

E 9ᵉ, fᵒ 194 rᵒ, et ms. fr. 18169, fᵒ 96 vᵒ.

9837. — Arrêt accordant aux habitants du bourg de Duclair une surséance pour le payement des tailles, attendu l'incendie qui a détruit la plus grande partie de leurs maisons au mois de mai dernier.

E 9ᵉ, fᵒ 195 rᵒ.

1605, 20 décembre. — Paris.

9838. — Arrêt ordonnant la suppression de l'office de maître auditeur en la chambre des comptes de Grenoble vacant par la mort de Mᵉ Claude Armand.

E 9ᵉ, fᵒ 196 rᵒ, et ms. fr. 18169, fᵒ 105 vᵒ.

9839. — Arrêt autorisant la levée d'une somme de 1,015 livres 3 sols 9 deniers empruntée en 1595 par les habitants de Chaponost.

E 9ᵉ, fᵒ 197 rᵒ, et ms. fr. 18169, fᵒ 106 rᵒ.

1605, 21 décembre. — Paris.

9840. — Arrêt défendant aux fermiers de la comptablie de Bordeaux et à tous autres d'exiger aucun droit des conducteurs « d'un chariot chargé de dix ou douze bahuz et caisses, avec quelques reliquaires, petitz cabinetz et autres jolivetez envoyez par les sieurs Archiducz au roy et royne d'Espaigne».

E 9ᵉ, fᵒ 198 rᵒ, et ms. fr. 18169, fᵒ 107 vᵒ.

9841. — Arrêt ordonnant l'expédition de lettres patentes en forme de déclaration qui substituent à la « patente » de Languedoc une traite domaniale levée seulement sur les denrées et bestiaux sortant du royaume.

E 9ᵉ, fᵒ 199 rᵒ, et ms. fr. 18169, fᵒ 107 rᵒ.

9842. — Arrêt confirmant et interprétant celui du 17 octobre dernier (nᵒ 9695) relatif aux nouveaux octrois de Selles.

E 9ᵉ, fᵒ 200 rᵒ, et ms. fr. 18169, fᵒ 106 vᵒ.

9843. — Arrêt ordonnant que tous acquits patents de dons excédant 3,000 livres et toutes lettres patentes destinées à servir de décharge aux trésoriers de l'Épargne seront adressés à la Chambre des comptes, qui en fera la vérification, et que les trésoriers de l'Épargne devront se conformer, pour le mode de payement, aux termes de ces lettres et acquits patents.

Ms. fr. 10842, fᵒ 164 vᵒ.

1605, 22 décembre. — Paris.

9844. — Arrêt réunissant au domaine la terre et la seigneurie de Valognes, engagées, le 17 mai 1586, au feu sieur de Joyeuse pour une somme de 21,500 écus, laquelle n'est point encore parvenue dans les coffres du Roi, et déboutant de leurs demandes MM. de Guépéan, président au Grand Conseil, et de Maupeou, sieur du Monceau, cessionnaire des héritiers dudit feu duc de Joyeuse.

E 9ᵉ, fᵒ 201 rᵒ, et ms. fr. 18169, fᵒ 111 vᵒ.

9845. — Arrêt ordonnant à tous les receveurs chargés du maniement des rentes constituées depuis trente ans de dresser avant un mois le compte de toutes les parties qui restent à payer et d'en remettre le montant à M° Nicolas Bigot, secrétaire du Roi; ordonnant, en outre, au receveur-payeur des rentes de la ville de Paris de représenter ses comptes au Conseil.

E 9°, f° 2o3 r°; ms. fr. 1816g, f° 113 r°, et AD ✠ 13g, n° 41.

9846. — Arrêt déclarant que, les trésoriers provinciaux de l'Extraordinaire des guerres étant généralement hors de leurs postes et s'obstinant à ne point restituer les sommes qu'ils se sont indûment appropriées, des personnes capables seront commises à leur place et exerceront leurs fonctions à partir du 1ᵉʳ janvier 1606 et jusqu'à ce qu'ils aient satisfait à l'arrêt du 4 juillet dernier.

E 9°, f° 2o5 r°, et ms. fr. 1816g, f° 115 v°.

9847. — Arrêt autorisant la levée d'une somme de 4,486 livres 12 sols 6 deniers due par les habitants de Tours à Pierre Chambrier, dit Moreau, et à M° Martin Baudichon, garde général des vivres, pour le prix du blé qu'ils ont été obligés de fournir, en 1592, à l'armée du Roi assiégeant Selles.

E 9°, f° 2o6 r°, et ms. fr. 1816g, f° 114 v°.

9848. — Arrêt déclarant que le fournisseur adjudicataire des greniers à sel de la généralité d'Orléans demeurera chargé de recevoir et de transmettre à la recette générale le produit des nouveaux subsides levés sur chacun des greniers.

E 9°, f° 2o7 r°, et ms. fr. 1816g, f° 115 r°.

9849. — Arrêt déclarant que Clément Laurin sera payé, non seulement des gages de receveur ancien, mais de ceux de receveur alternatif des traites au bureau du Ménil-la-Horgne.

E 9°, f° 2o8 r°, et ms. fr. 1816g, f° 120 r°.

9850. — Arrêt renvoyant aux trésoriers de France à Orléans la requête en réduction de tailles présentée par les habitants du bourg de Courville.

E 9°, f° 2og r°.

9851. — Arrêt ordonnant, conformément au traité

passé avec le duc de Mayenne, la réception de M° Marc-Antoine de La Tour en un office de conseiller au parlement de Dijon.

E 9°, f° 211 r°, et ms. fr. 1816g, f° 122 r°.

9852. — Arrêt réunissant au domaine royal les portions du domaine d'Alençon engagées au feu sieur d'Incarville, conseiller d'État et contrôleur général des finances.

E 9°, f° 212 r°, et ms. fr. 1816g, f° 117 r°.

9853. — Arrêt ordonnant aux élus en l'élection de Gien et aux trésoriers de France à Orléans de tenir compte, dans le département des tailles, de l'incendie qui a détruit presque la moitié de la ville de Saint-Fargeau le 16 juillet 1605.

E 9°, f° 216 r°, et ms. fr. 1816g, f° 119 v°.

9854. — Arrêt maintenant Joachim Bizeau en la jouissance du bail des aides et huitièmes de Brie-Comte-Robert, d'Attilly, de Combs-la-Ville et de Grisy.

E 9°, f° 217 r°, et ms. fr. 1816g, f° 116 v°.

9855. — Arrêt chargeant le sieur de Maupeou, conseiller d'État, de procéder à la vérification des dettes de la ville d'Ennezat.

E 9°, f° 218 r°, et ms. fr. 1816g, f° 108 r°.

9856. — Arrêt ordonnant à M° Charles Regnart de rapporter au Conseil les lettres en vertu desquelles il prétend être commis à la recette du ban et de l'arrière-ban au diocèse de Beauvais, et lui défendant de passer outre à la saisie des meubles du fermier du fief de Beaulieu.

E 9°, f° 219 r°, et ms. fr. 1816g, f° 116 r°.

9857. — Arrêt statuant sur un procès pendant entre les échevins et procureur-syndic du bourg de Nolay, les enfants de feu Guillaume Bailly, valet de chambre du Roi, et Jean-Louis Bailly, sieur de Quiperoux.

E 9°, f° 220 r°.

9858. — Arrêt réunissant au domaine les terres, châteaux et seigneuries de Saint-Sauveur-Lendelin et de Saint-Sauveur-le-Vicomte et la baronnie de Néhou, engagés, contre les formes prescrites par les ordonnances, le 6 octobre 1575, à feu Christophe de Bas-sompierre, gentilhomme ordinaire de la Chambre, colonel de quinze cents reîtres.

E 9ᵉ, fᵒ 222 rᵒ, et ms. fr. 18169, fᵒ 109 rᵒ.

9859. — Arrêt déclarant que la Chambre des comptes devra se borner à vérifier et à enregistrer les acquits patents de dons excédant 3,000 livres et les lettres patentes destinées à servir de décharges aux trésoriers de l'Épargne.

E 9ᵉ, fᵒ 226 rᵒ, et ms. fr. 18169, fᵒ 108 vᵒ.

1605, 24 décembre. — Paris.

9860. — Arrêt portant que Bénigne Saulnier, receveur général des finances à Lyon, sera subrogé, pour six années, à Mᵉ Charles Paulet dans le parti des Parties casuelles et de la dispense des quarante jours.

E 9ᵉ, fᵒ 227 rᵒ, et ms. fr. 18169, fᵒ 122 vᵒ.

9861. — Arrêt annulant les quittances expédiées, au mois de janvier 1603, par Mᵉ Claude de Montescot, trésorier des Parties casuelles, pour les offices des élections nouvellement créées en Guyenne.

E 9ᵉ, fᵒ 228 rᵒ, et ms. fr. 18169, fᵒ 124 rᵒ.

9862. — Arrêt accordant une indemnité de 150,000 livres à Mᵉ Charles Paulet, outre les 360,000 livres qui doivent lui être payées par Mᵉ Bénigne Saulnier, pour le dédommager de la perte qu'il a soufferte, pendant la présente année, en établissant le droit de dispense des quarante jours, « duquel Sa Majesté reçoit ung notable proffit, par l'industrie dudict Paulet ».

E 9ᵉ, fᵒ 230 rᵒ, et ms. fr. 18169, fᵒ 123 vᵒ.

1605, 26 décembre. — Paris.

9863. — Arrêt ordonnant la taxation des offices d'huissiers-audienciers nouvellement créés dans les élections du royaume et non encore distribués, et la remise des quittances en blanc entre les mains de la comtesse de Moret, à qui Sa Majesté a fait don du produit de la vente desdits offices.

E 9ᵉ, fᵒ 232 rᵒ, et ms. fr. 18169, fᵒ 124 vᵒ.

1605, 27 décembre. — Paris.

9864. — Arrêt ordonnant la vérification de ce qui est entré de vin en la ville de Rouen outre la quantité portée sur les rapports des priseurs-bouteillers de la grande ferme de la vicomté de l'Eau.

E 9ᵉ, fᵒ 233 rᵒ, et ms. fr. 18169, fᵒ 126 rᵒ.

9865. — Arrêt ordonnant le recouvrement d'une somme de 942 livres 15 sols due par Côme Durant, fermier de l'impôt de 60 sols par poinçon de vin entrant à Rouen, à Dieppe ou au Havre.

E 9ᵉ, fᵒ 234 rᵒ, et ms. fr. 18169, fᵒ 125 rᵒ.

1605, 29 décembre. — Paris.

9866. — Arrêt ordonnant une enquête sur les avantages ou les inconvénients que présenterait la construction d'un temple protestant à Vitré.

E 9ᵉ, fᵒ 236 rᵒ.

9867. — Arrêt maintenant Claude Courtaillier en la jouissance de sa ferme « des soixante sols par tonneau de mer en la province de Normandie », nonobstant l'opposition de la cour des aides de Normandie.

E 9ᵉ, fᵒ 237 rᵒ, et ms. fr. 18169, fᵒ 128 rᵒ.

9868. — Arrêt ordonnant que Mᵉ Jean Saulnier exercera désormais comme titulaire l'office de receveur des tailles en l'élection de Forez.

E 9ᵉ, fᵒ 238 rᵒ, et ms. fr. 18169, fᵒ 127 rᵒ.

9869. — Arrêt ordonnant que, sans attendre la réunion des États du Rouergue, qui se sont ajournés au 3 février prochain, le sieur de Gourgues, trésorier de France en Guyenne, procédera immédiatement à la levée des impôts en ladite province.

E 9ᵉ, fᵒ 239 rᵒ, et ms. fr. 18169, fᵒ 126 vᵒ.

1605, 31 décembre. — Paris.

9870. — Arrêt renvoyant aux trésoriers de France à Paris une requête par laquelle les héritiers d'André Lemaire, charron du Roi, demandent confirmation du don d'un terrain sis rue Saint-Antoine, sur lequel ledit défunt a fait bâtir une maison à l'enseigne de la Coupe d'or.

E 9ᵉ, fᵒ 240 rᵒ, et ms. fr. 18169, fᵒ 136 rᵒ.

9871. — Arrêt défendant expressément, sous peine de concussion, à tous les officiers du Roi de lever sur les sujets du royaume de plus grandes sommes que celles qui leur sont attribuées par les ordonnances pour leurs gages, salaires et taxations.

E 9ᵉ, fᵒ 241 rᵒ; ms. fr. 18169, fᵒ 129 rᵒ, et ms. fr. 10842, fᵒ 126 rᵒ.

9872. — Arrêt ordonnant la vérification des comptes des receveurs et payeurs des rentes de la ville de Rouen pour les années 1599 à 1601.

E 9ᵉ, fᵒ 242 rᵒ, et ms. fr. 18169, fᵒ 137 rᵒ.

9873. — Arrêt relatif à l'exécution du don fait à la Reine «de tous les deniers qui proviendront tant du restablissement des qualitez, gaiges, droictz et exemptions des officiers des eslections de ce royaume, que [de] la vente des offices de nottaires et sergens qui sont exercez par commissions des juges des lieux».

E 9ᵉ, fᵒ 243 rᵒ, et ms. fr. 18169, fᵒ 136 vᵒ.

9874. — Arrêt défendant au sieur de Hacqueville de poursuivre ailleurs qu'au Conseil les maire et échevins d'Abbeville pour le payement d'une rente de 1,000 livres.

E 9ᵉ, fᵒ 244 rᵒ, et ms. fr. 18169, fᵒ 135 vᵒ.

9875. — Arrêt ordonnant que Mᵉ Jean Tessier, ci-devant receveur général des finances à Limoges, sera contraint, au besoin par l'emprisonnement de sa personne, au payement d'une somme de 1,852 livres 6 sols par lui due à Mᵉ Jean Palot, secrétaire du Roi.

E 9ᵉ, fᵒ 245 rᵒ, et ms. fr. 18169, fᵒ 134 vᵒ.

9876. — Arrêt ordonnant l'élargissement du fermier des 60 sols par muid de vin, des 40 sols par tonneau de cidre et des 20 sols par tonneau de poiré entrant à Rouen, à Dieppe ou au Havre-de-Grâce.

E 9ᵉ, fᵒ 246 rᵒ, et ms. fr. 18169, fᵒ 132 rᵒ.

9877. — Arrêt relatif au procès pendant entre Mᵉ Jean de Moisset, fermier général des gabelles, et les receveurs et contrôleurs des rentes assignées sur les greniers à sel de Normandie, au sujet de la suppression desdits offices.

E 9ᵉ, fᵒ 248 rᵒ, et ms. fr. 18169, fᵒ 134 rᵒ.

9878. — Arrêt déclarant que Mᵉ Nicolas Bigot, commis à la recette des débets des comptes des receveurs généraux et particuliers du royaume, ne doit pas s'immiscer au recouvrement des débets des rentes constituées à la ville de Paris, ce recouvrement demeurant confié à Mᵉ Jean de Moisset, receveur général et payeur des rentes de ladite ville.

E 9ᵉ, fᵒ 249 rᵒ; ms. fr. 18169, fᵒ 133 vᵒ, et AD ✠ 139, nᵒˢ 40 et 42.

9879. — Arrêt relatif à l'acquittement d'une somme de 20,000 livres que les habitants de Saint-Malo ont été condamnés à payer à d'anciens fermiers des 6 écus par pipe de vin levés en Bretagne.

E 9ᵉ, fᵒ 250 rᵒ, et ms. fr. 18169, fᵒ 137 vᵒ.

9880. — Arrêt autorisant les habitants de Chinon à lever une somme de 1,200 livres, «pour fournir aux despences qu'ilz ont faictes, depuis l'année M Vᶜ IIIIˣˣ XIX jusques à présent, pour la nourriture des malades de la contagion, paiement d'ung homme d'église, du gardien du lieu de la santé et réparation dudict lieu».

E 9ᵉ, fᵒ 251 rᵒ, et ms. fr. 18169, fᵒ 129 vᵒ.

9881. — Arrêt déclarant que les trésoriers de France à Caen et à Rouen exerceront désormais leurs charges, chacun pendant un semestre, de deux en deux ans, conformément à l'édit de décembre 1598 relatif à la suppression des bureaux dans toutes les trésoreries générales du royaume.

E 9ᵉ, fᵒˢ 252 rᵒ et 253 rᵒ; ms. fr. 18169, fᵒˢ 130 vᵒ et 131 vᵒ.

9882. — Arrêt réglant la confection des rôles d'après lesquels les officiers des élections du royaume seront taxés, s'ils veulent bénéficier de l'édit de mai

1604 qui leur restitue les droits, qualités et prérogatives à eux attribués lors de leur création.

E 9°, f° 254 r°, et ms. fr. 18169, f° 133 r°.

9883. — Arrêt interdisant à la cour des aides de Montpellier la connaissance de toutes les difficultés relatives à une levée qu'ont été autorisés à faire les habitants de Gimont.

E 9°, f° 255 r°, et ms. fr. 18169, f° 130 r°.

1606, 10 janvier. — Paris.

9884. — Adjudication des traites domaniales de Poitou et de Marans, faite pour trois ans à Jacques Rigault, moyennant le payement annuel de 63,000 livres.

Ms. fr. 18170, f° 1 r°.

1606, 12 janvier. — Paris.

9885. — Arrêt ordonnant l'expédition de toutes les lettres dont peut avoir besoin le duc de Wurtemberg pour entrer en possession des domaines d'Alençon, de Valognes, de Saint-Sauveur-Landelin, de Saint-Sauveur-le-Vicomte et de Néhou, à lui engagés par le Roi.

E 10°, f° 1 r°, et ms. fr. 18170, f° 2 v°.

1606, 14 janvier. — Paris.

9886. — Arrêt relatif au recouvrement du droit d'un écu par tonneau de mer entrant ès ports et havres du duché de Normandie.

E 10°, f° 3 r°, et ms. fr. 18170, f° 12 r°.

9887. — Arrêt statuant sur un procès pendant entre François Guérin, sieur de La Pointe, commissaire des vivres en Bourgogne, et Me Jean de Malassis, avocat, procureur du Roi au siège d'Auxonne.

E 10°, f° 5 r°, et ms. fr. 18170, f° 10 r°.

9888. — Arrêt statuant sur diverses instances pendantes entre Me Jean de Racoles, avocat au parlement de Toulouse, et les héritiers de Me Arnauld de Clapies, conseiller au présidial de Béziers, Me Charles Paulet et les présidents du siège de Béziers, au sujet de la résignation faite par ledit défunt au profit dudit Racoles.

E 10°, f° 7 r°, et ms. fr. 18167, f° 9 r°.

9889. — Arrêt ordonnant le payement du supplément de gages attribué aux grènetiers, contrôleurs et contre-gardes des greniers à sel de Languedoc à la place du droit de 22 deniers par quintal de sel dont ils jouissaient avant l'arrêt du 17 juillet 1601.

E 10°, f° 9 r°, et ms. fr. 18170, f° 8 v°.

9890. — Arrêt ordonnant que Madeleine Michelet, pourvue par le marquis de Rosny, Grand Voyer, d'une des « treize places sizes rue au Feurre, contre les murs du cimetière des Saints-Innocens », sera maintenue en la jouissance de ladite place au moins jusqu'à l'enregistrement du règlement relatif à la voirie.

E 10°, f° 11 r°, et ms. fr. 18170, f° 3 r°.

9891. — Arrêt ordonnant le remboursement de la finance payée par Me Hermann Sevin, président aux enquêtes du parlement de Toulouse, pour l'office d'assesseur criminel en la sénéchaussée d'Agen.

E 10°, f° 12 r°, et ms. fr. 18170, f° 6 r°.

9892. — Arrêt ordonnant le payement de deux acquits patents de 2,400 livres expédiés à Pierre de Bonavene, sieur de Beaumeville, prévôt général de Langue d'Oïl, en considération des services par lui rendus en Auvergne en l'année 1597.

E 10°, f° 13 r°, et ms. fr. 18170, f° 5 r°.

9893. — Arrêt renvoyant aux trésoriers de France à Rouen la requête en remise d'impôts présentée par les habitants de Vesly, village presque entièrement détruit par l'incendie du 22 septembre dernier.

E 10°, f° 14 r°, et ms. fr. 18170, f° 5 r°.

9894. — Arrêt donnant à la reine Marguerite nouvelle assignation de 1,500 livres de rente annuelle sur la recette générale de Tours, pour la dédommager de la perte de la châtellenie d'Usson, que ladite reine abandonne au Roi.

E 10°, f° 15 r°, et ms. fr. 18170, f° 5 r°.

9895. — Avis du Conseil relatif à un placet par

lequel la demoiselle de Rohan demande une somme de 20,000 livres, à prendre sur les deniers provenants de la vente des offices d'huissiers audienciers dans les sièges royaux de Bretagne.

E 10⁴, f° 16 r°.

9896. — Arrêt ordonnant que Mᵉ Nicolas Humbert, maître des comptes en Bourgogne, héritier de Mᵉ Pierre Robert, trésorier de France audit pays, jouira de l'augmentation de gages accordée audit Robert «pour le service par luy rendu, durant les troubles, hors la ville de Dijon».

E 10⁴, f° 17 r°, et ms. fr. 18170, f° 4 v°.

9897. — Arrêt faisant remise de 540 livres 17 sols 6 deniers aux habitants de Saint-Gérand-de-Vaux, de Saint-Loup et des Écherolles, éprouvés par la grêle.

E 10⁴, f° 18 r°, et ms. fr. 18170, f° 4 r°.

9898. — Arrêt ordonnant que les anciens consuls de la ville de Billom seront assignés au Conseil pour répondre à une demande des consuls actuels et des habitants de Billom.

E 10⁴, f° 19 r°, et ms. fr. 18170, f° 3 v°.

9899. — Arrêt confirmant l'affranchissement des tailles, crues et autres subsides accordé par les rois de France aux habitants de Chaumont-en-Bassigny, à condition qu'ils emploient 300 livres chaque année à l'entretien de leurs fortifications.

E 10⁴, f° 20 r°, et ms. fr. 18170, f° 6 v°.

9900. — Arrêt ordonnant que le droit de 20 sols par muid de vin entrant à Rouen, dont le produit est affecté aux frais de reconstruction du pont, continuera d'être levé sur toutes personnes, même privilégiées, jusqu'au 1ᵉʳ janvier 1608, nonobstant l'opposition de la cour des aides de Rouen.

E 10⁴, f° 21 r°, et ms. fr. 18170, f° 7 r°.

9901. — Arrêt ordonnant l'enregistrement du bail de la ferme du sceau et de la police des draps, nonobstant l'opposition des maîtres et gardes de la draperie de Paris.

E 10⁴, f° 23 r°, et ms. fr. 18170, f° 7 r°.

9902. — Arrêt faisant remise de 5,520 livres

9 sols au fermier du droit de 2 o/o perçu sur les marchandises et denrées passant devant la ville d'Arles et devant le fort du Baron, attendu la défense faite par le Roi de trafiquer avec l'Espagne et la Flandre.

E 10⁴, f° 24 r°, et ms. fr. 18170, f° 7 v°.

9903. — Arrêt accordant à Isambert Fleury, cidevant receveur des aides en la ville de Rouen, la vingtième partie du bénéfice qu'il doit procurer au Roi par divers avis, notamment en proposant la création d'un greffier chargé de l'assiette des tailles en chaque élection du royaume.

Ms. fr. 10843, f° 104 r°.

1606, 26 janvier. — Paris.

9904. — Arrêt supprimant l'office de grand maître alternatif des eaux et forêts en Bretagne, créé par édit de 1597.

E 10⁴, f° 26 r°, et ms. fr. 18170, f° 14 v°.

9905. — Arrêt interdisant aux cours des aides et réservant au Conseil la connaissance des procès intentés par les fermiers particuliers des aides à Mᵉ Jean de Moisset, ci-devant fermier général des aides.

E 10⁴, f° 27 r°, et ms. fr. 18170, f° 15 v°.

9906. — Arrêt évoquant le procès pendant au Grand Conseil entre le sieur d'Arquien, lieutenant du Roi à Metz, et Mᵉ Étienne Coynart, soi-disant abbé de Notre-Dame de Dillo, attribuant provisoirement l'administration de l'abbaye à Mᵉ Louis Poubeau, et condamnant ledit Coynart à résigner ses droits en faveur d'une personne capable qui sera nommée par le sieur d'Arquien.

E 10⁴, f° 29 r°, et ms. fr. 18170, f° 16 v°.

9907. — Arrêt ordonnant une enquête au sujet d'un arrêt de mainlevée rendu en la Cour des aides au profit de la caution de Jean Guesdon, ci-devant capitaine du charroi de l'Artillerie.

E 10⁴, f° 31 r°, et ms. fr. 18170, f° 13 v°.

9908. — Arrêt autorisant le sieur Du Breuil, maître des requêtes de l'Hôtel, à toucher sur le montant de ses gages, nonobstant la saisie pratiquée par ses créanciers, la somme nécessaire à l'acquittement du « soixantiesme denier de son office ».

E 10ᵉ, fᵒ 32 rᵒ, et ms. fr. 18170, fᵒ 14 rᵒ.

9909. — Arrêt accordant au sieur de Beringhen, premier valet de chambre du Roi, mainlevée des cuivres, houilles, calamines et autres matières nécessaires au fonctionnement des batteries qu'il a établies à Mézières et à Poix.

E 10ᵉ, fᵒ 33 rᵒ, et ms. fr. 18170, fᵒ 14 vᵒ.

9910. — Arrêt ordonnant aux trésoriers de France à Poitiers de donner leur avis au Conseil au sujet de la vente des bois taillis de Lusignan et de ceux de la forêt de Moulière, vente qui a été faite, en 1589, au feu sieur de Richelieu.

E 10ᵉ, fᵒ 35 rᵒ, et ms. fr. 18170, fᵒ 13 rᵒ.

9911. — Arrêt évoquant au Conseil l'appel interjeté en la Cour des aides par Mᵉ Jean Le Normand, ci-devant conseiller au Grand Conseil, et par d'autres habitants d'Orléans qui se prétendent exempts de l'impôt du douzième du vin.

E 10ᵉ, fᵒ 36 rᵒ, et ms. fr. 18170, fᵒ 12 vᵒ.

1606, 28 janvier. — Paris.

9912. — Arrêt autorisant l'électeur de Brandebourg à poursuivre le sieur de Fresnes-Canaye, « attandu que, dès l'année mɪɪ°°xɪɪɪ, le sieur prince Georges-Frideric de Brandembourg, duquel il est héritier, feit prest au sieur de Fresne-Canaye, estant en Allemagne pour le service de Sa Magesté, de la somme de xvᵉ florins pour s'en retourner en France ».

E 10ᵉ, fᵒ 37 rᵒ, et ms. fr. 18170, fᵒ 17 rᵒ.

9913. — Arrêt autorisant la levée d'une somme de 600 livres restée due à Jacques Triboulet par les habitants de Saint-Nizier-le-Bouchoux.

E 10ᵉ, fᵒ 38 rᵒ, et ms. fr. 18170, fᵒ 17 vᵒ.

9914. — Arrêt autorisant les officiers des greniers à sel d'Alençon à passer outre au procès de François Gaultier, accusé de faire le commerce du faux sel

« avec une trouppe de vingt-cinq ou trente hommes portans armes à feu défendues par les ordonnances ».

E 10ᵉ, fᵒ 39 rᵒ, et ms. fr. 18170, fᵒ 19 rᵒ.

9915. — Arrêt portant remise et réduction de tailles en faveur des habitants de Saint-André-Goule-d'Oie.

E 10ᵉ, fᵒ 40 rᵒ, et ms. fr. 18170, fᵒ 18 vᵒ.

9916. — Arrêt relatif au remboursement des sommes avancées au feu duc de Nemours par plusieurs particuliers, ainsi qu'au débat soulevé à ce sujet entre les vicomte, mayeur et échevins de Dijon et le syndic de Bourgogne.

E 10ᵉ, fᵒ 41 rᵒ, et ms. fr. 18170, fᵒ 18 rᵒ.

9917. — Arrêt ordonnant que la taxe des « cinq solz tant antiens que nouveaulx » sera levée sur chaque muid de vin entrant en la ville de Troyes, mais non sur les vendanges.

E 10ᵉ, fᵒ 42 rᵒ, et ms. fr. 18170, fᵒ 20 rᵒ.

9918. — Arrêt autorisant la levée d'une somme de 620 livres 2 sols due par les habitants de Pithiviers à divers particuliers.

E 10ᵉ, fᵒ 43 rᵒ, et ms. fr. 18170, fᵒ 19 vᵒ.

9919. — Arrêt ordonnant communication au procureur-syndic de Dauphiné de la requête des correcteurs en la chambre des comptes de Grenoble, lesquels demandent à jouir des mêmes privilèges que les auditeurs.

E 10ᵉ, fᵒ 44 rᵒ, et ms. fr. 18170, fᵒ 19 vᵒ.

9920. — Arrêt ordonnant le payement d'une somme de 29,000 livres due au sieur de Vitry, capitaine des gardes du corps et lieutenant au gouvernement de Brie.

E 10ᵉ, fᵒ 45 rᵒ, et ms. fr. 18170, fᵒ 20 vᵒ.

9921. — Arrêt évoquant au Conseil l'instance pendante devant le prévôt de Paris entre les colonels et capitaines suisses licenciés en 1591 et le receveur général des finances en Bretagne.

E 10ᵉ, fᵒ 46 rᵒ, et ms. fr. 18170, fᵒ 21 rᵒ.

9922. — Arrêt de décharge rendu en faveur d'une

caution de Jean-Georges Caulet, trésorier de France à Toulouse.

E 10ᵉ, fᵒ 47 rᵒ, et ms. fr. 18170, fᵒ 21 vᵒ.

9923. — Arrêt renvoyant aux trésoriers de France à Orléans la requête en remise de tailles qu'ont présentée les habitants de Coulombs, à raison des pertes par eux souffertes « à cause du passage ordinaire des gens de guerre par ladite parroisse et, depuis, par l'orage et gresle, etc. ».

E 10ᵉ, fᵒ 48 rᵒ, et ms. fr. 18170, fᵒ 22 vᵒ.

9924. — Arrêt ordonnant la levée d'une somme de 3,000 livres nécessaire pour l'installation d'un siège royal à Arnay-le-Duc.

E 10ᵉ, fᵒ 49 rᵒ, et ms. fr. 18170, fᵒ 22 vᵒ.

9925. — Avis du Conseil tendant à donner 9,000 livres au duc de Montbazon pour tout ce qu'il peut prétendre à cause de la solde et de l'entretien de deux compagnies à Beaufort et dans le gouvernement d'Anjou, Maine et Touraine.

E 10ᵉ, fᵒ 50 rᵒ, et ms. fr. 18170, fᵒ 23 rᵒ.

9926. — Arrêt déclarant que, conformément au traité passé avec Charles Du Hen, fermier général des Cinq grosses fermes, le rôle des greffiers des bureaux des traites de Champagne se bornera à expédier les sentences rendues par les juges desdits bureaux.

E 10ᵉ, fᵒ 51 rᵒ, et ms. fr. 18170, fᵒ 23 vᵒ.

9927. — Arrêt autorisant la levée d'une somme de 1,200 livres due par les habitants de Noyon à la sœur et aux héritiers du feu comte de Chaulnes.

E 10ᵉ, fᵒ 52 rᵒ, et ms. fr. 18170, fᵒ 24 rᵒ.

9928. — Arrêt relatif au nouveau traité conclu avec Toussaint Asselin pour la taxe des officiers des finances de la généralité de Moulins.

E 10ᵉ, fᵒ 53 rᵒ, et ms. fr. 18170, fᵒ 24 vᵒ.

9929. — Arrêt ordonnant à la chambre des comptes de Rouen de faire restituer, s'il y a lieu, les gages perçus par Mᵉ Jean Roussel, correcteur en ladite chambre, durant les neuf années qui ont séparé la date de sa provision de la date de sa réception.

E 10ᵉ, fᵒ 54 rᵒ, et ms. fr. 18170, fᵒ 25 rᵒ.

9930. — Arrêt ordonnant aux créanciers du diocèse de Mirepoix d'avoir à se conformer aux ordonnances des commissaires chargés de la vérification des dettes dudit diocèse.

E 10ᵉ, fᵒ 55 rᵒ, et ms. fr. 18170, fᵒ 26 vᵒ.

9931. — Arrêt réservant au Conseil, conformément au traité passé avec Mᵉ Pierre Moynier, la connaissance des procès relatifs aux droits perçus sur les rivières de Garonne et Dordogne et aux droits d'extinction du convoi de Bordeaux, le parlement de Bordeaux devant seulement connaître des affaires réclamant une intervention immédiate.

E 10ᵉ, fᵒ 57 rᵒ, et ms. fr. 18170, fᵒ 27 vᵒ.

9932. — Arrêt défendant aux maire, échevins et habitants de Troyes de comprendre à l'avenir dans les rôles des tailles et subventions Pierre Thuriot, dit La Motte, archer des gardes du Roi sous la charge du grand prévôt de France.

E 10ᵉ, fᵒ 59 rᵒ, et ms. fr. 18170, fᵒ 28 rᵒ.

9933. — Arrêt maintenant Mᵉ Jérôme Du Verger en l'office de receveur général des finances à Montpellier, à la charge de rembourser Mᵉ Louis Malherbe.

E 10ᵉ, fᵒ 61 rᵒ, et ms. fr. 18170, fᵒ 29 rᵒ.

9934. — Arrêt évoquant au Conseil le procès pendant entre le sieur de Sainte-Marie-du-Mont et Mathurin Du Broc, sieur de Lesgardier, au sujet du gouvernement de Carentan et d'un équipage or et argent que ledit sieur de Sainte-Marie-du-Mont prétend lui avoir été volé, en 1585, par ledit Mathurin Du Broc et par feu La Mothe-Serrant.

E 10ᵉ, fᵒ 63 rᵒ, et ms. fr. 18170, fᵒ 30 rᵒ.

9935. — Arrêt maintenant Guillaume Alliez en la ferme des gabelles du Languedoc.

E 10ᵉ, fᵒ 65 rᵒ, et ms. fr. 18170, fᵒ 25 vᵒ.

9936. — Arrêt condamnant Mᵉ Paul Tissandier, ci-devant receveur général des finances en Auvergne, ainsi que Guillaume Fontfreyde et Antoine Senezes, receveurs des tailles à Clermont et à Brioude, à payer 17,313 livres à Mᵉ Hugues Poisson, sieur de Durlot; ordonnant, en outre, que Mᵉ Alexandre de Girard, ci-devant commis à l'Extraordinaire des guerres en Dauphiné, Piémont et Savoie, représentera l'état des payements par lui faits au sieur de Lesdiguières avant qu'il soit statué sur l'instance pendante entre lui et lesdits Tissandier, Fontfreyde et Senezes.

E 10°, f° 71 r°, et ms. fr. 18170, f° 32 r°.

9937. — Arrêt attribuant aux héritiers de M° Michel de Fremont un office de receveur des aides et tailles à Caudebec, dont devra être pourvu Jean de Solurt.

E 10°, f° 73 r°, et ms. fr. 18170, f° 31 r°.

9938. — Arrêt ordonnant que les deux offices nouvellement créés de visiteur général alternatif des gabelles en Languedoc, dont est pourvu Pierre de Villa, seront taxés chacun sur le pied de 6,000 livres pour la « dispence des quarante jours ».

E 10°, f° 75 r°, et ms. fr. 18170, f° 22 r°.

1606, 31 janvier. — Paris.

9939. — Arrêt ordonnant aux trésoriers de France à Toulouse et à Montpellier de procéder à une enquête au sujet de la cause et de la durée des affranchissements octroyés à certains diocèses, villes, communautés ou paroisses.

E 10°, f° 76 r°; ms. fr. 18170, f° 36 v°, et ms. fr. 10842, f° 294 v°.

9940. — Arrêt chargeant le duc de Guise d'examiner si les constructions qu'Antoine de Sallettes, sieur de Saint-Mandrier, a été autorisé à faire pour l'agrandissement de ses salines peuvent porter un préjudice quelconque aux fortifications de Toulon.

E 10°, f° 77 r°, et ms. fr. 18170, f° 37 r°.

9941. — Arrêt ordonnant le payement des sommes dues au sieur de Boyer, gentilhomme ordinaire de la Chambre, par plusieurs communautés et particuliers de Provence.

E 10°, f° 78 r°, et ms. fr. 18170, f° 37 v°.

9942. — Arrêt ordonnant qu'il n'y aura plus qu'un seul payeur pour la compagnie du sieur Du Raullet, prévôt général de Normandie.

E 10°, f° 79 r°, et ms. fr. 18170, f° 37 r°.

9943. — Arrêt autorisant la levée d'une somme de 600 livres destinée à la réparation de l'église de Saint-Lubin-en-Vergonois.

E 10°, f° 80 r°, et ms. fr. 18170, f° 38 v°.

9944. — Arrêt ordonnant qu'il sera sursis au jugement du procès pendant au Conseil entre les États de Provence et les consuls de Toulon, attendu « l'arrest donné par Sa Majesté estant en sondit Conseil le dernier de mars, par lequel elle auroit retenu à sa personne le jugement dudit procès et remis à y faire droit estant sur les lieux, où elle esperoit lors, comme elle faict encor à présent, s'acheminer en bref ».

E 10°, f° 81 r°, et ms. fr. 18170, f° 38 v°.

9945. — Arrêt ordonnant que Jean Pilon et Guillaume Dupré, dont Sa Majesté a « recongnu la capacité et expérience en l'art de sculpture », exerceront ensemble l'office de contrôleur général des poinçons et effigies des monnaies de France, « à la charge de supression de l'un desdiz offices advenant vaccation par mort ».

E 10°, f° 82 r°, et ms. fr. 18170, f° 39 r°.

9946. — Arrêt ordonnant que les habitants de Limay demeureront en possession de la ferme du vingtième du vin vendu en ladite paroisse.

E 10°, f° 83 r°, et ms. fr. 18170, f° 39 r°.

9947. — Arrêt ordonnant la remise à M° François Pepin des registres dont il a besoin pour « faire les extraictz des rentes deues par Sa Majesté, vendues par decrect depuis le premier jour de janvier MV°LXXV » au Châtelet de Paris.

E 10°, f° 84 r°, et ms. fr. 18170, f° 40 r°.

9948. — Arrêt autorisant les paroissiens de Saint-Martin de Vendôme à lever sur eux-mêmes une somme de 120 livres destinée à l'entretien de leur curé.

E 10°, f° 85 r°, et ms. fr. 18170, f° 40 v°.

9949. — Avis du Conseil tendant à faire don de 10,000 livres au sieur de Bellengreville, grand prévôt de France.

E 10°, f° 86 r°, et ms. fr. 18170, f° 40 v°.

9950. — Arrêt, rendu sur la requête des cartiers

de Rouen, déclarant que les cartes et tarots sortiront du royaume sans être soumis à aucun droit.

E 10°, f° 87 r°, et ms. fr. 18170, f° 41 r°.

9951. — Arrêt autorisant la levée d'une somme de 600 livres due par les habitants de Nampcel aux fermiers de la terre de Puiseux dépendante de l'abbaye d'Ourscamps.

E 10°, f° 88 r°, et ms. fr. 18170, f° 41 r°.

9952. — Arrêt ordonnant la mise en adjudication des offices de receveur général des finances et des gabelles en Languedoc saisis sur M° Jérôme Du Verger, à faute de payement à l'Épargne d'une somme de 164,333 livres 3 sols.

E 10°, f° 89 r°, et ms. fr. 18170, f° 41 v°.

9953. — Arrêt ordonnant la fabrication, à la monnaie du Moulin de Paris, de doubles et de deniers de cuivre fin jusqu'à concurrence d'une somme de 30,000 livres.

E 10°, f° 90 r°, et ms. fr. 18170, f° 42 r°.

9954. — Arrêt attribuant définitivement à M™ François Maynard et Pierre Du Vergier les deux offices de receveurs alternatifs des tailles, taillon et deniers extraordinaires du haut pays de Rouergue et du comté de Rodez.

E 10°, f° 91 r°, et ms. fr. 18170, f° 42 r°.

9955. — Arrêt déboutant Jacob Affaneur, sieur de Lajarric, de l'enchère par lui mise sur la ferme des impôts levés sur les rivières de Charente et de Seudre.

E 10°, f° 92 r°, et ms. fr. 18170, f° 42 v°.

9956. — Arrêt renvoyant aux trésoriers de France, au prévôt des marchands et aux échevins de Lyon une requête de Josias Hernelin, entrepreneur de la mine de Voltourte, à Claveisolles, tendante à ce qu'il soit interdit aux Lyonnais de se servir, pour la teinture, de couperose étrangère.

E 10°, f° 93 r°, et ms. fr. 18170, f° 43 v°.

9957. — Arrêt ordonnant la réception de M° Pierre Peyrarede en l'office d'élu en l'élection de Périgord.

E 10°, f° 94 r°, et ms. fr. 18170, f° 55 r°.

9958. — Arrêt ordonnant la réception de Martin Mahiet en l'un des deux offices de courtiers de toiles à Paris.

E 10°, f° 96 r°, et ms. fr. 18170, f° 54 r°.

9959. — Arrêt ordonnant la vente des offices de M° Nicolas Grandeau, secrétaire du duc de Mayenne, le produit en devant être affecté au remboursement de M° Guillaume Le Noble, trésorier-payeur de la Gendarmerie.

E 10°, f° 98 r°, et ms. fr. 18170, f° 53 r°.

9960. — Arrêt déclarant que l'office de lieutenant-assesseur en la prévôté de la Rochelle demeurera supprimé.

E 10°, f° 100 r°, et ms. fr. 18170, f° 43 v°.

9961. — Arrêt relatif à la reddition des comptes de M° René Tremault, commis au maniement des deniers provenant d'une rente de 30,000 écus constituée, en 1592, aux cinquante-deux capitaines et colonels suisses.

E 10°, f° 101 r°, et ms. fr. 18170, f° 50 v°.

9962. — Arrêt condamnant M° Charles Prevost, abbé de Saint-Pierre-le-Vif, à servir une pension de 500 écus d'abord à Messire Pierre Forget, seigneur de Fresne, conseiller d'État, puis au sieur d'Espinay, neveu, et à l'abbesse de Montmartre, [belle-]sœur dudit Pierre Forget.

E 10°, f° 103 r°, et ms. fr. 18170, f° 49 r°.

9963. — Arrêt défendant à la chambre des comptes de Bretagne et à toutes autres juridictions ordinaires de prendre connaissance du fait de la suppression de la Chambre royale.

E 10°, f° 105 r°, et ms. fr. 18170, f° 48 v°.

9964. — Arrêt confirmant aux protestants de la sénéchaussée de Riom l'autorisation d'exercer leur culte dans les faubourgs de Maringues, nonobstant l'opposition des catholiques de ladite ville.

E 10°, f° 107 r°, et ms. fr. 18170, f° 36 r°.

9965. — Arrêt adjugeant le profit des défauts obtenus contre Pierre Grasset, général en la cour des aides de Montpellier, par M° Pierre de La Rivière, commis à l'exécution du règlement des péages qui se lèvent sur le Rhône.

E 10ᵉ, fᵒ 108 rᵒ, et ms. fr. 18170, fᵒ 48 rᵒ.

9966. — Arrêt ordonnant la réception des cautions présentées par Mᵉ Durand Lebert, fermier des taxes sur le cidre et le poiré levées à Rouen et au Havre, à condition qu'il payera ses fermages non pas six semaines, mais quinze jours après chaque échéance.

E 10ᵉ, fᵒ 110 rᵒ, et ms. fr. 18170, fᵒ 47 rᵒ.

9967. — Arrêt ordonnant de rétablir sur l'état des dettes de la ville d'Angers une somme de 3,150 livres empruntée, « pour les affaires de la guerre », par un conseiller et un avocat au présidial et par un greffier en la sénéchaussée d'Anjou.

E 10ᵉ, fᵒ 112 rᵒ, et ms. fr. 18170, fᵒ 46 rᵒ.

9968. — Arrêt ordonnant la vérification des frais dus aux commissaires députés en la généralité d'Amiens pour l'exécution de l'édit d'hérédité des offices de notaires royaux.

E 10ᵉ, fᵒ 114 rᵒ, et ms. fr. 18170, fᵒ 45 vᵒ.

9969. — Arrêt prorogeant de trois mois le sursis accordé à Jean Moreau, boulanger de la maison du Roi, pour le payement des fournitures de pain faites à la maison du Roi de 1589 à 1603.

E 10ᵉ, fᵒ 115 rᵒ, et ms. fr. 18170, fᵒ 45 rᵒ.

9970. — Arrêt autorisant la levée d'une somme de 1,679 livres 12 sols destinée à l'amortissement d'une rente constituée par les habitants de la ville et de la baronnie de Romenay.

E 10ᵉ, fᵒ 116 rᵒ, et ms. fr. 18170, fᵒ 45 rᵒ.

9971. — Arrêt autorisant la levée d'une somme de 1,307 livres 14 sols 10 deniers due par les habitants de Senlis au receveur des deniers communs.

E 10ᵉ, fᵒ 117 rᵒ, et ms. fr. 18170, fᵒ 44 vᵒ.

9972. — Arrêt déclarant que, conformément aux ordonnances de Charles VII, de François Iᵉʳ et de Charles IX, il ne pourra être fait don que d'une moitié des revenus domaniaux, et il ne pourra être accordé remise que de deux tiers desdits droits, de telle façon que le revenu domanial puisse toujours supporter les charges ordinaires, gages d'officiers, entretien des châteaux, auditoires, prisons, etc.

E 10ᵉ, fᵒ 118 rᵒ, et ms. fr. 18170, fᵒ 52 vᵒ.

9973. — Arrêt fixant à 10,000 livres le cautionnement de Mᵉ Bertrand Soly, receveur général des finances à Orléans.

E 10ᵉ, fᵒ 120 rᵒ; ms. fr. 18170, fᵒ 44 rᵒ, et ms. fr. 10842, fᵒ 79 rᵒ.

9974. — Arrêt ordonnant nouvelle adjudication des travaux de réparation du pont de Saint-Cloud.

E 10ᵉ, fᵒ 121 rᵒ, et ms. fr. 18170, fᵒ 35 vᵒ.

9975. — Arrêt maintenant la suppression des offices de procureurs en la sénéchaussée et au présidial de Nîmes.

E 10ᵉ, fᵒ 123 rᵒ, et ms. fr. 18170, fᵒ 58 vᵒ.

9976. — Arrêt autorisant la levée, sur les habitants de Châteaudun, d'une somme de 9,430 livres 17 sols 5 deniers destinée à l'acquittement des dettes de ladite ville.

E 10ᵉ, fᵒ 127 rᵒ, et ms. fr. 18170, fᵒ 57 rᵒ.

9977. — Arrêt statuant sur diverses instances pendantes entre deux marchands de Bayonne et de Quimper-Corentin, le syndic des États de Bretagne, le sieur de Sourdéac, les maire et échevins de Bayonne, au sujet des grains pris dans le navire la Françoise d'Aure, etc.

E 10ᵉ, fᵒ 129 rᵒ, et ms. fr. 18170, fᵒ 63 vᵒ.

9978. — Arrêt ordonnant que les droits de patente de Languedoc continueront d'être levés jusqu'à l'entier établissement de la traite domaniale.

E 10ᵉ, fᵒ 133 rᵒ, et ms. fr. 18170, fᵒ 67 rᵒ.

9979. — Arrêt déclarant que les habitants de la vicomté d'Auge, du Cotentin et de quelques sergenteries de la vicomté de Bayeux, autorisés à se servir du petit sel blanc de leur pays, ne pourront débiter ledit sel blanc, non plus que le lard salé avec ledit sel, et, s'ils se servent de sel gris, devront le prendre dans les greniers.

E 10ᵉ, fᵒ 135 rᵒ, et ms. fr. 18170, fᵒ 51 rᵒ.

9980. — Arrêt ordonnant que les procureurs postulants ès sièges présidiaux et autres juridictions de Montpellier et de Béziers seront maintenus en l'exercice de leur charge en payant, « pour supplément de finance », une somme de 20,000 livres.

E 10°, f° 139 r°, et ms. fr. 18170, f° 60 v°.

9981. — Articles présentés au Roi par les consuls d'Agen, avec les réponses du Conseil, au sujet :
1° Des ravages causés par les inondations ;
2° Du remboursement des 1,500 écus offerts au Roi lors du siège d'Amiens ;
3° Des arquebusiers fournis, en 1603, au maréchal d'Ornano pour l'arrestation de deux conspirateurs ;
4° De la nécessité d'obtenir une autorisation du Conseil pour faire les levées nécessaires au payement des dettes annuelles.

E 10°, f° 141 r°, et ms. fr. 18170, f° 69 r°.

9982. — Doléances présentées au Roi par les habitants d'Antibes, avec les réponses du Conseil, au sujet des fouages, de la taxe sur le vin et les denrées, de la foire franche, des gabelles, du droit d'ancrage, des droits forains, d'une rente de 20 écus, de l'entretien et du logement de la garnison, de la police des étrangers, etc.

E 10°, f° 145 r°, et ms. fr. 18170, f° 71 r°.

1606, 3 février. — [Paris.]

9983. — Arrêt accordant diverses remises de décimes au clergé des diocèses de Narbonne, de Rodez, de Lombez, de Saint-Papoul et de Lavaur.

E 10°, f° 150 r° à 151 v°, et ms. fr. 18170, f° 98 v° à 100 r°.

1606, 4 février. — Paris.

9984. — Arrêt réglant le payement de 960,355 livres 16 sols 6 deniers dus au duc de Wurtemberg pour prêts garantis par l'engagement des domaines d'Alençon, de Valognes, de Saint-Sauveur-Lendelin, de Saint-Sauveur-le-Vicomte et de Néhou.

E 10°, f° 162 r°, et ms. fr. 18170, f° 73 v°.

9985. — Arrêt défendant à tous comptables de faire des payements plus considérables que leurs encaissements, et les avertissant que les avances par eux faites à l'État ne leur seront point remboursées.

E 10°, f° 163 r°; ms. fr. 18170, f° 73 r°, et ms. fr. 10842, f° 48 r°.

9986. — Arrêt prorogeant pour six ans le don annuel de 100 livres octroyé par le Roi, en 1591, aux pauvres Clarisses de Moulins pour leur chauffage.

E 10°, f° 164 r°, et ms. fr. 18170, f° 74 r°.

9987. — Arrêt défendant aux comptables d'omettre aucune recette ou de déguiser aucuns frais dans les états qu'ils présentent au Conseil.

E 10°, f° 166 r°, et ms. fr. 10842, f° 47 v°.

9988. — Arrêt attribuant une indemnité de 150,000 livres à Me Charles Paulet, qui s'est démis de ses droits sur le revenu des Parties casuelles.

Ms. fr. 18170, f° 74 v°.

1606, 14 février. — Paris.

9989. — Arrêt autorisant la levée d'une somme de 31,500 livres 16 sols 8 deniers destinée à l'acquittement des dettes de la ville de Reims.

E 10°, f° 167 r°, et ms. fr. 18170, f° 75 r°.

9990. — Arrêt ordonnant qu'une requête de l'ambassadeur d'Angleterre tendante à l'abolition des impôts levés à Rouen sur les marchands anglais sera communiquée au syndic des États de Normandie, au maire et aux échevins de Rouen, lesquels devront rapporter les lettres en vertu desquelles ils lèvent lesdits impôts.

E 10°, f° 168 r°, et ms. fr. 18170, f° 75 v°.

9991. — Arrêt ordonnant à Me Jean de La Morte de rapporter au Conseil ses lettres de provision d'un office d'auditeur en la chambre des comptes de Dauphiné.

E 10°, f° 169 r°, et ms. fr. 18170, f° 76 v°.

9992. — Arrêt déclarant que, contrairement à un arrêt du Conseil du 26 octobre 1604 (n° 8732), les lieutenants généraux et particuliers ès sièges présidiaux ne seront point admis à rembourser les personnes pourvues des offices nouvellement créés de lieutenants particuliers assesseurs criminels et de commissaires examinateurs.

E 10°, f° 170 r°, et ms. fr. 18170, f° 77 r°.

9993. — Arrêt ordonnant l'exécution de l'édit de création des jaugeurs de vin et autres breuvages.

E 10°, f° 171 r°, et ms. fr. 18170, f° 77 v°.

9994. — Arrêt ordonnant le payement d'une somme de 891 livres 10 sols due, pour les travaux de l'Arsenal, à M° Jean Fontaine, maître des œuvres de charpenterie des bâtiments du Roi.

E 10°, f° 172 r°, et ms. fr. 18170, f° 77 v°.

9995. — Arrêt ordonnant une enquête sur les moyens les plus convenables de remplacer la maison de Montpellier jusqu'à présent affectée à la chambre des comptes de Languedoc et récemment adjugée à un particulier par arrêt du parlement de Toulouse.

E 10°, f° 173 r°, et ms. fr. 18170, f° 78 r°.

9996. — Arrêt ordonnant que les merciers et drapiers de Langres payent leur quote-part de la subvention levée en place du sol pour livre en l'année 1605, nonobstant leur opposition, dont le Conseil se réserve la connaissance.

E 10°, f° 174 r°, et ms. fr. 18170, f° 78 v°.

9997. — Arrêt ordonnant que, nonobstant les prétentions de M° Claude de Montescot, trésorier des Parties casuelles, M° Bénigne Saulnier, subrogé au contrat de M° Charles Paulet, jouira du droit casuel et du droit annuel de l'office de lieutenant au siège particulier de Béziers et de tous autres offices semblables.

E 10°, f° 175 r°, et ms. fr. 18170, f° 76 r°.

9998. — Arrêt réglant le payement des dettes du pays de Rouergue.

E 10°, f° 176 r°, et ms. fr. 18170, f° 80 r°.

9999. — Arrêt autorisant la levée d'une somme de 8,962 livres 11 sols destinée aux réparations de la tour et de l'horloge de Gien.

E 10°, f° 180 r°, et ms. fr. 18170, f° 82 r°.

10000. — Arrêt confirmant à M° Guillaume Alliez, fermier général des gabelles de Languedoc, la jouissance des crues et taxes sur le sel, nonobstant les modifications apportées aux clauses de son bail par la chambre des comptes et par la cour des aides de Montpellier.

E 10°, f° 181 r°, et ms. fr. 18170, f° 79 r°.

10001. — Arrêt condamnant le sous-fermier du bureau d'Auvillars à payer le montant de ses fermages à M° Léonard de Mausse, fermier général des traites de Languedoc et Provence.

E 10°, f° 183 r°, et ms. fr. 18170, f° 79 v°.

1606, 16 février. — Paris.

10002. — Arrêt statuant sur le procès pendant entre Louis de Pierre-Buffière, sieur de Chamberet, gouverneur de Figeac, et Léonard d'Escars, sieur de Saint-Bonnet, et confirmant l'adjudication de la terre et de la forêt de Masseret faite au sieur de Chamberet.

E 10°, f° 185 r°, et ms. fr. 18170, f° 92 r°.

10003. — Arrêt admettant Melchior Maignan à produire ce que bon lui semblera, nonobstant les arrêts obtenus au Conseil privé par Antoine Rochel et David Chais.

E 10°, f° 187 r°, et ms. fr. 18170, f° 82 v°.

10004. — Arrêt renvoyant aux trésoriers de France en Champagne la requête en rabais présentée par le fermier des 7 sols 6 deniers par muid de vin entrant en la ville de Troyes.

E 10°, f° 188 r°, et ms. fr. 18170, f° 83 r°.

10005. — Arrêt ordonnant que lettres de jussion itératives seront expédiées à la cour des aides de Normandie pour qu'elle procède à la vérification pure et simple du bail de Claude Courtaillier, fermier « des 60 solz pour tonneau de mer entrant ès portz... de Normandie ».

E 10°, f° 189 r°, et ms. fr. 18170, f° 83 r°.

10006. — Arrêt donnant décharge de 168,336 livres 6 sols 8 deniers aux cautions de Hugues Cosnier,

« adjudicataire du canal d'entre les rivières de Loyre et Seyne ».

> E 10ᵉ, fᵒ 190 rᵒ, et ms. fr. 18170, fᵒ 84 rᵒ.

10007. — Arrêt confiant à deux conseillers d'État l'instruction de l'affaire de Jean Coynart, ci-devant auditeur en la Chambre des comptes.

> E 10ᵉ, fᵒ 191 rᵒ, et ms. fr. 18170, fᵒ 84 rᵒ.

10008. — Arrêt ordonnant la revente du greffe de la Cour des monnaies.

> E 10ᵉ, fᵒ 192 rᵒ, et ms. fr. 18170, fᵒ 84 vᵒ.

10009. — Arrêt ordonnant que les quittances des offices de substituts des procureurs du Roi, d'adjoints aux enquêtes et d'huissiers-audienciers créés par édits de mai 1586 et de septembre 1587 seront délivrées en blanc, jusqu'à concurrence d'une somme de 98,000 livres, à dame Charlotte de Beaune, marquise de Noirmoutier.

> E 10ᵉ, fᵒ 193 rᵒ, et ms. fr. 18170, fᵒ 85 rᵒ.

10010. — Arrêt ordonnant que nouvelles provisions seront expédiées aux notaires et sergents au bailliage de Gex pourvus antérieurement à l'échange du pays de Bresse contre le marquisat de Saluces.

> E 10ᵉ, fᵒ 194 rᵒ, et ms. fr. 18170, fᵒ 87 rᵒ.

10011. — Arrêt relatif au procès pendant entre Pierre Mutin, receveur des tailles en Forez, et Mᵉ Bénigne Saulnier, receveur général des finances à Lyon.

> E 10ᵉ, fᵒ 195 rᵒ, et ms. fr. 18170, fᵒ 85 vᵒ.

10012. — Arrêt ordonnant que les lettres de provision des offices de président et de lieutenant en l'élection de Compiègne seront expédiées, pour cette fois, à la nomination de la reine Marguerite.

> E 10ᵉ, fᵒ 196 rᵒ, et ms. fr. 18170, fᵒ 86 rᵒ.

10013. — Arrêt ordonnant l'achat et la réunion au domaine des bois de la Trahison, dans la varenne de Saint-Germain-en-Laye, Sa Majesté ayant le désir de les « recouvrer, pour embellir et accompagner de plaisirs de chasse sa maison dudit Saint-Germain » ; les habitants de Montesson et de Chatou seront maintenus en leurs droits d'usage.

> E 10ᵉ, fᵒ 197 rᵒ, et ms. fr. 18170, fᵒ 86 rᵒ.

10014. — Arrêt ordonnant la réception de Mᵉ Jean de Champaignac, sieur du Mas, en l'office de lieutenant particulier assesseur criminel au présidial de Périgueux, nonobstant l'opposition des officiers du présidial.

> E 10ᵉ, fᵒ 198 rᵒ, et ms. fr. 18170, fᵒ 86 vᵒ.

10015. — Arrêt relatif à un procès pendant entre Adrien de Barastre, ancien fermier de l'impôt de 3 écus 18 sols par tonneau de vin levé en Picardie, et les hôteliers et taverniers du village de Grandvilliers.

> E 10ᵉ, fᵒ 199 rᵒ, et ms. fr. 18170, fᵒ 87 rᵒ.

10016. — Arrêt, rendu sur la requête du duc de Montpensier, ordonnant aux trésoriers de France à Tours de réduire, pour l'année 1607, la contribution de la paroisse de Champigny-sur-Veude, ruinée par la grêle et par l'épidémie.

> E 10ᵉ, fᵒ 200 rᵒ, et ms. fr. 18170, fᵒ 87 rᵒ.

10017. — Arrêt réglant le payement des gages restés dus à messire Bénigne Frémyot, président au parlement de Dijon, pour les années 1595 et 1596.

> E 10ᵉ, fᵒ 201 rᵒ, et ms. fr. 18170, fᵒ 87 vᵒ.

10018. — Arrêt défendant à la Chambre des comptes de poursuivre, pour la reddition de ses comptes, Joseph Fourmy, ancien fermier du sol pour livre à Orléans.

> E 10ᵉ, fᵒ 202 rᵒ, et ms. fr. 18170, fᵒ 88 rᵒ.

10019. — Arrêt renvoyant à la Chambre des comptes les créanciers des pays ressortissant à la ferme dite « à la part du royaume », lesquels sont, par cela même, créanciers de Barthélemy Gallois et de Guillaume de Charancy.

> E 10ᵉ, fᵒ 203 rᵒ, et ms. fr. 18170, fᵒ 88 vᵒ.

10020. — Arrêt réglant le payement du reste des sommes assignées sur la recette générale de Limoges à Mᵉ Jean Palot, « commis à la recette des deniers accordez à ceux de la Religion prétendue réformée », et validant un payement de 900 écus fait au baron de Salignac par le receveur des tailles en l'élection du Haut-Limousin.

> E 10ᵉ, fᵒ 204 rᵒ, et ms. fr. 18170, fᵒ 93 vᵒ.

10021. — Arrêt ordonnant à Jean Jubin et aux héritiers de Madeleine Gizoust de fournir au Conseil la preuve de la créance de 1,911 livres 3 sols qu'ils prétendent avoir sur les habitants de Brou.

E 10°, f° 206 r°, et ms. fr. 18170, f° 88 v°.

10022. — Arrêt défendant aux grand prieur, commandeurs et chevaliers de l'ordre de Saint-Jean-de-Jérusalem et à tous autres créanciers de la ville de Marseille d'intenter aucune poursuite au sujet desdites créances par-devant le Conseil privé, avant que rapport ait été adressé au Conseil d'État par le sieur Arnauld, conseiller d'État et intendant des finances.

E 10°, f° 207 r°, et ms. fr. 18170, f° 89 r°.

10023. — Arrêt assignant au Conseil les créanciers du prince de Conti qui poursuivent la vente des terres de Bonnétable, de Lucé et de Thoiré.

E 10°, f° 208 r°, et ms. fr. 18170, f° 90 r°.

10024. — Arrêt supprimant l'office de maître particulier des eaux et forêts en la prévôté d'Essoyes.

E 10°, f° 209 r°, et ms. fr. 18170, f° 89 v°.

10025. — Arrêt faisant remise de 616 livres 14 sols 3 deniers au fermier du bétail à pied fourché de la ville d'Amiens, attendu le dommage que lui a causé l'interdiction du commerce en Flandre.

E 10°, f° 210 r°, et ms. fr. 18170, f° 90 v°.

10026. — Arrêt réglant le payement de 4,470 livres dues à M° François Coquet, contrôleur général de la maison du Roi, du chef de sa défunte femme, Marie Hesselin, veuve de Mathurin Morin, roi d'armes.

E 10°, f° 211 r°, et ms. fr. 18170, f° 91 r°.

10027. — Arrêt accordant à Gabriel Gaulterot, sieur de La Regnardière, la dixième partie du bénéfice qu'il procurera au Roi en lui faisant connaître des portions de domaine usurpées ou mal acquises.

E 10°, f° 212 r°, et ms. fr. 18170, f° 91 r°.

10028. — Arrêt donnant mainlevée d'une somme de 780 livres destinée au payement de la garnison de Châtellerault et saisie entre les mains d'un trésorier de l'Extraordinaire des guerres.

E 10°, f° 213 r°, et ms. fr. 18170, f° 91 v°.

10029. — Arrêt relatif au procès intenté par un marchand de Limerick à messire Antoine, comte de Gramont, gouverneur de Bayonne, au sujet de la vente de ses marchandises autorisée par le juge de l'Amirauté au siège de Bayonne.

E 10°, f° 214 r°, et ms. fr. 18170, f° 91 v°.

10030. — Arrêt levant la défense faite à demoiselle Anne de Nesmond, veuve du sieur de Champaignac, en Périgord, de poursuivre en justice Guy Sonier, sieur de Laborie, et autres prétendus auteurs de l'assassinat commis sur la personne de son fils Alain Du Faure, sieur de La Mothe-Champaignac, et mettant ladite demoiselle et sa famille sous la sauvegarde du Roi.

E 10°, f° 216 r°, et ms. fr. 18170, f° 94 v°.

10031. — Arrêt évoquant au Conseil les procès pendants devant le sénéchal de Boulonnais et au parlement de Paris entre les habitants d'Audinghem et plusieurs anciens soldats de la garnison d'Étaples au sujet de meurtres, de prises de bétail et autres violences commises par lesdits soldats en 1593.

E 10°, f° 218 r°, et ms. fr. 18170, f° 95 v°.

10032. — Arrêt déboutant les habitants du « bas diocèse » de Montauban de leur demande en décharge de tailles.

E 10°, f° 220 r°, et ms. fr. 18170, f° 96 r°.

10033. — Arrêt déclarant que les officiers de l'amirauté du Levant au siège de Marseille devront visiter les vaisseaux en partance dans les ports de Provence, pour empêcher la sortie des marchandises de contrebande, et qu'ils percevront un droit de 3 livres par gros vaisseau, de 30 sols par vaisseau moyen et de 15 sols par petit vaisseau.

E 10°, f° 222 r°, et ms. fr. 18170, f° 97 r°.

10034. — Arrêt statuant sur les instances pendantes entre la veuve de Michel Remoise, avocat au siège de Montoire, et Claude Margonne, avocat au même siège, d'une part, et M° Raymond Phélypeaux, trésorier des Parties casuelles, d'autre part.

E 10°, f° 224 r°, et ms. fr. 18170, f° 97 v°.

1606, 17 février. — [Paris.]

10035. — Arrêt accordant au clergé du diocèse d'Agen remise des décimes restées dues pour les années 1586 à 1588, 1593 et 1594, sauf «le million de livres lequel lesditz beneficiers seront tenuz payer entièrement ».

E 10ᵉ, fᵒ 152 rᵒ, et ms. fr. 18170, fᵒ 100 rᵒ.

10036. — Arrêts accordant diverses remises de décimes au clergé des diocèses d'Albi et d'Uzès.

E 10ᵉ, fᵒˢ 152 vᵒ et 153 rᵒ, et ms. fr. 18170, fᵒ 100 vᵒ.

10037. — Arrêt faisant remise de 4,500 livres au clergé du diocèse de Dax sur sa part de l'aliénation du temporel de l'Église faite en 1576.

E 10ᵉ, fᵒ 153 vᵒ, et ms. fr. 18170, fᵒ 101 rᵒ.

10038. — Arrêt accordant une remise de décimes au clergé du diocèse de Béziers.

E 10ᵉ, fᵒ 154 rᵒ, et ms. fr. 18170, fᵒ 101 vᵒ.

10039. — Arrêt faisant remise de 866 livres au clergé du diocèse de Digne.

E 10ᵉ, fᵒ 154 vᵒ, et ms. fr. 18170, fᵒ 101 vᵒ.

10040. — Arrêt accordant une remise de décimes aux curés, prieurs et autres petits bénéficiers du diocèse de Gap dont le revenu n'excède pas 100 livres.

E 10ᵉ, fᵒ 156 rᵒ, et ms. fr. 18170, fᵒ 102 rᵒ.

10041. — Arrêt faisant remise de 1,650 livres au clergé du diocèse de Senez.

E 10ᵉ, fᵒ 157 rᵒ, et ms. fr. 18170, fᵒ 102 vᵒ.

10042. — Arrêt accordant une remise de décimes à l'évêque, au chapitre et au clergé du diocèse de Saint-Paul-Trois-Châteaux, attendu que «l'évesché dudit Sainct-Paul est l'une des plus petites et plus pauvres bénéfices de toute la France ».

E 10ᵉ, fᵒ 157 vᵒ, et ms. fr. 18170, fᵒ 103 rᵒ.

10043. — Arrêt accordant une remise de décimes aux curés, prieurs et autres petits bénéficiers du diocèse de Vienne dont le revenu n'excède pas 100 livres.

E 10ᵉ, fᵒ 158 rᵒ, et ms. fr. 18170, fᵒ 103 vᵒ.

10044. — Arrêt accordant au clergé du diocèse d'Embrun remise de toutes les décimes antérieures à l'année 1586, attendu la pauvreté dudit diocèse, dans lequel les églises ont été toutes démolies, et les revenus du clergé tous saisis par les protestants durant la guerre civile de 1573 à 1581.

E 10ᵉ, fᵒ 159 vᵒ, et ms. fr. 18170, fᵒ 104 rᵒ.

10045. — Arrêt accordant au grand prieuré d'Auvergne et aux commanderies qui en dépendent remise des décimes des années 1586 à 1588, 1593 à 1596.

E 10ᵉ, fᵒ 160 rᵒ, et ms. fr. 18170, fᵒ 104 vᵒ.

10046. — Arrêt accordant remise presque semblable au grand prieuré de Saint-Gilles et aux commanderies qui en dépendent.

E 10ᵉ, fᵒ 160 vᵒ, et ms. fr. 18170, fᵒ 105 rᵒ.

10047. — Arrêt faisant remise de 3,000 livres au clergé du diocèse de Rieux, attendu les pertes que lui a fait subir, en 1600 et en 1601, le passage des gens de guerre.

Ms. fr. 10843, fᵒ 118 rᵒ.

10048. — Arrêt faisant remise de 1,000 livres au prieur de Saint-Léger, dans le diocèse de Tarbes.

Ms. fr. 10843, fᵒ 118 rᵒ.

1606, 18 février. — Paris.

10049. — Arrêt attribuant aux colonels et capitaines suisses les nouvelles quittances des offices de lieutenants particuliers assesseurs criminels et commissaires-examinateurs dans les ressorts des parlements de Toulouse et de Bordeaux.

E 10ᵉ, fᵒ 226 rᵒ, et ms. fr. 18170, fᵒ 105 rᵒ.

10050. — Arrêt prohibant l'usage du sel trouvé dans les navires qui transportent du poisson salé.

E 10ᵉ, fᵒ 227 rᵒ, et ms. fr. 18170, fᵒ 107 vᵒ.

10051. — Arrêt déclarant qu le fermier des traites domaniales de Poitou et de Marans sera dispensé de fournir cautions devant les trésoriers de France à Poitiers.

E 10ᵉ, fᵒ 228 rᵒ, et ms. fr. 18170, fᵒ 105 vᵒ.

10052. — Arrêt défendant aux commissaires députés pour la recherche des malversations commises par les officiers comptables du royaume de comprendre sur leurs rôles de taxes M⁰ Claude Josse, ci-devant fermier général des gabelles, ses associés ou ses commis.

E 10ᵃ, fᵒ 229 rᵒ, et ms. fr. 18170, fᵒ 105 vᵒ.

10053. — Arrêt ordonnant que le chemin d'Abbeville à Montreuil passant par la forêt de Vron sera, dans cette portion de son parcours, redressé et élargi, « pour esvitter les volleryes et meurtres qui s'i commettent journellement ».

E 10ᵃ, fᵒ 230 rᵒ, et ms. fr. 18170, fᵒ 106 rᵒ.

10054. — Arrêt ordonnant l'élargissement de Melchior Maignan, emprisonné au For-l'Évêque à la requête du receveur des amendes du Parlement.

E 10ᵃ, fᵒ 231 rᵒ, et ms. fr. 18170, fᵒ 106 vᵒ.

10055. — Arrêt ordonnant que les maîtres apothicaires seront entendus au Conseil au sujet de l'arrêt par eux obtenu au Parlement contre François de Cœurlis, apothicaire ordinaire de l'Artillerie.

E 10ᵃ, fᵒ 232 rᵒ, et ms. fr. 18170, fᵒ 107 rᵒ.

10056. — Arrêt évoquant au Conseil toutes instances relatives à l'interdiction d'introduire et de débiter en France de l'anil d'Inde.

E 10ᵃ, fᵒ 233 rᵒ, et ms. fr. 18170, fᵒ 108 rᵒ.

10057. — Arrêt admettant Jean Amyot à « tiercer » les « fermes du quatrieme du vin et menuz boires de la ville de Rouen, gros du vin en icelle et des quatriesmes de tous boires du bourg de Darnetal ».

E 10ᵃ, fᵒ 235 rᵒ, et ms. fr. 18170, fᵒ 108 vᵒ.

10058. — « Articles présentez au Roy et à nosseigneurs de son Conseil par Toussainctz Asselin pour la composition des taxes des officiers de finances, commissionnaires et aultres de la généralllité de Moulins et de la quallité portée par l'eedict et déclaration faicte sur icelluy par Sa Majesté pour la révocation de la Chambre royalle », avec l'approbation du Conseil.

E 10ᵃ, fᵒ 237 rᵒ, et ms. fr. 18170, fᵒ 109 vᵒ.

1606, 23 février. — Paris.

10059. — Arrêt ordonnant que Mᵉ Simon Reperant, huissier au Conseil, sera mis en possession du coffre contenant les papiers du sieur Des Barreaux, conseiller d'État, ci-devant commissaire député pour la réforme des gabelles en Languedoc, Provence, Dauphiné, etc., et qu'il dressera l'inventaire des états de « remesuraiges faictz de l'ordonnance dudit sieur Desbarreaux, pendant sadite commission, des selz estans aux salins de Narbonne, Periac et Sijan », lesquels états seront ensuite remis au visiteur général des gabelles en Languedoc.

E 10ᵃ, fᵒ 241 rᵒ, et ms. fr. 18170, fᵒ 111 vᵒ.

10060. — Arrêt ordonnant que les lettres de provision de lieutenant-assesseur criminel en la sénéchaussée de Marseille seront réformées au nom de Mᵉ Nicolas Bausset, lieutenant civil et criminel en ladite sénéchaussée.

E 10ᵃ, fᵒ 245 rᵒ, et ms. fr. 18170, fᵒ 113 vᵒ.

10061. — Arrêt ordonnant à tous les particuliers qui ont acquis des portions de domaine, du temps des ducs de Savoie, dans la Bresse, le Bugey ou le bailliage de Gex de déposer leurs titres entre les mains du procureur général au parlement de Dijon, afin qu'il puisse être statué en connaissance de cause au sujet des prétentions du sieur de Watteville sur le marquisat de Versoix, et au sujet de celles du sieur de Bellegarde sur la seigneurie de Montluel.

E 10ᵃ, fᵒ 242 rᵒ, et ms. fr. 18170, fᵒ 112 rᵒ.

10062. — Arrêt confirmant les exemptions vendues aux sujets du royaume, particulièrement en Normandie, et ordonnant des poursuites contre les officiers qui ont fait malicieusement courir le bruit que ces exemptions seraient révoquées après l'acquittement des taxes.

E 10ᵃ, fᵒ 243 rᵒ, et ms. fr. 18170, fᵒ 112 vᵒ.

10063. — Arrêt ordonnant que Mᵉ Noël Treny exercera, dans la prévôté de Noyon, les droits attribués à l'office de commissaire-examinateur, mais que les droits d'ampliation seront exercés dans le bailliage de Noyon par M° Henri de Charmolue.

E 10°, f° 247 r°, et ms. fr. 18170. f° 113 r°.

1606, 25 février. — Paris.

10064. — Arrêt déchargeant les habitants de Vitry-le-François de la subvention imposée aux villes franches et abonnées de la généralité de Champagne.

E 10°, f° 249 r°, et ms. fr. 18170, f° 114 r°.

10065. — Arrêt renvoyant aux trésoriers de France à Amiens une requête par laquelle les habitants de Poix sollicitent une remise générale de tous impôts pendant douze ans, attendu l'incendie qui a détruit une grande partie de leur village le 28 septembre dernier.

E 10°, f° 250 r°, et ms. fr. 18170, f° 114 v°.

10066. — Arrêt validant les versements faits à l'Épargne par M° Vincent Martin, ci-devant commis à la recette des deniers provenant des condamnations portées par l'arrêt du Conseil du 30 juin 1601 contre plusieurs particuliers, officiers et fermiers des gabelles de la généralité de Bourgogne.

E 10°, f° 251 r°, et ms. fr. 18170, f° 115 r°.

10067. — Arrêt suspendant durant six mois toutes poursuites et contraintes contre les habitants des terres du bailliage de Gex dépendantes de l'ancien chapitre et de l'ancien prieuré de Saint-Victor de Genève.

E 10°, f° 252 r°, et ms. fr. 18170, f° 115 v°.

10068. — Arrêt autorisant jusqu'à nouvel ordre l'entrée des savons étrangers dans le royaume, et enjoignant au parlement, à la chambre des comptes et à la cour des aides de Normandie d'enregistrer, sans autre difficulté, l'édit de juillet 1605 qui établit une manufacture de savons dans le royaume.

E 10°, f° 253 r°, et ms. fr. 18170, f° 115 r°.

10069. — Arrêt renvoyant aux trésoriers de France en Provence une requête par laquelle Louis Cordier et autres habitants de Marseille demandent l'autorisation de construire des salines près de Marseille.

E 10°, f° 254 r°, et ms. fr. 18170, f° 116 r°.

10070. — Arrêt faisant remise du droit de marc d'or aux notaires, huissiers et sergents « exploictant en vertu des commissions et immatricules des juges de ce royaume » qui se feront pourvoir d'offices royaux, attendu que les droits de provision de ces offices ont été donnés à la Reine.

E 10°, f° 255 r°, et ms. fr. 18170, f° 114 v°.

10071. — Arrêt prescrivant une enquête au sujet de la date de la mort de M° André Monet, receveur du domaine et des finances à Calais.

E 10°, f° 256 r°, et ms. fr. 18170, f° 116 v°.

10072. — Arrêt déclarant que, par l'arrêt du 7 juin dernier (n° 9312), Sa Majesté a entendu obliger à prendre lettres de provision royales, non seulement les notaires, huissiers et sergents exploitant en vertu de commissions des juges, mais tous autres officiers pourvus par les chambres des comptes, les cours des aides, les trésoriers de France, les baillis, les sénéchaux, les juges mages, les viguiers, les consuls, etc.

E 10°, f° 257 r°; AD ✠ 139, n° 22, et ms. 18170, f° 117 r°.

10073. — Arrêt relatif à l'apurement des comptes de la taxe de 60 sols par muid de vin, de 40 sols par tonneau de cidre et de 20 sols par tonneau de poiré entrant en la ville de Rouen.

E 10°, f° 258 r°, et ms. fr. 18170, f° 117 r°.

10074. — Arrêt ordonnant le remboursement d'une somme de 2,200 écus payée par le sieur de Praslin, capitaine des Gardes, pour l'acquisition de bois dépendant de la châtellenie de Saint-Léger-de-Foucherets, dont la chambre des comptes de Dijon a refusé de ratifier l'aliénation.

E 10°, f° 259 r°, et ms. fr. 18170, f° 117 v°.

10075. — Arrêt réglant le payement des gages du capitaine d'Épernay, Adam Dupuis, sieur de La Tour, exempt des Gardes du corps.

E 10°, f° 261 r°, et ms. fr. 18170, f° 118 v°.

1606, 28 février. — Paris.

10076. — Arrêt assignant le faubourg de Clermont-en-Beauvoisis comme « lieu de bailliage » pour l'exercice de la Religion prétendue réformée, mais ordonnant le choix d'une maison autre que celle « du fief de Limoge », attendu que cette maison « est proche une croix et autel où les stations des processions générales des catholiques ont accoustumé d'estre faictes ».

E 10ᵉ, fᵒ 263 rᵒ, et ms. fr. 18170, fᵒ 119 rᵒ.

10077. — Arrêt ordonnant la vérification des édits concernant la vente en hérédité des offices de regrattiers, le produit en devant être entièrement affecté au remboursement des prêts faits au feu Roi par les seigneurs du Conseil.

E 10ᵉ, fᵒ 264 rᵒ, et ms. fr. 18170, fᵒ 119 rᵒ.

10078. — Arrêt renvoyant aux trésoriers de France à Châlons une requête par laquelle les habitants de Suippes demandent à jouir d'un octroi que leur a concédé Sa Majesté en 1603, lors de son passage audit bourg.

E 10ᵉ, fᵒ 265 rᵒ, et ms. fr. 18170, fᵒ 119 vᵒ.

10079. — Arrêt relatif à la reddition des comptes de Mᵉ Adrien Bréart, receveur et payeur des rentes constituées sur le sel en Normandie.

E 10ᵉ, fᵒ 266 rᵒ, et ms. fr. 18170, fᵒ 120 rᵒ.

10080. — Arrêt donnant au chapitre de Saint-Honoré un délai d'un an pour faire casser une sentence des conseillers du Trésor qui dépouille ledit chapitre, au profit du Roi, de tous droits seigneuriaux sur quatorze maisons du vieux cimetière Saint-Jean, lesquels droits ont été donnés au prince de Condé.

E 10ᵉ, fᵒ 267 rᵒ, et ms. fr. 18170, fᵒ 120 vᵒ.

10081. — Arrêt autorisant les habitants de Saint-Privé à lever sur ceux d'entre eux qui ne professent pas la Religion prétendue réformée une somme de 900 livres destinée à la reconstruction de leur église.

E 10ᵉ, fᵒ 268 rᵒ, et ms. fr. 18170, fᵒ 121 rᵒ.

10082. — Arrêt prorogeant de trois mois le sursis accordé, par arrêt du 25 juin dernier, au sieur d'Ayala, ambassadeur des Archiducs, attendu que Mᵉ Jules-César Bernier et Mᵉ César d'Espinoy, son gendre, n'ont tenu aucun compte dudit arrêt.

E 10ᵉ, fᵒ 269 rᵒ, et ms. fr. 18170, fᵒ 121 vᵒ.

10083. — Arrêt faisant remise de 450 livres au maître de la monnaie d'Amiens.

E 10ᵉ, fᵒ 270 rᵒ, et ms. fr. 18170, fᵒ 121 vᵒ.

10084. — Arrêt autorisant la levée d'une somme de 1,500 livres destinée à l'amortissement des rentes que constituèrent les habitants de Villiers-Adam pour se procurer l'argent nécessaire à la clôture de leur bourg.

E 10ᵉ, fᵒ 271 rᵒ, et ms. fr. 18170, fᵒ 122 rᵒ.

10085. — Arrêt autorisant la levée d'une somme de 7,000 livres destinée au remboursement des emprunts qu'ont contractés les habitants de Meaux pour l'entretien de la garnison et des fortifications de leur ville.

E 10ᵉ, fᵒ 272 rᵒ, et ms. fr. 18170, fᵒ 122 vᵒ.

10086. — Arrêt autorisant la levée du capital et des intérêts de 1,242 livres 8 sols restés dus par les habitants de Brioude aux collecteurs de l'année 1603.

E 10ᵉ, fᵒ 273 rᵒ, et ms. fr. 18170, fᵒ 123 rᵒ.

10087. — Arrêt faisant remise de 1,113 livres 19 sols 10 deniers aux collecteurs des tailles de Chaillac pour l'année 1599.

E 10ᵉ, fᵒ 274 rᵒ, et ms. fr. 18170, fᵒ 123 vᵒ.

10088. — Arrêt ordonnant à Mᵉ Gabriel Hus, sieur de La Bouchetière, trésorier des États de Bretagne, de payer au sieur de Vely les 9,000 livres qu'il doit au sieur de Montbarrot, gouverneur de Rennes.

E 10ᵉ, fᵒ 275 rᵒ, et ms. fr. 18170, fᵒ 124 rᵒ.

10089. — Arrêt prorogeant pour six ans les exemptions et décharges accordées aux habitants de Montreuil-sur-Mer.

E 10ᵉ, fᵒ 276 rᵒ, et ms. fr. 18170, fᵒ 124 vᵒ.

10090. — Arrêt prolongeant de six ans le délai fixé aux habitants de Montreuil-sur-Mer pour le rachat d'une rente qu'ils ont constituée, avec l'approbation de Henri III, lors du renouvellement de leurs munitions et approvisionnements.

E 10ᵉ, fᵒ 277 rᵒ, et ms. fr. 18170, fᵒ 124 vᵒ.

10091. — Arrêt autorisant Pierre Saintot, Jean-André Lumagne et consorts, entrepreneurs des manufactures d'or, d'argent et de soie, à faire battre et filer l'or et l'argent à la façon milanaise, nonobstant l'arrêt rendu par la Cour des monnaies, le 26 janvier dernier, en faveur de Jean-André Turrato.

E 10*, f° 278 r°, et ms. fr. 18170, f° 125 r°.

10092. — Arrêt dispensant les particuliers commis à la levée des octrois par les maire et échevins de Troyes de rendre leurs comptes par-devant les commissaires subdélégués de la Chambre royale.

E 10*, f° 280 r°, et ms. fr. 18170, f° 125 v°.

10093. — Arrêt ordonnant qu'en baillant caution de 10,000 livres, M° Jean Depleure sera admis à exercer durant la présente année l'office de receveur général des finances à Toulouse.

E 10*, f° 282 r°, et ms. fr. 18170, f° 126 v°.

10094. — Arrêt donnant quinze jours à M° Jean de Moisset, fermier général des gabelles, pour rembourser les offices nouvellement créés de receveurs et de contrôleurs des rentes constituées sur les greniers à sel de Normandie.

E 10*, f° 284 r°, et ms. fr. 18170, f° 127 r°.

10095. — Arrêt maintenant M° Hector Mallet en l'exercice de sa charge de receveur des tailles en l'élection de Montdidier.

E 10*, f° 286 r°, et ms. fr. 18170, f° 127 v°.

10096. — Arrêt renvoyant au procureur général en la Chambre des comptes une requête par laquelle M° Pierre Le Charron et Simon Collon, trésoriers généraux de l'Extraordinaire des guerres, demandant à être dispensés de fournir caution pour ceux qu'ils commettent au maniement des dépenses de leurs charges.

E 10*, f° 288 r°, et ms. fr. 18170, f° 128 v°.

10097. — Arrêt déclarant que, tant que la douane de Lyon sera affermée, les receveurs de ladite douane seront dispensés de compter en la Chambre des comptes.

E 10*, f° 290 r°, et ms. fr. 18170, f° 129 r°.

10098. — Arrêt ordonnant la suppression d'un office de receveur des tailles en l'élection de Saumur, vacant par la mort du titulaire.

E 10*, f° 292 r°, et ms. fr. 18170, f° 122 r°.

10099. — «Articles accordés à M° Jean de Moisset pour raison des offices de regratiers et revendeurs de sel à petittes mesures que le Roy a ordonné estre establis en hérédité ès provinces d'Auvergne, Lyonnoys, Languedoc, Prouvence et Dauphiné, et pour la revente desditz offices aussy en hérédité ez lieux desdites provinces où il y en a jà pourveus. »

E 10*, f° 293 r°, et ms. fr. 18170, f° 131 r°.

10100. — Arrêt ordonnant nouvelle adjudication des travaux de réparation du pont de Saint-Cloud.

Ms. fr. 18170, f° 130 v°.

10101. — «Articles accordez à M° de Moisset pour raison des offices de regratiers et revendeurs de sel à petites mesures que le Roy a ordonné estre establiz en hérédité ès lieux où il sera besoing èsquelz il n'a point encore esté pourveu, et de la revente de tous lesditz offices aussi en hérédité ès endroictz où il y a esté pourveu en tiltre d'office, et ce en l'estendue des provinces et lieux du bail dudit Moisset. »

Ms. fr. 18170, f° 131 v°.

1606, 2 mars. — Paris.

10102. — «Articles presentez... par M° Berthelemy Carteret pour la composition des taxes que Sa Majesté a ordonné estre levées par forme d'emprunct tant sur les officiers des finances de la suitte de la Court, commissionnaires et autres de la qualité portée par l'eedict et declaration sur icelluy faict par Sadicte Majesté pour la révocation de la Chambre royalle, que sur les officiers, commissionnaires et autres qui se seroient entremis à la perception et levée de deniers depuis l'année M V° IIII^{xx} cinq... », avec l'approbation du Conseil.

E 10^b, f° 1 r°, et ms. fr. 18170, f° 132 v°.

10103. — Arrêt déclarant que Jacques Lefèvre et Charles Denis, trésoriers provinciaux des guerres, ne seront point tenus de fournir cautions dans leurs départements, c'est-à-dire l'un en Champagne, l'autre en Saintonge et Angoumois, mais qu'ils pourront bailler caution par-devant le prévôt de Paris.

Ms. fr. 10843, f° 120 r°.

1606, 4 mars. — Paris.

10104. — Arrêt réservant au Conseil la connaissance des poursuites intentées à Madeleine Michelet au sujet d'un emplacement sis rue au Feurre, contre les murs du cimetière des Innocents, et concédé à ladite Michelet par le grand voyer de France.

E 10ᵇ, f° 5 r°, et ms. fr. 18170, f° 135 r°.

1606, 7 mars. — Paris.

10105. — Arrêt autorisant François Pascal, marchand lyonnais, à faire fabriquer à ses dépens, à Lyon, des doubles et deniers de cuivre fin pour 50,000 livres et à les faire transporter à ses frais dans différentes villes de France où le besoin s'en fait sentir, à condition qu'il payera au Roi un droit d'un sol par marc et qu'il fournira en l'Arsenal 500 arquebuses toutes garnies; autorisant en outre Alexandre Ollivier, maître et conducteur du moulin de la petite monnaie de Paris, à fabriquer aux mêmes conditions des doubles et deniers jusqu'à concurrence de 30,000 livres.

E 10ᵇ, f° 6 r°, et ms. fr. 18170, f° 137 v°.

10106. — Arrêt ordonnant qu'il soit passé outre en la Chambre royale à l'instruction et au jugement du procès criminel intenté à Mᵉ Philippe-Vincent-Claude Martineau, président, et à François Hobelin, élu en l'élection d'Auxerre, pour détournement et destruction de certaines enquêtes.

E 10ᵇ, f° 8 r°, et ms. fr. 18170, f° 137 r°.

10107. — Adjudication de la taxe de 24 livres levée sur chaque muid de sel entrant par la Seine ou vendu dans les greniers de Normandie, faite pour quatre années à Mᵉ Jean Filassier, moyennant le payement annuel de 110,000 livres.

E 10ᵇ, f° 10 r°, et ms. fr. 18170, f° 135 v°.

1606, 11 mars. — Paris.

10108. — Arrêt ordonnant que dans deux mois les créanciers du bas pays d'Auvergne pourront recommencer à poursuivre l'acquittement de leurs créances, si les gens du tiers état n'ont point satisfait d'ici là à l'arrêt du Conseil du 13 novembre 1604 qui établissait audit pays « le fournissement du sel ».

E 10ᵇ, f° 14 r°, et ms. fr. 18170, f° 146 v°.

10109. — Arrêt statuant sur un procès pendant entre Mᵉ Jacques Boyvin, sieur de Bonnetot, maître en la chambre des comptes de Normandie, d'une part, Gabriel de Chambray, gentilhomme ordinaire de la Chambre, sa femme et son fils, la ville de Dreux, Mᵉ François Morlot, procureur au parlement de Paris, etc., d'autre part.

E 10ᵇ, f° 16 r°, et ms. fr. 18170, f° 151 r°.

10110. — Arrêt relatif à l'apurement des comptes de Mᵉ Jean Roger, ci-devant trésorier et receveur général des finances en Bretagne.

E 10ᵇ, f° 20 r°, et ms. fr. 18170, f° 145 r°.

10111. — Arrêt ordonnant le payement de la pension annuelle de 400 livres que Henri III avait accordée, à titre de dédommagement, à messire Claude Coquelet, évêque de Digne, ci-devant principal du collège Mignon, par concordat du 24 avril 1584, lorsqu'il avait donné ledit collège aux religieux de l'ordre de Grandmont, auxquels il venait d'ôter le prieuré des Bonshommes du parc de Vincennes.

E 10ᵇ, f° 22 r°, et ms. fr. 18170, f° 147 r°.

10112. — Arrêt ordonnant que les sieurs de Fleury, de Maupeou et Arnauld, conseillers d'État, poursuivront seuls la restitution des droits de chauffage indûment perçus par certains officiers des Eaux et forêts, les deniers provenant de cette restitution ayant été donnés d'avance au sieur de Roquelaure.

E 10ᵇ, f° 24 r°, et ms. fr. 18170, f° 147 v°.

10113. — Arrêt ordonnant la levée d'une somme de 1,316 livres due par les habitants de Nonette à

Mᵉ Étienne Amariton et à Pierre Vigier, consuls de ladite ville en l'année 1591.

E 10ᵇ, fᵒ 26 rᵒ, et ms. fr. 18170, fᵒ 148 vᵒ.

10114. — Arrêt ordonnant la levée d'une somme de 36,000 livres destinée à l'acquittement des dettes du Rouergue.

E 10ᵇ, fᵒ 28 rᵒ.

10115. — Arrêt déclarant que Mᵉ Denis Feydeau, fermier général des aides, sera déchargé du payement des rentes assignées sur l'équivalent de l'élection de Sens.

E 10ᵇ, fᵒ 29 rᵒ, et ms. fr. 18170, fᵒ 138 vᵒ.

10116. — Arrêt maintenant Pierre Duport, sieur de Mouillepied, en la jouissance de son office de contrôleur général des vivres, sans avoir égard à une réclamation de Mᵉ Charles Paulet.

E 10ᵇ, fᵒ 30 rᵒ, et ms. fr. 18170, fᵒ 149 rᵒ.

10117. — Arrêt fixant à 10,000 livres le chiffre du cautionnement que devra fournir Mᵉ Paul Arnauld avant de rentrer en l'exercice de sa charge de receveur général des finances à Montpellier.

E 10ᵇ, fᵒ 32 rᵒ, et ms. fr. 18170, fᵒ 139 rᵒ.

10118. — Arrêt ordonnant la communication à qui de droit de la requête par laquelle Isaac Bernard demande à conserver le monopole de l'exportation des eaux-de-vie fabriquées dans les généralités de Tours, de Poitiers, de Toulouse et de Guyenne.

E 10ᵇ, fᵒ 33 rᵒ, et ms. fr. 18170, fᵒ 139 vᵒ.

10119. — Arrêt ordonnant la restitution provisoire des sommes déjà versées par plusieurs officiers des Eaux et forêts poursuivis pour la restitution de droits de chauffage indûment perçus.

E 10ᵇ, fᵒ 34 rᵒ, et ms. fr. 18170, fᵒ 140 rᵒ.

10120. — Arrêt réglant le payement des gages du prince de Guéméné, pair de France, sénéchal d'Anjou et de la Flèche.

E 10ᵇ, fᵒ 35 rᵒ, et ms. fr. 18170, fᵒ 143 rᵒ.

10121. — Arrêt accordant aux habitants de Châlons-sur-Marne décharge d'une surtaxe de 800 livres

dont ils ont été grevés pour la subvention de l'année 1604.

E 10ᵇ, fᵒ 36 rᵒ, et ms. fr. 18170, fᵒ 140 vᵒ.

10122. — Arrêt autorisant Thibaud Duplessis, valet de chambre du Roi, et Charles Dupré, secrétaire de la Chambre, à construire une halle sur la place voisine du cimetière de Saint-Germain-en-Laye.

E 10ᵇ, fᵒ 37 rᵒ, et ms. fr. 18170, fᵒ 140 vᵒ.

10123. — Arrêt ordonnant l'exécution des sentences qui ont été ou qui seront prononcées contre les usurpateurs de droits seigneuriaux en la généralité de Paris, les deniers provenant de cette recherche devant être donnés au prince de Condé; exceptant toutefois de ladite poursuite le chapitre de Saint-Honoré et les propriétaires de seize maisons sises au vieux cimetière Saint-Jean, du côté des Haches.

E 10ᵇ, fᵒ 38 rᵒ, et ms. fr. 18170, fᵒ 141 vᵒ.

10124. — Arrêt réservant au Conseil la connaissance du procès pendant entre l'abbaye de Saint-Denis et les contrôleurs-visiteurs-marqueurs de cuirs, gardes des halles et marteaux de Paris et de Saint-Denis.

E 10ᵇ, fᵒ 39 rᵒ, et ms. fr. 18170, fᵒ 141 vᵒ.

10125. — Arrêt renvoyant aux prochains États de Bretagne la requête par laquelle les maires, échevins et habitants du comté de Nantes demandent à être déchargés «de l'imposition de 6 deniers pour pot de vin de leur creu que les derniers Estatz dudit païs de Bretagne tenuz à Saint-Brieuc résolurent de faire lever au lieu de l'antien debvoir pour le racquit du domaine».

E 10ᵇ, fᵒ 40 rᵒ, et ms. fr. 18170, fᵒ 142 rᵒ.

10126. — Arrêt renvoyant aux trésoriers de France à Rouen une requête des habitants de Louviers tendante à la prorogation de leurs octrois.

E 10ᵇ, fᵒ 41 rᵒ, et ms. fr. 18170, fᵒ 142 vᵒ.

10127. — Arrêt renvoyant au bailli de Rouen une plainte de l'ambassadeur d'Angleterre sur ce que «les habitans de la ville de Rouen, non contans de faire paier leurs debtes aux marchans anglois trafficquans en ladite ville en levant impost sur leurs marchandises,

306 ARRÊTS DU CONSEIL D'ÉTAT. 11 MARS 1606.

auroient, pour exiger lesditz impostz, commis Julien Vincent, sergent de la maison commune et du bailliage, le plus violent de tous ses compagnons, lequel, sans subject ny raison, auroit, le iv° de ce mois, outragé Jehan Chappement, Jacob Herby et Roger Graffart, marchans anglois, avec blasphemes et juremens . . . ».

E 10ᵇ, fᵒ 42 rᵒ, et ms. fr. 18170, fᵒ 143 rᵒ.

10128. — Arrêt statuant sur le différend pendant entre les officiers en l'élection de Gisors et Pontoise et le lieutenant général au bailliage de Gisors.

E 10ᵇ, fᵒ 43 rᵒ, et ms. fr. 18170, fᵒ 149 vᵒ.

10129. — Arrêt ordonnant le payement d'une indemnité de 1,423 livres due à l'adjudicataire des travaux de construction du pont de Jargeau.

E 10ᵇ, fᵒ 45 rᵒ, et ms. fr. 18170, fᵒ 143 vᵒ.

10130. — Arrêt ordonnant que le procès pendant entre Jacques Maulevault et Mᵉ Pierre de Bernières, trésorier de France à Caen, sera jugé en la Chambre royale, nonobstant une assignation donnée au Conseil privé.

E 10ᵇ, fᵒ 46 rᵒ, et ms. fr. 18170, fᵒ 144 vᵒ.

10131. — Arrêt nommant des commissaires pour interroger Bernardin Cassanot au sujet des faits articulés par Mᵉ Jérôme Du Verger, receveur général des finances et des gabelles en Languedoc.

E 10ᵇ, fᵒ 48 rᵒ, et ms. fr. 18170, fᵒ 143 vᵒ.

10132. — Arrêt réglant le remboursement de l'office de président au bureau des finances de Chartres.

E 10ᵇ, fᵒ 49 rᵒ, et ms. fr. 18170, fᵒ 150 vᵒ.

1606, 14 mars. — Paris.

10133. — Arrêt accordant à une personne dont le nom est en blanc la vingtième partie du profit qui doit résulter pour le Roi d'un avis que cette personne propose de donner, pourvu que cet avis soit trouvé juste et soit donné dans la quinzaine.

E 10ᵇ, fᵒ 51 rᵒ, et ms. fr. 18170, fᵒ 163 rᵒ.

10134. — Arrêt ordonnant à Mᵉ Guillaume de

Balmes, fermier du sel à Lyon, de payer 4,000 livres aux créanciers de ladite ferme.

E 10ᵇ, fᵒ 52 rᵒ, et ms. fr. 18170, fᵒ 163 rᵒ.

10135. — Arrêt révoquant toutes les commissions expédiées pour la réparation des routes, attendu les exactions auxquelles elles ont donné lieu, et déclarant que de telles commissions ne pourront avoir de valeur si elles ne sont munies de l'attache du grand voyer de France.

E 10ᵇ, fᵒ 53 rᵒ, et ms. fr. 18170, fᵒ 162 vᵒ.

10136. — Arrêt accordant à Speusippe Gouryet 30,000 livres sur les fonds qu'il doit procurer au Roi en lui faisant connaître un droit domanial perdu « par succession de temps et négligence des officiers ».

E 10ᵇ, fᵒ 54 rᵒ, et ms. fr. 18170, fᵒ 162 rᵒ.

10137. — Arrêt ordonnant que les habitants d'Espalais ne seront plus cotisés aux tailles sur le même rôle que les habitants de la juridiction d'Auvillars, attendu qu'ils ressortissent à la sénéchaussée d'Agenais et au parlement de Bordeaux.

E 10ᵇ, fᵒ 55 rᵒ, et ms. fr. 18170, fᵒ 161 vᵒ.

10138. — Arrêt réservant au Conseil la connaissance du procès pendant entre Mᵉ Denis Feydeau, fermier général des aides, et César Tournier, qui s'est fait pourvoir de deux offices de clercs et commissaires des huitièmes et vingtièmes à Soissons.

E 10ᵇ, fᵒ 56 rᵒ, et ms. fr. 18170, fᵒ 158 vᵒ.

10139. — Arrêt ordonnant la continuation des poursuites commencées contre Louis Hardouyneaux, fermier de la baronnie de Château-du-Loir, et contre toutes autres personnes prévenues d'abus et de malversations dans les bois et moulins d'Anjou, de Maine et de Touraine.

E 10ᵇ, fᵒ 57 rᵒ, et ms. fr. 18170, fᵒ 157 vᵒ.

10140. — Arrêt ordonnant que Benoît L'Homme soit élargi pour trois mois, pendant lesquels il fera juger le procès pendant au Conseil entre lui, Jacques de Forgues et Raymond Lescuyer.

E 10ᵇ, fᵒ 59 rᵒ, et ms. fr. 18170, fᵒ 157 rᵒ.

10141. — Arrêt réglant le payement des sommes

dues par la ville de Troyes à messire Jean Dauvet, sieur de Rieux.

E 10ᵇ, fᵒ 60 rᵒ, et ms. fr. 18170, fᵒ 156 vᵒ.

10142. — Arrêt déclarant que Mᵉ Jean Cousin, ci-devant receveur général des finances en Bretagne, et Julien Bernard, receveur des fouages audit pays, prisonnier en la Conciergerie, compteront dans les deux mois par-devant le sieur de Maupeou, intendant des finances.

E 10ᵇ, fᵒ 62 rᵒ, et ms. fr. 18170, fᵒ 156 rᵒ.

10143. — Arrêt ordonnant la réunion au domaine royal des portions du domaine d'Alençon engagées au feu sieur d'Incarville.

E 10ᵇ, fᵒ 63 rᵒ, et ms. fr. 18170, fᵒ 155 vᵒ.

10144. — Arrêts ordonnant la publication d'offres faites par un sieur Guillemot pour l'achat de seize maisons sises sur le pont Saint-Michel et appartenant au Roi.

E 10ᵇ, fᵒ 65 rᵒ, et ms. fr. 18170, fᵒ 155 rᵒ.

10145. — Arrêt ordonnant de signifier à qui de droit une requête par laquelle le duc de Mayenne demande décharge de la somme à lui réclamée par Cléophas de Froissard, sieur de Moresse.

E 10ᵇ, fᵒ 66 rᵒ, et ms. fr. 18170, fᵒ 155 rᵒ.

10146. — Offre d'une somme de 146,000 livres faite par Mᵉ Guillaume Preoust pour jouir du produit des taxes imposées en Normandie aux personnes anoblies depuis le 1ᵉʳ janvier 1573, avec les signatures des seigneurs du Conseil.

E 10ᵇ, fᵒ 67 rᵒ, et ms. fr. 18170, fᵒ 154 rᵒ.

10147. — Arrêt prorogeant le délai accordé, pour le payement de la taxe, aux anciens élus qui ont repris les titres nouvellement rétablis de présidents et de lieutenants des élections, et déclarant qu'une fois ce délai expiré, tous les autres élus seront admis à acquérir, moyennant finance, la jouissance de ces titres.

E 10ᵇ, fᵒ 69 rᵒ; ms. fr. 18170, fᵒ 153 rᵒ, et AD ✚ 140, nᵒ 21.

10148. — Avis du Conseil tendant à ce qu'une somme de 40,000 livres soit donnée au prince de Condé sur les deniers provenant de la création des vendeurs de bétail, plutôt que sur le produit de la vente des nouveaux droits que ledit prince propose de faire attribuer aux officiers des greniers à sel.

E 10ᵇ, fᵒ 70 rᵒ, et ms. fr. 18170, fᵒ 153 vᵒ.

10149. — Arrêt accordant remise de tailles aux habitants de Miermaigne, d'Unverre, de Chapelle-Royale, de Villevillon, de Luigny, de Charbonnières, des Autels-Saint-Éloi, etc., dont les villages ont été éprouvés par un orage.

E 10ᵇ, fᵒ 71 rᵒ, et ms. fr. 18170, fᵒ 153 rᵒ.

10150. — Arrêt ordonnant l'élargissement de Bernardin Cassanot, emprisonné à la requête de Mᵉ Jérôme Du Verger, receveur général des finances et des gabelles de Languedoc, à condition «de ne désemparer le Conseil jusques à ce qu'il ayt esté ouy...».

E 10ᵇ, fᵒ 72 rᵒ, et ms. fr. 18170, fᵒ 152 vᵒ.

10151. — Arrêt réglant le payement des gages et confirmant les privilèges des vingt-six nouveaux notaires et secrétaires du Roi, maison et couronne de France créés par édit de mars 1605.

E 10ᵇ, fᵒ 73 rᵒ, et ms. fr. 18170, fᵒ 161 rᵒ.

10152. — Arrêt maintenant la reine Marguerite en possession du revenu entier du duché de Valois et du comté de Senlis, nonobstant toutes donations faites à la princesse de Condé, aux sieurs de Rambouillet, de Nantouillet, etc.

E 10ᵇ, fᵒ 75 rᵒ, et ms. fr. 18170, fᵒ 163 vᵒ.

10153. — Arrêt autorisant la reine Marguerite à lever le droit de marc d'or sur les officiers pourvus par elle dans les domaines de Senlis, d'Agenais, de Condomois, de Rouergue, de Lauraguais, d'Albigeois, de Rieux, de Rivière-Verdun, etc.

E 10ᵇ, fᵒ 77 rᵒ, et ms. fr. 18170, fᵒ 162 rᵒ.

10154. — Arrêt ordonnant qu'il soit procédé à l'estimation des travaux qu'a fait exécuter Hugues Cosnier, «adjudicataire du canal de l'adjonction des rivières de Seyne et Loyre».

Ms. fr. 18170, fᵒ 163 rᵒ.

1606, 16 mars. — Paris.

10155. — Arrêt équilibrant l'état de recettes et dépenses baillé à Me Claude Josse, adjudicataire du « fournissement general des greniers à sel », pour les trois premiers quartiers de l'année 1605.

E 10^b, f° 78 r°, et ms. fr. 18170, f° 164 v°.

1606, 18 mars. — Paris.

10156. — Arrêt ordonnant que les avocats du Roi ès sièges présidiaux, bailliages et sénéchaussées jouiront tous, moyennant finance, du droit d'être appelés au jugement des procès dans lesquels Sa Majesté n'a aucun intérêt.

E 10^b, f° 79 r°, et ms. fr. 18170, f° 167 v°.

10157. — Arrêt autorisant les habitants d'Arles à lever une taxe sur la viande de bœuf et de mouton, le produit en devant être affecté à l'acquittement des dettes de leur ville.

E 10^b, f° 80 r°, et ms. fr. 18170, f° 166 r°.

10158. — Arrêt ordonnant le payement des intérêts d'une somme de 36,000 écus due à dame Catherine de Vivonne, fille du feu marquis de Pisani.

E 10^b, f° 81 r°, et ms. fr. 18170, f° 166 r°.

10159. — Arrêt réservant au Conseil la connaissance des procès intentés à la ville de Pontoise au sujet de la somme de 45,000 écus « à laquelle lesditz habitans auroient composé en l'année III^{xx} IX pour se rédimer du pillage.... ».

E 10^b, f° 82 r°, et ms. fr. 18170, f° 166 v°

10160. — Arrêt ordonnant l'élargissement d'un domestique de feu Me Nicolas Rogais, trésorier général de l'Extraordinaire des guerres.

E 10^b, f° 83 r°, et ms. fr. 18170, f° 166 v°.

10161. — Arrêt accordant à Louise d'Ancezune, « dame de Saint-Chaumont », le droit de justice haute, moyenne et basse dans sa terre d'Aureille, en Provence, à condition qu'elle acquittera un droit annuel de 10 livres et qu'elle ne pourra bâtir dans ladite terre de maison fortifiée.

E 10^b, f° 84 r°, et ms. fr. 18170, f° 167 r°.

10162. — Arrêt renvoyant aux trésoriers de France à Béziers une requête par laquelle Me Jacques Gaultier demande remboursement des avances par lui faites pour les réparations du canal de Bourgidou.

E 10^b, f° 85 r°, et ms. fr. 18170, f° 168 r°.

10163. — Arrêt confirmant une sentence du 28 février 1601 par laquelle les commissaires députés pour l'exécution de l'édit de Nantes ont interdit à Beaucaire l'exercice de la Religion prétendue réformée.

E 10^b, f° 86 r°, et ms. fr. 18170, f° 167 v°.

10164. — Arrêt ordonnant la levée d'une somme de 2,509 livres 1 sol destinée au remboursement de certains emprunts faits par les habitants de l'Agenais.

E 10^b, f° 88 r°, et ms. fr. 18170, f° 168 v°.

10165. — Arrêt portant suppression d'un office d'auditeur en la chambre des comptes de Dauphiné.

E 10^b, f° 89 r°, et ms. fr. 18170, f° 169 r°.

10166. — Arrêt condamnant les États de Bourgogne à payer 12,000 livres à Me Jacques Massol, président en la chambre des comptes de Dijon, pour l'indemniser notamment de ce qu'il avait payé au sieur de Montmoyen afin de faciliter la réduction du château de Beaune.

E 10^b, f° 90 r°, et ms. fr. 18170, f° 164 v°.

1606, 21 mars. — Paris.

10167. — Arrêt renvoyant aux trésoriers de France à Béziers une requête par laquelle Jean de Vayrac, sieur de Paulian, demande concession des terres d'alluvion et des îles formées depuis le XVe siècle dans l'Hérault, près de Montagnac.

E 10^b, f° 92 r°, et ms. fr. 18170, f° 212 r°.

10168. — Arrêt érigeant en collège les vingt-six secrétaires du Roi, maison et couronne de France et des finances nouvellement créés, et les autorisant à se réunir pour prendre les décisions qui intéresseront leur collège.

E 10ᵇ, fᵒ 93 rᵒ, et ms. fr. 18170, fᵒ 171 vᵒ.

10169. — Arrêt ordonnant aux procureurs et avocats généraux au parlement de Rouen et aux lieutenants généraux des bailliages de Normandie de donner leur avis sur la taxe que devraient payer les sergents héréditaires de Normandie « pour avoir la permission de commettre à l'exercice de leurs offices ».

E 10ᵇ, fᵒ 94 rᵒ, et ms. fr. 18170, fᵒ 180 vᵒ.

10170. — Arrêt renvoyant aux trésoriers de France à Poitiers une requête en remise d'impôts présentée par les habitants de Notre-Dame-d'Olonne et de l'Isle-d'Olonne, ruinés par une inondation telle que « tout le pays sembloit une mer impétueuse ».

E 10ᵇ, fᵒ 95 rᵒ, et ms. fr. 18170, fᵒ 181 rᵒ.

10171. — Arrêt ordonnant la levée d'une somme de 2,036 livres 6 sols 9 deniers que les habitants de Laval ont été condamnés à payer au curateur des enfants du feu sieur de Ladouyère.

E 10ᵇ, fᵒ 96 rᵒ, et ms. fr. 18170, fᵒ 181 rᵒ.

10172. — Arrêt renvoyant aux Requêtes de l'Hôtel le procès pendant entre Jean Chevalier, fermier général des gabelles de Provence, et Gaspard de Rabastens, demeurant à Marseille.

E 10ᵇ, fᵒ 97 rᵒ, et ms. fr. 18170, fᵒ 182 rᵒ.

10173. — Arrêt portant suppression des offices de receveur ancien et de receveur alternatif du taillon au pays de Comminges.

E 10ᵇ, fᵒ 98 rᵒ, et ms. fr. 18170, fᵒ 182 rᵒ.

10174. — Arrêt condamnant le syndic du pays de Bourgogne au remboursement d'une somme de 1,150 écus payée par messire François de La Magdelaine, sieur de Raigny, chevalier des ordres du Roi, capitaine de cinquante hommes d'armes, à messire Claude Bourgeois, sieur de Crespy, conseiller d'État et président au parlement de Dijon.

E 10ᵇ, fᵒ 100 rᵒ, et ms. fr. 18170, fᵒ 177 rᵒ.

10175. — Avis du Conseil tendant à confirmer la donation faite à feu André Lemaire, charron du Roi, d'un terrain sis rue Saint-Antoine et sur lequel ledit Lemaire a fait bâtir une maison à l'enseigne de *la Coupe d'or.*

E 10ᵇ, fᵒ 102 rᵒ, et ms. fr. 18170, fᵒ 177 vᵒ.

10176. — Arrêt ordonnant qu'il sera sursis encore pendant trois mois aux poursuites exercées contre les habitants de Joigny par les receveurs des deniers communs de ladite ville.

E 10ᵇ, fᵒ 103 rᵒ, et ms. fr. 18170, fᵒ 178 rᵒ.

10177. — Arrêt ordonnant aux échevins de Rouen de satisfaire à l'arrêt du 14 février dernier (n° 9990), et ordonnant que les nouveaux mémoires de l'ambassadeur de Grande-Bretagne, qui concluent à l'abolition des octrois et à la restitution des sommes levées sur les sujets anglais, seront communiqués aux échevins de Caen et au procureur des États de Normandie.

E 10ᵇ, fᵒ 104 rᵒ, et ms. fr. 18170, fᵒ 178 vᵒ.

10178. — Arrêt défendant aux habitants de Decize de lever, à l'avenir, les droits à eux octroyés par lettres patentes du 30 mai 1600 et du 23 décembre 1604, à moins d'obtenir le consentement de la plus grande et saine partie des « marchans fréquentans la rivière de Loyre » sur lesquels ces droits se lèvent.

E 10ᵇ, fᵒ 105 rᵒ, et ms. fr. 18170, fᵒ 182 vᵒ.

10179. — Arrêt affectant au payement de l'adjudicataire des travaux de pavage de Paris une partie du produit des 15 sols par muid de vin destinés à la construction du Pont-Neuf et à l'entretien des portes et fontaines de Paris.

E 10ᵇ, fᵒ 106 rᵒ, et ms. fr. 18170, fᵒ 179 rᵒ.

10180. — Arrêt statuant sur les procès pendants entre Jean de Moisset, contrôleur général de l'Argenterie, Daniel Gallières et Mᵉ Pierre Moynier, receveur général des gabelles de Lyonnais, condamnant ledit Gallières au payement d'une somme de 3,000 livres qui sera employée aux réparations des bâtiments de l'Hôtel-Dieu de Paris et du couvent de l'Ave-Maria.

E 10ᵇ, fᵒ 107 rᵒ, et ms. fr. 18170, fᵒ 183 vᵒ.

10181. — Arrêt maintenant Mᵉ Louis Binet, Paul

de Chessoy et Annibal de Lestocq en leurs offices de lieutenants particuliers assesseurs criminels et de commissaires-examinateurs au bailliage et en la prévôté de Montdidier, nonobstant les prétentions de Michel Langlois.

E 10^b, f° 109 r°.

10182. — Arrêt ordonnant au receveur général des finances à Limoges de payer 3,415 livres à M° Jean Palot, secrétaire du Roi, ci-devant « commis au paiement des sommes ordonnées par Sa Majesté à ses subjects de la Religion prétendue refformée ».

E 10^b, f° 111 r°, et ms. fr. 18170, f° 186 v°.

10183. — Arrêt réservant de nouveau au Conseil la connaissance des procès intentés par les créanciers du baron de Dompmartin à M° Jean Palot, secrétaire du Roi.

E 10^b, f° 112 r°, et ms. fr. 18170, f° 185 v°.

10184. — Arrêt ordonnant que les protestants de Jargeau, ayant pris l'habitude de faire le prêche dans une maison appartenant à l'évêque d'Orléans, échangeront ce bâtiment contre un autre qui leur sera désigné par le gouverneur.

E 10^b, f° 114 r°, et ms. fr. 18170, f° 186 v°.

10185. — Arrêt supprimant l'office de maître alternatif des eaux et forêts en la baronnie de Chizé.

E 10^b, f° 115 r°, et ms. fr. 18170, f° 187 r°.

10186. — Arrêt renvoyant aux trésoriers de France à Lyon et à Châlons une requête par laquelle plusieurs marchands milanais demandent à pouvoir faire passer debout par le royaume les marchandises qu'ils expédient d'Espagne ou d'Italie en Allemagne ou en Flandre.

E 10^b, f° 116 r°, et ms. fr. 18170, f° 187 r°.

10187. — Arrêt ordonnant le rétablissement sur l'état des dettes de la ville de Troyes d'une somme de 4,800 livres due au duc de Nevers.

E 10^b, f° 117 r°, et ms. fr. 18170, f° 187 v°.

10188. — Arrêt ordonnant d'achever promptement le recouvrement des droits d'un écu par tonneau imposés, de 1597 à 1602, sur les navires entrant en Normandie.

E 10^b, f° 118 r°, et ms. fr. 18170, f° 187 v°.

10189. — Arrêt ordonnant que les communautés de Provence acquitteront la somme de 20,728 livres 12 sols qu'elles sont condamnées à payer à la veuve et au fils du « sieur de Tournabon, commandant durant les troubles en la ville de Seyne, en Provence ».

E 10^b, f° 120 r°, et ms. fr. 18170, f° 188 v°.

10190. — Arrêt réglant à l'amiable un différend soulevé entre Isaac Puchot, sieur de Gerponville, gentilhomme de la Chambre, et M° Jean de Moisset, fermier général des aides.

E 10^b, f° 122 r°; cf. ibid., f° 124 r°; ms. fr. 18170, f° 189 r°.

10191. — Arrêt assignant 3,000 livres aux adjudicataires des travaux de réparation et d'entretien du pavé de Paris, pour leur permettre d'attendre l'exécution de l'arrêt du même jour (n° 10179).

E 10^b, f° 126 r°, et ms. fr. 18170, f° 189 v°.

10192. — Arrêt évoquant au Conseil le procès pendant entre le cardinal Pierre de Gondi, seigneur de Joigny, et dom Claude Alin, prieur de Joigny, au sujet de l'élection des échevins, du procureur-syndic et du receveur de la ville.

E 10^b, f° 127 r°, et ms. fr. 18170, f° 190 r°.

10193. — Arrêt autorisant les habitants catholiques de Damazan à lever sur eux-mêmes une somme de 2,000 livres destinée à la reconstruction de leur église, « laquelle, en l'année IIII^{xx} VIII, fut entièrement ruinée par ceulx de la Religion prétendue réformée, qui s'emparèrent de ladite ville ».

E 10^b, f° 128 r°, et ms. fr. 18170, f° 176 v°.

10194. — Arrêt renvoyant au parlement de Toulouse le procès pendant entre Jean Grégoire, sieur de Saint-André, et frère Pierre d'Esparbez-Lussan, grand prieur de Saint-Gilles, au sujet de l'inféodation de terres et de pâturages sis au territoire de Fourques.

E 10^b, f° 129 r°, et ms. fr. 18170, f° 197 r°.

10195. — Arrêt ordonnant une enquête au sujet

des augmentations de l'impôt du sel qui auraient eu lieu en certains greniers depuis l'année 1599, à l'insu de M⁰ Claude Josse, adjudicataire du « fournissement des greniers à sel de ce royaume ».

E 10ᵇ, f° 131 r°, et ms. fr. 18170, f° 177 r°.

10196. — Arrêt renvoyant au parlement de Bretagne le procès pendant entre les habitants de Saint-Malo, d'une part, messire Guy de Rieux, sieur de Châteauneuf, fils et principal héritier de messire Guy de Rieux, lieutenant général en Bretagne, et demoiselle Simonne Artur, veuve de Jean Le Gobien, d'autre part.

E 10ᵇ, f° 133 r°, et ms. fr. 18170, f° 195 r°.

10197. — Arrêt ordonnant que, pour faciliter le payement des assignations données à la princesse d'Orange et à la dame de Bourzolles sur le produit des ampliations d'huissiers et de sergents royaux du ressort de Paris, la taxe desdites ampliations sera abaissée à 60 livres.

E 10ᵇ, f° 135 r°, et ms. fr. 18170, f° 194 v°.

10198. — Avis du Conseil tendant à ce que le prix des quatre offices de substituts du procureur général en la Cour des aides soit attribué au prince de Conti, lequel se propose de l'employer en partie à «la despense qu'il luy convient faire pour son équipage en l'occasion qui se présente du siège de Sedan».

E 10ᵇ, f° 136 r°, et ms. fr. 18170, f° 194 r°.

10199. — Arrêt déclarant que les particuliers qui ont acquis des ducs de Savoie des terres et seigneuries dans les pays de Bresse, Bugey, Valromey et Gex seront tenus, conformément à un arrêt antérieur, de déposer leurs titres entre les mains du procureur général au parlement de Dijon, pour qu'il puisse être prononcé au sujet de la mainlevée du marquisat de Versoix, requise par le sieur de Watteville.

E 10ᵇ, f° 137 r°, et ms. fr. 18170, f° 194 v°.

10200. — Arrêt prorogeant pour six ans l'octroi sur le sel concédé aux habitants de Rouen, à condition qu'ils en emploieront le produit à la réparation des ponts et des chaussées de la ville et des environs.

E 10ᵇ, f° 138 r°, et ms. fr. 18170, f° 193 r°.

10201. — Arrêt prorogeant pour six ans les octrois sur le vin, les boissons, les harengs, la laine, etc., accordés aux habitants de Rouen, à condition qu'ils en emploieront le produit aux réparations des ponts, chaussées et murs de la ville.

E 10ᵇ, f° 140 r°, et ms. fr. 18170, f° 194 r°.

10202. — Arrêt prorogeant pour six ans l'octroi de 20,000 livres accordé par Charles IX et Henri III aux habitants de Rouen, à condition qu'ils en emploieront le produit à la reconstruction du pont, des quais et des talus, aux réparations des murailles, tours, portes et chaussées de la ville et des environs, et à l'amortissement d'une rente.

E 10ᵇ, f° 142 r°, et ms. fr. 18170, f° 193 v°.

10203. — Arrêt autorisant les élus et échevins de Loudun à lever sur tous les habitants de la ville, même sur ceux du clergé, le capital et les intérêts d'une somme de 1,503 livres empruntée en 1604, lors de l'épidémie.

E 10ᵇ, f° 144 r°, et ms. fr. 18170, f° 192 v°.

10204. — Arrêt ordonnant à la Chambre des comptes de rétablir, sur le compte de l'Extraordinaire des guerres de l'année 1594, une somme de 2,283 écus 1/3 payée par ordre du sieur de Malicorne, gouverneur du Poitou.

E 10ᵇ, f° 145 r°, et ms. fr. 18170, f° 192 v°.

10205. — Arrêt condamnant Simon Chartier et Jacques Mariettes, marchands de Tours et d'Orléans, à acquitter le droit d'un écu par quintal d'alun entrant dans le royaume, sauf son recours contre Jean Guaguin et Jacques Labourier, marchands de la Rochelle.

E 10ᵇ, f° 146 r°, et ms. fr. 18170, f° 191 r°.

10206. — Arrêt condamnant Robert Guillochon, marchand de Tours, à acquitter le droit d'un écu par quintal d'alun entrant dans le royaume, sauf son recours contre Jean Guaguin et Jean Moudot, marchands de la Rochelle.

E 10ᵇ, f° 148 r°, et ms. fr. 18170, f° 191 v°.

10207. — Arrêt renvoyant aux trésoriers de France

en Bretagne une requête des habitants de Dinan tendante à la prorogation de leurs octrois.

E 10ᵇ, fᵒ 15o rᵒ, et ms. fr. 18170, fᵒ 169 rᵒ.

10208. — Arrêt ordonnant communication au vicomte de Châteauclou d'une requête des anciens consuls de Riom tendante à ce qu'il leur soit permis de lever sur le bas pays d'Auvergne une somme de 600 écus qu'ils avaient promise en 1590, comme représentants du tiers état, audit vicomte de Châteauclou « pour le récompenser des frais par luy faictz à certaine conférence qu'il fist lors avec ceux de la ville de Clermont ».

E 10ᵇ, fᵒ 151 rᵒ, et ms. fr. 18170, fᵒ 169 vᵒ.

10209. — Arrêt enjoignant à la veuve de Mᵉ Antoine Gatian, trésorier général des traites et de la douane de Lyon, de restituer à l'Épargne une somme de 1,700 livres.

E 10ᵇ, fᵒ 152 rᵒ, et ms. fr. 18170, fᵒ 170 rᵒ.

10210. — Arrêt ordonnant que François Fleutelot, fils et résignataire de Mᵉ Jean Fleutelot, maître ordinaire en la chambre des comptes de Dijon, et Mᵉ Bénigne Saulnier, subrogé au parti du droit annuel, feront contradictoirement leurs preuves, par-devant le lieutenant général au bailliage de Dijon, au sujet de la date précise de la mort dudit Jean Fleutelot.

E 10ᵇ, fᵒ 153 rᵒ, et ms. fr. 18170, fᵒ 170 vᵒ.

10211. — Arrêt suspendant jusqu'à nouvel ordre l'effet des contraintes exercées contre des officiers de l'élection de Paris en application de l'édit du mois de mai 1605 qui portait « restablissement des qualitez, exemptions des tailles, révocations d'alternatifz », etc.

E 10ᵇ, fᵒ 154 rᵒ, et ms. fr. 18170, fᵒ 170 vᵒ.

10212. — Arrêt autorisant Mᵉ Anselme Robineau, général des monnaies, à rentrer en la Cour des monnaies et à reprendre l'exercice de sa charge, nonobstant les arrêts de ladite Cour et la malveillance de ses collègues.

E 10ᵇ, fᵒ 155 rᵒ; ms. fr. 18170, fᵒ 171 rᵒ, et AD ✛ 140, nᵒ 21.

10213. — Arrêt ordonnant communication au procureur du Roi en la chambre des comptes de Dau-

phiné d'une requête par laquelle le sieur de Chevrières, baron de Châtellus, et le sieur de Saint-André et de Montrond demandant à ne point faire foi et hommage en la chambre des comptes de Dauphiné pour les terres de Châtellus et de Montrond, qui sont situées dans le comté de Forez.

E 10ᵇ, fᵒ 156 rᵒ, et ms. fr. 18170, fᵒ 171 rᵒ.

10214. — Arrêt ordonnant l'élargissement d'Antoine de Roqueplan, receveur particulier au diocèse du Puy, emprisonné à la requête des trésoriers provinciaux de l'Extraordinaire des guerres en Languedoc.

E 10ᵇ, fᵒ 157 rᵒ, et ms. fr. 18170, fᵒ 191 rᵒ.

10215. — Arrêt ordonnant la réception de Guillaume Cardon en un office d'huissier en la chambre des comptes de Normandie.

E 10ᵇ, fᵒ 158 rᵒ, et ms. fr. 18170, fᵒ 206 rᵒ.

10216. — Arrêt autorisant la levée du capital et des intérêts d'une somme de 900 livres due à André Peiret par les habitants de Cusset.

E 10ᵇ, fᵒ 159 rᵒ, et ms. fr. 18170, fᵒ 206 rᵒ.

10217. — Arrêt confirmant l'inféodation faite à Jean Gaillard des terres de la Riere-Anglade, au territoire de Fourques.

E 10ᵇ, fᵒ 160 rᵒ, et ms. fr. 18170, fᵒ 205 vᵒ.

10218. — Arrêt déclarant que les consuls de Limoges jouiront seuls de l'exemption des droits de francs-fiefs et de nouveaux acquets.

E 10ᵇ, fᵒ 161 rᵒ, et ms. fr. 18170, fᵒ 205 rᵒ.

10219. — Arrêt ordonnant le payement d'une somme de 400 écus restée due au sieur de Rambouillet depuis 1597.

E 10ᵇ, fᵒ 162 rᵒ, et ms. fr. 18170, fᵒ 205 rᵒ.

10220. — Arrêt validant un payement de 300 livres fait, sur l'ordre du sieur de Souvré, gouverneur de Touraine, au sieur de Boueys, maître d'hôtel de la maison du Roi, « pour un voiage qu'il feit en poste vers Sa Majesté en l'année Mᵛ IIIIˣˣ XVIII, pour l'advertir que le sieur de Verney estoit sorty du chasteau de Chinon et que ledit sieur de Souvré avoit estably en sa place, pour commander, le cappitaine Daulphin, exempt des gardes ».

E 10ᵇ, fᵒ 163 rᵒ, et ms. fr. 18170, fᵒ 204 vᵒ.

10221. — Arrêt réduisant à 10,000 livres le cautionnement que Mᵉ Bénigne Saulnier sera tenu de fournir pour être maintenu en l'exercice de son office de receveur général des finances à Lyon.

E 10ᵇ, fᵒ 164 rᵒ, et ms. fr. 18170, fᵒ 204 vᵒ.

10222. — Arrêt ordonnant que les capitaines du charroi de l'Artillerie seront payés de ce qui leur est dû, pour leur solde et pour l'entretien des chevaux pendant les troubles, sur le produit des restitutions auxquelles les fermiers des douanes sont condamnés, comme ayant indûment perçu des droits d'entrée sur l'anil d'Inde.

E 10ᵇ, fᵒ 165 rᵒ, et ms. fr. 18170, fᵒ 204 rᵒ.

10223. — Avis du Conseil tendant à faire don de 13,000 livres au duc de Montbazon sur les premiers deniers extraordinaires qui se présenteront, plutôt que de lui attribuer les deniers provenant de la création d'un certain nombre de nouveaux offices.

E 10ᵇ, fᵒ 166 rᵒ, et ms. fr. 18170, fᵒ 204 rᵒ.

10224. — Arrêt prorogeant pendant trois ans la pension annuelle de 100 livres dont jouissaient déjà les pauvres Clarisses de Bourg-en-Bresse aux temps des ducs de Savoie, de François Iᵉʳ et de Henri II.

E 10ᵇ, fᵒ 167 rᵒ, et ms. fr. 18170, fᵒ 203 vᵒ.

10225. — Arrêt autorisant la levée d'une somme de 1,500 livres due par les habitants de Volvic à Antoine Roollet, marchand de Riom, et à Pierre Compaing, maître maçon, « qui a faict et rebasty leur eglise parochialle ».

E 10ᵇ, fᵒ 168 rᵒ, et ms. fr. 18170, fᵒ 203 rᵒ.

10226. — Arrêt ordonnant que le montant d'une tare provenant du change de 111,020 livres 19 sols de menue monnaie sera porté en compte parmi les dépenses de Mᵉ Pierre Almeras, trésorier des Ligues de Suisse et des Grisons.

E 10ᵇ, fᵒ 169 rᵒ, et ms. fr. 18170, fᵒ 203 rᵒ.

10227. — Arrêt renvoyant aux trésoriers de France

à Châlons une requête par laquelle les habitants de Neufmanil, de Bohan, de Membre, de Sugny, de Bagimont, de Pusmange, de Cons, de Gernelle et de Lumes, villages situés dans les Ardennes, sur la frontière du royaume, demandent à être déchargés des nouveaux droits d'octroi levés sur les marchandises, attendu qu'ils doivent être considérés comme regnicoles.

E 10ᵇ, fᵒ 170 rᵒ, et ms. fr. 18170, fᵒ 202 vᵒ.

10228. — Arrêt interdisant toute vente ou coupe de bois en la garenne de Châtellerault, que Sa Majesté désire conserver, « comme estant l'un des principaulx ornemens de ladite ville, et pour y prendre le plaisir de la chasse, quand bon luy semblera ».

E 10ᵇ, fᵒ 171 rᵒ, et ms. fr. 18170, fᵒ 202 vᵒ.

10229. — Arrêt autorisant la levée d'une somme de 18,092 livres destinée au payement des frais qu'a supportés le syndic du tiers état d'Agenais pour mettre fin aux différends relatifs à la réalité des tailles.

E 10ᵇ, fᵒ 172 rᵒ, et ms. fr. 18170, fᵒ 201 vᵒ.

10230. — Arrêt maintenant la surséance accordée aux habitants d'Ennezat par l'arrêt du 22 décembre 1605 (nᵒ 9855).

E 10ᵇ, fᵒ 174 rᵒ, et ms. fr. 18170, fᵒ 201 rᵒ.

10231. — Arrêt ordonnant qu'avant qu'il soit statué sur une demande de prorogation d'octroi présentée par les habitants d'Arles, lesdits habitants enverront au marquis de Rosny le compte d'une somme de 36,000 livres par eux employée aux réparations des murailles de leur ville.

E 10ᵇ, fᵒ 175 rᵒ, et ms. fr. 18170, fᵒ 201 rᵒ.

10232. — Arrêt renvoyant en la Cour des aides le procès pendant entre plusieurs habitants de Brienon-l'Archevêque et d'anciens syndics et échevins de ladite ville, au sujet des emprunts faits durant les troubles.

E 10ᵇ, fᵒ 176 rᵒ, et ms. fr. 18170, fᵒ 200 vᵒ.

10233. — Arrêt donnant à la duchesse de Mercœur et à demoiselle Françoise de Lorraine, sa fille, décharge des sommes à elles réclamées par la ville de

Nantes, comme ayant été prêtées pendant les troubles au feu duc de Mercœur.

E 10ᵇ, f° 178 r°, et ms. fr. 18170, f° 200 r°.

10234. — Arrêt renvoyant aux trésoriers de France à Châlons une requête du duc de Guise tendante à ce que les habitants de Joinville jouissent encore pendant les années 1606 et 1607 de l'exemption à eux accordée en considération de la soumission du duc de Guise et de ses frères.

E 10ᵇ, f° 180 r°, et ms. fr. 18170, f° 199 v°.

10235. — Arrêt prorogeant pour six années l'exemption d'impôts accordée aux habitants de Chailly, de Samois, de Bois-le-Roi, de Montigny, de Bourron, d'Avon, de Fontainebleau, de Thomery, d'Arbonne et de Macherin, attendu les pertes que leur font subir les bêtes habitant la forêt de Bière.

E 10ᵇ, f° 181 r°, et ms. fr. 18170, f° 199 v°.

10236. — Arrêt renvoyant au grand maître général des Eaux et forêts une requête par laquelle Jean de Vieuxpont, évêque de Meaux, demande l'autorisation de couper un certain nombre de chênes rabougris pour les réparations de son évêché.

E 10ᵇ, f° 182 r°, et ms. fr. 18170, f° 199 r°.

10237. — Arrêt concédant au sieur de Cangé, lieutenant du sieur de Montbazon au gouvernement de Nantes, moyennant une redevance annuelle de 6 livres, le droit de pêche dans les fontaines de Bonsecours et de la Belle-Croix.

E 10ᵇ, f° 183 r°, et ms. fr. 18170, f° 199 r°.

10238. — Arrêt ordonnant la vérification des dettes de la ville de Marseille.

E 10ᵇ, f° 184 r°, et ms. fr. 18170, f° 184 r°.

10239. — Avis du Conseil tendant à faire don à Abraham Delagarde, valet de chambre et horloger du Roi, des loyers échus d'une maison sise à Paris, au coin de la rue de la Fromagerie et portant l'enseigne du *Porc-épic*, s'il parvient à la faire rentrer dans le domaine du Roi.

E 10ᵇ, f° 186 r°, et ms. fr. 18170, f° 172 r°.

10240. — Arrêt ordonnant l'élargissement sous caution de Mᵉ François Bon, ci-devant commis à la recette des deniers provenant des offices de contrôleurs des cuirs.

E 10ᵇ, f° 187 r°, et ms. fr. 18170, f° 198 r°.

10241. — Arrêt ordonnant que tous ceux qui se prétendent exempts des droits de garde et de guet des côtes maritimes, ou s'approprient lesdits droits, seront tenus de représenter leurs titres par-devant le parlement de Rouen.

E 10ᵇ, f° 188 r°, et ms. fr. 18170, f° 198 v°.

10242. — Arrêt donnant assignation d'une somme de 4,470 livres due à Mᵉ François Coquet, contrôleur général de la maison du Roi, pour le remboursement de plusieurs offices « qui luy sont demeurez inutilz ».

E 10ᵇ, f° 189 r°, et ms. fr. 18170, f° 172 r°.

10243. Avis du Conseil tendant à ce qu'il soit créé des offices d'huissiers-audienciers dans les ressorts autres que ceux de Paris et de Rouen, et à ce que, sur le produit de cette création, il soit donné 36,000 livres au maréchal d'Ornano.

E 10ᵇ, f° 190 r°, et ms. fr. 18170, f° 172 v°.

10244. — Arrêt autorisant la levée du capital et des intérêts d'une somme de 23,000 livres due par la ville de Cournon.

E 10ᵇ, f° 191 r°.

10245. — Arrêt déclarant que les habitants du comté de Bigorre payeront chaque année, pendant la durée du règne de Sa Majesté, une somme de 1,674 livres pour la solde de quatre lances et demie, et qu'ils seront déchargés des tailles et des crues.

E 10ᵇ, f° 192 r°, et ms. fr. 18170, f° 173 r°.

10246. — Arrêt autorisant les habitants de Treffort, en Bresse, à lever pendant six ans une taxe sur la viande de boucherie, dont le produit sera employé à l'entretien des églises, au rétablissement des portes brûlées pendant les guerres, aux réparations des fontaines et des fours, au payement des gages des maîtres d'école, etc.

E 10ᵇ, f° 194 r°, et ms. fr. 18170, f° 174 r°.

10247. — Arrêt renvoyant aux trésoriers de France en Bourgogne une requête des habitants de Treffort, en Bresse, tendante à ce que le marché du jeudi soit transporté au samedi et à ce qu'ils puissent avoir une foire franche le 16 août.

E 10ᵇ, fᵒ 195 rᵒ.

10248. — Arrêt statuant sur un procès intenté aux États de Bourgogne par Thomas Le Clerc, Gaspard Masclaris et Élie Fradin, au sujet du remboursement de trois offices de correcteur et d'auditeurs en la chambre des comptes de Dijon, et mettant les parties hors de cour.

E 10ᵇ, fᵒ 196 rᵒ, et ms. fr. 18170, fᵒ 185 rᵒ.

10249. — Arrêt ordonnant aux procureurs généraux des parlements de Toulouse et de Grenoble d'envoyer au Conseil les raisons pour lesquelles ils ont établi des commissaires dans diverses terres de Languedoc et de Dauphiné que messire Charles-Robert de La Marck, duc de Bouillon, comte de Maulevrier, déclare tenir en vertu de l'échange passé, en 1426, entre le sieur de Saint-Vallier et le roi Charles VII.

E 10ᵇ, fᵒ 197 rᵒ, et ms. fr. 18170, fᵒ 174 vᵒ.

10250. — Arrêt réglant le payement des gages de Mᵉ Jean Jacquinot, maître des eaux et forêts au bailliage de Troyes.

E 10ᵇ, fᵒ 198 rᵒ, et ms. fr. 18170, fᵒ 174 vᵒ.

10251. — Arrêt ordonnant la taxation des offices d'huissiers-audienciers ès élections du royaume, offices dont la finance a été donnée à la comtesse de Moret.

E 10ᵇ, fᵒ 199 rᵒ, et ms. fr. 18170, fᵒ 175 rᵒ.

10252. — Arrêt réglant les conditions de la levée que les habitants de Châteaudun ont été autorisés à faire par arrêt du 31 janvier dernier (nᵒ 9976).

E 10ᵇ, fᵒ 200 rᵒ, et ms. fr. 18170, fᵒ 175 rᵒ.

10253. — Arrêt autorisant la levée d'une somme de 764 livres 11 sols due par les habitants de Beaugency à la veuve de Claude Joubert, qui s'était employé à l'établissement d'une chambre à sel en ladite ville.

E 10ᵇ, fᵒ 201 rᵒ, et ms. fr. 18170, fᵒ 175 vᵒ.

10254. — Arrêt ordonnant que Mᵉ André Bouchas, greffier au bureau général de la maîtrise des ports de la sénéchaussée de Beaucaire, pourra renoncer à ses droits héréditaires, et que son office demeurera sujet à vacation par mort ou par résignation, sans pouvoir jamais être réuni au domaine.

E 10ᵇ, fᵒ 203 rᵒ, et ms. fr. 18170, fᵒ 175 vᵒ.

10255. — Arrêt renvoyant au parlement de Toulouse diverses instances pendantes entre Mᵉ Martin Rivière, auditeur en la chambre des comptes de Montpellier, Mᵉ Timothée Montchal, trésorier de France à Montpellier, et Agnès de Saporta.

E 10ᵇ, fᵒ 205 rᵒ, et ms. fr. 18170, fᵒ 218 rᵒ.

10256. — Arrêt condamnant les officiers du bureau des traites de Vaucouleurs à restituer des peaux d'hermine saisies sur Daniel Naborski, gentilhomme polonais.

E 10ᵇ, fᵒ 209 rᵒ, et ms. fr. 18170, fᵒ 216 vᵒ.

10257. — Arrêt accordant une décharge à Gilles Ruellan, à Pierre Henry et à Jean Leclavier, sous-fermiers, en l'année 1605, des impôts et billots des diocèses de Tréguier, de Saint-Brieuc, de Vannes et de Cornouaille, à raison du bail conclu en l'année 1604 avec Guillaume Doudel et consorts.

E 10ᵇ, fᵒ 211 rᵒ, et ms. fr. 18170, fᵒ 216 rᵒ.

10258. — Arrêt défendant à Gabriel Bastonneau, élu particulier en l'élection de Châteauroux, de troubler Blaise Perot en l'exercice de sa charge d'élu particulier à Argenton.

E 10ᵇ, fᵒ 213 rᵒ, et ms. fr. 18170, fᵒ 215 vᵒ.

10259. — Arrêt condamnant Jacques Barbier et Sébastien Le Clerc, épiciers de Paris, à 1,500 livres d'amende chacun, pour avoir fait usage de la drogue appelée anil d'Inde.

E 10ᵇ, fᵒ 215 rᵒ, et ms. fr. 18170, fᵒ 215 rᵒ.

10260. — Arrêt déchargeant les héritiers de Regnault Goz, sieur de Grosieux, et de Mathurin Chauveau des fonctions de munitionnaires des vivres à Metz, et ordonnant l'entrée en ladite charge du sieur Le Coq, bourgeois de Metz.

E 10ᵇ, fᵒ 217 rᵒ, et ms. fr. 18170, fᵒ 214 vᵒ.

10261. — Arrêt confirmant une adjudication du greffe civil et criminel de Chinon faite au profit du prince de Joinville.

E 10ᵇ, f° 219 r°, et ms. fr. 18170, f° 209 v°.

10262. — Arrêt évoquant au Conseil les procès pendants entre les capitaines des reîtres et le jeune Maurice, baron de Créange, fils de feu Thomas, baron de Créange, colonel des reîtres.

E 10ᵇ, f° 221 r°, et ms. fr. 18170, f° 209 r°.

10263. — Arrêt statuant sur le procès pendant entre Jean d'Autruy l'aîné, bourgeois de Troyes, d'une part, le grand maître des eaux et forêts au département de Champagne, le substitut du procureur général aux eaux et forêts du bailliage de Troyes et messire Renauld de Beaune, archevêque de Sens et abbé de Molesme, au sujet d'une vente de bois faite en la forêt de Rumilly.

E 10ᵇ, f° 223 r°, et ms. fr. 18170, f° 214 r°.

10264. — Arrêt relatif à l'apurement des comptes de Mᵉ Jean de Moisset, ci-devant adjudicataire général des aides.

E 10ᵇ, f° 225 r°, et ms. fr. 18170, f° 213 v°.

10265. — Arrêt réglant le remboursement d'une somme de 1,500 écus avancée en 1591, sur l'ordre du Conseil, alors siégeant à Clermont, par feu Antoine Forget, sieur d'Idoignes, au feu capitaine Brame, gouverneur de Cusset, « pour distribuer aux soldatz qui l'accompaignèrent à la prise de Vichy ».

E 10ᵇ, f° 226 r°, et ms. fr. 18170, f° 213 r°.

10266. — Arrêt autorisant la levée d'une somme de 1,608 livres 9 sols 8 deniers due à divers particuliers par les habitants de Selles, en Berry.

E 10ᵇ, f° 227 r°, et ms. fr. 18170, f° 212 v°.

10267. — Arrêt prorogeant pour six années les exemptions d'impôts accordées aux habitants de l'île de Bréhat, « en considération de la stérilité de ladite isle et de la garde que lesditz habitans sont contrainctz faire, jour et nuict, pour se défendre des incursions et invasions des pirates et autres ennemis qui se pour-

roient emparer d'icelle et la fortiffier au préjudice de Sa Majesté ».

E 10ᵇ, f° 228 r°, et ms. fr. 18170, f° 212 v°.

10268. — Arrêt ordonnant que le comte de Saint-Pol jouira du revenu des terres dudit comté en attendant l'échange qui doit se faire entre ledit comté et le duché de Château-Thierry.

E 10ᵇ, f° 229 r°, et ms. fr. 18170, f° 212 r°.

10269. — Arrêt relatif aux contestations soulevées entre d'anciens consuls et plusieurs habitants de Montaigut-en-Combraille et Jean Thomas, syndic des habitants de ladite ville.

E 10ᵇ, f° 230 r°, et ms. fr. 18170, f° 211 r°.

10270. — Arrêt autorisant la levée du capital et des intérêts d'une somme de 5,529 livres empruntée pendant les troubles par les habitants de la paroisse de Saint-Hilaire et Monton.

E 10ᵇ, f° 231 r°, et ms. fr. 18170, f° 211 v°.

10271. — Arrêt ordonnant qu'il soit sursis à toutes poursuites contre les consuls d'Agen pardevant le parlement de Bordeaux, jusqu'à ce que lesdits consuls aient présenté leurs comptes au Conseil.

E 10ᵇ, f° 232 r°, et ms. fr. 18170, f° 211 r°.

10272. — Arrêt donnant à la veuve et au fils de Mᵉ Christophe de Bassompierre mainlevée des revenus des domaines de Saint-Sauveur-le-Vicomte, de Saint-Sauveur-Lendelin et de Néhou.

E 10ᵇ, f° 233 r°, et ms. fr. 18170, f° 210 v°.

10273. — Arrêt donnant décharge de 1,185 écus 2 livres 5 sols au sieur de Coëtnisan, gouverneur de Morlaix.

E 10ᵇ, f° 235 r°, et ms. fr. 18170, f° 210 r°.

10274. — Arrêt prolongeant de six mois la surséance accordée, pour le payement de ses dettes, à dame Marie de Juré, veuve du sieur de La Noue.

E 10ᵇ, f° 237 r°, et ms. fr. 18170, f° 208 v°.

10275. — Arrêt réglant les attributions du lieutenant particulier assesseur criminel en la sénéchaussée et au présidial de Lyon et du lieutenant général civil et criminel en la ville de Lyon.

E 10ᵇ, fᵒ 239 rᵒ, et ms. fr. 18170, fᵒ 208 vᵒ.

10276. — Arrêt prorogeant pour six années l'octroi concédé aux habitants de Corbie, à condition que le produit en soit employé aux réparations des ponts, portes, murailles et tours de ladite ville.

E 10ᵇ, fᵒ 241 rᵒ, et ms. fr. 18170, fᵒ 207 rᵒ.

10277. — Arrêt autorisant les élus à rechercher, chacun dans l'étendue de son élection, les personnes qui se sont affranchies indûment des tailles et contributions, « sans comprendre en ladite recherche les ecclésiasticques, attendu qu'ilz ne sont cottizables aux tailles, sy ce n'est pour les biens en roture qu'ilz possedent ès païs où les tailles sont réelles ».

E 10ᵇ, fᵒ 243 rᵒ, et ms. fr. 18170, fᵒ 208 rᵒ.

10278. — Arrêt fixant à trois mois le délai pendant lequel les officiers des élections devront payer les sommes auxquelles ils ont été taxés pour le rétablissement de leurs charges et de leurs anciennes attributions, et ordonnant qu'ils exerceront leurs offices alternativement.

E 10ᵇ, fᵒ 244 rᵒ, et ms. fr. 18170, fᵒ 207 vᵒ.

10279. — Arrêt relatif à une requête par laquelle Jean Jullien, châtelain de l'élection d'Amiens, demande à contribuer aux tailles en Picardie seulement, et non pas en Normandie.

E 10ᵇ, fᵒ 246 rᵒ.

10280. — Arrêt relatif à une requête par laquelle Mᵉ Jean Chenu, avocat du Roi en l'élection et au grenier à sel de Bourges, demande à ne point payer la taxe d'hérédité pour les droits à lui attribués en la chambre à sel de Dun-le-Roi.

E 10ᵇ, fᵒ 248 rᵒ, et ms. fr. 18170, fᵒ 206 vᵒ.

10281. — Arrêt renvoyant aux trésoriers de France à Amiens la demande de prorogation d'octroi présentée par les habitants de Saint-Quentin.

E 10ᵇ, fᵒ 249 rᵒ, et ms. fr. 18170, fᵒ 206 vᵒ.

10282. — Arrêt ordonnant la réunion de l'office de commissaire-examinateur en la sénéchaussée et en la prévôté de Montmorillon aux deux offices de lieutenant général civil et criminel en ladite sénéchaussée et de sénéchal de robe longue à Montmorillon.

E 10ᵇ, fᵒ 250 rᵒ, et ms. fr. 18170, fᵒ 190 vᵒ.

10283. — Arrêt ordonnant la réunion de l'office de lieutenant particulier assesseur criminel au siège de Montmorillon aux deux offices de lieutenant général en ladite senéchaussée et de sénéchal de robe longue audit siège.

E 10ᵇ, fᵒ 252 rᵒ, et ms. fr. 18170, fᵒ 196 rᵒ.

10284. — Arrêt ordonnant que les habitants d'Usson continueront de jouir de leur exemption d'impôts, comme au temps où la reine Marguerite faisait son séjour en ladite ville.

E 10ᵇ, fᵒ 254 rᵒ, et ms. fr. 18170, fᵒ 180 vᵒ.

10285. — Requête présentée par le maréchal de La Châtre, gouverneur d'Orléans, capitaine de la grosse tour de Bourges et bailli de Berry, pour obtenir payement de ses états et pensions, avec les réponses du Conseil.

E 10ᵇ, fᵒ 255 rᵒ.

10286. — Arrêt, signé seulement de Sully, ordonnant aux receveurs généraux des finances à Rouen, à Caen et à Poitiers de payer sur simple quittance les rentes dues, pour l'année 1606, au duc de Montpensier, « nonobstant que, par les estatz, il leur soit prescript payer les susdites sommes... par les mandemens du trésorier de l'Espargne ».

Ms. fr. 10843, fᵒ 121 rᵒ.

10287. — Arrêt déclarant suffisante la caution de 20,000 livres fournie par Mᵉ André Négrier, receveur général des finances à Caen.

Ms. fr. 18170, fᵒ 210 rᵒ.

1606, 23 mars. — Paris.

10288. — Arrêt ordonnant la levée d'une somme de 1,000 livres destinée à l'acquittement des dettes du village de Garches.

E 10ᵇ, fᵒ 257 rᵒ, et ms. fr. 18170, fᵒ 179 vᵒ.

1606, 24 mars. — Paris.

10289. — Arrêt ordonnant qu'il soit fait compensation entre ce qui est dû d'arrérages de rentes à l'évêque d'Autun et ce qui est dû de décimes par ledit évêque pour les années 1593 et 1594, pendant lesquelles « il fut expulsé de ladite ville avec les principaulx officiers du baillage d'Authun par ceulx qui tenoient le party de la Ligue, et contrainct se retirer à une sienne maison avec lesditz officiers, où il fut seize mois entiers, pendant lesquelz il employa tous moyens et industrie pour réduire ladite ville en l'obéissance de Sa Majesté ».

E 10ᵇ, fᵒ 259 rᵒ, et ms. fr. 18170, fᵒ 220 rᵒ.

1606, mars. — Paris.

10290. — Arrêt chargeant MM. de Maisse, de Calignon et Jeannin d'examiner de plus près les mémoires du sieur Du Luat relatifs aux réformes judiciaires, le produit des nouvelles amendes devant être affecté au rachat des rentes constituées sur la ville de Paris.

Ms. fr. 10843, fᵒ 123 rᵒ.

1606, 10 mai. — Paris.

10291. — Arrêt enjoignant à tous les receveurs généraux des finances et aux autres comptables qui ont compté par état au Conseil depuis l'année 1599 de présenter au Conseil, dans les quatre mois, et sous peine de suspension, un état de toutes les sommes dont ils sont demeurés redevables tant envers le Roi qu'envers les particuliers.

Ms. fr. 10842, fᵒ 49 rᵒ.

1606, 11 mai. — Paris.

10292. — Arrêt déclarant que les commissaires députés pour la réunion et le rachat du domaine, qui ont eux-mêmes acquis, ou dont les parents ou alliés ont acquis des portions de domaine, ne pourront plus vaquer à ladite commission, que les autres commissaires serviront alternativement et seront payés à raison d'un écu par vacation.

Ms. fr. 10842, fᵒ 79 vᵒ.

1606, 8 juin. — Paris.

10293. — Arrêt ordonnant que les receveurs généraux, trésoriers du royaume et autres comptables prenant leur assignation à l'Épargne présenteront, à la fin de chaque année, leurs états au Conseil, qui fixera en même temps le montant de leurs taxations.

Ms. fr. 10842, fᵒ 308 rᵒ.

1606, 1ᵉʳ juillet. — Paris.

10294. — Arrêt évoquant au Conseil les procès pendants entre le procureur du Roi en la justice du Trésor, l'abbaye de Saint-Victor-lès-Paris, le prieuré de Sainte-Catherine et Mᵉ Pierre Lescalopier, conseiller au Parlement; ordonnant l'adjudication de deux ruelles situées à Paris et mentionnées dans un arrêt du 1ᵉʳ juin 1604, le produit de la vente devant servir à indemniser les propriétaires.

E 11ᵃ, fᵒ 1 rᵒ.

10295. — Arrêt ordonnant que les deniers provenant des ventes de bois dans le département de Bretagne, Anjou, Touraine et Maine seront versés entre les mains du receveur général des bois audit département.

E 11ᵃ, fᵒ 3 rᵒ.

1606, 3 juillet. — Paris.

10296. — Arrêt confirmant l'adjudication des matériaux provenant de la démolition du château de Ham, le transport desdits matériaux à Calais ayant été jugé trop coûteux par le comte de Saint-Pol, gouverneur de Picardie, et par le sieur de Vic, gouverneur de Calais.

E 11ᵃ, fᵒ 5 rᵒ.

1606, 4 juillet. — [Paris.]

10297. — Arrêt maintenant Mᵉ Guillaume Alliez, fermier des gabelles du Languedoc, dans le droit de faire, par lui et ses commis, la recette de toutes les crues et taxes sur le sel, nonobstant les arrêts du parlement de Toulouse, de la chambre de l'Édit de Castres et de la chambre des comptes de Montpellier.

E 11ᵉ, f° 6 r°.

10298. — Arrêt ordonnant une nouvelle enquête au sujet des ruines causées en la ville du Havre par les ouragans et les grandes marées du mois de mars dernier, et au sujet des moyens propres à couvrir les dépenses les plus urgentes.

E 11ᵉ, f° 8 r°.

10299. — Arrêt ordonnant l'expédition d'un édit portant règlement au sujet des mesures à sel en usage dans les îles de Brouage, Marennes, Oloron, Ré, Guérande, etc., et dans les autres parties des côtes de Saintonge, de Bretagne et de Normandie exemptes des gabelles.

E 11ᵉ, f° 9 r°.

10300. — Arrêt ordonnant la levée immédiate d'une somme de 14,076 livres due par les bourgeois de Paris pour les réparations du pavage.

E 11ᵉ, f° 10 r°.

10301. — Arrêt ordonnant que l'adjudicataire actuel et l'ancien adjudicataire de la ferme dite «à la part du royaume» comparaîtront au Conseil, ainsi que divers particuliers, pour répondre au sujet de la saisie des deniers destinés à satisfaire les créanciers de ladite ferme.

E 11ᵉ, f° 12 r°.

10302. — Arrêt ratifiant, sous certaine réserve, le contrat passé entre la reine Marguerite et Mᵉ Guichard Deagen, secrétaire de la maison de Navarre, «pour raison des proffictz qui proviendront des eedictz et déclarations mentionnées en icelluy».

E 11ᵉ, f° 13 r°.

——————

1606, 6 juillet. — Paris.

10303. — Arrêt prorogeant la levée des taxes sur le sel amené par la Somme ou par la Seine au grenier de Coucy, le produit en devant être employé à la réparation du beffroi, à la construction d'un nouvel auditoire et d'une geôle en ladite ville.

E 11ᵉ, f° 14 r°.

10304. — Arrêt accordant aux sieurs de Variac et Alexandre de Pau la vingtième partie du bénéfice qu'ils procureront au Roi en lui signalant un moyen de tirer chaque année du royaume 200,000 livres et plus, sans que l'intérêt du public en soit lésé, au contraire.

E 11ᵉ, f° 15 r°.

10305. — Arrêt condamnant le syndic des États de Bourgogne à payer une somme de 1,500 écus restée due à Alain de Vauzay, gentilhomme servant de la Reine, sur le montant de la solde de sa compagnie, laquelle en 1593 et en 1594 tenait garnison à Saint-Jean-de-Losne.

E 11ᵉ, f° 16 r°.

10306. — Arrêt ordonnant au sieur Du Fournel, intendant des fortifications en Lyonnais et Bresse, de compléter le payement du prix de certaine adjudication de bois, moyennant quoi il pourra faire de nouvelles coupes dans les bois du Sapet et de la Magdeleine.

E 11ᵉ, f° 18 r°.

10307. — Arrêt ordonnant le prompt recouvrement des taxes d'hérédité des offices de notaires royaux dans les ressorts des parlements de Toulouse et de Bordeaux.

E 11ᵉ, f° 20 r°.

10308. — Arrêt déterminant exactement les conditions de la franchise accordée à la foire de Beaucaire.

E 11ᵉ, f° 21 r°.

——————

1606, 8 juillet. — Paris.

10309. — Arrêt renvoyant à la cour des aides de Normandie le procès intenté aux assassins d'un des archers préposés à la garde du grenier à sel d'Argentan.

E 11ᵉ, f° 22 r°.

10310. — Arrêt accordant une remise de tailles

aux habitants de Grand-Landes, en Poitou, « attendu les grandes ruines par eux souffertes à l'occasion des garnisons de gens de guerre qui ont séjourné durant les derniers troubles ez villages et chasteaux » de Machecoul, la Garnache, etc.

E 11*, f° 24 r°.

10311. — Arrêt ordonnant une enquête au sujet de l'élargissement du syndic des bourgeois de Vannes et défendant, jusqu'à nouvel ordre, aux fermiers du devoir des diocèses de Vannes et de Nantes de payer une somme de 3,505 livres 10 sols à Gabriel Hus, trésorier des États de Bretagne.

E 11*, f° 25 r°.

10312. — Arrêt ordonnant que Me Jean Michaëlis, résignataire de Me Jean de La Roche, receveur des tailles de Comminges, et Me Bénigne Saulnier, adjudicataire du droit annuel, feront respectivement leurs preuves au sujet de la date précise de la mort dudit La Roche.

E 11*, f° 27 r°.

10313. — Arrêt ordonnant le remboursement de la somme de 1,200 livres payée par François Allory pour un office de substitut du procureur du Roi et d'adjoint aux enquêtes à la Rochelle.

E 11*, f° 28 r°.

10314. — Arrêt ordonnant à Me Chahu, trésorier de France, d'exposer à ceux de la province de Bretagne qu'il serait à propos de chercher des adjudicataires pour le devoir accordé par les États dudit pays.

E 11*, f° 29 r°.

10315. — Arrêt ordonnant que des experts visiteront et toiseront les constructions du Pont-Neuf, et que les commis chargés du maniement des deniers affectés auxdites constructions rendront leurs comptes devant qui de droit.

E 11*, f° 30 r°.

10316. — Arrêt prorogeant de deux ans la taxe de 7 sols 6 deniers par muid de vin entrant en la ville de Paris, le produit en devant être employé à la construction de la porte de la Tournelle, aux réparations de la porte du Temple et du chemin de Chaillot.

E 11*, f° 31 r°.

10317. — Arrêt donnant à la comtesse de Sault mainlevée de quarante-six tapisseries des Pays-Bas qu'elle faisait envoyer à Savigny et qui ont été saisies par le fermier de la douane de Paris et par le directeur de la manufacture des tapisseries de Flandre.

E 11*, f° 32 r°.

10318. — Arrêt ordonnant à la cour des aides de Montpellier de vérifier purement et simplement l'édit de juillet 1604 portant création de regrattiers et de revendeurs de sel à petites mesures en toutes les communautés de Languedoc.

E 11*, f° 33 r°.

10319. — Arrêt ordonnant la vérification des ventes de domaine faites dans le ressort du parlement de Paris pendant le premier semestre de l'année courante.

E 11*, f° 34 r°.

10320. — Arrêt ordonnant que les habitants de Montdidier continueront de payer le droit de 66 sols par muid de vin entrant en ladite ville.

E 11*, f° 35 r°.

10321. — Arrêt ordonnant que Me Jean de Murat, trésorier général de l'Extraordinaire des guerres, et Me Fougeux, sieur d'Escures, intendant des turcies et levées de la Loire et de ses affluents, jouiront de la survivance, conformément à l'arrêt du 17 juin dernier.

E 11*, f° 36 r°.

10322. — Arrêt statuant sur le procès intenté par Me Charles Larcher, secrétaire de la Chambre, à Pierre Biard, valet de chambre du Roi, ci-devant commis, au bureau de Dieppe, à la recette de l'impôt d'un écu par tonneau de marchandises venant par mer.

E 11*, f° 37 r°.

10323. — Arrêt renvoyant aux trésoriers de France à Toulouse un placet par lequel Vincent Menault, dit La Vigne, soldat du régiment des gardes, demande concession des « fours banniers » de la ville de Montesquieu.

E 11*, f° 38 r°.

10324. — Arrêt autorisant les Hospitaliers de

Saint-Jean-de-Jérusalem à prendre quatre cents forçats « pour remettre sus leurs galleres que la tourmente et tempeste survenue au mois d'avril dernier auroient destruictes et ruynées ».

E 11*, f° 39 r°.

10325. — Arrêt accordant aux habitants de Jargeau une surséance de six mois pour le payement de leurs dettes.

E 11*, f° 40 r°.

10326. — Arrêt ordonnant que M° Jacques Reillac, receveur des tailles au diocèse d'Agde, payera une somme de 700 livres à Moïse Escudier, son compagnon d'office, pour ses gages de l'année 1606.

E 11*, f° 41 r°.

10327. — Arrêt réglant le payement des gages de M° Claude Cottereau et René Sain, trésoriers de France à Tours, pour l'année 1604, bien qu'ils n'aient pu faire, cette année-là, leurs chevauchées, l'un pour cause de maladie, l'autre à raison de l'épidémie sévissant pour lors dans la province.

E 11*, f° 42 r°.

10328. — Arrêt renvoyant au prévôt de Paris le procès soulevé au sujet d'un prêt entre Jacques Robin, grand maître et général réformateur des eaux et forêts d'Anjou, Maine et Touraine, et Jean Roullard, ci-devant commis au recouvrement des restes dus à la recette générale des gabelles de Touraine.

E 11*, f° 43 r°.

10329. — Arrêt ordonnant que le duc de Nevers sera payé d'une somme de 2,935 livres 6 sols 11 deniers à lui due par M° Christophe de Bréda, receveur général des bois au département de Champagne, nonobstant l'opposition de la femme dudit Bréda.

E 11*, f° 45 r°.

10330. — Arrêt accordant à Jean Moreau, boulanger de la maison du Roi, surséance pour le payement de ses dettes, attendu qu'il lui est dû 15,908 livres par le Roi pour fournitures de pain par lui faites depuis 1589 jusqu'en 1603.

E 11*, f° 46 r°.

10331. — Arrêt réservant au Conseil d'État la connaissance d'une requête civile présentée par Jean Nadau contre l'arrêt du 29 mars 1605 (n° 9241) qui unissait la charge de vice-sénéchal d'Agenais et de Condomois aux charges de Jean de Saint-Paul et de Moïse d'Esparbez, vice-sénéchaux en Guyenne.

E 11*, f° 47 r°.

10332. — Arrêt portant acceptation des cautions présentées par Jean de Wolf et Antoine Lambert, marchands flamands établis à Rouen, entrepreneurs de la manufacture des toiles fines façon de Hollande et autres étrangères.

E 11*, f° 48 r°.

1606, 11 juillet. — Paris.

10333. — Arrêt ordonnant au trésorier des fortifications de Bourgogne et de Bresse qui exerçait en 1603 de remettre à celui qui exerce actuellement une somme de 30,000 livres « qui avoit esté destiné pour la construction d'un nouveau fort sur le Rosne..., que Sa Majesté a trouvé à propos de différer ».

E 11*, f° 49 r°.

10334. — Arrêt relatif au procès pendant entre les villes de Manosque et de Sisteron et le syndic des États de Provence au sujet du remboursement des fournitures faites par lesdites villes pendant les troubles pour la conservation des villes et pays voisins en l'obéissance du Roi.

E 11*, f° 50 r°.

1606, 13 juillet. — Paris.

10335. — Arrêt autorisant M° Josse Tardif, officier de l'artillerie du Roi, procureur postulant au bailliage de Beaugency, à continuer aux îles Grosvilain l'exercice de la Religion prétendue réformée, à moins que les habitants n'aiment mieux lui concéder un terrain dans les marais de Beaugency.

E 11*, f° 52 r°.

10336. — Arrêt ordonnant une enquête au sujet des assignations données à Scipion Sardini et des affaires traitées par lui avec les feus Rois et avec Sa Majesté depuis l'année 1572.

E 11ᵃ, f 54 r°.

10337. — Arrêt ordonnant une enquête au sujet des contraventions reprochées à Mᵉ Jean de Choisy, receveur général des finances à Caen, qui aurait introduit dans son compte de l'année 1603 des recettes ou dépenses autorisées seulement par la Chambre des comptes.

E 11ᵃ, f 55 r°.

10338. — Arrêt ordonnant que dorénavant l'exemption des droits de francs-fiefs et de nouveaux acquêts reconnue aux consuls de Limoges sera étendue à leurs fils.

E 11ᵃ, f 56 r°.

10339. — Arrêt renvoyant au sieur de Refuge, superintendant en la justice de Lyon, la vérification des droits prétendus par les protestants de ladite ville sur les terrains de la Fleur-de-Lys et des Terreaux, ce dernier concédé aux Jésuites pour l'agrandissement de leur collège.

E 11ᵃ, f 57 r°.

10340. — Arrêt ordonnant la publication des offres faites par plusieurs habitants de Béziers, qui proposent de racheter les greffes de Languedoc et de les réunir au domaine, après en avoir joui pendant seize ans.

E 11ᵃ, f 58 r°.

10341. — Arrêt ordonnant que les greffiers au parlement de Paris seront tenus de payer une somme de 2,525 écus restée due à Richard Tardieu, secrétaire du Roi, qui, en 1591 et en 1592, avait acheté les greffes dudit parlement, pour lors tranféré à Tours.

E 11ᵃ, f 59 r°.

10342. — Arrêt ordonnant que Mᵉ Gabriel de Guénegaud sera contraint de rendre ses comptes des deniers affectés au payement des dettes du duc de Mayenne.

E 11ᵃ, f 60 r°.

10343. — Arrêt statuant sur le procès pendant entre Toussaint Belot, ci-devant receveur des tailles

en l'élection de Saumur, et Mᵉ Jean Boileau, caution de feu Mᵉ François Jusseaume, receveur général des finances à Tours.

E 11ᵃ, f 61 r°.

10344. — Arrêt condamnant le receveur des tailles à Loudun au payement d'une somme de 3,784 livres 12 sols 6 deniers, rayée sur le compte de feu Mᵉ François Jusseaume, receveur général des finances à Tours.

E 11ᵃ, f 62 r°.

10345. — Arrêt réglant le payement des gages de François Marcel, trésorier de France en Provence.

E 11ᵃ, f 64 r°.

10346. — Arrêt réglant le payement d'une somme de 16,096 livres 9 sols que les prévôt des marchands et échevins de Lyon ont été condamnés à payer au sieur de Champier.

E 11ᵃ, f 65 r°.

10347. — Arrêt ordonnant qu'il sera sursis au payement d'une somme de 60,000 livres assignée au duc de Ventadour sur le péage de Baix-sur-Baix, au préjudice du contrat passé avec le procureur-syndic des États de Dauphiné.

E 11ᵃ, f 66 r°.

10348. — Arrêt attribuant à dame Claude Dupuy, veuve de Louis Chasteignier, sieur d'Abain et de La Rocheposay, la jouissance des intérêts d'une somme de 29,520 écus.

E 11ᵃ, f 67 r°.

10349. — Arrêt attribuant au parlement d'Aix la liquidation des dommages-intérêts dus par Louis-Antoine de Brianson à l'occasion du meurtre de Michel Bastinet, le procès criminel relatif au même meurtre n'ayant été évoqué au parlement de Grenoble qu'à cause des « factions et divisions quy estoient en la ville d'Aix lors du tumulte arrivé en icelle ».

E 11ᵃ, f 69 r°.

10350. — Avis du Conseil tendant à faire remise aux héritiers de Philippe Millaud d'une amende de 1,500 livres encourue par ledit Millaud pour avoir acheté et fait faire une coupe de bois en vertu de lettres patentes non vérifiées au Parlement.

E 11ª, fº 70 rº.

10351. — Arrêt renvoyant au parlement de Provence le procès intenté par Mᵉ François Marcel, trésorier de France en Provence, à Henri, Antoine et Honoré de Serres, trésoriers de France en Provence et de la marine du Levant, attendu l'évocation générale des procès intentés à ces derniers.

E 11ª, fº 72 rº.

10352. — Arrêt ordonnant que lettres seront écrites au sieur de Buzenval « pour faire instance envers ceulx de Hollande... à ce que à l'advenir ilz aient à faire deffences à tous leurs cappitaines de navires... de ne fouiller... les navires françois portans la bannière de Sa Majesté », et à ce qu'ils fassent restituer un navire appartenant à un marchand de Calais, capturé sur les côtes d'Espagne et ramené en Hollande, sans quoi lettres de marque seraient délivrées au propriétaire de ce navire.

E 11ª, fº 74 rº.

10353. — Arrêt déclarant les habitants de Villeneuve-le-Roi exempts des droits de huitième et de vingtième en vertu des privilèges à eux octroyés par Louis VII en 1163.

E 11ª, fº 75 rº.

10354. — Arrêt prorogeant pour six années nouvelles l'exemption d'impôts accordée aux habitants de Laon.

E 11ª, fº 77 rº.

10355. — Arrêt ordonnant que l'exécution de l'arrêt du 27 juin dernier donné contre le colonel de Dampmartin au profit de Claude-François Révillot sera suspendue jusqu'à ce que ledit Revillot ait été entendu au Conseil.

E 11ª, fº 78 rº.

10356. — Arrêt ordonnant que les sergents royaux en l'élection de Lyon seront tenus de rembourser la finance payée par Antoine Poncet pour un office semblable supprimé par édit de 1599.

E 11ª, fº 79 rº.

10357. — Arrêt ordonnant la concession d'un cimetière aux protestants de Caen, lesquels continueront d'exercer leur culte dans un terrain de la paroisse Saint-Martin.

E 11ª, fº 80 rº.

10358. — Arrêt ordonnant que les offices de greffiers des affirmations auxquels il n'a pas encore été pourvu seront taxés et que les deniers en provenant seront baillés au colonel de Praroman, aux capitaines Escher, Mettler, Hessy et Feigly le jeune.

E 11ª, fº 82 rº.

10359. — Arrêt exemptant du payement du droit de marc d'or les acquéreurs des offices de regrattiers et revendeurs de sel à petite mesure vendus « en hérédité ».

AD ✠ 141, nᵒˢ 11 et 12.

1606, 15 juillet. — Paris.

10360. — Arrêt déclarant que les trésoriers de France à Poitiers et le contrôleur des tailles en l'élection de ladite ville demeureront responsables d'une somme de 37,000 livres restée due par feu Mᵉ Olivier, receveur des tailles à Poitiers.

E 11ª, fº 83 rº.

10361. — Arrêt déclarant que la subvention de la généralité de Poitiers sera levée sur toutes les villes et gros bourgs francs ou abonnés de ladite généralité.

E 11ª, fº 84 rº.

10362. — Arrêt ordonnant que les receveurs particuliers qui « ont faict recepte, dans leurs comptes, des deniers des restes des années précédentes » et « ont faict passer dans leursdits comptes plùsieurs partyes dont il n'estoit faict mention par les estatz du Roy », seront contraints de verser le montant desdits restes aux mains des receveurs généraux.

E 11ª, fº 85 rº, et ms. fr. 10842, fº 59 rº.

10363. — Arrêt statuant sur le procès pendant entre Mᵉ Jean de Vauhardy, commis de Mᵉ Étienne Regnault, ci-devant trésorier général de l'Extraordinaire des guerres, et Mᵉ Charles Bouquet, sieur du

Petit-Val, fils de feu Mᵉ Charles Bouquet, contrôleur provincial des guerres en Champagne.

E 11ᵃ, fᵒ 86 rᵒ.

10364. — Arrêt statuant sur un procès pendant entre plusieurs habitants de Vernon, les officiers de l'élection d'Andely résidant à Vernon et les anciens échevins de ladite ville, au sujet de l'assiette d'un impôt de 4,148 livres levé en 1604 à Vernon.

E 11ᵃ, fᵒ 90 rᵒ.

1606, 18 juillet. — Paris.

10365. — Arrêt statuant sur un procès intenté par les habitants du franc pays de Lyonnais aux habitants de Collonges, de Saint-Cyr et de l'Isle-Barbe au sujet de l'entretien des gens de guerre et du payement des autres charges extraordinaires.

E 11ᵃ, fᵒ 94 rᵒ.

10366. — Arrêt ordonnant au trésorier des Parties casuelles d'expédier les quittances mentionnées dans le contrat passé entre la reine Marguerite et Mᵉ Guichard Deagen, secrétaire de la maison de Navarre, lequel a été ratifié par arrêt du 4 juillet dernier (n° 10302).

E 11ᵃ, fᵒ 97 rᵒ.

10367. — Arrêt déchargeant Guillaume Le Planquois, bourgeois de Rouen, d'une tutelle qui lui avait été imposée par le parlement de Normandie contrairement aux lettres d'exemption obtenues par ledit Le Planquois.

E 11ᵃ, fᵒ 99 rᵒ.

10368. — Arrêt déclarant que ceux qui se sont fait déjà pourvoir d'exemptions jouiront de leurs privilèges, sans que les communautés puissent les rembourser; autorisant toutefois les communautés ou paroisses où lesdites exemptions n'ont point encore été achetées à les lever elles-mêmes dans le délai d'un mois.

E 11ᵃ, fᵒ 100 rᵒ.

10369. — Arrêt déclarant les habitants de Saint-Vinnemer et de Gigny exempts du droit de 5 sols par muid de vin, conformément à un arrêt de la Cour des aides.

E 11ᵃ, fᵒ 101 rᵒ.

10370. — Arrêt réformant celui du 25 mars dernier relatif au différend soulevé entre Simon et Jacques Mariettes, marchands d'Orléans, et François Belin, fermier d'un écu par quintal d'alun entrant dans le royaume.

E 11ᵃ, fᵒ 103 rᵒ.

10371. — Arrêt ordonnant, conformément à un arrêt du 16 avril 1605, la prorogation des levées faites au grenier à sel d'Auxerre, et ce nonobstant l'opposition des maire et échevins de ladite ville.

E 11ᵃ, fᵒ 104 rᵒ.

10372. — Arrêt renvoyant aux commissaires chargés de l'examen du cahier des États de Provence une requête par laquelle Antoine Chartras demande à être payé des sommes à lui dues pour l'entretien de la compagnie qu'il commandait à Aix en 1593 et 1594.

E 11ᵃ, fᵒ 106 rᵒ.

10373. — Arrêt maintenant Esprit Raymond en l'office de lieutenant de viguier à Draguignan, nonobstant l'opposition des consuls de ladite ville.

E 11ᵃ, fᵒ 108 rᵒ.

1606, 20 juillet. — Paris.

10374. — Arrêt accordant une surséance d'un mois au fermier du nouvel impôt sur les cartes, dés et tarots.

E 11ᵃ, fᵒ 110 rᵒ.

10375. — Arrêt ordonnant qu'une somme de 17,313 livres 10 sols sera partagée entre l'avoyer du canton de Fribourg, le gouverneur de Neufchâtel et le secrétaire du canton de Bâle.

E 11ᵃ, fᵒ 111 rᵒ.

10376. — Arrêt donnant provisoirement à Philippe Faligon, sieur de La Chapelle, et à Jean Guérin, receveur des décimes au diocèse d'Angoulême, mainlevée des terres et fiefs du Plessac et de Tourteron.

E 11ᵃ, fᵒ 112 rᵒ.

10377. — Arrêt relatif à une requête par laquelle les habitants de Chaumont-en-Bassigny demandent une concession d'octroi destinée à l'acquittement des dettes qu'ils ont contractées pendant les troubles pour la conservation de leur ville en l'obéissance du Roi.

E 11ᵃ, fᵒ 113 rᵒ.

10378. — Arrêt ordonnant que la levée d'une somme de 2,475 livres imposée sur les habitants de Sens sera faite par Mᵉ Claude Boursier, receveur des tailles en l'élection de Sens.

E 11ᵃ, fᵒ 115 rᵒ.

10379. — Arrêt statuant sur le procès pendant entre Mᵗ⁸ Jean de Belriou et Jean Peyrarède-Dangonnet au sujet de l'office de lieutenant particulier assesseur criminel au siège de Bergerac.

E 11ᵃ, fᵒ 116 rᵒ.

10380. — Arrêt relatif au procès pendant entre le comte d'Auvergne et la reine Marguerite au sujet des droits de leide et de rêve des bureaux d'Agde et de Sérignan.

E 11ᵃ, fᵒ 118 rᵒ.

10381. — Arrêt ordonnant que Simon Belin et Didier Jeurelet, huissiers des finances en la généralité de Bourgogne, continueront d'exercer leurs charges, nonobstant les défenses du parlement et de la chambre des comptes de Bourgogne.

E 11ᵃ, fᵒ 119 rᵒ.

10382. — Arrêt ordonnant que Charles Courtois sera reçu en un office de sergent royal en Poitou.

E 11ᵃ, fᵒ 120 rᵒ.

10383. — Arrêt ordonnant que la pension constituée par Henri III au comte d'Auvergne sur les revenus de l'évêché d'Albi sera payée à messire Henri de Valois, comte de Lauraguais, fils dudit comte d'Auvergne, sauf toutefois les sommes transportées par celui-ci aux sieurs Cenami et de Sève-Saint-Julien.

E 11ᵃ, fᵒ 121 rᵒ.

10384. — Arrêt relatif au différend soulevé entre Mᵉ Jean de Combes, président au présidial d'Auvergne, et le tuteur des enfants de feu Guillaume Enjobert,

au sujet d'une somme de 1,300 écus figurant sur l'état des dettes du pays d'Auvergne.

E 11ᵃ, fᵒ 123 rᵒ.

10385. — Arrêt évoquant au Conseil l'appel interjeté par les fripiers de Paris et l'opposition formée par le procureur du Roi au Châtelet contre l'exécution de l'édit qui permet aux tailleurs, chaussetiers et pourpointiers de Paris d'exercer indifféremment ces trois métiers.

E 11ᵃ, fᵒ 124 rᵒ.

10386. — Arrêt ordonnant le remplacement des quittances des offices de grènetier, de contrôleur, de gardes et de mesureurs au grenier à sel de Marseille, lesquelles ont été perdues par la princesse de Conti.

E 11ᵃ, fᵒ 125 rᵒ.

10387. — Arrêt autorisant la levée d'une somme de 4,310 livres 2 sols 6 deniers due par les habitants de Cléguérec à un marchand d'Auray.

E 11ᵃ, fᵒ 127 rᵒ.

10388. — Arrêt ordonnant que les instances pendantes entre les sieurs Du Houssay et de Grieu, conseillers au Parlement, et les conseillers et commissaires des Requêtes du Palais seront jugées au Conseil, «y appellez aucuns des presidens et conseillers» du Parlement.

E 11ᵃ, fᵒ 128 rᵒ.

10389. — Arrêt ordonnant au sieur de Vienne, contrôleur général des finances, de contrôler les lettres d'assiette obtenues le 28 décembre dernier par les ecclésiastiques du comté de Laval.

E 11ᵃ, fᵒ 130 rᵒ.

10390. — Arrêt affectant le produit de la vente des arbres abattus en la forêt de Coucy lors des derniers ouragans aux réparations les plus urgentes des châteaux de Soissons, de Coucy et de Folembray.

E 11ᵃ, fᵒ 131 rᵒ.

10391. — Arrêt réglant les conditions de la revision des comptes présentés par les voituriers et adjudicataires de la ferme dite «à la part du royaume» depuis l'année 1580 jusqu'à l'année 1600.

E 11ᵃ, fᵒ 132 rᵒ.

10392. — Arrêt prorogeant pour six mois la sur-séance accordée à Jacques Hilaire, ci-devant receveur général des finances en la généralité d'Orléans, pour le payement de ses dettes.

E 11ᵉ, fᵒ 133 rᵒ.

10393. — Arrêt ordonnant la remise au secrétaire du Conseil des actes par lesquels feu Jean Vene, con-trôleur au grenier à sel de Sommières, aurait sommé Mᵉ Bénigne Saulnier et Jean Palot de recevoir le montant de son droit annuel.

E 11ᵉ, fᵒ 135 rᵒ.

10394. — Arrêt ordonnant un nouvel examen des comptes de Philippe et de François de Castille, anciens receveurs généraux des décimes.

E 11ᵉ, fᵒ 137 rᵒ.

10395. — Arrêt ordonnant que le greffier de la Cour des aides remboursera à Pierre Bédacier une somme de 2,133 écus à lui restée due sur le prix d'ac-quisition du greffe de ladite Cour.

E 11ᵉ, fᵒ 139 rᵒ.

10396. — Arrêt ordonnant que Mᵉ Joseph d'Es-couvenon, secrétaire de la Chambre, sera subrogé aux droits de Mᵉ Deagen comme « ayant traicté avec la royne Marguerite des proffictz qui reviendront des offices à elle accordez par Sa Majesté ».

E 11ᵉ, fᵒ 141 rᵒ.

10397. — Arrêt relatif au cautionnement qu'est obligé de fournir Isaac de La Coste, sieur de Barjau, « pour satisfaire à ce qu'il a promis par les articles à luy accordez par Sa Majesté, le xviiiᵉ jour de juillet dernier, pour la recherche des faulcetez ».

E 11ᵉ, fᵒ 142 rᵒ.

10398. — Arrêt ordonnant que la veuve de Fran-çois Bourlin, conformément à un contrat passé entre elle et la reine Marguerite, sera exempte de tous cens et rentes pour les terres qu'elle possède dans la sei-gneurie d'Usson, et ce jusqu'à concurrence du prix d'une maison sise à Usson que ladite reine lui a prise pour en faire l'emplacement d'un marché.

E 11ᵉ, fᵒ 143 rᵒ.

10399. — Arrêt ordonnant que Robert Portal jouira, sa vie durant, de l'office de greffier d'Usson, à lui concédé par contrat passé, le 31 mai 1593, avec la reine Marguerite.

E 11ᵉ, fᵒ 144 rᵒ.

10400. — Arrêt réduisant à 18,000 livres la somme que doit payer Mᵉ Jérôme Du Verger, rece-veur général des finances à Montpellier, pour la moi-tié d'une folle enchère mise, en 1599, par Bernardin Cassanot sur la ferme générale des gabelles de Lan-guedoc.

E 11ᵉ, fᵒ 145 rᵒ.

10401. — Arrêt ordonnant l'exécution de l'édit de rétablissement des offices de rapporteurs et de cer-tificateurs des criées, les quittances desdits offices devant être remises au connétable de Montmorency et aux héritiers du sieur de La Chapelle-aux-Ursins jus-qu'à concurrence des sommes qui leur ont été assi-gnées.

E 11ᵉ, fᵒ 146 rᵒ.

———————

1604, 27 juillet. — Paris.

10402. — Arrêt condamnant plusieurs acquéreurs du domaine de la vicomté de Rouen à payer une rente de 1,750 livres à messire Charles de Gonzague, duc de Nevers.

E 11ᵉ, fᵒ 148 rᵒ.

10403. — Arrêt donnant tous pouvoirs aux com-missaires chargés de la revision des comptes de Mᵉˢ Philippe et François de Castille, receveurs géné-raux du Clergé.

E 11ᵉ, fᵒ 150 rᵒ.

10404. — Arrêt ordonnant que le produit des crues sur le sel autorisées naguère dans la généralité de Bourgogne demeurera, jusqu'à nouvel ordre, entre les mains des receveurs et commis chargés de les per-cevoir, attendu que les sommes déjà employées sont plus que suffisantes pour le payement des dépenses auxquelles elles étaient affectées.

E 11ᵉ, fᵒ 151 rᵒ.

———————

1606, 1ᵉʳ août. — Paris.

10405. — Arrêt révoquant l'édit de création d'un vicomte, d'un lieutenant, d'un procureur du Roi et d'un huissier audiencier en chaque siège particulier des vicomtés de Normandie, et acceptant l'offre de 120,000 livres que les vicomtes de Normandie et les autres officiers desdites vicomtés proposent de payer à titre de supplément de finance.

E 11ᵇ, fᵒ 1 rᵒ.

10406. — Arrêt relatif au différend survenu, au sujet des gabelles, entre Mᵉ Claude Josse, ci-devant adjudicataire des greniers à sel de France, et Mᵉ Nicolas Largentier, sieur de Vaussemin, subrogé en partie aux droits dudit Claude Josse.

E 11ᵇ, fᵒ 3 rᵒ.

10407. — Arrêt statuant sur le procès pendant entre le sieur de La Varane, gouverneur d'Angers et contrôleur général des Postes, Julien Salviati, abbé de Sainte-Croix-lès-Bordeaux, Élie de Casau, avocat au parlement de Bordeaux, et maintenant ce dernier en possession de l'île de Macau.

E 11ᵇ, fᵒ 5 rᵒ.

10408. — Arrêt relatif au payement des dettes de Barthélemy Gallois et de Guillaume de Charancy, ci-devant adjudicataires de la ferme dite «à la part du royaume».

E 11ᵇ, fᵒ 7 rᵒ.

10409. — Arrêt relatif au différend soulevé entre les conseillers au Parlement commissaires aux Requêtes du Palais et le conseiller Du Houssay, d'une part, les conseillers des chambres des Enquêtes et le conseiller de Grieu, d'autre part.

E 11ᵇ, fᵒ 8 rᵒ.

10410. — Arrêt déclarant que le sieur de Villars, lieutenant du Roi au Havre, devra concéder aux protestants de ladite ville un terrain où ils pourront construire un temple, et que les protestants emprisonnés à cette occasion par le sieur de Villars devront être élargis.

E 11ᵇ, fᵒ 9 rᵒ.

10411. — Arrêt ordonnant la levée d'une somme de 1,181 livres 3 sols due par les habitants de Signy-l'Abbaye à un marchand, Pierre Cousin.

E 11ᵇ, fᵒ 11 rᵒ.

10412. — Arrêt évoquant au Conseil le procès pendant entre la ville de Lyon et les fermiers des aides.

E 11ᵇ, fᵒ 12 rᵒ.

10413. — Arrêt condamnant les habitants d'Appoigny à payer, par provision, le nouveau subside au fermier Guillaume Menant.

E 11ᵇ, fᵒ 13 rᵒ.

10414. — Arrêt autorisant la levée d'une somme de 400 livres sur les propriétaires fonciers de Pavilly, cette somme devant être employée à la reconstruction de l'église.

E 11ᵇ, fᵒ 14 rᵒ.

10415. — Arrêt ordonnant que le fermier des devoirs de Quimper-Corentin rendra ses comptes dans les deux mois par-devant les fermiers des impôts et billots des quatre évêchés.

E 11ᵇ, fᵒ 15 rᵒ.

10416. — Arrêt ordonnant que les deniers provenant de la ferme du sel de Dauphiné seront employés à la réunion du domaine et à l'acquittement des dettes dudit pays, et que les revenus du domaine réuni seront employés, après l'acquittement des charges ordinaires, au payement des mortes-payes du prévôt des maréchaux et de ses archers et à l'entretien des postes organisées du côté du Piémont.

E 11ᵇ, fᵒ 16 rᵒ.

10417. — Arrêt déclarant que le contrat passé avec le fermier du sel de Dauphiné ne doit porter aucun préjudice aux privilèges en vertu desquels les habitants des trois bailliages d'Embrunois, de Gapençois et de Briançonnais se fournissent de sel en Provence.

E 11ᵇ, fᵒ 18 rᵒ.

10418. — Arrêt déclarant que chacun des vingt-six secrétaires de la maison et couronne de France et des finances aura le droit de prendre chaque année deux minots de sel en payant seulement l'ancien prix de marchand.

E 11ᵇ, fᵒ 20 rᵒ.

10419. — Arrêt prolongeant de trois mois le délai accordé à Jean Boileau, sieur de Maulaville, commis à la recherche des biens de feu François Jusseaume, pour le payement de ses dettes.

E 11ᵇ, fᵒ 22 rᵒ,

10420. — Arrêt ordonnant que les habitants de plusieurs paroisses faisant partie des marches communes de Poitou et de Bretagne payeront dorénavant 600 livres à la recette des tailles de Mauléon, par forme d'abonnement aux tailles.

E 11ᵇ, fᵒ 24 rᵒ.

1606, 3 août. — Paris.

10421. — Arrêt ordonnant que le fermier général de la patente de Languedoc continuera la perception dudit droit jusqu'à l'entier établissement de l'imposition domaniale en Languedoc.

E 11ᵇ, fᵒ 26 rᵒ.

1606, 5 août. — Paris.

10422. — Arrêt évoquant au Conseil, sauf à les renvoyer plus tard au Grand Conseil, tous les procès que pourrait avoir, pendant deux ans, Claude Brosse, syndic des villages de Dauphiné, attendu qu'ayant porté plainte au Roi, il s'est attiré l'inimitié des corps de la province et de plusieurs grands personnages.

E 11ᵇ, fᵒ 28 rᵒ.

10423. — Arrêt accordant à François de Villaréal mainlevée des passements d'or et d'argent, des pièces de toile de soie, façon de Milan, de satin figuré et de velours noir figuré saisis sur lui par les officiers du bureau des traites de Péronne.

E 11ᵇ, fᵒ 29 rᵒ.

10424. — Arrêt chargeant le sieur de Maupeou, intendant des finances, d'arrêter le compte des vacations des « commissaires depputez pour la recherche et vériffication de ce qui s'est passé ès dernières ventes

qui ont esté faictes du domaine de Sa Majesté en la générallité de Bourgongne ».

E 11ᵇ, fᵒ 31 rᵒ.

10425. — Arrêt ordonnant la restitution de certains droits perçus par les trésoriers de France sur les greffes de Montpellier cédés à Charles Falaizeau par dame Charlotte de Beaune, marquise de Noirmoutier.

E 11ᵇ, fᵒ 32 rᵒ.

10426. — Arrêt évoquant au Conseil, sauf à les renvoyer plus tard au Grand Conseil, tous les procès que pourraient avoir, pendant deux ans, Antoine Grillietz et Jacques Vernet, représentants des communautés des sénéchaussées de Crest et de Montélimar et du ressort de Valence et chargés d'assister ou de remplacer le syndic des villages de Dauphiné.

E 11ᵇ, fᵒ 34 rᵒ.

10427. — Arrêt ordonnant que Jeanne Brûlart, veuve de Pierre Hennequin, sieur de Boinville, conseiller d'État et président au Parlement, sera payée d'une somme de 4,625 livres sur les deniers affectés à l'acquittement des dettes du duc de Mayenne.

E 11ᵇ, fᵒ 36 rᵒ.

10428. — Arrêt statuant sur le procès pendant entre Mᵉ Guillaume de Balmes, adjudicataire de la ferme dite « à la part du royaume », et Lucrèce de Lafont, et cassant les arrêts rendus par la cour des aides de Montpellier en faveur de cette dernière.

E 11ᵇ, fᵒ 38 rᵒ.

10429. — Arrêt statuant sur le procès pendant entre Mᵉ Louis Briand, contrôleur, et Pierre Franchart, ancien fermier des traites domaniales de Marans.

E 11ᵇ, fᵒ 40 rᵒ.

10430. — Arrêt interdisant à la cour des aides de Montpellier toute connaissance du fait des gabelles jusqu'à ce qu'elle ait procédé à la vérification pure et simple du bail de Guillaume Alliez, fermier général des gabelles du Languedoc.

E 11ᵇ, fᵒ 42 rᵒ.

10431. — Arrêt cassant tous les arrêts rendus en matière de gabelles par le parlement de Toulouse, « comme donnez par entreprise de jurisdiction ».

E 11ᵇ, fᵒ 44 rᵒ.

10432. — Arrêt réglant les attributions des commissaires chargés, par lettres patentes du 17 septembre et du 8 février dernier, de rechercher les malversations commises en Bourgogne par des officiers comptables, et ordonnant l'adjonction auxdits commissaires de deux conseillers au parlement et de deux maîtres en la chambre des comptes de Dijon.

E 11ᵇ, fᵒ 46 rᵒ.

10433. — Arrêt ordonnant la levée d'une taxe supplémentaire destinée à faciliter le payement des 120,000 livres que doivent fournir les officiers des vicomtés de Normandie.

E 11ᵇ, fᵒ 48 rᵒ.

10434. — Arrêt ordonnant qu'il sera procédé, par des commissaires que nommera le Roi, à la vérification et à la réduction des dettes des villages de Dauphiné.

E 11ᵇ, fᵒ 50 rᵒ.

10435. — « Instructions que le Roy entend estre suivies et gardées par les commissaires qui seront deputtez par Sa Majesté pour la vériffication et réduction des debtes des communaultés villageoises de Daulphiné. »

E 11ᵇ, fᵒ 54 rᵒ.

10436. — « Cayer des plaintes et remonstrances faictes au Roy et à nosseigneurs de son Conseil par les villageois du pays de Daulphiné », avec les réponses du Conseil.

E 11ᵇ, fᵒˢ 62 rᵒ et 81 rᵒ.

1606, 7 août. — Paris.

10437. — Arrêt renvoyant au parlement de Paris les procès pendants entre Jacques Hilaire et Isaïe Goyer, ci-devant receveurs généraux des finances à Orléans, et leurs créanciers.

E 11ᵇ, fᵒ 83 rᵒ.

1606, 8 août. — Paris.

10438. — Arrêt relatif à la vérification des dettes de messire Louis de Lorraine, archevêque de Reims ; cassant notamment les donations de revenus faisant partie des domaines de l'archevêché de Reims, des abbayes de Saint-Remi de Reims, de Saint-Denis-en-France, de Corbie, de Montiérender, de Saint-Urbain et d'Ourscamps ; ordonnant le remboursement des acquéreurs de greffes, etc.

E 11ᵇ, fᵒ 85 rᵒ.

10439. — Arrêt, signé seulement de Sully, transportant sur le grand boulevard de la porte Saint-Antoine le marché aux chevaux de la place Royale, attendu la gêne qu'il causait aux ouvriers constructeurs et les rixes qui en résultaient.

E 11ᵇ, fᵒ 87 rᵒ.

1606, 12 août. — Paris.

10440. — Arrêt désignant un nouveau rapporteur dans le procès pendant entre Mᵉ Bénigne Saulnier et le fils de feu Jacques Deniau, conseiller au parlement de Bretagne.

E 11ᵇ, fᵒ 89 rᵒ.

10441. — Arrêt ordonnant la mise en adjudication des travaux de reconstruction de l'église de Tannerre.

E 11ᵇ, fᵒ 91 rᵒ.

10442. — Arrêt renvoyant au parlement de Dijon une requête par laquelle les députés de la noblesse de Bugey et de Valromey demandent un supplément de taxe pour les frais du voyage qu'ils ont fait à Paris.

E 11ᵇ, fᵒ 92 rᵒ.

10443. — Arrêt ordonnant que les avocats et le procureur général au parlement de Dijon donneront leur avis sur une requête par laquelle le sieur Des Alimes demande à être maintenu en la jouissance des greffes du bailliage de Bourg-en-Bresse.

E 11ᵇ, fᵒ 93 rᵒ.

10444. — Arrêt prorogeant jusqu'à la fin de l'année la surséance accordée à la république de Genève pour le payement des tailles et impôts dus par des héritages dépendant des domaines de Saint-Victor et du chapitre.

E 11ᵇ, fᵒ 94 rᵒ.

10445. — Arrêt renvoyant aux trésoriers de France à Orléans une requête en remise de tailles présentée par les habitants de plusieurs paroisses de l'élection de Pithiviers dévastées par l'orage du 27 juin dernier.

E 11ᵇ, fᵒ 95 rᵒ.

10446. — Arrêt faisant remise de deux années d'impôts aux habitants de Kergrist-Moëlou, décimés par l'épidémie, réduits à une extrême misère et « sy affligez que, aussy tost qu'ilz s'escartent de leurs maisons, ilz sont raviz par les loups dont toute la contrée est remplie ».

E 11ᵇ, fᵒ 96 rᵒ.

10447. — Arrêt ordonnant qu'il sera sursis à l'exécution de deux arrêts donnés en la Cour des aides contre le sieur de Beaumarchais, trésorier de l'Épargne, et contre Marcellin de Guillon, ci-devant contrôleur général de l'Artillerie.

« Ledit arrest n'a esté expédié. »

E 11ᵇ, fᵒ 98 rᵒ.

10448. — Arrêt ordonnant que Jean Bazin sera entendu au Conseil au sujet d'une enchère par lui mise sur la ferme des nouveaux impôts de l'élection d'Arques.

E 11ᵇ, fᵒ 100 rᵒ.

10449. — Arrêt ordonnant que Mᵉ Jean Beguignon, payeur de la gendarmerie, sera transféré des prisons de la chambre des comptes de Rouen en celles de la conciergerie du Palais à Paris.

E 11ᵇ, fᵒ 102 rᵒ.

10450. — Arrêt réglant le payement des gages dus à Olivier Deleau, dit Lamothe, « officier ordinaire de l'Artillerie du nombre des impotens ».

E 11ᵇ, fᵒ 104 rᵒ.

10451. — Arrêt renvoyant à la Cour des aides le procès pendant entre le procureur du Roi au grenier à sel et en l'élection particulière de Sully-sur-Loire,

et Mᵉ Nicolas Largentier, fournisseur des deux greniers de Sully et de Boiscommun.

E 11ᵇ, fᵒ 105 rᵒ.

10452. — Arrêt relatif au remboursement du reste des 27,000 livres prêtées au maréchal de Bois-Dauphin en 1594 par Simon Richer, sieur de Laubinière, en vertu d'un traité conclu par ordre de Sa Majesté.

E 11ᵇ, fᵒ 107 rᵒ.

10453. — Arrêt déclarant que les officiers du parlement et de la chambre des comptes de Bretagne, les secrétaires du Roi, les suppôts de l'Université et tous autres privilégiés doivent contribuer à la subvention levée à Angers en place du sol pour livre, comme aussi à la levée de 60,000 livres faite en ladite ville à l'occasion du siège de Rochefort.

E 11ᵇ, fᵒ 109 rᵒ.

10454. — Arrêt confirmant l'exemption de tailles accordée jusqu'au 31 décembre 1612 aux habitants de Saint-Valery-sur-Mer.

E 11ᵇ, fᵒ 111 rᵒ.

10455. — Arrêt déclarant que, conformément aux termes de son bail, le fermier général des aides pourra jouir des aides vendues ou engagées en Normandie, à la condition de payer seulement aux acquéreurs ou engagistes desdites aides les intérêts au denier douze de la somme qu'ils prouveront avoir versée.

E 11ᵇ, fᵒ 112 rᵒ.

10456. — Arrêt confirmant à Mᵉ Florent Broully la jouissance d'un office de receveur des tailles en l'élection de Saumur.

E 11ᵇ, fᵒ 114 rᵒ.

10457. — Arrêt ordonnant que les officiers des gabelles qui, postérieurement au bail conclu avec Mᵉ Jean de Moisset, fermier général des gabelles, ont perçu le droit de 18 sols 9 deniers par minot de sel seront contraints d'en restituer le montant audit Moisset et à son associé, Nicolas Largentier.

E 11ᵇ, fᵒ 116 rᵒ.

10458. — Arrêt autorisant la levée d'une somme

de 825 livres 17 sols destinée à l'acquittement d'une dette des habitants d'Ingrandes, en Berry.

E 11ᵇ, fᵒ 118 rᵒ.

10459. — Arrêt autorisant la levée du capital et des intérêts d'une somme de 1,122 livres 15 sols due par les habitants de Maringues à divers particuliers.

E 11ᵇ, fᵒ 119 rᵒ.

10460. — Arrêt renvoyant aux trésoriers de France à Paris une requête par laquelle les habitants de la basse cour du château de Vincennes demandent l'autorisation de rebâtir les logements rasés pendant les derniers troubles.

E 11ᵇ, fᵒ 120 rᵒ.

10461. — Arrêt acceptant les offres du sieur Du Fournel, intendant des fortifications de Lyonnais et de Bresse, qui s'engage à amortir en quinze ans les rentes constituées sur le domaine du comté de Forez, à condition de jouir durant ces quinze années des revenus dudit domaine.

E 11ᵇ, fᵒ 121 rᵒ, et ms. fr. 10842, fᵒ 80 rᵒ.

10462. — Arrêt fixant à 3,000 livres le prix des vacations dues à Jean Hureau, substitut du procureur général en la Cour des monnaies, pour avoir procédé en Provence à la recherche des malversations commises sur le fait des monnaies.

E 11ᵇ, fᵒ 123 rᵒ.

10463. — Arrêt ordonnant que la dame de Lindebeuf et tous autres rapporteront au Conseil dans les six semaines les titres en vertu desquels ils jouissent de l'île d'Oloron, sans quoi il sera statué, à l'expiration de ce délai, sur la réunion de ladite île au domaine du Roi.

E 11ᵇ, fᵒ 124 rᵒ.

10464. — Arrêt ordonnant la vérification des comptes des trésoriers de la maison du Roi, qui auraient suspendu le payement des gages du maréchal de Bouillon.

E 11ᵇ, fᵒ 126 rᵒ.

10465. — Arrêt ordonnant la vérification des dettes de la ville de Montluel.

E 11ᵇ, fᵒ 127 rᵒ.

10466. — Arrêt ordonnant l'expédition d'un édit érigeant en titre d'offices les charges d'auditeurs de comptes et d'experts jurés au pays de Languedoc.

E 11ᵇ, fᵒ 128 rᵒ.

10467. — Arrêt autorisant la levée de deux sommes de 1,080 et de 150 livres dues par les habitants de Groslay.

E 11ᵇ, fᵒ 130 rᵒ.

10468. — Arrêt ordonnant que Guillaume de Balmes, adjudicataire de la ferme dite «à la part du royaume», Girard Desargues, Claude Poculet, Gaspard Marmier et Guillaume de Charancy produiront leurs titres et se défendront contre certaines accusations de dol et de monopole.

E 11ᵇ, fᵒ 132 rᵒ.

10469. — Arrêt assignant 320,000 livres au sieur de Bassompierre, attendu qu'il a été dépossédé des domaines de Saint-Sauveur-Lendelin et de Saint-Sauveur-le-Vicomte, engagés à son père pour de notables sommes.

E 11ᵇ, fᵒ 134 rᵒ.

10470. — Arrêt déclarant que les domaines de Saint-Sauveur-Lendelin et de Saint-Sauveur-le-Vicomte n'ont été engagés au feu sieur de Bassompierre que pour les sommes qu'il a versées comptant aux coffres de Sa Majesté.

E 11ᵇ, fᵒ 136 rᵒ.

10471. — Arrêt, signé seulement de Sully, déclarant que le receveur général des finances à Tours sera tenu de remplacer une somme de 750 livres indûment payée à la reine Marguerite en compensation du domaine d'Usson, dont elle n'avait point encore cessé de jouir.

E 11ᵇ, fᵒ 138 rᵒ.

10472. — Arrêt ordonnant que Jacques Boyadan, fermier des gabelles du Languedoc, et ses associés seront contraints au payement des restes par eux dus au Roi.

E 11ᵇ, fᵒ 140 rᵒ.

10473. — Arrêt évoquant au Conseil le conflit soulevé entre les trésoriers de France à Orléans et la

42.

Chambre des comptes au sujet de l'emprisonnement d'un huissier au Châtelet qui, à défaut de payement de certaines taxes, saisissait les biens de plusieurs laboureurs ou fermiers de la généralité d'Orléans, « sans mesmes excepter leur chevaulx de labour ».

E 11ᵇ, fᵒ 142 rᵒ.

10474. — Arrêt renvoyant derechef aux trésoriers de France à Rouen une requête de la duchesse de Guise tendante à l'établissement d'un bureau des finances et d'une élection en la ville d'Eu.

E 11ᵇ, fᵒ 144 rᵒ.

10475. — Arrêt ordonnant que, conformément au bail conclu avec Guillaume de Balmes, adjudicataire de la ferme dite « à la part du royaume », les officiers des gabelles du ressort de ladite ferme exerceront leurs charges sans être astreints à bailler caution ou à fournir l'état des crues en la chambre des comptes de Dijon.

E 11ᵇ, fᵒ 146 rᵒ.

10476. — Arrêt augmentant de 50 livres la pension de Mᵉ Noël de Villiers, procureur du Roi au bailliage de Saint-Marcellin, et déclarant que le vice-bailli et le lieutenant particulier audit bailliage seront tenus d'appeler ledit procureur au jugement des procès par écrit.

E 11ᵇ, fᵒ 148 rᵒ.

10477. — Arrêt renvoyant aux commissaires qui seront députés à la vérification des dettes des communautés de Dauphiné une requête des villageois de ladite province tendante à la restitution des sommes qu'on leur a fait payer deux fois.

E 11ᵇ, fᵒ 150 rᵒ.

10478. — Arrêt ordonnant que le sieur Du Fournel, intendant des fortifications et réparations de Lyonnais et de Bresse, sera payé de la moitié des arrérages d'une rente constituée sur le domaine de Forez.

E 11ᵇ, fᵒ 151 rᵒ.

10479. — Arrêt autorisant Benoît de Pomey, fermier des 37 sols 6 deniers levés sur chaque muid de sel au gouvernement de Brouage, à bailler caution par-devant le prévôt de Paris.

E 11ᵇ, fᵒ 153 rᵒ.

10480. — Arrêt renvoyant à la chambre de Nérac le procès pendant entre Charles de Durant, baron de Sénégas, et Mᵉ Charles de La Roche, sieur de La Trinque.

E 11ᵇ, fᵒ 155 rᵒ.

10481. — Arrêt ordonnant que le sieur de Florent, trésorier de France en Champagne, et Renaud Goujon, sieur de Thuisy, président au présidial de Reims, seront portés sur la liste des créanciers du duc de Guise.

E 11ᵇ, fᵒ 157 rᵒ.

10482. — Arrêt ordonnant la vérification d'une dette des habitants de Pluvigner.

E 11ᵇ, fᵒ 159 rᵒ.

10483. — Arrêt ordonnant la mise en adjudication de la paisson et de la glandée du parc de Cognac, le produit en devant être affecté aux réparations des murailles du parc et au payement des gages du maître particulier des eaux et forêts d'Angoumois.

E 11ᵇ, fᵒ 160 rᵒ.

10484. — Arrêt réservant au Conseil la connaissance du procès intenté par le sieur Bouterays, avocat au Grand Conseil, à Élisée Lescuyer, agent du prince d'Anhalt.

E 11ᵇ, fᵒ 161 rᵒ.

10485. — Arrêt ordonnant que les villages de l'Étang, de Ray et de la Chetellière seront distraits de la paroisse de Louans et réunis à celle de Saint Branchs.

E 11ᵇ, fᵒ 162 rᵒ.

10486. — Acceptation non signée des offres faites par Isaac de La Coste, sieur de Barjau, pour le parti des taxes dont avait traité précédemment Barthélemy Carteref.

E 11ᵇ, fᵒ 164 rᵒ.

1606, 17 août. — Paris.

10487. — Arrêt prorogeant une levée de 40 sols

par émine de farine consommée à Dijon, le produit en devant être employé à la canalisation de l'Ouche entre Dijon et Saint-Jean-de-Losne, et ordonnant la mise en adjudication de ces travaux de canalisation.

E 11ᵇ, f° 166 r°.

10488. — Arrêt réglant l'envoi des quittances nécessaires à la revente des offices de regrattiers et de revendeurs du sel à petites mesures.

E 11ᵇ, f° 168 r°.

10489. — Arrêt assignant aux protestants de Dieppe un terrain, situé dans le faubourg de la Barre, où ils puissent reconstruire un temple en place de celui qui a été renversé par l'ouragan du lundi de Pâques.

E 11ᵇ, f° 169 r°.

10490. — Traité conclu avec Bertrand Loubriac pour la canalisation de la Vézère, de telle façon que les bateaux chargés puissent, pendant six mois de l'année, remonter de la Dordogne à Allassac.

E 11ᵇ, f° 171 r°. Cf. ibid., f° 175 r°.

1606, 19 août. — Paris.

10491. — Arrêts accordant un rabais de 142,051 écus 14 sols 2 deniers aux héritiers de Jean de Fescamp, fermier des 6 écus par pipe de vin étranger entrant en Bretagne et des 3 écus par pipe de vin des crus de Nantes, Pipriac, Tréguier, etc., transportée d'un lieu dans un autre.

E 11ᵇ, f°ˢ 177 r° et 179 r°.

10492. — Arrêt ordonnant la levée sur tous les habitants d'Angers, même privilégiés, d'une somme de 3,276 livres 7 sols due aux pauvres gens qui depuis 1603 ont pourvu à la nourriture des enfants trouvés.

E 11ᵇ, f° 181 r°.

10493. — Arrêt validant la résignation de l'office de receveur et garde du mesurage à sel d'Ingrande faite par Michel Neveu en faveur de Michel Butet.

E 11ᵇ, f° 183 r°.

10494. — Arrêt déclarant que, conformément au bail passé avec Mᵉ Denis Feydeau, fermier général des aides, et nonobstant l'opposition de la Chambre des comptes, les rentes assignées sur les recettes particulières des aides continueront d'être payées comme elles l'ont été durant les quatre dernières années.

E 11ᵇ, f° 185 r°.

10495. — Arrêt ordonnant que la maison du Chantier du Roi, en partie démolie par suite de la prolongation du quai de Saint-Paul jusqu'à la Grève, demeurera engagée à Mᵉ Jean Fontaine, maître des œuvres de charpenterie du Roi, pour une somme de 10,158 livres 10 sols due audit Fontaine à raison de ladite démolition.

E 11ᵇ, f° 187 r°.

10496. — Arrêt prorogeant pour six ans les octrois concédés à la ville de Nantes par Charles IX et Henri III, le produit en devant être affecté moitié à l'acquittement des dettes de la ville, moitié à l'entretien du collège, à celui des malades étrangers, etc.

E 11ᵇ, f° 189 r°.

10497. — Arrêt relatif à une requête du sieur de Trélon, maître des requêtes de l'Hôtel, qui, ayant été obligé, durant les derniers troubles, de sortir de Reims, réclame le payement de ses gages de lieutenant général au bailliage de Vermandois et de président au présidial de Reims.

E 11ᵇ, f° 191 r°.

10498. — Arrêt évoquant au Conseil la connaissance du procès pendant aux Requêtes du Palais entre Jean-Jacques Damours, écuyer de la Grande Écurie du Roi, et Gaspard de Verhonne, au sujet de quelques papiers égarés par un conseiller d'État.

E 11ᵇ, f° 192 r°.

10499. — Arrêt attribuant aux sous-fermiers des aides de l'élection de Lyon la jouissance des aides de la ville de Lyon, nonobstant la requête du prévôt des marchands et des échevins de ladite ville.

E 11ᵇ, f° 193 r°.

10500. — Arrêt réglant le payement des sommes

dues aux sieurs d'Haussonville et de Vannes, commandants pour le Roi ès villes de Toul et de Verdun.

E 11ᵇ, f° 195 r°.

10501. — Arrêt ordonnant de surseoir à l'exécution de quatre arrêts de la Cour des aides qui donnent mainlevée des biens saisis sur plusieurs capitaines du charroi de l'Artillerie.

E 11ᵇ, f° 197 r°.

10502. — Arrêt déclarant, conformément à l'avis donné par une assemblée tenue en l'hôtel de ville de Paris, que les maîtres-gardes et les communautés des marchands de vin de ladite ville ne seront nullement tenus de payer les droits supplémentaires prétendus par les jurés vendeurs de vin.

E 11ᵇ, f° 199 r°.

10503. — Arrêt réglant le payement d'une somme de 1,200 livres restée due au sieur de Pontcarré, conseiller d'État.

E 11ᵇ, f° 201 r°.

10504. — Arrêt statuant sur les instances pendantes entre Mᵉ Daniel Du Tens, trésorier du régiment des gardes, François Laisné et le sieur de Massès, lieutenant du Roi en Angoumois et en Saintonge, au sujet de la ferme de la terre de Bouteville.

E 11ᵇ, f° 203 r°.

10505. — Arrêt relatif au procès pendant entre les habitants de Lyon qui possèdent des terres en Bresse et les habitants de plusieurs paroisses dudit pays, au sujet de leur contribution aux tailles.

E 11ᵇ, f° 205 r°.

10506. — Arrêt ordonnant la vérification des ventes et coupes de bois faites depuis trois ans dans les forêts de Bretagne et de Bourgogne, ainsi que de l'emploi du produit de ces ventes.

E 11ᵇ, f° 207 r°.

10507. — Arrêt ordonnant la vérification des comptes des crues de 4 et de 5 sols par minot de sel affectées au payement des dettes du colonel de Dampmartin.

E 11ᵇ, f° 208 r°.

10508. — Arrêt accordant à Benoît de Pomey, associé aux Cinq grosses fermes, un délai d'un mois pour répondre aux offres de Jean de Moulceau au sujet du tiercement desdites fermes.

E 11ᵇ, f° 209 r°.

10509. — Arrêt ordonnant la vérification des comptes de Mᵉ Henri Guillemot, commis à la recette de l'emprunt levé sur les officiers des finances, lequel, «au lieu de faire le recouvrement des deniers du simple des obmissions de recepte, lequel Sa Majesté s'est reservé, auroit seulement receu des comptables subjectz au payement d'icelluy les deniers provenans des amandes et confiscations, à luy appartenant».

E 11ᵇ, f° 210 r°.

10510. — Arrêt attribuant à Jacques Montchal les offices de contrôleurs généraux dans les généralités de Toulouse et de Montpellier, à la place d'une somme de 12,000 livres à lui accordée en remboursement d'un office de maître des comptes à Montpellier.

E 11ᵇ, f° 211 r°.

10511. — Arrêt relatif à l'instance pendante entre Mᵉ Germain Duval, prieur de Saint-Nicolas de Montfort, au diocèse de Saint-Malo, et Mᵉ Nicolas Fiot, receveur général des finances en Bretagne.

E 11ᵇ, f° 213 r°.

10512. — Arrêt déclarant que, conformément aux ordonnances, le plus ancien avocat au bailliage de Troyes exercera l'office vacant de lieutenant des eaux et forêts en ladite ville.

E 11ᵇ, f° 215 r°.

10513. — Arrêt réservant au Conseil la connaissance du procès pendant entre Mᵉ Jean Loriot, ci-devant trésorier des États de Bretagne sous le gouvernement du feu duc de Mercœur, et Mᵉ Christophe Charton.

E 11ᵇ, f° 216 r°.

10514. — Arrêt réservant au Conseil la connaissance du procès pendant entre les fermiers de la traite de 300 gros muids de sel de Peccais et Guillaume Chauciergue, «voicturier par eau sur la rivière de Rosne».

E 11ᵇ, f° 218 r°.

10515. — Arrêt relatif au procès pendant entre Jacques de Gagnac, sieur de La Couronne et Saint-Andiol, gentilhomme ordinaire de la Chambre, dame Jacqueline de Montlaur et de Maubec, messire Philippe-Louis d'Agoult de Montlaur et dame Marie de Montlaur, sa femme, au sujet des greffes de Villeneuve-de-Berg.

E 11ᵇ, fᵒ 220 rᵒ.

10516. — Arrêt statuant sur le procès pendant entre Philippe Du Glas, sieur d'Arancy, Antoine de Beauvais, sieur du Ployard, et demoiselle Charlotte de Corselère, veuve du sieur de La Chesnaye, d'une part, les officiers du domaine de la sénéchaussée de Beaucaire, le fermier des décimes du petit scel de Montpellier, celui du droit d'encan d'Aigues-Mortes, ceux des greffes d'Aigues-Mortes et de Montpellier, d'autre part.

É 11ᵇ, fᵒ 222 rᵒ.

10517. — Arrêt ordonnant de surseoir à l'exécution des arrêts de la chambre des comptes de Dauphiné qui prescrivaient, contrairement aux usages du pays, la levée des sommes dépensées pour les taxations des comptables et pour la reddition de leurs comptes.

E 11ᵇ, fᵒ 224 rᵒ.

10518. — Arrêt statuant sur le procès pendant entre les consuls de Souillac et Antoine Juge, marchand en ladite ville.

E 11ᵇ, fᵒ 226 rᵒ.

10519. — Arrêt prolongeant de six mois le délai accordé aux propriétaires de Boulogne pour rebâtir leurs maisons démolies; après l'expiration de ce délai, il sera fait droit aux réclamations des mayeur et échevins de ladite ville.

E 11ᵇ, fᵒ 228 rᵒ.

10520. — Arrêt ordonnant la réunion au domaine des greffes de la sénéchaussée de Bordeaux, jadis donnés par Charles IX à Jean de Monluc, évêque de Valence, comme dédommagement des frais de son voyage de Pologne, déclarant toutefois que la veuve et les enfants du maréchal de Balagny continueront pendant six ans à jouir du revenu desdits greffes.

E 11ᵇ, fᵒ 229 rᵒ.

10521. — Arrêt réglant, conformément à la demande de la princesse de Conti, l'expédition des lettres de provision des officiers du grenier à sel nouvellement créé à Marseille.

E 11ᵇ, fᵒ 231 rᵒ.

10522. — Arrêt réservant au Conseil la connaissance du procès pendant entre le duc de Mayenne, prenant fait et cause pour l'ancien mayeur de Ham, et Jean Le Febvre, marchand de Noyon.

E 11ᵇ, fᵒ 232 rᵒ.

10523. — Arrêt ordonnant qu'il soit sursis aux poursuites exercées par Jean-Jacques de Mesmes, maître des requêtes de l'Hôtel, contre le duc de Mayenne ou contre Hugues Formaget, greffier des Requêtes du Palais.

E 11ᵇ, fᵒ 234 rᵒ.

10524. — Arrêt ordonnant la levée d'une somme de 3,960 livres avancée par les députés des États de Mâconnais pour le rachat du doublement des petits sceaux du comté, du bailliage, de l'élection et du grenier à sel de Mâconnais.

E 11ᵇ, fᵒ 236 rᵒ.

10525. — Arrêt renvoyant à la Chambre royale une requête par laquelle Mᵉ Jacob Rayneteau, ci-devant receveur des tailles en l'élection de Fontenay-le-Comte, demande à être déchargé d'une somme de 90,273 livres qu'il a été condamné, par contumace, à payer pour irrégularités dans ses comptes des années 1591 à 1595.

E 11ᵇ, fᵒ 237 rᵒ.

10526. — Arrêt ordonnant la levée d'une somme de 2,198 livres 15 sols 2 deniers que les habitants de Villenauxe ont été condamnés à payer, partie à l'un de leurs anciens collecteurs des tailles, partie au trésorier provincial de l'Extraordinaire des guerres en Champagne et Brie.

E 11ᵇ, fᵒ 239 rᵒ.

10527. — Arrêt renvoyant à la Chambre royale la demande d'élargissement présentée par Mᵉ David Lamour, receveur des tailles en l'élection de Fonte-

nay-le-Comte, gendre de l'une des cautions de M⁰ Jacob
Rayneteau.

E 11ᵇ, fᵒ 240 rᵒ.

10528. — Arrêt ordonnant le payement des gages
arriérés des fourriers ordinaires des logis du corps de
Sa Majesté.

E 11ᵇ, fᵒ 241 rᵒ.

10529. — Arrêt ordonnant que le chapitre de
l'église cathédrale de Verdun sera tenu de payer, dans
la quinzaine, à M⁰ Nicolas Marius, grand doyen, une
somme de 2,400 livres qu'il lui doit en vertu de plusieurs jugements du Saint-Siège et conformément à
la taxe arrêtée par le président de Metz.

E 11ᵇ, fᵒ 242 rᵒ.

10530. — Arrêt renvoyant aux commissaires députés sur le fait du commerce la requête des teinturiers de Paris tendante à ce qu'il leur soit permis de
se servir d'anil d'Inde.

E 11ᵇ, fᵒ 243 rᵒ,

10531. — Arrêt renvoyant aux trésoriers de France
à Tours une requête du sieur de Bonnevau, gentilhomme ordinaire du Roi, tendante à ce qu'il lui soit
fait don de 40 arpents de terres vaines et vagues dépendant du comté de Beaufort-en-Vallée, moyennant
quoi il s'engagerait à construire une chaussée et un
moulin à vent pour la commodité du public.

E 11ᵇ, fᵒ 245 rᵒ.

10532. — Arrêt statuant sur diverses instances
pendantes entre le chapitre de Sainte-Croix d'Orléans,
les veuves et héritiers d'Adam de Campigny et de
M⁰ Alexandre Guibert, et les maire et échevins de
Tours, prenant fait et cause pour le commis à la
recette de la crue sur le sel « pour le payement des
entrepreneurs du nouveau canal faict en la rivière de
Loire, près Meung ».

E 11ᵇ, fᵒ 246 rᵒ.

10533. — Arrêt ordonnant qu'il sera pourvu aux
offices d'huissiers-audienciers aux greniers à sel et de
courtiers de vins créés en 1597 et 1598, les deniers
en provenant devant être assignés au prince de Joinville jusqu'à concurrence de 30,000 livres.

E 11ᵇ, fᵒ 248 rᵒ.

10534. — Arrêt déclarant que Léonard de Mausse,
fermier général des traites foraines et domaniales de
Languedoc et de Provence, ne sera tenu de présenter
ses comptes qu'à l'expiration de son bail.

E 11ᵇ, fᵒ 249 rᵒ.

10535. — Arrêt fixant le montant des sommes
que devront payer Pierre Florent et les héritiers d'Antoine de La Mure, l'un et l'autre anciens fermiers du
domaine du comté de Forez.

E 11ᵇ. fᵒ 251 rᵒ.

10536. — Arrêt déclarant que les enfants de feu
M⁰ Pierre de Hacqueville, correcteur en la Chambre
des comptes, ne pourront être contraints d'abandonner
aux créanciers de leur père les deniers provenant de
la plus-value dudit office de correcteur, qui leur a été
attribué par le Roi.

E 11ᵇ, fᵒ 253 rᵒ.

10537. — Arrêt relatif à l'apurement des comptes
de Guillaume Barthe, receveur des tailles au diocèse
de Lavaur.

E 11ᵇ, fᵒ 254 rᵒ.

10538. — Arrêt évoquant au Conseil la cause
pendante entre les gens des Comptes et Jacob Garrault, sieur de Villerouge et de La Brosse, maître des
requêtes de la maison de Navarre, au sujet de terres
que l'on prétend relever du Roi.

E 11ᵇ, fᵒ 256 rᵒ.

10539. — Arrêt déclarant qu'Abraham Valentin
jouira de la ferme de la douane de Vienne aux mêmes
conditions que le précédent fermier.

E 11ᵇ, fᵒ 258 rᵒ.

10540. — Arrêt ordonnant la vérification des
sommes provenant d'amendes adjugées par le maître
particulier des eaux et forêts de Poitiers et versées
entre les mains des receveurs du domaine.

E 11ᵇ, fᵒ 259 rᵒ.

10541. — Arrêt ordonnant qu'il sera pourvu à
quatre offices de substituts du procureur général en
la Cour des aides dont les quittances ont été données

au prince de Conti, et avis tendant à augmenter de 200 livres la pension du procureur général.

E 11ᵇ, fᵒ 260 rᵒ.

10542. — Arrêt prolongeant de deux ans le délai accordé aux habitants de Boulogne-sur-Mer pour le remboursement d'une somme de 3,900 livres que leur a avancée en 1595 le feu sieur Dormy, évêque de Boulogne, afin qu'ils pussent la remettre au duc de Bouillon.

E 11ᵇ, fᵒ 262 rᵒ.

1606, 22 août. — Paris.

10543. — Arrêt ordonnant que Mᵉ Briand de Pomey, tuteur des enfants de son fils, feu Pierre de Pomey, rendra les comptes de la ferme de la douane de Lyon pour les trois premiers quartiers de l'année 1604.

E 11ᵇ, fᵒ 263 rᵒ.

10544. — Arrêt réglant les conditions du remboursement des sommes pour lesquelles une portion du domaine de Bretagne a été engagée au maréchal de Brissac; et réglant les vacations des commissaires chargés de préparer le rachat du domaine de Bretagne.

E 11ᵇ, fᵒ 265 rᵒ.

10545. — Arrêt ordonnant qu'en raison de l'épidémie sévissant à Poitiers, le bureau des finances de cette ville sera transféré à Châtellerault.

E 11ᵇ, fᵒ 267 rᵒ.

10546. — Arrêt, rendu sur les remontrances du trésorier général des Ligues, déterminant la proportion dans laquelle les receveurs particuliers et les receveurs généraux peuvent faire figurer des douzains dans les sommes qu'ils versent les uns aux recettes générales, les autres à l'Épargne ou entre les mains du trésorier des Ligues.

E 11ᵇ, fᵒ 269 rᵒ, et ms. fr. 10842, fᵒ 59 vᵒ.

10547. — Arrêt statuant sur le procès intenté au colonel de Dampmartin par Samson Schaer, capitaine entretenu du duc de Wurtemberg, et par les capitaines

et reîtres des cinq cornettes qui ont servi sous ledit colonel.

E 11ᵇ, fᵒ 271 rᵒ.

10548. — Arrêt ordonnant de nouveau l'emprisonnement de Mᵉ Bertrand Borilly, receveur général des finances en Provence, ainsi que la vente de ses biens et des biens de ses cautions.

E 11ᵇ, fᵒ 273 rᵒ.

10549. — Arrêt ordonnant que les deniers provenant du droit de septain levé sur les propriétaires de plusieurs des greniers à sel de Peccais seront versés directement entre les mains du receveur général des gabelles de Languedoc.

E 11ᵇ, fᵒ 275 rᵒ.

10550. — Arrêt relatif à une requête du sieur Du Plessis-Praslin, qui demande à être déchargé de tous droits de quint et requint à l'occasion de l'acquisition de la seigneurie d'Ostel.

E 11ᵇ, fᵒ 277 rᵒ.

10551. — Arrêt déclarant que les offices de Jérôme Du Verger, receveur général des finances et des gabelles en la généralité de Montpellier, demeureront hypothéqués à quiconque versera à l'Épargne une somme de 18,000 livres que ledit receveur a été condamné à payer par arrêt du Conseil du 20 juillet dernier.

E 11ᵇ, fᵒ 278 rᵒ.

10552. — Arrêt condamnant le fermier général des aides à payer, par provision, à Henri d'Escoubleau, évêque de Maillezais, et à Isabelle Babou, marquise d'Alluye, veuve du sieur de Sourdis, les intérêts d'une somme de 5,000 écus, qui est le prix auquel ceux-ci ont acquis, en 1592, les huitièmes des breuvages et autres droits de la châtellenie d'Illiers.

E 11ᵇ, fᵒ 280 rᵒ.

10553. — Arrêt validant un payement fait au duc de Montpensier par Mᵉ Claude Courtaillier, « fermier de l'escu pour tonneau de mer en Normandie », en vertu d'une ordonnance du duc de Sully du 31 décembre 1605.

E 11ᵇ, fᵒ 282 rᵒ.

10554. — Arrêt maintenant la reine Marguerite en possession du droit de leide et de rêve perçu aux bureaux d'Agde et de Serignan, nonobstant les prétentions de Charles de Valois, comte d'Auvergne.

E 11ᵇ, fᵒ 284 rᵒ.

10555. — Arrêt ordonnant, conformément aux remontrances du tiers état de Forez, la suppression définitive des offices et places de clercs et de commis aux greffes des juridictions royales dudit comté.

E 11ᵇ, fᵒ 286 rᵒ.

10556. — Arrêt accordant un délai aux adjudicataires des bois d'Épernay, et notamment à Julien d'Elbène, gentilhomme ordinaire de la Chambre, pour enlever les arbres abattus et pour couper ceux qu'il leur reste à abattre.

E 11ᵇ, fᵒ 288 rᵒ.

10557. — Arrêt autorisant Mᵉ Barthélemy Morisot, greffier de la chambre des comptes de Dijon et ci-devant greffier de la commission pour la revente du domaine de Bourgogne, à s'en retourner à Dijon, attendu « qu'il a esté, depuis neuf mois, continuellement à la suitte du Conseil ».

E 11ᵇ, fᵒ 290 rᵒ.

10558. — Arrêt ordonnant que le procès-verbal des opérations faites par les commissaires pour la revente du domaine de Bourgogne sera remis au greffier de la commission composée de MM. de Chasteauneuf, de Pontcarré et de Maupeou.

E 11ᵇ, fᵒ 291 rᵒ.

10559. — Arrêt annulant toutes les procédures faites à la requête des habitants d'Ancenis à l'encontre de la duchesse d'Elbeuf depuis que leur procès a été évoqué au Conseil.

E 11ᵇ, fᵒ 292 rᵒ.

10560. — Arrêt ordonnant que les avocats et procureurs généraux au parlement de Provence donneront, ainsi que les trésoriers de France audit pays, leur avis sur les remontrances présentées par le duc de Guise au sujet des prérogatives attachées au titre d'amiral des mers du Levant.

11ᵇ, fᵒ 294 rᵒ.

10561. — Arrêt enjoignant aux soi-disant Bohémiens et Égyptiens qui parcourent le royaume, au nombre de deux ou trois cents, de se disperser dans les trois jours, et leur défendant, à l'avenir, de se réunir au nombre de plus de trois ou quatre, sous peine d'être poursuivis comme malfaiteurs et vagabonds.

E 11ᵇ, fᵒ 296 rᵒ.

10562. — Arrêt défendant provisoirement aux consuls et habitants d'Avignon et du Comtat-Venaissin de troubler Léonard de Mausse, fermier général des traites de Languedoc et Provence, en la jouissance des droits forains levés sur les denrées ou marchandises qui sont transportées de Provence à Avignon ou dans le Comtat-Venaissin.

E 11ᵇ, fᵒ 297 rᵒ.

10563. — Arrêt ordonnant que les quittances et lettres d'ampliation expédiées en trop grand nombre pour les huissiers et sergents des sénéchaussées de Limousin et d'Agenais serviront pour ceux des autres sénéchaussées du ressort du parlement de Bordeaux.

E 11ᵇ, fᵒ 299 rᵒ.

10564. — Arrêt ordonnant que, nonobstant une ordonnance de la Chambre des comptes, Mᵉ Gaston Midorge, trésorier général de l'Artillerie, sera tenu de rendre des comptes entièrement conformes aux états arrêtés par le Conseil.

E 11ᵇ, fᵒ 300 rᵒ, et ms. fr. 10842, fᵒ 198 rᵒ.

10565. — Arrêt prorogeant le sursis accordé au fermier général de l'impôt des cartes, tarots et dés.

E 11ᵇ, fᵒ 302 rᵒ.

10566. — Arrêt ordonnant que Jean Héliand, sieur de La Barre, secrétaire du Roi, maison et couronne de France, sera contraint, nonobstant un arrêt du Grand Conseil, de contribuer à la subvention levée en la ville d'Angers pour l'acquittement des dettes contractées à l'occasion du siège de Rochefort.

E 11ᵇ, fᵒ 304 rᵒ.

10567. — Arrêt confiant à Alexandre Gautier et à Nicolas Harenger, maîtres charpentiers, la continuation des travaux de construction du pont de Saint-Cloud.

E 11ᵇ, fᵒ 3o6 rᵒ.

10568. — Arrêt ordonnant que la justice du Pecq demeurera annexée et incorporée à celle de Saint-Germain-en-Laye.

E 11ᵇ, fᵒ 3o8 rᵒ.

10569. — Arrêt renvoyant aux trésoriers de France à Paris un différend soulevé entre le receveur du domaine à Melun et le capitaine du pont de Samois, au sujet du payement des gages de ce dernier.

E 11ᵇ, fᵒ 31o rᵒ.

1606, 9 septembre. — Fontainebleau.

10570. — « Articles présentez au Roy et à nosseigneurs de son Conseil par Isaac de Lascostes, sieur de Barjau, pour la recherche des faulcetez commises par qui que ce soit au faict des finances » et pour l'érection d'une Chambre de justice; ils sont approuvés par le Conseil.

E 11ᵇ, fᵒ 313 rᵒ.

1606, 11 septembre. — Fontainebleau.

10571. — Contrat passé avec Jacques de Vincheguere et Claude Douet, sieur des Marès, chevaliers de Malte et gentilshommes ordinaires de la Chambre, pour la construction de deux galères que le Roi veut placer sous leur commandement.

E 11ᵇ, fᵒ 317 rᵒ; cf. ibid., fᵒ 319 rᵒ.

1606, 12 septembre. — Fontainebleau.

10572. — Arrêt renvoyant aux trésoriers de France à Paris le procès pendant entre le fermier général des aides et les habitants d'Ervy-le-Châtel au sujet de la levée du sol pour livre.

E 11ᵇ, fᵒ 32o rᵒ.

10573. — Arrêt relatif au différend soulevé entre Jacques Robin et le sieur Bescherel, grands maîtres-enquêteurs et généraux réformateurs des eaux et forêts de France, au sujet du payement de leurs gages.

E 11ᵇ, fᵒ 322 rᵒ.

10574. — Arrêt ordonnant que plusieurs créanciers du duc de Mayenne seront entendus au Conseil, et leur défendant de s'aider de certains arrêts qu'ils ont obtenus au Parlement.

E 11ᵇ, fᵒ 324 rᵒ.

10575. — Arrêt autorisant Joël de Laularye, avocat au Parlement, à continuer, sa vie durant, l'exercice de ses fonctions de substitut au parquet de la Cour des aides, nonobstant l'érection en titre d'offices de quatre charges de substituts audit parquet, attendu « les services par luy faictz pour la conservation des meubles de Sa Majesté estans en cette ville de Paris pendant les troubles ».

E 11ᵇ, fᵒ 326 rᵒ.

10576. — Arrêt déclarant que tout détenteur des deniers provenant du droit d'entrée levé à Lyon sur les étoffes et fils d'or et d'argent, depuis le 1ᵉʳ avril 1601 jusqu'au 3o septembre 16o4, sera contraint de les verser entre les mains de Briand de Pomey.

E 11ᵇ, fᵒ 327 rᵒ.

10577. — Arrêt augmentant de 3oo livres la somme octroyée aux officiers des aides et des tailles de l'élection de Paris pour les menues affaires de leur chambre.

E 11ᵇ, fᵒ 329 rᵒ.

10578. — Arrêt ordonnant au fermier des gabelles delphinales, à celui du sol affecté à la réparation des murailles de Valence, à celui du pontonnage de Vienne, etc., de représenter au Conseil les titres en vertu desquels ils lèvent lesdits droits.

E 11ᵇ, fᵒ 33o rᵒ.

10579. — Arrêt renvoyant à la chambre de l'Édit du parlement de Paris le procès pendant entre Jacques Maulevault, marchand de Craon, et Pierre de Bernières, trésorier de France à Caen.

E 11ᵇ, fᵒ 332 rᵒ.

10580. — Arrêt ordonnant l'exécution provisoire du règlement sur la voirie arrêté au Conseil, et non encore complètement vérifié.

E 11ᵇ, fᵒ 334 rᵒ.

10581. — Arrêt ordonnant aux officiers des finances de Languedoc de suivre de point en point les états du Roi, nonobstant un arrêt du parlement de Toulouse du 17 juillet dernier qui est relatif au payement des rentes dues à des habitants de la province, et défendant à ladite cour de prendre aucune connaissance du fait des finances.

E 11ᵇ, f° 336 r°.

1606, 13 septembre. — Fontainebleau.

10582. — Arrêt rejetant les offres faites par Jean de Moulceau pour le tiercement des Cinq grosses fermes et de la ferme de la traverse de Bresse.

E 11ᵇ, f° 338 r°.

1606, 16 septembre. — Fontainebleau.

10583. — Arrêt ordonnant une enquête sur les prétendus excès et rébellions commis par certains gentilshommes à l'encontre des « gardes et archers du sel ordonnez ez destroictz d'Exmes et Argentan ».

E 11ᵇ, f° 340 r°.

10584. — Arrêt ordonnant que le grand maître des Eaux et forêts au département de Champagne donnera son avis et que le fermier général de la traite en ladite province sera entendu au sujet du droit qu'auraient les sujets du duc de Lorraine d'envoyer leurs troupeaux « vain pasturer » sur la rive gauche de la Meuse.

E 11ᵇ, f° 342 r°.

10585. — Arrêt ordonnant que l'état arrêté au Conseil pour la distribution des gabelles de Languedoc sera observé de point en point.

E 11ᵇ, f° 343 r°.

10586. — Arrêt autorisant Charles Du Han, fermier général des Cinq grosses fermes, et ses associés à jouir encore desdites fermes pendant cinq ans en payant 100,000 francs par an, outre le prix porté par leur bail.

E 11ᵇ, f° 345 r°.

1606, 25 octobre. — Montargis.

10587. — Arrêt ordonnant que Mᵉ Honoré Aimar sera payé de ses gages de procureur général au parlement de Provence à partir de la date de sa provision.

E 11ᵇ, f° 348 r°.

1606, 26 octobre. — Montargis.

10588. — Arrêt prorogeant pour six années nouvelles les octrois concédés à la ville de Lyon.

E 11ᵇ, f° 349 r°.

10589. — Arrêt ordonnant la vérification des états du receveur général des finances à Riom, pour qu'il puisse être statué sur une requête de Mᵉ Daniel Sevin, trésorier des turcies et levées.

E 11ᵇ, f° 350 r°.

10590. — Arrêt ordonnant aux habitants des villes abonnées de la généralité de Limoges de représenter dans les trois mois les titres de leurs abonnements, sinon ils seraient déchus de leurs privilèges.

E 11ᵇ, f° 351 r°.

10591. — Arrêt accordant aux habitants de Lyon remise d'un tiers de la subvention levée en l'année présente.

E 11ᵇ, f° 352 r°.

10592. — Arrêt ordonnant que les lettres patentes obtenues en vertu d'arrêts de la Cour des aides ou d'autres cours et qui prescrivent des levées de deniers ne pourront être exécutées avant d'avoir été enregistrées au bureau des trésoriers de France, lesquels expédieront leur attache aux élus.

E 11ᵇ, f° 353 r°, et ms. fr. 10842, f° 38 v°.

10593. — Arrêt déclarant déchus des prérogatives rétablies par édit de mai 1605 les officiers des élections qui n'ont point encore payé les taxes prescrites par l'arrêt du 25 mai dernier, et ordonnant la restitution des droits qu'ils se sont fait attribuer indûment.

E 11ᵇ, f° 354 r°.

10594. — Arrêt, rendu sur la requête des habitants de Nogent-le-Roi, ordonnant que, lors du prochain département des tailles en l'élection de Chartres, un trésorier de France à Orléans veillera sur les lieux à ce qu'il soit procédé à une plus égale répartition des tailles.

E 11ᵇ, f° 356 r°.

_____

1606, 9 novembre. — Fontainebleau.

10595. — Arrêt autorisant les protestants de Clermont-en-Beauvoisis à exercer provisoirement leur culte dans une de leurs maisons des faubourgs.

E 11ᵇ, f° 358 r°.

10596. — Arrêt ordonnant que Mᵉ Julien Bellet, receveur des tailles à Brioude, suspendu de ses fonctions, sera contraint de verser à la recette générale de Riom le reliquat de son compte de l'année 1604 et le montant de ses recettes de l'année 1605.

E 11ᵇ, f° 360 r°.

_____

1606, 10 novembre. — Fontainebleau.

10597. — Arrêt ordonnant à Isaac de La Coste, sieur de Barjau, de déposer 50,000 livres aux mains des frères Targer, en place du cautionnement qu'il est obligé de fournir «pour le party des faulcetez».

E 11ᵇ, f° 362 r°.

10598. — Arrêt autorisant la levée d'une somme de 3,062 livres 18 sols 9 deniers due par les habitants de Tours à l'occasion de l'épidémie qui a sévi dans leur ville du 24 mars 1604 au 8 juin 1605.

E 11ᵇ, f° 363 r°.

10599. — Arrêt ordonnant que les fermiers des péages de Baix, d'Ancone et de Saint-Symphorien-d'Ozon compteront avec Abraham Valentin, comme de clercs à maître, en prélevant toutefois une somme de 6,000 livres sur celle dont ils lui sont redevables.

E 11ᵇ, f° 364 r°.

10600. — Arrêt défendant aux États du pays de Comminges de faire lever des sommes non portées sur le brevet du Roi, et ordonnant au greffier des États de délivrer aux consuls de Salies un extrait signé des lettres d'assiette en vertu desquelles se font les levées.

E 11ᵇ, f° 365 r°.

10601. — Arrêt autorisant la levée du capital et des intérêts d'une somme de 718 livres 16 sols due par les habitants d'Issoire aux consuls de l'année 1602.

E 11ᵇ, f° 366 r°.

10602. — Arrêt ordonnant la levée d'une somme de 1,200 livres due par les habitants de Noyon à la dame vidame d'Amiens, sœur et héritière du feu comte de Chaulnes.

E 11ᵇ, f° 367 r°.

_____

1606, 14 novembre. — Fontainebleau.

10603. — Arrêt, rendu sur la requête de Mᵉ Denis Feydeau, fermier général des aides, ordonnant la vérification des rentes assignées sur l'équivalent de l'élection de Sens.

E 11ᵇ, f° 368 r°.

10604. — Arrêt ordonnant la réception de Mᵉ Claude Gaillart en un office de président en la chambre des comptes de Dijon.

E 11ᵇ, f° 369 r°.

10605. — Arrêt ordonnant que Mᵉ Jacques Moreau, receveur général des finances à Montpellier, qui s'est évadé des prisons de la chambre des comptes de Montpellier, demeurera prisonnier au For-l'Évêque, à Paris.

E 11ᵇ, f° 370 r°.

10606. — Arrêt faisant remise aux habitants de Brive d'une somme de 1,677 livres 10 sols sur la subvention des années 1599 à 1601.

E 11ᵇ, f° 372 r°.

_____

1606, 16 novembre. — Fontainebleau.

10607. — Arrêt ordonnant que le syndic de Languedoc et les visiteurs généraux anciens des gabelles en Languedoc produiront dans les trois jours leurs causes d'opposition à la création de deux offices de visiteurs généraux alternatifs des gabelles audit pays.

E 11ᵇ, f° 373 r°.

10608. — Arrêt ordonnant la continuation des

travaux de construction du canal de Saint-Amand au Cher, nonobstant l'opposition du sieur d'Ainay.

E 11ᵇ, fᵒ 374 rᵒ.

10609. — Arrêt maintenant Mᵉ Jacques Brisset en l'office de lieutenant de l'élu particulier en l'élection de Gerberoy, nonobstant l'opposition des élus en l'élection de Beauvais.

E 11ᵇ, fᵒ 375-rᵒ.

10610. — Arrêt déclarant que les habitants de Poix ne pourront, durant six ans, être cotisés à plus de 630 livres, et les autorisant à tenir un marché mensuel, attendu les pertes que leur a fait subir l'incendie du 28 septembre 1605.

E 11ᵇ, fᵒ 377 rᵒ.

10611. — Arrêt maintenant Mᵉ Gervais Le Noir en la jouissance de son office de lieutenant en l'élection de Chartres, nonobstant l'opposition des élus et contrôleurs en ladite élection.

E 11ᵇ, fᵒ 378 rᵒ.

1606, 18 novembre. — Fontainebleau.

10612. — Arrêt ordonnant à Daniel Desbordes de s'expliquer au Conseil au sujet des contraintes qu'il aurait exercées sur plusieurs habitants des élections de Troyes, de Langres et de Chaumont.

E 11ᵇ, fᵒ 380 rᵒ.

10613. — Arrêt ordonnant que les lettres de provision de conseiller clerc au parlement de Grenoble expédiées au nom de Mᵉ Pierre-Béatrix Robert seront reformées sous le nom de Mᵉ Raynauld de Reuillac, prieur commendataire de Saint-Laurent de Grenoble et de Saint-Pierre-de-Romette.

E 11ᵇ, fᵒ 381 rᵒ.

10614. — Arrêt attribuant aux officiers du grenier à sel de Compiègne et à la Cour des aides la connaissance du meurtre de François Gutte, dit le Grand-François, chef de faux-sauniers, mort de ses blessures à la suite d'une rencontre avec les archers de Mᵉ Jean de Moisset.

E 11ᵇ, fᵒ 382 rᵒ.

10615. — Arrêt statuant sur le procès pendant entre Louise de Coligny, princesse douairière d'Orange, et François de Bourzolles, chevalier, d'une part, Mᵉ Pierre Longuet, secrétaire de la Chambre, d'autre part; ordonnant à ce dernier de rendre compte des deniers provenant d'ampliations octroyées aux sergents royaux.

E 11ᵇ, fᵒ 384 rᵒ.

10616. — Arrêt statuant sur les instances pendantes entre Nicolas Viryon, pourvoyeur des maisons des ducs de Lorraine et de Bar, et Mᵉ Germain Gratien, receveur des traites foraines de Champagne.

E 11ᵇ, fᵒ 386 rᵒ.

10617. — Arrêt autorisant les habitants de Peyrolles, en Provence, à racheter à Francisque-Maria de Casanova les droits de justice dudit lieu, et déclarant ces droits irrévocablement réunis au domaine royal.

E 11ᵇ, fᵒ 390 rᵒ.

10618. — Arrêt condamnant Mᵉ Guillaume de Balmes, fermier général des gabelles en Lyonnais, Forez, Beaujolais, etc., à payer au fermier des Cinq grosses fermes les droits de traite foraine dus pour le sel qu'il a fait ou qu'il fera transporter en Bresse.

E 11ᵇ, fᵒ 392 rᵒ.

10619. — Arrêt renvoyant à la Chambre royale les procédures commencées contre Barthélemy Carteret, commis à la recette de l'emprunt levé sur les officiers des finances.

E 11ᵇ, fᵒ 394 rᵒ.

10620. — Arrêt ordonnant la restitution d'une somme de 1,800 livres que César de Villages, habitant de Marseille, avait été condamné à payer pour avoir tenté, en 1590, de remettre ladite ville en l'obéissance du Roi.

E 11ᵇ, fᵒ 396 rᵒ.

10621. — Arrêt réservant au Conseil la connaissance de l'opposition faite par les taverniers-cabaretiers de Calais à la levée des droits du sol par pot de vinᵗ vendu en ladite ville.

E 11ᵇ, fᵒ 397 rᵒ.

1606, 21 novembre. — Fontainebleau.

10622. — Arrêt approuvant les taxes levées par les trésoriers de France à Rouen et à Caen sur les officiers des vicomtés comprises dans ces deux généralités pour la révocation de certain édit qui créait un vicomte et d'autres officiers en chaque siège particulier.

E 11ᵇ, f° 398 r°.

10623. — Arrêt ordonnant qu'il soit fait compensation entre une somme de 5,023 écus due au sieur de Montbarrot, ci-devant gouverneur de Rennes, pour solde de gens de guerre, et une partie de ce que doit ledit sieur de Montbarrot comme caution d'un fermier; avis du Conseil tendant à faire au même remise du surplus.

E 11ᵇ, f° 399 r°.

10624. — Arrêt maintenant Mᵉ Guillaume Alliez en jouissance de la ferme générale des gabelles de Languedoc, nonobstant une requête des officiers des greniers à sel.

E 11ᵇ, f° 400 r°.

10625. — Arrêt ordonnant que l'office de garde des sceaux au parlement de Grenoble, vacant par la mort de l'évêque, sera taxé au rôle des Parties casuelles, bien que l'émolument desdits sceaux demeure réuni au domaine royal.

E 11ᵇ, f° 401 r°.

10626. — Arrêt autorisant les habitants de la ville et de la prévôté de Mauriac à lever sur eux-mêmes une somme de 5,000 livres destinée à la reconstruction du collège qu'ont repris les Jésuites, avec la permission du Roi, «au grand bien du païs et advancement de la jeunesse et lettres humaines et piété».

E 11ᵇ, f° 402 r°.

10627. — Arrêt autorisant les maire et échevins de Melun à lever sur tous les habitants, même sur les ecclésiastiques et sur les privilégiés, une somme de 800 livres destinée au remboursement des frais causés par une épidémie.

E 11ᵇ, f° 403 r°.

10628. — Arrêt évoquant au Conseil le procès pendant entre le tuteur de Maurice, baron de Créange, fils de feu Thomas, baron de Créange, colonel des reîtres entretenus au service du Roi, et les capitaines desdits reîtres.

E 11ᵇ, f° 404 r°.

10629. — Arrêt attribuant à Mᵉ Charles Paulet, conformément à son contrat, les deniers provenant de la composition d'un office d'auditeur en la chambre des comptes de Dauphiné, vacant par la mort de Mᵉ Claude Armand.

E 11ᵇ, f° 406 r°.

10630. — Arrêt renvoyant au lieutenant général au bailliage de Chaumont une requête des protestants dudit bailliage tendante à ce que le bourg de Passavant soit remplacé, comme «lieu de bailliage», par l'un des trois bourgs d'Andelot, de Grand et de Reclancourt.

E 11ᵇ, f° 408 r°.

10631. — Arrêt ordonnant la réception de Jean Rolland en l'office de contrôleur du poisson de mer vendu en la ville de Paris.

E 11ᵇ, f° 409 r°.

10632. — Arrêt autorisant la levée d'une somme de 1,800 livres destinée au remboursement des deniers empruntés pendant les troubles par la ville de Crécy pour l'entretien de la garnison,

E 11ᵇ, f° 411 r°.

10633. — Arrêt renvoyant aux trésoriers de France à Aix une requête par laquelle le sieur de Chasteauvieux, lieutenant du grand maître de l'Artillerie en Dauphiné et Provence, demande à être exempté des tailles pour ses biens de la Motte-du-Caire.

E 11ᵇ, f° 412 r°.

10634. — Arrêt déclarant suffisant le cautionnement de 10,000 livres fourni par Mᵉ Jérôme Du Verger, receveur général des finances et gabelles de Languedoc.

E 11ᵇ, f° 413 r°.

10635. — Arrêt ordonnant que l'église Saint-

Jacques de Mautauban sera rendue au culte, mais que les consuls, qui l'avaient transformée en arsenal, pourront continuer de se servir du clocher pour le guet.

E 11ᵇ, fᵒ 414 rᵒ.

10636. — Arrêt maintenant les receveurs des tailles du Languedoc en jouissance du droit de faire toutes les levées de deniers audit pays et de percevoir un sol pour livre sur les deniers extraordinaires.

E 11ᵇ, fᵒ 415 rᵒ.

1606, 23 novembre. — Fontainebleau.

10637. — Arrêt ordonnant au sieur Parchappe de représenter au Conseil ses lettres de provision de l'office de lieutenant de robe courte à Épernay.

E 11ᵇ, fᵒ 416 rᵒ.

10638. — Arrêt prorogeant le délai accordé à la princesse d'Orange et à la dame de Bourzolles pour la vente des ampliations octroyées aux huissiers et aux sergents du ressort du parlement de Paris.

E 11ᵇ, fᵒ 417 rᵒ.

10639. — Arrêt donnant à Antoine Demurat, aumônier de l'Artillerie et des Suisses, mainlevée de ses gages, saisis à la requête de Jean de L'Estang.

E 11ᵇ, fᵒ 418 rᵒ.

10640. — Arrêt ordonnant l'exécution provisoire de l'édit de juin 1605 sur la voirie, nonobstant un arrêt du Parlement du 21 août 1606.

E 11ᵇ, fᵒ 419 rᵒ.

10641. — Arrêt attribuant à Jean de Tourlaville l'office de maître particulier des eaux et forêts au bailliage de Cotentin vacant par la mort de son père, lequel a été assassiné dans l'exercice de ses fonctions.

E 11ᵇ, fᵒ 420 rᵒ.

10642. — Arrêt ordonnant la vérification des deniers provenant du nouvel impôt levé sur les marchandises entrant à Lyon, les échevins n'ayant le droit de prendre sur lesdits deniers qu'une somme de 20,000 écus.

E 11ᵇ, fᵒ 422 rᵒ.

1606, 25 novembre. — Fontainebleau.

10643. — Arrêt déclarant que les receveurs des tailles du Languedoc compteront chaque année, en la chambre des comptes de Montpellier, des recettes extraordinaires aussi bien que des recettes ordinaires.

E 11ᵇ, fᵒ 423 rᵒ.

1606, 1ᵉʳ décembre. — Paris.

10644. — Arrêt ordonnant au trésorier des fortifications de Guyenne de rendre compte des 3,090 livres destinées à la construction du pont de Châtellerault.

E 11ᵇ, fᵒ 426 rᵒ.

1606, 5 décembre. — Paris.

10645. — Arrêt ordonnant que Mᵉ François Remy, receveur général des finances et des gabelles en la généralité de Montpellier, sera élargi et confié pendant deux mois à la garde d'un des huissiers du Conseil, et que pendant ce temps il rendra ses comptes des gabelles de l'année 1601.

E 11ᵇ, fᵒ 427 rᵒ.

10646. — Arrêt ordonnant le remboursement d'une somme de 11,425 livres 13 sols avancée par le sieur d'Auriac, vicomte de Tallard, pendant les guerres de Piémont.

E 11ᵇ, fᵒ 428 rᵒ.

10647. — Arrêt donnant aux officiers de la cour des aides de Montpellier mainlevée provisoire de leurs gages et suppléments de gages, et ordonnant le payement de ce qui leur est accordé par forme de pension.

E 11ᵇ, fᵒ 429 rᵒ.

10648. — Arrêt ordonnant la vérification de l'édit de décembre 1605, qui porte création de deux offices de visiteurs généraux alternatifs des gabelles en Languedoc, et ce nonobstant l'opposition de la cour des aides de Montpellier.

E 11ᵇ, fᵒ 430 rᵒ.

10649. — Arrêt réservant au Conseil la connaissance du procès pendant entre la veuve de Mᵉ Étienne

Brisset, commis à la recette des deniers extraordinaires levés pendant les derniers troubles à la Rochelle, et l'ancien fermier des traites domaniales du Poitou.

E 11ᵇ, fᵒ 431 rᵒ.

10650. — Arrêt fixant à 9,000 livres la somme que doivent payer les cautions de Mᵉ Robert Le Moulinet, receveur des aides et tailles d'Alençon.

E 11ᵇ, fᵒ 432 rᵒ.

10651. — Arrêt ordonnant une expertise au sujet des travaux de réparation faits en 1604, par ordre du sieur d'Arquien, au grand pont et au pont-levis de la fausse porte d'Enfer, en la citadelle de Metz.

E 11ᵇ, fᵒ 433 rᵒ.

10652. — Arrêt ordonnant à Anne de Pons, dame de Marennes, et aux autres possesseurs de l'île d'Oloron de rapporter dans la quinzaine leurs titres de possession, sinon ladite île serait réunie au domaine du Roi.

E 11ᵇ, fᵒ 434 rᵒ.

10653. — Arrêt ordonnant aux procureur et avocats généraux du Roi au parlement de Rouen d'envoyer au Conseil les motifs d'un arrêt qui interdit «à tous marchans forains de faire amener et descendre en Normandie aucuns vaisseaux qui ne soient de la jaulge d'Arques», et déclarant que provisoirement les marchands de Poissy, Mantes, etc., continueront de faire voiturer leurs vins aussi librement que par le passé.

E 11ᵇ, fᵒ 435 rᵒ.

1606, 7 décembre. — Paris.

10654. — Arrêt ordonnant qu'Isaïe Goyer, sieur de La Borde, sous-fermier des greniers à sel des généralités d'Orléans et de Moulins, sera contraint de payer 21,045 livres 13 sols 10 deniers à Mᵉ Claude Josse, ci-devant fermier général des gabelles, pour les arrérages des rentes constituées sur lesdits greniers.

E 11ᵇ, fᵒ 437 vᵒ.

10655. — Arrêt ordonnant que le duc d'Épernon, les habitants de Langon et de Saint-Macaire seront

entendus au Conseil au sujet de l'évocation du procès pendant au Parlement entre les maire et jurats de Bordeaux et les habitants de Saint-Macaire, d'une part, le duc d'Épernon et les habitants de Langon, d'autre part.

E 11ᵇ, fᵒ 438 rᵒ.

10656. — Arrêt ordonnant que, par provision et jusqu'à audition des parties au Conseil, les denrées et les marchandises appartenant aux habitants des villes impériales seront soumises, à leur entrée dans le royaume, aux droits spécifiés dans l'édit de décembre 1582 et dans le bail de Charles Du Han, fermier général des Cinq grosses fermes.

E 11ᵇ, fᵒ 440 rᵒ.

10657. — Arrêt ordonnant à Girard Desargues, notaire royal à Lyon, de produire dans les trois jours les moyens d'appel et les causes de récusation qu'il prétend opposer au sieur de Montholon, maître des requêtes de l'Hôtel.

E 11ᵇ, fᵒ 441 rᵒ.

10658. — Arrêt réglant le chiffre de la somme qui peut être fournie en douzains et billon à Mᵉ Claude de Bugnon, trésorier des Ligues, par les recettes générales de Riom, de Moulins et de Lyon.

E 11ᵇ, fᵒ 442 rᵒ.

1606, 9 décembre. — Paris.

10659. — Arrêt déclarant les draps et étoffes de laine fabriqués à Beauvais exempts du droit du sol pour livre.

E 11ᵇ, fᵒ 443 rᵒ.

10660. — Arrêt ordonnant que, par provision et sans attendre les remontrances des États de Normandie, toutes les sommes demandées par le Roi, y compris une somme de 33,000 livres destinée à l'entretien des ponts et chaussées, seront levées sur la province, nonobstant le refus desdits États.

E 11ᵇ, fᵒ 445 rᵒ.

10661. — Arrêt ordonnant la réduction du nombre des mortes-payes de Languedoc.

E 11ᵇ, fᵒ 446 rᵒ.

10662. — Arrêt maintenant Jean Aubanel en jouissance de la ferme du « bloc de l'équivalent de Languedoc ».

E 11ᵇ, fᵒ 447 rᵒ.

1606, 12 décembre. — Paris.

10663. — Arrêt ordonnant que les habitants d'Auxonne seront entendus au Conseil au sujet d'une requête du fermier général des Cinq grosses fermes.

E 11ᵇ, fᵒ 449 rᵒ.

10664. — Arrêt confirmant la réduction accordée sur l'impôt du sel à plusieurs paroisses dépendant du grenier de Montluçon.

E 11ᵇ, fᵒ 450 rᵒ.

10665. — Arrêt autorisant le prévôt de Noyon à se faire pourvoir de l'office de commissaire-examinateur en ladite prévôté et à l'unir à son office.

E 11ᵇ, fᵒ 452 rᵒ.

10666. — Arrêt déclarant que Mᵉ Jean Grasset, conseiller en la cour des aides de Montpellier, sera dispensé de comparaître personnellement au Conseil à raison de son « indisposition et caducité », et lui enjoignant de « rendre à l'advenir le respect et obéissance qui est deue aux arrectz du Conseil, à peine d'estre interdit et privé de son office ».

E 11ᵇ, fᵒ 453 rᵒ.

10667. — Arrêt attribuant aux personnes qui feraient connaître un moyen d'augmenter notablement, et par un expédient « juste et tolérable », le revenu des Parties casuelles le quart du bénéfice qui résulterait, pendant un an, de cette mesure.

E 11ᵇ, fᵒ 454 rᵒ.

10668. — Arrêt attribuant à Sauvat de Sainte-Croix, lieutenant au château neuf de Bayonne, la jouissance, durant trois ans, de la ferme du domaine forain de Dax, de Saint-Sever, d'Arsac, etc.

E 11ᵇ, fᵒ 455 rᵒ.

10669. — Arrêt ordonnant que les « articles »

accordés à Isaac de La Coste, sieur de Barjau, pour « la recherche des faulsetez » lui seront remis, ainsi que toutes lettres et provisions nécessaires.

E 11ᵇ, fᵒ 457 rᵒ.

10670. — Arrêt déclarant que Mᵉ Henri Guillemot, commis à la recette de l'emprunt levé sur les officiers des finances, sera contraint, au besoin par l'emprisonnement de sa personne, de présenter ses comptes.

E 11ᵇ, fᵒ 458 rᵒ.

10671. — Arrêt autorisant la levée d'une somme de 1,600 livres destinée à l'amortissement d'une rente constituée par les habitants d'Écouen pour la reconstruction de leur église.

E 11ᵇ, fᵒ 459 rᵒ.

10672. — Arrêt déclarant que les princes, ducs, seigneurs et autres qui ont été autorisés à pourvoir aux offices, tant ordinaires qu'extraordinaires, dans l'étendue des domaines qui leur ont été engagés, seront tenus dorénavant de payer les gages de tous les officiers ainsi pourvus.

E 11ᵇ, fᵒ 460 rᵒ, et ms. fr. 10842, fᵒ 81 rᵒ.

1606, 14 décembre. — Paris.

10673. — Arrêt condamnant Mᵉ François de Castille, receveur général du Clergé, à payer 1,300 livres à Mᵉ Charles de La Fagerdie, commis par la dernière assemblée du Clergé « pour escrire les ordonnances d'icelle qui se doibvent mettre en apostiles sur les articles du compte des décimes de l'année M VIᶜ I ».

E 11ᵇ, fᵒ 462 rᵒ.

10674. — Arrêt relatif aux différends soulevés entre les États de Provence et les habitants de Manosque, Sisteron, etc., au sujet du remboursement des avances que ces derniers prétendent avoir faites aux gens de guerre pendant les troubles.

E 11ᵇ, fᵒ 464 rᵒ.

10675. — Arrêt autorisant la levée d'une somme de 900 livres due par les habitants d'Izieux aux habitants de Saint-Chamond.

E 11ᵇ, fᵒ 466 rᵒ.

10676. — Arrêt ordonnant l'élargissement des anciens syndics de Montluel, emprisonnés à la requête de Guillaume Gélas, marchand de Lyon, lequel n'a voulu acquiescer à la liquidation des dettes de ladite ville.

E 11ᵇ, fᵒ 467 rᵒ.

10677. — Arrêt statuant sur le procès intenté par le syndic du diocèse de Toulouse à Mᵉˢ Jean et François Delpuech, au sujet de la recette des deniers extraordinaires.

E 11ᵇ, fᵒ 468 rᵒ.

10678. — Arrêt ordonnant la vente des matériaux exposés à la pluie et à la gelée dans le château d'Argilly, les deniers en provenant devant être employés tant aux réparations les plus urgentes dudit château qu'au remboursement des avances faites par le châtelain, le sieur de Lago.

E 11ᵇ, fᵒ 470 rᵒ.

10679. — Arrêt accordant à Perrinette de Créquy, pauvre femme chargée d'enfants, mainlevée des deniers et hardes saisis sur elle près de Mézières, à la frontière du royaume.

E 11ᵇ, fᵒ 471 rᵒ.

10680. — Arrêt accordant au fermier général des gabelles « à la part du royaume » un délai de six mois pour dresser le compte des amendes adjugées, en l'étendue de sa ferme, contre « les délinquans au faict du sel ».

E 11ᵇ, fᵒ 473 rᵒ.

1606, 16 décembre. — Paris.

10681. — Arrêt renvoyant au parlement de Rennes le procès pendant entre les États de Bretagne et Paul Roullier, marchand de Cognac, au sujet du droit de 9 livres par pipe de vin.

E 11ᵇ, fᵒ 474 rᵒ.

10682. — Arrêt relatif à une requête des habitants de Condrieu tendante à l'évocation du procès pendant entre eux et le syndic du Lyonnais, d'une part, Gaspard Guillot et les prévôt des marchands et échevins de Lyon, d'autre part.

E 11ᵇ, fᵒ 476 rᵒ.

10683. — Arrêt maintenant Robert Petit et Claude de La Mare ès offices de premier et second huissiers audienciers en l'élection de Paris.

E 11ᵇ, fᵒ 477 rᵒ.

10684. — Arrêt renvoyant aux élus la liquidation des sommes dues par les habitants de Garges à demoiselle Henrie d'Anjou, femme d'Étienne de Soullat, valet de chambre du Roi.

E 11ᵇ, fᵒ 479 rᵒ.

1606, 19 décembre. — Paris.

10685. — Arrêt accordant un rabais au fermier général des gabelles de Languedoc à raison des exemptions reconnues aux officiers du Roi, gens d'Église et propriétaires de salines qui jouissent du droit de franc-salé.

E 11ᵇ, fᵒ 481 rᵒ.

10686. — Arrêt ordonnant le rétablissement des sommes employées au payement des gages des officiers du grenier à sel d'Auxerre et rayées sur le compte de Mᵉ Bénigne Hurtebinet par la chambre des comptes de Dijon.

E 11ᵇ, fᵒ 482 rᵒ.

10687. — Arrêt ordonnant la vérification des dettes de la ville de Cusset.

E 11ᵇ, fᵒ 484 rᵒ.

10688. — Arrêt ordonnant que le sieur de Montconis, lieutenant criminel à Lyon, sera contraint, comme tous les autres propriétaires taxés par les trésoriers de France, de contribuer aux réparations des canaux des Échets.

E 11ᵇ, fᵒ 486 rᵒ.

10689. — Arrêt ordonnant la vérification des deniers « provenuz de la vente et revente des offices de receveurs des consignations depuis la réunion d'iceulx » au domaine royal.

E 11ᵇ, fᵒ 487 rᵒ.

10690. — Arrêt relatif au procès pendant entre Mᵉ Balthazar de Goity, contrôleur général du domaine en Guyenne, et le sieur de Gasc, président au parlement de Bordeaux, au sujet de la réunion de la terre du « contau » de Castres et de Portets.

E 11ᵇ, fᵒ 488 rᵒ.

44.

10691. — Arrêt accordant à Jean Moreau, boulanger ordinaire du Roi, et à sa femme un nouveau sursis de trois mois pour le payement de leurs dettes.

E 11ᵇ, fᵒ 489 rᵒ.

10692. — Arrêt ordonnant l'entière exécution du règlement fait au Conseil le 23 novembre 1606 au sujet de l'emploi des deniers provenant de la vente des bois de haute futaie, et ce nonobstant les ordonnances des trésoriers de France à Tours.

E 11ᵇ, fᵒ 490 rᵒ.

10693. — Arrêt relatif à l'instance pendante entre les habitants de Clermont et François Du Four, receveur général du taillon et payeur de la gendarmerie, au sujet de la contribution de ce dernier au payement des dettes municipales.

E 11ᵇ, fᵒ 491 rᵒ.

10694. — Arrêt relatif à la suppression de l'office de receveur des aides et tailles en l'élection de Chaumont et Magny, vacant par la mort de Mᵉ André Patelle.

E 11ᵇ, fᵒ 492 rᵒ.

10695. — Arrêt ordonnant que le sieur Du Plessis-Mornay sera payé des intérêts d'une somme de 20,640 livres, bien qu'il ait reçu, au mois de novembre 1594, un don de 1,000 écus.

E 11ᵇ, fᵒ 493 rᵒ.

10696. — Arrêt prorogeant de six mois la surséance accordée aux Génevois pour le payement des impôts levés sur leurs héritages dépendant de Saint-Victor et du chapitre, et suspendant durant le même délai toute poursuite au sujet du sel blanc trouvé en une maison de Pregny.

E 11ᵇ, fᵒ 494 rᵒ.

10697. — Arrêt autorisant la levée d'une somme de 6,060 livres destinée à compléter le payement de la « composition » de 15,000 livres que les habitants de Saint-Germain-Lembron firent, en 1593, avec le comte d'Auvergne, « qui tenoit leur ville assiégée ».

E 11ᵇ, fᵒ 495 rᵒ.

10698. — Arrêt statuant sur le procès pendant entre le receveur général du taillon à Châlons, d'une

part, Mᵉ Isaac Choppin, secrétaire de la Chambre, Mᵉ François de Bourges, greffier en la Connétablie, et Jean Landry, d'autre part.

E 11ᵇ, fᵒ 496 rᵒ.

10699. — Arrêt accordant une surséance de six mois à Mᵉ Guy Trouillet, receveur du domaine d'Anjou, « attendu qu'il y a, chacun an, faulte de fondz en ladite recepte de la somme de 9,000 livres ».

E 11ᵇ, fᵒ 498 rᵒ.

10700. — Arrêt ordonnant aux commissaires députés pour la vérification des engagements et pour la réunion du domaine usurpé en Normandie de passer outre à l'exécution de leur commission, nonobstant l'opposition du parlement de Rouen.

E 11ᵇ, fᵒ 499 rᵒ.

10701. — Arrêt ordonnant que Mᵉ Jean Bellette, ci-devant receveur des tailles en l'élection de Forez, exercera par commission ledit office durant l'année 1607.

E 11ᵇ, fᵒ 500 rᵒ.

10702. — Arrêt ordonnant qu'il sera mandé, par lettres patentes, aux trésoriers de France à Montpellier de faire observer les clauses du bail de Mᵉ Guillaume Alliez, fermier général des gabelles de Languedoc.

E 11ᵇ, fᵒ 501 rᵒ.

10703. — Arrêt autorisant la levée d'une somme de 5,189 livres 7 sols destinée au payement des sommes dues par les habitants de Saint-Jean-d'Angle.

E 11ᵇ, fᵒ 502 rᵒ.

10704. — Arrêt réglant le payement de la pension des ministres protestants du bailliage de Gex, et réservant au Conseil la connaissance des oppositions de l'archevêque de Bourges, de l'évêque de Genève, etc.

E 11ᵇ, fᵒ 503 rᵒ.

10705. — Arrêt ordonnant que les habitants des Rivières-d'Aurecq jouiront de la remise générale de tous impôts antérieurs à 1597, nonobstant un arrêt de la Cour des aides du 28 avril 1606.

E 11ᵇ, fᵒ 504 rᵒ.

10706. — Arrêt déclarant que M⁰ˢ Guillaume de Gueully et Nicolas Dumoulin, associé et commis du fermier général des Cinq grosses fermes, ne pourront être compris, en cette qualité, dans la taxe levée sur les financiers.

E 11ᵇ, fᵒ 506 rᵒ.

10707. — Arrêt renvoyant à la troisième chambre des enquêtes du parlement de Paris les procès pendants entre Charlotte-Catherine de La Trémoïlle, princesse de Condé, Pierre, cardinal de Gondi, et Claude Yon, marchand de Paris, au sujet de la liquidation des droits seigneuriaux dus au Roi et au sujet de la confection du papier-terrier en la généralité de Paris.

E 11ᵇ, fᵒ 507 rᵒ.

10708. — Arrêt autorisant la levée d'une somme de 3,808 livres destinée au remboursement des avances faites par le syndic des États du Mâconnais pour l'extinction de certains privilèges attribués aux officiers de l'élection de Mâcon par l'édit de mai 1605.

E 11ᵇ, fᵒ 509 rᵒ.

1606, 29 décembre. — Paris.

10709. — Arrêt ordonnant que les receveurs et payeurs des gages des officiers du Parlement, de la Chambre des comptes, de la Cour des aides et de la Cour des monnaies présenteront au Conseil leurs états de recettes et dépenses après l'année de leur exercice, sous peine d'être suspendus de leurs charges.

Ms. fr. 10842, fᵒ 59 rᵒ.

1606, 30 décembre. — Paris.

10710. — Arrêt accordant aux prévôt des marchands et échevins de Paris mainlevée des deniers provenant des 15 sols par muid de vin destinés à l'achèvement du Pont-Neuf, à la construction des fontaines, portes, etc.; ordonnant que, sur ladite somme de 15 sols par muid de vin, il sera pris 18 deniers pour l'entretien du pavé, 6 sols 9 deniers pour l'achèvement du Pont-Neuf, 4 sols 6 deniers pour la construction des portes de la Tournelle et du Temple,

pour l'entretien des fontaines, etc., enfin 2 sols 3 deniers pour la continuation du quai de Chaillot.

E 11ᵇ, fᵒ 510 rᵒ.

10711. — Arrêt accordant aux habitants de Bourges et d'Issoudun remise de la moitié de la subvention levée en place du sol pour livre durant les années 1605 et 1606.

E 11ᵇ, fᵒ 512 rᵒ.

10712. — Arrêt réduisant à 6,300 livres la somme que doit retenir Jean de Monceau, ci-devant fermier de la douane de Vienne, pour ses frais et loyaux coûts.

E 11ᵇ, fᵒ 513 rᵒ.

10713. — Arrêt renvoyant aux élus de Verneuil la requête en réduction de tailles présentée par les habitants de Maillebois, de Blévy et de Dampierre-sur-Blévy, qui se plaignent de ce que leurs cotes ont été doublées depuis la mort du sieur d'O, seigneur desdits lieux.

E 11ᵇ, fᵒ 514 rᵒ.

10714. — Arrêt confirmant à Isaac Bourceville, garçon de chambre du Roi, le droit de pourvoir à l'office de brement en la ville de Caudebec.

E 11ᵇ, fᵒ 515 rᵒ.

10715. — Arrêt renvoyant aux commissaires ordonnés pour la vente et revente des offices de receveurs des consignations une requête d'Antoine Senalier relative au remboursement d'un office de receveur des consignations au bailliage de Forez.

E 11ᵇ, fᵒ 516 rᵒ.

10716. — Arrêt résiliant, sur la requête de divers marchands drapiers, le bail passé avec le sieur Lambert pour le droit de la marque et de la police des draps, « estant comme impossible de percevoir ledit droict ailleurs qu'aux foires de ce royaume, là où, pour marcquer lesditz draps, il seroit mesme necessaire d'y emploier plus de temps qu'il n'en est laissé pour les débiter, etc... »

E 11ᵇ, fᵒ 517 rᵒ.

10717. — Arrêt ordonnant que les paroisses de Vaux, de la Nage et de la Chapelaude seront séparées de l'élection de Bourges et unies à celle de Saint-Amand, et que, par contre, les paroisses du Gravier, de Croizy et de Flavigny seront distraites de l'élection de Saint-Amand et incorporées à celle de Bourges.

E 11ᵇ, fᵒ 518 rᵒ.

1606.

10718. — État, signé seulement par Sully, du payement que doit faire le receveur général des finances en Bretagne « des deniers provenans de la levée ordonnée estre faicte, en la présente année, sur les contribuables aux fouages dudit pays pour l'entretenement des garnisons de la province ».

E 11ᵇ, fᵒ 520 rᵒ.

1607, 2 janvier. — Paris.

10719. — Arrêt donnant mainlevée au trésorier général de la maison de Navarre des deniers restant à payer sur le prix de la terre d'Enghien (aux Pays-Bas) et saisis au nom du baron de Montricher, colonel des Suisses, entre les mains du sieur de Béthencourt, procureur du comte d'Aremberg.

E 12ᵉ, fᵒ 1 rᵒ, et ms. fr. 18171, fᵒ 1 rᵒ.

10720. — Arrêt ordonnant que, pendant un an, tous les revenus de la maison de Navarre seront affectés au payement des dettes hypothécaires de ladite maison.

E 12ᵉ, fᵒ 2 rᵒ, et ms. fr. 18171, fᵒ 1 vᵒ.

1607, 3 janvier. — Paris.

10721. — Arrêt convoquant au Louvre, pour le 4 janvier, les enchérisseurs de la ferme de 30 sols par muid de vin entrant en la ville de Paris, afin qu'il soit procédé à une nouvelle adjudication sur la folle enchère mise par Jean de Monceau.

E 12ᵉ, fᵒ 3 rᵒ, et ms. fr. 18171, fᵒ 1 vᵒ.

1607, 4 janvier. — Paris.

10722. — Adjudication de la ferme de 30 sols par muid de vin entrant en la ville de Paris, faite

pour deux ans au sieur Le Vasseur, moyennant le payement annuel de 238,000 livres.

E 12ᵉ, fᵒ 4 rᵒ, et ms. fr. 18171, fᵒ 2 rᵒ.

10723. — Arrêt maintenant en possession de noblesse Marthe Du Vache, veuve de Soffrey de Calignon, conseiller d'État, chancelier de Navarre et président au parlement de Grenoble, ainsi que leurs enfants, Alexandre, Abel, François et Uranie de Calignon.

E 12ᵉ, fᵒ 6 rᵒ, et ms. fr. 18171, fᵒ 3 vᵒ.

1607, 6 janvier. — Paris.

10724. — Arrêt ordonnant aux commissaires ordonnés pour la vente et revente des offices héréditaires de contrôleurs-visiteurs-marqueurs de cuirs de passer outre à l'exécution de leur commission, nonobstant l'opposition des tanneurs et corroyeurs de Beaune et nonobstant les défenses du parlement de Dijon.

E 12ᵉ, fᵒ 8 rᵒ, et ms. fr. 18171, fᵒ 4 vᵒ.

1607, 9 janvier. — Paris.

10725. — Arrêt révoquant la commission donnée au sieur de Prugnes, trésorier de France à Bordeaux, pour l'établissement des élus et autres officiers pourvus de charges nouvellement créées dans les élections de Guyenne.

E 12ᵉ, fᵒ 10 rᵒ, et ms. fr. 18171, fᵒ 5 vᵒ.

1607, 11 janvier. — Paris.

10726. — Arrêt ordonnant la continuation des travaux de réparation des chemins de France, nonobstant l'opposition du lieutenant général au bailliage d'Orléans, et réservant au Grand voyer ou à son lieutenant en la généralité d'Orléans la connaissance des réclamations qui pourraient être faites, en ladite généralité, par les propriétaires riverains.

E 12ᵉ, fᵒ 11 rᵒ, et ms. fr. 18171, fᵒ 6 rᵒ.

1607, 13 janvier. — Paris.

10727. — Arrêt ordonnant qu'il sera sursis aux

poursuites exercées contre Olivier de La Londe, secrétaire de la Chambre, commis à la recette des deniers provenant d'ampliations de pouvoirs accordées
aux sergents du ressort de Bordeaux.

E 1 2ᵃ, fᵒ 1 2 rᵒ, et ms. fr. 18171, fᵒ 6 rᵒ.

10728. — Arrêt déclarant que l'impôt sur les
laines et draps ne pourra être levé que conformément
aux conditions portées par le bail de Mᵉ Jean de
Moisset.

E 12ᵃ, fᵒ 1 4 rᵒ, et ms. fr. 18171, fᵒ 7 rᵒ.

1607, 16 janvier. — Paris.

10729. — Arrêt réservant au duc de Sully, grand
maître de l'Artillerie, le fait de la recherche des salpêtres et de la fabrication des poudres.

E 12ᵃ, fᵒ 16 rᵒ, et ms. fr. 18171, fᵒ 8 rᵒ.

10730. — Arrêt ordonnant une nouvelle estimation du terrain appartenant au sieur de Montmagny,
maître des requêtes de l'Hôtel, qui se trouve compris
dans les expropriations de la Place royale.

E 1 2ᵃ, fᵒ 18 rᵒ, et ms. fr. 18171, fᵒ 8 vᵒ.

1607, 18 janvier. — Paris.

10731. — Arrêt, signé seulement par Sully, ouvrant une enquête au sujet des meubles transportés
du château de Blois en la ville de Chartres pour le
sacre de Sa Majesté.

E 1 2ᵃ, fᵒ 19 rᵒ, et ms. fr. 18171, fᵒ 9 vᵒ.

10732. — Arrêt concédant au sieur de Bois-Dauphin la moitié des sommes que doit procurer au Roi
certain expédient que ledit seigneur propose de faire
connaître, pourvu que cet expédient soit trouvé juste
et raisonnable, et lui assurant tout au moins une
somme de 300,000 livres.

E 1 2ᵃ, fᵒ 20 rᵒ, et ms. fr. 18171, fᵒ 9 vᵒ.

10733. — Arrêt ordonnant l'achat et la démolition d'un moulin sis sur le ruisseau de Chignon et ap-

partenant au baron d'Ainay, attendu qu'il gêne la
navigation sur le Cher.

E 1 2ᵃ, fᵒ 2 1 rᵒ, et ms. fr. 18171, fᵒ 9 rᵒ.

1607, 20 janvier. — Paris.

10734. — Arrêt maintenant Guillaume de Balmes
et consorts en possession de la ferme des gabelles du
Lyonnais, nonobstant le prétendu vol et monopole
dont ils se seraient rendus coupables, au préjudice des
droits du Roi, lors de l'adjudication de ladite ferme.

E 1 2ᵃ, fᵒ 22 rᵒ, et ms. fr. 18171, fᵒ 10 rᵒ.

1607, 23 janvier. — Paris.

10735. — Arrêt ordonnant le rétablissement de
certaines parties rayées par la chambre des comptes
de Bretagne sur le compte de feu Mᵉ Mathurin Gali-
nieri, «commis, durant les derniers troubles, par le
feu sieur duc de Mercueur à l'Extraordinaire des
guerres en Bretaigne».

E 1 2ᵃ, fᵒ 23 rᵒ, et ms. fr. 18171, fᵒ 13 vᵒ.

10736. — Arrêt réglant le payement des gages
arriérés des trésoriers de France à Limoges.

E 1 2ᵃ, fᵒ 25 rᵒ, et ms. fr. 18171, fᵒ 14 vᵒ.

10737. — Arrêt autorisant l'ordre de Saint-Jean-
de-Jérusalem à faire sortir du royaume et à embarquer pour Malte dix mille charges de blé sans payer
aucun droit de traite foraine.

E 1 2ᵃ, fᵒ 26 rᵒ, et ms. fr. 18171, fᵒ 11 vᵒ.

10738. — Arrêt renvoyant aux trésoriers de France
à Bordeaux une requête qu'a présentée Pierre Des-
chevers, valet de chambre du Roi, pour être autorisé
à établir un marais salant sur la côte d'Hendaye,
«en quoy faisant Sa Majesté retiendra dans son
royaume les sommes que les habitans desditz lieux
portent en Portugal, et ailleurs, pour achepter du sel
pour la pesche des Terres neufves».

E 1 2ᵃ, fᵒ 28 rᵒ, et ms. fr. 18171, fᵒ 13 rᵒ.

10739. — Arrêt renvoyant à la Cour des aides la
requête qu'a présentée Jean Puissant, ci-devant rece-

veur des tailles en l'élection de Vitry-le-François, pour être déchargé des obligations qu'il avait contractées durant les troubles tant pour le payement des troupes que pour la réduction des places.

E 12ᵉ, fᵒ 29 rᵒ, et ms. fr. 18171, fᵒ 13 vᵒ.

10740. — Arrêt ordonnant le payement d'une rente de 250 livres due à la veuve de Daniel de La Noue, maître particulier des eaux et forêts aux bailliages de Nogent et de Pont-sur-Seine.

E 12ᵉ, fᵒ 30 rᵒ, et ms. fr. 18171, fᵒ 16 vᵒ.

10741. — Arrêt autorisant Mᵉ Daniel Bothereau, trésorier provincial de l'Extraordinaire des guerres en Bretagne, à fournir caution par-devant le bailli de Blois.

E 12ᵉ, fᵒ 31 rᵒ, et ms. fr. 18171, fᵒ 16 vᵒ.

10742. — Arrêt ordonnant qu'itératif commandement sera fait au sieur de Montagnac et de Regalières de fournir, dans les trois mois, ses réponses aux griefs des protestants de Montagnac.

E 12ᵉ, fᵒ 32 rᵒ, et ms. fr. 18171, fᵒ 16 rᵒ.

10743. — Arrêt ordonnant que Mᵉ Jean Cousin, ci-devant receveur général des finances en Bretagne, sera contraint de verser à l'Épargne une somme de 1,112 livres 10 sols.

E 12ᵉ, fᵒ 33 rᵒ, et ms. fr. 18171, fᵒ 15 vᵒ.

10744. — Arrêt relatif à une instance pendante entre le procureur-syndic des États de Bretagne et Mᵉ Nicolas Fiot, ci-devant receveur général des finances audit pays.

E 12ᵉ, fᵒ 34 rᵒ, et ms. fr. 18171, fᵒ 15 vᵒ.

10745. — Arrêt donnant à Jean-Claude de Clermont, sieur de Mont-Saint-Jean, mainlevée de la terre de Matafelon, saisie par ordonnance d'un commissaire député à la réunion du domaine royal des pays de Bresse, Bugey et Valromey.

E 12ᵉ, fᵒ 35 rᵒ, et ms. fr. 18171, fᵒ 12 vᵒ.

10746. — Arrêt autorisant la levée d'une somme de 896 livres 10 sols destinée à la réparation de l'église de Montaut.

E 12ᵉ, fᵒ 37 rᵒ, et ms. fr. 18171, fᵒ 15 rᵒ.

10747. — Arrêt accordant un nouveau délai de huit jours au duc de Nevers et à la duchesse de Guise pour produire tout ce que bon leur semblera dans le procès pendant au Conseil entre eux et la dame de Sagonne.

E 12ᵉ, fᵒ 38 rᵒ, et ms. fr. 18171, fᵒ 11 vᵒ.

10748. — Arrêt accordant une remise d'impôts aux habitants de Brienon-l'Archevêque, à raison de l'incendie qui a détruit leurs demeures le 20 septembre 1606.

E 12ᵉ, fᵒ 39 rᵒ, et ms. fr. 18171, fᵒ 11 rᵒ.

10749. Arrêt ordonnant la réception de Benoit de Pomey en l'office de contrôleur du poisson de mer vendu à Paris, nonobstant un arrêt obtenu au Parlement par Mᵉ Pierre Menart, procureur en ladite cour et soi-disant procureur général de la marée.

E 12ᵉ, fᵒ 40 rᵒ, et ms. fr. 18171, fᵒ 10 vᵒ.

10750. — Arrêt admettant Zacharie de Pérelles, sieur de Saumery, contrôleur général de l'Artillerie, et André Perinal, sieur de Chasteauvieux, présentés comme caution et certificateur par Médéric Le Vavasseur, adjudicataire de la ferme des 30 sols par muid de vin entrant en la ville de Paris.

Ms. fr. 18171, fᵒ 17 rᵒ.

1607, 25 janvier. — Paris.

10751. — Arrêt affectant au payement des dénonciateurs et au remboursement des frais la moitié des deniers provenant de la recherche des usuriers, deniers affectés par arrêt du Conseil du 5 octobre 1606 à l'acquittement des dettes contractées par le prince de Conti au temps où il était marié avec feu la dame Jeanne de Coëme.

E 12ᵉ, fᵒ 42 rᵒ, et ms. fr. 18171, fᵒ 30 vᵒ.

10752. — Arrêt ordonnant la levée d'une somme de 75,000 livres restée due au sieur de Lesdiguières, lieutenant général en Dauphiné, pour l'entretien des armées « qu'il a conduites... audit païs et provinces ès années Mᵛᶜ IIIIˣˣ XIII, XIIII, XV, XVI, XVII et XVIII ».

E 12ᵉ, fᵒ 44 rᵒ, et ms. fr. 18171, fᵒ 29 rᵒ.

10753. — Arrêt réduisant à 10,000 livres le cautionnement que doit fournir M⁰ Jacques Rouillé, receveur général des finances à Rouen.

E 12ᵃ, fᵒ 46 rᵒ, et ms. fr. 18171, fᵒ 36 vᵒ.

10754. — Arrêt fixant à 7,200 livres le prix des deux cents chevaux rouliers que Raymond Vedel, dit La Fleur, capitaine général du charroi de l'Artillerie, a dû acheter de ses deniers afin de compléter, au plus vite, le nombre de mille chevaux réclamé par le duc de Sully pour l'armée « que Sa Majesté a faict acheminer en Champagne, au mois de mars dernier ».

E 12ᵃ, fᵒ 47 rᵒ, et ms. fr. 18171, fᵒ 31 rᵒ.

10755. — Arrêt suspendant la vente des terres vaines et vagues, jusqu'à ce que les commissaires soupçonnés d'avoir fait « vente de forestz toutes entières » aient représenté leurs procès-verbaux au Conseil.

E 12ᵃ, fᵒ 48 rᵒ; ms. fr. 18171, fᵒ 32 vᵒ, et ms. fr. 10842, fᵒ 82 rᵒ.

10756. — Arrêt déclarant que les sergents royaux de l'élection de Lyon seront tenus de rembourser la finance payée par Antoine Poncet pour un office supprimé en 1599.

E 12ᵃ, fᵒ 49 rᵒ, et ms. fr. 18171, fᵒ 32 rᵒ.

10757. — Arrêt ordonnant aux trésoriers de France à Caen de s'expliquer au sujet de la taxe dans laquelle ils ont compris les sergents héréditaires de la vicomté de Bayeux.

E 12ᵃ, fᵒ 50 rᵒ, et ms. fr. 18171, fᵒ 31 vᵒ.

10758. — Arrêt évoquant au Conseil le procès pendant au Parlement entre Pierre Dolignon et Claude Pinard, vicomte de Comblizy, au sujet d'une obligation de 240 écus.

E 12ᵃ, fᵒ 51 rᵒ, et ms. fr. 18171, fᵒ 34 rᵒ.

10759. — Arrêt ordonnant la publication en toutes les juridictions royales et l'exécution de l'arrêt du Conseil du 8 juin 1606 « portant règlement pour la dellivrance des expéditions et actes de justice que s'expédient par les greffiers, leurs clercs ou fermiers,

sur lesquelz le droict de parisis a accoustumé de se lever ».

E 12ᵃ, fᵒ 53 rᵒ, et ms. fr. 18171, fᵒ 33 vᵒ.

10760. — Arrêt ordonnant la réception d'Étienne de Soubzmarmont en un office de sergent à verge priseur-vendeur de biens en la ville et vicomté de Paris, nonobstant l'opposition des sergents à verge au Châtelet.

E 12ᵃ, fᵒ 54 rᵒ, et ms. fr. 18171, fᵒ 39 rᵒ.

10761. — Arrêt concédant à Jacques Champion, sieur de La Chapelle, et à Arthus L'Espicier la vingtième partie du bénéfice qu'il croient pouvoir procurer au Roi en lui faisant connaître certain expédient, pourvu que cet expédient soit trouvé raisonnable.

E 12ᵃ, fᵒ 56 rᵒ, et ms. fr. 18171, fᵒ 35 rᵒ.

10762. — Arrêt validant le contrat passé avec François Bucher, maître des ouvrages publics de Guyenne, pour l'achèvement de la plate-forme qui doit servir de base à la tour de Cordouan.

E 12ᵃ, fᵒ 57 rᵒ, et ms. fr. 18171, fᵒ 35 rᵒ.

10763. — Arrêt ordonnant à Mathieu Bastard de payer l'enchère par lui mise sur le greffe de la Cour des monnaies et de rembourser les sommes payées par le greffier actuel, M⁰ François Hac.

E 12ᵃ, fᵒ 58 rᵒ, et ms. fr. 18171, fᵒ 35 vᵒ.

10764. — Arrêt ordonnant le payement d'une rente constituée, sur la recette de Meaux, au sieur de Vitry, capitaine des Gardes du corps.

E 12ᵃ, fᵒ 60 rᵒ, et ms. fr. 18171, fᵒ 36 vᵒ.

10765. — Arrêt ordonnant que, conformément à l'arrêt du Conseil du 13 juillet 1606 (nᵒ 10341), les greffiers civil, criminel et des présentations du Parlement seront tenus de rembourser à M⁰ Richard Tardieu des sommes par lui payées pour l'achat des greffes du Parlement, pour lors siégeant à Tours.

E 12ᵃ, fᵒ 61 rᵒ, et ms. fr. 18171, fᵒ 37 rᵒ.

10766. — Arrêt ordonnant la levée de 30 sols par tonneau de vin entrant et consommé en la ville de Chartres, et prorogeant la levée de 5 sols par minot de sel vendu au grenier de Chartres, le produit

en devant être affecté au payement des dettes de ladite ville.

E 12*, f° 62 r°, et ms. fr. 18171, f° 18 v°.

10767. — Arrêt renvoyant aux trésoriers de
France à Béziers l'état de la dépense faite par feu
Thomas de Bonzy, évêque de Béziers, pour la solde
des troupes que le maréchal de Montmorency avait
mises en garnison dans la maison épiscopale de Béziers, de 1579 à 1581.

E 12*, f° 64 r°, et ms. fr. 18171, f° 37 r°.

10768. — Arrêt attribuant au parlement de Toulouse la connaissance de l'appel interjeté par le syndic
d'Angles et de Lacabarède des ordonnances de Pierre
de Blanconne, maître particulier des eaux et forêts
en Languedoc.

E 12*, f° 65 r°, et ms. fr. 18171, f° 37 v°.

10769. — Arrêt évoquant au Conseil les procès
pendants au Parlement et en la Cour des aides entre
M° André Rodais, Faustine Fradin et René Le Feuvre,
au sujet de l'office de receveur des traites à Ingrande.

E 12*, f° 66 r°, et ms. fr. 18171, f° 38 r°.

10770. — Arrêt faisant nouvelles défenses aux
notaires, huissiers et sergents d'exercer en vertu d'une
commission des juges des lieux, sans avoir pris lettres
du Roi, payé finance et prêté serment.

E 12*, f° 67 r°, et ms. fr. 18171, f° 38 v°.

10771. — Arrêt condamnant M° Jean Cousin,
ci-devant receveur général des finances en Bretagne,
à payer 5,892 livres 17 sols aux colonels et aux capitaines suisses.

E 12*, f° 68 r°, et ms. fr. 18171, f° 23 r°.

10772. — Arrêt augmentant le prix du bail des
sous-fermiers qui ont traité avec Charles Du Hen,
fermier général des Cinq grosses fermes.

E 12*, f° 70 r°, et ms. fr. 18171, f° 39 v°.

10773. — Arrêt retenant au Conseil le procès intenté par le syndic général de Languedoc à M° Pierre
de Saint-Étienne et Guillaume de Jessé, notaires et
secrétaires du Roi, audienciers en la chancellerie

du parlement de Toulouse, au sujet de leur prétendue
exemption des tailles.

E 12*, f° 72 r°, et ms. fr. 18171, f° 42 r°.

10774. — Arrêt réglant le payement d'une somme
de 69,232 livres 10 sols 11 deniers due au sieur Du
Plessis-Mornay pour les fortifications de Saumur.

E 12*, f° 73 r°, et ms. fr. 18171, f° 42 v°.

10775. — Arrêt évoquant au Conseil le procès
intenté, en la Cour des aides, par le syndic général
de Languedoc contre Léonard de Mausse, fermier
général de la foraine et de la patente de Languedoc.

E 12*, f° 75 r°, et ms. fr. 18171, f° 43 r°.

10776. — Arrêt ordonnant que, par-devant le
sieur de Maupeou, Antoine Bernard, sieur de Saint-
Martin, rendra compte à M° Claude Josse de son administration des greniers à sel de Fécamp.

E 12*, f° 77 r°, et ms. fr. 18171, f° 44 r°.

10777. — Arrêt ordonnant l'exécution de la transaction passée entre M° Merri de Louen, lieutenant
particulier assesseur criminel et commissaire-examinateur au siège de Ribemont, et M° Jean Godard,
pourvu de l'office de lieutenant au même siège.

E 12*, f° 79 r°, et ms. fr. 18171, f° 45 v°.

10778. — Arrêt ordonnant que les lettres de provision de Jean Chamineau, ci-devant huissier audiencier à Sens, lui serviront pour un office d'huissier
audiencier en la prévôté royale d'Entre-deux-Mers.

E 12*, f° 81 r°, et ms. fr. 18171, f° 49 r°.

10779. — Arrêt portant assignation d'une somme
de 258,131 livres 5 sols 6 deniers due au Connétable pour prix d'une moitié de la forêt de Laigle.

E 12*, f° 82 r°, et ms. fr. 18171, f° 49 v°.

10780. — Arrêt renvoyant aux élus en l'élection
de Paris une requête du fermier des huitièmes tendante à ce que, sur chaque muid de vin rouanné,
soit apposé un papier portant sa signature et celle du
greffier en ladite élection.

E 12*, f° 83 r°, et ms. fr. 18171, f° 49 v°.

10781. — Arrêt ordonnant que les officiers, avocats et procureurs catholiques de la cour des aides de Montpellier et des autres cours du ressort continueront à prêter serment sur les Évangiles et sur l'image du Christ, mais que les officiers, avocats et procureurs protestants se contenteront de lever la main et de jurer et promettre à Dieu de servir fidèlement Sa Majesté en l'exercice de leurs charges.

E 12ᵉ, fᵒ 84 rᵒ, et ms. fr. 18171, fᵒ 17 vᵒ.

10782. — Arrêt ordonnant la vérification des dettes de la ville de Villemur.

E 12ᵉ, fᵒ 85 rᵒ, et ms. fr. 18171, fᵒ 18 rᵒ.

10783. — Arrêt statuant sur les instances pendantes entre Mᵉ Louis Vazet, commis du trésorier de l'Extraordinaire des guerres, plusieurs habitants de Saint-Benoît-du-Sault et de la Châtre-le-Vicomte, Jean Chasteignier, sieur de La Rocheposay, lieutenant général de la Marche, dame Claude Dupuy, veuve du sieur d'Abain, etc.

E 12ᵉ, fᵒ 87 rᵒ, et ms. fr. 18171, fᵒ 47 rᵒ.

10784. — Arrêt suspendant jusqu'à nouvel ordre les ventes de bois et de terres vaines et vagues dans l'apanage du feu duc d'Anjou.

E 12ᵉ, fᵒ 90 rᵒ, et ms. fr. 10842, fᵒ 82 vᵒ.

10785. — Arrêt ordonnant l'exécution de l'arrêt du 22 décembre 1605 relatif au recouvrement des sommes conservées ou diverties par les comptables chargés du maniement des rentes (nᵒ 9845), et affectant le produit de ces recouvrements à l'amortissement de quelques rentes.

E 12ᵉ, fᵒ 91 rᵒ, et ms. fr. 18171, fᵒ 33 rᵒ.

10786. — Arrêt maintenant en la jouissance de leurs offices Mᵉ Pierre Falc, receveur et payeur ancien, alternatif et triennal des gages de la chambre de l'Édit de Castres, et Mᵉ Jean Seguret, receveur ancien et alternatif des exploits et amendes en ladite chambre.

E 12ᵉ, fᵒ 93 rᵒ, et ms. fr. 18171, fᵒ 40 vᵒ.

10787. — Arrêt relatif au payement des gages de Mᵉ Honoré Mauroy, secrétaire du Roi, ci-devant trésorier de France en Provence.

E 12ᵉ, fᵒ 95 rᵒ, et ms. fr. 18171, fᵒ 17 rᵒ.

10788. — Arrêt ordonnant que Mᵉ Jean Bernard sera tenu de payer 6,399 livres à Mᵉ Pierre Bédacier pour son remboursement du prix du greffe de la Cour des aides.

E 12ᵉ, fᵒ 96 rᵒ, et ms. fr. 18171, fᵒ 19 rᵒ.

10789. — Arrêt ordonnant aux trésoriers de France à Orléans de dresser un rôle des habitants de leur généralité soi-disant privilégiés et exempts.

E 12ᵉ, fᵒ 97 rᵒ, et ms. fr. 18171, fᵒ 19 rᵒ.

10790. — Arrêt ordonnant aux trésoriers de France à Caen de faire connaître au Conseil les motifs pour lesquels ils ont taxé les sergents héréditaires de la ville et de la vicomté de Falaise au sujet de la révocation de l'édit de création des vicomtes.

E 12ᵉ, fᵒ 96 rᵒ, et ms. fr. 18171, fᵒ 20 rᵒ.

10791. — Arrêt ordonnant aux trésoriers de France à Rouen de faire connaître au Conseil les motifs pour lesquels ils ont taxé les avocats du Roi, conseillers, assesseurs et enquêteurs aux vicomtés d'Argentan, de Verneuil, de Conches et de Breteuil au sujet de la révocation de l'édit de création des vicomtes.

E 12ᵉ, fᵒ 97 rᵒ, et ms. fr. 18171, fᵒ 19 vᵒ.

10792. — Arrêt ordonnant aux trésoriers de France à Rouen de faire connaître au Conseil les motifs pour lesquels ils ont taxé les sergents héréditaires de la vicomté de Rouen au sujet de la révocation de l'édit de création des vicomtes.

E 12ᵉ, fᵒ 98 rᵒ, et ms. fr. 18171, fᵒ 20 vᵒ.

10793. — Arrêt ordonnant que le recouvrement des amendes prononcées contre plusieurs particuliers de Bretagne sera fait par Mᵉ Henri Guillemot, commis à la recette de l'emprunt levé sur les officiers des finances, aux risques et périls de Mᵉ Claude Bridon qui avait fait parti pour ce recouvrement.

E 12ᵉ, fᵒ 99 rᵒ, et ms. fr. 18171, fᵒ 20 vᵒ.

10794. — Arrêt ordonnant à Mᵉ Henri Guille-

45.

mot de faire appeler au Conseil les officiers et commissaires qui, au moment de la révocation de la Chambre royale, sont restés débiteurs d'« obmissions de recepte », de « faulses reprises » et d'amendes non payées.

E 12*, f° 100 r°, et ms. fr. 18171, f° 21 r°.

10795. — Arrêt ordonnant au sieur Robin, maître d'hôtel de la reine Marguerite, de faire connaître au Conseil un expédient financier qui doit, dit-il, procurer au Roi des sommes plus que suffisantes « pour faire l'establissement en la ville de Nantes des manufactures des villes de Hollande, que Sadite Majesté, pour le bien du commerce de ce royaume, a résolu d'y establir... », comme aussy pour faire venir des ouvriers des païs de Flandres et Hollande propres pour cest effect », et attribuant audit Robin la vingtième partie du bénéfice qui proviendra de cet expédient, en cas qu'il soit trouvé raisonnable.

E 12*, f° 101 r°, et ms. fr. 18171, f° 21 v°.

10796. — Arrêt renvoyant au Grand Conseil le procès pendant entre Me Philippe Bastard, receveur des consignations au bailliage et en la prévôté d'Étampes, et Me Claude Josse, secrétaire du Roi, fermier de la terre et de la seigneurie de Rochambeau.

E 12*, f° 102 r°, et ms. fr. 18171, f° 22 r°.

10797. — Arrêt ordonnant aux trésoriers de France à Rouen de faire connaître au Conseil les motifs pour lesquels ils ont taxé divers sergents héréditaires de Laigle, de Verneuil, d'Argentan, de Boissay, etc., au sujet de la révocation de l'édit de création des vicomtes.

E 12*, f° 104 r°, et ms. fr. 18171, f° 22 v°.

10798. — Arrêt ordonnant le payement de l'« augmentation de gages » de 450 livres due à Me Claude Mallier, trésorier de France à Orléans.

E 12*, f° 105 r°, et ms. fr. 18171, f° 24 r°.

10799. — Arrêt autorisant la levée d'une somme de 1,200 livres destinée à la fondation d'un hôpital pour les maladies contagieuses en la ville de Beauvais.

E 12*, f° 106 r°, et ms. fr. 18171, f° 23 r°.

10800. — Arrêt autorisant Nicolas Godon et Pierre Pillet, collecteurs des deniers de la recette générale de Bourges, à rembourser aux deux huissiers du bureau de ladite généralité le prix de leurs offices supprimés.

E 12*, f° 107 r°, et ms. fr. 18171, f° 24 v°.

10801. — Arrêt ordonnant l'examen des comptes de Bertrand Vaillant, soi-disant commis à la recherche des usures, et suspendant cette recherche, jusqu'à plus ample informé au sujet des abus auxquels elle aurait donné lieu.

E 12*, f° 108 r°, et ms. fr. 18171, f° 24 v°.

10802. — Arrêt ordonnant une enquête au sujet des abus et exactions reprochés aux « commis subdéléguez pour les passages et chemins à réparer » en la généralité d'Orléans.

E 12*, f° 109 r°, et ms. fr. 18171, f° 25 r°.

10803. — Arrêt ordonnant la réception des quatre substituts du procureur général en la Cour des aides pourvus en vertu de quittances dont le montant a été assigné au prince de Conti.

E 12*, f° 110 r°, et ms. fr. 18171, f° 25 v°.

10804. — Arrêt accordant à Me Jean de Vauhardy, ci-devant trésorier provincial de l'Extraordinaire des guerres en Champagne, un sursis de six mois pour le remboursement d'une somme de 6,000 livres par lui empruntée, en 1591, sur l'ordre du sieur de Dinteville, pour le payement de la garnison d'Épernay.

E 12*, f° 111 r°, et ms. fr. 18171, f° 25 r°.

10805. — Arrêt ordonnant aux commissaires établis en la Chambre de la Charité chrétienne de faire lever les scellés apposés sur la porte du bureau des administrateurs de l'église Saint-Jacques-de-l'Hôpital, et de leur donner mainlevée de leurs reliques, calices et ornements, à condition qu'ils produisent par-devant lesdits commissaires leurs titres et papiers.

E 12*, f° 112 r°, et ms. fr. 18171, f° 26 r°.

10806. — Arrêt relatif au procès pendant entre Simon Dubois, ci-devant greffier au bailliage et au diocèse de Reims, et messire Loüis de Lorraine, archevêque de Reims.

E 12ᵉ, fᵒ 113 rᵒ, et ms. fr. 18171, fᵒ 26 vᵒ.

10807. — Arrêt ordonnant l'élargissement de Georges Duport, « conducteur de prisonniers », arrêté pour n'avoir pu représenter le prisonnier Melchior Roux.

E 12ᵉ, fᵒ 114 rᵒ, et ms. fr. 18171, fᵒ 26 vᵒ.

10808. — Arrêt réglant le payement des gages de François de Caravane, sieur de Thoury, et de Gaspard Le Prince, maîtres particuliers des eaux et forêts au bailliage d'Auxerre.

E 12ᵉ, fᵒ 115 rᵒ.

10809. — Arrêt statuant sur les procès pendants entre Gilles Lambert et Guillaume Boucquetot, habitant de Rouen.

E 12ᵉ, fᵒ 116 rᵒ, et ms. fr. 18171, fᵒ 27 rᵒ.

10810. — Arrêt ordonnant que les arrérages des rentes assignées à feu François d'O sur les impôts et billots de Bretagne seront versés entre les mains des créanciers dudit seigneur.

E 12ᵉ, fᵒ 118 rᵒ, et ms. fr. 18171, fᵒ 28 rᵒ.

10811. — Arrêt autorisant la levée d'une somme de 1,800 livres destinée au remboursement des frais causés par l'épidémie qui a sévi à Châteaudun en l'année 1606.

E 12ᵉ, fᵒ 119 rᵒ, et ms. fr. 18171, fᵒ 28 vᵒ.

10812. — Arrêt renvoyant aux sieurs Durant et Langlois, conseillers d'État et maîtres des requêtes de l'Hôtel, une requête du sieur de Clermont d'Entraigues, gentilhomme de la Chambre, acquéreur des deux tiers de l'office de contrôleur-marqueur-visiteur des cuirs en la ville de Rouen, ladite requête étant relative à certain règlement fait naguère par le bailli de Rouen au sujet du métier de tanneur et de corroyeur.

E 12ᵉ, fᵒ 120 rᵒ, et ms. fr. 18171, fᵒ 29 rᵒ.

1607, 26 janvier. — Paris.

10813. — Arrêt réglant, conformément à l'état envoyé par le Conseil aux trésoriers de France, la recette et la dépense de Mᵉ Claude Josse, receveur général des bois au département de l'Île-de-France. (Arrêt réformé.)

E 12ᵉ, fᵒ 121 rᵒ, et ms. fr. 18171, fᵒ 50 rᵒ.

1607, 27 janvier. — Paris.

10814. — Arrêt renvoyant aux trésoriers de France à Montpellier une requête par laquelle les sieurs Ferrier et Bimare demandent à ce qu'en considération de leurs services, il leur soit concédé deux cents « saumées » de terres vaines et vagues en Languedoc, moyennant une « albergue » annuelle de deux paires d'éperons.

E 12ᵉ, fᵒ 122 rᵒ, et ms. fr. 18171, fᵒ 50 rᵒ.

10815. — Arrêt ordonnant qu'avant qu'il soit pourvu au payement des gages restés dus aux officiers du Parlement pour l'année 1594, vérification sera faite des comptes des receveurs et payeurs desdits gages.

E 12ᵉ, fᵒ 123 rᵒ, et ms. fr. 18171, fᵒ 50 vᵒ.

1607, 1ᵉʳ février. — Paris.

10816. — Arrêt renvoyant au Parlement un procès pendant entre les consuls et habitants de Reillanne et les enfants de feu Mᵉ Antoine de Reillanne, sieur de Sainte-Croix, conseiller au parlement de Provence, au sujet du payement des tailles.

E 12ᵉ, fᵒ 125 rᵒ, et ms. fr. 18171, fᵒ 54 vᵒ.

10817. — Arrêt autorisant la levée d'une somme de 847 livres 10 sols due par les habitants de Saint-Étienne-de-Furens aux consuls de l'année 1601.

E 12ᵉ, fᵒ 127 rᵒ, et ms. fr. 18171, fᵒ 54 rᵒ.

10818. — Arrêt autorisant la levée d'une somme de 636 livres due par les habitants du comté de Forez à Mᵉ Claude Giraud, ci-devant procureur-syndic dudit pays.

E 12ᵉ, fᵒ 128 rᵒ, et ms. fr. 18171, fᵒ 53 vᵒ.

10819. — Arrêt ordonnant que dame Claire d'Amerval, veuve du sieur de Gomeron, remettra au Conseil les mémoires relatifs aux portions du domaine qu'elle prétend avoir été usurpées, et lui promettant une assignation de 4,000 écus sur le revenu du domaine ainsi réuni.

E 12ᵃ, fᵒ 129 rᵒ, et ms. fr. 18171, fᵒ 54 vᵒ.

10820. — Arrêt renvoyant aux Requêtes de l'Hôtel les procès pendants au Conseil entre les habitants des « îles » abonnées de Marennes, d'Arvert, d'Oloron, de Saint-Jean-d'Angle, de Broue, de Saint-Symphorien et autres dépendantes du gouvernement de Brouage, Gabriel Laloue, sieur de Touchelonge, et Gabriel, son fils, enfin les héritiers de François de Pons, sieur de Mirambeau.

E 12ᵃ, fᵒ 130 rᵒ, et ms. fr. 18171, fᵒ 56 vᵒ.

10821. — Arrêt ordonnant la confiscation des espèces saisies à la frontière sur Martin de Ricques, et en attribuant un tiers au dénonciateur, un tiers au fermier général des Cinq grosses fermes et un tiers au Roi.

E 12ᵃ, fᵒ 132 rᵒ, et ms. fr. 18171, fᵒ 57 vᵒ.

10822. — Arrêt ordonnant que « les fraiz et despens » des commissaires députés à l'exécution de l'édit de Nantes dans le diocèse de Mautauban seront avancés par le syndic du clergé dudit diocèse, et seront remboursés sur les 94,000 livres payées, chaque année, par le clergé de France en sus des décimes ordinaires.

E 12ᵃ, fᵒ 134 rᵒ, et ms. fr. 18171, fᵒ 53 rᵒ.

10823. — Arrêt concédant aux protestants de Dieppe un terrain pour la construction d'un nouveau temple, lequel remplacera le temple démoli le lundi de Pâques de l'année 1606.

E 12ᵃ, fᵒ 135 rᵒ, et ms. fr. 18171, fᵒ 50 vᵒ.

10824. — Arrêt condamnant Mᵉ Michel Thébault et François Thébault, receveur des fouages au diocèse de Dol, à restituer une somme de 1,290 écus consignée par le receveur des fouages au diocèse de Tréguier et assignée à Bernard Labory, à Jean Sergant et au sieur d'Ingrande, capitaine d'un régiment de gens de pied.

E 12ᵃ, fᵒ 137 rᵒ, et ms. fr. 18171, fᵒ 51 rᵒ.

10825. — Arrêt ordonnant aux fermiers des traites de Normandie, Picardie et Champagne et à celui de la douane de Lyon de verser à l'Épargne une somme de 7,363 livres 18 sols 3 deniers, représentant le tiers que Sa Majesté s'est réservé sur les amendes et confiscations.

E 12ᵃ, fᵒ 141 rᵒ, et ms. fr. 18171, fᵒ 82 vᵒ.

1607, 3 février. — Paris.

10826. — Arrêt ordonnant l'élargissement de Mᵉ Jacques Moreau, receveur général des finances à Montpellier.

E 12ᵃ, fᵒ 142 rᵒ, et ms. fr. 18171, fᵒ 78 rᵒ.

10827. — Arrêt relatif à une requête en décharge présentée par les habitants de Barcelonne, dans le bas Armagnac, lesquels « ont tousjours suivi le party de Sa Majesté ».

E 12ᵃ, fᵒ 144 rᵒ, et ms. fr. 18171, fᵒ 67 rᵒ.

10828. — Arrêt relatif à une requête des habitants de Barcelonne tendante à l'annulation d'un contrat passé avec Jean Malartic pour le remboursement d'une somme payée à un capitaine de chevau-légers par ordre du maréchal de Matignon.

E 12ᵃ, fᵒ 146 rᵒ, et ms. fr. 18171, fᵒ 66 vᵒ.

10829. — Arrêt ordonnant la levée d'une somme de 25,700 livres destinée à rembourser à Mᵉ Gabriel de Cussonnel, maître en la chambre des comptes de Montpellier, le prix de la terre, de la justice et de la seigneurie de Gallargues, lesquelles demeureront réunies au domaine.

E 12ᵃ, fᵒ 148 rᵒ, et ms. fr. 18171, fᵒ 64 rᵒ.

10830. — Arrêt attribuant à Nicolas Du Bus le quart du bénéfice qu'il doit procurer au Roi en lui faisant connaître certaines dépenses irrégulièrement passées en compte par deux receveurs généraux.

E 12ᵃ, fᵒ 152 rᵒ, et ms. fr. 18171, fᵒ 63 vᵒ.

10831. — Arrêt renvoyant au parlement de Dauphiné le procès pendant entre Mᵉ François Nicquet, trésorier de France en Languedoc, et frère Pierre Froment, prévôt de la cathédrale d'Uzès.

E 12ᵃ, fᵒ 153 rᵒ, et ms. fr. 18171, fᵒ 71 rᵒ.

10832. — Arrêt déclarant exempt du droit de 2 o/o levé sur les marchandises passant par Arles le sel que Jean Chevalier, fermier général des gabelles de Provence et administrateur de la ferme de Dauphiné, tire le long du Rhône pour l'approvisionnement de ses greniers.

E 12ª, fº 155 rº, et ms. fr. 18171, fº 59 rº.

10833. — Arrêt ordonnant au receveur des traites domaniales en Normandie de verser à l'Épargne une somme de 3,437 livres 5 sols 5 deniers, représentant le tiers que s'est réservé le Roi sur les amendes et confiscations.

E 12ª, fº 159 rº, et ms. fr. 18171, fº 84 rº.

10834. — Arrêt relatif à la vérification des comptes présentés par les fermiers des traites de Normandie « pour ce qui est venu à leur connoissance du tiers des amendes et confiscations que Sa Majesté s'est réservé sur les baux qui leur en ont esté faictz ».

E 12ª, fº 160 rº, et ms. fr. 18171, fº 83 vº.

10835. — Arrêt ordonnant la vérification des deniers provenant du tiers des amendes et confiscations réservé au Roi et remis par Ambroise Hubert, ci-devant fermier de la douane de Vienne, aux mains du « gardier » de Vienne.

E 12ª, fº 161 rº, et ms. fr. 18171, fº 85 vº.

10836. — Arrêt relatif au recouvrement d'une somme de 96 écus 46 sols 3 deniers provenant d'amendes et confiscations, et qui aurait été reçue par le receveur des aides à Abbeville.

E 12ª, fº 162 rº.

10837. — Arrêt ordonnant la vérification de ce qu'a produit, depuis dix ans, le tiers des amendes et confiscations que s'est réservé le Roi en passant certains baux.

E 12ª, fº 163 rº, et ms. fr. 18171, fº 84 rº.

10838. — Arrêt ordonnant le versement à l'Épargne d'une somme de 7,314 livres 16 sols 5 deniers provenant du tiers des amendes et confiscations réservé au Roi, laquelle aurait été retenue par le commis à la recette des traites au bureau d'Amiens.

E 12ª, fº 165 rº, et ms. fr. 18171, fº 85 rº.

10839. — Arrêt ordonnant que Mᵉ Claude Monet, receveur du domaine à Calais, comptera par-devant les trésoriers de France à Amiens des deniers provenant du tiers des amendes et confiscations que s'est réservé le Roi.

E 12ª, fº 167 rº, et ms. fr. 18171, fº 82 vº.

10840. — Arrêt relatif à une requête des habitants de Barcelonne tendante à l'annulation des obligations par eux contractées envers plusieurs personnes pour le payement des tailles des années 1585 à 1587.

E 12ª, fº 169 rº, et ms. fr. 18171, fº 79 rº.

10841. — Arrêt donnant à Josué de Montagut, sieur de Formiguières, mainlevée des émoluments du « greffe commissionnel » de la sénéchaussée de Beaucaire et de Nîmes.

E 12ª, fº 171 rº, et ms. fr. 18171, fº 80 rº.

10842. — Arrêt déclarant que la levée des deniers extraordinaires au diocèse d'Uzès sera opérée par les receveurs particuliers ancien, alternatif et triennal.

E 12ª, fº 173 rº, et ms. fr. 18171, fº 80 vº.

10843. — Arrêt ordonnant aux trésoriers de France à Caen de faire connaître au Conseil les motifs pour lesquels ils ont taxé les officiers de la vicomté de Saint-Lô au sujet de la révocation de l'édit de création des vicomtes.

E 12ª, fº 175 rº, et ms. fr. 18171, fº 77 vº.

10844. — Arrêt défendant à Mᵉ Jean Causse, receveur des tailles au diocèse de Mirepoix, de s'entremettre en la levée des deniers extraordinaires jusqu'à ce qu'il ait rendu ses comptes, et qu'il se soit disculpé des crimes qui lui sont reprochés.

E 12ª, fº 176 rº, et ms. fr. 18171, fº 77 rº.

10845. — Arrêt déclarant que Mᵉ Florent Broully exercera durant la présente année son office de receveur des tailles en l'élection de Saumur.

E 12ª, fº 177 rº, et ms. fr. 18171, fº 75 vº.

10846. — Arrêt déclarant que les adjudicataires de portions de domaines, de greffes, de sceaux, de bois, etc., n'auront plus à payer, en sus du prix d'adjudication, un droit de 2 sols pour livre destiné à l'acquittement des frais, mais que ces frais seront soldés tous ensemble sur le prix total des adjudications.

E 12ᵃ, fᵒ 178 rᵒ; ms. fr. 18171, fᵒ 75 rᵒ, et ms. fr. 10842, fᵒ 82 vᵒ.

10847. — Arrêt relatif à un procès pendant entre le fermier des 60 sols par muid de vin, des 40 sols par tonneau de cidre et des 20 sols par tonneau de poiré levés. à Rouen, à Dieppe et au Havre et divers marchands taverniers.

E 12ᵃ, fᵒ 179 rᵒ, et ms. fr. 18171, fᵒ 73 rᵒ.

10848. — Arrêt relatif à un procès pendant entre le fermier général des gabelles « à la part du royaume » et l'adjudicataire de la fourniture des greniers à sel de la généralité de Bourgogne, au sujet de l'étendue des ressorts des greniers de Semur-en-Brionnais, de Marcigny, de Mâcon et de la Clayette.

E 12ᵃ, fᵒ 181 rᵒ, et ms. fr. 18171, fᵒ 69 vᵒ.

10849. — Arrêt relatif à un procès pendant entre Mᵉ Jean Auffray, sieur des Maletz, aumônier de la Reine, curateur des enfants de feu Mathurin Auffray, sieur de la Ville-Aubry, d'une part, Pierre Macé, marchand, la veuve et les enfants de François Robin, d'autre part.

E 12ᵃ, fᵒ 183 rᵒ, et ms. fr. 18171, fᵒ 68 vᵒ.

10850. — Arrêt ordonnant aux échevins de Bonneval de représenter au duc de Sully leurs comptes des deniers de l'octroi depuis quinze ans.

E 12ᵃ, fᵒ 185 rᵒ, et ms. fr. 18171, fᵒ 68 rᵒ.

10851. — Arrêt autorisant Mᵉ Noël Hureau, receveur général des finances à Caen, à bailler ses cautions à Caen, et pour une somme de 10,000 livres seulement.

E 12ᵃ, fᵒ 186 rᵒ, et ms. fr. 18171, fᵒ 76 vᵒ.

10852. — Arrêt déclarant qu'Anne de Pons, dame de Lindebeuf, devra, dans la quinzaine, représenter les titres en vertu desquels elle jouit de l'île d'Oloron, sinon l'île serait saisie par les commissaires du Roi,

sans préjudice du recours que ladite dame prétend pouvoir exercer contre la dame de Miossant.

E 12ᵃ, fᵒ 187 rᵒ, et ms. fr. 18171, fᵒ 61 rᵒ.

10853. — . Arrêt déclarant exempt du droit de 2 o/o levé sur les marchandises passant par Arles le sel que les fermiers généraux des gabelles « à la part du royaume » et des gabelles de Languedoc tirent le long du Rhône, pour l'approvisionnement de leurs greniers.

E 12ᵃ, fᵒ 188 rᵒ, et ms. fr. 18171, fᵒ 61 vᵒ.

10854. — Arrêt ordonnant que le sieur de Castille, receveur général du clergé, sera entendu au Conseil au sujet d'une requête du clergé du diocèse d'Uzès, et suspendant toute poursuite contre ledit clergé à raison d'une somme de 2,680 écus dont il a obtenu décharge.

Ms. fr. 18171, fᵒ 66 rᵒ.

10855. — Arrêt ordonnant que Mᵉ Pomey, associé aux fermes des traites de Normandie, Picardie et Champagne et de la douane de Lyon, et Claude Bouyn, son commis, compteront par-devant le sieur de Maupeou, intendant des finances, « de ce qui est provenu de trois parties tirées à néant au bureau de Montreuil ».

Ms. fr. 18171, fᵒ 86 rᵒ.

1607, 6 février. — Paris.

10856. — Arrêt ordonnant aux trésoriers de France à Riom de pourvoir provisoirement au remplacement de Mᵉ Julien Bellet, receveur des tailles, taillon et équivalent au bureau de Brioude.

E 12ᵃ, fᵒ 192 rᵒ, et ms. fr. 18171, fᵒ 86 vᵒ.

10857. — Arrêt ordonnant aux trésoriers de France de vérifier, à la fin de chaque quartier, les comptes des deniers provenant d'une crue de 2 sols 6 deniers par minot de sel et destinés à l'augmentation des gages des officiers de judicature.

E 12ᵃ, fᵒ 193 rᵒ, et ms. fr. 18171, fᵒ 86 rᵒ.

10858. — Arrêt ordonnant que l'archevêque de Reims, abbé de Saint-Denis, sera assigné au Conseil pour être entendu au sujet d'une réclamation de Jacques Du Vivier, ci-devant receveur général de l'abbaye de Saint-Denis.

E 12*, f° 194 r°, et ms. fr. 18171, f° 78 r°.

10859. — Arrêt réglant le payement d'une partie des sommes assignées au colonel Gaspard Gallaty «en considération de ses services, mesmes de ceux qu'il rendit en la journée d'Arques..., et affin de le rédimer de l'extreme necessité en laquelle il se trouve réduict depuis seize ans».

E 12*, f° 195 r°, et ms. fr. 18171, f° 87 r°.

1607, 10 février. — Paris.

10860. — Arrêt autorisant la levée d'une somme de 9,911 livres 19 sols destinée à l'acquittement des dettes de la ville de Romorantin.

E 12*, f° 197 r°, et ms. fr. 18171, f° 98 v°.

10861. — Arrêt renvoyant aux «commissaires depputés par Sa Majesté à faire l'ordre entre les créanciers» du baron de Dampmartin, colonel des reîtres, le procès pendant entre Claude-François Revillod, marchand de Genève, et ledit sieur de Dampmartin.

E 12*, f° 199 r°, et ms. fr. 18171, f° 97 v°.

10862. — Arrêt accordant à M° Robert Cauvet, receveur des tailles en l'élection de Bayeux, décharge d'une adjudication de bois qui lui avait été faite en la forêt du Vernay.

E 12*, f° 201 r°, et ms. fr. 18171, f° 96 v°.

10863. — Arrêt autorisant la levée d'une somme de 15,000 livres destinée aux réparations des fortifications et de l'Hôtel-Dieu d'Issoudun.

E 12*, f° 202 r°, et ms. fr. 18171, f° 97 r°.

10864. — Arrêt renvoyant aux trésoriers de France à Aix une requête par laquelle Barthélemy Brisepan, bourgeois d'Arles, demande à être confirmé en la commission de lieutenant du maître des ports d'Arles, chargé de «la conservation des batteaux et marchandises entrans et sortans par les embouchures

du Rosne, qui ordinairement y font naufrage», et à percevoir 3 livres sur chaque vaisseau ou barque passant par lesdites embouchures.

E 12*, f° 203 r°.

10865. — Arrêt ordonnant une enquête au sujet de trente-six arpents de bois attenants à la forêt de Retz et réclamés par Pierre Desfossés, sieur de Coyolles, comme faisant partie de ses fiefs de Queux et de Coyolles.

E 12*, f° 204 r°, et ms. fr. 18171, f° 96 r°.

10866. — Arrêt déclarant que les présidents et lieutenants des élections rétablis par l'édit de mai 1605 présenteront leurs lettres à la Cour des aides, qui devra les enregistrer purement et simplement, sans exiger de nouveau serment, ni procéder à une nouvelle enquête.

E 12*, f° 205 r°, et ms. fr. 18171, f° 95 v°.

10867. — Adjudication du droit de 3 livres par tonneau de mer levé dans les ports et havres de Normandie, faite, pour trois ans, à Marcellin Chappel, bourgeois de Paris, moyennant le payement annuel de 87,000 livres.

E 12*, f° 206 r°, et ms. fr. 18171, f° 92 v°.

10868. — Arrêt déclarant que les habitants de Caudebec demeureront abonnés aux tailles pour la somme de 600 livres.

E 12*, f° 208 r°, et ms. fr. 18171, f° 95 v°.

10869. — Arrêt ordonnant aux commissaires députés pour la vérification des dettes de Marseille de se transporter sur les lieux, dans les deux mois, pour vaquer à l'exécution de ladite commission, sinon il serait pourvu à la demande du sieur d'Hostagier, maître d'hôtel ordinaire du Roi, tendante au remboursement des sommes qu'il a prêtées à ladite ville «lors de la réduction d'icelle en l'obéissance du Roi».

E 12*, f° 209 r°, et ms. fr. 18171, f° 95 r°.

10870. — Arrêt portant suppression de la taxe de 15 sols par muid de vin entrant en la ville de Dreux, «n'y ayant que le pauvre peuple du plat pays qui la paye,.... laquelle encor se faisoit avec très grande difficulté et clameur du peuple ».

E 12ᵉ, fᵒ 210 rᵒ, et ms. fr. 18171, fᵒ 94 vᵒ.

10871. — Arrêt, rendu sur la requête du fermier de la douane de Vienne, déclarant que toutes les marchandises soumises à la douane passeront dorénavant par Lyon, et supprimant les bureaux établis en Dauphiné par les fermiers de la douane de Lyon.

E 12ᵉ, fᵒ 211 rᵒ, et ms. fr. 18171, fᵒ 99 rᵒ.

10872. — Arrêt déchargeant Jean Roussel d'une enchère par lui mise sur la ferme des 30 sols par muid de vin entrant en la ville de Paris.

E 12ᵉ, fᵒ 213 rᵒ, et ms. fr. 18171, fᵒ 90 vᵒ.

10873. — Arrêt ordonnant l'élargissement de Pierre Vallongnes, commis du fermier général des Cinq grosses fermes, placé comme receveur et garde à cheval au bureau de Coutances, et arrêté pour avoir saisi des marchandises appartenant à des Anglais.

E 12ᵉ, fᵒ 214 rᵒ, et ms. fr. 18171, fᵒ 91 rᵒ.

10874. — Arrêt relatif à une instance pendante entre le duc de Montpensier et les héritiers d'Hector Guynot, au sujet de la possession du bois des Bordes, en la garenne de Châtellerault.

E 12ᵉ, fᵒ 215 rᵒ, et ms. fr. 18171, fᵒ 91 vᵒ.

10875. — Arrêt ordonnant à l'entrepreneur des réparations du château de Marvéjols de rendre compte au duc de Sully de ses recettes, dépenses et travaux.

E 12ᵉ, fᵒ 217 rᵒ, et ms. fr. 18171, fᵒ 89 vᵒ.

10876. — Arrêt relatif au payement des sommes restées dues par le receveur général des finances en Bretagne aux colonels et aux capitaines suisses de la Garde du corps.

E 12ᵉ, fᵒ 218 rᵒ, et ms. fr. 18171, fᵒ 90 rᵒ.

10877. — Arrêt ordonnant la vérification des comptes du fermier de l'imposition nouvellement mise sur les cartes, dés et tarots.

E 12ᵉ, fᵒ 219 rᵒ, et ms. fr. 18171, fᵒ 89 rᵒ.

10878. — Arrêt déclarant que Mᵉ Denis Dusault, sieur d'Arthenac, chanoine de Dax, jouira des revenus de son canonicat, bien qu'il soit « occupé en ceste ville de Paris, tant pour les affaires particulières dudit diocèse de Dacqs, que pour le clergé de ce royaume ».

E 12ᵉ, fᵒ 220 rᵒ, et ms. fr. 18171, fᵒ 89 rᵒ.

10879. — Avis du Conseil tendant à faire don de 600 livres aux Minimes de l'ordre de saint François-de-Paule de Narbonne, pour la construction de leur église, attendu que Henri III leur avait fait don, en 1585, de 500 écus dont ils n'ont rien touché.

E 12ᵉ, fᵒ 221 rᵒ, et ms. fr. 18171, fᵒ 88 vᵒ.

10880. — Arrêt renvoyant aux États de Dauphiné une requête du tiers état de la province tendante à la levée d'un impôt sur le vin et à une plus équitable répartition des charges extraordinaires.

E 12ᵉ, fᵒ 222 rᵒ, et ms. fr. 18171, fᵒ 102 vᵒ.

1607, 13 février. — Paris.

10881. — Arrêt statuant sur les réclamations de Pierre de Foix, fils de feu Louis de Foix, entrepreneur de la tour de Cordouan.

E 12ᵉ, fᵒ 223 rᵒ, et ms. fr. 18171, fᵒ 100 rᵒ.

10882. — Arrêt autorisant Mᵉ Martin de Montigny, receveur des aides, tailles et taillon en l'élection de Château-Thierry, à bailler caution par-devant le prévôt de Paris.

E 12ᵉ, fᵒ 225 rᵒ, et ms. fr. 18171, fᵒ 117 rᵒ.

10883. — Arrêt ordonnant aux trésoriers de France à Rouen de faire connaître au Conseil les motifs pour lesquels ils ont taxé les lieutenant et procureur du Roi au siège de Lyons à l'occasion de la révocation de l'édit de création des vicomtes.

E 12ᵉ, fᵒ 226 rᵒ, et ms. fr. 18171, fᵒ 117 vᵒ.

10884. — Arrêt ordonnant aux trésoriers de France à Caen de faire connaître au Conseil les motifs pour lesquels ils ont taxé les officiers des vicomtés de Caen, Vire, Falaise et Domfront à l'occasion de la révocation de l'édit de création des vicomtes.

E 12ᵉ, fᵒ 217 rᵒ, et ms. fr. 18171, fᵒ 107 rᵒ.

10885. — Arrêt déclarant que le nouveau droit de petit blanc levé sur le sel de Peccais au profit des maison, église, pont et hôpital du Saint-Esprit en Languedoc sera levé également sur le sel provenant des salines de Narbonne, Peyriac, Sigean, etc.

E 12ᵉ, fᵒ 228 rᵒ, et ms. fr. 18171, fᵒ 107 vᵒ.

10886. — Arrêt autorisant le trésorier des Ligues suisses à changer 6,000 écus de monnaie blanche en écus sol doubles et quadruples d'Espagne, destinés au remboursement des sommes dues à plusieurs cantons suisses.

E 12ᵉ, fᵒ 229 rᵒ, et ms. fr. 18171, fᵒ 108 vᵒ.

10887. — Arrêt maintenant Mᵉ Jacques Deniau en un office de conseiller au parlement de Bretagne, à condition qu'il payera 9,000 livres à Mᵉ Bénigne Saulnier, «ayant le party annuel des offices de ce royaume».

E 12ᵉ, fᵒ 230 rᵒ, et ms. fr. 18171, fᵒ 108 rᵒ.

10888. — Arrêt relatif à l'instance pendante entre Mᵉ Julien Lebret, vicomte de Gisors, et les anciens officiers de ladite vicomté, d'une part, le receveur des tailles d'Arques, soi-disant commis à la recette des taxes levées pour la révocation de l'édit de création des nouveaux vicomtes, d'autre part.

E 12ᵉ, fᵒ 232 rᵒ, et ms. fr. 18171, fᵒ 109 rᵒ.

10889. — Arrêt ordonnant que Mᵉ Jérôme Du Verger, receveur général des finances à Montpellier, sera contraint de renouveler ses cautions et certificateurs.

E 12ᵉ, fᵒ 234 rᵒ, et ms. fr. 18171, fᵒ 102 vᵒ.

10890. — Arrêt ordonnant à Mᵉ Denis Feydeau, fermier général des aides, de payer aux maire, échevins et habitants d'Orléans la rente de 5,546 livres 18 sols 6 deniers, à eux constituée sur les aides de l'élection d'Orléans.

E 12ᵉ, fᵒ 235 rᵒ, et ms. fr. 18171, fᵒ 104 rᵒ.

10891. — Arrêt autorisant les habitants de Saint-Fargeau à lever, durant quatre ans, 2 sols par minot de sel vendu au grenier de ladite ville, pourvu que le fournisseur du grenier y consente, et que le produit

en soit employé aux réparations des chemins et du pavé.

E 12ᵉ, fᵒ 236 rᵒ, et ms. fr. 18171, fᵒ 103 vᵒ.

10892. — Arrêt ordonnant au receveur général du Clergé de payer un acompte de 900 livres à Mᵉ Charles de La Fagerdie, infirmier de l'église de Tulle, sur ce qu'il prétend lui être dû pour ses vacations et son séjour à la suite de la Cour.

E 12ᵉ, fᵒ 237 rᵒ, et ms. fr. 18171, fᵒ 115 vᵒ.

10893. — Arrêt relatif aux difficultés pendantes entre la Chambre des comptes et les États de Bretagne au sujet du subside de 600,000 livres accordé au Roi en 1597 et au sujet de la levée destinée au remboursement de ladite somme.

E 12ᵉ, fᵒ 238 rᵒ, et ms. fr. 18171, fᵒ 115 vᵒ.

10894. — Adjudication de la fourniture du sel dans le bas pays d'Auvergne, faite, pour six années, à Mᵉ Étienne Blancheteau.

E 12ᵉ, fᵒ 239 rᵒ, et ms. fr. 18171, fᵒ 109 vᵒ.

10895. — Arrêt renvoyant au prévôt de Paris les instances pendantes entre le fermier général du sel pour livre en la généralité de Poitiers, ses sous-fermiers en l'élection de Niort et Mathurin Lambert, sieur de Pierrefort, huissier de la Chambre du Roi, capitaine du guet d'Orléans.

E 12ᵉ, fᵒ 247 rᵒ, et ms. fr. 18171, fᵒ 119 rᵒ.

10896. — Arrêt ordonnant à Mᵉ Joseph Croisier, receveur général des finances à Limoges, de verser 3,491 livres entre les mains de Mᵉ Jean Palot, ci-devant commis à la recette des deniers accordés aux protestants.

E 12ᵉ, fᵒ 249 rᵒ, et ms. fr. 18171, fᵒ 106 rᵒ.

10897. — Arrêt réglant le payement de 53,236 livres dues au sieur de Beaulieu, conseiller et secrétaire d'État, «tant pour remboursement de prestz faictz au Roy en ses plus urgens affaires que pour le paiement de ses gaiges, pensions», etc.

E 12ᵉ, fᵒ 251 rᵒ, et ms. fr. 18171, fᵒ 105 rᵒ.

10898. — Arrêt révoquant toutes les commissions précédemment expédiées en vue de la recherche des

46.

deniers imposés « pour le bois, feu et chandelle », et ordonnant une enquête sur les poursuites rigoureuses exercées contre les habitants les plus aisés des élections de Nemours, de Joigny, etc.

E 12°, f° 252 r°, et ms. fr. 18171, f° 105 v°.

10899. — Arrêt renvoyant aux trésoriers de France à Limoges une requête par laquelle les habitants des ports de la Gironde demandent à être déchargés des impôts de 2 sols pour livre de marchandise et d'un écu par tonneau de blé transporté à Bordeaux.

E 12°, f° 253 r°, et ms. fr. 18171, f° 104 v°.

10900. — Arrêt évoquant au Conseil les procès pendants au parlement de Toulouse et en la cour des aides de Montpellier entre Marc de Durfort, sieur de Pestilhac, et les syndics et consuls de Moissac, en Quercy.

E 12°, f° 254 r°, et ms. fr. 18171, f° 118 v°.

10901. — Arrêt déclarant que Henri de Schonberg, comte de Nanteuil, jouira des huitièmes de Chartres, ou sera remboursé par le fermier général des aides d'une somme de 78,000 livres.

E 12°, f° 256 r°, et ms. fr. 18171, f° 117 v°.

10902. — Arrêt ordonnant le payement des « augmentations de gages » attribuées à M° Pierre Du Houssay, à Alexandre Le Grand, à Jean Le Picart, à Antoine Demurat et à Claude de Bragelongne, conseillers au Parlement, « au lieu de la finance qu'ilz avoient payée pour la survivance de leurs offices ».

E 12°, f° 258 r°, et ms. fr. 18171, f° 106 r°.

10903. — Arrêt ordonnant que la personne pourvue de l'office de maître des comptes en Dauphiné vacant par la mort de M° Muzy rapportera ses lettres de provision, attendu que, M° Muzy étant mort « sans avoir résigné, ny voulu résigner son office, afin de laisser ses enffans et postérité nobles, . . . ledit office estoit demeuré supprimé ».

E 12°, f° 259 r°, et ms. fr. 18171, f° 103 r°.

10904. — Arrêt ordonnant l'envoi au Conseil du compte de M° de Chaulnes, trésorier des réparations et fortifications de Dauphiné, lequel demeure redevable d'au moins 60,000 livres.

E 12°, f° 260 r°, et ms. fr. 18171, f° 103 r°.

10905. — Arrêt déclarant que les 15,000 livres dues par la ville d'Orléans, pour sa quote-part de l'impôt établi en place du sol pour livre, seront levées, comme les années précédentes, sous la forme d'un droit d'entrée de 10 sols par tonneau de vin, payable par tous les habitants, même privilégiés.

E 12°, f° 261 r°, et ms. fr. 18171, f° 102 r°.

10906. — Arrêt renvoyant aux trésoriers de France à Limoges une requête par laquelle les habitants des îles abonnées du bailliage de Marennes, Arvert et Oloron demandent à être maintenus dans l'exemption de divers impôts levés sur le blé, le vin et les marchandises le long de la Charente.

E 12°, f° 262 r°, et ms. fr. 18171, f° 101 r°.

10907. — Arrêt ordonnant qu'après commandement fait à M° Antoine Benoist, receveur général des finances à Riom, de payer ce qu'il doit au trésorier des Ligues, il sera procédé à la criée et à l'adjudication de son office.

E 12°, f° 264 r°, et ms. fr. 18171, f° 116 r°.

10908. — Arrêt ordonnant aux trésoriers de France de faire connaître les motifs pour lesquels ils ont taxé les copropriétaires de la sergenterie de Moulins et de Bonmoulins et le sergent hérédital d'Échauffour à l'occasion de la révocation de l'édit de création des vicomtes.

E 12°, f° 265 r°, et ms. fr. 18171, f° 116 v°.

10909. — Arrêt renvoyant aux trésoriers de France à Aix une requête de Barthélemy Brisepan, bourgeois d'Arles, lequel demande à conserver sa commission de lieutenant du maître des ports d'Arles « pour garder le passage du grand gras d'Orgon et gras d'Amphise, à la conservation des batteaux et marchandises entrans et sortans par les embouchures du Rosne, qui ordinairement y font naufrage ».

Ms. fr. 18171, f° 101 v°.

1607, 15 février. — Paris.

10910. — Avis du Conseil tendant à faire un don de 15,000 livres à Mᵉ Antoine Servient, procureur-syndic général des États de Dauphiné, en considération des bons avis qu'il a donnés au sujet de la réunion du domaine delphinal et au sujet du remboursement des avances faites par le Dauphiné pour la guerre de Piémont, attendu également la valeur plus grande qu'il a su donner à la ferme du sel de Provence.

E 12ᵃ, fᵒ 266 rᵒ, et ms. fr. 18171, fᵒ 120 vᵒ.

1607, 17 février. — Paris.

10911. — Arrêt renvoyant à la chambre des comptes de Dauphiné une requête en remise de tailles présentée par les habitants de Faramans, d'Ornacieux, de Nantoin, de Villarnaud, etc., paroisses dévastées par un orage.

E 12ᵃ, fᵒ 267 rᵒ, et ms. fr. 18171, fᵒ 120 vᵒ.

10912. — Arrêt ordonnant l'élargissement de Louis de La Condamine, lieutenant d'une compagnie de gendarmes, emprisonné pour dettes nonobstant des lettres de répit à lui octroyées par le Roi.

E 12ᵃ, fᵒ 268 rᵒ, et ms. fr. 18171, fᵒ 121 vᵒ.

10913. — Arrêt accordant à Jean Noally, sergent à cheval au Châtelet, décharge d'une amende à laquelle il avait été condamné par les trésoriers de France à Lyon, pour avoir exécuté à Lyon certaine ordonnance du sieur Bavyn, conseiller au Parlement et commissaire député pour la recherche des aubaines et naturalités ès pays de Lyonnais, Forez et Bresse.

E 12ᵃ, fᵒ 269 rᵒ, et ms. fr. 18171, fᵒ 121 rᵒ.

10914. — Avis du Conseil tendant à inféoder au sieur de Bonnevau, gentilhomme ordinaire de la Chambre, quarante arpents de terres vaines et vagues dépendantes du comté de Beaufort-en-Vallée, à la condition « de payer, à chacune mutation de seigneur, une paire d'esperons dorez de l'estimation d'un escu sol et de faire construire et entretenir à ses despens...

une chaussée..., fort utille et nécessaire pour le passage du peuple..., et un moulin à vent pour la mesme commodité des habitans voisins ».

E 12ᵃ, fᵒ 270 rᵒ, et ms. fr. 18171, fᵒ 122 rᵒ.

1607, 20 février. — Paris.

10915. — Arrêt confirmant l'état dressé par les trésoriers de France en Berry, dans lequel ils ont taxé les acquéreurs du domaine royal « au paiement des charges d'icelluy, en les faisant suppléer jusques à la raison du denier vingt ».

E 12ᵃ, fᵒ 271 rᵒ, et ms. fr. 18171, fᵒ 123 rᵒ.

10916. — Arrêt prescrivant diverses mesures pour parvenir au prompt recouvrement des deniers des décimes ordinaires qui sont destinés au payement des rentes de l'Hôtel-de-Ville assignées sur le Clergé.

E 12ᵃ, fᵒ 272 rᵒ, et ms. fr. 18171, fᵒ 122 vᵒ.

10917. — Arrêt hâtant le remboursement d'une somme de 900 livres due par le bas pays d'Auvergne à une pauvre femme de quatre-vingt-dix ans nommée Antoinette Purid.

E 12ᵃ, fᵒ 273 rᵒ, et ms. fr. 18171, fᵒ 123 vᵒ.

1607, 22 février. — Paris.

10918. — Arrêt déboutant le chapitre de l'église collégiale du Saint-Esprit-lès-Bayonne et Mᵉ Jean de Lafont, prévôt royal en la ville de Bayonne, de leurs requêtes respectives tendantes, l'une à ce que ledit chapitre soit dorénavant payé d'une somme de 3,900 livres sur les deniers de la coutume de Bayonne dont jouissent à présent les lieutenant en la mairie et échevins de Bayonne, l'autre à ce que toutes les fermes des coutumes et des deniers patrimoniaux de Bayonne soient désormais adjugées en la présence et du consentement du prévôt royal.

E 12ᵃ, fᵒ 274 rᵒ, et ms. fr. 18171, fᵒ 143 vᵒ.

10919. — Arrêt condamnant Mᵉ Michel Vigier, sous le nom duquel M. de La Rochepot a mis l'abbaye de Saint-Serge d'Angers, avant de la céder au duc de Sully, à remettre ladite abbaye entre les mains de M⁰ Pierre Habert, conseiller au Parlement, à qui le Roi en a fait don par suite de la démission du duc de Sully.

E 12ᵃ, fᵒ 276 rᵒ, et ms. fr. 18171, fᵒ 126 rᵒ.

10920. — Arrêt accordant aux habitants de la ville et du château d'Ennezat nouvelle surséance de six mois pour le payement de leurs dettes.

E 12ᵃ, fᵒ 277 rᵒ, et ms. fr. 18171, fᵒ 126 vᵒ.

10921. — Arrêt déclarant que les bénéficiers des pays de Bresse, Bugey, Valromey et Gex contribueront désormais aux décimes comme les bénéficiers des autres parties du royaume.

E 12ᵃ, fᵒ 278 rᵒ, et ms. fr. 18171, fᵒ 125 vᵒ.

10922. — Arrêt ordonnant aux commis à la recette des taxes levées sur les marchands de vin en gros de présenter, dans un mois, leurs comptes au Conseil, et déclarant que les marchands de vin en gros qui voudront continuer leur trafic seront tenus dorénavant de prendre provision au greffe des élections.

E 12ᵃ, fᵒ 279 rᵒ, et ms. fr. 18171, fᵒ 125 rᵒ.

10923. — Arrêt accordant à Mathieu Bastard, «procureur et ayant charge du recouvrement des assignations ordonnées par le Roy à plusieurs colonnelz et cappitaines suisses sur les deniers provenans des ventes et reventes du domaine, greffes et autres portions du ressort du parlement de Paris», un délai de deux mois pour satisfaire à un arrêt du Conseil du 27 janvier dernier.

E 12ᵃ, fᵒ 280 rᵒ, et ms. fr. 18171, fᵒ 124 vᵒ.

10924. — Adjudication de la ferme de l'extinction du convoi de Bordeaux et des impositions des rivières de Garonne et Dordogne faite, pour quatre ans, à M⁰ Pierre Moynier, moyennant le payement annuel de 347,000 livres.

E 12ᵃ, fᵒ 281 rᵒ, et ms. fr. 18171, fᵒ 137 bis rᵒ.

10925. — Arrêt joignant à une instance pendante au Conseil entre le sieur d'Aumont et Pierre de Beringhen, premier valet de chambre ordinaire du Roi, une autre instance également pendante au Conseil entre Audin Gallien, bourgeois de Tours, et ledit Beringhen au sujet de la réception de Charles Le Conte en un office de sergent-priseur-vendeur en la ville de Paris.

E 12ᵃ, fᵒ 287 rᵒ, et ms. fr. 18171, fᵒ 129 vᵒ.

10926. — Adjudication de l'impôt sur les cartes, dés et tarots faite, pour sept ans, à Pierre Fricourt, à condition qu'il paye 30,000 livres pour chacune des deux premières années, et 40,000 livres pour chacune des cinq dernières années du bail.

E 12ᵃ, fᵒ 288 rᵒ, et ms. fr. 18171, fᵒ 127 rᵒ.

10927. — Arrêt réglant le payement de 87,824 livres 8 deniers dus par le pays d'Auvergne à Étienne Blancheteau, cessionnaire du sieur de Flageac.

E 12ᵃ, fᵒ 292 rᵒ, et ms. fr. 18171, fᵒ 131 vᵒ.

10928. — Arrêt autorisant les maire et échevins de Bourges à continuer, nonobstant un arrêt de la Cour des aides, la levée de l'imposition établie en place du sol pour livre.

E 12ᵃ, fᵒ 293 rᵒ, et ms. fr. 18171, fᵒ 130 vᵒ.

10929. — Arrêt déclarant que les maire et échevins de Bourges sont, ainsi que le commis à la recette des deniers communs de ladite ville, dispensés de présenter les comptes des deniers patrimoniaux et communs à M⁰ Charles Du Monceau, conseiller en la Cour des aides et commissaire député pour la recherche des malversations.

E 12ᵃ, fᵒ 295 rᵒ, et ms. fr. 18171, fᵒ 129 rᵒ.

10930. — Arrêt ordonnant la réception de M⁰ Guillaume Gleyse, avocat au parlement d'Aix, en l'office de lieutenant alternatif du maître des ports au bureau de la foraine d'Arles, nonobstant l'opposition de M⁰ Pierre Cabrol, lieutenant ancien dudit maître des ports.

E 12ᵃ, fᵒ 297 rᵒ, et ms. fr. 18171, fᵒ 130 rᵒ.

10931. — Arrêt assignant au Conseil M⁰ Israël Galopin, juge ordinaire d'Uzès, pour répondre au sujet de la façon irrégulière dont il aurait procédé à la levée d'une somme de 34,700 livres destinée aux dépenses particulières du diocèse d'Uzès.

E 12ᵃ, fᵒ 298 rᵒ.

10932. — Arrêt rejetant une requête par laquelle les habitants des îles abonnées de Marennes, d'Arvert et d'Oloron demandent à être déchargés de la subvention levée en place du sol pour livre, mais ordonnant, en leur faveur, une réduction de cote.

E 12ᵉ, fᵒ 299 rᵒ, et ms. fr. 18171, fᵒ 137 vᵒ.

10933. — Arrêt maintenant Urbain Bouhier, Pierre Guillemin et Jacques Barbot en la jouissance du droit d'entrée de 4 o/o levé sur les drogueries et épiceries dans la ville et le gouvernement de la Rochelle.

E 12ᵉ, fᵒ 300 rᵒ, et ms. fr. 18171, fᵒ 137 vᵒ.

10934. — Arrêt autorisant le sieur Du Raullet, prévôt général en Normandie, à pourvoir au remplacement provisoire de Hector de Thunes et de Gilles de Charancy, lieutenants de robe courte aux bailliages de Caux et de Cotentin, «absens, depuis quelque temps en ça, dudit païs, pour crimes dont ilz sont prévenuz».

E 12ᵉ, fᵒ 301 rᵒ, et ms. fr. 18171, fᵒ 137 rᵒ.

10935. — Arrêt autorisant la levée d'une somme de 1,350 livres destinée aux réparations de l'église et du clocher de Neuilly, en Sénonais.

E 12ᵉ, fᵒ 302 rᵒ, et ms. fr. 18171, fᵒ 137 rᵒ.

10936. — Arrêt accordant surséance de trois mois, pour le payement de leurs dettes, au prince de Conti et à la comtesse de Soissons, afin qu'ils puissent, dans l'intervalle, terminer leurs différends.

E 12ᵉ, fᵒ 303 rᵒ, et ms. fr. 18171, fᵒ 136 vᵒ.

10937. — Arrêt accordant aux habitants de Joigny remise de ce qu'ils pourraient devoir, sur l'imposition du sol pour livre, depuis l'année 1595.

E 12ᵉ, fᵒ 304 rᵒ, et ms. fr. 18171, fᵒ 136 rᵒ.

10938. — Arrêt statuant sur une instance pendante entre les bouchers de Tours et le fermier général des aides, et maintenant au chiffre de 300 livres la taxe annuelle levée à Tours «sur la chair vendue en destail et sur le cuir à poil».

E 12ᵉ, fᵒ 305 rᵒ, et ms. fr. 18171, fᵒ 135 rᵒ.

10939. — Arrêt maintenant l'abonnement aux tailles des habitants de Souvigny, conformément à l'usage existant avant la réunion du Bourbonnais à la Couronne.

E 12ᵉ, fᵒ 307 rᵒ, et ms. fr. 18171, fᵒ 134 vᵒ.

10940. — Arrêt maintenant Mᵉ Jean Filassier en jouissance de la ferme du droit de 24 livres par muid de sel levé à l'embouchure de la Seine, nonobstant une enchère mise par un bourgeois de Rouen.

E 12ᵉ, fᵒ 309 rᵒ, et ms. fr. 18171, fᵒ 133 vᵒ.

10941. — Arrêt réduisant à 18 livres la taxe imposée à Guillaume Gaultier par les habitants de Chalandrey.

E 12ᵉ, fᵒ 311 rᵒ, et ms. fr. 18171, fᵒ 132 vᵒ.

10942. — Arrêt déclarant éteinte, conformément aux lettres patentes du 18 mars 1598, l'imposition de 7 sols 6 deniers par pipe de vin entrant en la ville d'Angers.

E 12ᵉ, fᵒ 313 rᵒ, et ms. fr. 18171, fᵒ 143 vᵒ.

10943. — Arrêt accordant aux bénéficiers du diocèse de Nevers un délai de quatre ans pour payer une somme de 20,000 livres qu'ils redoivent sur les décimes.

E 12ᵉ, fᵒ 314 rᵒ, et ms. fr. 18171, fᵒ 142 rᵒ.

10944. — Arrêt ordonnant que des quittances en blanc d'offices d'huissiers audienciers aux greniers à sel et de courtiers de vin seront délivrées au prince de Joinville, jusqu'à concurrence de 30,000 livres.

E 12ᵉ, fᵒ 315 rᵒ; AD ✠ 142, nᵒ 12, et ms. fr. 18171, fᵒ 143 rᵒ.

10945. — Arrêt ordonnant que la dame de Nemours, engagiste du domaine de la vicomté de Falaise, sera assignée au Conseil, ainsi que son receveur et procureur, pour se voir condamner, conformément aux arrêts du parlement de Rouen, à payer les frais de la reconstruction de l'auditoire de Falaise, démoli pendant les troubles.

E 12ᵉ, fᵒ 316 rᵒ, et ms. fr. 18171, fᵒ 141 vᵒ.

10946. — Arrêt ordonnant à la cour des aides de Normandie de procéder à l'enregistrement de l'édit de mars 1606, qui révoque un édit de janvier 1598 en ce qui concerne seulement les anoblissements faits en Normandie.

E 12*, f° 318 r°, et ms. fr. 18171, f° 140 v°.

1607, 1er mars. — Paris.

10947. — Arrêt assignant un délai de quinze jours à MM. du Clergé pour faire leurs productions dans le procès pendant entre eux et les veuve et héritiers de Pierre Leclerc, sieur du Vivier.

E 12b, f° 1 r°, et ms. fr. 18171, f° 145 r°.

10948. — Arrêt ordonnant qu'il sera pourvu aux offices de jurés maçons et charpentiers et de clercs de l'écritoire créés par édit d'octobre 1574, conformément à un état arrêté au Conseil, et que les lettres de provision en seront expédiées en blanc au sieur de Loménie, secrétaire des commandements.

E 12b, f° 3 r°, et ms. fr. 18171, f° 144 r°.

10949. — Arrêt ordonnant le payement d'une somme de 2,167 livres 5 sols 6 deniers assignée, en 1604, à la marquise de Verneuil sur la recette générale de Bourgogne, retranchée à raison du déficit, puis rétablie par le Conseil.

E 12b, f° 4 r°, et ms. fr. 18171, f° 145 v°.

10950. — Arrêt statuant sur diverses instances pendantes entre le duc de Guise, Jean de Pastoureau, sieur de La Rochette, Charles de Renty, sieur de Landelle, Me Bénédict Massey, gentilhomme lucquois, cidevant commis à la recette des deniers destinés à l'acquittement des dettes du duc de Guise, et Me Pierre Nyvelle, commis à ladite recette.

E 12b, f° 5 r°, et ms. fr. 18171, f° 144 r°.

1607, 3 mars. — Paris.

10951. — Arrêt ratifiant le contrat passé par Jean Durant avec le duc de Lorraine pour la fourniture du sel nécessaire à la ville de Metz et au Pays messin.

E 12b, f° 7 r°, et ms. fr. 18171, f° 146 r°.

10952. — Arrêt portant règlement au sujet du payement des dettes des communautés de Dauphiné.

E 12b, f° 8 r°, et ms. fr. 18171, f° 146 v°.

10953. — Arrêt renvoyant au parlement de Dijon les informations faites contre Me Guillaume Griffon, grènetier à Semur-en-Brionnais.

E 12b, f° 16 r°, et ms. fr. 18171, f° 146 v°.

1607, 6 mars. — Paris.

10954. — Arrêt révoquant le brevet accordé à l'abbesse de Saint-Pierre de Lyon pour l'union du prieuré de Poleteins en Bresse, et déclarant que ledit prieuré demeurera soumis au chapitre général de l'ordre des Chartreux.

E 12b, f° 17 r°, et ms. fr. 18171, f° 149 r°.

1607, 8 mars. — Paris.

10955. — Arrêt déclarant que les amendes provenant de malversations commises dans les forêts de la baronnie de Château-du-Loir doivent appartenir au Roi, ordonnant toutefois qu'il sera payé, par an, 255 livres 12 sols 5 deniers à Nicolas d'Angennes, sieur de Rambouillet, engagiste de ladite baronnie, au cas où les amendes des juges ordinaires ne monteraient pas à pareille somme; ordonnant, en outre, que les officiers desdites forêts qui ont commis des abus et malversations seront poursuivis, bien qu'ils aient été compris dans les taxes des financiers, et renvoyant tous appels à la chambre des enquêtes du parlement de Paris.

E 12b, f° 12 r°, et ms. fr. 18171, f° 150 v°.

10956. — Arrêt révoquant deux provisions de conseillers-assesseurs et certificateurs de criées en Normandie faites au préjudice du traité conclu avec Me Thomas Robin par la reine Marguerite, à qui le Roi avait donné les deniers provenant de la création desdits offices.

E 12b, f° 19 r°, et ms. fr. 18171, f° 150 r°.

10957. — Arrêt ordonnant que le sieur de Lesdiguières, lieutenant général en Dauphiné, entrera en possession du château de Fourques, sauf à payer au sieur de Lesderon les gages de capitaine dudit château.

E 12ᵇ, fᵒ 20 rᵒ, et ms. fr. 18171, fᵒ 156 rᵒ.

10958. — Arrêt accordant aux mayeur et échevins de Montreuil surséance d'un an pour le payement des dettes de ladite ville.

E 12ᵇ, fᵒ 22 rᵒ, et ms. fr. 18171, fᵒ 156 rᵒ.

10959. — Arrêt ordonnant l'examen des comptes du commis à la recette des deniers provenant de la constitution d'une rente sur les aides, octrois et gabelles des généralités de Toulouse et de Montpellier, afin qu'il puisse être statué sur deux requêtes présentées, l'une par Alexandre de Mirabel, sieur de Blacons, l'autre par le sieur de La Couronne-Saint-Andéol, gentilhomme de la Chambre.

E 12ᵇ, fᵒ 23 rᵒ, et ms. fr. 18171, fᵒˢ 155 rᵒ.

10960. — Arrêt confirmant à Louis de L'Hospital, baron de Vitry-Coubert, capitaine des Gardes du corps, le droit de nomination et de provision aux offices ordinaires du comté de Meaux.

E 12ᵇ, fᵒ 25 rᵒ, et ms. fr. 18171, fᵒ 155 rᵒ.

10961. — Arrêt ordonnant la répétition des sommes indûment perçues, pour taxations, par les officiers des élections de la généralité de Châlons, sur le produit de la crue extraordinaire levée en 1606.

E 12ᵇ, fᵒ 26 rᵒ, et ms. fr. 18171, fᵒ 154 vᵒ.

10962. — Arrêt déclarant que Pierre Daulphin ne pourra être obligé de présenter en la Chambre des comptes ses comptes de la ferme du sol pour livre de la généralité d'Orléans, ladite imposition ayant été supprimée dès l'année 1603.

E 12ᵇ, fᵒ 27 rᵒ, et ms. fr. 18171, fᵒ 154 rᵒ.

10963. — Arrêt réglant à 400 livres les appointements et vacations dus à Mᵉ Nicolas Cugnois, notaire et secrétaire du Roi, ci-devant greffier de la «Chambre sur la recherche des monnoyes» qui avait été établie le 16 août 1605, et qui a été supprimée le 28 juin 1606.

E 12ᵇ, fᵒ 28 rᵒ, et ms. fr. 18171, fᵒ 153 vᵒ.

10964. — Arrêt ordonnant communication aux maire et échevins de la Rochelle de diverses requêtes présentées par Jacques Rigault, fermier des traites de Poitou et de Marans; lesdites requêtes tendent à soumettre aux taxes portées par l'édit de janvier 1577 les marchandises chargées au port de la Roche, près Beauvoir-sur-Mer, à taxer pareillement les marchandises conduites à la Rochelle, à permettre au fermier l'emploi d'un cachet aux armes royales pour marquer les balles de toiles ou autres marchandises déjà taxées, etc.

E 12ᵇ, fᵒ 29 rᵒ, et ms. fr. 18171, fᵒ 152 vᵒ.

10965. — Arrêt allouant une indemnité de 5,000 livres à Augustin de Louvancourt, caution et cessionnaire de Thomas de Lorme, «adjudicataire de la fourniture à faire du pain de munition dans la dernière armée dressée par Sa Majesté,» à condition que ledit Louvancourt livrera à l'Arsenal les 300 sacs par lui achetés pour cette fourniture.

E 12ᵇ, fᵒ 31 rᵒ, et ms. fr. 18171, fᵒ 157 vᵒ.

10966. — Arrêt ordonnant que Pierre de Rouxel, baron de Médavy, continuera de toucher la rente de 3,000 livres à lui constituée, au mois de mars 1594, en exécution du traité qu'il avait conclu en faisant sa soumission au Roi.

E 12ᵇ, fᵒ 32 rᵒ, et ms. fr. 18171, fᵒ 157 rᵒ.

1607, 10 mars. — Paris.

10967. — Arrêt prorogeant, durant neuf ans, les octrois concédés à la ville de Vienne pour l'entretien du pont du Rhône.

E 12ᵇ, fᵒ 34 rᵒ, et ms. fr. 18171, fᵒ 158 rᵒ.

10968. — Arrêt autorisant Mᵉ Pierre de Toulouse, sieur de Saint-Martin, maître des ports et passages au bureau de la foraine de Narbonne, à demeurer, avec ses domestiques, en une maison appartenant au Roi.

E 12ᵇ, fᵒ 36 rᵒ, et ms. fr. 18171, fᵒ 161 vᵒ.

10969. — Arrêt confiant à Mᵉ Étienne Guérin, maître en la chambre des comptes de Rouen, la vérification des charges qui grevaient les recettes particu-

47

lières des aides, dans les généralités de Rouen et de Caen, pendant les quatre années qui ont précédé la conclusion du bail général des aides.

E 12ᵇ, fᵒ 37 rᵒ, et ms. fr. 18171, fᵒ 161 rᵒ.

10970. — Arrêt ordonnant à plusieurs riches habitants de Montlhéry, notamment à Mᵉ Christophe Bagereau, prévôt en la châtellenie de Montlhéry, bailli de Châtres et soi-disant conseiller du prince de Condé, à Jacques Nolleau, procureur ordinaire au siège de Montlhéry et soi-disant solliciteur ordinaire des affaires du prince de Condé, à Antoine Hervy, secrétaire de la feue reine Louise de Lorraine, etc., de représenter au Conseil les lettres en vertu desquelles ils se prétendent exempts de la taille.

E 12ᵇ, fᵒ 38 rᵒ, et ms. fr. 18171, fᵒ 160 vᵒ.

10971. — Arrêt ordonnant aux commissaires députés pour la vérification des dettes du Dauphiné de procéder également à la vérification des sommes restant dues sur les levées faites dans les villages de Dauphiné avant l'année 1599.

E 12ᵇ, fᵒ 39 rᵒ, et ms. fr. 18171, fᵒ 166 rᵒ.

10972. — Arrêt renvoyant aux trésoriers de France en Provence une requête du sieur de Fumée, tendante à ce que le Roi accorde toute franchise et immunité aux habitants du port d'Agay, «où il prétend faire une nouvelle colonie,» lui refusant toutefois la franchise de port pour 20,000 quintaux de vieilles étoffes.

E 12ᵇ, fᵒ 40 rᵒ, et ms. fr. 18171, fᵒ 160 rᵒ.

10973. — Arrêt autorisant la levée d'une somme de 4,113 livres due par les habitants de Montbrison à Thomas Chevenier, à Jean Champier et à Antoine Valençon, anciens consuls.

E 12ᵇ, fᵒ 41 rᵒ, et ms. fr. 18171, fᵒ 158 vᵒ.

10974. — Arrêt autorisant les sieurs Dupont de Courlay et Chevalier de La Porte à construire par tout le royaume certains «moulins à moudre bled, d'une invention nouvelle par eux aportée de Levant...,» par le moien de laquelle on pourra moudre, en moins de temps et avec moindres fraiz et despens, beaucoup

plus grande quantité de grains», et leur accordant un privilège de dix ans.

E 12ᵇ, fᵒ 42 rᵒ, et ms. fr. 18171, fᵒ 166 rᵒ.

10975. — Arrêt statuant sur le procès pendant entre François de Cœurlis, apothicaire ordinaire de l'Artillerie, et les maîtres-apothicaires de Paris, ordonnant que ledit Cœurlis continuera de tenir boutique ouverte en ladite ville, et que néanmoins il sera examiné sur sa capacité par les médecins ordinaires du Roi.

E 12ᵇ, fᵒ 43 rᵒ, et ms. fr. 18171, fᵒ 165 rᵒ.

10976. — Arrêt déclarant que les officiers des élections qui n'ont point encore payé les sommes auxquelles ils ont été taxés pour le rétablissement de leurs droits et taxations restitueront ce qu'ils ont indûment touché desdits droits et taxations depuis 1599, à moins qu'ils n'acquittent, dans les quatre jours, le montant de leurs taxes.

E 12ᵇ, fᵒ 45 rᵒ, et ms. fr. 18171, fᵒ 164 vᵒ.

10977. — Arrêt autorisant Pierre Du Tronchet, maître des ports en la ville de Lyon, son lieutenant, son greffier et ses vingt et un gardes à porter arquebuses et pistoles dans l'exercice de leur charge, «qui conciste à avoir l'œil et tenir la main à ce qu'il ne se transporte hors le royaume aucunes espèces d'or et d'argent, billon, lingotz, bagues et joiaux, chevaux de grand prix, munitions de guerre et autres marchandises de contrebande».

E 12ᵇ, fᵒ 46 rᵒ, et ms. fr. 18171, fᵒ 164 rᵒ.

10978. — Arrêt autorisant les habitants de Selles à faire contribuer aux tailles Mᵉˢ Gabriel Curault, Pierre Gombault, René Charbonnier et Jacques Bossere, officiers de l'élection de Selles, non sans leur avoir, au préalable, remboursé la taxe par eux payée pour jouir de l'exemption des tailles.

E 12ᵇ, fᵒ 47 rᵒ, et ms. fr. 18171, fᵒ 163 vᵒ.

10979. — Arrêt ordonnant aux capitaines de navires d'adresser, aussitôt arrivés, au sieur de Damville, amiral de France et de Bretagne, leurs rapports «de ce qu'ilz ont veu et apris, des marchandises qu'ilz auront amené et des prises par eulx faictes», attribuant, en première instance, aux officiers de l'Amirauté et, en appel, au parlement de Rouen la connaissance des différends qui pourraient survenir à l'occasion des voyages et des prises, et ordonnant au procureur général au parlement de Rouen de faire savoir les motifs pour lesquels ledit parlement a connu, en première instance, des différends survenus à l'occasion des prises faites par le capitaine Michée dans un voyage au Pérou et en Guinée.

E 12ᵇ, f° 48 r°, et ms. fr. 18171, f° 161 v°.

10980. — Arrêt confirmant l'exemption d'impôts accordée, pour six ans, aux habitants du pays de Saulx, de Fenouillet, de Bugarach et des Bains, par lettres du 3 juin 1601.

E 12ᵇ, f° 50 r°, et ms. fr. 18171, f° 162 v°.

10981. — Arrêt déclarant que les 3,350 livres dues pour le quartier d'octobre 1605 des rentes de la ville de Paris constituées sur les tailles devront être versées entre les mains de Mᵉ Jean de Moisset, ancien fermier général des aides.

E 12ᵇ, f° 52 r°, et ms. fr. 18171, f° 163 r°.

10982. — Arrêt déclarant exemptes du droit de douane de Paris les étoffes et marchandises sur lesquelles les précédents fermiers n'ont point perçu le droit, et ordonnant que, sur les étoffes d'or, de soie et de laine, sur les camelots, toiles et cuirs, etc., le droit sera perçu conformément au tarif arrêté au Conseil.

E 12ᵇ, f° 55 r°, et ms. fr. 18171, f° 168 r°.

10983. — Tarif de la douane de Paris, arrêté au Conseil.

E 12ᵇ, f° 53 r°, et ms. fr. 18171, f° 169 v°.

10984. — Arrêt ordonnant la vente aux enchères des droits de justice domaniaux relevant de la baronnie de Montferrand qui ont été délaissés aux maire et jurats de Bordeaux, le produit de la vente devant être employé au payement de 40,500 livres dues par lesdits maire et jurats au sieur de Cancon.

E 12ᵇ, f° 57 r°, et ms. fr. 18171, f° 167 r°.

10985. — Arrêt ordonnant l'expédition de lettres de provision en blanc des offices de conseillers-assesseurs des prévôts des maréchaux, afin de donner moyen au duc de Vendôme d'acquitter les dettes de la feue duchesse de Beaufort, sa mère.

E 12ᵇ, f° 59 r°, et ms. fr. 18171, f° 164 v°.

10986. — Arrêt ordonnant que, sur le prix du bail des cartes, une somme de 3,000 livres sera affectée aux entrepreneurs des manufactures, et que le reste sera remis au sieur de La Vieuville, grand fauconnier de France, tant pour l'entretien de la grande fauconnerie, que pour l'acquittement d'une somme de 13,000 livres à lui donnée par acquit du 23 juin dernier.

E 12ᵇ, f° 60 r°, et ms. fr. 18171, f° 167 v°.

10987. — Arrêt déclarant que René de Cumont, sieur de Fiefbrun, pourvu de l'office de sénéchal de Civray, sera tenu de « prendre la nomination » du sieur de Chemerault, engagiste du comté de Civray, et qu'il ne pourra, d'ailleurs, exercer qu'en robe courte, conformément à la demande de Mᵉ François Alexandre, lieutenant général civil et criminel en la sénéchaussée de Civray.

E 12ᵇ, f° 61 r°, et ms. fr. 18171, f° 170 v°.

10988. — Arrêt renvoyant aux commissaires chargés de la vente du droit d'un sol par présentation et du droit d'un sol par petit sceau levés dans les juridictions royales de Normandie une requête de la reine Marguerite, duchesse de Valois, tendante à ce que Mᵉ Théodore Baudinet soit admis à faire tiercement de la ferme d'un sol par petit sceau dans les juridictions royales de la vicomté d'Argentan et d'Exmes.

E 12ᵇ, f° 62 r°, et ms. fr. 18171, f° 171 v°.

10989. — Arrêt ordonnant que François Pascal et Alexandre Olivier fourniront 500 arquebuses en l'Arsenal, et acquitteront le droit seigneurial d'un sol par marc à mesure qu'ils débiteront les doubles et deniers de cuivre fin qu'ils ont été autorisés à faire fabriquer au Moulin.

E 12ᵇ, f° 63 r°, et ms. fr. 18171, f° 171 r°.

10990. — Arrêt ordonnant le payement d'une somme de 1,500 livres due au duc et maréchal de

47.

Bouillon pour ses gages de premier gentilhomme de la Chambre durant l'année 1605.

E 12ᵇ, fᵒ 64 rᵒ, et ms. fr. 18171, fᵒ 172 rᵒ.

10991. — Arrêt renvoyant aux commissaires députés pour la vérification des dettes des villages de Dauphiné le différend pendant entre Mᵉ Toussaint Bertrand, procureur au parlement de Grenoble, et la communauté de la Batie-Montgascon.

E 12ᵇ, fᵒ 66 rᵒ, et ms. fr. 18171, fᵒ 159 vᵒ.

10992. — Arrêt ordonnant que Mᵉ Bénigne Saulnier, pourvu de deux offices de trésorier des réparations et fortifications du Lyonnais, touchera trois quartiers des gages attribués auxdits offices.

E 12ᵇ, fᵒ 68 rᵒ, et ms. fr. 18171, fᵒ 159 vᵒ.

1607, 13 mars. — Paris.

10993. — Arrêt ordonnant qu'il sera procédé à l'adjudication des offices de contrôleurs-marqueurs de cuirs, dans les villes de Caen, Vernon, Louviers et Neufchâtel, sur le tiercement mis par Mᵉ Jean Le Gendre, bailli d'Ivry, et consorts.

E 12ᵇ, fᵒ 69 rᵒ, et ms. fr. 18171, fᵒ 173 vᵒ.

10994. — Arrêt déclarant que Mᵉ Jean Vene jouira de la dispense des quarante jours accordée à feu Mᵉ Jean Vene, son père, et, en conséquence, qu'il sera pourvu de l'office de contrôleur ancien au grenier à sel de Sommières, en versant toutefois aux parties casuelles une somme égale au huitième de la valeur dudit office.

E 12ᵇ, fᵒ 71 rᵒ, et ms. fr. 18171, fᵒ 176 rᵒ.

10995. — Arrêt relatif au payement des gages des grands maîtres, receveurs et contrôleurs généraux des bois et des officiers particuliers des eaux et forêts de Loches.

E 12ᵇ, fᵒ 73 rᵒ, et ms. fr. 18171, fᵒ 175 vᵒ.

10996. — Arrêt évoquant et renvoyant au parlement de Paris la réclamation faite par Charles de Durfort, seigneur de Castelbajac, Cubzac et autres lieux, contre la saisie de la terre et seigneurie de Cubzac.

E 12ᵇ, fᵒ 74 rᵒ, et ms. fr. 18171, fᵒ 174 vᵒ.

10997. — Arrêt ordonnant que le prince d'Anhalt sera assigné de 180,000 livres, sur le fermier général des aides, pendant chacune des années 1607 et 1608.

E 12ᵇ, fᵒ 76 rᵒ, et ms. fr. 18171, fᵒ 175 rᵒ.

10998. — Arrêt ordonnant que Mᵉ Jean Roussel, correcteur en la chambre des comptes de Normandie, sera assigné au Conseil pour développer ses réclamations au sujet de ses gages et taxations.

E 12ᵇ, fᵒ 77 rᵒ, et ms. fr. 18171, fᵒ 174 rᵒ.

10999. — Arrêt ordonnant que les taxes levées, sur les receveurs des tailles, pour l'attribution du port et de l'envoi des commissions des tailles seront dorénavant perçues dans les paroisses de l'élection de Nevers.

E 12ᵇ, fᵒ 78 rᵒ, et ms. fr. 18171, fᵒ 172 vᵒ.

11000. — Arrêt autorisant Jean Lardin à faire imposer sur tous les habitants de Montreuil-sous-Bois une somme de 670 livres 16 sols, à lui due pour la réparation des conduites d'eau de l'oratoire du château de Vincennes.

E 12ᵇ, fᵒ 80 rᵒ, et ms. fr. 18171, fᵒ 184 vᵒ.

11001. — Arrêt désignant le faubourg du Pont-de-Pierre, à Laigle, comme second lieu de bailliage, pour l'exercice public du culte réformé, confirmant aux protestants de Laigle et des environs la jouissance d'une partie du cimetière de Saint-Jean, et défendant à la dame de Laigle, ainsi qu'à tous les catholiques, de les troubler dans cette jouissance.

E 12ᵇ, fᵒ 81 rᵒ, et ms. fr. 18171, fᵒ 184 rᵒ.

11002. — Arrêt renvoyant aux trésoriers de France à Rouen une requête en remise de tailles des habitants de Commeny, ruinés par l'incendie du 27 janvier dernier.

E 12ᵇ, fᵒ 83 rᵒ, et ms. fr. 18171, fᵒ 183 vᵒ.

11003. — Arrêt ordonnant le payement d'une somme de 12,000 livres que les élus de Bourgogne ont été condamnés à payer à Mᵉ Jacques Massol, président en la chambre des comptes de Dijon.

E 12ᵇ, fᵒ 84 rᵒ, et ms. fr. 18171, fᵒ 182 vᵒ.

11004. — Arrêt déclarant que les habitants de Joinville continueront à jouir, durant deux ans, de l'exemption des tailles et crues, à condition qu'ils payeront le taillon, la crue du prévôt des maréchaux et la subvention.

E 12ᵇ, fᵒ 86 rᵒ, et ms. fr. 18171, fᵒ 177 vᵒ.

11005. — Arrêt relatif au différend pendant entre Henri Chauvetet et les veuve et héritiers de Philibert Quenot, fermiers des amendes du siège de Langres, et Mᵉˢ Antoine Médart et Hubert Du Molinet, avocat et procureur du Roi audit siège.

E 12ᵇ, fᵒ 87 rᵒ, et ms. fr. 18171, fᵒ 177 rᵒ.

11006. — Arrêt statuant sur divers procès pendants entre les habitants des îles abonnées de Saintonge dépendantes du gouvernement de Brouage, les deux Gabriel Laloue, père et fils, sieurs de Touchelonge, et les héritiers de François de Pons, sieur de Mirambeau, au sujet des terres et marais salants qui ont été compris dans les fortifications de Brouage.

E 12ᵇ, fᵒ 88 rᵒ, et ms. fr. 18171, fᵒ 179 rᵒ.

11007. — Arrêt ordonnant à Mᵉ Jean Deligny, secrétaire du Roi, commis à la recette des deniers provenant de la vente du domaine, de payer 5,000 livres au premier président de Harlay.

Ms. fr. 10843, fᵒ 124 rᵒ.

11008. — Arrêt ordonnant que le lieu assigné aux protestants de Saint-Léonard-de-Corbigny, pour l'exercice de leur culte, sera transféré de Beugnon au faubourg de la Grand-Porte.

Ms. fr. 18171, fᵒ 178 vᵒ.

1607, 15 mars. — Paris.

11009. — Arrêt suspendant, sur les remontrances du contrôleur général du domaine en Guyenne, la recherche des usurpations entreprise par le juge mage et par le procureur du Roi à Périgueux.

E 12ᵇ, fᵒ 92 rᵒ, et ms. fr. 18171, fᵒ 186 fᵒ.

11010. — Arrêt adoptant, en principe, les offres d'Antoine Rollet, secrétaire ordinaire de la Chambre du Roi et de la maison et couronne de Navarre, lequel « propose de faire recouvrer certains deniers cachez et recellez appartenans à Sa Majesté dans la province de Languedoc ».

E 12ᵇ, fᵒ 94 rᵒ, et ms. fr. 18171, fᵒ 185 vᵒ.

11011. — Arrêt ordonnant la levée d'une somme de 14,009 livres 1 sol 9 deniers, pareille somme ayant été avancée par le syndic du Périgord.

E 12ᵇ, fᵒ 95 rᵒ, et ms. fr. 18171, fᵒ 185 rᵒ.

11012. — Arrêt confirmant une sentence rendue, par l'élection d'Arques, dans un procès pendant entre plusieurs marchands du Pollet et le fermier des 60 sols par muid de vin, des 40 sols par tonneau de cidre et des 20 sols par tonneau de poiré passant par Rouen, Dieppe et le Havre.

E 12ᵇ, fᵒ 96 rᵒ, et ms. fr. 18171, fᵒ 193 vᵒ.

11013. — Arrêt relatif au procès pendant entre Jean-André Turrato, d'une part, Pierre Saintot, Jean-André Lumagne, Nicolas Camus, etc., d'autre part, au sujet de la société qu'ils ont formée pour introduire en France l'art de battre, couper et filer l'or et l'argent à la façon milanaise.

E 12ᵇ, fᵒ 98 rᵒ, et ms. fr. 18171, fᵒ 192 vᵒ.

11014. — Arrêt statuant sur une réclamation des receveurs des bois de l'Île-de-France, relative à une vente extraordinaire de bois dont le produit est destiné à acquitter une dette envers le Connétable.

E 12ᵇ, fᵒ 100 rᵒ, et ms. fr. 18171, fᵒ 188 rᵒ.

11015. — Arrêt suspendant toutes poursuites, contre les chaperonnières et coquillières de Paris, au sujet des droits de maîtrise.

E 12ᵇ, fᵒ 102 rᵒ, et ms. fr. 18171, fᵒ 187 vᵒ.

11016. — Arrêt renvoyant aux trésoriers de France à Rouen une requête en remise de tailles des habitants de Blangy [-sur-Bresle], ruinés par un incendie.

E 12ᵇ, fᵒ 103 rᵒ, et ms. fr. 18171, fᵒ 187 vᵒ.

11017. — Arrêt ordonnant communication aux trésoriers de France à Poitiers des pièces du procès fait par le receveur général des traites de Poitou et de Marans à Mathurin Brossard, marchand de Nogent-le-

Rotrou, à Urbain Chevalier, voiturier de Tours, etc., à l'occasion du transport de huit balles de toile.

E 12ᵇ, fᵒ 104 rᵒ, et ms. fr. 18171, fᵒ 186 vᵒ.

11018. — Arrêt réglant la réunion de l'office de notaire royal au Pecq à celui de notaire royal en la prévôté de Saint-Germain-en-Laye.

E 12ᵇ, fᵒ 106 rᵒ, et ms. fr. 18171, fᵒ 199 rᵒ.

11019. — Arrêt maintenant Jacques de Paris, Jacques Guérard et Isaac Le Couturier en la jouissance de leurs offices de courtiers jurés vendeurs de prunes sèches à Rouen.

E 12ᵇ, fᵒ 108 rᵒ, et ms. fr. 18171, fᵒ 203 vᵒ.

11020. — Arrêt ordonnant que Mᵉ Gabriel de Guénegaud, notaire et secrétaire du Roi, sera tenu de rembourser les offices de sergents ordinaires des aides et tailles en l'élection de Paris appartenant à Tristan Balthazar et à Claude Périer, lesquels offices demeureront supprimés.

E 12ᵇ, fᵒ 112 rᵒ, et ms. fr. 18171, fᵒ 200 rᵒ.

11021. — Arrêt ordonnant au receveur général du Clergé de remettre aux prévôt des marchands et échevins de Paris l'état de ses recettes et dépenses des deniers de l'année 1606, enjoignant aux receveurs particuliers des décimes d'envoyer leurs comptes, tous les trois mois, aux mêmes prévôt et échevins, etc.

E 12ᵇ, fᵒ 116 rᵒ, et ms. fr. 18171, fᵒ 203 rᵒ.

11022. — Arrêt relatif au payement d'une créance, sur la ville de Villefranche-de-Rouergue, appartenant à Guillaume Capmas, marchand de Toulouse.

E 12ᵇ, fᵒ 117 rᵒ, et ms. fr. 18171, fᵒ 191 rᵒ.

11023. — Arrêt donnant à Philippe-Emmanuel de Gondi, général des galères, mainlevée des sommes par lui consignées pour le péage du blé qui a été transporté, sur le Rhône, en 1605 et en 1606, pour l'approvisionnement des galères du Roi.

E 12ᵇ, fᵒ 119 rᵒ, et ms. fr. 18171, fᵒ 197 vᵒ.

11024. — Arrêt autorisant la levée, sur les habitants de Joigny, d'une somme de 1,350 livres destinée à l'acquittement des frais causés par une épidémie.

E 12ᵇ, fᵒ 121 rᵒ, et ms. fr. 18171, fᵒ 196 vᵒ.

11025. — Arrêt renvoyant à la cour des aides de Montpellier un procès pendant entre Mᵉ Jean de Maritan, trésorier du domaine de Rouergue, et Élie de Gasquet.

E 12ᵇ, fᵒ 122 rᵒ, et ms. fr. 18171, fᵒ 197 rᵒ.

11026. — Arrêt statuant sur un procès pendant entre Mᵉ Germain Du Val, prieur de Saint-Nicolas de Montfort, au diocèse de Saint-Malo, et Mᵉ Nicolas Fiot, ci-devant receveur général des finances en Bretagne, et ordonnant le remboursement d'une somme de 339 livres versée, en 1591, par le fermier dudit prieuré, pour sa part de la subvention accordée par le Clergé en 1588.

E 12ᵇ, fᵒ 124 rᵒ, et ms. fr. 18171, fᵒ 195 vᵒ.

11027. — Arrêt ordonnant la levée d'une somme de 1,958 livres 16 sols due par les habitants de la paroisse de Saint-Saturnin de Tours à Jacques Poittras, secrétaire du Roi, maison et couronne de France, à Jean Chauffourd, curé, à Louis Boisseau, à François Jacquet et à Amable Roze, anciens procureurs-fabriciers de ladite paroisse.

E 12ᵇ, fᵒ 126 rᵒ, et ms. fr. 18171, fᵒ 194 vᵒ.

11028. — Bail du «rachapt» et réunyon de tous les greffes» de Languedoc et de Provence fait, pour quinze années, à Mᵉˢ Céphas d'Albenas et Gilbert Chareil.

E 12ᵇ, fᵒ 128 rᵒ; cf. ibid., fᵒ 161 rᵒ; ms. fr. 18171, fᵒ 189 rᵒ.

11029. — Arrêt ordonnant la restitution des amendes et dépens auxquels le parlement de Rouen a condamné Guillaume Du Bosc, dit Thomine, avocat à Bayeux.

E 12ᵇ, fᵒ 132 rᵒ, et ms. fr. 18171, fᵒ 183 vᵒ.

11030. — Arrêt désignant les sieurs de La Porte, président, et Du Vicquet, avocat général au parlement de Rouen, le sieur de Mauteville, premier président de la chambre des comptes de Normandie, et le plus ancien maître des comptes pour recevoir, assistés des trésoriers de France, les réclamations et requêtes qui pourront être présentées par les vicomtes, avocats du Roi, assesseurs et enquêteurs des vicomtés, ainsi que par les sergents héréditaires, au sujet de la taxe levée pour la révocation de l'édit d'établissement des nouveaux vicomtes.

E 12ᵇ, fᵒ 134 rᵒ, et ms. fr. 18171, fᵒ 202 rᵒ.

1607, 17 mars. — Paris.

11031. — Arrêt déclarant que, nonobstant l'édit d'hérédité des notaires, la comtesse de Moret continuera à pourvoir aux offices de notaires dépendants de la terre de Moret tant qu'elle jouira de ladite terre.

E 12ᵇ, fᵒ 136 rᵒ.

11032. — Arrêt renvoyant au parlement de Paris le procès pendant entre Nicolas de Rivière, sieur de Vaux et de Combs-la-Ville, et Mᵉ Mathurin de Brion, receveur des aides en l'élection de Paris.

E 12ᵇ, fᵒ 137 rᵒ, et ms. fr. 18171, fᵒ 213 vᵒ.

11033. — Arrêt attribuant 11,000 livres au sieur de Vailly, « attendu que, suivant la volonté du Roy, il a remis à Sa Majesté les bois de sa seigneurie de la Borde, pour la commodité, décoration et embellissement du chasteau de Saint-Germain-en-Laye ».

E 12ᵇ, fᵒ 138 rᵒ, et ms. fr. 18171, fᵒ 213 rᵒ.

11034. — Arrêt déclarant que les sieurs de Luxembourg et de Dinteville jouiront des aides par eux acquises en la généralité de Champagne, à moins que Mᵉ Denis Feydeau, fermier général des aides, ne préfère leur rembourser le prix d'acquisition ou leur en payer l'intérêt.

E 12ᵇ, fᵒ 139 rᵒ, et ms. fr. 18171, fᵒ 206 rᵒ.

11035. — Arrêt renvoyant aux trésoriers de France à Bordeaux une requête par laquelle Menjon Dulivier, bourgeois de Bayonne, demande à être déchargé du « faifort de la ferme de la monnoie de Bayonne », attendu « les deffences cy-devant faites par Sa Majesté à tous ses subjetz de trafficquer en Espagne ».

E 12ᵇ, fᵒ 140 rᵒ, et ms. fr. 18171, fᵒ 212 vᵒ.

11036. — Arrêt ordonnant la restitution des biens qui avaient été saisis sur feu Guillaume Manget, ministre de Pons, en Saintonge, parce qu'il n'avait point

comparu au parlement de Bordeaux et s'était pourvu en la chambre établie à Saint-Jean-d'Angely.

E 12ᵇ, fᵒ 141 rᵒ, et ms. fr. 18171, fᵒ 210 vᵒ.

11037. — Arrêt déclarant que les héritiers de Jean Guiramant, Mᵉ Nicolas Flotte, conseiller au parlement de Provence, ses hoirs et ceux de Melchior de Materon jouiront de l'exemption des tailles levées par commission du Roi, mais contribueront aux tailles levées dans l'intérêt du pays à raison des biens roturiers qu'ils y possèdent.

E 12ᵇ, fᵒ 143 rᵒ, et ms. fr. 18171, fᵒ 209 rᵒ.

11038. — Arrêt renvoyant à la chambre des comptes de Dijon une requête relative à l'apurement des comptes de Mᵉ Claude de Fresnay, receveur du domaine au bailliage d'Auxerre.

E 12ᵇ, fᵒ 145 rᵒ, et ms. fr. 18171, fᵒ 205 vᵒ.

11039. — Adjudication de la « ferme du droict de doanne des espiceries, drogueries, denrées et autres marchandises qui entrent par la mer Méditerrannée sur les vaisseaux estrangers qui mouillent l'ancre au port et havre de Marseille ou autres lieux de la coste », faite, pour quatre ans, à Antoine Vannel, moyennant le payement annuel de 4,550 livres.

E 12ᵇ, fᵒ 146 rᵒ, et ms. fr. 18171, fᵒ 207 vᵒ.

11040. — Adjudication de la ferme des 60 sols par muid de vin, des 40 sols par tonneau de cidre et des 20 sols par tonneau de poiré entrant à Rouen, à Dieppe et au Havre, faite, pour trois ans, au sieur Roussel, moyennant le payement annuel de 148,000 livres.

E 12ᵇ, fᵒ 148 rᵒ, et ms. fr. 18171, fᵒ 215 rᵒ.

11041. — Arrêt interdisant toutes poursuites contre les perruquières de Paris « pour les faire consentir à l'errection d'une maistrise de leur mestier et à payer les droictz de ladite maistrise, contre l'intention de Sa Majesté ».

E 12ᵇ, fᵒ 152 rᵒ, et ms. fr. 18171, fᵒ 207 rᵒ.

11042. — Adjudication de l'office de receveur

général des finances en Provence, faite à Mᵉ Alexandre Galliffet, au prix de 26,000 livres.

E 12ᵇ, fᵒ 153 rᵒ, et ms. fr. 18171, fᵒ 211 rᵒ.

11043. — Arrêt ordonnant le remboursement des sommes payées par le sieur de Buzenval, ambassadeur du Roi dans les Provinces-Unies, pour l'achat du «droict des portz, havres et brieux des villes et rivière de Hennebond, Blavet et isle de Grois, leurs mettes, rades et limites ».

E 12ᵇ, fᵒ 155 rᵒ, et ms. fr. 18171, fᵒ 209 rᵒ.

11044. — Arrêt, rendu sur la requête du sieur de Montmartin, maréchal de camp dans les armées du Roi et ci-devant gouverneur de Vitré, ordonnant le rétablissement, sur le compte de l'Extraordinaire des guerres de 1594, d'une somme de 11,087 écus 46 sols 8 deniers due pour l'entretien et la solde de cinquante salades et de quarante arquebusiers à cheval, dont une partie a servi en Bretagne, une autre avec le sieur de Montmartin, près du Roi, dans ses armées de Picardie.

E 12ᵇ, fᵒ 156 rᵒ, et ms. fr. 18171, fᵒ 217 vᵒ.

11045. — Arrêt ordonnant que le sieur de Lesdiguières, lieutenant général en Dauphiné, demeurera en possession des terres de Serres, de Vizille et des Champsaurs, dans lesquelles il a fait bâtir «des maisons commodes, logeables et de grand prix », à condition toutefois qu'il en verse le revenu au domaine, en attendant qu'il fournisse au Roi d'autres terres en échange.

E 12ᵇ, fᵒ 158 rᵒ, et ms. fr. 18171, fᵒ 212 rᵒ.

11046. — Arrêt déclarant que les rentes dévolues au Roi par droit d'aubaine, par deshérence, par confiscation, etc., demeureront amorties, et qu'aucun don n'en pourra être fait.

E 12ᵇ, fᵒ 159 rᵒ; AD ✠ 142, nᵒ 15; ms. fr. 18171, fᵒ 214 vᵒ, et ms. fr. 10842, fᵒ 274 vᵒ.

11047. — Arrêt autorisant la levée, pendant six ans, de nouveaux octrois sur les boissons vendues ou consommées au Havre, «attandu la nécessité qui presse de travailler promptement à la réparation des quais, barres, jettées et espiez de ladite ville, ruinez

et desmoliz par le grand orage et tempeste de la mer advenu au mois de mars dernier ».

E 12ᵇ, fᵒ 160 rᵒ, et ms. fr. 18171, fᵒ 214 rᵒ
(sous la date du 15 mars).

1607, 22 mars. — Paris.

11048. — Arrêt ordonnant que Pierre Giston et Pierre Raymond, élus en l'élection de Nemours, rendront raison au Conseil de l'exécution de certaines commissions que le Roi, depuis, a révoquées.

E 12ᵇ, fᵒ 163 rᵒ, et ms. fr. 18171, fᵒ 218 rᵒ.

11049. — Arrêt, signé seulement par Sully, ordonnant le payement de 3,000 livres dues au sieur de La Chesnaye, aumônier du Roi, chargé de la garde du corps de Henri III, aux religieux de Saint-Corneille de Compiègne et à divers particuliers, pour les services célébrés, en 1606, à l'intention dudit roi, pour l'entretien de sa chapelle ardente, pour la sonnerie des cloches, etc.

Ms. fr. 10843, fᵒ 126 rᵒ.

1607, 24 mars. — Paris.

11050. — Arrêt statuant sur une instance pendante entre Mᵉ Charles Perrochel, grand audiencier de France, d'une part, Claude Louvet, fermier judiciaire de la baronnie de Saosnois, Claude Coustely, sieur de Montfort, et le prince de Conti, d'autre part, et donnant mainlevée audit Perrochel de la terre de Grand-Champ.

E 12ᵇ, fᵒ 164 rᵒ, et ms. fr. 18171, fᵒ 218 vᵒ.

11051. — Arrêt ordonnant la vérification des dettes de la ville de Saulieu.

E 12ᵇ, fᵒ 166 rᵒ, et ms. fr. 18171, fᵒ 220 rᵒ.

11052. — Arrêt suspendant les poursuites criminelles commencées contre Jean de Beaufort.

Ms. fr. 16216, fᵒ 146 rᵒ.

1607, 27 mars. — Paris.

11053. — Arrêt ordonnant la vérification des

sommes déjà remboursées aux anciens fermiers du convoi de Bordeaux.

E 12ᵇ, fᵒ 167 rᵒ, et ms. fr. 18171, fᵒ 220 vᵒ.

11054. — Arrêt ordonnant à Mᵐ Martin de Seve et de Moisset, receveurs des rentes de l'Hôtel de ville, de remettre l'état au vrai de ce qu'ils ont reçu des receveurs généraux du Clergé postérieurement au contrat de 1596 et antérieurement à celui de 1606.

E 12ᵇ, fᵒ 168 rᵒ, et ms. fr. 18171, fᵒ 220 vᵒ.

11055. — Arrêt accordant aux États de Languedoc mainlevée des deniers de la province saisis par ordre des commissaires députés pour la reconstruction du pont de Toulouse.

E 12ᵇ, fᵒ 169 rᵒ, et ms. fr. 18171, fᵒ 222 vᵒ.

11056. — Arrêt ordonnant la réception de Mᵉ Guillaume Le Prince en l'office de grènetier à Vernon, nonobstant l'opposition de Mᵉ Nicolas Vignon, pourvu du même office par la duchesse de Nemours.

E 12ᵇ, fᵒ 171 rᵒ, et ms. fr. 18171, fᵒ 223 vᵒ.

11057. — Arrêt ordonnant qu'en attendant l'issue du procès pendant au Conseil entre le fermier des Cinq grosses fermes et Jean Baudesson, marchand forain, d'une part, François Belin, marchand et bourgeois de Paris, d'autre part, les neuf tonneaux de gros alun saisis sur ledit Baudesson seront vendus, et que le prix en sera consigné entre les mains de la justice.

E 12ᵇ, fᵒ 173 rᵒ, et ms. fr. 18171, fᵒ 222 rᵒ.

11058. — Arrêt ordonnant aux syndic et consuls de Moissac de représenter le procès-verbal de la saisie d'un bateau, chargé de blé, appartenant à deux marchands de Bordeaux et mentionné dans le procès pendant entre eux et Marc de Durfort, sieur de Pestilhac.

E 12ᵇ, fᵒ 174 rᵒ, et ms. fr. 18171, fᵒ 222 vᵒ.

11059. — Arrêt admettant Jean Wates et Gilles Fleming, marchands de Londres, à se pourvoir contre les arrêts rendus au Parlement dans le procès pendant entre eux et plusieurs marchands de la Rochelle au sujet de la restitution de leurs navires et de leurs marchandises.

E 12ᵇ, fᵒ 175 rᵒ, et ms. fr. 18171, fᵒ 222 rᵒ.

11060. — Arrêt prorogeant de dix ans l'exemption des tailles et crues des habitants de Corbie, « à la charge toutesfois que, s'ilz ont esté taxez en la présente année aux tailles et creues, ilz les paieront entièrement, attandu que Sa Majesté en a faict estat au commencement de ladite année ».

E 12ᵇ, fᵒ 176 rᵒ, et ms. fr. 18171, fᵒ 223 vᵒ.

11061. — Arrêt condamnant messire Antoine, comte de Gramont, gouverneur de Bayonne, à payer au sieur Alain Linche, marchand de Limerick, le prix des marchandises à lui prises en mer par Martial et Menjoin de Hoirigoity, père et fils, capitaines d'un navire de Bayonne équipé en guerre.

E 12ᵇ, fᵒ 177 rᵒ, et ms. fr. 18171, fᵒ 221 rᵒ.

11062. — Arrêt renvoyant aux trésoriers de France en Provence la demande de rabais présentée par Jean Vaugier, ci-devant fermier des « droits de lattes » en Provence.

E 12ᵇ, fᵒ 179 rᵒ, et ms. fr. 18171, fᵒ 227 vᵒ.

11063. — Arrêt ordonnant que l'électeur de Saxe, tant en son nom que comme tuteur de ses cousins les ducs de Saxe-Altenbourg et de Saxe-Weimar, sera remboursé, dans les trois ans, de deux sommes de 60,000 et de 5,000 florins prêtées, en 1589 et en 1590, par le feu duc de Saxe Christian Iᵉʳ au sieur de Sancy, fondé de pouvoir du roi de France, ainsi que des intérêts desdites sommes au taux de 5 o/o, et ordonnant que ledit électeur recevra des lettres de ratification de cette dernière obligation, ainsi que d'une autre obligation de 60,000 florins contractée, le 18 février 1591, par le duc de Bouillon, ambassadeur en Allemagne, envers le même Christian Iᵉʳ.

E 12ᵇ, fᵒ 180 rᵒ, et ms. fr. 18171, fᵒ 226 vᵒ.

11064. — Arrêt relatif au payement des garnisons de Bretagne et à la reddition des comptes d'Antoine Lascons, trésorier provincial de l'Extraordinaire des guerres en Bretagne.

E 12ᵇ, f° 182 r°, et ms. fr. 18171, f° 226 r°.

11065. — Arrêt renvoyant aux maire et jurats de Bordeaux une requête de Conrad Ganzen, marchand. flamand, tendante à ce qu'il lui soit permis, quand il aura fait placer des barils à l'entrée de la Garonne, au Pas-des-Anes et au Creux-des-Espagnols, de lever les droits portés par l'arrêt du 27 mars 1604 (n° 8240) « sur tous maistres de navires entrans ès rivières de Garonne et Dordongne n'estans ès portz et havres d'icelles ».

E 12ᵇ, f° 184 r°, et ms. fr. 18171, f° 224 v°.

11066. — Arrêt ordonnant que les receveurs particuliers du taillon en la généralité de Poitiers seront contraints de rendre immédiatement leurs comptes.

E 12ᵇ, f° 185 r°, et ms. fr. 18171, f° 225 v°.

11067. — Arrêt renvoyant aux commissaires députés pour fixer les limites des fermes du sel de Dauphiné et de Provence le différend pendant entre le vicomte de Tallard et les habitants de ladite vicomté, d'une part, le procureur-syndic général des États de Dauphiné, d'autre part.

E 12ᵇ, f° 187 r°, et ms. fr. 18171, f° 224 v°.

11068. — Arrêt autorisant les officiers en la justice, prévôté et châtellenie de Poissy à racheter les justices de Fresnes, de Morainvilliers, de Bouafle, des Alluets-le-Roi, d'Herbeville, de Crespières, de Feucherolles, de Migneaux, des Clayes, de Mareil-sur-Mauldre, de Villiers-en-Cruie, de l'Étang-la-Ville, de Carrières-sous-Bois, d'Orgeval, etc., précédemment vendues à réméré par les commissaires royaux.

E 12ᵇ, f° 188 r°, et ms. fr. 18171, f° 225 r°.

———

1607, 29 mars. — Paris.

11069. — Arrêt ordonnant qu'Antoine de Brehand, sieur de La Roche, sera payé d'une somme de 40,564 livres par lui déboursée pour l'acquisition des seigneuries du Pecq et du Vésinet, de la seigneurie de Hédé et du bois de Nidecor, en Bretagne, et que lesdites seigneuries et bois demeureront acquis ou réunis au domaine royal.

E 12ᵇ, f° 190 r°, et ms. fr. 18171, f° 240 v°.

11070. — Arrêt déclarant que le lieutenant du prévôt des maréchaux du Mans établi à Laval n'est tenu d'escorter les deniers des aides, tailles et taillon que dans l'étendue de sa circonscription et, au plus loin, jusqu'à la Flèche.

E 12ᵇ, f° 192 r°, et ms. fr. 18171, f° 230 r°.

11071. — Arrêt prorogeant de quatre mois la surséance accordée à Olivier de La Londe, secrétaire de la chambre du Roi, par arrêt du 13 janvier dernier (n° 10727).

E 12ᵇ, f° 193 r°, et ms. fr. 18171, f° 230 r°.

11072. — Arrêt accordant un rabais de 22,000 livres à Durand Lebert, fermier des 3 livres par muid de vin, des 40 sols par tonneau de cidre et des 20 sols par tonneau de poiré entrant à Rouen, à Dieppe et au Havre, à raison du préjudice que lui ont causé, d'une part, une épidémie, d'autre part, divers règlements édictés par le parlement de Rouen.

E 12ᵇ, f° 194 r°, et ms. fr. 18171, f° 236 v°.

11073. — Arrêt autorisant les sieurs de La Buisse et de Belliers, coseigneurs de Voiron, à défendre aux hôteliers, cabaretiers, etc., et aux habitants du mandement de Voiron d'acheter ou de consommer, pendant deux ans, d'autre vin que celui de Voiron, et les autorisant également à établir, tous les trois mois, d'accord avec les consuls, le prix auquel ce vin doit être vendu.

E 12ᵇ, f° 196 r°, et ms. fr. 18171, f° 236 r°.

11074. — Arrêt autorisant Mᵉ Jean Saulnier, receveur général des finances à Lyon, à ne fournir caution que de 10,000 livres.

E 12ᵇ, f° 197 r°, et ms. fr. 18171, f° 236 r°.

11075. — Arrêt ordonnant l'exécution de l'arrêt rendu au Conseil, le 5 août dernier, dans le procès pendant entre Pierre Franchart, ancien fermier des traites de Poitou et Marans, et son successeur,

Me Louis Briand, et ce nonobstant des lettres de surséance obtenues par ce dernier.

E 12ᵇ, fᵒ 198 rᵒ, et ms. fr. 18171, fᵒ 228 rᵒ.

11076. — Arrêt déclarant que les habitants catholiques et protestants de la ville et du faubourg de
Barbezieux contribueront, les uns et les autres, au
payement d'une somme de 200 livres due pour le
prix du terrain servant de cimetière aux protestants
et pour les dépens de l'affaire.

E 12ᵇ, fᵒ 200 rᵒ, et ms. fr. 18171, fᵒ 250 vᵒ.

11077. — Arrêt déclarant suffisante la caution de
10,000 livres fournie par Mᵉ François Gervaise, receveur général des finances à Bourges.

E 12ᵇ, fᵒ 202 rᵒ, et ms. fr. 18171, fᵒ 243 vᵒ.

11078. — Arrêt statuant sur les réclamations des
créanciers de la ville de Paris au sujet de dettes contractées « tant pour frais faictz aux Estatz de Blois,
achapt d'armes, bledz, chevaulx d'artillerye, refection
des pontz, et aultres despences faictes pendant les
derniers troubles », et déclarant que dorénavant les
ordonnancements de dépenses faits par les prévôt des
marchands et échevins seront communiqués au procureur du Roi en la ville de Paris.

E 12ᵇ, fᵒ 206 rᵒ, et ms. fr. 18171, fᵒ 248 rᵒ.

11079. — Arrêt relatif à l'apurement des comptes
de Mᵉ Guillaume de Candault, « commissaire général
des vivres en l'armée dressée à Carcassonne et faulxbourgs d'icelle par le sieur duc de Montmorency, lors
mareschal de France, gouverneur et lieutenant général pour Sa Majesté au païs de Languedoc, pour
boucler la cité de Carcassonne, lors rebelle ».

E 12ᵇ, fᵒ 207 rᵒ, et ms. fr. 18171, fᵒ 246 vᵒ.

11080. — Arrêt ordonnant la levée d'une somme
de 5,637 livres 10 sols destinée au payement des
dettes contractées, pendant les troubles, par la ville
de Cusset.

E 12ᵇ, fᵒ 209 rᵒ, et ms. fr. 18171, fᵒ 246 rᵒ.

11081. — Arrêt ordonnant le remboursement des
sommes prêtées au feu Roi, en 1585, par Mᵐˢ François Nicquet, Alexandre de Castellan et Miles Marion,
trésoriers de France à Montpellier.

E 12ᵇ, fᵒ 210 rᵒ, et ms. fr. 18171, fᵒ 245 vᵒ.

11082. — Arrêt confirmant Philippe Guéroult en
la jouissance d'un office de sergent-priseur-vendeur
de biens au siège de Torigny, dont il a été pourvu à
la nomination de la duchesse de Nemours.

E 12ᵇ, fᵒ 211 rᵒ, et ms. fr. 18171, fᵒ 244 rᵒ.

11083. — Arrêt autorisant la levée d'une somme
de 4,000 livres destinée au remboursement de ce
que les paroisses de Cachen, Guinas, Saint-Étienne
et Lencouacq ont emprunté, durant les troubles, à
Mᵉ François Sallebertrand et à la demoiselle de Ro-
quefort, « pour subvenir aux soldes et contributions
qu'il leur failloit paier... aux garnisons des villes et
lieux de l'obéissance du Roy ».

E 12ᵇ, fᵒ 213 rᵒ, et ms. fr. 18171, fᵒ 245 rᵒ.

11084. — Arrêt autorisant les habitants de Saint-
Julien-en-Jarret à lever sur eux-mêmes une somme de
800 livres, pareille somme leur ayant été avancée
par la ville de Saint-Chamond pour les frais du
procès qu'ont soutenu en Parlement toutes les paroisses du mandement de Saint-Chamond contre le
feu sieur de Chevrières.

E 12ᵇ, fᵒ 215 rᵒ, et ms. fr. 18171, fᵒ 244 rᵒ.

11085. — Arrêt ordonnant que les gens du Roi
du parlement de Dijon donneront leur avis au sujet
de certain règlement relatif aux droits et salaires des
officiers du présidial de Bourg.

E 12ᵇ, fᵒ 216 rᵒ, et ms. fr. 18171, fᵒ 243 rᵒ.

11086. — Arrêt condamnant Jean de Gozillon
à rendre à Pierre de Coëtnisan, chevalier de l'ordre
du Roi, une terre que celui-ci lui avait engagée.

E 12ᵇ, fᵒ 217 rᵒ, et ms. fr. 18171, fᵒ 239 rᵒ.

11087. — Arrêt statuant sur une requête du sieur
de Bellegarde, premier gentilhomme de la Chambre,
et de Mathurin Jamin, conseiller au siège de Château-du-Loir, tuteurs d'Honorat de Bueil, au sujet
des charges et profits de la baronnie de Longaunay,

48.

laquelle avait été vendue aux sieur et dame de Racan, dont a hérité Honorat de Bueil.

E 12ᵇ, fᵒ 219 rᵒ, et ms. fr. 18171, fᵒ 242 rᵒ.

11088. — Arrêt autorisant la levée d'une somme de 48,327 livres 8 sols destinée au payement des dettes que la ville de Villefranche-de-Rouergue a contractées, durant les troubles, pour se conserver en l'obéissance du Roi.

. E 12ᵇ, fᵒ 221 rᵒ, et ms. fr. 18171, fᵒ 241 rᵒ.

11089. — Arrêt ordonnant l'exécution de l'arrêt rendu au Conseil, le 31 janvier 1606 (nᵒ 9980) en faveur des procureurs postulants ès cours royale et présidiale de Béziers, et ce nonobstant un arrêt contraire du parlement de Toulouse.

E 12ᵇ, fᵒ 223 rᵒ, et ms. fr. 18171, fᵒ 240 rᵒ.

11090. — Arrêt autorisant les habitants de Saint-Lubin-lès-Châteaudun à lever, en trois ans, une somme de 500 livres destinée au payement du nouveau presbytère (le précédent ayant été démoli pendant les troubles), à l'acquittement des frais de réparation du logement du sonneur et au payement de la restauration du grand vitrail de l'église.

E 12ᵇ, fᵒ 225 rᵒ, et ms. fr. 18171, fᵒ 238 rᵒ.

11091. — Arrêt accordant une surséance d'un an à Me Alexandre Bedeau, fermier des 6 et 3 écus par pipe de vin entrant ou croissant en Bretagne, et ordonnant l'élargissement de Pierre Bedeau, frère dudit fermier.

E 12ᵇ, fᵒ 226 rᵒ, et ms. fr. 18171, fᵒ 232 vᵒ.

11092. — Arrêt ordonnant le rétablissement d'une somme de 971 écus 22 sols 10 deniers employée par Me Antoine Senezes, ci-devant receveur des tailles à Brioude, sur le compte de la crue levée, en 1597, « pour le remboursement des fraiz de la ville d'Aigueperce ».

E 12ᵇ, fᵒ 228 rᵒ, et ms. fr. 18171, fᵒ 251 rᵒ.

11093. — Arrêt statuant sur une instance pendante entre Louis Du Jay, contrôleur provincial des guerres, et Me Louis Belle, ci-devant receveur général du taillon à Paris.

E 12ᵇ, fᵒ 230 rᵒ, et ms. fr. 18171, fᵒ 237 vᵒ.

11094. — Arrêt ordonnant l'élargissement d'une des cautions de Me Durand Lebert, fermier des 60 sols par muid de vin, des 40 sols par tonneau de cidre et des 20 sols par tonneau de poiré entrant à Rouen, à Dieppe et au Havre.

E 12ᵇ, fᵒ 232 rᵒ, et ms. fr. 18171, fᵒ 235 vᵒ.

11095. — Arrêt ordonnant l'exécution du département des tailles de l'élection de Nevers que Me Jean de Champfeu, trésorier de France à Moulins, a dû dresser à lui seul, sur le refus des élus de coopérer audit département.

E 12ᵇ, fᵒ 233 rᵒ, et ms. fr. 18171, fᵒ 235 rᵒ.

11096. — Arrêt réglant le payement de ce qui peut être dû à Pierre Duport, sieur de Mouillepied, contrôleur général des vivres et munitions des camps et armées du Roi.

E 12ᵇ, fᵒ 234 rᵒ, et ms. fr. 18171, fᵒ 235 rᵒ.

11097. — Arrêt attribuant à Thomas de Pileur, sieur de Chatou, secrétaire du Roi et audiencier en la Chancellerie, une indemnité de 8,000 livres, « attendu que, suivant la volonté de Sa Majesté, il luy a remis les bois de ladite seigneurie de Chatou pour la décoration et embellissement du chasteau de Saint-Germain-en-Laye ».

E 12ᵇ, fᵒ 235 rᵒ, et ms. fr. 18171, fᵒ 234 rᵒ.

11098. — Arrêt ordonnant que Robert Du Fresnoy, ci-devant pourvu, à la mort de Me Jean Dormy, ligueur, de l'office de receveur général des finances en Picardie, sera remboursé de la finance par lui payée pour la composition dudit office, « attendu que, par les articles accordez lors de la réduction de la ville d'Amiens..., il auroit esté accordé que les officiers pourveuz en ladite ville par le sieur duc de Mayenne demeureroient ».

E 12ᵇ, fᵒ 236 rᵒ, et ms. fr. 18171, fᵒ 233 vᵒ.

11099. — Arrêt réglant le payement de ce qui reste dû au sieur de Massès, lieutenant général au gouvernement de Saintonge et d'Angoumois, sur les avances par lui faites, en 1596, pour l'entretien des garnisons dudit gouvernement.

E 12ᵇ, fᵒ 238 rᵒ, et ms. fr. 18171, fᵒ 233 rᵒ.

11100. — Arrêt prorogeant, pour six ans, divers octrois concédés à la ville de Saint-Quentin, le produit en devant être employé aux réparations et à l'entretien des murailles, portes, pavés, chaussées de ladite ville, ainsi qu'au payement des rentes.

E 12ᵇ, fᵒ 239 rᵒ, et ms. fr. 18171, fᵒ 232 rᵒ.

11101. — Arrêt renvoyant au parlement de Paris le procès pendant entre Jacques Gillart, «fermier pour le Roy du minage à Melun», et messire Chauvelin, abbé de Saint-Père-lès-Melun.

E 12ᵇ, fᵒ 240 rᵒ, et ms. fr. 18171, fᵒ 231 vᵒ.

11102. — Arrêt évoquant l'appel interjeté en la Cour des aides, par les élus en l'élection de Chartres, d'une ordonnance des trésoriers de France à Orléans, et ordonnant l'exécution provisoire du département des tailles que Mᵉ Nicolas Hanapier, l'un des trésoriers de France, a dû faire seul en présence du mauvais vouloir manifesté par les élus.

E 12ᵇ, fᵒ 241 rᵒ, et ms. fr. 18171, fᵒ 230 vᵒ.

11103. — Arrêt renvoyant aux trésoriers de France à Bordeaux un placet du capitaine Lostelnau tendant à ce qu'il plaise au Roi «luy faire don et delaisser, pour l'espace de dix ans, la joïssance du revenu de la seigneurie de Moissac en Quercy, ses appartenances et deppendences, usurpé par les habitans dudit lieu, dont il offre faire la vériffication».

E 12ᵇ, fᵒ 243 rᵒ, et ms. fr. 18171, fᵒ 252 vᵒ.

11104. — Arrêt ordonnant la restitution d'une somme de 190 livres indûment payée, sur l'ordre des trésoriers de France à Soissons, pour les gages de Jacques de Contes, verdier de la forêt de Laigue.

E 12ᵇ, fᵒ 244 rᵒ, et ms. fr. 18171, fᵒ 252 rᵒ.

11105. — Arrêt renvoyant aux trésoriers de France à Tours une requête des habitants de Saumur tendante à la démolition et au remplacement du palais de justice actuel, qui tombe en ruine et contribue à rendre le quartier malsain.

E 12ᵇ, fᵒ 245 rᵒ, et ms. fr. 18171, fᵒ 251 vᵒ.

11106. — Arrêt confirmant Louis de Hacqueville, sieur de La Neufville, en la jouissance d'une rente de 194 écus 26 sols 8 deniers qui lui avait été assignée pour le dédommager de la perte de la terre de Châtillon-sur-Indre, à lui engagée par le feu duc d'Anjou, puis cédée par Henri III au sieur de Lessart, ancien gouverneur de Saumur.

E 12ᵇ, fᵒ 246 rᵒ, et ms. fr. 18171, fᵒ 229 rᵒ.

11107. — Arrêt autorisant les habitants de Lucenay à lever une somme de 1,500 livres par eux due aux habitants de Grézieu[-la-Varenne], de Bully, de Saint-Cyr et de Saint-Didier-au-Mont-d'Or.

E 12ᵇ, fᵒ 248 rᵒ, et ms. fr. 18171, fᵒ 253 rᵒ.

11108. — Arrêt accordant aux habitants de Brienon-l'Archevêque remise de trois années d'impôts, attendu que leur ville a été presque entièrement détruite par l'incendie du 20 septembre 1606.

Ms. fr. 18171, fᵒ 252 rᵒ.

1607, 31 mars. — Paris.

11109. — Arrêt ordonnant aux gens du Roi du parlement de Bretagne de faire connaître les motifs d'un arrêt du 15 novembre 1606 qui frappe les dîmes appartenant au clergé du diocèse de Dol d'une taxe affectée à l'entretien des digues de la mer.

E 12ᵇ, fᵒ 249 rᵒ, et ms. fr. 18171, fᵒ 255 rᵒ.

11110. — Arrêt ordonnant que le comte de Beaumont sera assigné d'une somme de 2,400 livres, due à son beau-père, le feu sieur d'Illins, premier président du parlement de Grenoble.

E 12ᵇ, fᵒ 250 rᵒ, et ms. fr. 18171, fᵒ 255 vᵒ.

11111. — Arrêt ordonnant, sur la requête du sieur de Vitry, capitaine des Gardes du corps, la réception de Mᵉ Jacques Garnier en l'office de chauffecire en la chancellerie du parlement de Rennes.

E 11ᵇ, fᵒ 251 rᵒ, et ms. fr. 18171, fᵒ 254 rᵒ.

11112. — Arrêt attribuant définitivement à Mᵉ Jean Morin l'office de receveur des aides et tailles en l'élection de Montluçon.

E 12ᵇ, fᵒ 252 rᵒ, et ms. fr. 18171, fᵒ 254 vᵒ.

11113. — Arrêt autorisant la ville de Vendôme

à lever sur tous les habitants de l'élection une somme de 690 livres, due à François Grimaudel, pour le prix des vivres fournis aux soldats qui passaient par le Vendômois en se rendant au siège d'Amiens.

E 12ᵇ, fᵒ 253 rᵒ, et ms. fr. 18171, fᵒ 254 rᵒ.

11114. — Arrêt ordonnant le payement de la solde due au sieur de Nargonne, commandant de la tour de Boucq, et à ses quinze mortes-payes.

E 12ᵇ, fᵒ 254 rᵒ, et ms. fr. 18171, fᵒ 253 vᵒ.

11115. — Avis du Conseil tendant à faire don de 1,500 livres aux Minimes de Châtellerault, pour leur permettre d'achever la toiture de leur église, et tendant à ce « qu'il soit mandé au gouverneur de ladite ville de faire visiter le chemin qu'il est besoing de faire accommoder pour donner l'entrée libre en ladite église ».

E 12ᵇ, fᵒ 255 rᵒ, et ms. fr. 18171, fᵒ 253 rᵒ.

11116. — Arrêt admettant quatre marchands de Paris comme cautions de Jean Roussel, fermier des 60 sols pour muid de vin, des 40 sols pour tonneau de cidre et des 20 sols pour tonneau de poiré levés à Rouen, à Dieppe et au Havre.

E 12ᵇ, fᵒ 256 rᵒ, et ms. fr. 18171, fᵒ 238 rᵒ.

11117. — Arrêt accordant à l'évêque et au clergé du diocèse de Dax décharge d'une somme de 4,500 livres à eux réclamée pour le reste de « l'aliénation du temporel de l'an 1576 ».

E 12ᵇ, fᵒ 257 rᵒ, et ms. fr. 18171, fᵒ 277 vᵒ.

11118. — Arrêt ratifiant le transport fait par la Reine à Nicolas Pallier « de tous les deniers provenans des affranchis en chacune parroisse de la province de Normandie ».

E 12ᵇ, fᵒ 259 rᵒ, et ms. fr. 18171, fᵒ 277 vᵒ.

11119. — Arrêt relatif à une réclamation de Pierre Baron, sieur de Cotainville, ci-devant maître des eaux et forêts au département d'Anjou, de Maine et de Touraine, et qui prétend avoir droit à son « chauffage » pour les années 1604 et 1605.

E 12ᵇ, fᵒ 260 rᵒ, et ms. fr. 18171, fᵒ 277 rᵒ.

11120. — Arrêt ordonnant que les commissaires

députés pour la vérification des dettes des villages de Dauphiné statueront sur tous les différends pendants entre Toussaint Bertrand, procureur au parlement de Grenoble, et la communauté de la Bâtie-Montgascon.

E 12ᵇ, fᵒ 261 rᵒ, et ms. fr. 18171, fᵒ 277 rᵒ.

11121. — Arrêt suspendant toutes les poursuites exercées contre Saint-Germain-Lembron par les créanciers dudit bourg.

E 12ᵇ, fᵒ 262 rᵒ, et ms. fr. 18171, fᵒ 276 vᵒ.

11122. — Arrêt ordonnant à Mᵉ François de Castille, receveur général des décimes, d'acquitter un mandement de 300,000 livres expédié par le trésorier de l'Épargne sous le nom des Jésuites du collège de la Flèche.

E 12ᵇ, fᵒ 263 rᵒ, et ms. fr. 18171, fᵒ 275 vᵒ.

11123. — Arrêt déclarant que les anciens sous-fermiers du huitième des vins de la ville de Paris rendront leurs comptes à Jean de Moisset, ancien fermier général des aides, comme de clercs à maître, à moins qu'ils ne préfèrent lui payer une somme de 6,000 livres.

E 12ᵇ, fᵒ 264 rᵒ, et ms. fr. 18171, fᵒ 275 vᵒ.

11124. — Arrêt statuant sur le procès intenté à la ville de Châlons par Claude Vaudin, Sébastien Baillet, Jean de La Ferté et consorts, maîtres des forges de Champagne, et déclarant que le droit de 10 sols par millier de fer ne doit être perçu que sur le fer entré et « consommé » à Châlons.

E 12ᵇ, fᵒ 266 rᵒ, et ms. fr. 18171, fᵒ 275 rᵒ.

11125. — Arrêt déchargeant Jean de Moulceau d'une enchère par lui mise sur la ferme des 30 sols par muid de vin entrant en la ville de Paris.

E 12ᵇ, fᵒ 268 rᵒ, et ms. fr. 18171, fᵒ 274 rᵒ.

11126. — Arrêt condamnant les consuls de Tulle à restituer une pièce d'artillerie venant du château de Gimel, et que le feu sieur de Chamberet, lieutenant général en Limousin, leur avait laissée en garde.

E 12ᵇ, fᵒ 269 rᵒ, et ms. fr. 18171, fᵒ 274 vᵒ.

11127. — Arrêt statuant sur les contestations

pendantes entre Mᵉ Claude Belin, ci-devant abbé de Beaulieu, au diocèse de Langres, et Mᵉ Jean Thomassin, maintenant abbé commendataire, joint aux religieux de l'abbaye.

E 12ᵇ, fᵒ 270 rᵒ, et ms. fr. 18171, fᵒ 273 vᵒ.

11128. — Arrêt déclarant suffisante, nonobstant l'arrêt du 20 décembre 1601 (n° 6733), la caution de 10,000 livres fournie par Mᵉ André Richard, receveur général des finances à Poitiers.

E 12ᵇ, fᵒ 272 rᵒ, et ms. fr. 18171, fᵒ 273 vᵒ.

11129. — Arrêt renvoyant à la cour des aides de Montpellier le procès criminel intenté à Mᵉ Henri de Serres, trésorier de France en Provence, pour excès et rébellion à l'encontre d'un huissier du Grand Conseil, et réservant au Conseil la connaissance des difficultés pendantes entre lui et son collègue Mᵉ François Marcel.

E 12ᵇ, fᵒ 273 rᵒ, et ms. fr. 18171, fᵒ 271 vᵒ.

11130. — Arrêt réglant le payement du sel pris, en 1589, à Claude de La Noyerie, fournisseur de sel du bas pays d'Auvergne, par M. de Randan, gouverneur de la province.

E 12ᵇ, fᵒ 277 rᵒ, et ms. fr. 18171, fᵒ 269 rᵒ.

11131. — Arrêt validant le payement de 3,500 écus assignés, sur l'ordre du duc de Mercœur, à Jean Juhel, archidiacre et doyen de Vannes, pour des voyages qu'il fit, comme député des États de Bretagne, à Nantes, à Soissons et à Paris.

E 12ᵇ, fᵒ 279 rᵒ, et ms. fr. 18171, fᵒ 268 rᵒ.

11132. — Arrêt ordonnant l'élargissement de Pierre Hallé, « attendu que, pour empescher les monopolles qui se faisoient sur la ferme de la busche et autres adjugées par les esleuz en l'année 1600, il auroit, par commandement d'aucuns spéciaulx serviteurs du Roy, enchéry et de beaucoup augmenté le pris desdites fermes. . . . ».

E 12ᵇ, fᵒ 281 rᵒ, et ms. fr. 18171, fᵒ 267 vᵒ.

11133. — Arrêt ordonnant qu'il sera procédé, aux Requêtes de l'Hôtel, à l'examen et à la réception de

Mᵉ Claude Gaillard en un office de président en la chambre des comptes de Dijon.

E 12ᵇ, fᵒ 282 rᵒ, et ms. fr. 18171, fᵒ 267 rᵒ.

11134. — Arrêt relatif à une somme de 910 livres réclamée par le sieur de Montcassin à Mᵉ Charles Le Charron, receveur général des finances en Champagne.

E 12ᵇ, fᵒ 283 rᵒ, et ms. fr. 18171, fᵒ 267 rᵒ.

11135. — Arrêt condamnant Mᵉ Pierre de Lassus, ci-devant receveur des tailles en Périgord, à payer 2,238 livres à Mᵉˢ Guillaume de Baignolz, Thomas Dreux, Sébastien de La Grange et Benjamin Le Tenneur, greffiers du Conseil privé.

E 12ᵇ, fᵒ 284 rᵒ, et ms. fr. 18171, fᵒ 266 rᵒ.

11136. — Avis du Conseil tendant à faire don de 12,000 livres au baron de Courtaumer, qui a remis au baron de Médavy le gouvernement du château d'Argentan.

E 12ᵇ, fᵒ 286 rᵒ, et ms. fr. 18171, fᵒ 266 rᵒ.

11137. — Arrêt autorisant les consuls de Montaigut-en-Combraille à lever sur les habitants une somme de 8,000 livres, due à l'ancien syndic Jean Thomas.

E 12ᵇ, fᵒ 287 rᵒ, et ms. fr. 18171, fᵒ 269 vᵒ.

11138. — Arrêt déclarant que les receveurs des tailles des généralités de Rouen et de Caen qui ont payé la taxe jouiront des droits à eux attribués par l'édit de juin 1599.

E 12ᵇ, fᵒ 289 rᵒ, et ms. fr. 18171, fᵒ 270 vᵒ.

11139. — Arrêt réglant le payement des gages du sieur de La Caulde, maître particulier des eaux et forêts du duché d'Orléans.

E 12ᵇ, fᵒ 291 rᵒ, et ms. fr. 18171, fᵒ 265 rᵒ.

11140. — Arrêt déclarant que, pendant deux ans, Mᵉ Louis Hubault, ci-devant trésorier du feu cardinal Charles II de Bourbon, jouira encore d'une rente de 1,200 livres, et ne pourra être saisi, ni emprisonné à la poursuite de ses créanciers.

E 12ᵇ, fᵒ 292 rᵒ, et ms. fr. 18171, fᵒ 265 rᵒ.

11141. — Arrêt statuant sur diverses instances pendantes entre Jean-François de La Guiche, sieur de Saint-Géran et de La Palice, lieutenant général en Bourbonnais, Me Jean Bechonnet, lieutenant général du domaine de Bourbonnais, Claude Roy, avocat au présidial de Bourbonnais, Jean de Champfeu, trésorier de France à Moulins, et Guillaume Feydeau, ci-devant lieutenant général au bailliage de Saint-Pierre-le-Moutier, au sujet de l'office de lieutenant au domaine de Bourbonnais.

E 12ᵇ, fᵒ 294 rᵒ, et ms. fr. 18171, fᵒ 262 vᵒ.

11142. — Arrêt, rendu sur les réclamations des catholiques de Beaugency, ordonnant qu'il sera fait choix d'un lieu autre que les îles Grosvilain pour la construction du temple et pour l'exercice du culte réformé.

E 12ᵇ, fᵒ 298 rᵒ, et ms. fr. 18171, fᵒ 261 vᵒ.

11143. — Arrêt confirmant la nomination d'un procureur du Roi en la châtellenie de Vieux-Château, nomination qui a été faite par l'acquéreur engagiste dudit domaine.

E 12ᵇ, fᵒ 300 rᵒ, et ms. fr. 18171, fᵒ 264 vᵒ.

11144. — Arrêt autorisant les États de Bourgogne, de Mâconnais, d'Auxerrois, de Charolais, de Bar-sur-Seine, etc., à lever sur lesdits pays une somme de 90,000 livres destinée à l'acquittement des dettes de la province.

E 12ᵇ, fᵒ 301 rᵒ, et ms. fr. 18171, fᵒ 261 rᵒ.

11145. — Arrêt ordonnant une enquête au sujet d'un échange proposé par le sieur de Bellengreville, grand prévôt de France, entre une maison appartenant audit prévôt et formant le boulevard du grand pont de Meulan et diverses portions de domaine par lui acquises dans les comtés de Montfort-l'Amaury et de Meulan.

E 12ᵇ, fᵒ 302 rᵒ, et ms. fr. 18171, fᵒ 260 vᵒ.

11146. — Arrêt autorisant la levée d'une somme de 2,235 livres 4 sols 6 deniers due par les habitants de Mâcon à l'ancien échevin Valentin Serauldin.

E 12ᵇ, fᵒ 303 rᵒ, et ms. fr. 18171, fᵒ 260 rᵒ.

11147. — Arrêt ordonnant le rétablissement de la somme affectée, en 1605, aux gages du lieutenant et des archers qui avaient été adjoints à Vincent Bouhier, vice-sénéchal de Fontenay-le-Comte, pour lui permettre de courir sus aux voleurs du Poitou.

E 12ᵇ, fᵒ 304 rᵒ, et ms. fr. 18171, fᵒ 260 rᵒ.

11148. — Arrêt ordonnant le payement de la pension de 300 livres accordée aux Minimes de Châtellerault, nonobstant tous « retranchemens ou reculemens faictz ou à faire par les estatz de Sa Majesté ».

E 12ᵇ, fᵒ 305 rᵒ, et ms. fr. 18171, fᵒ 259 vᵒ.

11149. — Arrêt réglant le payement de diverses sommes, montant à 2,925 livres, dues au sieur d'Harambure, gentilhomme ordinaire de la Chambre et gouverneur de Vendôme.

E 12ᵇ, fᵒ 306 rᵒ, et ms. fr. 18171, fᵒ 259 rᵒ.

11150. — Arrêt relatif au payement des gages des officiers des eaux et forêts de Château-du-Loir.

E 12ᵇ, fᵒ 307 rᵒ, et ms. fr. 18171, fᵒ 258 vᵒ.

11151. — Arrêt portant suppression de l'office de maître particulier des eaux et forêts en la vicomté d'Orbec.

E 12ᵇ, fᵒ 308 rᵒ, et ms. fr. 18171, fᵒ 258 vᵒ.

11152. — Arrêt réglant le payement des gages d'Abraham de Poncher, secrétaire-interprète en la langue germanique.

E 12ᵇ, fᵒ 309 rᵒ, et ms. fr. 18171, fᵒ 258 rᵒ.

11153. — Arrêt autorisant les catholiques de Saint-Savin, en Poitou, à lever sur eux-mêmes 640 livres pour la reconstruction de leur église, que les huguenots ont démolie en 1568.

E 12ᵇ, fᵒ 310 rᵒ, et ms. fr. 18171, fᵒ 257 vᵒ.

11154. — Édit érigeant en fiefs nobles toutes les terres vaines et vagues, les marais, les landes, les bruyères et les bois vendus en Normandie, depuis 1519, par des commissaires à ce députés.

E 12ᵇ, fᵒ 311 rᵒ, et ms. fr. 18171, fᵒ 278 vᵒ.

11155. — Arrêt ordonnant l'installation de Me Robert Le Sec en l'office de médecin juré au Châtelet de Paris, nonobstant l'opposition de Me Jean

Riolan, docteur-régent en la faculté de médecine de Paris.

E 12ᵇ, fº 313 rº, et ms. fr. 18171, fº 256 rº.

11156. — Arrêt maintenant la ville de Tours en la jouissance d'une rente de 9,625 livres, nonobstant l'opposition de Mᵉ Jean de Moisset, ci-devant fermier général des aides.

E 12ᵇ, fº 315 rº; cf. *ibid.*, fº 316 rº; ms. fr. 18171, fº 255 vº.

1607, 10 mai. — Paris.

11157. — Arrêt ordonnant que les receveurs généraux et particuliers et autres comptables qui ont négligé, jusqu'à présent, de faire arrêter au Conseil leurs états de recette et dépense des années 1600 et suivantes seront contraints d'y rapporter les doubles de leurs comptes dans les six semaines qui suivront la signification dudit arrêt.

Ms. fr. 10842, fº 49 vº.

11158. — Arrêt ordonnant que les deniers provenant de commissions expédiées sur le fait du domaine ou d'autres commissions extraordinaires seront tous reçus par les receveurs établis à cet effet, et employés aux usages auxquels ils sont destinés.

Ms. fr. 10842, fº 151 rº.

1607, 31 mai. — Fontainebleau.

11159. — Arrêt portant règlement au sujet de la levée des droits et de l'administration générale des Cinq grosses fermes, ainsi que des autres fermes qui y sont jointes.

AD ✚ 142, nᵒˢ 22 à 24.

1607, 30 juin. — Paris.

11160. — Arrêt portant règlement au sujet du taux et de la perception de l'impôt mis sur les dés, cartes et tarots.

AD ✚ 142, nᵒˢ 29 et 30.

1607, 10 juillet. — Paris.

11161. — Arrêt enjoignant aux acquéreurs des terrains de la Place royale d'y commencer, dans les trois jours, s'ils ne l'ont déjà fait, les travaux de construction, sinon « il y sera mis des maçons et ouvriers à leurs despens ».

E 14ᵃ, fº 1 rº.

1607, 14 juillet. — Paris.

11162. — Arrêt ordonnant qu'une somme de 6,318 livres 6 sols 8 deniers sera payée par le trésorier des Ligues au mandataire de Jacob de Neufchâtel, dont le père, feu Claude de Neufchâtel, commandait une compagnie de trois cents suisses.

E 14ᵃ, fº 3 rº.

11163. — Arrêt autorisant la levée d'une somme de 1,802 livres destinée à l'acquittement des dettes de la ville de Blanzat.

E 14ᵃ, fº 5 rº.

11164. — Arrêt prorogeant, pour dix ans, divers octrois concédés à la ville de Montivilliers.

E 14ᵃ, fº 7 rº.

11165. — Arrêt donnant acte à Antoine Corsan, receveur des consignations de la sénéchaussée et du présidial de Lyon, de l'offre de 200,000 livres qu'il a faite, tant en son nom qu'au nom des receveurs des consignations des parlements de Paris et de Bordeaux, pour désintéresser le partisan Mᵉ Charles Paulet.

E 14ᵃ, fº 9 rº.

11166. — Arrêt ordonnant qu'une somme de 2,000 livres sera levée sur tous les contribuables aux tailles du Forez et employée au payement des dettes du tiers état dudit pays.

E 14ᵃ, fº 10 rº.

11167. — Arrêt ordonnant à la Cour des aides de vérifier purement et simplement la déclaration du 23 décembre 1606 par laquelle le Roi proroge de deux ans la levée de 30 sols par muid de vin entrant en la ville de Paris.

E 14ᵃ, fº 11 rº.

11168. — Arrêt réglant le payement d'une partie

de la somme due pour les gages d'Arnoul de Nouveau, grand maître des eaux et forêts au département de Champagne.

E 14ᵉ, fᵒ 12 rᵒ.

11169. — Arrêt ordonnant l'établissement d'un pont de bateaux entre Tarascon et Beaucaire, le produit des droits de péage devant être affecté aux frais de reconstruction du pont d'Avignon.

E 14ᵉ, fᵒ 13 rᵒ.

11170. — Arrêt ordonnant l'installation, en la ville de Bordeaux, des commis du fermier général des traites foraines et domaniales de Languedoc et de Provence, nonobstant l'opposition des jurats et fermiers de la comptablie et du convoi.

E 14ᵉ, fᵒ 15 rᵒ.

11171. — Arrêt déclarant que, parmi les dettes et arrérages dont le Roi a fait remise aux trois états de Provence, il n'a entendu comprendre ce qui est dû à Jean d'Espagne, sieur de Ramefort, gouverneur de Sisteron, et à son frère.

E 14ᵉ, fᵒ 17 rᵒ.

11172. — Arrêt prorogeant, pour six ans, les octrois sur le vin et le sel concédé à la ville de Seurre pour les menues réparations, à condition que les états des recettes et dépenses soient, tous les trois ans, adressés au duc de Sully, grand voyer de France.

E 14ᵉ, fᵒ 19 rᵒ.

11173. — Arrêt ordonnant que les quittances des offices d'huissiers audienciers nouvellement créés dans les ressorts des parlements de Toulouse et de Bordeaux seront délivrées en blanc au maréchal d'Ornano, à qui Sa Majesté a fait don desdits offices.

E 14ᵉ, fᵒ 21 rᵒ.

11174. — Arrêt défendant à Ives de La Lande et à un nommé Vilamoine de poursuivre la perception des droits de traites en Poitou tant que n'auront point été examinées les lettres de commission qu'ils prétendent exécuter.

E 14ᵉ, fᵒ 22 rᵒ.

11175. — Arrêt faisant remise d'une année d'impôts aux habitants des paroisses de Notre-Dame d'O-lonne et de l'Isle-d'Olonne, à raison des pertes que leur a fait subir l'inondation du mois de janvier dernier.

E 14ᵉ, fᵒ 23 rᵒ.

11176. — Arrêt réglant le payement d'une somme de 4,800 livres assignée, par acquits patents, au maréchal de Bois-Dauphin.

E 14ᵉ, fᵒ 25 rᵒ.

11177. — Arrêt autorisant la levée d'une somme de 4,500 livres destinée à l'acquittement des dettes de la ville de Riom.

E 14ᵉ, fᵒ 26 rᵒ.

11178. — Arrêt renvoyant aux trésoriers de France à Poitiers une requête en remise de tailles présentée par les habitants de Jard, et motivée par « le desbordement de la mer advenu aux mois de janvier et febvrier derniers ».

E 14ᵉ, fᵒ 27 rᵒ.

11179. — Arrêt attribuant une indemnité annuelle de 300 livres à Jacques, Pierre et Scipion Janetz, auxquels il a été défendu de « saulner » en leurs « salins » de Languedoc.

E 14ᵉ, fᵒ 29 rᵒ.

11180. — Arrêt prorogeant, pour six ans, les octrois concédés à la ville de Lisieux.

E 14ᵉ, fᵒ 31 rᵒ.

11181. — Arrêt relatif au conflit de juridiction soulevé entre le parlement et la cour des aides de Normandie au sujet de l'affaire de Gabriel de Costes, marchand portugais.

E 14ᵉ, fᵒ 33 rᵒ.

11182. — Arrêt admettant Michel Riotte, contrôleur ancien en l'élection d'Angers, à payer un supplément de finance pour la résignation que Mᵉ René Denyon lui a faite dudit office, et l'autorisant à toucher 475 livres de gages.

E 14ᵉ, fᵒ 35 rᵒ.

11183. — Arrêt réduisant à 72,000 livres la somme due au sieur de Brèves, ci-devant ambassadeur dans le Levant, pour les présents et dépenses qu'il a faits de 1600 à 1605, et même depuis l'arrivée de son successeur, le baron de Salignac, la maison occupée autrefois par le sieur de Brèves, et maintenant par le baron de Salagnac, devant toutefois faire retour à Sa Majesté.

E 14*, f° 37 r°.

11184. — Arrêt décidant que le sieur de Lesdiguières, lieutenant général en Dauphiné, donnera son avis sur la requête du sieur de Bazemont, président en la chambre des comptes de Grenoble, lequel demande concession, en récompense de ses services, d'une vieille maison sise à Grenoble, dans la rue Saint-Laurent.

E 14*, f° 39 r°.

11185. — Arrêt liquidant à 5,964 livres les sommes dues à la ville de Pezénas pour l'entretien des garnisons pendant et après le siège de ladite ville.

E 14*, f° 40 r°.

11186. — Arrêt maintenant le duc de Montpensier, dame Gabrielle de Batarnay, veuve de Gaspard de La Châtre, seigneur de Nançay, et Henri de La Châtre, seigneur du Bouchage, son fils, en possession des terres de Dolomieu et des Avenières, non-obstant la requête du procureur général au parlement de Grenoble, qui demandait la réunion desdites terres à l'ancien domaine delphinal.

E 14*, f° 42 r°.

11187. — Arrêt ordonnant le remboursement de la finance payée par Me Charles de La Bistrade pour un office supprimé de grand maître alternatif des eaux et forêts en Bretagne.

E 14*, f° 44 r°

11188. — Arrêt ordonnant que Jacques Ducoudray exercera par provision les offices de receveur ancien et alternatif du domaine de Conches et de Breteuil.

E 14*, f° 46 r°.

11189. — Arrêt renvoyant aux trésoriers de France à Paris la requête de Gabriel Vigoureux, archer des gardes du Roi, tendante à ce que, « pour le soulagement des marchans de ceste ville de Paris, cabaretiers suivant la Court, et commodité des soldatz de ses gardes, que autres personnes qui suivent la Court, lorsqu'elle est à Fontainebleau, il pleust à Sa Majesté luy permettre d'establir ung batteau au lieu de Montereau-Faut-Yonne, pour aller et venir, un certain jour la sepmaine, en la ville de Paris... »

E 14*, f° 47 r°.

11190. — Arrêt autorisant les villes et communautés d'Agenais, de Condomois, de Bazadais et de Rivière-Verdun à continuer les levées qu'elles faisaient pour leurs dépenses ordinaires, conformément au règlement fait par le sieur de Saint-Martin, trésorier de France en Guyenne.

E 14*, f° 49 r°.

11191. — Arrêt ordonnant que les comptes de Jean Loriot, trésorier des États de Bretagne sous le gouvernement du duc de Mercœur, seront vérifiés avant le jugement du procès pendant entre lui et le procureur-syndic des États de Bretagne.

E 14*, f° 50 r°.

11192. — Arrêt condamnant les syndics des provinces et communautés de Quercy, d'Agenais, de Condomois, de Comminges, de Rivière-Verdun, d'Astarac, d'Auch, de Jegun, de Vic-Fezensac, de Nogaro, de Castelnau-Rivière-Basse, etc., à payer à Emmanuel de Savoie, marquis de Villars, une indemnité de 4,000 écus, sans compter 24,000 livres d'intérêts et de dépens dus tant audit marquis qu'à Me Thomas de Pontac, conseiller au Parlement de Bordeaux, à Jean-Paul d'Esparbez-Lussan, conseiller d'État, et au tuteur des enfants de feu Guillaume d'Espeiroux.

E 14*, f° 52 r°.

———

1607, 17 juillet. — Paris.

11193. — Arrêt recevant l'appel interjeté par Jacques d'O, sieur de Baillet, du bail de la seigneurie de Saint-Martin-du-Tertre, lequel a été fait par « les commissaires députtez par Sa Majesté pour les baux à ferme des terres et seigneuries deppendantes des bénéfices de Messire Loys de Lorraine, archevesque et duc de Reims, abbé de Saint-Denys-en-France ».

E 14*, f° 58 r°.

11194. — Arrêt rejetant, comme inutiles et dangereux, les expédients proposés par divers particuliers pour le rachat du domaine, mais admettant les offres du sieur Delafosse.

E 14*, f° 60 r°.

11195. — Arrêt ordonnant le versement à la recette générale de Champagne d'une somme de 12,394 livres qui a été, ou qui a dû être perçue, sur le vin, par les commis aux bureaux des passages de Champagne et de Picardie.

E 14*, f° 62 r°.

11196. — Arrêt ordonnant à Jean Fontaine et à Louis Marchant, maîtres des œuvres de maçonnerie et de charpenterie des bâtiments du Roi, de commencer immédiatement à bâtir sur les terrains de la Place royale concédés au sieur de Rambouillet et à Barthélemy de Laffémas, dit Beausemblant, lesquels demeureront déchus de tous leurs droits pour n'avoir point satisfait à l'arrêt du 10 courant (n° 11162).

E 14*, f° 63 r°.

11197. — Arrêt ordonnant à Jean Wolff et à Antoine Lambert, bourgeois de Rouen, d'établir à Mantes leur manufacture de tisseranderie, et réglant le payement des 150,000 livres qui leur ont été promises par le Roi.

E 14*, f° 65 r°.

11198. — Arrêt condamnant Louis de Lorraine, archevêque de Reims, à payer diverses sommes à la veuve de Simon Du Boys, greffier du bailliage et de l'archevêché de Reims.

E 14*, f° 67 r°.

11199. — Arrêt suspendant l'exécution des commissions expédiées :

1° Pour la recherche des usures ;

2° Pour la vérification de l'emploi que font les communautés du produit des octrois ;

3° Pour la recherche des levées irrégulières faites par les communautés ;

4° Pour la recherche des personnes soi-disant exemptes du droit de sol pour livre ;

5° Pour la poursuite des hôteliers et cabaretiers ;

6° Pour la poursuite des greffiers, collecteurs et asséeurs des tailles ;

7° Pour la recherche des levées irrégulières de bois et de chandelle ;

8° Pour celle des déchets produits dans le transport du sel ;

9° Pour la poursuite des merciers, artisans et meuniers ;

10° Pour l'aliénation des terres vaines et vagues ;

11° Pour la recherche de l'anil d'Inde ;

12° Pour la recherche des usages que les communautés exercent dans les forêts ;

13° Pour l'envoi des titres de noblesse au greffe du Trésor ;

14° Pour la vente du castor.

E 14*, f° 71 r°; AD ✝ 143, n° 4.

1607, 19 juillet. — Paris.

11200. — Arrêt défendant à Antoine Blanzy, huissier-sergent des Requêtes de l'Hôtel, et à ses collègues, de signifier les arrêts non scellés du Conseil d'État et du Conseil privé, non plus que les appointements et ordonnances des conseillers d'État, et ce conformément aux règlements du 10 mai et du 24 juillet 1603 (n°° 7668 et 7707).

E 14*, f° 73 r°.

1607, 21 juillet. — Paris.

11201. — Arrêt ordonnant que le prince de Condé, l'évêque de Clermont, le comte de Tonnerre, les sieurs d'Andelot et de Chaumont et l'évêque d'Angoulême, parents de Marie-Catherine de La Rochefoucauld, s'assembleront, assistés de M° Jacques Chouart et Antoine Loysel, avocats au Parlement, pour aviser aux conditions du mariage de ladite demoiselle avec le baron de Senecey.

E 14*, f° 75 r°.

11202. — Arrêt renvoyant au Parlement le procès pendant entre Jacqueline d'Humières, femme de Louis de Crevant, vicomte de Brigueil, sœur et héritière de Charles et d'Anne d'Humières, et la veuve de M° Nicolas Després, lieutenant à Compiègne.

E 14*, f° 77 r°.

11203. — Arrêt ordonnant qu'en payant un

supplément de 5o livres, M⁰ Jean Patty, juge de la prévôté royale d'Entre-deux-Mers, aura expédition des lettres de provision de l'office d'assesseur audit siège.

E 14¹, f° 79 r°.

11204. — Arrêt autorisant la levée d'une somme de 18,000 livres destinée à l'acquittement des dettes qu'a contractées la ville de Saint-Marcellin, notamment pour la conservation du bailliage.

E 14¹, f° 80 r°.

11205. — Arrêt subrogeant les receveurs des consignations des parlements de Paris et de Bordeaux aux droits de M⁰ Charles Paulet, lequel, par contrat du 3o mai dernier, avait traité du remboursement et de la réunion au domaine des offices de receveurs des consignations desdits parlements.

E 14¹, f° 82 r°; cf. ibid., f° 84 r°.

1607, 24 juillet. — Paris.

11206. — Arrêt ordonnant à M⁰ Gabriel de Guénegaud de faire vérifier, dans les deux mois, au Conseil, son état du payement des dettes contractées, pendant les troubles, par le duc de Mayenne.

E 14¹, f° 86 r°.

11207. — Arrêt ordonnant la taxation des offices de François David et de Michel Boucault, anciens gardes de la monnaie de Nantes, afin qu'ils puissent jouir de l'hérédité et de l'augmentation du parisis.

E 14¹, f° 88 r°.

11208. — Arrêt réglant le payement des gages du comte de Gramont, maire perpétuel de Bayonne.

E 14¹, f° 89 r°.

11209. — Arrêt faisant remise d'une demi-année de tailles aux habitants de Dourdan et des paroisses voisines, à raison des pertes que leur a fait subir l'orage du 4 juin dernier.

E 14¹, f° 91 r°.

11210. — Arrêt déclarant insaisissables les gages de Jean Mallet, canonnier-pointeur de l'Artillerie.

E 14¹, f° 93 r°.

11211. — Arrêt ordonnant le payement de 4,000 livres dues à Jacques de Pomereu, sieur de La Bretèche, pour droit de quint et d'amortissement, à raison de l'acquisition que le Roi a faite de quelques bois dépendants de la seigneurie des Bordes, laquelle relève en plein fief de la seigneurie de la Bretèche.

E 14¹, f° 94 r°.

11212. — Arrêt déclarant dans quelle mesure Jean de Moisset, ci-devant fermier général des aides, est tenu au payement des rentes assignées sur les aides de la généralité d'Orléans.

E 14¹, f° 95 r°.

11213. — Arrêt ordonnant le payement de 3,000 livres assignées au sieur de Bourg-le-Roy, gentilhomme de la Chambre, pour les frais du voyage qu'il fit, en 1598, sur l'ordre du Roi, en Anjou, en Touraine, dans le Maine et en Bretagne.

E 14¹, f° 97 r°.

11214. — Arrêt renvoyant aux trésoriers de France à Orléans une requête des habitants de Courville tendante à ce que l'un desdits trésoriers se transporte, chaque année, en l'élection de Chartres, pour vérifier le département des tailles de ladite paroisse.

E 14¹, f° 98 r°.

11215. — Arrêt ordonnant à Simon Dumoulin, fermier général des traites foraines, rêve, haut-passage et patente de Languedoc et Provence, de payer 8,570 livres 7 sols 8 deniers à la reine Marguerite, pour le droit de rêve levé en la sénéchaussée de Carcassonne.

E 14¹, f° 99 r°.

11216. — Arrêt assignant au Conseil Louis Froment, maître particulier des eaux et forêts dans la Basse-Marche, pour rapporter les lettres en vertu desquelles il lève 10 ou 12 écus sur chaque moulin du Limousin.

E 14¹, f° 101 r°.

11217. — Arrêt relatif au payement des gages de Gilles Berthemet, élu en l'élection de Reims.

E 14¹, f° 102 r°.

11218. — Arrêt renvoyant à la Cour des aides une requête des habitants de Chartres relative à l'interprétation d'un arrêt qui leur concédait de lever 3o sols par queue de vin entrant et consommée en leur ville.

E 14°, f° 103 r°.

11219. — Arrêt déclarant que toutes personnes, même privilégiées, telles que les Suisses, les monnoyers ou les hôteliers francs, qui vendront du vin en détail ou tiendront hôtellerie en Bretagne seront tenues au payement du sol pour pot de vin levé pour le rachat du domaine de Bretagne.

E 14°, f° 104 r°.

11220. — Arrêt déclarant insaisissables les gages de Jean Pingré, garde provincial de l'Artillerie en Picardie.

E 14°, f° 106 r°.

11221. — Arrêt relatif au payement des dettes de la ville de Chaumont-en-Bassigny.

E 14°, f° 107 r°.

11222. — Arrêt accordant au sieur de Trillart, gouverneur d'Alençon et propriétaire d'une maison sise à Paris, rue Royale, une indemnité de 4,750 livres à raison du préjudice que lui causent l'exhaussement de ladite rue et les nouvelles constructions du parc des Tournelles.

E 14°, f° 109 r°.

11223. — Arrêt ordonnant le rétablissement des parties qui avaient été employées par les receveurs des amendes du Grand Conseil aux menues nécessités de ladite cour et qui ont été rayées par la Chambre des comptes.

E 14°, f° 111 r°.

11224. — Arrêt confirmant l'exemption d'impôts accordée aux habitants de la souveraineté de Bois-Belle, dont est seigneur souverain le duc de Sully.

E 14°, f° 113 r°.

11225. — Arrêt ordonnant que les ecclésiastiques de Châlons-sur-Marne contribueront à la subvention levée, en 1606, à la place du sol pour livre.

E 14°, f° 115 r°.

11226. — Arrêt ajournant jusqu'à plus ample informé toute décision au sujet des prétendus arpenteurs, mesureurs et priseurs jurés des terres, bois, eaux et forêts qui exercent leurs fonctions sans provision du Roi.

E 14°, f° 116 r°.

11227. — Arrêt autorisant la levée du capital et des intérêts d'une somme de 3,500 livres que la ville de Saint-Amand-la-Chaire aurait empruntée pour se conserver en l'obéissance du Roi.

E 14°, f° 117 r°.

11228. — Arrêt renvoyant aux Requêtes de l'Hôtel une requête de Philippe L'Homme-Dieu tendante à la restitution de certaines sommes qu'il avait payées au receveur des traites de Mézières pour le passage des armes qu'il avait fait entrer, sur l'ordre du Roi, en 1603 et en 1604, à destination de l'Arsenal.

E 14°, f° 119 r°.

11229. — Arrêt réduisant à 12,000 écus l'indemnité attribuée au sieur de Belliers, pour l'entretien de la garnison des Échelles depuis le 17 mars 1591 jusqu'au 31 juillet 1592, date de la prise de cette place par le feu duc de Nemours, pour la fortification de la même place et pour celle du château de Saint-Genix.

E 14°, f° 121 r°.

11230. — Arrêt ordonnant la levée d'une somme de 8,000 écus due par le pays de Dauphiné à René de La Tour, sieur de Gouvernet, conseiller d'État gouverneur de Montélimar et de Die, sénéchal de Valentinois, pour les avances par lui faites lors du siège de Mévouillon.

E 14°, f° 123 r°.

11231. — Arrêt affectant partie du produit des lods et ventes, amendes et confiscations de Languedoc à l'achat d'une maison où puisse siéger la chambre des comptes dudit pays.

E 14°, f° 125 r°.

11232. — Arrêt renvoyant au procureur général et aux avocats généraux en la Cour des aides une requête du tiers état du Forez, du Beaujolais et du plat pays de Lyonnais tendante « à ce qu'il pleust à Sa Majesté ordonner que nul des nobles puissent acquérir biens ruraulx hors l'estendue de leur justice, et que ceulx qui en ont acquis aient à en vuider leurs mains dans six mois, à faulte de quoy eulx ou leurs grangiers seroient imposez à la taille pour raison desditz biens; que les ecclésiastiques soient imposez pour les biens qu'ils posséderoient autres que ceulx de l'Église; que les officiers des princes du sang non servans actuellement y soient aussi imposez, comme aussy les mineurs ayans attaint l'age de dix-huict ans ».

E 14ᵉ, fᵒ 127 rᵒ.

11233. — Arrêt réglant le payement de 2,000 livres faisant partie des 90,000 qui ont été assignées, en l'année 1602, au duc de Lorraine.

E 14ᵉ, fᵒ 129 rᵒ.

11234. — Arrêt ordonnant qu'Hercule Chapelier, receveur général des finances à Orléans, jouira d'une augmentation de gages de 400 livres.

E 14ᵉ, fᵒ 131 rᵒ.

11235. — Arrêt ordonnant le payement d'un acompte de 1,500 livres sur les 3,000 qui ont été assignées à Noël Parent, maître ouvrier en draps de soie et entrepreneur de crêpe fin façon de Bologne, lequel a été établi par Sa Majesté à Mantes.

E 14ᵉ, fᵒ 133 rᵒ.

11236. — Arrêt ouvrant une enquête, en Lyonnais et en Dauphiné, au sujet de l'opportunité de la mesure réclamée par les États du Dauphiné, c'est à savoir qu'« il pleust à Sa Majesté voulloir faire establir les chemins d'Italie en France par le Daulphiné, et ordonner à tous voituriers, marchans et autres allans et venans de l'un desditz païs à l'autre » de passer par Briançon, au lieu de prendre la route du Mont-Cenis et d'Aiguebelette.

E 14ᵉ, fᵒ 134 rᵒ.

11237. — Arrêt défendant aux fermiers de la terre de Lucé de faire aucun payement aux créanciers de la feue princesse de Conti qui ont saisi ladite terre, ni à d'autres qu'aux commissaires à ce députés.

E 14ᵉ, fᵒ 136 rᵒ.

11238. — Arrêt accordant surséance aux habitants d'Ussel pour le payement des restes de la subvention des années 1598 à 1601, et ordonnant l'élargissement des habitants emprisonnés pour ce motif.

E 14ᵉ, fᵒ 137 rᵒ.

11239. — Arrêt statuant sur les procès pendants entre les consuls et les habitants de Seillans, en Provence, Ferriol Flotte, sieur de Meaux, lieutenant des soumissions au siège de Draguignan, Antoine Gratian, sieur de Seillans, l'abbaye de Saint-Victor de Marseille et le prieur de Seillans.

E 14ᵉ, fᵒ 138 rᵒ.

11240. — Arrêt donnant gain de cause aux habitants du Val de Plombières, et déclarant que, nonobstant leur qualité d'ouvriers de la monnaie de Plombières, Jean et Georges Cauquehins et Jean Maldamey ne pourront s'exempter du payement des tailles qu'en résidant à Dijon.

E 14ᵉ, fᵒ 142 rᵒ.

11241. — Arrêt ordonnant la restitution des comptes déposés au greffe de la Chambre royale par Jean Loriot, ci-devant trésorier des États de Bretagne.

E 14ᵉ, fᵒ 149 rᵒ.

11242. — Arrêt autorisant la levée d'une somme de 495 livres 15 sols 10 deniers que la ville de Brioude a été condamnée à payer aux consuls Antoine Mallepeyre, Pierre Galland, Jean Fournet et André Huguon.

E 14ᵉ, fᵒ 150 rᵒ.

11243. — Arrêt ordonnant que les créances de Nicolas Hannequin prendront place dans l'état des dettes de la ville de Troyes.

E 14ᵉ, fᵒ 152 rᵒ.

11244. — Arrêt ordonnant le rétablissement de certaines sommes, qui ont été rayées par la chambre des comptes de Normandie, et qui faisaient partie des taxes attribuées aux conseillers et commissaires chargés, en 1597 et en 1598, de la réforme des gabelles en Normandie et de la vérification des privilèges de Cherbourg, de Granville et d'autres villes du Cotentin.

E 14*, f° 153 r°.

11245. — Arrêt renvoyant aux trésoriers de France à Soissons une requête des Minimes tendante à la concession de la place de la Halle-aux-cuirs, à Château-Thierry.

E 14*, f° 155 r°.

11246. — Arrêt ordonnant de surseoir à l'exécution de la saisie faite, par les trésoriers de France, sur les deniers précédemment octroyés aux maire et échevins de Tours pour les réparations des murs, des ponts, du pavé, de l'avenue, des canaux et des fontaines de ladite ville.

E 14*, f° 157 r°.

11247. — Arrêt donnant gain de cause à François de Chalvet, président au parlement de Toulouse, dans le procès à lui intenté par M° Bénigne Saulnier, receveur général des finances à Lyon.

E 14*, f° 159 r°.

11248. — Arrêt évoquant au Conseil les instances pendantes, au parlement de Rennes, entre François Ricordeau, sieur de Lorme, archer des Gardes du corps, le curateur de Jeanne et de Françoise Massuel, Guy de La Chapelle, sieur de La Clartière, le tuteur du jeune duc de Retz, etc.

E 14*, f° 161 r°.

11249. — Arrêt renvoyant aux trésoriers de France en Bourgogne une requête du syndic de Mâconnais tendante à ce que Gaspard Corneille, fermier de la traverse et du demi pour cent, soit tenu de représenter les lettres en vertu desquelles il lève ce droit au bourg de Saint-Laurent et à la porte de Mâcon.

E 14*, f° 165 r°.

11250. — Arrêt approuvant et validant la liquidation et la vérification des dettes du Velay.

E 14*, f° 167 r°.

11251. — Arrêt ordonnant que les habitants du Bourbonnais limitrophes des forêts du Roi seront taxés, par forme d'abonnement, pour le droit de faire paître leurs bestiaux dans lesdites forêts en dehors de l'époque de la glandée.

E 14*, f° 169 r°.

11252. — Arrêt déclarant qu'un certain nombre d'habitants du Bugey et du Valromey anoblis depuis moins de cinquante ans demeureront exempts des tailles, à la condition de payer le vingtième du prix de leurs biens ruraux aux communautés des lieux où lesdits biens sont situés.

E 14*, f° 171 r°.

11253. — Arrêt renvoyant aux trésoriers de France en Champagne une requête du chapitre de Châlons tendante à la prorogation d'une levée dont le produit serait affecté à l'achèvement du pont de pierre de la porte de Marne et du portail de la cathédrale.

E 14*, f° 173 r°.

11254. — Arrêt réglant le remboursement de la finance payé par Jean Chauvineau pour un office d'élu en l'élection de Lyon.

E 14*, f° 174 r°.

11255. — Arrêt renvoyant aux trésoriers de France à Limoges une requête du duc de Ventadour et des habitants d'Ussel tendante à l'établissement d'une élection à Ussel.

E 14*, f° 176 r°.

11256. — Arrêt ordonnant au procureur et aux avocats généraux au parlement de Bretagne de faire connaître, avant un mois, les motifs de l'arrêt dudit parlement qui oblige les ecclésiastiques du diocèse de Dol à contribuer, proportionnellement à leurs biens, à l'entretien des digues de la mer.

E 14*, f° 178 r°.

1607, 26 juillet. — Paris.

11257. — Arrêt défendant à M° Jean de Moisset de verser certaine somme de 7,000 livres entre les mains d'un des créanciers du duc de Guise, cette somme devant être remise au commissaire chargé par le Roi de l'acquittement des dettes du duc de Guise.

E 14*, f° 180 r°.

11258. — Arrêt défendant aux consuls et habitants de Saint-Flour de troubler M⁰ François de Bonafos, ou ses ayants droit, en la jouissance du prieuré de Saint-Michel.

E 14*, f° 182 r°.

————

1607, 4 août. — Paris.

11259. — Arrêt admettant le procureur général en la cour des comptes, aides et finances de Provence et les procureurs-syndics dudit pays à adresser au Conseil leurs remontrances au sujet de l'établissement d'un impôt de 6 deniers par émine de sel vendue aux greniers de Marseille, de Berre, de Toulon, d'Hyères, de Fréjus et de Cannes.

E 14*, f° 185 r°.

11260. — Arrêt ordonnant la levée d'une somme de 4,350 livres due par les habitants du Forez à Jean de Crozet, lieutenant des Eaux et forêts et syndic du Forez.

E 14*, f° 187 r°.

11261. — Arrêt accordant un rabais au « fermier de la moictié de la grand coustume de Bayonne et coustumal d'icelle ».

E 14*, f° 188 r°.

11262. — Arrêt déclarant que Sa Majesté, ne pouvant autoriser la levée d'une demi-dîme en la paroisse de Beaulieu-sur-Loire, autoriserait, s'il y avait lieu, et en cas de consentement des habitants, la levée de la somme nécessaire à la reconstruction de leur église, brûlée, « par voye d'hostillité », en 1569.

E 14*, f° 190 r°.

11263. — Arrêt autorisant les habitants de Verneuil à lever une taxe sur le sel et sur le vin vendu ou consommé en ladite ville, le produit en devant être employé au payement des 5,317 livres empruntées, en 1593, par le baron de Médavy, gouverneur de Verneuil.

E 14*, f° 191 r°.

11264. — Arrêt réglant le payement de diverses sommes dues à Sauvat de Lalane par les habitants des collectes du Bas-Comté d'Armagnac, de Rivière-Basse et de Vic-Fezensac.

E 14*, f° 193 r°.

11265. — Arrêt relatif au remboursement d'une somme de 47,437 livres 3 sols 10 deniers avancée, de 1589 à 1592, par le feu comte de Châteauvillain, pour la défense de la ville de Châteauvillain.

E 14*, f° 197 r°.

11266. — Arrêt relatif au payement des gages de Nicolas Regnault, sieur de Chacrise, commissaire à faire les montres du prévôt des maréchaux de Soissons.

E 14*, f° 200 r°.

11267. — Arrêt subrogeant Gilbert Gayardon aux droits de Jean Le Prévost, fermier des 24 livres par muid de sel levées en Normandie pour la réparation des ponts, chaussées et pavé de Rouen.

E 14*, f° 201 r°.

11268. — Arrêt concédant à la ville de Bray-sur-Seine divers octrois dont le produit doit être affecté au remboursement des dettes contractées par ladite ville lors des sièges de Paris et de Melun.

E 14*, f° 203 r°.

11269. — Arrêt assignant 4,371 livres 10 sols 1 denier à la ville de Jargeau pour fournitures de munitions faites aux troupes de Henri III, quand elles étaient à Gien, et aux troupes de Henri IV, lors du siège de Jargeau.

E 14*, f° 205 r°.

11270. — Arrêt renvoyant au lieutenant criminel à Montargis la connaissance des mauvais traitements subis par un domestique de Hugues Cosnier, adjudicataire du canal de Briare.

E 14*, f° 207 r°.

11271. — Arrêt invitant Isaac Habert, bailli de l'Artillerie, à vérifier si les 24,000 livres qu'il dit avoir prêtées au Roi ont été effectivement versées dans les coffres de Sa Majesté.

E 14*, f° 208 r°.

11272. — Arrêt déclarant que les officiers des.

greniers à sel de Normandie seront contraints au
payement des sommes auxquelles ils ont été taxés
pour jouir de l'hérédité de leurs droits.

E 14ª, fᵒ 209 rᵒ.

11273. — Arrêt donnant décharge de 5,743 livres
2 sols à Gédéon Garrault, « commis au recouvrement
des taxes faictes sur les officiers des greniers à sel
pour jouir de l'hérédité de leurs droicts ».

E 14ª, fᵒ 210 rᵒ.

11274. — Arrêt commettant le lieutenant général d'Issoudun pour faire le procès du nommé Josse-
ran, commis de Mᵉ Étienne Parent, soi-disant grand
maître-visiteur et général réformateur des marchandises de grosserie, de mercerie, de joaillerie, de draperie, d'épicerie et de droguerie, ainsi que le procès
des complices de ses exactions.

E 14ª, fᵒ 211 rᵒ.

11275. — Arrêt relatif au payement des sommes
données ou dues au sieur de Montmorency-Bouteville,
gouverneur de Senlis, tant à l'occasion de son mariage
qu'en récompense de ses services, et pour le prix des
chevaux par lui vendus au Roi.

E 14ª, fᵒ 213 rᵒ.

11276. — Arrêt ordonnant que Mᵉ Jean Ferron,
ci-devant receveur des tailles au Blanc, en Berry, sera
contraint de verser à l'Épargne 4,758 livres 11 sols
9 deniers.

E 14ª, fᵒ 214 rᵒ.

11277. — Arrêt ordonnant aux receveurs du diocèse de Mende de verser une somme de 6,360 livres
entre les mains de Mᵉ Miles Marion, trésorier de
France à Montpellier, de Barthélemy Cenami, secrétaire du Roi, de Pierre et d'André Targas, pourvoyeurs
du Roi, et de verser une somme de 3,000 livres
entre les mains de l'évêque pour les réparations de
l'église de Mende.

E 14ª, fᵒ 215 rᵒ.

1607, 9 août. — Paris.

11278. — Arrêt maintenant provisoirement dans
le droit d'établir un bac sur la Seine, à Saint-Cloud,
l'adjudicataire des travaux de reconstruction du pont
de Saint-Cloud, dont trois arches et deux piles
viennent de s'écrouler le 4 courant, en attendant que
la reine Marguerite et le cardinal de Gondi aient
justifié leur prétention au droit d'établir ce bac.

E 14ª, fᵒ 220 rᵒ.

11279. — Arrêt condamnant les habitants de
Montdidier à payer le subside de 66 sols par muid
de vin entrant ès villes de Picardie.

E 14ª, fᵒ 221 rᵒ.

11280. — Arrêt relatif à un procès pendant entre
le syndic de plusieurs paroisses du Gévaudan, d'une
part, le syndic du diocèse de Mende, le greffier des
États du Gévaudan, le receveur et le commis à la
recette des tailles du diocèse de Mende, etc., d'autre
part.

E 14ª, fᵒ 223 rᵒ.

11281. — Arrêt déclarant le comté de Saint-
Trivier déchargé de l'hypothèque que prétendait
avoir Louis d'Oncieux, sieur de Montiernoz, condamnant Philibert Mareschal, sieur de Montsimon,
à indemniser Louis d'Oncieux, et ordonnant qu'une
démarche sera faite auprès du duc de Savoie pour
qu'il dédommage Philibert Mareschal, conformément
au traité d'échange du marquisat de Saluces avec les
pays de Bresse, Bugey, Valromey et Gex.

E 14ª, fᵒ 227 rᵒ.

1607, 11 août. — Paris.

11282. — Arrêt ordonnant que Jean Le Beau,
receveur des tailles en l'élection de Chartres, jouira
d'une augmentation de gages de 150 livres.

E 14ª, fᵒ 231 rᵒ.

11283. — Arrêt accordant à Pierre Canu, ci-
devant receveur des tailles en l'élection de Rouen,
un délai de six mois pour retirer les certificats que
lui doivent fournir les contribuables qui ont obtenu
des remises de 1589 à 1594.

E 14ª, fᵒ 233 rᵒ.

11284. — Arrêt réglant le payement d'une somme
de 7,318 livres 3 sols due au sieur d'Arquien, com-

mandant en la citadelle de Metz, pour travaux de réparations exécutés en 1604.

E 14*, f° 234 r°.

11285. — Arrêt autorisant la levée d'une somme de 1,000 livres due par les habitants de Vassy aux otages et cautions qu'ils ont dû constituer lors de la reddition de leur ville.

E 14*, f° 235 r°.

11286. — Arrêt renvoyant aux trésoriers de France en Provence une requête des Chartreux de Notre-Dame-de-la-Verne tendante à ce que Sa Majesté leur confirme le droit, qui leur a été concédé par les comtes de Provence, de prendre, en la ville d'Hyères, certaine quantité de sel.

E 14*, f° 236 r°.

11287. — Arrêt accordant à René de Montbourcher, sieur du Bordage, chevalier de l'ordre du Roi, mainlevée des saisies faites sur ses biens et sur ceux de M° Pierre de Beaulieu, jusqu'à ce qu'il ait obtenu les expéditions du don de 3,670 écus 30 sols que lui a fait le Roi.

E 14*, f° 237 r°.

11288. — Arrêt demandant l'avis du bailli de Creil ou de son lieutenant au sujet des nouveaux greniers à sel que les fermiers généraux des gabelles prétendent construire, à Creil, sur l'emplacement d'une terrasse établie durant les troubles, et nonobstant l'opposition armée du procureur du Roi et du receveur du domaine à Creil.

E 14*, f° 239 r°.

11289. — Arrêt autorisant la levée d'une somme de 1,566 livres 15 sols 8 deniers destinée à l'acquittement des dettes contractées par la ville de Saint-Maixent à l'occasion d'une épidémie.

E 14*, f° 241 r°.

11290. — Arrêt accordant surséance à Guy Trouillet, receveur général du domaine d'Anjou.

E 14*, f° 242 r°.

11291. — Arrêt réglant le remboursement d'une somme de 2,492 écus payée par Jean Marchandeau, ancien adjudicataire des greffes de la justice royale de Calais, bien qu'il ait perdu ses titres originaux lors de la prise de Calais.

E 14*, f° 244 r°.

11292. — Arrêt défendant que l'on réduise le nombre des archers du prévôt des maréchaux des bailliages de Melun et Nemours pour pourvoir au payement des gages de conseillers-assesseurs, vu que ledit prévôt n'a que huit archers à Melun et que quatre à Nemours, et attendu que ce nombre est à peine suffisant pour lui permettre d'attaquer les voleurs qui infestent une région traversée par plusieurs grands chemins et couverte de forêts.

E 14*, f° 246 r°.

11293. — Arrêt renvoyant aux trésoriers de France à Paris une requête en remise de tailles présentée par les habitants de Marcoussis et fondée sur les pertes que leur a fait subir l'orage du 9 juin dernier.

E 14*, f° 248 r°.

11294. — Arrêt ordonnant qu'il soit avisé aux meilleurs moyens de rembourser les acquéreurs des greffes de Languedoc et de Provence, tout en réunissant ces greffes au domaine royal.

E 14*, f° 249 r°.

11295. — Arrêt renvoyant aux Requêtes de l'Hôtel le différend pendant entre Mathias Le Tuillier et M° Jacques de Malfillastre au sujet de l'office de receveur des amendes au siège de la Table de marbre du palais de Rouen.

E 14*, f° 250 r°.

11296. — Arrêt ordonnant la vérification des dettes de la ville d'Auzon.

E 14*, f° 252 r°.

11297. — Arrêt ordonnant aux trésoriers de France à Amiens de faire connaître les raisons pour lesquelles une rente de 17 livres 15 sols et de 4 muids d'avoine a cessé d'être payée, sur le domaine de la généralité, à François de Conti, sieur de Roquencourt.

E 14*, f° 253 r°.

11298. — Arrêt faisant remise d'une demi-année

de tailles aux habitants de Chevry-en-Brie, à raison des pertes que leur a fait subir l'orage du 9 juin dernier.

E 14*, f° 255 r°.

11299. — Arrêt ordonnant la vérification de l'emploi qu'ont fait les habitants de Vitry-le-François d'une somme de 6,356 livres 19 sols 6 deniers qu'ils ont été autorisés à lever, par lettres royaux, à la condition de l'employer à la démolition de la citadelle, à la réparation des fortifications et au chauffage de la garnison.

E 14*, f° 257 r°.

11300. — Arrêt autorisant Nicolas Le Jay, procureur du Roi au Châtelet, à poursuivre le fermier des traites foraines de Poitou et de Marans et ses cautions, à condition de demeurer responsable du produit de la ferme, et l'autorisant à subroger en place dudit fermier une personne solvable, dont il sera caution.

E 14*, f° 258 r°.

11301. — Arrêt renvoyant aux trésoriers de France à Orléans une requête en remise de tailles présentée par les habitants de Prasville, en Beauce, à l'occasion de la grêle qui a détruit leur récolte.

E 14*, f° 260 r°.

11302. — Arrêt déclarant qu'une somme de 10,156 livres 13 sols dépensée par la ville de Caen, pour l'entrée du Roi et de la Reine, ne peut être prélevée sur les deniers de l'octroi, mais sera levée séparément.

E 14*, f° 261 r°.

11303. — Arrêt ordonnant que les quittances d'offices d'avocats aux élections ou dans les greniers à sel qui sont demeurées aux mains de Jean Palot, secrétaire du Roi, seront contrôlées, qu'il en payera le droit de marc d'or à un taux modéré, et qu'il obtiendra ainsi toutes provisions nécessaires.

E 14*, f° 263 r°.

11304. — Arrêt ordonnant le rétablissement de deux sommes de 521 livres 10 sols et de 412 livres 10 sols employées pour les gages et taxations de Louis

Le Vayer, commis, en 1604, à l'exercice de la recette générale d'Orléans.

E 14*, f° 266 r°.

11305. — Arrêt ordonnant le rétablissement d'une somme de 1,150 écus employée à l'entretien d'une des galères de Marseille dont le duc de Guise, gouverneur de Provence, avait pris à sa charge l'entretien jusqu'en 1598.

E 14*, f° 268 r°.

11306. — Arrêt relatif au procès pendant entre Roland Du Bot, conseiller au parlement de Bretagne, et Prestin Le Pelletier, receveur des fouages au diocèse de Nantes.

E 14*, f° 270 r°.

11307. — Arrêt renvoyant aux trésoriers de France à Paris une requête en remise de tailles présentée par les habitants de Thiais à raison des pertes que leur a fait subir l'orage du 9 juin dernier.

E 14*, f° 271 r°.

11308. — Arrêt renvoyant aux trésoriers de France une requête des Célestins de Paris, lesquels demandent une indemnité de 2,000 écus pour le bois qui fut coupé en leur forêt de Hauteroche et qui était destiné à la réparation du pont de la Ferté-sous-Jouarre.

E 14*, f° 272 r°.

11309. — Arrêt accordant un délai de quatre mois aux gens des États de Bretagne pour extraire du greffe de la chambre des comptes de Bretagne les actes relatifs aux faits qu'ils imputent à Jean Loriot, ci-devant trésorier des États.

E 14*, f° 273 r°.

11310. — Arrêt réglant l'emploi des revenus du temporel de Louis de Lorraine, archevêque de Reims, abbé de Saint-Denis, de Saint-Remi, d'Ourscamps, de Corbie, de Montierender et de Saint-Urbain, revenus dont le produit net s'élève à 136,999 livres 14 sols 9 deniers.

E 14*, f° 275 r°.

11311. — Arrêt renvoyant à la Cour des aides les procès pendants entre Louis Gallon, sieur de La

Nuitte, Jean Houel, de Maisy, Geoffroy Nicole, bourgeois de Bayeux, et les pourvoyeurs de la maison du
Roi ayant le parti des états de jaugeurs en Normandie.

E 14ᵉ, f° 277 r°.

11312. — Arrêt statuant sur un procès pendant
entre l'avocat et le procureur du Roi au siège de
Langres, d'une part, Henri Chauvetet, ci-devant fermier des amendes audit siège, et consorts, d'autre
part.

E 14ᵉ, f° 279 r°.

11313. — Arrêt ordonnant, nonobstant l'opposition du sieur de Beringhen, premier valet de chambre
du Roi, que les personnes pourvues d'offices de sergents à verge priseurs-vendeurs en la vicomté de
Paris en vertu des quittances délivrées, suivant l'arrêt
du 7 juin 1605, au sieur d'Aumont, comte de Châteauroux, seront reçues en leurs offices, si elles sont
trouvées capables.

E 14ᵉ, f° 283 r°.

11314. — Arrêt ordonnant que les remontrances
présentées par les trésoriers de France à Montpellier
contre la cour des aides de ladite ville, au sujet de
« l'accélération des finances de Sa Majesté », seront de
nouveau communiquées aux gens de ladite cour des
aides.

E 14ᵉ, f° 285 r°.

11315. — Arrêt relatif au procès pendant entre
Antoine de Saurin, sieur de Saint-André-de-Val-
borgne, et le syndic du clergé du diocèse de Mende.

E 14ᵉ, f° 287 r°.

11316. — Arrêt statuant sur un procès pendant
entre Jean Pinson et Jean de La Forcade, au sujet
d'un office d'avocat du Roi en la prévôté d'Entre-deux-
Mers.

E 14ᵉ, f° 289 r°.

11317. — Arrêt ordonnant que Denis Dusault,
sieur d'Arthenac, chanoine de Dax et syndic du clergé
de son diocèse, continuera de jouir des revenus de sa
chanoinie, bien qu'il soit retenu à Paris « pour la
revision des comptes des receveurs du Clergé ».

E 14ᵉ, f° 291 r°.

11318. — Arrêt ordonnant le payement des gages
arriérés de Jean Nadau, vice-sénéchal d'Agenais, ainsi
que des gages de son lieutenant, de son greffier et de
ses douze archers.

E 14ᵉ, f° 293 r°.

11319. — Arrêt renvoyant aux trésoriers de France
à Bordeaux la requête de Guy de Lusignan de Saint-
Gelais, sieur de Lansac, dont la maison noble, sise à
Bourg-sur-Gironde, a été transformée en citadelle, en
l'année 1590.

E 14ᵉ, f° 295 r°.

11320. — Arrêt accordant surséance, pour le
payement de ses dettes, à Claude Dangon, « ouvrier en
draps d'or, d'argent et de soye de la ville de Lion »,
attendu qu'il n'a pu encore rien toucher des 6,000 livres à lui accordées par le Roi « pour l'érection de
douze mestiers à faire lesdites estoffes... , pour le
paiement des pièces de velours à fondz d'or, d'argent
et de soye qu'il auroit laissez au cabinet de Sadite
Majesté, et pour le recompenser des trois voiages qu'il
auroit faictz pour luy faire veoir les essays desdites
estoffes ».

E 14ᵉ, f° 297 r°.

1607, 14 août. — Paris.

11321. — Arrêt donnant à Mᵉ Jean Du Tremblay,
secrétaire du Roi, ci-devant trésorier de l'Extraordinaire des guerres, acte des démarches qu'il a faites
pour obtenir le châtiment de ses anciens commis
soupçonnés de quelques « faulcetez ».

E 14ᵉ, f° 299 r°.

11322. — Arrêt ordonnant aux trésoriers de
France à Limoges et à Poitiers d'appeler les gentilshommes et autres personnes intéressées à la réforme
des mesures à sel, et de faire une enquête au sujet de
l'utilité de l'édit de juillet 1606, dont les habitants
des îles de Marennes, d'Arvert, d'Oloron, de Soubize
et autres du gouvernement de Brouage demandent la
révocation, ainsi, d'ailleurs, que Benoît de Pomey,
fermier des 37 sols 6 deniers levés sur chaque muid
de sel dans l'étendue de ce gouvernement.

E 14ᵉ, fᵒˢ 301 r° et 303 r°.

11323. — Arrêt ordonnant une enquête au sujet des taxes perçues en Champagne, contrairement à l'édit de remise des tailles.

E 14ᵉ, fᵒ 305 rᵒ.

11324. — Arrêt autorisant les habitants de Dun-le-Roi à lever sur eux-mêmes une somme de 600 livres destinée à l'acquittement de leurs dettes et au paye-ment des frais du procès qu'ils soutiennent, devant la Table de marbre, pour la conservation de leurs droits en la forêt de Maulne(?).

E 14ᵉ, fᵒ 307 rᵒ.

11325. — Arrêt adjugeant définitivement à Tho-mas Robin le produit de l'érection en fiefs de haubert des terres vaines et vagues de Normandie, moyennant une somme de 90,000 livres, laquelle sera affectée à l'entretien de la manufacture de toile fine façon de Hollande établie par Sa Majesté à Mantes.

E 14ᵉ, fᵒ 308 rᵒ.

1607, 16 août. — Paris.

11326. — Arrêt ordonnant au sieur de Lafont, intendant des meubles de France, de faire, sur les lieux, une enquête au sujet de la disparition et du détournement d'un certain nombre des meubles des châteaux royaux de Moulins et de Romorantin.

E 14ᵉ, fᵒ 309 rᵒ.

11327. — Adjudication des fermes des 9 livres 18 sols par tonneau de vin entrant ès villes et gros bourgs de Picardie, des 12 deniers par pot de vin débité en ladite généralité et des 60 sols par muid de vin sortant des généralités de Picardie, de Cham-pagne et de Soissons; cette adjudication est faite, pour trois ans, à Barthélemy Carteret, moyennant le payement annuel de 162,000 livres.

E 14ᵉ, fᵒ 311 rᵒ.

1607, 18 août. — Paris.

11328. — Arrêt renvoyant aux trésoriers de France à Lyon la requête d'Anne Busselet, veuve de Mᵉ Hugues Valentin, intéressée à l'établissement du grenier à sel de Tarare.

E 14ᵉ, fᵒ 315 rᵒ.

11329. — Arrêt ordonnant au trésorier des Par-ties casuelles de délivrer à Antoine Hollande, contrô-leur ancien et alternatif au grenier à sel de Gisors, sa quittance de la somme de 800 livres à laquelle a été modérée la taxe de résignation de ses offices.

E 14ᵉ, fᵒ 317 rᵒ.

11330. — Arrêt ordonnant que, nonobstant l'op-position des trésoriers de France à Bourges, il sera passé outre à l'exécution d'un arrêt de la Cour des aides du 10 avril dernier et procédé contre les per-sonnes coupables d'assemblées, de ports d'armes et de violences à l'encontre des archers de la gabelle.

E 14ᵉ, fᵒ 318 rᵒ.

11331. — Arrêt déclarant qu'il ne sera point pourvu aux offices d'assesseurs nouvellement créés dans la juridiction du prévôt des maréchaux de Pi-cardie, et que, s'il a déjà été pourvu à l'un de ces offices, cette provision n'entraînera la cassation d'aucun des archers actuellement existants.

E 14ᵉ, fᵒ 320 rᵒ.

11332. — Arrêt ordonnant que Mᵉ Jean Le Vas-seur, ci-devant receveur du domaine d'Amiens, sera dispensé de rendre ses comptes pour les années anté-rieures à la prise d'Amiens et au pillage de sa caisse.

E 14ᵉ, fᵒ 322 rᵒ.

11333. — Arrêt ordonnant la levée d'une somme de 4,000 livres due par les habitants de Pluvigner à Guillaume Daventur.

E 14ᵉ, fᵒ 323 rᵒ.

11334. — Arrêt ordonnant que les sieurs de Termes et de La Varane seront entendus au Conseil au sujet d'une requête de Marguerite Berthomé, veuve de Mᵉ Raymond de Massip, conseiller au parlement de Bordeaux, laquelle demande à être maintenue en possession de l'Isle-du-Carney.

E 14ᵉ, fᵒ 325 rᵒ.

11335. — Arrêt renvoyant aux trésoriers de France à Orléans une requête en remise de tailles présentée par les habitants de plusieurs paroisses de l'élection de Chartres dont les récoltes ont été détruites par l'orage du 9 juin dernier.

E 14ᵉ, fᵒ 326 rᵒ.

11336. — Arrêt relatif au tiercement mis par Jean Amyot sur les fermes du gros et du quatrième du vin et des menus breuvages de Rouen et de Darnetal.

E 14ᵉ, fᵒ 327 rᵒ.

11337. — Arrêt autorisant la levée d'une somme de 3,296 livres 10 sols 6 deniers sur tous les habitants de Sens, même privilégiés, le produit en devant être employé au remboursement des emprunts faits lors d'une épidémie et en d'autres circonstances.

E 14ᵉ, fᵒ 328 rᵒ.

11338. — Arrêt ordonnant au trésorier des Parties casuelles de délivrer, pour une valeur de 12,000 livres, au duc de Montbazon des quittances en blanc d'offices d'huissiers audienciers aux Eaux et forêts, créés par édit de septembre 1587.

E 14ᵉ, fᵒ 330 rᵒ.

11339. — Arrêt renvoyant aux commissaires délégués à cet effet le différend pendant entre Denis Feydeau, fermier général des aides, et ses sous-fermiers, d'une part, les clercs commissaires et contrôleurs des ports et portes de Paris, d'autre part.

E 14ᵉ, fᵒ 331 rᵒ.

11340. — Arrêt réglant le remboursement de l'office de greffier curial en la ville de Montluel.

E 14ᵉ, fᵒ 333 rᵒ.

11341. — Arrêt ordonnant la vérification des sommes dues à feu Jacques de Chambaud, baron de Privas, capitaine de cinquante hommes d'armes et maréchal de camp des armées de Languedoc, pour l'entretien de sa compagnie en 1593 et pour l'entretien de la garnison d'Aubenas en 1594 et en 1595.

E 14ᵉ, fᵒ 335 rᵒ.

11342. — Arrêt suspendant, pendant un mois, les poursuites exercées contre les officiers des forêts pour la restitution des chauffages, et ordonnant aux officiers de la Table de marbre de représenter un état des officiers des forêts, tant de ceux qui sont sujets à cette restitution que de ceux qui peuvent prétendre au remboursement dudit droit.

E 14ᵉ, fᵒ 337 rᵒ.

11343. — Arrêt ordonnant de nouveau l'arrestation de Daniel Desbordes, fils de feu Léon Desbordes, sergent au bailliage de Vendeuvre, lequel avait levé des taxes excessives en 1589 et en 1590.

E 14ᵉ, fᵒ 340 rᵒ.

11344. — Arrêt ordonnant au trésorier des Parties casuelles de délivrer à demoiselle Henriette de Rohan des quittances en blanc d'offices d'huissiers audienciers, jusqu'à concurrence d'une somme de 30,000 livres dont Sa Majesté lui a fait don.

E 14ᵉ, fᵒ 342 rᵒ.

11345. — Arrêt ordonnant une enquête pour découvrir « d'où proviennent les longueurs apportées au jugement des procès et différendz pendans au Parlement pour raison des usurpations faictes par plusieurs seigneurs justiciers et autres du domaine de Sa Majesté de la ville, prévosté et visconté de Paris ».

E 14ᵉ, fᵒ 343 rᵒ.

11346. — Arrêt ordonnant la réception de Nicolas Le Carpentier en un office d'huissier au parlement de Rouen, nonobstant l'opposition de ses nouveaux collègues.

E 14ᵉ, fᵒ 344 rᵒ.

11347. — Arrêt ordonnant à Mᵉ Jean de Ligny, trésorier des Parties casuelles et « commis par Sa Majesté au paiement et rachapt des rentes èsquelles aucuns des seigneurs de son Conseil sont obligez pour son service », de payer diverses sommes au sieur de Treigniel, gouverneur d'Amiens et tuteur des enfants du sieur de Marivaulx, ainsi qu'à Mᵉ Pierre de Maupeou, sieur du Monceau.

E 14ᵉ, fᵒ 346 rᵒ.

11348. — Arrêt renvoyant aux commissaires délégués à cet effet en la ville de Rouen une requête par laquelle Michel Desmoulins, lieutenant général de la vicomté de Domfront, et Julien Lescuyer, lieutenant particulier du vicomte, demandent décharge ou réduction de la taxe exigée d'eux pour la révocation de l'édit de création d'un vicomte de Normandie.

E 14ᵉ, fᵒ 348 rᵒ.

11349. — Arrêt ordonnant que Philibert Mareschal, sieur de Montsimon, aura communication des sacs d'un procès naguère pendant au Conseil entre la comtesse de Saint-Trivier et Louis d'Oncieux, sieur de Montiernoz, et qu'il pourra se servir des pièces y contenues, notamment à l'encontre du duc de Savoie.

E 14*, f° 349 r°.

11350. — Arrêt autorisant Philibert Mareschal, sieur de Montsimon, à vendre des terres jusqu'à concurrence de 3,600 livres pour pouvoir poursuivre son procès contre le duc de Savoie, et ce nonobstant l'hypothèque de Louis d'Oncieux, sieur de Montiernoz.

E 14*, f° 351 r°.

11351. — Arrêt prolongeant de quinze jours les délais accordés à Olivier de La Londe, secrétaire de la Chambre du Roi, par arrêts du 13 janvier (n° 10727) et du 29 mars derniers (n° 11072).

E 14*, f° 352 r°.

11352. — Arrêt renvoyant aux trésoriers de France une requête des sieurs de Saint-Géran et La Boulaye, auxquels Sa Majesté a fait don de 40,000 livres « à prendre sur les deniers qui proviendront de l'attribution faicte par sadite Majesté aux greffiers des greniers et chambres à sel d'impost de trois solz pour chascun roolle qu'ilz signeroient..., et de dix solz parisis par quartier dont jouissent les sergens desditz greniers pour le port et envoy de chascune commission dudit impost ».

E 14*, f° 353 r°.

11353. — Arrêt ordonnant la vérification des dettes contractées, pendant les guerres, par la ville de Vertaizon.

E 14*, f° 354 r°.

11354. — Arrêt renvoyant aux trésoriers de France à Bordeaux une requête des religieux de la Merci de Bordeaux tendante à la concession de divers terrains ou emplacements, tels que la place du château du Ha, dont le revenu leur permettrait d'agrandir leur église.

E 14*, f° 356 r°.

11355. — Arrêt ordonnant que le receveur des revenus du temporel de Louis de Lorraine, archevêque de Reims, payera par préférence à Alexandre de La Marck, fils du duc de Bouillon, la pension de 7,000 livres qui lui a été assignée sur l'abbaye de Saint-Remi de Reims.

E 14*, f° 357 r°.

11356. — Arrêt ordonnant que M° Jean de Redon, sieur de Pransac, sera maintenu en l'office de président au parlement de Bordeaux, à la condition de payer 25,000 livres à M° Bénigne Saulnier, « receveur général des finances à Lyon, ayant contracté avec Sa Majesté pour ses Partyes casuelles ».

E 14*, f° 359 r°.

———————

1607, 25 août. — Paris.

11357. — Arrêt ordonnant que M° Jean Ferron, ci-devant receveur des tailles en l'élection du Blanc, sera contraint de verser, entre les mains du trésorier de l'Épargne, la somme de 4,758 livres 11 sols 9 deniers qu'il a été condamné à payer, pour fausses reprises, par la Chambre de justice.

E 14*, f° 363 r°.

11358. — Arrêt ratifiant le contrat passé avec Guy Salesses pour la reconstruction de la ville, du château, de l'auditoire et des prisons de Marvéjols, et ordonnant à Jean d'Espeysses et aux receveurs du diocèse de Mende de payer le prix convenu.

E 14*, f° 364 r°.

11359. — Arrêt ordonnant l'élargissement de Robert Denten, emprisonné, pour une folle enchère, dans les prisons du bailliage de Rouen.

E 14*, f° 366 r°.

11360. — Arrêt ordonnant le payement immédiat de 30,000 livres sur les 90,000 qui ont été accordées à Jean Wolf et à Antoine Lambert pour l'établissement d'une manufacture de toiles de Hollande à Mantes, et réglant pour l'avenir le payement du surplus.

E 14*, f° 367 r°.

11361. — Arrêt renvoyant aux trésoriers de France en Bourgogne une requête des échevins et habitants de Mâcon tendante à ce qu'il leur soit permis de lever certains droits sur le blé, le fer et le vin passant en leur ville, ou bien à ce qu'une somme de 20,000 livres soit levée sur toute la Bourgogne pour la réparation des murs et ponts de ladite ville.

E 14°, f° 368 r°.

11362. — Arrêt ordonnant que Jean Charrier, de Conches, sera entendu au Conseil au sujet de la requête par laquelle Noël Cousin, protestant de Chalon-sur-Saône, demande le renvoi de sa cause devant la chambre de l'Édit de Grenoble.

E 14°, f° 369 r°.

11363. — Arrêt ordonnant que le sieur de Russy, ambassadeur du Roi dans les Provinces Unies, invitera les gens de Flessingue à défendre dorénavant à leurs capitaines de navires de piller et de capturer les navires français portant la bannière du Roi, et invitera également les gens de Flessingue à faire restituer ce qui a été pris à Jean Galye, maître du navire le Saint-Nicolas, sans quoi il serait délivré des lettres de marque à ce dernier.

E 14°, f° 371 r°.

11364. — Arrêt ordonnant une enquête au sujet de la date précise de la mort de M° Germain Du Coudray, receveur du domaine de Conches, avant qu'il soit statué sur l'évocation du procès pendant entre M° Jacques Du Coudray et Mathieu Rotrou au sujet de la possession dudit office.

E 14°, f° 373 r°.

11365. — Arrêt évoquant et jugeant le procès pendant au Parlement entre le syndic des huissiers et sergents de Lyon et Claude Romieu, pourvu de l'un de ces offices.

E 14°, f° 374 r°.

11366. — Arrêt statuant sur diverses instances pendantes entre Pierre Herail et autres habitants de Bertholène et François Ivery, marchand de Rodez.

E 14°, f° 375 r°.

11367. — Arrêt prononçant la suppression d'un office de sergent à verge au Châtelet dont a été pourvu Christophe Hédouin.

E 14°, f° 377 r°.

11368. — Arrêt évoquant au Conseil les instances pendantes au Parlement et devant le bailli de Beauvais entre Nicolas Patin, pourvu de l'office de contrôleur des cuirs à Beauvais, l'évêque, les tanneurs et les autres artisans de Beauvais faisant le commerce des cuirs.

E 14°, f° 379 r°.

11369. — Arrêt autorisant les maire et échevins de Troyes à lever une somme de 8,400 livres, soit par manière de capitation, soit sous la forme d'une taxe sur les denrées et marchandises.

E 14°, f° 381 r°.

11370. — Arrêt renouvelant l'interdiction faite à la cour des aides de Normandie, par arrêt du 31 mars dernier, de connaître de la levée des « droits du port, des mandements et des commissions des tailles ».

E 14°, f° 382 r°.

11371. — Arrêt déclarant que les habitants de Selles seront dispensés de restituer à la ville de Bourges deux coulevrines, un faucon de cuivre, deux fauconneaux de fer et 140 livres de poudre à canon, qui ont été dirigés, par l'ordre du Roi, vers l'arsenal d'Orléans.

E 14°, f° 384 r°.

11372. — Arrêt ordonnant la vérification du dernier compte des octrois et deniers communs de la ville de Lyon.

E 14°, f° 386 r°.

11373. — Arrêt déclarant que les trésoriers des Parties casuelles ne pourront plus, pour quelque raison que ce soit, délivrer de quittances en blanc, mais seront tenus d'inscrire sur leurs quittances les noms, professions et lieux d'habitation des personnes auxquelles ils les délivreront.

E 14°, f° 388 r°.

11374. — Arrêt accordant surséance de trois mois à M° Jean Cousin, ci-devant receveur général des finances en Bretagne, pour le payement des sommes assignées au maréchal de Brissac et à Pierre Le Charron, trésorier général de l'Extraordinaire des guerres.

E 14ᵃ, fᵒ 390 rᵒ.

11375. — Arrêt réglant le payement d'une somme de 36,000 livres accordée à Gédéon Garrault, commis « au recouvrement des taxes faictes sur les officiers des greniers à sel pour jouir de l'hérédité de leurs droictz, ...tant pour son droict d'advis, que frais, sallaires et taxations ».

E 14ᵃ, fᵒ 391 rᵒ.

11376. — Arrêt renvoyant à la Chambre royale la cause de Jacob Raincteau, ci-devant receveur des tailles à Fontenay-le-Comte.

E 14ᵃ, fᵒ 392 rᵒ.

11377. — Arrêt renvoyant aux trésoriers de France à Paris la requête en remise de tailles présentée par les habitants de Briis, Vaugrigneuse, Fontenay et Soucy, dont la récolte a été détruite par l'orage du mois de juin dernier.

E 14ᵃ, fᵒ 394 rᵒ.

11378. — Arrêt déclarant que Nicolas Dabancourt, ayant refusé de consentir à l'augmentation de son bail des 5 sols par muid de vin entrant ès villes et élections de Reims, Laon et Rethel, sera contraint de rendre ses comptes au fermier général des Cinq grosses fermes.

E 14ᵃ, fᵒ 395 rᵒ.

11379. — Arrêt relatif à la vérification des sommes dues à Isabelle Babou, marquise d'Alluye, veuve de François d'Escoubleau, sieur de Sourdis, chevalier de l'ordre du Roi.

E 14ᵃ, fᵒ 397 rᵒ.

11380. — Arrêt déclarant que le bail de Barthélemy Carteret, fermier « d'un escu pour muid de vin de sortie par les généralitez de Picardie, Champaigne et Soissons », finira à la date du 17 décembre 1607, accordant audit Carteret un rabais de 3,000 livres, à raison du siège de Sedan, etc.

E 14ᵃ, fᵒ 399 rᵒ.

11381. — Adjudication de la ferme de l'imposition sur les cartes, dés et tarots, faite, pour sept ans, à André Brigand, moyennant le prix de 30,000 livres pour chacune des trois premières années et de 40,000 livres pour chacune des quatre dernières.

E 14ᵃ, fᵒ 401 rᵒ.

11382. — Arrêt ordonnant à Mᵉ Claude de Montescot, trésorier des Parties casuelles, de présenter, dans quinzaine, ses comptes de « commis à la recepte et despence des deniers provenans des offices de controlleurs et marqueurs de cuirs ».

E 14ᵃ, fᵒ 403 rᵒ.

1607, 4 septembre. — Paris.

11383. — Arrêt déclarant que Mᵉ Mathieu Lallemant et Guillaume de Belland, avocats, seront tenus d'occuper pour le sieur d'Arquien dans le procès pendant au Conseil entre lui et Étienne Coynart, abbé de Notre-Dame de Dillo.

E 14ᵇ, fᵒ 1 rᵒ.

11384. — Arrêt renvoyant aux trésoriers de France à Orléans une requête en remise de tailles présentée par les habitants d'Oisy et de Billy, en Nivernais, dont les moissons et vignes ont été hachées et les maisons brûlées par l'orage du 3 août dernier.

E 14ᵇ, fᵒ 2 rᵒ.

11385. — Arrêt renvoyant en la Cour des aides le procès intenté par le sieur Du Gast, gouverneur d'Amboise, à Charles Huart, trésorier provincial de l'Extraordinaire des guerres.

E 14ᵇ, fᵒ 3 rᵒ.

11386. — Arrêt autorisant Bénigne Saulnier, receveur général des finances à Lyon, à faire interroger sur faits et articles Mᵉ Pierre Magdaleneau.

E 14ᵇ, fᵒ 5 rᵒ.

11387. — Arrêt confirmant une ordonnance des sieurs de Ventadour et de Refuge, nonobstant l'appel interjeté par Mᵉ Jean de Monthelois, receveur des tailles au diocèse du Puy.

E 14ᵇ, fᵒ 6 rᵒ.

11388. — Arrêt autorisant la levée d'une somme

de 1,120 livres 19 sols 6 deniers sur les habitants de Tayac, en Périgord.

E 14ᵇ, fᵒ 7 rᵒ.

11389. — Arrêt accordant à Jean Desfossés, maître juré charpentier à Paris, et à Jean Baudesson, adjudicataires de 4,500 pieds d'arbres à prendre en la forêt de Saint-Dizier, un délai de deux ans pour achever d'abattre lesdits arbres.

E 14ᵇ, fᵒ 8 rᵒ.

11390. — Arrêt déclarant que Jacques Barrin, chanoine de la Sainte-Chapelle, s'adressera à Henri Guillemot, receveur de la nouvelle Chambre royale, pour le payement des 500 livres qu'il réclamait à Martin Lefebvre, receveur des amendes de l'ancienne Chambre royale.

E 14ᵇ, fᵒ 10 rᵒ.

11391. — Arrêt autorisant la levée d'une somme de 800 livres destinée aux réparations de l'église Saint-Hilaire de Paisay-le-Sec.

E 14ᵇ, fᵒ 12 rᵒ.

11392. — Arrêt déclarant que les habitants de la banlieue de Rouen, de Dieppe et du Havre, qui participent aux privilèges des habitants de ces villes, contribueront également aux taxes de 9 livres par tonneau de vin, de 40 sols par tonneau de cidre et de 20 sols par tonneau de poiré, ainsi que les officiers des cours souveraines de Rouen et les privilégiés autres que les hôpitaux et les mendiants.

E 14ᵇ, fᵒ 14 rᵒ.

11393. — Arrêt accordant à la veuve de François Vaulot, tué, en percevant la taille, dans une émeute à Dampierre, une somme de 300 livres, qui sera levée sur les habitants de ladite paroisse.

E 14ᵇ, fᵒ 15 rᵒ.

11394. — Arrêt renvoyant à la Cour des monnaies certains différends pendants entre Pierre Béliard et les gardes de l'orfèvrerie de Paris, mais défendant auxdits gardes de troubler ledit Béliard en la jouissance de son titre de maître de l'orfèvrerie.

E 14ᵇ, fᵒ 17 rᵒ.

11395. — Arrêt autorisant les habitants de Lou-

déac à lever une somme de 2,400 livres destinée au remboursement de ce qu'ils ont emprunté, en 1598, à François Des Déserts, seigneur du lieu.

E 14ᵇ, fᵒ 19 rᵒ.

11396. — Arrêt ordonnant la levée, sur l'élection de Guyenne, d'une somme de 9,000 livres, destinée au curage des fossés infects de Château-Trompette et à l'ouverture d'un nouveau chemin longeant la Garonne depuis les Chartrons jusqu'à la hauteur du port de Lormont.

E 14ᵇ, fᵒ 20 rᵒ.

11397. — Arrêt autorisant la levée d'une somme de 900 livres destinée au remboursement des emprunts qu'ont été obligés de faire, en 1605 et en 1606, les habitants d'Usson pour poursuivre leur exemption des tailles.

E 14ᵇ, fᵒ 21 rᵒ.

11398. — Arrêt ordonnant que Daniel Le Comte sera remboursé des sommes payées par son père pour la place de clerc du greffe de la prévôté de Clermont, quoiqu'il ait perdu ses titres lors de la prise de Clermont.

E 14ᵇ, fᵒ 22 rᵒ.

11399. — Arrêt ordonnant, nonobstant l'opposition des trésoriers de France à Tours, la levée d'une taxe de 30 livres par muid de sel vendu dans les greniers de la généralité; le produit en devant être affecté au remboursement des 24 livres payées par Jean de Moisset pour le droit d'embouchure d'Ingrande.

E 14ᵇ, fᵒ 24 rᵒ.

11400. — Arrêt relatif au remboursement des 34,447 livres 9 sols 6 deniers dus au sieur de Chanlivault, lieutenant du Roi en Hurepoix, pour ses appointements, pour la solde de sa compagnie et pour la solde de la garnison du château de Nantouillet.

E 14ᵇ, fᵒ 25 rᵒ.

11401. — Arrêt ordonnant l'élargissement sous caution de Scipion Balbani, « attendu sa longue détention ez prisons de la conserergie du Pallais, à Paris, depuis xxvi mois, qui l'a réduict en de grandz accidentz de maladies ».

E 14ᵇ, fᵒ 26 rᵒ.

11402. — Arrêt ordonnant l'élargissement de Charles Perel, et renvoyant à la Cour des aides le procès pendant entre ledit Perel, M⁰ Nicolas Cauchon, sieur de Verzenay, trésorier de France à Châlons, et M⁰ Henri Guillemot.

E 14ᵇ, f° 27 r°.

11403. — Arrêt attribuant le droit de nommer un receveur des droits d'entrée d'épiceries, drogueries et aluns à Marseille aux enfants du dernier titulaire, feu Pierre de Bermont, trésorier et payeur des compagnies d'ordonnance de Provence.

E 14ᵇ, f° 29 r°.

11404. — Arrêt autorisant la levée d'une somme de 1,000 livres destinée au remboursement de l'emprunt qu'ont dû faire les habitants de Saint-Jean-d'Angely pour la reconstruction du pont de Saint-Julien.

E 14ᵇ, f° 31 r°.

11405. — Arrêt autorisant la levée d'une somme de 13,464 livres 9 sols 1 denier destinée au remboursement des sommes que doivent au sieur Beyes, syndic du Bazadais, les habitants de la sénéchaussée.

E 14ᵇ, f° 32 r°.

11406. — Arrêt octroyant aux consuls et habitants de Pezénas la moitié du produit des lods et ventes du comté, jusqu'à concurrence de 31,701 livres, cette somme devant être employée à la fortification ou aux réparations des murs, cours et fossés de Pezénas.

E 14ᵇ, f° 33 r°.

11407. — Arrêt ordonnant que lettres soient expédiées à la chambre des comptes de Bretagne pour le rétablissement, au profit du sieur de Lestrala, de diverses sommes dues pour la solde de la garnison de Quimper-Corentin.

E 14ᵇ, f° 35 r°.

11408. — Arrêt ordonnant au sieur de Saumery, trésorier de France à Blois, de faire publier et afficher la mise en adjudication des boucheries dans les bourgs et paroisses du comté de Blois, avant qu'il soit statué sur les propositions des sieurs de Loménie, conseiller d'État et secrétaire des commandements, de Verneson, secrétaire des finances, et de Trémolières, secrétaire de la maison de Navarre.

E 14ᵇ, f° 37 r°.

11409. — Arrêt ordonnant que Pierre Moynier, receveur général des gabelles du Lyonnais et fermier des taxes de la Garonne et de la Dordogne, ainsi que de l'extinction du convoi de Bordeaux, tiendra compte au Roi de certaine levée faite sur le vin au bureau de Langon.

E 14ᵇ, f° 39 r°.

11410. — Arrêt renvoyant aux commissaires députés pour la vérification des dettes des villages de Dauphiné une requête des créanciers desdits villages tendant à la levée immédiate des sommes qui sont destinées au payement des frais de leurs poursuites par-devant le Conseil.

E 14ᵇ, f° 41 r°.

11411. — Arrêt désignant d'office M⁰⁰ Jean-Baptiste de Crosilles et Jean Delom, trésoriers de France à Montpellier, pour donner leur avis au Conseil au sujet du différend soulevé entre André Marchat, syndic de plusieurs paroisses du Gévaudan, M⁰ Jean Fumel, syndic du Gévaudan, et M⁰ Jean Brugeyron, greffier des États du Gévaudan.

E 14ᵇ, f° 42 r°.

11412. — Arrêt ordonnant à M⁰ Gabriel Sevin de payer à la veuve et aux héritiers du sieur de Ris, conseiller d'État, une somme de 800 livres en déduction de ce qui leur est dû par le prince de Conti et par la comtesse de Soissons.

E 14ᵇ, f° 44 r°.

11413. — Arrêt autorisant Bénigne Saulnier, receveur général des finances à Lyon, à solliciter « censures ecclésiastiques aux fins de révellation », pour parvenir à connaître la date précise du décès de Germain Du Coudray, receveur du domaine de Conches et de Breteuil.

E 14ᵇ, f° 46 r°.

11414. — Arrêt renvoyant aux trésoriers de France à Châlons une requête par laquelle les habitants de Clinchamp demandent à être confirmés en leur exemption d'impôts, moyennant le payement annuel d'une somme de 15 écus.

E 14ᵇ, fᵒ 47 rᵒ.

11415. — Arrêt ordonnant le dépôt au greffe du Conseil du procès criminel de Jean Bobinet, maître et fermier particulier de la monnaie de Poitiers, et défendant tant au Parlement qu'à la Cour des monnaies de connaître des poursuites intentées par ledit Bobinet à Mᵉ Regnault de Bourg-l'Abbé, général des Monnaies.

E 14ᵇ, fᵒ 49 rᵒ.

11416. — Arrêt autorisant la levée d'une somme de 6,000 livres due par la ville de Soissons à Olivier Cuquelet et à Jean Legrain, argentiers de la ville, et à Pierre Vinay.

E 14ᵇ, fᵒ 51 rᵒ.

11417. — Arrêt déchargeant Vincent Vallois, bourgeois de Paris, d'une enchère par lui mise sur les places de greffiers, de clercs de greffiers et de contrôleurs du guet à Paris.

E 14ᵇ, fᵒ 52 rᵒ.

11418. — Arrêt ordonnant la vérification des dettes qu'ont contractées, pendant les troubles, les habitants de Pont-du-Château pour se maintenir en l'obéissance du Roi.

E 14ᵇ, fᵒ 53 rᵒ.

11419. — Arrêt accordant aux habitants de Ham décharge de l'impôt de 9 livres 18 sols par tonneau de vin vendu et consommé dans la ville.

E 14ᵇ, fᵒ 54 rᵒ.

11420. — Arrêt portant validation d'un payement de 800 écus fait, en 1594, au sieur de Selincourt, gentilhomme servant du Roi, en vertu d'un don de Henri III du 28 janvier 1588.

E 14ᵇ, fᵒ 55 rᵒ.

11421. — Arrêt renvoyant aux trésoriers de France à Amiens une requête en remise de tailles présentée par de nombreuses paroisses de l'élection de Saint-Quentin, dont le territoire a été dévasté par l'orage du 9 juin dernier.

E 14ᵇ, fᵒ 56 rᵒ.

11422. — Arrêt relatif à une requête présentée par les syndics des diocèses de Viviers, de Mende, du Puy et de Mirepoix et tendant à ce que, dorénavant, la ville de Toulouse paye sa part du taillon.

E 14ᵇ, fᵒ 57 rᵒ.

11423. — Arrêt accordant aux habitants de Mailly-le-Château remise de trois années d'impôts, attendu la ruine à laquelle ils ont été réduits par l'incendie du 30 octobre 1606.

E 14ᵇ, fᵒ 59 rᵒ.

11424. — Arrêt renvoyant aux trésoriers de France à Bourges une requête en remise de tailles présentée par les habitants d'Aullois, dont la récolte a été détruite par l'orage du 4 juin dernier.

E 14ᵇ, fᵒ 60 rᵒ.

11425. — Arrêt renvoyant aux trésoriers de France à Paris une requête en remise de tailles présentée par les habitants de Nozay et de la Ville-du-Bois, dont la récolte, les vignes et les arbres fruitiers ont été ravagés par l'orage du 9 juin dernier.

E 14ᵇ, fᵒ 61 rᵒ.

11426. — Arrêt renvoyant aux trésoriers de France à Paris une requête par laquelle Alexandre d'Elbène, sieur de La Motte-Tilly, demande concession des ruines de certaines maisons, appelées les Salles, situées au-dessous du parc de Pont-sur-Seine, et qui sont abandonnées depuis plusieurs siècles.

E 14ᵇ, fᵒ 62 rᵒ.

11427. — Arrêt ordonnant la levée, sur les habitants de Lisieux, d'une somme de 1,377 livres, destinée à remplacer pareille somme prélevée, en l'année 1603, sur les deniers de l'octroi pour subvenir aux frais de l'entrée du Roi et de la Reine.

E 14ᵇ, fᵒ 63 rᵒ.

11428. — Arrêt renvoyant aux trésoriers de France à Bordeaux une requête en décharge de tailles présentée par les consuls et habitants du Grès, lieu presque entièrement dépeuplé, situé dans la baronnie de Faudoas.

E 14ᵇ, fᵒ 65 rᵒ.

11429. — Arrêt déclarant que, conformément à

l'édit du mois de mars 1600, les gardes des forêts de Bourbonnais verront leur cote des tailles réduite, chaque année, d'une somme de 100 sols.

E 14ᵇ, fᵒ 67 rᵒ.

11430. — Adjudication du produit de la vente des fiefs nobles de haubert nouvellement érigés sur les terres vaines et vagues de Normandie, etc., faite à Mᵉ Thomas Robin, maître d'hôtel de la reine Marguerite, pour le prix de 90,000 livres.

E 14ᵇ, fᵒ 69 rᵒ.

1607, 5 septembre. — Paris.

11431. — Règlement au sujet du droit de chauffage des officiers des forêts et au sujet des dégâts qui résultent « des délivrances et monstres qui se font pour le bois à bastir et réparer ».

Ms. fr. 10842, fᵒ 145 rᵒ.

1607, 6 septembre. — Paris.

11432. — Arrêt ordonnant que Mᵉ Thomas de Pileur, sieur de Chatou, rendra compte au Conseil des empêchements par lui apportés à l'enlèvement du sable, sur les bords de la Seine, entre Chatou et Croissy, et qu'il s'expliquera également au sujet de l'emprisonnement des ouvriers et de la saisie des bateaux de Manfredo Balbani, « entrepreneur pour le Roy du restablissement et amandement du chemin sur la chaussée de Channevannes, allant à Saint-Germain-en-Laye ».

E 14ᵇ, fᵒ 71 rᵒ.

11433. — Arrêt ordonnant la suppression de l'office de second avocat au bailliage et au présidial d'Alençon.

E 14ᵇ, fᵒ 73 rᵒ.

11434. — Arrêt renvoyant au parlement de Paris le procès pendant entre Jean Poictevin, président au présidial de Provins, et Jacques de Rigny, sieur de Dammarie.

E 14ᵇ, fᵒ 75 rᵒ.

11435. — Arrêt ordonnant que les mémoires et avis présentés par le sieur de Nouveau, grand maître des Eaux et forêts au département de Champagne, seront communiqués aux trésòriers de France.

E 14ᵇ, fᵒ 77 rᵒ.

1607, 13 septembre. — Paris.

11436. — Arrêt réglant le payement des sommes dues au colonel de Dompmartin et aux capitaines et reîtres qui ont servi sous ses ordres.

E 14ᵇ, fᵒ 79 rᵒ.

11437. — Arrêt ordonnant l'élargissement sous caution de Jacob Raineteau, ci-devant receveur des tailles à Fontenay-le-Comte, et renvoyant à la Cour des aides le différend pendant entre lui et Henri Guillemot, receveur des taxes levées sur les officiers des finances.

E 14ᵇ, fᵒ 81 rᵒ.

11438. — Arrêt autorisant Vincent de La Marque à établir un service de bateaux, de la grandeur du Corbillat, pour transporter les voyageurs et les marchandises entre Sens et Paris, réglant, en outre, les jours et les heures de départ, le tarif des transports, etc.

E 14ᵇ, fᵒ 82 rᵒ.

11439. — Arrêt relatif à la reddition et à la vérification des comptes des deniers extraordinaires affectés au payement des Suisses.

E 14ᵇ, fᵒ 84 rᵒ.

11440. — Arrêt renvoyant au gouverneur de Granville et aux trésoriers de France à Caen un placet par lequel le sieur de Bellegarde, grand écuyer de France, demande à ce qu'il lui soit fait don de deux acres de terre situées aux faubourgs de Granville, entre la mer et la muraille, et de plusieurs petites places vagues situées dans l'enceinte de la ville.

E 14ᵇ, fᵒ 86 rᵒ.

11441. — Arrêt déclarant que le duc de Nevers nommera, par provision, aux offices extraordinaires de Sainte-Menehould et jouira du revenu de la vente des bois chablis dudit domaine.

E 14ᵇ, fᵒ 87 rᵒ.

11442. — Arrêt condamnant M° Aubert, receveur des aides à Saumur, à payer 2,100 livres à Louis de Voulges, apothicaire de l'Artillerie.

E 14ᵇ, f° 89 r°.

11443. — Arrêt ordonnant que Henri Guillemot, « commis à la recette des amendes et confiscations de la recherche des officiers des finances de la ville de Pontoise et ressort de celle de Magny », sera entendu au Conseil au sujet d'une réclamation des sieurs d'Alincourt, chevalier des ordres du Roi, et de Loménie, secrétaire des commandements, auxquels le Roi a fait don de tous les deniers provenant de ladite recherche.

E 14ᵇ, f° 90 r°.

11444. — Arrêt ordonnant que Claude Vespier, commis de Nicolas de Lancy, trésorier général de l'Ordinaire des guerres, sera remis en prison, s'il ne préfère donner caution.

E 14ᵇ, f° 92 r°.

11445. — Arrêt autorisant les habitants de Montlhéry à cotiser aux tailles et autres subsides M° Christophe Bagereau, prévôt de Montlhéry, Louis Le Royer et Jean d'Ivry, chevaucheurs de l'Écurie, mais déclarant exempts d'impôts Jacques Nolleau, secrétaire et solliciteur ordinaire des affaires du prince de Condé, Antoine Henry, secrétaire de la reine Louise de Lorraine, Laurent de Jarre, archer des Gardes du corps, et Mathurin Bligny, déchargeur de l'Artillerie.

E 14ᵇ, f° 93 r°.

11446. — Arrêt ordonnant que la duchesse de Mercœur, en échange des ampliations de sergents et des anciennes quittances autrefois délivrées à la reine Louise de Lorraine, recevra de nouvelles quittances d'ampliations qu'elle sera autorisée à vendre et à distribuer, concurremment avec la princesse d'Orange et avec le sieur de Bourzolles.

E 14ᵇ, f° 95 r°.

11447. — Arrêt ordonnant aux trésoriers de France à Lyon de faire jouir les consuls et habitants des Rivières-d'Aurecq de la remise de tailles à eux accordée par arrêt du 19 décembre 1606 (n° 10705).

E 14ᵇ, f° 97 r°.

11448. — Arrêt ordonnant signification au procureur-syndic des États de Provence d'une requête par laquelle les habitants du village de Lemps demandent à être dispensés de contribuer aux impôts de la Provence, attendu qu'ils ont été contraints de contribuer à ceux du Dauphiné.

E 14ᵇ, f° 99 r°.

11449. — Arrêt prorogeant d'un an le délai accordé à la princesse douairière d'Orange et au sieur de Bourzolles pour opérer le recouvrement des deniers provenant des ampliations des sergents du parlement de Paris.

E 14ᵇ, f° 101 r°.

11450. — Arrêt maintenant comme secrétaires du Roi en la chancellerie de Bretagne Mᵉˢ Bertrand Broust et Jacques Michel, à condition que le premier office semblable qui deviendra vacant sera supprimé.

E 14ᵇ, f° 102 r°.

11451. — Arrêt ordonnant l'élargissement de M° Olivier Gourmil, conseiller au présidial de Vannes, commissaire député par le Roi pour l'installation de M° François Faverel en l'office de lieutenant particulier assesseur criminel audit siège, ledit Gourmil ayant été emprisonné par ordre du parlement de Bretagne.

E 14ᵇ, f° 104 r°.

11452. — Arrêt réglant le remboursement d'une partie des 20,000 écus avancés par Mᵉˢ Paul Tissandier, Guillaume Fontfreyde et Antoine Senezes à Alexandre de Girard, alors commis de l'Extraordinaire des guerres en Piémont, ordonnant une levée sur les paroisses de la généralité d'Auvergne qui ont été déchargées de la taille en 1597, etc.

E 14ᵇ, f° 106 r°.

11453. — Arrêt condamnant M° Joseph d'Andrault, pourvu d'un office de conseiller clerc au parlement de Bordeaux en vertu de la résignation de son oncle, à payer le huitième denier de son office et le droit annuel des années 1605 et 1606.

E 14ᵇ, f° 110 r°.

11454. — Arrêt déclarant que François Le Duc sera pourvu de l'office de receveur des fouages au diocèse de Saint-Malo, en payant le quart denier dudit office.

E 14ᵇ, f° 112 r°.

11455. — Arrêt ordonnant l'exécution des arrêts du Conseil du 18 mars 1606 (n° 10166) et du 13 mars 1607 (n° 11003), lesquels condamnaient les États de Bourgogne à payer 12,000 livres à Mᵉ Jacques Massol, président en la chambre des comptes de Dijon.

E 14ᵇ, f° 114 r°.

11456. — Arrêt ordonnant la vérification des comptes de Mᵉ Antoine Roqueplan, receveur des tailles au diocèse du Puy.

E 14ᵇ, f° 116 r°.

11457. — Arrêt renvoyant aux juges compétents le différend pendant entre Mᵉˢ Nicolas Gœriey et Henri d'Avignon au sujet d'une prébende de l'église cathédrale de Toul.

E 14ᵇ, f° 117 r°.

11458. — Arrêt renvoyant au Grand Conseil le procès pendant entre Mᵉ Octavien Dony, sieur d'Attichy, intendant des finances, légataire universel de Louise Goriny, et Mᵐˢ Louis de Gentilz et Étienne Du Noyer, président et conseiller au parlement de Bordeaux.

E 14ᵇ, f° 118 r°.

11459. — Arrêt réglant le payement de la pension de 3,600 livres due au sieur de Saint-André, premier président du parlement de Grenoble.

E 14ᵇ, f° 119 r°.

11460. — Arrêt portant attribution aux officiers du présidial de Nîmes et suppression de l'office d'assesseur criminel audit siège.

E 14ᵇ, f° 120 r°.

11461. — Arrêt défendant provisoirement aux trésoriers des Gardes de payer à Richard Manon, prêtre, la pension que touchait feu Mᵉ Guillaume Gaulteron, aumônier attaché à la personne des officiers français commandants des troupes suisses, attendu la réclamation d'Antoine Demurat, aumônier ordinaire de l'Artillerie.

E 14ᵇ, f° 121 r°.

11462. — Arrêt réglant le payement des pensions attribuées aux présidents, à l'avocat et aux procureurs généraux en la chambre de l'Édit de Castres.

E 14ᵇ, f° 122 r°.

11463. — Arrêt défendant à Fiacre-Marc Voisin d'exercer en aucune façon l'office de courtier de vins à Châtillon-sur-Loire.

E 14ᵇ, f° 124 r°.

11464. — Arrêt réglant le payement des sommes dues au colonel Dompmartin et aux capitaines reîtres qui ont servi sous ses ordres.

(Arrêt non expédié et refait.)

E 14ᵇ, f° 125 r°.

11465. — Arrêt suppléant à la perte d'une quittance d'office de conseiller clerc au parlement de Grenoble, qui avait été levée aux Parties casuelles par Jean Du Jars, trésorier de France à Toulouse, et qui a été égarée durant les troubles.

E 14ᵇ, f° 127 r°.

11466. — Arrêt ordonnant que Nicolas Du Bus recevra le quart de la somme qu'il a fait rentrer à l'Épargne en signalant des irrégularités dans les comptes de Mᵉˢ Edmond et Nicolas Servient, receveurs généraux des finances à Rouen.

E 14ᵇ, f° 129 r°.

11467. — Arrêt renvoyant aux trésoriers de France à Orléans une requête des habitants de l'élection de Gien tendant à ce que la somme dont les habitants de Saint-Fargeau ont obtenu remise, à raison de l'incendie du mois de juillet 1605, soit répartie entre les autres élections de la généralité.

E 14ᵇ, f° 130 r°.

11468. — Arrêt relatif au remboursement des officiers des gabelles supprimés.

E 14ᵇ, f° 131 r°.

11469. — Arrêt déclarant que les trésoriers de France seront, suivant leur demande, exemptés de la taxe levée sur les officiers des finances pour la révocation de la Chambre de justice, mais à la condition qu'ils demeureront solidairement responsables des irrégularités de leurs états annuels et qu'ils seront garants des additions où corrections par eux faites aux états du Roi.

E 14ᵇ, fᵒ 133 rᵒ.

11470. — Arrêt accordant une remise de tailles aux habitants de Prasville, en Beauce, dont les récoltes ont été dévastées par la grêle.

E 14ᵇ, fᵒ 135 rᵒ.

11471. — Arrêt déchargeant l'élection de Bourges d'une somme de 1,201 livres qui n'a pu être levée sur les paroisses et collectes de Saint-Julien, de Saint-Symphorien, de Bannegon et sur le quartier de Loye, rattachés par l'édit de novembre 1605 à la nouvelle élection de Saint-Amand.

E 14ᵇ, fᵒ 136 rᵒ.

11472. — Arrêt relatif aux procès pendants entre Israël de Hugueliers, marchand de Francfort, le tuteur des enfants du feu sieur de Bernet, gouverneur de Boulogne, et dame Claude de Linières, baronne de Clan, femme en premières noces dudit sieur de Bernet.

E 14ᵇ, fᵒ 138 rᵒ.

11473. — Arrêt accordant une remise de tailles aux habitants de Blangy[-sur-Bresle], à raison d'un incendie qui leur a fait perdre plus de 40,000 livres de grains.

E 14ᵇ, fᵒ 139 rᵒ.

11474. — Arrêt condamnant Mᵉ Antoine Bernard à payer 8,868 livres 8 sols 9 deniers à Mᵉ Claude Josse, adjudicataire général des greniers à sel.

E 14ᵇ, fᵒ 141 rᵒ.

11475. — Arrêt réglant le payement des gages du sieur de Verdun, premier président du parlement de Toulouse.

E 14ᵇ, fᵒ 142 rᵒ.

11476. — Arrêt ordonnant que le duc de Ventadour, lieutenant général en Languedoc, sera payé annuellement d'une somme de 3,000 livres, en attendant le remboursement du prix de 60,000 livres moyennant lequel le péage de Baix-sur-Baix lui a été engagé, en 1597.

E 14ᵇ, fᵒ 145 rᵒ.

11477. — Arrêt ordonnant le remboursement d'une somme de 2,000 écus payée par Jean de La Burthe, conseiller d'État, pour un des quatre offices de conseillers au parlement de Bordeaux créés en 1575.

E 14ᵇ, fᵒ 147 rᵒ.

11478. — Arrêt réglant le remboursement des sommes payées, pour leurs provisions et pour leurs réceptions, par les commissaires et contrôleurs des ports et portes de Paris.

E 14ᵇ, fᵒ 149 rᵒ.

11479. — Arrêt réglant le payement d'une pension de 800 livres continuée à François Rozel, lieutenant principal au présidial de Nîmes.

E 14ᵇ, fᵒ 151 rᵒ.

11480. — Arrêt ordonnant que le cardinal de Joyeuse sera mis en possession du domaine de la vicomté de Montreuil et Bernay, des greffes, places de clercs, parisis et tabellionages de ladite vicomté, ainsi que de la terre et de la seigneurie de Cailly, en attendant plus ample vérification de l'engagement qui lui a été fait du domaine de Valognes.

E 14ᵇ, fᵒ 153 rᵒ.

11481. — Arrêt déclarant que les procès relatifs aux droits forains et à la traite domaniale de Languedoc et de Provence seront jugés, en première instance, par les maîtres des ports et, en appel, par le Conseil, au moins en ce qui touche les exemptions et privilèges, et, pour le surplus, par le parlement de Toulouse; interdisant la connaissance de ces procès à la Cour des aides.

E 14ᵇ, fᵒ 155 rᵒ.

11482. — Arrêt ordonnant le rétablissement d'une partie de 800 écus portée sur le compte de Mᵉ Martin Baudichon, garde général des vivres, au nom d'Ambroise Lecomte, ci-devant receveur des tailles en l'élection de Pithiviers.

E 14ᵇ, fᵒ 157 rᵒ.

11483. — Arrêt défendant à Mᵉ Claude d'Expilly, avocat général au parlement de Grenoble, et à Mᵉ Jean-Baptiste de Simiane, sieur de La Coste, de poursuivre Ambroise Hubert et consorts, fermiers de la douane de Vienne, sous prétexte d'une recherche des abus et malversations commis par certains receveurs sur les cours du Rhône et de l'Isère.

E 14ᵇ, fᵒ 159 rᵒ.

11484. — Arrêt ordonnant l'exécution du contrat d'atermoiement passé entre les prévôt des marchands et échevins de Paris et le clergé du diocèse de Périgueux au sujet du payement des décimes des années 1597 à 1602.

E 14ᵇ, fᵒ 161 rᵒ.

11485. — Arrêt renvoyant aux trésoriers de France à Paris une requête en remise de tailles présentée par les habitants de Maisons, près Charenton, dont les vignes et les blés ont été dévastés par l'orage du 9 juin dernier.

E 14ᵇ, fᵒ 163 rᵒ.

11486. — Arrêt relatif à diverses instances pendantes entre Mᵉ Balthazar Gobelin, conseiller d'État et président en la Chambre des comptes, Jean et Claude de Champfeu, Léonard Dumas, Maurice Tardy et Mᵉ Jean Perret, au sujet des offices de receveurs ancien et triennal des tailles en l'élection de Guéret et de receveur du domaine en la châtellenie d'Aubusson.

E 14ᵇ, fᵒ 164 rᵒ.

11487. — Arrêt autorisant la levée d'une somme de 3,600 livres destinée au remboursement d'un emprunt que les habitants de Soulaines ont été forcés de faire lors d'une épidémie.

E 14ᵇ, fᵒ 166 rᵒ.

11488. — Arrêt autorisant les habitants de Coulommiers à lever une somme de 600 livres destinée au payement des frais nécessités par une épidémie.

E 14ᵇ, fᵒ 167 rᵒ.

11489. — Arrêt renvoyant à la cour des aides de Rouen l'appel d'une sentence du maître des ports de Rouen interjeté par Gabriel de Costes, marchand portugais, coupable d'avoir introduit clandestinement en France une barrique pleine de monnaies espagnoles.

E 14ᵇ, fᵒ 169 rᵒ.

11490. — Arrêt portant suppression de l'un des deux offices d'avocat du Roi en la vicomté d'Argentan et d'Exmes.

E 14ᵇ, fᵒ 171 rᵒ.

11491. — Arrêt ordonnant aux habitants de Château-Gontier de représenter l'état de la recette et de la dépense d'une taxe de 3 deniers par pinte de vin débitée dans les tavernes de l'élection de Château-Gontier, le produit de cette taxe ayant été affecté au remboursement des marchands qui avaient fait, durant les troubles, la fourniture des vivres, et envers lesquels est obligé le maréchal de Bois-Dauphin.

E 14ᵇ, fᵒ 172 rᵒ.

11492. — Arrêt levant les défenses qui ont mis obstacle, jusqu'à présent, à la négociation des maîtrises créées à l'occasion de la naissance du duc d'Orléans, et dont les lettres ont été données à la dame de Montglat.

E 14ᵇ, fᵒ 173 rᵒ.

11493. — Arrêt réglant le payement du reste des 1,500 livres données par le Roi aux religieuses de Sainte-Claire de Bourg-en-Bresse «pour employer aux réparations dudit couvent, qui auroit esté ruiné et desmoly durant le siège de ladite ville».

E 14ᵇ, fᵒ 174 rᵒ.

11494. — Arrêt accordant à Charles Paulet, ci-devant commis à la recette générale du produit de la vente des greniers à sel, un délai de trois mois pour la reddition de ses comptes.

E 14ᵇ, fᵒ 176 rᵒ.

11495. — Arrêt autorisant les officiers des bailliages, présidiaux, sénéchaussées, prévôtés, vicomtés, vigueries et autres juridictions royales à lever «en corps» les offices disponibles de lieutenants particuliers assesseurs criminels et de commissaires-examinateurs créés par édits de 1586 et de 1596.

E 14ᵇ, fᵒ 178 rᵒ.

11496. — Doléances, en huit articles, et requêtes, en six articles, présentées au Roi et au Conseil par «la plus grande, mais la plus désolée partie» des habitants de Vienne, au sujet des oppressions dont ils se disent victimes de la part des consuls.

E 14ᵇ, fᵒ 182 rᵒ.

11497. — Arrêt ordonnant la communication des précédentes requêtes aux consuls de Vienne, prescrivant une enquête au sujet de certaine levée de 450,000 livres, interdisant provisoirement toute levée pour la construction d'un collège, ordonnant d'exécuter à Vienne le règlement des tailles fait au Conseil le 15 avril 1602 pour tout le Dauphiné (n° 7021).

E 14b, f° 180 r°.

1607, 15 septembre. — Paris.

11498. — Arrêt ordonnant que certaines crues sur le sel continueront d'être levées dans le duché de Bourgogne jusqu'à réunion des fonds nécessaires à l'entier rachat du domaine engagé.

E 14b, f° 192 r°.

11499. — Arrêt approuvant la recette et la dépense des deniers levés à Villefranche-de-Rouergue sans permission du Roi, antérieurement au 31 décembre 1604, pour la conservation de ladite ville en l'obéissance du Roi, et autorisant, pendant quatre ans, la levée d'une somme de 1,000 livres destinée à l'achat des robes consulaires, au payement des maîtres d'école et des prédicateurs, etc.

E 14b, f° 194 r°.

11500. — Traité passé avec Me Jean Goday, bourgeois de Paris, pour le rachat et la réunion au domaine des greffes, places de clercs et petits sceaux de Languedoc, de Provence et des ressorts des parlements de Toulouse et d'Aix.

E 14b, f° 196 r°.

11501. — Arrêt, rendu sur la requête de Guillaume Preoust, secrétaire de la chambre du Roi, chargeant deux trésoriers de France de taxer les personnes anoblies en Normandie depuis le 1er janvier 1573, de telle façon qu'elles puissent jouir du titre de nobles qui leur a été enlevé par édit de mars 1606.

E 14b, f° 200 r°.

11502. — Arrêt, rendu sur la requête d'André Arnaud, lieutenant général et principal du sénéchal de Provence au siège de Forcalquier, ordonnant l'expédition des provisions de lieutenants particuliers, as-

sesseurs criminels et commissaires-examinateurs créés en chacun des sièges du royaume.

E 14b, f° 202 r°.

11503. — Arrêt validant un payement de 500 écus que le receveur des tailles de Clermont fut contraint de faire, en 1597, au sieur d'Haraucourt, gouverneur de Clermont, lequel se rendait alors au siège d'Amiens, sur l'ordre du duc de Mayenne.

E 14b, f° 204 r°.

11504. — Arrêt ordonnant la restitution des sommes payées par l'ordre de Saint-Jean-de-Jérusalem au fermier général de la douane de Vienne ou à ses commis pour de la toile embarquée à destination de Malte.

E 14b, f° 206 r°.

11505. — Arrêt autorisant Manfredo Balbani à prendre de la terre dans les propriétés particulières avoisinant le quai de Chaillot, pour exécuter plus rapidement le remblai du nouveau mur que l'on construit le long du quai de Chaillot, près des Bons-Hommes de Nigeon.

E 14b, f° 208 r°.

11506. — Arrêt ordonnant de communiquer à Pierre Collette, ci-devant sergent royal à Falaise, une requête par laquelle Jacques de Rouen, bourgeois de Caen, faisant profession de la Religion prétendue réformée, demande l'annulation des arrêts obtenus contre lui par ledit Collette à l'occasion de prétendues injures qu'il aurait proférées contre le P. Gontier, de la Compagnie de Jésus.

E 14b, f° 210 r°.

11507. — Arrêt condamnant Vidal Dolezon, syndic du Velay, à payer à Me Pierre Pouallion, secrétaire du Roi, maison et couronne de France, une somme de 18,000 livres, qui sera levée « sur tous les habitans contribuables aux debtes dudit pays ».

E 14b, f° 212 r°.

11508. — Arrêt renvoyant les chaussetiers, pourpointiers, tailleurs et fripiers de Paris au prévôt de Paris ou à son lieutenant civil, qui, de concert avec le procureur du Roi au Châtelet, réglera les parties.

E 14b, f° 214 r°.

11509. — Arrêt ordonnant qu'avant le jugement du procès pendant entre le fermier général des Cinq grosses fermes et le fermier du sol pour pot de vin vendu en détail à Calais, d'une part, les taverniers et cabaretiers de Calais, d'autre part, il sera informé de la manière dont était autrefois levé cet impôt à Calais et dans les villes environnantes.

E 14ᵇ, fᵒ 216 rᵒ.

11510. — Arrêt ordonnant à Henri Guillemot, à Daniel Persicault et à Barthélemy Carteret de présenter leurs comptes des taxes qui ont été levées sur les officiers des finances, depuis 1604, à l'occasion de la première révocation de la Chambre royale.

E 14ᵇ, fᵒ 218 rᵒ.

11511. — Arrêt portant règlement au sujet des «chauffages», et déterminant ceux des officiers des forêts qui continueront d'en jouir.

E 14ᵇ, fᵒ 255 rᵒ, et AD ✠ 143, nᵒ 19.

1607, 18 septembre. — Paris.

11512. — Arrêt ordonnant la démolition de certains moulins à blé, à drap et à tan, situés entre Châteauneuf et Saint-Florent, et qui gênent la navigation du Cher; ordonnant, en outre, d'évaluer l'indemnité à laquelle auront droit les propriétaires desdits moulins.

E 14ᵇ, fᵒ 219 rᵒ.

1607, 20 septembre. — Paris.

11513. — Arrêt relatif à une requête par laquelle Gilles Du Byé, pourvoyeur ordinaire de la maison du Roi, demande à être assigné d'une somme de 50,000 livres sur les deniers provenant de la vente de deux offices d'huissiers-audienciers ci-devant créés dans les parlements de Toulouse et de Bordeaux.

E 14ᵇ, fᵒ 220 rᵒ.

11514. — Arrêt renvoyant à l'official de Metz le différend soulevé, entre Mᵉ Pierre de Stainville et le chapitre de Metz, au sujet d'un canonicat dont Mᵉ Pierre de Stainville a obtenu les provisions en cour de Rome.

E 14ᵇ, fᵒ 221 rᵒ.

11515. — Arrêt ordonnant provisoirement le rétablissement du sieur Du Soleil en la charge de capitaine de la ville de Lyon, qu'il exerce depuis vingt-sept ans, nonobstant l'opposition des prévôt des marchands et échevins de Lyon, et joignant à ladite instance le procès intenté à l'échevinage par le sieur Du Fenoueil, sergent-major à Lyon.

E 14ᵇ, fᵒ 222 rᵒ.

11516. — Arrêt renvoyant à la cour des aides de Paris le procès pendant entre Eustache Le Bossu et Mᵉ Briand de Pomey, tuteur des enfants de son fils, feu Pierre de Pomey.

E 14ᵇ, fᵒ 224 rᵒ.

11517. — Arrêt ordonnant que les consuls du Puy seront contraints au payement des sommes portées par l'arrêt du Conseil du 1ᵉʳ septembre 1605 (nᵒ 9558), nonobstant les défenses faites par MM. de Ventadour et de Refuge, et ordonnant de surseoir à la vente des immeubles de Claude Rauquet.

E 14ᵇ, fᵒ 225 rᵒ.

11518. — Arrêt déclarant que les gages de Josse Doré, prévôt général de l'Artillerie, ne pourront être saisis par ses créanciers.

E 14ᵇ, fᵒ 226 rᵒ.

11519. — Arrêt statuant sur le procès pendant entre Joachim de Bellengreville, sieur de Neufville, conseiller d'État et grand prévôt de France, Guillaume Le Père et Luc Potier, huissiers audienciers en la prévôté de l'Hôtel, et Henri Lagneau, pourvu de semblable office; ordonnant, du consentement des parties, la réception dudit Lagneau et le maintien desdits Le Père et Potier, à condition que l'office du premier mourant demeure supprimé.

E 14ᵇ, fᵒ 227 rᵒ. — Cf. ibid., fᵒ 228 rᵒ.

1607, 25 septembre. — Paris.

11520. — Arrêt évoquant et renvoyant au Grand Conseil tous les procès que pourra avoir, dans un délai de deux ans, Jean de Souvert, avocat au parlement de Bourgogne, conseil des États du pays.

E 14ᵇ, fᵒ 230 rᵒ.

11521. — Arrêt ordonnant la vérification des comptes de « l'écu par muid sortant de Champagne », taxe dont la levée a été confiée aux officiers des traites foraines de Champagne par commission du 28 août 1603.

E 14ᵇ, fᵒ 232 rᵒ.

11522. — Arrêt ordonnant que les syndics, consuls et habitants de Montluel seront entendus au sujet d'une réclamation de Guillaume Gélas, marchand de Lyon, et d'Isabeau Parent, sa femme.

E 14ᵇ, fᵒ 234 rᵒ.

11523. — Arrêt maintenant Jacques de Grimonville, sieur des Marestz, en possession de son office de maître particulier des eaux et forêts au bailliage de Cotentin, à la condition toutefois de payer comptant 2,000 livres à Jean de Tourlaville.

E 14ᵇ, fᵒ 235 rᵒ.

11524. — Arrêt renvoyant aux commissaires députés pour la réunion du domaine de Dauphiné une requête par laquelle le sieur de Saint-Julien, président au parlement de Grenoble, demande à être payé d'une somme de 2,194 livres 14 sols allouée, en 1593, au feu sieur de Saint-Julien, lequel n'avait pu jouir, en 1562 ni en 1563, des revenus de sa châtellenie de Vizille, à raison « des troubles survenuz audit païs et prise du chasteau dudit Vizille ».

E 14ᵇ, fᵒ 237 rᵒ.

11525. — Arrêt préparatoire rendu au cours d'un procès pendant entre Mᵉ Gilles Crouyn, sénéchal et commissaire-examinateur au siège de Beaufort, d'une part, Mᵉ Pierre Gohier, conseiller au présidial d'Angers, et Gervais Parré, curateur aux causes de damoiselle Isabeau Crouyn, et de Mᵉ Charles Crouyn, prieur d'Avrillé, d'autre part.

E 14ᵇ, fᵒ 239 rᵒ. .

11526. — Arrêt ordonnant que lettres patentes seront expédiées à la princesse de Conti pour la mettre en possession d'une place et d'une ruelle situées dans le bourg de Fontainebleau, près de l'hôtel Grand-Ferrare, cette place et cette ruelle ayant été données à ladite dame par lettres du mois de juin 1607.

E 14ᵇ, fᵒ 241 rᵒ.

11527. — Arrêt relatif à un procès pendant entre Mᵉ Pierre Grangier, adjudicataire des places de clercs aux greffes des juridictions royales de la sénéchaussée de Beaucaire, d'une part, les consuls et habitants de Nîmes, les syndics des diocèses du ressort de ladite sénéchaussée, les officiers du présidial de Nîmes, les fermiers des greffes de la sénéchaussée et du présidial, les greffiers et propriétaires de greffes de ladite ville, d'autre part.

E 14ᵇ, fᵒ 242 rᵒ.

11528. — Arrêt défendant à Mᵉ François Faure, procureur général au parlement de Grenoble, d'intervenir dans aucun des procès de François de Galles, sieur de Belliers, attendu les inimitiés qui existent entre eux.

E 14ᵇ, fᵒ 244 rᵒ.

11529. — Arrêt ordonnant le remboursement de la finance payée par feu Claude Beschefer pour l'office de receveur et payeur des gages du lieutenant criminel de robe courte de Château-Thierry et de ses archers.

E 14ᵇ, fᵒ 245 rᵒ.

11530. — Arrêt statuant sur le procès pendant entre Roger de Comminge, sieur de Sobolle, gentilhomme ordinaire de la Chambre, d'une part, Barthélemy Lentrade, demoiselle Ouvriette de Mauléon, veuve du sieur de Signan, Hector de Lou, sieur « du Presqué », et Vidal d'Aspect, sieur de « Bavarthes », d'autre part.

E 14ᵇ, fᵒ 247 rᵒ.

11531. — Arrêt accordant une remise de tailles aux habitants de Marcoussis, dont les récoltes ont été détruites par l'orage du 9 juin dernier.

E 14ᵇ, fᵒ 249 rᵒ.

11532. — Arrêt défendant au parlement de Toulouse de prendre aucune connaissance des comptes rendus en la chambre des comptes de Montpellier par Mathieu Comingnan, receveur et payeur des gages dudit parlement.

E 14ᵇ, fᵒ 250 rᵒ.

11533. — Arrêt rejetant un avis tendant à ce que

le huitième du vin vendu à pots et à pintes soit levé dans les pays de Bresse, de Valromey et de Gex, et à ce que le produit en soit affecté à la réparation des murs de la ville de Bourg.

E 14b, f° 252 r°.

11534. — Arrêt ordonnant l'élargissement de François Nicquet, trésorier de France en Languedoc, emprisonné par des conseillers en la cour des aides de Montpellier, ainsi que l'envoi au Conseil de toutes les procédures faites contre lui par la cour des aides, par le présidial de Montpellier, etc.

E 14b, f° 253 r°.

11535. — Arrêt ordonnant que, sur le prix d'un terrain situé au bout du Pont-Neuf, une somme de 400 livres sera payée à Thibaut Duplessis, valet de chambre ordinaire du Roi, propriétaire du tiers d'une maison jadis construite sur ledit terrain, et que, sur le même prix, une somme de 800 livres sera affectée aux frais de construction du Pont-Neuf.

E 14b, f° 257 r°.

11536. — Arrêt assignant au surintendant des affaires du duc de Wurtemberg l'équivalent de la valeur des coupes et ventes de bois faites, durant les dernières années, dans les forêts d'Alençon, d'Essai et de Bonmoulins, et ordonnant qu'il jouira dorénavant du produit desdites ventes de bois, conformément au contrat d'engagement des seigneuries d'Alençon, de Valognes, de Saint-Sauveur-le-Vicomte et de Saint-Sauveur-Lendelin.

E 14b, f° 259 r°.

11537. — Arrêt ordonnant qu'à Paris, sur chaque vaisseau de vin « roesné » par les commissaires du Roi, sera collé un morceau de papier portant la signature du fermier des huitièmes et du greffier de l'élection.

E 14b, f° 261 r°.

11538. — Arrêt déclarant que les articles accordés à Jean Goday (n° 11500) lui serviront de bail.

E 14b, f° 263 r°.

11539. — Arrêt autorisant la levée d'une somme de 1,912 livres 17 sols 6 deniers due par les habitants de Gerzat au couvent des Carmes de Clermont, à M° Pierre Mauguin et à Gilberte Boussat.

E 14b, f° 264 r°.

11540. — Arrêt faisant remise de deux années d'impôts aux habitants de Jard, « attendu le desbordement de la mer advenu au mois de janvier et febvrier dernier ».

E 14b, f° 265 r°.

11541. — Arrêt déclarant que le procureur général au parlement de Rouen sera employé dans l'état des officiers qui doivent assister aux États de Normandie et sera payé de ses taxations par le trésorier desdits États.

E 14b, f° 266 r°.

11542. — Arrêt ordonnant le payement des gages de Guillaume Pontgibault, sommelier de l'Échansonnerie du Roi, nonobstant une saisie faite par Pierre Mazire.

E 14b, f° 268 r°.

11543. — Arrêt réglant le payement des gages d'Abraham Vallier, conseiller au présidial de Lyon.

E 14b, f° 269 r°.

11544. — Arrêt ordonnant que le trésorier des Parties casuelles délivrera à Bénigne Saulnier les quittances en blanc des offices vacants par mort qui restent à lever de l'année 1606.

E 14b, f° 271 r°.

11545. — Arrêt faisant remise de deux années et demie de tailles à plusieurs paroisses de l'élection de Chartres, attendu les pertes que leur a fait subir l'orage du 9 juin dernier.

E 14b, f° 272 r°.

11546. — Arrêt déclarant que François Dufour, receveur général du taillon et payeur de la gendarmerie du bas pays d'Auvergne, ne contribuera point au payement des dettes de la ville de Clermont tant qu'il n'aura pas de domicile actuel en ladite ville.

E 14b, f° 274 r°.

11547. — Arrêt statuant sur un procès pendant entre Guillaume Hus, adjudicataire des offices de contrôleurs-visiteurs-marqueurs de cuirs à Rennes et à Acigné, M° Barnabé Biet, syndic des États de Bretagne, et plusieurs tanneurs de Rennes et d'Acigné.

E 14ᵇ, fᵒ 276 rᵒ.

11548. — Arrêt prorogeant les octrois concédés aux habitants de Louviers, le produit en devant être employé à l'entretien d'un pont, du pavé, des chemins et des chaussées des environs de ladite ville.

E 14ᵇ, fᵒ 278 rᵒ.

1607, 27 septembre. — Paris.

11549. — Arrêt ordonnant l'exécution du jugement rendu par le duc de Guise, gouverneur de Provence, au sujet d'injures adressées à Pierre d'Hostagier, sieur de La Grande Bastide, maître d'hôtel ordinaire du Roi, dans un factum imprimé pour Barthélemy de Libertat, enjoignant à M° Nicolas de Bausset, lieutenant général en la sénéchaussée de Provence, et auxdits Hostagier et Libertat de vivre dorénavant en bonne intelligence.

E 14ᵇ, fᵒ 280 rᵒ.

1607, 2 octobre. — Paris.

11550. — Arrêt renvoyant aux trésoriers de France à Limoges une requête en remise de tailles présentée par les habitants de Saint-Pierre-de-Fursac, village dépeuplé et ruiné par les guerres.

E 15ᵃ, fᵒ 283 rᵒ, et ms. fr. 18172, fᵒ 2 rᵒ.

11551. — Arrêt statuant sur un procès pendant entre Henri Chauvetet, marchand de Langres, d'une part, Jacques Gaudin et le duc de Vendôme, d'autre part; maintenant ledit Gaudin en l'office de commissaire à faire les montres des prévôts des maréchaux de Langres et de Chaumont.

E 15ᵃ, fᵒ 284 rᵒ, et ms. fr. 18172, fᵒ 4 vᵒ.

11552. — Arrêt relatif à un procès pendant entre Guillaume Alliez, fermier général des gabelles du Languedoc, et les syndics et consuls de la ville et du diocèse de Rieux.

E 15ᵃ, fᵒ 286 rᵒ, et ms. fr. 18172, fᵒ 4 rᵒ.

11553. — Arrêt condamnant M° Jérôme Gaucher, commis du receveur des traites et de l'imposition foraine d'Anjou, à restituer 65 sols à François Mabien, marchand de Villefranche, en Beaujolais, et lui défendant de rien exiger pour les marchandises chargées à Lyon pendant la durée des foires.

E 15ᵃ, fᵒ 288 rᵒ, et ms. fr. 18172, fᵒ 3 rᵒ.

11554. — Arrêt ordonnant l'émission des doubles et deniers au moulin fabriqués, à Lyon, par François Pascal, nonobstant l'opposition des officiers municipaux et du maître des ports.

E 15ᵃ, fᵒ 290 rᵒ, et ms. fr. 18172, fᵒ 2 vᵒ.

11555. — Arrêt enjoignant aux habitants de Lyon de payer à Louis Riboteau et à Charles Cornuat, sous-fermiers des aides de Lyon, les aides qu'ils doivent au Roi, conformément aux précédents arrêts du Conseil et au bail général des aides conclu avec M° Jean de Moisset.

E 15ᵃ, fᵒ 291 rᵒ, et ms. fr. 18172, fᵒ 1 vᵒ.

11556. — Arrêt renvoyant au prévôt de Paris et au procureur du Roi au Châtelet le règlement des différends soulevés entre les vertugalliers et les tailleurs de Paris.

E 15ᵃ, fᵒ 292 rᵒ, et ms. fr. 18172, fᵒ 1 rᵒ.

1607, 4 octobre. — Paris.

11557. — Arrêt ordonnant la démolition d'une terrasse construite, durant les troubles, près de Creil, dans une île dont M° Jean de Moisset et son cessionnaire, Nicolas Largentier, ont fait l'acquisition pour y établir des greniers à sel.

E 15ᵃ, fᵒ 294 rᵒ, et ms. fr. 18172, fᵒ 7 rᵒ.

11558. — Arrêt ordonnant aux gens du Roi du parlement de Toulouse de faire juger, dans les six mois, le procès intenté aux détenteurs de certaines portions du « moulin du château Nabonnoys », à Toulouse.

E 15ᵃ, fᵒ 295 rᵒ, et ms. fr. 18172, fᵒ 13 vᵒ.

11559. — Arrêt ordonnant la vérification d'une dette du bourg de Somsois.

E 15ᵃ, fᵒ 296 rᵒ, et ms. fr. 18172, fᵒ 7 vᵒ.

11560. — Arrêt attribuant à Mᵉ Louis Hocart, procureur du Roi à Sainte-Menehould, une augmentation de gages de 60 livres équivalente à l'intérêt de la finance par lui payée pour la survivance de son office.

E 15ᵃ, f° 297 r°, et ms. fr. 18172, f° 7 r°.

11561. — Arrêt ordonnant l'exécution de l'arrêt du 15 septembre dernier (n° 11506), nonobstant l'opposition de la comtesse de Guiche et d'autres particuliers, et autorisant l'enlèvement de la terre à l'extérieur et dans l'intérieur des jardins avoisinant le quai de Chaillot, « aux lieux où il n'y a labouraige, plan, ny jardinaige ».

E 15ᵃ, f° 298 r°, et ms. fr. 18172, f° 5 v°.

11562. — Arrêt confirmant la surséance accordée à Florent Gouget et à François Ravard, bourgeois d'Angers, pour le remboursement des 700 écus qu'ils ont empruntés à François Gaillard, en 1592, « pour accommoder les affaires de ladite ville d'Angers et du païs d'Anjou ».

E 15ᵃ, f° 300 r°, et ms. fr. 18172, f° 9 r°.

11563. — Arrêt ordonnant la réunion des commissaires députés à la vérification des dettes des communautés villageoises du Dauphiné.

E 15ᵃ, f° 302 r°, et ms. fr. 18172, f° 6 v°.

11564. — Arrêt maintenant l'ancienne forme usitée, à Mont-de-Marsan, pour la levée du don gratuit et pour la levée des sommes destinées à l'acquittement des charges ordinaires et extraordinaires; ordonnant la vérification des dettes de ladite ville, défendant aux maire et jurats de grossir arbitrairement le chiffre des impôts, et maintenant en sa noblesse Jean de Caffaget.

E 15ᵃ, f° 303 r°, et ms. fr. 18172, f° 14 v°.

11565. — Arrêt renvoyant aux trésoriers de France à Béziers un placet de Pierre Nautier, lequel demande concession du passage du barrage de la tour Carbonnière, près Aigues-Mortes.

E 15ᵃ, f° 305 r°, et ms. fr. 18172, f° 14 v°.

11566. — Arrêt ordonnant aux trésoriers de France à Paris de dresser procès-verbal des dommages causés par l'orage du 30 avril dernier aux habitants d'Aillant et de Villiers-sur-Tholon.

E 15ᵃ, f° 306 r°, et ms. fr. 18172, f° 14 r°.

11567. — Arrêt accordant à Mᵉ Henri de Serres, ancien trésorier de France en Provence, une nouvelle surséance de deux mois pour la vente de son office et de ses meubles, saisis à la requête de Mᵉ François Marcel, ci-devant commis du receveur général de Provence.

E 15ᵃ, f° 307 r°, et ms. fr. 18172, f° 14 r°.

11568. — Arrêt ordonnant aux trésoriers de France à Paris de dresser un nouveau procès-verbal des dommages causés aux habitants de Nitry par l'incendie du 21 juin dernier.

E 15ᵃ, f° 308 r°, et ms. fr. 18172, f° 12 r°.

11569. — Arrêt relatif au procès pendant entre Jean Auffray, sieur des Maletz, aumônier de la Reine, curateur des enfants mineurs de feu Mathurin Auffray, sieur de La Ville-Aubry, d'une part, Pierre Macé et Anne Robert, curatrice des enfants de son défunt mari, François Robin, d'autre part.

E 15ᵃ, f° 309 r°, et ms. fr. 18172, f° 11 v°.

11570. — Arrêt suspendant les levées faites à Vienne pour l'acquittement des dettes de ladite ville, et ordonnant l'examen des arrêts du parlement de Grenoble en vertu desquels il a été procédé à de telles impositions.

E 15ᵃ, f° 311 r°, et ms. fr. 18172, f° 11 r°.

11571. — Arrêt renvoyant au maréchal de Brissac, lieutenant général en Bretagne, le procès pendant au parlement de Bretagne entre Jean de La Touche, lieutenant général d'Auray, Vincent Cadio, Jérôme Robelot, Guillaume Le Floh, Guillaume Le Baron et Olivier Le Pendu, « pour raison des despens, dommages et interrestz par eulx prétenduz pour l'accusation contre eulx intentée à la requeste du procureur général de Sa Majesté audit parlement ».

E 15ᵃ, f° 312 r°, et ms. fr. 18172, f° 10 v°.

11572. — Arrêt accordant un rabais aux sous-fermiers des ports et havres, droits de brieux, impôts et billots des diocèses de Saint-Brieuc, de Tréguier et

de Léon, attendu les sommes qui leur ont été sous-
traites par les « ennemis » le 30 avril 1589.

E 15ᵉ, fᵒ 314 rᵒ, et ms. fr. 18172, fᵒ 10 rᵒ.

11573. — Arrêt préparatoire rendu dans les procès
pendants entre André Rodais, d'une part, la veuve et
le fils de Mᵉ René Le Febvre, receveur des traites foraines et du transport de Loire à Ingrande, d'autre
part.

E 15ᵉ, fᵒ 315 rᵒ, et ms. fr. 18172, fᵒ 10 rᵒ.

11574. — Arrêt portant validation d'un payement
de 2,532 écus 20 sols que le receveur des décimes
au diocèse du Puy a été contraint de faire, en 1593,
au trésorier général de l'Extraordinaire des guerres,
par ordre du duc de Montmorency, gouverneur du
Languedoc.

E 15ᵉ, fᵒ 316 rᵒ, et ms. fr. 18172, fᵒ 8 rᵒ.

11575. — Arrêt accordant décharge de 6,606 écus
50 sols 10 deniers à la veuve de Philippe de Villiers,
sieur de Prinçay, receveur des tailles à Niort, nonobstant l'opposition d'Antoine de « Raucques », gentilhomme ordinaire de la Chambre.

E 15ᵉ, fᵒ 317 rᵒ, et ms. fr. 18172, fᵒ 8 vᵒ.

1607, 11 octobre. — Paris.

11576. — Arrêt maintenant Mᵉ Gilles Crouyn en
l'office de sénéchal et de commissaire-examinateur au
siège royal de Beaufort, et renvoyant au parlement
de Paris les autres procès pendants entre ledit Crouyn,
Mᵉ Pierre Gohier, conseiller au présidial d'Angers, et
Gervais Parré, curateur aux causes de Mᵉ Charles et
d'Isabelle Crouyn.

E 15ᵉ, fᵒ 319 rᵒ, et ms. fr. 18172, fᵒ 17 rᵒ.

11577. — Arrêt déclarant que Mᵉ Jean Palot
payera au baron de Dampmartin, colonel des reîtres,
300 livres pour chaque mois antérieur au 1ᵉʳ juillet
1607, et 500 livres pour chaque mois postérieur à
cette date.

(Deux minutes dont la rédaction diffère quelque peu.)

E 15ᵉ, fᵒˢ 323 rᵒ et 327 rᵒ; ms. fr. 18172,
fᵒˢ 16 vᵒ et 21 rᵒ.

11578. — Arrêt accordant au syndic d'Agenais
et aux consuls et habitants de Penne décharge des
sommes contenues dans les rescriptions délivrées à
« Regnauld de Giscard, seigneur de La Mothe-d'Ault »,
gouverneur de Tournon.

E 15ᵉ, fᵒ 324 rᵒ, et ms. fr. 18172, fᵒ 12 vᵒ.

11579. — Arrêt autorisant les habitants de Charny,
de Perreux et de Saint-Martin-sur-Ouanne à lever
la somme nécessaire à l'acquittement de 4,200 livres
qu'ils ont été condamnés à payer à la dame de Sa-
ragosse.

E 15ᵉ, fᵒ 326 rᵒ, et ms. fr. 18172, fᵒ 16 rᵒ.

11580. — Arrêt relatif à une requête de la reine
Marguerite, tendante à ce que le droit d'un sol d'augmentation sur chaque présentation soit levé dans la
juridiction des prieur et consuls de Rouen.

E 15ᵉ, fᵒ 328 rᵒ, et ms. fr. 18172, fᵒ 22 vᵒ.

11581. — Arrêt condamnant les consuls et habitants de Bormes à payer 46,000 livres de dépens,
dommages et intérêts à la veuve et aux héritiers du
feu baron de Bormes, et remettant, d'ailleurs, les parties en l'état où elles étaient avant l'arrêt du parlement de Grenoble du 2 avril 1605.

E 15ᵉ, fᵒ 330 rᵒ, et ms. fr. 18172, fᵒ 23 rᵒ.

11582. — Arrêt ordonnant que Mᵉ François de
Bruc sera entendu, concurremment avec l'avocat du
Roi en la chambre des comptes de Bretagne, au sujet
de son installation en l'office d'auditeur et secrétaire
en ladite chambre.

E 15ᵉ, fᵒ 336 rᵒ, et ms. fr. 18172, fᵒ 26 vᵒ.

11583. — Arrêt ordonnant le payement de la
pension de 600 livres attribuée à Mᵉ Pierre de Caumels, avocat du Roi au parlement de Toulouse.

E 15ᵉ, fᵒ 337 rᵒ, et ms. fr. 18172, fᵒ 19 vᵒ.

11584. — Arrêt réservant au Conseil la connaissance du différend soulevé entre Charles Du Han, fermier général des Cinq grosses fermes, et les habitants
de Chalon-sur-Saône, et maintenant provisoirement
ledit fermier en la jouissance des droits de traites

foraine et domaniale et des droits d'entrée levés même pendant la durée des foires de Chalon.

(Deux minutes dont la rédaction diffère quelque peu.)

E 15ᵉ, fᵒˢ 338 rᵒ et 340 rᵒ, et ms. fr. 18172, fᵒˢ 19 vᵒ et 20 rᵒ.

11585. — Arrêt ordonnant la réception de Jean Rallu en l'office d'auneur de toiles à Laval, sauf aux habitants de Laval à lui rembourser, dans les trois mois, la somme de 2,500 livres.

E 15ᵉ, fᵒ 341 rᵒ, et ms. fr. 18172, fᵒ 21 rᵒ.

1607, 13 octobre. — Paris.

11586. — Avis du Conseil tendant à accorder au sieur de Roquelaure, « en considération de l'advis et des grandz frais qu'il a faictz pour la refformation et reglement des chauffages des officiers des Eauez et forestz de ce royaulme et de l'utillité qui en proviendra à l'advenir à Sa Majesté, les deniers qui proviendront, en trois années, desditz chauffages révocqués et retranchés, suivant le reiglement qui en a esté faict en son Conseil le xxvᵉ aoust dernier ».

E 15ᵉ, fᵒ 344 rᵒ, et ms. fr. 18172, fᵒ 31 rᵒ.

11587. — Arrêt maintenant les habitants de Châlons-sur-Marne en possession de l'octroi de 6 deniers par septier de grains, nonobstant l'opposition de la Cour des aides.

E 15ᵉ, fᵒ 346 rᵒ, et ms. fr. 18172, fᵒ 30 vᵒ.

11588. — Arrêt donnant assignation de 1,500 livres à Nicolas Dubois, secrétaire de la chambre du Roi, qui a fait fonction de greffier sous MM. de Châteauneuf, de Pontcarré, de Vic, de Vienne et de Villemontée, conseillers d'État, commissaires députés à la revision des comptes du Clergé.

E 15ᵉ, fᵒ 347 rᵒ, et ms. fr. 18172, fᵒ 30 rᵒ.

11589. — Arrêt accordant à onze laboureurs de Bretagne, « miseurs ou contrerolleurs » de communautés, décharge des sommes sur eux levées par les commissaires députés pour la taxe des officiers des finances, en même temps que mainlevée de leurs personnes et de leurs biens.

E 15ᵉ, fᵒ 348 rᵒ, et ms. fr. 18172, fᵒ 29 vᵒ.

11590. — Arrêt maintenant Henri Desbuys, fourrier de la Grande écurie du Roi, en l'exercice de son office de contrôleur-visiteur-marqueur des cuirs à Poitiers, et condamnant les maîtres tanneurs de Poitiers à lui payer les droits de visite et de marque, nonobstant les dépenses faites par les trésoriers de France à Poitiers.

E 15ᵉ, fᵒ 349 rᵒ, et ms. fr. 18172, fᵒ 29 rᵒ.

11591. — Arrêt confirmant à Mᵉ Robert Bugy la jouissance d'une pension de 100 livres attachée à son office de procureur du Roi à Orléans.

E 15ᵉ, fᵒ 351 rᵒ, et ms. fr. 18172, fᵒ 28 vᵒ.

11592. — Arrêt renvoyant à la troisième chambre des Enquêtes du parlement de Paris le procès pendant entre Charles de Gonzague, duc de Nevers, la duchesse de Guise, le duc de Guise et consorts, héritiers du feu duc de Guise, d'une part, Diane de La Marck, comtesse de Sagonne, d'autre part.

E 15ᵉ, fᵒ 352 rᵒ, et ms. fr. 18172, fᵒ 31 vᵒ.

11593. — Arrêt réservant au Conseil le procès intenté aux consuls de Riom, en la cour des aides de Montferrand, par Mᵉ Bernard Moreau, contregarde de la monnaie de Riom, lequel demande à être rayé des rôles de la taille, conformément aux anciens privilèges des officiers des monnaies.

E 15ᵉ, fᵒ 356 rᵒ, et ms. fr. 18172, fᵒ 28 rᵒ.

11594. — Arrêt confirmant les immunités et exemptions accordées par les rois de France aux « trente-deux Bonnes-femmes-Dieu, réduictes au nombre de sept, servant en l'hospital et chappelle fondée par feu Estienne Audry, près la place de Grève ».

E 15ᵉ, fᵒ 357 rᵒ, et ms. fr. 18172, fᵒ 28 rᵒ.

11595. — Arrêt statuant sur les procès pendants entre Jean et Jacques Dieu, Pierre Sambuc et Raymond Canet, soi-disant syndics des habitants syndiqués de la ville de Béziers, et les consuls de ladite ville des années 1606 et 1607 au sujet de la vérification des comptes rendus par les clavaires ou recceveurs de ladite ville.

E 15ᵉ, fᵒ 358 rᵒ, et ms. fr. 18172, fᵒ 27 rᵒ.

1607, 16 octobre. — Paris.

11596. — Arrêt ordonnant aux élus de chaque élection du royaume de réunir soigneusement, au cours de leurs chevauchées, des renseignements sur la fortune de chaque contribuable et de réparer les injustices commises, dans la répartition des tailles, par les « assécurs » des paroisses.

E 15°, f° 360 r°; ms. fr. 18172, f° 35 v°, et ms. fr. 10842, f° 39 r°.

11597. — Arrêt accordant une remise de tailles aux habitants de Thiais, à raison des pertes que leur a fait subir l'orage du 9 juin dernier.

E 15°, f° 362 r°, et ms. fr. 18172, f° 35 v°.

11598. — Arrêt évoquant et jugeant le procès pendant en la Cour des aides entre les consuls et habitants de Condrieu, d'une part, Gaspard Guillot, les prévôt des marchands et échevins de Lyon, d'autre part; déclarant ledit Guillot contribuable aux tailles, bien qu'il prétende à la noblesse, comme petit-fils de Gaspard Guillot, échevin de Lyon en 1539.

E 15°, f° 363 r°, et ms. fr. 18172, f° 34 v°.

11599. — Arrêt relatif au procès pendant entre Jean de Pressoires, sieur de Monbel et de Sainte-Colombe, d'une part, M° Raymond de Jehan et le syndic du diocèse de Mirepoix, d'autre part.

E 15°, f° 365 r°, et ms. fr. 18172, f° 39 r°.

11600. — Arrêt ordonnant que messire Louis de Lorraine, archevêque de Reims et abbé de Saint-Denis, aura signification d'une requête présentée par Jean Bourlon pour obtenir remboursement de son office de greffier et tabellion en la châtellenie de Rueil.

E 15°, f° 367 r°, et ms. fr. 18172, f° 34 r°.

11601. — Arrêt validant un payement de 600 livres fait pour les gages de quatre archers qui ont été retranchés de la compagnie du prévôt provincial de Basse-Auvergne et joints à celle du sieur de Beaumevielle, prévôt général en la généralité de Langue d'Oïl.

E 15°, f° 368 r°, et ms. fr. 18172, f° 33 v°.

11602. — Arrêt défendant de nouveau à la chambre des comptes de Montpellier de contraindre Léonard de Mausse, fermier général des traites foraines et domaniales de Languedoc et Provence, à rendre ses comptes avant l'expiration de son bail.

E 15°, f° 369 r°, et ms. fr. 18172, f° 37 r°.

11603. — Arrêt ordonnant que, « pour estayer les terres ausquelles on faict des tranchées à Sainct-Germain-en-Laye pour destourner les eaues qui estoyent sur le poinct de ruiner les grottes », les ouvriers prendront du bois, non point dans le parc, mais dans la forêt de Saint-Germain-en-Laye.

E 15°, f° 371 r°, et ms. fr. 18172, f° 36 v°.

11604. — Arrêt déclarant qu'Aymard de Laval, sieur de Maubec et de Brotel, sera maintenu en possession des moulins de Rives, engagés, en 1343, par le dauphin Humbert à Pierre Chat de Mollart.

E 15°, f° 373 r°, et ms. fr. 18172, f° 37 v°.

11605. — Arrêt renvoyant aux trésoriers de France à Toulouse une requête par laquelle les prieur et religieux de la Chartreuse de Rodez demandent à être exemptés de toute imposition pour l'enclos de leur monastère.

Ms. fr. 18172, f° 36 v°.

1607, 23 octobre. — Paris.

11606. — Arrêt accordant un rabais de 3,000 livres au fermier des nouveaux impôts de l'élection d'Arques, à raison de la modération qui a été consentie par la cour des aides de Rouen et de l'opposition qu'il a rencontrée au bourg de Bacqueville, « où la pancarte auroit esté arrachée et rompue, et son commis battu et outraigé ».

E 15°, f° 375 r°, et ms. fr. 18172, f° 41 r°.

11607. — Arrêt réglant l'expropriation d'une maison sise à Paris, rue Saint-Antoine, au coin de la rue de Jouy, et appartenant à l'église Saint-Jacques-de-l'Hôpital.

E 15°, f° 376 r°, et ms. fr. 18172, f° 42 r°.

11608. — Arrêt ordonnant l'examen des comptes

de ceux qui ont fait, depuis 1595, la recette et la dépense des restes des chambres des comptes.

E 15ᵉ, fᵒ 377 rᵒ; ms. fr. 18172, fᵒ 42 vᵒ, et ms. fr. 10842, fᵒ 248 vᵒ.

11609. — Arrêt défendant à tous comptables ou commis « d'employer dans leurs comptes aucunes taxes pour leurs peynes, sallaires, fraiz et vaccation », sinon celles qui leur auront été allouées au Conseil, et ce « à peine de privation desdites taxes et d'amende arbitraire ».

E 15ᵉ, fᵒ 378 rᵒ; AD ✠ 143, nᵒ 25; ms. fr. 18172, fᵒ 43 rᵒ, et ms. fr. 10842, fᵒ 308 vᵒ.

11610. — Arrêt défendant à Claude Marteau, commis de Mᵉ Louis Monceau, de poursuivre la levée du droit de marc d'or en la généralité de Montpellier.

F. 15ᵉ, fᵒ 379 rᵒ, et ms. fr. 18172, fᵒ 43 rᵒ.

11611. — Arrêt ordonnant la vérification des deniers levés, pendant les derniers troubles, dans la ville et dans les faubourgs de Morlaix.

E 15ᵉ, fᵒ 380 rᵒ, et ms. fr. 18172, fᵒ 40 rᵒ.

11612. — Arrêt attribuant à la reine Marguerite une somme de 4,400 livres, équivalente au prix d'une coupe de la forêt de Laigue « dont elle n'a peu joïr, tant à l'occasion du partage de ladicte forest faict entre Sa Majesté et M. le Connestable, que de l'acquisition depuis faicte par Sadicte Majesté de la part dudict sieur Connestable ».

E 15ᵉ, fᵒ 382 rᵒ, et ms. fr. 18172, fᵒ 40 vᵒ.

11613. — Arrêt renvoyant aux trésoriers de France à Tours une requête des habitants du Mans tendante à ce que le chiffre des tailles levées en ladite élection soit ramené à ce qu'il était en 1596, après la création de l'élection de la Flèche.

E 15ᵉ, fᵒ 383 rᵒ, et ms. fr. 18172, fᵒ 39 vᵒ.

11614. — Arrêt ordonnant que les lettres de provision de l'office de viguier à Uzès seront expédiées au nom de Pierre de Grains de Mancelle, sieur de La Roche-Saint-Angel.

E 15ᵉ, fᵒ 384 rᵒ, et ms. fr. 18172, fᵒ 34 rᵒ.

11615. — Arrêt ordonnant aux trésoriers de France

en Languedoc de procéder à l'établissement de la traite domaniale de Narbonne à Serrières, dans la sénéchaussée de Toulouse, le long de la Garonne et dans les pays voisins de l'Espagne, où elle n'a point eu cours jusqu'à présent, et de faire acquitter les droits de patente partout où l'opposition du syndic général de Languedoc mettra obstacle à la levée de la traite domaniale.

E 15ᵉ, fᵒ 385 rᵒ, et ms. fr. 18172, fᵒ 41 rᵒ.

1607, 25 octobre. — Paris.

11616. — Arrêt ordonnant la levée des crues sur le sel affectées au rachat du domaine de Bourgogne, nonobstant un arrêt du parlement de Dijon.

E 15ᵉ, fᵒ 387 rᵒ, et ms. fr. 18172, fᵒ 46 rᵒ.

11617. — Arrêt déterminant les conditions auxquelles les receveurs des consignations des bailliage, prévôté et élection de Chartres, de la Cour des aides et du Trésor pourront jouir du bénéfice de l'arrêt du Conseil du 21 juillet dernier (nᵒ 11205).

E 15ᵉ, fᵒ 388 rᵒ, et ms. fr. 18172, fᵒ 45 rᵒ.

11618. — Arrêt déterminant les formalités que devront remplir les receveurs des consignations des ressorts de Paris et de Bordeaux, s'ils optent pour le remboursement de leurs recettes conformément à l'arrêt du 21 juillet dernier (nᵒ 11205).

E 15ᵉ, fᵒ 390 rᵒ, et ms. fr. 18172, fᵒ 43 vᵒ.

11619. — Arrêt ordonnant de restituer à Mᵉ François de Castille, receveur général du Clergé, les comptes, états et autres pièces provenant de sa recette et de celle de son père, feu Mᵉ Philippe de Castille, lesquels ont été jadis remis aux mains des conseillers d'État députés sur le fait des comptes de ladite recette.

E 15ᵉ, fᵒ 391 rᵒ, et ms. fr. 18172, fᵒ 44 vᵒ.

11620. — Arrêt déclarant que, conformément à l'arrêt du 12 août dernier, le prévôt des maréchaux de Melun et de Nemours ne sera nullement tenu de casser un de ses archers pour pourvoir au payement des gages de Pierre Ramon, assesseur en la maréchaussée de Nemours.

Ms. fr. 18172, fᵒ 44 vᵒ.

11621. — Arrêt ordonnant aux acquéreurs de la forêt de Champrond de faire cesser toute coupe de bois en ladite forêt et de représenter, dans le délai d'un mois, leurs titres d'acquisition.

Ms. fr. 18172, f° 46 v°.

11622. — Arrêt ordonnant à Claude Vespier, cidevant commis de M° Nicolas de Lancy, trésorier ordinaire des guerres, de représenter l'état au vrai de ses recettes et dépenses, avec documents à l'appui.

Ms. fr. 18172, f° 47 r°.

11623. — Arrêt renouvelant l'ordre d'élargir M° François Nicquet, trésorier de France en Languedoc, nonobstant l'opposition de la cour des aides de Montpellier.

Ms. fr. 18172, f° 47 r°.

11624. — Arrêt validant un payement de 600 livres fait à M° François Basuel pour sa pension d'avocat général au parlement de Bretagne.

Ms. fr. 18172, f° 48 r°.

1607, 27 octobre. — Paris.

11625. — Arrêt autorisant les habitants des villes et autres lieux dans lesquels les justices ou le domaine ont été vendus ou engagés à rembourser aux possesseurs leur prix d'acquisition, ainsi que leurs frais et loyaux coûts, étant bien stipulé que les justices ou portions de domaine ainsi rachetées par les habitants ne pourront plus être jamais aliénées sous aucun prétexte.

Ms. fr. 18172, f° 54 v°, et ms. fr. 10842, f° 83 r°.

11626. — Arrêt déclarant que tous les deniers provenant de levées extraordinaires doivent être versés entre les mains des receveurs et trésoriers du Roi, puis des trésoriers de l'Épargne, qui en feront la répartition.

Ms. fr. 18172, f° 54 v°, et ms. fr. 10842, f° 151 r°.

11627. — Arrêt prorogeant d'un an le délai pendant lequel il ne pourra être exercé de poursuites, au sujet des tailles, contre les habitants des terres de Saint-Victor et du chapitre de Genève, et pendant lequel les héritiers Caille ne pourront être inquiétés par les officiers du grenier à sel de Gex.

Ms. fr. 18172, f° 48 v°.

11628. — Arrêt ordonnant la vérification des comptes du trésorier de la bourse du pays de Languedoc pour les années 1600 à 1606.

Ms. fr. 18172, f° 49 r°.

11629. — Arrêt évoquant au Conseil les procès intentés à Léonard de Mausse, fermier général des traites de Languedoc et Provence, par les commissaires députés pour la recherche des malversations commises en la levée des péages du Rhône et de l'Isère.

Ms. fr. 18172, f° 49 r°.

11630. — Arrêt évoquant et renvoyant au parlement de Paris le procès pendant entre M° Balthazar de Goeyty, contrôleur général du domaine en Guyenne, d'une part, M° Jean de Gasc, président au parlement de Bordeaux, et les habitants de la « contau » de Portets et de Castres, d'autre part.

Ms. fr. 18172, f° 49 v°.

11631. — Arrêt accordant une remise de tailles aux habitants de Forges-en-Bray, ruinés par un incendie, et ordonnant aux élus de Neufchâtel de réduire dorénavant la quote-part desdits habitants.

Ms. fr. 18172, f° 50 v°.

11632. — Arrêt renvoyant aux trésoriers de France en Dauphiné les offres faites par M° Félicien Boffin, avocat général au parlement de Grenoble, pour la reconstruction du pont de la Sône sur l'Isère.

Ms. fr. 18172, f° 50 v°.

11633. — Arrêt déclarant que M° Jean Garsault, commissaire-examinateur en la prévôté de Montigny-le-Roy, sera dispensé de représenter ses lettres de provision au Conseil.

Ms. fr. 18172, f° 51 r°.

11634. — Arrêt ordonnant que, sur les parties rayées en leurs comptes des années 1601 à 1603, M°° Énemond et Nicolas Servient, ci-devant receveurs généraux des finances à Rouen, payeront comptant à l'Épargne 6,227 livres 12 sols 6 deniers, sauf leur recours contre les personnes qui ont reçu payement desdites parties.

Ms. fr. 18172, f° 51 r°.

11635. — Arrêt réglant le recouvrement des deniers provenant de droits de chauffage indûment perçus par des officiers des forêts et qui ont été attribués, par arrêt du 13 courant (n° 11586), au sieur de Roquelaure.

Ms. fr. 18172, f° 52 r°.

11636. — Arrêt ordonnant que, nonobstant un arrêt obtenu en la Cour des aides par Me Nicolas Largentier, fournisseur des greniers à sel, la levée de 30 livres 16 sols sur chaque muid de sel amené au grenier de Coucy par la Somme ou par la Seine continuera de se faire conformément à l'arrêt du 6 juillet 1606 (n° 10303), le produit en devant être affecté à la réparation du beffroi, de l'auditoire et de la geôle de Coucy.

Ms. fr. 18172, f° 52 v°.

11637. — Arrêt déclarant « que les veufves et héritiers des officiers qui auront paié le droit annuel seront tenus de faire pourvoir aux offices des décedez dans six mois après que lesditz offices auront vacqué, aultrement, ledit temps passé, paieront le droit de la résignation sur le pied du tiers en ascendant, suivant les évaluations faictes audit Conseil ».

Ms. fr. 18172, f° 53 r°.

11638. — Arrêt révoquant les défenses faites par le juge de la prévôté de Saumur de transporter des grains hors de la ville, déclarant le commerce et le transport des grains libres dans tout le royaume, et enjoignant aux gouverneurs et lieutenants généraux d'en référer au Conseil, s'il se produit sur quelque point une pénurie momentanée.

Ms. fr. 18172, f° 53 v°.

1607, 30 octobre. — Paris.

11639. — Arrêt donnant assignation de 59,962 livres 11 sols 5 deniers aux héritiers du sieur de Buzenval, conseiller d'État et ambassadeur en Hollande.

E 15e, f° 392 r°, et ms. fr. 18172, f° 57 r°.

11640. — Arrêt ordonnant le payement d'une somme de 16,240 livres assignée à Pierre et à André Targas et à Henri Mocet, pourvoyeurs de la maison du Roi, sur les deniers provenant de la création des offices de jaugeurs en Normandie.

Ms. fr. 18172, f° 55 r°.

11641. — Arrêt ordonnant qu'il soit sursis aux poursuites exercées par le procureur général en la Chambre des comptes contre les maire et jurats de Mont-de-Marsan et contre la fille de feu Bernardin de Cos, maire de Mont-de-Marsan.

Ms. fr. 18172, f° 55 v°.

11642. — Arrêt donnant assignation de 11,127 livres à Edmond Berthelin, contrôleur général du domaine en la généralité de Paris et commis à la recette de certaines taxes levées sur les receveurs particuliers du taillon.

Ms. fr. 18172, f° 55 v°.

11643. — Arrêt réglant le payement des arrérages d'une rente de 448 livres 15 sols constituée à Olivier Allard, ci-devant contrôleur des titres et greffier des notifications à Laon.

Ms. fr. 18172, f° 56 r°.

11644. — Arrêt maintenant la veuve de Raymond de Massip, conseiller au parlement de Bordeaux, en possession des biens et de la seigneurie qu'elle a en l'Isle-du-Carney, nonobstant l'opposition de Guillaume Fouquet, sieur de La Varane, gouverneur d'Angers, et du sieur de Bellegarde, baron de Termes.

Ms. fr. 18172, f° 56 v°.

11645. — Arrêt ordonnant le remboursement de 43,144 livres dépensées par le sieur de La Roche, premier écuyer de la Reine, pour l'acquisition et l'amélioration de la terre de Hédé.

Ms. fr. 18172, f° 58 r°.

11646. — Arrêt réglant le payement d'une somme de 35,611 livres 3 sols 4 deniers due à Isabeau Digart, veuve du sieur d'Incarville, contrôleur général des finances.

Ms. fr. 18172, f° 58 v°.

11647. — Arrêt enjoignant à Valentin Targer,

bourgeois de Paris, de remettre, dans les trois jours, à M° Jean Du Tillet, protonotaire, secrétaire et greffier du Parlement et receveur des consignations, une somme de 5,500 écus provenant de la vente d'une maison, sise rue de la Poterie, qui appartenait à M° François Allamant, président au Grand Conseil, et qui a été adjugée à M°Étienne Tournebus, conseiller au Parlement.

Ms. fr. 18172, f° 59 1°.

11648. — Arrêt renvoyant aux trésoriers de France à Amiens une requête présentée par la veuve de M° Charles Maillard, receveur du domaine de Ponthieu et commis, de 1591 à 1594, à la recette des traites foraines et domaniales d'Abbeville.

Ms. fr. 18172, f° 59 v°.

11649. — Arrêt statuant sur les procès pendants entre Charles de Matignon, chevalier des deux ordres du Roi, Michel de La Fontaine, Michel de Noual et Jacquette Michelot, sa femme.

Ms. fr. 18172, f° 60 r°.

11650. — Arrêt prenant en considération les offres qu'ont faites Pierre Adam et Étienne Villar pour rentrer en possession des fermes des péages de Baix, de Saint-Symphorien-d'Ozon et de la Patte-Saint-Rambert.

Ms. fr. 18172, f° 61 v°.

11651. — Arrêt déclarant que, conformément aux lettres patentes du 20 mai 1602, nul ne sera pourvu des offices de lieutenants criminels de robe courte en Auvergne et dans la Marche, lesquels demeureront unis à l'office de Pierre de Bonavene, sieur de Beaumevielle, prévôt général en la généralité de Langue d'Oïl et d'Auvergne.

Ms. fr. 18172, f° 62 r°.

11652. — Arrêt déclarant que, nonobstant la surséance ordonnée le 17 juillet dernier (n° 11199), il sera procédé à la recherche des deniers provenant du sol pour livre et demeurés entre les mains des commissaires chargés de la recette dans les élections de Joigny, de Provins, de Melun, de Senlis, d'Étampes et de Compiègne, la moitié du produit de cette recherche ayant été donnée par le Roi au duc d'Aiguillon.

Ms. fr. 18172, f° 62 v°.

11653. — Arrêt fixant à 32,000 livres la somme qui devra être payée à Guillaume Boucault et à ses associés, ci-devant fermiers du convoi de Bordeaux.

Ms. fr. 18172, f° 63 r°.

11654. — Arrêt ordonnant la suppression de l'office de commissaire à faire les montres du prévôt des maréchaux de Chinon.

Ms. fr. 18172, f° 63 v°.

1607, 6 novembre. — Paris.

11655. — Arrêt renvoyant au sieur Merault, maître des requêtes de l'Hôtel et intendant de la justice en Auvergne, le soin d'allouer une taxe à Pierre de Bonavene, sieur de Beaumevielle, prévôt général en Langue d'Oïl, pour le voyage qu'il fit de Paris en Auvergne, quand il se rendit à Pierrefort, où était assiégé le sieur de Colombières.

E 15ᵇ, f° 1 r°, et ms. fr. 18172, f° 64 v°.

11656. — Arrêt enjoignant à M° Henri Guillemot, commis à la recette des taxes faites sur les officiers des finances, de satisfaire dans les trois jours à l'arrêt du 15 septembre dernier (n° 11510), et lui défendant de continuer la recette desdites taxes.

E 15ᵇ, f° 2 r°, et ms. fr. 18172, f° 66 v°.

11657. — Arrêt ordonnant qu'il soit procédé, au moyen d'une adjudication et d'une levée d'impôts, aux réparations de l'auditoire royal de Nuits et à l'achat d'une maison propre à servir de prison.

E 15ᵇ, f° 3 r°, et ms. fr. 18172, f° 67 r°.

11658. — Arrêt ordonnant la restitution des sommes payées par M° Martin Lefebvre, ci-devant commis à la recette des amendes de la Chambre royale, et dont le Conseil a ordonné purement et simplement la radiation.

E 15ᵇ, f° 5 r°, et ms. fr. 18172, f° 65 r°.

11659. — Arrêt renvoyant par-devant le prévôt

de Paris André Brigand, fermier général de l'impôt levé sur les cartes, tarots et dés, pour fournir un certificateur suffisant et solvable.

E 15ᵇ, f° 6 r°, et ms. fr. 18172, f° 64 v°.

11660. — Arrêt défendant aux conseillers et échevins de Rouen de poursuivre par-devant le parlement de Rouen la vente publique des biens des fermiers des 60 sols par muid de vin, des 40 sols par tonneau de cidre et des 20 sols par tonneau de poiré levés à Rouen, à Dieppe et au Havre; déclarant, en outre, qu'ils seront entendus au Conseil au sujet d'une réclamation de la cour des aides de Rouen.

E 15ᵇ, f° 7 r°, et ms. fr. 18172, f° 65 v°.

11661. — Arrêt renvoyant aux trésoriers de France à Moulins une requête par laquelle les habitants de Trezelle, de Chavroche, de Jaligny, de Châtelperron, de Thionne, du Moutier et de Marseigne demandent remise de vingt années de tailles, à raison des pertes que leur a fait subir l'orage du 26 juillet dernier.

E 15ᵇ, f° 8 r°, et ms. fr. 18172, f° 66 v°.

11662. — Arrêt réglant le service alternatif des trésoriers de France en la généralité de Montpellier.

E 15ᵇ, f° 9 r°, et ms. fr. 18172, f° 66 r°.

1607, 8 novembre. — Paris.

11663. — Arrêt réglant le payement des gages de Mᵉˢ Léonard Barbot et Étienne Guillaumeau, contrôleurs généraux du domaine à Limoges.

E 15ᵇ, f° 10 r°, et ms. fr. 18172, f° 71 v°.

11664. — Arrêt ordonnant la vérification d'anciens comptes du receveur général de Limoges, et accordant à son créancier Mᵉ Charles Payot, trésorier général de la maison du Roi, une surséance pour le payement des gages du Grand chambellan, des premiers valets de chambre et des autres officiers du Roi.

E 15ᵇ, f° 11 r°, et ms. fr. 18172, f° 71 r°.

11665. — Arrêt validant la levée d'une taxe sur le vin qu'avaient été autorisés à percevoir, jusqu'au mois de février dernier, les habitants de Caudebec, et qu'ils

ont continué à lever, en fait, jusqu'au 22 juillet, espérant qu'elle serait comprise dans la prorogation à eux octroyée par arrêt du 26 juin dernier.

E 15ᵇ, f° 12 r°, et ms. fr. 18172, f° 67 v°.

11666. — Arrêt, rendu sur la requête des chanoines et chapelains de Mantes, des prieur et religieux de la Croix-le-Roi et des maîtres et frères de la maladrerie de Meulan, ordonnant l'exécution d'un arrêt du 26 février 1605 (n° 9069), nonobstant un arrêt du parlement de Paris.

E 15ᵇ, f° 13 r°, et ms. fr. 18172, f° 70 v°.

11667. — Arrêt relatif à l'apurement des comptes des receveurs des tailles de Normandie.

E 15ᵇ, f° 15 r°, et ms. fr. 18172, f° 68 v°.

11668. — Arrêt accordant au clergé du diocèse de Cahors surséance de trois ans pour le payement des décimes des années 1594 à 1604, lesquelles montent à la somme de 58,874 livres.

E 15ᵇ, f° 17 r°, et ms. fr. 18172, f° 69 r°.

11669. — Arrêt renvoyant aux trésoriers de France à Orléans une requête par laquelle les habitants de Châtillon-sur-Loire demandent remise de deux années de tailles, attendu les pertes que leur ont fait subir les orages des 13 et 14 août dernier.

E 15ᵇ, f° 19 r°, et ms. fr. 18172, f° 69 v°.

11670. — Arrêt réglant le remboursement d'une obligation de 1,500 livres donnée jadis à Philippe Varice, habitant d'Angers, par feu Mᵉ Charles Bouet, trésorier de France à Tours, alors employé, pour le service du Roi, dans l'armée du prince de Conti.

E 15ᵇ, f° 20 r°, et ms. fr. 18172, f° 70 r°.

11671. — Arrêt réglant le payement d'une somme de 1,200 livres restant due à Sauvat de Sainte-Croix, pour ses gages de lieutenant au château neuf de Bayonne.

E 15ᵇ, f° 22 r°, et ms. fr. 18172, f° 68 r°.

11672. — Arrêt renvoyant aux trésoriers de France à Grenoble une requête par laquelle Pierre Meynier, ci-devant fermier de la châtellenie de Buis, demande un rabais de 1,000 livres et son élargissement, ainsi que celui de ses cautions.

E 15ᵇ, fᵒ 23 rᵒ, et ms. fr. 18172, fᵒ 68 rᵒ.

1607, 10 novembre. — Paris.

11673. — Arrêt faisant remise aux habitants d'Ussel d'une somme de 954 livres par eux due pour le reste de la subvention des années 1599 à 1601.

E 15ᵇ, fᵒ 24 rᵒ, et ms. fr. 18172, fᵒ 72 rᵒ.

11674. — Arrêt ordonnant la réception de Mᵉ Pierre de Villa en l'office de visiteur général des gabelles de Languedoc, nonobstant les poursuites exercées contre lui par le procureur général en la chambre des comptes de Montpellier pour des malversations qu'il aurait commises en 1595, comme contrôleur des vivres en l'armée du duc de Ventadour.

E 15ᵇ, fᵒ 25 rᵒ, et ms. fr. 18172, fᵒ 75 vᵒ.

11675. — Arrêt ordonnant que, nonobstant les arrêts de la chambre des comptes de Montpellier, les trésoriers de France à Béziers et le visiteur général des gabelles de Languedoc, Mᵉ Pierre de Villa, passeront outre à l'exécution de leur commission « pour faire la recherche des dechetz, abbuz et malversations commises au faict desdites gabelles, tant par les marchans fournisseurs, que officiers d'icelles ».

E 15ᵇ, fᵒ 27 rᵒ, et ms. fr. 18172, fᵒ 74 vᵒ.

11676. — Arrêt ordonnant que Mᵉ Pierre de Villa, n'ayant pu être reçu, quelque diligence qu'il ait faite, en ses deux offices de visiteur général ancien et de visiteur général alternatif des gabelles de Languedoc, sera payé de ses gages à partir de la date de ses provisions.

E 15ᵇ, fᵒ 29 rᵒ, et ms. fr. 18172, fᵒ 73 vᵒ.

11677. — Arrêt statuant sur le procès pendant entre les échevins de Clermont, représentant le tiers état du bas pays d'Auvergne, et Mᵉ Claude de La Noyerie, ci-devant fournisseur des greniers à sel dudit pays.

E 15ᵇ, fᵒ 31 rᵒ, et ms. fr. 18172, fᵒ 73 rᵒ.

11678. — Arrêt renvoyant aux trésoriers de France à Amiens une requête de Bénigne Vétus, ci-devant prévôt général en Picardie, sollicitant l'autorisation de bâtir, à Amiens, sur la Tour-aux-Colons, qui lui appartient, un moulin à vent « dont les habitans seront accommodez, principalement lorsque la rivière de Somme est glacée ».

E 15ᵇ, fᵒ 33 rᵒ, et ms. fr. 18172, fᵒ 72 vᵒ.

11679. — Arrêt ordonnant que la pension du sieur de Saint-André, premier président du parlement de Grenoble, sera payée sur les 40,000 écus qui se lèvent, chaque année, pour le payement des dettes de la province, et ce nonobstant la réclamation du syndic de Dauphiné.

E 15ᵇ, fᵒ 34 rᵒ, et ms. fr. 18172, fᵒ 72 vᵒ.

11680. — Arrêt ordonnant, sur la requête des prévôt des marchands et échevins de Paris, la fabrication, en la monnaie du Moulin, de doubles et de deniers de cuivre fin pour une valeur de 3,000 livres, « à la charge d'en ayder, par le maître et conducteur des engins dudit Moulin, les villes qui en auront besoing ».

E 15ᵇ, fᵒ 35 rᵒ, et ms. fr. 18172, fᵒ 72 rᵒ.

11681. — Arrêt renvoyant à la Cour des aides le procès pendant entre Mᵉ Nicolas de Lancy, trésorier général de l'Ordinaire des guerres, d'une part, Claude Vespier, son commis, et François Le Normant, d'autre part.

E 15ᵇ, fᵒ 36 rᵒ, et ms. fr. 18172, fᵒ 78 rᵒ.

11682. — Arrêt autorisant la construction d'un pont sur la rivière du Drac, près de Grenoble, à condition que l'on désintéresse le seigneur qui perçoit en ce lieu un droit de bac.

E 15ᵇ, fᵒ 37 rᵒ, et ms. fr. 18172, fᵒ 76 bis rᵒ.

11683. — Arrêt ordonnant que le procès intenté par plusieurs Espagnols et par Garcia Carrero, juge de la cour du roi d'Espagne, à Yvon Vendelois, au sujet du pillage du navire le Saint-Jean, sera jugé au Conseil sur les pièces fournies au greffe.

E 15ᵇ, fᵒ 39 rᵒ, et ms. fr. 18172, fᵒ 76 vᵒ.

11684. — Arrêt prorogeant de deux ans le sursis accordé au sieur de Montcavrel, à d'autres gentils-hommes du Boulonnais et à la ville de Boulogne pour le remboursement d'une somme de 3,900 livres empruntée, en 1595, au feu sieur Dormy, évêque de Boulogne, et livrée au maréchal de Bouillon, qui commandait alors l'armée de Picardie.

E 15ᵇ, f° 40 r°, et ms. fr. 18172, f° 76 r°.

11685. — Adjudication de la ferme de la comptablie de Bordeaux faite, pour cinq ans, à Mᵉ Pierre Moynier, receveur général des gabelles du Lyonnais.

E 15ᵇ, f° 41 r°, et ms. fr. 18172, f° 76 bis v°.

***

1607, 13 novembre. — Paris.

11686. — Arrêt faisant remise aux habitants de Moulins d'un tiers de la subvention du sol pour livre, attendu les pertes que leur ont fait subir la grêle et une épidémie de dysenterie, attendu aussi que la population est composée en grande partie d'artisans vivant au jour le jour.

E 15ᵇ, f° 45 r°, et ms. fr. 18172, f° 78 r°.

11687. — Arrêt ordonnant l'achat d'une maison destinée à devenir le bureau de la recette ordinaire du domaine de Paris, le receveur actuel, Mᵉ Claude Amaury, offrant d'en avancer le prix.

E 15ᵇ, f° 46 r°, et ms. fr. 18172, f° 81 r°.

11688. — Arrêt ordonnant l'exécution d'un accord intervenu entre les lieutenants général et particulier, les conseillers-assesseurs, le procureur du Roi en la vicomté de Rouen et les nouveaux conseillers-assesseurs en ladite vicomté, au sujet des rapports et de la vérification des criées.

E 15ᵇ, f° 48 r°, et ms. fr. 18172, f° 81 v°.

11689. — Arrêt prorogeant de six mois le délai accordé à la veuve et aux enfants de Julien d'Elbène, gentilhomme ordinaire de la Chambre, « pour faire la couppe et vuidange de ce que reste à coupper ou enlever » de 4,000 pieds d'arbres achetés par ledit défunt dans les bois taillis d'Épernay.

E 15ᵇ, f° 50 r°, et ms. fr. 18172, f° 80 v°.

11690. — Arrêt autorisant la levée d'une somme de 525 livres 11 sols 3 deniers avancée par feu Philibert Cambray et par Claude Savart aux habitants de Montreuil-sous-Bois, pour la réparation et l'entretien des tuyaux et fontaines du château de Vincennes.

E 15ᵇ, f° 51 r°, et ms. fr. 18172, f° 80 r°.

11691. — Arrêt ordonnant que Mᵉ Jacques Queruer sera admis à exercer son office de receveur général des finances à Amiens en ne fournissant caution que pour 10,000 livres.

E 15ᵇ, f° 52 r°, et ms. fr. 18172, f° 78 r°.

11692. — Arrêt renvoyant aux trésoriers de France à Limoges une requête de Mᵉ René Duqueroy, receveur des tailles en l'élection du Blanc, tendante au rétablissement d'une somme de 1,646 livres 10 sols qui a été rayée sur ses comptes.

E 15ᵇ, f° 53 r°, et ms. fr. 18172, f° 81 v°.

***

1607, 15 novembre. — Paris.

11693. — Arrêt renvoyant aux trésoriers de France à Orléans une requête des habitants de Lormaye tendante à une réduction des tailles.

E 15ᵇ, f° 54 r°, et ms. fr. 18172, f° 83 r°.

11694. — Arrêt ordonnant à Mᵐˢ Cauchon, Martin, Le Febvre et Guillemot de remettre, avant le 19 novembre, entre les mains du sieur de Maupeou, conseiller d'État, tous leurs comptes et papiers concernant le maniement des deniers de la Chambre royale.

E 15ᵇ, f° 55 r°, et ms. fr. 18172, f° 80 r°.

11695. — Avis du Conseil tendant à accorder aux Célestins de Paris une indemnité de 500 écus, « pour les récompenser du bois abatu, en l'année 1111ˣˣx, en la forest de Haulteroche, deppendant de leur maison de l'Isle, lequel auroit esté employé, par commandement de Sa Majesté, à la réparation du pont de la Ferté-soubz-Jouarre ».

E 15ᵇ, f° 57 r°, et ms. fr. 18172, f° 78 v°.

11696. — Arrêt accordant aux habitants d'Athée

réduction de l'impôt du sel, conformément au tarif suivi en l'année 1605.

E 15ᵇ, f° 58 r°, et ms. fr. 18172, f° 79 r°.

11697. — Arrêt accordant aux habitants d'Oisy et de Billy, en Nivernais, remise de deux quartiers des tailles de la présente année, et ordonnant aux trésoriers de France à Orléans de « modérer leurs taxes et cottes à l'advenir », attendu les pertes que leur a fait subir l'orage du 3 août dernier.

E 15ᵇ, f° 60 r°, et ms. fr. 18172, f° 82 v°.

1607, 17 novembre. — Paris.

11698. — Arrêt portant règlement au sujet des fonctions des contrôleurs généraux des finances.

E 15ᵇ, f° 61 r°, et ms. fr. 18172, f° 85 r°.

11699. — Arrêt ordonnant aux trésoriers de France d'envoyer un état au vrai de la valeur des domaines aliénés, avec l'énumération des charges que les acquéreurs sont tenus d'acquitter, de telle façon que l'on puisse voir si la jouissance des acquéreurs a bien été réduite dans la proportion du vingtième de leur prix d'acquisition ; leur ordonnant également d'envoyer, chaque année, un état au vrai de la valeur des domaines non aliénés, avec l'énumération des charges pesant sur ces domaines, de telle façon que l'on puisse pourvoir à l'acquittement de celles de ces charges qui seront jugées raisonnables.

E 15ᵇ, f° 63 r°; ms. fr. 18172, f° 86 v°, et ms. fr. 10842, f° 83 v°.

11700. — Arrêt ordonnant l'établissement de la gabelle en Auvergne, nonobstant la requête du tiers état du bas pays.

E 15ᵇ, f° 65 r°, et ms. fr. 18172, f° 84 r°.

11701. — Arrêt ordonnant que tout le sel qui a appartenu à Mᵉ Claude Josse, ci-devant fournisseur du bas pays et de la Limagne d'Auvergne, et qui a été adjugé à Mᵉ Girard Martin, sera livré, pour le même prix, à Étienne Blancheteau, adjudicataire de ladite fourniture.

E 15ᵇ, f° 66 r°, et ms. fr. 18172, f° 84 r°.

11702. — Arrêt attribuant à Étienne Blancheteau un tiers du montant des taxes que devront payer les officiers créés, par édit de février 1607, dans les greniers à sel du bas pays et de la Limagne d'Auvergne, attendu les pertes que subit ledit Blancheteau par suite du retard apporté à la vérification dudit édit.

E 15ᵇ, f° 67 r°, et ms. fr. 18172, f° 83 v°.

11703. — Arrêt renvoyant aux trésoriers de France à Dijon une requête par laquelle Mᵉ Jean Legros, procureur-syndic des États de Bourgogne, demande concession d'une maison sise à Dijon, place du Vieux-Château, et donnée par Louis XI à Jean Boudrot et à ses héritiers.

E 15ᵇ, f° 69 r°, et ms. fr. 18172, f° 83 r°.

11704. — Arrêt ordonnant à Mᵉ Gabriel Hus, receveur des fouages au diocèse de Saint-Malo, de verser 3,000 francs entre les mains du receveur général des finances en Bretagne.

E 15ᵇ, f° 70 r°, et ms. fr. 18172, f° 91 r°.

11705. — Arrêt ordonnant que Mᵉ Jean Bobinet, maître particulier en la monnaie de Poitiers, sera assigné au Conseil, et lui défendant de s'aider des arrêts rendus au Parlement à l'encontre de Mᵉ Regnauld de Bourg-l'Abbé, général en la Cour des monnaies.

E 15ᵇ, f° 72 r°, et ms. fr. 18172, f° 91 v°.

11706. — Arrêt ordonnant l'élargissement de Claude Bridon, à condition qu'il présente, dans les deux mois, ses comptes des amendes infligées à certains collecteurs des tailles par les commissaires députés à la recherche des malversations en Bretagne.

E 15ᵇ, f° 74 r°, et ms. fr. 18172, f° 92 r°.

11707. — Arrêt interdisant toute nouvelle coupe de bois ou tout enlèvement de bois déjà abattu dans la forêt de Champrond, laquelle fait partie du domaine de Navarre.

E 15ᵇ, f° 75 r°, et ms. fr. 18172, f° 92 v°.

11708. — Arrêt réglant l'acquittement d'une créance de 36,413 livres sur le pays d'Auvergne, laquelle a été transportée par le sieur de Flageac à

Étienne Blancheteau, et ce « en considération des fraiz que ledit Blancheteau doibt faire à l'establissement de la gabelle du sel audit païs d'Auvergne, et attendu le proffict que les habitans dudit païs reçoivent audit establissement ».

E 15ᵇ, fᵒ 76 rᵒ, et ms. fr. 18172, fᵒ 93 rᵒ.

11709. — Arrêt ordonnant que Mᵉ Nicolas Pajot, ci-devant commis à la recette des deniers provenant de l'aliénation du domaine de Guyenne, sera assigné au Conseil, et lui défendant de poursuivre en la Chambre des comptes Mᵉ Denis Le Sueur, trésorier et receveur général des maison et finances du duc de Vendôme.

E 15ᵇ, fᵒ 78 rᵒ, et ms. fr. 18172, fᵒ 90 vᵒ.

11710. — Arrêt ordonnant que Mᵉ Geoffroy Mathé jouira de son office d'avocat du Roi en l'élection, au grenier à sel et au bureau de la foraine de Châlons, le déchargeant du payement d'une somme de 1,200 livres portée par l'accord passé entre lui, Aubin Du Carnoy et Josse Langras, valets de chambre du Roi et du Dauphin, et le dispensant de restituer les gages déjà perçus, à raison des services qu'il a rendus au Roi pendant les troubles.

E 15ᵇ, fᵒ 79 rᵒ, et ms. fr. 18172, fᵒ 89 vᵒ.

11711. — Arrêt ordonnant une enquête au sujet des monopoles et fraudes dont se serait rendu coupable Jacques Rigault, soi-disant sieur d'Ingrande, adjudicataire de la traite domaniale de Poitou et de Marans.

E 15ᵇ, fᵒ 81 rᵒ, et ms. fr. 18172, fᵒ 90 vᵒ.

11712. — Arrêt ordonnant le transport au grenier de Pont-Audemer du sel introduit en la citadelle de Quillebeuf par le sieur de La Mésangère, lieutenant du maréchal de Fervacques, et ordonnant la réintégration des quatre archers établis à Quillebeuf par Mᵉ Jean de Moisset pour s'opposer au trafic du faux sel, lesquels en avaient été chassés par ordre dudit maréchal.

E 15ᵇ, fᵒ 82 rᵒ, et ms. fr. 18172, fᵒ 88 vᵒ.

11713. — Arrêt autorisant les habitants de Morlaix à percevoir, pendant six ans, un sol par pot de vin et six deniers par pot de bière, cidre ou autre breuvage vendu en ladite ville, « pour leur donner moyen de continuer le bastiment d'ung college et l'entretenir avec ung predicateur françois, ... pour apprendre et enseigner la langue françoise au peuple, et rebastir leur maison de ville et halles, bruslées par les Anglois, afin de remettre le commerce et trafic des toilles en ladite ville ».

E 15ᵇ, fᵒ 84 rᵒ, et ms. fr. 18172, fᵒ 86 rᵒ.

11714. — Arrêt ordonnant la vérification des recettes et dépenses faites, depuis l'année 1600, par les receveurs et payeurs des cours souveraines et des compagnies subalternes.

E 15ᵇ, fᵒ 85 rᵒ, et ms. fr. 18172, fᵒ 85 rᵒ.

11715. — Lettres patentes réglant la reddition des comptes des receveurs des tailles et du taillon et de tous les autres comptables qui ne sont point astreints à faire vérifier leurs états au Conseil.

Ms. fr. 18172, fᵒ 87 rᵒ.

1607, 20 novembre. — Paris.

11716. — Arrêt ordonnant la vérification des recettes et dépenses faites, depuis l'année 1600, par certains marchands fréquentant la Loire, auxquels a été concédé un octroi, pour qu'ils curent le lit du fleuve et le débarrassent des graviers ou troncs d'arbres qui font obstacle à la navigation.

E 15ᵇ, fᵒ 86 rᵒ, et ms. fr. 18172, fᵒ 94 vᵒ.

1607, 29 novembre. — Paris.

11717. — Arrêt renvoyant aux élus en l'élection de Chaumont et Magny une requête en remise de tailles présentée par les habitants des quarante paroisses qui forment « l'accroissement de Magny ».

E 15ᵇ, fᵒ 87 rᵒ, et ms. fr. 18172, fᵒ 95 rᵒ.

1607, 1ᵉʳ décembre. — Paris.

11718. — Arrêt réglant ce qui doit être payé par le trésorier de l'Épargne aux receveurs généraux des finances pour les frais de transport des deniers de leurs charges.

E 15ᵇ, f° 89 r°; ms. fr. 18172, f° 100 r°,
et ms. fr. 10842, f° 165 v°.

11719. — Arrêt déclarant que les comptables qui, par la clôture de leurs comptes, sont demeurés redevables de certaines sommes, seront contraints de les payer dans le délai voulu.

E 15ᵇ, f° 91 r°, et ms. fr. 18172, f° 99 v°.

11720. — Arrêt acceptant les offres de Jean de Banquet, sieur de Crully, au sujet de la réunion de certain domaine aliéné que ledit sieur de Crully propose de racheter, à la condition d'en jouir pendant seize ans.

E 15ᵇ, f° 92 r°, et ms. fr. 18172, f° 99 r°.

11721. — Arrêt ordonnant l'expédition des lettres de provision de l'office de lieutenant particulier assesseur criminel au siège de Lauzerte en faveur de Gabriel de Vendage de Malapierre, et déclarant que les officiers dudit siège seront seulement admis, s'ils le désirent, à lui rembourser son office.

E 15ᵇ, f° 94 r°, et ms. fr. 18172, f° 99 r°.

11722. — Arrêt déchargeant Mᵉ Pierre Portalès, trésorier provincial de l'Extraordinaire des guerres à Montpellier, de l'assignation à lui donnée par Mᵉ Jérôme Du Verger, receveur général des finances à Montpellier.

E 15ᵇ, f° 95 r°, et ms. fr. 18172, f° 98 r°.

11723. — Arrêt évoquant au Conseil les procès pendants au Parlement, au sujet du droit de marque et de contrôle des cuirs, entre les adjudicataires des offices de contrôleurs-visiteurs-marqueurs de cuirs de Paris et de Saint-Denis et le fermier dudit contrôle, d'une part, les marchands grossiers et merciers de Paris, les maîtres et gardes de la marchandise de grosserie, mercerie et joaillerie de Paris, d'autre part.

E 15ᵇ, f° 97 r°, et ms. fr. 18172, f° 97 v°.

11724. — Arrêt statuant sur les procès pendants entre André Gonzalez Hosmes, bourgeois de Madère, les «envitailleurs» du navire le Cerf-volant, François

de Peyras, Christophe Thibouf et frère Martin du Saint-Esprit.

E 15ᵇ, f° 98 r°, et ms. fr. 18172, f° 96 v°.

11725. — Arrêt réglant les conditions dans lesquelles doit se faire la recherche des droits seigneuriaux recélés, recherche dont le Roi a donné le produit au prince de Condé et à la duchesse de Nemours.

E 15ᵇ, f° 100 r°, et ms. fr. 18172, f° 95 v°.

11726. — Arrêt renvoyant à la Cour des aides un procès pendant entre Médéric Le Vavasseur, fermier des 30 sols par muid de vin entrant à Paris, et Jean Coupeau, tavernier du faubourg Saint-Germain, et ordonnant tant aux élus qu'à ladite Cour des aides de faire exécuter de point en point le bail dudit fermier.

E 15ᵇ, f° 102 r°, et ms. fr. 18172, f° 100 v°.

1607, 4 décembre. — Paris.

11727. — Arrêt maintenant Mᵉ Jean de Goudin en l'office de viguier d'Uzès, à la condition de payer 6,000 livres comptant à Mᵉ Bénigne Saulnier, qui a traité avec le Roi du revenu des Parties casuelles.

E 15ᵇ, f° 104 r°, et ms. fr. 18172, f° 102 r°.

11728. — Arrêt ordonnant que Marie Regnault, créancière du baron de Dampmartin, colonel des reîtres, sera payée par préférence d'une somme de 300 livres «sur les deniers cy-devant ordonnez audit baron».

E 15ᵇ, f° 106 r°, et ms. fr. 18172, f° 102 r°.

11729. — Arrêt ordonnant l'exécution des arrêts du 15 septembre (n° 11498) et du 25 octobre derniers (n° 11616), et enjoignant au parlement de Bourgogne de s'y conformer.

E 15ᵇ, f° 107 r°, et ms. fr. 18172, f° 101 v°.

1607, 11 décembre. — Paris.

11730. — Arrêt autorisant les consuls et habitants de Castillon, en Bordelais, à lever une somme de 1,000 livres, destinée au remboursement des dépenses faites par le maire Élie de La Faye, qui, en

1602 et en 1603, alla poursuivre en Cour la confirmation de leurs privilèges.

E 15ᵇ, fᵒ 108 rᵒ, et ms. fr. 18172, fᵒ 103 rᵒ.

11731. — Arrêt ordonnant que les trésoriers de France à Bourges, Riom, Moulins, Orléans et Tours seront entendus au Conseil au sujet d'une réclamation de Pierre Fougeux, sieur d'Escures, et de Barthélemy de Savorny, sieur de La Clavelle, intendants des turcies et levées de la Loire et du Cher.

E 15ᵇ, fᵒ 109 rᵒ, et ms. fr. 18172, fᵒ 110 rᵒ.

11732. — Arrêt déclarant que Pierre Fougeux, sieur d'Escures, et Barthélemy de Savorny, sieur de La Clavelle, percevront une taxe, dont le montant sera fixé par le duc de Sully, pour le contrôle qu'ils exercent, non seulement sur les turcies et levées de l'Allier, de la Sioule, de l'Yèvre et de l'Auron, mais aussi sur les turcies et levées de la Loire et du Cher.

E 15ᵇ, fᵒ 110 rᵒ, et ms. fr. 18172, fᵒ 109 rᵒ.

11733. — Arrêt statuant sur le procès pendant entre Balthazar Flotte de Montauban, comte de La Roche, d'une part, Gaspard de Blacas, coseigneur d'Aups, les consuls et habitants d'Aups, d'autre part, et les États de Provence, intervenant, au sujet du traité conclu, pendant les troubles, entre lesdits habitants et le feu sieur de La Valette.

E 15ᵇ, fᵒ 111 rᵒ, et ms. fr. 18172, fᵒ 107 vᵒ.

11734. — Arrêt ordonnant le rétablissement sur l'état des dettes du Dauphiné d'une somme de 22,541 livres due à la veuve de Nicolas Darcier pour fournitures de blé faites, en 1588, à l'armée du duc de Mayenne.

E 15ᵇ, fᵒ 113 rᵒ, et ms. fr. 18172, fᵒ 106 rᵒ.

11735. — Arrêt ordonnant que, jusqu'à l'établissement de ses commis à Bordeaux, Léonard de Mausse, fermier général des droits forains et de la traite domaniale de Languedoc et Provence, percevra lesdits droits sur toutes les denrées et marchandises qui y sont sujettes et qui sont portées à Bordeaux, « suivant ce qui se practicque pour les aultres Cinq grosses fermes de ce royaume ».

E 15ᵇ, fᵒ 115 rᵒ, et ms. fr. 18172, fᵒ 105 vᵒ.

11736. — Arrêt prorogeant d'un mois le délai accordé aux habitants de Nîmes pour la vérification de la finance qu'a payée Pierre Grangier, comme adjudicataire des places de clercs des greffes de la sénéchaussée, et ordonnant l'élargissement sous caution de Mᵉ Claude Astier.

E 15ᵇ, fᵒ 117 rᵒ, et ms. fr. 18172, fᵒ 104 vᵒ.

11737. — Arrêt approuvant le contrat par lequel la Reine, ayant reçu du Roi en don « tous les deniers procédans des taxes qui seroyent faictes sur les exemptz en chacune parroisse », a cédé à Nicolas Pallier, pour 160,000 livres, tous les deniers provenant des taxes sur les exempts de Normandie.

E 15ᵇ, fᵒ 119 rᵒ, et ms. fr. 18172, fᵒ 104 rᵒ.

11738. — Arrêt déclarant que les trésoriers de France à Paris, à Soissons, à Amiens, à Châlons, à Bourges, à Orléans, à Tours, à Poitiers, à Limoges, à Moulins, à Riom, à Bordeaux et à Lyon jouiront, chacun pendant l'année de son exercice, d'une taxe de 300 livres, à condition qu'il n'y ait point de non-valeurs dans leur généralité.

E 15ᵇ, fᵒ 120 rᵒ, et ms. fr. 18172, fᵒ 103 vᵒ.

11739. — Arrêt ordonnant aux habitants de la ville et de la collecte d'Auch de faire vérifier leurs dettes au Conseil et d'y représenter les comptes des 15,149 livres 17 sols par eux empruntés, durant les troubles, pour l'entretien des troupes du marquis de Villars, lors commandant en Armagnac.

E 15ᵇ, fᵒ 122 rᵒ, et ms. fr. 18172, fᵒ 103 vᵒ.

11740. — Arrêt ordonnant au trésorier des Parties casuelles de réformer, sous le nom de Mᵉ Belot, la quittance de l'office de lieutenant criminel à Blois.

E 15ᵇ, fᵒ 123 rᵒ, et ms. fr. 18172, fᵒ 103 rᵒ.

11741. — Arrêt annulant la saisie faite par Marc Masson, frère de Charles Masson, ci-devant argentier de Montreuil-sur-Mer, au préjudice de la surséance accordée à ladite ville pour le payement de ses dettes.

E 15ᵇ, fᵒ 124 rᵒ, et ms. fr. 18172, fᵒ 110 rᵒ.

1607, 13 décembre. — Paris.

11742. — Arrêt statuant sur le procès pendant entre les habitants d'Urrugne et ceux de Ciboure, au sujet des frais de voyage du sieur de Tenon, commissaire député pour l'exécution des arrêts du Conseil intervenus entre les parties.

E 15ᵇ, fᵒ 125 rᵒ, et ms. fr. 18172, fᵒ 119 rᵒ.

11743. — Arrêt défendant aux consuls et habitants de la Fouillouse de poursuivre les habitants de « Maroch » (Marols?), contrairement à la remise générale de toutes tailles antérieures à 1597.

E 15ᵇ, fᵒ 127 rᵒ, et ms. fr. 18172, fᵒ 118 vᵒ.

11744. — Adjudication de la ferme de la douane de Vienne faite, pour deux ans, à Pierre de La Sablière, moyennant le payement annuel de 154,000 livres.

E 15ᵇ, fᵒ 129 rᵒ, et ms. fr. 18172, fᵒ 111 vᵒ.

11745. — Arrêt ordonnant que les fermiers, receveurs ou commis qui ont fait la recette du tiers denier réservé au Roi sur le montant des amendes et confiscations de certaines fermes seront dispensés de compter en la Chambre des comptes.

E 15ᵇ, fᵒ 133 rᵒ, et ms. fr. 18172, fᵒ 118 rᵒ.

11746. — Arrêt ordonnant que le sieur de Montholon, intendant de la justice à Lyon, les trésoriers de France à Lyon et les élus de Forez, Lyonnais et Beaujolais donneront leur avis au sujet d'une requête du tiers état de Forez, de Beaujolais et du plat pays de Lyonnais, tendante : 1° à ce que les nobles acquéreurs de biens roturiers soient contraints de les bailler à ferme ou de payer la taille; 2° à ce que les ecclésiastiques payent la taille pour les biens qui ne font pas partie du patrimoine de l'Église; 3° à ce que les mineurs ayant atteint l'âge de puberté contribuent, à proportion de leurs biens, au payement de la taille, etc.

E 15ᵇ, fᵒ 135 rᵒ, et ms. fr. 18172, fᵒ 117 rᵒ.

11747. — Arrêt accordant à Jean Baudesson, marchand forain, demeurant à Deville-sur-Meuse, mainlevée provisoire de neuf balles d'alun.

E 15ᵇ, fᵒ 137 rᵒ, et ms. fr. 18172, fᵒ 117 rᵒ.

11748. — Arrêt faisant remise aux habitants de Nevers d'un tiers de la subvention levée en place d sol pour livre.

E 15ᵇ, fᵒ 138 rᵒ, et ms. fr. 18172, fᵒ 116 vᵒ.

11749. — Arrêt faisant remise d'une année de tailles à de nombreux villages de l'élection de Saint-Quentin, à raison des pertes que leur a fait subir l'orage du 9 juin dernier.

E 15ᵇ, fᵒ 139 rᵒ, et ms. fr. 18172, fᵒ 116 rᵒ.

11750. — Arrêt autorisant les habitants de la paroisse Saint-Nicolas de Beaugency à lever sur eux-mêmes une somme de 3,600 livres destinée aux réparations de leur église et de son clocher.

E 15ᵇ, fᵒ 140 rᵒ, et ms. fr. 18172, fᵒ 116 rᵒ.

11751. — Arrêt renvoyant aux prévôt des marchands et échevins de Paris le soin de fixer le chiffre du cautionnement que devra fournir Vincent de La Marck, ci-devant archer des Gardes du corps, à qui le Roi a fait don des droits de voitures ou coches d'eau entre Paris et Sens.

E 15ᵇ, fᵒ 141 rᵒ, et ms. fr. 18172, fᵒ 115 vᵒ.

11752. — Arrêt, rendu sur la remontrance de l'ambassadeur de Grande-Bretagne, enjoignant aux échevins de Rouen et de Caen de représenter, dans le délai d'un mois, les lettres en vertu desquelles ils lèvent divers impôts sur les marchands anglais.

E 15ᵇ, fᵒ 142 rᵒ, et ms. fr. 18172, fᵒ 115 rᵒ.

11753. — Arrêt renvoyant aux trésoriers de France à Châlons une requête de Jean d'Hemery, grènetier au grenier à sel de Langres, tendante à la ratification de la vente qui lui a été faite d'un petit corps de logis ruiné dépendant de l'hôtel de ville.

E 15ᵇ, fᵒ 143 rᵒ, et ms. fr. 18172, fᵒ 115 rᵒ.

11754. — Arrêt renvoyant aux trésoriers de France à Paris une requête en remise de tailles présentée par les habitants de Choisy[-le-Roi], dont les vignes ont été dévastées par l'orage du mois de juin dernier.

E 15ᵇ, fᵒ 144 rᵒ, et ms. fr. 18172, fᵒ 115 vᵒ.

11755. — Arrêt renvoyant aux trésoriers de France

à Paris une requête par laquelle Mᵉ Jacques Angenoust, secrétaire du Roi, demande à être payé d'une
somme de 18,201 livres 14 sols due à sa femme,
seule héritière de Mᵉ Jean Durantel, maître des œuvres
de maçonnerie et bâtiments du Roi, pour plusieurs
travaux faits au Louvre, à la Bastille, au Pont-
Neuf, etc.

E 15ᵇ, fᵒ 145 rᵒ, et ms. fr. 18172, fᵒ 114 vᵒ.

11756. — Arrêt ordonnant la levée d'une somme
de 1,880 livres destinée à la construction d'un auditoire et d'une prison à Vassy, attendu « que, par le
feu et sac advenu en ladite ville pendant les guerres
derrenières, le chasteau et la grosse tour où estoient
les prisons et l'auditoire où s'exerçoit la justice par
les officiers des juridictions royalles dudit lieu auroient
esté entièrement desmolies et bruslées ».

E 15ᵇ, fᵒ 146 rᵒ, et ms. fr. 18172, fᵒ 111 rᵒ.

11757. — Arrêt interdisant au prévôt de Paris et
réservant au Conseil la connaissance des procès pendants entre les héritiers de Mᵉ Balthazar Trotier, président en l'élection du bas pays d'Auvergne, et les héritiers de Mᵉ Pierre Billard, contrôleur général des
guerres, au sujet d'une des dettes du pays.

E 15ᵇ, fᵒ 147 rᵒ, et ms. fr. 18172, fᵒ 110 vᵒ.

11758. — Arrêt réglant l'apurement des comptes
des receveurs généraux des finances et autres comptables.

E 15ᵇ, fᵒ 148 rᵒ, et ms. fr. 18172, fᵒ 120 rᵒ.

1607, 15 décembre. — Paris.

11759. — Arrêt accordant aux habitants de Corbeil remise d'une année et demie de tailles et, de plus,
du présent quartier, à raison des pertes que leur ont
fait subir, d'une part, l'épidémie, d'autre part, les
grêles et gelées du printemps et de l'été derniers.

E 15ᵇ, fᵒ 150 rᵒ, et ms. fr. 18172, fᵒ 127 vᵒ.

11760. — Arrêt renvoyant au Parlement le procès
pendant entre la ville de Dreux et Mᵉ Pierre Joulet,
lieutenant général au bailliage, au sujet de la justice
ordinaire et de la police de Dreux.

E 15ᵇ, fᵒ 151 rᵒ, et ms. fr. 18172, fᵒ 127 rᵒ.

11761. — Arrêt accordant diverses remises de
tailles aux habitants de Briis, de Vaugrigneuse, de
Fontenay et de Soucy, à raison des pertes que leur a
fait subir la grêle du mois de juin dernier.

E 15ᵇ, fᵒ 153 rᵒ, et ms. fr. 18172, fᵒ 126 vᵒ.

11762. — Requêtes présentées au Roi par le tiers
état du pays de Bresse, Bugey, Valromey et Gex, et
réponses du Conseil au sujet :

1° Du péage de « la traverse » levé sur les marchandises fabriquées dans ledit pays et débitées dans le
royaume;

2° Des nouvelles créations d'offices;

3° De l'introduction des aides (pour les tailles ordinaires, les habitants payent déjà 10,000 écus de
plus que sous le gouvernement du duc de Savoie);

4° De la révocation de certaines commissions extraordinaires;

5° De la réduction des tailles;

6° De l'exemption des Lyonnais acquéreurs de terres
audit pays.

E 15ᵇ, fᵒ 154 rᵒ, et ms. fr. 18172, fᵒ 125 rᵒ.

11763. — Arrêt ordonnant une enquête au sujet
du droit de « coupe et d'aide sur le sel » que prétend
exercer le prieur du couvent de Notre-Dame de Brou.

E 15ᵇ, fᵒ 158 rᵒ, et ms. fr. 18172, fᵒ 124 rᵒ.

11764. — Arrêt accordant aux habitants de Trouy
remise d'une année et demie de tailles, à raison des
pertes que leur a fait subir l'orage du 4 juin dernier.

E 15ᵇ, fᵒ 160 rᵒ, et ms. fr. 18172, fᵒ 124 rᵒ.

11765. — Arrêt renvoyant au parlement de Grenoble le procès pendant entre Jean Chevalier, fermier
général des gabelles de Provence et de Dauphiné, et
Jacob Maigre, d'Orpierre.

E 15ᵇ, fᵒ 161 rᵒ, et ms. fr. 18172, fᵒ 123 rᵒ.

11766. — Arrêt ordonnant la réception de Mᵉ Henri
de Vignolles en l'office d'avocat en la chambre de
Castres, à condition qu'il verse 1,000 livres aux Parties casuelles.

E 15ᵇ, fᵒ 163 rᵒ, et ms. fr. 18172, fᵒ 122 vᵒ.

11767. — Arrêt accordant à Nicolas Le Cordier

décharge d'une somme de 1,457 écus 40 sols, montant des amendes auxquelles M° Jacques Le Cordier, ci-devant receveur des tailles à Caudebec, a été condamné, pour fausses reprises et omissions de recettes, par la chambre des comptes de Normandie.

E 15ᵇ, f° 165 r°, et ms. fr. 18172, f° 121 v°.

11768. — Arrêt ordonnant que le procureur du Roi aux eaux et forêts d'Aulnay sera entendu au sujet d'une requête de Pierre Rallier et de Jacques Bidault, lesquels demandent l'autorisation de faire la coupe du bois à eux adjugé en la forêt d'Aulnay.

E 15ᵇ, f° 167 r°, et ms. fr. 18172, f° 121 r°.

11769. — Arrêt renvoyant aux trésoriers de France à Poitiers une requête en remise d'impôt présentée par les habitants d'Aizenay et fondée sur la disparition de la plupart des contribuables qui habitaient ladite paroisse de 1598 à 1601.

E 15ᵇ, f° 168 r°, et ms. fr. 18172, f° 121 r°.

11770. — Arrêt ordonnant l'expédition, en faveur de François Le Duc, des lettres de provision de l'office de receveur des fouages au diocèse de Saint-Malo.

E 15ᵇ, f° 169 r°, et ms. fr. 18172, f° 120 v°.

11771. — Arrêt ordonnant que M° François Le Carron sera maintenu en son office de commissaire-examinateur à Compiègne, à moins que le lieutenant du bailli de Senlis, le prévôt et juge ordinaire de la prévôté foraine de Compiègne et de la châtellenie de Thourotte, le prévôt de l'exemption de Pierrefonds et le prévôt de Margny-lès-Compiègne ne préfèrent lui rembourser la somme de 1,800 livres.

E 15ᵇ, f° 170 r°, et ms. fr. 18172, f° 128 v°.

11772. — Arrêt suspendant les poursuites exercées en Parlement par les héritiers de la veuve du sieur de La Marcillière contre dame Antoinette de Pons, veuve du sieur de Miossens.

E 15ᵇ, f° 172 r°, et ms. fr. 18172, f° 128 r°.

1607, 18 décembre. — Paris.

11773. — Arrêt ordonnant à la Chambre des

comptes de rétablir sur les comptes de M° François Hotman, trésorier de l'Épargne, une somme de 954 écus donnée par le Roi, au mois de septembre 1594, à Pierre de Maistre, commandant d'une compagnie de la garnison de Sainte-Foy.

E 15ᵇ, f° 173 r°, et ms. fr. 18172, f° 134 r°.

11774. — Arrêt suspendant l'exécution d'un arrêt du parlement de Dijon jusqu'au jugement d'un procès pendant au Conseil entre le fermier général des Cinq grosses fermes et les Allemands qui se prétendent exempts des droits compris dans lesdites fermes.

E 15ᵇ, f° 174 r°, et ms. fr. 18172, f° 134 v°.

11775. — Arrêt autorisant les habitants d'Argenton à lever sur les habitants de la paroisse de Saint-Étienne une somme de 1,500 livres, destinée aux réparations de l'église de ladite paroisse.

E 15ᵇ, f° 175 r°, et ms. fr. 18172, f° 134 v°.

11776. — Arrêt autorisant la levée d'une somme de 1,230 livres restée due par les « esleuz au faict commun » de la ville de Cusset à M° Jean Brullet, à Jean Ciret et à Claude Parains, « aussy esleuz aux affaires communs de ladite ville, l'année mil six cens ».

E 15ᵇ, f° 176 r°, et ms. fr. 18172, f° 133 v°.

11777. — Arrêt ordonnant le rétablissement sur les comptes de M° Mathurin Auffray d'une somme de 1,932 livres, par lui payée, en 1591, pour la solde des compagnies en garnison à Moncontour-de-Bretagne.

E 15ᵇ, f° 177 r°, et ms. fr. 18172, f° 132 v°.

11778. — Arrêt renvoyant « par-devant les maistres des requestes ordinaires de l'Hostel au nombre de dix » le procès pendant entre le syndic des Jésuites de Bordeaux et demoiselle Françoise de Talleyrand de Grignols, femme de François Duchesne, sieur de Lhoumès, au sujet d'une rente de 2,000 livres assignée auxdits Jésuites par feu M° François Baulon, premier mari de ladite demoiselle.

E 15ᵇ, f° 179 r°, et ms. fr. 18172, f° 131 v°.

11779. — Arrêt ordonnant le versement à l'Épargne d'une somme de 3,000 livres dont seraient redevables les receveurs, fermiers et commis des traites et impositions foraines d'Anjou, suivant une indication de M⁰ Antoine Demurat, aumônier ordinaire de l'Artillerie, à qui pareille somme a été octroyée par le Roi, « en considération de ses services et des pertes par luy souffertes en la prison où il feut detenu, durant six moys, au commencement des derniers troubles ».

E 15ᵇ, fᵒ 180 rᵒ, et ms. fr. 18172, fᵒ 131 rᵒ.

11780. — Arrêt maintenant M⁰ Jean de Lavialle en son office de lieutenant particulier assesseur criminel au siège de Montauban, et réglant les droits respectifs du lieutenant général en la sénéchaussée de Quercy, au siège de Montauban, et des conseillers audit siège.

E 15ᵇ, fᵒ 181 rᵒ, et ms. fr. 18172, fᵒ 129 vᵒ.

11781. — Arrêt ordonnant le remboursement des 8,500 livres payées par Pierre de Grains de Mancelle, sieur de La Roche-Saint-Angel, pour la composition de l'office de viguier d'Uzès dont Sa Majesté a disposé en faveur d'un fils du dernier possesseur.

E 15ᵇ, fᵒ 183 rᵒ, et ms. fr. 18172, fᵒ 129 vᵒ.

1607, 20 décembre. — Paris.

11782. — Arrêt maintenant M⁰ François Marcel en un office de trésorier de France en Provence.

E 15ᵇ, fᵒ 184 rᵒ, et ms. fr. 18172, fᵒ 137 rᵒ.

11783. — Arrêt renvoyant aux trésoriers de France à Dijon une requête de Nicolas Largentier, sieur de Vaussemin, cessionnaire de M⁰ Jean de Moisset à la fourniture générale des greniers à sel, au sujet de la « recoupe » pratiquée par les officiers du grenier à sel de Dijon.

E 15ᵇ, fᵒ 186 rᵒ, et ms. fr. 18172, fᵒ 136 vᵒ.

11784. — Arrêt autorisant M⁰ Jean de Moisset, adjudicataire de la fourniture générale des greniers du royaume, à faire vendre certaine quantité de sel, nonobstant l'opposition des officiers du grenier à sel de Dijon.

E 15ᵇ, fᵒ 187 rᵒ, et ms. fr. 18172, fᵒ 136 rᵒ.

11785. — Arrêt renvoyant aux trésoriers de France à Paris une requête de Denis Petit, lequel demande

à établir un ou plusieurs bateaux de trait, sur l'Yonne et sur la Seine, entre Paris et Joigny.

E 15ᵇ, fᵒ 189 rᵒ, et ms. fr. 18172, fᵒ 136 rᵒ.

11786. — Arrêt ordonnant le payement d'une somme de 300 livres due à Adam Dupuis, sieur de La Tour, exempt des Gardes du corps, pour ses gages de capitaine d'Épernay durant l'année 1607.

E 15ᵇ, fᵒ 190 rᵒ, et ms. fr. 18172, fᵒ 135 vᵒ.

1607, 22 décembre. — Paris.

11787. — Arrêt ordonnant que tous les trésoriers de France seront tenus de déclarer, avant le 31 janvier 1608, s'ils entendent s'aider de l'arrêt du 13 septembre dernier (nᵒ 11469) ou se laisser cotiser aux taxes qui doivent être levées sur les officiers des finances.

E 15ᵇ, fᵒ 192 rᵒ, et ms. fr. 18172, fᵒ 148 vᵒ.

11788. — Arrêt ordonnant que M⁰ Jean Thomas demeurera destitué de la charge de procureur des États de Normandie, à raison de sa désobéissance et de son insolence à l'égard du duc de Montpensier, gouverneur de Normandie, et le déclarant, de plus, incapable d'exercer l'office de procureur général en la chambre des comptes de Rouen, dont il devait être pourvu par suite de la résignation du sieur de La Pille.

E 15ᵇ, fᵒ 193 rᵒ, et ms. fr. 18172, fᵒ 148 rᵒ.

11789. — Arrêt ordonnant la restitution des comptes et papiers remis par des comptables aux commissaires de la Chambre royale.

E 15ᵇ, fᵒ 194 rᵒ, et ms. fr. 18172, fᵒ 147 vᵒ.

11790. — Arrêt révoquant les règlements faits par le sénéchal de Beaucaire ou son lieutenant au sujet de l'établissement des relais, et ordonnant l'exécution provisoire : 1° de l'édit qui réunit aux Postes les relais et chevaux de louage; 2° des règlements faits, en conséquence, le 18 février 1606, par les commissaires royaux.

E 15ᵇ, fᵒ 195 rᵒ, et ms. fr. 18172, fᵒ 146 vᵒ.

11791. — Arrêt renvoyant aux trésoriers de France

une requête des habitants d'Andely-sur-Seine tendante à la prorogation d'un octroi qui leur avait été concédé par Henri III, pour l'entretien des portes, pont-levis, murs et fossés de leur ville.

E 15ᵇ, f° 197 r°, et ms. fr. 18172, f° 146 r°.

11792. — Arrêt ordonnant aux acquéreurs de la terre et seigneurie de Champrond de rapporter au Conseil, dans le délai d'un mois, leurs titres et quittances, sinon les revenus de Champrond seraient saisis par le Roi.

E 15ᵇ, f° 198 r°, et ms. fr. 18172, f° 146 r°.

11793. — Arrêt déclarant que, la veuve du sieur de Bernet, gouverneur de Boulogne, n'ayant point satisfait à l'arrêt du 13 septembre dernier (n° 11472), il sera passé outre au jugement du procès pendant entre elle et Israël de Huguelier, marchand de Francfort.

E 15ᵇ, f° 199 r°, et ms. fr. 18172, f° 145 v°.

11794. — Arrêt statuant sur diverses instances pendantes entre Pierre Malherbe, ci-devant receveur général des finances et gabelles à Montpellier, Mᵉ Jérôme Du Verger, pourvu dudit office, Jean Goday, valet de chambre du feu duc d'Anjou, et autres soidisant créanciers de Louis Malherbe.

E 15ᵇ, f° 200 r°, et ms. fr. 18172, f° 142 v°.

11795. — Arrêt ordonnant le remboursement de la finance payée par Mᵉ Jean Sarrault pour l'office de commissaire-examinateur au siège de Monflanquin, et maintenant Jean Passelaigue en l'office d'assesseur criminel audit siège.

E 15ᵇ, f° 202 r°, et ms. fr. 18172, f° 141 r°.

11796. — Arrêt ordonnant que «exécutoire» sera délivré à Mᵉ Bertrand Borrilly, ci-devant receveur général des finances en Provence, pour certaines sommes rayées par la chambre des comptes de Provence.

E 15ᵇ, f° 204 r°, et ms. fr. 18172, f° 140 r°.

11797. — Arrêt ordonnant que Mᵉ Adrien de Hen, conseiller au présidial d'Amiens, s'expliquera au sujet de sa réception en un office d'assesseur du prévôt des maréchaux de Picardie, et défendant

qu'aucun archer dudit prévôt soit supprimé à cette occasion.

E 15ᵇ, f° 206 r°, et ms. fr. 18172, f° 140 v°.

11798. — Arrêt ordonnant le payement d'une somme de 4,500 livres 1 sol 11 deniers due aux habitants de Sully-sur-Loire pour des fournitures de blé et de vin qu'ils ont faites à l'armée du feu maréchal d'Aumont, lors du siège de la citadelle d'Orléans.

E 15ᵇ, f° 207 r°, et ms. fr. 18172, f° 139 v°.

11799. — Arrêt autorisant la levée d'une somme de 5,926 livres destinée à l'acquittement des dettes de la ville de Châteauroux.

E 15ᵇ, f° 208 r°, et ms. fr. 18172, f° 139 r°.

11800. — Arrêt ordonnant que, si, dans un mois, Charles de Picquet, sieur de Crespières, et autres acquéreurs des justices de Fresnes, de Morainvilliers, de Bouafle, de Crespières, etc., n'ont point représenté les quittances des sommes par eux payées, lesdites justices seront réunies à celle de Poissy.

E 15ᵇ, f° 209 r°, et ms. fr. 18172, f° 138 v°.

11801. — Arrêt renvoyant au sieur Le Gras, trésorier de France à Paris, une requête de vingt-trois merciers tenant boutique aux environs de l'enclos du Palais, lesquels demandent l'évocation du différend pendant entre eux et Jean Mallier.

E 15ᵇ, f° 210 r°, et ms. fr. 18172, f° 107 r°.

11802. — Arrêt relatif à une requête des officiers, maire et échevins de Bar-sur-Seine, qui demandent l'autorisation de lever 6,000 livres pour la reconstruction de l'édifice où se rend la justice.

E 15ᵇ, f° 211 r°, et ms. fr. 18172, f° 138 v°.

11803. — Arrêt cassant un arrêt du parlement de Toulouse du 1ᵉʳ février 1606, et ordonnant que les acquéreurs du domaine royal payeront les sommes auxquelles ils ont été taxés par les trésoriers de France pour l'acquittement des charges grevant ledit domaine.

E 15ᵇ, f° 212 r°, et ms. fr. 18172, f° 156 v°.

11804. — Arrêt renvoyant aux trésoriers de France en Bourgogne une requête des habitants de Bresse tendante à la révocation de l'exemption dont prétendent jouir les habitants de Genève pour leurs biens situés dans le bailliage de Gex.

E 15ᵇ, fᵒ 213 rᵒ, et ms. fr. 18172, fᵒ 156 vᵒ.

11805. — Arrêt enjoignant aux officiers des greniers à sel de Bresse d'observer les ordonnances et règlements faits au Conseil au sujet du mesurage et de la vente du sel.

E 15ᵇ, fᵒ 214 rᵒ, et ms. fr. 18172, fᵒ 155 vᵒ.

11806. — Arrêt renvoyant aux trésoriers de France en Bourgogne une réclamation des habitants de la Bresse contre la répartition des tailles qui aurait été faite, fort inégalement, par le sieur de Gastines entre eux et les habitants de Bugey, de Valromey et de Gex.

E 15ᵇ, fᵒ 215 rᵒ, et ms. fr. 18172, fᵒ 156 rᵒ.

11807. — Arrêt ordonnant que, pendant la durée des procès pendants entre Charles Du Heu, fermier général des Cinq grosses fermes, et les villes d'Auxonne, de Chalon, de Tournus et de Mâcon, ledit fermier et ses associés jouiront des droits de traites dépendants de leurs fermes.

E 15ᵇ, fᵒ 216 rᵒ, et ms. fr. 18172, fᵒ 155 rᵒ.

11808. — Arrêt maintenant Abraham Valentin en la jouissance de sa ferme des péages de Baix, d'Ancone, de Saint-Symphorien et de Saint-Rambert.

E 15ᵇ, fᵒ 218 rᵒ, et ms. fr. 18172, fᵒ 154 vᵒ.

11809. — Arrêt ordonnant aux trésoriers de France à Aix d'envoyer leur avis sur la matière du procès pendant entre Benjamin Le Tailleur et Louis Lance, au sujet de l'office de geôlier de la ville d'Aix.

E 15ᵇ, fᵒ 219 rᵒ, et ms. fr. 18172, fᵒ 154 rᵒ.

11810. — Arrêt déclarant les marchands et habitants du Pollet exempts de l'impôt levé sur le vin, le cidre et le poiré entrant à Rouen, à Dieppe et au Havre, à la condition de ne commettre aucune fraude préjudiciable à la levée dudit impôt.

E 15ᵇ, fᵒ 221 rᵒ, et ms. fr. 18172, fᵒ 153 rᵒ.

11811. — Arrêt portant règlement au sujet des amendes prononcées en la chambre de l'Édit de Castres.

E 15ᵇ, fᵒ 223 rᵒ, et ms. fr. 18172, fᵒ 150 vᵒ.

11812. — Arrêt ordonnant une enquête au sujet de l'exercice de la Religion prétendue réformée en la ville de Montagnac, et ce à l'occasion d'un procès pendant entre les protestants de Montagnac et le sieur de Regalières et de Montagnac.

E 15ᵇ, fᵒ 227 rᵒ, et ms. fr. 18172, fᵒ 149 vᵒ.

11813. — Arrêt prorogeant pour six années l'octroi de «l'apetissement de la pinte de vin et aultres breuvages» concédé aux habitants de Courtenay, à condition que le produit en soit employé à la réparation et à l'entretien des murs, tours, fossés et portes de la ville.

E 15ᵇ, fᵒ 229 rᵒ, et ms. fr. 18172, fᵒ 149 rᵒ.

1607, 27 décembre. — Paris.

11814. — Arrêt ordonnant aux gens des Comptes de rayer, sur le compte de Mᵉ Vincent Bouhier, sieur de Beaumarchais, trésorier de l'Épargne, les parties relatives au recouvrement de 150,000 livres provenant «des suppleemens et confirmations des annoblis de Normandie».

E 15ᵇ, fᵒ 231 rᵒ, et ms. fr. 18172, fᵒ 157 rᵒ.

1607, 29 décembre. — Paris.

11815. — Arrêt ordonnant que Mᵉ Jean Morin exercera seul l'office de receveur des aides et tailles en l'élection nouvelle de Saint-Amand.

E 15ᵇ, fᵒ 232 rᵒ.

11816. — Adjudication des offices de receveur ancien et triennal des tailles à Guéret et de receveur du domaine en la châtellenie d'Aubusson, faite à Mᵉ Jean de Lerry au prix de 36,000 livres.

E 15ᵇ, fᵒ 234 rᵒ, et ms. fr. 18172, fᵒ 165 vᵒ.

11817. — Arrêt ordonnant que la rente de 8,736 livres 1 sol 2 deniers constituée à la ville de Toulouse sera désormais réduite à 7,236 livres 1 sol

2 deniers, le surplus ayant été constitué, le 28 novembre 1573, par édit non vérifié.

E 15ᵇ, f° 238 r°, et ms. fr. 18172, f° 164 r°.

11818. — Arrêt ordonnant que les habitants de Pontoise auront lettres de jussion pour obliger la Chambre des comptes à rétablir une somme de 743 écus 14 sols sur le compte de Mᵉ Simon Petit, receveur des deniers communs de ladite ville.

E 15ᵇ, f° 240 r°, et ms. fr. 18172, f° 163 r°.

11819. — Arrêt déclarant que Jean Goday, chargé de racheter et de réunir au domaine les greffes, places de clercs et petits sceaux de Languedoc et de Provence, sera dispensé de rembourser aux greffiers ce qu'ils ont payé pour le marc d'or et les confirmations.

E 15ᵇ, f° 241 r°, et ms. fr. 18172, f° 163 r°.

11820. — Arrêt réglant le payement des gages des officiers créés dans les greniers à sel nouvellement établis au bas pays et dans la Limagne d'Auvergne.

E 15ᵇ, f° 243 r°, et ms. fr. 18172, f° 162 r°.

11821. — Arrêt déclarant que les anoblis de Normandie seront contraints au payement des sommes auxquelles ils ont été taxés.

E 15ᵇ, f° 244 r°, et ms. fr. 18172, f° 162 v°.

11822. — Arrêt enjoignant aux trésoriers provinciaux de l'Extraordinaire des guerres de rapporter à l'Épargne les sommes qu'ils ont indûment retenues, depuis 1599, pour gages ou taxations.

E 15ᵇ, f° 245 r°, et ms. fr. 18172, f° 162 r°.

11823. — Arrêt ordonnant que Mᵉ Jacques Sevin exercera par commission, durant l'année prochaine, l'office de receveur ancien des tailles à Brioude, dont la possession lui est disputée par Mᵉ Julien Bellet.

E 15ᵇ, f° 246 r°, et ms. fr. 18172, f° 161 v°.

11824. — Arrêt ordonnant aux élus de l'élection de Reims d'attendre l'entier acquittement des tailles pour faire, dans le village de Pont-Faverger, l'assiette d'une somme de 600 livres due au laboureur Pierre Le Clerc.

E 15ᵇ, f° 247 r°, et ms. fr. 18172, f° 161 r°.

11825. — Arrêt déchargeant l'huissier du Conseil de la garde de Mᵉ Claude Astier, à condition que celui-ci demeure à la suite du Conseil jusqu'au jugement du procès pendant entre François Rozel, lieutenant principal au présidial de Nîmes, Pierre Grangier et consorts.

E 15ᵇ, f° 248 r°, et ms. fr. 18172, f° 160 v°.

11826. — Arrêt donnant mainlevée au sieur de Malicorne d'une somme de 6,000 livres, montant de sa pension annuelle, qui a été saisie par Mᵉ Bonaventure Billard, ci-devant trésorier de l'Extraordinaire des guerres en Poitou.

E 15ᵇ, f° 249 r°, et ms. fr. 18172, f° 161 r°.

11827. — Arrêt ordonnant que les curés et vicaires qui ont publié des censures ecclésiastiques, afin de découvrir la date exacte de la mort de Mᵉ Germain Du Coudray, receveur du domaine de Conches, seront tenus de faire connaître les révélations qui leur ont été faites, sous peine de saisie de leur temporel et de dommages-intérêts.

E 15ᵇ, f° 250 r°, et ms. fr. 18172, f° 160 r°.

11828. — Arrêt réglant l'union de l'office de trésorier général triennal des fortifications, réparations et avitaillement de Champagne, Brie et Pays Messin avec deux offices de trésorier ancien desdites fortifications.

E 15ᵇ, f° 251 r°, et ms. fr. 18172, f° 159 v°.

11829. — Arrêt ordonnant que Mᵉ Pierre Moynier, receveur général des gabelles de Lyonnais, adjudicataire des droits de la comptablie de Bordeaux, sera dispensé de fournir caution devant les trésoriers de France à Bordeaux, pourvu qu'il fournisse, pardevant le prévôt de Paris, caution pour une somme de 26,500 livres.

E 15ᵇ, f° 252 r°, et ms. fr. 18172, f° 158 v°.

11830. — Arrêt donnant commission à Mᵉ Merault, conseiller d'État et maître des requêtes de l'Hôtel, pour procéder à l'établissement des six nouveaux greniers à sel de Riom, de Saint-Gervais, d'Herment, de Besse, de Latour et d'Ardes.

E 15ᵇ, f° 253 r°, et ms. fr. 18172, f° 159 r°.

11831. — Arrêt ordonnant l'exécution provisoire de deux arrêts rendus par le conseil de Navarre, le 25 août 1556 et le 30 juillet 1557, dans le procès pendant entre les habitants de Béost et Bager, de la vallée d'Ossau, et ceux d'Arrens et Marsous, du pays de Lavedan, au sujet de la possession des montagnes d'Arbas, de Borron et de la Rue.

E 15ᵇ, fᵒ 254 rᵒ, et ms. fr. 18172, fᵒ 158 rᵒ.

11832. — Arrêt ordonnant que, nonobstant l'opposition de la cour des aides de Normandie, Mᵉ Jacques Renard, conseiller au Grand Conseil, passera outre à l'exécution de sa commission pour la réforme des gabelles en Normandie et parachèvera le procès commencé contre Pierre Pelletot et ses fils, « tant pour raison de plusieurs batteaux chargez de faulx sel qu'ilz ont faict descendre en aucuns havres de la coste de Caux, que de plusieurs excez et violences par eux commises avec armes à feu deffendues. . . ».

E 15ᵇ, fᵒ 256 rᵒ, et ms. fr. 18172, fᵒ 157 vᵒ.

11833. — « Articles accordez. . . . . à Estienne Blancheteau, adjudicataire du bail et fournissement du sel du bas pays et Limagne d'Auvergne pour la composition des offices des gabelles et greniers nouvellement créez et establiz par Sa Majesté audit bas pays d'Auvergne par eedict du moys de février dernier passé, montans la somme de 50,900 livres tournois. »

E 15ᵇ, fᵒ 258 rᵒ, et ms. fr. 18172, fᵒ 167 vᵒ.

11834. — Adjudication du droit de 20 sols par muid de vin entrant en la ville de Rouen faite, pour trois ans, à Mᵉ Philippe Longuet, moyennant le payement annuel de 23,000 livres.

E 15ᵇ, fᵒ 262 rᵒ, et ms. fr. 18172, fᵒ 164 vᵒ.

11835. — Arrêt fixant au 1ᵉʳ avril 1608 la date de l'entrée en jouissance d'Étienne Blancheteau, le nouvel adjudicataire de la fourniture du sel au bas pays d'Auvergne.

E 15ᵇ, fᵒ 264 rᵒ, et ms. fr. 18172, fᵒ 159 vᵒ.

1608, 10 janvier. — Paris.

11836. — Arrêt annulant le marché passé par Georges de Servien, lieutenant de l'Artillerie en Provence, avec Gaspard Bozé, marchand de bois de Marseille, pour la fourniture de 120 affûts de canons, de coulevrines, de bâtardes, etc.

E 16ᵉ, fᵒ 1 rᵒ, et ms. fr. 18173, fᵒ 2 rᵒ.

11837. — Arrêt ordonnant que Mᵐ de Sève, Le Comte, Duhamel et autres, ci-devant receveurs et payeurs des rentes de la ville de Paris, seront contraints de verser à l'Épargne une somme de 75,000 livres qu'ils ont promise pour échapper aux poursuites relatives à leur gestion.

E 16ᵉ, fᵒ 4 rᵒ, et ms. fr. 18173, fᵒ 1 rᵒ.

11838. — Arrêt fixant certains délais dans lesquels Mᵉ Guillaume Alliez, fermier général des gabelles de Languedoc, devra témoigner du parfait payement des assignations levées sur lui, durant les années 1606 et 1607, par mandements ou rescriptions du trésorier de l'Épargne.

E 16ᵉ, fᵒ 5 rᵒ, et ms. fr. 18173, fᵒ 1 vᵒ.

1608, 12 janvier. — Paris.

11839. — Arrêt ordonnant l'exécution de l'arrêt du 17 novembre dernier (n° 11701), obtenu par Étienne Blancheteau, adjudicataire de la fourniture du sel au bas pays d'Auvergne.

E 16ᵉ, fᵒ 6 rᵒ, et ms. fr. 18173, fᵒ 2 vᵒ.

11840. — Arrêt relatif au différend soulevé entre Mᵐ Nicolas Le Tellier et Jean Morin au sujet de l'exercice de l'office de receveur des aides et tailles à Saint-Amand.

E 16ᵉ, fᵒ 8 rᵒ, et ms. fr. 18173, fᵒ 3 rᵒ.

1608, 15 janvier. — Paris.

11841. — Arrêt relatif à un procès pendant entre Mᵉ Briand de Pomey, tant en son nom que comme tuteur des enfants de Mᵉ Pierre de Pomey, fermier général de la douane de Lyon, et Charles Le Sueur, marchand de Rouen.

E 16*, f° 9 r°, et ms. fr. 18173, f° 17 v°.

11842. — Arrêt relatif à une contestation entre M° Martin Lefebvre, ci-devant commis à la recette des amendes de la Chambre royale, et M° Nicolas Frerot.

E 16*, f° 11 r°, et ms. fr. 18173, f° 16 v°.

11843. — Arrêt déclarant que M° Michel Lebœuf, prévôt et juge de la police de Saumur, et Guillaume Bourneau, procureur du Roi audit lieu, seront dispensés de comparaître personnellement au Conseil, mais leur enjoignant de faire publier à Saumur et dans la prévôté « qu'il n'est permis à aucun, de quelque qualité qu'il soit, de faire deffense de transporter bledz, et que c'est à Sa Majesté seulle de permettre ledit transport ou faire lesdites deffenses ».

E 16*, f° 12 r°, et ms. fr. 18173, f° 16 r°.

11844. — Arrêt cassant les arrêts du parlement de Bourgogne du 19 décembre 1607, comme donnés par des juges interdits, ajournant au Conseil un des présidents et le rapporteur desdits arrêts, et ordonnant aux trésoriers de France en Bourgogne de passer outre à la levée des deux crues de 35 sols et de 2 sols par minot de sel prorogées par arrêt du Conseil du 25 octobre dernier (n° 11616).

E 16*, f° 13 r°, et ms. fr. 18173, f° 17 r°.

11845. — Arrêt ordonnant que lettres patentes seront expédiées à la Chambre des comptes pour rétablir sur les comptes des receveurs des tailles du Forez une somme de 36,000 livres, destinée au remboursement des avances faites par le sieur d'Urfé, ci-devant lieutenant général en Forez, pour les fortifications de Cervières, de Saint-Just, de Rochefort, de Châteauneuf, de Saint-Georges et de Montverdun.

E 16*, f° 15 r°.

11846. — Arrêt ordonnant la vérification et le versement à l'Épargne des deniers perçus par Louis Froment, sieur de Saillans, maître particulier des eaux et forêts de la Basse-Marche, ou par d'autres et

provenant de « la recherche de ceulx qui tiennent moulins et nasses sur les rivières sans permission ».

E 16*, f° 17 r°, et ms. fr. 18173, f° 15 v°.

11847. — Arrêt accordant à dame Claude d'Estissac, comtesse de La Rochefoucauld, mainlevée provisoire des bois et marchandises à elle appartenant en la forêt de Champrond.

E 16*, f° 18 r°, et ms. fr. 18173, f° 7 r°.

11848. — Arrêt ordonnant que, nonobstant un arrêt du Parlement du 2 septembre 1606, Nicolas de La Rue jouira de son office de commissaire général et surintendant des coches publics de France.

E 16*, f° 20 r°, et ms. fr. 18173, f° 12 r°.

11849. — Arrêt renvoyant aux trésoriers de France à Béziers un placet du sieur de Bellengreville, lieutenant au gouvernement d'Ardres, tendant à ce qu'il lui soit fait don « des bacs qui seront establiz aux portz et passages de Beaucaire et Tarascon, chasteau de Fourques », etc.

E 16*, f° 22 r°, et ms. fr. 18173, f° 18 r°.

11850. — Arrêt statuant sur un procès pendant entre la veuve de Nicolas Darcier, marchand d'Auxonne, et le duc de Mayenne, ordonnant que ladite veuve sera assignée d'une somme de 5,000 livres en payement du blé fourni jadis par son mari au château d'Auxonne et à la citadelle de Chalon.

E 16*, f° 23 r°, et ms. fr. 18173, f° 14 v°.

11851. — « Articles et conditions présentées par Jean de Beauquet, escuier, sieur de Creully, sur les offres qu'il a cy-devant faictes à Sa Majesté de rachapter certaines portions de domaine », telles que les anciennes sergenteries de l'épée de Normandie, etc., avec l'acceptation du Conseil.

E 16*, f° 25 r°, et ms. fr. 18173, f° 4 v°.

11852. — Arrêt renvoyant aux officiers des fortifications de Metz une requête de Paul Lallemant, archer des Gardes du corps, tendante au payement du prix d'une maison jadis située à Metz, près de la citadelle, et abattue par ordre des gouverneurs de ladite citadelle.

E 16*, f° 27 r°, et ms. fr. 18173, f° 14 r°.

11853. — Arrêt ordonnant que M⁹ Barthélemy Carteret, fermier général des 9 livres 18 sols par tonneau de vin entrant ès villes et gros bourgs de Picardie, sera contraint de payer 12,450 livres à la dame vidame d'Amiens, héritière du feu comte de Chaulnes.

E 16ᵉ, f° 28 r°.

11854. — Arrêt ordonnant une enquête au sujet des injures et menaces proférées contre les trésoriers de France en Guyenne par Mᵉ François Bonneau, conseiller au parlement de Bordeaux, « indigné de ce qu'ilz ne luy accordoient, pour sa belle-mère, la préférence sur·le tiercement par elle mis sur certaines rentes agrières de la baronnie de Montferrand ».

E 16ᵉ, f° 29 r°, et ms. fr. 18173, f° 14 r°.

11855. — Arrêt accordant aux habitants de l'élection de Chartres décharge d'une somme de 1,620 livres, aux président et élus mainlevée de leurs gages, et ordonnant que dorénavant les trésoriers de France s'aboucheront avec les élus pour opérer la répartition des tailles.

E 16ᵉ, f° 30 r°, et ms. fr. 18173, f° 8 v°.

11856. — Arrêt réglant l'acquittement du capital et des intérêts d'une somme de 60,000 livres que les échevins de Clermont, en Auvergne, ont été condamnés à payer au vicomte d'Estaing.

E 16ᵉ, f° 32 r°, et ms. fr. 18173, f° 11 v°.

11857. — Arrêt ordonnant que l'édit de mars 1606 portant création de deux offices d'huissiers audienciers en chaque siège royal de Provence sera vérifié purement et simplement au parlement de Provence, nonobstant l'opposition des États dudit pays et des prétendus huissiers audienciers ès sièges du sénéchal.

E 16ᵉ, f° 34 r°, et ms. fr. 18173, f° 3 v°.

11858. — Arrêt enjoignant aux ecclésiastiques de Châlons-sur-Marne de répartir entre eux et de faire lever, dans la quinzaine, une somme de 350 livres, équivalant au huitième de la subvention mise sur ladite ville, en l'année 1606, en place du sol pour livre.

E 16ᵉ, f° 36 r°, et ms. fr. 18173, f° 11 r°.

11859. — Arrêt portant remise d'une somme de 3,000 livres due par la ville d'Auxerre pour les restes du taillon des années 1589 à 1593.

E 16ᵉ, f° 37 r°, et ms. fr. 18173, f° 10 v°.

11860. — Arrêt ordonnant à François Le Bernet, receveur des ports et havres à Morlaix, de passer outre à la levée des droits appartenant au Roi, nonobstant toutes oppositions, et ordonnant que le syndic de Morlaix sera assigné au Conseil.

E 16ᵉ, f° 38 r°, et ms. fr. 18173, f° 10 r°.

11861. — Arrêt accordant à Hector Nourry, à Denise Scourjon, à Claude Boucher, à Marie Scourjon et consorts, mainlevée des bois à eux appartenant en la forêt de Champrond.

E 16ᵉ, f° 39 r°, et ms. fr. 18173, f° 6 r°.

11862. — Arrêt attribuant à la Cour des aides la connaissance des excès commis à l'encontre du maire et capitaine d'Angoulême par Mᵉˢ Jean d'Estivalles, conseiller, et Clément Laisné, procureur du Roi au présidial de ladite ville, et autres leurs complices, « en hayne de l'exécution faicte par ledit maire sur les meubles dudit d'Estivalles pour le paiement de sa cotte part » de·la subvention levée au lieu du sol pour livre.

E 16ᵉ, f° 41 r°, et ms. fr. 18173, f° 9 v°.

11863. — Arrêt réglant l'expédition des lettres de provision d'un des offices nouvellement créés de messagers ordinaires dont le produit est affecté au payement des gages des violons de la chambre du Roi.

E 16ᵉ, f° 42 r°, et ms. fr. 18173, f° 3 v°.

11864. — Arrêt renvoyant aux trésoriers de France à Bordeaux un placet de la princesse d'Orange et de la demoiselle de Rohan, qui demandent concession « des deniers d'entrée de l'arrentement » d'une pièce de terre appelée la Ramée de Fleurence, sise entre Lectoure et Fleurence.

E 16ᵉ, f° 43 r°, et ms. fr. 18173, f° 18 v°.

1608, 22 janvier. — Paris.

11865.—Arrêt ordonnant le versement à l'Épargne

des sommes restées dues par feu M⁰ Maillard, commis à la recette des droits forains et domaniaux dont il n'a été fait aucun état, sommes sur lesquelles 1,200 livres ont été données par le Roi à André Carmingel, archer des Gardes écossaises.

E 16ᵉ, f° 44 r°.

11866. — Arrêt réglant provisoirement la recette des deniers provenant des fermes et des recettes particulières de l'ancien domaine de Navarre.

E 16ᵉ, f° 45 r°, et ms. fr. 18173, f° 19 v°.

1608, 24 janvier. — Paris,

11867. — Arrêt renvoyant au duc de Sully, grand voyer de France, les contestations soulevées entre les trésoriers de France à Orléans et Pierre Fougeux, sieur d'Escures, lieutenant du Grand voyer, au sujet de l'adjudication des travaux de réparation du pont d'Olivet.

E 16ᵉ, f° 46 r°, et ms. fr. 18173, f° 21 r°.

11868. — Arrêt maintenant Mᵉ François Becdelièvre en jouissance de son office de conseiller au parlement de Bretagne, à condition qu'il payera 3,000 livres au fermier des Parties casuelles.

E 16ᵉ, f° 47 r°, et ms. fr. 18173, f° 20 v°.

11869. — Arrêt commettant Mᵉ Poncet, auditeur en la Chambre des comptes, pour dresser la liste de ceux qui ont exercé des charges d'officiers des finances depuis 1582 jusqu'à la révocation de la Chambre de justice.

E 16ᵉ, f° 48 r°, et ms. fr. 18173, f° 20 r°.

11870. — Arrêt enjoignant aux trésoriers des fortifications de présenter au Conseil un état en gros de leurs recettes et dépenses depuis l'année 1599.

E 16ᵉ, f° 49 r°, et ms. fr. 18173, f° 19 v°.

11871. — Arrêt ordonnant qu'Eusèbe Foucault, receveur de la communauté des marchands fréquentant la Loire, rendra raison au Conseil de l'emploi des deniers destinés au balisage et au nettoiement du fleuve de 1601 à 1606.

E 16ᵉ, f° 50 r°, et ms. fr. 18173, f° 19 r°.

11872. — Arrêt cassant un arrêt de la chambre des comptes de Dijon du 15 décembre 1607, et ordonnant que les comptes de Mᵉ Pierre Fourneret, commis à la recette générale des crues de 20 et de 15 sols par minot de sel vendu en Bourgogne, seront vérifiés au Conseil.

E 16ᵉ, f° 51 r°, et ms. fr. 18173, f° 18 v°.

1608, 29 janvier. — Paris.

11873. — Arrêt relatif à l'exécution du contrat passé avec Étienne Blancheteau pour l'établissement des greniers à sel nouvellement créés au bas pays et dans la Limagne d'Auvergne.

E 16ᵉ, f° 52 r°, et ms. fr. 18173, f° 21 r°.

1608, 31 janvier. — Paris.

11874. — Arrêt relatif au procès pendant entre Jacques Frecineau, ci-devant contrôleur et garde général des traites foraines en Champagne, Jean Robert, garde desdites traites, et Mᵉ Claude Thiret, receveur et procureur desdites traites, au sujet de certaine prime accordée pour une dénonciation.

E 16ᵉ, f° 53 r°, et ms. fr. 18173, f° 21 v°.

11875. — Arrêt déclarant que les protestants pourront, aussi bien que les catholiques, se porter adjudicataires des fermes du royaume, et ce contrairement à la défense faite, en la baronnie de Châteauneuf-en-Thymerais, par Mᵉ Jacques de Montholon à la requête de l'avocat fiscal du duc de Nevers.

E 16ᵉ, f° 54 r°, et ms. fr. 18173, f° 22 r°.

11876. — «Roolle des taxes faictes par les commissaires ordonnez par le Roy... sur tous les officiers qui ont cy-devant exercé les charges de receveurs des rentes de la ville de Paris...»

E 16ᵉ, f° 55 r°, et ms. fr. 18173, f° 22 v°.

11877. — Arrêt suspendant, pendant quatre mois, toutes poursuites contre les habitants de Moulins à l'occasion des dettes qu'ils ont contractées pour la conservation de la ville durant les troubles, pour la reconstruction d'un collège, pour subvenir aux frais de l'épidémie de dysenterie qui sévit parmi eux depuis quatre ans, etc.

E 16ᵉ, f° 57 r°, et ms. fr. 18173, f° 22 r°.

1608, 5 février. — Paris.

11878. — Arrêt ordonnant que les possesseurs actuels des bois des Débats, proches de la baronnie de Champrond, représenteront, dans les trois mois, leurs titres au Conseil, attendu que ces bois, qui sont contentieux entre le Roi et lesdits possesseurs, ont été donnés par Sa Majesté au sieur de Loménie, conseiller d'État et secrétaire des commandements.

E 16ᵉ, f° 59 r°, et ms. fr. 18173, f° 31 r°.

11879. — Arrêt réduisant à 10,000 livres le chiffre du cautionnement que doit fournir Mᵉ Jérôme de Bragelongne, receveur général des finances à Caen.

E 16ᵉ, f° 60 r°, et ms. fr. 18173, f° 39 r°.

11880. — Arrêt autorisant les habitants de Vouillé, en Poitou, à lever sur eux-mêmes, en six années, une somme de 5,795 livres par eux due au sieur de La Noue.

E 16ᵉ, f° 61 r°, et ms. fr. 18173, f° 38 v°.

11881. — Arrêt accordant à la ville d'Ennezat une surséance de six mois pour le payement de ses dettes.

E 16ᵉ, f° 62 r°, et ms. fr. 18173, f° 37 v°.

11882. — Arrêt déclarant que tous les gardes des forêts contribueront désormais aux tailles, sans qu'il leur soit fait déduction des 100 sols dont ils se prétendent exemptés en vertu de l'édit de mars 1600.

E 16ᵉ, f° 63 r°, et ms. fr. 18173, f° 23 v°.

11883. — Arrêt ordonnant que Mathurin Razille sera contraint au payement de la somme à laquelle il a été taxé pour les réparations des fontaines de Pougues.

E 16ᵉ, f° 64 r°, et ms. fr. 18173, f° 38 r°.

11884. — Arrêt ordonnant le versement à l'Épargne des deniers provenant de la recherche des concussions et malversations commises par les huissiers et les sergents de Normandie.

E 16ᵉ, f° 65 r°, et ms. fr. 18173, f° 23 v°.

11885. — Arrêt renvoyant en la chambre de l'Édit la plainte du sieur de Born, lieutenant général de l'Artillerie, relative aux méfaits des protestants de Belabre, qui auraient crocheté la porte de l'église, «faict lever ung tombeau où estoit enterré ung catholique et, en sa place, faict enterrer le corps d'ung de ladite religion décedé, et oultre faict, par dérision et moquerie, plusieurs désordres en ladite église, beu et mangé sur les autelz préparez pour célébrer la sainte messe, chanté sur iceulx chansons dissolues», etc.

E 16ᵉ, f° 66 r°, et ms. fr. 18173, f° 36 v°.

11886. — Arrêt ordonnant que Mᵉ Gaspard Le Prince, grènetier au grenier à sel d'Auxerre, jouira du bénéfice de l'édit d'abolition rendu en faveur des financiers au mois de septembre 1607.

E 16ᵉ, f° 67 r°, et ms. fr. 18173, f° 35 r°.

11887. — Arrêt prorogeant pour neuf ans divers octrois concédés à la ville de Joigny.

E 16ᵉ, f° 69 r°, et ms. fr. 18173, f° 34 v°.

11888. — Arrêt ordonnant la vérification des dettes de la ville de Langres.

E 16ᵉ, f° 71 r°, et ms. fr. 18173, f° 34 v°.

11889. — Arrêt retenant au Conseil le procès pendant entre Mᵉ Jean de Moisset, «adjudicataire général du fournissement des greniers à sel», d'une part, Benoît Micouyn, Sébastien et Louis Le Boucher, Thomas Lévesque, d'autre part, au sujet de la saisie du navire la Salamandre.

E 16ᵉ, f° 72 r°, et ms. fr. 18173, f° 33 v°.

11890. — Arrêt ordonnant au sénéchal de Fougères ou à son lieutenant de s'informer exactement des taxes et corvées imposées aux sujets du Roi en Bretagne «soubz prétexte des réparations nécessaires estre faictes aux digues de Dol».

E 16ᵉ, f° 74 r°, et ms. fr. 18173, f° 24 v°.

11891. — Arrêt accordant à la ville de Lyon remise d'un tiers des 24,000 livres levées en place du sol pour livre.

E 16ᵉ, fᵒ 75 rᵒ, et ms. fr. 18173, fᵒ 39 rᵒ.

11892. — Arrêt ordonnant que dorénavant les receveurs généraux des finances seront convoqués pour assister à la vérification que les trésoriers de France font des états des receveurs particuliers des tailles.

E 16ᵉ, fᵒ 76 rᵒ, et ms. fr. 18173, fᵒ 24 rᵒ.

11893. — Arrêt ordonnant qu'il soit procédé à une nouvelle répartition des tailles sur les habitants de l'élection de Chaumont et Magny.

E 16ᵉ, fᵒ 77 rᵒ, et ms. fr. 18173, fᵒ 44 rᵒ.

11894. — Arrêt ordonnant, en principe, la réunion de toutes les portions aliénées du domaine royal et, en fait, la réunion des sergenteries de Normandie, ainsi que des domaines de Pont-Audemer, Coutances, etc.

E 16ᵉ, fᵒ 79 rᵒ, et ms. fr. 18173, fᵒ 37 rᵒ.

11895. — Arrêt ordonnant l'enregistrement en la Chambre des comptes des lettres d'augmentation de gages accordées à Mᵉ François Le Mareschal, trésorier de France en Berry.

E 16ᵉ, fᵒ 81 rᵒ, et ms. fr. 18173, fᵒ 43 rᵒ.

11896. — Arrêt déclarant que Mᵉ Gabriel Hus, trésorier des États de Bretagne, commis à la recette et dépense des deniers affectés au rachat du domaine, ne pourra effectuer aucun payement que sur assignation ou mandement des trésoriers de l'Épargne.

E 16ᵉ, fᵒ 83 rᵒ, et ms. fr. 18173, fᵒ 23 vᵒ.

11897. — Arrêt accordant aux habitants de Tulle remise de la moitié du prix d'une pièce de canon qui leur avait été prêtée par le Roi.

E 16ᵉ, fᵒ 84 rᵒ, et ms. fr. 18173, fᵒ 29 rᵒ.

11898. — Arrêt renvoyant à la Cour des aides l'affaire de Mᵉ Pierre Ramon, élu en l'élection de Nemours, accusé de malversations.

E 16ᵉ, fᵒ 85 rᵒ, et ms. fr. 18173, fᵒ 33 rᵒ.

11899. — Arrêt faisant remise à la ville de Troyes

d'une somme de 1,200 livres sur la subvention levée en place du sol pour livre.

E 16ᵉ, fᵒ 87 rᵒ, et ms. fr. 18173, fᵒ 32 vᵒ.

11900. — Arrêt fixant le chiffre de la taxe attribuée à Mᵉ Charles Paulet, commis à la recette générale des deniers provenant de la revente des offices de greffiers dans les greniers à sel, et lui ordonnant de verser 9,000 livres à l'Épargne.

E 16ᵉ, fᵒ 88 rᵒ, et ms. fr. 18173, fᵒ 31 vᵒ.

11901. — Arrêt ordonnant le payement des gages d'Adam Dupuis, sieur de La Tour, exempt des Gardes du corps, capitaine d'Épernay.

E 16ᵉ, fᵒ 90 rᵒ, et ms. fr. 18173, fᵒ 30 vᵒ.

11902. — Arrêt ordonnant la vérification des payements faits à l'Épargne par Mᵉ Bénigne Saulnier, en vertu du contrat par lui passé pour le revenu des Parties casuelles et pour le droit de dispense des quarante jours.

E 16ᵉ, fᵒ 91 rᵒ, et ms. fr. 18173, fᵒ 32 rᵒ.

11903. — Arrêt accordant aux maire, échevins et habitants de Langres le droit de lever, pendant six nouvelles années, 3,000 livres sur la ville et sur l'élection pour les réparations des murailles, des portes et des ponts.

E 16ᵉ, fᵒ 92 rᵒ, et ms. fr. 18173, fᵒ 30 rᵒ.

11904. — Arrêt accordant au comte de Montgommery mainlevée des deniers saisis par ses créanciers et qui font partie de sa pension ou de la solde de la garnison de Clermont-de-Lodève.

E 16ᵉ, fᵒ 93 rᵒ, et ms. fr. 18173, fᵒ 29 vᵒ.

11905. — Arrêt déclarant que Pierre Roullier et Jacques Virault jouiront de la coupe de bois à eux adjugée en la forêt d'Aulnay.

E 16ᵉ, fᵒ 94 rᵒ, et ms. fr. 18173, fᵒ 41 vᵒ.

11906. — Arrêt renvoyant à la Cour des monnaies les offres faites par Antoine Barillier au sujet de la ferme de la monnaie de Nantes.

E 16ᵉ, fᵒ 96 rᵒ, et ms. fr. 18173, fᵒ 43 rᵒ.

11907. — Arrêt commettant le sieur de Maupeou

pour entendre et régler les parties dans le procès pendant au Parlement entre les prévôt des marchands et échevins de Paris et François Estienne, sieur d'Esbelles.

E 16ᵉ, fᵒ 97 rᵒ, et ms. fr. 18173, fᵒ 42 vᵒ.

11908. — Arrêt réservant au Conseil la connaissance du procès pendant entre Pierre Viguier et Robert Froment au sujet de l'office de receveur général des exploits et amendes au parlement de Toulouse.

E 16ᵉ, fᵒ 98 rᵒ, et ms. fr. 18173, fᵒ 39 vᵒ.

11909. — Arrêt ordonnant qu'il soit rendu compte au Conseil des motifs qui ont déterminé la Cour des aides à rendre un arrêt d'exemption en faveur de Symphorien de Baste, le plus riche habitant de Gallardon.

E 16ᵉ, fᵒ 99 rᵒ, et ms. fr. 18173, fᵒ 40 rᵒ.

11910. — Arrêt autorisant Pierre Poirée, Claude Aubertel et consorts à faire lever sur les habitants de Somsois une somme de 2,521 livres 9 sols destinée à l'amortissement d'une rente constituée à Pierre Linaige.

E 16ᵉ, fᵒ 100 rᵒ, et ms. fr. 18173, fᵒ 40 rᵒ.

11911. — Arrêt renvoyant à la Cour des aides les poursuites intentées par les conseillers et échevins de Rouen contre Durand Lebert et ses associés, fermiers des droits de 60 sols par muid de vin, de 40 sols par tonneau de cidre et de 20 sols par tonneau de poiré.

E 16ᵉ, fᵒ 102 rᵒ, et ms. fr. 18173, fᵒ 41 rᵒ.

11912. — Arrêt ordonnant que désormais les officiers du Roi ou leurs subdélégués chargés d'une commission du Roi, leurs greffiers, sergents, etc., ne pourront être payés de leurs frais et vacations que par les mains des trésoriers de l'Épargne et après que ces frais auront été taxés par les intendants des finances conformément au rôle arrêté le 25 août 1601 (nᵒ 6453).

E 16ᵉ, fᵒ 104 rᵒ, et ms. fr. 18173, fᵒ 24 rᵒ.

———

1608, 7 février. — Paris.

11913. — Arrêt statuant sur une requête de M⁰ Pierre Moynier, receveur général des gabelles en Lyonnais, fermier des impositions de la Garonne et de la Dordogne et de l'extinction du convoi de Bordeaux.

É 16ᵉ, fᵒ 105 rᵒ, et ms. fr. 18173, fᵒ 44 vᵒ.

11914. — Arrêt statuant sur un procès pendant entre M⁰ Pierre Pelleporcq, lieutenant principal du juge de Comminges au siège de Salies et soi-disant syndic des consuls des châtellenies de Salies, Aspet et autres lieux, d'une part, les États de Comminges, prenant fait et cause pour M⁰ Pierre Dupont, syndic général dudit pays, et pour les autres syndics généraux, d'autre part, et donnant gain de cause à ces derniers.

E 16ᵉ, fᵒ 107 rᵒ, et ms. fr. 18173, fᵒ 28 vᵒ.

11915. — Arrêt statuant sur diverses instances pendantes entre M⁰ Bénigne Saulnier, receveur général des finances à Lyon, « ayant traicté avecq Sa Majesté du revenu de ses Parties casuelles », la veuve de M⁰ Lanfranc de Pillon, sieur de La Tillaye, lieutenant général criminel au bailliage et au présidial de Rouen, et M⁰ Jean Saulnier, secrétaire de la chambre du Roi.

E 16ᵉ, fᵒ 109 rᵒ, et ms. fr. 18173, fᵒ 53 rᵒ.

11916. — Arrêt réglant de quelle manière doivent être ordonnancées et effectuées les dépenses des fortifications, bâtiments et réparations du royaume.

E 16ᵉ, fᵒ 111 rᵒ; ms. fr. 18173, fᵒ 25 rᵒ, et ms. fr. 10842, fᵒ 236 vᵒ.

11917. — Arrêt maintenant les religieux Mendiants de l'Observance de Bordeaux en la jouissance de leurs franchises, et les déclarant exempts de tout droit d'entrée pour le vin et pour les denrées provenant d'aumônes ou destinés à leur nourriture.

E 16ᵉ, fᵒ 112 rᵒ, et ms. fr. 18173, fᵒ 52 rᵒ.

11918. — Arrêt ordonnant la reddition des comptes de M⁰ Thomas Morant, secrétaire des finances, qui a exercé, en 1607, les fonctions de principal commis du trésorier de l'Épargne et qui a fait recette et dépense de plusieurs sommes en vertu des blancs-seings de M⁰ Étienne Puget.

E 16ᵉ, fᵒ 113 rᵒ, et ms. fr. 18173, fᵒ 51 vᵒ.

11919. — Arrêt statuant sur un procès pendant entre François de Montferrand, baron du lieu, et les maire et jurats de Bordeaux.

E 16ᵉ, fᵒ 114 rᵒ, et ms. fr. 18173, fᵒ 51 rᵒ.

11920. — Arrêt relatif au procès pendant entre Guillaume de Montigny et Constantin Chevalier au sujet de la possession de l'abbaye de Saint-Gildas-de-Ruis.

E 16ᵉ, fᵒ 115 rᵒ, et ms. fr. 18173, fᵒ 50 vᵒ.

11921. — Arrêt réglant le payement des taxes dues aux élus, contrôleurs, receveurs, procureurs du Roi et greffiers des élections de Châlons, Reims et Troyes pour les crues extraordinaires annexées au principal de la taille.

E 16ᵉ, fᵒ 117 rᵒ, et ms. fr. 18173, fᵒ 52 vᵒ.

11922. — Arrêt autorisant la levée d'une somme de 655 livres due par les habitants de Cosne aux héritiers de Mᵉ Yves Barrier et à leurs échevins de l'année 1604.

E 16ᵉ, fᵒ 119 rᵒ, et ms. fr. 18173, fᵒ 50 rᵒ.

11923. — Arrêt ordonnant le versement à l'Épargne des sommes provenant des tailles indûment perçues, en 1594, 1595 et 1596, dans les élections de Nemours, de Sens et de Nogent, contrairement à la remise générale accordée aux habitants.

E 16ᵉ, fᵒ 120 rᵒ, et ms. fr. 18173, fᵒ 50 rᵒ.

11924. — Arrêt ordonnant l'acquittement des taxes levées sur les anoblis de Normandie.

E 16ᵉ, fᵒ 121 rᵒ, et ms. fr. 18173, fᵒ 49 vᵒ.

11925. — Arrêt prorogeant le sursis accordé à Mᵉ Claude Fineau, ci-devant receveur général des finances à Bourges, et à son commis Jean Ragueau, pour le payement des sommes par eux dues au clergé de Bourges et à divers particuliers.

E 16ᵉ, fᵒ 122 rᵒ, et ms. fr. 18173, fᵒ 48 vᵒ.

11926. — Arrêt déclarant que Mᵉ Pierre Gillot, receveur des aides et tailles en l'élection de Noyon, jouira du bénéfice des édits d'abolition faits en faveur des officiers de finance.

E 16ᵉ, fᵒ 124 rᵒ, et ms. fr. 18173, fᵒ 48 rᵒ.

11927. — Arrêt autorisant la levée d'une somme de 2,500 livres due par les habitants de Laval à Jean Rallu pour le remboursement d'un office d'auneur de toiles, qui demeurera supprimé.

E 16ᵉ, fᵒ 126 rᵒ, et ms. fr. 18173, fᵒ 47 rᵒ.

11928. — Arrêt ordonnant que Mᵉ Denis Feydeau, fermier général des aides, sera interrogé au sujet d'un tiercement prétendu frauduleux mis sur les fermes des gros et quatrièmes du vin et des menus breuvages de Rouen et Darnetal.

E 16ᵉ, fᵒ 127 rᵒ, et ms. fr. 18173, fᵒ 47 rᵒ.

11929. — Arrêt évoquant et renvoyant à la Table de marbre tous les procès relatifs à la réformation de la forêt de Perseigne.

E 16ᵉ, fᵒ 128 rᵒ, et ms. fr. 18173, fᵒ 46 vᵒ.

11930. — Arrêt autorisant la levée d'une somme de 2,469 livres due par les habitants de Saint-Leu-d'Essérent à Mᵉ Julien Grégoire, sieur de Loubeau.

E 16ᵉ, fᵒ 129 rᵒ, et ms. fr. 18173, fᵒ 46 rᵒ.

11931. — Arrêt ordonnant que le lieutenant général au bailliage et les élus en l'élection de Gisors seront entendus au sujet de l'adjudication des travaux de réparation nécessaires à la conservation de ladite ville.

E 16ᵉ, fᵒ 130 rᵒ, et ms. fr. 18173, fᵒ 45 vᵒ.

11932. — Arrêt relatif à un procès pendant entre Louis Vigier, marchand d'Orléans, et Jean-Paul d'Esparbez, sieur de Lussan, sénéchal d'Agenais et gouverneur de Blaye.

E 16ᵉ, fᵒ 131 rᵒ, et ms. fr. 18173, fᵒ 26 rᵒ.

11933. — Arrêt statuant sur un procès intenté par Mᵉ François Convers à Mᵐᵉ Palot et Bénigne Saulnier au sujet de la résignation que lui a faite son père de l'office de lieutenant au bailliage d'Amboise.

E 16ᵉ, fᵒ 133 rᵒ, et ms. fr. 18173, fᵒ 28 rᵒ.

11934. — Arrêt acceptant, sous certaines conditions, les offres faites par Jean Du Pré, secrétaire de la chambre du Roi, pour parvenir à la réunion de certains droits et portions de domaine vendus à faculté de rachat perpétuel.

E 16°, f° 135 r°, et ms. fr. 18173, f° 46 r°.

11935. — Arrêt acceptant les offres faites par M° Charles Paulet, secrétaire de la chambre du Roi, pour le rachat de certaines portions de domaine aliénées et de certains droits attribués à des officiers royaux.

Ms. fr. 18173, f° 225 r°.

1608, 9 février. — Paris.

11936. — Arrêt ordonnant le versement à l'Épargne des deniers provenant de l'impôt de 2 sols 6 deniers par minot de sel destinés au payement de l'augmentation de gages des officiers de judicature, afin qu'il puisse être procédé au remboursement de M° François Belin, trésorier de France à Chartres.

E 16°, f° 137 r°, et ms. fr. 18173, f° 60 r°.

11937. — Arrêt autorisant les élus en l'élection de Sens à rembourser la finance qu'a payée M° Baptiste Couste pour jouir de la qualité de lieutenant en ladite élection.

E 16°, f° 138 r°, et ms. fr. 18173, f° 57 v°.

11938. — Arrêt condamnant Olivier de Serres, sieur du Pradel, Raymond de Serres et Jacques Valleton, tant en leur nom que comme tuteurs des enfants de feu Jean de Serres, historiographe de France, à payer aux héritiers de Jean Faure une somme de 6,000 livres.

E 16°, f° 140 r°, et ms. fr. 18173, f° 57 r°.

11939. — Arrêt déclarant que M° François Le Febvre, trésorier de France à Paris, jouira d'une augmentation de gages équivalente au dixième de la finance qu'il a payée pour sa « survivance ».

E 16°, f° 142 r°, et ms. fr. 18173, f° 56 v°.

11940. — Arrêt déclarant que les habitants de Montiers-sur-Saulx et d'Ancerville contribueront aux impositions de la traite foraine et domaniale.

E 16°, f° 143 r°, et ms. fr. 18173, f° 61 r°.

11941. — Arrêt réglant le payement des sommes

restées dues à la veuve de M° Thomas de Saldaigne, secrétaire du Roi.

E 16°, f° 145 r°, et ms. fr. 18173, f° 54 v°.

11942. — Arrêt déclarant que Thomas Frin jouira de son office d'auneur de draps à Orléans, à moins que les maire et échevins ne préfèrent lui rembourser ledit office dans le délai d'un mois.

E 16°, f° 147 r°, et ms. fr. 18173, f° 56 r°.

11943. — Arrêt ordonnant que les 5 sols levés sur chaque minot dans les greniers à sel de la généralité de Champagne seront reçus par M°° Martin Nau et Charles Le Charron, receveurs généraux des finances à Châlons, nonobstant la commission donnée par les trésoriers de France à leur greffier, M° Nicolas Paillet.

E 16°, f° 149 r°, et ms. fr. 18173, f° 55 v°.

11944. — Arrêt confirmant les arrêts rendus par la cour des aides de Montpellier dans le procès pendant entre les consuls et habitants de Gilhoc et Grozon, en Vivarais, et Pierre Jay, bourgeois de Valence.

E 16°, f° 150 r°, et ms. fr. 18173, f° 55 r°.

11945. — Arrêt refusant à M° Denis Feydeau, receveur général des finances en Picardie, commis à l'administration de la ferme générale des aides, l'autorisation de rembourser la finance payée par M°° Nicolas Thomas et Mathurin de Brion, receveurs des aides en l'élection de Paris, « pour les droictz de réception de caution et de quittance attribuez à leurs offices ».

E 16°, f° 152 r°, et ms. fr. 18173, f° 59 r°.

11946. — Arrêt déclarant que l'arrêt rendu le 24 juillet 1607 dans le procès pendant entre M° Thomas de Pontac, greffier au parlement de Bordeaux, le marquis de Villars, les syndics de Guyenne, le sieur de Lussan et M° Pierre Bourgade sera exécuté aux frais communs du marquis de Villars et du sieur de Pontac.

E 16°, f° 154 r°, et ms. fr. 18173, f° 54 r°.

11947. — Arrêt autorisant Antoine Chevrot, sergent des tailles en l'élection de Paris, à rembourser les finances payées par Tristan Balthazar et par Claude Perrier, également sergents des tailles.

E 16*, f° 155 r°, et ms. fr. 18173, f° 63 v°.

11948. — Arrêt déclarant que Fiacre Terrier, élu en l'élection de Pontoise, contribuera aux tailles nonobstant un arrêt par lui obtenu en la Cour des aides.

E 16*, f° 156 r°, et ms. fr. 18173, f° 63 r°.

11949. — Arrêt rendu sur la remontrance du duc de Ventadour, lieutenant général en Languedoc, défendant aux sieurs de La Coste, conseiller, et d'Expilly, avocat général au parlement de Grenoble, l'un et l'autre chargés de la recherche des malversations commises sur le fait des péages, de rien changer à l'évaluation de la monnaie appelée le « tharon d'argent».

E 16*, f° 158 r°, et ms. fr. 18173, f° 62 r°.

11950. — Arrêt condamnant Olivier de Serres, sieur du Pradel, tant en son nom que comme tuteur des enfants de feu Jean de Serres, historiographe de France, à payer 1,050 livres à M° Jean Bernard, avocat au parlement de Grenoble.

E 16*, f° 160 r°, et ms. fr. 18173, f° 60 v°.

11951. — Arrêt déclarant que les comptes des deniers patrimoniaux d'Agen continueront d'être examinés et arrêtés par les consuls, et qu'en cas de contestation, les parties se pourvoiront par-devant le sénéchal d'Agenais et, en appel, par-devant le parlement de Bordeaux.

E 16*, f° 161 bis r°, et ms. fr. 18173, f° 60 r°.

1608, 12 février. — Paris.

11952. — Arrêt autorisant les habitants de la prévôté d'Entre-deux-Mers à lever sur eux-mêmes une somme de 11,220 livres destinée au rachat des cens, rentes et droits domaniaux de ladite prévôté vendus, en 1597, à Henri Aymeray.

E 16*, f° 162 r°, et ms. fr. 18173, f° 64 r°.

11953. — Arrêt maintenant provisoirement les habitants de l'île de Ré en jouissance de leurs franchises, et les déclarant exempts de l'impôt de 37 sols 6 deniers par muid de sel levé en Brouage.

E 16*, f° 163 r°, et ms. fr. 18173, f° 68 r°.

11954. — Arrêt accordant à Claude Dangon, « maistre ouvrier du Roy en draps d'or, d'argent et de soye en la nouvelle fabrique par luy érigée, par commandement de Sa Majesté, à Lyon », un nouveau délai de six mois pour le payement de ses dettes.

E 16*, f° 165 r°, et ms. fr. 18173, f° 66 r°.

11955. — Arrêt relatif à la jouissance des vingt-trois boutiques, étaux et échoppes compris dans l'enclos du Palais.

E 16*, f° 166 r°, et ms. fr. 18173, f° 66 v°.

11956. — Arrêt assignant 300 livres à Georges Le Cirier et à Simon Reperant, huissiers ordinaires du Conseil, pour « avoir servy extraordinairement soubz lez sieurs de Chasteauneuf, Pontcarré, de Vic, de Vienne et de Vilemontée, conseillers audit Conseil, commissaires depputez par Sadite Majesté pour la revision des comptes du clergé de France».

E 16*, f° 168 r°, et ms. fr. 18173, f° 67 v°.

11957. — Arrêt ordonnant aux trésoriers de France à Bordeaux de vérifier la valeur des édifices et le revenu des terres mentionnés dans le dénombrement de Bourg-sur-Mer, de Saint-Savin et d'Ambès fourni par le sieur de Laussac.

E 16*, f° 169 r°, et ms. fr. 18173, f° 65 v°.

11958. — Arrêt réglant le payement des sommes dues par le bas pays d'Auvergne au sieur de La Boulaye, lieutenant de la compagnie du marquis de Verneuil.

E 16*, f° 170 r°, et ms. fr. 18173, f° 65 r°.

11959. — Arrêt ordonnant au sieur Robin, grand maître des eaux et forêts au département de Touraine et d'Anjou, de représenter au Conseil les lettres en vertu desquelles il a subdélégué des juges à Tours pour la réforme des eaux et forêts de Touraine.

E 16*, f° 171 r°.

11960. — Arrêt acceptant, sous certaines conditions, l'offre faite par le sieur Du Mayne, gentilhomme ordinaire de la Chambre, « de rachepter par chascun an, durant seize années, pour 5o,ooo livres, en principal, des domaines de Sa Majesté ».

E 16°, f° 173 r°, et ms. fr. 18173, f° 89 v°.

11961. — Arrêt suspendant l'exécution des contraintes par corps décernées contre Léonard Seiglière, ci-devant pourvu des offices de receveurs ancien et triennal des tailles en la Marche et de receveur du domaine à Aubusson.

E 16°, f° 175 r°, et ms. fr. 18173, f° 65 r°.

1608, 16 février. — Paris.

11962. — Arrêt renvoyant au bailli de Gien une requête des protestants de ladite ville tendante à ce que « attendu que, à l'occasion de la ruine du pont..., ilz ne peuvent avoir accès libre au faulxbourg de delà ledit pont, où ilz ont accoustumé faire l'exercice de ladite religion, il pleust au Roy ordonner que ledit exercice sera transferé au faulxbourg de la Genabye... »

E 16°, f° 176 r°, et ms. fr. 18173, f° 70 r°.

11963. — Arrêt ordonnant aux échevins de Lyon de payer une somme de 6,ooo livres due au duc de Montpensier.

E 16°, f° 177 r°, et ms. fr. 18173, f° 242 r°.

11964. — Arrêt ordonnant que les droits compris dans le bail de Charles Du Han, fermier général des Cinq grosses fermes, recommenceront à être perçus à Rouen au jour où finit d'habitude la foire de la Chandeleur, bien que, par extraordinaire, les échevins de Rouen aient reculé la date de cette foire, à raison des glaces qui ont arrêté la navigation sur la Seine et sur ses affluents.

E 16°, f° 178 r°, et ms. fr. 18173, f° 69 v°.

1608, 21 février. — Paris.

11965. — Avis du Conseil tendant à donner à Alexandre d'Elbène, sieur de La Motte-Tilly, les matériaux provenant de la démolition des masures

appelées *les Salles*, sises au-dessous du parc de Pont-sur-Seine.

E 16°, f° 18o r°, et ms. fr. 18173, f° 71 r°.

11966. — Arrêt faisant remise de deux années de tailles aux habitants de Forges-en-Bray, attendu les pertes que leur a fait subir l'incendie de la Quasimodo.

E 16°, f° 181 r°, et ms. fr. 18173, f° 70 v°.

11967. — Arrêt accordant un rabais de 15,5oo livres à M° Aignan Poitras, fermier général des devoirs de la ville de Nantes.

E 16°, f° 182 r°, et ms. fr. 18173, f° 78 v°.

11968. — « Articles contenans les conditions accordées par le Roy en son Conseil à M° Anthoine Douet, secrétaire de la chambre de Sa Majesté, pour parvenir à l'exécution des offres par luy faictes à Sadite Majesté, de rachepter jusques à la somme de 15o,ooo livres des rantes, domaine, greffes... estans dans l'estendue de la générallité de Moulins... »; avec des corrections de la main de Sully.

E 16°, f° 183 r°, et ms. fr. 18173, f° 90 v°.

11969. — Arrêt défendant aux sénéchal, avocat et procureur du Roi à Saumur de mettre aucunement obstacle à l'exécution des commissions confiées aux élus de Saumur, tant pour la reconstruction du pont Foullon, que pour toute autre opération de voirie.

E 16°, f° 187 r°, et ms. fr. 18173, f° 79 r°.

11970. — Arrêt défendant aux grènetiers, contrôleurs et autres officiers des greniers à sel de devenir les commis des adjudicataires, mais leur enjoignant de se renfermer dans l'exercice de leurs charges.

E 16°, f° 188 r°, et ms. fr. 18173, f° 74 v°.

11971. — Arrêt renvoyant aux trésoriers de France à Poitiers une requête par laquelle Suzanne de La Porte, veuve de François Du Plessis, sieur de Richelieu, grand prévôt de France, demande qu'il lui soit fait mainlevée des deniers provenant de la ferme des domaines de Poitou.

E 16°, f° 189 r°, et ms. fr. 18173, f° 76 r°.

11972. — Arrêt déclarant que M° Bénigne Frémyot, tant qu'il exercera l'office de second président au parlement de Dijon, touchera, à raison de ses services et de son grand âge, les gages et pension attachés à l'office de premier président.

E 16ᵉ, fᵒ 190 rᵒ.

11973. — Arrêt faisant remise à Antoine Le Fèvre d'une somme de 2,400 livres par lui due pour une folle enchère mise sur la ferme des nouvelles impositions de Rouen.

E 16ᵉ, fᵒ 192 rᵒ, et ms. fr. 18173, fᵒ 75 vᵒ.

11974. — Arrêt cassant toutes les sentences qu'a rendues Mᵉ Charles Hanapier, conseiller en la Cour des aides, soi-disant commissaire ordonné pour le règlement des greniers à sel de la généralité de Bourges, notamment les contraintes qu'il a exercées dans le ressort du grenier à sel de Buzançais, et déférant à la Cour des aides ledit Hanapier et Mᵉ Silvain Le Rattier, grènetier au magasin de Buzançais.

E 16ᵉ, fᵒ 193 rᵒ, et ms. fr. 18173, fᵒ 76 vᵒ.

11975. — Arrêt relatif à la radiation de diverses sommes assignées, en 1594, 1596 et 1597, par le général commandant l'armée royale en Bretagne au sieur de Montbarrot, pour ses services comme maréchal de camp et pour l'entretien de sa compagnie de chevau-légers.

E 16ᵉ, fᵒ 195 rᵒ, et ms. fr. 18173, fᵒ 75 rᵒ.

11976. — Arrêt renvoyant aux trésoriers de France à Paris une requête en remise de tailles présentée par les habitants de Belloy, requête motivée par les pertes que leur avait fait subir l'orage du 9 juin 1607.

E 16ᵉ, fᵒ 196 rᵒ, et ms. fr. 18173, fᵒ 74 rᵒ.

11977. — Arrêt ordonnant que lettres patentes seront expédiées à la chambre des comptes de Rouen pour le rétablissement d'une somme de 482 écus 40 sols due à feu François de Briqueville, sieur de Colombières.

E 16ᵉ, fᵒ 197 rᵒ, et ms. fr. 18173, fᵒ 73 vᵒ.

11978. — Arrêt renvoyant aux trésoriers de France à Bordeaux une requête du sieur de Viçose

tendante à la vérification des comptes des receveurs et syndics des communautés d'Agenais et de Rivière-Verdun et au payement d'une somme de 600 écus qui lui a été accordée par ledit pays, suivant la volonté du Roi.

E 16ᵉ, fᵒ 199 rᵒ, et ms. fr. 18173, fᵒ 73 rᵒ.

11979. — « Articles et conditions que le Roy accorde à Ysaac Duryer, secrétaire ordinaire de sa chambre, à cause du remboursement qu'il a offert de faire de la finance payée pour le droict de port de commission tant du principal de la taille, taillon, qu'autres creues extraordinaires, en ce qui est du ressort des courtz des aydes de Paris et Montferrand. »

E 16ᵉ, fᵒ 200 rᵒ, et ms. fr. 18173, fᵒ 92 vᵒ.

11980. — Arrêt renvoyant au sieur de Maniban, maître des requêtes de l'Hôtel, et aux sieurs de Sauvage et de Prugnes, trésoriers de France en Guyenne, une requête par laquelle Mᵉ Pierre Moynier, receveur général des gabelles en Lyonnais, fermier des impositions de la Garonne et de la Dordogne, ainsi que de l'extinction du convoi et de la comptablie de Bordeaux, demande l'autorisation d'établir des bureaux à la Teste-de-Buch, à Dax et à Mont-de-Marsan.

E 16ᵉ, fᵒ 202 rᵒ, et ms. fr. 18173, fᵒ 72 vᵒ.

11981. — Arrêt déchargeant du payement du droit de marc d'or les acquéreurs des greffes et sceaux du présidial et autres juridictions royales de la sénéchaussée de Beaucaire et de Nîmes.

E 16ᵉ, fᵒ 204 rᵒ, et ms. fr. 18173, fᵒ 72 rᵒ.

11982. — Arrêt accordant une remise de tailles aux habitants de Maisons, près Charenton, à raison des pertes que leur a fait subir l'orage de la Trinité.

E 16ᵉ, fᵒ 206 rᵒ, et ms. fr. 18173, fᵒ 71 vᵒ.

11983. — Arrêt autorisant les échevins de Nevers à lever sur tous les habitants, même privilégiés, une somme de 5,843 livres 7 sols destinée au remboursement des avances faites, pour l'entretien des malades, durant l'épidémie qui a régné à Nevers du mois d'octobre 1606 au mois de septembre 1607.

E 16ᵉ, fᵒ 207 rᵒ, et ms. fr. 18173, fᵒ 71 rᵒ.

11984. — Arrêt ordonnant que lettres patentes seront expédiées à la Chambre des comptes pour le rétablissement de certaines « parties de reprises » employées aux comptes de l'arrière-ban d'Auvergne et de Carladais durant les années 1587 et 1594.

E 16ᵉ, f° 208 r°, et ms. fr. 18173, f° 70 v°.

1608, 23 février. — Paris.

11985. — Arrêt ordonnant que les comptables qui ont manié les deniers de la ville de Billom seront contraints de représenter et de communiquer aux députés des habitants le papier consulaire, les rôles d'après lesquels ils ont fait des levées et les comptes de l'année 1591.

E 16ᵉ, f° 209 r°, et ms. fr. 18173, f° 84 v°.

11986. — Arrêt accordant à Ézéchias de Prestreval et à demoiselle Suzanne Langlois, sa mère, surséance d'un an pour l'exécution d'un arrêt donné au Parlement entre eux, Pierre Guérin, auditeur des Comptes, et le sieur de Guerponville.

E 16ᵉ, f° 210 r°, et ms. fr. 18173, f° 85 r°.

11987. — Arrêt renvoyant aux trésoriers de France à Amiens une requête des héritiers de Mathieu Masson, mercier de Calais, qui réclament le payement d'une rente de 50 livres, comme prix d'une maison sise à Boulogne et transformée en corps de garde.

E 16ᵉ, f° 211 r°, et ms. fr. 18173, f° 84 v°.

11988. — Arrêt accordant à Mᵉ Jean Dujon, trésorier de la Cavalerie légère, l'office de contrôleur triennal des boîtes des monnaies.

E 16ᵉ, f° 212 r°, et ms. fr. 18173, f° 80 v°.

11989. — Arrêt ordonnant que lettres de provision de l'office de receveur du domaine à Rennes seront expédiées à Mᵉ Mathurin Jacopin, lequel versera aux Parties casuelles une somme de 750 livres.

E 16ᵉ, f° 213 r°, et ms. fr. 18173, f° 82 r°.

11990. — Arrêt prorogeant de six mois la surséance accordée aux habitants de Nitry pour le paye-

ment des tailles, à raison des pertes que leur a fait subir l'incendie du 21 juin dernier.

E 16ᵉ, f° 215 r°, et ms. fr. 18173, f° 83 r°.

11991. — Arrêt ordonnant que Mᵉ Éloi Gaucher, receveur des deniers communs de Jargeau, sera entendu au Conseil au sujet d'une requête des habitants de ladite ville tendante à la suppression dudit office.

E 16ᵉ, f° 216 r°, et ms. fr. 18173, f° 83 v°.

11992. — Arrêt relatif à un procès pendant entre Mᵉ Jean Babin, contrôleur des étains et plombs en la ville de Rouen, et les gardes de l'étamerie et de la plomberie de ladite ville.

E 16ᵉ, f° 217 r°, et ms. fr. 18173, f° 87 v°.

11993. — Arrêt autorisant la levée d'une somme de 11,795 livres 17 sols destinée au payement des dettes de la ville de Montluel.

E 16ᵉ, f° 221 r°, et ms. fr. 18173, f° 84 r°.

11994. — Arrêt déclarant que les articles accordés, le 21 février, à Mᵉ Antoine Douet, secrétaire de la chambre du Roi, pour la jouissance de certains greffes, places de clercs, etc., de la généralité de Moulins, lui serviront de bail.

E 16ᵉ, f° 222 r°, et ms. fr. 18173, f° 85 v°.

11995. — Arrêt ordonnant l'élargissement sous caution de François Tantillon, receveur des aides et tailles en l'élection de Forez, lui enjoignant de payer ce qu'il doit dans le délai de six mois, et ordonnant aux deux des plus anciens trésoriers de France à Lyon de venir rendre raison des dilapidations qui ont eu lieu par leurs ordres.

E 16ᵉ, f° 223 r°, et ms. fr. 18173, f° 85 v°.

11996. — Arrêt réglant la réunion au domaine de la terre, de la seigneurie et des bois de Champrond.

E 16ᵉ, f° 225 r°, et ms. fr. 18173, f° 80 v°.

11997. — Arrêt ordonnant de surseoir, pendant six mois, aux poursuites dirigées contre Mᵉ Clément Poyrieux, receveur du domaine en Berry.

E 16ᵉ, f° 227 r°, et ms. fr. 18173, f° 81 v°.

11998. — Arrêt ordonnant que le sieur Barberoux, ci-devant commis à la levée des deniers octroyés par le pays de Provence pour l'entretien des compagnies de gendarmes du sieur de La Valette et du duc d'Épernon, sera entendu au Conseil au sujet d'une réclamation du sieur de Péronne, gentilhomme ordinaire de la Chambre.

E 16', f° 228 r°, et ms. fr. 18173, f° 82 r°.

11999. — Arrêt déclarant que M° François Vallée, trésorier de France à Paris, jouira d'une augmentation de gages équivalente au dixième de la finance qu'il a payée pour la survivance de son office.

E 16', f° 229 r°, et ms. fr. 18173, f° 79 v°.

12000. — Arrêt réglant le payement des sommes dues aux héritiers du sieur d'Incarville, contrôleur général des finances.

E 16', f° 230 r°, et ms. fr. 18173, f° 80 r°.

12001. — Arrêt statuant sur un procès pendant entre le syndic de la collecte d'Eauzan, dans le pays d'Armagnac, et les enfants et héritiers de Bernard Daignan.

E 16', f° 231 r°, et ms fr. 18173, f° 86 v°.

12002. — Arrêt approuvant la résignation faite, en faveur de son fils, par M° Pierre Berger, l'un des six conseillers au Parlement nommés par les protestants.

E 16', f° 235 r°, et ms. fr. 18173, f° 97 v°.

12003. — Arrêt statuant sur un procès pendant entre M° Girard Desargues, député des créanciers de la ferme dite « à la part du royaume», et M° Jean Sève, sieur de Fromente, trésorier de France à Lyon.

E 16', f° 237 r°, et ms. fr. 18173, f° 95 v°.

12004. — Arrêt ordonnant que lettres de provision de l'office de receveur des tailles de Comminges seront expédiées à M° Jean Michaëlis, lequel versera aux Parties casuelles une somme de 7,000 livres.

E 16', f° 241 r°, et ms. fr. 18173, f° 94 v°.

12005. — Arrêt suspendant les poursuites exercées par Scipion Balbani et par Marc-Antoine Sar-

dini contre M° Jean de Saint-Germain, maître des Comptes.

E 16', f° 243 r°, et ms. fr. 18173, f° 79 r°.

12006. — Arrêt maintenant M° Léonard de Mausse en la jouissance de sa ferme des traites domaniales de Languedoc et de Provence, à condition qu'il supporte une augmentation de 200,000 livres.

E 16', f° 244 r°, et ms. fr. 18173, f° 98 r°.

12007. — Arrêt ordonnant à M° Gabriel Hus, trésorier des États de Bretagne, de représenter, dans les deux mois, son compte des 600,000 livres qui ont été octroyées au Roi lors de sa venue en Bretagne.

E 16', f° 246 r°, et ms. fr. 18173, f° 99 r°.

12008. — Arrêt réglant le remboursement des sommes prêtées au Roi, en 1590, par René Gravisset, marchand de Strasbourg.

E 16', f° 247 r°, et ms. fr. 18173, f° 93 v°.

12009. — Arrêt ordonnant que M° Pierre Delaunay, receveur des tailles en l'élection de Meaux, sera entendu au Conseil au sujet d'une requête de M° Denis Renouard.

E 16', f° 248 r°, et ms. fr. 18173, f° 94 r°.

12010. — Arrêt renvoyant aux trésoriers de France à Châlons une requête des échevins et habitants de Vitry-le-François tendante à ce que les emplacements de la grande halle, bâtie par ordre de François Iᵉʳ et actuellement menaçant ruine, leur soient baillés à ferme, l'argent qu'ils en retireront devant être par eux employé aux réparations et à l'entretien de ladite halle.

E 16', f° 249 r°, et ms. fr. 18173, f° 94 v°.

1608, 28 février. — Paris.

12011. — Arrêt autorisant la levée d'une somme de 1,600 livres destinée au remboursement d'un emprunt fait, en 1562, par les habitants de Château-Renard à Sébastien Le Normant, bourgeois d'Orléans, « pour subvenir aux frais de la fortification et perfection des murailles de ladite ville».

E 16', f° 250 r°, et ms. fr. 18173, f° 105 r°.

12012. — Arrêt portant nouvelle assignation d'une somme de 7,500 livres due au sieur de Montpezat.

E 16°, f° 251 r°, et ms. fr. 18173, f° 106 r°.

12013. — Arrêt ordonnant que l'office de receveur ancien de la traite foraine d'Anjou demeurera à M° Antoine Rodais, lequel payera néanmoins 4,000 livres à M° René Lefebvre.

E 16°, f° 252 r°, et ms. fr. 18173, f° 106 r°.

12014. — Arrêt autorisant les habitants de la Mothe-Saint-Héraye à lever sur eux-mêmes une somme de 2,593 livres 7 sols 10 deniers destinée au remboursement de la somme avancée par plusieurs particuliers au «cappitaine Fontenior, lieutenant de la compagnie d'arquebuziers à cheval du sieur de Perrabel ».

E 16°, f° 256 r°, et ms. fr. 18173, f° 108 v°.

12015. — Arrêt renvoyant aux trésoriers de France à Riom le soin de procéder à la liquidation des intérêts d'une somme de 60,000 livres due au vicomte d'Estaing par la ville de Clermont, en Auvergne.

E 16°, f° 257 r°, et ms. fr. 18173, f° 101 v°.

12016. — Arrêt ordonnant le versement à l'Épargne des sommes provenant des crues de 35 et de 2 sols par minot levées sur le sel en Bourgogne.

E 16°, f° 258 r°, et ms. fr. 18173, f° 101 v°.

12017. — Arrêt ordonnant la mise en adjudication des travaux de reconstruction du pont de pierre de Villeneuve-d'Agen, rompu depuis huit ans.

E 16°, f° 259 r°, et ms. fr. 18173, f° 101 r°.

12018. — Arrêt autorisant les consuls de Montferrand à lever une somme de 1,200 livres destinée au remboursement d'un emprunt fait, en 1587, pour la nourriture de l'armée du feu Roi.

E 16°, f° 260 r°, et ms. fr. 18173, f° 100 r°.

12019. — Arrêt renvoyant aux trésoriers de France à Poitiers une requête des habitants de Chaseneuil, qui, d'accord avec frère Bertrand Pelloquin, grand prieur d'Aquitaine, «seul et général dixmeur de ladite parroisse », demandent à être maintenus en possession de leurs prés communaux.

E 16°, f° 261 r°, et ms. fr. 18173, f° 99 v°.

12020. — Arrêt fixant le taux de l'indemnité qui serait due à Alexandre Marchant par quiconque voudrait enchérir sur les offres faites par ledit Marchant pour le rachat de certains domaines, greffes, parisis et places de clercs en Normandie.

E 16°, f° 262 r°, et ms. fr. 18173, f° 100 v°.

12021. — Articles accordés à Alexandre Marchant «pour entrer au rachapt de domaines, greffes, places de clerc, présentations et parisis en la province de Normandye jusques à la somme de 1,500,000 livres ou plus, pour les rendre acquittée (sic) à Sa Majesté au bout de seize années ».

E 16°, f° 263 r°.

12022. — Arrêt relatif au procès pendant entre les habitants d'Aigueperse et Jamet Bonnarme au sujet de levées faites sur lesdits habitants, par M° Vincent Desguandz et autres, en vertu d'arrêts de la cour des aides de Montferrand.

E 16°, f° 265 r°, et ms. fr. 18173, f° 109 r°.

12023. — Arrêt déclarant contribuable aux tailles, ainsi que les autres habitants de Bagneux, Jean Revesche, garde de la garenne du Louvre, lequel aura seulement remise de 100 sols, à raison de son office, et déclarant que la même règle sera suivie dans les villages où résident les autres gardes de la garenne du Louvre.

E 16°, f° 267 r°, et ms. fr. 18173, f° 103 v°.

12024. — Arrêt déclarant que ceux-là seuls seront exempts des tailles qui figurent sur les états d'officiers domestiques du Roi, de la Reine son épouse, de la reine Marguerite, du prince de Condé, et qui s'acquittent réellement des fonctions de leurs charges.

E 16°, f° 269 r°, et ms. fr. 18173, f° 102 r°.

12025. — Arrêt renvoyant à la Cour des monnaies l'opposition formée par les jurés potiers d'étain contre les agissements de Pierre Puthomme, maître potier d'étain à Paris, qui fabrique «toutes sortes de potteries et vaisselles d'estain, tant de Cornuaille, argenterie que autres. . . ».

E 16ᵉ, fᵒ 270 rᵒ, et ms. fr. 18173, fᵒ 103 rᵒ.

12026. — Arrêt relatif à l'exécution du traité passé avec Antoine Douet « pour le rachapt jusques à cⅬᵐ livres de greffes, places de clercs, parisis et domaine » de la généralité de Moulins.

E 16ᵉ, fᵒ 272 rᵒ, et ms. fr. 18173, fᵒ 99 rᵒ.

12027. — Arrêt réglant l'acquittement proportionnel des sommes dues au vicomte d'Estaing et portées sur l'état général des dettes du Rouergue et de la Marche.

E 16ᵉ, fᵒ 273 rᵒ, et ms. fr. 18173, fᵒ 100 rᵒ.

12028. — Arrêt ordonnant aux sieurs de Maupeou et Arnauld, intendants des finances, de procéder à la vérification de ce qui peut être resté dû, de 1594 à 1604, sur les tailles de l'élection de Forez.

E 16ᵉ, fᵒ 274 rᵒ, et ms. fr. 18173, fᵒ 105 vᵒ.

12029. — Arrêt maintenant les termes d'une adjudication de bois faite dans les forêts de Guise et de Laigue à feu Jacques Du Feu.

E 16ᵉ, fᵒ 275 rᵒ, et ms. fr. 18173, fᵒ 102 vᵒ.

1608, 29 février. — Paris.

12030. — Arrêt condamnant Mᵉ Jean de Moisset, ci-devant fermier général des aides, à se contenter de la somme de 1,400 livres que lui offrent les bouchers de Meaux pour tout droit de sol pour livre sur la viande vendue à Meaux durant les deux années qui finissent au 30 septembre 1405.

E 16ᵉ, fᵒ 276 rᵒ, et ms. fr. 18173, fᵒ 110 vᵒ.

12031. — Arrêt ordonnant qu'avant le jugement du procès pendant entre Claude Pollaillon, sieur de Boujols, tuteur onéraire de Jacques-Timoléon de Beaufort, marquis de Canillac, et Jean de Lespinasse, sieur de Sallelles, ce dernier comparaîtra devant des commissaires pour être interrogé au sujet des concussions et levées irrégulières qui lui sont reprochées.

E 16ᵉ, fᵒ 278 rᵒ, et ms. fr. 18173, fᵒ 110 rᵒ.

1608, 1ᵉʳ mars. — Paris.

12032. — Arrêt attribuant 145 livres à Mᵉ Claude Josse, ci-devant adjudicataire de la fourniture des greniers à sel, pour l'achat, le fret, le transport, etc. du sel qui lui appartient dans le grenier de Château-Thierry.

E 16ᵇ, fᵒ 1 rᵒ, et ms. fr. 18173, fᵒ 112 rᵒ.

12033. — Arrêt ordonnant la vérification des dettes de la paroisse de Pluvigner, et ordonnant de surseoir à l'exécution des lettres d'assiette obtenues par Guillaume Laventure, « fabricqueur » de ladite paroisse.

E 16ᵇ, fᵒ 2 rᵒ, et ms. fr. 18173, fᵒ 117 vᵒ.

12034. — Arrêt ordonnant, pour cette fois seulement et sans tirer à conséquence, le rétablissement des parties rayées sur les comptes de la ville de Nantes par le duc de Sully, grand voyer de France, prorogeant pour neuf ans et réglant la levée des octrois de ladite ville, ordonnant aux autres villes de Bretagne de faire vérifier par le Grand voyer leurs comptes des années 1599 à 1606, et leur défendant d'employer le produit des octrois à d'autres usages que ceux auxquels ils ont été destinés.

E 16ᵇ, fᵒ 3 rᵒ, et ms. fr. 18173, fᵒ 115 vᵒ.

12035. — Arrêt renvoyant aux trésoriers de France à Châlons une requête en remise de tailles présentée par les habitants d'Anglure dont le village a été presque entièrement détruit par l'incendie du 27 septembre dernier.

E 16ᵇ, fᵒ 7 rᵒ, et ms. fr. 18173, fᵒ 119 rᵒ.

12036. — Arrêt ordonnant que, pour faciliter le payement des colonels et des capitaines suisses, le sieur de Vienne, intendant des finances, contrôlera toutes les quittances des offices de lieutenants particuliers assesseurs criminels et de commissaires-examinateurs, à mesure qu'elles seront expédiées, bien que les édits de création desdits offices ne soient point encore enregistrés dans tous les parlements.

E 16ᵇ, fᵒ 8 rᵒ, et ms. fr. 18173, fᵒ 118 vᵒ.

12037. — Arrêt cassant un arrêt rendu, le 5 juin

1606, au parlement de Rouen, sur la requête de Mᵉ Nicolas de Plasnes, greffier en la cour des aides de Normandie, et de certains autres propriétaires de greffes.

E 16ᵇ, fᵒ 9 rᵒ, et ms. fr. 18173, fᵒ 118 vᵒ.

12038. — Arrêt ordonnant une enquête au sujet des abus dont se seraient rendus coupables Mᵉˢ Étienne Ringues et Jean Ravenel, fermiers généraux des traites et impositions d'Anjou.

E 16ᵇ, fᵒ 10 rᵒ, et ms. fr. 18173, fᵒ 114 vᵒ.

12039. — Arrêt autorisant la levée d'une somme de 11,419 livres destinée à l'acquittement des dettes contractées, pendant les guerres, par la ville de Villeneuve-de-Rouergue, autorisant, en outre, la levée annuelle d'une somme de 300 livres destinée à l'acquittement des dépenses courantes de ladite ville, et validant les dépenses faites en ladite ville, durant les troubles, jusqu'en 1604.

E 16ᵇ, fᵒ 12 rᵒ, et ms. fr. 18173, fᵒ 113 vᵒ.

12040. — Arrêt cassant l'arrêt du 15 février dernier par lequel le parlement de Bourgogne ordonnait des remontrances au sujet de l'arrêt du Conseil du 15 janvier précédent (n° 11844), assignant au Conseil le sieur de Barbizy, président audit parlement, ainsi que le rapporteur des arrêts des 19 décembre 1607 et 15 février 1608, leur interdisant, jusqu'à ce qu'ils aient comparu, l'exercice de leurs charges, et réservant au Conseil la connaissance de tous appels interjetés contre l'exécution d'arrêts du Conseil et de lettres patentes.

E 16ᵇ, fᵒ 14 rᵒ, et ms. fr. 18173, fᵒ 112 rᵒ.

12041. — Arrêt accordant nouvelle remise de tailles aux habitants de Châtillon-sur-Loire, attendu les pertes que leur ont fait subir les orages des 13 et 14 août dernier.

E 16ᵇ, fᵒ 15 rᵒ, et ms. fr. 18173, fᵒ 113 vᵒ.

12042. — Arrêt ordonnant aux États de Bourgogne d'imposer, en la présente année, les sommes restées dues pour le payement des garnisons de la province, sans quoi les trésoriers de l'Extraordinaire

des guerres procéderaient par saisie sur les deniers de la province.

E 16ᵇ, fᵒ 16 rᵒ, et ms. fr. 18173, fᵒ 117 vᵒ.

12043. — Arrêt ordonnant que la dame de Sanvensa et de Belcastel sera payée, par préférence, des sommes à elle dues par la ville de Villefranche-de-Rouergue à raison de l'assassinat de son fils, le sieur de Sanvensa.

E 16ᵇ, fᵒ 18 rᵒ, et ms. fr. 18173, fᵒ 111 rᵒ.

12044. — Arrêt interdisant, pour l'avenir, la levée supplémentaire de 2 sols pour livre sur les ventes de bois, levée qui était faite en faveur des commissaires royaux.

E 16ᵇ, fᵒ 20 rᵒ, et ms. fr. 18173, fᵒ 110 vᵒ.

12045. — Arrêt suspendant la vente ou revente des domaines, greffes, places de clercs, parisis, sceaux et tabellionages.

E 16ᵇ, fᵒ 22 rᵒ; ms. fr. 18173, fᵒ 113 rᵒ, et ms. fr. 10842, fᵒ 84 rᵒ.

12046. — Arrêt enjoignant à tous ceux qui, depuis l'avènement du Roi, ont acquis des portions du domaine de Navarre de représenter, dans les quatre mois, leurs titres au Conseil, sinon leurs biens seraient saisis par les officiers du Roi.

E 16ᵇ, fᵒ 23 rᵒ.

1608, 3 mars. — Paris.

12047. — Arrêt ordonnant que tous les trésoriers et receveurs généraux des finances qui ont exercé dans la généralité de Riom durant les années 1598 à 1604 viendront, dans le délai d'un mois, rendre compte au Conseil de leurs contraventions aux règlements.

Ms. fr. 10843, fᵒ 128 rᵒ.

1608, 4 mars. — Paris.

12048. — Arrêt attribuant la valeur d'un bail aux articles du contrat passé avec Mᵉ Isaac Duryer, secrétaire de la chambre du Roi, « ayant faict party pour le remboursement de la finance payée tant par les receveurs des tailles des eslections que autres estans au ressort des courtz des aydes de Paris et

Montferrand pour l'attribution qui leur a esté faicte des droictz de port des commissions et mandemens des tailles..... et rendre Sa Majesté quitte dudit remboursement après la jouissance, durant seize années, desditz droictz ».

E 16ᵇ, fᵒ 24 rᵒ, et ms. fr. 18173, fᵒ 119 vᵒ.

1608, 6 mars. — Paris.

12049. — Arrêt suspendant l'exécution d'une commission expédiée à certains officiers du Roi pour les taxes de francs-fiefs et de nouveaux acquêts dans quelques sénéchaussées de la généralité de Guyenne ressortissantes au parlement de Toulouse, défendant à tous commissaires du Roi d'exiger des épices ou d'obliger les particuliers à sortir du ressort de leur résidence, taxant les frais des huissiers et sergents employés par lesdits commissaires, etc.

E 16ᵇ, fᵒ 25 rᵒ, et ms. fr. 18173, fᵒ 121 rᵒ.

12050. — Arrêt réglant le payement des sommes dues pour la solde du colonel Dampmartin et des reitres qui ont servi sous ses ordres.

E 16ᵇ, fᵒ 27 rᵒ, et ms. fr. 18173, fᵒ 119 vᵒ.

12051. — Arrêt ordonnant une enquête au sujet des épices que les juges mages des sénéchaussées de Rouergue et de Quercy exigent des sujets du Roi qui viennent prêter, par-devant eux, le serment de foi et hommage.

E 16ᵇ, fᵒ 29 rᵒ, et ms. fr. 18173, fᵒ 120 vᵒ.

12052. — Arrêt réglant le nombre, la quotité, la levée et le contrôle des impôts qui pourront être perçus en Languedoc pour les besoins de la province ou des communautés.

Ms. fr. 10842, fᵒ 65 rᵒ, et ms. fr. 18173, fᵒ 121 vᵒ.

1608, 8 mars. — Paris.

12053. — Arrêt ordonnant aux principaux comptables du royaume, et nommément aux trésoriers des Ligues, de présenter dorénavant, tous les trois mois, au Conseil un état de leurs recettes et dépenses.

E 16ᵇ, fᵒ 30 rᵒ, et ms. fr. 18173, fᵒ 129 rᵒ.

12054. — Arrêt ordonnant le versement à l'Épargne d'une somme de 2,323 livres 15 sols provenant du retranchement de deux quartiers des rentes constituées sur le domaine des sénéchaussées de Nantes et de Rennes.

E 16ᵇ, fᵒ 31 rᵒ, et ms. fr. 18173, fᵒ 133 rᵒ.

12055. — Arrêt ordonnant aux prévôt des marchands, échevins, syndic et receveur des deniers communs de Lyon de représenter le compte des deniers destinés au payement des dettes de ladite ville depuis 1594 jusqu'au 31 décembre 1606, et renvoyant au sieur de Maupeou, commissaire dans la partie, les questions relatives à l'emprunt de 1589.

E 16ᵇ, fᵒ 32 rᵒ, et ms. fr. 18173, fᵒ 129 rᵒ.

12056. — Arrêt déclarant que Bénigne Frémyot et Claude Bourgeois, présidents, Pierre Odebert, François Briet, Bénigne Laverne, Jacques Valon, Bénigne Oquidem, Philippe Baillet, Jacques Bossuet, Pierre de La Grange, Jean Cottenot, Bénigne Milletot, Jules Bretaigne, Jean Carré, Simon Hugon et Isaac Bretaigne, conseillers, Jean Maillard, avocat général, et Hugues Picardet, procureur général au parlement de Bourgogne, « lesquelz ont abandonné leurs biens et maisons pour servir Sa Majesté, seront payez, tant de leurs gaiges ordinaires que doublement d'iceulx, à commencer du jour de l'establissement dudit parlement ez villes de Semur et Flavigny jusques au jour de la réduction en l'obéyssance de Sa Majesté de la ville de Dijon »; accordant la même faveur au sieur de Vaugrenant, président des requêtes, qui a porté les armes pour le service du Roi, etc.

E 16ᵇ, fᵒ 34 rᵒ, et ms. fr. 18173, fᵒ 137 vᵒ.

12057. — Arrêt ordonnant que le syndic des créanciers de la défunte dame douairière de Montpensier sera entendu au Conseil au sujet d'une requête présentée par le duc de Guise et par le prince de Joinville relativement au démembrement du domaine de Chevreuse et de Dampierre.

E 16ᵇ, fᵒ 36 rᵒ, et ms. fr. 18173, fᵒ 130 vᵒ.

12058. — Arrêt relatif au remboursement des officiers des gabelles supprimés.

E 16ᵇ, fᵒ 38 rᵒ, et ms. fr. 18173, fᵒ 131 rᵒ.

12059. — Arrêt déclarant que les officiers et ouvriers monnayeurs de Languedoc « jouiront des exemptions des tailles personnelles, impositions, subsides, péages....., fors et excepté des tailles qui s'imposent sur les biens ruraux, équivallent, droict forain, traicte domaniale et d'entrée en ladicte province ».

E 16ᵇ, fᵒ 4o rᵒ, et ms. fr. 18173, fᵒ ʟ33 vᵒ.

12060. — Arrêt ordonnant à Mᵉ Jean de Moisset, fermier général des gabelles, de faire apporter au Conseil les arrêts d'absolution qu'il prétend avoir été obtenus par le capitaine Saint-André et par quatorze archers des gabelles auxquels le baron de Médavy reproche d'avoir commis en Normandie divers excès, tels que meurtres, concussions, etc.

E 16ᵇ, fᵒ 44 rᵒ, et ms. fr. 18173, fᵒ 128 vᵒ.

12061. — Arrêt accordant aux habitants de Saint-Pierre-de-Fursac remise des restes des tailles de l'année 1599 et surséance pour le payement des tailles des années 1600 et 1601.

E 16ᵇ, fᵒ 44 rᵒ, et ms. fr. 18173, fᵒ 127 vᵒ.

12062. — Arrêt accordant, pour trois ans, aux trésoriers de France en Bourgogne l'évocation de tous leurs procès au parlement de Paris, attendu « qu'ilz sont journellement troublez et empeschez au faict de leurs charges » par le parlement de Bourgogne.

E 16ᵇ, fᵒ 46 rᵒ, et ms. fr. 18173, fᵒ 126 vᵒ.

12063. — Arrêt réglant les gages et le titre de Pierre Vieu, sieur de Noyers, « commissaire général en la marine du Levant, morte-paies, fortiffications et réparations des places du païs de Provence ».

E 16ᵇ, fᵒ 47 rᵒ, et ms. fr. 18173, fᵒ 127 vᵒ.

12064. — Arrêt accordant aux mayeur et échevins de Montreuil 5,000 livres pour l'acquittement de leurs dettes.

E 16ᵇ, fᵒ 48 rᵒ, et ms. fr. 18173, fᵒ 126 rᵒ.

12065. — Arrêt ordonnant à Louis Roussel de rapporter au Conseil ses lettres de provision de l'office de sergent royal fieffé et héréditaire au comté du Maine, et autorisant les sergents en la baronnie de

Saosnois à exploiter dans toute l'étendue de ladite baronnie.

E 16ᵇ, fᵒ 49 rᵒ, et ms. fr. 18173, fᵒ 126 rᵒ.

12066. — Arrêt déclarant que les États de Languedoc seront mis en demeure de fournir ou de refuser leur consentement aux exemptions et décharges accordées par Sa Majesté à certaines villes de la province.

E 16ᵇ, fᵒ 5o rᵒ; ms. fr. 18173, fᵒ 133 rᵒ,
et ms. fr. 10842, fᵒ 295 vᵒ.

12067. — Arrêt réglant la réunion au domaine de la terre de Beaumont-en-Argonne et le remboursement du sieur de Caumartin, ci-devant ambassadeur en Suisse.

E 16ᵇ, fᵒ 52 rᵒ, et ms. fr. 18173, fᵒ 136 vᵒ.

12068. — Arrêt ordonnant aux trésoriers de France en chaque généralité de veiller à ce que les états au vrai des receveurs généraux soient rigoureusement conformes aux états du Roi.

Ms. fr. 16216, fᵒ 148 rᵒ, et ms. fr. 10842, fᵒ 5o rᵒ.

———————

1608, 13 mars. — Paris.

12069. — Arrêt renvoyant aux trésoriers de France à Béziers une requête du baron de Perault, gouverneur de Beaucaire, tendante à ce que vente ou bail lui soit fait d'un terrain d'alluvion appelé le Cousson et formé récemment par le Rhône au territoire de Fourques.

E 16ᵇ, fᵒ 54 rᵒ, et ms. fr. 18173, fᵒ 146 vᵒ.

12070. — Arrêt ordonnant aux trésoriers de France à Nantes de recevoir et de transmettre au Conseil les offres qui pourraient leur être faites au sujet d'une « vazière » sise en avant du port de Vannes, et dont le sieur Hillaire, commissaire ordinaire de l'Artillerie, demande concession.

E 16ᵇ, fᵒ 55 rᵒ, et ms. fr. 18173, fᵒ 145 rᵒ.

12071. — Arrêt déclarant qu'après que Mᵉ Jean de Moisset, fermier général des gabelles, aura fait sommation aux trésoriers de France en Normandie de se joindre aux conseillers en la Cour des aides pour interroger les habitants sur place et procéder au département de l'impôt du sel, lesdits conseillers pourront faire seuls ce département, à condition de ne point dépasser le chiffre de l'impôt levé durant les années précédentes.

E 16ᵇ, fᵒ 56 rᵒ, et ms. fr. 18173, fᵒ 147 vᵒ.

12072. — Arrêt déclarant que les grènetiers des greniers ressortissants au siège présidial de Laon seront contraints de verser à la recette générale de Soissons les deniers provenant d'une crue de 5 sols par minot destinée au payement des gages des officiers dudit présidial.

E 16ᵇ, fᵒ 58 rᵒ, et ms. fr. 18173, fᵒ 141 vᵒ.

12073. — Arrêt ordonnant que les contrôleurs des fortifications seront tenus de représenter, chaque année, l'état des dépenses et des travaux effectués pour la fortification des places du royaume.

E 16ᵇ, fᵒ 59 rᵒ, et ms. fr. 18173, fᵒ 141 vᵒ.

12074. — Arrêt ordonnant que la veuve et les héritiers de Philippe de Lière, concierge des prisons du Grand Châtelet, jouiront de ladite conciergerie jusqu'à l'expiration du bail.

E 16ᵇ, fᵒ 60 rᵒ, et ms. fr. 18173, fᵒ 142 vᵒ.

12075. — Arrêt autorisant les habitants de Corbeil à lever une somme de 560 livres destinée au remboursement des particuliers qui ont avancé pareille somme durant l'épidémie de l'année précédente.

E 16ᵇ, fᵒ 61 rᵒ, et ms. fr. 18173, fᵒ 143 rᵒ.

12076. — Arrêt accordant un délai de trois mois à Claude de Picquet, sieur de Saultour et de Crespières, pour produire les titres en vertu desquels il jouit, comme engagiste, de la haute justice de Crespières.

E 16ᵇ, fᵒ 62 rᵒ, et ms. fr. 18173, fᵒ 142 vᵒ.

12077. — Arrêt ordonnant une enquête au sujet des droits qu'a le Roi sur les justices de Portets et de la «contau» de Castres, pour qu'il puisse être statué sur une requête présentée par les habitants desdites paroisses au sujet des prétentions élevées sur lesdictes justices par Mᵉ Jean de Gasc, président au parlement de Bordeaux.

E 16ᵇ, fᵒ 63 rᵒ, et ms. fr. 18173, fᵒ 142 rᵒ.

12078. — Arrêt ordonnant le payement des sommes dues par quelques communautés et particuliers de Provence à Antoine de Boyer, gentilhomme ordinaire de la Chambre, et ce conformément à l'arrêt du Conseil du 31 janvier 1606 (nᵒ 9941), nonobstant l'opposition de la cour des comptes de Provence.

E 16ᵇ, fᵒ 64 rᵒ, et ms. fr. 18173, fᵒ 143 vᵒ.

12079. — Arrêt renouvelant les défenses faites à demoiselle Anne Ruzé et à Adrien de Bonacorsi, son fils, d'exercer aucune contrainte contre les habitants de Châteauneuf-en-Thymerais.

E 16ᵇ, fᵒ 65 rᵒ, et ms. fr. 18173, fᵒ 144 rᵒ.

12080. — Arrêt ordonnant que Mᵉ François Nicquet, trésorier de France en Languedoc, sera entendu au Conseil au sujet des poursuites dont il est l'objet à l'occasion d'un libelle diffamatoire qu'il est accusé d'avoir publié contre la cour des aides de Montpellier.

E 16ᵇ, fᵒ 66 rᵒ, et ms. fr. 18173, fᵒ 144 rᵒ.

12081. — Arrêt renvoyant au juge de l'Amirauté en la Table de marbre une requête présentée par Henri Philipps, gentilhomme anglais, au sujet d'un navire capturé, en 1591, par deux vaisseaux de guerre du feu sieur de Saint-Luc.

E 16ᵇ, fᵒ 67 rᵒ, et ms. fr. 18173, fᵒ 145 rᵒ.

12082. — Arrêt relatif au payement des sommes dues à Gilles Du Byé, pourvoyeur ordinaire de la maison du Roi.

E 16ᵇ, fᵒ 68 rᵒ.

12083. — Arrêt maintenant Mᵉ François Marcel en son office de trésorier de France en Provence, conformément à l'arrêt du Conseil du 20 décembre dernier (nᵒ 11782), et nonobstant l'opposition de ses collègues.

E 16ᵇ, fᵒ 69 rᵒ.

12084. — Arrêt autorisant les enfants de feu Jacques Du Lac, sieur de Gratens, consul du Puy, à faire informer, devant un juge royal, de la perte des titres et comptes de leur père.

E 16ᵇ, fᵒ 70 rᵒ, et ms. fr. 18173, fᵒ 140 vᵒ.

12085. — Arrêt ordonnant que les prévôt des marchands et échevins de Lyon seront entendus au Conseil au sujet d'une requête de Louis Riboteau et de Charles Cornuat, sous-fermiers des aides en l'élection de Lyon.

E 16ᵇ, fᵒ 72 rᵒ, et ms. fr. 18173, fᵒ 139 vᵒ.

12086. — Arrêt ordonnant à Gaillard Galland, sieur de Vallières, à Claude Le Fuzelier, sieur de La Mothe, à Nicolas de Petremol, sieur de Giraucourt, et à Claude Coustely, sieur de Montfort, de remettre, dans quinzaine, au greffe du Conseil les titres en vertu desquels ils se sont fait adjuger certaine portion de la forêt de Champrond, dans le domaine de Navarre, et cependant leur donnant mainlevée des bois déjà coupés en ladite forêt.

E 16ᵇ, fᵒ 74 rᵒ, et ms. fr. 18173, fᵒ 139 rᵒ.

12087. — Arrêt évoquant au Conseil l'instance pendante en la Cour des aides entre le sous-fermier de Mᵉ Denis Feydeau, fermier général des aides, et les habitants de la Capelle, qui se prétendent exempts de l'impôt du sol pour livre.

E 16ᵇ, fᵒ 76 rᵒ, et ms. fr. 18173, fᵒ 147 rᵒ.

12088. — Arrêt renvoyant aux trésoriers de France à Paris un placet d'Abraham Delagarde, horloger et valet de chambre du Roi, demandant à établir un bateau à Villeneuve-Saint-Georges et un autre à Châtillon, « pour mener et conduire toutes sortes de personnes et marchandises, soit en montant, soit en devallant, en prenant la taxe qui en sera faicte par le prévost des marchans et eschevins de la ville de Paris ».

E 16ᵇ, fᵒ 77 rᵒ, et ms. fr. 18173, fᵒ 146 vᵒ.

12089. — Arrêt défendant aux élus en l'élection de Brive de laisser faire aucune levée en ladite élection pour le payement des tailles de l'année 1596.

E 16ᵇ, fᵒ 78 rᵒ, et ms. fr. 18173, fᵒ 146 rᵒ.

12090. — Arrêt déclarant que les sergents des tailles et huissiers audienciers de l'élection de Bourges ne pourront être contraints de servir ailleurs qu'au siège de ladite élection.

E 16ᵇ, fᵒ 79 rᵒ, et ms. fr. 18173, fᵒ 145 vᵒ.

12091. — Arrêt renvoyant aux trésoriers de France à Rouen un placet de Nicolas Le Roy et de Jean Doué tendant à ce qu'il plaise au Roi leur accorder « le revenu et establissement d'ung bateau au Grand et Petit-Vet, en Normandie, passage ordinaire de Rouen à Caen ».

E 16ᵇ, fᵒ 80 rᵒ, et ms. fr. 18173, fᵒ 146 rᵒ.

1608, 15 mars. — Paris.

12092. — Arrêt renvoyant en la Grand Chambre du parlement de Paris toutes les instances pendantes entre la reine Marguerite, Anne de Lévis, duc de Ventadour, et Gérard de Bezangier, sieur de Saint-Lagier et de Montboucher, gentilhomme servant Sa Majesté, au sujet des baronnies de Corrèze, de Donzenac et de Boussac.

E 16ᵇ, fᵒ 81 rᵒ, et ms. fr. 18173, fᵒ 148 vᵒ.

12093. — Arrêt attribuant à Mᵉ Claude Arbalestrier l'office de secrétaire et greffier civil et des présentations au parlement de Grenoble, à condition qu'il verse 6,850 livres aux mains de Mᵉ Bénigne Saulnier, qui a traité du revenu des Parties casuelles.

E 16ᵇ, fᵒ 83 rᵒ, et ms. fr. 18173, fᵒ 155 vᵒ.

12094. — Arrêt portant règlement d'attributions entre la chambre des comptes de Provence et les trésoriers de France audit pays.

E 16ᵇ, fᵒ 85 rᵒ; ms. fr. 18173, fᵒ 152 vᵒ,
et ms. fr. 10842, fᵒ 8 vᵒ.

12095. — Arrêt ordonnant l'augmentation des crues sur le sel dont le produit est affecté au payement des gages des officiers du présidial de Blois.

E 16ᵇ, fᵒ 87 rᵒ, et ms. fr. 18173, fᵒ 148 rᵒ.

12096. — Arrêt approuvant l'établissement et l'adjudication d'un pont de bateaux sur la Loire, à Tours, les fermages en devant être affectés à la réparation des grands ponts rompus à la suite du dégel, et ce nonobstant l'opposition du chapitre de Saint-Martin de Tours, opposition dont la connaissance est attribuée exclusivement au Conseil.

E 16ᵇ, fᵒ 88 rᵒ, et ms. fr. 18173, fᵒ 154 rᵒ.

12097. — Arrêt accordant à M° René Sain, trésorier et receveur général des finances en Bretagne, décharge des amendes auxquelles il a été condamné par la chambre des comptes de Nantes.

E 16ᵇ, fᵒ 90 rᵒ, et ms. fr. 18173, fᵒ 149 rᵒ.

12098. — Arrêt acceptant les offres faites par Jean de Monceau pour la réunion au domaine de droits ou taxes aliénés dans l'étendue des généralités de Paris et de Picardie, jusqu'à concurrence d'une valeur de 800,000 ou 900,000 livres, à condition qu'il verse comptant une somme de 120,000 livres.

E 16ᵇ, fᵒ 91 rᵒ, et ms. fr. 18173, fᵒ 155 rᵒ.

12099. — Arrêt ordonnant d'étouffer les procès intentés à la ville de Dreux au sujet de fournitures de vivres faites par divers particuliers durant les sièges qu'a eu à subir ladite ville.

E 16ᵇ, fᵒ 93 rᵒ, et ms. fr. 18173, fᵒ 149 vᵒ.

12100. — Arrêt prorogeant pour six années l'octroi de 2 sols 6 deniers par minot de sel concédé à la ville d'Étampes, le produit en devant être affecté à l'entretien des murailles, des portes, du pavé et des chemins environnants.

E 16ᵇ, fᵒ 95 rᵒ, et ms. fr. 18173, fᵒ 150 rᵒ.

12101. — Arrêt relatif à une instance pendante entre Guillaume Alliez, fermier général des gabelles de Languedoc, et les syndics et consuls généraux du comté de Foix.

E 16ᵇ, fᵒ 96 rᵒ, et ms. fr. 18173, fᵒ 150 vᵒ.

12102. — Arrêt défendant expressément aux États du Languedoc de faire aucune levée pour les affaires de la province, à moins de lever, par la même occasion, une somme de 18,000 livres destinée aux frais de construction du pont de Toulouse.

E 16ᵇ, fᵒ 98 rᵒ, et ms. fr. 18173, fᵒ 151 vᵒ.

12103. — Arrêt défendant aux élus en l'élection de Tours de lever « aucunes taxations et vérifications de roolles » pour M° Étienne Papillon, contrôleur en ladite élection, si ce n'est durant l'année où il exerce son contrôle.

E 16ᵇ, fᵒ 100 rᵒ, et ms. fr. 18173, fᵒ 152 vᵒ.

12104. — Remontrances des trésoriers de France en Champagne au sujet de l'exécution de l'arrêt du 17 novembre dernier (n° 11699), avec des réponses écrites de la main de Sully.

E 16ᵇ, fᵒ 101 rᵒ, et ms. fr. 18173, fᵒ 157 rᵒ.

1608, 18 mars. — Paris.

12105. — Arrêt ordonnant que François Savary, sieur de Brèves, payera 6,000 livres à Nicolas de Vento, écuyer de la ville de Marseille, pour le dédommager des droits qu'il pourrait avoir sur l'office de consul à Alexandrie.

E 16ᵇ, fᵒ 103 rᵒ, et ms. fr. 18173, fᵒ 158 rᵒ.

12106. — Arrêt ordonnant le payement de 3,000 livres dues au sieur de La Chesnaye, aumônier du Roi, chargé de la garde du corps de Henri III, aux religieux de Saint-Corneille de Compiègne et à divers particuliers, pour les services célébrés en 1607 à l'intention dudit roi, pour l'entretien de sa chapelle ardente, pour la sonnerie des cloches, etc.

Ms. fr. 10843, fᵒ 130 rᵒ.

1608, 21 mars. — Paris.

12107. — Arrêt réduisant à 10,000 livres le chiffre du cautionnement que doit fournir M° André Négrier, receveur général des finances à Caen.

E 16ᵇ, fᵒ 107 rᵒ.

1608, 22 mars. — Paris.

12108. — Arrêt autorisant la levée d'une somme de 8,000 livres destinée au payement des dettes de la ville de Beauvais.

E 16ᵇ, fᵒ 108 rᵒ, et ms. fr. 18173, fᵒ 168 rᵒ.

12109. — Arrêt relatif au payement d'une somme de 6,000 livres dont Sa Majesté a fait don à Claude Dangon, ouvrier en draps d'or, d'argent et de soie, « pour luy donner moyen d'ériger douze mestiers en la ville de Lyon, et pour le paier des pièces de velours à fonds d'or, d'argent et de soye qu'il a laissées au cabinet de Sadite Majesté, et le rescompenser de trois divers voiages qu'il a faictz vers elle pour luy faire voir les essays desdictes estoffes ».

E 16ᵇ, fᵒ 109 rᵒ, et ms. fr. 18173, fᵒ 175 rᵒ.

12110. — Avis du Conseil tendant à faire don de 5,000 livres à Antoinette Janet, pour tout ce qui peut lui rester dû à raison des blés qu'a fournis son défunt mari, Nicolas Darcier, au château d'Auxonne et à la citadelle de Chalon, sur l'ordre du duc de Mayenne.

E 16ᵇ, fᵒ 111 rᵒ, et ms. fr. 18173, fᵒ 162 vᵒ.

12111. — Arrêt ordonnant la restitution d'une somme de 1,001 livres 10 sols payée à Mᵉ Zacharie Galichon, receveur général des traites, par les fermiers de la traite et imposition foraine d'Anjou.

E 16ᵇ, fᵒ 113 rᵒ, et ms. fr. 18173, fᵒ 162 rᵒ.

12112. — Arrêt déclarant qu'en remboursant au sieur de Souvré, gouverneur de Touraine, les sommes par lui payées pour la jouissance des greffes du bailliage de Tours, Alexandre Marchand pourra entrer en possession desdits greffes et les réunir au domaine du Roi à l'expiration d'un délai de seize ans, conformément aux termes du traité qu'il a passé avec le Roi.

E 16ᵇ, fᵒ 114 rᵒ, et ms. fr. 18173, fᵒ 161 rᵒ.

12113. — Arrêt ordonnant que deux mille quittances en blanc d'offices de regrattiers seront remises aux mains de Mᵉ Pierre Moynier, associé en la ferme générale des gabelles de Languedoc, lequel versera à l'Épargne 90,000 livres.

E 16ᵇ, fᵒ 115 rᵒ, et ms. fr. 18173, fᵒ 161 vᵒ.

12114. — Arrêt révoquant tous les commissaires ci-devant chargés de procéder à la réunion du domaine de Bretagne, et ordonnant que Mᵉ Claude Cornulier, trésorier de France audit pays, vaquera seul dorénavant au rachat dudit domaine.

E 16ᵇ, fᵒ 116 rᵒ, et ms. fr. 18173, fᵒ 173 vᵒ.

12115. — Arrêt renvoyant aux trésoriers de France à Orléans une requête en remise de taille présentée par les habitants de Sandillon, qui se trouvent ruinés par une inondation de la Loire.

E 16ᵇ, fᵒ 117 rᵒ, et ms. fr. 18173, fᵒ 173 rᵒ.

12116. — Arrêt ordonnant la réception de Barthélemy Rousset en l'office de second huissier audiencier en l'élection du Lyonnais.

E 16ᵇ, fᵒ 118 rᵒ, et ms. fr. 18173, fᵒ 174 rᵒ.

12117. — Arrêt renvoyant aux trésoriers de France à Orléans une requête en remise de tailles présentée par les habitants de Saint-Père-lès-Sully, qui se trouvent ruinés par une inondation de la Loire.

E 16ᵇ, fᵒ 120 rᵒ, et ms. fr. 18173, fᵒ 173 rᵒ.

12118. — Arrêt ordonnant aux trésoriers de France d'adresser au Conseil l'état de ce qui a été levé dans tout le royaume pour le port et l'envoi des commissions des tailles et crues depuis l'édit de juin 1599, lequel portait attribution desdits droits aux receveurs des tailles.

E 16ᵇ, fᵒ 121 rᵒ, et ms. fr. 18173, fᵒ 159 vᵒ.

12119. — Arrêt renvoyant aux trésoriers de France à Orléans une requête en remise de tailles présentée par les habitants de Saint-Denis-en-Val, qui se trouvent ruinés par une inondation de la Loire.

E 16ᵇ, fᵒ 122 rᵒ, et ms. fr. 18173, fᵒ 172 vᵒ.

12120. — Arrêt renvoyant aux trésoriers de France à Orléans pareille requête présentée par les habitants de Saint-Cyr-en-Val.

E 16ᵇ, fᵒ 123 rᵒ, et ms. fr. 18173, fᵒ 172 rᵒ.

12121. — Arrêt accordant surséance de trois mois à Mᵉ Guy Trouillet, receveur du domaine d'Anjou.

E 16ᵇ, fᵒ 124 rᵒ, et ms. fr. 18173, fᵒ 171 vᵒ.

12122. — Arrêt autorisant provisoirement plusieurs paroisses de la Haute-Auvergne à se servir, à volonté, du sel de Guyenne ou de celui de Languedoc, en attendant que Guillaume Alliez, fermier général des gabelles de Languedoc, ait établi que lesdites paroisses font partie des anciens ressorts de la gabelle du Languedoc.

E 16ᵇ, fᵒ 125 rᵒ, et ms. fr. 18173, fᵒ 168 vᵒ.

12123. — Arrêt déclarant qu'attendu la suppression des offices de jaugeurs dans le gouvernement de la Rochelle, il n'y a pas lieu d'établir de tels officiers en l'île de Ré.

E 16ᵇ, fᵒ 127 rᵒ, et ms. fr. 18173, fᵒ 167 vᵒ.

12124. — Arrêt accordant au sieur et à la demoiselle de Buc mainlevée du bois déjà abattu en la forêt de Champrond, mais leur interdisant d'en plus faire abattre désormais.

E 16ᵇ, fᵒ 128 rᵒ.

12125. — Arrêt révoquant, sur la demande des protestants de Normandie, l'article 7 du règlement du 28 août 1599, et réglant dans quelles conditions un procès pendant au parlement de Rouen pourra être déféré à la chambre de l'Édit.

E 16ᵇ, fᵒ 129 rᵒ, et ms. fr. 18173, fᵒ 175 vᵒ.

12126. — Arrêt statuant sur les procès pendants entre l'évêque et la ville de Châlons, réglant la tenue des assemblées de ville, l'élection et les fonctions du lieutenant du gouverneur.

E 16ᵇ, fᵒ 131 rᵒ; AD ✠ 144, nᵒ 15, et ms. fr. 18173, fᵒ 169 vᵒ.

12127. — Arrêt ordonnant qu'avant d'être admis à faire lui-même le rachat des recettes des consignations de Normandie, Mᵉ Charles Paulet devra dédommager Alexandre Marchant.

E 16ᵇ, fᵒ 135 rᵒ, et ms. fr. 18173, fᵒ 160 vᵒ.

12128. — Arrêt ordonnant qu'avant d'être admis à faire lui-même le rachat des recettes des consignations des parlements de Rouen, Rennes, Bordeaux, Toulouse, Grenoble et Dijon, Mᵉ Gabriel de Guénegaud devra dédommager Alexandre Marchant.

E 16ᵇ, fᵒ 136 rᵒ, et ms. fr. 18173, fᵒ 165 vᵒ.

12129. — Arrêt assignant 20,000 livres à Philippe de Magnas, « attendu les grandz fraiz et despens que luy et ses associez ont faictz pour la cognoissance et recherche de la valleur de la ferme de la traicte foraine et domanialle de Languedoc et Provence, laquelle il a tiercée », ce qui a obligé le fermier Léonard de Mausse à consentir une augmentation de 200,000 livres.

E 16ᵇ, fᵒ 137 rᵒ, et ms. fr. 18173, fᵒ 167 rᵒ.

12130. — Arrêt ordonnant une enquête préliminaire au sujet d'un échange qu'il est question de faire entre certains droits domaniaux dépendants de Romorantin et la seigneurie de Vienne, près Blois, qui appartient au sieur de Béthune.

E 16ᵇ, fᵒ 138 rᵒ, et ms. fr. 18173, fᵒ 167 rᵒ.

12131. — Arrêt condamnant les avocats de Nîmes à rembourser les 9,000 livres payées par les procureurs postulants de ladite ville pour la finance de leurs charges et, en outre, à leur payer 2,000 livres de dommages-intérêts.

E 16ᵇ, fᵒ 139 rᵒ, et ms. fr. 18173, fᵒ 165 rᵒ.

12132. — Arrêt ordonnant l'élargissement sous caution de Mᵉ François Tantillon, receveur des aides et tailles en l'élection de Forez, et ordonnant que deux des plus anciens trésoriers de France à Lyon rendront raison au Conseil des dilapidations commises.

E 16ᵇ, fᵒ 141 rᵒ, et ms. fr. 18173, fᵒ 164 rᵒ.

12133. — Arrêt ordonnant à la chambre des comptes de Montpellier de communiquer les registres et comptes relatifs aux gabelles de Languedoc à Mᵉ Jean Uzilis, procureur du Roi en la visite desdites gabelles et en la commission de la recherche des abus et malversations commis au fait desdites gabelles.

E 16ᵇ, fᵒ 143 rᵒ, et ms. fr. 18173, fᵒ 159 vᵒ.

12134. — Arrêt autorisant la réunion des offices de lieutenants criminels assesseurs et commissaires-examinateurs nouvellement créés dans le ressort du parlement de Grenoble aux offices anciens de lieutenants généraux et particuliers, de vice-baillis, de vice-sénéchaux, etc., du Dauphiné.

E 16ᵇ, fᵒ 145 rᵒ, et ms. fr. 18173, fᵒ 166 rᵒ.

12135. — Arrêt cassant les arrêts du parlement de Dijon des 4 février et 1ᵉʳ mars derniers, et renouvelant la défense faite audit parlement de connaître du procès pendant entre le fermier général des Cinq grosses fermes et les villes d'Auxonne, de Tournus, de Chalon et de Mâcon.

E 16ᵇ, fᵒ 147 rᵒ, et ms. fr. 18173, fᵒ 163 vᵒ.

12136. — Arrêt déclarant exempts des décimes les Mendiants Augustins du couvent de Notre-Dame-de-Brou.

E 16ᵇ, fᵒ 149 rᵒ, et ms. fr. 18173, fᵒ 160 rᵒ.

1608, 27 mars. — Paris.

12137. — Arrêt renvoyant aux trésoriers de France en Dauphiné une requête d'Arnauld de Foissin, prévôt général en ladite province, relative au payement de sa solde et de celle de ses archers.

E 16ᵇ, fᵒ 150 rᵒ, et ms. fr. 18173, fᵒ 178 vᵒ.

12138. — Arrêt ordonnant la vente des taillis abroutis de la forêt de Saint-Germain-en-Laye, à la charge pour les adjudicataires de receper et de clore de haies ou de fossés lesdits taillis, particulièrement le long des routes et des terres labourables.

E 16ᵇ, fᵒ 151 rᵒ, et ms. fr. 18173, fᵒ 173 vᵒ.

12139. — Arrêt assignant 1,500 livres au colonel Dompmartin et pareille somme à Samson Schaer et à Jean-Ernest de Döpfern, gentilshommes allemands, députés des autres capitaines reîtres qui ont servi sous Dompmartin.

E 16ᵇ, fᵒ 152 rᵒ, et ms. fr. 18173, fᵒ 181 rᵒ.

12140. — Arrêt évoquant un procès pendant en la Cour des aides entre les fermiers généraux de la douane de Lyon, de la traite et imposition foraine de Bourgogne, des traites domaniales de Champagne, Louis Fontaine, marchand de Rouen, et autres marchands ou voituriers, et donnant mainlevée à ces derniers de leurs bateaux et marchandises.

E 16ᵇ, fᵒ 153 rᵒ, et ms. fr. 18173, fᵒ 180 rᵒ.

12141. — Arrêt confiant à quatre conseillers d'État et à un correcteur en la Chambre des comptes la vérification détaillée des comptes rendus en ladite Chambre par les sieurs Guichard Faure, Le Lièvre, Baptiste Champin et Noël de Hère, qui ont « cy devant traicté pour les gabelles de France ».

E 16ᵇ, fᵒ 155 rᵒ, et ms. fr. 18173, fᵒ 179 vᵒ.

12142. — Arrêt chargeant le sieur de Maupeou d'adresser au Conseil un rapport au sujet des comptes de Mᵉ Gabriel de Guénegaud, secrétaire du Roi, commis au payement des dettes contractées, à l'occasion des troubles, par le duc de Mayenne.

E 16ᵇ, fᵒ 156 rᵒ, et ms. fr. 18173, fᵒ 179 rᵒ.

12143. — Arrêt ordonnant que Mᵉ Philippe Vincent, président en l'élection d'Auxerre, sera entendu au Conseil au sujet d'une requête de Mᵉ Gaspard Le Prince, grènetier au grenier à sel d'Auxerre, et ordonnant de surseoir à l'exécution d'un arrêt rendu à l'encontre dudit Le Prince par la Chambre neutre de Dijon.

E 16ᵇ, fᵒ 157 rᵒ, et ms. fr. 18173, fᵒˢ 202 rᵒ.

12144. — Arrêt donnant à Mᵉ Jean Palot, secrétaire du Roi, mainlevée de deniers levés sur le sel et affectés au remboursement du baron Dompmartin.

E 16ᵇ, fᵒ 158 rᵒ, et ms. fr. 18173, fᵒ 177 rᵒ.

12145. — Arrêt relatif à un procès pendant entre Guillaume Berault, ci-devant maire d'Auxerre, et Marie Lamy, sa femme, Mᵉ Jean Carré, conseiller au parlement de Dijon, et Mᵉ Pierre Buatier.

E 16ᵇ, fᵒ 159 rᵒ, et ms. fr. 18173, fᵒ 178 vᵒ.

12146. — Arrêt ordonnant le payement immédiat de 1,500 livres à Noël Parent, ouvrier en draps de soie et entrepreneur de crêpes fins façon de Bologne, pour l'aider à l'établissement de sa manufacture de Mantes.

E 16ᵇ, fᵒ 160 rᵒ, et ms. fr. 18173, fᵒ 178 rᵒ.

12147. — Arrêt réglant le versement à l'Épargne d'une somme de 100,000 livres perçue par Mᵉ Jean Palot, « commis par le Roy à la recepte des 4 solz faisant partie des 5 solz qui se levent sur chascun minot de sel pour le remboursement du sieur baron Dompmartin ».

E 16ᵇ, fᵒ 161 rᵒ, et ms. fr. 18173, fᵒ 177 vᵒ.

12148. — Arrêt renvoyant aux trésoriers de France à Orléans une requête en remise de tailles présentée par les habitants de Montlivault, dont les terres ont été ravagées par une inondation de la Loire.

E 16ᵇ, fᵒ 162 rᵒ, et ms. fr. 18173, fᵒ 179 vᵒ.

12149. — Arrêt déclarant que tous ceux qui ont traité ou qui traiteront avec le Roi soit pour le rachat de portions de domaine, greffes, sceaux, etc., dont ils doivent toucher le revenu durant seize ans, soit pour le remboursement de taxes payées par certains officiers pour de nouvelles attributions, dont ils doivent également jouir durant seize années, seront tenus de présenter au Conseil, à la fin de chacune de ces seize années, un état au vrai des rachats et des remboursements qu'ils auront effectués.

E 16ᵇ, fᵒ 163 rᵒ, et ms. fr. 18173, fᵒ 176 vᵒ.

12150. — «Articles contenans les conditions accordées... à Alexandre Marchant pour parvenir au rachapt des greffes, domaines, tabellionnages et autres droitz, cy dessoubz spécifiez, en la province de Normandie et ressort du parlement de Paris, ensemble l'estat desditz domaines, greffes, tabellionnages et autres droitz, sur lesquelz ledit Marchant en doibt prendre, à son choix, jusques à la somme de deux millions de livres, pour les rendre acquitées à Sa Majesté au bout de seize années.»

Ms. fr. 18173, fᵒ 231 vᵒ.

12151. — Acceptation des offres de Pierre Duval, qui propose de payer annuellement 220,000 livres pour la jouissance de certains droits levés au profit du Roi sur une des rivières du royaume, et qui jusqu'à présent ont rapporté, dans les meilleures années, 180,000 livres.

Ms. fr. 18173, fᵒ 240 vᵒ.

1608, 29 mars. — Paris.

12152. — Arrêt statuant sur diverses instances pendantes entre Mᵉ Jean de Moisset, receveur et payeur des rentes de l'Hôtel de ville, d'une part, Henri de Vaudetar, baron de Persan, lieutenant de la Vénerie, Marc-Aurèle Lomelin, les tuteurs de Sébastien et de Jules Sauly, les exécuteurs du testament d'Étienne Sauly, Alexandre Justiniani, etc., d'autre part.

E 16ᵇ, fᵒ 164 rᵒ, et ms. fr. 18173, fᵒ 206 rᵒ.

12153. — Arrêt autorisant la ville de Coucy à lever 1,500 livres, outre les 3,500 dont elle a déjà obtenu l'octroi par arrêt du 6 juillet 1606 (nᵒ 10303), pour en employer le produit à la réparation du beffroi, de l'auditoire et de la geôle.

E 16ᵇ, fᵒ 168 rᵒ, et ms. fr. 18173, fᵒ 191 vᵒ.

12154. — Arrêt accordant un nouveau rabais à Barthélemy Carteret, fermier des 9 livres 18 sols par tonneau de vin entrant en Picardie, du sol par pot de vin vendu en ladite généralité et des 60 sols par muid de vin sortant du royaume par les généralités de Champagne et de Soissons, attendu les pertes que lui ont fait subir le siège de Sedan et le séjour des troupes en Champagne durant les foires de Châlons et de Reims.

E 16ᵇ, fᵒ 170 rᵒ, et ms. fr. 18173, fᵒ 190 vᵒ.

12155. — Arrêt accordant aux sénéchaux, alloués, lieutenants et autres officiers présidiaux et royaux de Bretagne la suppression des offices de lieutenants-assesseurs criminels et de commissaires-examinateurs en ladite province, à condition qu'ils dédommageront les sieurs de Châteauvieux et de Guerbaudo, qui ont levé les quittances desdits offices, et à condition qu'ils verseront à l'Épargne une somme de 12,000 livres.

E 16ᵇ, fᵒ 171 rᵒ, et ms. fr. 18173, fᵒ 185 rᵒ.

12156. — Arrêt ordonnant que les fermiers des gabelles de Bourbonnais seront contraints à la restitution des arrérages d'une rente constituée, sur lesdites gabelles, à la feue reine Louise de Lorraine, rente qui eût dû être éteinte à la mort de ladite reine.

E 16ᵇ, fᵒ 173 rᵒ, et ms. fr. 18173, fᵒ 195 vᵒ.

12157. — Arrêt ordonnant l'établissement d'un bateau qui doit faire le service de Montereau à Paris, en attribuant le revenu à Mᵉ François de Loménie, secrétaire du cabinet du Roi, sa vie durant, et fixant le tarif des transports.

E 16ᵇ, fᵒ 174 rᵒ, et ms. fr. 18173, fᵒ 195 rᵒ.

12158. — Arrêt cassant un arrêt du Parlement du 18 février dernier, et déclarant que, conformément aux lettres patentes du 1ᵉʳ octobre 1607 et du 19 janvier 1608 obtenues par la duchesse de Guise, les appels interjetés par les officiers des eaux et forêts du comté d'Eu au sujet de la visite et de la réforme des forêts seront déférés à la Table de marbre.

E 16ᵇ, fᵒ 175 rᵒ, et ms. fr. 18173, fᵒ 183 vᵒ.

12159. — Arrêt autorisant les habitants de Saumur à faire lever, moitié sur la ville, moitié sur l'élection, la somme nécessaire pour indemniser Pierre Corsbeau, dont la maison a été transformée en une prison durant les troubles.

E 16ᵇ, fᵒ 177 rᵒ, et ms. fr. 18173, fᵒ 189 vᵒ.

12160. — Arrêt autorisant les trésoriers de l'église Saint-Denis de Rouen à imposer les propriétaires de la paroisse pour un vingtième de leur loyer, et les locataires pour un quarantième, jusqu'à concurrence d'une somme de 4,000 livres destinée aux réparations de ladite église.

E 16ᵇ, fᵒ 178 rᵒ, et ms. fr. 18173, fᵒ 189 rᵒ.

12161. — Arrêt attribuant à Mᵉ Jean Prévost, avocat au Parlement, un office de lieutenant en l'élection de Mirebeau dont est actuellement pourvu Mᵉ Jean Laurent.

E 16ᵇ, fᵒ 179 rᵒ, et ms. fr. 18173, fᵒ 190 rᵒ.

12162. — Arrêt accordant aux habitants d'Aizenay surséance de huit mois pour le payement d'une somme de 14,770 livres, attendu que « la plus grande partie des habitans qui estoient demeurans en ladite parroisse ès années ᴍ vᶜ ɪɪɪɪˣˣ xvɪɪɪ, xɪx, vɪᶜ et vɪᶜ ung sont mortz ou absens ».

E 16ᵇ, fᵒ 180 rᵒ, et ms. fr. 18173, fᵒ 188 vᵒ.

12163. — Arrêt ordonnant que, malgré l'opposition du procureur du Roi au bailliage d'Orléans, Mᵉ Pierre Abelly, receveur général des finances à Limoges, touchera le montant du prix de l'office de receveur des consignations à Orléans, à lui offert par le sieur Du Tillet et consorts.

E 16ᵇ, fᵒ 181 rᵒ, et ms. fr. 18173, fᵒ 188 vᵒ.

12164. — « Estat de la distribution qui sera faicte à aulcuns officiers des gabelles supprimez, obmiz d'estre employez en l'estat dressé au Conseil le xxvᵉ jour de febvrier ᴍ vɪᶜ ɪɪɪ, pour le remboursement de la finance par eulx payée... »

E 16ᵇ, fᵒ 182 rᵒ, et ms. fr. 18173, fᵒ 186 rᵒ.

12165. — Arrêt défendant aux trésoriers de France à Riom et aux élus de la Basse-Auvergne de taxer de trop fortes sommes les habitants d'Usson.

E 16ᵇ, fᵒ 188 rᵒ.

12166. — Arrêt statuant sur un procès pendant entre la ville de Provins, d'une part, François Philippe, Étienne Leblond et François Duclos, d'autre part.

E 16ᵇ, fᵒ 189 rᵒ, et ms. fr. 18173, fᵒ 221 vᵒ.

12167. — Arrêt statuant sur un procès pendant entre Israël de Huguelière, marchand de Francfort, d'une part, le tuteur des enfants et la veuve du sieur de Bernet, d'autre part.

E 16ᵇ, fᵒ 191 rᵒ, et ms. fr. 18173, fᵒ 220 rᵒ.

12168. — Arrêt ordonnant que les ministres protestants du bailliage de Gex continueront à jouir de leurs pensions conformément à l'arrêt du 19 décembre 1606 (nᵒ 10704), nonobstant l'opposition de l'archevêque de Bourges, opposition dont la connaissance est réservée au Conseil et interdite au parlement de Bourgogne.

E 16ᵇ, fᵒ 193 rᵒ, et ms. fr. 18173, fᵒ 219 rᵒ.

12169. — Arrêt ordonnant le payement d'une somme de 2,000 livres qui a été donnée par le Roi aux sieurs de Grissac et de La Mollière, gentilshommes ordinaires de la Vénerie, sur une amende payée par deux marchands de Saint-Germain-en-Laye, et ce nonobstant certaines assignations données à la princesse de Condé et au sieur de Rambouillet.

E 16ᵇ, fᵒ 195 rᵒ, et ms. fr. 18173, fᵒ 218 vᵒ.

12170. — Arrêt statuant sur les procès pendants entre le syndic du Vivarais et la ville de Bourg-Saint-Andéol, d'une part, la ville de Pont-Saint-Esprit et le syndic du diocèse d'Uzès, d'autre part, au sujet du grenier à sel de Pont-Saint-Esprit et de la fourniture du sel nécessaire aux habitants de Bourg-Saint-Andéol.

E 16ᵇ, fᵒ 197 rᵒ, et ms. fr. 18173, fᵒ 192 rᵒ.

12171. — Arrêt décidant dans quelle mesure les vins voiturés par terre ou par eau entre le Manoir et Caudebec sont sujets à l'impôt de 60 sols par muid.

E 16ᵇ, fᵒ 199 rᵒ, et ms. fr. 18173, fᵒ 199 vᵒ.

12172. — Acceptation des offres faites par Christophe Marie, qui s'engage à construire en quatre mois, sur telle rivière et à tel endroit qu'il plaira au

Roi de lui indiquer, une nouvelle sorte de pont dont il est l'inventeur.

E 16ᵇ, fᵒ 201 rᵒ, et ms. fr. 18173, fᵒ 240 vᵒ.

12173. — Arrêt donnant à Jean Duperray, sieur de Beaulieu, et à Jean Bouesdron, sieur de Gruyais, mainlevée de certaine quantité de bois coupée en la forêt de Champrond.

E 16ᵇ, fᵒ 203 rᵒ, et ms. fr. 18173, fᵒ 217 rᵒ.

12174. — Arrêt ordonnant aux avocat et procureur généraux en la cour des aides de Rouen d'envoyer au Conseil les motifs d'un arrêt du 27 juillet dernier préjudiciable aux intérêts de Mᵉ Claude Josse, fermier général des gabelles.

E 16ᵇ, fᵒ 204 rᵒ, et ms. fr. 18173, fᵒ 215 vᵒ.

12175. — Arrêt ordonnant la communication aux prévôt des marchands et échevins de Paris d'une requête de Raymond Vedel, dit La Fleur, capitaine général du charroi de l'Artillerie, qui demande au Conseil d'approuver la permission que lui a donnée le Roi d'établir, le long des quais de Paris, cinquante bateaux à lessive.

E 16ᵇ, fᵒ 205 rᵒ, et ms. fr. 18173, fᵒ 216 vᵒ.

12176. — Arrêt réglant le payement d'une somme de 3,973 livres 11 sols 6 deniers due au duc de Wurtemberg sur le produit des bois de la vicomté d'Alençon, laquelle lui a été engagée par le Roi.

E 16ᵇ, fᵒ 206 rᵒ, et ms. fr. 18173, fᵒ 191 rᵒ.

12177. — Arrêt autorisant les habitants de Sézanne à lever sur eux-mêmes une somme de 1,200 livres destinée tant au payement de ce qu'ils doivent au receveur général de la Charité chrétienne de Paris, qu'au payement des frais de certains procès et à la réparation des levées et canaux amenant l'eau dans leur ville.

E 13ᵇ, fᵒ 207 rᵒ, et ms. fr. 18173, fᵒ 194 vᵒ.

12178. — Arrêt déclarant que les échevins de Gien seront dispensés de présenter en la Chambre des comptes leurs comptes du remboursement de certaines avances que plusieurs particuliers ont faites, en 1568

et en 1569, pour l'entretien de la garnison commandée par le feu comte de Martinengo.

E 16ᵇ, fᵒ 208 rᵒ, et ms. fr. 18173, fᵒ 184 vᵒ.

12179. — Arrêt prorogeant pour neuf ans les exemptions accordées à la ville de Saint-Quentin.

E 16ᵇ, fᵒ 210 rᵒ, et ms. fr. 18173, fᵒ 216 vᵒ.

12180. — Arrêt autorisant le clergé du diocèse de Gap à lever 4,000 livres sur les bénéfices dudit diocèse.

E 16ᵇ, fᵒ 211 rᵒ, et ms. fr. 18173, fᵒ 201 rᵒ.

12181. — Arrêt autorisant Augustin Le Moyne, entrepreneur de maçonnerie, à faire servir à la reconstruction du pont de Saint-Cloud les pierres de taille et moellons provenant de la démolition des anciennes arches.

E 16ᵇ, fᵒ 212 rᵒ, et ms. fr. 18173, fᵒ 203 rᵒ.

12182. — Arrêt réglant l'union de l'office de receveur alternatif des amendes du parlement de Rouen à l'office de receveur ancien desdites amendes.

E 16ᵇ, fᵒ 214 rᵒ, et ms. fr. 18173, fᵒ 203 vᵒ.

12183. — Arrêt déclarant que Léonard de Mausse, fermier général des traites foraine et domaniale de Languedoc et Provence, percevra le droit de traite domaniale sur toutes les denrées et marchandises sujettes audit droit et transportées hors du royaume, sans préjudice des exemptions accordées aux chevaliers de Malte, ainsi qu'aux habitants du Comtat-Venaissin, de la ville d'Avignon et de la principauté d'Orange.

E 16ᵇ, fᵒ 216 rᵒ, et ms. fr. 18173, fᵒ 204 rᵒ.

12184. — Arrêt évoquant le procès criminel intenté aux sieurs de Saint-Étienne et La Gruais, qui, « accompagnez de vingt-cinq hommes armez d'armes deffendues, auroient, de force, enlevé du carrosse de la dame de La Claretière damoiselle Catherine Giffart, sa niepce, aagée de neuf ans », et ordonnant que provisoirement ladite Catherine sera confiée à la garde de la dame de Souvré.

E 16ᵇ, fᵒ 218 rᵒ, et ms. fr. 18173, fᵒ 205 rᵒ.

12185. — Arrêt ordonnant que plusieurs prétendus créanciers de la paroisse de Nozay, en Bretagne, seront assignés au Conseil.

E 16ᵇ, fᵒ 220 rᵒ, et ms. fr. 18173, fᵒ 182 vᵒ.

12186. — Arrêt autorisant la levée des sommes dues par la ville de Cusset à Mᵉ Antoine Guesdon.

E 16ᵇ, fᵒ 221 rᵒ, et ms. fr. 18173, fᵒ 182 rᵒ.

12187. — Arrêt renvoyant aux trésoriers de France à Toulouse une requête du sieur de Pibrac tendante « à ce qu'il plaise à Sa Majesté luy accorder certaines terres appellées les Pellades, délaissez, il y a longtemps, par la rivière de Garonne », près de Castelsarrasin.

E 16ᵇ, fᵒ 222 rᵒ.

12188. — Arrêt accordant aux religieux Augustins Mendiants d'Agen, de Mezin, de Monflanquin et de Geaune décharge de tous impôts jusqu'en 1596, et renvoyant aux trésoriers de France à Bordeaux la requête des mêmes religieux, en tant qu'elle se réfère aux impôts des années postérieures.

E 16ᵇ, fᵒ 223 rᵒ, et ms. fr. 18173, fᵒ 223 rᵒ.

12189. — Arrêt réglant les fonctions et les droits des vendeurs de bétail à pied fourché dans les villes et bourgades du royaume.

E 16ᵇ, fᵒ 227 rᵒ, et ms. fr. 18173, fᵒ 192 vᵒ.

12190. — Arrêt ordonnant, sur la requête de Mᵉ Charles Paulet, qu'il soit levé, sur chaque minot de sel vendu dans les greniers de Normandie, 2 sols 6 deniers, d'une part, et 7 deniers, de l'autre, tant pour l'augmentation des gages des lieutenants généraux, vicomtes, lieutenants particuliers et autres officiers mentionnés en l'édit de janvier 1598, que pour la nouvelle attribution faite aux avocats et procureurs des greniers à sel.

E 16ᵇ, fᵒ 231 rᵒ, et ms. fr. 18173, fᵒ 214 vᵒ.

12191. — Arrêt ordonnant qu'il sera pourvu au remboursement des avances faites, en vue de la réduction de la citadelle de Chalon-sur-Saône, par Mᵉ Étienne Millet, conseiller au parlement de Dijon, après toutefois que ladite créance aura été liquidée par les États de Bourgogne.

E 16ᵇ, fᵒ 233 rᵒ, et ms. fr. 18173, fᵒ 210 rᵒ.

12192. — Arrêt ordonnant la communication aux fermiers des douanes de Vienne et de Lyon d'une requête des États de Dauphiné tendante à la suppression de la douane de Vienne.

E 16ᵇ, fᵒ 234 rᵒ, et ms. fr. 18173, fᵒ 181 vᵒ.

12193. — Arrêt faisant remise aux habitants de Retheuil d'une amende de 1,200 livres encourue pour délits commis en la forêt de Retz.

E 16ᵇ, fᵒ 236 rᵒ, et ms. fr. 18173, fᵒ 209 vᵒ.

12194. — Arrêt fixant le taux de l'indemnité allouée à Mᵉ Jean Coynart, ci-devant commis à la recette des 5 sols par minot de sel affectés au remboursement des officiers de la douane de Lyon.

E 16ᵇ, fᵒ 237 rᵒ, et ms. fr. 18173, fᵒ 210 rᵒ.

12195. — Arrêt ordonnant le remboursement à la veuve de Daniel de La Noue d'une somme de 3,000 livres versée par le défunt pour la finance de son office de maître particulier des eaux et forêts à Nogent et à Pont-sur-Seine.

E 16ᵇ, fᵒ 238 rᵒ, et ms. fr. 18173, fᵒ 197 rᵒ.

12196. — Arrêt ordonnant le prompt recouvrement d'une somme de 719 livres 12 sols que le syndic de la communauté des sergents de Lyon a été condamné à payer, à titre de dépens, à Clément Romieu, sergent royal à Lyon.

E 16ᵇ, fᵒ 240 rᵒ, et ms. fr. 18173, fᵒ 201 rᵒ.

12197. — Arrêt ordonnant à Mᵉ Émile Perrot, conseiller aux eaux et forêts à la Table de marbre et ci-devant chargé de visiter l'ancien domaine de Navarre, d'informer au sujet des dégâts commis, en la forêt de Champrond, nonobstant l'arrêt du 25 octobre dernier (nᵒ 11621), et de poursuivre les délinquants.

E 16ᵇ, fᵒ 241 rᵒ, et ms. fr. 18173, fᵒ 199 rᵒ,

12198. — Arrêt accordant aux prieur et consuls de Rouen décharge du droit « d'un solz d'augmentation des présentations et petitz sceaux ».

E 16ᵇ, fᵒ 243 rᵒ, et ms. fr. 18173, fᵒ 183 rᵒ.

12199. — Arrêt renvoyant aux trésoriers de

France en Bretagne une requête du sieur de Sourdéac, lieutenant du Roi en Basse-Bretagne, et de
son fils, le marquis d'Ouëssant, tendante au payement
de 8,640 livres dues à la garnison de Brest pour la
solde de l'année 1607.

E 16ᵇ, fⁿ 245 rⁿ, et ms. fr. 18173, fⁿ 211 rⁿ.

12200. — Arrêt renvoyant au sieur de Granet,
conseiller au parlement de Grenoble et président au
présidial de Bourg, une requête du sieur de Villars,
bailli de Gex, qui demande à jouir de la même pré-
rogative que ses prédécesseurs, c'est-à-dire à pouvoir
prendre les langues de toutes les bêtes de race bovine
tuées dans le pays et se faire attribuer un muid de
chaux sur chacun des fours du pays.

E 16ᵇ, fⁿ 247 rⁿ, et ms. fr. 18173, fⁿ 216 rⁿ.

12201. — Arrêt relatif à la reddition des comptes
de Jean Treillault, receveur et payeur des officiers du
présidial de Château-Thierry.

E 16ᵇ, fⁿ 248 rⁿ, et ms. fr. 18173, fⁿ 215 vⁿ.

12202. — Arrêt déclarant que le procureur général en la chambre des comptes de Normandie devra
envoyer, chaque année, en la chambre des comptes de
Paris un double collationné des comptes des receveurs
généraux des finances et du taillon de Normandie, et
ordonnant aux receveurs généraux à Rouen et à Caen
de comparaître au Conseil pour se voir condamner au
payement d'une somme de 2,000 livres.

E 16ᵇ, fⁿ 249 rⁿ, et ms. fr. 18173, fⁿ 213 vⁿ.

12203. — Arrêt défendant au parlement de Rouen
de recevoir aucun procureur en la cour, avant que
le nombre desdits procureurs ait été réduit à cinquante.

E 16ᵇ, fⁿ 251 rⁿ, et ms. fr. 18173, fⁿ 211 vⁿ.

12204. — Arrêt prorogeant pour six ans, et
nonobstant l'opposition du parlement de Dijon, les
crues de 35 et de 2 sols par minot de sel, dont le
produit devra être affecté au rachat du domaine de
Bourgogne.

E 16ᵇ, fⁿ 253 rⁿ, et ms. fr. 18173, fⁿ 205 rⁿ.

12205. — Arrêt ordonnant que le sieur Salma-

tory sera contraint de remettre aux mains du trésorier de l'Épargne vingt-sept quittances d'offices de
priseurs-vendeurs de biens, et que Josias Mortier
sera également contraint de remettre toutes les quittances semblables qui lui ont été délivrées jusqu'à
concurrence de 150,000 livres.

E 16ᵇ, fⁿ 255 rⁿ, et ms. fr. 18173, fⁿ 212 vⁿ.

12206. — Arrêt ordonnant la réception d'André
Perraud en un office de sergent des aides et tailles en
l'élection de Moulins, à moins que les autres sergents
en ladite élection ne préfèrent le rembourser de sa
finance et de ses frais.

E 16ᵇ, fⁿ 257 rⁿ, et ms. fr. 18173, fⁿ 198 rⁿ.

12207. — Arrêt renvoyant au parlement de Dijon
le procès de Mᵉ Pierre de Puget, sieur de Tourtoux,
conseiller au parlement de Provence, et de Jean de
Puget, son fils.

E 16ᵇ, fⁿ 259 rⁿ, et ms. fr. 18173, fⁿ 201 vⁿ.

12208. — Arrêt ordonnant la réception de
Mᵉ Marc-Antoine de La Tour en un office de conseiller au parlement de Dijon, conformément au
traité conclu avec le duc de Mayenne.

E 16ᵇ, fⁿ 260 rⁿ, et ms. fr. 18173, fⁿ 210 vⁿ.

12209. — Arrêt attribuant au parlement de Bretagne la connaissance des appels interjetés des
sentences du sieur La Chaussée Des Aubies, lequel,
ayant été pourvu, durant les troubles, de l'office de
maître des eaux et forêts en Bretagne, s'empressa,
aux approches de la paix, de condamner les habitants
à de grandes amendes pour de prétendus délits commis dans les forêts.

E 16ᵇ, fⁿ 262 rⁿ, et ms. fr. 18173, fⁿ 196 vⁿ.

12210. — Arrêt adjoignant au prévôt des maréchaux de Langres deux des archers du prévôt des
maréchaux de Châlons, quatre des archers du lieutenant de robe courte de Troyes, deux des archers de
celui de Sainte-Menehould, et un des archers de celui
d'Épernay.

E 16ᵇ, fⁿ 264 rⁿ, et ms. fr. 18173, fⁿ 196 rⁿ.

12211. — Arrêt réglant la juridiction des lieutenants particuliers assesseurs criminels dans les bailliages, prévôtés, vicomtés et autres juridictions royales de France.

E 16ᵇ, fᵒ 266 rᵒ; AD ✠ 144, nᵒ 16, et ms. fr. 18173, fᵒ 217 vᵒ.

12212. — Arrêt autorisant le sieur de Monts, lieutenant général du Roi en Nouvelle-France, et ses lieutenants à faire, pendant un an, le commerce des fourrures avec les sauvages dudit pays, et levant, en ce qui le concerne, les défenses portées par l'arrêt du Conseil du 17 juillet dernier (nᵒ 11199).

Ms. fr. 18173, fᵒ 194 vᵒ.

12213. — Arrêt ordonnant que le sieur d'Harambure sera entendu au sujet d'une réclamation des syndics du clergé, du receveur des décimes au diocèse de Bourges, du receveur des deniers communs et du grènetier au grenier à sel de Bourges relativement au payement des décimes dues par le prieuré de Ruffec-le-Château.

Ms. fr. 18173, fᵒ 212 rᵒ.

12214. — « Articles contenans les conditions accordées par le Roy en son Conseil à Mᵉ Charles Paulet,... pour parvenir à l'exécution des offres par luy faictes à Sa Majesté pour le remboursement des greffes des bureaux des trésoriers de France, des juges consulz et des greniers à sel de ce royaume jà vendus et alliennez en domaine, à faculté de rachapt perpétuel, comme aussy de la finance paiée tant par les lieutenans généraux, provinciaulx, que autres juges et officiers, pour l'augmentation de gages à eulx attribuez en vertu de l'eedict... de janvier m vᵉ iiiiˣˣ xviii..., et pareillement des sept deniers attribuez aux advocatz et procureurs de Sa Majesté desditz greniers, et ce moiennant la jouissance de tout le revenu... desditz greffes et droitz qui se lèvent en chascun desditz greniers pour lesditz officiers durant seize années... »

Ms. fr. 18173, fᵒ 226 rᵒ.

1608, 19 avril. — Paris.

12215. — Arrêt ordonnant qu'il sera procédé à la vente, au doublement et au tiercement des offices de contrôleurs-visiteurs-marqueurs de cuirs, etc., conformément à l'édit de 1596, et que, sur le produit de cette opération, le duc de Nemours percevra la somme de 200,000 livres.

AD ✠ 144, nᵒ 21.

1608, mai. — Paris.

12216. — Arrêt interprétant celui du 29 décembre 1607 (nᵒ 11817), et déclarant que les rentes anciennes constituées sur les aides, crues, octrois et équivalent dans la sénéchaussée de Toulouse ne doivent être payées pour l'année entière qu'à partir du 1ᵉʳ janvier 1607, tandis que la moitié retranchée des arrérages de 1605 et de 1606 doit demeurer affectée à certaines dépenses, telles que l'entretien des galères du Roi.

Ms. fr. 10842, fᵒ 275 rᵒ.

1608, 17 juin. — Paris.

12217. — Arrêt maintenant Mᵉ Charles Paulet en jouissance de la crue de 5 sols par minot de sel levée dans les généralités de Paris, Soissons, Champagne, Picardie, Orléans, Tours, Bourges et Moulins, et en jouissance des 2 sols 6 et 14 deniers levés, dans le ressort de Paris et dans la province de Normandie, pour l'augmentation des gages des officiers de judicature et pour la nouvelle attribution faite aux avocats et procureurs des greniers à sel.

AD ✠ 144, nᵒ 37.

1608, 18 juin. — Paris.

12218. — Arrêt attribuant, sous certaines conditions, de nouveaux droits aux « trésoriers et receveurs généraux des finances extraordinaires et Parties casuelles ».

Ms. fr. 10842, fᵒ 181 rᵒ.

1608, 26 juin. — Paris.

12219. — Arrêt réglant le recouvrement des 1,127,000 livres imposées sur les officiers de finance, leurs veuves, héritiers ou commis qui sont désignés aux rôles arrêtés au Conseil.

AD ✠ 144, n° 38.

1608, 8 juillet. — Fontainebleau.

12220. — Arrêt décidant que le déficit de 3,414 livres 12 sols relevé sur le compte du pavage de la ville de Paris portera sur les fonds spécialement affectés à la réparation du quai de Chaillot, auquel on ne peut, en ce moment, travailler à cause du débordement de la Seine.

E 18ᵉ, f° 1 r°.

1608, 12 juillet. — Fontainebleau.

12221. — Arrêt statuant sur les procès pendants entre Victor Begon, marchand de Clermont, en Auvergne, Philippe Chenart, marchand de Lyon, et Antoine Lhuillier, marchand de Tours.

E 18ᵉ, f° 3 r°.

12222. — Arrêt statuant sur le procès intenté par Me Nicolas Beraud, ci-devant receveur et collecteur des deniers de la ville de Moulins, à Me François Tardieu, général en la Cour des aides, commissaire député en la généralité de Moulins pour la recherche des financiers, et mettant les parties hors de cour.

E 18ᵉ, f° 5 r°.

12223. — Arrêt confirmant à Me Léonard de Mausse, fermier général de la traite foraine et de la patente de Languedoc, le droit de lever un cinquième denier sur les marchandises expédiées de la foire de Beaucaire, soit hors du royaume, soit dans des provinces où les aides n'ont point cours.

E 18ᵉ, f° 7 r°.

12224. — Arrêt prorogeant de deux mois le délai accordé à Léonard Seiglière, ci-devant receveur des tailles en la Marche et receveur du domaine à Aubusson, pour mettre en état d'être jugées les oppositions de divers créanciers qui veulent être payés sur le prix desdits offices.

E 18ᵉ, f° 9 r°.

12225. — Arrêt statuant sur le procès pendant

entre Guillaume Thibault, maître d'hôtel de la Reine, d'une part, Pierre Gillot, receveur du taillon de Noyon, Thomas Cezille, Antoine Cordelier et Jacques Mutuel, anciens fermiers des droits d'entrée des vins en la ville de Noyon, d'autre part.

E 18ᵉ, f° 10 r°.

12226. — Arrêt maintenant Me Michel Brice, receveur et payeur des gages des officiers du Parlement, en possession d'une maison de la rue Saint-Merry, à lui adjugée par les commissaires députés à la revente du domaine, et ce nonobstant la revendication de Me Olivier Fondriac, avocat au Parlement.

E 18ᵉ, f° 12 r°.

12227. — Arrêt portant acensement du petit étang de Moret en faveur de Me François de Loménie, secrétaire du Roi et des finances, l'autorisant à prendre de l'eau dans le grand étang de Moret, et réglant l'indemnité due à la comtesse de Moret.

E 18ᵉ, f° 18 r°.

12228. — Arrêt renvoyant au procureur général une requête des trésoriers de France à Bordeaux tendante à ce que le lieu de leurs séances soit transféré en l'hôtel de la *Contablerie.*

E 18ᵉ, f° 20 r°.

12229. — Arrêt renvoyant aux trésoriers de France à Paris une requête de Thibaud Duplessis, valet de chambre ordinaire du Roi, à qui Sa Majesté aurait fait don d'un petit terrain enclavé en une maison de la rue Saint-Germain.

E 18ᵉ, f° 21 r°.

12230. — Arrêt ordonnant la vérification des dettes des habitants de Beaumont, en Auvergne.

E 18ᵉ, f° 22 r°.

12231. — Arrêt autorisant les habitants de Sauxillanges à lever sur eux-mêmes une somme de 3,251 livres 8 sols 6 deniers destinée au remboursement des emprunts qu'ils ont dû contracter, durant les troubles, afin de conserver leur ville en l'obéissance du Roi.

E 18ᵉ, f° 23 r°.

12232. — Arrêt déclarant que Jean Palot, commis

à la recette des 8 sols par minot de sel, dont partie est affectée au remboursement du baron de Dampmartin, sera indemnisé des pertes que lui ont fait subir les saisies pratiquées, à plusieurs reprises, par les créanciers dudit baron.

E 18°, f° 24 r°.

———————

1608, 15 juillet. — Fontainebleau.

12233. — Arrêt autorisant les habitants du Mans à lever sur eux-mêmes une somme de 1,956 livres, destinée à l'acquittement de diverses dettes, notamment d'une dette contractée, en 1606, durant l'épidémie.

E 18°, f° 25 r°.

12234. — Arrêt renvoyant aux trésoriers de France à Orléans une requête en remise de tailles présentée par les habitants de Briarres, de la Brosse et de Dimancheville.

E 18°, f° 26 r°.

12235. — Arrêt ordonnant l'élargissement de Nicolas Sibille, sergent en l'élection de Nemours.

E 18°, f° 27 r°.

12236. — Arrêt donnant à la maréchale de Balagny pleine et entière mainlevée des revenus de la vicomté d'Orbec.

E 18°, f° 28 r°.

12237. — Arrêt déclarant que Charles Aubert, religieux en l'Hôtel-Dieu de la Madeleine de Rouen et chapelain du Roi en la chapelle du château, jouira des quatre muids de vin et des droits concédés par les Rois à ses prédécesseurs.

E 18°, f° 30 r°.

12238. — Arrêt ordonnant que les adjudicataires de greniers à sel qui, de 1595 à 1599, ont perçu un quart de l'impôt d'un écu par muid de sel passant sous les ponts de Blois seront contraints de restituer au Roi une somme de 9,000 livres.

E 18°, f° 31 r°.

12239. — Arrêt relatif à une requête de Blaise de Verneson, secrétaire du Roi, maison et couronne de France, que M° Jacques Hilaire, ci-devant receveur général des finances à Orléans, voulait contraindre à la restitution d'une somme de 300 livres à lui payée pour ses gages de l'année 1600

E 18°, f° 33 r°.

12240. — Arrêt enjoignant au receveur général des bois en Touraine de payer à Jean d'Armagnac, maître particulier des eaux et forêts de Chinon, ses gages des années 1606 et 1607.

E 18°, f° 34 r°.

12241. — Arrêt ordonnant le payement d'une somme de 1,955 livres restée due au sieur de Saint-Yon, maître des requêtes de l'Hôtel, et à son greffier « pour leurs journées et vaccations par eulx emploiées à la visittation et refformation des eaues et foresiz de Poictou ez années M VI° ung et M VI° deux ».

E 18°, f° 35 r°.

12242. — Arrêt ordonnant qu'avant d'autoriser le sieur de Beringhen, premier valet de chambre du Roi, à exercer son office de maître-visiteur et général réformateur des poids et mesures, les fonctions attachées audit office seront l'objet d'un règlement.

E 18°, f° 36 r°.

12243. — Arrêt déterminant les conditions dans lesquelles les offices de lieutenants particuliers criminels pourront être levés soit par les lieutenants, baillis et sénéchaux de robe longue, prévôts, juges, viguiers et châtelains, soit par les assesseurs criminels.

E 18°, f° 38 r°; AD ✠ 144, n° 16, et AD ✠ 145, n° 3.

12244. — Arrêt statuant sur les procès pendants entre les hôteliers francs de Rennes, les fermiers « du solz et liart pour pot de vin hors le cru du pays de Bretaigne et liart pour pot de vins bretons et cidres qui se consomment en ladite ville de Rennes » et les habitants de Rennes.

E 18°, f° 40 r°.

12245. — Arrêt déclarant qu'une somme de 38 écus due à Marcelin Oudin, marchand du Puy, sera payée conformément à l'ordre réglé pour l'acquittement des dettes du Velay.

E 18°, f° 43 r°.

12246. — Arrêt rejetant l'appel interjeté par les

consuls et habitants de Monistrol d'une ordonnance des commissaires députés pour la liquidation des dettes du Languedoc.

E 18ᵉ, f° 45 r°.

12247. — Arrêt accordant un sursis, pour le payement d'une somme de 6,000 livres, à Barthélemy Carteret, fermier des 9 livres 18 sols par tonneau de vin entrant en Picardie, du sol par pot de vin vendu en ladite province et des 60 sols par muid de vin sortant du royaume par les généralités de Champagne et de Soissons.

E 18ᵉ, f° 47 r°.

12248. — Arrêt préparatoire rendu au cours d'un procès pendant entre Jean Ollier, marchand de Vernon, et les échevins et habitants de ladite ville.

E 18ᵉ, f° 48 r°.

1608, 17 juillet. — Fontainebleau.

12249. — Arrêt ordonnant qu'il soit procédé à la vente et revente des offices nouvellement créés de visiteurs-marqueurs de cuirs, déclarant que les adjudicataires seront pourvus en titre d'office et en hérédité, et que ces offices ne seront point compris dans le domaine ancien sujet à rachat.

E 18ᵉ, f° 50 r°, et AD ✠ 145, n° 4.

12250. — Arrêt déclarant que «les lettres de provision de la qualité de lieutenant criminel ne seront délivrées, sinon pour les sièges ausquelz a esté pourveu de l'office d'assesseur criminel, ou que ceulx qui vouldront obtenir ladite qualité de lieutenant criminel n'ayent, au préalable, pris et levé l'office d'assesseur».

E 18ᵉ, f° 51 r°.

1608, 19 juillet. — Fontainebleau.

12251. — Arrêt autorisant les échevins de Loches à lever sur tous les habitants de la ville, même privilégiés, une somme de 962 livres 7 sols 6 deniers destinée au remboursement des emprunts faits en l'année dernière, lors de l'épidémie.

E 18ᵉ, f° 52 r°.

12252. — Arrêt relatif au différend soulevé entre Jean Davy, bailli de robe longue, et Louis Le Coq, lieutenant au bailliage de Saint-Sauveur-Lendelin, au sujet de l'office de lieutenant criminel audit bailliage.

E 18ᵉ, f° 54 r°.

12253. — Arrêt accordant un sursis, pour le payement de 800 écus, à François Sinet, ancien chargé d'affaires, et à Julien Le Tessier, ancien secrétaire du prince de Conti.

E 18ᵉ, f° 55 r°.

12254. — Arrêt autorisant Mᵉ Pierre de La Combe, lieutenant général civil et criminel au siège de Cognac, à lever, dans le délai d'un mois, l'office de lieutenant criminel audit siège.

E 18ᵉ, f° 56 r°.

12255. — Arrêt renvoyant aux trésoriers de France à Bordeaux une requête des habitants de Tarbes sollicitant l'établissement d'octrois dont le produit serait consacré à la reconstruction des murailles de la ville, attendu la «pauvreté en laquelle ilz sont à présent réduictz, pour avoir esté, pendant les guerres dernières, diverses fois exposez au pillage, et la pluspart de ladite ville bruslée».

E 18ᵉ, f° 57 r°.

12256. — Arrêt maintenant Pierre Basché en l'office de quatrième messager de la Rochelle à Paris.

E 18ᵉ, f° 58 r°.

12257. — Arrêt suspendant l'exécution d'un arrêt obtenu au parlement de Normandie par les dinandeurs, fondeurs et échevins de Rouen contre Pierre Mazire, commis par le duc de Sully, grand maître de l'Artillerie, à la visite des cuivres, fontes et métaux.

E 18ᵉ, f° 60 r°.

12258. — Arrêt ordonnant signification au fermier général des gabelles du Languedoc de l'offre faite à Pierre Froment, receveur des gabelles à Pont-Saint-Esprit, de prendre la ferme des 40 sols par quintal de sel vendu dans le Languedoc.

E 18ᵉ, f° 62 r°.

12259. — Arrêt ordonnant l'examen des comptes

de Me Jean Maritan, commis à la recette des deniers levés sur le sel de Languedoc et destinés à l'acquittement des dettes du Rouergue.

E 18e, f° 64 r°.

12260. — Arrêt autorisant les habitants de Chastel-sur-Murat, de la Chapelle-d'Alagnon et de vingt-deux autres paroisses de Haute-Auvergne à lever sur eux-mêmes une somme de 1,300 livres pour payer les frais du procès que leur a intenté le fermier des gabelles de Languedoc.

E 18e, f° 65 r°.

12261. — Arrêt renvoyant aux sieurs de Caumartin, de Maupeou, de Villemontée et Langlois, conseillers d'État, et au sieur Desportes, grand audiencier de France, le différend soulevé entre Alexandre Marchand et Mathieu Bastard, au sujet du rachat du domaine.

E 18e, f° 66 r°.

12262. — Arrêt maintenant provisoirement aux habitants d'Achères l'autorisation de prendre du bois mort dans la forêt de Saint-Germain, et d'y faire paître leurs vaches et leurs bœufs.

E 18e, f° 67 r°.

12263. — Arrêt relatif au différend soulevé entre Pierre Gohier et Jean Treillard au sujet de l'office de contrôleur de plâtre à Paris.

E 18e, f° 69 r°.

12264. — Arrêt relatif au différend soulevé entre la ville de Saumur et l'abbaye de Saint-Florent au sujet de l'entretien du pont de Saumur.

E 18e, f° 70 r°.

12265. — Arrêt renvoyant aux trésoriers de France à Lyon une requête par laquelle les habitants de la châtellenie de Néronde demandent à être déchargés, à raison de leur grande pauvreté, de tout impôt extraordinaire.

E 18e, f° 72 r°.

12266. — Arrêt ordonnant la vérification des comptes des consuls du Puy qui ont été en charge durant les six dernières années.

E 18e, f° 73 r°.

12267. — Arrêt fixant à Samatan le siège de l'élection nouvellement créée au pays de Comminges.

E 18e, f° 74 r°.

12268. — Arrêt déclarant que Laurent Bricot et les héritiers d'Émilian de Coutard seront dispensés de rendre compte de la gestion des deniers communs de la ville de Château-Chinon.

E 18e, f° 75 r°.

12269. — Arrêt autorisant les habitants de Saint-Bonnet-des-Champs à lever sur eux-mêmes une somme de 3,429 livres destinée au remboursement d'un emprunt fait pendant les troubles.

E 18e, f° 76 r°.

12270. — Arrêt renvoyant aux prévôt des marchands et échevins de Paris un placet de Jean de Bies tendant à l'établissement d'un service de bateaux entre Joigny et Paris.

E 18e, f° 77 r°.

12271. — Arrêt renvoyant aux officiers de la chambre de Nérac une requête de Jacques de La Lande et de Jean Du Sault, marchands de Bayonne, tendante à ce qu'il leur soit livré 1,654 pieds d'arbre dans certaines forêts du comté d'Armagnac, pour achever de les rembourser d'une somme de 13,150 livres par eux consacrée au rachat de la terre de Manciet, ci-devant engagée au sieur d'Armagnac, premier valet de chambre du Roi.

E 18e, f° 78 r°.

12272. — Arrêt maintenant les Provençaux en possession du droit de se livrer à la pêche du thon et à toute autre pêche, et révoquant le privilège concédé au sieur de Bouhier.

E 18e, f° 79 r°.

12273. — Arrêt déclarant que le huitième du vin «vendu en détail à potz ou par assiettes» en la ville de Paris sera levé conformément aux termes de l'ordonnance de 1498, et que les droits des écoliers et autres personnes privilégiées seront sauvegardés.

E 18e, f° 80 r°.

12274. — Arrêt ordonnant l'exécution de celui

du 6 mars dernier (n° 12052) qui règle la levée des deniers extraordinaires en Languedoc.

E 18°, f° 82 r°.

12275. — Arrêt déclarant que le sieur Doué fera connaître au Conseil les moyens par lesquels il propose de parvenir, en seize années, au rachat des rentes constituées à la ville de Paris sur le Clergé.

E 18°, f° 84 r°.

12276. — Arrêt relatif au payement de Paul Du Tillet, dit La Forest, de Gérald de Noix, dit Paullac, de Léonard Du Gros et consorts, qui, sur l'ordre du sieur de Noailles, gouverneur du haut pays d'Auvergne, ont gardé les châteaux de la Volpilière, de Rochebrune et de Vareillettes pour empêcher les auteurs du rapt de la fille du sieur de Fontanges de s'y réfugier.

E 18°, f° 86 r°.

12277. — Arrêt relatif à une requête des États de Bourgogne qui tendait à une réduction de 3,430 livres sur la somme de 68,000 livres inscrite, en l'état du Roi, pour l'entretien des garnisons de Bourgogne en l'année 1606.

E 18°, f° 87 r°.

12278. — Arrêt accordant un rabais à Pierre de Chavrais, ci-devant fermier général de l'impôt levé sur les cartes, dés et tarots.

E 18°, f° 88 r°.

12279. — Arrêt ordonnant aux trésoriers de France en Bourgogne de se transporter au couvent de Pierre-Châtel, de l'ordre des Chartreux, d'y constater l'état de la citerne et de donner leur avis sur les dégâts qu'y a causés, depuis 1600, la garnison et sur les indemnités qu'il conviendrait d'accorder aux religieux.

E 18°, f° 89 r°.

12280. — Arrêt ordonnant que les offices de lieutenants criminels au bailliage de Saint-Sauveur-Lendelin seront taxés modérément et attribués de préférence à Louis Le Coq.

E 18°, f° 91 r°.

12281. — Arrêt autorisant les habitants de Saint-

Michel-d'Euzet à lever sur eux-mêmes une somme de 1,600 livres destinée au payement de leurs dettes.

E 18°, f° 92 r°.

12282. — Arrêt évoquant au Conseil le procès pendant en la Chambre de l'Édit du parlement de Paris entre Henri, duc de Rohan, et Me Jean de Bérulle, conseiller au Parlement, « tant en son nom, à cause de damoiselle Pastey, sa femme, que comme curateur des enfans mineurs de feu Me Bénigne Pastey ».

E 18°, f° 93 r°.

12283. — Arrêt accordant à Me Louis Monceau, commis à la recette du droit de marc d'or, décharge de deniers à lui payés par les acquéreurs des greffes et des tabellionages de Languedoc.

E 18°, f° 94 r°.

1608, 21 juillet. — Paris.

12284. — Arrêt évoquant et renvoyant au Grand Conseil tous les procès civils ou criminels que pourraient avoir, pendant trois ans, Charles Paulet, sieur de Couberon, secrétaire ordinaire de la chambre du Roi, sa femme ou sa fille.

E 18°, f° 96 r°.

1608, 28 juillet. — Paris.

12285. — Arrêt déclarant que tous les acquéreurs du domaine ou des greffes sont obligés de payer un supplément à raison du denier vingt, exception étant faite seulement pour les portions de domaines ou de greffes que les partisans annonceront vouloir racheter d'une façon spéciale.

E 18°, f° 98 r°, et ms. fr. 10842, f° 84 v°.

1608, 29 juillet. — Paris.

12286. — Arrêt déclarant que la décharge de 6,000 livres accordée à Barthélemy Carteret, fermier des 9 livres 18 sols par tonneau de vin entrant en Picardie, doit porter sur les deniers qu'il devait fournir à l'Épargne et non sur les deniers affectés aux dépenses des fortifications de Picardie.

E 18°, f° 100 r°.

12287. — Arrêt déclarant que les chanoines de Notre-Dame de Mantes, les chapelains de Saint-Paul, de Saint-Louis, de Saint-Eutrope et de Saint-Blaise, les religieux de la Croix-le-Roi, les maîtres et frères de la maladrerie de Meulan et les receveurs ordinaires du domaine de Mantes demeureront déchargés d'une assignation à eux donnée par arrêt du Parlement du 5 juillet 1608 sur la requête des greffiers du bailliage, du présidial et de la prévôté de Mantes.

E 18*, f° 102 r°.

1608, 2 août. — Paris.

12288. — Arrêt ordonnant l'élargissement provisoire de Jean Pic, ci-devant commis à la recette des aides et tailles en l'élection de Forez, et l'élargissement de ses cautions.

E 18*, f° 105 r°.

12289. — Arrêt ordonnant aux trésoriers des fortifications, particulièrement à ceux de Dauphiné et de Bourgogne, de réformer leurs états au vrai des années 1602 à 1606 de manière à les rendre entièrement conformes aux états du Roi.

E 18*, f° 109 r°.

12290. — Arrêt statuant sur un procès pendant entre le fermier général des Cinq grosses fermes, d'une part, le chargé d'affaires de Daniel Le Huart, marchand d'Anvers, et un huissier aux Requêtes du Palais, d'autre part, renouvelant la défense faite à tout commerçant de faire entrer dans le royaume des tapisseries à personnages, à bocages ou à verdure.

E 18*, f° 111 r°.

12291. — Arrêt déclarant que les mayeur et échevins d'Abbeville ne sont obligés de présenter qu'au bout de six ans le compte des deniers d'octroi.

E 18*, f° 113 r°.

12292. — Arrêt rétablissant les octrois de la ville de Nantes supprimés par arrêt du Conseil du 17 juin dernier, maintenant toutefois la suppression du devoir de 3 deniers pour livre, interdisant toute assemblée des habitants de Nantes qui ne serait point convoquée par les maire et échevins ou par les gouverneur et lieutenant du Roi, et enjoignant aux habitants de rendre auxdits maire et échevins le respect et l'obéissance qu'ils leur doivent.

E 18*, f° 115 r°.

1608, 5 août. — Paris.

12293. — Arrêt ordonnant communication aux habitants d'Argilly d'une requête des habitants de Flagey relative à leur prétendu droit de faire rendre la justice par quatre juges de leur choix, désignés parmi eux.

E 18*, f° 117 r°.

12294. — Arrêt défendant expressément aux greffiers commis par le Roi en exécution de commissions résolues au Conseil de prendre dorénavant aucun salaire pour leurs expéditions, et ce sous peine de concussion, mais ordonnant aux commissaires sous lesquels ils exercent de les taxer raisonnablement.

E 18*, f° 119 r°.

12295. — Arrêt renvoyant à la Cour des aides la plainte de Salomon Champion et autres habitants de Ponthieu qui se disent injustement condamnés à de fortes amendes par les officiers du grenier à sel d'Abbeville.

E 18*, f° 120 r°.

12296. — Arrêt accordant une remise de fouages à deux paroisses du diocèse de Cornouaille qui ont été dépeuplées par les guerres et les épidémies.

E 18*, f° 121 r°.

12297. — Arrêt retenant au Conseil le procès pendant entre Me Nicolas Largentier, sieur de Vaucemin, et les officiers du grenier à sel de Château-Thierry.

E 18*, f° 123 r°.

12298. — Arrêt défendant à Me Jean de Moisset, ci-devant receveur et payeur des rentes de la ville de Paris, de se dessaisir d'une somme de 15,000 livres appartenant aux héritiers d'Otto Plotz.

E 18*, f° 125 r°.

12299. — Arrêt assurant le payement d'une

somme de 35,862 livres assignée aux sieurs Antoine et François de Vienne sur la crue de 5 sols par minot de sel vendu dans les greniers de Champagne.

E 18*, f° 126 r°.

12300. — Arrêt réglant le versement des sommes destinées au payement des garnisons de Metz, Toul et Verdun entre les mains de M° Charles Regnard, trésorier provincial de l'Extraordinaire des guerres, lequel devra fournir un cautionnement de 6,000 livres.

E 18*, f° 127 r°.

12301. — Arrêt acceptant les offres du sieur de La Manon, gentilhomme servant du Roi, pour le rachat du droit appelé « la table de la mer, qui se prend sur le négoce des estrangers en la ville de Marseille ».

E 18*, f° 128 r°.

12302. — Arrêt prolongeant de trois mois le délai pendant lequel les créanciers de M° François de Vigny, ci-devant receveur de la ville de Paris, ne peuvent faire exercer de contrainte par corps contre François Estienne, sieur d'Esbelles.

E 18*, f° 129 r°.

12303. — Arrêt ordonnant que les deniers provenant de la vente aux enchères de l'office de M° Jérôme de Lespine, receveur des tailles en l'élection des Sables, seront remis aux mains d'Étienne Feydeau, receveur général des finances à Poitiers, préférablement aux créanciers dudit Jérôme de Lespine.

E 18*, f° 131 r°.

12304. — Arrêt déclarant que Germain de Moussu, greffier au grenier à sel de Paris et adjudicataire de la crue de 12 deniers par minot de sel vendu audit grenier, sera dispensé de représenter la quittance originale des 2,904 écus par lui payés à M° Charles Paulet.

E 18*, f° 132 r°.

12305. — Arrêt renvoyant au Parlement la dame de Lindebeuf, pour voir déclarer la réunion au domaine de la terre de Marennes, de l'île d'Oloron et de la tour de Broue.

E 18*, f° 134 r°.

12306. — Arrêt ordonnant aux trésoriers de France à Dijon de visiter l'auditoire du bailliage d'Autun, dont les officiers dudit bailliage déplorent l'exiguïté.

E 18*, f° 138 r°.

12307. — Arrêt ordonnant que les élus du Mans rembourseront à Robert Le Blanc son office d'élu particulier au bailliage de Gorron et d'Ernée, lequel demeurera supprimé.

E 18*, f° 139 r°.

12308. — Arrêt relatif au payement d'une somme de 72,225 livres due à la duchesse de Mercœur sur le prix des terres et seigneuries de Theys, de la Mure et de Bourg-d'Oisans, qui ont été vendues au sieur de Lesdiguières par le feu duc de Mercœur.

E 18*, f° 141 r°.

12309. — Arrêt renvoyant aux trésoriers de France en Bretagne un placet par lequel Gabriel Vigoureux et Jean de Bartolle, archers des Gardes du corps, demandent acensement de l'île déserte de Sein.

E 18*, f° 142 r°.

1608, 8 août. — Paris.

12310. — Arrêt ordonnant que M° Médéric Le Vavasseur, fermier des 30 sols par muid de vin entrant à Paris, sera contraint au payement d'une somme de 88,000 livres, et réglant, pour l'avenir, le versement à l'Épargne du produit de cet impôt.

E 18*, f° 144 r°.

1608, 9 août. — Paris.

12311. — Arrêt ordonnant à la cour des aides de Normandie de vérifier purement et simplement les déclarations et règlements faits sur l'impôt des cartes, dés et tarots.

E 18*, f° 146 r°.

12312. — Arrêt ratifiant la nomination de Nicolas Prouvere en l'office d'avocat du Roi en la vicomté d'Argentan et d'Exmes, nomination qui a été faite par le duc de Luxembourg.

E 18*, f° 147 r°.

60.

12313. — Arrêt ordonnant que lettres patentes seront expédiées aux commissaires du Roi qui présideront les prochains États de Languedoc, afin de leur faire lever sur la province une somme de 10,000 livres, attribuée à l'évêque de Béziers en remboursement des frais qu'a supportés son oncle et prédécesseur, messire Thomas de Bonzy, de 1579 à 1582, alors qu'il entretenait, sur l'ordre de M. de Montmorency, une garnison de cinquante soldats dans sa maison épiscopale.

E 18*, f° 151 r°.

12314. — Arrêt enjoignant à M⁰⁰ Antoine Le Febvre et Guillaume Tarteron de remettre à Jacques Paulet, greffier du bureau des finances de la généralité de Paris, tous les papiers, registres et états qui sont encore entre leurs mains et qui concernent les fonctions de trésorier de France à Paris.

E 18*, f° 154 r°.

12315. — Arrêt affectant à la réparation du palais de justice de Grenoble une somme de 29,500 livres prise sur les deniers destinés au rachat du domaine royal en Dauphiné.

E 18*, f° 155 r°.

12316. — Arrêt renvoyant aux trésoriers de France à Tours une requête par laquelle le duc d'Épernon, acquéreur du domaine de Loches, demande à être déchargé de la contribution supplémentaire exigée des acquéreurs du domaine royal.

E 18*, f° 157 r°.

12317. — Arrêt accordant une remise de tailles aux habitants de Baugy, ruinés par un orage.

E 18*, f° 159 r°.

12318. — Arrêt renvoyant aux trésoriers de France à Paris une requête en remise de tailles présentée par les habitants de Villiers-Saint-Georges et de Sourdun, qui se trouvent ruinés par un orage.

E 18*, f° 161 r°.

12319. — Arrêt renvoyant aux prochains États du Languedoc une requête des habitants d'Agde tendante à la reconstruction du pont de leur ville, lequel a été détruit, en 1542, «par le passage de l'armée du feu roy François, qui aloit lors pour assiéger la ville de Perpignan».

E 18*, f° 162 r°.

12320. — Arrêt renvoyant aux trésoriers de France à Caen la demande de rabais formée par Jean Quesnel, ci-devant fermier du domaine de Carentan, dont jouissoient, à titre d'engagement, durant les années 1588 à 1590, les dames de Grandrue et de Carnavalet.

E 18*, f° 163 r°.

12321. — Arrêt promettant à Simon Le Roux, receveur des tailles en l'élection de Verneuil, la sixième partie de la valeur des rentes, portions de domaine, greffes, tabellionages, etc., dont il offre d'effectuer le rachat, pour le cas où l'expédient proposé serait trouvé juste et raisonnable.

E 18*, f° 164 r°.

12322. — Arrêt ordonnant au trésorier des Menus plaisirs de payer, nonobstant toute saisie, les gages de Dimanche Tardieu, «porte-duc des oiseaux» du Roi.

E 18*, f° 165 r°.

12323. — Arrêt ordonnant l'élargissement de Pierre Rozée, secrétaire de la chambre du Roi, envoyé à Rouen par Edmond Berthelin pour faire le recouvrement de ce qui lui reste dû sur la ferme des 20 sols par muid de vin, et emprisonné à la requête de certains habitants soi-disant privilégiés.

E 18*, f° 166 r°.

12324. — Arrêt ordonnant le rétablissement de certaines parties rayées sur les comptes de M⁰⁰ Charles de Belin, Philippe de Colanges et Claude Chastelain, trésoriers provinciaux de l'Extraordinaire des guerres en Picardie.

E 18*, f° 168 r°.

1608, 14 août. — Paris.

12325. — Arrêt ordonnant l'exécution des baux conclus par le sieur d'Escures, intendant des turcies et levées, sauf aux élus à recevoir et à renvoyer au duc de Sully les offres plus avantageuses qui pourraient se produire.

E 18ᵉ, fᵒ 169 rᵒ.

12326. — Arrêt faisant droit à la requête de Mᵉ Martin Lefebvre, ci-devant commis à la recette des amendes de la Chambre royale, et ordonnant l'exécution de l'arrêt du 6 novembre 1607 (nᵒ 11658), particulièrement en ce qui concerne le sieur de Juvigny.

E 18ᵉ, fᵒ 171 rᵒ.

12327. — Arrêt renvoyant à l'évêque et au lieutenant général du présidial d'Agen une requête de Guy de Brayac, conseiller audit présidial, appuyée par les autres protestants du royaume, et tendante à ce que les deux fils dudit Brayac soient expulsés du couvent des Cordeliers d'Agen, où ils se sont retirés, et, d'une manière générale, à ce qu'aucun couvent ne puisse recevoir aucun fils de famille de la Religion réformée âgé de moins de vingt-cinq ans.

E 18ᵉ, fᵒ 173 rᵒ.

12328. — Arrêt acceptant provisoirement les offres faites par Jacques Guérin pour l'acquittement des charges locales grevant les revenus de l'ancien domaine de Navarre, pour le remboursement des dettes hypothéquées sur ledit domaine et pour le rachat des rentes constituées sur les recettes particulières dudit domaine, ainsi que sur les aides et gabelles de France.

E 18ᵉ, fᵒ 174 rᵒ.

12329. — Arrêt ordonnant que les personnes dénommées en un rôle dressé conformément à l'arrêt du 21 juin dernier seront contraintes, ainsi que leurs veuves, héritiers ou cautions, au payement des sommes restées dues à Mᵉ Martin Lefebvre, ci-devant commis à la recette des amendes de la Chambre royale.

E 18ᵉ, fᵒ 175 rᵒ.

12330. — Arrêt confiant à Mᵉ Martin Lefebvre, secrétaire ordinaire de la chambre du Roi, le recouvrement d'une somme de 37,931 livres 5 sols due pour omission de recettes et fausses reprises.

E 18ᵉ, fᵒ 177 rᵒ.

12331. — Arrêt faisant droit à une requête de Mᵉ Martin Lefebvre, ci-devant commis à la recette des amendes de la Chambre royale, et ordonnant le rétablissement d'une somme de 47,910 livres 3 sols 6 deniers rayée au profit de Mᵐᵉ Henri Chevrier et Laurent Regnard.

E 18ᵉ, fᵒ 179 rᵒ.

12332. — Arrêt ordonnant que René Tremault, ci-devant commis au maniement des deniers provenant de la vente de 30,000 écus de rentes constituées sur les impôts et billots de Bretagne, sera contraint de verser à l'Épargne une somme de 48,000 livres, conformément à l'arrêt du 10 mai dernier.

E 18ᵉ, fᵒ 181 rᵒ.

12333. — Arrêt réglant le payement d'une pension de 1,200 livres accordée à Denis Brûlart, conseiller d'État et premier président du parlement de Dijon, par lettres patentes du 15 septembre 1571.

E 18ᵉ, fᵒ 183 rᵒ.

12334. — Arrêt ouvrant une enquête au sujet d'un office de receveur général des finances qui se serait trouvé anciennement usurpé, ce dont Mᵉ Michel Garnier, secrétaire de la chambre du Roi, offre de fournir la preuve.

E 18ᵉ, fᵒ 185 rᵒ.

12335. — Arrêt prolongeant le sursis accordé, par arrêt du Conseil privé, à Nicolas Pajot, secrétaire de la chambre du Roi, pour le payement de ses dettes.

E 18ᵉ, fᵒ 187 rᵒ.

12336. — Arrêt déclarant que les élus et le procureur du Roi en l'élection de Paris ne pourront être poursuivis comme solidaires des cautions que leur ont fait recevoir les fermiers des 15 sols par muid de vin, des 15 sols par cent de plâtre et des 2 écus par bateau chargé de marchandises passant sous les ponts de Meulan.

E 18ᵉ, fᵒ 188 rᵒ.

12337. — Arrêt donnant à Pierre Bernard, abbé de Notre-Dame du Lieu-Dieu-en-Jard, mainlevée provisoire des terres dépendantes de ladite abbaye, saisies pour défaut d'hommage, et ordonnant communication de la requête dudit abbé aux procureurs généraux en la chambre des comptes de Bretagne et en la chambre des comptes de Paris, au substitut du procureur général en la sénéchaussée de Rennes et aux héritiers de Claude Pinard, vicomte de Comblizy, à qui les revenus de ladite abbaye avaient été donnés, avant d'être attribués au duc de Sully.

E 18*, f° 190 r°.

12338. — Arrêt réglant le payement d'une somme de 12,000 livres due au sieur de Montataire, lieutenant de la compagnie d'hommes d'armes du prince de Condé, pour avances par lui faites durant les troubles.

E 18*, f° 192 r°.

12339. — Arrêt renvoyant aux trésoriers de France à Rouen une requête en remise de tailles présentée par les habitants de Freneuse, dont les récoltes ont été détruites par la grêle.

E 18*, f° 194 r°.

12340. — Arrêt réglant le payement de l'augmentation de gages due aux lieutenants et autres officiers des sièges d'Angoulême, de Cognac et de Châteauneuf.

E 18*, f° 195 r°.

12341. — Arrêt autorisant les protestants de Segonzac à lever sur eux-mêmes et sur les protestants du voisinage une somme de 2,000 livres, destinée au remboursement des avances qui leur ont été faites pour l'achat d'un terrain et pour la construction d'un temple.

E 18*, f° 197 r°.

12342. — Arrêt confiant au prévôt de Paris ou à son lieutenant civil le soin de recevoir la caution fournie par Claude-François Revillod, citoyen de Genève, à qui doit être payée, en vertu d'un arrêt du 17 juin dernier, une somme de 2,000 livres appartenant au colonel Dampmartin et aux colonels des reîtres.

E 18*, f° 198 r°.

12343. — Arrêt ordonnant que Denis Picard, hôtelier et cabaretier de Loudun, soi-disant roi du papegai, représentera au Conseil les lettres en vertu desquelles il se prétend exempt d'impôts.

E 18*, f° 199 r°.

12344. — Arrêt ordonnant à Bénigne Saulnier de présenter, dans la huitaine, à Jean de Moisset et à Jean Palot ses comptes des deniers provenant du parti des Parties casuelles et de la dispense des quarante jours.

E 18*, f° 200 r°.

12345. — Arrêt ordonnant à M° Étienne Audouyn de Montherbu de verser d'avance à l'Épargne une somme de 12,000 livres sur le produit de la vente des offices de notaires et de greffiers des notifications en Provence.

E 18*, f° 202 r°.

12346. — Arrêt attribuant une indemnité de 2,000 livres à Pierre Froment et à ses associés, attendu les frais qu'il a dû supporter pour parvenir à l'évaluation de la crue de 40 sols par quintal de sel nouvellement rétablie en Languedoc, attendu aussi qu'il est demeuré trois mois à la suite du Conseil, et qu'il a procuré au Roi une augmentation de recettes de 28,000 livres.

E 18*, f° 203 r°.

12347. — Arrêt réglant le payement de la pension de M° Bénigne Jacquot, premier président de la chambre des comptes de Dijon.

E 18*, f° 205 r°.

12348. — Arrêt déclarant que les habitants de Langres auront mainlevée des deniers d'octroi destinés aux réparations des murs et aux dépenses communes de ladite ville.

E 18*, f° 207 r°.

12349. — Arrêt ordonnant au bailli de Rosnay de concéder un cimetière aux protestants dudit lieu.

E 18*, f° 209 r°.

12350. — Arrêt renvoyant à la chambre de l'Édit de Rouen une requête des protestants de Montivillier, qui réclament le droit d'exercer leur culte en ladite ville.

E 18*, f° 210 r°.

12351. — Arrêt relatif à une requête de Pierre de Famechon, procureur du Roi au bailliage et au présidial d'Amiens, qui demande à rembourser la finance payée par Antoine Fournier pour un office de procureur postulant adjoint aux enquêtes et de substitut du Roi audit bailliage.

E 18ᵉ, fᵒ 211 rᵒ.

12352. — Arrêt renvoyant au bailli et au procureur du Roi à Marvéjols une requête de Jean d'Espeysses, sieur de Mejanes, tendante au rétablissement d'un crédit qui était affecté à la reconstruction des murailles de la ville.

E 18ᵉ, fᵒ 212 rᵒ.

12353. — Arrêt ordonnant l'élargissement sous caution d'un manœuvre et d'un vigneron de Bonny-sur-Loire, qui avaient saisi et emmagasiné certaine quantité de blé en un moment où les habitants de la ville tenaient leurs greniers clos, pour empêcher l'exportation des blés aux Pays-Bas.

E 18ᵉ, fᵒ 214 rᵒ.

12354. — Arrêt assurant au prince de Conti et à son épouse, la princesse Louise-Marguerite de Lorraine, la jouissance d'une rente de 7,000 livres à eux constituée, par contrat de mariage, sur les terres de Rumigny, d'Aubenton, de Hirson, etc., et ce nonobstant les saisies pratiquées par les créanciers des sieurs de Guise.

E 18ᵉ, fᵒ 215 rᵒ.

12355. — Arrêt validant la recette et la dépense d'une somme de 8,433 livres provenant de l'impôt du sol pour livre levé à Poitiers, en 1602, et sur laquelle 5,000 livres ont été versées à la recette générale, et le reste employé tant au payement des frais, qu'aux réparations des ponts, des portes, du pavé et des murailles de la ville.

E 18ᵉ, fᵒ 217 rᵒ.

12356. — Arrêt ordonnant aux trésoriers de France à Amiens de faire leurs chevauchées au mois de septembre prochain, et de se transporter dans les villages de Noyelles, de Pontboile, de Conteville et de Mesnil, pour évaluer les ressources des habitants, lesquels font observer que la Somme forme la frontière du royaume, qu'ils ont été entièrement ruinés pendant les troubles, que leurs terres viennent d'être ravagées par une inondation, qu'enfin l'impôt du sel n'est levé ni dans le Boulonnais, ni dans le gouvernement de Montreuil.

E 18ᵉ, fᵒ 218 rᵒ.

12357. — Arrêt ordonnant l'exécution de l'édit de février 1607 qui créait six greniers à sel dans le bas pays et dans la Limagne d'Auvergne, et ce nonobstant l'opposition des trois États d'Auvergne.

E 18ᵉ, fᵒ 219 rᵒ.

12358. — Arrêt ordonnant que Mᵉ Guillaume Montarlier jouira de la place de clerc au greffe des présentations du parlement de Bordeaux, à la condition de rembourser à Mᵉ Martin Brunot, procureur en ladite cour, une somme de 150 livres.

E 18ᵉ, fᵒ 221 rᵒ.

12359. — Arrêt renvoyant aux trésoriers de France à Paris une requête en remise de tailles présentée par les habitants de Nemours, dont les champs et vignes ont été ravagés par l'orage du 5 août dernier.

E 18ᵉ, fᵒ 223 rᵒ.

12360. — Arrêt ordonnant que Mᵉ Mathieu Bastard, soi-disant commis du sieur Sardini, sera entendu au Conseil au sujet d'une requête d'Emmanuel Sturbe, ci-devant fermier des gabelles de Languedoc.

E 18ᵉ, fᵒ 224 rᵒ.

12361. — Arrêt relatif à l'arrestation de Mᵉ Cointereau, commissaire au Châtelet, qui, s'étant transporté, à la demande du fermier général de la douane de Lyon, en la maison de Mᵉ Desvoyaulx, avocat au Grand Conseil, pour y procéder à la recherche et à la saisie de diverses marchandises et bas de soie de Gênes introduits subrepticement dans le royaume, s'était vu constitué prisonnier par ordre du procureur général au Grand Conseil, sous prétexte qu'il avait voulu opérer une perquisition, sans la permission du Grand Conseil, dans l'enclos du cloître de Saint-Germain-l'Auxerrois.

E 18ᵉ, fᵒ 225 rᵒ.

12362. — Arrêt prorogeant pendant deux ans l'évocation générale des procès de Claude Brosse, syndic des villages de Dauphiné, laquelle lui a été accordée par arrêt du 5 août 1606 (n° 10422), attribuant au Grand Conseil la connaissance de ces procès, et autorisant ledit Brosse à porter un pistolet pour la défense de sa personne, tant qu'il procédera à la vérification des dettes desdits villages.

E 18ᵉ, f° 226 r°.

12363. — Arrêt évoquant et renvoyant au Grand Conseil le procès pendant au parlement de Grenoble entre Guichard Deagen, secrétaire du Roi, qui plaide en maintenue de noblesse, et les consuls de Saint-Marcellin, de Plan, etc., attendu que ledit Deagen, ayant été mêlé aux affaires des communautés villageoises du Dauphiné, a encouru l'inimitié de plusieurs conseillers au parlement de Grenoble.

E 18ᵉ, f° 228 r°.

12364. — Arrêt ordonnant qu'une requête de Pierre de Lassus, receveur des aides et tailles en Agenais, sera communiquée à Zacharie Roulin, maître de la poste du Port-Sainte-Marie, et que ce dernier sera assigné au Conseil.

E 18ᵉ, f° 229 r°.

12365. — Arrêt relatif au procès pendant entre Jean Gasquignolles, d'une part, demoiselle Jeanne de Fons et Emmanuel de Gérard, son fils, d'autre part.

E 18ᵉ, f° 231 r°.

12366. — Arrêt supprimant le bureau établi à Saint-Laurent-lès-Mâcon par Gaspard Corneglia, et lui défendant de lever aucun droit de traverse ou de demi pour cent sur les marchandises conduites de Bresse en Mâconnais ou de Mâconnais en Bresse.

E 18ᵉ, f° 233 r°.

12367. — Arrêt relatif à la saisie des bestiaux d'un nommé Du Rieu, receveur de Mᵉ Rassant, sieur de Bapaume, conseiller au parlement de Rouen, lesquels ont été trouvés en la forêt d'Eavy.

E 18ᵉ, f° 237 r°.

12368. — Arrêt ordonnant la réception de Mᵉ Guillaume Vauquelin en l'office de président au présidial de Caen, nonobstant l'opposition des ducs de Guise et du Maine, héritiers de la duchesse de Nemours et ayants droit du feu duc de Ferrare, lequel jouissait par engagement des domaines de Caen, de Falaise et de Bayeux.

E 18ᵉ, f°ˢ 239 r° et 241 r°.

12369. — Arrêt prorogeant de deux ans l'évocation des procès criminels ou civils que pourraient avoir Antoine Grillet et Jacques Vernet, et en attribuant la connaissance au Grand Conseil.

E 18ᵉ, f° 243 r°.

12370. — Arrêt renvoyant à la Cour des aides le procès relatif au prétendu homicide commis sur la personne de Mathieu Pasqué, concierge du château du Fau, château qui appartient au sieur de Fresnes, conseiller d'État et secrétaire des commandements.

E 18ᵉ, f° 244 r°.

12371. — Arrêt ordonnant que Pierre Froment, receveur particulier des gabelles au grenier de Pont-Saint-Esprit, jouira de la crue de 40 sols par quintal de sel vendu dans les dix-sept greniers de Languedoc, en payant annuellement 153,000 livres.

E 18ᵉ, f° 245 r°; cf. ibid., f° 246 r°.

12372. — Arrêt déclarant, du consentement des parties, que les maire et échevins d'Angers payeront 587 livres 10 sols à Renée Mesnier, veuve d'Étienne Gohier, pour tout ce qu'elle peut prétendre à raison d'un prêt de 300 livres qu'elle a fait à l'occasion du siège de Beaupreau.

E 18ᵉ, f°ˢ 247 r° et 249 r°.

12373. — «Estat de la distribution que le Roy veult... estre faicte de la somme de 200,000 livres tournois accordée par Sa Majesté à Mᵉ René de Bruc, sieur de La Chesnaye, et ses associez, partisans de la Chambre de justice, tant pour les fraiz faictz à l'occasion de ladite Chambre, desdommagement desditz partisans, que autres...»

E 18ᵉ, f° 251 r°.

12374. — «Estat du paiement que le Roy veult et ordonne estre faict par Mᵉ René de Bruc, sieur de

La Chesnaye, et autres partisans de la Chambre de justice aux personnes... qui ont servy Sa Majesté au faict de ladite Chambre.. »

E 18*, f° 253 r°.

12375. — « Articles des conditions qui ont esté accordées par le Roy en son Conseil à M° Estienne Lhozier pour rachepter et rembourcer la Table de la mer de Marseille, avec tous les droictz d'icelle qui se prennent et lèvent audit Marseille sur les nègres des estrangers, et icelle Table réunir au domaine de Sa Majesté... »

E 18*, f° 257 r°.

12376. — Arrêt ordonnant aux commissaires de chacun des quartiers de Paris d'apporter, lundi prochain, à 2 heures, au sieur de Châteauneuf, conseiller d'État, les rôles des maisons qui ont été taxées pour les boues durant les trois dernières années.

E 18*, f° 259 r°.

_____

1608, 15 août. — Paris.

12377. — Arrêt maintenant les secrétaires du Roi de l'ancien collège et des Cinquante-quatre, les audienciers, contrôleurs, référendaires, chauffecires, huissiers et autres officiers servant en la chancellerie du Palais, à Paris, en la jouissance de leurs droits et de leurs prérogatives, nonobstant le bail conclu avec Antoine Huron pour la ferme des droits appartenant au Roi dans les chancelleries des cours souveraines et présidiales du royaume.

E 18*, f° 260 r°.

_____

1608, 23 août. — Paris.

12378. — Arrêt réglant le payement d'un acompte de 20,000 livres sur les 30,000 qui ont été accordées par les communautés villageoises du Dauphiné à Claude Brosse, leur syndic, pour les frais de la vérification de leurs dettes.

E 18*, f° 262 r°.

12379. — Arrêt autorisant la levée d'une somme de 1,999 livres 8 sols 4 deniers destinée à l'acquittement des dettes de la ville de Pezénas.

E 18*, f° 264 r°.

12380. — Arrêt renvoyant aux commissaires députés à la vérification des dettes des villages de Dauphiné une requête par laquelle François Bouet, avocat au parlement de Grenoble, demande à être payé du voyage en poste qu'il a fait à Paris « pour poursuivre, de la part des communaultez désavouantes, la descharge par elles requise des fraiz qu'il convient faire pour la revision et reduction des debtes des communaultez villageoises dudit païs, d'aultant qu'ilz ne se veullent servir des arrests obtenuz par M° Claude Brosse ».

E 18*, f° 265 r°.

12381. — Arrêt continuant pour deux ans M° Claude Brosse dans les fonctions de syndic des villages du Dauphiné.

E 18*, f° 266 r°.

12382. — Arrêt ratifiant l'adjudication de la balle des fripiers d'Orléans faite, en 1607, à Françoise Sirou, sœur d'Aymé Sirou, secrétaire du Roi.

E 18*, f° 267 r°.

12383. — Arrêt réglant le recouvrement des sommes restées dues par M°ˢ Vital Contour et Julien Rocas, ci-devant receveurs généraux des finances en Bretagne.

E 18*, f° 268 r°.

12384. — Arrêt ordonnant qu'une somme de 27,240 livres due à Arnauld de Foissin, prévôt général en Dauphiné, pour sa solde et son entretien et pour ceux de ses archers, sera levée, en quatre ans, sur tous les contribuables aux tailles de la province de Dauphiné.

E 18*, f° 270 r°.

12385. — Arrêt renvoyant au sieur de Montholon, maître des requêtes de l'Hôtel, intendant de la justice en Lyonnais, une requête par laquelle le sieur de Champier demande payement de 6,750 écus à lui dus par la ville de Lyon.

E 18*, f° 272 r°.

12386. — Arrêt renvoyant aux trésoriers de France à Grenoble une requête par laquelle les habitants de Grenoble réclament le remboursement des avances par eux faites pour les bois et chandelles des corps de garde de la ville.

E 18*, f° 273 r°.

12387. — Arrêt relatif au différend soulevé entre les présidents et conseillers aux Requêtes du Palais, M° Nicolas Leclerc, ci-devant président auxdites Requêtes, et consorts.

E 18*, f° 274 r°.

12388. — Arrêt ordonnant au receveur des deniers communs de Lyon de verser à la recette générale une somme de 6,000 livres qui a été assignée au prince de Conti sur les deniers octroyés au Roi par la ville de Lyon à l'occasion de la révocation de « l'eedit des toilles ».

E 18*, f° 275 r°.

12389. — Arrêt réglant les attributions respectives de la « chambre des comptes, cour des aydes et finances » de Provence et du parlement de Provence.

E 18*, f° 276 r°.

12390. — Arrêt renvoyant aux trésoriers de France en Provence une requête par laquelle les officiers qui ont tenu, pendant les troubles, le parlement de Provence demandent à être payés tant de leurs gages ordinaires, que des appointements qui leur ont été alloués par lettres patentes des 5 et 7 mars 1590.

E 18*, f° 280 r°.

12391. — Arrêt statuant sur un procès pendant entre le trésorier des Parties casuelles et M° Jacques Chausson, au sujet de l'office de receveur triennal des tailles au diocèse de Mirepoix.

E 18*, f° 281 r°.

12392. — Arrêt accordant à la veuve de M° Pierre Brûlart, sieur de Crosnes, au tuteur d'Ambroise et de Jean Malingre et à Madeleine Malingre, femme de M° Thierry de Monampteuil, avocat au Parlement, mainlevée des greffes et tabellionages saisis sur eux par les trésoriers de France à Rouen.

E 18*, f° 283 r°.

12393. — Arrêt relatif au différend soulevé entre Thomas Potier, lieutenant général civil et criminel au

siège de Bayeux, et M° Germain Brunel, lieutenant particulier, assesseur criminel en la vicomté de Bayeux, au sujet de l'office de lieutenant criminel au siège de Bayeux.

E 18*, f° 285 r°.

12394. — Arrêt évoquant les procès pendants au Grand Conseil entre les trois états de Provence et les consuls et communautés de Riez et de Saint-Jurs.

E 18*, f° 286 r°.

12395. — Arrêt ordonnant à Anne de Bueil, dame de Fontaine, veuve de Honorat de Bueil, chevalier des ordres du Roi, de faire assigner au Conseil les divers particuliers qui la troublent, elle et ses fermiers, en « l'establissement des coches et carosses par tous les lieux de ce royaume ».

E 18*, f° 288 r°.

12396. — Dix-sept articles présentés au Conseil par le syndic des villages de Dauphiné, suivis des réponses du Conseil.

E 18*, f°° 290 r° et 306 r°.

12397. — « Instructions que Sa Majesté entend estre suivies et observées par les commissaires qui seront par elle députés pour la vériffication et réunion des debtes des communaultez villageoyses de Daulphiné. »

E 18*, f° 310 r°.

1608, 26 août. — Paris.

12398. — Arrêt condamnant Henri de Beaulieu, Marc Chaallon, Guillaume Hellet et Diego Garcia de Paredes, marchands de Rouen, à payer au fermier des Cinq grosses fermes les droits dus pour l'entrée des laines qu'ils ont fait venir d'Espagne à raison de 20 sols pour cent.

E 18*, f° 314 r°.

12399. — Arrêt ordonnant que, pendant la durée du bail de M° Charles Du Hen, fermier des Cinq grosses fermes, les marchands français ou étrangers pourront faire entrer en France les aluns d'Allemagne ou de Liège, mais seulement par les villes de Mézières et de Sermoise et en acquittant le droit de

52 sols par quintal, et leur défendant de faire entrer les aluns du Levant ou d'Italie, sinon par les villes de Marseille, de Bordeaux, de la Rochelle ou de Rouen.

E 18*, f° 316 r°.

12400. — Arrêt renvoyant aux trésoriers de France à Paris une requête en remise d'impôts présentée par les habitants de plusieurs villages des élections de Sens et de Nemours qui ont été dévastés par l'orage du 5 août dernier.

E 18*, f° 318 r°.

12401. — Arrêt ordonnant aux « entrepreneurs du nettoyement des boues et esgoulx de la ville et faulxbourgs de Paris » de procéder, dès le lendemain, au nettoyage en question, nonobstant toutes oppositions ou appels quelconques.

E 18*, f° 319 r°.

12402. — Arrêt ordonnant, nonobstant toutes oppositions, l'exécution de l'édit de mai 1606 qui crée des offices d'huissiers audienciers dans les ressorts des parlements de Toulouse et de Bordeaux, assignation de 36,000 livres ayant été donnée au maréchal d'Ornano sur le produit de la vente desdits offices.

E 18*, f° 320 r°.

12403. — Arrêt ordonnant que l'abbaye de Saint-Honoré de Lérins continuera de recevoir, chaque année, vingt-cinq setiers de sel pris aux greniers de Cannes, lesquels ont été transférés à Grasse.

E 18*, f° 321 r°.

12404. — Arrêt renvoyant aux trésoriers de France à Paris une requête en remise de tailles présentée par les habitants de l'Échelle, de Beauchery, etc., dont les terres ont été ravagées par l'orage du 22 juillet dernier.

E 18*, f° 323 r°.

12405. — Arrêt ordonnant à Me Louis Chauvelin, receveur général des bois au département de l'Île-de-France, d'acquitter un mandement de 2,200 livres expédié, sous une forme fautive, en faveur de la reine Marguerite, duchesse de Valois.

E 18*, f° 324 r°.

12406. — Arrêt acceptant les offres faites par Nicolas Horguelin pour le rachat du domaine aliéné de la généralité de Champagne jusqu'à concurrence d'une somme de 200,000 livres.

E 18*, f° 326 r°.

12407. — Arrêt réglant la réception des cautions que doit fournir Claude Outran, maître charpentier à Rouen, « adjudicataire au rabais de la construction d'un cintre pour servir à la desmolition de deux arches du pont de ladite ville ».

E 18*, f° 327 r°.

12408. — Arrêt portant suppression des offices d'assesseurs et commissaires-examinateurs en Bretagne.

E 18*, f° 329 r°.

12409. — Arrêt maintenant le sieur de Bullion, conseiller d'État, comme rapporteur du procès pendant entre le comte de Caravas et la dame vidame d'Amiens, et déclarant que ce procès sera jugé, non pas au Conseil des parties, mais au Conseil d'État.

E 18*, f° 330 r°.

12410. — Arrêt ordonnant communication aux prévôt des marchands et échevins de Lyon d'une requête par laquelle le fermier de la douane de Vienne demande à établir, à ses frais, des gardes et commis en la ville de Lyon.

E 18*, f° 331 r°.

12411. — Arrêt renvoyant aux trésoriers de France à Paris une requête par laquelle les habitants de Lorrez-le-Bocage demandent remise de six années d'impôts, en se fondant sur les pertes que leur ont fait subir les orages des mois de juillet et d'août.

E 18*, f° 332 r°.

12412. — Arrêt réglant la reddition des comptes de Louis Arnauld, commis au maniement des deniers destinés aux ponts et chaussées, et défendant à la chambre des comptes de Normandie de l'inquiéter à ce sujet.

E 18*, f° 333 r°.

12413. — Avis du Conseil, conforme à celui du

maréchal d'Ornano, tendant à accorder une indemnité de 3,000 livres à Marc de Durfort, sieur de Pestilhac, « pour les grandz frais qu'il a faictz, par le commandement du sieur mareschal d'Ornano, pour le service de Sa Majesté, tant en Périgord, Lymosin, que plusieurs autres lieux..., lors des derniers remuemens et troubles, où il a esté assisté de bon nombre de ses amis et de plusieurs personnes qu'il a deffrayez... »

E 18*, f° 335 r°.

12414. — Arrêt réglant les formes des élections municipales à Joigny, fixant les règles de l'éligibilité pour les fonctions d'échevins, déterminant les attributions des conseillers, sauvegardant le droit de juridiction du comte de Joigny, et accordant au prieur l'entrée aux assemblées, avec voix délibérative.

E 18*, f° 336 r°.

1608, 28 août. — Paris.

12415. — Arrêt accordant une indemnité de 2,000 livres à M° Claude de Montescot, trésorier des Parties casuelles, attendu les grands frais qu'il a supportés en l'exercice de sa charge, à la suite du Roi, durant l'année 1606.

E 18*, f° 338 r°.

1608, 30 août. — Paris.

12416. — Arrêt ordonnant que M° Marcellin Manifacier, receveur des tailles au diocèse de Mende, sera entendu au Conseil au sujet d'une requête de Jean d'Espeysses, sieur de Méjanes, tendante à ce que ledit receveur restitue certaines sommes qui lui ont été payées pour augmentation de gages, et qui avaient été précédemment affectées à la construction des murailles de Marvéjols.

E 18*, f° 340 r°.

12417. — Arrêt confiant au sieur Barentin, maître des requêtes de l'Hôtel, le soin d'instruire le différend soulevé entre Martin Lefebvre, secrétaire de la chambre du Roi, ci-devant commis à la recette des amendes de la Chambre royale, d'une part, M° Henri Guillemot, M° Robert Du Boys, secrétaire du Roi, M° Lezot, représentant des officiers de Bre-

tagne, et M° Loysel, sénéchal de Fougères, d'autre part.

E 18*, f° 341 r°.

12418. — Arrêt validant un payement de 808 écus fait par le trésorier de l'Artillerie pour une fourniture de trente chevaux d'artillerie qui furent destinés, en 1595, à l'armée conduite au secours de Cambrai, et dont feu Jacques Blondin, marchand d'Amiens, garantissait le payement.

E 18*, f° 343 r°.

12419. — Arrêt autorisant les habitants de Saint-Denis à lever sur eux-mêmes une somme de 2,000 livres destinée à l'amortissement d'une rente, à la réparation des murailles et à la reconstruction de la Porte-Neuve.

E 18*, f° 344 r°.

12420. — Arrêt réglant le payement des rentes dues aux dames Claude Roze et Jacqueline de Linières.

E 18*, f° 345 r°.

12421. — Arrêt renvoyant aux trésoriers de France en Provence le brevet du 18 juin 1607 par lequel le Roi, sous réserve de l'assentiment du Conseil, donnait à la demoiselle Piolant, sous-gouvernante de Madame, et à la dame Bellier, « remuante des enffans de France », douze offices de porteurs de sel dans les greniers de Marseille et de Berre, et demandant auxdits trésoriers de France leur avis sur l'établissement desdits offices.

E 18*, f° 347 r°.

12422. — Arrêt renvoyant au sieur de Montholon, surintendant de la justice et police en Lyonnais, l'information faite contre certains habitants de Roanne qui, malgré la défense publiée la veille, auraient, le 16 mai dernier, battu le tambour et fait une assemblée de nuit, et, en outre, l'information faite contre plusieurs femmes de ladite ville qui, le 14 mai, se seraient réunies et armées de bâtons pour tuer demoiselle Catherine Binet, femme de M° Antoine de Lingendes, trésorier du domaine en Bourbonnais.

E 18*, f° 348 r°.

12423. — Arrêt autorisant les protestants d'Annonay à s'assembler, par-devant le juge royal du lieu, et à « esgaller sur eulx telle somme de deniers qui sera arbitrée estre nécessaire pour estre employée aux frais de leurs synodes et entretènement de ceulx qui ont charge pour l'exercice de ladicte religion ».

E 18*, f° 349 r°.

12424. — Arrêt autorisant les habitants de Guichen à lever sur eux-mêmes une somme de 6,000 livres destinée aux réparations de leur église.

E 18*, f° 351 r°.

12425. — Arrêt donnant à Nicolas Hennequin, sieur du Fay, maître d'hôtel ordinaire du Roi, mainlevée de divers « clercs de greffe », dont il est propriétaire, et qui ont été saisis par les trésoriers de France en Normandie.

E 18*, f° 352 r°.

12426. — Arrêt statuant sur un procès pendant entre Pierre Moynier, receveur général des gabelles en Lyonnais et fermier de la comptablie de Bordeaux, et Pierre Durand, ci-devant fermier de ladite comptablie, ordonnant que le droit de 14 livres obole levé sur chaque livre de vin qui est vendue aux Chartreux de Bordeaux sera payé aux fermiers, conformément à un arrêt du parlement de Bordeaux.

E 18*, f° 354 r°.

12427. — Arrêt ordonnant qu'une somme de 100 livres, prélevée sur le produit des aides, sera annuellement affectée au payement d'une partie des gages de Cardin Bachelier, élu en l'élection de Chartres.

E 18*, f° 356 r°.

12428. — Arrêt statuant sur une instance pendante entre M° Jacques Deschauffour et Pierre Nivelle, d'une part, M° Jean Fuzelier et René Truchon, d'autre part, les uns et les autres contrôleurs provinciaux des guerres en Bretagne.

E 18*, f° 358 r°.

12429. — Arrêt déclarant que les consuls et collecteurs des villes, bourgs et bourgades du bas pays d'Auvergne ne sont obligés de rendre leurs comptes qu'à leurs communes respectives, et défendant à la Chambre des comptes de s'immiscer en l'examen des affaires desdites communes.

E 18*, f° 360 r°.

12430. — Arrêt ordonnant que, nonobstant l'arrêt de forclusion obtenu au Conseil privé par Louis Roussel, propriétaire de la sergenterie royale de la baronnie de Saosnois, le procès intenté audit Roussel par les sergents de ladite baronnie suivra son cours audit Conseil.

E 18*, f° 362 r°.

12431. — Arrêt renvoyant aux trésoriers de France à Châlons une requête en rabais que présente Charles Bornot, fermier des 15 sols par muid de vin entrant en la ville de Troyes, en se fondant sur les dégâts causés dans les vignes par le grand hiver et sur le refus des habitants des faubourgs d'acquitter ledit droit.

E 18*, f° 363 r°.

12432. — Arrêt maintenant Antoine Faure, sieur de La Roche-Saint-Secret, en possession de la terre et de la seigneurie de la Roche-Saint-Secret.

E 18*, f° 364 r°.

12433. — Arrêt autorisant les habitants de Vertaizon à lever sur eux-mêmes une somme de 30,732 livres 6 sols 8 deniers destinée à l'acquittement des dettes qu'ils ont contractées, durant les troubles, afin de se conserver en l'obéissance du Roi.

E 18*, f° 366 r°.

12434. — Arrêt réglant le payement des gages de Guillaume Alliez, élu en l'élection de Montreuil-Bellay.

E 18*, f° 367 r°.

12435. — Arrêt prorogeant de six mois le sursis accordé aux habitants de la ville et du château d'Ennezat pour le payement de leurs dettes.

E 18*, f° 368 r°.

12436. — Arrêt accordant à Jean de Moisset, adjudicataire général des greniers à sel, un délai de quinze jours pour qu'il puisse contraindre les receveurs des cours souveraines à lui restituer les sommes dont il est redevable à l'Épargne.

E 18ᵃ, fᵒ 369 rᵒ.

12437. — Arrêt ordonnant la vérification des dettes contractées, durant les troubles, par les habitants du comté d'Astarac.

E 18ᵃ, fᵒ 370 rᵒ.

12438. — Arrêt accordant aux habitants de Saint-Gondon remise de quatre demi-années de tailles, à raison des pertes que leur a fait subir l'inondation de la Loire, aux mois de janvier et de février derniers.

E 18ᵃ, fᵒ 371 rᵒ.

12439. — Arrêt renvoyant aux commissaires députés à la vérification des dettes des communautés villageoises du Dauphiné une requête par laquelle les habitants des villages de Briançonnais demandent l'autorisation de payer immédiatement leurs dettes et de s'accommoder avec leurs créanciers.

E 18ᵃ, fᵒ 373 rᵒ.

12440. — Articles accordés à Christophe Marie, au sujet de la construction des ponts de bois dont il est l'inventeur.

E 18ᵃ, fᵒ 374 rᵒ.

1608, 4 septembre. — Paris.

12441. — Arrêt renvoyant aux trésoriers de France à Paris une requête en remise de tailles présentée par les habitants de Tousson, dont les récoltes ont été détruites par l'orage du 5 août dernier.

E 18ᵇ, fᵒ 1 rᵒ.

12442. — Arrêt relatif au différend soulevé entre les sieurs Saint-Julien et Barbin, qui ont traité avec le Roi pour le rachat de 2 millions de livres de greffes et de domaines, d'une part, Mathieu Bastard et Pierre Bizet, d'autre part.

E 18ᵇ, fᵒ 3 rᵒ.

12443. — Arrêt faisant droit à la requête de Robert de Hanguel, sieur de La Chevalerie et de Saint-Étienne-de-Rouvray, ancien échevin de Rouen, qui signale dans les comptes de la ville « plusieurs parties passées au domaige du publicq ».

E 18ᵇ, fᵒ 5 rᵒ.

12444. — Arrêt déclarant que les bénéficiers des diocèses de Lyon, de Mâcon, etc., qui possèdent, dans les pays de Bresse, Bugey, Valromey ou Gex, des revenus ou membres de bénéfices dépendants de leurs bénéfices de France, seront dispensés de payer aucun subside ou don gratuit à raison de ces revenus ou membres de bénéfices, à condition cependant qu'ils payent, une fois pour toutes, une somme de 2,000 livres.

E 18ᵇ, fᵒ 6 rᵒ.

12445. — Arrêt ordonnant que le président en la justice de Metz sera chargé d'examiner toutes les pièces que voudront produire le sieur d'Arquien et les capitaines de Metz contre Mᵉ Daniel Du Tens, payeur de la garnison.

E 18ᵇ, fᵒ 8 rᵒ.

1608, 9 septembre. — Paris.

12446. — Arrêt faisant remise aux habitants de Nevers d'un tiers de l'impôt du sol pour livre.

E 18ᵇ, fᵒ 9 rᵒ.

1608, 11 septembre. — Paris.

12447. — Arrêt relatif au procès pendant entre Jean Bauguet et les propriétaires des sergenteries héréditaires de Normandie.

E 18ᵇ, fᵒ 11 rᵒ.

12448. — Arrêt ordonnant à Mᵉ Bénigne Saulnier de rembourser la finance payée aux Parties casuelles par Barthélemy Meyran pour l'office de geôlier des prisons d'Arles, attendu la réunion de ladite geôle au domaine du Roi.

E 18ᵇ, fᵒ 12 rᵒ.

12449. — Arrêt autorisant la levée, durant six ans, d'un impôt de 6 deniers par pot de vin vendu en détail à Lamballe, le produit en devant être affecté aux réparations des murs, tours, portes, ponts-levis. pavé et chaussées de ladite ville.

E 18ᵇ, fᵒ 14 rᵒ.

12450. — Arrêt autorisant la levée, durant six ans, de divers impôts sur le vin vendu en détail à Redon, le produit en devant être employé à la réparation des chemins, ponts-levis, portes, murailles et pavé de la ville, ainsi qu'à la construction d'un nouveau quai le long de la Vilaine.

E 18ᵇ, f° 15 r°.

12451. — Arrêt maintenant, nonobstant un arrêt du parlement de Paris, la saisie du revenu des greffes de Bourges jusqu'à ce que les propriétaires et adjudicataires de ces greffes aient acquitté leur part du supplément destiné au payement des charges du domaine. ·

E 18ᵇ, f° 16 r°.

12452. — Arrêt relatif au procès pendant entre le fermier général des traites de Languedoc et de Provence et les consuls d'Antibes.

E 18ᵇ, f° 18 r°.

12453. — Arrêt accordant à Mᵉ Jean-Claude Audeyer, président au parlement de Grenoble, à Mᵉ Gaspard Baro, conseiller audit parlement, à Pierre Mitallier, auditeur en la chambre des comptes de Grenoble, et à Jean-Baptiste Defranc, trésorier de France en Dauphiné, une indemnité de 6,000 livres, pour avoir vaqué à la vérification des dettes des communautés villageoises du Dauphiné, et déclarant que ladite somme sera levée sur tous les habitants taillables du pays.

E 18ᵇ, f° 20 r°.

12454. — Arrêt relatif au remboursement des avances faites, pour les dépenses de la Fauconnerie, en 1606 et en 1607, par le sieur de La Vieuville, grand fauconnier de France.

E 18ᵇ, f° 22 r°.

12455. — Arrêt renvoyant aux agents généraux du Clergé une requête de Joseph Fournier, secrétaire du Roi au parlement de Toulouse, lequel demande un dédommagement à raison des offres qu'il a faites pour le rachat des rentes sur le Clergé et pour le rétablissement des offices de receveurs généraux provinciaux des décimes.

E 18ᵇ, f° 24 r°.

12456. — Arrêt maintenant à Montdidier l'ancien mode de répartition et de recouvrement des tailles, nonobstant le règlement nouveau édicté par la Cour des aides.

E 18ᵇ, f° 25 r°.

12457. — Arrêt confiant aux élus le soin de reviser les rôles des tailles, de taxer les personnes indûment exemptées ou trop faiblement imposées, et déchargeant de ce soin les collecteurs des tailles, lesquels demeureront seulement responsables des taxes faites par les assesseurs.

E 18ᵇ, f° 27 r°; AD ✠ 145, n° 14,

et ms. fr. 10842, f° 98 r°.

12458. — Arrêt prorogeant de six mois le délai accordé, pour l'apurement de ses comptes, à Martin Roland, qui exerçait, sous le duc de Mayenne, la charge de la trésorerie générale de l'Épargne.

E 18ᵇ, f° 29 r°.

12459. — Arrêt renvoyant à la cour des aides de Montpellier une requête de Mᵉ David Servier, avocat d'Uzès, tendante à ce que Mᵉ Israël Gallepin, juge de la ville et du diocèse d'Uzès, soit tenu, nonobstant l'arrêt du 20 juin dernier, de répondre sur les faits mentionnés dans l'arrêt du 22 février 1607 (n° 10931).

E 18ᵇ, f° 30 r°.

12460. — Arrêt relatif au différend soulevé entre Lié de Chéry, huissier audiencier des eaux et forêts au siège de la Table de marbre, d'une part, la communauté des huissiers-sergents dudit siège et Mᵉ Bénigne Saulnier, d'autre part.

E 18ᵇ, f° 31 r°.

12461. — Arrêt renvoyant au sieur de Bellegarde, gouverneur de Bourgogne, une requête par laquelle les habitants de Cuiseaux demandent que les trésoriers de France soient chargés de la vérification des dettes qu'ils ont contractées pour la réduction de plusieurs places voisines.

E 18ᵇ, f° 33 r°.

12462. — Arrêt accordant une remise de tailles aux habitants de Belloy, attendu les pertes que leur ont fait subir l'orage du 9 juin 1607 et l'épidémie plus récente.

E 18ᵇ, fº 34 rº.

12463. — Arrêt déclarant que, nonobstant l'opposition du parlement de Toulouse, Léonard de Mausse, fermier général des traites foraines et domaniales de Languedoc et de Provence, continuera de percevoir de la manière habituelle les droits dus pour les denrées et marchandises transportées à Bordeaux, jusqu'à ce que ses commis aient été établis et leur établissement toléré en la ville de Bordeaux.

E 18ᵇ, fº 35 rº.

12464. — Arrêt ordonnant le payement de 300 livres sur ce qui est dû à Pierre Bouchillon, dit Le Grec, ci-devant garde et marchand du linge de bouche du Roi, pour fournitures de linge faites à Sa Majesté.

E 18ᵇ, fº 37 rº.

12465. — Arrêt renvoyant aux trésoriers de France à Limoges une requête par laquelle les habitants de Saint-Jean-d'Angely demandent à être déchargés de l'impôt levé, en place du sol pour livre, sur les villes franches et abonnées.

E 18ᵇ, fº 38 rº.

12466. — Arrêt renvoyant aux trésoriers de France à Paris une requête en remise de tailles présentée par vingt-six paroisses de l'élection de Vezelay dont le territoire a été ravagé par l'orage du 8 août dernier.

E 18ᵇ, fº 39 rº.

12467. — Arrêt accordant à Guillaume Herail la sixième partie du bénéfice qu'il se fait fort de procurer au Roi en donnant certains avis, ou en procédant au rachat de certaines portions de domaine.

E 18ᵇ, fº 40 rº.

12468. — Arrêt déclarant que Mᵉ Antoine Fremin, commis par le Roi à la recette du revenu des abbayes dont est pourvu l'archevêque de Reims, cesse, à partir du 1ᵉʳ janvier dernier, d'être chargé de la recette et du maniement des deniers destinés à l'acquittement des dettes du duc de Guise.

E 18ᵇ, fº 41 rº.

12469. — Arrêt prorogeant pour six ans l'octroi de « l'appetissement des mesures » concédé à la ville d'Andely-sur-Seine, et dont le produit est affecté à l'entretien des portes, ponts-levis, murailles et fossés de la ville.

E 18ᵇ, fº 43 rº.

12470. — Arrêt ordonnant que Mᵉ Pierre Barthélemy, contrôleur des traites au bureau d'Arles, s'expliquera au sujet d'un droit de 3 deniers pour cent qui lui a été jusqu'ici attribué.

E 18ᵇ, fº 44 rº.

12471. — Arrêt ordonnant le payement d'une somme de 15,000 livres donnée par le Roi à Paul, à Moïse et à Isaac Despens, sieurs d'Estignoux, « sur les deniers provenans de la composition faicte par les cautions de feu Mᵉ Jean de Maillac, leur ayeul, autreffois fermier général des finances en Guyenne ».

E 18ᵇ, fº 45 rº.

12472. — Arrêt renvoyant aux trésoriers de France à Orléans une requête en remise de tailles présentée par les habitants de Saint-Benoît, de Bray, de Germigny, de Saint-Père, de Bonnée et des Bordes, à raison des pertes que leur a fait subir l'inondation de la Loire.

E 18ᵇ, fº 47 rº.

12473. — Arrêt renvoyant aux trésoriers de France à Orléans une requête en remise de tailles présentée par les habitants de plusieurs paroisses de l'élection de Clamecy dévastées par l'orage du 8 août dernier.

E 18ᵇ, fº 48 rº.

12474. — Arrêt autorisant la levée d'une somme de 750 livres due au sieur de Lhuyère par les habitants de Droyes.

E 18ᵇ, fº 49 rº.

12475. — Arrêt faisant droit à une requête du sieur de Matignon, lieutenant général du Roi au gouvernement des bailliages du Cotentin et du duché d'Alençon, lequel demande à être maintenu dans le droit de pourvoir aux offices ordinaires des vicomtés de Carentan et de Saint-Lô, dont il jouit par engagement.

E 18ᵇ, fᵒ 51 rᵒ.

12476. — Arrêt autorisant les habitants de Quimper-Corentin à lever 30 sols par pipe de vin entrant et se consommant en ladite ville, le produit en devant être affecté tant aux réparations du quai, des ponts, des portes et pavé, qu'à l'établissement d'un petit collège où l'on enseignera la grammaire.

E 18ᵇ, fᵒ 53 rᵒ.

12477. — Arrêt concédant aux sieurs Ferrier et Bimare deux cents «sommes» de terres vaines et vagues au territoire de Fourques, en Languedoc, au lieu appelé les Saules, à la condition de faire, chaque année, «albergue» au Roi de 18 marcs d'argent, équivalant à 400 livres.

E 18ᵇ, fᵒ 55 rᵒ.

12478. — Arrêt déchargeant l'abbaye de Saint-Victor d'une pension de 60 livres qu'elle doit à la Chambre de la Charité pour la pension d'un religieux lai, attendu que ladite abbaye nourrit, depuis 1598, un paysan aliéné, Robert Guesdon, que le Grand prévôt a fait enfermer dans la maison de ladite abbaye.

E 18ᵇ, fᵒ 57 rᵒ.

12479. — Arrêt autorisant les habitants de la paroisse de Notre-Dame-de-la-Conception d'Orléans à lever sur eux-mêmes une somme de 1,200 livres destinée à l'achèvement de leur grande église.

E 18ᵇ, fᵒ 58 rᵒ.

12480. — Arrêt renvoyant aux gens du Roi en la Cour des aides une requête des députés protestants tendante à ce qu'Alexandre Simpson, ministre à Châteaudun, ne soit cotisé aux tailles, ainsi que les autres ministres, qu'à raison de ses biens propres, et que sa pension, ses livres, les meubles servant à son usage ordinaire n'entrent pour rien dans cette évaluation.

E 18ᵇ, fᵒ 59 rᵒ.

12481. — Arrêt renvoyant aux trésoriers de France à Orléans une requête des habitants de Saint-Firmin, près Beaugency, qui demandent l'autorisation de lever sur eux-mêmes 4,500 livres destinées aux réparations de leur église.

E 18ᵇ, fᵒ 60 rᵒ.

12482. — Arrêt confiant à Mᵉ Pierre Le Rat la charge de payeur des officiers de la Prévôté de l'Hôtel, vacante par le décès de Mᵉ Jean Grolard.

E 18ᵇ, fᵒ 61 rᵒ.

12483. — Arrêt statuant sur le procès pendant entre François de Thivoley, gentilhomme suivant la Cour, et Mᵉ Charles Paulet, secrétaire de la chambre du Roi, d'une part, Mᵉ Claude Le Beau, contrôleur au grenier à sel de Saint-Florentin, d'autre part.

E 18ᵇ, fᵒ 62 rᵒ.

12484. — Arrêt maintenant le maréchal de Bois-Dauphin, nonobstant l'opposition de Mᵉ Bénigne Saulnier, en possession du droit de nommer aux offices de la seigneurie de Bourg-Nouvel, aussi longtemps qu'il en jouira à titre d'engagement.

E 18ᵇ, fᵒ 64 rᵒ.

12485. — Arrêt statuant sur un procès pendant entre Marc de Durfort, sieur de Pestilhac, et la ville de Moissac.

E 18ᵇ, fᵒ 66 rᵒ.

12486. — Arrêt statuant sur diverses instances pendantes entre Mᵉ Pierre Vacherie, avocat au Parlement et enquêteur en la Basse-Marche, Mᵉ Pierre Desfoureaux, sieur de Beaumont, avocat au Parlement, Mᵉ Simon Chesne, lieutenant particulier assesseur criminel au siège du Dorat, et ordonnant la réception dudit sieur Desfoureaux en l'office de conseiller-magistrat et lieutenant général criminel audit siège.

E 18ᵇ, fᵒ 68 rᵒ.

12487. — Arrêt accordant à Mᵉ Claude Le Doux, lieutenant général civil ancien et lieutenant criminel au bailliage et au présidial d'Évreux, décharge de la somme à laquelle il a été taxé par l'arrêt du 15 juillet dernier (nᵒ 12243).

E 18ᵇ, fᵒ 70 rᵒ.

12488. — Arrêt ordonnant que Mᵉˢ Pierre Nicolay et Jean Gertoux seront reçus en deux offices de conseillers au siège du sénéchal d'Arles, mais qu'il ne sera point pourvu aux deux autres offices semblables, et que, de plus, dans le délai d'un mois, les officiers dudit siège et les consuls d'Arles seront admis à rembourser lesdits Gertoux et Nicolay.

E 18b, f° 71 r°.

12489. — Arrêt accordant à Me Jacques Petau, lieutenant général civil et lieutenant criminel au bailliage d'Étampes, décharge d'une somme de 1,000 livres à laquelle il avait été taxé pour sa qualité de lieutenant criminel.

E 18b, f° 73 r°.

12490. — Arrêt déclarant que demoiselle Catherine Giffart, fille et unique héritière des sieur et dame Du Plessis, demeurera confiée à la garde de la dame de Bussy-Guibert.

E 18b, f° 74 r°.

12491. — Arrêt évoquant et jugeant les procès pendants en la Cour des aides entre Claude Des Vallées, ci-devant fermier des aides aliénées en l'élection de Noyon, et ses associés, et Me Jean de Moisset, ci-devant fermier général des aides.

E 18b, f° 75 r° et 76 r°.

12492. — Arrêt ordonnant que Bénigne Tisserand, conseiller au parlement de Bourgogne, sera payé de ses gages des années de troubles et des années suivantes dans la même forme que les officiers nommés en l'arrêt du 8 mars dernier (n° 12056), attendu notamment le consentement de Michel Garnier, lequel a traité du rachat des greffes et des autres domaines de Bourgogne.

E 18b, f° 78 r°; cf. ibid., f° 80 r°.

———

1608, 13 septembre. — Paris.

12493. — Arrêt ordonnant l'exécution de l'édit de septembre 1605 qui porte création d'offices de vendeurs jurés de bétail, et ce nonobstant l'opposition des trésoriers de France à Orléans et à Tours.

E 18b, f° 82 r°.

12494. — Arrêt ordonnant que lettres de provision de l'office de lieutenant criminel au siège de Montauban seront expédiées au nom de Me Jean de Viçose, lieutenant principal audit siège, pour qu'il en jouisse conformément à l'accord passé entre lui et Jean de Lavialle, lieutenant particulier assesseur criminel.

E 18b, f° 84 r°.

12495. — Arrêt maintenant, en principe, les taxes établies par arrêts de mars et du 15 juillet derniers (n° 12243) pour l'établissement des offices de lieutenants criminels dans les sièges des prévôt et juges ordinaires du ressort de Paris.

E 18b, f° 85 r°.

12496. — Arrêt renvoyant aux trésoriers de France en Picardie une requête des mayeur et échevins de Montdidier relative à l'« envoy » et au département des tailles de la ville et de l'élection de Montdidier.

E 18b, f° 86 r°.

12497. — Arrêt ordonnant l'exécution du traité passé par Me Michel Garnier, secrétaire ordinaire de la chambre du Roi, pour le rachat des greffes, places de clercs, parisis, présentations, aides et péages aliénés en la province de Bourgogne.

E 18b, f° 88 r°.

12498. — Arrêt ordonnant le payement d'une somme de 2,442 livres due par Me Philippe Rapelin à François Marcel, trésorier de France en Provence, sur ses gages de l'année 1607.

E 18b, f° 90 r°.

12499. — Arrêt ordonnant le versement à la recette générale d'une somme de 600 livres provenant d'une levée et demeurée entre les mains de Me Catival, receveur des tailles en l'élection de Mortagne.

E 18b, f° 91 r°.

12500. — Arrêt ordonnant le versement à l'Épargne d'une somme de 2,700 livres reçue par Me Claude Monet, receveur général des domaine et finances de Calais, sur le prix d'adjudication des matériaux provenant de la démolition du château de Ham.

E 18b, f° 92 r°.

12501. — Arrêt confirmant les privilèges des habitants de la paroisse de Clinchamp, et déclarant qu'ils demeureront abonnés aux aides, tailles et taillon au taux de 45 livres.

E 18ᵇ, fᵒ 93 rᵒ.

12502. — Arrêt ordonnant l'élargissement de Gilbert Blanc, emprisonné à Riom à la requête de Mathurin Gallier et de Guillaume Charrier, lesquels seront, à leur tour, assignés au Conseil.

E 18ᵇ, fᵒ 95 rᵒ.

12503. — Arrêt ordonnant qu'André Carmingel, archer des Gardes écossaises du nombre des Vingt-cinq, sera entendu au Conseil au sujet d'une requête présentée par Charles Maillart, receveur ordinaire du domaine de Ponthieu.

E 18ᵇ, fᵒ 97 rᵒ.

12504. — Arrêt ordonnant la vente des matériaux provenant d'une vieille masure sise à Sury-le-Comtal, et déclarant que le produit de la vente, ainsi que le produit de l'acensement du terrain, sera affecté à l'achat d'une maison où s'exercera la justice et où se garderont les prisonniers.

E 18ᵇ, fᵒ 98 rᵒ.

12505. — Arrêt évoquant au Conseil les procès pendants au parlement de Toulouse et à la chambre de l'Édit de Castres entre le promoteur de l'ordre de Cîteaux, prenant fait et cause pour dame Marguerite de Montpezat, abbesse de Nonnenque, d'une part, Gabriel Desbles, sieur de La Vacaresse, et Jean Guirard, marchand de Milhau, d'autre part; donnant mainlevée des saisies faites sur les biens de ladite abbesse.

E 18ᵇ, fᵒ 100 rᵒ.

12506. — Arrêt ordonnant au greffier du parlement de Toulouse d'envoyer, sous scellés, au greffe du Conseil toutes les pièces des procès pendants entre Mᵉˢ Pierre de Caumels et Jean Gombert de Caminade, avocat général et procureur général au parlement de Toulouse.

E 18ᵇ, fᵒ 104 rᵒ.

12507. — Arrêt ordonnant qu'en payant un supplément de taxe, Charles Becquas, ci-devant grènetier au grenier à sel d'Ainay, sera pourvu de l'office de grènetier au grenier à sel nouvellement transféré d'Ainay à Saint-Amand.

E 18ᵇ, fᵒ 108 rᵒ.

12508. — Arrêt renvoyant aux trésoriers de France à Bordeaux un placet par lequel le maréchal d'Ornano demande à établir « un maguesin et chay en la ville de Bordeaulx, à l'instar de celluy de Rouen, Lyon et autres villes de ce royaume ».

E 18ᵇ, fᵒ 109 rᵒ.

12509. — Arrêt renvoyant aux commissaires chargés de l'exécution du contrat de Mᵉ Paulet une requête par laquelle François de Laize demande à être maintenu en son office de greffier du prévôt des maréchaux de Loudun.

E 18ᵇ, fᵒ 110 rᵒ.

12510. — Arrêt accordant un sursis à Antoine Rougier, receveur des deniers communs de Lyon, pour la restitution d'une somme de 4,400 livres.

E 18ᵇ, fᵒ 111 rᵒ.

12511. — Arrêt statuant sur les procès pendants entre Pierre Seva, receveur des décimes au diocèse de Toulon, et les habitants d'Ollioules.

E 18ᵇ, fᵒ 113 rᵒ.

12512. — Arrêt statuant sur le procès pendant entre Mᵉ Jean de Moisset, « adjudicataire général du fournissement des greniers à sel », et les tuteurs des enfants de Gilles de La Chaize, au sujet de la saisie du navire la Salamandre.

E 18ᵇ, fᵒ 115 rᵒ.

12513. — Arrêt réduisant la taxe des offices de lieutenants criminels dans les sièges de Mortagne, de Bellême, de Moulins, de Vitry-le-François, de Melun, de Sens, d'Issoudun, de Saint-Sever et de Lorris; acte du consentement donné à cette réduction par le duc de Mayenne.

E 18ᵇ, fᵒˢ 117 rᵒ et 118 rᵒ.

1608, 20 septembre. — Paris.

12514. — Arrêt réglant l'exécution de l'édit de

62.

1596 qui rétablissait « en hérédité » les offices de contrôleurs-visiteurs-marqueurs de cuirs, une somme de 200,000 livres ayant été assignée au duc de Nemours sur le produit de la vente de ces offices.

E 18ᵇ, fᵒ 120 rᵒ.

12515. — Arrêt évoquant au Conseil les procès intentés à Raymond Vedel, sieur de Lafleur, capitaine général du charroi de l'Artillerie, au sujet du traité qu'il a passé avec le Roi pour l'enlèvement des boues et immondices de Paris.

E 18ᵇ, fᵒ 122 rᵒ.

12516. — Arrêt formant un collège des vingt secrétaires du Roi nouvellement créés, pris parmi les anciens secrétaires de la maison de Navarre, les autorisant à s'assembler et à délibérer sur leurs affaires communes.

E 18ᵇ, fᵒ 123 rᵒ.

12517. — Arrêt, rendu sur la requête du duc de Guise, défendant derechef au sieur de La Rochette et au curateur aux biens de feu Bénédict Massey de poursuivre l'exécution d'un arrêt rendu en la Cour des aides le 20 juin dernier.

E 18ᵇ, fᵒ 125 rᵒ.

_____

1608, 23 septembre. — Paris.

12518. — Arrêt prorogeant pour six années nouvelles les exemptions et affranchissements octroyés à la ville de Laon.

E 18ᵇ, fᵒ 126 rᵒ.

12519. — Arrêt statuant sur les procès pendants entre le fermier général des gabelles et le syndic général du Languedoc, et portant règlement au sujet des gabelles dans cette province.

E 18ᵇ, fᵒ 128 rᵒ.

12520. — Arrêt ordonnant que, provisoirement, le duc de Ventadour sera payé de ses gages de sénéchal du Limousin par les acquéreurs des greffes aliénés dans ledit pays.

E 18ᵇ, fᵒ 130 rᵒ.

12521. — Arrêt statuant sur le procès pendant entre Anne de Levis, duc de Ventadour, et Mᵉ Guil-

laume de Balmes, fermier général des gabelles et du tirage du sel de Lyonnais, Forez, Beaujolais, etc., et déterminant la quantité de sel qui doit être livrée audit duc pour l'usage de ses maisons.

E 18ᵇ, fᵒ 132 rᵒ.

12522. — Arrêt acceptant, sous une nouvelle forme, la proposition de Nicolas Lévesque relative au rachat d'un certain nombre de greffes.

E 18ᵇ, fᵒ 134 rᵒ; cf. ibid., fᵒ 204 rᵒ.

12523. — Arrêt ordonnant que, moyennant payement de 3,000 livres, le comté de Bigorre sera exempté de la recherche des francs-fiefs et des nouveaux acquêts.

E 18ᵇ, fᵒ 135 rᵒ.

12524. — Arrêt ordonnant, nonobstant toute opposition, la réception de Mᵉ Jean de La Roche en l'office de lieutenant particulier assesseur criminel et premier conseiller au présidial de Toulouse, réglant ses attributions et ses prérogatives.

E 18ᵇ, fᵒ 137 rᵒ.

12525. — Arrêt ordonnant que le droit de traite domaniale sera levé dans le pays de Bigorre, à moins que les habitants ne préfèrent voir les bureaux de la traite établis à la frontière de l'Espagne : dans ce dernier cas, ils ne pourraient, sous peine de confiscation, faire passer par d'autres chemins leurs bestiaux ou leurs marchandises soumises à la traite domaniale.

E 18ᵇ, fᵒ 139 rᵒ.

12526. — Arrêt déclarant que les personnes pourvues d'offices de lieutenants particuliers assesseurs criminels et commissaires-examinateurs en Bourgogne doivent exercer leurs fonctions conjointement dans les bailliages et dans les chancelleries.

E 18ᵇ, fᵒ 141 rᵒ.

12527. — Arrêt statuant sur les procès pendants entre Mᵉ Bénigne Saulnier et Mᵉ Pierre Pierre Vien au sujet de l'office de commissaire de la marine du Levant, des mortes-payes, des fortifications et des réparations de Provence.

E 18ᵇ, fᵒ 142 rᵒ.

12528. — Arrêt ordonnant que les pièces du procès extraordinaire intenté à M⁵ Pierre Martineau par demoiselle Anne Gedouyn seront remises aux mains des sieurs de Villemontée et Barentin, et autorisant Michel Garnier à faire extraire du dossier toutes les pièces pouvant lui servir dans l'instruction du procès que lesdits commissaires intentent « aux coulpables des faulcetez et suppositions commises en l'expédition de plusieurs actes, en vertu desquelz Sa Majesté a esté frustrée de la finance d'un office de receveur général des finances en l'une des généralitez de ce royaume et de la moictyé du triennal ».

E 18ᵇ, f° 144 r°.

12529. — Arrêt fixant au 1ᵉʳ janvier 1609 la date à partir de laquelle courra le bail d'Antoine Huron, « fermier général des droitz appartenans à Sa Majesté ez chancellerie des parlemens, cours souveraines et présidiaulx de France ».

E 18ᵇ, f° 146 r°.

12530. — Arrêt renvoyant aux commissaires chargés de la taxe des officiers de finance une réclamation de quelques-uns des officiers de la Cour relative à la répartition des droits perçus pour la révocation de la Chambre de justice.

E 18ᵇ, f° 148 r°.

12531. — Arrêt renvoyant aux trésoriers de France à Paris une requête en remise de tailles présentée par les habitants de Mantes, de Rosny et de quatorze villages voisins, dont les noyers et les vignes ont été gelés par les froids excessifs de l'hiver dernier, et dont les récoltes ont été détruites par les orages du mois d'août.

E 18ᵇ, f° 149 r°.

12532. — Arrêt accordant à Jean Aubry, maître des requêtes de l'Hôtel, et à Claude de La Bistrade, conseiller au Grand Conseil, mainlevée du greffe de la vicomté de Rouen, dont ils sont adjudicataires, et qu'avaient indûment saisi les trésoriers de France à Rouen.

E 18ᵇ, f° 150 r°.

12533. — Arrêt donnant assignation de 600 li-vres à Martin Ourceau, à Jean de Mebouton et à François Deshayes.

E 18ᵇ, f° 152 r°.

12534. — Arrêt réglant le payement de 2,184 livres dues à Pierre de Malinghan, bourgeois de Beauvais, pour une fourniture de vin faite au Roi en 1590.

E 18ᵇ, f° 153 r°.

12535. — Arrêt accordant à Jacques de Beaulieu, secrétaire des finances, mainlevée du revenu des greffes d'Alençon, qu'ont indûment saisi les trésoriers de France à Caen.

E 18ᵇ, f° 154 r°.

12536. — Arrêt ordonnant la vérification des comptes des « nouvelles impositions » de Pontoise pour l'année 1582.

E 18ᵇ, f° 156 r°.

12537. — Arrêt déclarant que le sieur de Sancy sera tenu, dans les trois mois, de payer 3,000 livres à Isaac Chorin, conformément à l'arrêt du Conseil du 7 avril 1607.

E 18ᵇ, f° 158 r°.

12538. — Arrêt accordant un sursis de six mois à Nicolas Thomas, receveur des aides en l'élection de Paris.

E 18ᵇ, f° 159 r°.

12539. — Arrêt ordonnant aux trésoriers de France de se faire représenter tous les baux d'aides et d'octrois passés, du 31 mai 1597 au 15 mai 1604, par des officiers, maires ou échevins, de façon à pouvoir dresser l'état du sol pour livre que doivent payer les adjudicataires en sus de leur prix d'adjudication, conformément aux lettres patentes du 31 mai 1597.

E 18ᵇ, f° 161 r°.

12540. — Arrêt cassant les informations et sentences données par le bailli de Lassay, par le prévôt provincial du Maine, etc., contre les archers d'André Ameray, sieur de Saint-André, commis à la recherche des faux-sauniers en Normandie, et renvoyant aux officiers du grenier à sel d'Alençon les poursuites relatives aux excès des habitants de Madré et des Chappelles, qui, excités par le curé de Madré, auraient délivré quelques faux-sauniers, désarmé, battu, insulté et, enfin, emprisonné lesdits archers.

E 18^b, f° 163 r°.

12541. — Arrêt ordonnant que le payement du prix des fermes sera exigé, au fur et à mesure, à l'expiration de chaque quartier, et que les trésoriers de l'Épargne ou autres officiers en demeureront responsables.

E 18^b, f° 165 r°.

12542. — Arrêt renvoyant aux trésoriers de France à Paris une requête en remise de tailles présentée par les habitants de Remauville, de Paley, de Nanteau, de Villemer et de Fouju, dont les récoltes ont été détruites par l'orage du 5 août dernier.

E 18^b, f° 167 r°.

12543. — Arrêt ordonnant l'exécution des arrêts obtenus en Parlement par le vicomte d'Estaing contre les échevins de Clermont en Auvergne.

E 18^b, f° 168 r°.

12544. — Arrêt délaissant à Abel de Bérangier, sieur de Morges, maréchal de camp des armées du Roi, gouverneur de Grenoble, et à ses héritiers les droits qui appartiennent au Roi sur les hommes delphinaux et sur les terres de Morges et de Saint-Jean-d'Hérans, etc., le tout en échange de la terre et seigneurie de Monestier-du-Percy, de divers cens, droits seigneuriaux, etc.

E 18^b, f° 170 r°.

12545. — Arrêt relatif à la requête d'Avery Philipps, gentilhomme anglais, qui demande la restitution d'un navire capturé, le 7 janvier 1591, par deux vaisseaux de guerre du feu sieur de Saint-Luc.

E 18^b, f° 172 r°.

12546. — Arrêt statuant sur le procès pendant entre Mes François de Loménie, secrétaire du Roi, et Philippe Fontanier, secrétaire de la couronne de Navarre, d'une part, les huissiers du parlement de Bordeaux, prenant fait et cause pour leurs confrères Pierre Borie et Jean Bordeau, d'autre part, et cassant les provisions des deux offices d'huissiers catholiques en

la chambre mi-partie de Nérac qui ont été faites en faveur de Jean Ligonac et de Geoffroy de Lierres.

E 18^b, f° 174 r°.

12547. — Arrêt statuant sur une instance pendante entre Pierre Fougeux, sieur d'Escures, et Barthélemy de Savorny, sieur de La Clavelle, intendants des turcies et levées de la Loire, du Cher et de leurs affluents, d'une part, les trésoriers de France à Tours, Bourges, Moulins, Lyon et Orléans, d'autre part.

E 18^b, f° 178 r°.

12548. — Arrêt ordonnant que le sieur de Montmurat rapportera au Conseil les titres en vertu desquels il réclame 8,580 livres aux anciens consuls de Maurs, pour ses gages de gouverneur et pour la solde de la garnison, et lui défendant de faire exécuter les arrêts qu'il a obtenus au Parlement.

E 18^b, f° 185 r°.

12549. — Arrêt ordonnant qu'au lieu de procéder à la réunion et revente des offices de notaires, tabellions et garde-notes en Languedoc et Provence, conformément à l'édit d'août 1605, on lèvera sur tous les notaires, tabellions et garde-notes desdites provinces une taxe, sous forme de supplément, exception seulement étant faite pour ceux qui exercent dans les domaines vendus à la reine Marguerite.

E 18^b, f° 186 r°.

12550. — Arrêt renvoyant aux commissaires chargés de taxer les officiers de finance une requête par laquelle Thomas Bédacier, trésorier des turcies et levées de la Loire et du Cher, demande à être déchargé de la somme à laquelle il a été taxé à l'occasion de la révocation de la Chambre de justice.

E 18^b, f° 188 r°.

12551. — Arrêt conservant au Parlement la connaissance du procès pendant entre Claude Gouffier, comte de Caravas, et Louise d'Ongnies, femme de Philibert-Emmanuel d'Ailly, vidame d'Amiens, au sujet du contrat d'échange de la terre de Magny.

E 18^b, f° 189 r°.

12552. — Arrêt renvoyant aux commissaires chargés de taxer les officiers de finance une requête en décharge de taxe présentée par Daniel Sevin, trésorier et payeur des turcies et levées de la Loire et du Cher.

E 18ᵇ, fᵒ 191 rᵒ.

12553. — Arrêt renvoyant aux mêmes une requête en décharge de taxe présentée par Antoine Darenc, l'un des commissaires généraux de la marine du Levant.

E 18ᵇ, fᵒ 192 rᵒ.

12554. — Arrêt statuant sur le différend soulevé entre François de Thivoley et Claude Le Beau au sujet d'un office de contrôleur au grenier à sel de Saint-Florentin.

E 18ᵇ, fᵒ 193 rᵒ.

12555. — Arrêt ordonnant aux trésoriers de France en Provence et en Lyonnais de faire savoir si les officiers des greniers à sel dépendant de la ferme « à la part du royaume » ont l'habitude de percevoir 20 deniers par minot, depuis combien de temps, et s'ils ont été taxés pour cette attribution.

E 18ᵇ, fᵒ 194 rᵒ.

12556. — Arrêt autorisant Jacques Lebert, abbé commendataire de Saint-Benoît-sur-Loire, à vendre pour 6,000 livres de balliveaux, afin de pourvoir aux réparations de l'abbaye, laquelle a été presque entièrement démolie pendant les derniers troubles.

E 18ᵇ, fᵒ 195 rᵒ.

12557. — Arrêt nommant des rapporteurs dans le différend soulevé entre les contrôleurs jurés vendeurs de vin de la ville de Paris et « les douze et vingt-cinq marchans-cabaretiers suivans la Cour ».

E 18ᵇ, fᵒ 197 rᵒ.

12558. — Arrêt confirmant à Mᵉ Isaac Bernard, secrétaire de la chambre du Roi, le privilège de pouvoir seul faire transporter hors du royaume, pendant dix ans, les eaux-de-vie fabriquées dans les généralités de Touraine, de Poitou, de Languedoc et de Guyenne.

E 18ᵇ, fᵒˢ 199 rᵒ et 200 rᵒ.

12559. — Acceptation des offres faites par Antoine Chevalier pour le rachat d'un certain droit domanial d'une valeur égale à au moins 450,000 livres, et pour l'amortissement de 100,000 livres de rentes.

E 18ᵇ, fᵒ 202 rᵒ.

1608, 27 septembre. — Paris.

12560. — Arrêt ordonnant le payement d'une somme de 25,000 livres promise à Mᵉ Jean de Moulceau par les prévôt des marchands et échevins de Lyon, qui, « ayant eu crainte que Estienne de Gos, auquel Sa Majesté avoit adjugé le parti du rachapt du domaine de Lyonnois, exigeast rudement les droitz à luy acordez pour effectuer ledit rachapt, auroient convié [ledit Moulceau] d'emporter par enchères ledit parti, l'asseurant de satisfaire et l'acquitter pour raison du desdommagement qu'on luy ordonneroit payer audit de Gos... ».

E 18ᵇ, fᵒ 206 rᵒ.

12561. — Arrêt fixant à 9,000 livres l'indemnité que doivent payer Mᵉˢ Seve et Barbin à Mathieu Bastard et à Pierre Bizet, lesquels ont fourni certains mémoires destinés à faciliter le rachat de certains greffes et d'autres droits domaniaux.

E 18ᵇ, fᵒ 208 rᵒ.

12562. — Arrêt relatif au payement d'une rente de 161 écus 6 sols 8 deniers que Henri III aurait constituée aux villes de Laon, de Guise et de la Fère.

E 18ᵇ, fᵒ 209 rᵒ.

12563. — Arrêt ordonnant que, conformément au traité passé avec Mᵉ Isaac Durier, secrétaire de la chambre du Roi, tous les deniers perçus dans les ressorts des cours des aides de Paris et de Montferrand au préjudice de l'édit de 1599 seront mis aux mains dudit Durier.

E 18ᵇ, fᵒ 211 rᵒ.

12564. — Arrêt ordonnant une enquête au sujet des troubles advenus à Issoire le 20 juillet dernier : les protestants « revenant du lieu de leur exercice, plusieurs paysans se levèrent contre un d'entre eulx et le battirent grièvement, dont quelques uns des plus

honnorables de la trouppe s'estans scandalizez, s'avan-
cèrent pour voulloir empescher ledit désordre, lequel,
au contraire, accreut tellement que trois ou quatre
y furent blessez de coups de pierre, et ung d'un coup
d'espée par ung gentilhomme nommé le sieur de
Couzaule ».

E 18ᵇ, fᵒ 213 rᵒ.

12565. — Arrêt renvoyant aux commissaires députés en la Chambre de commerce de Paris les mémoires de Balthazar Croux et de Paul Caullinet, qui
demandent l'autorisation de construire, dans toutes
les provinces, des moulins pour la fabrication du fil
de fer.

E 18ᵇ, fᵒ 214 rᵒ.

12566. — Arrêt ordonnant que les receveurs
généraux des bois en Normandie feront désormais la
recette des deniers provenant des ventes de bois de
l'apanage du feu duc d'Anjou, sauf à dédommager
Mᵉ Jean de Flécelles, secrétaire du Conseil d'État.

E 18ᵇ, fᵒ 215 rᵒ.

12567. — Arrêt renvoyant au Roi une requête du
comte d'Auvergne relative au payement d'une somme
de 6,377 écus 40 sols qui lui est due sur sa pension
de l'année 1600.

E 18ᵇ, fᵒ 216 rᵒ.

12568. — Arrêt ordonnant une enquête au sujet
de la réduction des taxes attribuées aux élus, contrôleurs et greffiers en l'élection de Laon.

E 18ᵇ, fᵒ 217 rᵒ.

12569. — Arrêt accordant à Antoine Darene, l'un
des commissaires généraux de la marine du Levant,
réduction de la somme pour laquelle il a été compris
dans la taxe levée sur les officiers de finance.

E 18ᵇ, fᵒ 219 rᵒ.

12570. — Arrêt ordonnant la restitution des taxes
indûment perçues par les officiers des élections qui
n'ont point encore payé le droit prescrit par édit de
mai 1605.

E 18ᵇ, fᵒ 221 rᵒ.

12571. — Arrêt renvoyant aux commissaires chargés de taxer les officiers de finance une requête par
laquelle la veuve de Pierre Lasne, sieur de Chastillon, trésorier de France à Orléans, demande réduction de la somme à laquelle a été taxé son défunt
mari pour la suppression de la Chambre de justice.

E 18ᵇ, fᵒ 223 rᵒ.

12572. — Arrêt accordant à Gabriel Darnoye,
sieur d'Avennes, un délai de six semaines pour porter
à la connaissance de son père, Mᵉ Jacques Darnoye,
lieutenant principal au siège de Béziers, les offres de
Julien Trotin relatives à la création d'un nouvel office
de lieutenant principal audit siège.

E 18ᵇ, fᵒ 224 rᵒ.

1608, 30 septembre. — Paris.

12573. — Arrêt ordonnant qu'il sera levé, en
quatre années, sur le Languedoc une somme de
6,000 livres, destinée à la construction de deux
digues dans les étangs voisins de Narbonne, de manière à rendre navigable le canal de l'Aude, qui passe
par Narbonne, pour la plus grande commodité des
commerçants languedociens.

E 18ᵇ, fᵒ 225 rᵒ.

12574. — Arrêt autorisant les trois États de
Languedoc à lever sur eux-mêmes une somme de
183,573 livres 13 sols destinée à l'acquittement des
dettes de la province.

E 18ᵇ, fᵒ 227 rᵒ.

12575. — Arrêt ordonnant la restitution des
domaines ou revenus usurpés au préjudice des églises
du diocèse de Dax et la vérification des comptes des
marguilliers, qui, au lieu d'employer le revenu des
fabriques à l'entretien des églises ou à des œuvres
pies, les ont affectés à leur usage particulier.

E 18ᵇ, fᵒ 229 rᵒ.

12576. — Arrêt ordonnant qu'il sera levé, en
deux années, sur le Languedoc, une somme de
3,300 livres destinée aux travaux de terrassement
qui sont nécessaires pour empêcher la perte totale de
l'île de Vallabrègues.

E 18ᵇ, fᵒ 231 rᵒ.

12577. — Arrêt portant de 10,000 à 20,000 livres la somme qui pourra être levée annuellement sur le Languedoc pour les dépenses nécessitées par la tenue des États de la province.

E 18ᵇ, f° 233 r°.

12578. — Arrêt fixant à 1,122 livres l'indemnité due, pour ses vacations à la suite du Conseil, au député du diocèse de Lodève, Jacques Dalizon, sieur de La Valboissière, et ordonnant la levée de cette somme sur tous les habitants taillables du diocèse.

E 18ᵇ, f° 235 r°.

12579. — Arrêt fixant à 990 livres l'indemnité due, pour ses vacations à la suite du Conseil, au député du diocèse de Montauban, Antoine Austry, et ordonnant la levée de cette somme sur tous les habitants taillables du diocèse.

E 18ᵇ, f° 237 r°.

12580. — Arrêt ordonnant qu'il soit levé, sur le diocèse de Rieux, une somme de 3,000 livres destinée au remboursement d'un emprunt que les habitants dudit diocèse ont dû faire pour soutenir leurs privilèges, par-devant le Conseil, contre le fermier des gabelles de Languedoc.

E 18ᵇ, f° 239 r°.

12581. — Arrêt fixant à 1,122 livres l'indemnité due, pour ses vacations à la suite du Conseil, à Ogier Bernard, député du diocèse de Rieux, et ordonnant la levée de cette somme sur tous les habitants taillables du diocèse.

E 18ᵇ, f° 240 r°.

12582. — Arrêt ordonnant qu'il soit levé, sur le diocèse de Carcassonne, une somme de 6,000 livres destinée au payement des frais que nécessitera la recherche des compoix existant dans chaque localité du diocèse.

E 18ᵇ, f° 242 r°.

12583. — Arrêt renvoyant la vérification des dettes de Montpellier au duc de Ventadour, lieutenant général en Languedoc, et aux commissaires que le Roi enverra aux prochains États de la province.

E 18ᵇ, f° 244 r°.

12584. — Arrêt autorisant la levée, en la ville du Puy, d'une somme de 4,500 livres destinée aux réparations des murailles et des portes, à un achat de robes pour les consuls, à l'entretien d'un prédicateur et d'un maître d'école, ainsi qu'à l'entretien des fontaines et des horloges de la ville.

E 18ᵇ, f° 246 r°.

12585. — Arrêt autorisant les habitants de Beaucaire à lever une somme supplémentaire de 1,000 livres destinée aux réparations des chaussées existant le long du Rhône.

E 18ᵇ, f° 247 r°.

12586. — Arrêt fixant à 618 livres l'indemnité due, pour ses vacations à la suite du Conseil, au député de Beaucaire, Guyon de Cournut, et ordonnant la levée de cette somme sur tous les habitants taillables de Beaucaire.

E 18ᵇ, f° 249 r°.

12587. — Arrêt fixant à 972 livres l'indemnité due, pour ses vacations à la suite du Conseil, au député du Puy, Gaspard d'Avignon, notaire royal et auditeur des comptes, et ordonnant la levée de cette somme sur tous les habitants taillables de la ville.

E 18ᵇ, f° 251 r°.

12588. — Arrêt ordonnant la levée du capital et des intérêts d'une somme de 2,949 livres 2 sols due par les habitants du consulat de Damiette à Mᵉ Antoine Thomas, receveur du diocèse de Castres, à Mᵉˢ Mathurin Fournes, François Clausel et Jean Affigues.

E 18ᵇ, f° 253 r°.

12589. — Arrêt ordonnant la levée du capital et des intérêts d'une somme de 1,218 livres empruntée, en 1598, par le syndic de Roquecourbe, pour le rachat de la justice haute, moyenne et basse de ladite ville.

E 18ᵇ, f° 255 r°.

12590. — Arrêt ordonnant qu'il soit levé, sur tous les contribuables de la ville et du consulat de Carcassonne, une somme de 3,000 livres destinée au renouvellement du cadastre.

E 18ᵇ, f° 256 r°.

12591. — Arrêt réglant le payement d'une somme de 3,600 livres restée due à Rodolphe de «Channestein», capitaine d'une des deux compagnies suisses entretenues près de la personne du Roi, en vertu d'«ung contract passé à Mante, en l'an v^e iiii^{xx} xi, auquel les seigneurs du Conseil luy sont obligez».

E 18^b, f° 258 r°.

12592. — Arrêt renvoyant aux commissaires députés en la Chambre du commerce de Paris les offres de Me Jean Ponthoise, qui se fait fort de verser annuellement 20,000 livres à l'Épargne, si le Roi lui abandonne, pendant dix ans, «la jouissance du droict de dixiesme à luy appartenant sur toutes les mines et minerrès de fer et de charbon».

E 18^b, f° 259 r°.

12593. — Arrêt déclarant que le sieur de Picheron, bailli de Gévaudan, ne percevra, en vertu d'un don à lui fait par le Roi, que les deux tiers des droits seigneuriaux dus par la dame de Saint-Point pour la terre de Montferrand, le dernier tiers de ces droits demeurant affecté à l'entretien des maisons du Roi.

E 18^b, f° 260 r°.

12594. — Arrêt ordonnant le rétablissement au compte de Me Denis Robert, receveur général des finances à Riom, d'une somme de 4,700 livres par lui payée, le 17 janvier dernier, à Claude de Bugnons, ci-devant trésorier des Ligues.

E 18^b, f° 261 r°.

12595. — Arrêt faisant remise d'un quartier et d'une année de tailles aux habitants de Villiers-Saint-Georges, de Sourdun, de l'Échelle, de Doue, de Bellot et de Beauchery, attendu les ruines et les ravages causés par l'orage du 22 juillet dernier.

E 18^b, f° 263 r°.

12596. — Arrêt relatif à la vérification qu'ont faite les trésoriers de France à Amiens des deniers restés dus sur les impôts perçus en ladite ville avant ou pendant l'occupation espagnole.

E 18^b, f° 264 r°.

12597. — Arrêt ordonnant que, «lors que les affaires de Sa Majesté le pourront permettre», Ernest et Christian, ducs de Brunswick-Lunebourg, seront remboursés d'une somme de 6,571 florins par eux prêtée au Roi, en l'année 1592, pour la levée d'une armée étrangère commandée par le prince d'Anhalt.

E 18^b, f° 266 r°.

12598. — Arrêt interprétant le contrat passé avec Nicolas Lévesque pour le rachat d'un certain nombre de greffes.

E 18^b, f° 267 r°.

12599. — Arrêt ordonnant que, «lors que les affaires de Sa Majesté le pourront permettre», il sera pourvu au payement d'une somme de 26,843 écus 40 sols restée due à la veuve et aux héritiers du sieur «Arvet de Frentz», colonel des troupes du pays de Clèves qui ont servi dans le Pays Messin, et au sieur d'Estrepigny, qui a été commissaire pour la levée desdites troupes.

E 18^b, f° 268 r°.

12600. — Arrêt interprétant le contrat passé avec Jean Goday, bourgeois de Paris, pour le rachat des greffes, places de clercs et petits sceaux de Languedoc et de Provence.

E 18^b, f° 269 r°.

12601. — Arrêt ordonnant le rétablissement au compte de Paul Robichon, trésorier provincial de l'Extraordinaire des guerres, d'une somme de 3,670 écus 30 sols payée, en 1595, au feu sieur Du Bordage et à Me Pierre de Beaulieu, pour la solde et l'entretien de la garnison du Bordage.

E 18^b, f° 271 r°.

12602. — Arrêt ordonnant que les enfants de feu M. de Messillac, conseiller d'État et gouverneur du haut pays d'Auvergne, seront dispensés de fournir aucune explication au sujet des vivres achetés et distribués aux troupes, en 1592, par ordre de leur père.

E 18^b, f° 273 r°.

12603. — Arrêt ordonnant que les procureurs généraux au parlement et à la chambre des comptes de Grenoble donneront leur avis au sujet d'une requête présentée par Mes Jean-Louis Le Maistre et Octavien

Ferrand, conseillers audit parlement, relativement au payement de leurs gages.

E 18ᵇ, fᵒ 275 rᵒ.

12604. — Arrêt ordonnant aux partisans qui ont traité avec le Roi du revenu des Parties casuelles de mettre leur visa sur les quittances du marc d'or de tous les offices ordinaires dépendants des vicomtés de Carentan et Saint-Lô et qui sont levés en vertu de la nomination du sieur de Matignon.

E 18ᵇ, fᵒ 277 rᵒ.

12605. — Arrêt relatif au procès pendant entre Jean Gasquignolles, d'une part, Jeanne de Fons et son fils, Emmanuel de Gérard, d'autre part.

E 18ᵇ, fᵒ 278 rᵒ.

12606. — Arrêt relatif au payement des gages des lieutenants, exempts et archers de la Prévôté de l'Hôtel.

E 18ᵇ, fᵒ 279 rᵒ.

12607. — Arrêt interdisant au prévôt de Paris et réservant aux sieurs de Maupeou et de Bullion, conseillers d'État, la connaissance du différend soulevé entre Pierre Le Rat, commis à la charge de payeur des officiers de la Prévôté de l'Hôtel, et les veuve et créanciers de Mᵉ Jean Groslard, le précédent payeur.

E 18ᵇ, fᵒ 281 rᵒ.

12608. — Arrêt déclarant que Gabriel de Flécelles, acquéreur des greffes du bailliage, du présidial et de la prévôté d'Auxerre, sera déchargé des poursuites exercées contre lui par les trésoriers de France à Dijon.

E 18ᵇ, fᵒ 283 rᵒ.

12609. — Arrêt statuant sur un procès pendant entre Mᵉ Jean de Saint-Germain, maître des Comptes, et Denis Marès, bourgeois de Paris.

E 18ᵇ, fᵒ 285 rᵒ.

12610. — Arrêt relatif au payement d'une rente de 800 livres qui aurait été assignée, durant les troubles, à feu Pierre Godefroy sur le domaine de la ville de Paris.

E 18ᵇ, fᵒ 287 rᵒ.

12611. — Arrêt défendant à Mᵉ Jean de Bordeaux, contrôleur des aides et tailles en l'élection d'Andely, de faire exécuter l'arrêt du Conseil privé par lui obtenu à l'encontre de Guillaume Le Prestre, sieur de Menucourt, trésorier de France à Rouen.

E 18ᵇ, fᵒ 289 rᵒ.

12612. — Arrêt accordant un délai de deux mois à Balthazar de Goeyty, contrôleur général du domaine en Guyenne, pour qu'il se procure les pièces dont il entend s'aider dans le procès pendant au Conseil entre lui, le sieur de Castelbajac et les habitants de Cubzaguez, au sujet de la réunion de la terre de Cubzaguez.

E 18ᵇ, fᵒ 291 rᵒ.

12613. — Arrêt ordonnant la réception de Mᵉ Josias Pousset en un office de conseiller au présidial du Mans, nonobstant l'opposition des autres conseillers.

E 18ᵇ, fᵒ 293 rᵒ.

12614. — Arrêt prorogeant de trois ans le bail du vingtième du vin passé avec les habitants de Limay.

E 18ᵇ, fᵒ 295 rᵒ.

12615. — Arrêt prorogeant pour six ans l'exemption du « droit d'aide de ville » octroyée par les Rois aux habitants de Saint-Malo.

E 18ᵇ, fᵒ 296 rᵒ.

12616. — Arrêt renouvelant l'interdiction faite aux prévôts des maréchaux d'exercer aucune juridiction sur les capitaines et archers établis par Mᵉ Jean de Moisset pour la recherche des faux-sauniers, et renvoyant au sieur Renard, maître des requêtes de l'Hôtel, les procès entamés contre le capitaine Petit, à l'occasion de l'émeute de Sainte-Maure, ou contre des archers d'Ingrande.

E 18ᵇ, fᵒ 297 rᵒ.

12617. — Arrêt ordonnant aux trésoriers de France et aux visiteurs généraux des gabelles de Dauphiné de procéder à une recherche minutieuse des abus commis au sujet du sel par les habitants de la principauté d'Orange, de la ville d'Avignon et du Comtat-Venaissin.

E 18ᵇ, fᵒ 299 rᵒ.

12618. — Arrêt ordonnant que Ferrand de Moran sera assigné au Conseil pour voir déclarer nulles et tortionnaires les ordonnances du vice-légat d'Avignon par lui obtenues au préjudice de Jean Chevalier, subrogé en la ferme générale des gabelles de Dauphiné.

E 18ᵇ, fᵒ 301 rᵒ.

12619. — Arrêt interprétant le contrat passé avec Alexandre Marchant pour le remboursement d'un certain nombre de greffes, notamment du greffe de Ribemont.

E 18ᵇ, fᵒ 302 rᵒ.

12620. — Arrêt ordonnant qu'à moins de comparution des opposants dans un délai fixé, il sera passé outre à la levée d'une somme de 11,220 livres destinée au rachat de la terre, de la prévôté et de la juridiction d'Entre-Deux-Mers, lesquelles, une fois réunies au domaine royal, n'en devront plus être séparées.

E 18ᵇ, fᵒ 303 rᵒ.

12621. — Arrêt réglant le payement des 600,000 livres que doivent verser les trésoriers de France pour le rétablissement de leurs bureaux.

E 18ᵇ, fᵒˢ 304 rᵒ et 306 rᵒ.

12622. — Arrêts renvoyant aux commissaires royaux qui présideront les prochains États du Languedoc :

1° L'état des sommes à lever sur le diocèse de Lodève;

2° L'état des sommes à lever sur le diocèse du Bas-Montauban;

3° L'état des sommes à lever sur la ville de Melgueil;

4° L'état des dettes de la ville de Beaucaire; .

5° L'état des sommes à lever sur la ville de Clermont, au diocèse de Lodève;

6° L'état des dettes du diocèse de Saint-Papoul;

7° L'état des dettes de la ville de Cordes, au diocèse d'Albi;

8° L'état des sommes à lever sur la ville de Rabastens;

9° Une requête des personnes pourvues d'offices de procureurs au présidial de Nîmes.

E 18ᵇ, fᵒˢ 308 à 309 rᵒ.

12623. — Arrêt renvoyant au duc de Ventadour, lieutenant général en Languedoc, et aux commissaires qui seront députés par le Roi aux prochains États de la province, une requête du syndic du diocèse de Rieux, tendante à ce que les villes de Rieux, de Montesquieu, de Carbonne, du Fousseret, de Cazères, de Saint-Sulpice et de Gaillac soient autorisées annuellement à lever 600 livres pour l'entretien d'un régent de collège, pour l'achat des robes, livrées et chaperons consulaires, etc.

E 18ᵇ, fᵒ 309 vᵒ.

12624. — Arrêt autorisant les États de Languedoc à lever, en deux ans, sur tous les contribuables de la province une somme de 20,875 livres 2 sols 3 deniers due pour frais extraordinaires.

E 18ᵇ, fᵒ 312 rᵒ.

———

1608, 2 octobre. — Paris.

12625. — Arrêt subrogeant Pierre de Monceau au lieu et place d'Antoine Auclerc, fermier des aides du Lyonnais, attendu qu'il offre de lever lesdites aides « au soullagement des habitants », et à condition qu'il paye 15,000 livres à Mᵉ Bénigne Saulnier.

E 19ᵃ, fᵒˢ 1 rᵒ et 2 rᵒ; ms. fr. 18174, fᵒ 1 rᵒ.

12626. — Arrêt donnant à Georges Duport, « commissaire général estably par le Roy à la levée et conduicte des condamnez aux peines des galeres », tous les pouvoirs nécessaires pour faire sortir de prison les condamnés, ceux-ci ne pouvant être retenus dans aucune prison sous prétexte de réparation ou d'amende, déclarant en outre que, pour reprendre les galériens évadés, il devra s'adresser aux juridictions locales.

E 19ᵃ, fᵒ 3 rᵒ, et ms. fr. 18174, fᵒ 1 vᵒ.

12627. — Arrêt prorogeant le délai pendant lequel il sera sursis à l'exécution d'un arrêt obtenu au Grand Conseil par Jacques Bailly et autres privilégiés contre les contrôleurs jurés vendeurs de vin en la ville de Paris.

E 19ᵃ, fᵒ 4 rᵒ, et ms. fr. 18174, fᵒ 5 vᵒ.

12628. — État, vérifié au Conseil, des dettes de la ville de Condom, lesquelles montent à 9,312 livres

12 sols, somme qui sera levée, en deux ans, sur les habitants de Condom.

E 19ᵉ, fᵒ 5 rᵒ.

———

1608, 11 octobre. — Paris.

12629. — Arrêt renvoyant au grand maître des eaux et forêts du département de Champagne et de Bourbonnais une requête par laquelle le chapitre cathédral de Nevers demande l'autorisation de vendre la coupe de trois petits bois pour pouvoir réparer les voûtes de son église.

E 19ᵉ, fᵒ 7 rᵒ, et ms. fr. 18174, fᵒ 1 rᵒ.

12630. — Arrêt portant validation de certaines dépenses rayées ou tenues en souffrance au préjudice de Mᵉ Pierre Cremoux, ci-devant commis à la recette des droits de francs-fiefs et de nouveaux acquêts dans le ressort de Bordeaux.

E 19ᵉ, fᵒ 8 rᵒ, et ms. fr. 18174, fᵒ 2 rᵒ.

12631. — Arrêt ordonnant la levée de l'impôt d'un sol par minot de sel destiné au payement des gages des secrétaires du Roi, maison et couronne de France du collège ancien des Six-Vingts, et ce nonobstant l'opposition du prévôt des marchands et des échevins de Lyon.

E 19ᵉ, fᵒ 9 rᵒ, et ms. fr. 18174, fᵒ 2 vᵒ.

12632. — Arrêt autorisant les maire et échevins de Sens à lever une somme de 2,600 livres destinée au payement de certaines dépenses urgentes, notamment «pour la réparation des auges par lesquelles l'eau du ru de Mondireau entre en ladite ville».

E 19ᵉ, fᵒ 11 rᵒ, et ms. fr. 18174, fᵒ 3 vᵒ.

12633. — Arrêt autorisant le syndic et les consuls de Condom à lever, en deux années, une somme de 9,312 livres 12 sols destinée au payement des dettes qu'ils ont contractées pour la conservation de la ville, pour l'entretien de la garnison, pour la démolition de la citadelle, pour les frais d'une épidémie, etc.

E 19ᵉ, fᵒ 12 rᵒ, et ms. fr. 18174, fᵒ 3 vᵒ.

12634. — Arrêt ordonnant que le sieur Belot, lieutenant du comte d'Auvergne, et Mᵉ Antoine For-

get, sieur d'Idoignes, seront entendus au Conseil au sujet d'une requête des consuls et des habitants de Saint-Germain-Lembron.

E 19ᵉ, fᵒ 13 rᵒ, et ms. fr. 18174, fᵒ 4 rᵒ.

12635. — Arrêt autorisant les habitants de Montbrison à lever sur eux-mêmes, en deux ans, une somme de 4,000 livres, destinée au payement d'une dette contractée pour l'avitaillement de la citadelle en 1593.

E 19ᵉ, fᵒ 14 rᵒ, et ms. fr. 18174, fᵒ 5 rᵒ.

12636. — Arrêt renvoyant aux trésoriers de France à Rouen une requête des échevins de ladite ville tendante à ce que les fonds destinés aux fortifications soient employés aux réparations des quais et des talus du port, que les glaces et les crues ont gravement endommagés.

E 19ᵉ, fᵒ 15 rᵒ, et ms. fr. 18174, fᵒ 5 vᵒ.

12637. — Arrêt autorisant la levée, sur tous les habitants, même privilégiés, de la ville, du marché et des faubourgs de Meaux, d'une somme de 3,289 livres 8 sols 8 deniers destinée à rembourser les échevins de ce qu'ils ont dépensé pour la nourriture des pauvres.

E 19ᵉ, fᵒ 16 rᵒ, et ms. fr. 18174, fᵒ 5 vᵒ.

12638. — Arrêt ordonnant, à la demande du cardinal de Joyeuse, le rétablissement de certaines parties rayées par la chambre des comptes de Montpellier sur les comptes du trésorier du domaine de Narbonne, et déclarant que ledit cardinal jouira des albergues de Lebrette conjointement avec les autres revenus des terres de Lézignan et de Livière.

E 19ᵉ, fᵒ 18 rᵒ, et ms. fr. 18174, fᵒ 7 rᵒ.

12639. — Arrêt autorisant la communauté des marchands de Beauvais à lever sur ses membres une somme de 6,500 livres destinée au remboursement des frais qu'ont entraînés les procès soulevés entre lesdits marchands et les évêques de Beauvais à l'occasion de la création des juges-consuls en ladite ville.

E 19ᵉ, fᵒ 20 rᵒ, et ms. fr. 18174, fᵒ 7 vᵒ.

1608, 14 octobre. — Paris.

12640. — Arrêt évoquant et renvoyant à la Cour des aides l'« instance de cryées » pendante par-devant le prévôt de Paris entre M⁰ Florent d'Argouges, ci-devant trésorier général des gabelles, et feu Jean Hameau, adjudicataire du « fournissement » des greniers à sel de Bayeux, d'Exmes et d'Argentan.

E 19ᵗ, f° 22 r°, et ms. fr. 18174, f° 9 v°.

12641. — Arrêt relatif au différend soulevé entre Mᵉˢ Guillaume de Sève et Claude Barbin, d'une part, Mathieu Bastard et Pierre Bizet, d'autre part.

E 19ᵗ, f° 23 r°, et ms. fr. 18174, f° 9 r°.

12642. — Arrêt ordonnant la réception d'Alexandre Berthelon en un office de procureur postulant en la sénéchaussée et au présidial de Lyon, nonobstant l'opposition de Guillaume Patissier et de la communauté des procureurs audit siège, et déclarant que ledit Patissier continuera néanmoins d'exercer sa profession.

E 19ᵗ, f° 24 r°, et ms. fr. 18174, f° 10 r°.

12643. — Arrêt maintenant Mᵉ Lambert Croppet en ses offices de lieutenant général civil et criminel au bailliage de Forez, et ordonnant le remboursement de la finance payée par Mᵉ Antoine d'Orron pour l'office de lieutenant général criminel.

E 19ᵗ, f° 26 r°, et ms. fr. 18174, f° 11 v°.

12644. — Arrêt ordonnant aux prévôt des marchands et échevins de Lyon de fournir à Pierre de Moulceau la somme de 15,000 livres qu'il doit payer à Mᵉ Bénigne Saulnier, conformément à l'arrêt du 2 octobre dernier (n° 12625).

E 19ᵗ, f° 28 r°, et ms. fr. 18174, f° 13 v°.

12645. — Arrêt accordant une remise de tailles aux habitants de Bonnières et du Mesnil-Renard, attendu les pertes que leur a fait subir l'orage du 25 mai dernier.

E 19ᵗ, f° 29 r°, et ms. fr. 18174, f° 13 r°.

12646. — Arrêt ordonnant la réception de Mᵉ Joseph Bertrand et de Jacques Basterot dans les offices de conseillers magistrats au présidial de Bazas, si toutefois ils en sont jugés capables par le parlement de Bordeaux, et ce nonobstant l'opposition des officiers du présidial de Bazas et de la veuve de Mᵉ Oger de Gourgues, trésorier de France à Bordeaux.

E 19ᵗ, f° 30 r°, et ms. fr. 18174, f° 13 v°.

12647. — Arrêt reculant le payement d'une somme de 1,750 écus que Mᵉ Étienne Audouyn de Montherbu, commis à la recette générale des deniers provenant de la revente en hérédité des offices de notaires, devait, aux termes d'un arrêt du 17 novembre 1600, payer par préférence à un nommé Le Goarre, greffier de Quimper-Corentin.

E 19ᵗ, f° 32 r°, et ms. fr. 18174, f° 15 r°.

12648. — Arrêt relatif à l'apurement des comptes de Simon Bourbonne, lequel a été, contre son gré, commis, en 1593, par le feu sieur de Gramont à la recette des tailles en l'élection de Bar-sur-Seine, et ordonnant la vérification d'un payement de 13,010 écus fait par ledit Bourbonne pour l'entretien du gouverneur et de la garnison de Bar-sur-Seine.

E 19ᵗ, f° 33 r°.

12649. — Arrêt ordonnant le rétablissement d'une somme de 250 écus sur les comptes rendus par la veuve et les héritiers de Mᵉ Jacques Caillet, grènetier au grenier à sel de Nuits, pareille somme ayant été enlevée audit Caillet, en 1595, par le capitaine de Nuits, Nicolas Quelin, pour la solde de la garnison.

E 19ᵗ, f° 34 r°, et ms. fr. 18174, f° 15 r°.

12650. — Arrêt défendant au lieutenant louvetier et au sergent louvetier du bailliage de Vitry-le-François d'exiger des sujets du prince et de la princesse de Conti qui habitent Mohon ou autres lieux dépendants des terres souveraines de Château-Regnault, de Linchamp, etc., 20 deniers par ménage pour la capture de quelques loups.

E 19ᵗ, f° 35 r°, et ms. fr. 18174, f° 15 v°.

12651. — Arrêt ordonnant vérification de la finance payée par Philippe Gaultier, huissier au Parlement.

E 19ᵗ, f° 36 r°.

12652. — Arrêt statuant sur une instance pendante entre M° Jacques Sevin et Michel Sterpin, d'une part, M° Julien Bellet, Arthus Henry, sieur de La Salle, et Octavien Dony, sieur d'Attichy, d'autre part, au sujet des offices de receveurs ancien et triennal des tailles au bureau de Brioude.

E 19°, f° 37 r°, et ms. fr. 18174, f° 16 r°.

12653. — Arrêt statuant sur diverses instances pendantes entre M° Pierre Moynier, fermier de l'imposition des rivières de Garonne et Dordogne et de l'extinction du convoi de Bordeaux, Jean Martin, Isaac Viguier, Sébastien et Antoine Combes, marchands de Montauban.

E 19°, f° 39 r°, et ms. fr. 18174, f° 16 v°.

12654. — Arrêt renvoyant aux commissaires députés pour la réunion du domaine de Dauphiné une requête de Jacques de Grolée, comte de Viriville, lequel demande à tenir en fief la tour de Châteauvilain.

E 19°, f° 41 r°, et ms. fr. 18174, f° 17 v°.

12655. — Arrêt attribuant à M° Jacques Du Coudray l'office de receveur ancien et alternatif du domaine de Conches et de Breteuil, vacant par la résignation de M° Germain Du Coudray, et condamnant M° Bénigne Saulnier, receveur général des finances à Lyon, à rembourser la finance payée par M° Mathieu Rotrou.

E 19°, f° 42 r°, et ms. fr. 18174, f° 18 r°.

12656. — Arrêt relatif à l'instance pendante entre Jean de Beaumanoir, marquis de Laverdin, maréchal de France et conseiller d'État, et François, cardinal de La Rochefoucauld, conseiller d'État, ordonnant que les parties, représentées par leurs avocats, viendront au premier jour.

E 19°, f° 44 r°, et ms. fr. 18174, f° 19 r°.

12657. — Arrêt renvoyant aux trésoriers de France à Amiens une requête des mayeur et échevins d'Abbeville tendante à l'expropriation et à la démolition d'une maison contentieuse entre l'abbaye de Valloires et dame Marie de Créquy; sur l'emplacement de cette maison serait construit un quai, auquel les bateaux pourraient aborder « sans l'ayde de la marée ».

E 19°, f° 45 r°, et ms. fr. 18174, f° 19 r°.

12658. — Arrêt ordonnant la réception de Pierre Amelot en un office de greffier de l'écriture à Paris, nonobstant l'opposition de ses collègues Cyprien Le Prévost, Guillaume et Jean de Verdun.

E 19°, f° 46 r°, et ms. fr. 18174, f° 8 r°.

1608, 21 octobre. — Paris.

12659. — Arrêt statuant sur un procès pendant entre les prévôt des marchands et échevins de Lyon et autres possesseurs de rentes assignées sur l'équivalent des diocèses de Viviers, de Mende et du Puy, d'une part, M° Vidal Dolezon, syndic du Velay, Jacques Cheroy, second consul du Puy, et M° Geoffroy Brunel, syndic du Puy, d'autre part.

E 19°, f° 48 r°, et ms. fr. 18174, f° 19 v°.

12660. — Arrêt renvoyant au lieutenant civil en la prévôté de Paris une requête de Louise Le Roy, d'Anne de Héricourt, de Marie Vincent et autres couturières de Paris tendante à l'érection, en la ville de Paris, d'une maîtrise de couturières, lesquelles ne confectionneraient que des vêtements de drap, de laine, de toile, de futaine, etc., à l'usage du menu peuple.

E 19°, f° 50 r°, et ms. fr. 18174, f° 20 v°.

12661. — Arrêt renvoyant aux commissaires délégués par le Roi en Dauphiné le jugement du procès pendant entre les habitants de Grenoble ou autres « forains » qui possèdent des biens dans le mandement de Montbonnot et les consuls dudit mandement, au sujet de la répartition des charges extraordinaires.

E 19°, f° 51 r°, et ms. fr. 18174, f° 21 r°.

12662. — Arrêt ordonnant qu'il sera sursis à l'exécution de l'arrêt obtenu au Conseil des parties par M° Michel Boisson, receveur des tailles à Montreuil-Bellay, à l'encontre de Jean Boileau, sieur de Maulaville, commis au recouvrement des créances de feu M° François Jusseaume, receveur général des finances à Tours, et déclarant que, durant ce délai, le procès sera revu et rapporté au Conseil des finances.

E 19ᵉ, fᵒ 53 rᵒ, et ms. fr. 18174, fᵒ 21 vᵒ.

12663. — Arrêt renvoyant au sénéchal de Lyon le procès pendant entre Guillaume de Charancy, ci-devant fermier de la ferme dite « à la part du royaume », et Mᵉ Girard Desargues, au sujet de l'office de grènetier au grenier à sel de Tournon.

E 19ᵉ, fᵒ 54 rᵒ, et ms. fr. 18174, fᵒ 22 rᵒ.

12664. — Arrêt renvoyant aux trésoriers de France à Paris une requête en remise de tailles présentée par les habitants de Noisy, de Vaudoy et d'Oncy, dont les récoltes ont été ravagées par plusieurs orages en 1605 et encore au mois d'août 1608.

E 19ᵉ, fᵒ 56 rᵒ, et ms. fr. 18174, fᵒ 22 vᵒ.

12665. — Arrêt renvoyant aux chambres du clergé de Toulouse et de Bordeaux une requête de Mᵉ Raymond Martin, receveur général des décimes en Guyenne, naguère poursuivi et emprisonné à la requête de Mᵉ François de Castille, receveur général du Clergé.

E 19ᵉ, fᵒ 57 rᵒ, et ms. fr. 18174, fᵒ 22 vᵒ.

12666. — Arrêt interdisant à la chambre de Nérac la connaissance du procès pendant entre Marie Du Lac et le capitaine Thibault, maître d'hôtel de la Reine, au sujet du don à lui fait par le Roi des biens de feu Étienne et de feu Bertrand Du Lac, dévolus au Roi par droit d'aubaine.

E 19ᵉ, fᵒ 58 rᵒ, et ms. fr. 18174, fᵒ 23 rᵒ.

12667. — Arrêt déclarant que Mᵉ Robert Du Vicquet et Nicolas Le Jumel exerceront leurs charges d'avocat général et de procureur général au parlement de Rouen, comme avant l'arrêt rendu par ladite cour le 5 juillet dernier.

E 19ᵉ, fᵒˢ 59 rᵒ et 60 rᵒ, et ms. fr. 18174, fᵒ 245 rᵒ
(sous la date du 14 octobre).

12668. — Arrêt déclarant affectés au payement d'une somme de 35,862 livres, qui est due à Antoine et à François de Vienne, les deniers provenant d'une crue de 5 sols par minot de sel levée dans les gre-

niers de Champagne, et ce nonobstant l'opposition de Mᵉ Charles Paulet.

E 19ᵉ, fᵒ 61 rᵒ, et ms. fr. 18174, fᵒ 25 vᵒ.

12669. — Arrêt maintenant Mᵉ Jean Robert en l'exercice de son office de juge mage et de juge d'appeaux au comté de Foix, nonobstant les défenses faites par le juge ordinaire du comté.

E 19ᵉ, fᵒ 63 rᵒ, et ms. fr. 18174, fᵒ 23 vᵒ.

12670. — Arrêt cassant les procédures entamées à l'instigation de Mᵉ Jean de Moisset, adjudicataire des gabelles, contre Mᵉ Pierre Biard, valet de chambre du Roi et grènetier au magasin de Dieppe; ordonnant le dépôt de toutes les informations au greffe du Conseil.

E 19ᵉ, fᵒ 65 rᵒ, et ms. fr. 18174, fᵒ 245 rᵒ.

1608, 23 octobre. — Paris.

12671. — Arrêt fixant à deux mois le délai dans lequel les officiers des sénéchaussées du présidial de Toulouse et d'Arles devront payer le prix des quatre offices de commissaires-examinateurs en la sénéchaussée et au présidial de Toulouse et de commissaire-examinateur en la sénéchaussée d'Arles.

E 19ᵉ, fᵒ 67 rᵒ, et ms. fr. 18174, fᵒ 26 rᵒ.

12672. — Arrêt renvoyant au parlement de Grenoble le procès pendant entre Pierre Christophle, sieur de Piedmenu, valet de chambre du Roi, d'une part, le syndic des villages de Dauphiné, le consul et les habitants de Beaurepaire, d'autre part.

E 19ᵉ, fᵒ 68 rᵒ, et ms. fr. 18174, fᵒ 26 vᵒ.

12673. — Arrêt renvoyant aux commissaires députés pour le desséchement des marais un placet des sieurs de Marolles, de Montréal, de Beauregard et de Mesures tendant à la concession, moyennant foi et hommage, de 2,000 arpents pris dans les premiers marais qui seront desséchés.

E 19ᵉ, fᵒ 70 rᵒ, et ms. fr. 18174, fᵒ 27 vᵒ.

12674. — Arrêt ordonnant que, sur le prix de l'office d'avocat du Roi au grenier à sel de Janville, Mᵉ François Catel sera remboursé d'une somme de

450 livres par lui payée pour l'office d'avocat du Roi au grenier à sel d'Amboise.

E 19°, f° 71 r°, et ms. fr. 18174, f° 27 v°.

12675. — Arrêt faisant remise à M° Pierre Peyrarède, élu en l'élection de Périgord, des deux tiers de la somme à laquelle il a été taxé en conséquence de l'édit qui a rétabli les élus dans l'exercice de leurs charges et dans la jouissance de leurs émoluments.

E 19°, f° 72 r°, et ms. fr. 18174, f° 28 r°.

1608, 25 octobre. — Paris.

12676. — Arrêt faisant remise à M° Jean Dagonne, élu en l'élection de Saintes, d'une moitié de la somme à laquelle il a été taxé en conséquence de l'édit de 1605.

E 19°, f° 73 r°, et ms. fr. 18174, f° 28 v°.

12677. — Arrêt autorisant le marguillier et le syndic de Montreuil-sous-Bois à lever sur tous les contribuables de ladite paroisse une somme de 738 livres 15 sols 6 deniers, et autorisant en outre la levée annuelle, sur les mêmes contribuables, de 500 livres destinées à l'entretien des tuyaux et fontaines du château de Vincennes, de la basse-cour et de la Pissotte.

E 19°, f° 74 r°, et ms. fr. 18174, f° 29 r°.

12678. — Arrêt autorisant les habitants de Tonnerre à lever sur eux-mêmes une somme de 1,500 livres destinée au payement de deux années d'arrérages d'une rente par eux constituée, pendant les troubles, à Edme Dorigny et à Jacques Aubert, qui leur avaient prêté 12,000 livres pour les aider à se conserver en l'obéissance du Roi.

E 19°, f° 75 r°, et ms. fr. 18174, f° 29 r°.

12679. — Arrêt ordonnant aux élus en l'élection de Nevers d'envoyer l'un d'entre eux au Conseil pour expliquer par quel motif ils retirent des mains de leur greffier les originaux de leurs sentences, ouvrant une enquête au sujet des condamnations pécuniaires qu'ils auraient prononcées pour des raisons frivoles, et leur enjoignant d'exécuter dorénavant les arrêts du Conseil

et les ordres des trésoriers de France à Moulins, sous peine d'interdiction et de privation de leurs gages.

E 19°, f° 76 r°, et ms. fr. 18174, f° 29 v°.

12680. — Offres de Benjamin Le Tailleur consistant à payer annuellement 30,000 livres pour un domaine qui lui serait concédé par le Roi et qu'il remettrait au bout de seize ans entre les mains de Sa Majesté, après avoir racheté pour environ 140,000 livres de droits domaniaux aliénés; acceptation desdites offres, à condition que ledit Le Tailleur fasse connaître dans la huitaine le domaine qu'il a en vue.

E 19°, f° 78 r°, et ms. fr. 18174, f° 246 r°.

12681. — Arrêt, signé seulement par Sully, ordonnant au commis à la recette des deniers provenant des taxes faites sur les officiers de finance à l'occasion de la révocation de la Chambre royale de payer comptant 20,900 livres à M°° Guillaume Hubert et Mathurin de Brion, receveurs du domaine de la ville et de la vicomté de Paris.

E 19°, f° 80 r°.

1608, 30 octobre. — Paris.

12682. — Arrêt ordonnant l'élargissement sous caution de Marie de Lestrille, femme de Jean Maluz, ci-devant maître de la monnaie de Bordeaux.

E 19°, f° 82 r°, et ms. fr. 18174, f° 30 v°.

12683. — Arrêt accordant un rabais de 3,000 livres à Charles Bournot, fermier des 15 sols par muid de vin entrant en la ville de Troyes.

E 19°, f° 84 r°, et ms. fr. 18171, f° 31 r°.

12684. — Arrêt ordonnant que M° Goyet, sieur de Becherel, grand-maître des eaux et forêts au département de Touraine, et M° Champfleur, maître particulier de la forêt de Perseigne, viendront au Conseil pour être entendus et réglés sur le fait de leurs charges, et leur défendant provisoirement de procéder aux ventes de bois de ladite forêt.

E 19°, f° 85 r°, et ms. fr. 18174, f° 31 v°.

12685. — Arrêt ordonnant que M° Jacob Raineteau, ci-devant receveur des tailles en l'élection de

Fontenay-le-Comte, sera élargi, durant un mois, sous la garde d'un des huissiers du Conseil.

E 19*, f° 86 r°, et ms. fr. 18174, f° 32 r°.

12686. — Arrêt prorogeant de deux mois la surséance accordée, par arrêt du 5 août dernier (n° 12302), à François Estienne, sieur d'Esbelles.

E 19*, f° 87 r°, et ms. fr. 18174, f° 32 r°.

12687. — Arrêt ordonnant que la duchesse de Mercœur aura communication des titres produits par les héritiers du sieur Rouet, pourvoyeur de la reine Louise de Lorraine, dans leur procès contre Marin Le Vacher et Jean Chapelle.

E 19*, f° 88 r°, et ms. fr. 18174, f° 32 v°.

12688. — Arrêt octroyant aux Clarisses de Bourg une pension de 100 livres pendant six ans, et les dispensant de venir chaque année à la Cour faire confirmer ce don.

E 19*, f° 89 r°, et ms. fr. 18174, f° 33 v°.

12689. — Arrêt ordonnant une enquête au sujet d'une vente extraordinaire de 50 arpents de bois faite, sans lettres du Roi, par les officiers des eaux et forêts de Pont et de Nogent-sur-Seine.

E 19*, f° 90 r°, et ms. fr. 18174, f° 33 v°.

12690. — Arrêt statuant sur diverses instances pendantes entre Eustache et Michel Labiche, Guillaume Dupré, Robert Picot, Nicolas Le Doux, Jean Buisson, Nicolas Le Duc, fermier du quatrième des boissons de la ville et des faubourgs d'Évreux, et Me Denis Feydeau, commis à l'administration du bail général des aides.

E 19*, f° 91 r°, et ms. fr. 18174, f° 34 r°.

12691. — Arrêt ordonnant aux trésoriers de France à Bordeaux, quand ils feront leurs chevauchées, de vérifier en vertu de quelles lettres certains particuliers lèvent diverses taxes sur les marchandises transportées à dos d'homme, à dos de cheval ou à dos de mulet, du bailliage de Labourd en Espagne.

E 19*, f° 93 r°, et ms. fr. 18174, f° 35 r° et 37 v°.

12692. — Arrêt évoquant et jugeant le procès pendant en la Cour des aides entre le procureur-syndic du Lyonnais et les fermiers des aides de la ville de Lyon et du plat pays de Lyonnais.

E 19*, f° 94 r°, et ms. fr. 18174, f° 35 r°.

12693. — Arrêt déclarant que, conformément aux ordonnances, tous draps d'or et d'argent, ouvrages de soie, camelots du Levant, serges de Florence et autres marchandises d'Italie, d'Espagne et du Levant devront passer par Lyon pour y être soumis aux droits de douane, et ordonnant des poursuites contre les délinquants.

E 19*, f° 96 r°, et ms. fr. 18174, f° 36 v°.

12694. — Arrêt autorisant la levée, en six ans, de deux sommes de 5,422 livres 16 sols 9 deniers et de 660 livres dues par les habitants de Villefranche, en Beaujolais.

E 19*, f° 98 r°, et ms. fr. 18174, f° 38 r°.

12695. — Offres du sieur Guerbet tendant à racheter, en seize ans, pour 300,000 livres de domaines aliénés, à condition qu'il jouisse, durant ce délai, du revenu desdits domaines et du revenu provenant d'un avis qu'il se propose de donner au Roi; acceptation conditionnelle desdites offres par le Conseil.

E 19*, f° 100 r°, et ms. fr. 18174, f° 247 v°.

12696. — Offres de Charles Crouyn, sieur des Fontaines, tendant à racheter, en seize ans, pour 500,000 livres de domaines ou de rentes, à condition que l'on accepte un expédient qu'il indiquera; acceptation conditionnelle desdites offres par le Conseil.

E 19*, f° 102 r°, et ms. fr. 18174, f° 247 v°.

12697. — Arrêt ordonnant aux trésoriers des Ligues d'opérer exactement le recouvrement des assignations qui leur ont été et qui leur seront délivrées, et de faire, en temps voulu, tous les payements prescrits.

E 19*, f° 104 r°, et ms. fr. 18174, f° 247 r°.

12698. — Arrêt ordonnant à Me Pierre Chomel, trésorier des Ligues, de s'adresser au sieur d'Alincourt, gouverneur de Lyon, ou au sieur de La Baulme, qui commande en son absence, afin d'opérer, d'accord avec l'un des trésoriers de France à Lyon, le change de 20,000 écus de monnaie blanche en écus d'or destinés à être portés en Suisse.

E 19*, f° 106 r°, et ms. fr. 18174, f° 246 v°.

1608, 4 novembre. — Paris.

12699. — Arrêt statuant sur l'arrêt de partage donné en la chambre de l'Édit de Castres entre Jean et Jacqueline de Saint-Romans, d'une part, Pierre-Arrias Burdeus, ci-devant religieux Augustin, et Antoine Candolas, d'autre part, et renvoyant au parlement de Toulouse le procès criminel desdits Burdeus et Candolas.

E 19*, f° 109 r°, et ms. fr. 18174, f° 38 v°.

12700. — Arrêt défendant à tous imprimeurs d'imprimer dorénavant aucuns édits, règlements, ordonnances, déclarations, baux à ferme, lettres patentes, traités et arrêts du Conseil, s'ils ne sont imprimeurs ordinaires du Roi et s'ils n'ont eu sous les yeux les originaux ou des copies dûment collationnées par un secrétaire d'État ou par un secrétaire du Conseil.

(Arrêt rédigé, le même jour, sous deux formes différentes, la seconde fois par les soins du Chancelier, et exécutoire seulement sous cette dernière forme.)

E 19*, f° 111 r° et 112 r°, et ms. fr. 18174, f° 39 r°.

12701. — Arrêt accordant au sieur Marcel la vingtième partie du bénéfice qui résulterait d'un avis qu'il se propose de donner au Roi et qui doit augmenter de plus de 300,000 livres les recettes de Sa Majesté, au cas toutefois où cet avis serait trouvé raisonnable.

E 19*, f° 113 r°; cf. un brevet du Roi du 7 octobre, *ibid.*, f° 114 r°. Ms. fr. 18174, f° 248 r° et v°.

12702. — Arrêt ordonnant au sieur Reperant, huissier au Conseil d'État, de verser à l'Épargne les sommes consignées entre ses mains par Mes Jean Dumaitz, Charles Hardy, Guillaume Huart, Charles Cheron, trésoriers provinciaux de l'Extraordinaire des guerres, et par la veuve de Me Claude Le Roux, trésorier provincial en Champagne.

E 19*, f° 116 r°, et ms. fr. 18174, f° 249 v°.

12703. — Édit portant rétablissement des bureaux de trésoriers de France, supprimés, conformément au vœu de l'assemblée des Notables, par édit de décembre 1598.

E 19*, f° 118 r°, et ms. fr. 18174, f° 250 r°.

1608, 6 novembre. — Paris.

12704. — Arrêt statuant sur un procès pendant entre Charles Escoullant, receveur des tailles en l'élection de Coutances, et Jean Ravenel, marchand de Vitré.

E 19*, f° 120 r°, et ms. fr. 18174, f° 39 r°.

12705. — Arrêt cassant une ordonnance de Me Jacques Sagnier, lieutenant des eaux et forêts d'Anjou, et lui défendant de s'ingérer dans les réparations des turcies et levées de la Loire.

E 19*, f° 122 r°, et ms. fr. 18174, f° 251 v°.

12706. — Arrêt renvoyant aux trésoriers de France à Paris une requête en remise de tailles présentée par les habitants de Saint-Martin-des-Champs, dont les récoltes ont été détruites par l'orage du 22 juillet dernier.

E 19*, f° 123 r°, et ms. fr. 18174, f° 40 r°.

12707. — Arrêt renvoyant aux trésoriers de France à Paris une requête en remise de tailles présentée par les habitants de Joigny, attendu les incendies qui ont détruit notamment un de leurs faubourgs, et attendu les gelées et la grêle qui ont dévasté leur territoire, en telle manière qu'ils ont récolté 12 ou 16 muids de vin, au lieu de 7 à 8,000.

E 19*, f° 124 r°, et ms. fr. 18174, f° 40 r°.

12708. — Arrêt réglant le payement des gages de Me Jean de Lalain, contrôleur élu en l'élection de Péronne.

E 19*, f° 125 r°, et ms. fr. 18174, f° 40 v°.

12709. — Arrêt renvoyant aux trésoriers de France à Paris une requête en remise de tailles présentée par les habitants de Bellot et de Culoison, réduits pour la plupart à la mendicité par suite de l'insuffisance des récoltes.

E 19*, f° 126 r°, et ms. fr. 18174, f° 40 v°.

12710. — Arrêt renvoyant aux trésoriers de France à Dijon une requête de Charles Rousselet, receveur des aides et du taillon en l'élection d'Auxerre, demandant qu'il soit levé sur le comté d'Auxerre une somme de 800 livres, pour remplacer pareille somme provenant du taillon qui lui a été volée, sur la route de Dijon, par neuf hommes armés et masqués.

E 19°, f° 127 r°, et ms. fr. 18174, f° 41 r°.

12711. — Arrêt renvoyant aux gens du Roi du parlement de Rouen un placet du baron de Courtaumer tendant à l'érection en Normandie de maîtrises de charcutiers, dont le produit leur serait abandonné en récompense de leurs services.

E 19°, f° 128 r°, et ms. fr. 18174, f° 41 v°.

12712. — Arrêt statuant sur les instances pendantes entre Louis Pouard, marchand de Lyon, d'une part, la veuve et le fils de messire Jacques Pape, d'autre part, déclarant « abolie » par les édits de pacification la prise de certains mulets et de certaines marchandises appartenant audit Pouard, prise qu'avaient faite, en 1585, les feus sieurs de Montbrun et de Saint-Auban; ordonnant toutefois que le sieur de Saint-Auban payera 2,500 livres audit Pouard.

E 19°, f° 129 r°, et ms. fr. 18174, f° 41 v°.

12713. — Arrêt ordonnant qu'il sera sursis à l'exécution des jugements obtenus par les contrôleurs jurés vendeurs de vin à Paris contre le cabaretier Jacques Révérend et par René Mallet, l'un des douze marchands de vin suivant la Cour, contre lesdits contrôleurs jurés vendeurs de vin, et ce jusqu'à ce que les parties aient obtenu un règlement de juges.

E 19°, f° 131 r°, et ms. fr. 18174, f° 44 r°.

12714. — Arrêt ordonnant aux trésoriers de France à Dijon d'enregistrer, sans plus tarder, le bail de M° Michel Garnier, secrétaire ordinaire de la chambre du Roi, qui a traité pour le rachat des greffes, places de clercs, présentations, etc., aliénés en Bourgogne.

E 19°, f° 132 r°, et ms. fr. 18174, f° 44 r°.

12715. — Arrêt déclarant que les trois châtelle-

nies de Bellac, de Rancon et de Champagnac ressortiront à la sénéchaussée et au présidial de Limoges et, en cas d'appel, au parlement de Bordeaux, sauf la faculté d'évoquer au parlement de Paris toutes causes intéressant les droits du pair apanagé.

E 19°, f° 134 r°, et ms. fr. 18174, f° 45 v°.

12716. — Arrêt ordonnant que, pour payer les gages des offices créés en la cour des aides et finances de Provence par édit de décembre 1595, il sera levé un droit de 1 sol 6 deniers par émine de sel vendue dans les greniers dudit pays.

E 19°, f° 136 r°, et ms. fr. 18174, f° 46 v°.

12717. — Arrêt déchargeant M° Jean Saulnier, receveur des aides et tailles en l'élection de Forez, et M° Jérôme Carrier de l'assignation au Conseil qui leur a été donnée sur la requête de M° Bénigne Saulnier, ordonnant l'exécution d'un arrêt de la Cour des aides et une enquête au sujet de l'emprisonnement dudit Carrier.

E 19°, f° 137 r°, et ms. fr. 18174, f° 48 r°.

12718. — Arrêt autorisant M° Pierre Moynier, fermier des impositions des rivières de Garonne et Dordogne, de l'extinction du convoi et de la comptablie de Bordeaux, à établir deux nouveaux bureaux à Mont-de-Marsan et à la Teste-de-Buch.

E 19°, f° 139 r°, et ms. fr. 18174, f° 49 r°.

12719. — Arrêt ordonnant qu'il sera passé outre à la vente et à la revente des offices de contrôleurs-visiteurs-marqueurs de cuirs dans tout le royaume, particulièrement dans le Bourbonnais, nonobstant l'opposition de Jacques Taillardes, de Claude Merle, de Gilbert Piron et autres soi-disant fermiers desdits offices.

E 19°, f° 141 r°, et ms. fr. 18174, f° 47 r°.

12720. — Arrêt relatif à l'exécution des arrêts du 29 décembre 1607 (n° 11822) et du 30 mai 1608, et réglant la radiation de deux tiers des deniers indûment portés par les trésoriers provinciaux de l'Extraordinaire des guerres sur leurs comptes des années 1601, 1602 et 1603.

E 19°, f° 143 r°, et ms. fr. 18174, f° 44 v°.

12721. — Arrêt statuant sur un procès pendant entre Mᵉ Gabriel Gilbert, trésorier et receveur du domaine de Carcassonne, et les acquéreurs des greffes de la sénéchaussée de Carcassonne et de Béziers.

E 19ᵉ, f° 145 r°, et ms. fr. 18174, f° 50 r°.

12722. — Arrêt maintenant les syndic, consuls et habitants du diocèse et de la judicature de Rieux dans la faculté de se servir du sel de Guyenne ou de Languedoc, en payant les droits accoutumés, « jusques à ce que autrement par Sa Majesté ayt esté pourveu par ung règlement général sur la perception des droictz de gabelles de son royaume ».

E 19ᵉ, f° 147 r°, et ms. fr. 18174, f° 51 r°.

12723. — Arrêt autorisant les maire et échevins d'Angers à lever en la présente année, sur tous les habitants exempts ou non exempts, même sur les ecclésiastiques, une somme de 2,345 livres 5 sols destinée à l'adjudicataire des réparations du pont d'Épinard et aux habitants qui ont recueilli et entretenu les enfants trouvés, les autorisant, en outre, à lever 800 livres en chacune des quatre années suivantes pour la nourriture desdits enfants trouvés.

E 19ᵉ, f° 151 r°, et ms. fr. 18174, f° 52 v°.

12724. — Arrêt prorogeant d'un an le sursis accordé à la ville et à la république de Genève par arrêt du 27 octobre 1607 (n° 11627).

E 19ᵉ, f° 152 r°, et ms. fr. 18174, f° 53 r°.

12725. — Arrêt accordant à Anne Maupeou, trésorier de France à Toulouse, décharge de la taxe levée sur les trésoriers de France pour le subside de 600,000 livres offert à Sa Majesté.

E 19ᵉ, f° 153 r°, et ms. fr. 18174, f° 53 v°.

12726. — Arrêt ordonnant une enquête au sujet d'une vente extraordinaire de bois faite, sans commission du Roi, en la forêt de Charmont et dans les bois dépendants de la maîtrise de Saint-Dizier.

E 19ᵉ, f° 154 r°, et ms. fr. 18174, f° 54 r°.

12727. — Arrêt accordant une remise de tailles à vingt-sept paroisses de l'élection de Vézelay, attendu les pertes que leur a fait subir l'orage du 8 août dernier.

E 19ᵉ, f° 155 r°, et ms. fr. 18174, f° 54 r°.

———————

1608, 8 novembre. — Paris.

12728. — Arrêt ordonnant que 200,000 livres seront prises sur l'Épargne pour les réparations les plus urgentes à faire aux levées de la Loire.

E 19ᵉ, f° 156 r°, et ms. fr. 18174, f° 252 r°.

12729. — Arrêt ordonnant que la perte résultant du change de la petite monnaie perçue par Pierre Chomel, trésorier des Ligues, sera passée dans ses comptes au chapitre des dépenses.

E 19ᵉ, f° 158 r°, et ms. fr. 18174, f° 252 r°.

12730. — Arrêt déclarant qu'à l'avenir les dons qui seront faits des lods et ventes, des reliefs, des treizièmes, des rachats, des quints et requints, des profits de fiefs, des amendes, des épaves, des aubaines, des anoblissements, des légitimations, des amortissements et autres revenus seigneuriaux ou domaniaux ne pourront porter que sur la moitié desdits droits, et que les remises ne pourront porter que sur les deux tiers desdits droits, afin que le reste demeure toujours aux mains des receveurs du domaine et leur serve à acquitter les charges ordinaires; révoquant, de plus, toutes les pensions ou autres charges assignées sur lesdits droits, sauf aux intéressés à se pourvoir par requête au Conseil.

E 19ᵉ, f° 160 r°, et ms. fr. 18174, f° 252 v°.

12731. — Arrêt ordonnant la restitution des sommes que les propriétaires de rentes de la généralité de Toulouse ont indûment retenues pour obvier au retranchement d'une demi-année de leurs rentes.

E 19ᵉ, f° 162 r°, et ms. fr. 18174, f° 253 v°.

12732. — « Articles contenans les conditions que le Roy accorde à Benjamin Le Tailleur, secrétaire ordinaire de sa Chambre, à cause du remboursement que ledit Le Tailleur a offert de faire au proffict de Sa Majesté des pièces de son domayne… aliénées

en sa ville de Callais, Pays reconquis, conté de Boul-
lenoys et Ardres. »

E 19°, f° 164 r°, et ms. fr. 18174, f° 254 r°.

———

1608, 13 novembre. — Paris.

12733. — Arrêt ordonnant que les acquéreurs du
domaine payeront le supplément imposé par l'arrêt
du 28 juillet dernier (n° 12285), nonobstant tous
arrêts du parlement de Toulouse ou du Conseil privé.

E 19°, f° 168 r°, et ms. fr. 18174, f° 255 v°.

12734. — Arrêt statuant sur un procès pendant
entre M° Jean de Loyac, receveur des tailles en l'élection de Tulle, M° Léonard de Loyac, receveur des
décimes au diocèse de Tulle, et Étienne Juye, bourgeois de Tulle.

E 19°, f° 170 r°, et ms. fr. 18174, f° 54 v°.

12735. — Arrêt donnant assignation de 12,515 livres à la veuve du sieur de Maleissy, gouverneur de
la Capelle.

E 19°, f° 172 r°, et ms. fr. 18174, f° 56 r°.

12736. — Arrêt prorogeant de six mois le sursis
accordé à M° Claude Fineau, ci-devant receveur général des finances à Bourges, à Jean Ragueau, son
commis, et à la veuve de Jean Fineau, également receveur général des finances à Bourges, pour le payement de ce qu'ils doivent, notamment au clergé de
Bourges.

E 19°, f° 173 r°, et ms. fr. 18174, f° 56 v°.

12737. — Arrêt ordonnant la vérification de la
finance payée par le sieur de Praslin, capitaine des
Gardes du corps, pour l'acquisition de la terre et seigneurie de Saint-Léger-de-Foucherets.

E 19°, f° 175 r°, et ms. fr. 18174, f° 57 r°.

12738. — Arrêt confirmant l'adjudication des
traites domaniales de Poitou et de Marans faite à
Maurice Émard, bourgeois de Paris, et rejetant l'offre
de surenchère faite par Guillaume Mignot.

E 19°, f° 177 r°, et ms. fr. 18174, f° 57 v°.

12739. — Arrêt statuant sur les instances pen-

dantes entre M° Pierre Cremoux, receveur des tailles
en Périgord, ci-devant commis à la recette des deniers
provenant des francs fiefs et nouveaux acquêts dans
le ressort de Bordeaux, François d'Aussy, sieur des
Coutures, et Jean Gaillard, ci-devant commis dudit
sieur Cremoux.

E 19°, f° 178 r°, et ms. fr. 18174, f° 58 r°.

12740. — Arrêt relatif à l'imposition en la paroisse de Saint-Valérien de Châteaudun d'une somme
de 802 livres 13 sols, égale aux non-valeurs portées
sur l'état des collecteurs de l'année 1606.

E 19°, f° 180 r°, et ms. fr. 18174, f° 59 r°.

12741. — Arrêt donnant mainlevée des arrérages
d'une rente à Denise de Vigny, veuve de M° Barnabé
Brisson, président au Parlement, attendu qu'une
somme de 800 écus a été donnée par Henri III au
président Brisson « pour faire transcrire et imprimer
le *Code Henry* ».

E 19°, f° 181 r°, et ms. fr. 18174, f° 59 v°.

12742. — Arrêt allouant 1,500 livres à M° René
Rousseau, sieur de La Parisière, trésorier de France
à Poitiers, et à son greffier pour leurs vacations en
la réforme de l'assiette des tailles et en la recherche
des usurpateurs de noblesse.

E 19°, f° 183 r°, et ms. fr. 18174, f° 60 v°.

12743. — Arrêt ordonnant que la veuve de Gilles
Aubert, valet de chambre du Roi et concierge de la
basse-cour du château du Louvre, sera remboursée
d'une somme de 493 livres 12 sols que ledit Aubert
avait avancée, en 1595, pour la reconstruction du
logis de concierge de ladite basse-cour.

E 19°, f° 184 r°, et ms. fr. 18174, f° 61 r°.

12744. — Arrêt ordonnant, sous certaines conditions, la réception de Jean Arluc en l'office d'élu à
Tulle.

E 19°, f° 185 r°, et ms. fr. 18174, f° 61 v°.

12745. — Arrêt autorisant la levée d'une somme
de 1,500 livres destinée au payement des dettes des
habitants de Chavanges.

E 19°, f° 186 r°, et ms. fr. 18174, f° 62 v°.

12746. — Arrêt statuant sur les instances pendantes entre les protestants et les catholiques de Valence, rejetant une requête des premiers tendante à l'établissement du culte réformé en ladite ville, comme « premier lieu de bailliage », et renvoyant au parlement de Grenoble la question du « règlement de la maison consulaire ».

E 19ᵉ, fᵒ 188 rᵒ, et ms. fr. 18174, fᵒ 63 vᵒ.

12747. — Arrêt statuant sur un procès pendant entre Mᵉ Simon Richer, sieur de Laubinière, d'une part, Urbain de Laval, sieur de Bois-Dauphin, maréchal de France, et le sieur de Rossieu, d'autre part.

E 19ᵉ, fᵒ 192 rᵒ, et ms. fr. 18174, fᵒ 65 rᵒ.

12748. — Arrêt défendant aux greffiers du bailliage, du présidial et de la prévôté de Mantes de délivrer des expéditions ailleurs qu'au lieu où se rend la justice et en dehors des heures réglementaires, sinon du consentement de Robert Gilles et de Robert Chevremont, propriétaires du droit d'augmentation du parisis des greffes.

E 19ᵉ, fᵒ 198 rᵒ, et ms. fr. 18174, fᵒ 158 rᵒ.

12749. — Arrêt ordonnant l'élargissement des commis de Léonard de Mausse, fermier général des traites foraines et domaniales de Languedoc et Provence, ordonnant l'établissement à Bordeaux d'un bureau qui remplacera les bureaux précédemment établis le long de la Garonne, défendant à toute personne de troubler ledit de Mausse en la jouissance de sa ferme, et aux habitants du comté de Brullois de faire aucun amas de grains et de denrées pour les transporter ensuite hors des limites de la ferme sans acquitter les droits.

E 19ᵉ, fᵒ 200 rᵒ, et ms. fr. 18174, fᵒ 67 rᵒ.

12750. — Arrêt dispensant la veuve, les enfants, gendres et neveux de Jean Bechonnet de contribuer au payement des sommes dues à Mᵉ Pierre Giraud, lieutenant général au bailliage de Montaigut-en-Combraille, et à Jean Thomas, syndic des habitants qui ont voulu plaider contre ledit Giraud.

E 19ᵉ, fᵒ 202 rᵒ, et ms. fr. 18174, fᵒ 68 rᵒ.

12751. — Arrêt autorisant la levée, pendant six ans, d'une taxe sur le vin vendu à Guérande, le produit en devant être employé à l'entretien des ponts, portes, murailles et pavé de la ville.

E 19ᵉ, fᵒ 206 rᵒ, et ms. fr. 18174, fᵒ 70 rᵒ.

12752. — Arrêt ordonnant que, nonobstant l'opposition des élus de Bayeux, il sera passé outre à l'information faite au sujet de la requête qu'ont présentée les habitants de Guilberville, de Saint-Louet, de la Ferrière, de Malloué, de Bures, de Campeaux, de Fourneaux, de Beuvigny, de Pleines-Œuvres, de Domjean et de Montbertrand, pour être distraits de l'élection de Bayeux et rattachés à celle de Vire; défendant, en outre, auxdits élus de surélever, à cette occasion, la cote desdits habitants.

E 19ᵉ, fᵒ 207 rᵒ, et ms. fr. 18174, fᵒ 70 vᵒ.

12753. — Adjudication des traites domaniales de Poitou et de Marans faite, pour trois ans, à Maurice Émard, moyennant le payement annuel de 63,000 livres.

E 19ᵉ, fᵒ 209 rᵒ, et ms. fr. 18174, fᵒ 71 rᵒ.

12754. — Arrêt déclarant que les articles approuvés au Conseil le 8 du présent mois (nᵒ 12732) serviront de bail à Benjamin Le Tailleur.

E 19ᵉ, fᵒ 213 rᵒ, et ms. fr. 18174, fᵒ 60 rᵒ.

12755. — Arrêt acceptant, sous certaines conditions, les offres faites par Mᵉ Innocent Desbois pour le rachat des offices de greffiers des tailles dans les paroisses.

E 19ᵉ, fᵒ 214 rᵒ, et ms. fr. 18174, fᵒ 256 vᵒ.

12756. — Arrêt ordonnant que les sergents du bailliage de Saosnois continueront d'exercer leurs charges comme ils le faisaient avant les arrêts rendus au Parlement en faveur de Louis Roussel, sergent à l'épée fieffé et héréditaire de la baronnie de Saosnois et de la châtellenie de Peray, à condition qu'ils rembourseront 600 livres audit Roussel et lui payeront 1,000 livres de dommages-intérêts.

E 19ᵉ, fᵒ 216 rᵒ, et ms. fr. 18174, fᵒ 62 rᵒ.

1608, 14 novembre. — Paris.

12757. — Arrêt ordonnant la vérification de la finance payée, pour la survivance de son office, par Philippe Gaultier, huissier au Parlement.

Ms. fr. 18174, f° 73 v°.

1608, 15 novembre. — Paris.

12758. — Arrêt ordonnant à M° Léonard de Mausse, fermier général des traites de Languedoc et Provence, de se conformer, pour le payement du prix de sa ferme, aux mandements du trésorier de l'Épargne.

E 19¹, f° 218 r°, et ms. fr. 18174, f° 73 v°.

12759. — Arrêt relatif au procès pendant entre Pierre Du Fournel, sieur du Chastelier, surintendant des fortifications aux pays de Lyonnais et de Bresse, et Louise de Varey, dame de Maleval, de Virieu et de Chavanay.

E 19¹, f° 219 r°, et ms. fr. 18174, f° 74 r°.

12760. — Arrêt renvoyant à la Cour des aides le procès criminel fait à M° Pierre Pelletier, ci-devant receveur des aides et tailles en l'élection de Tonnerre.

E 19¹, f° 221 r°, et ms. fr. 18174, f° 75 r°.

12761. — Arrêt prorogeant jusqu'au 31 mars 1609 le sursis accordé aux habitants du Languedoc soi-disant exempts des tailles, afin qu'ils puissent, dans l'intervalle, faire apparoir des titres sur lesquels ils prétendent fonder leur exemption.

E 19¹, f° 224 r°, et ms. fr. 18174, f° 256 v°.

12762. — Acceptation des offres faites par M° Jean de Moulceau pour le rachat de greffes, rentes, offices et autres portions de domaines jusqu'à concurrence d'une somme d'un million de livres.

E 19¹, f° 225 r°, et ms. fr. 18174, f° 257 v°.

12763. — Arrêt acceptant les offres de M° Jean Camus et de Pierre Cailly, propriétaires des greffes du bailliage, du présidial et de la prévôté de Mantes.

E 19¹, f° 227 r°, et ms. fr. 18174, f° 77 r°.

12764. — Arrêt maintenant messire Guillaume de Montigny en possession de l'abbaye de Saint-Gildas-de-Ruis, et ce du consentement de messire Constantin Chevalier, qui avait élevé des prétentions sur la même abbaye.

E 19¹, f° 229 r°, et ms. fr. 18174, f° 77 v°.

1608, 18 novembre. — Paris.

12765. — Arrêt défendant à M° François Bauldry, auditeur en la chambre des comptes de Nantes, de faire, jusqu'à plus ample informé, aucune poursuite contre les habitants de Paulx pour le payement de ce qu'il réclame comme ayant été chargé d'obtenir la confirmation des privilèges des « marches communes d'entre Poictou et Bretaigne ».

E 19¹, f° 233 r°, et ms. fr. 18174, f° 80 v°.

12766. — Arrêt accordant une remise de tailles aux habitants de Remauville, de Paley, de Nanteau, de Villemer, etc., attendu les pertes que leur a fait subir l'orage du 5 août dernier.

É 19¹, f° 234 r°, et ms. fr. 18174, f° 81 r°.

12767. — Arrêt renvoyant à la Cour des monnaies la requête par laquelle Mathieu Saulimon, marchand d'Angers, demande à être déchargé de la monnaie de Saint-Lô.

E 19¹, f° 235 r°, et ms. fr. 18174, f° 81 v°.

12768. — Adjudication de l'impôt de 30 sols par muid de vin entrant en la ville de Paris faite, pour quatre ans, à Paul Du Thier, bourgeois de Paris, moyennant le payement annuel de 230,000 livres.

E 19¹, f° 236 r°, et ms. fr. 18174, f° 257 v°.

12769. — Arrêt relatif à la vérification des sommes payées par la ville de Pontoise sur les 60,000 écus qu'elle promit à Henri III, en 1589, et qui furent depuis réduits à 45,000 écus.

E 19¹, f° 238 r°, et ms. fr. 18174, f° 88 r°.

12770. — Arrêt renvoyant à la Cour des aides le différend soulevé entre les fermiers des aides de Paris et M° Denis Feydeau, fermier général des aides, au sujet de la suppression des offices de commissaires-contrôleurs des ports et portes de Paris.

E 19°, f° 240 r°, et ms. fr. 18174, f° 87 r°.

12771. — Arrêt accordant une remise de tailles à plusieurs paroisses des élections de Sens et de Nemours, attendu les pertes que leur a fait subir l'orage du 5 août dernier.

E 19°, f° 241 r°, et ms. fr. 18174, f° 87 v°.

12772. — Arrêt ordonnant la restitution d'une somme provenant de la recette de Chaumont et Magny et déposée par le receveur, M° Bourbonne Chuppin, entre les mains de feu M° Grolard, chargé à Paris des affaires du receveur général des finances à Rouen.

E 19°, f° 242 r°, et ms. fr. 18174, f° 85 r°.

12773. — Avis du Conseil tendant à accorder, pour l'année suivante, diverses gratifications au sieur de Themynes, gouverneur de Quercy, à l'évêque de Cahors et au juge mage de Quercy.

E 19°, f° 244 r°, et ms. fr. 18174, f° 85 r°.

12774. — Arrêt accordant une remise de tailles aux habitants de Nemours, attendu les pertes que leur a fait subir l'orage du 5 août dernier.

E 19°, f° 245 r°, et ms. fr. 18174, f° 84 v°.

12775. — Arrêt ordonnant que lettres de provision de l'office de lieutenant général en la sénéchaussée de la Haute-Marche seront expédiées à Gilbert Faure, avocat au Parlement, à condition que les héritiers du précédent titulaire, M° Étienne Faure, versent 6,000 livres aux mains de M° Bénigne Saulnier, qui a traité avec le Roi au sujet des Parties casuelles.

E 19°, f° 246 r°, et ms. fr. 18174, f° 85 v°.

12776. — Arrêt ordonnant aux sieurs de Castellan et de Serres, trésoriers de France à Béziers et à Aix, de procéder, dans les ports et passages de Beaucaire, de Tarascon et du château de Fourques, en Camargue, à l'établissement de bacs dont la jouissance est assurée, pour vingt ans, au sieur de Bellengreville, lieutenant au gouvernement d'Ardres.

E 19°, f° 248 r°, et ms. fr. 18174, f° 83 v°.

12777. — Arrêt déclarant que M° Jean Aubry, maître des requêtes de l'Hôtel, et Étienne La Bistrade, conseiller au Grand Conseil, seront dispensés de représenter aux trésoriers de France leur bail du greffe de la vicomté de Rouen, attendu que ledit greffe est compris dans le traité fait avec M° Alexandre Marchant pour le rachat du domaine de Normandie.

E 19°, f° 250 r°, et ms. fr. 18174, f° 83 r°.

12778. — Arrêt ordonnant à M° Jean Roger, receveur de la ville de Lyon, de rapporter dans un mois les acquits nécessaires à la vérification des comptes d'octrois de ladite ville.

E 19°, f° 251 r°, et ms. fr. 18174, f° 83 r°.

12779. — Arrêt enjoignant à la Chambre des comptes d'enregistrer purement et simplement l'article xi du bail général des aides passé avec le sieur de Moisset, article qui est relatif au payement des rentes assignées sur les aides.

E 19°, f° 252 r°, et ms. fr. 18174, f° 82 r°.

12780. — Arrêt ordonnant la restitution des droits qu'a été forcé de consigner entre les mains de M° Claude Ferrier, receveur de la douane de Lyon, Charles Bellanger, l'un des douze marchands de vin privilégiés suivant la Cour, lequel transportait sur le Rhône certaine quantité de vin.

E 19°, f° 254 r°, et ms. fr. 18174, f° 81 v°.

1608, 20 novembre. — Paris.

12781. — Arrêt ordonnant le versement à l'Épargne de la somme de 30,000 livres assignée sur la recette générale de Poitiers à dom Jean de Médicis, dont le Roi, pour certaines causes, a supprimé la pension.

E 19°, f° 255 r°, et ms. fr. 18174, f° 259 v°.

1608, 22 novembre. — Paris.

12782. — Acceptation des offres faites par les sieurs Godet et de Vassan pour le rachat de certaines portions de domaine jusqu'à concurrence d'une somme de 100,000 livres.

E 19°, f° 256 r°, et ms. fr. 18174, f° 259 v°.

12783. — Arrêt acceptant les cautions présentées par Paul Du Thier, fermier des 3o sols par muid de vin entrant en la ville de Paris.

E 19', f° 258 r°; cf. *ibid.*, f° 259 r°, et ms. fr. 18174, f° 260 r° et v°.

12784. — Arrêt relatif à la vérification des comptes représentés par les héritiers de M° Billard, trésorier général de l'Extraordinaire des guerres.

E 19', f° 261 r°, et ms. fr. 18174, f° 261 r°.

12785. — Acceptation des offres faites par Arnauld Dupont pour le rachat de certaines rentes et de certains greffes jusqu'à concurrence d'une somme de 800,000 livres.

E 19', f° 263 r°, et ms. fr. 18174, f° 262 r°.

12786. — Arrêt autorisant les habitants de Vendeuvre à lever sur eux-mêmes, en trois ans, une somme de 3,017 livres destinée au payement de ce qu'ils ont été condamnés à payer à M° Jacob de Pinteville, élu en l'élection de Châlons.

E 19', f° 265 r°, et ms. fr. 18174, f° 102 v°.

12787. — Arrêt ordonnant, sur la requête de Charles de Péronne, gentilhomme ordinaire de la Chambre, la vérification des comptes de M° Louis Barberoux, « cy-devant commissaire estably par les sieurs de La Vallette et duc d'Espernon à la levée des deniers destinez pour l'entretenement de leurs compagnies de gens d'armes sur les estatz du pays de Provence ».

E 19', f° 267 r°, et ms. fr. 18174, f° 102 r°.

12788. — Arrêt relatif à l'exécution du contrat passé avec M° Isaac Duryer « pour le rembourcement de la finance paiée pour le droict de port des commissions ès ellections ressortissantes ès cours des aydes de Paris et Montferrand ».

E 19', f° 269 r°, et ms. fr. 18174, f° 101 r°.

12789. — Arrêt statuant sur les procès pendants entre dame Olympe Du Faur, veuve de Hurault de L'Hospital, sieur du Fay, chancelier de Navarre, et dame Élisabeth de Lévis, femme de François d'Amboise, comte d'Aubijoux.

E 19', f° 271 r°, et ms. fr. 18174, f° 99 v°.

12790. — Arrêt statuant sur le procès pendant entre Nicolas de La Bigne, fils de Palamèdes de La Bigne, contrôleur des titres en la vicomté de Vire et en la haute justice de Condé, et M° Thomas Robin, commis à l'exécution de « l'eedit de restablissement en hérédité des offices de contrerolleurs des tiltres en Normandye ».

E 19', f° 275 r°, et ms. fr. 18174, f° 99 r°.

12791. — Arrêt ordonnant que M° Charles Rousseau, receveur général des bois au département d'Orléans, jouira d'une augmentation de gages de 150 livres.

E 19', f° 277 r°, et ms. fr. 18174, f° 98 v°.

12792. — Arrêt accordant diverses remises de tailles à dix-sept paroisses et à un hameau de l'élection de Clamecy, attendu les pertes que leur a fait subir l'orage du 8 août dernier.

E 19', f° 278 r°, et ms. fr. 18174, f° 98 r°.

12793. — Arrêt confirmant au sieur de La Vieuville, lieutenant général en Champagne et Rethelois, la jouissance de la terre et seigneurie de Saint-Gobain.

E 19', f° 280 r°, et ms. fr. 18174, f° 97 v°.

12794. — Arrêt relatif à la demande d'élargissement présentée par M° Claude Dunesmes, ci-devant receveur général des finances à Poitiers, et par Jean Fleury, son commis.

E 19', f° 281 r°, et ms. fr. 18174, f° 97 r°.

12795. — Arrêt rendu sur la requête de M° Michel Garnier, partie civile dans le procès entamé par les commissaires royaux au sujet des faux et des suppositions que l'on prétend avoir été commis quand fut résigné, à condition de survivance, l'office de receveur général des finances à Poitiers.

E 19', f° 282 r°, et ms. fr. 18174, f° 96 v°.

12796. — Avis du Conseil tendant à faire don au sieur d'Arbouze, baron de Jayet, des arrérages qu'il a indûment touchés sur une rente appartenant à son défunt aïeul, le sieur de Saint-Genest, et dont il ignorait l'amortissement, remontant au 3o novembre 1563.

E 19', f° 283 r°, et ms. fr. 18174, f° 96 v°.

12797. — Arrêt confirmant aux habitants de Celles, en Forez, une remise de trois années de tailles à eux accordée par arrêt du 4 octobre 1595 (n° 2682), et ordonnant la restitution de certaines sommes par eux consignées aux mains de M° François Tantillon, receveur des tailles de Forez.

E 19°, f° 284 r°, et ms. fr. 18174, f° 95 r°.

12798. — Arrêt relatif à un placet par lequel Jeanne Gauchet, première femme de chambre de Madame, fille aînée du Roi, sollicite un don de 3,000 livres à prendre sur le produit des amendes auxquelles ont été condamnés les maîtres-étaminiers de Normandie.

E 19°, f° 286 r°, et ms. fr. 18174, f° 95 r°.

12799. — Arrêt accordant à Louis Pouard, bourgeois de Lyon, un sursis de trois ans pour le payement de ses dettes.

E 19°, f° 287 r°, et ms. fr. 18174, f° 94 v°.

12800. — Arrêt autorisant les consuls de Vias à lever, en trois ans, sur tous les habitants, une somme de 3,185 livres destinée au remboursement d'un emprunt fait pour diverses réparations et pour la construction du pont du Libron.

E 19°, f° 288 r°, et ms. fr. 18174, f° 94 r°.

12801. — Arrêt autorisant les habitants de Gisors à lever sur eux-mêmes, d'une part, une somme de 1,096 livres 13 sols qu'ils ont été condamnés à payer au sieur de La Boissière, trésorier-payeur des officiers de la Prévôté de l'Hôtel, d'autre part, une somme de 195 livres 15 sols qui a été imposée par erreur sur ledit de La Boissière.

E 19°, f° 289 r°, et ms. fr. 18174, f° 93 v°.

12802. — Arrêt ordonnant de surseoir à l'exécution d'un arrêt qu'a obtenu, en la Chambre des comptes, le curateur à la succession vacante de La Castellane, de Milan, contre M° Gabriel Gilbert, trésorier-receveur du domaine en la sénéchaussée de Carcassonne.

E 19°, f° 290 r°, et ms. fr. 18174, f° 93 r°.

12803. — Arrêt statuant sur une instance pen-

dante entre le cardinal de Joyeuse, tuteur de la demoiselle duchesse de Montpensier, et les prévôt des marchands et échevins de Lyon.

E 19°, f° 291 r°, et ms. fr. 18174, f° 92 v°.

12804. — Arrêt ordonnant le versement à l'Épargne des 25,000 livres que Jean Du Monceau, avocat au Conseil, devait, aux termes de son bail, payer à Étienne de Gos, qui, avant lui, avait traité avec le Roi pour le rachat du domaine de Lyonnais.

E 19°, f° 293 r°, et ms. fr. 18174, f° 92 r°.

12805. — Arrêt affectant au payement des gages de M° Bertrand de Plouvier, premier président de la chambre des comptes de Dauphiné, la moitié des deniers provenant de la recette générale du marquisat de Saluces dont il procurera le recouvrement.

E 19°, f° 295 r°, et ms. fr. 18174, f° 91 v°.

12806. — Arrêt autorisant la levée, pendant six ans, de 3 sols par minot de sel vendu au grenier de la Ferté-Milon, le produit en devant être employé à la réparation des tours, ponts, portes et murailles de ladite ville.

E 19°, f° 296 r°, et ms. fr. 18174, f° 91 r°.

12807. — Arrêt déclarant que les maire, échevins et habitants de Montargis seront dispensés de compter en la Chambre des comptes de leurs deniers communs des années 1559 à 1561, 1567 et 1569 à 1573, attendu que les acquits afférents auxdits exercices ont été égarés durant les guerres civiles.

E 19°, f° 297 r°, et ms. fr. 18174, f° 90 v°.

12808. — Arrêt accordant aux échevins de Clermont, en Auvergne, un sursis pour le payement des intérêts de leurs dettes échus en l'année 1605.

E 19°, f° 298 r°, et ms. fr. 18174, f° 90 r°.

12809. — Arrêt déclarant que les commissaires-examinateurs, rétablis en Dauphiné par édit de juin 1596, devront contribuer aux impôts.

E 19°, f° 300 r°, et ms. fr. 18174, f° 89 r°.

1608, 27 novembre. — Paris.

12810. — Arrêt ordonnant à M⁰ Jean de Flesselles, receveur général ancien des bois de Normandie, de faire provisoirement le recouvrement des sommes provenant des ventes de bois de la généralité de Caen.

E 19⁰, f° 302 r°, et ms. fr. 18174, f° 103 r°.

12811. — Arrêt ordonnant que désormais toute personne qui a traité ou traitera avec Sa Majesté pour le rachat d'aucunes portions de domaine désignera un associé ou un correspondant domicilié à Paris qui puisse fournir des explications au sujet de l'exécution du traité.

E 19⁰, f° 303 r°, et ms. fr. 18174, f° 262 r°.

————

1608, 29 novembre. — Paris.

12812. — Arrêt ordonnant le remboursement d'une somme de 17,100 livres payée comptant à l'Épargne, en 1590, par Pierre Savaron pour l'acquisition de 285 arpents de bois et de terres vaines et vagues situés dans le comté de Blois.

E 19⁰, f° 304 r°, et ms. fr. 18174, f° 103 v°.

12813. — Arrêt admettant André Brigault, fermier de l'impôt des cartes, dés et tarots, à rendre ses comptes, et déclarant que, sur sa demande, il demeurera déchargé de ladite ferme, si les offres de Jean Daulphin sont acceptées au Conseil.

E 19⁰, f° 306 r°, et ms. fr. 18174, f° 104 r°.

12814. — Arrêt défendant aux grèneties de percevoir les crues de 5 sols, de 2 sols, de 6 et de 14 deniers par minot de sel, dont la jouissance a été concédée à M⁰ Charles Paulet.

E 19⁰, f° 307 r°, et ms. fr. 18174, f° 115 r°.

12815. — Arrêt ordonnant la levée de 2 sols 6 deniers par minot de sel vendu dans les greniers de la généralité de Lyon, le produit en devant être délivré à M⁰ Charles Paulet, et ce nonobstant l'opposition du syndic du Forez, des prévôt des marchands et échevins de Lyon et du fermier des gabelles Lyonnais.

E 19⁰, f° 309 r°, et ms. fr. 18174, f° 115 r°.

12816. — Arrêt ordonnant la levée d'une somme de 1,600 livres due par les habitants de Laval à M⁰ Jérôme Martin, contrôleur au grenier à sel de ladite ville.

E 19⁰, f° 311 r°, et ms. fr. 18174, f° 113 v°.

12817. — Arrêt, relatif à l'apurement des comptes de Christophe de Lecey, commis à la recette des 5 sols par minot de sel vendu dans les greniers de Champagne.

E 19⁰, f° 312 r°, et ms. fr. 18174, f° 112 v°.

12818. — Arrêt relatif à une requête des habitants de Passavant, de la Côte-en-Vosges, de Vougécourt et de Senoncourt tendante à l'annulation d'une vente de bois faite en la forêt de Passavant par le maître particulier des eaux et forêts de Chaumont.

E 19⁰, f° 314 r°, et ms. fr. 18174, f° 112 r°.

12819. — Arrêt validant divers payements faits, de 1595 à 1600, sur l'ordre des gouverneurs et lieutenants généraux en Bresse, par François Passin, commis à la recette des impôts levés pour la solde des garnisons et pour la conservation dudit pays.

E 19⁰, f° 316 r°, et ms. fr. 18174, f° 111 r°.

12820. — Arrêt ordonnant au trésorier des Parties casuelles d'expédier à Jean de La Croix, sieur de Nuisement, anobli par Henri III, quittance de la somme de 220 livres qu'il a payée pour être maintenu en sa noblesse.

E 19⁰, f° 318 r°, et ms. fr. 18174, f° 110 v°.

12821. — Arrêt renvoyant au Grand Conseil la question de préséance soulevée entre les conseillers, correcteurs et auditeurs en la chambre des comptes de Montpellier et les officiers du présidial et du gouvernement de Montpellier.

E 19⁰, f° 319 r°, et ms. fr. 18174, f° 110 r°.

12822. — Arrêt renvoyant aux trésoriers de France en Provence la vérification des sommes perçues par M⁰ Jean Achard, commis à la recette des deniers provenant des francs-fiefs, nouveaux acquêts et amortissements de Provence, et ordonnant le payement de la somme de 42,000 livres qu'ont promise les États de Provence pour faire révoquer ladite commission.

E 19ᵉ, fᵒ 320 rᵒ, et ms. fr. 18174, fᵒ 109 vᵒ.

12823. — Arrêt restituant au sieur de La Garde, moyennant un écu d'albergue, et en échange des fiefs et rentes de Pugnères et de Montcabrier, la seigneurie de Roquevidal, «qui, de tout temps, avoit appartenu à ses devanciers et, pendant les troubles derniers, a esté réunie à son domaine, par faulte de justiffier de tiltres».

E 19ᵉ, fᵒ 322 rᵒ, et ms. fr. 18174, fᵒ 109 rᵒ.

12824. — Arrêt autorisant la levée sur les habitants de Vitry-le-François d'une somme de 4,000 livres destinée au payement des dettes de ladite ville.

E 19ᵉ, fᵒ 323 rᵒ, et ms. fr. 18174, fᵒ 106 vᵒ.

12825. — Arrêt autorisant la levée, sur le pays de Comminges, d'une somme de 44,135 livres 13 sols destinée à l'acquittement des dettes dudit pays.

E 19ᵉ, fᵒ 325 rᵒ, et ms. fr. 18174, fᵒ 105 vᵒ.

12826. — Arrêt autorisant les consuls de Brioude à lever sur les habitants une somme de 573 livres destinée au payement de ce qui est dû aux consuls de l'année 1598.

E 19ᵉ, fᵒ 327 rᵒ, et ms. fr. 18174, fᵒ 105 rᵒ.

12827. — Arrêt enjoignant à Mᵉ Jean de Moulceau de payer 30,000 livres à Étienne de Gos et à Mᵉ Bénigne Saulnier, receveur général des finances à Lyon.

E 19ᵉ, fᵒ 328 rᵒ, et ms. fr. 18174, fᵒ 107 rᵒ.

12828. — Arrêt renvoyant à la Cour des monnaies une requête des consuls et habitants d'Arles tendante au rétablissement du bureau de la monnaie «qui souloit estre en ladite ville», attendu notamment l'affluence des marchands étrangers.

E 19ᵉ, fᵒ 329 rᵒ, et ms. fr. 18174, fᵒ 104 vᵒ.

12829. — Arrêt renvoyant aux commissaires députés sur le fait du Commerce les articles présentés par Balthazar Du Cros, par René de Montesson et par Jean de Hédin «pour avoir permission d'ériger des batteries de toutes sortes de feuilles de fer blanc et noir, doubles et simples, chaudières, chauderons, poisles, poislons, cuilliers, couvercles et lèchefrittes».

E 19ᵉ, fᵒ 330 rᵒ, et ms. fr. 18174, fᵒ 104 vᵒ.

12830. — Arrêt ordonnant l'union des offices de lieutenants criminels, de lieutenants particuliers assesseurs criminels et de commissaires-examinateurs dans l'ancien domaine de Navarre aux offices de baillis, de sénéchaux, de prévôts de robe longue, de lieutenants généraux civils principaux et particuliers dans le même domaine.

E 19ᵉ, fᵒ 331 rᵒ, et ms. fr. 18174, fᵒ 107 vᵒ.

1608, 2 décembre. — Paris.

12831. — Arrêt déclarant vacant l'office de procureur du Roi au bailliage de Valois, et autorisant la reine Marguerite à disposer dudit office.

E 19ᵇ, fᵒ 1 rᵒ, et ms. fr. 18174, fᵒ 129 rᵒ.

12832. — «Reiglemens ordonnez par le Roy en son Conseil d'Estat pour l'exécution du bail faict à Anthoine Huron, secrétaire ordinaire de sa chambre, des droictz deubz à Sa Majesté en toutes les chancelleries des cours souveraines et présidiaux de ce royaume.»

E 19ᵇ, fᵒ 3 rᵒ; ms. fr. 18174, fᵒ 262 vᵒ, et AD ✠ 145, nᵒ 23.

1608, 4 décembre. — Paris.

12833. — Arrêt renvoyant au Grand Conseil le procès criminel relatif au meurtre de Simon Auvray, dit Gondonnière, en ce qui concerne l'accusation portée contre le sieur de Médavy, lieutenant du Roi en Normandie, et contre sa femme.

E 19ᵇ, fᵒ 7 rᵒ, et ms. fr. 18174, fᵒ 116 vᵒ.

12834. — Arrêt ordonnant aux receveurs généraux des finances à Toulouse qui ont exercé à partir de 1601 de verser à l'Épargne une somme de 44,935 livres 10 sols 1 denier, attendu le «retranchement cy-devant fait par Sa Majesté de la demye année des rentes assignées sur les receptes généralles».

E 19ᵇ, fᵒ 9 rᵒ, et ms. fr. 18174, fᵒ 265 rᵒ.

12835. — Arrêt autorisant le premier juge, huissier ou officier requis à rompre, au besoin, les portes et fenêtres de la maison où doit être caché Me Philippe Patté, ci-devant receveur général des décimes en la généralité de Picardie.

E 19ᵇ, fᵒ 11 rᵒ, et ms. fr. 18174, fᵒ 265 vᵒ.

12836. — Acceptation des offres faites par Me Jean Daulphin, bourgeois de Paris, pour être subrogé au bail de l'imposition mise sur les cartes, dés et tarots.

E 19ᵇ, fᵒ 12 rᵒ, et ms. fr. 18174, fᵒ 266 rᵒ.

12837. — Arrêt défendant à Étienne de Gos et à Me Bénigne Saulnier de faire mettre à exécution l'arrêt par eux obtenu contre Me Jean de Moulceau le 29 novembre dernier (nᵒ 12827).

E 19ᵇ, fᵒ 14 rᵒ, et ms. fr. 18174, fᵒ 126 vᵒ.

12838. — Arrêt ordonnant le payement des gages de quatre archers de Claude Cerceau, lieutenant du prévôt des maréchaux au bailliage de Tonnerre.

E 19ᵇ, fᵒ 16 rᵒ, et ms. fr. 18174, fᵒ 117 rᵒ.

12839. — Arrêt accordant aux sergents fieffés et ordinaires de la baronnie de Saosnois et de la châtellenie de Peray un délai de quatre mois pour payer 1,600 livres à Louis Roussel, sergent à l'épée fieffé et héréditaire desdites baronnie et châtellenie.

E 19ᵇ, fᵒ 17 rᵒ, et ms. fr. 18174, fᵒ 117 vᵒ.

12840. — Arrêt attribuant à Me Nicolas Robio l'office de contrôleur ordinaire et provincial de l'Artillerie en Provence.

E 19ᵇ, fᵒ 18 rᵒ, et ms. fr. 18174, fᵒ 116 rᵒ.

12841. — Arrêt ordonnant qu'Antoine Forget, sieur d'Idoignes, et le sieur de Belot seront entendus au Conseil au sujet d'une requête des habitants de Saint-Germain-Lembron, et leur défendant de poursuivre lesdits habitants en la Chambre de l'Édit du Parlement.

E 19ᵇ, fᵒ 19 rᵒ, et ms. fr. 18174, fᵒ 118 rᵒ.

12842. — Arrêt ordonnant le remboursement de la finance payée par Bernard Jourdain pour un office supprimé de sergent royal en l'élection de Coutances.

E 19ᵇ, fᵒ 20 rᵒ, et ms. fr. 18174, fᵒ 118 vᵒ.

12843. — Arrêt ordonnant qu'en attendant le jugement définitif du procès pendant entre Me Guillaume de Balmes, fermier général de la ferme dite «à la part du royaume», et Me Aurelio, prieur de Brou, les religieux dudit couvent recevront annuellement 4 minots de sel.

E 19ᵇ, fᵒ 21 rᵒ, et ms. fr. 18174, fᵒ 119 rᵒ.

12844. — Arrêt ordonnant que le prieur du chapitre de Sainte-Cécile d'Albi sera entendu au Conseil au sujet d'une requête de la ville d'Albi et de la prétendue exemption du chapitre.

E 19ᵇ, fᵒ 23 rᵒ, et ms. fr. 18174, fᵒ 120 rᵒ.

12845. — Arrêt ordonnant l'exécution des arrêts du 26 octobre 1604 (nᵒˢ 8732 et 8733) et du 13 septembre 1607; déclarant que, si les officiers des juridictions royales ne lèvent pas les offices d'assesseurs criminels et de commissaires-examinateurs, les personnes pourvues desdits offices en feront les fonctions, et interdisant au parlement de Dijon la connaissance des procès qui pourraient en résulter.

E 19ᵇ, fᵒ 25 rᵒ, et ms. fr. 18174, fᵒ 120 vᵒ.

12846. — Arrêt confiant aux maîtres des requêtes de l'Hôtel des quartiers d'octobre et de janvier l'examen des trois procès pendants au Conseil des finances entre le syndic du diocèse d'Albi et : 1º le syndic du diocèse de Béziers; 2º le syndic du diocèse d'Agde; 3º les héritiers d'Antoine Jolly, ceux de Henri de Montvalleur et François d'Asnières.

E 19ᵇ, fᵒ 27 rᵒ, et ms. fr. 18174, fᵒ 121 vᵒ.

12847. — Arrêt statuant sur un procès pendant entre Me Julien Bellet, receveur des tailles à Brioude, et les consuls de Blesle.

E 19ᵇ, fᵒ 28 rᵒ, et ms. fr. 18174, fᵒ 122 rᵒ.

12848. — Arrêt accordant aux officiers de Montaigut-en-Combraille, sur la requête du cardinal de Joyeuse, tuteur de Mᵈˡˡᵉ de Montpensier, décharge d'une taxe levée sur eux, attendu que de telles taxes n'ont pas cours dans les terres des ducs de Montpensier.

E 19ᵇ, fᵒ 30 rᵒ, et ms. fr. 18174, fᵒ 123 rᵒ.

12849. — Arrêt ordonnant que désormais Gabriel

de L'Aubespine, évêque d'Orléans, présidera la commission chargée de diriger la reconstruction de l'église Sainte-Croix.

E 19ᵇ, fᵒ 31 rᵒ, et ms. fr. 18174, fᵒ 123 vᵒ.

12850. — Arrêt autorisant les habitants de la Ferté-Bernard à lever, en deux ans, une somme de 3,000 livres destinée à l'acquisition d'une maison hors de la ville, où seront soignés les malades atteints de la maladie contagieuse régnante, et au remboursement des avances faites pour la cure de ces malades.

E 19ᵇ, fᵒ 32 rᵒ, et ms. fr. 18174, fᵒ 124 rᵒ.

12851. — Arrêt relatif à une réclamation de François-Jean-Charles de Pardaillan, comte de Panjas, et de sa femme, Jeanne Du Monceau, dame ordinaire de la Reine, à qui le Roi a fait don des amendes et confiscations faites sur les faux-monnayeurs.

E 19ᵇ, fᵒ 33 rᵒ, et ms. fr. 18174, fᵒ 124 vᵒ.

12852. — Arrêt faisant remise d'une année de tailles aux habitants de Freneuse, attendu les pertes que leur a fait subir la grêle du jour de la Pentecôte dernier.

E 19ᵇ, fᵒ 34 rᵒ, et ms. fr. 18174, fᵒ 125 rᵒ.

12853. — Arrêt réservant au Conseil et interdisant à la cour des aides de Montpellier la connaissance des oppositions soulevées par le chapitre cathédral de Nîmes, par François de Mandagout et autres nobles, qui refusent de contribuer au rachat de la seigneurie de Gallargues.

E 19ᵇ, fᵒ 35 rᵒ, et ms. fr. 18174, fᵒ 125 vᵒ.

12854. — Arrêt renvoyant aux trésoriers de France à Tours une requête du sieur de La Varane, gouverneur d'Angers, tendante à ce qu'il lui soit fait don de 50 arpents de terres vaines et vagues dépendants du comté de Beaufort-en-Vallée, et sis au lieu de Gondouine, entre Fléchet et le Méteil, avec permission d'y bâtir une maison et un pont-levis.

E 19ᵇ, fᵒ 36 rᵒ, et ms. fr. 18174, fᵒ 126 rᵒ.

12855. — Arrêt ordonnant le payement de diverses sommes dues à Mᵉ René Sain, receveur général des finances en Bretagne, par Mᵉ Prestin Le Pelletier

et par Guillaume Belon, receveurs des fouages au diocèse de Nantes, et par Mᵉ Yves Fiot, possesseur actuel de l'office de receveur général jadis exercé par feu Mᵉ Vital Contour et par feu Mᵉ Julien Rocas.

E 19ᵇ, fᵒ 37 rᵒ, et ms. fr. 18174, fᵒ 127 vᵒ.

12856. — Arrêt cassant un arrêt du parlement de Dijon du 2 août 1608 obtenu par la ville de Chalon-sur-Saône à l'encontre de Charles Du Han, fermier des Cinq grosses fermes, et interdisant à ladite cour la connaissance des différends soulevés entre Du Han et les villes de Chalon, d'Auxonne, de Tournus, de Mâcon au sujet de leurs prétendues exemptions.

E 19ᵇ, fᵒ 39 rᵒ.

12857. — Arrêt, signé seulement par Sully, ordonnant au receveur des tailles au diocèse de Viviers de payer 5,625 livres dues au maréchal d'Ornano sur ses rentes des années 1603 à 1607.

E 19ᵇ, fᵒ 41 rᵒ.

12858. — Arrêt, signé seulement par Sully, ordonnant au receveur des gabelles en Languedoc de payer 5,625 livres dues au maréchal d'Ornano sur ses rentes des années 1603 à 1607.

E 19ᵇ, fᵒ 43 rᵒ.

12859. — Acceptation (signée seulement par Sully) des offres faites par Charles Filleteau pour le rachat de rentes ou de portions aliénées du domaine jusqu'à concurrence d'une somme de 120,000 livres.

E 19ᵇ, fᵒ 45 rᵒ, et ms. fr. 18174, fᵒ 267 rᵒ.

———

1608, 9 décembre. — Paris.

12860. — Arrêt renvoyant aux trésoriers de France à Bourges une requête en remise de tailles présentée par les habitants de Léré, de Sury et de Belleville, dont les champs et les vignes ont été saccagés par les orages des 2 et 8 août dernier.

E 19ᵇ, fᵒ 47 rᵒ, et ms. fr. 18174, fᵒ 130 rᵒ.

12861. — Arrêt ordonnant la vérification des sommes payées, en 1590, par Mᵉ Jean Saudubois pour un office de trésorier des Gardes du corps vacant par la forfaiture de M⁺ Pierre Quesnon, lequel a été depuis rétabli en la jouissance dudit office.

E 19ᵇ, f° 48 r°, et ms. fr. 18174, f° 130 v°.

12862. — Arrêt approuvant les comptes des octrois de Saint-Malo et prorogeant pour neuf ans, sous certaines conditions, les taxes sur le vin, le cidre et la bière, ainsi que les autres devoirs levés en ladite ville.

E 19ᵇ, f° 49 r°, et ms. fr. 18174, f° 131 r°.

12863. — Arrêt évoquant le procès pendant en la chambre ecclésiastique de Toulouse, au sujet des décimes, entre le syndic du clergé du diocèse de Cahors, les abbés de Figeac et Marcillac et d'autres bénéficiers dudit diocèse.

E 19ᵇ, f° 51 r°, et ms. fr. 18174, f° 132 r°.

12864. — Acceptation des offres faites par Jean Desauzais pour la recherche des offices qui étaient vacants antérieurement au 1ᵉʳ janvier 1605, date du traité passé avec M⁺ Charles Paulet, et qui n'ont point été taxés.

E 19ᵇ, f° 52 r°, et ms. fr. 18174, f° 275 r°.

12865. — Arrêt renvoyant aux trésoriers de France à Paris une demande de rabais présentée par Médéric Le Vasseur, fermier des 30 sols par muid de vin entrant en la ville de Paris.

E 19ᵇ, f° 54 r°, et ms. fr. 18174, f° 133 r°.

12866. — Arrêt donnant à M⁺ Charles Rousseau, receveur général du bois au département d'Orléans, un délai de six mois pour recouvrer une somme de 1,800 livres sur l'un de ceux qui ont forcé sa caisse, et ordonnant le versement à l'Épargne de ce qu'il a entre ses mains sur le produit de sa recette de l'année 1606.

E 19ᵇ, f° 56 r°, et ms. fr. 18174, f° 133 r°.

12867. — Arrêt ordonnant que les héritiers de M⁺ Charles Falaizeau seront assignés par-devant les commissaires députés au règlement des dettes de la communauté du prince et de la princesse de Conti, pour justifier de leur créance contre ladite communauté, et leur défendant d'attenter à la personne ni

aux biens de Christophe Jacquard, ci-devant contrôleur en la maison du prince.

E 19ᵇ, f° 57 r°, et ms. fr. 18174, f° 134 r°.

12868. — Acceptation des offres faites par André Valentin pour la jouissance, durant douze ans, des droits d'un sol par charge de marchandise passant, tant par eau que par terre, devant les villes de Vienne et de Valence et d'un sol par minot de sel; il s'engage à réparer les murailles de Valence, à construire une arche de pont à Vienne, à payer annuellement 5,000 livres, à construire trois galères, à réédifier le palais du Roi à Valence, etc.

E 19ᵇ, f° 67 r°, et ms. fr. 18174, f° 271 r°.

12869. — Bail fait conformément auxdites offres.

(Deux rédactions successives.)

E 19ᵇ, f° 58 r° et 69 r°; ms. fr. 18174, f° 267 v° et 273 r°.

12870. — Acceptation des offres faites par Jean Didier pour le rachat de rentes, greffes et autres portions de domaine jusqu'à concurrence d'une somme de 450,000 livres.

E 19ᵇ, f° 60 r°, et ms. fr. 18174, f° 270 r°.

12871. — Arrêt accordant aux villes franches de Bourges et d'Issoudun remise d'une moitié de la subvention levée, en 1608, en place du sol pour livre.

E 19ᵇ, f° 62 r°, et ms. fr. 18174, f° 270 r°.

12872. — Arrêt rejetant les offres des sieurs Fauvel et Josse, et maintenant Benjamin Le Tailleur en jouissance du domaine de Calais, du Pays reconquis et du Boulonnais.

E 19ᵇ, f° 64 r°, et ms. fr. 18174, f° 270 v°.

12873. — Acceptation des offres de Pierre de Villa, qui, moyennant concession de l'office de maître des ports alternatif dans la sénéchaussée de Carcassonne et de Béziers, ferait connaître au Roi un moyen de se procurer 20,000 livres comptant.

E 19ᵇ, f° 65 r°, et ms. fr. 18175, f° 269 v°.

12874. — Acceptation des offres faites par Guillaume Herail pour le rachat de 150,000 livres de domaine et de 450,000 livres de rentes, ledit Herail

devant, en outre, faire connaître au Roi certain revenu qu'il laisse perdre et certaines créances dont il
ne tient pas compte.

E 19ᵇ, fᵒ 73 rᵒ, et ms. fr. 18174, fᵒ 275 vᵒ.

12875. — Acceptation des offres faites par le
sieur Lignage pour l'achèvement du nouveau pont de
Châlons et pour le rachat de greffes, sceaux et autres
portions de domaine comprises dans la Champagne
jusqu'à concurrence d'une somme de 300,000 livres.

E 19ᵇ, fᵒ 75 rᵒ, et ms. fr. 18174, fᵒ 276 rᵒ.

12876. — Acceptation des offres faites par Jacques Gibert, bourgeois de Troyes, qui propose de
faire connaître le moyen de racheter, en trois ans,
des rentes et des portions de domaine aliéné pour
une valeur de 3 millions de livres.

E 19ᵇ, fᵒ 76 rᵒ, et ms. fr. 18174, fᵒ 276 vᵒ.

12877. — Acceptation des offres faites par Michel
Scoppart, qui propose de faire connaître le moyen de
racheter des portions de domaine aliéné pour une valeur de 1,200,000 livres.

E 19ᵇ, fᵒ 78 rᵒ, et ms. fr. 18174, fᵒ 277 rᵒ.

12878. — Arrêt déclarant que le sieur de Champier sera payé de 3,000 livres chaque année, concurremment avec les autres créanciers de la ville de
Lyon inscrits en l'état arrêté au Conseil le 24 décembre 1604, et ce jusqu'à ce qu'il soit entièrement
satisfait de l'indemnité qui lui a été allouée pour remplacer la rançon du vicomte de Chamoy, «par luy
combatu et pris prisonnier de guerre».

E 19ᵇ, fᵒ 80 rᵒ, et ms. fr. 18174, fᵒ 134 vᵒ.

12879. — Arrêt renvoyant au parlement de Bordeaux le soin de taxer les vacations de Pierre de Bonavene, sieur de Beaumevielle, prévôt général en
Langue-d'Oïl, de ses lieutenants, de ses greffiers et
de ses trente-trois archers, qui, assistés de la compagnie du vice-sénéchal de Limousin, ont assiégé, dans
sa maison, le sieur de Saint-Chamans et ses complices,
depuis condamnés par ledit parlement.

E 19ᵇ, fᵒ 82 rᵒ, et ms. fr. 18174, fᵒ 130 rᵒ.

12880. — Arrêt portant approbation du compte

présenté par feu Mᵉ Jean Bourderel, receveur général
des finances à Paris, pour les «deniers revenans bons
au Roy de la creue de 2 solz 6 deniers ordonnée estre
levée sur chascun minot de sel pour le paiement de
l'augmentation des gages attribuez aux lieutenans généraux, particuliers, assesseurs, advocatz et procureurs
généraux ès sièges présidiaux au lieu de l'establissement des alternatifz».

E 19ᵇ, fᵒ 83 rᵒ, et ms. fr. 18174, fᵒ 136 rᵒ.

12881. — Arrêt renvoyant aux trésoriers de
France à Béziers une requête d'Hercule de Bourcier,
sieur de Barry, gouverneur de Leucate, tendante à la
révocation d'une taxe faite sur le domaine de Leucate

E 19ᵇ, fᵒ 85 rᵒ, et ms. fr. 18174, fᵒ 137 rᵒ.

12882. — Arrêt statuant sur un procès pendant
entre Ancelot Favin, receveur des tailles en l'élection
de Montfort-l'Amaury, d'une part, François Chabri-
gnac, huissier au Grand Conseil, et Mᵉ Sébastien
Hardy, receveur des tailles au Mans, d'autre part.

E 19ᵇ, fᵒ 86 rᵒ, et ms. fr. 18174, fᵒ 137 vᵒ.

12883. — Arrêt ordonnant la réception de Jean
Leprince en un office de vendeur de poisson de mer
à Auxerre, nonobstant l'opposition du maire et des
échevins de ladite ville.

E 19ᵇ, fᵒ 88 rᵒ, et ms. fr. 18174, fᵒ 138 vᵒ.

12884. — Arrêt portant validation d'un payement de 371 écus fait par le trésorier général de
l'Artillerie aux veuves de Marin Marot, de Jean de
Bledz et de Jacques Collette, qui auraient fourni, en
1591, des chevaux et des charrettes pour le transport des munitions de guerre de Caen à Honfleur,
dont le siège était alors commencé par l'armée du duc
de Montpensier.

E 19ᵇ, fᵒ 90 rᵒ, et ms. fr. 18174, fᵒ 140 rᵒ.

12885. — Arrêt ordonnant le remboursement de
la finance payée pour des offices de lieutenants assesseurs criminels et de commissaires-examinateurs aux
sièges de Tartas et de Casteljaloux, attendu «que
l'intention de Sa Majesté n'a esté ny n'est encores de

créer semblables offices ès justices deppendans de son domaine de Navarre ».

E 19ᵇ, fᵒ 92 rᵒ, et ms. fr. 18174, fᵒ 141 rᵒ.

12886. — Arrêt autorisant la levée sur les habitants de l'île de Ré d'une somme de 1,500 livres promise par lesdits habitants au procureur du sieur Geoffrion, possesseur du droit de jaugeage.

E 19ᵇ, fᵒ 93 rᵒ, et ms. fr. 18174, fᵒ 141 rᵒ.

12887. — Arrêt autorisant la levée sur les habitants de l'île de Ré d'une somme de 1,500 livres avancée auxdits habitants par leur procureur Job Forant, lorsqu'ils sollicitèrent et obtinrent un arrêt les exemptant du droit de jaugeage.

E 19ᵇ, fᵒ 94 rᵒ, et ms. fr. 18174, fᵒ 141 vᵒ.

12888. — Arrêt ordonnant la vérification de ce qui doit revenir à Sa Majesté sur les 2 sols par émine de sel vendue dans les greniers de Provence après payement des 6,000 livres affectées à la fondation et à l'entretien du collège d'Aix.

E 19ᵇ, fᵒ 95 rᵒ, et ms. fr. 18174, fᵒ 142 rᵒ.

12889. — Arrêt ordonnant à deux trésoriers de France à Bordeaux de passer outre à l'évaluation des bâtiments et terres de Bourg-sur-Mer, ainsi que des terres et seigneuries de Saint-Savin et d'Ambès, qui appartiennent à Guy de Lusignan de Saint-Gelais, sieur de Lansac.

E 19ᵇ, fᵒ 96 rᵒ, et ms. fr. 18174, fᵒ 142 vᵒ.

12890. — Arrêt ordonnant le payement des sommes dues à la veuve de Robert Le Beau, commissaire de l'Artillerie, par la communauté du prince et de la princesse de Conti.

E 19ᵇ, fᵒ 98 rᵒ, et ms. fr. 18174, fᵒ 143 rᵒ.

12891. — Arrêt ordonnant le rétablissement de partie d'une somme rayée sur le compte de Philippe Rapelin, receveur général des finances en Provence, somme qui représentait les gages d'Alexandre Galliffet, également receveur des finances en Provence, pendant l'année 1607.

E 19ᵇ, fᵒ 100 rᵒ, et ms. fr. 18174, fᵒ 144 rᵒ.

1608, 11 décembre. — Paris.

12892. — Arrêt acceptant les offres faites par Pierre Tiraqueau pour le rachat de 300,000 livres de rentes, à condition qu'il payera comptant 75,000 livres à Antoine Chevalier, lequel devait traiter avec le Roi du remboursement des offices des regrattiers et autres.

E 19ᵇ, fᵒ 102 rᵒ, et ms. fr. 18174, fᵒ 277 rᵒ.

1608, 13 décembre. — Paris.

12893. — Arrêt rétablissant deux présidents en chaque bureau de trésoriers de France, cette qualité devant être offerte aux deux plus anciens trésoriers, qui seront, d'ailleurs, libres de ne pas l'accepter, et devant leur conférer les prérogatives attachées aux fonctions de présidents, mais non pas augmenter le chiffre de leurs gages.

E 19ᵇ, fᵒ 104 rᵒ, et ms. fr. 18174, fᵒ 278 vᵒ.

12894. — Arrêt ordonnant au trésorier des Parties casuelles de délivrer à Mᵉ Antoine Billard, pour une valeur de 210,000 livres, les quittances en blanc des taxes que doivent payer les officiers de l'ancien domaine de Navarre afin de jouir de la juridiction des « cas royaux ».

E 19ᵇ, fᵒ 105 rᵒ, et ms. fr. 18174, fᵒ 154 vᵒ.

12895. — Arrêt ordonnant qu'une somme de 292 livres, consignée aux mains du greffier de la Conciergerie par un sergent au siège de la Table de marbre, sera remise provisoirement à Mᵉ Robert de Louvigny, ci-devant commis à la recette des deniers « provenans de la restitution des droitz de chaufages usurpez par aucuns des officiers des forestz ».

E 19ᵇ, fᵒ 106 rᵒ, et ms. fr. 18174, fᵒ 155 vᵒ.

12896. — « Articles contenans les conditions accordées... à Mᵉ Innocent Desbois pour parvenir à l'exécution des offres par luy faictes à Sa Majesté pour le remboursement des offices des greffiers des tailles des paroisses... »

E 19ᵇ, fᵒ 108 rᵒ; ms. fr. 18174, fᵒ 284 rᵒ et AD ✠ 145, nᵒ 24.

12897. — Arrêt déclarant que les habitants du lieu des Deux-Amants, compris dans l'enceinte de la ville de Lyon, participeront à l'exemption d'impôts des habitants de ladite ville.

E 19ᵇ, f° 110 r°, et ms. fr. 18174, f° 155 v°.

12898. — Arrêt statuant sur les procès intentés à Mᵉ Charles Paulet par Mᵉ Jean Molinard et par Mᵉ Antoine Duclos, prévôt de Clermont, et renouvelant la défense d'attaquer ledit Paulet, au sujet de son contrat, ailleurs que devant les commissaires désignés par le Roi.

E 19ᵇ, f° 112 r°, et ms. fr. 18174, f° 156 v°.

12899. — Arrêt accordant une remise de tailles aux habitants de Noisy, du Vaudoué, d'Oncy et de Tousson, dont les récoltes ont été détruites par un orage au mois d'août dernier.

E 19ᵇ, f° 114 r°, et ms. fr. 18174, f° 157 v°.

12900. — Arrêt ordonnant que, conformément au traité passé avec Raymond Vedel, dit La Fleur, capitaine général du charroi de l'Artillerie, et avec Pierre de Sobert pour le nettoyage des rues de Paris, il leur sera concédé deux terrains, où ils puissent bâtir les logements de leurs valets, leurs écuries et leurs remises, et que, de plus, on leur achètera en dehors des portes Saint-Honoré et Saint-Michel, deux terrains d'un arpent et demi à deux arpents pour y déposer les ordures enlevées dans les rues de Paris.

E 19ᵇ, f° 115 r°, et ms. fr. 18174, f° 158 v°.

12901. — Arrêt renvoyant au duc de Sully la plainte des habitants de la rue Dauphine, de la rue Christine et de la rue d'Anjou, qui, n'étant pas pavées, sont remplies de boues et d'eaux stagnantes, lesquelles rendent impossible la circulation et minent les fondations de toutes les maisons neuves.

E 19ᵇ, f° 116 r°, et ms. fr. 18174, f° 154 v°.

12902. — Arrêt ordonnant le payement des restes dus par certaines paroisses de l'élection de Bourganeuf à Mᵉ Denis Aubusson, receveur des tailles.

E 19ᵇ, f° 117 r°, et ms. fr. 18174, f° 144 v°.

12903. — Acceptation des offres faites par Mᵉ Pierre Marquis pour le rachat de 900,000 livres de greffes et d'autres portions de domaine.

E 19ᵇ, f° 119 r°, et ms. fr. 18174, f° 277 v°.

12904. — Arrêt admettant la résignation de l'office du feu sieur de Vienne, président en la Chambre des comptes, au profit de Mᵉ Jean-Jacques de Mesme, sieur des Arches.

E 19ᵇ, f° 121 r°, et ms. fr. 18174, f° 278 r°.

12905. — Arrêt ordonnant que Mᵉ Paul Ardier continuera de recevoir les deniers provenant de la vente des offices de contrôleurs des cuirs jusqu'à ce que le duc de Nemours soit entièrement payé d'une somme de 200,000 livres à lui assignée sur lesdits deniers.

E 19ᵇ, f° 123 r°, et ms. fr. 18174, f° 145 v°.

12906. — Arrêt ordonnant que Mᵉ Michel Sevin, conseiller au Parlement, sera contraint de remettre au greffe criminel les dossiers du procès de Louis Hardouyneaux, renvoi ayant été fait à la Table de marbre de tous semblables procès.

E 19ᵇ, f° 124 r°, et ms. fr. 18174, f° 146 r°.

12907. — Arrêt ordonnant que le receveur des deniers communs de Lyon sera contraint de restituer au sommelier du Connétable une somme de 615 livres 15 sols indûment perçue pour l'entrée de 254 pièces de vin qui ont été amenées sur le Rhône et la Saône jusqu'au faubourg de Vaise, puis de là dirigées sur Paris.

E 19ᵇ, f° 125 r°, et ms. fr. 18174, f° 146 v°.

12908. — Arrêt renouvelant la défense faite à plusieurs habitants de Ricey-Haute-Rive de poursuivre en la Cour des aides les sous-fermiers des aides.

E 19ᵇ, f° 127 r°, et ms. fr. 18174, f° 147 v°.

12909. — Arrêt approuvant les signatures mises par le sieur de Maupeou, intendant et contrôleur général des finances, sur les pièces laissées sans signature par son prédécesseur le feu sieur de Vienne.

E 19ᵇ, f° 128 r°, et ms. fr. 18174, f° 282 v°.

12910. — Arrêt déclarant de nouveau que Sa Majesté n'a point l'intention de rembourser les prêts remontant au règne de son prédécesseur et attestés seulement par des quittances des trésoriers de l'Épargne, attendu qu'il s'est produit de nombreux désordres sous Henri III, et que plusieurs de ces prêts sont fictifs.

E 19ᵇ, fº 130 rº, et ms. fr. 18174, fº 283 rº.

12911. — Arrêt autorisant les députés et officiers du comté d'Astarac à lever, en quatre ans, sur tous les contribuables, une somme de 31,334 livres 5 sols 5 deniers, destinée au payement des dettes du pays.

E 19ᵇ, fº 132 rº, et ms. fr. 18174, fº 148 rº.

12912. — Arrêt autorisant le baron de Créhange et les capitaines des reîtres qui ont servi durant les troubles, sous la cornette de feu Thomas, baron de Créhange, à composer avec le fermier général des aides au sujet du payement d'une somme de 88,924 livres.

E 19ᵇ, fº 134 rº, et ms. fr. 18174, fº 148 vº.

12913. — Arrêt réservant au Conseil la connaissance du procès pendant entre Jacques Roulin, payeur des gages du prévôt et des archers de l'Île-de-France, et Mᵉ Germain Chesnard, receveur du taillon à Paris.

E 19ᵇ, fº 135 rº, et ms. fr. 18174, fº 149 rº.

12914. — Arrêt rétablissant certaines parties rayées par la chambre des comptes de Bretagne sur le compte de Mᵉ Guillaume Mesland, ci-devant commis à la recette de certaines taxes levées, en 1600 et en 1601, en vertu des passeports du maréchal de Brissac.

E 19ᵇ, fº 136 rº, et ms. fr. 18174, fº 149 vº.

12915. — Arrêt réglant le payement des gages du lieutenant du prévôt des maréchaux de Bretagne, du greffier et des dix archers institués dans le comté de Nantes.

E 19ᵇ, fº 137 rº, et ms. fr. 18174, fº 150 rº.

12916. — Arrêt portant à 10 sols le droit levé sur chaque pipe de vin transportée, par la Mayenne, de Laval à Château-Gontier, le produit en devant être affecté à l'entretien des « chaussées, portes marinières et de vuidanges scituées sur ladite rivière ».

E 19ᵇ, fº 139 rº, et ms. fr. 18174, fº 151 rº.

12917. — Arrêt réglant les différends soulevés entre le sieur de Villemenon et Mᵉ Bénigne Saulnier au sujet des « offices antien et alternatif de maistres des portz..... en la séneschaucée de Beaucaire et Nismes, gouvernement de Montpellier et cappitainerie de la tour du bout du pont de Villeneufve-lès-Avignon ».

E 19ᵇ, fº 141 rº, et ms. fr. 18174, fº 283 vº.

12918. — Arrêt statuant sur un procès pendant entre la veuve de Pierre Coust, marchand de Clermont en Auvergne, d'une part, Pierre Brun, Guérin Faradesche, Armand Fabry, Jacques Faure et François Baguais, d'autre part.

E 19ᵇ, fº 142 rº, et ms. fr. 18174, fº 152 rº.

12919. — Arrêt ordonnant une enquête sur la valeur des terres de Lavieu, de Saint-Bonnet-le-Château, de Saint-Romain, de Saint-Marcellin, de Châteauneuf, de la Fouillouse, de Saint-Galmier, etc., qu'il est question d'échanger contre la terre d'Avon et contre la portion du bourg de Fontainebleau qui appartient à la dame de Châtillon.

E 19ᵇ, fº 144 rº, et ms. fr. 18174, fº 153 rº.

12920. — Arrêt autorisant le syndic de la vicomté de Lautrec à lever sur les habitants une somme de 981 livres 7 sols 6 deniers destinée au payement des frais d'un procès poursuivi au Grand Conseil au sujet des droits de justice de ladite vicomté.

E 19ᵇ, fº 145 rº, et ms. fr. 18174, fº 153 vº.

1608, 16 décembre. — Paris.

12921. — Arrêt accordant aux bénéficiers du diocèse de Langres remise d'un quart des décimes de l'année 1606, attendu les pertes que leur ont fait subir les troupes venant de Provence, de Dauphiné et de Languedoc au siège de Sedan.

E 19ᵇ, fº 146 rº, et ms. fr. 18174, fº 159 vº.

12922. — Acceptation des offres faites par Pierre Charbonière pour le rachat de 600,000 livres de rentes et pour le payement de 600,000 livres de créances.

E 19ᵇ, fº 148 rº, et ms. fr. 18174, fº 286 vº.

12923. — «Conditions que le Roy a accordez à Charles Filleteau, secrétaire de sa Chambre, à cause du rachapt qu'il a offert de faire, au proffict de Sa Majesté, jusques à la somme de vii^{xx} x^m livres de domayne alliené ou rentes....., oultre de payer et acquiter ce qui peult estre deub de reste par le corps de la ville d'Amyens à quelques particuliers... »

E 19ᵇ, fᵒ 150 rᵒ, et ms. fr. 18174, fᵒ 286 vᵒ.

12924. — Conditions accordées à Jean Didier, lequel a offert de racheter, au profit du Roi, des portions de domaine jusqu'à concurrence d'une somme de 450,000 livres.

E 19ᵇ, fᵒ 152 rᵒ; cf. ibid., fᵒ 156 rᵒ; ms. fr. 18174, fᵒˢ 288 vᵒ et 292 rᵒ.

1608, 18 décembre. — Paris.

12925. — Arrêt ouvrant une enquête afin de déterminer le moment précis auquel des offres ont été faites, pour le payement du droit annuel, par les héritiers de Mᵉ Étienne Faure, lieutenant général de la sénéchaussée de la Haute-Marche.

E 19ᵇ, fᵒ 157 rᵒ, et ms. fr. 18174, fᵒ 160 vᵒ.

12926. — Arrêt statuant sur un procès pendant au sujet de l'office de receveur des tailles en l'élection de Saint-Lô et Carentan.

E 19ᵇ, fᵒ 159 rᵒ, et ms. fr. 18174, fᵒ 162 vᵒ.

12927. — Arrêt ordonnant l'envoi au Conseil du procès-verbal de la saisie que le sénéchal de Dinan a faite du navire de Julien Crosnier, capitaine ordinaire en la marine de Ponant, lequel avait débarqué à Cancale au retour d'un voyage fait au Pérou avec l'autorisation de l'Amiral de France; ordonnant, en outre, l'élargissement des matelots emprisonnés par ledit sénéchal.

E 19ᵇ, fᵒ 161 rᵒ, et ms. fr. 18174, fᵒ 161 vᵒ.

12928. — Arrêt accordant aux officiers de l'élection de Paris décharge des sommes auxquelles ils avaient été taxés pour jouir du bénéfice de l'édit de mai 1605.

E 19ᵇ, fᵒ 163 rᵒ, et ms. fr. 18174, fᵒ 164 rᵒ.

12929. — Arrêt ordonnant qu'Antoine Desmons, qui a traité avec le Roi pour le rachat du domaine de Bretagne, entrera en jouissance du bénéfice de son contrat, nonobstant les empêchements du parlement, de la chambre des comptes et des États dudit pays.

E 19ᵇ, fᵒ 165 rᵒ, et ms. fr. 18174, fᵒ 166 rᵒ.

12930. — Arrêt statuant sur un procès pendant entre les habitants de Chouzé et les habitants des paroisses affranchies de l'élection de Saumur, d'une part, les officiers de ladite élection et les habitants des paroisses de Nantilly, de Saint-Pierre et de Saint-Nicolas de Saumur, d'autre part.

E 19ᵇ, fᵒ 166 rᵒ, et ms. fr. 18174, fᵒ 166 vᵒ.

12931. — Arrêt acceptant les offres de Mᵉ Jean Deschamps relatives au payement de ses gages d'élu en l'élection de Beaujolais.

E 19ᵇ, fᵒ 168 rᵒ, et ms. fr. 18174, fᵒ 168 rᵒ.

12932. — Arrêt enjoignant aux receveurs généraux des finances à Lyon, Riom et Moulins de payer au trésorier des Ligues ce qui reste dû des assignations de l'année 1607.

E 19ᵇ, fᵒ 170 rᵒ, et ms. fr. 18174, fᵒ 281 rᵒ.

12933. — Arrêt renouvelant la défense faite à tous les sujets du Languedoc de procéder à aucune levée de deniers qui ne serait point ordonnée par lettres patentes scellées du grand sceau.

E 19ᵇ, fᵒ 172 rᵒ, et ms. fr. 18174, fᵒ 281 vᵒ.

12934. — Arrêt ordonnant à Ferrand Le Febvre, premier huissier de la Chambre des comptes, de présenter, dans les trois jours, au Conseil un état des pieds-forts fabriqués depuis l'avènement du Roi, avec l'indication des officiers auxquels ils ont été donnés.

E 19ᵇ, fᵒ 174 rᵒ, et ms. fr. 18174, fᵒ 292 vᵒ.

12935. — Acceptation des offres faites par René de Saint-Clément pour le rachat des domaines d'Anjou et d'Alençon.

E 19ᵇ, fᵒ 175 rᵒ, et ms. fr. 18174, fᵒ 292 vᵒ.

12936. — Acceptation des offres faites par Mᵉ Louis Massuau, pour le rachat de portions de domaine d'une valeur de 600,000 livres, pour l'amortissement de 200,000 livres de rentes, etc.

E 19ᵇ, fᵒ 177 rᵒ; ms. fr. 18174, fᵒ 279 rᵒ, et AD ✠ 145, nᵒ 26.

12937. — Traité passé avec Michel Richer, Pierre Lebrun et Claude Voisin, maîtres paveurs, pour l'entretien du pavé de la ville, des faubourgs et de la banlieue de Paris.

E 19ᵇ, fᵒ 179 rᵒ, et ms fr. 18174, fᵒ 293 rᵒ.

12938. — Acceptation de l'offre que Baptiste Garnier, secrétaire de la chambre du Roi, a faite d'indiquer au Conseil un expédient profitable, à condition que le tiers de la recette lui soit abandonné.

E 19ᵇ, fᵒ 181 rᵒ, et ms. fr. 18174, fᵒ 298 rᵒ.

12939. — Acceptation des offres faites par Pierre Du Chesne, secrétaire de la chambre du Roi, pour le rachat de 240,000 livres de rentes moyennant concession des droits de francs-fiefs et de nouveaux acquêts dans le ressort du parlement de Paris.

E 19ᵇ, fᵒ 183 rᵒ, et ms. fr. 18174, fᵒ 298 vᵒ.

12940. — « Estat de ce que montent les descharges ordonnées par le Roy estre faictes, en la présente année, aux paroisses deppendant des ellections d'Orléans, Blois, Gyen et Baugency qui ont receu des pertes par les dernières innondations advenues de la rivière de Loire, sur ce qu'ilz doibvent des tailles, creues et taillon de ladite année. »

E 19ᵇ, fᵒ 185 rᵒ, et ms fr. 18174, fᵒ 299 rᵒ.

12941. — Arrêt faisant remise de deux quartiers de tailles aux paroisses dépendantes des élections d'Orléans, de Blois, de Gien et de Beaugency qui ont souffert des récentes inondations de la Loire, ordonnant, en outre, la formation d'un fonds de 20,000 livres qui devra être distribué aux habitants des paroisses les plus atteintes, sans compter 2,000 livres qui seront distribuées dans d'autres paroisses de la généralité ravagée par la grêle.

E 19ᵇ, fᵒ 191 rᵒ, et ms. fr. 18174, fᵒ 305 rᵒ.

12942. — Arrêt accordant à Mᵉ Paul Thomas, sénéchal de robe longue, et à Laurent Richard, lieu-

tenant civil et criminel au siège de Montmorillon, décharge de la taxe levée pour l'érection de l'office de lieutenant criminel audit siège.

E 19ᵇ, fᵒ 193 rᵒ, et ms. fr. 18174, fᵒ 169 rᵒ.

12943. — Arrêt délimitant provisoirement les frontières des pays de Bresse et de Dombes, en attendant le jugement des procès pendants, à ce sujet, entre le Roi et la duchesse de Montpensier.

E 19ᵇ, fᵒ 194 rᵒ, et ms. fr. 18174, fᵒ 170 rᵒ.

12944. — Arrêt ordonnant une enquête au sujet d'une levée arbitraire faite par les consuls d'Arles contrairement à l'arrêt du 24 mars 1603 (nᵒ 7615).

E 19ᵇ, fᵒ 196 rᵒ, et ms. fr. 18174, fᵒ 171 rᵒ.

12945. — Arrêt déclarant que les officiers comptables continueront de bailler caution dans les mêmes formes qu'avant la déclaration du 16 janvier 1608, mais à la condition d'acquitter chacun le droit annuel.

E 19ᵇ, fᵒ 197 rᵒ, et ms. fr. 18174, fᵒ 171 rᵒ.

12946. — Arrêt ordonnant que certain sergent, porteur d'un exécutoire de la chambre des comptes de Dijon qui a été obtenu par Mᵉ Gaspard Le Prince, ci-devant receveur des aides en l'élection d'Auxerre, sera contraint de restituer une somme de 285 livres à Mᵉ Henri Guillemot, ci-devant commis à la recette de l'emprunt levé sur les officiers de finance.

E 19ᵇ, fᵒ 198 rᵒ, et ms. fr. 18174, fᵒ 171 vᵒ.

12947. — Arrêt ordonnant la vérification des comptes de Mᵉ Guillaume de Gesmare et de Mᵉ Jean Bertout, receveurs et payeurs des gages de la chambre des comptes et de la cour des aides de Normandie.

E 19ᵇ, fᵒ 200 rᵒ, et ms. fr. 18174, fᵒ 172 vᵒ.

12948. — Arrêt ordonnant que Mᵉ Jean de La Porte, commis à la recette des tailles des prévôtés d'Aurillac, de Maurs et de Mauriac, sera remboursé d'une somme de 12,000 livres employée aux fortifications d'Aurillac, de Maurs, de Mauriac, de Salers et de Pléaux et d'une somme de 2,642 livres employée à l'entretien des troupes rassemblées dans lesdites villes pour le service du Roi.

E 19ᵇ, fᵒ 201 rᵒ, et ms. fr. 18174, fᵒ 173 rᵒ.

12949. — Arrêt déclarant que les articles concédés à Mᵉ Innocent Desbois, qui a traité du remboursement des offices de greffiers des tailles, lui serviront de bail et de contrat.

E 19ᵇ, fᵒ 203 rᵒ, et ms. fr. 18174, fᵒ 175 rᵒ.

12950. — Arrêt renvoyant aux trésoriers de France en Champagne une requête du sieur de Courbouzon, qui demande à jouir d'un don à lui fait par brevet du 30 septembre dernier.

E 19ᵇ, fᵒ 204 rᵒ, et ms. fr. 18174, fᵒ 175 rᵒ.

12951. — Arrêt déclarant que Jean Le Jeune, renonçant à la jouissance de la conciergerie du palais d'Angers, continuera de toucher les intérêts du capital par lui dépensé tant pour la finance de ladite charge que pour les réparations de la conciergerie.

E 19ᵇ, fᵒ 205 rᵒ, et ms. fr. 18174, fᵒ 175 vᵒ.

12952. — Arrêt confirmant une sentence rendue par le maître des ports de Rouen au profit du fermier général des Cinq grosses fermes et à l'encontre de divers marchands rouennais ou flamands et maîtres de navires.

E 19ᵇ, fᵒ 206 rᵒ, et ms. fr. 18174, fᵒ 176 rᵒ.

12953. — Arrêt rejetant les offres de Henri Trottin, avocat à Béziers, au sujet de la création des offices de lieutenant principal ou général et de second avocat au présidial de Béziers.

E 19ᵇ, fᵒ 207 rᵒ, et ms. fr. 18174, fᵒ 176 vᵒ.

12954. — Arrêt ordonnant aux trésoriers de France à Rouen et à Caen de faire imposer par les officiers des greniers à sel les 2 sols 6 deniers par minot de sel qui ont été concédés à Mᵉ Charles Paulet, et ce nonobstant toute opposition.

E 19ᵇ, fᵒ 208 rᵒ, et ms. fr. 18174, fᵒ 176 vᵒ.

12955. — Arrêt maintenant Mᵉ Jean Lavaudrier en jouissance de son office de lieutenant du prévôt des maréchaux à Châteauroux, fixant le chiffre de ses gages et de ceux du lieutenant de Châtillon, ainsi que le nombre de leurs archers, « d'aultant que les résidences de Chasteauroux et Chastillon sont scituées en païs couvert, remply de volleurs et personnes mal vivans ».

E 19ᵇ, fᵒ 210 rᵒ, et ms. fr. 18174, fᵒ 178 rᵒ.

12956. — Arrêt renvoyant aux trésoriers de France à Dijon une requête du syndic des pays de Bresse, Bugey, Valromey et Gex tendante à la suppression ou, tout au moins, à la réglementation du péage de la traverse dans lesdits pays.

E 19ᵇ, fᵒ 212 rᵒ, et ms. fr. 18174, fᵒ 179 rᵒ.

12957. — Arrêt relatif au conflit de préséance soulevé entre les trésoriers de France et les officiers du présidial de Lyon.

E 19ᵇ, fᵒ 213 rᵒ, et ms. fr. 18174, fᵒ 179 vᵒ.

12958. — Arrêt prorogeant de neuf ans l'exemption de toutes tailles et crues accordée aux habitants de Rue, ville frontière du royaume.

E 19ᵇ, fᵒ 214 rᵒ, et ms. fr. 18174, fᵒ 180 rᵒ.

12959. — Arrêt maintenant Antoine de Libertat, capitaine de la Porte réale de Marseille, et la veuvé de Barthélemy de Libertat, capitaine du fort Notre-Dame-de-la-Garde, en possession du droit de « la table de la mer ».

E 19ᵇ, fᵒ 215 rᵒ, et ms. fr. 18174, fᵒ 180 vᵒ.

12960. — Arrêt ordonnant le rétablissement, sur les comptes des receveurs des tailles d'Orléans et des receveurs des turcies et levées, de toutes les sommes payées pour rentes dues aux habitants d'Orléans.

E 19ᵇ, fᵒ 217 rᵒ, et ms. fr. 18174, fᵒ 181 rᵒ.

12961. — Arrêt renvoyant aux trésoriers de France à Orléans une requête des habitants de Chartres tendante à ce qu'une somme de 2,000 livres soit prélevée sur le produit des octrois destinés au payement de leurs dettes, et à ce que cette somme soit affectée, pendant dix ans, aux « réparations » de leur ville.

E 19ᵇ, fᵒ 219 rᵒ, et ms. fr. 18174, fᵒ 182 rᵒ.

12962. — Arrêt ordonnant le rétablissement de certaines parties rayées par la Chambre des comptes sur le compte particulier d'un impôt dont le produit est destiné à l'acquittement des dettes de la ville de Laval.

E 19ᵇ, fᵒ 220 rᵒ, et ms. fr. 18174, fᵒ 182 rᵒ.

12963. — Arrêt ordonnant une enquête au sujet des agissements d'un sieur Le Fraisgne qui, sous prétexte de s'employer à la recherche des faux-sauniers, parcourt le Poitou, et particulièrement la châtellenie de Montreuil-Bonnin, appartenant au sieur de La Noue, y fait main basse sur le sel, blesse ou emmène les paysans, tue les mules, ruine le marché de sel qui se tenait au bourg de Latillé, etc.

E 19ᵇ, fᵒ 222 rᵒ, et ms. fr. 18174, fᵒ 183 rᵒ.

12964. — Arrêt ordonnant que les héritiers de Simon Mouquet seront remboursés d'une somme de 428 livres payée par ledit défunt pour un terrain compris dans l'enceinte de l'ancien parc des Tournelles qui se trouve englobé dans le terrain concédé, au mois d'avril 1605, aux entrepreneurs des manufactures de soie d'or et d'argent filée à la façon de Milan.

E 19ᵇ, fᵒ 224 rᵒ, et ms. fr. 18174, fᵒ 165 rᵒ.

12965. — Avis du Conseil tendant à faire don de 916 livres à Mᵉ Salomon Rey, correcteur en la chambre des comptes de Montpellier.

E 19ᵇ, fᵒ 226 rᵒ, et ms. fr. 18174, fᵒ 183 vᵒ.

12966. — Arrêt déchargeant de toutes les poursuites que les trésoriers de France pourraient exercer contre lui Mᵉ Jacob de Bruyères, secrétaire ordinaire de la chambre du Roi, adjudicataire du greffe des juges et consuls d'Auxerre, attendu que ledit greffe est compris dans le traité passé avec Mᵉ Charles Paulet.

E 19ᵇ, fᵒ 228 rᵒ, et ms. fr. 18174, fᵒ 184 rᵒ.

12967. — Arrêt relatif au procès pendant entre François Collin, sieur de Poulras, et consorts et les habitants de Morlaix.

E 19ᵇ, fᵒ 229 rᵒ, et ms. fr. 18174, fᵒ 184 vᵒ.

12968. — Arrêt statuant sur un procès pendant entre la veuve de Mᵉ Jean Verny, grènetier au grenier à sel de Montpellier, d'une part, et Pierre Bascon, d'autre part.

E 19ᵇ, fᵒ 231 rᵒ, et ms. fr. 18174, fᵒ 185 vᵒ.

12969. — Arrêt statuant sur le procès extraordinaire intenté, sur la requête de Michel Garnier, dénonciateur, à Mᵉ Claude Du Nesmes, receveur général des finances à Poitiers, et à Jean Fleury, son commis, arrêtés sous l'inculpation de faux et de « suppositions ».

E 19ᵇ, fᵒ 233 rᵒ, et ms. fr. 18174, fᵒ 187 rᵒ.

12970. — Arrêt accordant aux protestants, conformément à l'article LIX de l'édit de Nantes, décharge de toutes les amendes prononcées contre eux par le parlement de Bordeaux de 1587 à 1595.

E 19ᵇ, fᵒ 237 rᵒ, et ms. fr. 18174, fᵒ 189 vᵒ.

12971. — Arrêt statuant sur un procès pendant entre Mᵉ Gaspard Le Prince, grènetier au grenier à sel d'Auxerre, et Mᵉ Philippe Vincent, président en l'élection d'Auxerre.

E 19ᵇ, fᵒ 238 rᵒ, et ms. fr. 18174, fᵒ 190 rᵒ.

12972. — Arrêt attribuant à Mᵉ Pierre de Villa, visiteur général des gabelles de Languedoc, l'office de maître des ports alternatif en la sénéchaussée de Carcassonne, à condition de payer 6,000 livres de taxe, ou de procurer au Roi une somme de 20,000 livres au moyen d'une dénonciation qu'il se propose de faire.

E 19ᵇ, fᵒ 240 rᵒ, et ms. fr. 18174, fᵒ 191 rᵒ.

12973. — Arrêt autorisant Nicolas Estienne, contrôleur des aides et tailles en l'élection d'Argentan, à rembourser à Mᵉ Blaise Cornu son office de contrôleur alternatif, lequel demeurera supprimé.

E 19ᵇ, fᵒ 242 rᵒ, et ms. fr. 18174, fᵒ 192 rᵒ.

12974. — Arrêt ordonnant l'élargissement de Durand Lebert, fermier des nouveaux impôts sur les boissons levés à Rouen, à Dieppe et au Havre, et de ses associés et cautions, leur accordant, en outre, un rabais de 55,013 livres, attendu le préjudice que leur ont causé notamment les défenses du parlement de Rouen « d'amener en ladite ville de Rouen aucunes marchandises des villes de Paris, Orléans, Ponthoise et autres infectées de maladie contagieuse et, depuis, aucuns vins qui ne feussent de la jaulge d'Arcques ».

E 19ᵇ, fᵒ 245 rᵒ, et ms. fr. 18174, fᵒ 192 vᵒ.

12975. — Arrêt admettant la résignation de l'office du feu sieur de Vienne, président en la Chambre des comptes, en faveur du sieur Des Arches, maître des requêtes, à condition qu'une moitié de la finance soit remise à la veuve, l'autre moitié versée à l'Épargne.

E 19ᵇ, fᵒ 247 rᵒ.

12976. — Arrêt ordonnant que messire Cleriade de Vergy de Vaudrey, comte de Champlitte, gouverneur au comté de Bourgogne, continuera de percevoir une rente constituée à Jean de Vergy, en 1446, par Louis, duc de Savoie, à la condition de faire hommage, de ce chef, au roi de France.

E 19ᵇ, fᵒ 249 rᵒ, et ms. fr. 18174, fᵒ 169 rᵒ.

12977. — « Il sera imposé sur Bourgongne, en l'année prochaine ᴍ vɪᵉ neuf la somme de xvɪɪɪᵐ livres, pour subvenir au payement des charges de la province. »

E 19ᵇ, fᵒ 251 rᵒ.

12978. — État de ce qui doit être levé, en 1609, sur neuf généralités pour la subvention des villes franches et abonnées.

E 19ᵇ, fᵒ 252 rᵒ.

12979. — « Articles des conditions accordées à Pierre Tiracqueau pour la vente et revente des offices de regrattiers et revendeurs de sel à petite mesure, receveurs et collecteurs du sel par impost establiz et à establir ès provinces de ce royaume subjectes à gabelles. »

E 19ᵇ, fᵒ 254 rᵒ, et ms. fr. 18174, fᵒ 295 rᵒ.

12980. — Acceptation des offres faites par Claude de Bailly au sujet de huit offices de conseillers au présidial de Poitiers qui auraient été usurpés au préjudice du Roi et expédiés sur procurations fausses.

E 19ᵇ, fᵒ 258 rᵒ, et ms. fr. 18174, fᵒ 297 vᵒ.

12981. — « Articles des conditions accordées à Mᵉ Germain de Chalanges, secrétaire de Sa Majesté et de ses finances, à cause des offices qui restent à expédier en ses Partyes casuelles, tant de ceulx qui sont vaccans par mort au paravant le bail et contract

faict... à Mᵉ Charles Paulet..., que des offices de nouvelle création... »

E 19ᵇ, fᵒ 260 rᵒ; ms. fr. 18174, fᵒ 294 rᵒ, et AD ✚ 145, nᵒ 27.

12982. — Arrêt accordant aux officiers des gabelles, aux marchands ou fournisseurs de sel et aux propriétaires de salines du Languedoc une abolition générale pour toutes les malversations commises de 1586 à 1605, à condition qu'ils s'engagent, en fournissant caution, à payer, dans les six mois, 100,000 francs au Roi et à acquitter les frais de la commission expédiée pour la recherche des malversations.

E 19ᵇ, fᵒ 262 rᵒ, et ms. fr. 18174, fᵒ 280 rᵒ.

12983. — Articles proposés par Mᵉ Louis Massuau pour le parti des « debetz de quittances », et approbation du Conseil.

Ms. fr. 10843, fᵒ 132 rᵒ.

1608, 20 décembre. — Paris.

12984. — Arrêt maintenant Mᵉ Adam Levasseur en possession de l'office de lieutenant général et criminel au comté et dans la sénéchaussée de Boulonnais.

E 19ᵇ, fᵒ 264 rᵒ, et ms. fr. 18174, fᵒ 195 rᵒ.

12985. — Arrêt ordonnant la levée, sur les habitants de Laval, d'une somme de 1,528 livres 9 sols, destinée au remboursement de ce qu'ils ont emprunté, durant les troubles, à Mᵉ Pierre de Champhuon, juge des exempts de ladite ville.

E 19ᵇ, fᵒ 266 rᵒ, et ms. fr. 18174, fᵒ 196 rᵒ.

12986. — Articles accordés à Mᵉ Pierre de Fontenu, avocat au Parlement, pour l'établissement d'une banque générale du royaume qui sera appelée Banque de France.

E 19ᵇ, fᵒ 268 rᵒ, et ms. fr. 18174, fᵒ 305 vᵒ.

12987. — Arrêt réglant le payement des gages de François Gaulcher et de Pierre Buisson, élus en l'élection de Verneuil.

E 19ᵇ, fᵒ 274 rᵒ, et ms. fr. 18174, fᵒ 196 vᵒ.

12988. — Arrêt ordonnant que, si les informations et procédures faites, à la requête de Mᵉ Jean de Moisset, contre Mᵉ Pierre Biard, valet de chambre du Roi et grènetier à Dieppe, ne sont pas apportées dans les trois jours au greffe du Conseil, ledit Biard sera élargi à sa caution juratoire.

E 19ᵇ, fᵒ 276 rᵒ, et ms. fr. 18174, fᵒ 197 vᵒ.

12989. — Arrêt ordonnant vérification de la finance payée par Mᵉ Thomas Le Clerc pour son office de secrétaire des finances.

E 19ᵇ, fᵒ 278 rᵒ, et ms. fr. 18174, fᵒ 198 rᵒ.

12990. — Arrêt ordonnant la restitution d'une somme de 360 livres payée, pour droit de chauffage, à Mᵉ Robert de Louvigny par Mᵉ Antoine Godeau, lieutenant des eaux et forêts au comté de Dreux.

E 19ᵇ, fᵒ 279 rᵒ, et ms. fr. 18174, fᵒ 198 vᵒ.

12991. — Arrêt ordonnant la restitution des droits dont le prévôt des marchands et les échevins de Lyon ont exigé le payement de Charles Bellanger et de René Mallet, deux des douze marchands de vin privilégiés suivant la Cour.

E 19ᵇ, fᵒ 280 rᵒ, et ms. fr. 18174, fᵒ 199 vᵒ.

12992. — Arrêt maintenant Anne de Bueil, dame de Fontaine, veuve de messire Honorat de Bueil, en possession du privilège d'établir des coches, chariots et carrosses de transport pour voyageurs à travers Paris, et ce nonobstant l'opposition des charrons et carrossiers.

E 19ᵇ, fᵒ 282 rᵒ, et ms. fr. 18174, fᵒ 200 vᵒ.

1608, 23 décembre. — Paris.

12993. — Arrêt déclarant que les articles accordés à Mᵉ Charles Filleteau, secrétaire de la chambre du Roi, pour le rachat de 150,000 livres de domaine engagé, lui tiendront lieu de bail.

E 19ᵇ, fᵒ 286 rᵒ, et ms. fr. 18174, fᵒ 202 vᵒ.

12994. — Arrêt renvoyant aux trésoriers de France à Bordeaux le règlement dressé par les officiers de l'élection d'Armagnac au sujet de l'établissement du bureau des receveurs en la ville d'Auch, et au sujet de la visite que les receveurs doivent faire, chaque année, en la capitale de chaque collecte.

E 19ᵇ, fᵒ 287 rᵒ, et ms. fr. 18174, fᵒ 202 vᵒ.

12995. — Arrêt statuant sur un procès pendant entre Jacques de Costaing, sieur de Pusignan et de Feyzin, et Nicolas de Chapponay, sieur de L'Isle, maintenant ce dernier en possession de l'île de Méan-lès-Feyzin, des Richerends, etc.

E 19ᵇ, fᵒ 289 rᵒ, et ms. fr. 18174, fᵒ 206 vᵒ.

12996. — Arrêt statuant sur un procès pendant entre les habitants et les consuls de Vienne.

E 19ᵇ, fᵒ 291 rᵒ, et ms. fr. 18174, fᵒ 203 vᵒ.

12997. — Arrêt renvoyant aux trésoriers de France à Moulins une requête du sieur de Fourilles, capitaine au régiment des Gardes, tendante à ce que le Roi lui concède le droit de haute, moyenne et basse justice en sa terre de Fourilles, qui, jusqu'à présent, a toujours été un franc-alleu, et qu'il s'engagerait dorénavant à tenir en fief du Roi.

E 19ᵇ, fᵒ 293 rᵒ, et ms. fr. 18174, fᵒ 204 vᵒ.

12998. — Arrêt ordonnant que plusieurs créanciers de Mᵉ Henri de Laussade, comptable de Bordeaux, seront entendus au Conseil au sujet d'une requête présentée par Mᵉ Nicolas Fayet, secrétaire du Conseil d'État, tant en son nom qu'au nom des autres héritiers du sieur de Heudicourt, intendant des finances.

E 19ᵇ, fᵒ 294 rᵒ, et ms. fr. 18174, fᵒ 205 rᵒ.

12999. — Arrêt déclarant que Mᵉ Jacques Richer sera maintenu en l'office d'assesseur et de lieutenant particulier criminel au siège du Mans, à la condition de payer la taxe à laquelle il a été taxé pour l'ampliation de son office.

E 19ᵇ, fᵒ 296 rᵒ, et ms. fr. 18174, fᵒ 206 rᵒ.

13000. — Arrêt statuant sur le procès intenté à Claude Jolivet, receveur des tailles en l'élection de Laon, par Barthélemy Carteret, fermier général des 60 sols pour muid de vin sortant du royaume par les généralités de Picardie, de Soissons et de Champagne.

E 19ᵇ, fᵒ 297 rᵒ, et ms. fr. 18174, fᵒ 207 vᵒ.

13001. — Arrêt attribuant, à titre de secours alimentaire, une somme de 500 livres à Pierre et à Louis Malherbe, ci-devant pourvus d'un office de receveur général des finances et gabelles à Montpellier.

E 19ᵇ, fº 298 rº, et ms. fr. 18174, fº 208 rº.

13002. — Arrêt renvoyant aux officiers des eaux et forêts du bailliage de Reims une requête par laquelle Alphonse d'Elbène, abbé commendataire de Saint-Pierre de Hautvillers, demande l'autorisation de couper, dans les bois de l'abbaye, les baliveaux de plus de vingt-cinq ans, afin de pourvoir au rachat du temporel du couvent et aux réparations nécessaires.

E 19ᵇ, fº 299 rº, et ms. fr. 18174, fº 209 rº.

13003. — Arrêt ordonnant la levée d'une somme de 795 livres destinée à la reconstruction de l'église de Saint-Martin-des-Champs, en Berry.

E 19ᵇ, fº 300 rº.

13004. — Arrêt maintenant Louis Lancé en possession de l'office de geôlier d'Aix, et réglant les indemnités dues à Benjamin Le Tailleur.

E 19ᵇ, fº 301 rº, et ms. fr. 18174, fº 310 rº.

13005. — Arrêt accordant aux religieux de l'abbaye de Langonnet remise d'une moitié des décimes des années 1607 à 1610, attendu la ruine du pays, l'impossibilité de trouver des laboureurs, etc.

E 19ᵇ, fº 303 rº, et ms. fr. 18174, fº 209 vº.

13006. — Arrêt autorisant les habitants de Brou à lever sur eux-mêmes, en quatre années, une somme de 6,000 livres destinée au payement des dettes qu'ils contractèrent, en 1590, lors de la réduction de leur ville en l'obéissance du Roi.

E 19ᵇ, fº 305 rº, et ms. fr. 18174, fº 210 rº.

13007. — Arrêt autorisant la levée d'une somme de 4,345 livres due par la ville de Casteljaloux à Denis Mauléon, sieur de Savaillan.

E 19ᵇ, fº 307 rº, et ms. fr. 18174, fº 211 rº.

13008. — Arrêt renvoyant aux trésoriers de France à Riom une requête en remise de tailles présentée par les habitants de Molompize.

E 19ᵇ, fº 308 rº, et ms. fr. 18174, fº 211 vº.

13009. — Arrêt autorisant la levée d'une somme de 3,000 livres destinée à l'acquittement des dettes de la ville de Monflanquin.

E 19ᵇ, fº 309 rº, et ms. fr. 18174, fº 212 rº.

13010. — Arrêt portant règlement au sujet du commerce des cuirs.

E 19ᵇ, fº 310 rº, et ms. fr. 18174, fº 212 rº.

13011. — Arrêt prolongeant de six mois le délai accordé à Mᵉ François Boutheroue pour opter entre l'office de grènetier au grenier à sel de Sully et la commission d'adjudicataire dudit grenier.

E 19ᵇ, fº 311 rº, et ms. fr. 18174, fº 213 rº.

13012. — Arrêt renvoyant à la chambre des comptes de Bretagne le soin de procéder, s'il y a lieu, à la réception de Mᵉ François Du Bruc en un office d'auditeur.

E 19ᵇ, fº 312 rº, et ms. fr. 18174, fº 213 rº.

13013. — Arrêt ordonnant le payement d'une somme de 22,800 livres destinée au remboursement des avances faites, en 1595, par le feu sieur de Bidossan, gouverneur de Calais, pour la défense de ladite ville.

E 19ᵇ, fº 314 rº, et ms. fr. 18174, fº 214 vº.

13014. — Arrêt évoquant au Conseil le procès pendant au Parlement entre l'abbaye de Sainte-Geneviève et Toussaint Le Vasseur, fermier du droit domanial de hauban en la ville et dans les faubourgs de Paris.

E 19ᵇ, fº 316 rº, et ms. fr. 18174, fº 215 rº.

13015. — Arrêt ordonnant que Jacques Gigan, prieur de la Sainte-Trinité de Fougères et ancien économe de l'abbaye de Homblières, emprisonné, à la requête du maréchal de Bois-Dauphin, à qui le Roi avait fait don de ladite abbaye, sera élargi, mais maintenu sous la garde d'un huissier du Conseil.

E 19ᵇ, fº 317 rº, et ms. fr. 18174, fº 215 vº.

1608, 30 décembre. — Paris.

13016. — Arrêt renvoyant aux trésoriers de France

67.

à Grenoble une requête de Jacob Videl, qui demande à prendre à bail, sous forme d'emphytéose, les halles de Briançon.

E 19b, f° 318 r°, et ms. fr. 18174, f° 216 r°.

13017. — Arrêt renvoyant aux Requêtes de l'Hôtel un procès pendant entre les diocèses d'Albi, de Béziers et d'Agde, les héritiers de Monvalleur, La Courtade et Jolly.

E 19b, f° 319 r°, et ms. fr. 18174, f° 216 r°.

13018. — Arrêt ordonnant le remboursement d'une somme de 970 livres payée par Me Pierre Bodineau, avocat au Parlement, pour l'office d'assesseur civil au siège de Château-du-Loir.

E 19b, f° 320 r°, et ms. fr. 18174, f° 217 r°.

13019. — Arrêt autorisant les habitants de Châteaudun à employer à l'acquittement de certaines dettes le surplus d'une somme de 1,800 livres levée, avec autorisation du Roi, pour les frais de l'épidémie.

E 19b, f° 321 r°, et ms. fr. 18174, f° 217 v°.

13020. — Arrêt ordonnant aux échevins d'Avallon de concéder un cimetière aux protestants du bailliage.

E 19b, f° 322 r°, et ms. fr. 18174, f° 219 r°.

13021. — Arrêt relatif à une requête des consuls et habitants de Mauriac tendante à ce que les trois autres prévôtés du haut pays d'Auvergne contribuent à la dépense faite, en 1595, pour la réduction de la ville et du château de Latour.

E 19b, f° 323 r°, et ms. fr. 18174, f° 219 v°.

13022. — Arrêt relatif au cautionnement de Charles Daulphin, bourgeois de Paris, subrogé au bail de l'impôt des cartes, tarots et dés.

E 19b, f° 324 r°, et ms. fr. 18174, f° 219 r°.

13023. — Arrêt autorisant la veuve de Charles Martin et François Robin, son frère, à faire entrer, par la Champagne, vingt et une pièces de velours et cinquante-sept paires de bas de soie milanais.

E 19b, f° 325 r°, et ms. fr. 18174, f° 218 r°.

13024. — Arrêt accordant une remise de tailles

aux habitants de Nitry, attendu les pertes que leur a fait subir l'incendie du 21 juin 1607.

E 19b, f° 327 r°, et ms. fr. 18174, f° 220 r°.

13025. — Arrêt renvoyant aux trésoriers de France à Lyon une requête des prévôt des marchands et échevins de Lyon tendante à ce que les habitants de Saint-Just et de Saint-Irénée demeurent exempts des tailles levées sur le plat pays.

E 19b, f° 328 r°, et ms. fr. 18174, f° 220 r°.

13026. — Arrêt ordonnant que la somme de 436 livres à laquelle a été taxé l'office d'élu en l'élection d'Arques, « pour le restablissement des qualitez, exercice et droitz attribuez aux eleuz », sera payée également par Me Michel Canu et par Me François Boquillon.

E 19b, f° 329 r°, et ms. fr. 18174, f° 220 v°.

13027. — Arrêt ordonnant la levée, sur tous les bénéficiers des pays de Bresse, de Bugey, de Valromey et de Gex, d'une somme de 14,000 livres destinée à l'acquittement d'un don fait au Roi par le clergé desdits pays depuis leur réunion à la Couronne.

E 19b, f° 330 r°, et ms. fr. 18174, f° 221 r°.

13028. — Arrêt autorisant la levée d'une somme de 1,030 livres due à Jean Roumier par les habitants de Lorris-en-Gâtinais.

E 19b, f° 331 r°, et ms. fr. 18174, f° 221 v°.

13029. — Arrêt réduisant à 10,000 livres le cautionnement que doit fournir Me Yves Fiot pour être reçu en l'office de receveur général des finances en Bretagne.

E 19b, f° 332 r°, et ms. fr. 18174, f° 222 r°.

13030. — Arrêt statuant sur une instance pendante entre Me Claude Gallard, receveur des consignations du Châtelet, Thomas Montjay, marchand de Paris, et la communauté des commissaires-examinateurs au Châtelet, au sujet du prix d'adjudication d'une maison sise au Marché aux poires.

E 19b, f° 333 r°, et ms. fr. 18174, f° 222 v°.

13031. — Arrêt ouvrant une enquête en Champagne et en Picardie au sujet de l'or et de l'argent transportés hors du royaume sans permission du Roi.

E 19ᵇ, fᵒ 335 rᵒ, et ms. fr. 18174, fᵒ 223 vᵒ.

13032. — Arrêt renvoyant aux trésoriers de France à Paris une requête de Mᵉ Louis Dolle, procureur général de la Reine, tendante à ce qu'il soit procédé à la visite d'une maison sise à Paris, rue Saint-Merry, et à lui adjugée par les commissaires députés pour l'aliénation du domaine.

E 19ᵇ, fᵒ 336 rᵒ, et ms. fr. 18174, fᵒ 224 rᵒ.

13033. — Arrêt renvoyant aux trésoriers de France à Rouen un placet d'un sieur Nicolas Minard, qui sollicite le don du « passage ordinaire de la traverse » de Croisset, près Rouen.

E 19ᵇ, fᵒ 337 rᵒ, et ms. fr. 18174, fᵒ 224 rᵒ.

13034. — Arrêt prorogeant durant six mois un sursis accordé à François Estienne, sieur d'Esbelles.

E 19ᵇ, fᵒ 338 rᵒ, et ms. fr. 18174, fᵒ 224 vᵒ.

13035. — Arrêt réglant le payement des arrérages de rentes dus par l'abbaye de Saint-Denis au sieur Gobelin, conseiller d'État et président en la Chambre des comptes.

E 19ᵇ, fᵒ 339 rᵒ, et ms. fr. 18174, fᵒ 225 rᵒ.

13036. — Arrêt autorisant les habitants d'Eu à lever, durant neuf ans, diverses taxes sur le vin, le cidre et la bière, le produit en devant être affecté au payement des dettes et à l'entretien des ponts, portes et chaussées de la ville.

E 19ᵇ, fᵒ 341 rᵒ, et ms. fr. 18174, fᵒ 225 vᵒ.

13037. — Arrêt déclarant que le sieur de Verthamon, trésorier de France à Limoges, ne pourra être dépossédé des greffes ou places de clercs de Limoges, à moins d'être remboursé immédiatement de la totalité du prix d'adjudication.

E 19ᵇ, fᵒ 343 rᵒ, et ms. fr. 18174, fᵒ 226 vᵒ.

13038. — Arrêt déclarant qu'il ne sera point pourvu à l'office de lieutenant criminel à Marseille, et que la justice criminelle sera exercée, en ladite ville, tant par Nicolas Bausset, lieutenant général du sénéchal de Provence, que par les lieutenant, viguier et juges de Marseille.

E 19ᵇ, fᵒ 345 rᵒ, et ms. fr. 18174, fᵒ 227 vᵒ.

13039. — Arrêt déclarant les habitants de Tours exempts de l'impôt d'un sol pour livre que le fermier général des aides prétendait lever sur les draps d'or, d'argent, de soie, de laine, etc., vendus en la ville et dans les faubourgs de Tours.

E 19ᵇ, fᵒ 347 rᵒ, et ms. fr. 18174, fᵒ 228 rᵒ.

13040. — Arrêt attribuant à Philippe Gaultier, huissier au Parlement et garde des portes du Palais, une augmentation de gages de 90 livres, attendu la révocation de toutes les survivances d'offices faites par déclaration de juin 1598.

E 19ᵇ, fᵒ 351 rᵒ, et ms. fr. 18174, fᵒ 230 vᵒ.

13041. — Arrêt défendant au Parlement, à la chambre mi-partie de Castres, à la chambre des comptes et à la cour des aides de Montpellier, aux présidiaux de Languedoc, etc., d'exercer aucune contrainte pour le payement de leurs gages, contre Guillaume Alliez, fermier général des gabelles de Languedoc, contrairement aux dispositions d'un état arrêté au Conseil.

E 19ᵇ, fᵒ 352 rᵒ, et ms. fr. 18174, fᵒ 231 rᵒ.

13042. — Arrêt fixant à 10,000 livres le chiffre du cautionnement que devra fournir Mᵉ René Bodin pour être reçu en l'office de receveur général des finances de Tours.

E 19ᵇ, fᵒ 353 rᵒ, et ms. fr. 18174, fᵒ 231 vᵒ.

13043. — Arrêt autorisant les consuls et habitants de Lauzerte à lever une somme de 700 livres destinée à couvrir les frais de divers procès, et ordonnant qu'ils s'assembleront pour aviser entre eux sur quelle marchandise ils pourraient, à l'avenir, lever quelque droit modéré.

E 19ᵇ, fᵒ 354 rᵒ, et ms. fr. 18174, fᵒ 232 rᵒ.

13044. — Arrêt donnant à Charles Robin mainlevée des greffes, petits sceaux et contrôles de titres d'Évreux, du Cotentin, de Gisors, de Caux, etc.

E 19ᵇ, fᵒ 355 rᵒ, et ms. fr. 18174, fᵒ 232 rᵒ.

13045. — Arrêt statuant sur un procès pendant entre la mère et héritière de Guillaume Moret, contrôleur général alternatif des finances en la généralité de Paris, et Mᵉ Bénigne Saulnier, qui a traité avec le Roi du revenu des Parties casuelles.

E 19ᵇ, fᵒ 357 rᵒ, et ms. fr. 18174, fᵒ 233 rᵒ.

13046. — Arrêt ordonnant que Mᵉ de Lacépède payera à Mᵉ Bénigne Saulnier le quart de la valeur d'un office de second président en la cour des comptes, aides et finances de Provence; il avait dû résigner cet office à Mᵉ de Realville pour pouvoir être pourvu de l'office de premier président, dont lui avait fait don Sa Majesté.

E 19ᵇ, fᵒ 358 rᵒ, et ms. fr. 18174, fᵒ 234 rᵒ.

13047. — Arrêt, rendu sur la requête des habitants de la Tour-du-Pin, de Château-Vilain et d'Amblagnieu, ordonnant l'exécution de l'arrêt du 15 avril 1602 (nᵒ 7021), nonobstant l'opposition du parlement de Grenoble.

E 19ᵇ, fᵒ 359 rᵒ, et ms. fr. 18174, fᵒ 234 vᵒ.

13048. — Arrêt déclarant, conformément aux édits, que l'exercice public de la Religion réformée aura lieu à Montagnac.

E 19ᵇ, fᵒ 360 rᵒ, et ms. fr. 18174, fᵒ 235 rᵒ.

13049. — Arrêt ordonnant que la veuve de Mᵉ Joseph Le Mercier, commis à «la recepte générolle des confirmations des officiers de ce royaume deubz pour l'advènement du Roy à la Couronne», pourra contraindre Mᵐˢ Nicolas de Coquerel, Jean Tulle et François Marcel, qui se sont chargés d'opérer cette recette en Languedoc, en Dauphiné et en Provence, à lui rendre leurs comptes.

E 19ᵇ, fᵒ 361 rᵒ, et ms. fr. 18174, fᵒ 235 vᵒ.

13050. — Arrêt statuant sur un procès pendant entre Mᵉ Eustache Apoil, président en l'élection de Mantes, et les maire et échevins de ladite ville.

E 19ᵇ, fᵒ 362 rᵒ, et ms. fr. 18174, fᵒ 236 rᵒ.

13051. — Arrêt ordonnant le rétablissement d'une somme de 1,730 livres allouée à Mᵉ Jean Rouillard, «commis au recouvrement des restes et debtes de Mᵉ Jacob Daille, cy-devant receveur général des gabelles en la générallité de Tours».

E 19ᵇ, fᵒ 364 rᵒ, et ms. fr. 18174, fᵒ 237 rᵒ.

13052. — Arrêt renvoyant aux trésoriers de France à Rouen un placet d'Alexandre L'Orfèvre, sieur de Saint-Amand, l'un des «gentilzhommes et cappitaines estroppiez couchez sur l'estat de la Charité crestienne», qui sollicite le don de terres sises à Estouteville et à Yvecrique.

E 19ᵇ, fᵒ 366 rᵒ, et ms. fr. 18174, fᵒ 237 vᵒ.

13053. — Arrêt ordonnant la levée, sur l'élection de Châteaudun, d'une somme de 1,200 livres destinée au remboursement des dépenses faites par les officiers de ladite élection pour la location d'une maison où ils ont exercé leurs charges.

E 19ᵇ, fᵒ 367 rᵒ, et ms. fr. 18174, fᵒ 238 rᵒ.

13054. — Arrêt relatif à une requête des habitants de Saint-Étienne-du-Bois, qui, se fondant sur les privilèges des marches communes de Bretagne et de Poitou et sur un arrêt du 1ᵉʳ août 1606 (nᵒ 10420), prétendent être abonnés aux tailles pour 600 livres.

E 19ᵇ, fᵒ 368 rᵒ, et ms. fr. 18174, fᵒ 238 vᵒ.

13055. — Arrêt autorisant la levée d'une somme de 3,163 livres destinée au payement des dettes de la ville de Penne, en Agenais.

E 19ᵇ, fᵒ 370 rᵒ, et ms. fr. 18174, fᵒ 239 vᵒ.

13056. — Arrêt relatif à un procès pendant entre le syndic des habitants de Falaise, d'une part, les ducs de Guise et de Mayenne, héritiers de la duchesse de Nemours, et Guillaume Le Prieur, ci-devant receveur et fermier du domaine de Falaise, d'autre part, au sujet de la reconstruction des bâtiments de la cohue de Falaise.

E 19ᵇ, fᵒ 372 rᵒ, et ms. fr. 18174, fᵒ 240 rᵒ.

13057. — Arrêt déchargeant Guillaume Le Noble, payeur de la Gendarmerie, d'un ajournement à lui donné par-devant le prévôt de Paris à la requête de François Ganet, curateur aux biens de Mᵉ Nicolas Grandeau, ci-devant contrôleur ordinaire des guerres.

E 19ᵇ, fᵒ 374 rᵒ, et ms. fr. 18174, fᵒ 241 rᵒ.

13058. — Arrêt ordonnant aux trésoriers de France à Orléans de mettre leur attache sur les lettres patentes qui autorisent les habitants de la paroisse Saint-Valérien de Châteaudun à lever sur eux-mêmes une somme de 300 livres.

E 19ᵇ, f° 375 r°, et ms. fr. 18174, f° 241 v°.

13059. — Arrêt ordonnant que, dans chaque élection, il sera dressé un état des paroisses où se trouve un greffier des tailles pourvu en titre d'office, de celles qui ont acquis l'office et qui lèvent le droit de 6 deniers pour livre, etc.

E 19ᵇ, f° 376 r°, et ms. fr. 18174, f° 216 v°.

13060. — Arrêt maintenant provisoirement le sieur de Liancourt, premier écuyer du Roi, dans le droit de nommer et de présenter aux offices ordinaires du comté de Beaumont-sur-Oise vacants par mort ou par résignation.

E 19ᵇ, f° 377 r°, et ms. fr. 18174, f° 242 r°.

13061. — Arrêt réglant le payement des gages de Mᵉ François Marcel, trésorier de France en Provence.

E 19ᵇ, f° 379 r°, et ms. fr. 18174, f° 243 r°.

13062. — Arrêt prorogeant de dix ans un octroi de 480 livres accordé aux habitants de Saint-Malo, et dont le produit doit être employé à l'entretien des quais, du port et des fortifications.

E 19ᵇ, f° 381 r°, et ms. fr. 18174, f° 243 v°.

13063. — Acceptation des offres faites par Mᵉ Pierre Marquis pour le rachat de 7,200,000 livres de rentes.

E 19ᵇ, f° 383 r°, et ms. fr. 18174, f° 311 r°.

13064. — Acceptation des offres faites par Jean Girardin pour le rachat de 500,000 livres de rentes.

E 19ᵇ, f° 384 r°, et ms. fr. 18174, f° 311 v°.

13065. — Acceptation des offres faites par Balthazar de Goeyty, contrôleur général du domaine en la généralité de Bordeaux, pour le rachat de 500,000 livres de rentes.

E 19ᵇ, f° 386 r°, et ms. fr. 18174, f° 312 r°.

13066. — Arrêt ouvrant une enquête sur les remboursements que certains trésoriers de France se sont faits à eux-mêmes des sommes qu'ils avaient payées au Roi, en 1585, en 1588, en 1595 et en 1597, et qu'ils considèrent comme des prêts.

E 19ᵇ, f° 388 r°, et ms. fr. 18174, f° 312 v°.

13067. — Arrêt ordonnant que Paul Du Thier percevra le droit de 30 sols par muid de vin entrant en la ville de Paris, conformément aux termes de son bail, et sans attendre que la Cour des aides ait vérifié la déclaration du 13 décembre dernier.

E 19ᵇ, f° 390 r°, et ms. fr. 18174, f° 313 r°.

13068. — Arrêt réglant les diverses formalités que doivent remplir ceux qui traitent avec Sa Majesté pour le rachat de certaines portions du domaine aliénées.

E 19ᵇ, f° 392 r°, et ms. fr. 18174, f° 313 v°.

13069. — Acceptation des offres faites par Jean Vignier pour le rachat de 200,000 livres de rentes.

E 19ᵇ, f° 394 r°, et ms. fr. 18174, f° 314 v°.

13070. — Acceptation des offres faites par Nicolas Collart pour le rachat de rentes, greffes et autres portions de domaine d'une valeur de 200,000 livres et pour le rachat de certains biens usurpés au détriment des communautés.

E 19ᵇ, f° 396 r°, et ms. fr. 18174, f° 315 r°.

13071. — Arrêt ordonnant au trésorier des Parties casuelles de remettre à Mᵉ Nicolas Lévesque les pièces dont il a besoin pour poursuivre, aux parlements de Toulouse, de Bordeaux, de Provence et de Dauphiné, la vérification de l'édit de janvier 1596 qui rétablit en hérédité les offices de contrôleurs-visiteurs-marqueurs de cuirs.

E 19ᵇ, f° 398 r°, et ms. fr. 18174, f° 312 r°.

1609, 8 janvier. — Paris.

13072. — Arrêt ordonnant la remise aux mains du sieur de Maupeou des papiers et mémoires relatifs à l'acompte de 5,000 écus qui fut assigné à feu Otto Plotz.

E 20ᵃ, f° 1 r°.

1609, 12 janvier. — Paris.

13073. — Arrêt accordant aux bénéficiers du diocèse de Reims remise d'un quart des décimes de l'année 1606, attendu les dommages que leur ont causés les troupes se rendant au siège de Sedan.

E 20°, f° 2 r°, et ms. fr. 18175, f° 12 r°.

—————

1609, 13 janvier. — Paris.

13074. — Acceptation conditionnelle des offres faites par Gaspard de Fieubet pour le rachat de toutes les rentes constituées sur le sel.

E 20°, f° 4 r°, et ms. fr. 18175, f° 1 v°.

13075. — Arrêt ordonnant qu'Antoine Rollet, secrétaire du Roi, procédera à la répétition des sommes qui ont été levées en Gévaudan, durant les dernières guerres, sans permission du Roi, sans attendre que ses lettres de commission soient enregistrées en la cour des aides de Montpellier.

E 20°, f° 6 r°, et ms. fr. 18175, f° 1 r°.

—————

1609, 15 janvier. — Paris.

13076. — Arrêt statuant sur un procès pendant entre Edmond Berthelin, commis au remboursement des payeurs des prévôts des maréchaux supprimés, et Me Géraud Vigier, payeur du prévôt des maréchaux de Haute-Auvergne.

E 20°, f° 7 r°, et ms. fr. 18175, f° 1 v°.

13077. — Arrêt accordant un sursis, pour le payement des décimes et autres taxes arriérées, aux bénéficiers du diocèse de Saint-Flour, attendu la pauvreté notoire du diocèse et vu que les principaux bénéfices y sont occupés par la noblesse.

E 20°, f° 9 r°, et ms. fr. 18175, f° 5 r°.

13078. — Acceptation conditionnelle des offres faites par David Magnen, secrétaire de la chambre du Roi, pour le rachat de 800,000 livres de rentes ou droits domaniaux, et en particulier pour l'acquittement d'une somme de 120,000 livres due à l'héritier du docteur Junius, conseiller d'État de l'Électeur Palatin du Rhin.

E 20°, f° 11 r°, et ms. fr. 18175, f° 4 v°.

13079. — Arrêt autorisant la levée d'une somme de 2,500 livres destinée au payement de ce que les habitants de Bruc ont été condamnés à payer à Roberte Jobert et à Jean Paulasne.

E 20°, f° 13 r°, et ms. fr. 18175, f° 4 r°.

13080. — Acceptation conditionnelle des offres faites par Me Éloi Gaucher pour le rachat de 600,000 livres de rentes ou de portions de domaine et pour l'acquittement de 100,000 livres de dettes.

E 20°, f° 15 r°, et ms. fr. 18175, f° 3 v°.

13081. — Acceptation conditionnelle des offres faites par Jean Chieze, de Valence, pour le rachat de 750,000 livres de domaine aliéné.

E 20°, f° 17 r°, et ms. fr. 18175, f° 3 v°.

13082. — Arrêt ordonnant que la veuve, les héritiers et les cautions de Me Jean de Fescamp, fermier des « 6 escus pour pippe de vin hors le creu du païs » et des « 3 escus pour pippe du creu dudit païs » seront contraints de payer 2,978 livres 14 sols à Me Gabriel Hue, trésorier des États de Bretagne.

E 20°, f° 19 r°, et ms. fr. 18175, f° 2 v°.

13083. — Arrêt déclarant que Me Denis Feydeau, fermier général des aides, sera contraint de payer 40,000 livres à Karl Paul, ambassadeur de l'Électeur Palatin.

E 20°, f° 21 r°, et ms. fr. 18175, f° 2 v°.

13084. — Arrêt statuant sur un procès pendant entre le syndic des trois états du Velay, d'une part, Me Jacques Dublanc, sieur de Villeneufve, Bernard Royet et Claude Dorlhac, notaires royaux au Puy, d'autre part.

E 20°, f° 22 r°, et ms. fr. 18175, f° 5 v°.

13085. — Arrêt ordonnant le versement à l'Épargne d'une somme de 2,000 livres provenant de ventes de bois faites en la forêt d'Orléans.

E 20°, f° 24 r°, et ms. fr. 18175, f° 12 v°.

13086. — Arrêt accordant une remise de tailles aux habitants de Châtillon-sur-Loire, attendu les pertes que leur ont fait subir les grêles, les gelées et la dernière inondation de la Loire.

E 20°, f° 25 r°, et ms. fr. 18175, f° 13 r°.

13087. — Arrêt ordonnant que les arrêts du 21 juin et du 14 août 1608 (n° 12329) seront exécutés à l'encontre des particuliers qui ont été frappés d'amendes par arrêts de la Chambre royale.

E 20°, f° 26 r°, et ms. fr. 18175, f° 13 r°.

13088. — Arrêt donnant mainlevée aux maire, échevins et procureur du Mans des deniers qui ont été saisis entre les mains de Pierre Bellot, fermier du droit de pavage, à la requête de M° David Arnaud, contrôleur général des restes.

E 20°, f° 28 r°, et ms. fr. 18175, f° 14 r°.

13089. — Arrêt suspendant les poursuites exercées par le trésorier de l'Épargne contre Pierre Mabille, attendu que celui-ci « a compté, comme de clerc à maistre, avec M° Jean Dupuys, commis par le Roy à la recepte des deniers provenans de la recherche des deniers trop imposez... ès ellections de Nogent, Sens et Nemours ».

E 20°, f° 29 r°, et ms. fr. 18175, f° 14 r°.

13090. — Arrêt ordonnant qu'en payant 100,000 livres et les frais, les officiers des gabelles de Languedoc pourront obtenir des lettres d'abolition générales pour toutes les malversations commises de 1585 à 1606.

(Note écrite de la main de Sully.)

E 20°, f° 29 r°; cf. ibid., f° 31 r°; ms. fr. 18175, f° 14 v°.

13091. — Arrêt ordonnant le payement d'une somme de 2,000 livres donnée par le Roi aux sieurs de Grissac et de La Mollière, gentilshommes ordinaires de la Vénerie.

E 20°, f° 33 r°, et ms. fr. 18175, f° 15 r°.

1609, 17 janvier. — Paris.

13092. — Arrêt enjoignant à la cour des aides de Normandie de procéder sans plus tarder, à la véri-fication des lettres de déclaration, du règlement et du bail de l'imposition des cartes, dés et tarots.

E 20°, f° 34 r°, et ms. fr. 18175, f° 15 v°.

13093. — Arrêt déterminant les conditions auxquelles pourra s'effectuer le remboursement que les traitants imposent aux acquéreurs du domaine royal.

E 20°, f° 35 r°, et ms. fr. 18175, f° 16 r°.

13094. — Arrêt statuant sur un procès pendant entre M° Pierre Denis, sieur de La Hogue, trésorier provincial de l'Extraordinaire des guerres en Normandie, et M° Jean Le Faulconnier, receveur des tailles en l'élection de Caen.

E 20°, f° 36 r°, et ms. fr. 18175, f° 10 v°.

13095. — Arrêt ordonnant une enquête au sujet des malversations commises au grenier à sel de Caen.

E 20°, f° 38 r°.

13096. — Arrêt confirmant le don fait à la reine Marguerite d'une somme de 50,000 livres à prendre sur le produit des francs-fiefs et des nouveaux acquêts dans le ressort du parlement de Bordeaux et, en outre, de tous les deniers levés dans les terres de son douaire.

E 20°, f° 40 r°, et ms. fr. 18175, f° 19 r°.

13097. — Arrêt statuant sur un procès pendant entre Jean Bonnard, adjudicataire des offices de « jaulgeurs-mesureurs et visiteurs de tonneaux à mettre vin et autres breuvages et licqueurs en la ville, faulxbourgs et eslection de Lyon », d'une part, le prévôt des marchands et les échevins de Lyon, les syndics et le procureur général du plat pays de Lyonnais, d'autre part.

E 20°, f° 42 r°, et ms. fr. 18175, f° 9 v°.

13098. — Arrêt autorisant Nicolas Lévesque à comprendre dans les droits domaniaux qu'il s'est engagé à racheter pour une valeur de 3 millions de livres divers droits exercés à Nozai, à Saint-Étienne, à Saint-Remy, à Saint-Martin, à Voué et en d'autres paroisses de Champagne.

E 20°, f° 44 r°, et ms. fr. 18175, f° 9 v°.

13099. — Arrêt faisant remise d'une année et

demie de tailles aux habitants de Briarres, de la Brosse et de Dimancheville, attendu les pertes que leur a fait subir l'orage du jour de la Pentecôte.

E 20*, f° 45 r°, et ms. fr. 18175, f° 9 r°.

13100. — Arrêt déclarant que la dîme et garenne de Tourmont et que tout le domaine des Sables du Marquenterre pourront être compris dans les domaines que M° Alexandre Marchant s'est engagé à racheter aux termes de son contrat du 27 mars dernier (n° 12150).

E 20*, f° 46 r°, et ms. fr. 18175, f° 8 v°.

13101. — Arrêt réduisant les impôts de la paroisse de Lormaye, attendu la pauvreté des habitants.

E 20*, f° 47 r°, et ms. fr. 18175, f° 8 r°.

13102. — Arrêt ordonnant que le sieur de Montmartin recevra du trésorier de l'Épargne une somme de 30,000 livres pour tout ce qu'il prétend lui être dû à raison de ses services, de la démission qu'il fit du gouvernement de Vitré, de sa rançon, de l'entretien des troupes, de ses appointements de maréchal de camp, etc.

E 20*, f° 48 r°, et ms. fr. 18175, f° 7 v°.

13103. — Acceptation conditionnelle des offres faites par Pierre Duperray, sieur de La Tour-du-Pin, pour le rachat de 200,000 livres de rentes.

E 20*, f° 50 r°, et ms. fr. 18175, f° 7 r°.

13104. — Arrêt ordonnant qu'une somme de 250 livres employée au payement des gages de M° François de Launay, secrétaire du Roi, sera rayée sur le compte des dépenses de feu M° Jean Bergerat, trésorier des turcies et levées de la Loire et du Cher.

E 20*, f° 51 r°, et ms. fr. 18175, f° 6 v°.

13105. — Arrêt relatif à la reddition des comptes de M° Étienne Audouyn de Montherbu, secrétaire de la chambre du Roi, «commis à la recepte des deniers provenans de la taxe faitte sur les notaires royaulx pour jouir en hérédité de leurs offices».

E 20*, f° 52 r°, et ms. fr. 18175, f° 16 v°.

13106. — Arrêt statuant sur un procès pendant entre Jean Moreau, boulanger ordinaire du Roi, et sa femme, d'une part, Marin de Maleville, bourgeois de Paris, d'autre part.

E 20*, f° 54 r°, et ms. fr. 18175, f° 17 r°.

13107. — Arrêt fixant le montant de l'indemnité accordée aux propriétaires de quatre moulins à vent construits sur le boulevard et sur le rempart de la porte Saint-Antoine, «attendu que les buttes et terrasses qui estoient au pied desdiz moulins, et qui aydoient à les faire moudre et tourner, ont esté ostées, afin d'aplanir le dessus dudit boulevert, et ont rendu lesditz moulins inutilz».

E 20*, f° 56 r°, et ms. fr. 18175, f° 18 v°.

13108. — Arrêt ordonnant à M° Pierre Mesnard, procureur de la marée, de produire, dans les trois jours, les titres en vertu desquels il prétend avoir le droit de disposer des places étant sur la voirie dans les Halles de Paris.

E 20*, f° 57 r°, et ms. fr. 18175, f° 18 v°.

13109. — Arrêt déclarant que les habitants de Chalabre, de Puivert, de Nébias et autres lieux adjacents contribueront à l'impôt de 40 sols par quintal de sel, et leur défendant d'user de sel d'Espagne, sous peine de privation de leurs privilèges.

E 20*, f° 58 r°, et ms. fr. 18175, f° 20 r°.

13110. — Arrêt autorisant, dans le pays de Bigorre, l'usage du sel de Béarn, mais y interdisant l'usage du sel d'Espagne.

E 20*, f° 59 r°, et ms. fr. 18175, f° 22 r°.

13111. — Arrêt condamnant M° Pierre Magdaleneau à payer à M° Bénigne Saulnier le droit du quart denier pour la résignation d'un office d'auditeur en la chambre des comptes de Bretagne.

E 20*, f° 60 r°, et ms. fr. 18175, f° 20 r°.

13112. — Arrêt relatif à une requête de Georges d'Aubusson, seigneur de La Feuillade, tendante au payement d'une rente sur les huitièmes et vingtièmes de Chartres, etc.

E 20*, f° 62 r°, et ms. fr. 18175, f° 21 r°.

13113. — Arrêt ordonnant que Claude Le Beau

sera pourvu de l'office de contrôleur au grenier à sel de Saint-Florentin, à la condition de payer 200 livres à François de Thivoley.

E 20ᵉ, f 64 rᵒ, et ms. fr. 18175, fᵒ 18 rᵒ.

13114. — Arrêt renvoyant aux trésoriers de France à Bordeaux les offres faites par Jean Delaclau pour l'achèvement du bastion de Bayonne.

E 20ᵉ, f 65 rᵒ, et ms. fr. 18175, fᵒ 22 vᵒ.

13115. — Acceptation conditionnelle des offres faites par un nommé Dufaure pour le rachat de 400,000 livres de domaine engagé, pour l'amortissement de 500,000 livres de rentes et pour l'acquittement de 100,000 livres de dettes.

E 20ᵉ, f 66 rᵒ, et ms. fr. 18175, fᵒ 22 vᵒ.

13116. — Acceptation conditionnelle des offres faites par Mᵉ François Lefaure pour le rachat de 150,000 livres de rentes ou de domaine engagé et pour l'acquittement de 150,000 livres de dettes.

E 20ᵉ, fᵒ 67 rᵒ, et ms. fr. 18175, fᵒ 23 rᵒ.

13117. — Arrêt ordonnant à la Chambre des comptes de passer outre à la vérification de l'édit de création d'un office de receveur principal et payeur des rentes constituées sur les recettes générales et particulières en chacune des généralités du royaume, et ce nonobstant l'opposition des receveurs particuliers des aides.

E 20ᵉ, fᵒ 69 rᵒ, et ms. fr. 18175, fᵒ 23 vᵒ.

13118. — Acceptation conditionnelle des offres faites par le sieur Compaignot pour le rachat de 1,200,000 livres de rentes ou de domaines engagés et pour l'acquittement de 300,000 livres de dettes.

E 20ᵉ, fᵒ 70 rᵒ, et ms. fr. 18175, fᵒ 24 rᵒ.

13119. — Arrêt donnant aux sieurs La Viéville, de La Loupe, de Mollitard et consorts mainlevée de bois faisant partie de la forêt de Champrond.

E 20ᵉ, fᵒ 72 rᵒ, et ms. fr. 18175, fᵒ 24 rᵒ.

1609, 20 janvier. — Paris.

13120. — Arrêt ordonnant à Mᵉ Jérome Du Verger, receveur général des finances et gabelles de Langüedoc, de procéder, dans les deux mois, au recouvrement des parties rayées sur son état de recettes et dépenses.

E 20ᵉ, fᵒ 74 rᵒ, et ms. fr. 18175, fᵒ 24 vᵒ.

13121. — Arrêt acceptant une offre de 635,000 livres faite par Mᵉ Jean Bodu, et lui concédant la jouissance des droits de francs-fiefs et de nouveaux acquêts dans le ressort du parlement de Paris.

E 20ᵉ, fᵒ 75 rᵒ, et ms. fr. 18175, fᵒ 25 rᵒ.

1609, 22 janvier. — Paris.

13122. — Arrêt ordonnant la vente d'un certain nombre de baliveaux rabougris et d'une vieille futaie situés en la châtellenie de Neauphle.

E 20ᵉ, fᵒ 77 rᵒ, et ms. fr. 18175, fᵒ 26 rᵒ.

13123. — Adjudication du devoir de 24 livres levé sur chaque muid de sel sortant de Bretagne par la Loire; elle est faite, pour six années, à Gabriel Pineau moyennant le payement annuel de 75,000 livres.

E 20ᵉ, fᵒ 78 rᵒ, et ms. fr. 18175, fᵒ 28 rᵒ.

13124. — Arrêt confirmant, nonobstant l'opposition des conseillers et échevins de Rouen, le rabais accordé, par arrêt du 18 décembre dernier (nᵒ 12974), à Durand Lebert, fermier des nouveaux impôts sur les boissons levés à Rouen, à Dieppe et au Havre.

E 20ᵉ, fᵒ 80 rᵒ, et ms. fr. 18175, fᵒ 26 vᵒ.

13125. — «Articles accordez... à Mᵉ Abel Bernard pour la levée et recouvrement de la somme de 100,000 livres ordonnée estre levée... sur tous les officiers des gabelles... de Languedoc..., et moyennant laquelle Sa Majesté les a deschargez de la recherche des abuz et malversations...»

E 20ᵉ, fᵒ 82 rᵒ, et ms. fr. 18175, fᵒ 29 vᵒ.

13126. — Traité passé avec Jean Sarrazin, avocat en Parlement, pour le rachat des échoppes de bouchers et de tripiers appartenant au Roi.

E 20ᵉ, fᵒ 84 rᵒ, et ms. fr. 18175, fᵒ 30 vᵒ.

13127. — Arrêt ordonnant l'élargissement sous caution de M° Henri Guillemot, commis à la recette des amendes adjugées par les commissaires députés en Normandie pour la recherche des malversations.

E 20°, f° 86 r°, et ms. fr. 18175, f° 31 v°.

13128. — Arrêt faisant remise de deux années de décimes au clergé du diocèse d'Orléans, attendu les pertes que leur a fait subir l'inondation de la Loire.

E 20°, f° 88 r°, et ms. fr. 18175, f° 32 r°.

1609, 24 janvier. — Paris.

13129. — Arrêt attribuant au parlement de Bordeaux la connaissance d'une plainte déposée par Mathurin Salomon, bourgeois de Bordeaux, et par Isabeau Chatard, sa femme, au sujet de la séquestration de leurs deux filles, qui, à leur insu, se sont enfuies et retirées chez les Ursulines, et ajournant toutes poursuites au sujet des troubles qui se sont produits à cette occasion, le 31 décembre, et au sujet des injures faites au cardinal François de Sourdis, archevêque de Bordeaux.

E 20°, f° 89 r°, et ms. fr. 18175, f° 32 v°.

1609, 27 janvier. — Paris.

13130. — Arrêt renvoyant soit à la grand'chambre du Parlement, soit à la seconde chambre des Enquêtes, au choix du duc de Mayenne, le procès pendant entre ledit seigneur, les héritiers de Pierre Damours, conseiller d'État, Gaspard Douynet, Denis de Cardon, sieur de Laulnay, et Antoinette Lallemant, dame d'Anglure.

E 20°, f° 90 r°, et ms. fr. 18175, f° 33 r°.

13131. — Arrêt statuant sur diverses instances pendantes entre les consuls et habitants de Toulon, de Sixfours, de la Garde, de la Valette et du Revest, et déclarant que les habitants de Toulon et desdites communautés ne pourront être taxés aux tailles ailleurs qu'en leur ville ou paroisse pour les biensfonds qu'ils ont acquis dans d'autres lieux de la viguerie.

E 20°, f° 92 r°, et ms. fr. 18175, f° 34 r°.

13132. — Arrêt rendu sur la requête du duc de Guise, prince de Joinville, accordant aux habitants de Joinville remise d'une somme de 1,350 livres à laquelle ils ont été taxés, en l'année 1608, pour la subvention des villes franches.

E 20°, f° 96 r°, et ms. fr. 18175, f° 33 v°.

1609, 29 janvier. — Paris.

13133. — Arrêt ordonnant la vérification des dettes des habitants de la Roche d'Ennezat.

E 20°, f° 97 r°, et ms. fr. 18175, f° 37 r°.

13134. — Arrêt prorogeant de six mois la surséance accordée, pour le payement de ses dettes, à la ville de Château-Gontier.

E 20°, f° 98 r°, et ms. fr. 18175, f° 41 r°.

13135. — Arrêt donnant mainlevée, pendant trois mois, du revenu de la ville de Bordeaux saisi à la requête de Pierre Fortage, Raymond Duburg et consorts, à condition que, pendant ces trois mois, le procureur-syndic et les jurats de Bordeaux fassent juger leur procès au Conseil.

E 20°, f° 99 r°, et ms. fr. 18175, f° 40 v°.

13136. — Arrêt ordonnant une enquête au sujet des levées faites en Rouergue sans permission du Roi.

E 20°, f° 101 r°, et ms. fr. 18175, f° 37 v°.

13137. — Arrêt ordonnant de nouveau la remise au greffe du Conseil des procédures faites par M° Jacques Renard, conseiller au Grand Conseil, à l'encontre de Pierre Biard, valet de chambre du Roi et grènetier au magasin à sel de Dieppe, et ordonnant l'élargissement sous caution dudit Biard.

E 20°, f° 102 r°, et ms. fr. 18175, f° 40 v°.

13138. — Arrêt cassant un arrêt du parlement de Dijon du 13 novembre dernier aux termes duquel les receveurs des deniers d'octroi devaient, dans le ressort de ladite cour, communiquer leurs comptes au procureur général.

E 20°, f° 104 r°, et ms. fr. 18175, f° 39 v°.

13139. — Arrêt statuant sur une instance pendante entre M⁰ Jean Boileau, sieur de Maulaville, caution de feu M⁰ François Jusseaume, receveur général des finances à Tours, et M⁰ Jean Gonesse, receveur des aides et tailles en l'élection de Laval.

E 20ᵉ, fᵒ 105 rᵒ, et ms. fr. 18175, fᵒ 39 rᵒ.

13140. — Arrêt ordonnant que, nonobstant l'arrêt de forclusion du 18 décembre 1608 (n° 12930), le Conseil statuera de nouveau sur le procès pendant entre la paroisse de Chouzé et les autres paroisses affranchies de l'élection de Saumur, d'une part, les paroisses de Nantilly et de Saint-Pierre de Saumur, d'autre part.

E 20ᵉ, fᵒ 106 rᵒ, et ms. fr. 18175, fᵒ 38 vᵒ.

13141. — Arrêt ordonnant qu'il sera sursis à l'exécution de l'arrêt du 13 novembre 1608 (n° 12752), obtenu par les habitants de Guilberville, Pleines-Œuvres et autres paroisses de la sergenterie de Torigni.

E 20ᵉ, fᵒ 107 rᵒ, et ms. fr. 18175, fᵒ 38 vᵒ.

13142. — Arrêt faisant remise de 14,770 livres aux habitants d'Aizenay.

E 20ᵉ, fᵒ 108 rᵒ, et ms. fr. 18175, fᵒ 38 rᵒ.

13143. — Acceptation conditionnelle des offres faites par François de La Croix pour le remboursement de certains droits concédés à des officiers royaux jusqu'à concurrence d'une somme de 60,000 livres.

E 20ᵉ, fᵒ 110 rᵒ, et ms. fr. 18175, fᵒ 37 rᵒ.

1609, 5 février. — Paris.

13144. — Arrêt renvoyant aux trésoriers de France à Moulins une requête en remise de tailles présentée par les habitants de Decize et fondée sur les pertes que leur ont fait subir l'épidémie, la gelée des vignes et l'inondation de la Loire.

E 20ᵉ, fᵒ 113 rᵒ, et ms. fr. 18175, fᵒ 48 rᵒ.

13145. — Arrêt réduisant à 40 livres le chiffre des dépens que doit payer, pour un procès jugé au Conseil, M⁰ Eustache Apoil, président en l'élection de Mantes.

E 20ᵉ, fᵒ 114 rᵒ, et ms. fr. 18175, fᵒ 48 vᵒ.

13146. — Arrêt statuant sur un procès pendant entre M⁰ Claude Dardel, greffier en chef de la prévôté-mairie de Pontoise, et M⁰ Nicolas Lefebvre, commissaire-examinateur à Pontoise.

E 20ᵉ, fᵒ 115 rᵒ, et ms. fr. 18175, fᵒ 52 rᵒ.

13147. — Arrêt ordonnant communication aux gens du conseil de Châlons d'une requête présentée par l'évêque de Châlons et par les autres seigneurs de la ville pour être maintenus en leur droit d'être appelés à toutes les assemblées de ville.

E 20ᵉ, fᵒ 117 rᵒ, et ms. fr. 18175, fᵒ 47 vᵒ.

13148. — Arrêt ordonnant le rétablissement d'une somme de 600 livres portée sur les comptes de la recette générale de Poitiers comme due à feu Charles Androuet Du Cerceau, architecte et conducteur des ponts de pierre de Châtellerault, mort, en 1606, au service du Roi.

E 20ᵉ, fᵒ 118 rᵒ, et ms. fr. 18175, fᵒ 47 vᵒ.

13149. — Arrêt rendu sur la requête du sieur de Caumartin, conseiller d'État, acquéreur du tabellionage de Rouen, déclarant que tous les contrats doivent être passés, à Rouen, devant les tabellions.

E 20ᵉ, fᵒ 119 rᵒ, et ms. fr. 18175, fᵒ 49 rᵒ.

13150. — Arrêt ordonnant que conformément à l'édit de Nantes, les églises et cimetières de Cessy, de Péron et de Challex seront rendus aux catholiques, et que les protestants obtiendront concession d'autres lieux propres à l'exercice de leur culte.

E 20ᵉ, fᵒ 121 rᵒ, et ms. fr. 18175, fᵒ 53 rᵒ.

13151. — Arrêt condamnant les maîtres « estaimiers » et plombiers de Rouen à rembourser à M⁰ Jean Babin la finance par lui payée pour l'office de contrôleur des étains et plombs de la ville de Rouen.

E 20ᵉ, fᵒ 123 rᵒ, et ms. fr. 18175, fᵒ 49 vᵒ.

13152. — Arrêt statuant sur diverses instances pendantes entre M⁰ Jean Bernard, trésorier des réparations du duché de Bourgogne, d'une part, M⁰⁰ Antoine de Chaulnes et Antoine de Catillon, trésoriers des réparations de Dauphiné et de Bresse, d'autre part.

E 20ᵉ, fᵒˢ 127 rᵒ et 129 rᵒ, et ms. fr. 18175, fᵒ 47 rᵒ.

13153. — Arrêt renvoyant au Grand Conseil un procès fait à plusieurs faux-sauniers par le prévôt du Mans.

E 20ᵉ, fᵒ 130 rᵒ, et ms. fr. 18175, fᵒ 46 rᵒ.

13154. — Arrêt ordonnant aux jurats de Bazas de remettre au Conseil un état des deniers par eux levés sur les habitants de la sénéchaussée de Bazadais pour le remboursement du président présidial.

E 20ᵉ, fᵒ 131 rᵒ, et ms. fr. 18175, fᵒ 46 rᵒ.

13155. — Arrêt relatif à une instance pendante entre le prieuré de Saint-Vincent et Valentin de Bricant, sieur Deslandes, au sujet de l'exercice du culte réformé dans la maison des Loges, qui appartient au sieur Deslandes et qui relève du prieuré.

E 20ᵉ, fᵒ 132 rᵒ, et ms. fr. 18175, fᵒ 41 vᵒ.

13156. — Arrêt ordonnant le remboursement d'une somme de 27 livres payée par Mᵉ François de Haussy pour le droit de marc d'or d'un office de commissaire-examinateur en la prévôté de Noyon.

E 20ᵉ, fᵒ 133 rᵒ, et ms. fr. 18175, fᵒ 41 vᵒ.

13157. — Arrêt renvoyant aux trésoriers de France à Moulins une requête en remise d'impôts présentée par les habitants de Nevers et fondée sur les pertes que leur ont fait souffrir les inondations de la Loire et de l'Allier.

E 20ᵉ, fᵒ 134 rᵒ, et ms. fr. 18175, fᵒ 42 rᵒ.

13158. — Arrêt défendant à la Cour des aides de procéder à la taxation des dommages-intérêts réclamés par Guy Celot à Nicolas Desnotz et à Antoine Le Faulcheur, tant que le Conseil n'aura point statué sur le pourvoi en cassation formé par ledit Celot.

E 20ᵉ, fᵒ 135 rᵒ, et ms. fr. 18175, fᵒ 42 rᵒ.

13159. — Arrêt réglant les conditions du traité passé avec Mᵉ Louis Massuau, secrétaire ordinaire de la chambre du Roi, pour le tiers des deniers provenant de débets de quittances, pour le tiers des arrérages de rentes constituées sur les recettes, etc.

E 20ᵉ, fᵒ 136 rᵒ; AD ✠ 146, nᵒ 9, et ms. fr. 18175, fᵒ 44 vᵒ.

13160. — Arrêt interdisant à la Cour des aides la connaissance d'un procès pendant au sujet de l'office de payeur triennal des officiers de la Prévôté de l'Hôtel.

E 20ᵉ, fᵒ 138 rᵒ, et ms. fr. 18175, fᵒ 42 vᵒ.

13161. — Arrêt ordonnant que les habitants de Saint-Dizier seront entendus au Conseil au sujet des réclamations de Mathieu de Payen, bailli et capitaine de la ville, lequel prétend avoir le droit de présider les assemblées, de choisir les échevins sur une liste de douze et de recevoir le serment des nouveaux échevins.

E 20ᵉ, fᵒ 139 rᵒ, et ms. fr. 18175, fᵒ 43 rᵒ.

13162. — Arrêt ordonnant la vérification d'une dette des habitants du Mans envers les habitants des paroisses de Saint-Ouen et de Saint-Hilaire.

E 20ᵉ, fᵒ 140 rᵒ, et ms. fr. 18175, fᵒ 43 rᵒ.

13163. — Arrêt renvoyant au maréchal d'Ornano, gouverneur de Guyenne, une requête du sieur de Luc, sénéchal et gouverneur au comté de Bigorre, lequel demande à être maintenu en son droit de convoquer les États, de présider les assemblées annuelles et d'y représenter la personne du Roi, nonobstant les prétentions de l'évêque de Tarbes.

E 20ᵉ, fᵒ 141 rᵒ, et ms. fr. 18175, fᵒ 43 vᵒ.

13164. — Arrêt ordonnant que la quittance du droit de marc d'or expédiée à Mᵉ Jean Faget, pour l'office de commissaire-examinateur au siège de Montauban, sera réformée au nom de Mᵉ Jean de Viçose, lieutenant général en la sénéchaussée de Quercy.

E 20ᵉ, fᵒ 142 rᵒ.

13165. — Arrêt accordant à Mᵉ Louis de Servillon, avocat au Conseil, un délai d'un mois pour rapporter l'arrêt du 18 juin 1608 obtenu par la veuve et le fils de Mᵉ Omer de Gérard, conseiller à la cour des aides de Montpellier.

E 20ᵉ, fᵒ 143 rᵒ, et ms. fr. 18175, fᵒ 44 rᵒ.

1609, 7 février. — Paris.

13166. — Arrêt renvoyant au Parlement l'examen d'une quittance expédiée à Mᵉ François Allamant, sieur de Guépéan, président au Grand Conseil, pour l'achat de la place de clerc au greffe des bailliages de Laon et de Noyon.

E 20ᵉ, f° 145 r°, et ms. fr. 18175, f° 56 r°.

13167. — Arrêt ordonnant la radiation d'une somme de 15,000 livres employée, dans le compte du trésorier général de l'Extraordinaire des guerres, pour l'année 1586, sous le nom des héritiers d'Otto Plotz, colonel des reîtres.

E 20ᵉ, f° 146 r°, et ms. fr. 18175, f° 54 v°.

13168. — Arrêt renvoyant aux prochains États de Provence une requête des consuls et habitants de Draguignan tendante au remboursement des sommes qu'ils ont avancées, en 1578 et en 1579, par ordre du feu sieur de Suze, gouverneur, pour la conservation du pays en l'obéissance du Roi.

E 20ᵉ, f° 148 r°, et ms. fr. 18175, f° 54 r°.

13169. — Arrêt interdisant au Grand Conseil la connaissance du procès pendant au Conseil d'État entre Mᵉ Denis Feydeau, fermier général des aides, Antoine et Guillaume Batelartz.

E 20ᵉ, f° 149 r°.

13170. — Arrêt réglant le payement des gages de Mᵉ Marin Rosnay, troisième élu en l'élection de Pont-l'Évêque et contrôleur triennal des aides et tailles en l'élection de Caudebec.

E 20ᵉ, f° 150 r°, et ms. fr. 18175, f° 53 v°.

1609, 10 février. — Paris.

13171. — Arrêt prorogeant de trois mois le délai accordé, par arrêt du 29 novembre 1608 (n° 12830), aux lieutenants généraux et autres officiers de l'ancien domaine de Navarre pour lever les offices de lieutenants criminels, de lieutenants particuliers assesseurs criminels et de commissaires-examinateurs.

E 20ᵉ, f° 151 r°, et ms. fr. 18175, f° 61 v°.

13172. — Arrêt confiant au sieur Arnauld, conseiller d'État et intendant des finances, le soin de régler les comptes respectifs de Mᵉ François Tantillon,

receveur des aides et tailles en Forez, et de Mᵉ Bénigne Saulnier, receveur général des finances à Lyon.

E 20ᵉ, f° 152 r°, et ms. fr. 18175, f° 67 v°.

13173. — Arrêt renvoyant aux trésoriers de France à Lyon une requête des habitants de Chalon-sur-Saône tendante à l'établissement d'octrois dont le produit serait affecté aux réparations des chemins, de la chaussée et des fossés de la ville.

E 20ᵉ, f° 153 r°, et ms. fr. 18175, f° 67 r°.

13174. — Arrêt ordonnant vérification de la finance payée pour l'augmentation des gages du lieutenant criminel au bailliage d'Amiens.

E 20ᵉ, f° 154 r°, et ms. fr. 18175, f° 66 v°.

13175. — Arrêt ordonnant le rétablissement d'une somme de 375 écus tenue en souffrance par la Chambre des comptes sur le compte de Jean Vivien et de Mathieu Borel, capitaines ordinaires du charroi de l'Artillerie.

E 20ᵉ, f° 155 r°, et ms. fr. 18175, f° 66 r°.

13176. — Acceptation des offres faites par Charles Filleteau, secrétaire de la chambre du Roi, qui s'oblige, pour satisfaire aux termes de son contrat, à racheter les greffes de l'impôt du sel dans les généralités de Tours, d'Amiens, etc.

E 20ᵉ, f° 156 r°, et ms. fr. 18175, f° 66 r°.

13177. — Arrêt maintenant les échevins et conseillers de Rouen en jouissance du droit d'instituer et de destituer le procureur de la ville, ordonnant toutefois que Mᵉ François de La Place, qu'ils ont destitué, demeurera en fonctions.

E 20ᵉ, f° 158 r°, et ms. fr. 18175, f° 65 r°.

13178. — Arrêt ordonnant communication aux chanoines et habitants catholiques du Mans d'une requête des protestants de ladite ville tendante à ce qu'il leur soit permis d'exercer leur culte en l'ancienne maison de Jean Guillon, sieur de Montibert, attendu l'incommodité du lieu de Monnet, qui leur a été assigné précédemment.

E 20ᵉ, f° 160 r°, et ms. fr. 18175, f° 65 r°.

13179. — Arrêt renvoyant aux trésoriers de

France à Rouen un placet des sieurs de Villeserin et de Vansey, qui sollicitent un don de 9,000 livres en considération de leurs services.

E 20ᵉ, fᵒ 161 rᵒ, et ms. fr. 18175, fᵒ 64 vᵒ.

13180. — Arrêt déclarant que ceux qui se feront pourvoir d'offices de porteurs de sel non encore conférés seront, pour cette fois seulement, exempts du droit de marc d'or.

E 20ᵉ, fᵒ 162 rᵒ, et ms. fr. 18175, fᵒ 64 rᵒ.

13181. — Arrêt relatif à une réclamation faite aux habitants de Guipry par Pierre Thibault, Jean André et autres de la même paroisse, qui ont été faits prisonniers durant les troubles et obligés de payer rançon aux soldats de l'un et de l'autre parti.

E 20ᵉ, fᵒ 163 rᵒ, et ms. fr. 18175, fᵒ 64 vᵒ.

13182. — Arrêt ordonnant que les acquéreurs des justices indépendantes de la châtellenie de Poissy et notamment Claude de Picquet, sieur de Saultour, acquéreur de la haute justice de Crespières, devront déposer leurs lettres d'acquisition entre les mains du greffier commis à cet effet, de façon qu'il puisse être pourvu à leur remboursement par les officiers de la justice de Poissy.

E 20ᵉ, fᵒ 164 rᵒ, et ms, fr. 18175, fᵒ 64 rᵒ.

13183. — Arrêt ordonnant qu'Antoine Le Jeune indiquera le chiffre des dommages-intérêts auxquels il prétend pour avoir été dépossédé de la ferme du domaine de la Haute-Marche avant l'expiration de son bail.

E 20ᵉ, fᵒ 165 rᵒ, et ms. fr. 18175, fᵒ 63 vᵒ.

13184. — Arrêt ordonnant une enquête sur les abus et malversations commis par les fermiers des gabelles d'Arles.

E 20ᵉ, fᵒ 166 rᵒ, et ms. fr. 18175, fᵒ 58 rᵒ.

13185. — Arrêt statuant sur un procès pendant entre Jérôme Gibert, dit Périer, marchand d'Yssingeaux, plusieurs marchands du Puy et le syndic du Velay.

E 20ᵉ, fᵒ 167 rᵒ, et ms. fr. 18175, fᵒ 62 rᵒ.

13186. — Arrêt défendant provisoirement aux maîtres verriers étrangers et autres d'envoyer à Paris, ou dans un périmètre de trente lieues autour de Paris, des verres de cristal ou d'autres marchandises semblables à celles qui se fabriquent en la verrerie de Paris, défendant également aux marchands d'en acheter, à condition que Jean Mareschal tiendra ladite verrerie suffisamment approvisionnée et qu'il ne haussera point ses prix.

E 20ᵉ, fᵒ 169 rᵒ, et ms. fr. 18175, fᵒ 57 rᵒ.

13187. — Arrêt ordonnant la vérification de ce qui est dû par le diocèse de Mirepoix au syndic Charles Clavel.

E 20ᵉ, fᵒ 171 rᵒ, et ms. fr. 18175, fᵒ 57 rᵒ.

13188. — Arrêt relatif à une requête des maire, échevins, conseillers et pairs de la Rochelle tendant à ce que le juge prévôtal, Mᵉ Nicolas Baudouin, ne puisse exercer les offices de commissaires-examinateurs dont il se prétend pourvu.

E 20ᵉ, fᵒ 172 rᵒ, et ms. fr. 18175, fᵒ 56 vᵒ.

13189. — Arrêt réglant le payement des gages de Mᵉ François Cordon, contrôleur alternatif du domaine d'Angoulême et de Cognac.

E 20ᵉ, fᵒ 173 rᵒ, et ms. fr. 18175, fᵒ 56 rᵒ.

13190. — Arrêt relatif à un placet du capitaine Jean de Robion, qui sollicite le don du supplément de finance auquel devra être taxé l'office de contrôleur au bureau de la foraine d'Arles.

E 20ᵉ, fᵒ 174 rᵒ.

13191. — Arrêt défendant provisoirement à Mᵉ Jean de La Grange de faire exécuter la sentence par lui obtenue du prévôt de l'Hôtel à l'encontre de Jean Dasneau, l'un des douze marchands de vin suivant la Cour, lequel s'est associé au « party faict pour la recherche des faussetez en la Chambre de justice ».

E 20ᵉ, fᵒ 175 rᵒ, et ms. fr. 18175, fᵒ 63 rᵒ.

13192. — Arrêt ordonnant que le maire de Dijon sera entendu au Conseil au sujet d'une réclamation des gens des comptes de Bourgogne relative à leur droit de signer les procès-verbaux du bureau des pauvres de Dijon et de la chambre des élus des États de Bourgogne.

E 20ᵉ, fᵒ 176 rᵒ, et ms. fr. 18175, fᵒ 58 vᵒ.

13193. — Arrêt ordonnant que M° Melchior Espiard, élu, sera entendu au Conseil au sujet d'une réclamation des gens des comptes de Bourgogne, qui lui contestent le droit de siéger au milieu d'eux dans la chambre des élus des États de Bourgogne.

E 20°, f° 177 r°, et ms. fr. 18175, f° 58 v°.

13194. — Arrêt ordonnant la vérification des dettes du village de Beaumont, près Clermont en Auvergne.

E 20°, f° 178 r°, et ms. fr. 18175, f° 67 v°.

13195. — Arrêt ordonnant que M° Mathieu Martin, audiencier en la chancellerie de Bordeaux, sera entendu au Conseil au sujet d'une requête de M° Jean Du Tillet, greffier au Parlement.

E 20°, f° 179 r°, et ms. fr. 18175, f° 68 r°.

13196. — Arrêt ordonnant que les articles accordés à Pierre Tiraqueau pour la vente et revente des offices de regrattiers, etc., lui serviront de bail.

E 20°, f° 180 r°, et ms. fr. 18175, f° 68 v°.

13197. — Arrêt évoquant au Conseil les procès pendants en la Cour des aides entre Jean Breuillet, receveur général des finances à Moulins, et les commissaires députés à la recherche des officiers «qui ont prins plus grands gaiges et droictz qui ne leur sont attribuez».

E 20°, f° 181 r°; ms. fr. 16216, f° 150 r°, et ms. fr. 18175, f° 68 r°.

13198. — Arrêt maintenant M° Jean Lubet et Pierre Sève en possession de leurs offices d'huissiers en la chambre de Castres.

E 20°, f° 182 r°; AD + 146, n° 10, et ms. fr. 18175, f° 69 r°.

13199. — Arrêt statuant sur le procès pendant entre M° Joachim Grillet et Girard Dagonneau au sujet de l'office de receveur des aides et du domaine en Mâconnais.

E 20°, f° 184 r°, et ms. fr. 18175, f° 70 r°.

13200. — Arrêt attribuant à M° Jean de Viçose, lieutenant général du sénéchal de Quercy au siège de Montauban, l'office de lieutenant criminel audit siège.

E 20°, f° 186 r°, et ms. fr. 18175, f° 76 v°.

13201. — Arrêt renvoyant aux trésoriers de France en Provence un placet des sieurs de Pluvinel et de Fumée, qui sollicitent le don de «tous les deniers revenans bons du droict mis sur les bledz et autres marchandises sortans de la ville de Fréjus», destinés au payement de la garde de Darmont et du Cap-Roux, en la terre d'Agay.

E 20°, f° 187 r°, et ms. fr. 18175, f° 76 r°.

13202. — Arrêt statuant sur diverses instances pendantes entre M° Prestin Le Pelletier, receveur des fouages au diocèse de Nantes, M° Roland Dubot, sieur de Laulnay, conseiller au parlement de Bretagne, et les autres héritiers de Guillaume Dubot, son père.

E 20°, f° 188 r°, et ms. fr. 18175, f° 72 r°.

13203. — Arrêt déclarant que les procureurs au siège royal d'Issoudun, qui se sont portés adjudicataires des greffes des présentations du bailliage, de la prévôté et de l'élection d'Issoudun, ne pourront être taxés, à ce titre, pour le supplément des charges domaniales de la généralité.

E 20°, f° 192 r°, et ms. fr. 18175, f° 59 r°.

13204. — Arrêt relatif à une requête de Daniel Persicault, qui a traité de la composition des officiers de finance.

E 20°, f° 193 r°, et ms. fr. 18175, f° 59 v°.

13205. — Arrêt réglant le payement d'une somme de 1,800 livres donnée par le Roi à François Martin, marchand de Vitré.

E 20°, f° 194 r°, et ms. fr. 18175, f° 59 v°.

13206. — Arrêt réglant le payement des gages de M° Zacharie de Berlhac, procureur du Roi en la sénéchaussée et au présidial du Bas-Limousin.

E 20°, f° 195 r°, et ms. fr. 18175, f° 60 r°.

13207. — Arrêt défendant provisoirement à la veuve de Guillaume Troismaille, clerc aux vivres en l'armée de Bretagne, de poursuivre ailleurs qu'au Conseil M° Gabriel Hus, sieur de La Bouchetière.

E 20°, f° 197 r°, et ms. fr. 18175, f° 60 v°.

13208. — Arrêt suspendant provisoirement toute

poursuite exercée contre les échevins d'Amiens pour le payement des parties tenues en souffrance sur les comptes municipaux des années 1573 à 1592.

E 20*, f° 198 r°, et ms. fr. 18175, f° 61 r°.

13209. — Arrêt ordonnant que Pierre Barthélemy rapportera au Conseil les lettres de provision de l'office de contrôleur au bureau des droits de foraine d'Arles.

Ms. fr. 18175, f° 54 v°.

1609, 12 février. — Paris.

13210. — Arrêt ordonnant que le fermier du greffe de la sénéchaussée de Guyenne sera entendu au Conseil au sujet d'une réclamation de la dame de Balagny.

E 20*, f° 199 r°, et ms. fr. 18175, f° 82 v°.

13211. — Arrêt statuant sur un procès pendant entre Charles Aguesseau, marchand lyonnais, et les héritiers de François Bonnefoy, marchand du Puy.

E 20*, f° 200 r°, et ms. fr. 18175, f° 79 r°.

13212. — Arrêt ordonnant qu'il soit fait un rapport au sujet du dommage que peut causer au Roi et au public l'autorisation donnée aux pêcheurs de Loire de se servir de lampresses.

E 20*, f° 202 r°, et ms. fr. 18175, f° 84 r°.

13213. — Arrêt statuant sur un procès pendant entre le duc et la duchesse de Luxembourg et M⁰ Jean Le Terrier, ci-devant receveur général des finances à Caen, au sujet du domaine engagé de Saint-Silvain.

E 20*, f° 203 r°, et ms. fr. 18175, f° 85 r°.

13214. — Arrêt donnant à Julien Crosnier, capitaine ordinaire en la marine du Ponant, mainlevée de son navire et de sa cargaison, qui avaient été saisis à la requête du procureur du Roi à Dinan, et ordonnant l'élargissement des matelots emprisonnés.

E 20*, f° 205 r°, et ms. fr. 18175, f° 82 v°.

13215. — Arrêt statuant sur un procès pendant entre M⁰ Jean Loriot, ci-devant trésorier des États de Bretagne, et M⁰ Christophe Charton, ci-devant com-

mis dudit Loriot dans les diocèses de Saint-Malo, de Dol et de Saint-Brieuc.

E 20*, f° 207 r°, et ms. fr. 18175, f° 96 v°.

13216. — Arrêt ordonnant qu'il sera pourvu aux offices de substitut du procureur du Roi à Narbonne, en la maîtrise des ports et au siège des gabelles, ces offices étant considérés comme vacants par la forfaiture de Charles Dexea.

E 20*, f° 211 r°, et ms. fr. 18175, f° 86 v°.

13217. — Arrêt ordonnant la vérification de ce qui est dû au marquis de Trans par certaines communautés de Provence.

E 20*, f° 213 r°, et ms. fr. 18175, f° 87 r°.

13218. — Arrêt statuant sur un procès pendant entre M⁰ Mathurin Desforges, et les officiers du présidial d'Angoulême au sujet de l'office de greffier des affirmations audit siège.

E 20*, f° 214 r°, et ms. fr. 18175, f° 81 v°.

13219. — Arrêt validant le payement d'une indemnité de 550 livres allouée à M⁰ Jean Rambault, receveur des tailles en l'élection de Thouars, à l'occasion d'une épidémie qui a obligé à transférer de Thouars à Bressuire le bureau de la recette.

E 20*, f° 216 r°, et ms. fr. 18175, f° 78 v°.

13220. — Arrêt statuant sur diverses instances pendantes entre les fermiers des impositions anciennes de 12 deniers par livre des denrées et marchandises vendues à Ervy, M⁰ Jean de Moisset, ci-devant fermier général des aides, et les habitants d'Ervy.

E 20*, f° 217 r°, et ms. fr. 18175, f° 77 r°.

13221. — Arrêt enjoignant aux fermiers des greffes du bailliage et de la prévôté de Mantes de se conformer à l'arrêt de règlement du 13 novembre dernier (n° 12748) et de respecter les droits des propriétaires du parisis des greffes.

E 20*, f° 219 r°, et ms. fr. 18175, f° 76 v°.

13222. — Arrêt renvoyant aux trésoriers de France en Dauphiné une requête des consuls de Chabeuil qui demandent à lever certains droits dont le produit serait affecté à la reconstruction d'un pont sur la Véoure.

E 20ᵉ, fᵒ 220 rᵒ, et ms. fr. 18175, fᵒ 98 rᵒ.

13223. — Arrêt ordonnant la vérification des dettes du bourg de Plauzat.

E 20ᵉ, fᵒ 221 rᵒ, et ms. fr. 18175, fᵒ 87 vᵒ.

13224. — Arrêt modifiant la forme d'un acquit patent par lequel le Roi a fait don à la reine Marguerite de tous les deniers qui proviendraient du supplément et de la revente des offices de notaires dans l'étendue de ses terres.

E 20ᵉ, fᵒ 222 rᵒ, et ms. fr. 18175, fᵒ 84 vᵒ.

13225. — Arrêt autorisant les habitants de Meaux à lever, en deux ans, une somme de 3,000 livres destinée à la reconstruction de l'église de Saint-Remy, qu'ils ont été obligés, durant les troubles, de démolir dans l'intérêt de la défense de la ville.

E 20ᵉ, fᵒ 223 rᵒ, et ms. fr. 18175, fᵒ 89 rᵒ.

13226. — Arrêt ordonnant que, nonobstant divers arrêts du parlement de Bourgogne, Mᵉˢ Étienne de Loisy, ancien mayeur de Dijon, Nicolas Pouffier, contrôleur général des finances, et Étienne Humbert, contrôleur général du taillon en Bourgogne, Odet Vautheron, notaire, Pierre Marcq, Jean Roy et Jean Legrand exerceront, jusqu'au 23 juin, les charges d'anciens échevins de Dijon.

E 20ᵉ, fᵒ 225 rᵒ, et ms. fr. 18175, fᵒ 89 vᵒ.

13227. — Arrêt ordonnant le rétablissement des gages de Mᵉ Augustin Le Petit, lieutenant général criminel au bailliage et au présidial de Caen, ces gages ayant été rayés par les sieurs Repichon et Le Faulconnier, trésoriers de France à Caen, «par animosité de ce qu'il avoit esté employé en la commission de la Chambre royale establye pour la recherche des officiers des finances qui avoient abuzé de leurs charges».

E 20ᵉ, fᵒ 229 rᵒ, et ms. fr. 18175, fᵒ 91 vᵒ.

13228. — Arrêt ordonnant qu'à partir de l'année 1608, les maîtres des postes seront payés de leurs gages, sur les lieux, par les soins des receveurs généraux.

E 20ᵉ, fᵒ 230 rᵒ, et ms. fr. 18175, fᵒ 76 rᵒ.

13229. — Arrêt ordonnant que Mᵉ Jacques Le Seigneur, sieur de Viquemare, conseiller au parlement de Rouen, Anne Le Vasnier, sa fiancée, et Georges Le Vasnier, père de ladite Anne, seront entendus au Conseil au sujet de la requête par laquelle ledit Le Seigneur demande que leur procès soit renvoyé à la Chambre de l'Édit.

E 20ᵉ, fᵒ 231 rᵒ, et ms. fr. 18175, fᵒ 92 rᵒ.

13230. — Arrêt ordonnant l'élargissement sous caution de Mᵉ Nicolas de Coquerel, général des Monnaies, emprisonné à la requête de la veuve de Mᵉ Joseph Le Mercier, commis à la recette des confirmations.

E 20ᵉ, fᵒ 233 rᵒ, et ms. fr. 18175, fᵒ 92 vᵒ.

13231. — Arrêt défendant provisoirement à Louis de Marest, soi-disant recteur et commandeur de la cure de Saint-Benoît de Grilly, de poursuivre ailleurs qu'au Conseil les ministres protestants du bailliage de Gex pour se faire mettre en possession de ladite terre, attendu qu'étant marié, il est incapable de tenir aucun bénéfice.

E 20ᵉ, fᵒ 235 rᵒ, et ms. fr. 18175, fᵒ 93 rᵒ.

13232. — Arrêt statuant sur diverses instances pendantes entre Charles Du Han, fermier général des Cinq grosses fermes, et Pierre Fermanet, Guillaume Liesse, Pierre Alexandre, etc., marchands de Rouen.

E 20ᵉ, fᵒ 236 rᵒ, et ms. fr. 18175, fᵒ 88 rᵒ.

13233. — Arrêt renvoyant à la cour des aides de Normandie un procès pendant entre plusieurs bourgeois de Granville et les habitants de Saint-Nicolas-près-Granville.

E 20ᵉ, fᵒ 238 rᵒ, et ms. fr. 18175, fᵒ 94 rᵒ.

13234. — Arrêt renvoyant aux commissaires députés pour la vérification des dettes des villages du Dauphiné une requête des consuls des écartons de Briançon, d'Oulx et de Valcluson, «hors Césanne», tendante au remboursement des avances extraordinaires par eux faites pour le service du Roi.

E 20ᵉ, fᵒ 240 rᵒ, et ms. fr. 18175, fᵒ 93 vᵒ.

13235. — Arrêt ordonnant la réception de

69.

M⁰ Charles de Belan en un office de conseiller au parlement de Provence.

E 20ᵉ, fᵒ 241 rᵒ, et ms. fr. 18175, fᵒ 95 rᵒ.

13236. — Arrêt renvoyant aux trésoriers de France à Dijon une requête des habitants de Montbard, tendante à la prorogation d'un octroi.

E 20ᵉ, fᵒ 243 rᵒ, et ms. fr. 18175, fᵒ 93 vᵒ.

13237. — Arrêt relatif à un procès pendant entre Mᵉ Louis Riboteau et Charles Cornuat, ci-devant fermiers des aides de Lyon et du plat pays de Lyonnais, et Mᵉ Jean de Poix, syndic du plat pays de Lyonnais.

E 20ᵉ, fᵒ 244 rᵒ, et ms. fr. 18175, fᵒ 95 vᵒ.

13238. — Arrêt interdisant au Grand Conseil la connaissance du procès pendant entre Mᵉ Denis Feydeau, fermier général des aides, Antoine et Guillaume Batelartz.

Ms. fr. 18175, fᵒ 85 rᵒ.

1609, 14 février. — Paris.

13239. — Arrêt ordonnant qu'une requête des officiers du Roi en l'élection de Nevers demandant à payer le droit annuel sera communiquée au duc de Nevers ou aux gens de son Conseil, et que les parties seront entendues au Conseil.

E 20ᵉ, fᵒ 246 rᵒ, et ms. fr. 18175, fᵒ 99 rᵒ.

13240. — Arrêt renvoyant aux trésoriers de France en Bourgogne une requête par laquelle la veuve de Mathurin Du Coudray, pilote et capitaine de la marine royale, demande payement d'une indemnité de 66,000 livres à elle accordée par le Roi.

E 20ᵉ, fᵒ 247 rᵒ, et ms. fr. 18175, fᵒ 105 vᵒ.

13241. — Arrêt autorisant les habitants de la «contau» de Castres et de Portets à lever sur eux-mêmes une somme de 1,800 livres destinée à l'acquittement des frais de leur procès.

E 20ᵉ, fᵒ 248 rᵒ, et ms. fr. 18175, fᵒ 98 vᵒ.

13242. — Arrêt réglant le payement de l'augmentation de gages attribuée à Mᵉ Marcellin de Manifacier, receveur des tailles au diocèse de Mende.

E 20ᵉ, fᵒ 249 rᵒ, et ms. fr. 18175, fᵒ 100 rᵒ.

13243. — Arrêt attribuant une augmentation de gages de 60 livres à Mᵉ Guy Depains, élu en l'élection de Chaumont-en-Bassigny.

E 20ᵉ, fᵒ 251 rᵒ.

13244. — Arrêt faisant remise de 1,087 écus aux consuls et habitants du comté de Carmaing, attendu qu'ils n'ont pas entièrement bénéficié de la remise des tailles des années 1596 et 1597 qui leur avait été faite antérieurement.

E 20ᵉ, fᵒ 252 rᵒ, et ms. fr. 18175, fᵒ 99 vᵒ.

1609, 17 février. — Paris.

13245. — Arrêt faisant remise d'un quartier de tailles aux habitants de Saint-Martin-des-Champs, attendu les pertes que leur a fait subir l'orage du 22 juillet dernier.

E 20ᵉ, fᵒ 254 rᵒ, et ms. fr. 18175, fᵒ 110 rᵒ.

13246. — Arrêt ordonnant que le procès pendant entre Jean de La Touche, lieutenant général d'Auray, Vincent Cadio et consorts sera jugé, en dernier ressort, par le maréchal de Brissac, assisté, non plus de deux présidents et d'un conseiller au parlement de Rennes, mais de trois maîtres des requêtes de l'Hôtel.

E 20ᵉ, fᵒ 255 rᵒ, et ms. fr. 18175, fᵒ 108 vᵒ.

13247. — Arrêt ordonnant que Mᵉ Uriel Avril sera maintenu en l'office de receveur des deniers communs de la ville de Saumur, à moins que les habitants ne préfèrent lui payer la somme de 2,600 livres.

E 20ᵉ, fᵒ 257 rᵒ, et ms. fr. 18175, fᵒ 107 vᵒ.

13248. — Arrêt réglant le payement des gages de Mᵉ Jean Deschamps, élu en l'élection de Beaujolais, et imputant sur la finance qu'il doit à raison de cet office une somme de 800 écus égale au capital d'une rente due à Jean Deschamps, son père, et dont il promet de décharger le Roi.

E 20ᵉ, fᵒ 259 rᵒ, et ms. fr. 18175, fᵒ 106 vᵒ.

13249. — Arrêt réduisant à 10,000 livres le chiffre du cautionnement que doit fournir le sieur Feydeau pour être reçu en l'office de receveur général des finances à Poitiers.

E 20ᵉ, fᵒ 261 rᵒ, et ms. fr. 18175, fᵒ 106 rᵒ.

13250. — Arrêt réglant le payement de deux sommes de 4,950 écus 45 sols et de 1,184 écus 40 sols dues aux consuls du Puy des années 1594 et 1596.

E 20*, f° 262 r°, et ms. fr. 18175, f° 105 r°.

13251. — Arrêt déclarant que les Chartreux de Castres, maintenant réfugiés à Toulouse, recommenceront à jouir du privilège, à eux concédé par les Rois, de prendre chaque année 10 quintaux de sel au grenier de Siran, privilège dont ils ont cessé de jouir depuis que leur couvent a été pillé et détruit par les protestants.

E 20*, f° 263 r°, et ms. fr. 18175, f° 104 r°.

13252. — Arrêt réglant le payement des gages de M° Nicolas Burel, élu en l'élection de Beauvais.

E 20*, f° 264 r°, et ms. fr. 18175, f° 104 r°.

13253. — Arrêt ordonnant que l'équipage et la cargaison du navire la Suzanne, saisi par les maire et échevins de la Rochelle, seront restitués aux marchands anglais maîtres dudit navire, et renvoyant au Parlement la connaissance du différend soulevé entre eux et les marchands espagnols pour lesquels ils avaient frété ledit navire.

E 20*, f° 265 r°, et ms. fr. 18175, f° 103 r°.

13254. — Arrêt ordonnant que les trésoriers de France nouvellement pourvus payeront les sommes auxquelles chacun d'eux a été taxé pour sa quote-part des 630,000 livres levées sur tous les trésoriers de France du royaume.

E 20*, f° 267 r°, et ms. fr. 18175, f° 102 r°.

13255. — Arrêt autorisant les habitants de Maringues à lever sur eux-mêmes une somme de 1,216 livres 7 sols 6 deniers, destinée au payement de ce qu'ils doivent à leurs anciens consuls.

E 20*, f° 269 r°, et ms. fr. 18175, f° 101 v°.

13256. — Arrêt autorisant les habitants de Vervins à affermer les droits de huitièmes, de vingtièmes, etc., qui se lèvent, par forme d'octroi, sur les vins vendus en ladite ville.

E 20*, f° 270 r°, et ms. fr. 18175, f° 101 r°.

13257. — Arrêt relatif à une requête par laquelle les habitants des sept paroisses appelées les Sept villes de Bleu demandent mainlevée des «coustumes des Sept villes de Bleu, dont ilz sont en paisible possession il y a plus de cinq à six cens ans», et qui ont été saisies par le grand maître et surintendant des eaux et forêts.

E 20*, f° 271 r°, et ms. fr. 18175, f° 101 r°.

13258. — Arrêt ordonnant que l'édit de février 1607 qui crée des greniers à sel dans le bas pays et la Limagne d'Auvergne sera exécuté, ainsi que le bail conclu avec Étienne Blancheteau pour la fourniture du sel, et ce nonobstant l'opposition des députés du clergé, de la noblesse et du tiers état dudit pays.

E 20*, f° 272 r°, et ms. fr. 18175, f° 113 r°.

13259. — Arrêt statuant sur un procès pendant entre Claude Le Voyer, lieutenant du prévôt des maréchaux à Troyes, et M° Pierre Trutat, conseiller au présidial de Troyes et conseiller-assesseur en la juridiction du prévôt des maréchaux de Troyes.

E 20*, f° 274 r°, et ms. fr. 18175, f° 109 r°.

13260. — Arrêt ordonnant l'établissement de diverses taxes sur le vin, le sel et l'huile introduits et consommés en la ville du Puy, le produit en devant être affecté au payement des dettes de ladite ville.

E 20*, f° 276 r°, et ms. fr. 18175, f° 117 r°.

13261. — Arrêt ordonnant le rétablissement de sommes tenues en souffrance par la Chambre des comptes et dues à M° Nicolas Placin, ci-devant trésorier général de l'Artillerie, pour son augmentation de gages des années 1599 à 1602.

E 20*, f° 278 r°, et ms. fr. 18175, f° 116 v°.

13262. — Arrêt statuant sur un procès pendant entre Marin de Malleville «controlleur des entrées et yssues des vins de la ville et faulxbourgs de Paris», et les fermiers desdits droits.

E 20*, f° 280 r°, et ms. fr. 18175, f° 114 r°.

13263. — Arrêt ordonnant la levée sur les habitants de Saint-Étienne-de-Furens d'une somme de

3,754 livres 7 sols par eux due à leurs anciens consuls de l'année 1594.

E 20°, f° 284 r°, et ms. fr. 18175, f° 113 v°.

13264. — Arrêt statuant sur un procès pendant entre Jean Roqueplan, receveur des décimes au diocèse du Puy, et le syndic du Velay.

E 20°, f° 286 r°, et ms. fr. 18175, f° 111 v°.

13265. — Arrêt réduisant à 10,000 livres le chiffre du cautionnement que devra verser M° Martin de Bragelongne, receveur général des finances à Caen.

E 20°, f° 288 r°, et ms. fr. 18175, f° 111 r°.

13266. — Arrêt relatif à une requête par laquelle les députés des États de Bourgogne demandent à être chargés des rachats du domaine de Bourgogne préférablement aux sieurs Garnier et Chevremont.

E 20°, f° 289 r°, et ms. fr. 18175, f° 111 v°.

13267. — Acceptation conditionnelle des offres faites par Pierre Richard pour le rachat du « sceau de la rigueur estably par Sa Majesté aux contractz du ressort du parlement de Bourdeaux ».

E 20°, f° 291 r°, et ms. fr. 18175, f° 111 r°.

13268. — Arrêt réduisant à 10,000 livres le chiffre du cautionnement que devra fournir le sieur Simon, receveur général des finances à Paris.

E 20°, f° 293 r°, et ms. fr. 18175, f° 110 v°.

13269. — Arrêt ordonnant le payement immédiat d'un acompte de 1,500 livres sur les 3,000 assignées, par arrêt du 10 mars 1607, à Noël Parent, « entrepreneur des crespes fins façon de Boulongne estably par commandement du Roy en la ville et chasteau de Mante ».

E 20°, f° 294 r°, et ms. fr. 18175, f° 110 r°.

1609, 19 février. — Paris.

13270. — Arrêt statuant sur les procès pendants aux Requêtes du Palais entre Honoré d'Urfé, comte de Châteauneuf et de Châteaumorand, M° Richard Tardieu, notaire et secrétaire du Roi, et le duc de Mayenne.

E 20°, f° 295 r°, et ms. fr. 18175, f° 118 v°.

13271. — Arrêt accordant une remise de tailles aux habitants de Bellot et de Culoison, attendu les pertes que leur a fait subir l'orage du 22 juillet dernier.

E 20°, f° 297 r°, et ms. fr. 18175, f° 118 v°.

13272. — Arrêt ordonnant au sieur de Fleury, fils, commis à l'office de grand maître des eaux et forêts, de fournir le bois nécessaire à la construction d'une palissade destinée à enfermer les daims que le Roi a fait placer dans le parc de Vincennes.

E 20°, f° 298 r°, et ms. fr. 18175, f° 118 r°.

13273. — Arrêt ordonnant au trésorier des Parties casuelles de verser immédiatement à l'Épargne les deniers provenant de la vente et de la composition des offices d'huissiers audienciers encore disponibles.

E 20°, f° 300 r°, et ms. fr. 18175, f° 118 r°.

13274. — Arrêt ordonnant que les députés des États de Bretagne seront subrogés en la place d'Antoine Desmons pour le rachat de 3,600,000 livres de domaine engagé.

E 20°, f° 301 r°, et ms. fr. 18175, f° 120 r°.

1609, 20 février. — Paris.

13275. — Requête du sieur de Verdun, conseiller d'État et premier président du parlement de Toulouse, tendante au payement d'une somme de 6,990 livres à lui due, avec la réponse favorable du Conseil.

Ms. fr. 10843, f° 140 r°.

1609, 21 février. — Paris.

13276. — Doléances, en dix-huit articles, présentées par les bénéficiers des diocèses de Grenoble et de Gap, et accompagnées des réponses marginales du Conseil.

E 20°, f° 303 r°, et ms. fr. 18175, f° 127 v°.

13277. — Acceptation des offres faites par Gilbert

Pinagier, secrétaire ordinaire de la chambre du Roi, qui, s'il est chargé de lever les droits de francs-fiefs, de nouveaux acquêts et d'amortissement dans le ressort du parlement de Dijon, s'engage à racheter 140,000 livres de rentes constituées sur les recettes générales et particulières.

E 20*, f° 319 r°, et ms. fr. 18175, f° 107 r°.

13278. — Arrêt ordonnant qu'Alexandre Marchant sera, conformément à son contrat, mis en possession des greffes du Grand Conseil et des places de clercs, dont jouit actuellement M° Jérôme Thielement.

E 20*, f° 321 r°, et ms. fr. 18175, f° 137 v°.

13279. — Arrêt déclarant que les lieutenant en la mairie, échevins, gens du Conseil et habitants de Bayonne continueront d'être exempts des droits de traite et d'imposition foraine dans l'étendue de la ville et du « coustumal » de Bayonne, à la charge d'acquitter les droits accoutumés sur le bétail conduit hors du royaume.

E 20*, f° 322 r°, et ms. fr. 18175, f° 136 r°.

13280. — Arrêt autorisant les consuls et habitants de Dions à lever sur tous les contribuables, sauf le sieur de La Roche, une somme de 3,818 livres destinée au payement des frais de certains procès qu'ils ont dû entreprendre pour la défense de leurs privilèges contre le seigneur du lieu.

E 20*, f° 325 r°, et ms. fr. 18175, f° 126 v°.

13281. — Arrêt prorogeant pour quatre ans un octroi dont le produit est destiné au payement des dettes de la ville de Gournay.

(Note marginale de la main de Sully.)

E 20*, f° 327 r°, et ms. fr. 18175, f° 126 r°.

13282. — Arrêt relatif à diverses instances pendantes entre le fermier général des Cinq grosses fermes, le commis au contrôle du bureau de Rouen, Guillaume Larcanyer, marchand de Rouen, et Robert Fortin, sergent royal à Rouen.

E 20*, f° 329 r°, et ms. fr. 18175, f° 124 r°.

13283. — Arrêt réglant l'ordre de préséance de l'évêque de Grenoble, de son vicaire général et des présidents et conseillers au parlement de Grenoble dans les assemblées qui se tiennent en ladite ville pour le fait des pauvres, pour celui du sel ou pour d'autres affaires publiques.

E 20*, f° 331 r°, et ms. fr. 18175, f° 123 v°.

13284. — Arrêt renvoyant aux trésoriers de France à Limoges la requête des habitants de dix villages dépendants de la paroisse de Linards, lesquels demandent à être taxés aux tailles séparément.

E 20*, f° 332 r°, et ms. fr. 18175, f° 123 v°.

13285. — Arrêt déclarant que les nobles de Lyonnais, Forez et Beaujolais demeureront exempts de toutes tailles et impositions pour leurs biens nobles ou roturiers, que leurs fermiers, s'ils en ont, ne seront cotisés aux tailles qu'à raison du profit qu'ils réalisent, que les ecclésiastiques non nobles seront imposés pour leurs biens patrimoniaux et roturiers, que les mineurs ayant atteint l'âge de dix-huit ans seront imposés, ainsi que les officiers du Roi, de la Reine et des princes, à moins d'être couchés sur les états de la Cour des aides.

E 20*, f° 333 r°, et ms. fr. 18175, f° 125 r°.

13286. — Arrêt renvoyant à la chambre de l'Édit de Grenoble un procès pendant entre David de Bernui, baron de Villeneuve, et Catherine de Fontaines, dame de Feudeilles.

E 20*, f° 335 r°, et ms. fr. 18175, f° 122 r°.

13287. — Arrêt ordonnant que, dorénavant, il ne sera expédié aucun rôle d'offices vacants, aucune quittance d'office, sans que les gages y soient spécifiés, ou sans que l'on y ait inséré la mention « sans gaiges ».

E 20*, f° 337 r°, et ms. fr. 18175, f° 139 r°.

13288. — Arrêt ordonnant à M° Claude de Montescot, trésorier des Parties casuelles, de refaire, dans la quinzaine, son compte des deniers provenant de la vente des offices de contrôleurs-marqueurs de cuirs.

E 20*, f° 338 r°, et ms. fr. 18175, f° 138 v°.

13289. — Arrêt accordant à Ézéchias de Prestreval et à Suzanne Langlois, sa mère, un nouveau délai pour exécuter l'arrêt du Parlement obtenu par M° Pierre Guérin, auditeur des Comptes.

E 20°, f° 33g r°, et ms. fr. 18175, f° 122 r°.

13290. — Arrêt autorisant les «hommes tenans droit de roturiers et usagers» des bois, forêts et communs de la baronnie de Bois-d'Elle à lever sur eux-mêmes les sommes qu'ils ont été condamnés à payer au receveur des amendes du parlement de Rouen et au chapitre de Bayeux.

E 20°, f° 340 r°, et ms. fr. 18175, f° 121 v°.

13291. — Arrêt ordonnant une enquête destinée à faire «sçavoir sy les taxations des creues de 200,000 escus, 100,000 escus et 20,000 escus incorporées au princippal de la taille en l'année 1583 sont paiées aux recepveurs des tailles par forme de taxations ou par forme d'augmentation de gages, et sur quoy, au cas que ce soient taxations, elles ont esté passées».

E 20°, f° 342 r°, et ms. fr. 18175, f° 140 v°.

13292. — Arrêt défendant au lieutenant criminel du Châtelet de passer outre au jugement d'un procès intenté par M° Claude Du Nesmes à M° Noël Buffet, avocat en Parlement, comme auteur d'un factum qu'il n'a fait que corriger.

E 20°, f° 344 r°, et ms. fr. 18175, f° 140 r°.

13293. — Arrêt portant règlement au sujet de l'apurement des comptes des trésoriers généraux de l'Extraordinaire des guerres.

E 20°, f° 346 r°, et ms. fr. 18175, f° 138 r°.

13294. — Arrêt ordonnant le versement entre les mains du trésorier des fortifications de Picardie et d'Île-de-France de tous les deniers provenant de l'impôt de 60 sols par muid de vin sortant des généralités de Picardie, de Champagne et de Soissons, ainsi que de l'impôt de 188 sols par tonneau de vin entrant ès villes et bourgs de Picardie.

E 20°, f° 347 r°, et ms. fr. 18175, f° 139 r°.

13295. — Arrêt réglant le différend soulevé entre M° Pierre de Famechon, procureur du Roi, et M° An-

toine Fournier, substitut du procureur du Roi au bailliage d'Amiens.

E 20°, f° 349 r°, et ms. fr. 18175, f° 142 r°.

13296. — Arrêt statuant sur un procès pendant entre M° Bénigne Saulnier et M° Jean Godiceau, contrôleur triennal en l'élection de Guyenne, d'une part, et les élus en ladite élection, d'autre part.

E 20°, f° 351 r°, et ms. fr. 18175, f° 143 r°.

13297. — Arrêt ordonnant le remboursement des sommes payées par M° François Julliot pour la finance et pour le droit de marc d'or d'un office de conseiller au bailliage et au présidial de Chaumont-en-Bassigny, lequel a été supprimé par arrêt du Parlement.

E 20°, f° 353 r°, et ms. fr. 18175, f° 141 r°.

13298. — «Articles contenant les conditions accordées par le Roy en son Conseil à M° Jean Baudu, conseiller et secrétaire de Sa Majesté, pour parvenir à l'exécution des offres par luy faictes pour la levée des droitz de francs-fiefz et nouveaux acquestz en l'estendue du ressort du parlement de Paris».

Ms. fr. 18175, f° 135 r°.

13299. — Arrêt réglant l'exécution «du bail général faict à Anthoine Huron des droictz appartenans à Sa Majesté ès chancelleries des parlemens et présidiaux de ce royaume».

Ms. fr. 10843, f° 138 r°.

————

1609, 26 février. — Paris.

13300. — Arrêt déclarant éteinte une pension de 4,000 livres assignée sur les revenus de l'évêché de Grenoble, dont le Roi avait entendu gratifier M° Antoine de Pluvinel, écuyer de la grande Écurie et gouverneur du duc de Vendôme.

E 20°, f° 354 r°, et ms. fr. 18175, f° 144 r°.

13301. — Arrêt relatif à l'exécution du contrat passé avec Jean Goday pour le rachat des greffes, places de clercs et petits sceaux de Languedoc et de Provence.

E 20°, f° 356 r°, et ms. fr. 18175, f° 141 v°.

13302. — Arrêt déclarant que tous les officiers de finance et « commissionnaires » qui n'ont point payé de taxe pour l'abolition de la Chambre royale contribueront au payement des 1,200,000 livres qu'il plaît au Roi de faire lever sur les officiers de finance, assurant, en outre, par diverses autres mesures, le recouvrement de ladite somme.

E 20ᵃ, fᵒ 358 rᵒ, et ms. fr. 18175, fᵒ 147 rᵒ.

13303. — Arrêt maintenant Mᵉ Pierre Grangier, receveur général des gabelles de Languedoc, en possession des places de maîtres clercs des greffes de la sénéchaussée de Beaucaire et de Nîmes, mais reconnaissant à Jean Goday le droit de se faire subroger en la place dudit Grangier, après lui avoir remboursé son prix d'adjudication et lui avoir payé 1,000 écus de dommages-intérêts.

E 20ᵃ, fᵒ 360 rᵒ, et ms. fr. 18175, fᵒ 148 vᵒ.

13304. — « Articles des conditions accordées... à Paul Du Thier pour le nettoiement des rues de la ville et faubourgs de Paris pendant trente années consécutives. »

E 20ᵃ, fᵒ 368 rᵒ, et ms. fr. 18175, fᵒ 145 rᵒ.

1609, 27 février. — Paris.

13305. — Arrêt ordonnant le retrait féodal de la terre et seigneurie de Sérignac, déclarant qu'elle demeurera perpétuellement unie à la vicomté de Brullois, confirmant les anciennes franchises des habitants, établissant en ladite terre deux foires annuelles et un marché hebdomadaire, réglant enfin la levée d'une somme de 1,600 livres destinée à rembourser aux consuls et habitants le prix de ladite terre, qu'ils ont offert de payer, ainsi que leurs frais et loyaux coûts.

E 20ᵃ, fᵒ 370 rᵒ, et ms. fr. 18175, fᵒ 146 vᵒ.

1609, 28 février. — Paris.

13306. — Acceptation conditionnelle des offres faites par Martin Le Febvre, secrétaire de la chambre du Roi, pour le rachat de 400,000 livres de domaine aliéné et de 400,000 livres de rentes.

E 20ᵃ, fᵒ 372 rᵒ, et ms. fr. 18175, fᵒ 146 rᵒ.

13307. — Acceptation conditionnelle d'offres analogues faites par Paul Du Thier.

E 20ᵃ, fᵒ 374 rᵒ, et ms. fr. 18175, fᵒ 144 rᵒ.

1609, 5 mars. — Paris.

13308. — Arrêt prorogeant durant six années l'octroi concédé à la ville d'Amboise, dont le produit est destiné à l'entretien des chemins, des avenues et des ponts.

E 20ᵇ, fᵒ 1 rᵒ, et ms. fr. 18175, fᵒ 157 vᵒ.

13309. — Arrêt ordonnant le remboursement de l'office de maître des eaux et forêts de Châteauneuf et de Champrond possédé par Charles de La Tranchie, sieur de La Barre.

E 20ᵇ, fᵒ 2 rᵒ, et ms. fr. 18175, fᵒ 157 vᵒ.

13310. — Arrêt défendant provisoirement aux gens des comptes du Dauphiné de faire contribuer les habitants des bailliages d'Embrun, de Briançon et de Gap aux frais de la revision générale des feux du Dauphiné, et ce jusqu'au jugement du procès pendant à ce sujet entre lesdits habitants et le syndic du Dauphiné.

E 20ᵇ, fᵒ 3 rᵒ, et ms. fr. 18175, fᵒ 158 rᵒ.

13311. — Arrêt ordonnant que Mᵉ Pierre Sohier sera rétabli en l'exercice de son office de receveur ancien et alternatif du domaine de Lyons.

E 20ᵇ, fᵒ 4 rᵒ, et ms. fr. 18175, fᵒ 156 rᵒ.

13312. — Arrêt autorisant la levée d'une somme de 3,000 livres destinée à la reconstruction de l'église de Beaulieu, qui a été brûlée durant les troubles.

E 20ᵇ, fᵒ 5 rᵒ, et ms. fr. 18175, fᵒ 157 rᵒ.

13313. — Arrêt renvoyant au Grand Conseil le différend soulevé entre René de Bruc, sieur de La Chesnaye, ses associés et le sieur de Juvigny.

E 20ᵇ, fᵒ 6 rᵒ, et ms. fr. 18175, fᵒ 156 vᵒ.

13314. — Arrêt ordonnant le payement d'une somme de 1,000 livres promise par feu la duchesse de Bar à Philippe de Saint-Omer, dite Merannier, à l'occasion de son mariage avec Côme de Gallaty.

E 20ᵇ, fᵒ 7 rᵒ, et ms. fr. 18175, fᵒ 156 rᵒ.

13315. — Arrêt attribuant à la cour des aides de Paris et interdisant à la cour des aides de Normandie la connaissance de la saisie qui a été pratiquée sur l'office de trésorier provincial de l'Extraordinaire des guerres dans les bailliages d'Alençon, de Caen et de Cotentin, à la requête de MM. de Montgommery, de Brenons et de La Métairie, gouverneurs de Pontorson, du Mont-Saint-Michel et de Cherbourg.

E 20ᵇ, fᵒ 8 rᵒ, et ms. fr. 18175, fᵒ 158 vᵒ.

1609, 7 mars. — Paris.

13316. — Arrêt autorisant les marguilliers de Saint-Leu-et-Saint-Gilles à agrandir leur église du côté de la rue Salle-au-Comte, nonobstant l'opposition du prévôt de Paris, et en se conformant à l'alignement approuvé par le duc de Sully.

E 20ᵇ, fᵒ 10 rᵒ, et ms. fr. 18175, fᵒ 174 rᵒ.

13317. — Arrêt ordonnant que tous les trésoriers provinciaux de l'Extraordinaire des guerres qui n'ont point encore rendu leurs comptes de l'année 1606 seront contraints de le faire, et que dorénavant pareille contrainte sera exercée contre eux huit mois après la fin de chaque exercice.

E 20ᵇ, fᵒ 12 rᵒ; ms. fr. 18175, fᵒ 159 vᵒ, et ms. fr. 10842, fᵒ 175 rᵒ.

13318. — Arrêt déclarant que les protestants de Paris pourront faire enterrer leurs morts une demi-heure avant le lever ou une demi-heure après le coucher du soleil, en se faisant assister d'un archer, auquel il sera remis un quart d'écu chaque fois, sauf pour l'enterrement des pauvres.

E 20ᵇ, fᵒ 13 rᵒ, et ms. fr. 18175, fᵒ 159 rᵒ.

13319. — Arrêt autorisant les échevins et habitants d'Aubigny-sur-Nère à lever sur eux-mêmes une somme de 2,652 livres 11 sols destinée à l'amortissement de diverses rentes et au payement des dettes de la ville.

E 20ᵇ, fᵒ 15 rᵒ, et ms. fr. 18175, fᵒ 165 vᵒ.

13320. — Arrêt maintenant Mᵉ Jean Faget en l'office de receveur et payeur des gages des officiers de la Chambre de Nérac.

E 20ᵇ, fᵒ 17 rᵒ, et ms. fr. 18175, fᵒ 163 vᵒ.

13321. — Arrêt enjoignant à Mᵉ Claude Fineau, ci-devant receveur général des finances de Langue-d'Oïl et des décimes du diocèse de Bourges, et à Jean Ragueau, son commis, de payer avant le 13 mai ce qu'ils doivent au clergé de Bourges.

E 20ᵇ, fᵒ 19 rᵒ, et ms. fr. 18175, fᵒ 163 rᵒ.

13322. — Arrêt ordonnant l'examen des comptes de la ville de Gournay.

E 20ᵇ, fᵒ 21 rᵒ, et ms. fr. 18175, fᵒ 162 vᵒ.

13323. — Arrêt ordonnant la vérification des dettes de la ville de Touget, en Gascogne.

E 20ᵇ, fᵒ 22 rᵒ.

13324. — Arrêt interdisant provisoirement au Parlement la connaissance du procès pendant entre François-Jean-Charles de Pardaillan, comte de Panjas, et Jeanne Du Monceau, son épouse, d'une part, Philippe Lhermite, sieur de Lieurry, conseiller au Grand Conseil, d'autre part, au sujet des biens confisqués d'Antoine Regnault, sieur d'Ambleville, et de son serviteur, mis l'un et l'autre à mort comme faux-monnayeurs.

E 20ᵇ, fᵒ 24 rᵒ, et ms. fr. 18175, fᵒ 162 vᵒ.

13325. — Arrêt chargeant quatre conseillers d'État d'examiner l'édit de création des lieutenants et greffiers diocésains du prévôt général de Languedoc, ainsi que les causes d'opposition du syndic général de Languedoc, et d'en faire l'objet d'un rapport au Conseil.

E 20ᵇ, fᵒ 25 rᵒ, et ms. fr. 18175, fᵒ 162 rᵒ.

13326. — Arrêt déclarant que la qualité de Grand prévôt appartient exclusivement au sieur de Bellengreville, prévôt de l'Hôtel et grand prévôt de France, et que Louis Morel, prévôt de la Connétablie et de la Maréchaussée, ne pourra prendre ce titre dans les actes, non plus qu'aucun des autres prévôts du royaume.

E 20ᵇ, fᵒ 26 rᵒ, et ms. fr. 18175, fᵒ 161 vᵒ.

13327. — Arrêt ordonnant une enquête sur l'époque à laquelle le droit de marc d'argent, dû au Roi lors de son avènement, a cessé d'être levé sur les notaires et tabellions des pays de droit écrit, et ce à l'occasion d'un placet présenté par les sieurs de Materel, de La Chesnaye, de La Couronne et Desloges.

E 20ᵇ, fᵒ 27 rᵒ, et ms. fr. 18175, fᵒ 161 rᵒ.

13328. — Arrêt ordonnant le payement d'une somme de 4,355 livres due à Mᵉ Alexandre Servient, receveur général des finances à Tours, pour les gages des officiers du Parlement et de la Chambre des comptes pendant leur séjour à Tours, en 1591 et en 1593.

E 20ᵇ, fᵒ 28 rᵒ, et ms. fr. 18175, fᵒ 160 rᵒ.

13329. — Arrêt déclarant que les articles accordés à Mᵉ Jean Baudu, secrétaire du Roi, pour la levée des francs-fiefs et des nouveaux acquêts dans le ressort de Paris lui serviront de bail.

E 20ᵇ, fᵒ 29 rᵒ, et ms. fr. 18175, fᵒ 169 rᵒ.

13330. — Arrêt ordonnant la vérification des dettes de la ville de Grenade, dans le pays de Rivière-Verdun.

E 20ᵇ, fᵒ 30 rᵒ, et ms. fr. 18175, fᵒ 166 rᵒ.

13331. — Arrêt ordonnant aux receveurs et contrôleurs des traites d'Anjou d'acquitter la nouvelle taxe levée sur eux, et, en cas de refus, dédommageant MM. de Rohan, pair de France, et de La Varane, contrôleur général des Postes et gouverneur d'Angers.

E 20ᵇ, fᵒ 32 rᵒ, et ms. fr. 18175, fᵒ 167 rᵒ.

13332. — Arrêt ordonnant la remise aux mains du sieur de Maupeou, des comptes de l'octroi accordé à la ville de Lyon par lettres de septembre 1595 et aussi du compte des levées faites de la propre autorité du prévôt des marchands et des échevins, après la réduction de la ville en l'obéissance du Roi.

E 20ᵇ, fᵒ 34 rᵒ, et ms. fr. 18175, fᵒ 168 rᵒ.

13333. — Arrêt donnant mainlevée au duc de Mayenne de ses pensions et appointements, saisis à la requête de quelques créanciers.

E 20ᵇ, fᵒ 35 rᵒ, et ms. fr. 18175, fᵒ 168 vᵒ.

13334. — Arrêt autorisant les religieux de Pontigny à vendre 200 arpents de bois, pour en employer le prix aux réparations de l'abbaye.

E 20ᵇ, fᵒ 36 rᵒ, et ms. fr. 18175, fᵒ 160 vᵒ.

13335. — Arrêt ordonnant la restitution de « passemens d'or et d'argent faux fillez sur soie et fleurs » saisis par deux généraux en la Cour des monnaies sur les passementiers de Paris.

E 20ᵇ, fᵒ 37 rᵒ, et ms. fr. 18175, fᵒ 169 rᵒ.

13336. — Arrêt renvoyant à la cour des aides de Rouen le soin de procéder à l'adjudication de l'office de receveur ancien des tailles en l'élection de Chaumont et d'une moitié de l'office de receveur triennal dont est pourvu Mᵉ Bourbonne Chuppin, ordonnant, en outre, l'élargissement dudit Chuppin.

E 20ᵇ, fᵒ 39 rᵒ, et ms. fr. 18175, fᵒ 170 rᵒ.

13337. — Arrêt relatif à l'exécution du bail d'Antoine Billard, valet de chambre du Roi, fermier des revenus de l'ancien domaine de Navarre.

E 20ᵇ, fᵒ 40 rᵒ, et ms. fr. 18175, fᵒ 171 rᵒ.

13338. — Arrêt déclarant que Mᵉ Alexandre Marchant pourra, conformément aux termes de son contrat, entrer en possession du greffe de la Chambre des comptes, en remboursant au greffier actuel, Mᵉ Hugues de La Fontaine, ce que celui-ci a payé jusqu'à ce jour; réservant, d'ailleurs, pour un moment opportun le payement des gages dus à ce dernier.

E 20ᵇ, fᵒ 41 rᵒ, et ms. fr. 18175, fᵒ 171 vᵒ.

13339. — Arrêt défendant à Abraham Noël et à Jacques Aleaume, marchands d'Orléans, de poursuivre Aignan Poitras, fermier général des devoirs de la ville de Nantes, ailleurs que par-devant les trésoriers de France à Nantes.

E 20ᵇ, fᵒ 42 rᵒ, et ms. fr. 18175, fᵒ 172 rᵒ.

13340. — Arrêt déclarant que les maire et échevins de Niort seront dispensés de rendre aucun compte de l'emploi des deniers communs de ladite ville pendant les années 1567 à 1570, attendu que

·tous les titres et papiers ont disparu lors du pillage de 1588.

E 20^b, f° 43 r°, et ms. fr. 18175, f° 173 r°.

13341. — Arrêt ordonnant le payement d'une somme de 6,000 livres assignée, sur le produit de l'octroi de Lyon, au cardinal de Joyeuse comme tuteur honoraire de la duchesse de Montpensier.

E 20^b, f° 44 r°, et ms. fr. 18175, f° 172 v°.

1609, 12 mars. — Paris.

13342. — Arrêt ordonnant que, sur le produit de la vente des biens de Joachim Meurier, orfèvre de Paris, le sieur Du Carnoy, maître orfèvre du Roi, touchera, préférablement aux autres créanciers, l'équivalent de l'or qu'il avait fourni audit Meurier pour la fabrication d'un collier du Saint-Esprit destiné au Roi, ainsi que 81 livres qu'il lui avait données pour la fabrication de deux croix également destinées au Roi.

E 20^b, f° 45 r°, et ms. fr. 18175, f° 173 v°.

13343. — Arrêt donnant mainlevée provisoire à Pierre de Roncherolles, sieur de Mesneville, des droits de garde et autres à lui appartenant en la forêt des Sept villes de Bleu, laquelle a été saisie par le sieur de Fleury, grand maître des eaux et forêts.

E 20^b, f° 46 r°, et ms. fr. 18175, f° 179 v°.

13344. — Arrêt donnant mainlevée provisoire aux habitants des Sept villes de Bleu de leurs droits d'usage en ladite forêt, qui sont reconnus par charte de Philippe le Bel du mois de mars 1305.

E 20^b, f° 48 r°, et ms. fr. 18175, f° 178 v°.

1609, 14 mars. — Paris.

13345. — Arrêt autorisant les habitants de Vasselay à lever sur eux-mêmes une somme de 852 livres 10 sols destinée à l'acquittement de leurs dettes.

E 20^b, f° 50 r°, et ms. fr. 18175, f° 175 r°.

13346. — Acceptation conditionnelle des offres faites par Alexandre de La Croix pour le rachat de 400,000 livres de rentes ou de domaine aliéné.

E 20^b, f° 51 r°, et ms. fr. 18175, f° 176 r°.

13347. — Arrêt autorisant Nicolas Lévesque à racheter, en exécution de son contrat, les «amendes des deffaultz et lettres monstrées du bailliage de Vermandois», la prévôté foraine de Laon, les «amendes des coups de poing» de la même ville, etc.

E 20^b, f° 53 r°, et ms. fr. 18175, f° 177 r°.

13348. — Acceptation conditionnelle des offres faites par Pierre Moynier, receveur général des gabelles de Lyonnais, pour le rachat d'un revenu domanial de 100,000 livres au moins.

E 20^b, f° 54 r°, et ms. fr. 18175, f° 176 v°.

13349. — Arrêt statuant sur diverses instances pendantes entre les habitants et les officiers de l'élection de Reims, réglant la juridiction de ces derniers, et les déclarant désormais contribuables à la subvention levée en place du sol pour livre, ainsi qu'à toutes les taxes levées pour les besoins communs des habitants.

E 20^b, f° 56 r°, et ms. fr. 18175, f° 185 r°.

13350. — Arrêt cassant divers arrêts du parlement de Bourgogne, et maintenant les échevins de Dijon installés par le baron de Lux en exécution de l'arrêt du Conseil du 12 février dernier (n° 13226).

E 20^b, f° 58 r°, et ms. fr. 18175, f° 177 r°.

13351. — Arrêt déclarant Bénigne de Frasans, greffier des finances en Bourgogne, éligible en la charge de vicomte-mayeur de Dijon, nonobstant un arrêt du parlement de Bourgogne.

E 20^b, f° 60 r°, et ms. fr. 18175, f° 180 r°.

13352. — Acceptation conditionnelle des offres faites par M° Sébastien Laigneau pour le rachat de 300,000 livres de rentes ou de domaine aliéné.

E 20^b, f° 61 r°, et ms. fr. 18175, f° 181 v°.

13353. — Arrêt ratifiant les termes du traité passé par la Reine avec Augustin de Bonsergent, auquel elle abandonne le produit du droit de supplément levé sur les notaires et tabellions de Languedoc et de Provence.

E 20^b, f° 63 r°, et ms. fr. 18175, f° 181 v°.

13354. — Arrêt déclarant les habitants de la Capelle exempts du droit du sol pour livre.

E 20ᵇ, fᵒ 64 rᵒ, et ms. fr. 18175, fᵒ 183 vᵒ.

13355. — Arrêt interprétant l'article 6 du bail de Mᵉ Antoine Billard, fermier de l'ancien domaine de Navarre.

E 20ᵇ, fᵒ 66 rᵒ, et ms. fr. 18175, fᵒ 180 vᵒ.

13356. — Articles proposés par Pierre Richard, en conséquence de l'arrêt du 17 février dernier (nᵒ 13267), au sujet du remboursement de l'office de garde du scel apposé aux contrats dans le ressort de Bordeaux.

E 20ᵇ, fᵒ 68 rᵒ, et ms. fr. 18175, fᵒ 182 rᵒ.

13357. — Arrêt admettant Mᵉ Pierre Coustes, fermier de la monnaie de Montpellier, à rendre compte de l'ouvrage fait depuis le 1ᵉʳ janvier 1604, et déterminant les conditions auxquelles il pourra, ainsi que sa caution, être élargi des prisons où ils sont détenus à la requête des receveurs généraux des boîtes.

E 20ᵇ, fᵒ 70 rᵒ, et ms. fr. 18175, fᵒ 183 rᵒ.

13358. — Arrêt statuant sur une instance pendante entre Mᵉ Denis de Cordes, avocat en Parlement, et Mᵉ Alexandre Marchant, qui a traité avec le Roi de la réunion des greffes de Normandie et du ressort de Paris.

E 20ᵇ, fᵒ 72 rᵒ, et ms. fr. 18175, fᵒ 184 vᵒ.

13359. — Arrêt ordonnant que les vins des crus de l'élection de Chinon qui descendront la Vienne pour remonter la Loire seront exempts de l'impôt de 4 livres 10 sols par pipe de vin.

E 20ᵇ, fᵒ 74 rᵒ, et ms. fr. 18166, fᵒ 188 vᵒ.

13360. — Arrêt réservant à la nomination de Catherine Le Danois l'office de bouteiller et priseur de vins à Rouen dont était pourvu son défunt mari, Jacques de Rougemont, qui, « s'estant retiré, lors de la révolte de ladite ville, en celle de Dieppe, auroit esté tué tenant garnison pour le service de Sa Majesté au chasteau de Grémonville ».

E 20ᵇ, fᵒ 75 rᵒ, et ms. fr. 18175, fᵒ 187 rᵒ.

13361. — Arrêt renvoyant à la cour des comptes,

aides et finances de Provence la liquidation des avances dues à Henri de Grasse, sieur de Calian, qui « a tousjours fidellement servy le Roy au païs de Provence et y a perdu la main droicte et la plus grande partye de ses moyens », et ordonnant que les communautés de Provence lui payeront, par provision, une somme de 6,000 livres.

E 20ᵇ, fᵒ 77 rᵒ, et ms. fr. 18175, fᵒ 188 rᵒ.

13362. — Arrêt déclarant que Pierre de Mary, sieur de Crossiac, vice-sénéchal de Limousin, ne sera nullement tenu de diminuer le nombre de ses archers pour faciliter le payement des gages de Mᵉ Jacques Fieux, conseiller-assesseur en la sénéchaussée.

E 20ᵇ, fᵒ 78 rᵒ, et ms. fr. 18175, fᵒ 189 rᵒ.

13363. — Arrêt ordonnant au trésorier des Parties casuelles de délivrer au duc de Rohan des quittances en blanc d'offices d'huissiers audienciers pour une valeur de 63,796 livres.

E 20ᵇ, fᵒ 80 rᵒ, et ms. fr. 18175, fᵒ 190 rᵒ.

13364. — Arrêt relatif à l'exécution du bail d'Antoine Billard, valet de chambre ordinaire du Roi, « ayant contracté avec Sa Majesté pour le revenu de son ancien domaine réuny à la Couronne ».

E 20ᵇ, fᵒ 81 rᵒ, et ms. fr. 18175, fᵒ 190 vᵒ.

13365. — Arrêt ordonnant que les habitants de Morlaix jouiront provisoirement du devoir d'un sol par pot de vin et de 6 deniers par pot de bière ou de cidre vendus en ladite ville, et désignant deux conseillers d'État pour faire un rapport sur l'opposition formée par François Colin et consorts.

E 20ᵇ, fᵒ 82 rᵒ, et ms. fr. 18175, fᵒ 191 rᵒ.

13366. — Arrêt ordonnant qu'à partir de l'année 1609, le duc de Lorraine touchera une rente de 11,435 livres, assignée jusqu'à présent, sur la recette générale d'Orléans, à sa tante la duchesse douairière de Brunswick, et jadis assignée par Charles IX au feu duc de Brunswick, qui lui avait prêté 360,000 livres.

E 20ᵇ, fᵒ 84 rᵒ, et ms. fr. 18175, fᵒ 192 vᵒ.

13367. — Arrêt ordonnant la restitution d'une partie des sommes payées par le receveur ordinaire

du domaine en Poitou au grand maître des eaux et
forêts de Poitou et aux autres officiers qui ont procédé au mesurage, au balivage, à la vente, etc., des
bois précédemment engagés aux héritiers du sieur de
Richelieu.

E 20ᵇ, fᵒ 86 rᵒ, et ms. fr. 18175, fᵒ 208 vᵒ.

1609, 17 mars. — Paris.

13368. — Arrêt accordant aux États de Bretagne
une somme de 160,000 livres, à condition qu'ils ra-
chètent pour une valeur égale des portions de domaine
aliéné, outre ce qu'ils sont déjà obligés de racheter,
comme subrogés au contrat de Mᵐᵉ Antoine Desmons
et René Sain.

E 20ᵇ, fᵒ 88 rᵒ, et ms. fr. 18175, fᵒ 202 rᵒ.

13369. — Arrêt donnant aux maire et échevins
de Troyes mainlevée provisoire des deniers de l'octroi
saisi par les héritiers de l'ancien maire Jean d'Autruy.

E 20ᵇ, fᵒ 90 rᵒ, et ms. fr. 18175, fᵒ 200 rᵒ.

13370. — Arrêt ordonnant que Mᵉ Jean Le Gros,
syndic des États de Bourgogne, sera subrogé en la
place de Mᵉ Michel Garnier, secrétaire de la chambre
du Roi, «pour le rachapt, jusques à la somme de
600,000 livres, des greffes, parisis, présentations,
double sol, aydes et péages cy-devant venduz à faculté de rachat perpétuel estans en l'estendue de la
généralité de Dijon».

E 20ᵇ, fᵒ 91 rᵒ, et ms. fr. 18175, fᵒ 199 vᵒ.

13371. — Arrêt réservant au Conseil la connaissance des différends soulevés entre Mᵉ Thomas Robin
et Mᵉ Alexandre Marchant, au sujet de l'exécution de
l'édit d'août 1607 relatif à l'érection en fief des terres
vaines et vagues de Normandie.

E 20ᵇ, fᵒ 92 rᵒ, et ms. fr. 18175, fᵒ 207 rᵒ.

13372. — Acceptation conditionnelle des offres
faites par Simon Le Roux, secrétaire de la chambre
du Roi, pour le rachat de 1,800,000 livres de domaine aliéné et de 600,000 livres de rentes.

E 20ᵇ, fᵒ 93 rᵒ, et ms. fr. 18175, fᵒ 175 vᵒ.

13373. — Arrêt renvoyant aux trésoriers de

France à Riom une demande de rabais présentée par
Pierre Vernet, fermier du domaine d'Usson, à raison
des pertes que lui a fait subir l'orage du 23 juillet
dernier.

E 20ᵇ, fᵒ 95 rᵒ, et ms. fr. 18175, fᵒ 199 rᵒ.

13374. — Arrêt autorisant la levée sur le Velay
d'une somme de 1,200 livres due par ledit pays à
Mᵉ Robert Jandan.

E 20ᵇ, fᵒ 96 rᵒ, et ms. fr. 18175, fᵒ 197 vᵒ.

13375. — Arrêt ordonnant que le cautionnement
fourni par les cautions et certificateurs de Barthélemy
Carteret, fermier des taxes levées sur le vin en Picardie et en Champagne, sera renforcé d'une somme
de 23,662 livres 10 sols.

E 20ᵇ, fᵒ 97 rᵒ, et ms. fr. 18175, fᵒ 196 vᵒ.

13376. — Arrêt statuant sur un procès pendant
entre les sergents en la sénéchaussée d'Anjou et Luc
Gaignard, «porteur des quittances du trésorier des
Partyes casuelles sur le faict des ampliations de pouvoir exploicter par tout le royaulme».

E 20ᵇ, fᵒ 98 rᵒ, et ms. fr. 18175, fᵒ 205 vᵒ.

13377. — Arrêt ordonnant qu'une somme de
100,000 livres sera levée sur le bas pays d'Auvergne,
même sur les cent vingt paroisses distraites de l'élection de Clermont, pour être payée à Mᵉ Claude Josse,
ci-devant adjudicataire de la fourniture du sel audit
pays.

E 20ᵇ, fᵒ 100 rᵒ, et ms. fr. 18175, fᵒ 212 vᵒ.

13378. — Arrêt déclarant que le sieur de Bé-
rault, capitaine d'une compagnie de gens de pied au
régiment de Navarre, sera maintenu, pendant neuf
ans, en jouissance de la moitié des revenus du péage
de Taillebourg-sur-Garonne.

E 20ᵇ, fᵒ 102 rᵒ, et ms. fr. 18175, fᵒ 212 rᵒ.

13379. — Arrêt ordonnant que Robert Cossart
jouira, pendant seize ans, de l'office de notaire garde-
note en la ville de Beauvais, et renvoyant au Grand
Conseil le soin de fixer ses attributions, en même
temps que celles des autres notaires royaux de ladite
ville.

E 20ᵇ, fᵒ 103 rᵒ, et ms. fr. 18175, fᵒ 209 vᵒ.

13380. — Arrêt ordonnant le versement à la recette générale de Bordeaux d'un reliquat de 9,000 livres demeuré entre les mains de Romain de Saint-Sever, receveur des tailles en l'élection de Périgord.

E 20ᵇ, fᵒ 105 rᵒ, et ms. fr. 18175, fᵒ 199 rᵒ.

13381. — Arrêt déclarant qu'Arnauld Du Fau devra prendre du Roi lettres de provision de l'office de consul de la nation française à Séville, dont Jean de La Clau se démettra, sinon ledit Du Fau ne pourra plus s'entremettre d'aucune façon en l'exercice dudit consulat.

E 20ᵇ, fᵒ 106 rᵒ, et ms. fr. 18175, fᵒ 208 rᵒ.

13382. — Arrêt confirmant un bail passé par le sieur de La Vieuville, lieutenant général en Champagne, comme jouissant, en vertu d'un don du Roi, de la terre et seigneurie de Saint-Gobain.

E 20ᵇ, fᵒ 108 rᵒ, et ms. fr. 18175, fᵒ 198 rᵒ.

13383. — Arrêt ordonnant la mise en adjudication des greffes et domaines de Normandie non encore affermés, et réservant les droits d'Alexandre Marchant, qui a traité du rachat de certaines portions de domaine pour une valeur de 2 millions de livres.

E 20ᵇ, fᵒ 109 rᵒ, et ms. fr. 18175, fᵒ 198 vᵒ.

13384. — Arrêt accordant aux habitants de l'élection de Chinon un sursis d'un an pour le payement des restes des années 1597 à 1600, attendu les pertes que leur ont fait subir, pendant les troubles, les incursions de la garnison de Mirebeau.

E 20ᵇ, fᵒ 111 rᵒ, et ms. fr. 18175, fᵒ 204 vᵒ.

13385. — Arrêt levant les défenses portées par un arrêt qu'avaient obtenu au Conseil privé, le 17 décembre dernier, Jean de La Haye et autres maîtres orfèvres et joailliers du Pont-au-Change, et renvoyant le procès pendant entre eux et Claude Barbin aux commissaires députés pour l'exécution du contrat passé sous le nom de Nicolas Lévesque.

E 20ᵇ, fᵒ 113 rᵒ, et ms. fr. 18175, fᵒ 203 vᵒ.

13386. — Arrêt relatif à l'exécution du traité passé avec Mᵉ Louis Massuau.

E 20ᵇ, fᵒ 115 rᵒ; AD ✠ 146, nᵒ 16, et ms. fr. 18175, fᵒ 201 rᵒ.

13387. — Arrêt ordonnant que les habitants de Tiranges jouiront de la remise générale des tailles des années 1594 à 1596, et défendant notamment aux porteurs des quittances du sieur Felice Cotti, lieutenant de la compagnie du Connétable, de les inquiéter à ce sujet.

E 20ᵇ, fᵒ 117 rᵒ, et ms. fr. 18175, fᵒ 202 vᵒ.

13388. — Arrêt annulant l'effet des sentences qu'un soi-disant subdélégué du commissaire chargé de rechercher les abus commis en la levée du sol pour livre a prononcées contre la veuve de Jean Nau, commissaire chargé de la levée des droits de pancarte à Joigny, et contre plusieurs « commissaires establis à l'entrée des portes de ladite ville ès années m vᶜ iiiiˣˣ xviii, xix, viᶜ ».

E 20ᵇ, fᵒ 119 rᵒ, et ms. fr. 18175, fᵒ 193 vᵒ.

13389. — Arrêt ordonnant le payement d'une somme de 840 livres due à Mᵉ Antoine Danguechin, procureur général en la Cour des aides, pour un voyage que son père, le feu sieur Danguechin, avait fait de Tours à Mantes et de Mantes à Paris, afin de rendre compte au Roi de certains meubles de la Couronne à lui confiés durant la Ligue et afin de les remettre au sieur Mosnier, gardes des meubles du Roi.

E 20ᵇ, fᵒ 121 rᵒ, et ms. fr. 18175, fᵒ 195 rᵒ.

13390. — Arrêt ordonnant la délivrance du bois nécessaire aux réparations de l'abbaye de Bonport, attendu qu'elle appartient au marquis de Verneuil, fils naturel du Roi.

E 20ᵇ, fᵒ 122 rᵒ, et ms. fr. 18175, fᵒ 195 vᵒ.

13391. — Acceptation conditionnelle des offres faites par François Tantillon, receveur des tailles du Forez, pour le rachat de domaines aliénés et de rentes constituées sur les recettes générales jusqu'à concurrence d'une valeur de 2 millions de livres.

E 20ᵇ, fᵒ 123 rᵒ, et ms. fr. 18175, fᵒ 196 rᵒ.

13392. — Arrêt renvoyant aux officiers des Eaux et forêts les offres faites par Jean de Ponthieu pour l'achat des coupes successives d'une partie de la forêt de Villiers-le-Duc durant douze années.

E 20ᵇ, fᵒ 125 rᵒ, et ms. fr. 18175, fᵒ 197

13393. — Arrêt relatif au différend soulevé entre les procureurs du Roi au présidial de Poitiers et le procureur du Roi au siège de Limoges au sujet des appellations des châtellenies de Bellac, Rancon et Champagnac.

E 20ᵇ, fᵒ 126 rᵒ, et ms. fr. 18175, fᵒ 196 rᵒ.

13394. — Arrêt déclarant bonne et valable une saisie pratiquée sur les deniers communs de la ville de Rouen à la requête de Martin Baudry, mari de Jeanne Le Cuillier, laquelle avait épousé en premières noces François d'Angoulle.

E 20ᵇ, fᵒ 127 rᵒ, et ms. fr. 18175, fᵒ 211 rᵒ.

1609, 19 mars. — Paris.

13395. — Arrêt ordonnant le remboursement des sommes payées par Mᵉ Bernard de Marsis, lieutenant particulier assesseur au siège de Gourdon, pour un office de commissaire-examinateur audit siège.

E 20ᵇ, fᵒ 129 rᵒ, et ms. fr. 18175, fᵒ 193 rᵒ.

13396. — Arrêt prenant des mesures destinées à amener la réintégration dans les prisons de Doullens de frère François Haniot, religieux de Cercamp, de François Flaven et de Jean Caigneu, qui sont venus dans le village de Bocquemaison saisir, de leur autorité privée, du bois volé, disait-on, à l'abbaye de Cercamp, bien que ladite abbaye soit à présent occupée par les archiducs d'Autriche, comtes de Flandre, et « que les religieux ne rendent plus l'obéissance qu'ilz doibvent à Sa Majesté ».

E 20ᵇ, fᵒ 130 rᵒ, et ms. fr. 18175, fᵒ 217 vᵒ.

13397. — Arrêt relatif à l'exécution d'un don fait au sieur de Roquelaure, maître de la garde-robe du Roi, et comprenant « trois années des chaufages revocquez et retranchez aux officiers des forestz et autres ».

E 20ᵇ, fᵒ 132 rᵒ, et ms. fr. 18175, fᵒ 217 rᵒ.

13398. — Acceptation conditionnelle des offres faites par Mathieu de Fontenay pour le rachat de 200,000 livres de rentes ou de domaines aliénés.

E 20ᵇ, fᵒ 133 rᵒ, et ms. fr. 18175, fᵒ 216 vᵒ.

13399. — Acceptation conditionnelle de l'offre de Toussaint Bertrand, qui se fait fort de donner un avis devant rapporter au Roi un bénéfice de 450,000 livres.

E 20ᵇ, fᵒ 135 rᵒ, et ms. fr. 18175, fᵒ 216 rᵒ.

13400. — Arrêt ordonnant que Pierre Fernagu, nommé par Mᵉ Charles Paulet aux charges de greffier et de clerc du bureau des finances de Caen, en conservera la jouissance nonobstant l'opposition des trésoriers de France.

E 20ᵇ, fᵒ 137 rᵒ.

13401. — Acceptation conditionnelle des offres faites par Alexandre Jannel pour le rachat d'un domaine d'une valeur de 200,000 livres.

E 20ᵇ, fᵒ 139 rᵒ, et ms. fr. 18175, fᵒ 216 rᵒ.

13402. — Acceptation conditionnelle des offres faites par le sieur Deprocé pour le rachat de 1,500,000 livres de domaines engagés.

E 20ᵇ, fᵒ 140 rᵒ, et ms. fr. 18175, fᵒ 215 vᵒ.

13403. — Arrêt interdisant au parlement de Bordeaux la connaissance des oppositions faites à la levée des deniers destinés au rachat de la terre et de la baronnie de Montferrand.

E 20ᵇ, fᵒ 142 rᵒ, et ms. fr. 18175, fᵒ 215 rᵒ.

13404. — Arrêt ordonnant que les sieurs Fouquet et Robin, anciens fermiers des greniers à sel de Touraine et de Berry, produiront les actes en vertu desquels ils prétendent avoir eu le droit de lever certaines taxes.

E 20ᵇ, fᵒ 143 rᵒ, et ms. fr. 18175, fᵒ 214 vᵒ.

13405. — Acceptation conditionnelle des offres faites par Fédéric Cottu pour le rachat de 240,000 livres de rentes.

E 20ᵇ, fᵒ 145 rᵒ, et ms. fr. 18175, fᵒ 214 vᵒ.

13406. — Arrêt maintenant Pierre Desfossés, sieur de Coyolles, en possession d'une futaie attenante à la forêt de Retz, conformément à un arrêt rendu au Parlement dans un procès pendant entre la reine Marguerite, duchesse de Valois, et ledit sieur Desfossés.

E 20ᵇ, fᵒ 147 rᵒ, et ms. fr. 18175, fᵒ 214 rᵒ.

13407. — Arrêt relatif à la vérification des dettes de la ville de Montpellier.

E 20ᵇ, fᵒ 149 rᵒ, et ms. fr. 18175, fᵒ 218 rᵒ.

13408. — Acceptation conditionnelle des offres faites par Mᵉ Pierre Trogan pour le rachat de 1,800,000 livres de rentes ou de domaine aliéné.

E 20ᵇ, fᵒ 151 rᵒ.

13409. — Arrêt défendant aux gens du parlement de Rouen de nommer ou de recevoir personne en la charge de procureur audit parlement avant que le nombre des procureurs se trouve réduit à cinquante.

E 20ᵇ, fᵒ 153 rᵒ, et ms. fr. 18175, fᵒ 219 rᵒ.

13410. — Arrêt maintenant Lié de Chéry en la charge de premier huissier audiencier à la Table de marbre, «à la charge de se purger des cas à luy imposés».

E 20ᵇ, fᵒ 155 rᵒ, et ms. fr. 18175, fᵒ 220 vᵒ.

13411. — Arrêt ordonnant la remise à Mᵉ Pierre Fernagu des registres et papiers appartenant au greffe du bureau des finances de Caen.

E 20ᵇ, fᵒ 157 rᵒ, et ms. fr. 18175, fᵒ 222 vᵒ.

13412. — Arrêt renvoyant aux gens du Roi du parlement de Bordeaux un placet des capitaines Redet et Souppre, qui sollicitent le don «de ce qui concerne l'establissement en offices formez d'arpenteurs..... dans le resort du parlement de Bordeaux».

E 20ᵇ, fᵒ 158 rᵒ, et ms. fr. 18175, fᵒ 224 rᵒ.

13413. — Arrêt autorisant le sieur Hillaire, commissaire ordinaire de l'Artillerie, à bâtir sur la vasière qui est devant le port de Vannes.

E 20ᵇ, fᵒ 159 rᵒ, et ms. fr. 18175, fᵒ 223 vᵒ.

13414. — Arrêt ordonnant la réparation du pont d'Avignon.

E 20ᵇ, fᵒ 160 rᵒ, et ms. fr. 18175, fᵒ 223 rᵒ.

13415. — Acceptation conditionnelle des offres faites par des gens bien cautionnés qui, moyennant une prime de 200,000 livres, se feraient fort de procurer au Roi un bénéfice de 150,000 livres et un profit annuel de 150,000 livres.

E 20ᵇ, fᵒ 161 rᵒ, et ms. fr. 18175, fᵒ 225 rᵒ.

13416. — Acceptation conditionnelle des offres faites par Pierre Moreau, bourgeois de Paris, pour le rachat de 120,000 livres de rentes assignées sur les recettes.

E 20ᵇ, fᵒ 163 rᵒ, et ms. fr. 18175, fᵒ 224 vᵒ.

1609, 24 mars. — Paris.

13417. — Arrêt renvoyant aux trésoriers de France à Béziers une requête de Pierre Bourguet, qui offre de prendre en fief le bois, les devoirs et la justice d'Aigueblanche.

E 20ᵇ, fᵒ 165 rᵒ, et ms. fr. 18175, fᵒ 232 vᵒ.

13418. — Arrêt ordonnant à Mᵉ Jean Palot de payer une somme de 1,000 livres au baron de Dompmartin, colonel des reîtres, à valoir sur les 500 livres qu'il doit payer chaque mois audit colonel à partir du 1ᵉʳ juillet 1607.

E 20ᵇ, fᵒ 166 rᵒ, et ms. fr. 18175, fᵒ 225 vᵒ.

13419. — Arrêt ordonnant que Mᵉ Jean Tulle, qui s'est retiré en la ville d'Avignon, sera contraint par corps de venir compter avec la veuve de Mᵉ Joseph Le Mercier, que Mᵉ Nicolas de Coquerel, général des Monnaies et caution dudit Tulle, en obtiendra commission, avec clause rogatoire à l'adresse du vice-légat et des officiers du Pape, enfin que, si ledit Tulle ne peut être arrêté, on lui fera commandement, à son de trompe, au bout du pont d'Avignon.

E 20ᵇ, fᵒ 167 rᵒ, et ms. fr. 18175, fᵒ 225 vᵒ.

13420. — Arrêt autorisant les habitants de Charlieu à lever sur eux-mêmes une somme de 1,564 livres 3 sols 9 deniers destinée à l'acquittement de diverses dettes.

E 20ᵇ, fᵒ 168 rᵒ, et ms. fr. 18175, fᵒ 226 vᵒ.

13421. — Arrêt autorisant la levée sur tous les habitants du Mesnil-Mauger, même privilégiés, d'une somme de 1,500 livres destinée à la reconstruction de leur église.

E 20ᵇ, fᵒ 170 rᵒ, et ms. fr. 18175, fᵒ 227 vᵒ.

13422. — Arrêt renvoyant aux trésoriers de France à Poitiers un placet du sieur de Vareilles, exempt des Gardes du corps, qui sollicite le don de

1 2 0 arpents de marais et de terres vaines et vagues sis dans les paroisses de Chasseneuil et de Jaulnay.

E 20ᵇ, fᵒ 171 rᵒ, et ms. fr. 18175, fᵒ 227 vᵒ.

13423. — Arrêt déclarant que les échevins d'Amiens seront dispensés de rendre leurs comptes du produit des octrois des années 1592 à 1597.

E 20ᵇ, fᵒ 172 rᵒ, et ms. fr. 18175, fᵒ 228 rᵒ.

13424. — Arrêt défendant aux trésoriers de France à Paris de procéder à l'adjudication du « grand acquict et moulin bannal » de Meulan, lequel appartient à Louis de Saveuse et à Mᵉ Jacques de Beaulieu, secrétaire du Roi.

E 20ᵇ, fᵒ 173 rᵒ, et ms. fr. 18175, fᵒ 228 vᵒ.

13425. — Arrêt ordonnant aux trésoriers de France à Rouen de vérifier la recette faite par Mᵉ Charles Hue, receveur des aides en la généralité de Rouen, attendu le don fait, le 5 janvier dernier, à Jacques de Montgommery, sieur de Courbouzon, d'une somme de 10,000 livres à prendre sur ce qui proviendra « de l'obmission de recepte faicte par Mᵉ Charles Hue ».

E 20ᵇ, fᵒ 174 rᵒ, et ms. fr. 18175, fᵒ 229 rᵒ.

13426. — Arrêt défendant à Robert Picard, ancien archer des gardes de la prévôté de l'Hôtel, de se pourvoir en la Cour des aides ni ailleurs contre sa destitution, laquelle a été la conséquence d'un ordre du Roi.

E 20ᵇ, fᵒ 175 rᵒ, et ms. fr. 18175, fᵒ 228 vᵒ.

13427. — Arrêt déclarant que les officiers des élections des généralités d'Orléans, de Bourges, de Tours et de Moulins jouiront des taxes qui leur ont été attribuées sur chaque crue extraordinaire jusqu'à l'année 1608 inclusivement.

E 20ᵇ, fᵒ 176 rᵒ, et ms. fr. 18175, fᵒ 229 vᵒ.

13428. — Arrêt défendant à la chambre des comptes de Nantes d'inquiéter les habitants de Vannes au sujet de l'emploi de leurs deniers d'octroi, et ordonnant qu'ils jouiront encore pendant six ans des 1 2 deniers par pot de vin vendu en ladite ville et des

deux tiers de la taxe perçue sur les trois papegaux de l'arquebuse, de l'arc et de l'arbalète, mais à condition qu'ils n'emploieront désormais cet argent qu'aux dépenses prévues par les règlements.

E 20ᵇ, fᵒ 177 rᵒ, et ms. fr. 18175, fᵒ 230 rᵒ.

13429. — Arrêt condamnant les consuls d'Auzon au payement des sommes dues à Benoît de Fretat, sieur de Lorme, à Isabeau Fougadoire, à Alips et à Maurice Bienveigne.

E 20ᵇ, fᵒ 179 rᵒ, et ms. fr. 18175, fᵒ 231 rᵒ.

13430. — Arrêt ordonnant l'élargissement sous caution de Mᵉ Jean Pic, ci-devant commis à la recette des aides et tailles en l'élection de Forez, ainsi que l'élargissement de ses cautions.

E 20ᵇ, fᵒ 181 rᵒ, et ms. fr. 18175, fᵒ 232 vᵒ.

13431. — Arrêt ordonnant que le trésorier de l'Épargne payera ou assignera, en la présente année, une somme de 4,722 livres 7 sols destinée à l'acquittement des dettes de la ville de Montreuil.

E 20ᵇ, fᵒ 182 rᵒ, et ms. fr. 18175, fᵒ 232 rᵒ.

13432. — Acceptation conditionnelle des offres faites par Antoine Collot, bourgeois de Paris, qui se fait fort, sa vie durant, d'acquitter chaque année 100,000 livres de dettes.

E 20ᵇ, fᵒ 183 rᵒ, et ms. fr. 18175, fᵒ 235 vᵒ.

13433. — « Articles contenans les conditions accordées... » à Jean Didier pour parvenir à l'exécution des offres par luy faictes de rachepter, en seize années, pour la somme de 200,000 livres en principal, tant en rentes constituées sur les receptes..., que autres rentes, pièces et portions de domaine cy-devant alliéné... »

E 20ᵇ, fᵒ 185 rᵒ, et ms. fr. 18175, fᵒ 239 vᵒ.

13434. — Arrêt ordonnant une enquête contradictoire au sujet de l'emplacement le plus propre à la construction d'un temple protestant en la ville de Vitré.

E 20ᵇ, fᵒ 187 rᵒ, et ms. fr. 18175, fᵒ 240 vᵒ.

13435. — Arrêt ordonnant la levée d'une somme de 3,000 livres destinée aux réparations qu'il faut faire en l'auditoire du bailliage et de l'élection de Bugey, Valromey et Gex.

E 20ᵇ, fᵒ 189 rᵒ, et ms. fr. 18175, fᵒ 227 rᵒ.

13436. — Arrêt déclarant que les gages de Mᵉˢ Guillaume de Burg et Pierre Lassus, receveurs des tailles en l'élection d'Agenais, doivent être payés par ceux qui ont acquis, à titre d'engagement, le domaine d'Agenais.

E 20ᵇ, fᵒ 190 rᵒ, et ms. fr. 18175, fᵒ 234 rᵒ.

13437. — Arrêt autorisant les députés des villes de Forez assemblés à Montbrison à faire lever une somme de 3,000 livres sur tous les habitants du pays.

E 20ᵇ, fᵒ 192 rᵒ, et ms. fr. 18175, fᵒ 240 vᵒ.

13438. — Arrêt déclarant que les fermiers et engagistes du greffe du bailliage d'Issoudun ne sont point tenus de payer la taxe levée sur eux, « pour le supplément des charges du domaine », par les trésoriers de France en Berry, attendu que ledit greffe est compris dans le « parti » de Mᵉ Charles Paulet.

E 20ᵇ, fᵒ 193 rᵒ, et ms. fr. 18175, fᵒ 240 rᵒ.

13439. — Arrêt prorogeant pour six années l'octroi concédé aux habitants de Villeneuve-le-Roi, le produit en devant être employé moitié aux réparations du pont et du moulin qui appartient au Roi, moitié à l'acquittement des dettes de la ville.

E 20ᵇ, fᵒ 194 rᵒ, et ms. fr. 18175, fᵒ 233 rᵒ.

1609, 26 mars. — Paris.

13440. — Arrêt ordonnant la visite des bâtiments du couvent de Notre-Dame, à Romorantin, et la délivrance de vingt pieds d'arbres pris en la forêt de Bruadan, pour les réparations les plus urgentes du monastère.

E 20ᵇ, fᵒ 196 rᵒ, et ms. fr. 18175, fᵒ 244 rᵒ.

13441. — Arrêt déclarant qu'il suffira aux grènetiers des magasins à sel de Berry de faire vérifier leurs comptes par-devant les trésoriers de France en Berry, et qu'ils seront dispensés de compter en la Chambre des comptes.

E 20ᵇ, fᵒ 197 rᵒ, et ms. fr. 18175, fᵒ 243 vᵒ.

13442. — Arrêt défendant à la chambre des comptes de Nantes d'inquiéter les habitants de Vitré au sujet de l'emploi de leurs deniers d'octroi, et ordonnant qu'ils jouiront encore pendant neuf ans de divers octrois sur le vin et la toile, à condition de n'en employer désormais le produit qu'aux dépenses prévues.

E 20ᵇ, fᵒ 199 rᵒ, et ms. fr. 18175, fᵒ 242 vᵒ.

13443. — Arrêt analogue rendu en faveur de la ville de Ploërmel.

E 20ᵇ, fᵒ 201 rᵒ, et ms. fr. 18175, fᵒ 261 rᵒ.

13444. — Arrêt analogue rendu en faveur de la ville du Croisic.

E 20ᵇ, fᵒ 203 rᵒ, et ms. fr. 18175, fᵒ 241 vᵒ.

13445. — Arrêt ouvrant une enquête au sujet d'une taxe que certains particuliers lèveraient à Paris, sans commission du Roi, sur les marchands forains vendant du beurre, des œufs et du fromage.

E 20ᵇ, fᵒ 205 rᵒ, et ms. fr. 18175, fᵒ 239 rᵒ.

1609, 28 mars. — Paris.

13446. — Arrêt ordonnant que les bénéficiers des diocèses de Lyon ou de Mâcon qui ont des biens dans les pays de Bresse, Bugey, Valromey et Gex payeront une somme de 2,000 livres à Pierre Le Roy et à François Guérin, lesquels ont soldé les dépenses nécessitées par « l'establissement des décimes de Bresse, Bugey, Veromey et Getz ».

E 20ᵇ, fᵒ 206 rᵒ, et ms. fr. 18175, fᵒ 264 rᵒ.

13447. — Arrêt réglant le payement d'une somme de 9,300 livres due au sieur de Villars-Boisvin, bailli de Gex, ci-devant commissaire général des vivres en l'armée de Bretagne.

E 20ᵇ, fᵒ 207 rᵒ, et ms. fr. 18175, fᵒ 264 vᵒ.

13448. — Arrêt ordonnant qu'outre les 100,000 livres levées sur les officiers des gabelles de Languedoc, il sera levé sur les mêmes officiers une somme de 12,000 livres pour les frais et vacations des commissaires royaux.

E 20ᵇ, fᵒ 209 rᵒ, et ms. fr. 18175, fᵒ 250 rᵒ.

13449. — Arrêt révoquant, sur la demande des habitants de la prévôté d'Entre-deux-Mers, l'autorisation qui leur a été accordée précédemment de lever sur eux-mêmes une somme de 11,200 livres.

E 20ᵇ, fᵒ 210 rᵒ, et ms. fr. 18175, fᵒ 268 rᵒ.

13450. — Arrêt prorogeant pour six années nouvelles la levée faite à Ingrande de 24 livres par muid de sel, taxe que Sa Majesté ne peut supprimer quant à présent.

E 20ᵇ, fᵒ 212 rᵒ, et ms. fr. 18175, fᵒ 267 vᵒ.

13451. — Arrêt déclarant que dorénavant et pour l'avenir seulement, les consuls et habitants de Saint-Junien, en Limousin, compteront tous les six ans en la Chambre des comptes de leurs deniers d'octroi.

E 20ᵇ, fᵒ 213 rᵒ, et ms. fr. 18175, fᵒ 267 vᵒ.

13452. — Arrêt défendant aux receveurs et adjudicataires des traites de la Rochelle d'exiger des marchands espagnols et portugais qui font le commerce en ladite ville d'autres taxes que celles qui sont prévues par les ordonnances.

E 20ᵇ, fᵒ 214 rᵒ.

13453. — Arrêt prorogeant le délai dans lequel les villes de Bretagne qui lèvent des octrois doivent se conformer aux prescriptions de l'arrêt du 1ᵉʳ mars 1608 (nᵒ 12034), et leur ordonnant de représenter, dans le même délai, au Grand voyer ou à son lieutenant les lettres en vertu desquelles s'opèrent lesdites levées.

E 20ᵇ, fᵒ 215 rᵒ, et ms. fr. 18175, fᵒ 251 rᵒ.

13454. — Arrêt prorogeant pour six années le privilège accordé au chapitre de l'église de Cléry de prélever annuellement sur la taxe de 3 sols 9 deniers par minot de sel une somme de 900 livres destinée aux réparations de ladite église.

E 20ᵇ, fᵒ 217 rᵒ, et ms. fr. 18175, fᵒ 250 vᵒ.

13455. — Avis du Conseil tendant à faire don de 600 livres aux Clarisses de Gien.

E 20ᵇ, fᵒ 219 rᵒ, et ms. fr. 18175, fᵒ 250 vᵒ.

13456. — Arrêt statuant sur diverses instances pendantes entre le syndic du diocèse d'Albi et celui du diocèse d'Agde, les héritiers d'Antoine Jolly et ceux de Henri de Montvalleur.

E 30ᵇ, fᵒ 220 rᵒ, et ms. fr. 18175, fᵒ 244 vᵒ.

13457. — Arrêt interdisant de nouveau toute levée de deniers non autorisée par lettres patentes dûment contrôlées, sauf en Languedoc, où, conformément à l'arrêt du Conseil du 6 mars 1608, les capitales de chaque diocèse, les chefs de viguerie et les autres petites villes ont le pouvoir d'imposer.

E 20ᵇ, fᵒ 222 rᵒ, et ms. fr. 18175, fᵒ 238 vᵒ.

13458. — Arrêt statuant sur divers procès pendants entre le comte d'Auvergne, les ayants droit de Pierre et de Marguerite Sodemont, Pierre Petit, Jacques Guillot et Mathurin Nozereau, ancien pourvoyeur de la maison du comte.

E 20ᵇ, fᵒ 224 rᵒ, et ms. fr. 18175, fᵒ 235 vᵒ.

13459. — Arrêt maintenant le remboursement de la finance payée, en 1590, par Mᵉ Jean Saudubois, trésorier des Gardes du corps, pour un office semblable alors vacant par la forfaiture de Mᵉ Pierre Quesnon.

E 20ᵇ, fᵒ 228 rᵒ.

13460. — Arrêt autorisant provisoirement les habitants des prévôtés d'Aurillac, de Maurs et de Mauriac à faire usage du sel de Languedoc ou du sel de Brouage.

E 20ᵇ, fᵒ 230 rᵒ, et ms. fr. 18175, fᵒ 258 rᵒ.

13461. — Arrêt déclarant l'usage du sel gabellé de Languedoc obligatoire dans un certain nombre de paroisses de la Haute-Auvergne, Chastel-sur-Murat, la Chapelle d'Alagnon, Virargues, etc.

E 20ᵇ, fᵒ 232 rᵒ, et ms. fr. 18175, fᵒ 259 rᵒ.

13462. — Arrêt réglant le payement des sommes dues par la ville de Clermont à François de Cugnac, sieur de Boucart.

E 20ᵇ, fᵒ 234 rᵒ, et ms. fr. 18175, fᵒ 260 vᵒ.

13463. — Arrêt autorisant les habitants de Villermain à lever une somme de 1,000 livres destinée aux réparations de la toiture de leur église.

E 20ᵇ, fᵒ 236 rᵒ, et ms. fr. 18175, fᵒ 252 rᵒ.

13464. — Arrêt évoquant un procès pendant au Parlement entre les héritiers du sieur de La Marsillière et Antoinette de Pons, veuve du sieur de Miossens.

E 20ᵇ, f° 237 r°, et ms. fr. 18175, f° 256 r°.

13465. — Arrêt ordonnant la reddition des comptes de ceux qui ont eu le maniement des deniers concédés par le Roi, en 1596, aux habitants de Marvéjols, lesquels, en 1586,. avaient été «prins, ruynez et bruslez de fondz en comble».

E 20ᵇ, f° 238 r°, et ms. fr. 18175, f° 255 v°.

13466. — Arrêt renvoyant aux trésoriers de France à Rouen un placet d'Antoine de Manneville, seigneur de Montmeret, tendant à ce que la terre et franche vavassorerie de Montmeret, près Gaillon, soit érigée en plein fief de haubert, en considération des services rendus par feu Paris de Manneville, père du suppléant et gentilhomme ordinaire de la maison du Roi.

E 20ᵇ, f° 240 r°, et ms. fr. 18175, f° 255 r°.

13467. — Arrêt ordonnant la fabrication, en six années, à Toulouse, à Nantes et à Lyon, de 30,000 livres de doubles et deniers de cuivre fin ou rozette, attendu que la rareté de la même monnaie cause beaucoup d'incommodité au peuple, nuit au petit commerce des denrées et porte préjudice aux pauvres et aux mendiants.

E 20ᵇ, f° 241 r°, et ms. fr. 18175, f° 254 v°.

13468. — Arrêt réduisant à 10,000 livres le chiffre du cautionnement que doit fournir Mᵉ Bénigne Saulnier, receveur général des finances à Lyon.

E 20ᵇ, f° 243 r°, et ms. fr. 18175, f° 253 v°.

13469. — Arrêt ordonnant au syndic de la ville de Gournay de représenter les lettres de prorogation de certain octroi, et lui défendant provisoirement de faire lever ledit octroi.

E 20ᵇ, f° 244 r°, et ms. fr. 18175, f° 254 v°.

13470. — Arrêt ordonnant que les paroisses de l'élection de Bourges qui ont été ravagées par les dernières inondations de la Loire obtiendront un dégrèvement de 3,430 livres sur le montant de leurs tailles et crues, qu'une somme de 5,224 livres sera distribuée par les trésoriers de France aux habitants de ces paroisses qui ont éprouvé des dommages, et qu'une somme de 1,000 livres sera, en outre, distribuée par les trésoriers de France en d'autres paroisses de la généralité éprouvées par la grêle.

E 20ᵇ, f° 245 r°, et ms. fr. 18175, f° 253 r°.

13471. — Arrêt ordonnant la restitution des sommes payées par Mᵉ François Dalbarel, lieutenant général civil et criminel au siège de Gourdon, pour l'office de commissaire-examinateur audit siège.

E 20ᵇ, f° 246 r°, et ms. fr. 18175, f° 263 v°.

13472. — Arrêt renvoyant au parlement de Paris divers procès pendants entre les habitants de Cubzaguez, messire Charles de Durfort, seigneur de Cubzaguez, et Mᵉ Balthazar de Goeyty, contrôleur général du domaine en Guyenne, au sujet du rachat et de la réunion au domaine de la terre et seigneurie de Cubzaguez.

E 20ᵇ, f° 247 r°, et ms. fr. 18175, f° 265 r°.

13473. — Arrêt statuant sur un procès pendant entre Mᵉ Martin Lefebvre, secrétaire de la chambre du Roi, ci-devant commis à la recette des amendes de la Chambre royale, d'une part, Blaise Robert, Étienne Giblat, Jean Nedde, Philibert Chanteloup et Mᵉ Jean Veluot, grènetier au magasin à sel de Tonnerre, d'autre part, ordonnant l'élargissement dudit Veluot, levant les saisies faites sur lui, et condamnant ledit Lefebvre à des dommages-intérêts et aux dépens.

E 20ᵇ, f° 250 r°, et ms. fr. 18175, f° 256 v°.

13474. — Arrêt annulant les concessions d'emplacements aux Halles faites par Mᵉ Pierre Mesnard, procureur de la marée, lequel prétend «aulcunes d'icelles avoir esté cy devant destinées par le roy saint Loys pour estre aulmosnées à pauvres filles»; ordonnant que les emplacements faisant partie du domaine royal seront mis en adjudication au profit du Roi, que ceux qui sont sur la voirie seront concédés par le Grand voyer, que l'on continuera d'en donner gratuitement un certain nombre à de pauvres gens, et que l'on réservera ceux qui servent à la décharge et à la vente des marchandises en gros.

E 20ᵇ, fᵒ 252 rᵒ, et ms. fr. 18175, fᵒ 262 rᵒ.

13475. — Arrêt réglant le payement des gages des officiers présidiaux de Laon, de Troyes, de Reims, de Vitry et de Chaumont, et confirmant à Mᵉ Charles Paulet la jouissance d'une crue de 5 sols par minot de sel.

E 20ᵇ, fᵒ 254 rᵒ, et ms. fr. 18175, fᵒ 246 rᵒ.

13476. — Arrêt ordonnant que le « roi papegai » de Loudun représentera au Conseil les lettres en vertu desquelles il prétend jouir de son privilège et de son exemption.

E 20ᵇ, fᵒ 258 rᵒ, et ms. fr. 18175, fᵒ 251 vᵒ.

13477. — Arrêt recevant l'appel d'une sentence du juge de police de la Rochelle interjeté par Isaac Bernard, secrétaire de la chambre du Roi, auquel a été concédé un privilège décennal d'exportation pour toutes les eaux-de-vie fabriquées dans les généralités de Touraine, de Poitou, de Toulouse et de Guyenne.

E 20ᵇ, fᵒ 259 rᵒ, et ms. fr. 18175, fᵒ 252 vᵒ.

13478. — Arrêt relatif au payement des gages des trésoriers provinciaux de l'Extraordinaire des guerres.

E 20ᵇ, fᵒ 261 rᵒ, et ms. fr. 18175, fᵒ 245 vᵒ.

13479. — Arrêt ordonnant le payement d'une somme de 110,235 écus 13 sols restée due aux sieurs Zamet et de Gondi, à la veuve et aux héritiers du sieur d'Incarville, à la veuve de Mᵉ Thomas de Saldaigne et aux autres cessionnaires de Guillaume de Limbourg, lequel était lui-même subrogé en la place de feu René Brouard, fermier général des Cinq grosses fermes.

E 20ᵇ, fᵒ 263 rᵒ, et ms. fr. 18175, fᵒ 311 rᵒ.

1609, 31 mars. — Paris.

13480. — Arrêt statuant sur diverses instances pendantes entre le syndic du diocèse d'Albi, les députés du diocèse de Béziers, Raymond de La Courtade, bourgeois de Béziers, et Mᵉ Pierre Noirigat.

E 20ᵇ, fᵒ 267 rᵒ, et ms. fr. 18175, fᵒ 281 rᵒ.

13481. — Arrêt suspendant l'exécution d'un décret de prise de corps rendu par les mayeur et échevins de Saint-Quentin contre Mᵉ Michel Gossard, lieutenant et commissaire-examinateur en la prévôté royale de Saint-Quentin.

E 20ᵇ, fᵒ 269 rᵒ, et ms. fr. 18175, fᵒ 272 rᵒ.

13482. — Arrêt ordonnant la mise en liberté du forçat Robert Bel, rétablissant François Darene en la charge de capitaine entretenu ès galères du Roi, reconnaissant au commissaire général et aux contrôleurs généraux de la marine le droit d'inspecter lesdites galères, et réglant, pour l'avenir, les formalités de l'inscription et de la délivrance des forçats.

E 20ᵇ, fᵒ 271 rᵒ, et ms. fr. 18175, fᵒ 286 vᵒ.

13483. — Arrêt ordonnant que, nonobstant l'opposition des receveurs généraux des finances, la Chambre des comptes procédera à la vérification de l'édit qui crée, en chaque généralité, un office de receveur provincial et de payeur des rentes constituées sur les recettes générales et particulières.

E 20ᵇ, fᵒ 275 rᵒ, et ms. fr. 18175, fᵒ 273 vᵒ.

13484. — Arrêt autorisant les habitants d'Intreville à lever sur eux-mêmes une somme de 750 livres destinée à la réparation de leur église.

E 20ᵇ, fᵒ 276 rᵒ, et ms. fr. 18175, fᵒ 273 rᵒ.

13485. — Arrêt ordonnant l'élargissement de Mᵉ Guy de Vaux, président en l'élection de Nevers, et enjoignant aux élus en ladite élection de faire lever une somme de 1,997 livres 10 sols sur les villes de Nevers, de Decize, de Saint-Pierre-le-Moutier, de Prémery et de Saint-Révérien.

E 20ᵇ, fᵒ 277 rᵒ, et ms. fr. 18175, fᵒ 273 vᵒ.

13486. — Arrêt prorogeant, pour six années, la faculté concédée aux habitants de Blois de lever 10 sols par minot de sel vendu aux greniers de Blois et de Mer pour l'acquittement des dettes de leur ville.

E 20ᵇ, fᵒ 279 rᵒ, et ms. fr. 18175, fᵒ 271 vᵒ.

13487. — Arrêt défendant expressément à Mᵉ Jean de Murat, « trésorier général de l'Extraordinaire des guerres et cavalerie légère delà les Monts », de sortir du royaume, attendu qu'il a des comptes à rendre tant au Conseil qu'en la Chambre des comptes.

E 20ᵇ, f° 280 r°, et ms. fr. 18175, f° 272 v°.

13488. — Arrêt, rendu sur la requête de Mᵉ Pierre Fernagu, nommé par Mᵉ Charles Paulet au greffe du bureau des finances de Caen, ordonnant que Mᵉ Jean Hellouin, ci-devant greffier du bureau des finances de Caen, Jean Hue et tous ceux qui ont exercé ledit greffe rendront compte des gages et taxations qu'ils ont indûment perçus depuis que le prix dudit greffe a été consigné.

E 20ᵇ, f° 281 r°, et ms. fr. 18175, f° 274 v°.

13489. — Arrêt autorisant les habitants de Saint-Jean-de-la-Ruelle à lever sur eux-mêmes une somme de 354 livres.

E 20ᵇ, f° 283 r°, et ms. fr. 18175, f° 281 v°.

13490. — Arrêt confirmant Pierre Henry, sieur de La Chesnaye, en jouissance de la ferme du domaine de Rennes, nonobstant deux surenchères.

E 20ᵇ, f° 284 r°, et ms. fr. 18175, f° 269 v°.

13491. — Arrêt ordonnant que Pierre de Masparaulte, sieur de Buy, emprisonné à la requête de Mᵉ Nicolas Guyonnet, trésorier des fortifications en Picardie, sera élargi sous la surveillance d'un huissier du Conseil.

E 20ᵇ, f° 286 r°, et ms. fr. 18175, f° 269 r°.

13492. — Arrêt ordonnant à l'un des trésoriers de France à Soissons de se transporter en toute diligence à Château-Thierry, pour procéder à la visite des ruines du château et en vendre les matériaux inutiles, le produit de cette vente devant être employé aux réparations les plus urgentes.

E 20ᵇ, f° 287 r°, et ms. fr. 18175, f° 293 v°.

13493. — Arrêt autorisant les gens du tiers état du Dauphiné à lever 3 deniers par pot de vin pour l'acquittement de leurs charges extraordinaires, excepté dans les bailliages d'Embrun, de Briançon et de Gap, où les habitants doivent payer, sous forme de taille, leur contribution auxdites charges.

E 20ᵇ, f° 289 r°, et ms. fr. 18175, f° 276 v°.

13494. — Arrêt statuant sur un procès pendant entre le fermier des Cinq grosses fermes et Guillaume Larcanyer, marchand de Rouen.

E 20ᵇ, f° 291 r°, et ms. fr. 18175, f° 270 v°.

13495. — Arrêt condamnant Denis Feydeau, commis à l'administration du bail général des aides, à payer aux maire et échevins de Tours une rente de 9,525 livres jusqu'au jour où ils seront remboursés de la somme de 115,560 livres par eux payée pour l'acquisition des aides de la ville de Tours.

E 20ᵇ, f° 293 r°, et ms. fr. 18175, f° 296 r°.

13496. — Arrêt statuant sur un procès pendant entre Antoine Thezé, bourgeois de Lyon, et Mᵉ Antoine Servient, procureur des États du Dauphiné.

E 20ᵇ, f° 295 r°, et ms. fr. 18175, f° 295 r°.

13497. — Arrêt donnant à Mᵉ Pierre de Pleurre, maître des Comptes, mainlevée de l'office de son frère défunt Mᵉ Jean de Pleurre, receveur général des finances à Toulouse, à condition que ledit office demeurera hypothéqué au payement des reliquats de comptes dudit défunt.

E 20ᵇ, f° 297 r°, et ms. fr. 18175, f° 294 r°.

13498. — Arrêt déclarant que les vingt secrétaires de Sa Majesté et couronne de France nouvellement créés jouiront, comme les secrétaires du Collège ancien, du droit « de prendre sel sans gabeller pour la provision de leur maison ».

E 20ᵇ, f° 299 r°, et ms. fr. 18175, f° 293 r°.

13499. — Acceptation conditionnelle des offres faites par le sieur Deprocé pour le rachat de greffes, rentes et portions de domaine jusqu'à concurrence d'une valeur de 1,500,000 livres, à condition que le Roi le laisse jouir, pendant seize ans, des droits légitimement dus par les ouvriers en métaux.

E 20ᵇ, f° 300 r°, et ms. fr. 18175, f° 293 r°.

13500. — Arrêt ordonnant que le cardinal de Joyeuse sera payé, en l'année présente, de 47,772 livres pour solde du prix d'engagement de la vicomté de Valognes, et de 7,165 livres 16 sols pour une année et demie d'intérêts.

E 20ᵇ, f° 302 r°, et ms. fr. 18175, f° 291 v°.

13501. — Arrêt ordonnant que M⁰ Pierre Du Cluzel sera mis en possession réelle et effective d'un office de conseiller au présidial de Périgueux.

E 20ᵇ, fᵒ 3o3 rᵒ, et ms. fr. 18175, fᵒ 3o1 vᵒ.

13502. — Arrêt validant les comptes de la ville de Vannes, bien qu'on ait changé la destination du produit des octrois, et prorogeant pour neuf années la concession desdits octrois, à condition toutefois que le produit en sera désormais employé aux dépenses prévues par les règlements.

E 20ᵇ, fᵒ 3o7 rᵒ.

13503. — Arrêt statuant sur un procès pendant entre Jean d'Espeysses, sieur de Méjanes, et M⁰ Marcellin Manifacier, receveur des tailles au diocèse de Mende.

E 20ᵇ, fᵒ 3o9 rᵒ, et ms. fr. 18175, fᵒ 3o6 vᵒ.

13504. — Arrêt ordonnant l'élargissement sous caution de Durand Lebert, bourgeois de Rouen, ci-devant fermier des 6o sols par muid de vin, des 4o sols par tonneau de cidre et des 2o sols par tonneau de poiré entrant à Rouen, à Dieppe et au Havre.

E 20ᵇ, fᵒ 311 rᵒ, et ms. fr. 18175, fᵒ 3o5 vᵒ.

13505. — Arrêt maintenant les maire et échevins d'Orléans en jouissance du droit de « courte pinte » et du droit de « barrages », nonobstant une ordonnance des trésoriers de France à Orléans obtenue par le fermier général des aides.

E 20ᵇ, fᵒ 313 rᵒ, et ms. fr. 18175, fᵒ 275 rᵒ.

13506. — Arrêt prorogeant de six semaines le délai pendant lequel M⁰ Bénigne Saulnier, receveur général des finances à Lyon, pourra procéder à l'enquête prescrite par un arrêt du Conseil donné entre lui et M⁰ Robert Faure.

E 20ᵇ, fᵒ 315 rᵒ, et ms. fr. 18175, fᵒ 3o5 vᵒ.

13507. — Arrêt relatif à une requête du sieur d'Arquien, commandant à Metz en l'absence du duc d'Épernon, et des capitaines de la garnison de Metz, lesquels réclament diverses sommes pour montres des années 16o4 et 16o6.

E 20ᵇ, fᵒ 316 rᵒ, et ms. fr. 18175, fᵒ 3o5 rᵒ.

13508. — Arrêt renvoyant aux commissaires députés pour la réunion du domaine de Dauphiné une requête de Jacques de Gérault, sieur de Creuilhac, en Auvergne, qui demande à être remboursé des sommes par lui dépensées pour le renouvellement des terriers et des titres de la terre et seigneurie de la Côte-Saint-André, laquelle a été, depuis, réunie au domaine.

E 20ᵇ, fᵒ 317 rᵒ, et ms. fr. 18175, fᵒ 3o4 vᵒ.

13509. — Arrêt défendant à M⁰ Nicolas Baudouin, juge-prévôt de la Rochelle, de se faire recevoir en l'office de commissaire-examinateur avant le jugement du procès pendant au Conseil entre lui et la municipalité de la Rochelle.

E 20ᵇ, fᵒ 318 rᵒ, et ms. fr. 18175, fᵒ 3o4 rᵒ.

13510. — Arrêt renouvelant les défenses faites à M⁰ Pierre Bascon, receveur au grenier à sel de Montpellier, de s'entremettre en la recette des crues.

E 20ᵇ, fᵒ 319 rᵒ, et ms. fr. 18175, fᵒ 3o4 rᵒ.

13511. — Arrêt ordonnant que les officiers de l'élection de Rouergue procéderont à la levée des sommes portées par leurs commissions, nonobstant toute opposition des gens des trois états de Rouergue et des officiers du présidial, et nonobstant toute défense des juges des lieux ou toute délibération de la communauté de Villefranche.

E 20ᵇ, fᵒ 3o rᵒ, et ms. fr. 18175, fᵒ 315 rᵒ.

13512. — Arrêt renvoyant aux trésoriers de France à Caen un placet du sieur de La Sansonnière, qui sollicite le don de la tour ruinée d'Ernes (?), en Normandie.

E 20ᵇ, fᵒ 322 rᵒ, et ms. fr. 18176, fᵒ 314 rᵒ.

13513. — Arrêt renouvelant les défenses faites au sieur et à la dame de La Claretière d'exercer aucune poursuite contre Gilles de Machecoul, sieur de Saint-Étienne, et contre Pierre Heaulmé, sieur de La Gruais, au sujet du prétendu enlèvement de la demoiselle Catherine de Giffart.

E 20ᵇ, fᵒ 323 rᵒ, et ms fr. 18175, fᵒ 314 vᵒ.

13514. — Arrêt maintenant, nonobstant la requête de l'abbaye de Saint-Denis, l'adjudication faite à Nicolas Carrel et à ses associés de l'hôtel Saint-Denis, sis à Paris, près des Augustins, de son jardin et de ses dépendances, «à la charge de faire paver à leurs despens les trois rues faictes dans lesditz lieux, et leur donner pantes et esgoutz pour les eaues..., et oultre de faire l'ouverture dans le rampart et antienne muraille de ladite ville pour sortir au forsbourg Saint-Germain, au bout de ladite rue Daulphin, et y bastir le pont et la porte... ».

E 20ᵇ, fᵒ 324 rᵒ, et ms. fr. 18175, fᵒ 278 rᵒ.

13515. — Arrêt ordonnant la levée sur le Rouergue d'une somme de 36,000 livres destinée aux créanciers dudit pays.

E 20ᵇ, fᵒ 325 rᵒ, et ms. fr. 18175, fᵒ 280 rᵒ.

13516. — Arrêt défendant aux grènetiers des greniers à sel de s'immiscer en la recette des crues dont le produit a été concédé à Mᵉ Charles Paulet, à moins d'être pourvus d'une procuration dudit Paulet.

E 20ᵇ, fᵒ 327 rᵒ, et ms. fr. 18175, fᵒ 277 vᵒ.

13517. — Arrêt évoquant au Conseil les procès pendants au Parlement entre les maire et jurats de Bordeaux, les jurats de Saint-Macaire, le duc d'Épernon et les jurats de Langon.

E 20ᵇ, fᵒ 329 rᵒ, et ms. fr. 18175, fᵒ 309 rᵒ.

13518. — Arrêt déclarant que les habitants de Chouzé et des autres paroisses affranchies de l'élection de Saumur ne jouiront de leur affranchissement que pour le principal de la taille et pour les crues qui y sont jointes, mais non pour le taillon, ni pour la solde du prévôt des maréchaux.

E 20ᵇ, fᵒ 331 rᵒ, et ms. fr. 18175, fᵒ 299 rᵒ.

13519. — Arrêt statuant sur un procès pendant entre Mᵉ Jean de Brassac, juge ordinaire de Quercy et de Montauban, les syndics de Montcuq et Mᵉ Bernard d'Ally, pourvu de l'office de juge de Montcuq.

E 20ᵇ, fᵒ 335 rᵒ, et ms. fr. 18175, fᵒ 297 rᵒ.

13520. — Arrêt ordonnant que Mᵉ Nicolas Thomas, receveur des aides en l'élection de Paris, sera payé du droit attribué aux receveurs des aides «pour

la réception des cautions des fermiers particuliers desdites aydes», comme «il se souloit faire auparavant le bail général desdites aydes».

E 20ᵇ, fᵒ 337 rᵒ, et ms. fr. 18175, fᵒ 291 vᵒ.

13521. — Arrêt condamnant Mᵉ Denis Feydeau, fermier général des aides, à payer à Mᵉ Nicolas Thomas le droit mentionné dans le précédent arrêt.

E 20ᵇ, fᵒ 339 rᵒ, et ms. fr. 18175, fᵒ 290 vᵒ.

13522. — Arrêt ordonnant l'expédition et l'exécution des lettres patentes en forme de déclaration présentées au grand sceau par seize procureurs au Châtelet reçus le 20 octobre 1608.

E 20ᵇ, fᵒ 341 rᵒ, et ms. fr. 18175, fᵒ 305 rᵒ.

13523. — Autorisation donnée à Charles Paulet de racheter un certain nombre de greffes et de portions de domaine, d'une valeur de 4 millions de livres, dont il aura la jouissance pendant la durée de son contrat.

E 20ᵇ, fᵒ 342 rᵒ, et ms. fr. 18175, fᵒ 282 vᵒ.

13524. — Arrêt octroyant un sursis d'un an à Mᵉ Guy. Trouillet, receveur du domaine d'Anjou.

E 20ᵇ, fᵒ 351 rᵒ, et ms. fr. 18175, fᵒ 282 rᵒ.

13525. — Arrêt ordonnant l'élargissement sous caution de Mᵉ André Corneille, commis à la recette générale des finances de Lyon.

E 20ᵇ, fᵒ 352 rᵒ, et ms. fr. 18175, fᵒ 313 vᵒ.

13526. — Arrêt ordonnant que Mᵉ Bernard de Louens sera entendu au Conseil au sujet d'une requête du comte de Fiesque tendante à la validation d'un payement de 500 écus qui a été fait jadis à l'équipage d'une galère commandée par le feu comte de Fiesque, père du suppliant.

E 20ᵇ, fᵒ 354 rᵒ, et ms. fr. 18175, fᵒ 310 rᵒ.

13527. — «Articles accordez par le Roy et nosseigneurs de son Conseil à Pierre Le Vassor pour le rachapt et remboursement du domaine et casuel du conté de Dreux. »

Ms. fr. 18175, fᵒ 279 rᵒ.

1609, 4 avril. — Paris.

13528. — Arrêt ordonnant que Pierre Le Fèvre, soi-disant « esleu pour la réparation des chemins royaulx allantz de la mer à Paris », sera tenu de représenter au Conseil le texte de sa prétendue commission, et lui défendant expressément d'user d'aucune contrainte envers les habitants sous prétexte de réparation de chemins.

E 21, f° 1 r°.

13529. — Arrêt, rendu sur la remontrance des mayeur et échevins de Saint-Quentin, déclarant que, pour cette fois, ceux qui auront produit, dans les délais fixés, une attestation comme quoi ils ont déchargé leurs marchandises dans l'intérieur du royaume, ne pourront être poursuivis par M° Gastelier, conseiller en la Cour des aides, ni par aucun autre, en vertu de la commission expédiée pour la recherche des abus et malversations commis dans le transport des marchandises hors du royaume.

E 21, f° 3 r°.

13530. — Arrêt ordonnant au sieur de Fleury, surintendant général des eaux et forêts, de procéder à la vente des baliveaux marqués et martelés en la forêt de Dourdan.

E 21, f° 5 r°.

1609, 7 avril. — Paris.

13531. — Arrêt pardonnant à François Haniot, à François Flaven et à Jean Caigneu, religieux de l'abbaye de Notre-Dame-de-Cercamp, la faute qu'ils ont commise en venant armés aux villages de Neuvillette et de Bouquemaison pour chercher le bois qu'auraient dérobé certains habitants, et ordonnant qu'ils seront élargis des prisons de Doullens, à la condition de rapporter le bois qu'ils ont pris en l'église de Neuvillette.

E 21, f° 6 r°.

13532. — Arrêt ordonnant que toutes les crues levées en Languedoc pour les gages d'officiers du parlement de Toulouse ou autres seront réunies et levées ensemble, et réglant la répartition de ces deniers.

E 21, f° 8 r°.

13533. — Arrêt ordonnant au sieur de Fleury, surintendant des eaux et forêts de France, de faire arpenter incontinent la forêt de Dourdan, d'y noter les dégâts et usurpations commis, la manière dont les officiers y prennent leur chauffage, etc.

E 21, f° 10 r°.

1609, 8 avril. — Paris.

13534. — Arrêt approuvant un accord passé entre les religieux et le grand prieur de l'abbaye de Saint-Denis et messire Louis de Lorraine, archevêque de Reims et abbé commendataire de ladite abbaye.

E 21, f° 12 r°.

1609, 9 avril. — Paris.

13535. — Arrêt renvoyant aux trésoriers de France en Provence une requête des consuls et habitants d'Arles qui demandent à être déclarés exempts des droits de francs-fiefs et de nouveaux acquêts.

E 21, f° 14 r°.

13536. — Arrêt ordonnant que, pour couper court aux abus signalés au marquis de Rosny, surintendant des fortifications de France, les droits et impôts dont le produit est affecté aux fortifications de Bayonne seront mis en adjudication.

E 21, f° 15 r°.

13537. — Arrêt relatif à un procès pendant entre les habitants de Lyon faisant profession de la Religion réformée et les prévôt des marchands et échevins de Lyon.

E 21, f° 17 r°.

13538. — Arrêt ordonnant que M° Antoine Maliverne sera assigné au Conseil pour y être entendu au sujet d'une requête de Guillaume Couronneau, l'un des receveurs des traites et impositions d'Anjou au tablier de Saumur.

E 21, f° 19 r°.

13539. — Arrêt fixant le montant des droits et

coutumes de pied fourché que Gervais de Pradines, Raoul Lestourmy et Louis de La Granche sont autorisés à lever aux portes et entrées de la ville et des faubourgs de Paris.

E 21, f° 20 r°.

13540. — Arrêt retenant au Conseil le procès pendant entre Marie Lamy, veuve, en premières noces, de Laurent Thierriat et, en secondes noces, de Guillaume Berault, d'une part, M° Jean Carré, conseiller au parlement de Dijon, et M° Pierre Buatier, maître en la chambre des comptes de Dijon, d'autre part.

E 21, f° 22 r°.

13541. — Arrêt rejetant une requête des officiers du présidial de Bourges tendante à la prorogation d'une taxe de 10 deniers qui est levée sur chaque minot de sel vendu dans les greniers et magasins de Bourges, de Dun-le-Roi, d'Issoudun, de la Châtre, de Vatan, de Vierzon et de Sancerre.

E 21, f° 23 r°.

13542. — Arrêt relatif au payement d'une somme de 12,000 livres donnée par le Roi au sieur de La Brosse, capitaine d'une des six compagnies de carabins entretenues pour le service de Sa Majesté.

E 21, f° 25 r°.

13543. — Arrêt accordant aux maîtres et gardes de la marchandise de vin en la ville de Paris un délai d'un mois pour faire juger le procès en règlement pendant au Conseil entre le corps desdits marchands de vin et les vendeurs de vin.

E 21, f° 27 r°.

13544. — Arrêt évoquant au Conseil un procès pendant entre Nicolas Wailly, marchand de vin à Paris, et les vendeurs de vin et officiers de la ville de Paris.

E 21, f° 28 r°.

13545. — Arrêt ordonnant, sur la requête de M° Antoine Bonnyveau, que la taxe de l'office de lieutenant criminel au bailliage et au présidial de Mantes sera réformée.

E 21, f° 30 r°.

13546. — Arrêt enjoignant à la chambre des comptes de Normandie de procéder immédiatement à la vérification pure et simple du contrat par lequel les domaines d'Alençon, de Valognes, de Saint-Sauveur-Lendelin, de Saint-Sauveur-le-Vicomte et de Néhou sont engagés au duc de Wurtemberg.

E 21, f° 31 r°.

13547. — Arrêt ordonnant que le colonel Gaspard Gallaty sera payé, sur les offices de greffiers des affirmations au ressort du parlement de Paris, d'une somme de 10,113 livres 3 deniers qui lui reste due sur les 19,113 livres 3 deniers à lui accordés par contrat des 18 février et 6 mars 1607.

E 21, f° 33 r°.

13548. — Arrêt déchargeant provisoirement les mayeur, échevins et procureur du Roi à Abbeville d'une assignation au Conseil qui leur a été donnée par M° François Bèchefer, lieutenant en l'élection de Châlons, soi-disant commissaire député pour la recherche des contraventions aux règlements de l'impôt des cartes et dés.

E 21, f° 34 r°.

13549. — Arrêt renvoyant aux trésoriers de France à Paris une requête des habitants de Provins, qui demandent à lever sur la ville et sur le bailliage une somme de 40,000 livres, attendu les désastres causés en ladite ville par les troubles et les inondations « en sorte qu'elle est presque habandonnée et s'en va réduicte en village, s'il n'y est pourvu ».

E 21, f° 36 r°.

13550. — Arrêt ordonnant que, sur le produit des 15 sols par muid de vin entrant en la ville de Paris, 30,000 livres seront employées à la continuation du Pont-Neuf et des quais avoisinants, 24,300 livres à l'entretien du pavage, 12,000 livres à la continuation du quai de Chaillot, et 21,000 livres à l'entretien des portes, des fontaines et autres ouvrages de Paris.

E 21, f° 38 r°.

13551. — Arrêt portant règlement pour l'élection des maire, échevins, bourgeois et capitaines de Poitiers.

E 21, f° 40 r°.

1609, 11 avril. — Paris.

13552. — Arrêt statuant sur un procès pendant entre Amiable Thierry, bourgeois de Lyon, et François Thiat.

E 21, f° 44 r°.

13553. — Arrêt recevant, du consentement des parties, François de La Guiche, seigneur de Saint-Géran, lieutenant général en Bourbonnais, comme appelant de la procédure criminelle faite contre Léonard et François de Leyssenne à la requête d'Antoinette de Daillon Du Lude, veuve de Philibert de La Guiche, gouverneur de Lyon, et renvoyant les parties en la grand'chambre du Parlement.

E 21, f° 46 r° et 48 r°.

13554. — Arrêt ordonnant le versement immédiat à l'Épargne de tous les deniers restés dus au Roi sur les traites domaniales levées dès 1577, sur le « triple » par muid de vin imposé en 1588 et sur les 60 sols par muid de vin sortant du royaume à l'époque où le commerce était interdit avec les sujets du roi d'Espagne et des archiducs de Flandre.

E 21, f° 50 r°.

13555. — Arrêt déchargeant Pierre Puiferié et Isaac Jousselin, anciens consuls de Nérac, d'une accusation portée contre eux, mais leur enjoignant d'exécuter les ordonnances du Roi.

E 21, f° 52 r°.

13556. — Arrêt ordonnant que le fermier des traites domaniales de Poitou et de Marans sera entendu au Conseil au sujet de certaine requête des maire, échevins, pairs, bourgeois et habitants de la Rochelle, lesquels demandent à être exemptés des droits levés sur les marchandises apportées en ladite ville pour y être débitées.

E 21, f° 53 r°.

13557. — Arrêt fixant un délai de trois mois passé lequel les villes et bourgs de Guyenne, Bazadais, Agenais, etc., mentionnés dans un arrêt du 31 mai 1607 ne pourront plus rembourser les offices de courtiers de vin nouvellement établis, et dont les quittances ont été données au sieur de Montespan, capitaine des Gardes du corps.

E 21, f° 55 r°.

13558. — Arrêt renvoyant aux commissaires députés à la réunion du domaine en Dauphiné une requête d'Antoine d'Hostun, sieur de La Baume, sénéchal de Lyon, tendante à la concession ou à l'inféodation de la terre et seigneurie de Saint-Nazaire.

E 21, f° 57 r°.

13559. — Arrêt renvoyant aux trésoriers de France à Tours une réclamation du sieur Du Plessis, gouverneur de Saumur, au sujet de la taxe annuelle exigée de lui pour la moitié de la prévôté de Saumur.

E 21, f° 59 r°.

13560. — Arrêt renvoyant au Grand Conseil le procès pendant entre les consuls de la ville et de la vallée de Sault, le procureur des trois états de Provence et le receveur du domaine de Forcalquier au sujet de l'exemption générale accordée aux habitants de ladite ville et de ladite vallée dès l'année 1291.

E 21, f° 61 r°.

13561. — Arrêt renvoyant aux trésoriers de France à Paris une requête de Thomas de Fougasse tendante à ce que le Roi lui baille en emphytéose les fours banaux de Montereau-Faut-Yonne, « en considération de ses services, et pour le récompenser de l'*Histoire de Venize*, qu'il a dédiée à Sadite Majesté ».

E 21, f° 63 r°.

13562. — Arrêt renvoyant au prévôt de Paris et aux prévôt des marchands et échevins de la ville une requête de Jean Percheron, abbé de Saint-Germain-des-Prés, tendante à l'exécution d'un brevet du 31 janvier 1608 qui autorise ledit abbé à instituer aux ports situés dans la justice de Saint-Germain-des-Prés deux jurés mouleurs de bois, deux jurés de foin, deux mesureurs et six porteurs de charbon et six gagne-deniers.

E 21, f° 64 r°.

13563. — Arrêt statuant sur un procès pendant entre Amiable Thierry, bourgeois de Lyon, et les habitants de Riom.

E 21, f° 65 r°.

13564. — Arrêt maintenant Jean Le Prince en un office de vendeur de poisson à Auxerre, nonobstant l'opposition des marchands de poisson de mer de ladite ville.

E 21, f° 67 r°.

13565. — Arrêt statuant sur les procès pendants entre la ville de Saint-Germain-Lembron, Paul Forget et Claude de Chauvigny, sieur de Belot.

E 21, f° 69 r°.

13566. — Arrêt ordonnant que, par le duc de Sully, grand voyer de France, il sera enjoint à tous seigneurs, communautés ou autres jouissant de droits de péage ou de barrage d'avoir à réparer, dans un délai donné, les chaussées et pavés qu'ils sont tenus d'entretenir; ordonnant, en outre, la réparation immédiate de ceux dont l'entretien est à la charge de l'abbaye de Saint-Denis et du duc de Montmorency, et dont le mauvais état a été signalé par les habitants au Roi lui-même, lors de son passage sur le grand chemin de Picardie.

E 21, f° 70 r°.

13567. — Arrêt déclarant que M° Balthazar de Goeyty, contrôleur général du domaine en Guyenne, qui se plaint de n'avoir point été payé de ses gages depuis l'année 1602, continuera de poursuivre les procès actuellement pendants au Parlement au sujet de l'île d'Oloron, des terres de Castres, de Portets, de Cubzac et de Saint-Loubès, et ordonnant que les greffiers au Parlement lui délivreront gratuitement toutes les expéditions nécessaires.

E 21, f° 72 r°.

13568. — Arrêt ordonnant la remise à M° Pierre Fernagu, greffier du bureau des finances de Caen, de tous les papiers restés aux mains de M° Jean Hellouin ou de M° Jean Hue, son commis.

E 21, f° 74 r°.

13569. — Arrêt autorisant les habitants de la basse-cour du château de Vincennes à lever sur eux-mêmes une somme de 1,921 livres 18 sols destinée au renouvellement de leur bail.

E 21, f° 75 r°.

13570. — Arrêt ordonnant la vérification des dettes de la ville de Grenade, au pays de Rivière-Verdun, et autorisant la levée d'une somme de 1,000 livres destinée à la réparation des murailles de la ville.

E 21, f° 76 r°.

13571. — Arrêt autorisant les habitants de Tournon à lever sur eux-mêmes une somme de 600 livres destinée au payement des frais de plusieurs procès.

E 21, f° 78 r°.

13572. — Arrêt autorisant les habitants de Vassy à vendre une coupe de 200 arpents de bois, dont ils emploieront le produit à l'acquittement de leurs dettes, attendu la destruction de leur ville pendant les troubles et l'insuffisance des dernières récoltes de vin.

E 21, f° 79 r°.

13573. — Arrêt déchargeant Robert Dary de la taxe levée pour l'établissement de l'office de lieutenant criminel au bailliage et au présidial de Beauvais.

E 21, f° 80 r°.

13574. — Arrêt déchargeant M° Jean de Puyvinault de la taxe levée pour l'établissement de l'office de lieutenant criminel au siège de Châtillon-sur-Indre.

E 21, f° 81 r°.

13575. — Arrêt relatif à un procès pendant entre M° Jean Boileau, sieur de Maulaville, caution de feu M° François Jusseaume, et M° Jean Gonesse, receveur des aides et tailles en l'élection de Laval.

E 21, f° 82 r°.

13576. — Arrêt statuant sur un procès pendant entre la veuve de M° Pierre Cathelan, secrétaire du Roi et audiencier en la chancellerie de Toulouse, et Hugues de Gauchard, ayant droit par transport de messire Roger de Saint-Lary, baron de Bellegarde, grand écuyer de France, au sujet des dépenses faites en la baronnie de Saint-Sulpice.

E 21, f° 84 r°.

13577. — Arrêt ordonnant aux mayeur et échevins d'Abbeville de faire travailler promptement à la réparation des murailles de leur ville, qui viennent de s'écrouler en trois endroits, et d'y employer tous leurs deniers patrimoniaux et d'octroi.

E 21, f° 86 r°.

13578. — Arrêt réglant le payement d'une somme de 190 écus 3 sols restée due par la ville de Clermont, en Auvergne, à Thibaud Gautier, commis en 1593 à la levée des deniers communs de ladite ville.

E 21, f° 87 r°.

13579. — Arrêt déclarant que les règlements faits pour le payement des dettes des communautés du Dauphiné ne seront point applicables aux sommes qui ont été assignées sur plusieurs de ces communautés, soit au capitaine suisse Greeder, soit à la veuve du capitaine suisse Diger.·

E 21, f° 89 r°.

13580. — Arrêt renvoyant aux commissaires députés pour la réduction des amendes de la Chambre royale une requête présentée par Martin Le Febvre, commis au recouvrement des «modérations», et relative à la répartition de l'amende due par les officiers du grenier à sel de Pont-de-l'Arche.

E 21, f° 91 r°.

13581. — Arrêt statuant sur diverses instances pendantes entre la princesse douairière d'Orange et le sieur de Bourzolles, d'une part, Michel Guillemeau et Claude Choisat, sergents, d'autre part.

E 21, f° 93 r°.

13582. — Arrêt statuant sur les procès pendants entre le syndic de Toulouse et Me Léonard de Mausse, fermier général des traites foraines et domaniales de Languedoc et Provence, ordonnant l'établissement d'un bureau des traites à Bordeaux, etc.

E 21, f° 95 r°.

13583. — Arrêt ordonnant qu'Antoine Saulcisse, maître d'école, sera assigné au Conseil, et lui défendant de troubler Paul Duthiers en l'opération du nettoyage des rues de la ville de Paris.

E 21, f° 99 r°.

13584. — Arrêt ordonnant le rétablissement d'une somme de 456 livres 3 sols 8 deniers due pour les gages d'André Legeay, sieur de La Gestière, vice-sénéchal et prévôt général des maréchaux de France en Poitou.

E 21, f° 101 r°.

13585. — Arrêt ordonnant que, par un huissier du Conseil, le premier président de Harlay sera mis en demeure de déclarer s'il entend se conformer au devis dressé par le duc de Sully et approuvé par le Roi pour les constructions de la place Dauphine.

E 21, f° 102 r°.

13586. — Arrêt réglant le remboursement des frais faits par les grand maître et officiers des eaux et forêts pour l'adjudication des hauts bois vendus, en l'année 1601, dans la forêt d'Orléans.

E 21, f° 104 r°.

13587. — Arrêt prorogeant pour six années nouvelles l'octroi du droit de petite pinte concédé, en 1598, aux habitants de Saint-Denis, près Jargeau, le produit en devant être affecté à la reconstruction de leur église.

E 21, f° 105 r°.

13588. — Arrêt ordonnant qu'en payant 8,100 livres, d'une part, et 450 livres, de l'autre, Nicolas Viredoulx, receveur des traites et impositions foraines d'Anjou au tablier de Saumur, jouira d'un droit de 6 deniers pour livre.

E 21, f° 106 r°.

13589. — Arrêt accordant un rabais à Toussaint Brasseur, fermier du droit domanial d'auvents en la ville et vicomté de Paris, attendu qu'il n'a point joui de la plupart de ses droits et qu'il a été inquiété par le prévôt des marchands et les échevins de Paris, par les abbés de Sainte-Geneviève et de Saint-Germain-des-Prés.

E 21, f° 107 r°.

13590. — Arrêt ordonnant le rétablissement sur le compte de l'Épargne d'une partie de 1,000 écus donnée par le Roi à François de Montmirail, sieur de Mainville, gentilhomme ordinaire de la Chambre.

E 21, f° 109 r°.

13591. — Arrêt ordonnant que, par le premier juge requis, il sera dressé procès-verbal des refus qu'auront pu faire tous officiers, consuls ou autres sujets du Roi de prêter main-forte à Guillaume Alliez, fermier général des gabelles de Languedoc, ou à ses

commis, ainsi que des menaces qui auront été proférées et des voies de fait qui auront eu lieu, et
mettant en la sauvegarde du Roi ledit fermier, ses
associés, ses gardes et ses commis.

E 21, f° 110 r°.

13592. — Arrêt renvoyant aux trésoriers de
France à Tours une requête de Nicolas d'Angennes,
sieur de Rambouillet, conseiller d'État, tendante à ce
que nouvelle évaluation soit faite des « adventures de
fiefz, rachaptz, confisquations et amendes » provenant
de la baronnie de Château-du-Loir.

E 21, f° 112 r°.

13593. — Arrêt ordonnant la visite des bâtiments
conventuels du prieuré de la Chaise-Dieu, et déclarant que le bois nécessaire aux réparations dudit couvent sera pris en la forêt de Breteuil.

E 21, f° 114 r°.

13594. — Arrêt élevant, pendant six ans, de
3 deniers à 6 deniers le droit levé par les habitants
de Nogent-sur-Seine sur chaque minot de sel débarqué
au port de Nogent, le produit de cette taxe devant
être employé à la réparation des ponts et des chaussées.

E 21, f° 116 r°.

13595. — Arrêt réglant le payement des gages de
Pierre de Pollier, élu en l'élection de Montluçon.

E 21, f° 118 r°.

13596. — Arrêt ordonnant que la duchesse de
Mercœur jouira, en qualité de tutrice de sa fille, d'une
rente de 2,000 livres assignée, en 1529, par François Ier et la régente, sa mère, au duc Antoine de Lorraine.

E 21, f° 119 r°.

13597. — Arrêt ordonnant que l'arrêt du 16 septembre 1606, concernant la ferme de Charles Du
Han et de ses associés (n° 10586), sera enregistré
partout où besoin sera, et déclarant que ledit fermier
sera dispensé de bailler de nouvelles cautions.

E 21, f° 121 r°.

13598. — Arrêt renvoyant aux trésoriers de France
à Poitiers une requête par laquelle les cinq filles de

feu François Biesse, receveur des deniers communs de
Châtellerault, demandent à être dispensées de rendre
des comptes pour les années 1600 à 1603, attendu
le pillage auquel a été livrée leur maison lors de la
mort de leur père.

E 21, f° 122 r°.

13599. — Arrêt ordonnant la vérification de ce
qui a été perçu du droit d'un écu par muid de vin
entrant en la ville de Rouen, attendu que le Roi a fait
don à Jacques de Montgommery, sieur de Courbouzon,
d'une somme de 10,000 livres à prendre sur les
« omissions de recepte » de ladite taxe.

E 21, f° 123 r°.

13600. — Arrêt ordonnant le payement au duc
de Wurtemberg d'une somme de 6,138 livres, produit
net des ventes de bois faites, en l'année 1608, dans
les forêts d'Alençon, d'Essai, de Moulins et de Bonmoulins.

E 21, f° 125 r°.

13601. — Arrêt réglant l'exécution de celui du
23 septembre 1608 (n° 12549), qui oblige tous les
notaires, tabellions et gardes-notes de Languedoc et
de Provence à payer un supplément de taxe pour jouir
de leurs offices à titre héréditaire, le produit desdits
suppléments ayant été concédé à la Reine.

E 21, f° 127 r°.

13602. — Arrêt autorisant les habitants de Joinville à lever sur eux-mêmes une somme de 2,000 livres
destinée au remboursement d'un emprunt.

E 21, f° 128 r°.

13603. — Arrêt réduisant de moitié, pendant six
années, les tailles, taillon et crues de la paroisse d'Anglure.

E 21, f° 129 r°.

13604. — Arrêt réglant les fonctions des enquêteurs et des commissaires-examinateurs dans les sièges
généraux ou particuliers du royaume.

AD ✠ 146, n° 23.

1609, 28 avril. — Paris.

13605. — Arrêt ordonnant que, dans les trois jours, les prévôt des marchands et échevins de Paris feront connaître leurs observations sur les offres faites par M⁰ Louis Denyelle pour le rachat de 600,000 livres de rentes et pour le payement de 600,000 livres de dettes.

E 21, f° 130 r°.

13606. — Arrêt ordonnant que le sieur de Fleury, surintendant général des eaux et forêts de France, ou, à son défaut, son fils, se transporteront immédiatement en la forêt de Dourdan pour ouvrir une enquête sur les abus qui s'y commettent et procéder contre les délinquants.

E 21, f° 131 r°.

13607. — Arrêt déclarant que M⁰ Lejay, substitut du procureur général au Châtelet, qui a reçu les cautions insolvables du fermier Barthélemy Carteret, sera tenu de payer une somme de 40,500 livres, et que M⁰ Pierre de Masparaulte, sieur de Buy, dont Carteret n'est que le prête-nom, sera responsable de toutes les sommes dues par ledit Carteret.

E 21, f° 132 r°.

1609, 30 avril. — Paris.

13608. — Arrêt renvoyant aux premiers présidents et aux procureurs généraux en la chambre des comptes et au parlement de Provence, ainsi qu'aux deux plus anciens trésoriers de France en Provence, le différend soulevé entre Antoine de Boyer, gentilhomme ordinaire de la Chambre, Scipion et Pierre de Lombart, sieurs des Ambiés, Jean Viguier, etc., au sujet du droit de pêcher le thon avec des mandragues sur la côte de Provence, entre la Ciotat et Antibes.

E 21, f° 134 r°.

1609, 2 mai. — Paris.

13609. — Arrêt maintenant Jean Montmouton en jouissance d'une métairie sise au comté de Rodez, nonobstant l'opposition des consuls de Montrozier et de leur greffier et notaire.

E 21, f° 136 r°.

13610. — Arrêt accordant à Michel Sbire, laboureur des Baux-de-Breteuil, décharge d'une amende de 80 livres.

E 21, f° 138 r°.

13611. — Arrêt accordant à la veuve de Jacques Hervé, sieur de Chastellier, commissaire ordinaire des guerres et propriétaire du greffe du bailliage de Mehun-sur-Yèvre, décharge d'un supplément de finance exigé par les trésoriers de France en Berry, attendu que ledit greffe est compris dans le traité conclu avec M⁰ Charles Paulet.

E 21, f° 139 r°

13612. — Arrêt interdisant l'exécution d'une sentence d'Anselme de Turmenye, capitaine et maître des eaux et forêts de Beaumont, qui ordonne la levée de ce qui est dû par le village de Viarmes à Casin Vanesme, sergent-veneur louvetier dans le comté de Beaumont, et ordonnant que ledit Turmenye et ledit Vanesmes seront assignés au Conseil.

E 21, f° 140 r°.

13613. — Arrêt prorogeant d'un an le délai pendant lequel doivent être suspendues : 1° les poursuites contre les habitants des terres de Saint-Victor et du chapitre de Genève pour le payement des tailles; 2° « la recherche des officiers du bailliage de Gex contre les héritiers Caille ».

E 21, f° 142 r°.

13614. — Arrêt ordonnant que le duc de Saxe Christian II sera assigné de ce qui lui est dû, tant en son nom que comme tuteur des ducs de Saxe-Altenbourg et Weimar, « le plus tost que la commodité des affaires de Sa Majesté le pourra permettre ».

E 21, f° 144 r°.

13615. — Arrêt relatif à un procès pendant entre François Le Bernet, receveur des ports et havres de Morlaix, et le syndic des habitants de ladite ville.

E 21, f° 146 r°.

13616. — Arrêt ordonnant de surseoir à l'exécution d'une sentence des Requêtes du Palais rendue contre François de Guillon, contrôleur général de l'Artillerie, et Jacques de Guillon, conseiller au Parlement, en faveur des héritiers de Jacqueline de Montigny, veuve de François de Daillon, sieur de Sautray.

E 21, f° 148 r°.

13617. — Arrêt levant l'interdiction faite par les trésoriers de France à M⁰ Nicolas Chaumelys d'exercer sa charge de receveur général des finances en Bourgogne.

E 21, f° 150 r°.

13618. — Arrêt prorogeant pour six années nouvelles les octrois précédemment concédés aux habitants de Châlons, excepté les taxes levées sur les greniers à sel de Vitry, d'Épernay et de Sézanne et la taxe de la sortie des grains, lesquelles seront remplacées par une taxe sur le grenier de Châlons et par une autre taxe sur le vin consommé en ladite ville.

E 21, f° 154 r°.

13619. — Arrêt réglant le payement d'une somme de 6,000 livres assignée au cardinal de Joyeuse, tuteur honoraire de la demoiselle duchesse de Montpensier.

E 21, f° 156 r°.

13620. — Arrêt ordonnant la remise au secrétaire du Conseil des pièces concernant l'aubaine d'Antoine Morel, originaire de la vallée d'Aoste, aubaine dont le Roi a fait don à Jean Payon, lieutenant de l'Artillerie en l'arsenal de Lyon.

E 21, f° 157 r°.

13621. — Arrêt autorisant la levée d'une somme de 1,500 livres destinée au payement des dettes de la ville de Sézanne, et ordonnant la vérification des dettes de ladite ville.

E 21, f° 158 r°.

13622. — Arrêt interdisant au parlement de Bordeaux et réservant au Conseil la connaissance du procès pendant entre Jean Tauzin et François Gohier, avocat au Conseil, au sujet du greffe des insinuations ecclésiastiques de Bordeaux.

E 21, f° 160 r°.

13623. — Arrêt déclarant qu'Antoine Abelly sera

déchargé du cautionnement de Pierre Sorber, ancien adjudicataire du nettoyage des boues de la ville de Paris, à condition que Paul Duthiers, le nouvel adjudicataire, fournisse une autre caution pour l'exécution de son contrat.

E 21, f° 161 r°.

13624. — Arrêt maintenant à Mont-de-Marsan, nonobstant l'opposition des maire, jurats et habitants, le bureau de perception des impôts de la Garonne et de la Dordogne, de l'extinction du convoi et de la comptablie de Bordeaux.

E 21, f° 162 r°.

13625. — Arrêt ordonnant la vérification des dettes contractées, pendant la guerre, par les habitants de Romagnat et de Clémensat, et les autorisant à lever, en 1609, une somme de 1,000 livres.

E 21, f° 164 r°.

13626. — Arrêt renvoyant à la chambre des comptes de Normandie une requête de Jean Quesnel, fermier du domaine de Carentan durant les années 1588 à 1590.

E 21, f° 166 r°.

13627. — Arrêt ordonnant que M⁰ Jean Garde et Antoine Brethe, marchands de Roye, receveurs et admodiateurs pour les prince et princesse de Conti des terres de Roye, de Crapeaumesnil, etc., seront contraints de payer 1,400 livres à Catherine Lebeau.

E 21, f° 168 r°.

13628. — Arrêt ordonnant à tous huissiers et sergents d'assurer le payement du droit de 20 deniers pour livre réclamé par M⁰ Urbain Bouhier, receveur général ancien et alternatif des droits levés sur les drogueries et épiceries entrant par la mer du Ponant au bureau de la Rochelle ou dans les lieux en dépendant.

E 21, f° 170 r°.

13629. — Arrêt ordonnant que Samuel Desouches, Jean Geslain, François Bourgues, Jacques Vayer, etc., seront contraints de payer 1,600 livres à Louis Roussel, sergent royal fieffé et héréditaire de la baronnie de Saosnois et de la châtellenie de Peray.

E 21, f° 172 r°.

13630. — Arrêt ordonnant à la Chambre des comptes de passer outre à la vérification de l'édit de création d'un office de receveur et payeur des rentes en chaque généralité, nonobstant l'opposition du duc de Nevers et des villes de Meaux et de Melun.

E 21, f° 173 r°; cf. ibid., f° 174 r°.

13631. — Arrêt confirmant les privilèges reconnus aux habitants de l'île du Croisic et de la paroisse de Batz par lettres patentes d'avril 1598.

E 21, f° 175 r°.

13632. — Arrêt ordonnant que le fermier général des gabelles de Languedoc remettra régulièrement, dans les six semaines qui suivent l'échéance de chaque quartier, aux receveurs et payeurs des cours dudit pays le produit des crues sur le sel qui sont affectées au payement des gages des officiers desdites cours.

E 21, f° 177 r°.

13633. — Arrêt ordonnant le versement à l'Épargne des sommes que M⁰⁰ Prestin Le Pelletier et Guillaume Belon, receveurs des fouages à Nantes, devaient verser à la recette générale de Bretagne, conformément à l'arrêt du 4 décembre dernier (n° 12855).

E 21, f° 178 r°.

13634. — Arrêt ordonnant qu'il sera procédé à la taxe des deux offices de conseillers créés en chacun des sièges royaux par édit d'avril 1578.

E 21, f° 180 r°.

13635. — Arrêt relatif à un procès pendant entre les syndic et députés du clergé du diocèse de Bourges, le receveur des décimes dudit diocèse, etc., d'une part, Jean d'Harambure, sieur de Romefort, gentilhomme ordinaire de la Chambre, d'autre part, au sujet des fruits du prieuré de Ruffec.

E 21, f° 182 r°.

13636. — Arrêt maintenant M⁰ Thomas de Boni-

galle en jouissance de l'office de « premier huissier pour le Roy de son trésor et des finances à Paris ».

E 21, f°⁴ 184 r° et 185 r°.

1609, 5 mai. — Paris.

13637. — Arrêt déclarant nulle la cession que les sieurs de Guépéan, Aubry, de La Bistrade et consorts ont faite à Antoine Desmons d'une rente de 27,000 livres constituée, en 1585, sur les impôts et billots de Bretagne.

E 21, f° 188 r°.

13638. — Arrêt renouvelant la défense faite aux États du Languedoc d'envoyer au Roi sans sa permission expresse aucune députation, mais les autorisant à lui adresser, à la fin des sessions, un des syndics généraux, porteur de leurs cahiers et de leurs instructions.

E 21, f° 192 r°.

1609, 7 mai. — Paris.

13639. — Arrêt enjoignant aux trésoriers de France en Languedoc de faire mettre à exécution certain arrêt concernant les exemptions de plusieurs villes, exemptions sur lesquelles les États réunis à Beaucaire au mois de janvier dernier ont refusé de délibérer, sous prétexte qu'elles n'intéressaient que Sa Majesté.

E 21, f° 194 r°.

13640. — Arrêt ordonnant de surseoir, jusqu'à plus ample informé, à une levée de 13,493 livres qui est faite en Quercy en vertu de lettres patentes données, à Chambéry, le 21 octobre 1600.

E 21, f° 195 r°.

13641. — Arrêt interdisant expressément la réunion de toute assemblée d'États dans le Quercy, et déclarant que les levées ordonnées par le Roi seront faites par les élus.

E 21, f° 196 r°.

13642. — Arrêt évoquant au Conseil le procès intenté par le syndic du Quercy aux élus de Quercy établis à Cahors, au sujet de la levée de « leurs droictz de deppartement ».

E 21, f° 197 r°.

13643. — Arrêt enjoignant de nouveau aux trésoriers de France de rassembler tous les doubles des comptes rendus dans les chambres des comptes.

E 21, f° 198 r°.

13644. — Arrêt annulant les engagements pris par Antoine Desmons et ses associés pour le rachat de 3,600,000 livres de domaine en Bretagne, « attendu la subrogation dudit contract accordée par Sa Majesté aux scindicq et depputez de Bretaigne ».

E 21, f° 199 r°.

13645. — Arrêt ordonnant l'exécution de celui qui oblige les acquéreurs du domaine à payer certaines taxes pour l'acquittement des charges dudit domaine, et interdisant au parlement de Toulouse la connaissance de pareille matière.

E 21, f° 200 r°.

13646. — Arrêt, rendu sur la requête de Charles de Péronne, ordonnant que M° Louis Barberoux sera contraint, dans le délai d'un mois, de satisfaire à l'arrêt du 22 novembre dernier (n° 12787).

E 21, f° 201 r°.

13647. — Arrêt renvoyant au Parlement le procès pendant entre Charles Garrettier, prévôt des maréchaux au gouvernement de Metz, Toul et Verdun, et l'abbaye de la Crête, au diocèse de Langres.

E 21, f° 202 r°.

13648. — Arrêt renvoyant aux trésoriers de France à Caen une requête du sieur de Montgommery, gouverneur de Pontorson, tendante à la concession d'un terrain vague sur lequel il construirait un moulin à vent.

E 21, f° 203 r°.

13649. — Arrêt évoquant et renvoyant aux commissaires du Clergé établis à Paris le procès pendant devant le prévôt de Paris entre M° François de Castille, receveur général du Clergé, et M° Charles Besançon, avocat en Parlement.

E 21, f° 204 r°.

13650. — Arrêt ordonnant qu'une somme de 7,919 livres 17 sols 7 deniers sera levée, en deux ans,

sur tous les contribuables de Clermont-de-Lodève, ainsi que les intérêts restés dus aux créanciers de ladite ville.

E 21, f° 205 r°.

13651. — Arrêt ordonnant qu'une somme de 10,438 livres 3 deniers sera levée, en deux ans, sur les contribuables du diocèse de Lodève, ainsi que les intérêts restés dus aux créanciers dudit diocèse.

E 21, f° 207 r°.

13652. — Arrêt ordonnant que les personnes condamnées par contumace qui auront attendu plus d'un an pour purger leur contumace ne seront admises à ester en justice qu'après avoir payé aux receveurs généraux des exploits et amendes les droits qui leur sont attribués et les dépens qui leur sont dus.

E 21, f° 209 r°, et AD ✝ 146, n° 34.

13653. — Arrêt ordonnant que les habitants de Bresse seront désormais exempts des droits de péage, de traverse et de demi pour cent pour les marchandises conduites de Bresse dans le royaume ou dans le pays de Dombes, et réciproquement du royaume ou dudit pays en Bresse, et, afin de dédommager le fermier Gaspard Corneglia, ordonnant le rétablissement du bureau de Saint-Laurent-lès-Mâcon.

E 21, f° 211 r°.

13654. — Arrêt ordonnant que, nonobstant celui du 29 mars dernier, le lieutenant criminel de robe courte de Sainte-Menehould conservera les deux archers qu'il devait céder au lieutenant de robe courte de Langres.

E 21, f° 213 r°.

13655. — Arrêt approuvant les expédients qu'ont imaginés les habitants de Cusset pour se libérer des dettes qu'ils avaient contractées, durant les troubles, afin de se conserver en l'obéissance du Roi.

E 21, f° 214 r°.

13656. — Arrêt ordonnant que le sieur de Lacépède, conseiller d'État et premier président de la cour des comptes de Provence, sera dispensé de payer le quart denier à raison de sa démission de second président en ladite cour, et que ce droit sera payé par le nouveau titulaire de ce dernier office, le sieur de Realville.

E 21, f° 216 r°.

13657. — Arrêt ordonnant le remboursement de la finance payée par M⁰ Pierre Rozée, avocat au Parlement, pour un office de marqueur des cuirs à Brioude.

E 21, f° 218 r°.

13658. — Arrêt condamnant M⁰ Paul Sève, notaire et secrétaire du Roi, M⁰ˢ Philippe et Michel Gilliers et Théophile Richard à payer 10,000 livres à M⁰ Bénigne Saulnier pour la composition d'un office de conseiller au parlement de Grenoble.

E 21, f° 219 r°.

13659. — Arrêt ordonnant la saisie des terres, seigneuries et rentes de Pierre de Masparaulte, sieur de Buy, certificateur des cautions du fermier Barthélemy Carteret.

E 21, f° 221 r°.

13660. — Arrêt acceptant de nouvelles offres faites par Antoine Billard, adjudicataire de l'ancien domaine de Navarre, pour le rachat de certaines portions de domaine aliénées.

E 21, f° 223 r°.

13661. — Arrêt ordonnant qu'en versant, dans la huitaine, 3,000 livres à l'Épargne, Claude de Picquet, sieur de Sautour et de Crespières, aura, pendant seize ans, la jouissance de la justice de Crespières, laquelle, au terme de ce délai, sera réunie au domaine royal.

E 21, f° 225 r°.

13662. — Arrêt réglant le recouvrement du « simple deub par aulcuns comptables jugé tant par la Chambre royale que commissaires envoyez par les provinces ».

E 21, f° 227 r°.

13663. — Arrêt enjoignant à M⁰ François Dallemagne, receveur ordinaire du domaine en la généralité d'Auvergne, de verser à la recette générale, nonobstant toute ordonnance contraire des trésoriers de France, les deniers qu'il se trouve redevoir après la clôture de ses comptes.

E 21, f° 228 r°.

13664. — Arrêt ordonnant que, dans le délai d'un mois, toutes les personnes qui ont fait des offres ou passé des traités pour le rachat du domaine présenteront au Conseil un état des portions de domaine qu'elles sont tenues de racheter.

E 21, f° 230 r°.

13665. — Arrêt autorisant les habitants de la « barre royale » et sénéchaussée de Ploërmel à lever, en deux ans, une somme de 1,981 livres 2 sols 2 deniers destinée au payement des gages des officiers du présidial de Vannes.

E 21, f° 231 r°.

13666. — Arrêt enjoignant à M⁰ Claude Nau, cidevant greffier de la Chambre de justice, de remettre au Conseil, dans la huitaine, les papiers et procédures provenant de ladite Chambre.

E 21, f° 233 r°.

13667. — Arrêt dispensant de la résidence, pour l'année 1609, M⁰ Bénigne Saulnier, receveur général des finances à Lyon, et l'autorisant à se faire remplacer par M⁰ Paul Galland.

E 21, f° 234 r°.

13668. — Arrêt cassant un arrêt rendu au Parlement, le 14 avril dernier, sur la requête des trentequatre vendeurs et contrôleurs de vin de la ville de Paris.

E 21, f° 235 r°.

13669. — Arrêt réglant le payement de la pension de 600 livres donnée par le Roi à M⁰ Gabriel Lepaige, procureur général en la cour des aides de Normandie.

E 21, f° 237 r°.

13670. — Arrêt assurant l'exécution des arrêts qui ont ordonné le retranchement d'une demi-année « des rentes trop payées à plusieurs particuliers et communaultés de la province de Languedoc ».

E 21, f° 239 r°.

13671. — Arrêt ordonnant que toutes les personnes qui ont passé ou passeront désormais des traités avec le Roi, ou qui se feront subroger à d'anciens traitants, seront tenus de désigner une personne demeurant à Paris qui puisse répondre au sujet de l'exécution du traité.

E 21, f° 240 r°.

_____

1607, 9 mai. — Paris.

13672. — Arrêt évoquant l'appel que les marchands grossiers, merciers et joailliers de Paris ont interjeté d'une ordonnance de Thomas Deschamps, soi-disant fermier de la douane de Lyon, et joignant le tout au procès pendant entre lesdits marchands et le fermier général des Cinq grosses fermes.

E 21, f° 242 r°.

13673. — Arrêt ordonnant qu'il soit procédé à la réduction du revenu des acquéreurs de greffes, places de clercs et petits sceaux du ressort de Toulouse, les deniers provenant de cette réduction devant être employés à l'acquittement des charges du domaine.

E 21, f° 244 r°.

13674. — Arrêt déclarant qu'en payant 20,000 livres à M° Martin Lefebvre, « commis à la recepte des amendes jugées par la Chambre royalle », Jacob Raineteau, ci-devant receveur des tailles en l'élection de Fontenay-le-Comte, sera tenu quitte de toutes fausses reprises.

E 21, f° 245 r°.

13675. — Arrêt ordonnant de surseoir à la levée de l'impôt sur les cartes, dés et tarots, attendu qu'il a été impossible aux fermiers de « l'establir..., pour les grandz empeschemens et esmotions populäires que, de toutes partz, leur ont esté faictes ».

E 21, f° 247 r°.

13676. — Arrêt condamnant Jean Goday, qui a traité du rachat des greffes dans les ressorts de Toulouse et d'Aix, à rembourser à M° Bernard de Maurel la somme de 14,550 livres par lui payée pour la composition du greffe des présentations au parlement de Toulouse.

E 21, f° 249 r°.

13677. — Arrêt réglant le payement des gages des officiers du présidial du Châtelet de Paris.

E 21, f° 251 r°.

13678. — Arrêt ordonnant que le chevalier de Guise sera payé, par préférence aux créanciers de l'archevêque de Reims, d'une pension viagère de 4,500 livres à lui assignée sur les revenus de l'abbaye de Saint-Denis.

E 21, f° 253 r°.

13679. — Arrêt réunissant l'élection particulière d'Ainay à « l'eslection en chef » nouvellement créée à Saint-Amand, et ordonnant le remboursement de la finance payée par l'élu particulier d'Ainay.

E 21, f° 255 r°.

_____

1609, 12 mai. — Paris.

13680. — Arrêt renvoyant à la Cour des aides le différend soulevé entre M° Martin Lefebvre et la veuve de M° Guillaume Mesnager, receveur des greniers à sel d'Ingrande et de Candé.

E 21, f° 257 r°.

13681. — Arrêt déclarant que le payement des gages de M° Antoine Grandjean, lieutenant criminel au bailliage et au présidial de Provins, est à la charge des engagistes du domaine de Provins.

E 21, f° 259 r°.

13682. — Arrêt ordonnant la saisie de tous les biens meubles et immeubles des sieurs de Saint-Germain et Josse, de leurs enfants et de leurs gendres, ainsi que des biens dépendants de la succession de M° Nicolas Parent, fermier général des gabelles.

E 21, f° 261 r°.

13683. — Arrêt ordonnant l'exécution de l'arrêt du 31 juillet 1604 qui décharge le sieur de Luxembourg, les héritiers du sieur de Dinteville et du maréchal d'Aumont d'une rente constituée, le 10 septembre 1589, à Nicolas Largentier, sieur de Vaussemin.

E 21, f° 263 r°.

13684. — Arrêt statuant sur un procès pendant entre André Carnicquet, archer des gardes écossaises du nombre des Vingt-cinq, et Jeanne de Quevauvillier, veuve de M° Charles Maillard, receveur du domaine de Ponthieu.

E 21, f° 265 r°.

13685. — Arrêt déchargeant Mᵉ Claude de Bugnon, ancien trésorier des Ligues, du payement de certains restes, ordonnant néanmoins à Mᵉ Pierre Chomel, à qui il a résigné son office, de faire les poursuites nécessaires au recouvrement desdits restes.

E 21, f° 267 r°.

13686. — Arrêt ordonnant que Mᵉ Léonard Foullé, greffier des présentations du Parlement, sera assigné au Conseil, ainsi que tous autres opposants à la réception de Mᵉ Nicolas Drouin en l'office de greffier des affirmations au Parlement.

E 21, f° 268 r°.

13687. — Arrêt interdisant à la Cour des aides et réservant au Conseil la connaissance des procès pendants entre le fermier général des aides, les habitants de Ricey-Haute-Rive, les sous-fermiers des quatrièmes, huitièmes et vingtièmes du vin audit bourg et divers particuliers.

E 21, f° 270 r°.

13688. — Arrêt ordonnant, conformément à l'arrêt du 11 avril dernier, l'établissement d'un bureau des traites à Bordeaux, l'élargissement de Dominique Corbin, commis du fermier général des traites de Languedoc et Provence, détenu en la conciergerie du parlement de Bordeaux, et l'envoi de son procès au greffe du Conseil.

E 21, f° 271 r°.

13689. — Arrêt relatif à divers procès pendants entre Nicolas Placin, notaire et secrétaire du Roi, et Mᵉ Étienne Puget, trésorier de l'Épargne.

E 21, f° 273 r°.

13690. — Arrêt défendant aux propriétaires des salines d'Hyères de vendre du sel à l'étranger, ordonnant que tout le sel desdites salines sera réservé au Roi, et réglant les conditions de l'achat.

E 21, f° 275 r°.

———

1609, 14 mai. — Paris.

13691. — Arrêt subrogeant Mᵉ Martin Lefebvre, secrétaire de la chambre du Roi, à Pierre Du Fournel, sieur du Chastelier, dans le traité fait pour le rachat du domaine de Forez.

(A la suite de cet arrêt, un secrétaire du Conseil a inscrit, en se trompant d'une année, la mention suivante : « Auquel jour, sur les iii à cinq heures du soir, le roy Henri iiiᵉ fust traitreusement assasiné près le cimetière des Inocens, estant en carrosse. »)

E 21, f° 279 r°.

13692. — Arrêt autorisant les habitants de Houdan à lever sur eux-mêmes une somme de 1,833 livres 12 sols, destinée au payement des dettes de ladite ville.

E 21, f° 280 r°.

13693. — Arrêt déclarant qu'en exécution des arrêts du 12 février (n° 13226) et du 14 mars derniers (n° 13350), Étienne de Loisy, Jean Roy, Étienne Humbert et Jean Le Grand seront maintenus en l'exercice de leurs charges d'échevins de Dijon, que Pierre Marc et Odet Vautheron s'abstiendront d'exercer leurs charges jusqu'à ce qu'ils se soient justifiés des accusations portées contre eux, que Pierre Pepin, procureur-syndic, Barthélemy Moreau, son substitut, et Jean Guillier, procureur au Parlement, seront interrogés au Conseil; ordonnant, en outre, que dorénavant le vicomte-mayeur de Dijon sera choisi par le Roi parmi les trois candidats qui auront réuni le plus grand nombre de suffrages.

E 21, f° 281 r°.

13694. — Arrêt autorisant les habitants de Moissac à lever sur les contribuables de la ville et de la juridiction une somme de 3,000 livres destinée au payement de leurs dettes.

E 21, f° 283 r°.

13695. — Arrêt ordonnant la visite du château de l'Isle-en-Jourdain, et affectant 300 livres aux réparations de la toiture.

E 21, f° 285 r°.

13696. — Arrêt renvoyant aux trésoriers de France une requête de Georges Du Bourg, sieur de Clermont, gouverneur de l'Isle-en-Jourdain, tendante à ce qu'une somme de 6,000 livres soit affectée à la réparation des murs de la ville.

E 21, f° 286 r°.

13697. — Arrêt ordonnant à Jean Nail, hôtelier à Bonnelles, de représenter au Conseil les lettres de committimus qu'il aurait obtenues comme commissaire de la marine du Levant.

E 21, f° 287 r°.

13698. — Arrêt ordonnant que les ducs Ernest et Christian de Brunswick et de Lunebourg seront assignés, en l'année 1610, de ce qui leur est dû pour le prêt de 6,571 florins qu'ils firent au Roi en 1592.

E 21, f° 288 r°.

13699. — Arrêt validant le payement de certains suppléments de taxes alloués par les intendants des turcies et levées de la Loire et du Cher aux officiers des élections de Tours, de Blois, d'Amboise, de Chinon, de Saumur et d'Angers chargés de la visite desdites turcies et levées.

E 21, f° 289 r°.

13700. — Arrêt maintenant provisoirement, nonobstant un arrêt de la cour des aides de Montpellier, Me Barthélemy Soubeyran, receveur des tailles au diocèse de Saint-Papoul, en l'exercice de la recette des tailles au diocèse de Mirepoix, jusqu'à ce que le receveur de ce dernier diocèse, Me Jean Causse, ait rendu ses comptes et renouvelé ses cautions.

E 21, f° 291 r°.

13701. — Arrêt ordonnant que « les bureaux nécessaires pour la perception des droictz forains et traicte domanialle seront reiglez suivant le ressort du parlement et maistrise des portz de Thoulouse, et que les trésoriers de France establis audict Thoulouse congnoistront de ce qui deppendra des bureaulx qui sont establis dans ledit ressort..., encores qu'ils ne soient de la générallité des finances y establie ».

E 21, f° 293 r°.

13702. — Arrêt déchargeant les officiers de l'élection d'Amiens d'une assignation au Conseil qui leur a été donnée sur la requête d'un nommé Bèchefer, soi-disant commis à la recherche des abus qui pourraient se produire en la perception de l'impôt des cartes et tarots.

E 21, f° 295 r°.

13703. — Arrêt déclarant contribuable à la taille, comme les autres habitants de Boulogne, Isaac Aumoyre, louvetier du bois de Boulogne.

E 21, f° 296 r°.

13704. — Arrêt renvoyant aux trésoriers de France à Rouen une requête des habitants de Saint-Valery-en-Caux.

E 21, f° 298 r°.

13705. — Arrêt maintenant dame Louise de Varey en possession des terres de Virieux, de Malleval et de Chavanay, nonobstant la demande de Pierre Du Fournel, sieur du Chastelier, surintendant des fortifications en Lyonnais et en Bresse, qui a traité pour le rachat du domaine de Lyonnais, Forez et Beaujolais.

E 21, f° 299 r°.

13706. — Arrêt renvoyant à la Cour des aides un procès pendant entre Nicolas Desnotz et Antoine Faulcheur, bourgeois de Paris, d'une part, Guy Celot, bourgeois de Paris, d'autre part.

E 21, f° 301 r°.

13707. — Arrêt condamnant Me Jean Bernard, greffier de la Cour des aides, à payer 6,399 livres à son prédécesseur, Pierre Bédacier.

E 21, f° 303 r°.

13708. — Arrêt ordonnant que Me Louis Le Vayer, commis à la recette générale d'Orléans, sera contraint de remettre à l'évêque d'Orléans le capital et les intérêts d'une somme de 13,000 livres destinée à l'achat d'immeubles utiles à l'évêché.

E 21, f° 305 r°.

13709. — Arrêt déclarant que, dans le délai d'un mois, tous ceux qui ont offert de racheter des portions de domaine seront tenus de présenter un état des portions dont ils doivent opérer le rachat, sinon elles leur seront désignées d'office par les commissaires royaux.

E 21, f° 307 r°.

13710. — Arrêt maintenant Benjamin Le Tailleur, secrétaire de la chambre du Roi, en jouissance du domaine de Calais, de Boulogne et d'Ardres, conformément au traité par lui passé avec le Roi le 8 novembre 1608 (n° 12732).

E 21, f° 309 r°.

13711. — Arrêt ordonnant au trésorier de l'Épargne d'assigner à dame Charlotte de Villiers-Saint-Pol une somme de 45,000 livres restée due à son défunt mari, le sieur de La Boissière, gouverneur d'Amiens.

E 21, f° 311 r°.

13712. — Arrêt ordonnant qu'André Fournay, sieur de La Brosse, capitaine d'une compagnie de carabins, sera assigné d'une somme de 12,000 livres, tant en considération de ses services que pour le dédommager de la perte de sa maison des Échets, sise en Bresse, et qui a été réunie au domaine.

E 21, f° 313 r°.

13713. — Arrêt ordonnant que les sieurs de Châteauneuf, de Béthune, de Maupeou et de Villemontée, conseillers d'État, se feront représenter les états au vrai de toutes les taxes qui ont été ci-devant perçues à cause de la révocation de la Chambre royale.

E 21, f° 315 r°.

13714. — Arrêt renvoyant aux trésoriers de France à Châlons une requête du sieur Desbarres, qui demande l'autorisation de construire sur un terrain vague de Bar-sur-Aube, appelé *la Cour aux Allemands*, un entrepôt pour les grains et pour les marchandises.

E 21, f° 317 r°.

13715. — Arrêt déclarant insaisissables les pensions assignées à la reine Marguerite, pour l'entretien de sa maison, sur les généralités de Tours et de Bordeaux.

E 21, f° 318 r°.

13716. — Arrêt statuant sur divers procès pendants entre le duc d'Épernon, Me Pierre Fontes, les villes et communautés de Roquevaire, d'Aubagne, de la Cadière, du Castellet, de Draguignan de Callian, de Tourrettes, de Fayence, de Bargème, de Claviers, de Callas, de Villecroze et d'Auzet et déchargeant le duc d'Épernon d'une somme de 3,491 écus; avis du Conseil tendant à faire don à Pierre Fontes d'une somme de 3,104 écus, qui sera levée sur la Provence.

E 21, f° 320 r°.

13717. — Arrêt déclarant que les significations faites de la part de Jean de La Clau, marchand de Bayonne, à l'ancien domicile d'Arnauld Du Fau, maintenant résidant à Séville, auront la même valeur que si elles étaient faites à la personne même dudit Du Fau.

E 21, f° 322 r°.

1609, 16 mai. — Paris.

13718. — Arrêt autorisant Michel Millot, marchand, demeurant à Decize, à faire tous les travaux de curage, d'élargissement ou de terrassement nécessaires pour rendre navigable la rivière d'Aron, et lui accordant, pendant vingt ans, le privilège des transports sur ladite rivière.

E 21, f° 323 r°; cf. ibid., f° 325 r°, 327 r° et 329 r°.

13719. — Arrêt renvoyant aux trésoriers de France à Toulouse une requête de Catherine de Rignac, veuve de Me René Girard, contrôleur ordinaire des guerres en Languedoc, laquelle demande à être déchargée de la taxe levée sur le greffe de la ville et de la viguerie de Gignac.

E 21, f° 331 r°.

13720. — Arrêt autorisant les habitants de la paroisse de Saint-Firmin de Beaugency à lever sur eux-mêmes, en trois ans, une somme de 4,500 livres destinée à la reconstruction de leur église.

E 21, f° 332 r°.

13721. — Arrêt accordant au clergé du diocèse de Châlons remise d'un quart des décimes de l'année 1606, attendu les pertes que lui ont fait subir les « compaignies des gens de guerre allans et venans au siège de Sedan ».

E 21, f° 334 r°.

13722. — Arrêt ordonnant signification aux protestants de Coutras d'une requête par laquelle le comte de Saint-Paul demande que défense leur soit faite d'exercer leur culte à Coutras sans son consentement, et suspendant provisoirement les travaux de construction d'un temple.

E 21, f° 336 r°.

13723. — Arrêt commettant MM. de Vic, de Boissize et Langlois, conseillers d'État, pour procéder à la vérification des dettes de Louis Ier et de Henri Ier, princes de Condé.

E 21, f° 337 r°.

13724. — Arrêt ordonnant qu'une somme de 802 livres 13 sols sera levée sur les habitants de la paroisse de Saint-Valérien de Châteaudun et affectée au remboursement des anciens collecteurs des tailles.

E 21, f° 338 r°.

13725. — Arrêt condamnant les consuls de Boujan à rembourser à Me Jérôme Du Verger, receveur général des gabelles en la généralité de Montpellier, le prix d'adjudication de la justice haute, moyenne et basse de Boujan, laquelle demeurera irrévocablement réunie au domaine royal.

E 21, f° 339 r°.

13726. — Arrêt prorogeant pour six ans les octrois accordés aux habitants de Saint-Jean-de-Losne, validant la levée qu'ils ont faite depuis l'expiration des précédents octrois, et les autorisant, en outre, à percevoir diverses taxes sur le vin et sur la viande.

E 21, f° 341 r°.

13727. — Arrêt ordonnant qu'une somme de 2,000 livres sera levée sur tous les contribuables aux tailles des villes et prévôtés d'Aurillac, de Maurs et de Mauriac et sera payée à Isaac Olier, porte-manteau du Roi, pour ses vacations lors du procès à eux intenté par le fermier des gabelles du Languedoc.

E 21, f° 343 r°.

13728. — Arrêt ordonnant communication aux élus et receveurs des tailles de Paulhaguet d'une requête par laquelle les habitants de ladite ville demandent l'autorisation de lever 798 livres 2 sols 3 deniers et les intérêts de cette somme.

E 21, f° 345 r°.

13729. — Arrêt réservant au Conseil la connais-

sance de la réclamation faite par Louis Retournat, marchand de fromages du canton de Fribourg, qui, au sortir de Lyon, s'est vu saisir et confisquer le produit de la vente de ses fromages, en vertu d'une sentence du maître des ports de Lyon.

E 21, f° 346 r°.

13730. — Arrêt ordonnant que les quittances des offices de lieutenant criminel et commissaire-examinateur et de lieutenant particulier assesseur criminel au siège de Lectoure seront délivrées à Mes Henri Levenier et Jean Perez, lieutenant particulier et conseiller en la sénéchaussée d'Armagnac audit siège.

E 21, f° 348 r°.

13731. — Arrêt modifiant le règlement du 9 avril 1609 relatif à l'administration municipale de Poitiers, et déclarant que le capitaine et le sergent-major continueront d'exercer leurs charges, sans être soumis à la réélection annuelle, à condition de prendre lettres de confirmation du duc de Sully, gouverneur du Poitou, et de prêter en ses mains le serment de fidélité.

E 21, f° 349 r°.

13732. — Arrêt ordonnant au sieur Palot, ci-devant commis à la recette des 5 sols par minot de sel levés dans les greniers du ressort de Paris, de payer comptant 2,000 livres au baron de Dompmartin, colonel des reîtres.

E 21, f° 351 r°.

13733. — Arrêt ordonnant l'élargissement provisoire de Pierre de Masparaulte, sieur de Buy, emprisonné à la requête du procureur du Roi au Châtelet.

E 21, f° 352 r°.

13734. — Arrêt enjoignant aux trésoriers de France à Orléans de faire enregistrer incontinent le contrat d'Innocent Desbois, qui a traité avec le Roi pour le rachat des greffes des tailles du royaume, et leur défendant, sous peine de suspension, de s'opposer davantage à l'exécution dudit contrat.

E 21, f° 353 r°.

13735. — Arrêt admettant Me Georges Le Cirier, premier huissier du Conseil, et Raymond Vedel, sieur de La Fleur, capitaine général du charroi de l'Artillerie, comme cautions de M° Paul Duthiers, nouvel adjudicataire de l'enlèvement des boues de la ville et des faubourgs de Paris.

E 21, f° 355 r°; cf. ibid., f° 356 r°.

13736. — Arrêt ordonnant que M° Denis de Hère, conseiller au Parlement, touchera, sous forme de rente, l'intérêt des 1,800 livres par lui payées pour la survivance de son office.

E 21, f° 358 r°.

13737. — Arrêt accordant aux engagistes des greffes de Bourges décharge de la taxe levée sur eux par les trésoriers de France, attendu que ces greffes sont compris dans les traités conclus avec M° Alexandre Marchant et M° Charles Paulet.

E 21, f° 359 r°.

13738. — Arrêt renvoyant aux trésoriers de France en Bretagne la réclamation du comte et de la comtesse de Candalle contre les taxes auxquelles on prétend assujettir les portions de domaine qui leur ont été cédées en Bretagne en échange de leurs possessions de Flandre.

E 21, f° 361 r°.

13739. — Arrêt ordonnant aux maire et échevins d'Angers, aux fermiers du subside de 30 et de 20 sols par pipe de vin et aux receveurs particuliers des Ponts-de-Cé de remettre au sieur de Maupeou leurs états de dettes, leurs comptes et leurs baux, lesquels devront être communiqués aux ecclésiastiques d'Angers.

E 21, f° 363 r°.

13740. — Arrêt réglant le payement d'une somme de 600 livres due à M° Guillaume Lusson, médecin ordinaire du Roi, pour les soins qu'il a donnés à la princesse de Conti durant sa dernière maladie.

E 21, f° 365 r°.

13741. — Arrêt cassant un arrêt de la cour des aides de Montpellier, et déclarant que M° Léonard de Mausse, fermier général des traites de Languedoc et Provence, demeurera, ainsi que ses associés, entièrement déchargé de l'administration de la ferme du droit de patente de Languedoc.

E 21, f° 369 r°.

13742. — Arrêt réglant les conditions auxquelles les notaires et secrétaires du Roi seront admis, en payant le droit annuel, à jouir du droit de survivance.

E 21, f° 371 r°.

13743. — Arrêt réglant les conditions auxquelles les grands audienciers et contrôleurs généraux de la grande chancellerie de France et les audienciers et contrôleurs des chancelleries établies près des cours souveraines seront admis, en payant le droit annuel, à jouir du droit de survivance.

E 21, f° 374 r°.

13744. — Arrêt suspendant la délivrance de l'arrêt que M° Joël Laularye prétend avoir obtenu au Conseil, et qu'attaquent, « comme donné soubz faulces causes, » les substituts du procureur général en la Cour des aides.

E 21, f° 376 r°.

13745. — Arrêt autorisant Hugues Cosnier, entrepreneur du canal de Champagne, à rebâtir dans les endroits les plus commodes les moulins qu'il a détruits, lui abandonnant la pêche du canal, ainsi que la possession des levées, sur lesquelles il pourra planter des mûriers ou autres bons arbres.

E 21, f° 377 r°.

13746. — Arrêt rapportant l'édit de suppression de tous les offices d'huissiers et sergents, ordonnant néanmoins que, pour être maintenus en leurs charges, les huissiers et sergents seront contraints de payer un supplément de taxe.

E 21, f° 379 r°.

13747. — Arrêt relatif au procès pendant entre M° Jean de La Fosse, surintendant des vivres des camps et armées de France, et François Guérin, sieur de La Pointe, commissaire des guerres en Bourgogne et en Bresse.

E 21, f° 381 r°.

13748. — Arrêt statuant sur diverses instances pendantes entre M° Nicaise de Billy, receveur général des bois au département d'Anjou, les grands maîtres-enquêteurs et généraux réformateurs des eaux et forêts de France, les officiers des eaux et forêts de Loches et de Château-Gontier, Pierre Baron, sieur de Cotainville, gentilhomme servant de la Reine, ci-devant grand maître des eaux et forêts au département d'Anjou, et Goyet, sieur de Becherel, actuellement grand maître au même département.

E 21, f° 383 r°.

13749. — Arrêt statuant sur un procès pendant entre les habitants de la ville, du comté et de l'élection d'Auxerre, le fermier général des aides et les fermiers particuliers de l'élection d'Auxerre.

E 21, f° 387 r°.

1609, 26 mai. — Fontainebleau.

13750. — Arrêt prorogeant de six mois le délai accordé pour l'apurement de ses comptes à Martin Roland, qui fut jadis chargé de la trésorerie de l'Épargne par le duc de Mayenne.

E 21, f° 390 r°.

13751. — Arrêt statuant sur un procès pendant entre Gabriel de Varadier, Guillaume d'Amphoux, Étienne Borrel, Callixte Terrin et Honoré de Giraud, écuyers ou bourgeois d'Arles, et Gaspard de Rabastens, ci-devant fermier des gabelles de Provence.

E 21, f° 391 r°.

13752. — Arrêt statuant sur diverses instances pendantes entre Gaspard de Rabastens, les consuls et habitants d'Arles, Gabriel de Varadier, Guillaume d'Amphoux, Étienne Borrel, Callixte Terrin et Honoré de Giraud.

E 21, f° 393 r°.

13753. — Arrêt ordonnant la nouvelle mise en adjudication des taxes qui frappent le vin entrant dans les villes et gros bourgs de Picardie, le vin vendu en détail dans ladite généralité et le vin sortant des généralités de Picardie, de Soissons et de Champagne, attendu l'absence du fermier actuel, Barthélemy Carteret, et l'insolvabilité notoire de ses cautions.

E 21, f° 395 r°.

13754. — Arrêt déclarant qu'en versant 50,000 livres à l'Épargne, Josias Mortier sera déchargé de ce qu'il peut devoir comme caution du fermier des 30 sols par muid de vin entrant en la ville de Paris.

E 21, f° 397 r°.

13755. — Arrêt réduisant à 100 livres les gages des six substituts du procureur général au parlement de Bordeaux.

E 21, f° 399 r°.

13756. — Arrêt ordonnant que Me Nicolas Lejay, procureur du Roi au Châtelet, sera contraint de payer immédiatement 33,000 livres et, dans trois mois, si ses poursuites n'ont pas abouti, la totalité de ce qui est dû par Jacques Rigault, fermier des traites domaniales de Poitou et de Marans.

E 21, f° 400 r°.

13757. — Arrêt déclarant que les articles accordés à Abraham Pinager, le 11 septembre 1608, lui serviront de bail et de contrat.

E 21, f° 402 r°.

13758. — Arrêt défendant aux créanciers de la reine Marguerite de saisir aucune portion de la somme de 120,000 livres dont le roi lui a fait don « sur les offices appartenans à Sa Majesté avant le bail faict de ses Parties casuelles à Me Bénigne Saulnier ».

E 21, f° 403 r°.

1609, 2 juin. — Fontainebleau.

13759. — Arrêt accordant à Me Sébastien Hardy, adjudicataire du greffe de l'élection du Mans, décharge du droit de supplément exigé de lui par les trésoriers de France, attendu que ledit greffe est compris dans le parti de Me Charles Paulet.

E 22, f° 1 r°.

13760. — Arrêt autorisant les Clarisses de Gien à prendre, chaque année, au prix de marchand deux septiers de sel dans le grenier de Gien.

E 22, f° 2 r°.

13761. — Arrêt renvoyant aux trésoriers de France en Bourgogne une requête par laquelle les syndic et

74.

habitants de Bourg-en-Bresse demandent à rentrer en possession de leur maison de ville, qu'ils avaient librement abandonnée au présidial nouvellement établi en leur ville.

E 22, f° 3 r°.

13762. — Arrêt défendant à M° Pierre Joulet, lieutenant général à Dreux, et à M° Raoul Coullon, son gendre, assesseur criminel, de troubler en aucune façon l'élection du maire et des échevins, et ordonnant qu'ils seront entendus au Conseil au sujet des manœuvres et des menaces que leur reprochent les maire, échevins et habitants.

E 22, f° 4 r°.

13763. — Arrêt ordonnant l'aménagement ou la construction d'un auditoire royal et d'une prison à Saint-Jean-de-Losne, et allouant, à cet effet, un crédit de 4,000 livres, cette somme devant être levée sur les habitants du ressort.

E 22, f° 6 r°.

13764. — Arrêt relatif à un procès pendant entre Samuel de Camper, sieur de Sauzon, M° Bernard de Pichon et demoiselle Marie Caluau.

E 22, f° 8 r°.

13765. — Arrêt ordonnant aux consuls et habitants d'Antibes de laisser M° Léonard de Mausse, fermier général des traites foraines de Languedoc et de Provence, jouir paisiblement des droits spécifiés par son bail.

E 22, f° 9 r°.

13766. — Arrêt ordonnant que deux trésoriers de France, nommés l'un par le bureau d'Amiens, l'autre par celui de Châlons, seront seuls chargés de l'enquête au sujet des malversations commises, de 1596 à 1604, au fait des traites foraines et domaniales.

E 22, f° 11 r°.

13767. — Arrêt ordonnant la levée, sur les habitants de Melun, d'une somme de 476 livres 16 sols 3 deniers due à la veuve d'un receveur des deniers communs de ladite ville.

E 22, f° 13 r°.

13768. — Arrêt déchargeant le greffe des juges-

consuls à Sens de la «réduction au denier vingt pour les charges du domaine», attendu que ledit greffe est compris dans le parti de M° Charles Paulet.

E 22, f° 15 r°.

13769. — Arrêt déchargeant de la même réduction, et pour un motif analogue, les greffes des élections de Sens, de Joigny et de Tonnerre et le greffe des présentations de Villeneuve-le-Roi.

E 22, f° 16 r°.

13770. — Arrêt déchargeant Balthazar Botelet de la tutelle des enfants de feu M° Charles de Guyeure, président au présidial d'Évreux, attendu l'exemption de toutes charges qui lui a été, moyennant finance, octroyée par le Roi.

E 22, f° 18 r°.

13771. — Arrêt déclarant qu'Isabeau Triquet, fille et héritière de Nicolas Triquet, curateur aux biens vacants de feu Fremin Couppé, sera dispensée de représenter en la Chambre des comptes certains acquits justificatifs des états au vrai dudit Couppé.

E 22, f° 20 r°.

13772. — Arrêt octroyant, pour neuf années, aux habitants de Charost le produit du droit de petite mesure sur le vin, cet argent devant être employé à la réparation des portes et des murailles.

E 22, f° 22 r°.

13773. — Arrêt accordant un rabais de 3,000 livres à René Charbonnel, ci-devant fermier des 6 deniers par pot de vin et des 3 deniers par pot de cidre vendus à Laval, attendu l'épidémie qui, pendant trois ans, a paralysé le commerce de ladite ville.

E 22, f° 23 r°.

13774. — Arrêt, rendu sur la requête de Philippe de Béthune, baron de Selles, seigneur de Charost et de Font-Moreau, défendant à M° Étienne Trumeau de faire fonction de notaire royal en la ville ou châtellenie de Charost, «sinon entre estrangers seullement».

E 22, f° 25 r°.

13775. — Arrêt maintenant les habitants de

Pujaut en possession des terres de l'Étang, nonobstant la requête et les offres de Claude de Maillefeu, sieur de Boullancourt.

E 22, f° 27 r°.

13776. — Arrêt réglant le maniement des deniers provenant des levées extraordinaires faites dans la généralité de Riom.

E 22, f° 29 r°.

13777. — Arrêt relatif à l'exécution du traité conclu par Isaac Duryer «pour le remboursement de la finance payée pour le droict de port des commissions des ellections ressortissantes ès cours des aydes de Paris et Monferrand».

E 22, f° 31 r°.

13778. — Arrêt défendant aux prévôt des marchands et échevins de Paris d'exiger de Me Jean de Moisset, fermier général des gabelles, d'autre caution que Me Nicolas Largentier, sieur de Vaussemin.

E 22, f° 33 r°.

13779. — Arrêt ordonnant la vérification de l'état de recettes et de dépenses d'une crue levée sur les greniers à sel de Mantes, de Montfort et de Poissy, et sur la chambre à sel de la Roche-Guyon, pour le payement des gages des officiers du bailliage et du présidial de Mantes.

E 22, f° 35 r°.

13780. — Arrêt ordonnant communication aux intéressés de l'état dressé par Me Roland de Neufbourg, maître des Comptes, chargé de vérifier quels grènetiers ont touché indûment un droit de 8 deniers par livre sur le montant des crues extraordinaires.

E 22, f° 36 r°.

13781. — Arrêt déclarant que, si Claude Picquet, sieur de Saultour, ne verse à l'Épargne, dans la quinzaine, une somme de 3,000 livres, il sera procédé au remboursement de la finance payée par lui ou ses prédécesseurs pour l'engagement de la justice de Crespières.

E 22, f° 38 r°.

1609, 4 juin. — Fontainebleau.

13782. — Arrêt ordonnant que Me Guillaume de Sève, Nicolas Martin, Charles Leconte, Guillaume Le Gruet et Jean Duhamel, ci-devant receveurs et payeurs des rentes de la ville de Paris, seront remboursés sur les biens de feu Me Léon Frenicle, receveur desdites rentes, de ce qu'ils ont avancé pour les héritiers dudit Frenicle.

E 22, f° 39 r°.

13783. — Arrêt renvoyant au lieutenant du Grand voyer en Berry une requête des maire et échevins de Bourges, qui demandent l'autorisation de lever 12 sols par an sur chaque maison habitée pour subvenir aux frais du nettoyage des rues et des places publiques.

E 22, f° 41 r°.

13784. — Arrêt ordonnant que lettres de jussion bien expresses seront expédiées à la Chambre des comptes, pour qu'elle procède, «toutes affaires cessantes», à la vérification de l'édit de création de six greniers à sel dans le bas pays et dans la Limagne d'Auvergne.

E 22, f° 43 r°.

13785. — Arrêt ordonnant l'adjonction de six archers à la compagnie du sieur de La Ferdière, prévôt général de Bourgogne, de telle façon qu'elle puisse opérer dans le bailliage de Gex.

E 22, f° 45 r°.

13786. — Arrêt interdisant au parlement de Bourgogne la connaissance des poursuites dirigées contre les habitants de Spoy au sujet de rentes constituées pendant les troubles.

E 22, f° 46 r°.

13787. — Arrêt maintenant Jacques d'Échauffour, secrétaire du grand prévôt de l'Hôtel et contrôleur des guerres en Bretagne, en l'office de trésorier et payeur des officiers de l'Hôtel.

E 22, f° 48 r°.

13788. — Arrêt renvoyant aux trésoriers de France en Bourgogne les offres faites par le sieur

Girardot pour le rachat de 400,000 livres de rentes ou de domaines engagés.

E 22, f° 52 r°.

13789. — Arrêt ordonnant que M° Jean Du Tillet et ses associés seront entendus au Conseil au sujet d'une requête de Charlotte de Nassau, princesse d'Orange, tutrice de son fils, Guy de Laval de La Trémoïlle, laquelle demande que l'édit de réunion des recettes des consignations ne soit exécuté ni dans le comté de Laval, ni dans la sénéchaussée de Saint-Ouen.

E 22, f° 53 r°.

13790. — Arrêt renvoyant aux trésoriers de France à Bordeaux une requête du procureur du Roi en la baronnie de Seignosse et des syndics de paroisses de la juridiction de Seignosse tendante à ce qu'une somme de 2,000 livres soit affectée à la construction d'une prison et d'une maison de justice.

E 22, f° 55 r°.

13791. — Arrêt ordonnant que les commis de feu Joseph Lemercier, « commis à faire la recepte générale des confirmations des officiers de ce royaulme deubes pour l'advènement de Sa Majesté à la Coronne », seront contraints de rendre leurs comptes à Louise Pelloquin, veuve dudit Lemercier.

E 22, f° 56 r°.

13792. — Arrêt ordonnant que, suivant leurs offres, les grands maîtres des eaux et forêts feront verser annuellement aux recettes générales des bois une somme de 50,000 livres provenant de la vente des recepages, bois abroutis, baliveaux, etc., cette somme devant être employée au remboursement de tels officiers qu'il plaira au Roi d'ordonner.

E 22, f° 58 r°.

13793. — Arrêt octroyant pour neuf années aux habitants de Châteauneuf, en Berry, le droit de petites mesures sur le vin vendu en détail, le produit en devant être employé à la réparation des portes et murailles, etc.

E 22, f° 60 r°.

13794. — Arrêt ordonnant que, nonobstant toutes oppositions, celle entre autres du comte de Soissons, qui s'en est désisté, l'édit d'hérédité des notaires, déjà exécuté dans toutes les autres provinces, sera vérifié sous certaines conditions au parlement de Grenoble.

E 22, f° 61 r°.

13795. — Arrêt ordonnant que Louise d'Ongnies, femme du vidame d'Amiens et héritière de son frère, le feu comte de Chaulnes, sera déchargée d'une assignation au Conseil privé, et que le procès pendant entre elle et le comte de Caravas au sujet de la terre de Magny sera jugé en la grand' chambre du Parlement.

E 22, f° 62 r°.

13796. — Arrêt accordant une surséance de six mois, pour le payement de leurs restes des années 1597 à 1602, aux habitants de Boissailles, de Saint-Cyr-les-Vignes, de Virigneux, de Saint-Laurent-la-Conche, de la Salle, de Bigny-en-Forez, etc.

E 22, f° 64 r°.

13797. — Arrêt donnant à M° Claude de Montesçot, trésorier des Parties casuelles, mainlevée de certains taillis ou terres vaines et vagues saisis en la forêt de Champrond.

E 22, f° 66 r°.

13798. — Arrêt ordonnant qu'une somme de 13,058 livres, destinée au payement de certaines rentes, sera levée, en trois ans, sur tous les habitants de Villenauxe.

E 22, f° 67 r°.

13799. — Arrêt statuant sur un procès pendant entre M° Jacques Colas, receveur des deniers communs d'Amiens, d'une part, M° Nicolas Guyonnet et Jacques Josse, trésoriers généraux des fortifications de Picardie et d'Île-de-France, d'autre part.

E 22, f° 69 r°.

13800. — Arrêt autorisant M° Bernard Potier sieur de Silly, pourvu d'un office de président au parlement de Bretagne, à résigner sans payer finance son office de maître des requêtes ordinaire de l'Hôtel.

E 22, f° 71 r°.

13801. — Arrêt ordonnant que les quittances et lettres de provision des offices de conseillers ès sièges royaux et particuliers mentionnés dans l'arrêt du 2 mai dernier (n° 13634) seront expédiées en blanc.

E 22, f° 71 bis r°.

13802. — Arrêt ordonnant que, nonobstant les défenses faites par les trésoriers de France à Orléans, il sera passé outre aux contraintes qui restent à faire contre les officiers mentionnés dans les rôles arrêtés au Conseil et contre leurs veuves ou leurs héritiers.

E 22, f° 72 r°.

13803. — Arrêt ordonnant que les poursuites commencées par M° Henri Guillemot seront continuées par M° Martin Le Febvre, secrétaire ordinaire de la chambre du Roi et commis à la recette des restes des amendes de la Chambre royale, chargeant, en outre, MM. Langlois, conseiller d'État, et Barentin, maître des requêtes, de taxer les frais de recouvrement, etc.

E 22, f° 74 r°.

13804. — Arrêt réglant le payement des gages dus à Antoine Brocard, ci-devant président en la chambre des comptes de Dijon.

E 22, f° 76 r°.

13805. — Arrêt déclarant qu'en baillant caution de 4,000 livres, Charles Filleteau jouira des impositions levées sur le vin et autres marchandises entrant en la ville d'Amiens, etc., conformément aux termes de son contrat.

E 22, f° 78 r°.

13806. — Arrêt réglant l'emploi des deniers restés entre les mains de M° Daniel Du Tens, trésorier provincial de l'Extraordinaire des guerres au département de Metz, Toul et Verdun.

E 22, f° 79 r°.

13807. — Arrêt déclarant qu'aux termes de son contrat M° Charles Paulet doit avoir la jouissance de la crue de 5 sols par minot de sel levée dans les greniers de Champagne.

E 22, f° 81 r°, et AD + 147, n° 3.

13808. — Arrêt ordonnant que le vicomte d'Es-

taing sera payé, chaque année, par la ville de Clermont d'une somme de 20,000 livres jusqu'à l'entier remboursement des 60,000 livres qui ont été jadis prêtées par son père à ladite ville.

E 22, f° 85 r°.

13809. — Arrêt refusant d'autoriser dans le diocèse de Nîmes aucune levée supplémentaire pour les vacations des députés dudit diocèse ou pour les frais de l'opposition faite à l'arrêt du Conseil du 6 mars dernier, ordonnant d'ailleurs l'exécution du règlement fait au Conseil le 30 septembre dernier.

E 22, f° 87 r°.

1609, 11 juin. — Paris.

13810. — Arrêt évoquant au Conseil le procès pendant au Parlement entre M° Antoine Du Solier, M° Jean Veyssier, chanoine de Clermont, en Auvergne, et les religieux de l'ordre des Feuillants, et adjugeant audit Veyssier le prieuré de Meyssac.

E 22, f° 88 r°.

1609, 16 juin. — Fontainebleau.

13811. — Arrêt ordonnant que, nonobstant l'état des finances de la présente année, les habitants de Chevry-en-Brie jouiront de la remise de tailles à eux accordée par arrêt du 11 août 1607 (n° 11298).

E 22, f° 92 r°.

13812. — Arrêt ordonnant que le sieur Midiot, chanoine de Toul, nommé par l'évêque actuel à la charge de clerc de la chambre épiscopale, répondra par-devant le Conseil à la plainte de Louis Machon, greffier du conseil de l'évêché, qui a été destitué dudit office de clerc.

E 22, f° 93 r°.

13813. — Arrêt déclarant insaisissables les chevaux, carrosses, bagage et équipage du duc de Mayenne.

E 22, f° 94 r°.

13814. — Arrêt déclarant, sur la remontrance de la noblesse de Dauphiné, que l'impôt de 3 deniers par pot de vin, autorisé par arrêt du 31 mars dernier (n° 13493), sera levé seulement sur le vin vendu à pot dans les hôtelleries et cabarets, mais non sur le vin vendu par les nobles.

E 22, f° 95 r°.

13815. — Arrêt rejetant un avis des sieurs de Vincheguere et Des Marès qui tendait à l'érection d'offices de collecteurs dans les nouvelles élections de Guyenne, leur abandonnant en toute propriété les deux galères qu'ils ont fait construire pour le service du Roi, et leur concédant, à titre d'indemnité, tout ce qu'ils ont pu ou pourront retirer des offices d'auditeurs de tutelles et curatelles et des offices d'experts jurés nouvellement créés en Languedoc.

E 22, f° 96 r°.

13816. — Arrêt statuant sur diverses instances pendantes entre le procureur du Roi aux Requêtes de l'Hôtel, Me Claude Du Nesmes, ci-devant receveur général des finances en Poitou, Me François Gruget, ci-devant trésorier de France à Poitiers, Me Jean Le Noir, greffier du bureau des finances de Poitiers, Me Nicolas Contaut, receveur général du taillon en Poitou, la veuve de Me René Chessé, sieur d'Ingrande, trésorier de France à Poitiers, Me René Rousseau, sieur de La Parisière, trésorier de France à Poitiers, Guillaume Potier et Philibert Delafuye, notaires à Poitiers, etc.

E 22, f° 98 r°.

13817. — Arrêt renvoyant aux trésoriers de France à Béziers une requête des habitants de Prinsuéjols et autres paroisses du diocèse de Mende, lesquels demandent à ne point être inquiétés au sujet des impôts des années 1572 à 1586.

E 22, f° 100 r°.

13818. — Arrêt ordonnant que le gouverneur et le lieutenant de Ham seront entendus au Conseil au sujet d'une remontrance de Madeleine Chevalier, veuve de Pierre Brûlart, sieur de Crosnes, conseiller d'État, et défendant provisoirement à la garnison de Ham de pratiquer aucune coupe ou de commettre aucun dégât dans un bois dépendant de la châtellenie de Ham qui avait été engagé audit défunt.

E 22, f° 102 r°.

13819. — Arrêt ordonnant que le sieur de Pibrac, gentilhomme ordinaire de la Chambre, et les habitants de ses terres de Leguevin, de Daux et de Mondonville produiront les titres en vertu desquels ils prétendent avoir des droits d'usage en la forêt de Bouconne.

E 22, f° 104 r°.

13820. — Arrêt suspendant les poursuites dirigées à la requête du sieur de Roquelaure contre le sieur de Vitry, capitaine du château de Fontainebleau et maître particulier des eaux et forêts au bailliage de Melun, et contre les autres officiers des eaux et forêts de Bière pour les contraindre à restituer des « chauffages ».

E 22, f° 105 r°.

13821. — Arrêt déclarant exempts des tailles jusqu'à concurrence de 100 sols les gardes des eaux et forêts aux bailliages d'Évreux, de Conches, de Breteuil et en la vicomté de Beaumont-le-Roger.

E 22, f° 106 r°.

13822. — Arrêt ordonnant aux commissaires députés pour la taxe des officiers des gabelles en Languedoc de taxer modérément Me Pierre Pascal, eu égard au temps considérable depuis lequel il exerce son office de visiteur général des gabelles en Languedoc.

E 22, f° 108 r°.

13823. — Arrêt renvoyant au grand maître des eaux et forêts du comté de Forez une requête de Me Martin Lefebvre tendante à la reconstruction de l'écluse de Saint-Victor, attendu « que, entre plusieurs droictz deppendans dudit comté, l'on avoit accoustumé de bailler à ferme la pesche des saulmons montans par la rivière de Loyre » en ladite écluse.

E 22, f° 109 r°.

13824. — Arrêt, rendu sur la requête de Me Martin Lefebvre, ordonnant aux trésoriers de France à Lyon de dresser un nouvel état des charges qui étaient supportées par les précédents fermiers du domaine de Forez.

E 22, f° 111 r°.

13825. — Arrêt renvoyant aux trésoriers de

France une réclamation de Pierre Le Vassor, qui avait passé un bail avec les acquéreurs du domaine du comté de Dreux.

E 22, f° 113 r°.

13826. — Arrêt validant le payement de la somme allouée, pour ses vacations, à Sébastien Frain, sieur du Chesnay, ci-devant procureur-syndic de la communauté de Rennes.

E 22, f° 115 r°.

13827. — Arrêt validant le payement des sommes allouées, pour leurs vacations, à M° Julien Patier, commis au maniement des deniers de l'octroi de la ville de Rennes, à son procureur assistant, au procureur-syndic et à l'adjoint des habitants.

E 22, f° 117 r°.

13828. — Arrêt validant le rabais octroyé par la ville de Rennes à Louis Ruellain, sieur du Portail, fermier de l'impôt d'un liard et d'un sol par pot de vin ou de cidre vendu en la châtellenie de Rennes.

E 22, f° 119 r°.

13829. — Arrêt accordant une surséance de six mois aux habitants de Chalain-le-Comtal, de Chalain-d'Uzore, etc., pour le payement des tailles antérieures au 31 décembre 1602.

E 22, f° 121 r°.

13830. — Arrêt donnant au sieur de Parabère et à sa femme, Louise de Gilliers, veuve et héritière du baron de Montaner, assignation de deux sommes de 13,000 livres et de 900 écus dues par le Roi audit défunt pour le remboursement d'un prêt et pour le prix d'un cheval.

E 22, f° 123 r°.

13831. — Arrêt réglant le payement d'une somme de 12,000 livres due par le Roi à Raymond Lalivre, valet de chambre et apothicaire de Sa Majesté.

E 22, f° 125 r°.

13832. — Arrêt défendant aux trésoriers de France à Amiens de troubler leurs collègues M° Nicolas de Lan et Jean de Herté en l'exécution de leur commission, non plus que de troubler Charles Filleteau

en la jouissance des impôts levés à Amiens pour l'acquittement des dettes de la ville.

E 22, f° 127 r°.

13833. — Arrêt relatif à l'exécution du contrat passé avec Pierre Tiraqueau, secrétaire du Roi, pour la vente et revente des offices de regrattiers, revendeurs, receveurs et collecteurs de sel par impôt en tous les lieux de ce royaume où les généralités sont établies.

E 22, f° 129 r°.

13834. — Arrêt relatif à l'exécution du contrat passé avec Antoine Billard «pour le revenu de l'ancien domaine de Navarre».

E 22, f° 131 r°.

13835. — Arrêt réglant le payement des suppléments de gages dus à M° Jean Leblanc, Claude Cottereau, César Forget, Jean Gilles et [René] Sain, trésoriers de France à Tours, à raison de la révocation des survivances.

E 22, f° 133 r°.

13836. — Arrêt autorisant M° Bénigne Saulnier à disposer d'un office de conseiller en la sénéchaussée et au présidial de Toulouse, nonobstant le don de cet office fait à Jean Sireulh.

E 22, f° 135 r°.

13837. — Arrêt ordonnant que toute personne qui a entre ses mains des papiers ou valeurs ayant appartenu à M°* Jean de Saint-Germain, Claude Josse et Nicolas Parent, banqueroutiers avérés, ou à leurs enfants et gendres, qui aurait été témoin de leurs détournements ou leur aurait prêté son nom, sera tenue d'en faire la déclaration dans quinzaine, que toute personne qui cache les auteurs ou complices de cette banqueroute sera tenue de les livrer à la justice, etc.

E 22, f° 137 r°.

1609, 27 juin. — Fontainebleau.

13838. — Arrêt maintenant messire Nicolas de Balzac en possession de l'abbaye de Saint-Quentin-lès-Beauvais, dont il a été pourvu à la nomination du Roi, à condition qu'il prendra la nomination et la présentation de la reine Marguerite.

E 22, f° 139 r°.

13839. — Arrêt ordonnant que le même Nicolas de Balzac indemnisera le baron de Bayencourt, « en faveur duquel ladite dame royne auroit présenté à ladite abbaye M⁰ Jean Lamoureux ».

E 22, f° 143 r°.

1609, 30 juin. — Fontainebleau.

13840. — Arrêt ordonnant la vérification de la somme payée par le conseiller d'État Jeannin pour l'acquisition de la terre et seigneurie de Courcelles.

E 22, f° 144 r°.

13841. — Arrêt renvoyant aux trésoriers de France un placet par lequel un des écuyers ordinaires du Roi, le sieur de La Rivière, demande concession : 1° du terrain sur lequel était bâti le château de Saint-Julien-en-Comminge, démoli depuis quarante ans; 2° de l'emplacement d'un moulin à bateau, situé près de Saint-Julien.

E 22, f° 145 r°.

13842. — Arrêt ordonnant l'amortissement d'une rente transportée aux Jacobins de Châlons par « Hector de Pensor, sieur de Graulun », capitaine d'une compagnie de gens de pied en garnison dans ladite ville.

E 22, f° 146 r°.

13843. — Avis du Conseil tendant à faire don de 3,600 livres aux enfants de feu M⁰ Josias Payot, maître ordinaire en la Chambre des comptes.

E 22, f° 148 r°.

13844. — Arrêt autorisant les habitants de la paroisse Sainte-Catherine d'Orléans à lever, en deux ans, une somme de 4,500 livres destinée à l'amortissement des rentes qu'ils ont constituées à divers particuliers.

E 22, f° 150 r°.

13845. — Arrêt ordonnant que, sur les 150,000 livres versées aux Parties casuelles par M⁰ Nicolas Lejay, à qui le Roi a fait don de l'office de lieutenant civil en la prévôté de Paris, vacant par la mort de messire François Miron, conseiller d'État, une somme de 60,000 livres sera réservée à Jean Miron, fils mineur dudit défunt, pour lui servir de propre.

E 22, f° 151 r°.

13846. — Arrêt autorisant les habitants du faubourg de Croncels, à Troyes, à lever sur eux-mêmes une somme de 800 livres qu'ils ont été condamnés à payer à Pierre Lebey, bourgeois de Troyes.

E 22, f° 153 r°.

13847. — Arrêt donnant à M⁰ Jean Hellouin, secrétaire du Roi, mainlevée de deniers saisis à la requête de Daniel Persicault et de ses associés,

E 22, f° 154 r°.

13848. — Arrêt ordonnant qu'avant de statuer sur la requête des nobles du Limousin qui demandent la révocation de la commission décernée à M⁰ François Du Mas, lieutenant général au siège de Brive, à son adjoint, etc., dont ils dénoncent les exactions, les sieurs Du Mas et autres représenteront leurs comptes au Conseil; leur défendant, d'ailleurs, provisoirement de poursuivre l'exécution de ladite commission.

E 22, f° 156 r°.

13849. — Arrêt statuant sur un procès pendant entre Balthazar de Goeyty, contrôleur général du domaine en Guyenne, et Jean de Sentoul, député du corps des habitants de la prévôté d'Entre-deux-Mers.

E 22, f° 158 r°.

13850. — Arrêt ordonnant communication au vicomte de Comblizy d'une requête de Charles-Robert de La Marck, duc de Bouillon, tendante à ce que ledit vicomte se soumette à la transaction passée le 5 juillet 1586, lors de son mariage avec Françoise de La Marck, fille du suppliant, étant observé que ce mariage a été contracté par ordre de Henri III et de Catherine de Médicis.

E 22, f° 160 r°.

13851. — Arrêt renvoyant en la grand'chambre du parlement de Rouen un procès pendant entre M⁰ Claude Du Bellay, abbé commendataire de Savigny, seigneur et patron de la terre de Villiers-Fossard, d'une part, Guillaume Roger, sieur de Boisroger, Jean, Pierre et Georges Roger, ses frères, et Jacques Roger, dit Fergrai, d'autre part.

E 22, f° 162 r°.

13852. — Arrêt ordonnant que le syndic du pays de Languedoc sera entendu au Conseil au sujet d'une requête de l'évêque de Béziers, grand aumônier de la Reine et héritier de son oncle et prédécesseur, le feu sieur de Bonzy.

E 22, f° 164 r°.

13853. — Arrêt renvoyant aux trésoriers de France à Caen un placet par lequel Jean Freschinet, archer des Gardes du corps et capitaine du château de Gavray, demande l'autorisation de construire un moulin à papier sur la Sienne ou sur le ruisseau de Montaigu et, en outre, sollicite la concession de 200 acres de terres vaines et vagues.

E 22, f° 166 r°.

13854. — Arrêt renvoyant aux trésoriers de France et aux maires et échevins de Caen, d'Avranches et de Bayeux un placet par lequel le sieur Guillomon demande à tenir en fief les loges des halles de Caen, les étaux des halles aux bouchers de Bayeux et les loges des halles d'Avranches « appartenans à Sa Majesté, qui ne sont encore entrez dans son domaine ».

E 22, f° 167 r°.

13855. — Arrêt maintenant Me Mathieu Planchon en l'office de conseiller et de second président en l'élection de Rouen.

E 22, f° 168 r°.

13856. — Arrêt réglant le payement des 600 livres d'augmentation de gages accordées par lettres patentes à Marc-Antoine Millotet, avocat général au parlement de Bourgogne.

E 22, f° 170 r°.

13857. — Arrêt ordonnant aux habitants de la ville Françoise-de-Grâce de demander l'avis des trésoriers de France au sujet de l'autorisation qu'ils sollicitent de lever 2 sols par tonneau sur chaque navire entrant dans le port.

E 22, f° 172 r°.

13858. — Arrêt réglant le remboursement d'un prêt de 4,223 écus 40 sols fait, à Metz, en 1590, par feu Jean Cornuat au sieur de Réau, et pour lequel ledit Cornuat reçut, à titre de gage, « une table de diamans et autres bagues » appartenant au Roi.

E 22, f° 174 r°.

13859. — Arrêt condamnant Me Martin Hérissé, qui a traité avec le Roi pour la jouissance du domaine de la vicomté de Paris, à payer en deux ans, pour droit d'avis, 58,338 livres à Me Nicolas Le Tuillier.

E 22, f° 176 r°.

13860. — Arrêt renvoyant aux trésoriers de France à Tours un placet de Jean d'Armagnac, premier valet de chambre du Roi, de Martin Rou, dit Lassey, et de François Bridonneau, dit La Musse, lesquels sollicitent chacun un don de 1,000 écus, à prendre sur les deniers indûment exigés dans la généralité de Tours par les greffiers des gabelles et des tailles.

E 22, f° 178 r°.

13861. — Arrêt ordonnant une enquête au sujet des transactions faites ou des quittances antidatées par les comptables au détriment de Me Louis Massuau.

E 22, f° 179 r°.

13862. — Arrêt ordonnant aux comptables de satisfaire à l'arrêt du 17 mars dernier (n° 13386) et, en conséquence, de remettre à Me Louis Massuau « les estatz des debetz de quittance estans sur leurs comptes, avec les deniers d'iceux ».

E 22, f° 181 r°.

13863. — Arrêt, rendu sur la requête des officiers des greniers à sel de Joinville, de Saint-Dizier, etc., ordonnant aux trésoriers de France en Champagne de donner leur avis au sujet de l'établissement d'une chambre à sel à Vassy.

E 22, f° 182 r°.

13864. — Arrêt ordonnant nouvelle vérification des dettes des habitants de Belley, et ordonnant qu'une somme de 4,000 livres sera levée sur le mandement de Belley pour satisfaire au payement des dettes les plus pressées.

E 22, f° 183 r°.

13865. — Arrêt déclarant que Jean Pelerin,

75.

maître clerc du greffe civil, criminel et des présentations en la cour des aides de Montpellier, sera dispensé de représenter un avis de la Chambre des comptes qui constate le versement d'une somme de 1,100 écus dans les coffres du Roi.

E 22, f° 185 r°.

13866. — Arrêt maintenant Odet de Saint-Denis, baron de Hertré, dans le droit de pourvoir aux offices de la baronnie de Fresnay-le-Vicomte.

E 22, f° 187 r°.

13867. — Arrêt suspendant provisoirement l'exécution de l'arrêt obtenu, le 14 avril dernier, contre les habitants de la Bazoque par le plus riche habitant de la paroisse, Jean Cordouan, soi-disant archer des toiles de chasse, et qui, à ce titre, prétend être exempté des tailles comme officier domestique du Roi, bien qu'au dire des habitants, il n'ait « depuis xxv ans en ça bougé de sa maison ».

E 22, f° 189 r°.

13868. — Arrêt réglant le payement de 600 livres dues pour arrérages de rente à Clériade de Vergy, comte de Champlitte, gouverneur de la Comté de Bourgogne.

É 22, f° 191 r°.

13869. — Arrêt renvoyant aux commissaires députés pour la réunion du domaine et aux trésoriers de France en Dauphiné un placet du sieur Du Palais, tendant à ce que le Roi lui concède en fief les îles et brotteaux compris dans les mandements de Vaulx et de Villeurbanne, et qui sont pour la plupart usurpés par des particuliers.

E 22, f° 192 r°.

13870. — Arrêt interdisant au Grand Conseil la connaissance du procès pendant entre Flory Nicolet, religieux de l'ordre de Saint-Antoine-de-Viennois, et frère Lucien Du Frayer, religieux de l'ordre de Saint-Augustin, au sujet de la commanderie de Saint-Antoine de Marseille et de l'indult qu'aurait obtenu le sieur Des Arches, président en la Chambre des comptes.

E 22, f° 193 r°.

13871. — Arrêt rejetant la requête par laquelle les habitants de Guilberville, de Pleines-Œuvres, de Bures, de Malloué, de Campeaux, de la Ferrière, de Montbertrand, de Saint-Louet, de Beuvrigny, de Fourneaux et de Domjan demandent à être détachés de l'élection de Bayeux et incorporés en l'élection de Vire.

E 22, f° 194 r°.

13872. — Arrêt évoquant au Conseil un procès pendant entre le clergé Messin, Me Jean Le Roy, sieur de Damesainte, chanoine de Notre-Dame de Paris et conseiller au Parlement, et Me Jacques Le Bossu, religieux de Saint-Denis, au sujet du prieuré de Sainte-Marguerite de Rozérieulles.

E 22, f° 196 r°.

13873. — Arrêt ordonnant le payement de 5,458 livres 15 sols 4 deniers dus par la ville de Vienne au sieur de Disimieu, commandant au gouvernement de Viennois.

E 22, f° 198 r°.

13874. — Arrêt ordonnant que le premier trésorier de France en Bourgogne qui fera sa chevauchée à Bourg-en-Bresse vérifiera l'état de l'octroi et du péage levé sur les marchandises, ainsi que l'état des dettes de ladite ville.

E 22, f° 200 r°.

13875. — Arrêt déclarant que Léonard de Mausse, fermier général des traites de Languedoc et Provence, lèvera les droits de traite foraine sur les marchandises transportées de Provence et de Dauphiné dans le Comtat Venaissin ou dans la ville d'Avignon; à moins que les habitants ne préfèrent obtenir du Pape l'autorisation d'établir des bureaux hors d'Avignon et sur les frontières du Comtat, bureaux où ledit fermier percevra les droits de traite sur les denrées et marchandises transportées dans le Dauphiné ou dans la principauté d'Orange, ou bien amenées de ces pays dans le Comtat Venaissin, etc.

E 22, f° 202 r°.

13876. — Arrêt réglant le payement des gages arriérés d'Olphan Du Gast, maître particulier des eaux et forêts d'Amboise.

E 22, f° 204 r°.

. 13877. — Arrêt ordonnant une enquête au sujet des coupes qui pourraient être faites en la forêt de Chizé, et qui fourniraient l'argent nécessaire au payement des gages des officiers des eaux et forêts en la généralité de Poitiers.

E 22, f° 205 r°.

13878. — Arrêt ordonnant qu'une petite maison en ruine sise à Grenoble, en la rue Saint-Laurent, sera baillée à cens au sieur de Bazemont, président en la chambre des comptes de Dauphiné, à condition qu'il la reconstruise et l'entretienne.

E 22, f° 207 r°.

13879. — Arrêt condamnant M° Guillaume de Montigny, abbé commendataire de Saint-Gildas-de-Ruis, à laisser jouir des revenus de l'abbaye Julien Le Lardeur et Ives Plantart, ou à leur compter la somme de 1,650 livres.

E 22, f° 208 r°.

13880. — Arrêt ouvrant une enquête au sujet de l'enlèvement d'un nommé Quentin Marie, demeurant à Vendeuil, et qui aurait été arrêté par ordre de M° Michel Gossard, lieutenant et commissaire en la prévôté de Saint-Quentin, pour excès commis en ladite ville, ordonnant, en outre, que ledit prisonnier sera remis entre les mains du lieutenant général de Péronne.

E 22, f° 209 r°.

13881. — Arrêt statuant sur un procès pendant entre Henri, duc de Rohan, d'une part, M° Nicolas Pastey, fils du trésorier des duc et duchesse de Nemours, et M° Jean de Bérulle, conseiller au Parlement, d'autre part.

E 22, f° 210 r°.

13882. — Arrêt ordonnant le payement intégral de ce qui est dû au capitaine Greeder et aux veuve et héritiers du capitaine Diger, du canton de Soleure.

E 22, f° 213 r°.

13883. — Arrêt renvoyant aux trésoriers de France à Rouen et au lieutenant du Grand Voyer un placet du sieur Yvelin, médecin du Roi, « tendant à ce qu'il pleust à Sa Majesté luy faire don du droict prétendu usurpé par le vicomte de Rouen de commettre et establir aux estaulx de la poissonnerie du Vieil marché. . . ».

E 22, f° 214 r°.

13884. — Arrêt maintenant M° Salomon Vernon en un office d'élu en l'élection de Crépy-en-Valois dont il a été pourvu à la nomination de la reine Marguerite, mais à condition que le premier office semblable qui viendrait à vaquer demeurera supprimé.

E 22, f° 215 r°.

13885. — Arrêt ordonnant que, nonobstant l'opposition du procureur-syndic des États de Normandie, le parlement de Rouen devra vérifier purement et simplement l'édit d'août 1607 qui érige en fiefs toutes les terres vaines et vagues de Normandie précédemment fieffées, vendues et engagées.

E 22, f° 217 r°.

13886. — Arrêt accordant aux habitants de Gremieux, de Nervieux, de Mizérieux et de dix autres paroisses de l'élection de Forez mainlevée de leurs biens saisis pour non-payement des tailles, et ordonnant la vérification de leurs dettes.

E 22, f° 218 r°.

13887. — Arrêt attribuant à M° Jean Palot un droit de 2 sols pour livre sur le produit des 5 sols par minot de sel affectés au payement du baron de Dompmartin et des officiers de la Cour des monnaies.

E 22, f° 220 r°.

13888. — Arrêt ordonnant l'exécution du contrat passé avec M° Louis Massuau, secrétaire de la chambre du Roi, bien qu'il ait été impossible jusqu'à présent d'obtenir dans les chambres des comptes la vérification de ce contrat.

E 22, f° 221 r°; cf. ibid., f° 223 r°.

13889. — Arrêt déclarant que les greffes de l'élection et du grenier à sel de Vézelay, étant compris au traité de M° Charles Paulet, ne devront pas être soumis à la réduction du revenu au denier vingt.

E 22, f° 225 r°.

13890. — Arrêt cassant une sentence rendue contre

Simon Maistre, cartier de Troyes, et défendant à Jean Dauphin de procéder en aucune manière à la levée de l'impôt mis sur les cartes, dés et tarots.

E 22, f° 227 r°.

13891. — Arrêt réglant le payement de la somme due, pour ses vacations, à Gaspard d'Avignon, auditeur des comptes en la sénéchaussée du Puy et ci-devant député de la ville du Puy, cette somme étant fixée par le Conseil à 1,100 livres.

E 22, f° 229 r°.

13892. — Arrêt ordonnant que les instances pendantes entre Mᵉ Dominique de Tollis, Mᵉ Richard de Pichon et consorts, Mᵉ Dorde de Taurisson et Mᵉ Paul Le Clerc, procureur-syndic de la ville de Bordeaux, seront jointes provisoirement.

E 22, f° 230 r°.

13893. — Arrêt statuant sur un procès pendant entre Mᵉ Pierre Le Jan, avocat au Parlement, d'une part, le sieur de La Grange-le-Roy, engagiste du domaine de Melun, et tuteur des enfants mineurs de feu Mᵉ Jean Jacquier, lieutenant général au bailliage de Melun, d'autre part.

E 22, f° 231 r°.

13894. — Arrêt fixant un délai de trois mois durant lequel il sera sursis à toutes poursuites ou contraintes contre Léonard Seiglière, ci-devant receveur des tailles en la Marche et receveur du domaine d'Aubusson.

E 22, f° 233 r°.

13895. — Arrêt déclarant que, nonobstant l'enchère mise par Bénigne Collard, Mᵉ Jean Le Gros, procureur-syndic des États de Bourgogne, demeurera subrogé au lieu et place de Mᵉ Michel Garnier pour le rachat des greffes, parisis, aides et péages aliénés en la généralité de Dijon.

E 22, f° 234 r°.

13896. — Arrêt statuant sur un procès pendant entre Étienne Périer et Pierre Rigault au sujet de l'office de contrôleur-visiteur-marqueur des cuirs à Cré et à Bazouges.

E 22, f° 236 r°.

13897. — Arrêt évoquant le procès pendant entre Michel Guillemeau et Mᵉ Pierre Mesnard au sujet d'un office de sergent et garde du poisson de mer.

E 22, f° 238 r°.

13898. — Arrêt accordant un délai de deux mois pour la reddition de ses comptes à Jacques Du Boys, commis à la recette générale « des deniers provenans des permissions accordées par Sa Majesté aux marchans vendans vin en gros ».

E 22, f° 240 r°.

13899. — Arrêt autorisant Toussaint Bertrand, procureur au parlement de Grenoble et tuteur de Marguerite Grimaud, à continuer ses poursuites contre les consuls de Vienne.

E 22, f° 241 r°.

13900. — Arrêt maintenant Mᵉˢ Jean Le Prestre et Pierre de La Guyese en jouissance des greffes de Saint-Lô et de Carentan.

E 22, f° 242 r°.

13901. — Arrêt ordonnant nouvelle adjudication de l'office de contrôleur-marqueur de cuirs en la ville de Dijon.

E 22, f° 244 r°.

13902. — Arrêt renvoyant au visiteur général des gabelles du Languedoc le procès de Jacques Boudet et autres habitants de Saint-Flour, prévenus de rébellion, injures, menaces, etc.

E 22, f° 245 r°.

13903. — Arrêt déclarant contribuables aux tailles les correcteurs et greffiers civils et des présentations au parlement de Grenoble, à l'exception de Mᵉ Jean Louat, premier greffier civil, et de son successeur, confirmant les taxes faites par les consuls de Grenoble et d'Eybens sur Claude et Louis Rossignol, déclarant enfin exempts d'impôts les enfants de feu Ennemond de Rames, contrôleur général des finances en Dauphiné.

E 22, f° 246 r°.

13904. — Arrêt maintenant Antoine Cadebert en la place de commis au greffe criminel du parlement de Paris, nonobstant l'opposition des autres clercs du greffe et la défense du Parlement.

E 22, f° 250 r°.

13905. — Arrêt rendu sur la requête de Mᵉ Gaston de Grieu, conseiller au Parlement et subrogé aux droits de Mᵉ Alexandre Marchant en ce qui concerne les greffes de la vicomté d'Orbec, déclarant que toute personne sera admise à surenchérir sur le prix d'adjudication desdits greffes.

E 22, f° 251 r°.

13906. — Arrêt maintenant Gabriel de Barot en l'office de conseiller-assesseur en la juridiction du prévôt des maréchaux de Limousin, nonobstant l'opposition de Mᵉ Jean Des Maisons, vice-sénéchal en Limousin.

E 22, f° 252 r°.

13907. — Arrêt défendant provisoirement au sieur Couart de faire usage de ses lettres de provision de conseiller au présidial de Chartres.

E 22, f° 254 r°.

13908. — Arrêt confirmant les exemptions des habitants de Saint-Jean-de-Luz, et leur donnant mainlevée des deniers ou marchandises saisis par le fermier de l'extinction du convoi de Bordeaux.

E 22, f° 256 r°.

13909. — Arrêt ordonnant que les habitants de Nevers jouiront d'un octroi de 3 sols 9 deniers par minot de sel, nonobstant les concessions qu'a faites le Roi au chapitre de Sainte-Croix d'Orléans pour lui permettre de subvenir aux frais de reconstruction de ladite église.

E 22, f° 260 r°.

13910. — Arrêt renvoyant à la cour des aides de Normandie un procès pendant entre Mᵉ Denis Feydeau et Jacques Hardel, sous-fermier en l'élection d'Avranches, d'une part, Jacques Chesnay, fermier de l'impôt du quatrième à Sartilly, d'autre part.

E 22, f° 262 r°.

13911. — Arrêt relatif à l'apurement des comptes de Mᵉ David Danneray, receveur général des finances à Rouen.

E 22, f° 264 r°.

13912. — Arrêt déclarant que le payement des gages des officiers du présidial de Saint-Pierre-le-Moutier sera à la charge de Mᵉ Charles Paulet, qui aura la jouissance des taxes et crues levées à cet effet.

E 22, f° 266 r°.

13913. — Arrêt attribuant au prévôt général du Languedoc et au présidial de Nîmes, et interdisant à tous parlement et chambres mi-parties la connaissance des assassinats, incendies, actes d'hostilité et pillages à main armée commis par les frères Gabriax, le sieur Daveze et leurs nombreux complices, retranchés dans le château de Saint-Julien, plaçant sous la sauvegarde royale le sieur de Villaret, sa famille et ses biens, et renvoyant au présidial de Nîmes tous les procès qui pourraient lui être intentés durant deux ans.

E 22, f° 268 r°.

13914. — Arrêt accordant aux habitants de la ville et du diocèse de Nîmes décharge d'une somme de 15,000 livres qu'ils étaient condamnés à payer aux héritiers du sieur de Clervant, par arrêt de la cour des aides de Montpellier.

E 22, f° 270 r°.

13915. — Arrêt ordonnant à Jean Enjobert, receveur des décimes au diocèse de Clermont, de présenter, dans les trois mois, un état des sommes par lui déjà payées, et de justifier des « diligences par luy faictes pour l'accélération du payement des deniers qui restent deubz ».

E 22, f° 272 r°.

13916. — Arrêt accordant à Louise de Luxembourg, veuve du sieur de Massès, lieutenant général en Angoumois et conseiller d'État, un nouveau délai de six mois pendant lequel seront suspendues les poursuites exercées contre elle par Mᵉ Daniel Du Tens.

E 22, f° 274 r°.

13917. — Arrêt réglant le payement des gages de Mᵐᵉ la duchesse d'Angoulême, chargée du gouverne-

ment des château et parc de Vincennes, et le payement des gages d'Antoine Vaultier, sieur de Petrimont,
son lieutenant, ainsi que des cinq mortes-payes et des
huit soldats entretenus au bois de Vincennes.

E 22, f° 275 r°.

13918. — Arrêt prorogeant les octrois précédemment concédés à la ville de Compiègne, et ordonnant
la vérification des dettes de ladite ville.

E 22, f° 277 r°.

13919. — Arrêt accordant aux habitants de la Rochelle une remise de 17,100 livres, « atendu les grandes
despences par eulx faictes et qu'ilz continuent journellement pour la reffection des quaiz et nettoyement
du havre de ladite ville..., pour sa fortification et
deffence, comme frontière ».

E 22, f° 278 r°.

13920. — Arrêt ordonnant la levée, sur la ville
de Senlis, d'une somme de 2,134 livres 18 sols due
par ladite ville à Robert Lemoyne, voyer de maçonnerie, pour travaux de fortification.

E 22, f° 280 r°.

13921. — Arrêt ordonnant que les archives de
Montbrison auront deux clefs, gardées l'une par le
lieutenant général, l'autre par le procureur du Roi à
Montbrison, et qu'en présence de ces magistrats seront faits tous les extraits nécessaires à la recherche
des usurpations à laquelle se livre, en vertu de son
contrat, Me Martin Lefebvre.

E 22, f° 281 r°.

13922. — Arrêt ordonnant que Me Jean Palot sera
contraint de payer comptant 1,500 livres au baron de
Dompmartin, colonel des reîtres.

E 22, f° 282 r°.

13923. — Arrêt validant le payement des taxes
allouées sur les crues extraordinaires aux officiers de
l'élection de Meaux, jusqu'à l'année 1608 inclusivement.

E 22, f° 283 r°.

13924. — Arrêt défendant à la chambre des
comptes de Bourgogne de plus envoyer des présidents,

maîtres ou autres officiers pour visiter les greniers à
sel, attendu que son rôle doit se borner à la vérification des comptes des grènetiers.

E 22, f° 284 r°.

13925. — Arrêt interdisant jusqu'à nouvel ordre
la démolition d'une belle et grande maison sise à
Dijon, place de Talant, appartenant au Roi et servant
de magasin, défendant en outre aux élus de Bourgogne de faire aucune levée sans commission du Roi
pour les frais de la démolition de plusieurs places,
notamment de la place de Talant.

E 22, f° 285 r°.

13926. — Arrêt ordonnant que, nonobstant l'opposition de la chambre des comptes de Bourgogne, les
comptes de tous les comptables de la province, notamment ceux de feu Me Claude Vallon, receveur du pays
de Bourgogne, devront être représentés aux trésoriers
de France.

E 22, f° 286 r°.

13927. — Arrêt renvoyant aux trésoriers de France
à Caen une requête par laquelle Thomas Cabart,
acquéreur du fief de Vaudreville, demande décharge
du treizième à lui réclamé par Me Tanneguy Bazire,
commissaire député pour la recherche du domaine de
Valognes.

E 22, f° 287 r°.

13928. — Arrêt évoquant au Conseil le procès
pendant au parlement de Toulouse entre les habitants
de Fourques et les sieurs Ferrier et Bimare, au sujet
des terres vaines et vagues du territoire de Fourques,
inféodées à ces derniers par arrêt du 11 septembre
1608 (n° 12477).

E 22, f° 288 r°.

13929. — Arrêt interdisant de nouveau toute levée
faite en Bourgogne sans lettres du grand sceau, si ce
n'est conformément aux règlements des chancelleries.

E 22, f° 290 r°.

13930. — Arrêt ordonnant l'exécution de l'arrêt
du 1er septembre 1597 qui concède aux trésoriers de
France en Bourgogne une crue de 5 sols par minot

de sel, et ce nonobstant l'opposition de la chambre des comptes de Dijon.

E 22, f° 291 r°.

13931. — Arrêt rendu au cours d'un procès pendant entre la veuve de Nicolas Desbarres, sieur de Gissey, et les élus du pays de Bourgogne.

E 22, f° 293 r°.

13932. — Arrêt autorisant les personnes anoblies par le Roi en Dauphiné à lever sur elles-mêmes une somme de 2,000 livres, destinée au remboursement de divers emprunts nécessités par les poursuites que voulait faire contre elles le tiers état dudit pays.

E 22, f° 295 r°.

13933. — Arrêt ordonnant aux trésoriers de France à Tours de se transporter, en faisant leurs chevauchées, à Beaufort-en-Vallée et d'y dresser un procès-verbal des réparations qu'il serait urgent de faire, d'après l'indication du maréchal de Bouillon, acquéreur du comté, au château et à ses dépendances, attendu notamment que la foudre a démoli l'un des donjons, l'escalier et la salle basse.

E 22, f° 297 r°.

13934. — Arrêt renvoyant au sieur de Montholon, maître des requêtes de l'Hôtel, le soin de faire une enquête au sujet des exactions que les gens du tiers état de Forez reprochent aux officiers des gabelles.

E 22, f° 299 r°.

13935. — Arrêt statuant sur un procès pendant entre Me Martin Lefebvre, subrogé aux droits de Pierre Du Fournel, sieur du Chastelier, qui avait traité pour le rachat du domaine de Forez, Claude et Sibille Fougières, au sujet de la succession de Me Pierre Pommier, contrôleur général des finances à Lyon.

E 22, f° 300 r°.

13936. — Arrêt ordonnant que deux des trésoriers de France à Moulins s'expliqueront au Conseil au sujet de l'avis qu'ils ont donné touchant la remise de subside sollicitée par la ville de Nevers.

E 22, f° 302 r°.

13937. — Arrêt déchargeant plusieurs paroisses

de l'élection de Bourges d'une somme de 1,433 livres dont elles avaient été indûment surchargées, et ordonnant que cette somme sera prise sur les gages des élus, à moins qu'ils ne fournissent des explications suffisantes au sujet de cette surcharge.

E 22, f° 304 r°.

13938. — Arrêt ordonnant que dorénavant la levée des tailles et de la gabelle se fera par commissions distinctes sur les habitants de Montgauger et sur ceux de Saint-Épain.

E 22, f° 305 r°.

13939. — Arrêt renvoyant aux trésoriers de France à Toulouse un placet par lequel le sieur de Fontariol demande l'autorisation de bâtir un moulin à Limoux, sur l'Aude.

E 22, f° 307 r°.

13940. — Arrêt accordant aux habitants de Villedieu, de Saint-Sulpice, d'Arthun, de la Bouteresse, de Saint-Georges-de-Baroilles, de Montaignet, d'Amions, de Vezelin et de Magnery-en-Bussy mainlevée des biens sur eux saisis pour non-payement de leurs tailles des années 1597 à 1602.

E 22, f° 308 r°.

13941. — Arrêt réglant le payement d'une somme de 36,000 livres donnée au connétable de Montmorency, par acquit du 23 juin 1597.

E 22, f° 310 r°.

13942. — Arrêt ordonnant que, si le marquis d'Urfé ne réalise dans le délai d'un mois les offres de tiercement qu'il a faites au sujet des terres de Sury, de Saint-Romain et de Saint-Marcellin, en Forez, il sera pourvu à la demande du sieur de Montaignac tendant à ce que ces terres demeurent définitivement acquises à la dame de Châtillon et audit sieur de Montaignac en échange des terres d'Avon, du Monceau et d'une partie de Fontainebleau.

E 22, f° 311 r°.

13943. — Arrêt déclarant que Hugues Caulet, sieur de Combret, ci-devant commis à la levée des impôts du Rouergue, sera dispensé de présenter en la Chambre des comptes les comptes qu'il a déjà rendus aux États de Rouergue.

E 22, f° 313 r°.

13944. — Arrêt réglant le payement d'une somme de 2,500 écus restée due au sieur de Montfau sur une assignation donnée en 1594.

E 22, f° 315 r°.

13945. — Arrêt ordonnant que M° Jean Breuillet, receveur général des finances à Moulins, et les héritiers de son prédécesseur, M° Philibert Cercault, seront contraints à la restitution des droits qu'ils ont indûment perçus.

E 22, f° 316 r°.

13946. — Arrêt réglant l'indemnité due à M° Antoine Le Jeune, ci-devant fermier du domaine de la Marche, par M° Antoine Douet, qui a traité avec le Roi pour la jouissance et pour le rachat de ce domaine.

E 22, f° 318 r°.

13947. — Arrêt défendant au parlement de Toulouse de troubler Antoine Billard en la jouissance de son bail de l'ancien domaine de Navarre, au mépris de l'évocation générale de toutes les causes concernant ledit bail.

E 22, f° 319 r°.

13948. — Arrêt déclarant que, nonobstant une ordonnance de la chambre des comptes de Dauphiné, André Valentin jouira du bail des impôts de Vienne et de Valence, et évoquant tous les procès relatifs audit bail.

E 22, f° 321 r°.

13949. — Arrêt ordonnant la vérification des comptes des grènetiers, receveurs, payeurs et autres qui ont reçu les deniers provenant de la crue de 5 sols par minot de sel affectée au payement des gages des présidiaux de Troyes, de Reims, de Vitry et de Chaumont.

E 22, f° 323 r°.

13950. — Arrêt ordonnant au colonel de Dompmartin de remettre, dans la quinzaine, aux mains du secrétaire du Conseil les contrats de constitution d'une rente de 6,000 écus.

E 22, f° 325 r°; cf. ibid., f° 325 bis r°.

13951. — Arrêt autorisant les habitants de Trainay à lever sur eux-mêmes une somme de 900 livres destinée à la reconstruction de leur église, « qui est inhabitable depuis vingt-quatre ans ».

E 22, f° 327 r°.

13952. — Arrêt déclarant, sur la requête de M° Bénigne Saulnier, que tous les sergents de la sénéchaussée de Guyenne devront payer finance quand ils résigneront leurs offices.

E 22, f° 328 r°.

13953. — Arrêt ordonnant que les prévôt des marchands et échevins de Paris répondront au Conseil au sujet d'une requête de M° Bénigne Saulnier tendante à ce que M° Nicolas Martin, receveur et payeur des rentes de la ville de Paris, soit tenu de rapporter ses lettres de survivance.

E 22, f° 330 r°.

13954. — Arrêt réglant le payement des gages arriérés dus aux trésoriers de France en Bourgogne.

E 22, f° 331 r°.

13955. — Arrêt ordonnant que M° Louis Faroul, secrétaire de la chambre du Roi, désigné par les élus de Bourgogne, sera subrogé aux droits de Michel Garnier, qui avait traité pour le rachat des greffes, places de clercs, etc., de la généralité de Bourgogne, et qu'il jouira dudit bail pendant deux années de plus que n'en aurait joui ledit Garnier.

E 22, f° 333 r°.

13956. — Arrêt, rendu sur la remontrance des officiers de l'élection de Joigny, ordonnant que les habitants des paroisses seront tenus de comparaître, non pas devant les juges des lieux, mais devant les élus, pour approuver ou désavouer les rôles des taxes faites sur certains habitants qui, par faveur ou autrement, se sont fait décharger ou exempter des tailles.

E 22, f° 335 r°.

13957. — Arrêt ordonnant que les gardes des sceaux et les clercs de l'audience du présidial de Bourges seront payés de leurs gages ainsi qu'ils l'étaient avant l'arrêt du 9 avril dernier (n° 13541).

E 22, f° 337 r°.

13958. — Arrêt déclarant qu'en payant leurs impôts à partir du 1ᵉʳ janvier 1603, les habitants de Saint-Maixent-de-Beugné, de Saint-Pierre-du-Chemin, de la Boissière, de Château-Fromage, de Tillay, de Chassay-l'Église, de Montournais, de Saint-Florent, etc., auront surséance d'un an pour le payement des impôts de 1598 à 1602.

E 22, f° 339 r°.

13959. — Arrêt ordonnant le versement à l'Épargne d'une somme de 14,036 livres 8 sols restée due par Mᵉ Gilbert Badier, receveur général des finances en Provence, et défendant à la cour des comptes de Provence de rétablir aucune partie rayée sur les états des comptables, si ce n'est en vertu d'un arrêt du Conseil.

E 22, f° 341 r°.

13960. — Arrêt ordonnant la vérification de la finance payée par le sieur de Bellegarde, grand écuyer de France, pour l'acquisition de la terre et seigneurie de Sagy.

E 22, f° 343 r°.

13961. — Arrêt autorisant la levée sur les habitants de Melgueil du capital et des intérêts d'une somme de 4,101 livres 15 sols.

E 22, f° 344 r°.

13962. — Arrêt ordonnant que les articles accordés à Jean Picotin pour le rachat de certaine portion de domaine jusqu'à concurrence de 50,000 livres lui serviront de bail.

E 22, f° 346 r°.

13963. — Arrêt ordonnant la vérification de la finance payée par Mᵉ Compaing, secrétaire du Roi, pour l'acquisition du « turreau » de Bard.

E 22, f° 347 r°.

13964. — Arrêt ordonnant la vérification de la finance payée par Mᵉ Guy Blondeau, secrétaire du Roi et grand maître des eaux et forêts de Bourgogne, pour l'acquisition des terres de Glennes et de Vieux-Château.

E 22, f° 348 r°.

13965. — Arrêt ordonnant communication aux intéressés d'une requête de Claude Voisin tendante à l'évocation des procès à lui intentés au sujet de son bail de « la reffection et entretenement du pavé de Paris ».

E 22, f° 349 r°.

13966. — Arrêt ordonnant une enquête au sujet des agissements de Mᵉ Pierre Du Gendrier, receveur en l'élection de Bresse, qui aurait prétendu lever sur les habitants de Montluel une somme très supérieure à celle qui est portée par l'état des dettes arrêté au Conseil, et ordonnant l'élargissement des habitants emprisonnés à raison desdites dettes.

E 22, f° 351 r°.

13967. — Arrêt relatif au procès pendant entre Louis Habert, sieur du Mesnil et Adam Du Puy, exempt des Gardes du corps, au sujet de la capitainerie d'Épernay.

E 22, f° 352 r°.

13968. — Arrêt renvoyant aux trésoriers de France un placet du baron de Sainte-Suzanne qui sollicite le don des îles et îlots formés dans la Loire entre Pierre-Auge et la Pierre-d'Ingrande.

E 22, f° 354 r°.

13969. — Arrêt ordonnant la restitution des 120 livres que le receveur du taillon en l'élection d'Angers a été contraint, par sentence des élus d'Angers, de payer au lieutenant du prévôt provincial d'Anjou.

E 22, f° 355 r°.

13970. — Arrêt défendant à Mᵉ Antoine Lelièvre de faire aucune poursuite contre Mᵉ Henri Guillemot pour raison d'une somme de 1,500 livres.

E 22, f° 357 r°.

13971. — Arrêt réglant le payement d'une somme de 6,000 livres assignée, en 1606, au comte de Soissons sur la recette générale de Lyon.

E 22, f° 359 r°.

13972. — Arrêt déclarant que Mᵉ Charles Paulet, qui a traité avec le Roi pour le rachat de certaines portions de domaine, sera dispensé de fournir caution pour l'exécution de son contrat, ordonnant que le produit des crues de 5 sols, de 2 sols 6 deniers et de 14 deniers sera versé entre ses mains, etc.

E 22, f° 360 r°.

13973. — Arrêt ordonnant à Mᵉ Jacques Josse, trésorier des fortifications de Picardie, de rendre, dans la quinzaine, ses comptes à Mᵉ Charles Paulet, qui l'a chargé du remboursement de certains greffes et droits domaniaux, etc.

E 22, f° 362 r°.

13974. — Arrêt donnant aux religieux de Saint-Florent-lès-Saumur un délai d'un mois pour exécuter l'arrêt du 19 juillet 1608 (n° 12264), sinon ils seraient dès à présent condamnés à reconstruire et à entretenir le pont de Saumur.

E 22, f° 364 r°.

13975. — Arrêt réglant le payement d'une somme de 38,584 livres due à Mᵉ François Debelin, qui avait payé finance pour un office de trésorier de France au bureau momentanément érigé à Chartres.

E 22, f° 366 r°.

13976. — Arrêt suspendant l'effet de diverses commissions en vertu desquelles on procède à des levées extraordinaires, particulièrement dans la sénéchaussée du Maine : poursuites contre les sergents pour les contraindre à acheter le droit d'exploiter par tout le royaume; poursuites contre les merciers qui ont vendu des cartes et tarots; poursuites contre ceux qui ont vendu en gros du vin de leur cru; recherche des personnes qui, depuis vingt ans, ont exercé dans les paroisses la charge de collecteurs du sel.

E 22, f° 368 r°.

13977. — Arrêt rejetant les offres d'Alexandre Jannel, et acceptant définitivement celles de Mᵉ Louis Massuau.

E 22, f° 370 r°.

13978. — Arrêt portant rétablissement d'une somme de 3,250 livres payée au maréchal de Brissac pour ses gages de lieutenant général en Bretagne, et rayée sur les états du receveur général par la chambre des comptes de Bretagne.

E 22, f° 372 r°.

13979. — Arrêt maintenant Mᵉ François Marcel, en son office de trésorier de France en Provence, nonobstant l'opposition de ses collègues Mᵉˢ Jean Garron et Gilbert Badier.

E 22, f°ˢ 374 r° et 378 r°.

13980. — Arrêt déclarant que les sergenteries de Normandie sont offices royaux et, comme tels, peuvent être réunies au domaine royal, nonobstant tout don ou aliénation, que néanmoins Sa Majesté, ayant égard à la longue possession de la plupart des détenteurs, pourra la leur confirmer, à condition qu'ils exercent lesdits droits en personne, suivant la charte de Louis X de l'année 1314, confirmant en leur possession les détenteurs des sergenteries du Vaudreuil et du Mesnil-Ferrey, et ordonnant que les titres produits par la duchesse de Montpensier au sujet des sergenteries de la vicomté d'Auge et de Mortain seront communiqués à Jean de Beauquet, sieur de Creuilly.

E 22, f° 382 r°.

13981. — Arrêt ordonnant le versement à l'Épargne de tous des deniers dus au Roi « à cause du surhaulcement des monnoyes ».

E 22, f° 388 r°.

13982. — Arrêt statuant sur un procès pendant entre le comte de Tavannes et Jean Eustache, voiturier par eau, et maintenant ledit comte en possession d'un droit de péage sur tous les bateaux chargés de sel qui passent au détroit de Conflans-Sainte-Honorine.

E 22, f° 390 r°.

13983. — Arrêt ordonnant que les habitants de la sénéchaussée de Bazadais seront entendus au Conseil au sujet de l'évocation du procès pendant entre eux et la ville de Bordeaux relativement à la jauge et à la mesure des vins.

E 22, f° 394 r°.

13984. — Arrêt ordonnant que les quittances des offices de substituts du procureur général au parlement de Bordeaux créés par édit de décembre 1597 seront remises en blanc au sieur de Roquelaure.

E 22, f° 395 r°.

13985. — Arrêt ordonnant que les maire et jurats

de Bordeaux seront assignés de diverses sommes par eux dues aux héritiers des anciens fermiers du convoi, au sieur de Candelay, etc.

E 22, f° 396 r°.

13986. — « Articles et conditions accordées... à M° Loys Massuau... pour parvenir au remboursement... des offices de notaires, garde-nottes et tabellionnages des villes et bourgs estans au ressort des parlemens de Paris, Bordeaux et Dijon... »

AD ✠ 147, n°° 6 et 7.

1609, 2 juillet. — Fontainebleau.

13987. — Arrêt autorisant les avocats à exercer à volonté la charge d'avocat et celle de procureur.

AD ✠ 147, n°° 10 et 11.

1609, 4 juillet. — Paris.

13988. — Arrêt ordonnant au commissaire général des vivres des armées de décharger M° Augustin de Louvancourt de la garde des blés qui se trouvent dans les citadelles ou villes d'Amiens et de Doullens.

E 23°, f° 1 r°.

1609, 4 juillet. — Fontainebleau.

13989. — Arrêt réglant le payement d'une somme de 1,500 livres promise par la ville de Montferrand aux Cordeliers de ladite ville, pour les aider à reconstruire la couverture de leur église.

E 23°, f° 3 r°.

13990. — Arrêt ordonnant que M° Jean Marrast, à qui Jean Godey a remboursé le prix des greffes des requêtes du palais de Toulouse, sera dispensé de fournir certain avis de la Chambre des comptes.

E 23°, f° 4 r°.

13991. — Arrêt ordonnant la vérification des sommes payées au sieur de Monferrand et autres pour le rachat des landes et marais de Monferrand et d'Ambarès, supprimant les droits de guet et les corvées dus par les habitants, ordonnant que lesdites landes et marais demeureront bien commun, etc.

E 23°, f° 6 r°.

13992. — Arrêt supprimant l'office de vendeur de poisson à Auxerre, à condition que les marchands de poisson de mer de ladite ville payent 600 livres à Jean Le Prince.

E 23°, f° 8 r°.

13993. — Arrêt constituant au sieur de Praville, grand maître-enquêteur et général réformateur des eaux et forêts au département d'Orléans, une rente de 450 livres représentant les intérêts d'une somme de 1,500 écus versée par feu M° André d'Alesso pour la survivance de son office.

E 23°, f° 10 r°.

13994. — Arrêt ordonnant qu'une quantité suffisante de bois de construction sera prise en la forêt de Laigue et délivrée au sieur de Béthune, baron de Selles et de Charost, pour les réparations de sa maison du Plessis-Brion.

E 23°, f° 12 r°.

13995. — Arrêt ordonnant que M° Louis Massuau remboursera des offices de notaires et gardes-notes dans les ressorts de Paris, de Toulouse, de Bordeaux, de Dijon et de Bretagne jusqu'à concurrence d'une somme de 900,000 livres.

AD ✠ 147, n°° 6 et 7.

1609, 7 juillet. — Fontainebleau.

13996. — Arrêt déclarant Simon Bouvier contribuable aux tailles en la paroisse de Conflans-Sainte-Honorine.

E 23°, f° 13 r°.

1609, 9 juillet. — Fontainebleau.

13997. — Arrêt déchargeant François Cadot, maître brasseur de bière, du droit de huitième qu'on veut lui faire payer pour la bière qu'il débite à Fontainebleau.

E 23°, f° 15 r°.

13998. — Arrêt ordonnant le payement de ce qui reste dû des 6,000 livres données par le Roi, en 1594, à M° Jean Dujon, médecin ordinaire de Sa Majesté, « en considération des longs et continuelz services qu'il avoit renduz tant au feu Roy qu'à Sadite Majesté, et pour la perte qu'il avoit faicte de ses chevaulx et armes ».

E 23*, f° 16 r°.

13999. — Arrêt donnant à Jean Vivien, capitaine du charroi de l'Artillerie, décharge d'une somme de 607 livres 7 sols 6 deniers.

E 23*, f° 17 r°.

14000. — Arrêt ordonnant que Claude de Picquet, sieur de Saultour, n'ayant point satisfait à l'arrêt du 2 juin dernier (n° 13781), la haute justice de Crespières demeurera réunie au domaine royal, après versement de 200 livres fait par les officiers de la justice de Poissy.

E 23*, f° 19 r°.

14001. — Arrêt relatif au différend soulevé entre Laurent Ficquet et Louis Berthaud au sujet du bail des 5 sols nouveaux par muid de vin entrant en la ville de Troyes.

E 23*, f° 21 r°.

14002. — Arrêt renvoyant aux trésoriers de France en Bretagne une requête du duc de Rohan, qui sollicite la concession de la seigneurie du Gavre, enclavée dans ses terres.

E 23*, f° 23 r°.

14003. — Arrêt accordant au cardinal de Joyeuse un délai d'un mois pour produire les titres de sa pupille, Mlle de Montpensier, à la possession des places de clercs et des greffes de la vicomté d'Auge.

E 23*, f° 24 r°.

14004. — Arrêt ordonnant que, dans le cas où les biens des officiers de finance seraient saisis et vendus à la requête de leurs créanciers, les taxes levées sur lesdits officiers par les commissaires royaux seraient préalablement acquittées sur le produit de la vente.

E 23*, f° 25 r°.

1609, 16 juillet. — Paris.

14005. — Arrêt ordonnant à la Chambre des comptes de passer outre à la vérification du traité de

M° Louis Massuau, nonobstant l'opposition de Lizé Le Bigot, dont la connaissance est réservée au Conseil.

E 23*, f° 27 r°.

14006. — Arrêt nommant une commission pour faire estimer les terrains qui doivent être traversés par deux nouvelles rues à ouvrir en la rue Pastourelle et en la rue des Quatre-Fils-Aymon, et pour faire payer les indemnités d'expropriation par Michel Pigon, adjudicataire des terres de la Couture du Temple.

E 23*, f° 29 r°.

1609, 21 juillet. — Paris.

14007. — Arrêt maintenant les habitants de Passavant, de la Côte-en-Vosges, de Vougécourt et de Lironcourt, Jean de Grignoncourt, Nicolas et François de Bosredon, en possession de leurs droits d'usage dans la forêt de Passavant, ordonnant néanmoins qu'on y exécutera dorénavant le règlement de 1573.

E 23*, f° 31 r°.

14008. — Arrêt statuant sur un procès pendant entre M° Mathieu Potier, lieutenant des eaux et forêts en la vicomté de Domfront, et Jean Chavenier, et cassant les lettres de provision de maître des eaux et forêts en ladite vicomté obtenues par ce dernier.

E 23*, f° 33 r°.

14009. — Arrêt suspendant de ses fonctions Jean Rogier, sergent à verge au Châtelet, jusqu'à ce qu'il ait comparu au Conseil.

E 23*, f° 35 r°.

14010. — Arrêt statuant sur un procès pendant entre M° Bénigne Saulnier et Antoine Boudault au sujet d'un office de conseiller en la Chambre mi-partie de Nérac.

E 23*, f° 36 r°.

14011. — Arrêt renvoyant aux trésoriers de France en Champagne une requête par laquelle les habitants de Montiers-sur-Saulx et d'Ancerville demandent à être exemptés des droits de domaine forain, d'imposition foraine, de traite domaniale et des autres impôts levés sur les denrées qu'ils transportent chez eux pour leur usage.

E 23*, f° 38 r°.

14012. — Arrêt ordonnant que les quittances d'offices de lieutenant criminel et de lieutenant particulier assesseur dans les juridictions royales seront délivrées indifféremment à ceux qui se présenteront pour obtenir ces offices, sans qu'ils soient obligés de prendre l'un plutôt que l'autre.

E 23ᵉ, fᵒ 40 rᵒ.

14013. — Arrêt autorisant Claude et Louis Rossignol à se pourvoir devant les juges des lieux au sujet de l'exemption des tailles à laquelle ils prétendent pour cause de noblesse.

E 23ᵉ, fᵒ 41 rᵒ.

14014. — Arrêt réglant le payement des droits de présence dus aux trésoriers de France en Bourgogne.

E 23ᵉ, fᵒ 43 rᵒ.

14015. — Arrêt chargeant les trésoriers de France à Lyon de s'informer si la résignation de l'office de contrôleur général des finances à Lyon, faite en faveur de Louis Thierry, est antérieure à la mort de Mᵉ Pierre Pommier.

E 23ᵉ, fᵒ 45 rᵒ.

14016. — Arrêt ordonnant la vérification d'une créance de 16,906 livres 18 sols 6 deniers que prétend faire valoir contre le Roi Anne Brodeau, veuve de François Le Coustellier, sieur du Puy, gentilhomme servant du Roi.

E 23ᵉ, fᵒ 46 rᵒ.

14017. — Arrêt ordonnant aux trésoriers de France à Bordeaux de procéder, en faisant leurs chevauchées, à la visite du château et des murailles de l'Isle-en-Jourdain, sans que les frais de cette visite puissent être mis à la charge du gouverneur, Georges Du Bourg, sieur de Clermont.

E 23ᵉ, fᵒ 47 rᵒ.

14018. — Arrêt maintenant, pour cette année, les officiers de l'élection de Gannat en possession de leurs gages, droits et taxes accoutumés.

E 23ᵉ, fᵒ 48 rᵒ.

14019. — Arrêt ordonnant que Gillette Le Boulanger et consorts, qui ont traité avec la ville de Rennes pour la construction des ouvrages destinés à rendre la Vilaine navigable, jouiront encore pendant cinq ans des profits de ladite navigation, à la condition de réparer les écluses de ladite rivière.

E 23ᵉ, fᵒ 50 rᵒ.

14020. — Arrêt ordonnant qu'en payant leurs tailles depuis 1603, les habitants d'Angers auront surséance d'un an pour le payement des restes des années 1597 à 1602.

E 23ᵉ, fᵒ 52 rᵒ.

14021. — Arrêt relatif à l'exécution du traité passé avec Mᵉ Jean Didier pour le rachat de 200,000 livres de rentes.

E 23ᵉ, fᵒ 54 rᵒ.

14022. — Arrêt relatif à l'exécution du traité passé avec Jacques Feret pour les offices de receveurs et payeurs provinciaux des rentes.

E 23ᵉ, fᵒ 56 rᵒ.

14023. — Arrêt autorisant la levée d'une somme de 3,887 livres 10 sols 6 deniers due par le tiers état d'Agenais à Mᵉ Isaac de Grelière, lieutenant et juge ordinaire de Puymirol.

E 23ᵉ, fᵒ 58 rᵒ.

14024. — Arrêt défendant aux habitants de Saint-Quentin « qui y ont maisons de faire abattre cheminées ny desmolir les escuryes et chambres qui sont en icelles..., affin que les garnisons qu'il plaira à Sa Majesté y envoyer cy après y puissent estre commodement logées ».

E 23ᵉ, fᵒ 59 rᵒ.

14025. — Arrêt renvoyant aux commissaires députés sur le fait des consignations une requête par laquelle Gabriel de L'Aubespine, évêque d'Orléans, demande à être maintenu en la jouissance du greffe des consignations de la ville de Jargeau, dont il est seigneur temporel et spirituel.

E 23ᵉ, fᵒ 60 rᵒ.

14026. — Arrêt ordonnant la vérification des dettes de la ville de l'Isle-en-Jourdain.

E 23ᵉ, fᵒ 61 rᵒ.

14027. — Arrêt ordonnant que les 3,655 livres

5 sols donnés par le Roi pour la reconstruction de l'église Sainte-Croix d'Orléans seront versés, chaque année, entre les mains des commissaires chargés de ladite reconstruction.

E 23ᵉ, fᵒ 62 rᵒ.

14028. — Arrêt ordonnant que les jurés vendeurs et contrôleurs de vin à Paris ne pourront être contraints au payement de l'amende de 1,500 livres à laquelle ils ont été condamnés, par arrêt du 7 mai dernier (nᵒ 13668), avant le jugement du procès pendant au Conseil entre eux et les marchands de vin suivant la Cour.

E 23ᵉ, fᵒ 64 rᵒ.

14029. — Arrêt évoquant au Conseil le procès pendant entre Jacques de Gagnac, sieur de La Couronne et de Saint-Andiol, gentilhomme ordinaire de la Chambre, et la veuve de Louis de Modène, comte de Montlaur, au sujet du greffe et du sceau du bailliage de Villeneuve-de-Berg.

E 23ᵉ, fᵒ 65 rᵒ.

14030. — Arrêt ordonnant qu'une somme de 1,330 livres continuera encore, pendant un an, d'être levée sur tous les habitants d'Agen (sauf les artisans et laboureurs) pour l'entretien des régents du collège et du maître qui apprend à lire aux petits enfants.

E 23ᵉ, fᵒ 67 rᵒ.

14031. — Arrêt ajournant la réception de Mᵉ Louis Breteil en un office de conseiller au parlement de Rouen, et ordonnant qu'il viendra s'expliquer au Conseil au sujet de l'opposition formée par Vincent Regnault.

E 23ᵉ, fᵒ 68 rᵒ.

14032. — Arrêt maintenant les enfants et héritiers de Jérôme Giustiniani en possession d'une rente de 400 écus, « en considération des longs services faictz à Sa Majesté et aux rois ses prédécesseurs tant par ledit défunct leur père que par leurs ayeul et bisayeul ».

E 23ᵉ, fᵒ 69 rᵒ.

14033. — Arrêt ordonnant qu'en payant leurs tailles depuis le 1ᵉʳ janvier 1603, les habitants de Grézieux-le-Fromentel, de Boisset-lès-Montrond et autres paroisses du Forez auront surséance d'un an pour le payement des tailles des années 1597 à 1602.

E 23ᵉ, fᵒ 71 rᵒ.

14034. — Arrêt déclarant exempts des droits de francs-fiefs les bénéficiers payant décime.

E 23ᵉ, fᵒ 73 rᵒ, et AD ✠ 147, nᵒ 14.

14035. — Arrêt autorisant la levée d'une somme de 1,950 livres due par la ville de Saint-Germain-Lembron au sieur Forget, cessionnaire du sieur de Belot.

E 23ᵉ, fᵒ 74 rᵒ.

14036. — Arrêt évoquant et renvoyant au Grand Conseil tous les procès qu'a eus ou que peut avoir, durant deux ans, en la chambre des comptes et au parlement de Grenoble, Charles Béatrix, « commis des villages de Dauphiné pour le bailliage de Graisivodan ».

E 23ᵉ, fᵒ 75 rᵒ.

14037. — Arrêt défendant provisoirement à Anne de Murviel, évêque de Montauban, de faire exécuter les arrêts par lui obtenus au parlement de Toulouse contre Marc-Antoine de Benoist, ministre, Jean Coubel, bourgeois, Étienne Boyer et Pierre Ratery, habitants de Montauban, à propos des paroles diffamatoires pour lesquelles Jeanne de Lorn a été condamnée au fouet.

E 23ᵉ, fᵒ 76 rᵒ.

14038. — Arrêt révoquant une commission donnée à Mᵉ Antoine Rollet, secrétaire ordinaire de la chambre du Roi, pour le recouvrement de certains restes dans le diocèse de Mende.

E 23ᵉ, fᵒ 77 rᵒ.

14039. — Mesures proposées par les commissaires députés pour les affaires du comté de Clermont-d'Auvergne et de la baronnie de Latour afin d'augmenter le revenu desdites terres, avec les réponses du Conseil.

E 23ᵉ, fᵒ 79 rᵒ.

14040. — Articles présentés par les officiers de l'élection d'Armagnac, avec les réponses du Conseil.

E 23ᵉ, fᵒ 83 rᵒ.

1609, 23 juillet. — Paris.

14041. — Acceptation conditionnelle des offres faites par Étienne Goutte, secrétaire de la chambre du Roi, pour la recherche des usurpations commises ou des recettes omises dans les généralités de Bordeaux et de Toulouse, dans la châtellenie de la Rochelle et le pays d'Aunis.

E 23ᵃ, fᵒ 87 rᵒ.

14042. — Arrêt ordonnant le versement à l'Épargne des sommes que les trésoriers de France se sont attribuées à eux-mêmes pour se rembourser des prêts par eux faits au Roi en 1597.

E 23ᵃ, fᵒ 91 rᵒ.

14043. — Arrêt ordonnant qu'une somme de 16,090 livres demeurera entre les mains des créanciers de la reine Marguerite jusqu'au jugement du procès pendant entre eux, la reine et Thomas Robin.

E 23ᵃ, fᵒ 93 rᵒ.

14044. — Arrêt statuant sur un procès pendant entre la veuve et les héritiers d'Alexandre Pollaillon et Paul Mascrany, d'une part, Mᵉ François Nicquet, trésorier de France en Languedoc, d'autre part.

E 23ᵃ, fᵒ 95 rᵒ.

14045. — Arrêt ordonnant que le duc de Ventadour jouira des péages de la Voulte, de Roquemaure et de Montélimar, conformément à l'avis de Mᵉ Miles Marion, trésorier de France en Languedoc.

E 23ᵃ, fᵒ 97 rᵒ.

14046. — Arrêt ordonnant que Jean Boucheron jouira des conditions du traité qu'il a fait agréer au Conseil, nonobstant le traité passé au même moment avec Mᵉ Louis Massuau.

E 23ᵃ, fᵒ 99 rᵒ.

14047. — Arrêt ordonnant aux trésoriers de France de faire imposer, en même temps que la crue extraordinaire, tout ce qu'ils jugeront devoir être levé pour la taxation des élus et contrôleurs des tailles, et ce pour couper court aux exactions commises par ces derniers.

E 23ᵃ, fᵒ 101 rᵒ, et ms. fr. 10842, fᵒ 40 rᵒ.

14048. — Arrêt ordonnant que les principaux officiers des finances de Bretagne seront contraints à la restitution d'une somme de 48,000 livres qui avait été à tort affectée au payement des frais de vente des impôts et billots de Bretagne.

E 23ᵃ, fᵒ 103 rᵒ.

14049. — Arrêt ordonnant à la cour des aides de Normandie d'enregistrer purement et simplement, malgré toutes les oppositions, l'édit d'août 1605 «pour l'establissement des greffes de l'impost du sel ez lieux où l'impost a lieu en ladite province».

E 23ᵃ, fᵒ 105 rᵒ.

14050. — Arrêt ordonnant que l'un des trésoriers de France à Paris fera visiter, en sa présence, l'emplacement de l'ancien Châtelet de Melun, et désignera une maison de la ville où l'on puisse rendre la justice et enfermer les prisonniers.

E 23ᵃ, fᵒ 107 rᵒ.

14051. — Arrêt confirmant le «retranchement» fait par les commissaires députés à la vérification des dettes du Velay sur les «taxations» précédemment allouées à Jacques Charoas et à Denis Brunel, marchands du Puy.

E 23ᵃ, fᵒ 108 rᵒ.

14052. — Arrêt ordonnant que Claude Roy sera payé des gages attribués aux offices de maîtres particuliers des eaux et forêts en Bourbonnais.

E 23ᵃ, fᵒ 110 rᵒ.

14053. — Arrêt fixant à Claude de Picquet, sieur de Saultour et de Crespières, un délai de huit jours pour désigner une personne solvable qui devra, au bout de seize ans, rendre au Roi la haute justice de Crespières, avec 3,000 livres de domaine racheté.

E 23ᵃ, fᵒ 112 rᵒ.

14054. — Arrêt ordonnant que Hugues Cosnier, entrepreneur du canal d'entre Seine et Loire, payera l'estimation du moulin de Montbouy et de certaine étendue de pré soit au fermier dudit moulin, soit au fermier de la commanderie de Saint-Marc d'Orléans.

E 23ᵃ, fᵒ 113 rᵒ.

14055. — Arrêt désignant les officiers qui doivent procéder à la réformation de la forêt de Retz.

E 23*, f° 115 r°.

14056. — Arrêt relatif au payement des taxes dues aux commissaires qui ont déjà vaqué, durant plusieurs mois, à la réformation de la forêt de Retz.

E 23*, f° 117 r°.

1609, 28 juillet. — Paris.

14057. — Arrêt ordonnant une enquête secrète au sujet des méfaits commis à l'encontre de Maulans, ministre de Coutras, d'un maître-émailleur de Limoges qui avait refusé de saluer une croix, etc.

E 23*, f° 119 r°.

1609, 1ᵉʳ août. — Paris.

14058. — Arrêt ordonnant la signification aux parties intéressées d'une requête du sieur de Béthune, baron de Selles et de Charost, qui demande l'évocation du procès intenté par le chapitre de Romorantin à son fermier du four de Romorantin.

E 23*, f° 122 r°.

14059. — Arrêt ordonnant nouvelle assignation d'une somme de 12,000 livres donnée par le Roi au sieur Du Fay, maître d'hôtel de Sa Majesté, «pour le récompenser des services qu'il luy avoit renduz à la reduction de la ville de Paris..., s'estant trouvé à l'ouverture qui fut faicte de la Porte neufve».

E 23*, f° 124 r°.

14060. — Arrêt ordonnant que les articles concédés à Gaspard Cardinal pour le rachat des bois aliénés dans les ressorts de Paris et de Rouen lui serviront de bail, réservant au Conseil la connaissance des oppositions, etc.

E 23*, f° 125 r°.

14061. — Arrêt accordant à Nicolas Hardy un quart des sommes qui pourront être recouvrées sur certains officiers qu'il offre de faire connaître, et qui, depuisenviron vingt-six ans, jouissent indûment d'une augmentation de gages.

E 23*, f° 127 r°.

14062. — Arrêt réglant le payement des vacations dues aux trésoriers de France en Provence qui ont procédé à l'estimation de la seigneurie d'Antibes.

E 23*, f° 129 r°.

14063. — Arrêt ordonnant qu'extraits ou copies de toutes les pièces concernant le domaine de Forez devront être délivrés par les trésoriers de France à Moulins à Mᵉ Martin Lefebvre, secrétaire ordinaire de la chambre du Roi, «subrogé au contrat faict par Sa Majesté avec Pierre Du Fournel pour le desengagement de son domaine du comté de Forestz».

E 23*, f° 130 r°.

14064. — Arrêt ordonnant que l'assemblée commune des habitants de Rouen sera consultée au sujet de la création de deux offices de vendeurs de poisson.

E 23*, f° 132 r°.

14065. — Arrêt confirmant à François de Cœurlis, apothicaire ordinaire de l'Artillerie, la permission de tenir boutique ouverte d'apothicaire à Paris, malgré l'opposition des maîtres-apothicaires de ladite ville.

E 23*, f° 133 r°.

14066. — Arrêt prorogeant jusqu'à l'entier acquittement des dettes de Compiègne certaines levées faites sur le sel.

E 23*, f° 134 r°.

14067. — Arrêt ordonnant la mise en adjudication des travaux d'achèvement du bastion de Bayonne, en même temps que la publication des offres de Jean de La Clau.

E 23*, f° 136 r°.

14068. — Arrêt ordonnant la mise en adjudication de la ferme de Calais, et accordant un sursis aux fermiers des Cinq grosses fermes, attendu que, depuis la conclusion de la trêve avec l'Espagne et les Provinces-Unies, les vaisseaux marchands n'abordent plus au port de Calais.

E 23*, f° 137 r°.

14069. — Avis du Conseil tendant à ce que le duc de Rohan n'ait assignation ni des arrérages de sa pension de 12,000 livres, ni du prix des deux coulevrines qu'il a vendues au Roi, mais plutôt à ce que le Roi lui fasse don de 99,600 livres.

E 23ᵃ, fᵒ 139 rᵒ.

14070. — Arrêt suspendant les poursuites dirigées contre les habitants de Villiers-le-Morhers au sujet d'une levée de 90 livres qu'ils ont faite avec l'autorisation du Roi.

E 23ᵃ, fᵒ 140 rᵒ.

14071. — Arrêt relatif à la vérification du compte présenté par Mᵉ Romain de Saint-Sever, receveur des tailles en Périgord et commis à la recette des deniers «provenant de la recherche faicte... sur les scindicqz et collecteurs particuliers des villes, chastellenies et parroisses... de Périgord».

E 23ᵃ, fᵒ 141 rᵒ.

14072. — Arrêt déclarant que les offices de receveurs et payeurs des rentes de la ville de Paris sont des offices royaux et, comme tels, seront désormais soumis au droit de résignation.

E 23ᵃ, fᵒ 142 rᵒ.

14073. — Arrêt prorogeant pour neuf années l'octroi de 8 sols 4 deniers par minot de sel vendu au grenier de Pontoise, le produit en devant être employé aux travaux de fortification de la ville, à la réparation des chemins, à la reconstruction de la porte de Chappellet, etc.

E 23ᵃ, fᵒ 144 rᵒ.

14074. — Arrêt ordonnant que les articles accordés à Étienne Goutte lui serviront de bail.

E 23ᵃ, fᵒ 145 rᵒ.

14075. — Arrêt ordonnant aux trésoriers de France à Toulouse d'envoyer au Conseil des éclaircissements au sujet du bail de Jean de Saxoz, fermier de la police et du sceau des draps dans les sénéchaussées de Toulouse, de Carcassonne et de Lauraguais.

E 23ᵃ, fᵒ 147 rᵒ.

14076. — Acceptation des offres faites par René Revel pour le rachat de portions de domaine d'un revenu égal au moins à 300,000 livres.

E 23ᵃ, fᵒ 149 rᵒ.

14077. — Arrêt relatif à un procès pendant entre Jacques Cliquot et consorts, marchands-hôteliers de Reims, et Mᵉ Antoine Fremin, commis à la recette des deniers levés sur le sel et le vin en Champagne.

E 23ᵃ, fᵒ 151 rᵒ.

14078. — Arrêt statuant sur diverses instances pendantes entre le syndic de Forez, la ville de Montbrison, Gaspard Paparin et Mᵉ Pierre Papon.

E 23ᵃ, fᵒ 153 rᵒ.

14079. — Arrêt statuant sur diverses instances pendantes entre les consuls et habitants et le syndic du chapitre cathédral de Nîmes.

E 23ᵃ, fᵒ 156 rᵒ.

14080. — Arrêt ordonnant qu'en payant 1,000 livres à Mᵉ Jean Palot, Élisabeth Bourneau, veuve de Mᵉ Jean Canaye, maître des Comptes, sera déchargée de tout ce que l'on pourrait réclamer, soit à elle, soit à Mᵉ Pierre Du Lac, «pour le deffault du controlle de la quittance du droict annuel du XIIIᵉ febvrier MVIᶜ sept».

E 23ᵃ, fᵒ 159 rᵒ.

14081. — Arrêt statuant sur un procès pendant entre Pierre Desforges, receveur du domaine d'Angoulême, Mᵉ Daniel Malat, acquéreur du droit de minage d'Angoulême, etc.

E 23ᵃ, fᵒ 161 rᵒ.

14082. — Arrêt statuant sur divers procès pendants entre Martin Baudry, bourgeois de Rouen, Thomas Crevier, ci-devant fermier des moulins à eau appartenant aux conseillers et échevins de Rouen, et lesdits conseillers et échevins.

E 23ᵃ, fᵒ 163 rᵒ.

14083. — Arrêt statuant sur un procès pendant entre les consuls de Riez et de Saint-Jurs et les gens des trois états de Provence.

E 23ᵃ, fᵒ 165 rᵒ.

14084. — Arrêt ordonnant une enquête au sujet des excès et rébellions commis par les habitants de Layrac, qui auraient tué ou blessé les commis de Léonard de Mausse, fermier général des traites de Languedoc et Provence.

E 23ᵃ, fᵒ 167 rᵒ.

14085. — Arrêt maintenant Me Nicolas Drouin en possession du greffe des affirmations au parlement de Paris, attendu que Me Léonard Foullé, greffier des présentations, s'est désisté de son opposition.

E 23e, fo 169 ro.

14086. — Arrêt autorisant Jean Du Causse à exercer son office de receveur des tailles au diocèse de Mirepoix, nonobstant l'arrêt du 3 février 1607 (no 10844).

E 23e, fo 171 ro.

14087. — Arrêt ordonnant l'union de l'office de commissaire-examinateur à Autun aux charges des officiers du bailliage et de la chancellerie d'Autun.

E 23e, fo 173 ro.

14088. — Arrêt ordonnant que, si Me Pierre Le Jan, avocat au Parlement, ne paye, dans la quinzaine, 12,000 livres à Jacques Le Roy, sieur de La Grange, conseiller d'État et engagiste du comté de Melun, celui-ci pourra nommer à l'office de lieutenant général au bailliage de Melun.

E 23e, fo 175 ro.

14089. — Arrêt déclarant que Me Le Jay, lieutenant civil au Châtelet, et, d'une manière générale, toute personne pourvue d'un office vacant par mort, non compris dans le contrat de Me Bénigne Saulnier, ne pourra résigner un office de moindre valeur sans payer audit Saulnier le quart ou le huitième denier, à condition, bien entendu, que le droit annuel ait été acquitté pour l'office résigné.

E 23e, fo 176 ro.

14090. — Arrêt statuant sur un procès pendant entre Pierre Jullien, commis à la recette des deniers imposés dans le Velay durant les années 1604 et 1606, d'une part, et le syndic de Velay, d'autre part.

E 23e, fo 178 ro.

14091. — Arrêt déclarant que divers greffes de Chaumont-en-Bassigny appartenant à Me Anselme d'Huguenat, sieur de Marnay, maître des Comptes, se trouvant compris dans le traité conclu avec Mes Charles Paulet et Nicolas Lévesque, ne seront point soumis à la « réduction au denier vingt ordonnée pour supporter les charges du domaine ».

E 23e, fo 180 ro.

14092. — Arrêt ordonnant la taxation de certains offices d'huissiers audienciers dont le produit doit être affecté au payement d'une somme de 60,000 livres due à Me Jean de Vauhardy.

E 23e, fo 182 ro.

14093. — Arrêt ordonnant que le sieur de Vitry, capitaine du château de Fontainebleau, et les autres officiers de la forêt de Bièvre seront dispensés de la restitution des droits de chauffage.

E 23e, fo 184 ro.

14094. — Arrêt renvoyant aux trésoriers de France à Limoges une requête par laquelle les habitants de Saintes demandent l'autorisation de construire de petites boutiques dans la basse cour de leur maison commune.

E 23e, fo 186 ro.

14095. — Arrêt ordonnant aux personnes qui ont le droit de faire fabriquer à Lyon des doubles rouges d'employer à cette fabrication les ouvriers et monnayeurs de la monnaie de Lyon.

E 23e, fo 187 ro.

14096. — Arrêt autorisant les syndics et députés du territoire de la Guarrigue et de la juridiction de Riols à lever une somme de 900 livres destinée au payement de ce qu'ils doivent aux consuls de Saint-Pons.

E 23e, fo 188 ro.

14097. — Arrêt ordonnant que les biens de Nicolas Chabot, dit Potier, qui a été condamné à mort pour fausse monnaie, étant situés dans le duché de Bar, seront vendus par les soins des officiers dudit duché, et que, sur le produit de cette vente, 2,000 livres seront employées à la réparation du palais de Chaumont-en-Bassigny.

E 23e, fo 189 ro.

14098. — Arrêt renvoyant aux trésoriers de France à Orléans une requête en remise de tailles présentée par les habitants de Clamecy, de Châtel-Censoir, de Dornecy, de Brèves, de Metz-le-Comte, d'Asnois, de Tannay, de Germenay, de Marigny, de Varzy, de Saint-Pierre-du-Mont et de Courcelles, dont les champs et les vignes ont été dévastés par la grêle.

E 23°, f° 190 r°.

14099. — Arrêt ordonnant communication à l'ambassadeur d'Angleterre d'une requête de la veuve de Bertrand Boutin, courtier de Bordeaux, laquelle demande que des lettres de marque lui soient octroyées contre les Anglais jusqu'à concurrence d'une somme de 19,847 écus 1 sol 6 deniers.

E 23°, f° 191 r°.

14100. — Arrêt ordonnant signification aux intéressés d'une requête des consuls de Chalabre, de Puivert, de Nébias, etc., qui prétendent devoir être déchargés d'une crue de 40 sols par quintal de sel.

E 23°, f° 192 r°.

14101. — Arrêt autorisant les habitants de la Roche-sous-le-Crest à lever sur eux-mêmes une somme de 3,000 livres destinée au payement de leurs dettes.

E 23°, f° 194 r°.

14102. — Arrêt autorisant les habitants de Mortagne à faire lever sur toute la châtellenie une somme de 1,350 livres destinée au payement de ce qu'ils doivent à Étienne Baron.

E 23°, f° 195 r°.

14103. — Arrêt défendant à Abraham Valentin de rien percevoir sur les denrées ou marchandises appartenant au duc de Ventadour, provenant de son comté de la Voulte ou de ses autres maisons du Vivarais et passant au Pouzin.

E 23°, f° 196 r°.

14104. — Arrêt déchargeant Joseph Thomassin, avocat général, et Marc-Antoine de Cadenet, procureur général en la chambre des comptes de Provence, des condamnations qu'ils ont encourues pour n'avoir point pris part à la procession de l'octave de la Fête-Dieu, et ordonnant qu'ils recommenceront à exercer leurs charges.

E 23°, f° 198 r°.

14105. — Arrêt ordonnant que le comte de Vertus sera entendu au Conseil au sujet d'une requête du duc de Rohan tendante à ce qu'il soit interdit audit comte de prendre la qualité de premier baron de Bretagne.

E 23°, f° 200 r°.

14106. — Arrêt ordonnant le payement de 13,132 livres 5 sols dus à Henri Mocet, pourvoyeur de la maison du Roi, et à la veuve de Nicolas Mocet, pourvu de semblable office.

E 23°, f° 202 r°.

14107. — Arrêt défendant à toute personne de faire bâtir en la ville de Paris sans avoir pris les alignements des officiers commis par le duc de Sully, et ce nonobstant tous alignements donnés par les officiers et voyers des seigneurs prétendant avoir droit de justice à Paris; défendant, en outre, au duc de Sully de laisser bâtir sur les places, sur les remparts, près des portes, etc., contrairement aux ordonnances du Roi.

E 23°, f° 203 r°, et AD ✠ 147, n° 18.

1609, 4 août. — Paris.

14108. — Arrêt statuant sur diverses instances pendantes entre M° Jean Bourderel, receveur général des finances à Paris, M° Callixte Chaillou, payeur des gages des officiers présidiaux d'Orléans, M° Claude Mallier, trésorier de France à Orléans, et Speusippe Gourryet, huissier des finances à Paris.

E 23°, f° 205 r°.

14109. — Arrêt ordonnant la vérification de ce qui est dû par les pays d'Agenais et de Condomois à Jean Joannon et à Jean Hubert.

E 23°, f° 207 r°.

14110. — Arrêt statuant sur diverses instances pendantes entre les officiers de l'élection de Crépy-en-Valois, M° Guillaume Héricart et M° Bénigne Saulnier, au sujet de l'office de lieutenant en l'élection particulière de la Ferté-Milon.

E 23°, f° 209 r°.

14111. — Arrêt autorisant la levée d'une somme de 1,547 livres 13 sols due par la ville de Neufchâtel à M° Archambaud Lebon et Guillaume Sadet.

E 23°, f° 211 r°.

14112. — Arrêt ordonnant que M⁰ René Peschot, secrétaire des finances et commis de M. de Maupeou, contrôleur général des finances, sera dispensé de comparaître en la Cour des aides pour s'expliquer au sujet d'une altercation qu'il aurait eue avec les avocats généraux de ladite Cour.

E 23ᵃ, fᵉ 212 rᵒ.

14113. — Arrêt ordonnant que l'un des deux offices de commissaires-examinateurs au siège de Périgueux sera expédié à M⁰ Jean de Marquesat, juge-mage et président au présidial de Périgueux, pour la somme de 1,790 livres.

E 23ᵃ, fᵒ 213 rᵒ.

14114. — Arrêt ordonnant que délivrance soit faite au sieur Du Barquet du bois nécessaire à la reconstruction du moulin Livet, situé sur la Rille, à Beaumont-le-Roger.

E 23ᵃ, fᵒ 215 rᵒ.

14115. — Arrêt enjoignant aux gens des Comptes d'enregistrer purement et simplement le contrat de M⁰ Louis Massuau, « à peyne de suspension de leurs charges ».

E 23ᵃ, fᵒ 217 rᵒ.

14116. — Arrêt réglant la suppression de l'office de second avocat au présidial d'Auxerre.

E 23ᵃ, fᵒ 219 rᵒ.

14117. — Arrêt rétablissant en l'exercice de leurs charges, après admonestation, M⁰ Pierre Pepin, procureur au parlement et greffier des monnaies de Bourgogne, et Barthélemy Moreau, procureur au même parlement.

E 23ᵃ, fᵒ 221 rᵒ.

14118. — Arrêt déclarant que les greffes du Bourbonnais engagés à Jean de Vilorieux, se trouvant compris au traité d'Antoine Douet, seront déchargés « de la réduction au denier vingt ordonnée pour supporter les charges du domaine ».

E 23ᵃ, fᵒ 223 rᵒ; cf. ibid., fᵒ 225 rᵒ.

14119. — Arrêt ordonnant que les héritiers de Guillaume Fournier, sieur du Roussay, grand maître des eaux et forêts, seront entendus au sujet d'une réclamation de la marquise de Meschastain, veuve de Pierre de Petry, gentilhomme servant du Roi.

E 23ᵃ, fᵒ 226 rᵒ.

14120. — Arrêt renvoyant aux trésoriers de France en Provence une requête des Clarisses d'Arles tendante à ce que le Roi leur fasse aumône de 4,500 livres pour l'achèvement de leur église.

E 23ᵃ, fᵒ 227 rᵒ.

14121. — Arrêt prorogeant une partie des octrois concédés à la ville d'Arnay-le-Duc, et ordonnant la vérification des dettes de ladite ville.

E 23ᵃ, fᵒ 228 rᵒ.

14122. — Arrêt autorisant le syndic des habitants de Prémian à lever sur tous les contribuables une somme de 3,451 livres 7 sols 10 deniers.

E 23ᵃ, fᵒ 229 rᵒ.

14123. — Arrêt ordonnant la vérification des dettes du pays de Combrailles.

E 23ᵃ, fᵒ 230 rᵒ.

14124. — Arrêt déchargeant les officiers de justice de l'ancien domaine de Navarre de la dixième partie des sommes auxquelles ils ont été taxés « en considération qu'ilz auroient esté faictz royaulx », et réglant l'indemnité due à raison de cette décharge à M⁰ Antoine Billard, fermier du domaine de Navarre.

E 23ᵃ, fᵒ 231 rᵒ.

14125. — Arrêt fixant un délai de quinze jours, dans lequel le marquis d'Urfé devra verser certaine somme à l'Épargne et sera mis en possession des terres cédées par le Roi en échange de la seigneurie de Fontainebleau.

E 23ᵃ, fᵒ 232 rᵒ.

14126. — Arrêt renvoyant aux trésoriers de France à Paris une requête de Claude Martin, « architecte et juré de Sa Majesté en l'office de maçonnerie », qui avait fait construire à grands frais, sur un terrain mouvant de la terre du Monceau, un moulin à eau dont il ne peut plus tirer aucun profit depuis que le Roi a fait enclaver dans son parc de Fontainebleau une des sources qui l'alimentaient et 3 arpents de pré qui en dépendaient.

E 23ᵉ, f° 234 r°.

14127. — Arrêt rétablissant une partie des octrois concédés à la ville de Decize et réduits par arrêt du 21 juin 1608.

E 23ᵉ, f° 235 r°.

14128. — Arrêt autorisant la levée d'une somme de 4,533 livres 14 sols 4 deniers due par la ville de Châteaudun à Mᵉ Odart Bourgeois, ci-devant échevin et receveur des deniers communs.

E 23ᵉ, f° 237 r°.

14129. — Arrêt autorisant la levée d'une somme de 3,150 livres due par la ville de Saumur à Camille Gousset, l'aîné, pour fourniture de lits, matelas, paillasses, draps et couvertures destinés à la garnison.

E 23ᵉ, f° 238 r°.

14130. — Arrêt plaçant sous la sauvegarde royale Denis Quiquebeuf, lieutenant du grand prévôt en la Connétablie, et renvoyant au Grand Conseil le procès du sieur de Ballagny, qui, étant venu chez ledit lieutenant avec une douzaine d'hommes armés, aurait proféré « plusieurs parolles diffamatoires ».

E 23ᵉ, f° 239 r°.

14131. — Arrêt suspendant provisoirement la levée de la taxe à laquelle les habitants du bas pays d'Auvergne, se servant du sel de Poitou, veulent faire contribuer les habitants des prévôtés de Brivadois, de Langeadois et d'Auzon, du pays de Livradois et de Valorgue et des Montagnes d'Auvergne, qui font usage du sel de Languedoc.

E 23ᵉ, f° 240 r°.

14132. — Arrêt ordonnant le versement immédiat à l'Épargne de tous les deniers restés entre les mains des receveurs comptables et des commissaires royaux.

E 23ᵉ, f° 242 r°.

14133. — Arrêt ordonnant le versement immédiat à l'Épargne des deniers restés entre les mains des gens « commis au recouvrement des deniers de la revente

de la marque des cuirs en Bourgoigne et Bourbonnois ».

E 23ᵉ, f° 244 r°.

14134. — Arrêt ordonnant que « doresnavant aucunes enchères ny oppositions pour raison » de la vente des offices « ne seront receues, ... sinon celles qui auront esté faictes au Sceau, Controlle général des finances et Parties casuelles ».

E 23ᵉ, f° 246 r°.

14135. — Arrêt ordonnant que les gens qui ont passé des traités pour le rachat du domaine seront contraints de représenter l'acte de leur cautionnement ou de justifier des rachats qu'ils ont opérés.

E 23ᵉ, f° 248 r°.

14136. — Arrêt ordonnant, nonobstant un arrêt de la Cour des aides, l'exécution des contraintes exercées à la requête d'André Richard, ci-devant receveur général des finances à Poitiers, contre Mᵉ Louis Rousseau, sieur de Traversonne, secrétaire des finances et caution de feu François Acquet, receveur des tailles à Saint-Maixent.

E 23ᵉ, f° 250 r°.

14137. — Arrêt relatif à l'exécution du traité passé par Mᵉ Germain Chalange, secrétaire des finances, « pour les offices vaccans par mort auparavant le contract de Mᵉ Charles Paulet et de nouvelle création restans à expédier ».

E 23ᵉ, f° 252 r°.

14138. — Arrêt ordonnant au syndic du Dauphiné de remettre au sieur de Maupeou l'état détaillé des portions de domaine rachetées par ses soins.

E 23ᵉ, f° 254 r°.

14139. — Articles concédés à Nicolas Charuel pour le rachat de 100,000 livres de rentes constituées sur la ville de Paris.

E 23ᵉ, f° 256 r°.

14140. — « Articles contenans les conditions accordées ... à Mᵉ Michel de Villiers ... pour le rachapt d'un million de livres tant du domaine alliéné, rentes constituées ès généralitez de Thoulouze et Montpellier, que des offices de notaires des ressortz des cours de parlemens dudit Thoulouze et Aix... »

E 23ᵃ, fᵒ 258 rᵒ; cf. *ibid.*, fᵒ 266 rᵒ.

1609, 5 août. — Paris.

14141. — Arrêt ordonnant l'exécution des lettres patentes du 1ᵉʳ juillet dernier qui évoquent au parlement de Paris tous les procès civils ou criminels de Pierre Marc, marchand de Dijon.

E 23ᵃ, fᵒ 268 rᵒ.

1609, 6 août. — Paris.

14142. — Arrêt ordonnant que Mᵉ Gilles Phelippier, conseiller au bailliage et au présidial de Saintes, sera ajourné par-devant un commissaire spécial pour répondre au sujet des charges relevées contre lui.

E 23ᵃ, fᵒ 270 rᵒ.

14143. — Arrêt renvoyant au prévôt général de Langue d'Oïl l'instruction du procès criminel des sieurs de Montboissier, de Beaulieu, de Chevalier, etc., et de ceux qui leur ont donné retraite.

E 23ᵃ, fᵒ 271 rᵒ.

14144. — Arrêt réglant le payement des sommes restées dues aux veuves et héritiers de Pierre Hamart, Jean Le Tellier, Lazare Desbuys, Mᵉ Jérôme Le Roy et Martin Tauzin, pour avances faites lors de la création des offices de contrôleurs-marqueurs de cuirs.

E 23ᵃ, fᵒ 272 rᵒ.

14145. — Arrêt déclarant que Mᵉ Nicolas de Plasnes, greffier général héréditaire des traites foraines et des entrées de marchandises en Normandie, touchera, en place de gages, un droit de 3 deniers par livre sur le produit des traites de la province, évalué à 160,000 livres.

E 23ᵃ, fᵒ 274 rᵒ.

14146. — Arrêt statuant sur diverses instances pendantes entre les fermiers de la nouvelle imposition de la Loire et les marchands fréquentant la Loire ou ses affluents; déclarant exempt de l'impôt de 2 livres 10 sols par pipe le vin autre que celui d'Anjou qui descend la Vienne et remonte la Loire; déclarant, au contraire, soumis à ce droit le vin sorti d'Anjou ou par eau, ou par terre, de même que le vin entrant en Anjou, etc.

E 23ᵃ, fᵒ 276 rᵒ, et AD ✠ 147, nᵒ 21.

14147. — Arrêt ordonnant que Guillaume, Étienne et Pierre Lemaistre seront entendus au Conseil au sujet d'une réclamation de Jérôme Thielement, greffier et receveur des consignations du Grand Conseil.

E 23ᵃ, fᵒ 280 rᵒ.

14148. — Arrêt autorisant les habitants d'Andegloux à lever sur eux-mêmes une somme de 4,000 livres pour les réparations de leur église.

E 23ᵃ, fᵒ 282 rᵒ.

14149. — Arrêt ordonnant qu'une requête présentée par les jurés vendeurs et contrôleurs de vin à Paris au sujet de leur différend avec Charles Bertrand et Jean Daneau sera jointe au procès pendant au Conseil entre lesdits jurés et les marchands de vin suivant la Cour.

E 23ᵃ, fᵒ 284 rᵒ.

14150. — Arrêt condamnant Mᵉ Laurent Figuet à payer, à titre de dédommagement, 3,500 livres à Louis Berthaud, sous-fermier des 5 nouveaux sols par muid de vin entrant en la ville de Troyes, au lieu et place duquel il a été subrogé.

E 23ᵃ, fᵒ 285 rᵒ.

14151. — Arrêt ordonnant que le maréchal de Fervacques, lieutenant général en Normandie, donnera son avis sur les réparations qu'il est question de faire au port et aux jetées de Saint-Valery-en-Caux, avant qu'il soit statué au sujet de l'établissement de diverses taxes sur les vaisseaux du port.

E 23ᵃ, fᵒ 286 rᵒ.

14152. — Arrêt statuant sur un procès pendant entre Mᵉ Jean de La Burthe, conseiller d'État, et Georges Du Bourg, sieur de Clermont, gouverneur de l'Isle-en-Jourdain, et révoquant l'édit d'octobre 1592 qui créait deux offices de maîtres-enquêteurs et généraux réformateurs des eaux et forêts dans l'ancien domaine du roi de Navarre.

E 23ᵃ, fᵒ 288 rᵒ.

14153. — Arrêt ordonnant que le fermier de l'ancien domaine de Navarre sera entendu au Conseil au sujet d'une requête de la veuve et des enfants du sieur de Saint-Pater, maître d'hôtel ordinaire du Roi, lesquels demandent à être maintenus en possession d'une terre vague appelée la commune de Saint-Pater, sise en la baronnie de Saosnois.

E 23ᵃ, fᵒ 290 rᵒ.

14154. — Arrêt ordonnant l'élargissement sous caution de Pierre de Masparaulte, sieur de Buy.

E 23ᵃ, fᵒ 291 rᵒ.

14155. — Arrêt déclarant qu'Antoine Fremin et tous ceux qui, avant lui, ont été commis à la distribution des deniers destinés à l'acquittement des dettes du duc de Guise, seront dispensés de compter en la Chambre des comptes.

E 23ᵃ, fᵒ 292 rᵒ.

14156. — Arrêt renvoyant aux trésoriers de France à Bordeaux et à la chambre de Nérac une requête du sieur Du Vivans, gouverneur de Tournon, «tendant à ce qu'il pleust à Sa Majesté luy annoblir une maison qu'il a au duché d'Albret, appellée Launay».

E 23ᵃ, fᵒ 294 rᵒ.

14157. — Arrêt prorogeant le délai accordé à Nicolas de Coquerel, général des Monnaies, par arrêt du 12 février dernier (nᵒ 13230).

E 23ᵃ, fᵒ 295 rᵒ.

14158. — Arrêt accordant un sursis de six mois à Jean Saulnier, receveur des aides et tailles en l'élection de Forez, pour le recouvrement des restes des années 1597, 1600 et 1602 à 1604.

E 23ᵃ, fᵒ 296 rᵒ.

14159. — Arrêt ordonnant l'exécution du règlement arrêté au Conseil le 23 septembre 1608 au sujet de la levée des péages du Rhône et de l'Isère, déclarant toutefois que les propriétaires, fermiers, receveurs, etc., ne seront point inquiétés pour les abus et malversations passés, à la condition de payer 45,000 livres à François de Galles, sieur de Belliers, gentilhomme ordinaire de la Chambre.

E 23ᵃ, fᵒ 298 rᵒ; cf. ibid., fᵒ 299 rᵒ.

14160. — Arrêt statuant sur les différends soulevés entre le baron de Dompmartin et le capitaine Cher, fondé de pouvoir des héritiers de plusieurs capitaines, lieutenants, etc., qui ont servi sous les ordres dudit colonel.

E 23ᵃ, fᵒ 301 rᵒ.

14161. — Arrêt réglant les différends soulevés entre Mᵉˢ Jean de Moisset et Nicolas Largentier.

E 23ᵃ, fᵒ 303 rᵒ.

14162. — Arrêt ordonnant que l'érection d'un office de juge aura lieu dans chacune des jugeries de Rieux, de Rivière-Verdun et d'Albigeois, comme dans les autres sièges royaux, mais que la finance desdits offices appartiendra à la reine Marguerite.

E 23ᵃ, fᵒ 305 rᵒ.

14163. — Arrêt ordonnant au lieutenant général de Niort de rapporter les lettres de provision de conseillers au siège royal de Niort, dont il a fait expédier les unes à son profit, les autres au profit de son cousin germain, Mᵉ Pierre Pastureau, lequel n'a jamais exercé aucun office de judicature audit siège.

E 23ᵃ, fᵒ 307 rᵒ.

14164. — Arrêt chargeant le prévôt de Paris du soin de recevoir les cautions de Martin Hérissé, qui a traité avec le Roi pour le rachat du domaine compris dans l'enceinte de Paris.

E 23ᵃ, fᵒ 309 rᵒ.

14165. — Arrêt déclarant que Barthélemy Carteret, ses certificateurs et ses cautions ne pourront prétendre à aucun rabais sur les fermes des 9 livres 18 sols par tonneau de vin entrant en Picardie, des 12 deniers par pot de vin et des 60 sols par muid de vin sortant de Picardie et de Champagne, attendu les manœuvres auxquelles ils se seraient livrés, lors de l'adjudication, pour empêcher les surenchères.

E 23ᵃ, fᵒ 310 rᵒ.

14166. — Arrêt ordonnant que les juges et procureurs du Roi ambulatoires établis en Languedoc et en Guyenne opteront pour l'un des sièges de leurs jugeries, dans lequel ils seront tenus de faire résidence, et qu'il sera institué un office de juge et un

IMPRIMERIE NATIONALE.

office de procureur du Roi dans chacun des autres sièges, attendu qu'à présent, « le plat pays s'estant rendu fertille, la multitude du peuple et des procès c'est augmentée ».

E 23*, f° 311 v°.

14167. — Arrêt renvoyant à la Chambre de l'Édit de Paris et à la Cour des aides les procès pendants entre les héritiers de M° Denis de Moussy, trésorier des Gardes du Roi, et Jean de La Mare, commissaire de la marine du Ponant.

E 23*, f° 313 r°.

1609, 8 août. — Paris.

14168. — Arrêt autorisant M° Daniel de Noan à exercer son office d'élu en l'élection de Dax.

E 23*, f° 315 r°.

14169. — Arrêt condamnant les habitants de Marle à payer 700 livres à Antoine de May, marchand de ladite ville.

E 23*, f° 317 r°.

1609, 18 août. — Paris.

14170. — Arrêt ordonnant une enquête au sujet des « propos scandaleux, pleins de calomnie et insolence », qui auraient été tenus à Mazères, contrairement à l'esprit de l'édit de Nantes.

E 23*, f° 318 r°.

1609, 29 août. — Paris.

14171. — Arrêt portant validation des dépenses faites, sur l'ordre du Roi, par le sieur d'Amanzé, gouverneur de Bourbon-Lancy, pour la fortification de ladite place.

E 23*, f° 319 r°.

14172. — Arrêt réglant le payement d'une somme de 1,955 livres restée due à M° Antoine de Saint-Yon, maître des requêtes de l'Hôtel, et à son greffier, pour la « visitation » et la « réformation » des eaux et forêts de Poitou.

E 23*, f° 320 r°.

14173. — Arrêt ordonnant l'exécution des arrêts obtenus en la Cour des aides par Antoine Maurin, notaire au bailliage de Forez, à l'encontre des habitants de la parcelle de Tiranges.

E 23*, f° 321 r°.

14174. — Arrêt déclarant que M° Hercule Chapelier, receveur général des finances à Orléans, jouira, sans payer nouvelle taxe, du droit de 2 deniers pour livre sur les levées extraordinaires.

E 23*, f° 322 r°.

14175. — Arrêt défendant provisoirement à M° Jean Bonafos de poursuivre le sieur de Montyon au sujet de la restitution des fruits du prieuré de Saint-Michel, près Saint-Flour.

E 23*, f° 324 r°

14176. — Arrêt renvoyant aux trésoriers de France en Bretagne une requête de Jean Du Breil, sieur de Pontbriand, qui demande l'autorisation de lever un péage sur le pont de pierre et sur les chaussées qu'il fera construire entre la rivière de Frémur et certain bras de mer.

E 23*, f° 325 r°.

14177. — Arrêt évoquant et jugeant un procès pendant au Parlement entre François Luillier, sieur des Bas-Chastelliers, prévôt des maréchaux en Touraine, M° Jean Tafforel, lieutenant particulier et commissaire à faire les montres de la maréchaussée de Loches, et Tristan Binet, contrôleur desdites montres.

E 23*, f° 326 r°.

14178. — Arrêt ordonnant signification au sieur de Montespan d'une requête par laquelle le duc d'Épernon, baron de Langon, s'oppose à l'établissement de trois offices de courtiers en la ville de Langon.

E 23*, f° 328 r°.

14179. — Arrêt ordonnant l'établissement en la ville de Lyon des jaugeurs-mesureurs et visiteurs de tonneaux, nonobstant l'opposition du prévôt des marchands, des échevins et du syndic du plat pays.

E 23*, f° 329 r°.

14180. — Arrêt maintenant M° Jean Le Beau en possession de son office de lieutenant général civil et criminel et de commissaire-examinateur au bailliage de Nemours.

E 23ᵃ, fᵒ 33o rᵒ.

14181. — Arrêt prolongeant de trois mois le délai accordé aux habitants des Sept villes de Bleu pour produire leurs titres relatifs aux droits d'usage qu'ils prétendent avoir en la forêt de Bleu.

E 23ᵃ, fᵒ 33a rᵒ.

14182. — Arrêt confirmant une ordonnance de décharge rendue par les trésoriers de France à Limoges en faveur du sieur de Verthamon, acquéreur des greffes de la sénéchaussée et du présidial de Limoges.

E 23ᵃ, fᵒ 333 rᵒ.

14183. — Arrêt autorisant la levée d'une somme de 5,ooo livres due par les habitants du Lyonnais à Antoine Du Pois, à Philibert Murgier, etc.

E 23ᵃ, fᵒ 335 rᵒ.

14184. — Arrêt autorisant le syndic du diocèse de Toulouse à lever, en deux ans, sur tous les contribuables une somme de 13,295 livres 2 sols 4 deniers destinée à l'acquittement des dettes du diocèse.

E 23ᵃ, fᵒ 336 rᵒ.

14185. — Arrêt ordonnant que Jacques Paillard, marquis d'Urfé, aura communication de l'évaluation qui a été faite : 1° des terres qui devaient être cédées au Roi par la dame de Châtillon; 2° des terres du comté de Forez que le Roi devait céder en échange à ladite dame de Châtillon.

E 23ᵃ, fᵒ 337 rᵒ.

14186. — Arrêt autorisant la levée d'une somme de 5,o25 livres due par les habitants de la sénéchaussée de Bazadais au lieutenant général, Mᵉ André de Lauvergne.

E 23ᵃ, fᵒ 338 rᵒ.

14187. — Arrêt autorisant la levée de 1,25o livres dues par les habitants de la paroisse Saint-Hilaire de Mirebeau pour les réparations de leur église.

E 23ᵃ, fᵒ 34o rᵒ.

14188. — Arrêts statuant sur diverses instances pendantes entre Louis Riboteau et Charles Cornuat, sous-fermiers des aides de Lyon, Mᵉ Denis Feydeau, fermier général des aides, et Mᵉ Pierre Nivelle.

E 23ᵃ, fᵒ 341 rᵒ.

14189. — Arrêt autorisant la levée d'une somme de 95o livres due par les habitants de Saint-Julien-sur-Sarthe pour les réparations de leur église.

E 23ᵃ, fᵒ 343 rᵒ.

1609, 1ᵉʳ septembre. — Paris.

14190. — Arrêt statuant sur diverses instances pendantes entre Jacques de Forgues, sieur des Granges, Edme de Serain et Mᵉ Bénigne Saulnier, et ordonnant la suppression d'un office de receveur ancien des épices au bailliage d'Auxerre.

E 23ᵇ, fᵒ 1 rᵒ.

14191. — Arrêt révoquant l'acceptation des offres d'André Doyanne, bourgeois de Paris, faite par arrêt du Conseil du 18 août dernier.

E 23ᵇ, fᵒ 3 rᵒ.

1609, 5 septembre. — Paris.

14192. — Arrêt renvoyant au sieur de Montholon, maître des requêtes de l'Hôtel, une requête par laquelle Louis Ballan demande à être payé du prix de 69 muids 7 septiers de sel confisqués par la Chambre du domaine.

E 23ᵇ, fᵒ 4 rᵒ.

14193. — Arrêts défendant à Mᵉ Guillaume Bousquet, à David Moullignie, à Mᵉ Guillaume Villarel, à Foucault Bezardier d'exercer des offices de notaires royaux à Lodève, à Joncels et à Clermont-de-Lodève.

E 23ᵇ, fᵒˢ 6 rᵒ, 7 rᵒ, 8 rᵒ et 9 rᵒ.

14194. — Arrêt relatif au procès pendant entre Mᵉ Jean Palot, secrétaire du Roi, d'une part, la veuve de Jacques Doulcin, François Parain, grènetier à Vendôme, et Liger Parain, d'autre part.

E 23ᵇ, fᵒ 1o rᵒ.

14195. — Arrêt ordonnant que les habitants de

78.

Chartres seront entendus au Conseil au sujet d'une demande de rabais présentée par les fermiers du droit de 30 sols par queue de vin entrant en ladite ville.

E 23ᵇ, f° 12 r°.

14196. — Arrêt ordonnant l'exécution des arrêts du Conseil relatifs au rachat des greffes, interdisant au Parlement la connaissance de toutes oppositions, et déchargeant Antoine Cadebert d'un décret d'ajournement.

E 23ᵇ, f° 14 r°.

14197. — Arrêt renvoyant aux commissaires députés pour la recherche des débets de quittances une requête de Charles Le Gendre, sieur de Gondreville, commissaire ordinaire des guerres, relative à l'apurement des comptes de feu Mᵉ Laurent Desboues, receveur du domaine de Valois, et de feu Mᵉ Claude Boucherel, son successeur, dont les papiers ont été détruits « lors des prises, reprises, sacqz et pillages de la ville de Crespy ».

E 23ᵇ, f° 16 r°.

14198. — Arrêt autorisant les marguilliers de Nogent-sur-Vernisson à faire lever sur tous les habitants de ladite paroisse une somme de 1,200 livres destinée aux réparations de leur église.

E 23ᵇ, f° 17 r°.

14199. — Arrêt réglant ce qui doit être payé à Louis Berthaud, ci-devant adjudicataire des 5 sols par muid de vin entrant en la ville de Troyes.

E 23ᵇ, f° 18 r°.

14200. — Arrêt accordant 100 livres à Mᵉ Jean de Poiresson, procureur du Roi au bailliage de Chaumont-en-Bassigny, qui a passé trois semaines à Paris pour faire verser par les officiers du duc de Lorraine aux mains du receveur du domaine le montant d'une amende à laquelle avait été condamné, au profit du Roi, Nicolas Chabot, dit Potier, exécuté à Chaumont pour crime de fausse monnaie.

E 23ᵇ, f° 20 r°.

14201. — Arrêt ordonnant que les Frères Prêcheurs de Bordeaux toucheront désormais annuellement 250 livres pour la location de leur cloître, qui a été transformé en magasin d'artillerie par le feu maréchal de Matignon.

E 23ᵇ, f° 21 r°.

14202. — Arrêt évoquant au Conseil le procès pendant au Parlement entre Germain Girard, Jean Jallery et les religieux de Saint-Germain-des-Prés au sujet de la cure de Villeneuve-Saint-Georges.

E 23ᵇ, f° 22 r°.

14203. — Arrêt réglant le payement des gages des douze docteurs régents de l'université de Cahors.

E 23ᵇ, f° 23 r°.

14204. — Arrêt interdisant provisoirement à la Cour des aides la connaissance du tiercement mis par un nommé Dan sur les fermes des huitièmes du vin vendu en détail dans les faubourgs Saint-Germain, Saint-Jacques, Saint-Marcel, Saint-Victor et Saint-Antoine.

E 23ᵇ, f° 25 r°.

14205. — Arrêt ordonnant, sur la requête du sieur de Montaignac, que, nonobstant l'arrêt du 29 août dernier (n° 14185), le marquis d'Urfé n'aura plus qu'un délai de huit jours pour réaliser le tiercement des terres de Sury, Saint-Romain et Saint-Marcellin, cédées par le Roi à la dame de Châtillon.

E 23ᵇ, f° 26 r°.

14206. — Arrêt relatif à l'exécution du traité passé par Laurent Ficquet pour l'acquittement des dettes de la ville de Troyes et pour le rachat du domaine royal jusqu'à concurrence de 320,000 livres.

E 23ᵇ, f° 28 r°.

14207. — Arrêt ordonnant que les arrêts du 26 mai (n° 13756) et du 30 juillet dernier relatifs à la ferme des traites de Poitou et de Marans seront exécutés à l'encontre de Mᵉ Le Jay.

E 23ᵇ, f° 29 r°.

14208. — Arrêt réglant l'exécution du traité passé par Charles Filleteau, au sujet des « droictz seigneuriaux provenans de la vente des maisons et heritaiges estans dans la ville et faulx bourgs d'Amyens ».

E 23ᵇ, f° 31 r°.

14209. — Arrêt ordonnant aux trésoriers de France à Rouen d'envoyer au Conseil les pièces sur lesquelles ils se sont fondés pour révoquer Pierre Sohier, receveur du domaine de Lyons.

E 23ᵇ, f° 32 r°.

14210. — Arrêt assurant le prompt recouvrement des deniers restés dus sur les amendes et condamnations prononcées par la Chambre royale.

E 23ᵇ, f° 34 r°.

14211. — Arrêt réglant le payement des gages d'Olivier Coquereau, lieutenant du prévôt des maréchaux de Bretagne, de son greffier et de ses archers.

E 23ᵇ, f° 36 r°.

14212. — Arrêt ordonnant que les deniers provenant de certaines ventes de bois faites au comté de Dourdan seront remis à Mᵉ Louis Arnauld, trésorier des ponts et chaussées de France, et par lui employés aux réparations du château de Dourdan.

E 23ᵇ, f° 37 r°.

14213. — Arrêt défendant aux gens des Comptes de prendre plus de 1,000 livres « pour leurs droictz d'espices du compte de la trésorerie des pons et chaussées de France de l'année ᴍ vιᶜ cinq ».

E 23ᵇ, f° 39 r°.

14214. — Arrêt ordonnant que les receveurs des amendes du Parlement, du Grand Conseil, de la Chambre des comptes, de la Cour des aides et du Châtelet de Paris seront tenus de présenter au Conseil leurs comptes des années 1605 à 1608.

E 23ᵇ, f° 41 r°.

14215. — Arrêt cassant une sentence du lieutenant civil au Châtelet de Paris qui ordonnait la confiscation et l'enlèvement d'un pressoir à faux verjus sis en la place Maubert, défendant audit lieutenant de prendre aucune connaissance des droits domaniaux ni de la voirie, et le condamnant au rétablissement dudit pressoir.

E 23ᵇ, f° 43 r°.

14216. — Arrêt ordonnant que Mᵉ Vairon, receveur du domaine de Laon, sera contraint de restituer

256 livres 5 sols à Mᵉ Charles Paulet, qui a traité du rachat de plusieurs greffes, portions de domaine, etc.

E 23ᵇ, f° 45 r°.

14217. — Arrêt suspendant provisoirement l'exécution des sentences rendues par les prévôt des marchands et échevins de Paris à la requête des vendeurs de vin et fermiers de Paris, lesquels veulent contraindre les marchands de vin « à tirer le vin de leurs caves pour estre mis devant la Maison de ville et exposez aux grandes challeurs ».

E 23ᵇ, f° 47 r°.

1609, 12 septembre. — Paris.

14218. — Arrêt réglant les conditions auxquelles Mᵉ Nicolas de Masso pourra être maintenu en un office de conseiller en la sénéchaussée et au présidial de Lyon.

E 23ᵇ, f° 48 r°.

14219. — Arrêt statuant sur un procès pendant entre Mᵉ Julien de Peny, receveur du domaine en Limousin, Jean de Calvimont, sieur de Saint-Martial, greffier des sièges de Tulle, Brive et Uzerche, Noël Vaurillon, acquéreur des places de clercs desdits greffes, Hugues de Montmor, sieur de La Haye, greffier de l'élection de Brive, et Étienne Darche, greffier en l'élection de Tulle.

E 23ᵇ, f° 50 r°.

14220. — Arrêt ordonnant que Thibaud Du Plessis, valet de chambre du Roi, sera remboursé par Mᵉ Hugues de La Garde d'une somme de 888 livres.

E 23ᵇ, f° 54 r°.

14221. — Arrêt ordonnant que Bonabes Biet, procureur-syndic de Bretagne, sera tenu, dans les quatre mois, de faire imposer la somme de 12,000 livres qu'il a été condamné à payer à Pierre de Bussy et à Martin de Chibault, marchands de Bayonne et de Quimper-Corentin.

E 23ᵇ, f° 56 r°.

14222. — Arrêt statuant sur diverses instances pendantes entre les clercs ordinaires au greffe du parlement de Bordeaux, Mᵉ Charles Materre, garde des sacs au greffe civil dudit parlement, et M⁵ Claude Barbin, subrogé au lieu et place de M⁵ Nicolas Lévesque, qui a traité avec le Roi pour le rachat desdites places.

E 23ᵇ, f° 58 r°.

14223. — Arrêt défendant provisoirement à Nicolas Cabat, Jacques Cliquot et consorts, hôteliers et cabaretiers de Reims, de s'aider de l'arrêt du Conseil par eux obtenu (n° 14077) à l'encontre de M⁵ Antoine Fremin, commis à la recette des deniers destinés à l'acquittement des dettes du duc de Guise.

E 23ᵇ, f° 60 r°.

14224. — Arrêt ordonnant que les doyen et chanoines d'Angers auront délivrance du bois nécessaire aux réparations de leurs maisons de Mouliherne.

E 23ᵇ, f° 62 r°.

14225. — Arrêt autorisant les consuls et habitants d'Ussel à lever, pendant six ans, 6 deniers pour livre sur le vin vendu et consommé en ladite ville, le produit en devant être employé à la reconstruction et à l'entretien des « ouvrages publicqs ».

E 23ᵇ, f° 64 r°.

14226. — Arrêt donnant même permission aux consuls et habitants d'Herment.

E 23ᵇ, f° 65 r°.

14227. — Arrêt interdisant au Grand Conseil et réservant au Conseil la connaissance des appels qu'ont interjetés des ordonnances du sieur de Bellengreville Jean Daneau, marchand de vin suivant la Cour, et Samson Michel, archer de la prévôté de l'Hôtel.

E 23ᵇ, f° 66 r°.

14228. — Arrêt réglant le payement d'une somme de 8,400 livres due à la marquise de Meschatain, veuve de Pierre de Petry, gentilhomme servant du Roi.

E 23ᵇ, f° 68 r°.

14229. — Arrêt renvoyant en la Cour des aides le procès pendant entre Gilbert Benoist, commis à la conduite des archers de la gabelle en la généralité de Moulins, et Gilbert Deschastres, et ce nonobstant un arrêt du Conseil privé.

E 23ᵇ, f° 70 r°.

14230. — Arrêt déclarant que le tabellionage de la ville et du bailliage d'Auxerre fait partie de l'ancien domaine royal, et qu'aux termes de son contrat, M⁵ Charles Paulet est autorisé à en faire le remboursement.

E 23ᵇ, f° 71 r°.

14231. — Arrêt renvoyant aux trésoriers de France en Dauphiné une requête du chapitre de Saint-Maurice de Vienne, qui demande la confirmation d'un droit de péage.

E 23ᵇ, f° 73 r°.

14232. — Arrêt défendant aux notaires de Tulle d'instrumenter et aux sergents royaux du siège de Tulle d'exploiter dans le duché de Ventadour, « sinon en cas de ressort ».

E 23ᵇ, f° 74 r°.

14233. — Arrêt enjoignant très expressément aux gens des Comptes d'enregistrer purement et simplement les articles du contrat de M⁵ Louis Massuau, sous peine de répondre individuellement du préjudice que de nouveaux retards causeraient au service du Roi.

E 23ᵇ, f° 76 r°.

14234. — Arrêt renvoyant aux trésoriers de France en Bourgogne une requête du lieutenant du procureur du Roi au bailliage d'Auxonne, tendante à ce que les officiers dudit bailliage assistent à toutes les répartitions ou impositions que feront les élus de la vicomté d'Auxonne.

E 23ᵇ, f° 78 r°.

14235. — Arrêt renvoyant à la Cour des aides une réclamation d'Agnès Le Cat au sujet de l'argent et de l'or enlevés de la maison de son frère, feu Remy Le Cat.

E 23ᵇ, f° 79 r°.

14236. — Arrêt ordonnant que, nonobstant l'opposition de M⁵ Guillaume Ressiguier, lieutenant particulier en la sénéchaussée de Toulouse, les droits de maîtres clercs seront levés en ladite sénéchaussée, comme dans tout le ressort du parlement de Toulouse, et que la jouissance en appartiendra à Jean Goday, bourgeois de Paris, conformément aux termes de son contrat.

E 23ᵇ, fᵒ 80 rᵒ.

14237. — Arrêt retenant au Conseil la connaissance du différend soulevé entre le sieur de Villemontée, conseiller d'État, et le sieur Le Jay, au sujet de la résignation que ce dernier aurait faite de son office de procureur du Roi au Châtelet sans en prévenir Mᵉ de Villemontée, comme il y était obligé.

E 23ᵇ, fᵒ 82 rᵒ.

14238. — Arrêt autorisant les députés du Vivarais, le plus grand diocèse de Languedoc, à faire, pendant trois ans, une levée supplémentaire de 1,000 livres, afin de pouvoir faire face aux dépenses inopinées.

E 23ᵇ, fᵒ 84 rᵒ.

14239. — Arrêt renvoyant aux commissaires députés pour le rachat du domaine de Dauphiné une requête de Scipion de Champier, lequel demande à être maintenu en jouissance des justices de Saint-Hilaire et de Vaux.

E 23ᵇ, fᵒ 86 rᵒ.

14240. — Arrêt réglant le payement des sommes dues par la ville de Troyes au sieur de Rieux, conformément à l'arrêt du 14 mars 1606 (nᵒ 10141).

E 23ᵇ, fᵒ 87 rᵒ.

14241. — Arrêt renvoyant au parlement de Toulouse une requête des habitants de Caupène tendante à ce qu'il soit défendu à tous huissiers et sergents de les nommer commissaires des saisies qu'ils pratiquent sur les biens des nobles demeurant hors de ladite paroisse.

E 23ᵇ, fᵒ 88 rᵒ.

14242. — Arrêt ordonnant l'estimation des dîmes et de la rente foncière que les Trinitaires de Fontainebleau percevaient sur des terres actuellement englobées dans le parc de Fontainebleau et sur un moulin que le Roi a fait récemment démolir.

E 23ᵇ, fᵒ 89 rᵒ.

14243. — Arrêt déclarant que, nonobstant l'édit des jauges, les habitants du bas pays d'Auvergne pourront continuer de mettre leur vin dans de grands vaisseaux de la contenance de cinq ou six muids, attendu que, « si ledit vin estoit serré dans des petits vaisseaux, il ne se pouroit conserver à cause de sa foiblesse », mais à la condition qu'on payera le droit de jauge, lorsque le vin sera mis, pour être débité ou transporté, en de plus petits vaisseaux.

E 23ᵇ, fᵒ 90 rᵒ.

14244. — Arrêt fixant la somme que Mᵉ Denis Feydeau, fermier général des aides, et les sieurs Castillon et Le Faulcheur devront payer à Paul Le Maire, pour que momentanément celui-ci cesse d'exercer son office de contrôleur et commissaire de la ferme de la bûche en la ville de Paris.

E 23ᵇ, fᵒ 91 rᵒ.

14245. — Arrêt statuant sur un procès pendant entre Charles de Montmorency, seigneur de Damville, Alexandre Marchant et Salomon Langlois, et autorisant ledit Marchant à racheter, si bon lui semble, tous les greffes des sièges de l'Amirauté.

E 23ᵇ, fᵒ 92 rᵒ.

14246. — Arrêt déclarant qu'il appartient à Jacques Le Moyne, le jeune, receveur des deniers communs de Villeneuve-le-Roi, de recevoir et distribuer le produit du nouvel octroi destiné à l'acquittement des dettes de la ville.

E 23ᵇ, fᵒ 94 rᵒ.

14247. — Arrêt statuant sur une requête d'Aimery de Jaubert de Barrault, conseiller d'État, gouverneur de Bazadais et acquéreur du greffe de la prévôté d'Entre-deux-Mers.

E 23ᵇ, fᵒ 95 rᵒ.

14248. — Arrêt déclarant les habitants d'Arles exempts des droits de francs-fiefs et de nouveaux acquêts.

E 23ᵇ, fᵒ 96 rᵒ.

14249. — Arrêt renvoyant aux gens des comptes et aux trésoriers de France en Provence une requête des sieurs de La Hillière, Du Garrousset, etc., qui demandent à jouir d'un don de 5,000 livres à eux fait par brevet du 13 juillet dernier.

E 23ᵇ, fᵒ 97 rᵒ.

14250. — Arrêt renvoyant à la Chambre des comptes une requête des enfants de feu Pierre de Pagalde, trésorier de France et précédemment receveur général des finances à Rouen.

E 23ᵇ, fᵒ 98 rᵒ.

14251. — Arrêt interdisant à la Cour des aides et réservant au Conseil la connaissance du différend soulevé entre Antoine Douet, secrétaire de la chambre du Roi, et Mᵉ Claude Guillier, fermier des aides et huitièmes de Moulins, au sujet de la jouissance du droit appelé « le blanc d'aoust ».

E 23ᵇ, fᵒ 99 rᵒ.

14252. — Arrêts, rendus sur la requête de Jean Goday, lequel a traité du rachat des greffes et places de clercs dans les ressorts d'Aix et de Toulouse, ordonnant aux trésoriers de France d'envoyer au Conseil : 1º un état des terres, justices et seigneuries qui ont été aliénées, dans lesdits ressorts, conjointement avec les greffes « et sans distinction de prix »; 2º un état général des aliénations de greffes.

E 23ᵇ, fᵒˢ 101 rᵒ et 103 rᵒ.

14253. — Arrêt déclarant que tous les greffes, places de clercs et petits sceaux des ressorts de Toulouse et d'Aix sont domaniaux et, comme tels, sujets à remboursement, autorisant par conséquent Jean Goday à les rembourser.

E 23ᵇ, fᵒ 104 rᵒ.

14254. — Arrêt ordonnant l'examen des contrats en vertu desquels certaines rentes auraient été constituées, au profit de divers particuliers, sur les greffes dont Jean Goday poursuit le remboursement.

E 23ᵇ, fᵒ 106 rᵒ.

14255. — Arrêt donnant à la duchesse de Longueville mainlevée de 6 marcs de fil d'argent, d'un brillant, de treize diamants et d'une somme de 595 livres 10 sols, et l'autorisant à expédier le tout à Anvers sans payer aucun droit.

E 23ᵇ, fᵒ 107 rᵒ.

14256. — Arrêt renvoyant au Grand Conseil un différend soulevé entre Antoine Bernard, sieur de Saint-Martin, et les représentants de feu Mᵉ Nicolas Parent, de Mᵉ Claude Josse et du sieur Saint-Germain au sujet des comptes du grenier à sel de Fécamp.

E 23ᵇ, fᵒ 109 rᵒ.

14257. — Arrêt validant un payement de 500 écus fait à Claude Tonnard-l'Abbé, secrétaire du sieur de Lesdiguières, pour les frais de deux voyages qu'il fit, en 1590, à Auxonne, afin de porter au maréchal d'Ornano, alors prisonnier, des lettres du sieur de Lesdiguières.

E 23ᵇ, fᵒ 111 rᵒ.

14258. — Arrêt renvoyant au sieur de Montholon, intendant de la justice à Lyon, un différend soulevé entre Jean Payon, lieutenant de l'Artillerie en l'arsenal de Lyon, et Jean Morel au sujet de l'aubaine de feu Antoine Morel, originaire de Savoie.

E 23ᵇ, fᵒ 112 rᵒ.

14259. — Arrêt ordonnant l'élargissement sous caution de Pierre de Masparaulte, sieur de Buy, emprisonné à la requête de Claude Charlot, commis à la recette des deniers destinés aux fortifications de Picardie.

E 23ᵇ, fᵒ 113 rᵒ.

14260. — Arrêt défendant à Joachim Paucellet, ci-devant propriétaire du greffe de la prévôté de Saint-Quentin, de poursuivre ailleurs qu'au Conseil le traitant Nicolas Lévesque.

E 23ᵇ, fᵒ 114 rᵒ.

14261. — Arrêt acceptant, en principe, les offres faites par Jean Petit pour le rachat de 400,000 livres de rentes et de 200,000 livres de domaines aliénés.

E 23ᵇ, fᵒ 115 rᵒ.

14262. — Arrêt ordonnant que désormais les grènetiers verseront le produit des crues affectées au payement des gages du Parlement, de la Chambre des comptes et de la Cour des aides aux mains de Mᵉ Jean de Moisset, lequel, à son tour, le versera entre les mains du trésorier de l'Épargne.

E 23ᵇ, fᵒ 116 rᵒ.

14263. — Arrêt condamnant Mᵉ Philippe Rapelin, receveur général des finances en Provence, à payer la somme due à M⁰ François Marcel, trésorier de France en Provence, pour ses gages de l'année 1607.

E 23ᵇ, fᵒ 117 rᵒ.

14264. — Arrêt assurant le recouvrement des sommes assignées à la duchesse de Mercœur, à la princesse d'Orange et au sieur de Bourzolles sur les deniers provenant des ampliations de pouvoirs octroyées aux huissiers et sergents du ressort de Paris.

E 23ᵇ, fᵒ 119 rᵒ.

14265. — Arrêt ordonnant que, dorénavant, tous les receveurs particuliers des tailles et des fouages seront tenus de présenter leurs comptes au Conseil six mois après la clôture de chaque exercice, et de les présenter aux trésoriers de France quatre mois après cette clôture.

E 23ᵇ, fᵒ 121 rᵒ.

14266. — Arrêt déclarant que les habitants de Paris demeurant dans des cloîtres, dans des collèges, sur des ponts ou sur des places seront tenus de contribuer à la taxe levée pour le nettoyage des rues.

E 23ᵇ, fᵒ 123 rᵒ.

14267. — Arrêt renvoyant à MM. de Maupeou, de Trélon et Barentin une requête d'Antoine Billard relative au différend soulevé entre lui et les représentants du sieur de Saint-Pater.

E 23ᵇ, fᵒ 125 rᵒ.

14268. — Arrêt ordonnant l'exécution de l'édit de juin 1575 qui créait en chaque juridiction royale quatre offices d'arpenteurs-mesureurs-priseurs jurés des terres, bois, eaux et forêts.

E 23ᵇ, fᵒ 127 rᵒ.

14269. — Acceptation des offres faites par Claude Tournois pour le rachat d'un certain nombre de greffes.

E 23ᵇ, fᵒ 129 rᵒ.

14270. — Arrêt ordonnant le payement de 3,000 livres accordées au capitaine Escher, du canton de Zürick, pour les frais d'un voyage en Suisse.

E 23ᵇ, fᵒ 131 rᵒ.

14271. — État des offices de nouvelle création, portant en marge, pour chaque office, l'indication du chiffre de la taxe.

E 23ᵇ, fᵒ 132 rᵒ.

1609, 15 septembre. — Paris.

14272. — Arrêt accordant au marquis d'Urfé un dernier délai de quinze jours pour qu'il puisse réaliser ses offres de tiercement.

E 23ᵇ, fᵒ 144 rᵒ.

14273. — Arrêt défendant provisoirement à M⁰ Bénigne Saulnier de faire exécuter l'arrêt par lui obtenu au Conseil privé, le 7 mai dernier, à l'encontre de Philippe et Michel Gilliers et de Théophile Richard.

E 23ᵇ, fᵒ 146 rᵒ.

1609, 17 septembre. — Paris.

14274. — Arrêt accordant à Georges Pacard et à Thomas Hog, ministres protestants de la Rochefoucauld, décharge des sommes auxquelles ils ont été taxés par les élus d'Angoulême.

E 23ᵇ, fᵒ 147 rᵒ.

14275. — Arrêt déclarant que l'édit portant création de deux offices de commissaires-examinateurs en chaque élection du royaume n'aura point son application dans l'élection de Paris.

E 23ᵇ, fᵒ 148 rᵒ.

14276. — Arrêt renvoyant aux trésoriers de France à Paris un placet de Charles Josserand, secrétaire de la chambre du Roi, qui, faisant valoir les services par lui rendus auprès de Mᵐᵉ de Montglat, gouvernante des enfants de France, sollicite l'autorisation d'établir un bac auprès de Bray-sur-Seine.

E 23ᵇ, fᵒ 149 rᵒ.

14277. — Arrêt autorisant le syndic des sergents royaux de la sénéchaussée d'Anjou à lever sur lesdits sergents les sommes auxquelles montent les dépens du procès entre la communauté des sergents d'Angers et du comté de Beaufort, d'une part, la duchesse de Mercœur, la princesse d'Orange, le sieur de Bourzolles et Luc Gaignard, d'autre part.

E 23ᵇ, fᵒ 150 rᵒ.

14278. — Arrêt renvoyant aux trésoriers de France en Bretagne un placet du sieur de La Croix, qui sollicite le don du parc de la Noë.

E 23ᵇ, fᵒ 152 rᵒ.

14279. — Arrêt suspendant provisoirement l'exécution du contrat passé par François de La Croix pour le remboursement des droits de chauffage des officiers des eaux et forêts.

E 23ᵇ, fᵒ 153 rᵒ.

14280. — Arrêt renvoyant aux trésoriers de France à Caen une requête des ducs de Guise et de Mayenne, engagistes du domaine des vicomtés de Caen, de Bayeux et de Falaise, lesquels demandent à être maintenus dans la jouissance des droits de tiers et danger, ainsi que dans la jouissance des 12 deniers de cens retenus par chaque arpent de terre vague aliénée.

E 23ᵇ, fᵒ 154 rᵒ.

14281. — Arrêt renvoyant aux trésoriers de France à Paris une requête de Jean de Labanne entrepreneur des batardeaux, patins, pilotis et plates-formes destinés à la construction de la chaussée de Nigeon, près Chaillot, lequel demande modification des articles de son traité, attendu qu'il se trouve en présence de 13 ou 14 pieds de glaise.

E 23ᵇ, fᵒ 156 rᵒ.

14282. — Avis du Conseil tendant à la restitution des espèces, joyaux, hardes et chevaux confisqués sur Florence et Gaspard de Raya et sur Marie d'Espinoza, natifs de Grenade, par sentence du maître des ports de Lyon.

E 23ᵇ, fᵒ 157 rᵒ.

14283. — Arrêt déclarant que Jean Ursin, sieur de Fontenelle, chef de paneterie en la maison du Dauphin, sera tenu de se démettre de son office de lieutenant en la maréchaussée d'Orléans.

E 23ᵇ, fᵒ 158 rᵒ.

14284. — Arrêt autorisant le sieur de Loménie, contrôleur de la maison du Dauphin et subrogé au

lieu et place de Mᵉ Jean de Bies, à établir un coche d'eau entre Joigny et Paris.

E 23ᵇ, fᵒ 160 rᵒ.

14285. — Arrêt renvoyant aux trésoriers de France à Amiens une requête des mariniers demeurant au Courtgain, sur le port de Calais, requête tendante à la confirmation des baux qui leur ont été faits par le sieur de Vic, gouverneur de Calais.

E 23ᵇ, fᵒ 162 rᵒ.

14286. — Arrêt ordonnant que Mᵉ Antoine Roger, receveur de la ville de Lyon, sera contraint de payer 6,000 livres au cardinal de Joyeuse, tuteur honoraire de la duchesse de Montpensier.

E 23ᵇ, fᵒ 163 rᵒ.

14287. — Arrêt ordonnant la vérification du compte de feu Amable de Bonnefons, commissaire général des vivres en l'armée du feu comte de Randan, gouverneur d'Auvergne.

E 23ᵇ, fᵒ 164 rᵒ.

14288. — Arrêt portant de 9 sols 10 deniers à 10 sols 8 deniers le droit levé sur chaque minot de sel vendu dans les greniers de Bourges, de Dun-le-Roi, d'Issoudun, de la Châtre, de Vierzon et de Sancerre, le produit de cette augmentation devant être employé au payement des gages des officiers du présidial de Bourges.

E 23ᵇ, fᵒ 165 rᵒ.

14289. — Arrêt ordonnant que les gages des substituts du procureur du Roi en la Cour des aides, montant à 100 livres, figureront sur l'état de payement des gages des officiers des Cours souveraines.

E 23ᵇ, fᵒ 167 rᵒ.

14290. — Arrêt acceptant, en principe, les offres faites par Nicolas Aveillon pour le rachat de 600,000 livres de rentes.

E 23ᵇ, fᵒ 168 rᵒ.

14291. — Arrêt acceptant, en principe, les offres faites par Claude Charlot pour le rachat de 1,600,000 livres de rentes.

E 23ᵇ, fᵒ 169 rᵒ.

14292. — Arrêt renvoyant au sieur de Fleury,

surintendant des eaux et forêts de France, une requête des officiers des eaux et forêts du comté de Boulonnais, relative à l'exécution du bail de Benjamin Le Tailleur, fermier du domaine de Boulonnais.

E 23ᵇ, fᵒ 170 rᵒ.

14293. — Arrêt renvoyant à MM. Jeannin, de Béthune, Maupeou et Arnauld, conseillers d'État, les requêtes respectivement présentées par Abraham Mouchet, gouverneur du château de Colombier, au comté de Neufchâtel, et par Mᵉˢ François de La Grange et Jean Le Normant, avocats au Conseil.

E 23ᵇ, fᵒ 171 rᵒ.

14294. — Arrêt ordonnant que les habitants du Tréport demeureront, pendant six années nouvelles, abonnés aux tailles pour la somme de 400 livres.

E 23ᵇ, fᵒ 172 rᵒ.

1609, 19 septembre. — Paris.

14295. — Arrêt interprétant les articles du bail de Benjamin Le Tailleur, qui a traité «pour la jouissance, pendant seize années, tant du domaine alliéné que non alliéné de Callais, Boulonnois et Ardres».

E 23ᵇ, fᵒ 173 rᵒ.

1609, 22 septembre. — Paris.

14296. — Arrêts acceptant, en principe, les offres faites, les unes par Antoine Charbonnier, secrétaire de la chambre du Roi, les autres par Simon Le Roux, également secrétaire de la chambre, pour le rachat de rentes et de portions de domaine et pour le remboursement de 120,000 livres de dettes.

E 23ᵇ, fᵒˢ 175 rᵒ et 176 rᵒ.

14297. — Arrêt ordonnant nouvelle assignation de 50,000 livres restées dues aux conseillers et échevins de Rouen.

E 23ᵇ, fᵒ 177 rᵒ.

14298. — Arrêt relatif à l'exécution d'un arrêt rendu au Conseil, le 28 mars dernier, entre Charles Paulet et les juges de cinq présidiaux de Champagne.

E 23ᵇ, fᵒ 178 rᵒ.

14299. — Arrêt déclarant que les fabricants de poupées de Paris n'ont jamais été constitués en corps de métier, et que, par conséquent, Jacqueline Rougeault, Marthe Barrier, etc., continueront de fabriquer et «d'enjoliver» des poupées, sans pouvoir être inquiétées par de prétendus «maistres jurés poupetiers».

E 23ᵇ, fᵒ 179 rᵒ.

14300. — Arrêt ordonnant la réception de Mᵉ Claude Aquart, d'Antoine Gingeyne, de Jacques Jouard, d'Antoine Bonnaud et d'Antoine Pepin dans les charges de procureurs postulants en la sénéchaussée et au présidial de Lyon, et défendant aux baillis, sénéchaux, etc., de procéder à la réception d'aucun procureur sans lettres de provision du Roi.

E 23ᵇ, fᵒ 180 rᵒ.

14301. — Arrêt statuant sur un procès pendant entre Melchior Magnan, écuyer, de Saint-Étienne, et Jacques Bizot, mercier, de Forcalquier.

E 23ᵇ, fᵒ 184 rᵒ.

14302. — Arrêt statuant sur un procès pendant entre René de Maillé, sieur de Benchart, d'une part, les habitants de Vendôme et Mᵉ Barthélemy Delafons, avocat au Conseil, d'autre part, et repoussant la demande d'évocation de tous les procès pendants entre lesdites parties au sujet «de la prinse des sieurs président et conseillers du Grand Conseil et autres de la suitte dudict Conseil, rançons, prises et pertes par eux souffertes de leurs chevaux, armes, argent, bagues et autres meubles», etc.

E 23ᵇ, fᵒ 186 rᵒ.

14303. — Arrêt statuant sur un procès pendant entre les maire et échevins d'Orléans, d'une part, Claude Pommeret et François Breton, courtiers de vin, et Mᵉ Bénigne Saulnier, d'autre part.

E 23ᵇ, fᵒ 188 rᵒ.

14304. — Arrêt ordonnant communication à Mᵉ Baudry d'une requête des conseillers et échevins de Rouen.

E 23ᵇ, fᵒ 190 rᵒ.

14305. — Arrêt ordonnant la réception de

Mᵉ Pierre de Pise en l'office de conseiller au bailliage de Mâconnais, nonobstant l'opposition de Mᵉ Philibert Barjot, lieutenant général, de Palamède Bourgeois, sieur de Moleron, lieutenant criminel, et de Thomas de Chandon, lieutenant particulier civil et criminel audit bailliage.

E 23ᵇ, fᵒ 191 rᵒ.

14306. — Arrêt autorisant l'impression du traité composé par Louis de Chabane « pour éclaircir les doubtes que le peuple avoit sur quelques faulx bruictz qui couroient de l'édit des monnoyes », et lui donnant mainlevée des exemplaires et des planches saisis en vertu d'un arrêt de la Cour des monnaies.

E 23ᵇ, fᵒ 193 rᵒ.

14307. — Arrêt statuant sur un procès pendant entre Claude Pollaillon, sieur de Boujols, et Mᵉ Vidal Dolezon, syndic du Velay, au sujet de certaines ordonnances du duc de Ventadour et du sieur de Refuge, commissaires députés pour la vérification des dettes du Velay.

E 23ᵇ, fᵒ 195 rᵒ.

14308. — Arrêt déclarant que les héritiers de Mᵉ Amant Vigoros, chargé, pendant les derniers troubles, par les États du Rouergue de faire la recette des deniers destinés au payement des garnisons, sont dispensés de compter en la Chambre des comptes.

E 23ᵇ, fᵒ 197 rᵒ.

14309. — Arrêt accordant à Jean Du Tremblay, secrétaire du Roi, maison et couronne de France, mainlevée des saisies faites sur ses biens à la requête d'Edmé de Serain.

E 23ᵇ, fᵒ 199 rᵒ.

14310. — Arrêt défendant provisoirement à Jean Dasneau de troubler le sieur Perrier en la jouissance de sa charge de marchand de vin suivant la Cour, dont il a été pourvu par le sieur de Bellengreville.

E 23ᵇ, fᵒ 201 rᵒ.

14311. — Arrêt réglant un différend soulevé entre Charles Rousseau et Mᵉ François Longuet, receveurs généraux des bois au département d'Orléans.

E 23ᵇ, fᵒ 202 rᵒ.

14312. — Arrêt autorisant les doyen et chanoines de Nevers à aliéner trois pièces de bois de haute futaie pour pouvoir, avec le produit de la vente, procéder à la réparation des voûtes de leur église.

E 23ᵇ, fᵒ 204 rᵒ.

14313. — Arrêt chargeant les trésoriers de France en Provence de visiter la forteresse de Notre-Dame-de-la-Garde, dont le gouverneur, Antoine de Boyer, gentilhomme ordinaire de la Chambre, demande la réparation.

E 23ᵇ, fᵒ 206 rᵒ.

14314. — Arrêt portant nouvelle assignation d'une somme de 3,000 livres due à Rodolphe de « Chaunestein », capitaine d'une des compagnies de Suisses entretenues pour la garde du Roi.

E 23ᵇ, fᵒ 207 rᵒ.

14315. — Arrêt ordonnant que « lettres en congnoissance de cause » seront adressées à la Chambre des comptes, pour qu'elle puisse, au besoin, dispenser les grènetiers du grenier à sel de Château-Chinon de compter par-devant elle des octrois levés sur ledit grenier de 1578 à 1594.

E 23ᵇ, fᵒ 208 rᵒ.

14316. — Arrêt ordonnant qu'il sera dorénavant dressé un état des ventes de bois faites par ordonnance des grands maîtres des eaux et forêts au département de Champagne, et autorisant Pierre Châtillon à poursuivre une coupe de cent arpents à lui adjugée en la forêt de Charmont.

E 23ᵇ, fᵒ 210 rᵒ.

14317. — Arrêt renvoyant aux commissaires chargés de la recherche des abus qui se commettent en la levée des péages du Rhône et de l'Isère une requête d'Anne de Born, baron de Laugière, qui demande l'autorisation de percevoir un droit sur les bateaux chargés de sel passant au Teil et à Viviers.

E 23ᵇ, fᵒ 212 rᵒ.

14318. — Arrêt réglant le remboursement des greffes du parlement et de la chambre des comptes de Grenoble, conformément au traité passé avec Claude Tournois.

E 23ᵇ, fᵒ 214 rᵒ.

14319. — Arrêt fixant à 12,000 livres la somme qui sera remboursée à Jean Du Ferrier pour les avances faites par son oncle Arnauld Du Ferrier, de 1575 à 1582, tandis qu'il était ambassadeur à Venise.

E 23ᵇ, fᵒ 215 rᵒ.

14320. — Arrêt ordonnant que, durant les années 1609 et 1610, une somme de 25,000 livres sera distribuée aux habitants des élections de Moulins, de Nevers, de Gannat, de Montluçon et de la Marche qui ont le plus souffert de la grêle, de la gelée et des inondations.

E 23ᵇ, fᵒ 216 rᵒ.

14321. — Arrêt accordant aux habitants de Moulins et de Nevers remise d'une moitié de la subvention levée au lieu du sol pour livre, attendu les pertes que leur ont fait subir la grêle, la gelée et les inondations.

E 23ᵇ, fᵒ 218 rᵒ.

14322. — Arrêt renvoyant à la Cour des aides le procès pendant entre le fermier général des gabelles et les comtes de Tavannes et de Tillière au sujet du péage de Conflans-Sainte-Honorine. E 23ᵇ, fᵒ 220 rᵒ.

———————

1609, 24 septembre. — Paris.

14323. — Arrêt déclarant que les terres voisines de la forêt de Perseigne qui « sont encore à présent peuplées de quelques vieux arbres et de jeune reject » ne sont point comprises au nombre des terres vaines et vagues de l'ancien domaine de Navarre dont Antoine Billard est autorisé à faire « l'arrentement ».

(En marge : « Il ne fault poinct expédier ledit arrest, sy M. de Sully ne le commande. »)

E 23ᵇ, fᵒ 222 rᵒ.

14324. — Arrêt ordonnant la vérification des comptes d'un ancien receveur des fouages de Saint-Brieuc, le sieur de Montifroy, président en la chambre des comptes de Bretagne, ayant été assigné sur la succession dudit receveur pour le payement de ses gages de maître des eaux et forêts en Bretagne.

E 23ᵇ, fᵒ 224 rᵒ.

14325. — Arrêt renvoyant au parlement de Bourgogne le procès criminel de Pierre Bedaut, de Jacques Boisjolly, de La Salle et de Le Biarnois.

E 23ᵇ, fᵒ 226 rᵒ.

14326. — Arrêt réglant le payement d'une somme de 20,000 livres donnée par le Roi au maréchal de Laverdin.

E 23ᵇ, fᵒ 228 rᵒ.

14327. — Arrêt réglant le payement d'une pension de 3,000 livres donnée au sieur de Verdun, premier président du parlement de Toulouse, par lettres patentes du 10 mars 1608.

E 23ᵇ, fᵒ 230 rᵒ.

14328. — Arrêt ordonnant aux gens des comptes de Normandie de faire connaître au Conseil les causes pour lesquelles ils ont rayé, sur les comptes des receveurs particuliers des aides, certains payements faits à Mᵉ Jean de Moisset et à Denis Feydeau.

E 23ᵇ, fᵒ 232 rᵒ.

14329. — Arrêt autorisant Nicolas Lévesque à rembourser la finance payée par les receveurs particuliers des aides pour l'attribution de certain droit relatif aux réceptions de cautions.

E 23ᵇ, fᵒ 233

14330. — « Articles et conditions que le Roy accorde à Robert Henry pour le remboucement qu'il offre faire, dans seize années, des offices de receveurs antiens et alternatifz des gabelles establis aux dix sept greniers du Languedoc... »

E 23ᵇ, fᵒ 235 rᵒ.

———————

1609, 26 septembre. — Paris.

14331. — Arrêt renvoyant aux présidents des prochains États du Languedoc une requête du syndic du diocèse de Toulouse relative au règlement des dépenses ordinaires du diocèse.

E 23ᵇ, fᵒ 237 rᵒ.

14332. — Arrêt autorisant le syndic du diocèse d'Uzès à lever une somme de 33,706 livres 12 sols 9 deniers destinée au payement des dettes du diocèse.

E 23ᵇ, fᵒ 239 rᵒ.

14333. — Arrêt autorisant une levée annuelle supplémentaire de 300 livres sur chacune des villes maîtresses du diocèse de Rieux, c'est-à-dire Montesquieu, Carbonne, le Fousseret, Cazères, Saint-Sulpice et Gaillac.

E 23ᵇ, fᵒ 241 rᵒ.

14334. — Arrêt autorisant les députés du diocèse de Carcassonne à payer annuellement 100 livres de plus au sénéchal de Carcassonne et, en son absence, au juge-mage, pour leurs frais et vacations.

E 23ᵇ, fᵒ 243 rᵒ.

14335. — Arrêt enjoignant aux commissaires qui présideront les États généraux du Languedoc d'obliger les commissaires des assiettes à se conformer à l'état des dépenses ordinaires des diocèses arrêté au Conseil le 30 septembre 1608, tout en les autorisant à taxer les vacations des consuls et des députés des villes eu égard aux distances.

E 23ᵇ, fᵒ 244 rᵒ.

14336. — Arrêt défendant expressément à la cour des aides de Montpellier et à tous autres juges de permettre ou d'ordonner le renouvellement des compoix, et ordonnant aux commissaires qui présideront les États du Languedoc de rechercher les moyens les plus propres à terminer les procès relatifs à cet objet.

E 23ᵇ, fᵒ 246 rᵒ.

14337. — Arrêt renouvelant la défense faite aux États généraux et aux diocèses ou villes du Languedoc de procéder à aucune levée sans lettres patentes du grand sceau, ainsi que d'emprunter à intérêt sans permission du Roi; ordonnant, par mesure d'économie, qu'après la tenue des États, l'état vérifié des dettes et des dépenses sera rapporté au Roi par un seul député; autorisant toutefois le gouverneur de la province ou le lieutenant général à ordonner des levées en cas de guerre.

E 23ᵇ, fᵒ 248 rᵒ.

14338. — Arrêt ordonnant que toutes les villes et tous les bourgs du Languedoc qui désireront être autorisés à dépenser plus qu'il n'est porté dans le règlement général du 6 mars 1608 (nᵒ 12052) seront admis à faire présenter leurs comptes par les députés de leur diocèse aux commissaires qui présideront les États généraux du Languedoc.

E 23ᵇ, fᵒ 250 rᵒ.

14339. — Arrêt ordonnant que les commissaires président les États généraux du Languedoc procéderont pendant la session à la vérification des dettes de la province, des diocèses, des villes et des localités.

E 23ᵇ, fᵒ 252 rᵒ.

14340. — Arrêt autorisant la levée d'une somme de 35,000 livres due aux héritiers de Mᵉ Raymond Puyleau, receveur du diocèse de Castres, par les villes dudit diocèse qui, en 1573, « estoient catholiques et tenoient pour le service de Sa Majesté ».

E 23ᵇ, fᵒ 254 rᵒ.

14341. — Arrêt renvoyant aux commissaires qui présideront les prochains États du Languedoc une requête par laquelle les consuls et habitants de Nîmes demandent l'autorisation de lever une somme équivalente aux frais de l'opposition qui a été formée, avec l'assentiment des États, contre l'établissement des places de clercs dans les greffes de la sénéchaussée de Nîmes.

E 23ᵇ, fᵒ 256 rᵒ.

14342. — Arrêt renvoyant aux commissaires qui tiendront les prochains États du Languedoc une requête des habitants de Tresques, qui demandent l'autorisation de lever une somme de 800 livres par eux due aux héritiers de Mᵉ Guillaume de Vallet.

E 23ᵇ, fᵒ 258 rᵒ.

14343. — Arrêt autorisant les habitants d'Aigues-Mortes à percevoir, pendant neuf années nouvelles, un denier pour livre sur les marchandises entrant dans le port de leur ville, le produit de cet octroi devant être employé à l'entretien dudit port et du canal d'Aigues-Mortes.

E 23ᵇ, fᵒ 260 rᵒ.

14344. — Arrêt défendant aux consuls et députés de Gignac de faire aucune levée, ni aucun emprunt non autorisés, et ordonnant la vérification des comptes des receveurs et clavaires de ladite ville.

E 23ᵇ, fᵒ 262 rᵒ.

14345. — Arrêt supprimant l'office de juge-conservateur des aides et équivalent du siège de Montpellier, et portant création, en faveur de M° Paul-Barthélemy Bornyer, d'un office de «conseiller au gouverneur et siège présidial» de ladite ville.

E 23ᵇ, f° 264 r°.

14346. — Arrêt autorisant la levée d'une somme de 6,750 livres due par les habitants de Saint-Hyppolyte à Jean de Nogarède, sieur de Fressac.

E 23ᵇ, f° 266 r°.

14347. — Arrêt autorisant les députés du diocèse de Castres à payer annuellement 20 livres à chacun des députés de Castres qui ont coutume d'assister aux «assiettes» du diocèse, et 6 livres au greffier des consuls de Lautrec.

E 23ᵇ, f° 268 r°.

14348. — Arrêt portant de 100 à 300 livres la somme que les consuls et habitants de Limoux sont autorisés à lever pour les «dépenses inopinées».

E 23ᵇ, f° 269 r°.

14349. — Arrêt maintenant l'état des frais du diocèse d'Alet et de Limoux tel qu'il a été arrêté au Conseil le 30 septembre 1608.

E 23ᵇ, f° 271 r°.

14350. — Arrêt acceptant les offres faites par le sieur Girardot pour l'exécution du contrat passé par Nicolas Charuel et, de plus, pour le rachat de 50,000 livres de rentes.

E 23ᵇ, f° 273 r°.

14351. — Arrêt acceptant, en principe, les offres faites par le sieur Girardot pour le rachat de certaines portions de domaine.

E 23ᵇ, f° 275 r°.

14352. — Arrêt déclarant que le sieur Trape touchera la sixième partie de la somme de 150,000 livres qu'il se fait fort de procurer au Roi en dénonçant certaines exactions ou malversations.

E 23ᵇ, f° 276 r°.

14353. — Arrêt acceptant, en principe, les offres faites par le sieur Trape pour le rachat de 30,000 livres de rentes.

E 23ᵇ, f° 277 r°.

14354. — Arrêt acceptant, en principe, les offres faites par Alexandre de La Croix pour le rachat de 300,000 livres de rentes ou de portions de domaine.

E 23ᵇ, f° 278 r°.

14355. — Arrêt acceptant les offres faites par Hugues Huvet pour le remboursement des greffes du parlement et de la chambre des comptes de Grenoble et, en outre, pour le rachat de 80,000 livres de rentes ou de portions de domaine.

E 23ᵇ, f° 279 r°.

14356. — Arrêt ordonnant que les offres de M° Jean Morel seront communiquées aux receveurs de la crue d'Ingrande.

E 23ᵇ, f° 280 r°.

14357. — Arrêt acceptant, en principe, les offres faites par Jean Gohory pour le rachat de 400,000 livres de rentes et de 200,000 livres de domaine aliéné.

E 23ᵇ, f° 282 r°.

14358. — Arrêt acceptant, en principe, les offres faites par Claude Chenottet pour le rachat de 500,000 livres de domaine aliéné.

E 23ᵇ, f° 283 r°.

14359. — Arrêt statuant sur un procès pendant entre Jean Varinier, marchand de Saint-Étienne, ci-devant commis du receveur des tailles de Forez, et Simon Mabille.

E 23ᵇ, f° 284 r°.

14360. — Arrêt statuant sur un procès pendant entre François, baron de Clermont, et M° Léonard de La Forestie, abbé de Bonlieu, acquéreurs du domaine des Lannes, d'une part, M° Jean Gaxis, receveur dudit domaine, d'autre part.

E 23ᵇ, f° 286 r°.

14361. — Arrêt statuant sur les procès pendants entre Jean Nadau, vice-sénéchal d'Agenais, et Moïse d'Esparbez, vice-sénéchal d'Armagnac.

E 23ᵇ, f° 288 r°.

14362. — Arrêt statuant sur un procès pendant entre Jean Nadau, vice-sénéchal d'Agenais, d'une part, M° de Saint-Paul, vice-sénéchal des Lannes, et ses archers, d'autre part.

E 23ᵇ, fᵒ 290 rᵒ.

14363. — Arrêt ordonnant la suppression de l'office de commissaire au Châtelet vacant par la mort de Jean Leschevault, nonobstant les lettres de provision obtenues par M° Jean Lefebvre.

E 23ᵇ, fᵒ 294 rᵒ.

14364. — Arrêt statuant sur diverses instances pendantes entre les maire et échevins d'Orléans, les bouchers de ladite ville et M° Paul Petau, conseiller au Parlement.

E 23ᵇ, fᵒ 296 rᵒ.

14365. — Arrêt ordonnant que Paul Parent, sieur de Villemenon, jouira de l'office de maître des ports alternatif en la sénéchaussée de Beaucaire et de la capitainerie de la tour du pont de Villeneuve-lès-Avignon, nonobstant les lettres de provision obtenues par M° Jonas Sturbe, et le don fait à Denis de Layllière, chevalier de Saint-Jean-de-Jérusalem.

E 23ᵇ, fᵒ 298 rᵒ.

14366. — Arrêt évoquant au Conseil, sur la demande de la reine Marguerite, les procès pendants au Grand Conseil entre les notaires et garde-notes de Beauvais et de la prévôté d'Angy et Robert Cossart.

E 23ᵇ, fᵒ 304 rᵒ.

14367. — Arrêt maintenant provisoirement et partiellement une saisie faite par la veuve de M° Élisée Lescuyer sur les deniers dus au prince d'Anhalt par M° Denis Feydeau.

E 23ᵇ, fᵒ 306 rᵒ.

14368. — Arrêt ordonnant à M° Bénigne Saulnier de rendre, en exécution de l'arrêt du 30 décembre dernier (nᵒ 13045), 1,000 livres à Gillette Danetz, héritière de son fils Guillaume Morot.

E 23ᵇ, fᵒ 308 rᵒ.

14369. — Arrêt ordonnant la réception de M° Louis Prévost en un office de notaire à Roye.

E 23ᵇ, fᵒ 309 rᵒ.

14370. — Arrêt ordonnant que M° Grimoud de Jehan sera maintenu en son office de substitut du procureur du Roi en la sénéchaussée de Périgueux en payant aux Parties casuelles un supplément de 1,000 livres, qui sera délivré au sieur de Roquelaure, maître de la garde-robe du Roi.

E 23ᵇ, fᵒ 311 rᵒ.

14371. — Arrêt statuant sur un procès pendant entre Jean de La Rue, M° Bénigne Saulnier et M° François de Lestang, au sujet d'un office de commissaire des montres des prévôts des maréchaux en Limousin.

E 23ᵇ, fᵒ 313 rᵒ.

14372. — Arrêt ordonnant que Jean Dufaure et ses commis seront mis en possession des places de clercs du greffe civil et criminel de Guyenne, nonobstant toutes oppositions.

E 23ᵇ, fᵒ 315 rᵒ.

14373. — Arrêt donnant au marquis de Resnel mainlevée de deniers à lui attribués pour son gouvernement de Montclairé, et saisis à la requête de M° Claude Sauvage, procureur au parlement de Paris.

E 23ᵇ, fᵒ 317 rᵒ.

14374. — Arrêt ordonnant l'exécution de l'édit d'août 1607 qui porte inféodation de toutes les terres vaines et vagues aliénées en Normandie à charge de cens roturiers, et interprétant les dispositions du traité passé avec Alexandre Marchant.

E 23ᵇ, fᵒ 318 rᵒ.

14375. — Arrêt statuant sur un procès pendant entre Adrien Vaucquier et M° Pierre Du Crottay, président au présidial de Caudebec, d'une part, Louis Mahieu, d'autre part, au sujet d'un office de sergent en la forêt de Maulévrier.

E 23ᵇ, fᵒ 320 rᵒ.

14376. — Arrêt statuant sur diverses instances pendantes entre M° Charles Du Han, fermier général des Cinq grosses fermes, Jacques Ernouf, marchand de Constance, et Pierre Salomon, garde au bureau des traites foraines de Caen.

E 23ᵇ, fᵒ 322 rᵒ.

14377. — Arrêt évoquant au Conseil le procès pendant au parlement de Grenoble entre les consuls de Pierrelatte et Gabriel de Magnin au sujet de la noblesse de ce dernier.

E 23ᵇ, fᵒ 324 rᵒ.

14378. — Arrêt relatif à un procès pendant entre Jean d'Anfernet, baron du Pontbellenger, d'une part, le tuteur des enfants de Roland de Camprond, sieur de Surville, Mᵉ Jean Le Faulconnier, trésorier de France à Caen, et Julien Selles, bourgeois de Caen, d'autre part, au sujet de la rançon payée par le sieur de Surville au sieur d'Anfernet pendant les troubles.

E 23ᵇ, fᵒ 326 rᵒ.

14379. — Arrêt interdisant provisoirement à la Cour des aides la connaissance du différend soulevé entre Mᵉ Jean Le Vacher et Mᵉ Pierre Corbonnois, trésorier de France en Bourgogne, au sujet d'un office de receveur provincial des rentes payables en la généralité de Soissons.

E 23ᵇ, fᵒ 328 rᵒ.

14380. — Arrêt autorisant Mᵉ Michel de Villiers à racheter une rente de 2,000 livres constituée au sieur de Fresnes-Canaye, conseiller d'État.

E 23ᵇ, fᵒ 329 rᵒ.

14381. — Arrêt autorisant Mᵉ Honoré Terson à résigner à Mᵉ Jérémie Dupuy son office de juge de Villelongue au siège de Puilaurens, nonobstant l'opposition de Mᵉ Nicolas Grégoire.

E 23ᵇ, fᵒ 331 rᵒ.

14382. — Arrêt renvoyant au prévôt de Paris une requête des marchands d'huîtres de Basse-Normandie, qui se plaignent d'être obligés de laisser faire à Paris la vente par les regratteurs et demandent la création d'offices de vendeurs et compteurs.

E 23ᵇ, fᵒ 333 rᵒ.

14383. — Arrêt, rendu sur la requête de Mᵉ François Olier, sieur de Nointel, trésorier général ordinaire des guerres, ordonnant que Thomas Maire, Jean Pellu et Yves Dyes représenteront les lettres en vertu desquelles ils prétendent exercer les droits de lieutenants-louvetiers, sinon, qu'ils seront appréhendés au corps et emprisonnés au For-l'Évêque.

E 23ᵇ, fᵒ 334 rᵒ.

14384. — Arrêt défendant aux élus en l'élection de Tulle de modifier, au préjudice des habitants d'Ussel ou des paroisses dépendantes du bureau d'Ussel, l'assiette des tailles faite en 1599, et ordonnant que trois desdits élus iront résider à Ussel.

E 23ᵇ, fᵒ 336 rᵒ.

14385. — Arrêt autorisant la levée d'une somme de 2,471 livres 13 sols 2 deniers due par le bourg de Charny à Mᵉ Guillaume Cousinet, président en l'élection de Meaux.

E 23ᵇ, fᵒ 338 rᵒ.

14386. — Arrêt donnant à Mᵉ Jean de Vauhardy assignation de 60,000 livres faisant partie de plus grande somme par lui prêtée au Roi en 1586.

E 23ᵇ, fᵒ 339 rᵒ.

14387. — Arrêt autorisant les consuls du Puy à prélever sur les deniers levés en ladite ville une somme de 450 livres destinée au payement des frais de trois procès qu'ils ont pendants au Conseil.

E 23ᵇ, fᵒ 340 rᵒ.

14388. — Arrêt autorisant la levée d'une somme de 2,850 livres destinée au payement des réparations de l'église Notre-Dame de Carentan.

E 23ᵇ, fᵒ 341 rᵒ.

14389. — Arrêt relatif à un procès pendant entre Pierre Du Fournel, sieur du Chastelard, «ayant traicté pour le rachapt et réunion du comté de Forestz», et la dame de Varey, baronne de Virieu.

E 23ᵇ, fᵒ 342 rᵒ.

14390. — Arrêt autorisant la levée d'une somme de 468 livres dues par la paroisse de Sainte-Marie-Madeleine de Châteaudun à Jacques Lévesque et à Georges Coureau, collecteurs des tailles.

E 23ᵇ, fᵒ 344 rᵒ.

14391. — Arrêt déclarant que Jean de Mauge, grènetier au grenier à sel de Saulx, jouira du bénéfice de l'abolition octroyée aux officiers de finance, et suspendant provisoirement l'effet des poursuites exercées contre lui par-devant le parlement de Bourgogne.

E 23ᵇ, fº 345 rº.

14392. — Arrêt homologuant le partage, qu'ont fait les officiers de la Table de marbre de Dijon, du bois de Débat, qui, jusqu'à présent, était commun au Roi et à Nicolas Jeannin, aumônier du Roi, prieur et grand doyen de Saint-Vivant-sous-Vergy.

E 23ᵇ, fº 346 rº.

14393. — Arrêt réglant le payement des gages de Philibert Petit, maître particulier des eaux et forêts au bailliage de Chaumont, et de Jean Popinet, « procureur du Roi sur le faict desdites eaux et forêtz ».

E 23ᵇ, fº 347 rº.

14394. — Arrêt autorisant la levée d'une somme de 600 livres destinée à l'amortissement d'une rente due par les habitants d'Oinville-Saint-Liphard à leur curé, Mᵉ Jean Guyot.

E 23ᵇ, fº 348 rº.

14395. — Arrêt accordant à l'évêque et au clergé du diocèse d'Autun une remise de 12,000 livres sur leurs décimes des années 1609 et 1610, attendu les pertes que leur ont fait subir notamment les inondations de la Loire et de l'Allier.

E 23ᵇ, fº 350 rº.

14396. — Arrêt déclarant que Mᵉ Louis Massuau sera contraint de fournir ses cautions dans un délai de trois mois à partir du 6 août dernier, date de son entrée en jouissance.

E 23ᵇ, fº 352 rº.

14397. — Arrêt accordant à Jean Baudot, chirurgien, et aux autres protestants de Flavigny décharge des sommes auxquelles ils ont été taxés pour la fonte des cloches, et renvoyant au bailli d'Auxois leur requête relative à la concession d'un cimetière.

E 23ᵇ, fº 354 rº.

14398. — Arrêt défendant provisoirement à Denis Tiroux, receveur des deniers du bailliage d'Autun, de poursuivre la restitution des 300 écus qu'il a jadis

payés, par ordre du sieur de Tavannes, à Guy de Chaugy, baron de Roussillon, qui avait levé des troupes pour la garde d'Autun.

E 23ᵇ, fº 356 rº.

14399. — Arrêt ordonnant la vérification et le remboursement de la finance payée par les auditeurs et « archivaires » de la chambre des comptes et cour des aides de Provence pour la « composition » du greffe de ladite cour.

E 23ᵇ, fº 358 rº.

14400. — Arrêt maintenant les sous-fermiers de Jean Goday en possession du greffe de Montauban, nonobstant l'arrêt obtenu en la Chambre de Castres par Pierre France, premier huissier audiencier en la sénéchaussée de Quercy.

E 23ᵇ, fº 360 rº.

14401. — Arrêt statuant sur un procès pendant entre les héritiers de Mᵉ Étienne Faure, lieutenant général en la sénéchaussée de Haute-Marche, et Mᵉ Bénigne Saulnier, au sujet de l'office du défunt.

E 23ᵇ, fº 362 rº.

14402. — Arrêt relatif à l'apurement des comptes de Mᵉ Jean Du Tremblay, ci-devant trésorier général de l'Extraordinaire des guerres.

E 23ᵇ, fº 364 rº.

14403. — Arrêt renvoyant aux trésoriers de France en Picardie, en Champagne et à Soissons la demande de rabais présentée par Barthélemy Carteret, fermier des 9 livres 18 sols par tonneau de vin entrant en Picardie.

E 23ᵇ, fº 366 rº.

14404. — Arrêt renvoyant au Grand Conseil une requête du syndic des créanciers de Mᵐᵉ Jean de Saint-Germain et Claude Josse, banqueroutiers en fuite, et de feu Mᵉ Nicolas Parent, lequel ne peut obtenir des notaires de Paris les pièces dont il a besoin.

E 23ᵇ, fº 367 rº.

14405. — Arrêt évoquant au Conseil le procès pendant en la Cour des aides entre le syndic des créanciers de Mᵐᵉ Jean de Saint-Germain, Claude

Josse et Nicolas Parent, les curateurs aux biens desdits Josse et de Saint-Germain, d'une part, Samuel Legendre, d'autre part.

E 23ᵇ, fᵒ 369 rᵒ.

14406. — Arrêt donnant décharge de 625 livres à Pierre Le Vassor, fermier du domaine aliéné dans le comté de Dreux.

E 23ᵇ, fᵒ 371 rᵒ.

14407. — Arrêt ordonnant la restitution de diverses taxes payées par Michel Sterpin, commis à la recette générale des finances en Auvergne, pour l'office de receveur triennal des tailles à Brioude.

E 23ᵇ, fᵒ 373 rᵒ.

14408. — Arrêt ordonnant le remboursement d'une somme de 15,000 livres avancée par Gabriel de Guénegaud, secrétaire du Roi, maison et couronne de France.

E 23ᵇ, fᵒ 375 rᵒ.

14409. — Arrêt autorisant la levée d'une somme de 1,800 livres que les habitants d'Alençon ont été condamnés, par arrêt du Conseil privé, à payer au sieur de Bellengreville, grand prévôt de France, et au héritiers du capitaine Arnoult.

E 23ᵇ, fᵒ 377 rᵒ.

14410. — Arrêt ordonnant que les anciens consuls de Rodez qui n'ont point encore rendu leurs comptes les rendront par-devant la commune, leurs parents alliés, etc., ayant été préalablement écartés, et que ceux qui prétendent être restés créanciers de ladite ville enverront leurs comptes au Conseil.

E 23ᵇ, fᵒ 378 rᵒ.

14411. — Arrêt ordonnant que les articles concédés à Robert Henry pour le remboursement des offices de receveurs des gabelles en Languedoc lui serviront de bail.

E 23ᵇ, fᵒ 379 rᵒ.

14412. — Arrêt ordonnant la vente de l'office et des autres biens de Viart Vauterin, receveur des aides à Bar-sur-Aube, qui a été puni de mort pour « ses

mauvais depportemens », et déchargeant Pons Gruyer, ancienne caution dudit Vauterin.

E 23ᵇ, fᵒ 380 rᵒ.

14413. — Arrêt réglant l'exécution de l'arrêt du 30 juin dernier relatif à la réunion au domaine des sergenteries fieffées de Normandie (nᵒ 13980).

E 23ᵇ, fᵒ 382 rᵒ.

14414. — Arrêt défendant aux prévôt des marchands et échevins de Paris d'intervenir entre les vendeurs de vin et fermiers de la Ville et la communauté des marchands de vin de Paris jusqu'à ce qu'un règlement général ait été édicté au sujet de la vente du vin.

E 23ᵇ, fᵒ 384 rᵒ.

14415. — Arrêt ordonnant à Mᵉ Nicolas Largentier de remettre dans les trois jours à Jean de Moisset l'état du sel qu'il a fourni aux greniers de Bourgogne, de Picardie, etc.

E 23ᵇ, fᵒ 386 rᵒ.

14416. — Arrêt admettant le tiercement mis par Eustache Dain sur la ferme du huitième du vin vendu en détail dans les faubourgs Saint-Germain, Saint-Jacques, Saint-Marcel, Saint-Victor et Saint-Antoine.

E 23ᵇ, fᵒˢ 388 rᵒ et 390 rᵒ.

14417. — Arrêt ratifiant les articles accordés par la Reine à Jean Vignier, secrétaire de la chambre du Roi, « touchant la poursuitte, fraiz de recouvrement et recepte des deniers provenans du suplément ordonné par sa Majesté estre levé sur tous les huissiers et sergens de ce royaume ».

E 23ᵇ, fᵒ 391 rᵒ. Cf. ibid., fᵒ 393 rᵒ.

14418. — Acceptation des offres faites par Martin Le Fèbvre et par Mᵉ Claude Barbin pour le rachat de 1 million de rentes.

E 23ᵇ, fᵒ 397 rᵒ.

14419. — Remontrances des trois états du diocèse d'Albi au sujet de l'arrêt du 30 septembre 1608 qui réduisait leurs dépenses annuelles, avec les réponses du Conseil.

E 23ᵇ, fᵒ 401 rᵒ.

14420. — Règlement détaillé des dépenses ordinaires que pourra et devra faire annuellement la ville de Pont-Saint-Esprit.

         E 23ᵇ, fᵒ 409 rᵒ.

14421. — Règlement détaillé des dépenses ordinaires que pourront et devront faire annuellement les villes de Béziers, de Marsillargues, d'Aimargues, du Caylar, de Saint-Laurent-d'Aigouze et de Cintegabelle.

         E 23ᵇ, fᵒ 413 rᵒ.

————

1609. 1ᵉʳ octobre. — Paris.

14422. — Arrêt défendant expressément à tous juges ou personnes quelconques de disposer des offices de jurés maçons et charpentiers, ce qui rendrait illusoire le don de ces offices fait au sieur de Loménie, conseiller d'État.

     E 24ᵉ, fᵒ 1 rᵒ, et ms. fr. 18176, fᵒ 1 rᵒ.

14423. — Acceptation conditionnelle des offres faites par Jean Girardin, secrétaire de la chambre du Roi, pour le rachat de 350,000 livres de rentes.

    E 24ᵉ, fᵒ 3 rᵒ, et ms. fr. 18176, fᵒ 1 vᵒ.

14424. — Arrêt ordonnant que les articles arrêtés au Conseil, le 16 mai dernier, sous le nom de Mᵉ Martin Herissé seront réformés et mis aux noms de Mᵉˢ Auguste Prevost et Martin Herissé.

    E 24ᵉ, fᵒ 5 rᵒ, et ms. fr. 18176, fᵒ 2 rᵒ.

1609, 3 octobre. — Paris.

14425. — Acceptation des offres faites par Jacques Gervais pour le remboursement des offices de contrôleurs particuliers des tailles établis depuis peu dans les diocèses de Languedoc, et pour le remboursement du supplément de gages attribué aux contrôleurs particuliers des gabelles de Languedoc.

         E 24ᵉ, fᵒ 6 rᵒ.

————

1609, 6 octobre. — Paris.

14426. — Arrêt acceptant l'offre faite par Nicolas de Montfaulcon de procurer au Roi une somme de

200,000 livres « qu'on luy a faict perdre par fraulde et monopolle ».

    E 24ᵉ, fᵒ 8 rᵒ, et ms. fr. 18176, fᵒ 19 rᵒ.

14427. — Articles du traité passé avec Jacques Gervais conformément aux offres acceptées le 3 octobre dernier (nᵒ 14425).

    E 24ᵉ, fᵒ 9 rᵒ, et ms. fr. 18176, fᵒ 2 rᵒ.

14428. — Arrêt ordonnant que les consuls d'Ussel pourront se contenter, comme par le passé, de faire vérifier leurs comptes par leurs successeurs en la présence d'un des officiers de justice et de deux députés de la ville.

    E 24ᵉ, fᵒ 11 rᵒ, et ms. fr. 18176, fᵒ 3 vᵒ.

14429. — Arrêt enjoignant à Guillaume Cornuet et aux autres receveurs des deniers destinés à l'acquittement des dettes de la ville de Troyes de satisfaire dans la huitaine à l'arrêt du 5 septembre dernier (nᵒ 14206).

    E 24ᵉ, fᵒ 12 rᵒ, et ms. fr. 18176, fᵒ 6 rᵒ.

14430. — Arrêt maintenant Mᵉ Guy Bastard en l'office de contrôleur des deniers communs, patrimoniaux et d'octroi de la ville de Tours, nonobstant la requête et les offres du maire et des échevins.

    E 24ᵉ, fᵒ 13 rᵒ, et ms. fr. 18176, fᵒ 6 vᵒ.

14431. — Arrêt autorisant les habitants de Saint-Malo et de Bayonne et tous autres sujets du royaume à trafiquer librement avec le Canada et les terres adjacentes, nonobstant les lettres précédemment obtenues par le sieur de Monts, lieutenant général du Roi en Nouvelle-France, auquel toutefois lesdits commerçants payeront une indemnité de 6,000 livres.

    E 24ᵉ, fᵒ 17 rᵒ, et ms. fr. 18176, fᵒ 4 rᵒ.

14432. — Arrêt renvoyant à la Cour des aides divers procès pendants entre Étienne Laurens, caution de Jean Mollard, sous-fermier du bétail à pied fourché, etc., Jacques Messageot, Robert de Ruble, Gilles Boucher, Antoine Faulcheur et Mᵉ Denis Feydeau.

    E 24ᵉ, fᵒ 19 rᵒ, et ms. fr. 18176, fᵒ 8 vᵒ.

14433. — Arrêt ordonnant que le sieur Renard, maître des requêtes ordinaire de l'Hôtel, commissaire chargé de l'exéqution du bail d'Antoine Billard dans les ressorts de Toulouse et de Bordeaux, procédera à une nouvelle taxe des finances demandées aux officiers de l'ancien domaine de Navarre pour l'attribution des cas royaux.

E 24°, f° 23 r°, et ms. fr. 18176, f° 11 v°.

14434. — Arrêt ordonnant que le commandeur du Temple de Paris sera assigné au Conseil, pour y voir liquider l'indemnité à laquelle il peut prétendre pour la réunion au domaine de vingt-cinq arpents environ destinés à la construction de diverses rues, maisons et édifices.

E 24°, f° 24 r°, et ms. fr. 18176, f° 11 v°.

14435. — Arrêt ordonnant que le prieur de Sainte-Catherine-du-Val-des-Écoliers sera assigné au Conseil, pour y voir liquider l'indemnité à laquelle il peut prétendre pour la réunion au domaine de certains terrains ou maisons englobés dans l'enclos de la Place royale.

E 24°, f° 25 r°, et ms. fr. 18176, f° 12 r°.

14436. — Arrêt interprétant les articles du traité passé avec Me Louis Massuau.

E 24°, f° 26 r°, et ms. fr. 18176, f° 12 v°.

14437. — Arrêt ordonnant communication au sieur d'Urfé de l'offre qu'a faite le sieur de Montaignac de doubler le prix d'engagement des terres de Bussy et de Souternon vendues jadis, avec faculté de rachat, par feu messire Charles de Bourbon aux prédécesseurs du sieur d'Urfé.

E 24°, f° 27 r°, et ms. fr. 18176, f° 12 r°.

14438. — «Estat du département ... de la somme de xxi° livres tournois dont Sa Majesté, par arrest ..... du xviii° jour de décembre mvi° viii (n° 12941) auroit ordonné estre faict fondz, en la présente année, pour estre distribuée ..., sçavoir xx™ livres aux particuliers habitans ... des eslections d'Orléans, Bloys, Gien et Baugency qui ont souffert des pertes à cause des dernières innondations..., et m livres aux parroisses de ladite généralité qui ont esté grandement endommagées par les gresles...»

E 24°, f° 28 r°; cf. ibid., f° 38 r°; ms. fr. 18176, f° 13 r°.

14439. — Arrêt renvoyant en la Cour des aides le procès pendant entre Guillaume Reboul, bourgeois de Paris, et Jacques Castillon, au sujet de la ferme de la bûche de la ville de Paris.

E 24°, f° 40 r°, et ms. fr. 18176, f° 5 r°.

———————

1609, 8 octobre. — Paris.

14440. — Arrêt ordonnant l'exécution stricte des édits par lesquels est interdit en France le commerce des étoffes et marchandises étrangères qui n'ont point acquitté les droits de la douane de Lyon et qui n'ont point été marquées et plombées comme elles le doivent.

E 24°, f° 41 r°, et ms. fr. 18176, f° 19 v°.

14441. — Acceptation conditionnelle des offres faites par Charles Lanthier pour le rachat de 400,000 livres de rentes.

E 24°, f° 43 r°, et ms. fr. 18176, f° 20 v° et 22 r°.

14442. — Acceptation conditionnelle des offres faites par Jean Le Mau, secrétaire de la chambre du Roi, pour le rachat de 250,000 livres de rentes.

E 24°, f° 45 r°, et ms. fr. 18176, f° 21 r° et v°.

14443. — Acceptation conditionnelle des offres faites par Jean Maulny pour le remboursement de certains offices d'une valeur de 600,000 livres et pour le rachat de 100,000 livres de domaine aliéné.

E 24°, f° 47 r°, et ms. fr. 18176, f° 21 r°.

14444. — Arrêt ordonnant qu'André Valentin, fermier du sol par minot de sel et par charge de marchandises passant devant les villes de Vienne et de Valence, donnera, dans le délai d'un mois, sa réponse au Conseil au sujet des offres de tiercement faites par Philippe Maignat.

E 24°, f° 48 r°, et ms. fr. 18176, f° 22 r°.

14445. — Arrêt ordonnant que Mes Claude de Saulzay, Nicolas Le Vieulx, Étienne Papon et André Lauraire, pourvus des offices de conseillers au bailliage de Forez dont les quittances avaient été délivrées à André Fournay, sieur de La Brosse, capitaine d'une compagnie de carabins, seront reçus nonobstant toutes oppositions.

E 24°, f° 49 r°, et ms. fr. 18176, f° 22 v°.

14446. — Arrêt évoquant au Conseil le procès pendant au Parlement entre la ville et le chapitre cathédral d'Albi au sujet de la contribution des chanoines aux tailles.

E 24°, f° 51 r°, et ms. fr. 18176, f° 23 v°.

14447. — Arrêt ordonnant que M° Louis Arnauldet, contrôleur des ports et havres de Poitou, payera à M° Antoine Feydeau, receveur général des finances à Poitiers, la somme de 4,500 livres qu'il devait à M° Louis Rousseau, caution de feu M° François Acquet, receveur des tailles à Saint-Maixent.

E 24°, f° 52 r°, et ms. fr. 18176, f° 23 v°.

14448. — Arrêt renouvelant les défenses faites à Yves de La Lande, ci-devant commis à la recette des traites de Poitou et de Marans, de faire mettre à exécution certaines contraintes contre divers marchands de Marans, de Saint-Gilles-sur-Vie et des Sables, et autorisant ceux-ci à faire faire une enquête au sujet des concussions dont ils se plaignent.

E 24°, f° 53 r°, et ms. fr. 18176, f° 24 r°.

14449.—Arrêts réglant le payement de 4,350 écus restés dus au capitaine Marc Escher.

E 24°, f°° 55 r° et 56 r°; ms. fr. 18176, f° 25 r° et v°.

1609, 20 octobre. — Paris.

14450. — Acceptation conditionnelle des offres faites par Pierre Le Normant pour le rachat de greffes, rentes et portions de domaine jusqu'à concurrence de 1,200,000 livres.

E 24°, f° 57 r°, et ms. fr. 18176, f° 25 v°.

14451. — Acceptation conditionnelle de l'offre qu'a faite le sieur Trappes de faire rechercher, à ses frais, les « fausses reprises » passées par la chambre des comptes de Montpellier aux receveurs particuliers des tailles du Languedoc.

E 24°, f° 60 r°, et ms. fr. 18176, f° 26 v°.

14452. — Acceptation conditionnelle des offres faites par Charles Lanthier pour l'amortissement de 350,000 livres de rentes.

E 24°, f° 62 r°, et ms. fr. 18176, f° 27 r°.

14453. — Arrêt ordonnant qu'Étienne de Bernard, prétendu seigneur de Playchac, revendra la dite seigneurie aux syndic et consuls de la Plume.

E 24°, f° 63 r°, et ms. fr. 18176, f° 27 r°.

14454. — Arrêt ordonnant l'exécution des sentences rendues par le lieutenant général de Mantes contre Robert Roblastre et Pierre Le Jars, fermiers des greffes du bailliage et de la prévôté de Mantes.

E 24°, f° 65 r°, et ms. fr. 18176, f° 28 r°.

14455. — Arrêt déboutant M° Gabriel de Guénegaud, secrétaire du Roi, des fins de sa requête tendante à l'évocation du procès que lui intente M° Enemont Servient par-devant les Requêtes du Palais.

E 24°, f° 67 r°, et ms. fr. 18176, f° 29 r°.

14456. — Arrêt ordonnant aux trésoriers de France en Dauphiné de donner leur avis sur l'indemnité que demande Gérard de Bézangier, sieur de Saint-Lagier, pour le tort que lui cause l'ouverture d'un chemin aboutissant au port du Pouzin.

E 24°, f° 68 r°, et ms. fr. 18176, f° 29 v°.

14457. — Arrêt ordonnant qu'une somme de 8,365 livres sera levée, en deux ans, sur les habitants de l'élection de Saumur et répartie entre les propriétaires des terrains par lesquels passe le nouveau chemin du faubourg de la Croix-Verte au port de Vivy.

E 24°, f° 69 r°, et ms. fr. 18176, f° 30 r°.

14458.— Arrêt ordonnant que M° Martial Marcel exercera son office de commissaire-examinateur en la sénéchaussée de Guéret concurremment avec le successeur de feu M° Étienne Faure, lieutenant général en la sénéchaussée de la Marche.

E 24°, f° 71 r°, et ms. fr. 18176, f° 31 r°.

14459. — Arrêt suspendant provisoirement les poursuites exercées, pour le payement des droits de francs-fiefs et de nouveaux acquêts, contre le syndic du Houga, les marguilliers de l'église Saint-Pierre et de Notre-Dame-du-Mas.

E 24°, f° 73 r°, et ms. fr. 18176, f° 32 r°.

14460. — Arrêt ordonnant la vérification de la

somme restée due par les trois États de Combrailles au feu sieur Dally.

E 24*, f° 74 r°, et ms. fr. 18176, f° 32 v°.

14461. — Arrêt ordonnant que l'adjudication des offices de receveurs du domaine de Rouen saisis sur M° Jean Belys ne pourra être faite ailleurs qu'au Conseil.

E 24*, f° 75 r°, et ms. fr. 18176, f° 32 v°.

14462. — Arrêt ordonnant la publication des offres de Jean de Bony relatives aux fermes des 9 livres 18 sols par tonneau de vin entrant en Picardie, des 12 deniers par pot de vin débité en détail dans ladite généralité et des 60 sols par muid de vin sortant des généralités de Picardie, de Champagne et de Soissons.

E 24*, f° 76 r°, et ms. fr. 18176, f° 33 r°.

14463. — Arrêt accordant à Charles Du Han, fermier des Cinq grosses fermes, un rabais de 135.000 livres pour chacune des années de son bail qui restent à courir à partir du 9 avril 1609, date de la publication de la trêve conclue avec le roi d'Espagne, l'archiduc d'Autriche et les Provinces-Unies.

E 24*, f° 77 r°, et ms. fr. 18176, f° 33 v°.

14464. — Arrêt déclarant que les personnes condamnées à une amende par sentences des juges de la table de marbre de Rouen, et dont les appels sont surannés, seront contraintes au payement de ladite amende, nonobstant tous arrêts contraires du parlement de Rouen.

E 24*, f° 79 r°, et ms. fr. 18176, f° 34 v°.

14465. — Arrêt statuant sur diverses instances pendantes entre M° Claude Charpentier, receveur des aides et tailles en l'élection de Moulins et payeur du vice-sénéchal de Bourbonnais, M° Edmond Berthelin, commis à la recette de certaines taxes faites sur les receveurs du taillon, Esmé Marillier et Jacques Abillan, receveurs du taillon en l'élection de Moulins.

E 24*, f° 81 r°, et ms. fr. 18176, f° 35 r°.

14466. — Arrêt ordonnant que les articles accordés à M° Jacques Gervais, le 6 courant (n° 14427), lui serviront de bail.

E 24*, f° 83 r°, et ms. fr. 18176, f° 36 v°.

14467. — Arrêt ordonnant aux juges du Maine de laisser jouir de toutes ses prérogatives M° Jacques Du Vivier, receveur des consignations en la sénéchaussée du Maine.

E 24*, f° 84 r°, et ms. fr. 18176, f° 36 v°.

14468. — Arrêt révoquant tous les dons de droits ou de terres dépendants de l'ancien domaine de Navarre qui ont été faits avant le contrat d'Antoine Billard, mais qui n'étaient alors ni effectués ni vérifiés, ainsi que tous les dons postérieurs de terres vaines et vagues, de cens, rentes, droits seigneuriaux, etc.

E 24*, f° 86 r°, et ms. fr. 18176, f° 44 r°.

14469. — Arrêt réglant l'exécution de l'arrêt du 14 mai dernier (n° 13708), obtenu par Gabriel de L'Aubespine, évêque d'Orléans.

E 24*, f° 88 r°, et ms. fr. 18176, f° 37 v°.

14470. — Arrêt réglant le payement de l'augmentation de gages attribuée à M° Robert Leblaye, trésorier de France à Caen.

E 24*, f° 90 r°, et ms. fr. 18176, f° 38 r°.

14471. — Arrêt ordonnant l'élargissement sous caution de M° Étienne Le Pelletier, ci-devant receveur triennal des tailles en l'élection de Loches.

E 24*, f° 91 r°, et ms. fr. 18176, f° 38 v°.

14472. — Arrêt déclarant qu'Antoine de Heghes, ancien maïeur de Montreuil, sera subrogé au lieu et place de son frère feu François de Heghes, adjudicataire de la fourniture des munitions de Montreuil, Boulogne et Rue.

E 24*, f° 92 r°, et ms. fr. 18176, f° 39 r°.

14473. — Arrêt ordonnant que la taxe de 30 livres 16 sols par gros muid de sel vendu au grenier de Coucy continuera d'être levée jusqu'à concurrence d'une somme de 2,275 livres, qui sera employée aux réparations du beffroi, de l'auditoire et de la geôle.

E 24*, f° 93 r°, et ms. fr. 18176, f° 39 v°.

14474. — Arrêt renvoyant aux trésoriers de France à Aix la requête par laquelle Thomas Arnaud, habitant de Riez, demande, pour lui et pour les siens, le privilège du transport du bois, depuis la montagne jusqu'à la mer, par les voies d'eau qu'il a lui-même frayées en partie.

E 24°, f° 95 r°, et ms. fr. 18176, f° 40 r°.

14475. — Arrêt renvoyant aux trésoriers de France en Guyenne un placet de Guillien Denestins, valet de pied du Roi, qui demande concession d'un arpent de terre à la Roche-du-Sault, avec l'autorisation d'y construire un moulin.

E 24°, f° 96 r°, et ms. fr. 18176, f° 40 v°.

14476. — Arrêt ordonnant la vérification de tous les payements faits au feu sieur de Larchant, gouverneur d'Évreux, par les trésoriers de l'Extraordinaire des guerres depuis le 1er janvier 1589.

E 24°, f° 97 r°, et ms. fr. 18176, f° 41 r°.

14477. — Arrêt relatif à l'exécution du traité passé avec Me Louis Massuau «pour les debetz de quittances estans sur les comptes des comptables».

E 24°, f° 98 r°, et ms. fr. 18176, f° 41 v°.

14478. — Arrêt réglant le payement d'une somme de 3,200 livres due à Me Charles de Malon, président au Grand Conseil, pour quatre années de ses gages de conseiller au Parlement et de commissaire aux Requêtes du Palais.

E 24°, f° 99 r°, et ms. fr. 18176, f° 42 r°.

14479. — Arrêt ordonnant l'examen des contrats d'engagements et des arrêts qui sont aux mains des héritiers d'Esme Marchant, acquéreur des greffes et offices de clercs de la sénéchaussée et du présidial de Clermont, en Auvergne.

E 24°, f° 101 r°, et ms. fr. 18176, f° 42 v°.

14480. — Arrêt prorogeant durant six années nouvelles l'exemption de tailles accordée aux habitants de Saint-Michel, de Saint-Patrice et d'Ingrandes, à la condition d'entretenir les turcies et levées de la Loire dans les parties confinant leurs paroisses.

E 24°, f° 102 r°, et ms. fr. 18176, f° 43 r°.

14481. — Arrêt déchargeant d'une amende de 300 livres Me Jean Palot, ci-devant commis à la re-

cette des 5 sols par minot de sel destinés au payement du colonel Dompmartin.

E 24°, f° 103 r°, et ms. fr. 18176, f° 43 v°.

14482. — Arrêt ordonnant que les gardes des monnaies, en faisant leurs chauvauchées, procéderont promptement au jugement et à la condamnation des faux monnayeurs ou trafiquants d'or et d'argent; confiant à Me Thomas de Villars le recouvrement des amendes, et ordonnant qu'outre le prix de ses vacations, il touchera sur le produit desdites amendes une somme de 30,000 livres, avec laquelle il établira, en une ville à lui désignée, l'industrie de la soie.

E 24°, f° 105 r°, et ms. fr. 18176, f° 45 r°.

14483. — Arrêt ordonnant aux trésoriers de France à Grenoble de faire savoir, dans le délai d'un mois, si les commissaires de la trésorerie qui font le recouvrement des tailles ou des deniers levés par les États en Dauphiné sont pourvus en titre d'offices.

E 24°, f° 107 r°, et ms. fr. 18176, f° 46 r°.

14484. — Arrêt réglant le payement des frais dus à Me Pierre Le Charron et Jean Charron, trésoriers généraux de l'Extraordinaire des guerres, pour le transport de Paris à Metz des deniers distribués au colonel de Dompmartin, à ses capitaines et à ses reîtres.

E 24°, f° 108 r°, et ms. fr. 18176, f° 46 v°.

14485. — Arrêt renvoyant aux commissaires députés pour la vérification des dettes du Dauphiné une réclamation du sieur de La Coste, conseiller au parlement de Dauphiné, et des dames d'Hurtière et de La Tuilière, qui demandent remboursement d'une somme de 15,000 livres par eux prêtée à la communauté de Voiron.

E 24°, f° 109 r°, et ms. fr. 18176, f° 47 r°.

14486. — Arrêt ordonnant le versement immédiat à l'Épargne de tous les deniers saisis, à Paris, sur le marquis d'Urfé à la requête du sieur de Montaignac et d'autres créanciers, ainsi que le versement du complément de la somme due par ledit marquis pour le tiercement des terres de Sury, Saint-Marcellin, etc.

E 24°, f° 110 r°, et ms. fr. 18176, f° 47 r°.

14487. — «Estat de ceulx qui ont faict des partis avecq Sa Majesté pour le rachapt d'aulcunes partz et portions de son domayne ou rentes, aux traictez desquelz les clauses de cautionnement pour l'observation d'iceulx ont esté obmises, lesquels néanmoins... sont condampnez à bailler des cautions ou de fournir des rachaptz à proportion de ce à quoy monte le total des remboursemens èsquelz ils sont obligez. »

E 24*, f° 112 r°, et ms. fr. 18176, f° 48 v°.

14488. — «Estat des cautions ou rachaptz que aulcuns de ceulx qui ont traicté avec Sa Majesté pour la réunion de certaines portions de son domaine ou admortissement de rentes se sont obligez, par leurs contractz, de fournir, lesquelz n'ont satisfaict à iceulx... »

E 24*, f° 118 r°, et ms. fr. 18176, f° 51 r°.

14489. — Acceptation conditionnelle des offres faites par Louis Gaveau, secrétaire de la chambre du Roi, pour le remboursement d'offices héréditaires jusqu'à concurrence de 166,300 livres.

E 24*, f° 122 r°, et ms. fr. 18176, f° 26 r°.

14490. — Articles accordés à M°° Auguste Prévost et Martin Hérissé pour la jouissance, durant seize ans, de tous les revenus du domaine de Paris non engagé.

E 24*, f° 123 r°, et ms. fr. 18176, f° 53 r°.

14491. — Arrêt défendant aux trésoriers des Parties casuelles de délivrer aucune quittance d'offices ou de taxes à des particuliers soi-disant intéressés en ces offices ou en ces taxes et qui promettent de leur en fournir de valables reçus.

E 24*, f° 129 r°, et ms. fr. 18176, f° 57 v°.

14492. — Arrêt défendant à tous les comptables de faire figurer dans leurs états des quittances supérieures aux sommes qu'ils ont effectivement payées, et leur défendant de remplacer les payements réels par des promesses ou «certifications».

E 24*, f° 131 r°, et ms. fr. 18176, f° 57 v°.

14493. — Arrêt ordonnant que les personnes qui ont traité de la réunion de certaines portions de domaine ou de l'amortissement de certaines rentes seront contraintes de se conformer aux arrêts du Conseil du 30 décembre 1608, du 7 et du 14 mai et du 4 août 1609 (n°° 13068, 13664, 13709 et 14135).

E 24*, f° 132 r°, et ms. fr. 18176, f° 57 v°.

———

1609, 22 octobre. — Paris.

14494. — Arrêt permettant à tous les sujets du royaume de s'adresser, pour les expéditions en cour de Rome, à tel banquier ou solliciteur que bon leur semblera, et révoquant le brevet du 1er février 1607 expédié en faveur d'Étienne Gueffier, «solliciteur soubz l'auctorité des ambassadeurs de Sa Majesté en ladite cour de Romme ».

E 24*, f° 134 r°, et ms. fr. 18176, f° 47 v°.

14495. — Arrêt défendant aux États provinciaux de faire aucune levée sans lettres patentes du Roi et d'employer le produit de ces levées en dons et gratifitions, comme bon leur semble.

E 24*, f° 136 r°, et ms. fr. 18176, f° 58 r°.

14496. — Adjudication des impôts levés sur la Charente et dans les ports de la Gironde et de la Seudre, faite, pour six ans, à René Revel, bourgeois de Paris, moyennant le payement annuel de 2,000 livres.

E 24*, f° 138 r°, et ms. fr. 18176, f° 58 v°.

———

1609, 24 octobre. — Paris.

14497. — Arrêt ajournant l'adjudication des emplacements de loges ou de boutiques attenants à l'église Saint-Jean de Troyes, jusqu'à ce que le lieutenant du Grand voyer ait fait savoir si la construction de ces boutiques nuirait à la circulation.

E 24*, f° 142 r°, et ms. fr. 18176, f° 61 v°.

14498. — Arrêt statuant sur un procès pendant entre le syndic de Morlaix et François Collin, sieur de Poulras et consorts; ordonnant la continuation d'une levée dont le produit est destiné à l'entretien d'un prédicateur français et à la construction de la maison de ville, du collège et des halles.

E 24*, f° 143 r°, et ms. fr. 18176, f° 61 v°.

14499. — Arrêt relatif à un procès pendant entre Antoine de La Luthumière, seigneur et baron du lieu, et M° Guillaume Lucas, avocat du Roi en la vicomté de Valognes.

E 24°, f° 147 r°, et ms. fr. 18176, f° 65 v°.

14500. — Arrêt réglant la manière dont se feront les ventes de bois en la forêt de Perseigne, et ordonnant que des poursuites seront dirigées contre les officiers coupables de malversations, à la requête d'Antoine Billard, fermier général du domaine de Navarre.

E 24°, f° 148 r°, et ms. fr. 18176, f° 66 r°.

14501. — Arrêt relatif à l'exécution du traité passé par Nicolas Lévesque et au rachat de certain droit accordé aux receveurs des aides pour la réception des cautions.

E 24°, f° 150 r°, et ms. fr. 18176, f° 66 v°.

14502. — Arrêt ordonnant la restitution de l'or, de l'argent, des joyaux, des hardes, des chevaux et des mulets confisqués sur Florent et Gaspard de Raya par sentence des gardes en la maîtrise des ports et passages de Lyon.

E 24°, f° 151 r°, et ms. fr. 18176, f° 67 r°.

14503. — Arrêt relatif à un procès pendant entre les marchands de vin d'Amiens et Barthélemy Carteret, fermier du sol pour pot de vin levé en Picardie.

E 24°, f° 153 r°, et ms. fr. 18176, f° 68 r°.

14504. — Arrêt accordant un délai de six mois à M° Honoré de Serre, trésorier de la marine du Levant, pour le recouvrement d'une somme de 4,940 livres à lui restée due par M° Bertrand Borelly, receveur général des finances en Provence.

E 24°, f° 154 r°, et ms. fr. 18176, f° 69 r°.

14505. — Arrêt ordonnant la visite des ponts et des remparts de Marmande, écroulés sur plusieurs points, et l'estimation des sommes auxquelles pourraient monter les réparations.

E 24°, f° 155 r°, et ms. fr. 18176, f° 69 r°.

14506. — Arrêt ordonnant derechef aux maire et échevins de Troyes de communiquer l'état des dettes contractées par ladite ville durant les troubles à M° Laurent Ficquet, qui a passé un traité pour l'acquittement desdites dettes.

E 24°, f° 156 r°, et ms. fr. 18176, f° 69 v°.

14507. — Arrêt autorisant les conseillers et échevins de Dieppe à constituer des rentes au denier sept pour l'amortissement d'autres rentes précédemment constituées au denier dix.

E 24°, f° 158 r°, et ms. fr. 18176, f° 72 r°.

14508. — Arrêt évoquant au Conseil le procès pendant au parlement de Toulouse entre le juge-mage et les magistrats présidiaux du Rouergue, d'une part, et les élus de Rouergue, d'autre part, au sujet de l'établissement de ladite élection; ordonnant le rétablissement du banc desdits élus en l'église de Villefranche; leur accordant 200 livres par an pour la location d'une maison de justice et pour leurs menues nécessités, etc.

E 24°, f° 159 r°, et ms. fr. 18176, f° 70 v°.

14509. — Avis du Conseil tendant à faire don de 1,600 écus à René de Rochebaron, comte de Berzé, qui demandait la validation d'un payement de pareille somme à lui fait, par ordonnance du sieur de Biron, « pour son remboursement des frais par luy faictz à la garde du chasteau de Montcenis, depuis razé pour le repos de la province de Bourgongne ».

E 24°, f° 161 r°, et ms. fr. 18176, f° 72 r°.

14510. — Arrêt prononçant la confiscation du sel, des charrettes et des bœufs saisis sur Isaac Rodde au profit de M° Pierre Moynier, fermier des impositions levées sur la Garonne et la Dordogne.

E 24°, f° 162 r°, et ms. fr. 18176, f° 72 r°.

14511. — Arrêt déclarant les 28 pipes de sel, les 28 charrettes et les 28 paires de bœufs saisies sur Jean de Labbe bien et dûment confisquées au profit de M° Pierre Moynier.

E 24°, f° 164 r°, et ms. fr. 18176, f° 73 r°.

14512. — Arrêt renvoyant aux trésoriers de France à Orléans une requête des paroissiens de Notre-Dame-de-Recouvrance et de Saint-Jean, son annexe, tendante à l'autorisation de lever une somme de 19,900 livres, qui sera employée à la reconstruction de Notre-Dame-de-Recouvrance, démolie durant les troubles de 1567.

E 24*, f° 166 r°, et ms. fr. 18176, f° 73 v°.

14513. — Arrêt évoquant au Conseil un procès pendant entre Claude Voisin, Nicolas Du Vivier, Jean Ruffier, Nicolas de La Haye, maîtres paveurs de Paris, au sujet du rétablissement et de l'entretien du pavé de Paris.

E 24*, f° 167 r°, et ms. fr. 18176, f° 74 r°.

14514. — Arrêt ordonnant une enquête au sujet des parentés qui peuvent exister entre M⁰ Baptiste de Boyer, conseiller au parlement de Provence, et plusieurs membres de ladite cour, avant qu'il soit statué sur la demande d'évocation du procès pendant entre les sieurs de Sainte-Cécile et Des Ambiés, d'une part, Antoine de Boyer, gentilhomme de la Chambre, et ledit Baptiste de Boyer, d'autre part.

E 24*, f° 169 r°, et ms. fr. 18176, f° 74 v°.

14515. — Arrêt renvoyant aux trésoriers de France à Paris une requête en remise et en réduction de tailles présentée par les habitants d'Hermeray, village ruiné par le séjour des troupes, particulièrement des Suisses, et par une épidémie.

E 24*, f° 170 r°, et ms. fr. 18176, f° 75 r°.

14516. — Arrêt statuant sur un procès pendant entre Jacques Gobelot et M⁰ Gaston de Grieu, conseiller au Parlement, et ordonnant nouvelle adjudication du greffe civil et criminel des bailliage et vicomté d'Orbec.

E 24*, f° 172 r°, et ms. fr. 18176, f° 76 r°.

14517. — Arrêt renvoyant aux trésoriers de France à Moulins une demande en remise de tailles présentée par les habitants de Vaumas, dont le territoire a été ravagé par une inondation et les vignes détruites par la gelée.

E 24*, f° 174 r°, et ms. fr. 18176, f° 77 r°.

14518. — Arrêt renouvelant l'autorisation déjà donnée à Jacqueline Rougeault, à Catherine Chapelier et consorts de se livrer à la fabrication et à la dé-

coration des poupées, et condamnant aux dépens et à des dommages-intérêts les prétendus maîtres poupetiers, pour contravention à l'arrêt du 22 septembre dernier (n° 14299).

E 24*, f° 175 r°, et ms. fr. 18176, f° 77 v°.

14519. — Arrêt suspendant pendant deux mois toutes poursuites contre les ecclésiastiques de Forez, de Lyonnais et de Beaujolais pour le payement des tailles qu'on leur réclame à raison de leurs biens possédés en roture, et qui ne sont pas biens d'Église.

E 24*, f° 177 r°, et ms. fr. 18176, f° 78 v°.

14520. — Arrêt renvoyant au Grand Conseil le procès criminel du comte et de la comtesse de Sanzay et du sieur de Balagny, qui se seraient emparés à main armée du château de Tupigny, ledit de Balagny étant, de plus, accusé d'avoir arrêté, piétiné, blessé, fouillé et emprisonné Louis Potier, qu'il voulait forcer à porter de faux témoignages contre la vie et l'honneur des barons de «Tisse» et Baulle.

E 24*, f° 178 r°, et ms. fr. 18176, f° 79 r°.

14521. — Arrêt validant les payements faits par le trésorier de l'Épargne aux créanciers d'Alexandre Grimaud, de qui le Roi a acquis «les six parts et portions» de la terre et seigneurie d'Antibes.

E 24*, f° 180 r°, et ms. fr. 18176, f° 79 v°.

14522. — Arrêt accordant à Jean Lebon, brasseur de Melun, décharge du droit de huitième sur la bière qu'il vend.

E 24*, f° 182 r°, et ms. fr. 18176, f° 80 v°.

14523. — Arrêt autorisant la levée d'une somme de 14,000 livres due par le pays de Quercy à Jean de Lolmye, sieur de Rains, comme indemnité pour la démolition de son château de Rains.

E 24*, f° 183 r°, et ms. fr. 18176, f° 87 v°.

14524. — Arrêt renvoyant aux trésoriers de France en Dauphiné une requête de Bertrand de Morges, sieur de La Motte, qui demande l'autorisation de construire des moulins sur l'Isère, à Grenoble.

E 24*, f° 185 r°, et ms. fr. 18176, f° 80 v°.

14525. — Arrêt interdisant à la Cour des aides,

et réservant au Conseil la connaissance du procès pendant entre Étienne Ringues et Jean Ravenel, fermiers des traites et impositions d'Anjou, du duché de Beaumont, de la vicomté de Thouars, etc., et les députés des villes d'Angers et de Laval.

E 24*, f° 186 r°, et ms. fr. 18176, f° 81 v°.

14526. — Arrêt réglant le payement d'une somme de 20,000 livres assignée au prince et à la princesse de Conti sur la recette générale de Bretagne.

E 24*, f° 187 r°, et ms. fr. 18176, f° 81 r°.

14527. — Arrêt renvoyant aux trésoriers de France à Bourges une requête des habitants de Vierzon, qui, à raison des pertes que leur a fait subir l'orage du 24 août dernier, demandent à être exemptés des tailles pendant cinq ans.

E 24*, f° 188 r°, et ms. fr. 18176, f° 82 r°.

14528. — Arrêt renvoyant aux trésoriers de France à Paris deux requêtes en remise de tailles présentées par les habitants de Méru et de Saint-Martin-du-Tertre, dont les récoltes ont été détruites par l'orage ou la gelée.

E 24*, f° 189 r°, et ms. fr. 18176, f° 82 r°.

14529. — Arrêt ordonnant la vérification de ce que Bernard Briançon prétend lui être dû par la ville de Tournon, en Agenais, et condamnant les habitants à lui payer immédiatement 3,000 livres.

E 24*, f° 190 r°, et ms. fr. 18176, f° 85 v°.

14530. — Arrêt défendant aux prévôt des marchands et échevins de Lyon d'exiger des marchands aucun droit d'entrée pour le vin qui passe debout dans ladite ville.

E 24*, f° 192 r°, et ms. fr. 18176, f° 85 r°.

14531. — Arrêt ordonnant à ceux qui ont levé les quittances des offices de lieutenants et de procureurs du Roi dans les sénéchaussées de Montmorillon, de Civray et de Fontenay de rapporter au Conseil leurs quittances ou leurs provisions d'offices.

E 24*, f° 193 r°, et ms. fr. 18176, f° 84 v°.

14532. — Arrêt ordonnant que Nicolas Verdonnet, du comté de Neufchâtel, en Suisse, sera payé d'une somme de 13,000 écus sur les biens de M° Nicolas Payot, par préférence à la femme, au gendre et aux autres créanciers dudit Payot.

E 24*, f° 194 r°, et ms. fr. 18176, f° 83 v°.

14533. — Arrêt renvoyant aux trésoriers de France à Moulins une requête en remise de tailles présentée par les habitants de Montluçon, dont les vignes ont été gelées et les récoltes détruites par un orage.

E 24*, f° 196 r°, et ms. fr. 18176, f° 83 v°.

14534. — Arrêt renvoyant aux trésoriers de France à Orléans les requêtes en remise de tailles présentées par les habitants de Saint-Denis, de Ménars, de Cour-sur-Loire, de Suèvres, de Séris, de Lussay, de Lanneray, de Lorges, de Josnes et de Briou, dont les vignes ont été gelées en 1608 et grêlées en 1609.

E 24*, f° 197 r°, et ms. fr. 18176, f° 83 r°.

14535. — Arrêt renvoyant aux trésoriers de France à Moulins une requête en remise de tailles présentée par les habitants de Saint-Plantaire et de Murat, dont le territoire a été ravagé par un orage.

E 24*, f° 198 r°, et ms. fr. 18176, f° 82 v°.

14536. — Arrêt renvoyant aux trésoriers de France à Grenoble et aux commissaires députés pour la réunion du domaine de Dauphiné une requête de Bertrand de Morges, sieur de La Motte, du Châtelard et de La Bâtie-d'Avane, tendant à un échange d'hommes entre lui et Sa Majesté.

E 24*, f° 199 r°, et ms. fr. 18176, f° 81 r°.

14537. — Arrêt ordonnant aux conseillers et échevins de Rouen de payer les sommes pour lesquelles Thomas Crevier est emprisonné.

E 24*, f° 200 r°, et ms. fr. 18176, f° 88 r°.

14538. — Arrêt déchargeant le bas pays d'Auvergne de l'établissement de la gabelle et des greniers à sel, à condition qu'il indemnise M° Étienne Blancheteau.

E 24*, f° 201 r°, et ms. fr. 18176, f° 89 r°.

14539. — Arrêt ordonnant la vérification des comptes et des rôles des receveurs, syndics et députés du diocèse de Cahors, et autorisant les abbés de Fi-geac, Marcillac et consorts à lever sur eux-mêmes 3,000 livres «pour fournir aux frais, poursuitte et recouvrement» des deniers indûment levés sur eux.

E 24*, f° 203 r°, et ms. fr. 18176, f° 89 v°.

14540. — Arrêt autorisant la levée d'une somme de 1,159 livres 19 sols due par les habitants de la paroisse de Saint-Pierre-Puillier de Tours à leurs anciens procureurs-syndics.

E 24*, f° 205 r°, et ms. fr. 18176, f° 90 v°.

14541. — Arrêt condamnant les échevins de Clermont, en Auvergne, à faire lever sur les habitants et payer à Annet de Monchoson le capital et les intérêts d'une somme de 1,072 livres 16 sols 6 deniers.

E 24*, f° 206 r°, et ms. fr. 18176, f° 91 r°.

14542. — Arrêt portant acceptation condition-nelle des offres faites par M° Thomas Robin, maître d'hôtel de la reine Marguerite, pour l'amortissement de 900,000 livres de rentes.

E 24*, f° 208 r°, et ms. fr. 18176, f° 92 r°.

14543. — Acceptation conditionnelle des offres faites par Gatien Bugnon pour l'amortissement de 360,000 livres de rentes.

E 24*, f° 209 r°, et ms. fr. 18176, f° 92 v°.

1609, 27 octobre. — Paris.

14544. — Arrêt prononçant la radiation d'un certain nombre de prêts dont les trésoriers de France en Languedoc prétendaient exiger le remboursement.

E 24*, f° 211 r°, et ms. fr. 18176, f° 93 r°.

14545. — Arrêt statuant sur un procès pendant entre le duc de Nemours et Michel Dervieu au sujet de l'office de greffier des tailles des paroisses de Chas-selay, Quincieux, etc.

E 24*, f° 213 r°, et ms. fr. 18176, f° 92 v°.

14546. — Arrêt relatif à un procès pendant entre M° Guillaume de Balmes, fermier général des ga-belles de Lyonnais, Beaujolais, etc., et les trésoriers

de France en Bourgogne, au sujet des offices d'Im-bert Mabire, de Jean Constantin, de César Briquet et d'Étienne Simon.

E 24*, f° 215 r°, et ms. fr. 18176, f° 94 v°.

14547. — Arrêt statuant sur un procès pendant entre les maîtres et gardes de la marchandise de mer-cerie, grosserie et joaillerie de Paris, les maîtres jurés cordonniers de Paris, le duc de Nemours et les maîtres corroyeurs et baudroyeurs de Paris, autorisant les merciers, grossiers et joailliers de Paris à faire com-merce de maroquins étrangers, et réglementant le commerce tant du maroquin que des autres cuirs de bœuf, de vache, de mouton, etc.

E 24*, f° 216 r°, et ms. fr. 18176, f° 96 v°; AD ✠ 147, n° 29.

14548. — Arrêt acceptant la caution présentée par Mes Auguste Prévost et Martin Herissé en exécution de leur traité du 20 octobre (n° 14490).

E 24*, f° 218 r°; cf. ibid., f° 219 r°; ms. fr. 18176, f° 95 r°.

14549. — Arrêt ordonnant l'exécution du traité passé avec François de La Croix pour le rembourse-ment des droits de chauffage, et ce nonobstant les remontrances des officiers des eaux et forêts.

E 24*, f° 221 r°, et ms. fr. 18176, f° 95 v°.

14550. — Arrêt renvoyant aux premiers prési-dents du parlement et de la chambre des comptes de Provence et à l'un des trésoriers de France audit pays une requête des communautés de Valernes, de Vau-meilh, de la Motte, de Bayons et d'Esparron au sujet de leurs démêlés avec leurs créanciers.

E 24*, f° 222 r°, et ms. fr. 18176, f° 96 r°.

14551. — Arrêt accordant une hypothèque sur les terres de Sury, Saint-Marcellin, etc., aux personnes qui prêteront au sieur d'Urfé de quoi payer le tierce-ment desdites terres.

E 24*, f° 224 r°, et ms. fr. 18176, f° 101 r°.

14552. — Arrêt autorisant les habitants du Pont-Faverger à lever une somme de 2,385 livres destinée à l'amortissement d'une rente.

E 24*, f° 226 r°, et ms. fr. 18176, f° 98 r°.

14553. — Arrêt ordonnant que les trésoriers des États de Bretagne rendront compte au Conseil de tous les deniers qui leur ont passé par les mains depuis 1598 jusqu'à 1608.

E 24*, f° 228 r°, et ms. fr. 18176, f° 99 r°.

14554. — « Remontrances que font au Roy et à nosseigneurs de son Conseil les gens de la chambre des comptes de Nérac sur l'exécution du bail à ferme de l'antien domaine », avec les réponses du Conseil.

E 24*, f° 230 r°, et ms. fr. 18176, f° 99 v°.

1609, 29 octobre. — Paris.

14555. — Arrêt ordonnant l'estimation et le payement de l'indemnité due aux héritiers de Mathieu Masson, mercier de Calais, pour l'expropriation de sa maison sise à Boulogne, près la porte de Dunes, qui a été transformée en corps de garde.

E 24*, f° 234 r°, et ms. fr. 18176, f° 101 r°.

14556. — Arrêt statuant sur un procès pendant entre le procureur-syndic des États du Dauphiné et les veuve et héritiers de Me Alexandre Pollaillon, fermier de la ferme dite « à la part du royaume ».

E 24*, f° 236 r°, et ms. fr. 18176, f° 101 v°.

14557. — Arrêt réglant les conditions auxquelles pourront être élargis Jacques Ferrier, Victor Begon et Hugues Poisson, fermiers généraux du comté de Clermont, en Auvergne, de la baronnie de Latour et des autres terres qui en dépendent.

E 24*, f° 238 r°, et ms. fr. 18176, f° 102 v°.

14558. — Arrêt ordonnant la vérification de l'emploi que les parlements de Toulouse et de Bordeaux ont fait des amendes adjugées au Roi par les juges inférieurs.

E 24*, f° 240 r°, et ms. fr. 18176, f° 104 r°.

14559. — Arrêt autorisant les habitants de Langon à lever sur eux-mêmes une somme de 1,500 livres destinée au payement d'une partie de leurs dettes.

E 24*, f° 241 r°, et ms. fr. 18176, f° 104 v°.

14560. — Arrêt suspendant toutes poursuites contre le sieur de Coëtnisan, ci-devant gouverneur de Morlaix, au sujet des sommes qu'il s'est fait attribuer, sur l'ordre de MM. de Saint-Luc et de Sourdéac, lieutenants généraux en Bretagne, pour le payement de cinq compagnies de gens de pied.

E 24*, f° 242 r°, et ms. fr. 18176, f° 105 r°.

14561. — Arrêt relatif à l'exécution du traité passé avec Me Michel Chenart pour le « party des offices vaccans par mort délaissez aux Parties casuelles auparavant l'année MVIe cinq ».

E 24*, f° 243 r°, et ms. fr. 18176, f° 105 v°.

14562. — Arrêt déclarant que, bien que le duché de Châtellerault ait été engagé à Mlle de Montpensier, on ne doit point louer le droit de pacage dans la garenne de Châtellerault, ce qui en éloignerait tout le gibier.

E 24*, f° 244 r°, et ms. fr. 18176, f° 106 r°.

14563. — Arrêt ordonnant l'exécution des jugements et arrêts obtenus contre les clercs du greffe criminel du parlement de Paris par Alexandre Marchand et Antoine Cathebert.

E 24*, f° 245 r°, et ms. fr. 18176, f° 106 r°.

14564. — Arrêt évoquant au Conseil l'opposition faite à l'installation d'Antoine Cathebert par les clercs du greffe criminel du parlement de Paris.

E 24*, f° 246 r°, et ms. fr. 18176, f° 106 v°.

14565. — Arrêt réglant le payement d'une somme de 900 livres due au sieur Vignier, maître des requêtes, pour ses vacations en la recherche des abus et malversations commis par les officiers du présidial de Saintes.

E 24*, f° 247 r°, et ms. fr. 18176, f° 107 r°.

14566. — Arrêt maintenant la saisie des comptes et papiers de Nicolas Herbin, comme importants au point de vue de l'exécution du traité de Me Louis Massuau.

E 24*, f° 248 r°, et ms. fr. 18176, f° 107 v°.

14567. — Arrêt statuant sur diverses instances pendantes entre le cardinal de Joyeuse, Me Jean Deschamps, Jean Gauvin, l'avocat et le procureur du Roi au siège de Villefranche, l'adjoint aux enquêtes et le syndic de la communauté des procureurs-postulants de ladite ville, et maintenant lesdits Deschamps et Gauvin en la jouissance de leurs offices de substituts adjoints aux enquêtes et de procureurs-postulants de Villefranche.

E 24*, f° 249 r°, et ms. fr. 18176, f° 108 r°.

14568. — Arrêt ordonnant la vérification et l'exécution de l'édit du 11 août 1606 relatif à la création des offices de regrattiers et de revendeurs de sel à petites mesures, et ce nonobstant l'opposition des États du Dauphiné et des fermiers généraux des gabelles audit pays.

E 24*, f° 253 r°, et ms. fr. 18176, f° 110 r°.

14569. — Arrêt statuant sur un procès pendant entre M° Maurice Tardy et M° Antoine Seiglière, receveur des tailles en la Marche.

E 24*, f° 254 r°, et ms. fr. 18176, f° 110 v°.

14570. — Arrêt relatif à l'exécution du traité passé par Alexandre Marchant pour la réunion du domaine, des greffes et des rentes de Normandie et du ressort de Paris.

E 24*, f° 256 r°, et ms. fr. 18176, f° 112 r°.

14571. — Arrêt ordonnant la remise aux mains du sieur Langlois, conseiller d'État, des papiers de feu François Jusseaume, receveur général des finances à Tours, et de M° Michel Bricon, receveur des tailles à Montreuil-Bellay, et ordonnant l'élargissement provisoire de Jean Boileau, sieur de Maulaville.

E 24*, f° 257 r°, et ms. fr. 18176, f° 112 v°.

14572. — Arrêt déchargeant les habitants de Calais des poursuites qui leur sont intentées par les commissaires chargés de «la recherche des acquitz à caution des marchandises transportées de ville à autre par les marchans de ce royaume».

E 24*, f° 259 r°, et ms. fr. 18176, f° 114 r°.

14573. — Arrêt renvoyant au Parlement tous les procès pendants entre la communauté des marchands de vin, hôteliers et cabaretiers de Paris et les jurés vendeurs et contrôleurs de vin de ladite ville.

E 24*, f° 261 r°.

14574. — Arrêt ordonnant qu'une somme de 396 livres demeurée due par feu Guyot de Masso, commis au contrôle de la démolition de la citadelle de Lyon, sera prise sur ce qui reste du prix d'une terre et d'une seigneurie qui appartenaient audit défunt.

E 24*, f° 263 r°, et ms. fr. 18176, f° 116 r°.

14575. — Arrêt autorisant la levée d'une somme de 1,274 livres 11 sols due par les habitants de l'élection de Nemours au receveur des deniers communs de ladite ville et à la veuve de M°François Gicare, lequel, en 1592, fut commis à la recette des 9,000 livres payées au Roi pour l'obtention de lettres de neutralité.

E 24*, f° 265 r°.

14576. — Arrêt ordonnant qu'épreuve sera faite, en présence du duc de Sully, des nouveaux fours inventés par les sieurs Le Caire, du pays de Savoie, et Denis Thouyn, qui sollicitent chacun un privilège.

E 24*, f° 267 r°.

14577. — Arrêt reconnaissant à Thomas Lanche, sieur de Moissac, procureur des places et havres de «Massacaretz», en Algérie, le droit d'exiger, tant pour le passé que pour l'avenir, certaines taxes des marchands qui trafiquent en ces parages, et ce nonobstant la démolition du Bastion-de-France, dont ledit Lanche a poursuivi, à grands frais et au péril de sa vie, la reconstruction.

E 24*, f° 268 r°, et ms. fr. 18176, f° 117 v°.

14578. — Acceptation conditionnelle des offres faites par Jean de La Grange pour le rachat de 900,000 livres de domaine aliéné.

E 24*, f° 270 r°, et ms. fr. 18174, f° 118 v°.

14579. — Adjudication des 9 livres 18 sols par tonneau de vin entrant ès villes et bourgs de Picardie, des 12 deniers par pot de vin vendu audit pays et des 60 sols par muid de vin sortant de Picardie et de Champagne, faite, pour six ans, à Jean Bouy, moyennant le payement annuel de 140,000 livres.

E 24*, f° 272 r°, et ms. fr. 18176, f° 119 r°.

14580. — Acceptation de l'offre que fait Jacques Rougealz de racheter un million de livres de rentes ou de portions de domaine, si le Roi veut conserver le droit d'hérédité aux notaires des ressorts de Toulouse et d'Aix.

E 24*, f° 276 r°.

14581. — Arrêt ordonnant aux trésoriers de France à Montpellier de veiller à l'exécution de l'état ci-joint (n° 14582).

E 24*, f° 278 r°, et ms. fr. 18176, f° 128 v°.

14582. — « Estat du payement que le Roy veult estre faict doresnavant, pour les gaiges des officiers des sièges présidiaulx de Languedoc et des deux visiteurs généraulx alternatifs des gabelles dudit pays, des deniers provenans de la creue de 7 solz 6 deniers sur quintal desdites gabelles. »

E 24*, f° 280 r°, et ms. fr. 18176, f° 121 r°.

1609, 7 novembre. — Paris.

14583. — Acceptation conditionnelle des offres faites par Denis Denyert pour l'achèvement du bastion de Bayonne.

E 24ᵇ, f° 1 r°.

14584. — Arrêt ordonnant aux trésoriers de France à Limoges de dresser un état des revenus du domaine aliéné et non aliéné d'Angoulême, ainsi que des charges grevant ce revenu, et de ce que doit rapporter au Roi la réduction du revenu des acquéreurs de domaine, pour qu'il soit ensuite statué sur une requête du receveur du domaine d'Angoulême.

E 24ᵇ, f° 3 r°, et ms. fr. 18176, f° 129 v°.

14585. — Arrêt évoquant au Conseil le procès pendant en la Cour des aides, au sujet du payement des tailles de la terre de Barbezieux, entre le sieur de Schonberg, comte Nanteuil, et les habitants de Besson, de Merceron, etc.

E 24ᵇ, f° 4 r°, et ms. fr. 18176, f° 130 r°.

14586. — Arrêt condamnant Mᵉ Cyprien Fumouze, receveur général du taillon en Guyenne, à payer 1,200 livres au greffier et aux archers de Moïse d'Esparbez, vice-sénéchal d'Armagnac.

E 24ᵇ, f° 6 r°, et ms. fr. 18176, f° 131 v°.

14587. — Arrêt relatif à l'exécution du traité passé par Claude Barbin et par Martin Le Fevre pour le rachat d'un million de livres de rentes.

E 24ᵇ, f° 8 r°, et ms. fr. 18176, f° 133 r°.

14588. — Arrêt ordonnant que les greffiers ou les commis aux greffes seront tenus de remettre à Claude Barbin et à Martin Le Febvre, les noms et adresses de tous les notaires immatriculés en leurs greffes.

E 24ᵇ, f° 10 r°, et ms. fr. 18176, f° 132 r°.

14589. — Arrêt déclarant que Jacques de Montmorin, baron du lieu, premier écuyer des reines Élisabeth d'Autriche et Louise de Lorraine, touchera 480 livres par an pour ses gages de capitaine du château de Moulins, sans être astreint à d'autre charge qu'au nettoyage du château et à la conservation des meubles.

E 24ᵇ, f° 11 r°, et ms. fr. 18176, f° 134 r°.

14590. — Arrêt statuant sur un procès pendant entre Mᵉ Aubin Girault, lieutenant particulier civil et criminel au siège de Niort, et Mᵉ Philippe Laurens, lieutenant général audit Niort.

E 24ᵇ, f° 13 r°, et ms. fr. 18176, f° 135 r°.

14591. — Arrêt autorisant les notaires royaux de Lyon à continuer provisoirement d'exercer leurs offices, nonobstant les poursuites exercées contre eux par Mᵉ Jean de Monceau au nom du prévôt des marchands et des échevins de Lyon.

E 24ᵇ, f° 15 r°, et ms. fr. 18176, f° 136 r°.

14592. — Arrêt déclarant que Claude Bournot, ci-devant fermier des 15 sols par muid de vin entrant en la ville de Troyes, payera à Laurent Fiquet et au sieur de Labistrate la somme de 450 livres.

E 24ᵇ, f° 16 r°, et ms. fr. 18176, f° 136 r°.

14593. — Arrêt ordonnant l'exécution de l'arrêt du 22 septembre dernier (n° 14298) relatif au payement des juges présidiaux de Champagne.

E 24ᵇ, f° 17 r°, et ms. fr. 18176, f° 136 v°.

14594. — Arrêt statuant sur un procès pendant entre le cardinal de Joyeuse, tuteur de la duchesse de Montpensier, d'une part, la reine Marguerite et son maître d'hôtel, M° Thomas Robin, d'autre part, ordonnant l'établissement du contrôle des titres dans le comté de Mortain et dans la vicomté d'Auge, etc.

E 24ᵇ, f° 18 r°, et ms. fr. 18176, f° 137 r°.

14595. — Avis du Conseil tendant à faire don de 15,000 livres au sieur de Viçoze, «pour plusieurs voyages, estatz, appointemens et despences qu'il a faictes pour le service de Sa Majesté, durant les derniers troubles, au grand hazard et péril de sa vie».

E 24ᵇ, f° 20 r°, et ms. fr. 18176, f° 138 r°.

14596. — Arrêt réglant les coupes de bois dans les forêts de Boulogne, de Hardelot et de Desvres, et déterminant la quantité de bois qui doit être attribuée aux usagers, aux officiers de la sénéchaussée de Boulonnais, aux officiers des eaux et forêts, aux capitaines des châteaux de Hardelot et d'Étaples, aux religieuses de Montreuil.

E 24ᵇ, f° 22 r°, et ms. fr. 18176, f° 129 r°.

14597. — Arrêt maintenant le sieur de Saint-Ignon, maître d'hôtel du Roi, en possession de son office de bailli de Verdun, nonobstant les provisions obtenues de l'évêque par le sieur de Passavant.

E 24ᵇ, f° 24 r°, et ms. fr. 18176, f° 139 r°.

14598. — Arrêt ordonnant l'exécution du contrat passé par Florimond Gillet pour le remboursement de certaine taxe payée par les contrôleurs des tailles, etc., à condition toutefois que ledit Gillet paye 25,000 livres au sieur Girardot à titre de dédommagement.

E 24ᵇ, f° 26 r°, et ms. fr. 18176, f° 139 v°.

14599. — Arrêt ordonnant que, nonobstant un arrêt de la cour des aides de Montpellier, les contribuables de Villeneuve-de-Rouergue seront contraints au payement des sommes auxquelles ils ont été taxés pour l'acquittement des dettes de leur ville.

E 24ᵇ, f° 27 r°, et ms. fr. 18176, f° 140 r°.

14600. — Arrêt relatif au payement des sommes dues par le marquis d'Urfé pour le tiercement des terres de Sury, de Saint-Marcelin, etc.

E 24ᵇ, f° 29 r°, et ms. fr. 18176, f° 140 v°.

14601. — Acceptation conditionnelle des offres faites par Jean Le Mau pour le rachat d'offices héréditaires engagés jusqu'à concurrence de 1,200,000 livres et pour l'amortissement de 200,000 livres de rentes.

E 24ᵇ, f° 31 r°, et ms. fr. 18176, f° 142 r°.

14602. — Acceptation conditionnelle des offres faites par Hugues Semyn pour le remboursement d'offices de payeurs de la gendarmerie et d'officiers des forêts jusqu'à concurrence de 500,000 livres.

E 24ᵇ, f° 33 r°, et ms. fr. 18176, f° 155 v°.

1609, 10 novembre. — Paris.

14603. — Acceptation conditionnelle des offres faites par M° Pierre Le Normant, secrétaire de la chambre du Roi, pour le remboursement d'un certain nombre d'offices jusqu'à concurrence d'une somme de 1,200,000 livres.

E 24ᵇ, f° 34 r°, et ms. fr. 18176, f° 142 v°.

1609, 12 novembre. — Paris.

14604. — Acceptation conditionnelle des offres faites par Pierre Laisné pour le remboursement de certains droits attribués à quelques officiers, et pour le rachat de 120,000 livres de rentes ou portions de domaine aliénées.

E 24ᵇ, f° 35 r°, et ms. fr. 18176, f° 142 v°.

14605. — Acceptation conditionnelle des offres faites par M° Éloi Gaucher pour le rachat de 900,000 livres de rentes ou de portions de domaine.

E 24ᵇ, f° 37 r°, et ms. fr. 18176, f° 143 r°.

14606. — Acceptation conditionnelle des offres faites par Pierre Girard, de Nîmes, pour le rachat de 600,000 livres de rentes ou de portions de domaine.

E 24ᵇ, f° 39 r°, et ms. fr. 18176, f° 143 v°.

14607. — Arrêt renvoyant aux trésoriers de

France à Bordeaux une requête en réduction de tailles présentée par les consuls de Figeac, qui font observer que les maisons et terrains englobés dans la citadelle forment un cinquième de la ville.

E 24ᵇ, fᵒ 41 rᵒ, et ms. fr. 18176, fᵒ 144 rᵒ.

14608. — Arrêt maintenant provisoirement les élus et autres officiers des élections de Guyenne en jouissance des honneurs, droits et préséances qui leur sont attribués par l'édit de création de leurs offices.

E 24ᵇ, fᵒ 42 rᵒ, et ms. fr. 18176, fᵒ 144 rᵒ.

14609. — Arrêt évoquant le différend soulevé entre Jacques de Rouen, bourgeois de Caen, et Pierre Colette, sergent royal à Falaise, et mettant les parties hors de cour.

E 24ᵇ, fᵒ 43 rᵒ, et ms. fr. 18176, fᵒ 144 vᵒ.

14610. — Arrêt relatif à un procès pendant entre Mᵉ Jean Loriot, ci-devant trésorier des États de Bretagne, et Mᵉ Pierre Bernard, procureur général en la chambre des comptes de Bretagne.

E 24ᵇ, fᵒ 44 rᵒ, et ms. fr. 18176, fᵒ 145 rᵒ.

14611. — Arrêt ordonnant que les maire, échevins et pairs de la Rochelle seront entendus au Conseil au sujet d'une requête de Mᵉ Urbain Bouhier, receveur des drogueries et épiceries de ladite ville.

E 24ᵇ, fᵒ 45 rᵒ, et ms. fr. 18176, fᵒ 145 vᵒ.

14612. — Arrêt prorogeant durant neuf ans la remise d'une taxe de 100 livres faite aux habitants du Havre-de-Grace, à condition qu'ils emploieront cette somme à l'entretien des murailles, des portes, des ponts, du pavé, des quais, des chemins, etc.

E 24ᵇ, fᵒ 46 rᵒ, et ms. fr. 18176, fᵒ 145 vᵒ.

14613. — Arrêt suspendant les poursuites exercées par Mᵉ Galiot Mandat contre les gentilshommes de la généralité de Touraine au sujet des abus commis au fait des gabelles, et ordonnant l'examen des sentences qu'il aurait prononcés contre eux, « les mettant au rang du simple peuple ».

E 24ᵇ, fᵒ 47 rᵒ; cf. ibid., fᵒ 48 rᵒ; ms. fr. 18176, fᵒ 146 rᵒ.

14614. — Arrêt ordonnant le payement des ar-

rérages échus de la pension de 300 livres octroyée par le Roi aux Minimes de Châtellerault.

E 24ᵇ, fᵒ 50 rᵒ, et ms. fr. 18176, fᵒ 146 vᵒ.

14615. — Arrêt autorisant les consuls de Saint-Léonard-de-Noblat à lever une somme de 1,100 livres destinée au remboursement d'un emprunt.

E 24ᵇ, fᵒ 51 rᵒ, et ms. fr. 18176, fᵒ 147 rᵒ.

14616. — Arrêt réduisant à 10,000 livres le cautionnement que doit fournir Mᵉ Antoine Formyt, receveur général des finances à Montpellier.

E 24ᵇ, fᵒ 52 rᵒ, et ms. fr. 18176, fᵒ 147 rᵒ.

14617. — Arrêt ordonnant au trésorier des Parties casuelles de délivrer à Mᵉ Nicolas Malebranche sa quittance de la somme à laquelle a été taxée la résignation d'un office de receveur des aides et tailles en l'élection de Forez.

E 24ᵇ, fᵒ 53 rᵒ, et ms. fr. 18176, fᵒ 147 rᵒ.

14618. — Arrêt ordonnant que Mᵉ François Desrues, receveur général des finances à Soissons, sera contraint de payer 9,000 livres à Mᵉ Daniel Du Tens et à Charles Renard, trésoriers de l'Extraordinaire des guerres au gouvernement de Metz.

E 24ᵇ, fᵒ 54 rᵒ, et ms. fr. 18176, fᵒ 148 rᵒ.

14619. — Arrêt ordonnant l'élargissement de Pierre Bizet, ci-devant « commis au greffe de la commission de la réunion des domaines et greffes dont Mᵉ Alexandre Marchant a faict party ».

E 24ᵇ, fᵒ 55 rᵒ, et ms. fr. 18176, fᵒ 148 vᵒ.

14620. — Arrêt ordonnant que les Cordeliers d'Agen rendront à Mᵉ Guy Brayart, protestant, conseiller au présidial d'Agen, ses fils Jean et Jacques Brayart, qui ont pris l'habit et fait profession avant l'âge requis et sans la permission de leur père.

E 24ᵇ, fᵒ 56 rᵒ, et ms. fr. 18176, fᵒ 149 rᵒ.

14621. — Arrêt ordonnant que les lettres de provision de l'office de grand audiencier en la Grande Chancellerie de France dont était pourvu feu Mᵉ René Dolu seront expédiées à la nomination de ses héritiers.

E 24ᵇ, fᵒ 57 rᵒ, et ms. fr. 18176, fᵒ 149 vᵒ.

14622. — Arrêt ordonnant l'exécution en Champagne du traité passé par M⁰ Isaac Durier pour le remboursement du « droict de port de commissions ès eslections ressortissantes ès cours des aydes de Paris et Montferrand ».

E 24ᵇ, fᵒ 58 rᵒ, et ms. fr. 18176, fᵒ 150 rᵒ.

14623. — Arrêt validant le payement des gages des officiers du grenier à sel de Marseille.

E 24ᵇ, fᵒ 60 rᵒ, et ms. fr. 18176, fᵒ 150 vᵒ.

14624. — Arrêt maintenant les habitants de Lançon en leurs anciens privilèges, et défendant aux trésoriers de France en Provence de les cotiser pour plus de cinq feux.

E 24ᵇ, fᵒ 62 rᵒ, et ms. fr. 18176, fᵒ 151 vᵒ.

14625. — Arrêt déclarant que les habitants du Bugey seront, comme les habitants de la Bresse, exempts du péage de la traverse et du demi pour cent et du droit de consignation.

E 24ᵇ, fᵒ 64 rᵒ, et ms. fr. 18176, fᵒ 152 rᵒ.

14626. — Arrêt acceptant les offres faites par François de Castres au sujet des quittances d'offices de priseurs-vendeurs dans les ressorts de Paris, de Rouen et de Dijon.

E 24ᵇ, fᵒ 66 rᵒ, et ms. fr. 18176, fᵒ 153 rᵒ.

14627. — Acceptation conditionnelle des offres faites par M⁰ Jean Arnoult pour le rachat de 200,000 livres de rentes ou de portions de domaine.

E 24ᵇ, fᵒ 68 rᵒ, et ms. fr. 18176, fᵒ 171 vᵒ.

1609, 14 novembre. — Paris.

14628. — Arrêt ordonnant la réception de M⁰ Jean de Ligonac en un office d'huissier au parlement de Bordeaux, nonobstant l'opposition de la communauté des huissiers.

E 24ᵇ, fᵒ 69 rᵒ, et ms. fr. 18176, fᵒ 153 vᵒ.

14629. — Arrêt ordonnant que les articles du contrat passé avec Jacques Girardot pour l'amortissement de 150,000 livres de rentes lui serviront de bail.

E 24ᵇ, fᵒ 70 rᵒ, et ms. fr. 18176, fᵒ 154 rᵒ.

14630. — Arrêt ordonnant que les articles du traité proposé par Hugues Semyn et accepté au Conseil lui serviront de bail.

E 24ᵇ, fᵒ 71 rᵒ, et ms. fr. 18176, fᵒ 156 rᵒ.

14631. — Arrêt accordant aux habitants de Bourges et d'Issoudun remise de la moitié de la subvention de l'année 1609, attendu la grande mortalité qui a sévi sur les bestiaux et les grêles qui ont dévasté les vignobles.

E 24ᵇ, fᵒ 73 rᵒ, et ms. fr. 18176, fᵒ 156 vᵒ.

14632. — Arrêt fixant un délai de trois mois pendant lequel les seigneurs et habitants des Sept villes de Bleu pourront produire ce que bon leur semblera dans le procès pendant entre eux et le procureur du Roi à la Table de marbre.

E 24ᵇ, fᵒ 74 rᵒ, et ms. fr. 18176, fᵒ 157 rᵒ.

14633. — Arrêt ordonnant que tous les draps de laine qui sont entrés ou entreront à Toulouse pendant la durée du bail de Jean de Sixsoz seront soumis aux droits de police et de sceau, quand bien même ils auraient été fabriqués hors des sénéchaussées de Toulouse, de Carcassonne et de Lauraguais.

E 24ᵇ, fᵒ 75 rᵒ, et ms. fr. 18176, fᵒ 157 vᵒ.

14634. — Arrêt déclarant que M⁰ Laurent Fiquet jouira du produit de l'impôt de 15 sols par muid de vin entrant en la ville de Troyes.

E 24ᵇ, fᵒ 76 rᵒ, et ms. fr. 18176, fᵒ 158 rᵒ.

14635. — Arrêt statuant sur un procès pendant entre M⁰ Jean Bernard, lieutenant général au bailliage de Chalon-sur-Saône, d'une part, Claude Michel et Élie Diodaty, d'autre part, au sujet d'un office de commissaire-examinateur.

E 24ᵇ, fᵒ 78 rᵒ, et ms. fr. 18176, fᵒ 154 rᵒ.

14636. — Acceptation de l'offre que fait Jean Sartie, receveur des tailles au diocèse de Béziers, de verser comptant 60,000 livres et d'amortir 60,000 livres de rentes, si le Roi consent à créer trois offices de receveurs des deniers extraordinaires dans chacun des vingt-six diocèses du Languedoc.

E 24ᵇ, fᵒ 80 rᵒ, et ms. fr. 18176, fᵒ 165 vᵒ.

14637. — Arrêt ordonnant aux trésoriers de France à Béziers de procéder, nonobstant l'opposition des syndics généraux du Languedoc, à la vérification des comptes de Mᵉ Antoine Reboul, fermier des 40 sols pour quintal de sel débité aux greniers de Narbonne, de Peyriac et de Sigean.

E 24ᵇ, fᵒ 82 rᵒ, et ms. fr. 18176, fᵒ 158 vᵒ.

14638. — Arrêt défendant à Jean Dulis, à la veuve de Nicolas Courson et à tous autres de fabriquer de la poudre ou du salpêtre en Normandie jusqu'au jugement du procès pendant au Conseil entre eux et Philippe Godet, commissaire général des salpêtres et poudres à canon.

E 24ᵇ, fᵒ 84 rᵒ, et ms. fr. 18176, fᵒ 159 vᵒ.

14639. — Arrêt ordonnant la remise au greffe du Grand Conseil des informations faites contre Louis Potier, fermier du comte de Sanzay : il aurait fait fortifier le château de Tupigny pour y donner asile à François de Sanzay, baron de Baulle, aurait frappé à coups d'épée deux habitants de Guise et de Vaux et aurait injurié le comte et la comtesse de Sanzay, ainsi que Damien de Monluc, sieur de Balagny.

E 24ᵇ, fᵒ 85 rᵒ, et ms. fr. 18176, fᵒ 160 rᵒ.

14640. — Arrêt ordonnant que Mᵉ Nicolas Largentier sera contraint de verser entre les mains de Mathurin Rodais, fermier des 55, des 20 et des 10 sols par muid de sel passant au mesurage d'Ingrande, le produit de toutes les crues levées sur le sel descendu aux greniers ou chambres de Saint-Florent-le-Vieil, de Cholet, de Candé, de Pouancé, de Craon, d'Ernée et autres d'Anjou et de Maine.

E 24ᵇ, fᵒ 86 rᵒ, et ms. fr. 18176, fᵒ 160 vᵒ.

14641. — «Articles contenant les conditions accordées par le Roy en son Conseil à Jacques Girardot. . ., tant pour le remboursement de la finance paiée par les controlleurs antiens et alternatifz des eslections de ce royaume pour jouir des xɪɪ deniers de droict de bordreau à eulx attribuée, que de la finance paiée par les controlleurs triennaulx desdites eslections pour la composition de leurs offices.»

E 24ᵇ, fᵒ 88 rᵒ, et ms. fr. 18176, fᵒ 162 rᵒ.

14642. — «Articles des conditions accordées. . . à Denis Denyert pour l'exécution. . . des offres par luy présentées . . ., et acceptées (nᵒ 14583).»

E 24ᵇ, fᵒ 90 rᵒ, et ms. fr. 18176, fᵒ 164 rᵒ.

14643. — Arrêt portant règlement au sujet des déclarations que seront tenus de faire, chaque année, ceux qui concluent des traités pour rachat de rentes ou de portions de domaine.

E 24ᵇ, fᵒ 92 rᵒ, et ms. fr. 18176, fᵒ 166 vᵒ.

14644. — Arrêt ordonnant au receveur général du Clergé de payer, chaque année, les 36,000 livres qui, pendant seize ans, devront être versées entre les mains de Mᵉ Louis Denyelle, aux termes de son contrat du 30 juin dernier.

E 24ᵇ, fᵒ 94 rᵒ.

————

1609, 17 novembre. — Paris.

14645. — Arrêt révoquant toutes les permissions délivrées aux sergents-louvetiers, et suspendant la commission donnée au grand maître des eaux et forêts de Champagne pour la recherche des exactions qu'auraient commises lesdits sergents-louvetiers.

E 24ᵇ, fᵒ 95 rᵒ, et ms. fr. 18176, fᵒ 167 vᵒ.

14646. — Adjudication du droit de 2 p. o/o levé sur les marchandises passant devant la ville d'Arles et le fort du Baron, faite, pour quatre années, à Guillaume Suau moyennant le payement annuel de 10,000 livres.

E 24ᵇ, fᵒ 97 rᵒ; cf. ibid., fᵒ 101 rᵒ; ms. fr. 18176, fᵒ 168 rᵒ.

14647. — Arrêt réglant la réception des cautions et certificateurs présentés par Jean Bouy, fermier des 9 livres 18 sols par tonneau de vin entrant en Picardie, du sol par pot de vin vendu en détail et par 60 sols par muid de vin sortant des généralités de Picardie, de Champagne et de Soissons.

E 24ᵇ, fᵒ 103 rᵒ, et ms. fr. 18176, fᵒ 170 rᵒ.

14648. — Arrêt ordonnant que les notaires, tabellions et gardes-notes des ressorts de Paris, de Rouen, de Bretagne, de Bordeaux, de Grenoble et de Dijon seront tenus de déclarer, dans un certain délai, à

M⁰ Claude Barbin et Martin Lefebvre s'ils entendent payer leur supplément de taxe ou recevoir le remboursement de leurs offices.

E 24ᵇ, f° 105 r°, et ms. fr. 18176, f° 171 r°.

1609, 19 novembre. — Paris.

14649. — Acceptation conditionnelle des offres faites par Nicolas Vieux pour le rachat de 1,600,000 livres de rentes ou de portions de domaine.

E 24ᵇ, f° 106 r°, et ms. fr. 18176, f° 172 v°.

14650. — Arrêt ordonnant que les restes des années antérieures depuis 1604 devront être versés aux recettes générales, puis à l'Épargne, sans qu'il en puisse être fait d'autre emploi que celui qui a été prévu par l'état du commencement de l'année, et enjoignant aux receveurs particuliers de présenter régulièrement leurs comptes.

E 24ᵇ, f° 109 r°, et ms. fr. 18176, f° 173 r°.

14651. — Arrêt ordonnant que quiconque occupe des terrains dans l'enceinte semi-circulaire de la Porte royale et des sept pavillons projetés du Grand Conseil sera tenu d'en enlever, avant le 1ᵉʳ avril, tous arbres fruitiers ou autres transportables.

E 24ᵇ, f° 111 r°, et ms. fr. 18176, f° 174 v°.

14652. — Arrêt ordonnant que le traitant Jean Picotin sera tenu de rembourser aux propriétaires des quinze maisons du pont Saint-Michel, côté aval, leurs avances, frais et loyaux coûts, et prolongeant de deux années le temps durant lequel ledit Picotin conservera la jouissance de ces seize maisons.

E 24ᵇ, f° 113 r°, et ms. fr. 18176, f° 175 r°.

14653. — Arrêt autorisant la levée d'une somme de 2,096 livres due par les habitants de Provins à M⁰ Nicolas Lecourt, contrôleur en l'élection de Provins.

E 24ᵇ, f° 115 r°, et ms. fr. 18176, f° 176 r°.

14654. — Arrêt suspendant pendant un mois toutes poursuites contre François Bourgine, Jean Gueslin, etc., sergents en la baronnie de Saosnois,

et contre les autres personnes dénommées en l'arrêt du 2 mai dernier (n° 13629).

E 24ᵇ, f° 116 r°, et ms. fr. 18176, f° 177 v°.

14655. — Arrêt renvoyant aux trésoriers de France à Tours une requête de Marie de Beaucaire, princesse de Martigues, qui demande décharge d'une taxe de 196 livres 4 sols et mainlevée de la terre de Civray.

E 24ᵇ, f° 117 r°, et ms. fr. 18176, f° 178 r°.

14656. — Arrêt ordonnant que les articles accordés à M⁰ Jean Sartie lui serviront de contrat.

E 24ᵇ, f° 118 r°, et ms. fr. 18176, f° 178 v°.

14657. — Arrêt ordonnant communication à M⁰ Robert Godefroy, ancien receveur général des finances en Picardie, d'une requête de son compagnon d'office M⁰ Jean Pioger, qui demande a être déchargé de la restitution d'une somme de 937 livres 10 sols.

E 24ᵇ, f° 119 r°, et ms. fr. 18176, f° 176 v°.

14658. — Arrêt ordonnant que le duc de Nemours devra déclarer, dans les trois mois, s'il préfère payer, sur les revenus du domaine de Nemours, les gages des officiers de l'élection pourvus à sa nomination, ou renoncer à la nomination desdits officiers.

E 24ᵇ, f° 120 r°, et ms. fr. 18176, f° 178 v°.

14659. — Arrêt ordonnant le rétablissement en faveur de M⁰ Pierre Caumels, avocat général au parlement de Toulouse, d'une somme de 800 écus rayée par la chambre des comptes de Montpellier sur le compte de M⁰ Arcis Madieres, clavaire de la châtellenie de Limoux.

E 24ᵇ, f° 121 r°, et ms. fr. 18176, f° 179 r°.

14660. — Arrêt autorisant M⁰ Antoine Billard, valet de chambre du Roi, à procéder au remboursement et à la vente des offices de notaires dans le ressort du duché de Beaumont, s'il est prouvé que ces offices ne sont point à la nomination des chanoines du Gué-de-Maulny.

E 24ᵇ, f° 123 r°, et ms. fr. 18176, f° 180 r°.

14661. — Arrêt déclarant que les présidents et conseillers de la première chambre des requêtes au parlement de Paris jouiront de l'augmentation de gages à eux attribuée par suite de l'établissement d'une seconde chambre des requêtes.

E 24ᵇ, fº 124 rº, et ms. fr. 18176, fº 180 vº.

14662. — Arrêt déchargeant les officiers des eaux et forêts de Chinon de la restitution de certaines sommes qui leur ont été payées pour leurs gages par le marchand adjudicataire des bois de la forêt de Chinon.

E 24ᵇ, fº 125 rº, et ms. fr. 18176, fº 181 rº.

14663. — Arrêt déclarant que Mᵉ Théophile Bury et César Martin, greffiers des eaux et forêts du duché d'Orléans, et Pierre Pavard, greffier en la maréchaussée d'Orléans, seront dispensés de « suppléer à raison du denier vingt ».

E 24ᵇ, fº 126 rº, et ms. fr. 18176, fº 181 vº.

14664. — Arrêt réglant, pour l'avenir, le payement du supplément de gages attribué à Mᵉ Moïse Escudier, receveur des tailles au diocèse d'Agde.

E 24ᵇ, fº 127 rº, et ms. fr. 18176, fº 182 rº.

14665. — Arrêt ordonnant le rétablissement sur les comptes de l'Épargne de l'année 1597 d'une somme de 200 écus donnée à feu Claude de Sourville, maître de la poste de Dieppe, fait prisonnier comme il reportait la réponse à une dépêche d'Angleterre qu'il avait apportée au Roi, se trouvant pour lors devant la Fère.

E 24ᵇ, fº 129 rº, et ms. fr. 18176, fº 183 rº.

14666. — Arrêt suspendant toutes poursuites contre les habitants de Saint-Michel, de Saint-Aignanen-Craonois et de Gastines pour le payement des restes des années 1599 et 1601.

E 24ᵇ, fº 130 rº, et ms. fr. 18176, fº 183 vº.

14667. — Arrêt ordonnant communication aux intéressés d'une requête des bénéficiers de Chartres autres que ceux du chapitre cathédral, ladite requête tendante à ce que compensation soit faite entre les deniers et grains qu'ils peuvent devoir et ceux qu'ils ont prêtés au Roi lors de la réduction de Chartres.

E 24ᵇ, fº 131 rº, et ms. fr. 18176, fº 184 rº.

14668. — Arrêt acceptant, en principe, l'offre que fait Pierre Richard de rendre francs et quittes « le scel et le contre-scel de la rigueur de contractz du ressort du parlement de Bourdeaux ».

E 24ᵇ, fº 132 rº, et ms. fr. 18176, fº 184 rº.

14669. — Arrêt donnant à Claude Fineau et à Jean Ragueau surséance de six mois pour le payement de ce qui reste dû au clergé de Bourges sur les décimes des années 1594 à 1597.

E 24ᵇ, fº 133 rº, et ms. fr. 18176, fº 184 vº.

14670. — Arrêt renvoyant aux trésoriers de France à Béziers, pour être communiquée aux États du Languedoc, une requête par laquelle Antoine Du Roure, baron d'Aiguèze, demande l'autorisation de construire un pont sur l'Ardèche, entre les diocèses de Viviers et d'Uzès, et d'y lever un péage.

E 24ᵇ, fº 135 rº, et ms. fr. 18176, fº 185 vº.

14671. — Acceptation des nouvelles offres faites par Jacques Rougealz pour « le sollaigement et descharge » des notaires des ressorts de Toulouse et d'Aix.

E 24ᵇ, fº 136 rº, et ms. fr. 18176, fº 171 vº.

14672. — Arrêt réglant le payement des gages de Mᵉ Antoine Peyrusse, président présidial en la sénéchaussée et au présidial de Quercy.

E 24ᵇ, fº 138 rº, et ms. fr. 18176, fº 186 rº.

14673. — Arrêt condamnant Mᵉ Jean Terrasson, substitut du procureur du Roi en la sénéchaussée de Lyon, à rembourser à Mᵉ Barthélemy Grata les droits par lui payés pour un office semblable, ainsi que ses frais et loyaux coûts.

E 24ᵇ, fº 139 rº, et ms. fr. 18176, fº 186 vº.

14674. — Arrêt évoquant au Conseil l'appel interjeté par Mᵉ François Allamant, sieur de Guépéan, d'une sentence du bailli de Vermandois qui ordonne la réception de Mᵉ Claude Jolivet en l'exercice des greffes de Laon et de Soissons.

E 24ᵇ, fº 141 rº, et ms. fr. 18176, fº 187 rº.

14675. — Avis du Conseil tendant à interdire l'entrée des faux venant de l'étranger en Dauphiné, en

Provence, en Languedoc, en Lyonnais, en Forez, en Beaujolais, en Bresse, et à interdire l'achat ou la vente de faux non fabriquées par Jean Bietrix dans les manufactures de Vizille, de Voiron, etc.

(Avis expédié sous deux formes quelque peu différentes.)

E 24ᵇ, fᵒˢ 142 rᵒ et 144 rᵒ; ms. fr. 18176, fᵒˢ 187 vᵒ et 189 rᵒ.

14676. — Arrêt ordonnant la vente des offices de maître des comptes et de receveur général des bois dont sont pourvus Mᵉ Jean de Saint-Germain et Claude Josse, ainsi que des offices de Mᵉ Jacques Josse, considéré comme complice de la banqueroute de son père.

E 24ᵇ, fᵒ 146 rᵒ, et ms. fr. 18176, fᵒ 190 vᵒ.

14677. — Arrêt relatif à un procès pendant entre François Dostel, et Mᵉ Denis Feydeau, commis à l'administration du bail général des aides.

E 24ᵇ, fᵒ 148 rᵒ, et ms. fr. 18176, fᵒ 191 vᵒ.

14678. — Arrêt statuant sur un procès pendant entre Charles de Vivonne, baron d'Ardelay, d'une part, les héritiers de Jean Du Faur, sieur de Courcelles, et André de Vivonne, baron de La Chasteigneraie, d'autre part, au sujet de la rançon promise par Charles et André de Vivonne, quand ils furent pris à Jargeau.

E 24ᵇ, fᵒ 150 rᵒ, et ms. fr. 18176, fᵒ 192 rᵒ.

14679. — Arrêt autorisant les habitants de la paroisse Saint-Jean-l'Évangéliste de Châtellerault à lever une somme de 1,250 livres destinée à la reconstruction de leur église.

E 24ᵇ, fᵒ 152 rᵒ, et ms. fr. 18176, fᵒ 194 rᵒ.

14680. — Arrêt ordonnant que Mᵉ Philibert Pietrequin sera maintenu en l'office de commissaire-examinateur au siège de Langres, à la condition de payer la taxe d'enquêteur audit siège.

E 24ᵇ, fᵒ 153 rᵒ.

14681. — Arrêt suspendant les poursuites qu'exerce sur le peuple le receveur de la Châtre pour le payement des restes des années 1597 à 1600.

E 24ᵇ, fᵒ 154 rᵒ.

14682. — Adjudication des 4 livres 5 sols par muid de sel levés au mesurage d'Ingrande, faite, pour seize ans, à Mᵉ Étienne Bachelier, receveur de la crue d'Ingrande.

E 24ᵇ, fᵒ 155 rᵒ, et ms. fr. 18176, fᵒ 195 vᵒ.

14683. — Arrêt défendant à Samson Michel, archer de la prévôté de l'Hôtel, de poursuivre au Grand Conseil le sieur de Bellengreville, grand prévôt de France, qui lui a ordonné de se démettre de sa charge.

E 24ᵇ, fᵒ 159 rᵒ.

1609, 21 novembre. — Paris.

14684. — Arrêt ordonnant la levée sur tous les habitants de Montaigu[-le-Blin] d'une somme de 8,000 livres destinée au payement de ce qui est dû à Mᵉ Pierre Giraud, lieutenant à Montaigu.

E 24ᵇ, fᵒ 160 rᵒ, et ms. fr. 18176, fᵒ 198 rᵒ.

14685. — Arrêt renvoyant au Parlement la requête de Nicolas Wailly, marchand de vin de Paris, ainsi que tous les procès entre les marchands de vin et les jurés vendeurs et contrôleurs de vin à Paris.

E 24ᵇ, fᵒ 162 rᵒ, et ms. fr. 18176, fᵒ 198 vᵒ.

14686. — Arrêt ordonnant qu'une somme de 45,000 livres destinée aux réparations du pont de Villeneuve-d'Agen sera levée, en quatre ans, assavoir, sur le Périgord, 9,000 livres, sur le Quercy, 9,000, sur la ville et juridiction de Villeneuve, 15,000, et sur le reste de l'Agenais, 12,000.

E 24ᵇ, fᵒ 163 rᵒ, et ms. fr. 18176, fᵒ 199 rᵒ.

14687. — Arrêt statuant sur un procès pendant entre le procureur du Roi à Lectoure, Marc-Antoine de Préchac, sieur de La Roquette et Mᵉ Antoine Billard, adjudicataire de l'ancien domaine de Navarre; déclarant la terre et seigneurie de Sérignac unie et incorporée à la vicomté de Brullois, et ordonnant que ledit Billard aura la jouissance de ladite terre pendant la durée de son bail.

E 24ᵇ, fᵒ 165 rᵒ, et ms. fr. 18176, fᵒ 480 rᵒ.

14688. — Remontrances en vingt-neuf articles, adressées au Conseil par les députés des sénéchaussées d'Agenais, de Rouergue, de Quercy, d'Armagnac et autres de la généralité de Guyenne, avec les réponses du Conseil, au sujet des charges insupportables qui continuent de peser sur le pays, en dépit des engagements solennels pris envers lui par Charles VII, au sujet de l'établissement des élus, de la périodicité des États, des travaux publics, de l'établissement des courtiers de vin, de la démolition des tours et pigeonniers ordonnée par la reine Marguerite, de la création des commissaires-examinateurs, des certificateurs de criées, etc.

E 24ᵇ, fᵒˢ 167 rᵒ et 177 rᵒ; ms. fr. 18176, fᵒ 200 rᵒ.

14689. — Remontrances, en quarante et un articles, présentées au Conseil par les députés de Bordeaux et de la sénéchaussée de Guyenne, avec les réponses du Conseil, au sujet des charges qui pèsent sur le pays, des évocations au Conseil, des exactions commises par les partisans et fermiers, particulièrement par Mᵉ Pierre Moynier, de l'établissement d'un magasin et d'un poids royal à Bordeaux, de la création des correcteurs, du transport de l'eau-de-vie, des maîtrises, etc.

E 24ᵇ, fᵒ 189 rᵒ; et ms. fr. 18176, fᵒ 208 rᵒ.

1609, 26 novembre. — Paris.

14690. — Arrêt statuant sur un procès pendant entre demoiselle Nicolle Le Febvre, fille de feu Mᵉ Charles Le Febvre, contrôleur à Moret, d'une part, Charles de Prunelé, baron d'Esneval, et Madeleine Pinard, sa femme, héritiers de Mᵉ Claude Pinard, secrétaire des commandements.

E 24ᵇ, fᵒ 199 rᵒ.

14691. — Arrêt suspendant durant trois mois les poursuites exercées contre Jean Ortolan, ci-devant commis à la recette des droits forains aux bureaux d'Agde, de Serignan, etc.

E 24ᵇ, fᵒ 201 rᵒ.

14692. — Arrêt ordonnant à Mᵉ Claude Bretel, sieur de Languetot, trésorier de France à Rouen, d'acquitter la taxe que payent les trésoriers de France pour éviter certaine recherche faite dans leurs comptes antérieurs à l'année 1607, et ce bien qu'il n'ait été

pourvu qu'au mois d'avril 1607, et sauf son recours contre qui de droit.

E 24ᵇ, fᵒ 202 rᵒ.

14693. — Arrêt ordonnant le rétablissement d'une somme de 15,000 écus rayée par la Chambre des comptes sur un compte du feu sieur Sardini, père du vicomte actuel de Sardini.

E 24ᵇ, fᵒ 203 rᵒ.

14694. — Arrêt réglant le payement des gages de Mᵉ Thierry Arnoul, lieutenant de l'élection particulière du doyenné de Dammartin.

E 24ᵇ, fᵒ 205 rᵒ.

14695. — Arrêt autorisant Mᵉ René Bordier, secrétaire de la Chambre du Roi, à poursuivre l'exécution du contrat passé, le 1ᵉʳ août dernier, sous le nom de Gaspard Cardinal.

E 24ᵇ, fᵒ 206 rᵒ.

14696. — Arrêt statuant sur un procès pendant entre Henri de La Marthonie, évêque de Limoges et seigneur en pariage de la ville de Saint-Léonard, Mᵉ Jean Dalesme, lieutenant particulier assesseur criminel et commissaire-examinateur en ladite ville, Mᵉ Pierre Ardent, juge ordinaire, la veuve de Mᵉ Martin Vezier, juge en ladite ville, et Mᵉ Bénigne Saulnier qui a traité pour le revenu des Parties casuelles.

E 24ᵇ, fᵒ 207 rᵒ.

14697. — Arrêt ordonnant le rétablissement de certaines parties rayées sur les comptes de Mᵉ Abraham Fouquet, ci-devant receveur des aides et tailles en l'élection de Château-Gontier.

E 24ᵇ, fᵒ 209 rᵒ.

14698. — Arrêt autorisant les officiers de l'élection de Chaumont-en-Bassigny à rembourser les offices de l'élection particulière d'Andelot, lesquels demeureront supprimés.

E 24ᵇ, fᵒ 210 rᵒ.

14699. — Arrêt suspendant les poursuites exercées par Mᵉ André Richard, ci-devant receveur général des finances à Poitiers, contre la veuve et les enfants de Mᵉ François Gruget, trésorier de France à Poitiers.

E 24ᵇ, fᵒ 211 rᵒ.

14700. — Arrêt maintenant M⁰ Louis Hubault, ci-devant trésorier du feu cardinal de Bourbon, en possession d'une rente de 1,200 livres, et défendant à ses créanciers de le poursuivre, attendu qu'il n'a pu encore se faire rembourser ses créances sur le prix des meubles de Gaillon.

E 24ᵇ, fᵒ 212 rᵒ.

14701. — Arrêt réglant le payement des gages de Jacob Videl, commissaires des vivres et munitions de guerre des places fortes et des mortes-payes du Dauphiné.

E 24ᵇ, fᵒ 213 rᵒ.

14702. — Arrêt renvoyant à la Chambre des comptes la vérification de la finance payée par Jean de Cossaignes pour l'office de lieutenant particulier à Brive.

E 24ᵇ, fᵒ 215 rᵒ.

14703. — Arrêt accordant un délai de quatre mois à la ville de Château-Gontier pour le payement de ses dettes.

E 24ᵇ, fᵒ 216 rᵒ.

14704. — Arrêt renvoyant au Grand Conseil les procès pendants entre M⁰ François de Beaulac, économe, M⁰ Daniel de Bourzes, prieur du prieuré de Notre-Dame de Lespinasse, à Milhau, et François Restaurand, praticien, demeurant à Milhau.

E 24ᵇ, fᵒ 217 rᵒ.

14705. — Arrêt déclarant que le règlement fait, le 31 mai 1607, sur la manière de lever les 37 sols 6 deniers par muid de sel dans le gouvernement de Brouage est applicable au droit de 5 sols par muid de sel levé en la ville de Brouage.

E 24ᵇ, fᵒ 219 rᵒ.

14706. — Arrêt renvoyant aux sieurs Marion et Gallière, trésoriers de France à Béziers, commissaires ci-devant chargés du département des 100,000 livres levées sur les officiers des gabelles de Languedoc, une requête de Guillaume Castel et de Pierre Froment, députés par les officiers des gabelles à la recherche des abus et malversations commis dans le Languedoc.

E 24ᵇ, fᵒ 220 rᵒ.

14707. — Arrêt autorisant la levée d'une somme de 1,387 livres 11 sols due par la ville du Mans aux habitants des paroisses de Saint-Ouen et de Saint-Hilaire.

E 24ᵇ, fᵒ 221 rᵒ.

14708. — Arrêt autorisant la levée d'une somme de 3,400 livres due par la ville de Saint-Antonin à plusieurs particuliers.

E 24ᵇ, fᵒ 222 rᵒ.

14709. — Arrêt autorisant les consuls et habitants d'Herment à lever, durant six ans, 4 deniers pour livre sur toutes les denrées et marchandises vendues en ladite ville, le produit en devant être employé aux réparations des murailles, des églises, etc.

E 24ᵇ, fᵒ 223 rᵒ.

14710. — Arrêt statuant sur un procès pendant entre la ville d'Hyères, Claude Chauvet, marchand de Riez, M⁰ Gilbert Badier, trésorier général au bureau de Provence, et la ville de Moustiers.

E 24ᵇ, fᵒ 224 rᵒ.

14711. — Arrêt relatif à un procès pendant entre les États de Bourgogne et Jacques Odin, habitant de Semur, ci-devant commis à la recette des impôts dans le bailliage d'Auxois.

E 24ᵇ, fᵒ 226 rᵒ.

14712. — Arrêt renouvelant l'autorisation donnée au sieur de Vitry, capitaine des Gardes, de faire fabriquer à Lyon par François Boursier 30,000 livres de doubles et de deniers de cuivre rouge ou rosette.

E 24ᵇ, fᵒ 227 rᵒ.

14713. — Arrêt ordonnant que, malgré l'opposition de M⁰ Bénigne Saulnier, lettres de provisions seront expédiées à Claude Le Roy, qui a remboursé tous les offices de maîtres des eaux et forêts en Bourbonnais.

E 24ᵇ, fᵒ 228 rᵒ.

14714. — Arrêt déclarant que, malgré l'opposition de M⁰ Jean de Monceau, M⁰ Innocent Desbois pourra, suivant les termes de son contrat, rembourser les offices de greffiers des tailles en la généralité de Lyon.

E 24ᵇ, fᵒ 230 rᵒ.

14715. — Acceptation de l'offre que fait Pierre de Lane de racheter 20,000 livres de rentes, outre les 60,000 livres que devait racheter Denis Denyert, d'achever la construction du bastion de Bayonne, etc.

E 24ᵇ, fᵒ 232 rᵒ.

14716. — Arrêt statuant sur diverses instances pendantes entre les villes de Mérindol et de Cadenet et le syndic des trois États de Provence.

E 24ᵇ, fᵒ 234 rᵒ.

14717.. — Arrêt ordonnant communication au syndic des États de Languedoc d'une requête de Guillaume Alliez, fermier général des gabelles de Languedoc, tendante à la restitution d'une somme de 22,538 livres.

E 24ᵇ, fᵒ 236 rᵒ.

14718. — Arrêt réglant le payement de l'augmentation de gages due à Mᵉ Philibert Bon, receveur des tailles au diocèse de Nîmes.

E 24ᵇ, fᵒ 237 rᵒ.

14719. — Acceptation conditionnelle des offres faites par Jean Fleury pour le rachat de rentes ou de portions de domaine jusqu'à concurrence d'un million de livres.

E 24ᵇ, fᵒ 239 rᵒ.

14720. — Arrêt ordonnant le rétablissement au profit de Mᵉ David Bertout, ci-devant greffier au bureau des finances de Rouen, de diverses sommes rayées sur l'état du receveur général des finances.

E 24ᵇ, fᵒ 241 rᵒ.

14721.—Arrêt ordonnant que, désormais, tous les trésoriers de France résideront au lieu où leurs bureaux sont établis, qu'ils s'y trouveront toujours au moins au nombre de sept, et que leurs assemblées auront lieu en la maison du Roi, sinon au logis du plus ancien trésorier de France.

E 24ᵇ, fᵒ 242 rᵒ.

14722. — Arrêt statuant sur un procès pendant entre Mᵉ Jean Boileau, sieur de Maulaville, commis à la recherche des créances de feu François Jusseaume,

et Mᵉ Jean Gonesse, receveur des aides et tailles en l'élection de Laval.

E 24ᵇ, fᵒ 244 rᵒ.

1609, 28 novembre. — Paris.

14723. — Acceptation conditionnelle des offres faites par Antoine Vanel pour le rachat de rentes ou de portions de domaine jusqu'à concurrence de 600,000 livres.

E 24ᵇ, fᵒ 246 rᵒ.

14724. — Arrêt ordonnant qu'Abraham Valentin, jouira de la ferme du sol levé sur chaque charge de marchandise passant par Vienne et par Valence, à la condition de supporter les charges de son bail, et notamment de payer aux héritiers de Laurent Joubert et consorts ce qui leur reste dû pour les réparations des murailles de Valence.

E 24ᵇ, fᵒ 247 rᵒ.

14725. — Arrêt ordonnant que Martin Philippe, sergent à cheval au Châtelet, payera 1,000 livres à Gilette Danes, veuve de Martin Morot et mère de Mᵉ Guillaume Morot, contrôleur général alternatif des finances en la généralité de Paris.

E 24ᵇ, fᵒ 249 rᵒ.

14726. — Acceptation conditionnelle des offres faites par Pierre Bédacier pour le rachat de rentes ou de portions de domaine jusqu'à concurrence de 1,200,000 livres.

E 24ᵇ, fᵒ 250 rᵒ.

14727. — Acceptation de l'offre que fait Barthélemy de Balsac, sieur de Caboz et de Saint-Philippe, de faire connaître au Roi un moyen commode de se procurer 4 millions de livres.

E 24ᵇ, fᵒ 252 rᵒ.

14728. — Acceptation conditionnelle des offres faites par Denis Marès pour le rachat de 150,000 livres de rentes ou de portions de domaine.

E 24ᵇ, fᵒ 254 rᵒ.

14729. — Lettres patentes chargeant Balthazar Du Cros et Paul Caullinet d'introduire en France la fabrication du fil de fer par le procédé des moulins à eau, usité en Allemagne.

E 24ᵇ, f° 256 r°.

14730. — Acceptation conditionnelle des offres faites par le sieur Estienne pour le rachat de rentes et de portions de domaine jusqu'à concurrence de 4 millions de livres.

E 24ᵇ, f° 260 r°.

14731. — « Très humbles remontrances que font au Roy et nosseigneurs de son Conseil les trésoriers généraulx de France à Paris sur l'enregistrement des articles accordez à Auguste Prévost et Martin Hérissé pour la jouissance du domaine de la prevosté et vicomté de Paris. »

E 24ᵇ, f° 261 r°.

14732. — Arrêt statuant sur un procès pendant entre Pierre Bédacier, ancien adjudicataire du greffe de la Cour des aides, les clercs et commis audit greffe et Mᵉ Jean Bernard, actuellement greffier de ladite Cour.

E 24ᵇ, f° 265 r°.

14733. — Arrêt prorogeant durant six années nouvelles l'exemption de toutes tailles et impositions accordée aux habitants de Donchery, à condition qu'ils emploieront, chaque année, 300 livres aux réparations de ladite ville.

E 24ᵇ, f° 267 r°.

14734. — Arrêt ordonnant la réception de Jean Cothehaire en la charge de maître des ports du pont de Neuilly, à laquelle il a été nommé par Christophe Marie.

E 24ᵇ, f° 268 r°, et ms. fr. 18176, f° 465 r°.

14735. — Arrêt ordonnant que Mᵉ de Prugnes, trésorier de France en Guyenne, s'expliquera au Conseil au sujet d'une somme de 1,000 livres qu'il aurait ordonné de lever en l'élection d'Agenais outre la somme prévue par les lettres du Roi.

E 24ᵇ, f° 270 r°.

14736. — Arrêt ordonnant l'exécution de celui du 22 septembre dernier (n° 14299), nonobstant l'opposition des prétendus maîtres-poupetiers, qui de-

meurent néanmoins déchargés des dépens adjugés par l'arrêt du 24 octobre (n° 14518).

E 24ᵇ, f° 271 r°.

────────

1609, 1ᵉʳ décembre. — Paris.

14737. — Arrêt défendant très expressément aux syndics, consuls et receveurs de Rouergue de faire aucune levée de deniers sans lettres patentes du Roi, et ordonnant à six receveurs de rendre compte d'une somme de 340,000 livres levée, de 1606 à 1608, « oultre les deniers de Sa Majesté ».

E 24ᵇ, f° 1 r°, et ms. fr. 18176, f° 218 v°.

14738. — Arrêt défendant aux trésoriers de France à Caen de comprendre « ès estats du suppléement des charges du domaine » les greffes, sergenteries, places de clercs, etc., de Valognes, engagés au sieur de Chauvigny, gentilhomme ordinaire de la Chambre.

E 24ᶜ, f° 2 r°, et ms. fr. 18176, f° 219 r°.

14739. — Acceptation conditionnelle des offres faites par Jean Léger pour l'acquittement de 100,000 livres de « debtes de Sa Majesté ».

E 24ᶜ, f° 4 r°, et ms. fr. 18176, f° 219 v°.

14740. — Arrêt prorogeant la remise de tailles précédemment accordée aux habitants d'Aignay-le-Duc et d'Étalente, en considération de leur pauvreté et de la stérilité de leur territoire.

E 24ᶜ, f° 6 r°, et ms. fr. 18176, f° 219 v°.

14741. — Arrêt ordonnant la réception de Bertrand Moutard, de Samuel Pollac, de Bertrand Terras, d'Odet Bahus, de Raymond David et de Jean Béranger en qualité de procureurs en la Chambre de Nérac.

E 24ᶜ, f° 7 r°, et ms. fr. 18176, f° 220 r°.

14742. — Arrêt ordonnant la levée et le remboursement d'une somme de 10,269 livres avancée, de 1600 à 1606, par les consuls de Grenoble conformément aux ordres du maréchal de Lesdiguières, pour l'entretien de la garnison du fort et de l'arsenal de Grenoble.

E 24ᶜ, f° 9 r°, et ms. fr. 18176, f° 221 v°.

14743. — Arrêt suspendant, à la demande de la marquise de Verneuil, les poursuites faites par Pierre Portefin, contre Jacques Dubois, ci-devant commis au recouvrement des taxes levées sur les marchands de vin en gros.

E 24e, fo 11 ro, et ms. fr. 18176, fo 222 vo.

14744. — Arrêt renvoyant aux commissaires députés pour la vérification des dettes des communautés villageoises du Dauphiné une requête du syndic desdits villages tendante à l'homologation du règlement que les trois États du Dauphiné ont fait au sujet du payement des cens et rentes.

E 24e, fo 13 ro, et ms. fr. 18176, fo 223 ro.

14745. — Arrêt ordonnant que la caution, le certificateur, la veuve et les héritiers de Me Antoine Bourderel, trésorier de l'Artillerie, seront entendus au Conseil au sujet d'une recette que ledit défunt aurait omise dans un de ses comptes.

E 24e, fo 14 ro, et ms. fr. 18176, fo 223 vo.

14746. — Arrêt ordonnant que Me Lejay, receveur des tailles en l'élection de Sens, sera entendu, ainsi que sa caution et son certificateur, au sujet de certaines fausses reprises.

E 24e, fo 15 ro, et ms. fr. 18176, fo 224 ro.

14747. — Arrêt renvoyant au sieur Barentin, maître des requêtes, les informations faites au sujet d'un homicide commis sur la personne d'Élie Du Puy, et au sujet de violences qu'aurait faites à un habitant de Corbie un archer de la gabelle.

E 24e, fo 16 ro.

14748. — Avis du Conseil tendant à faire don de 20,000 livres au maréchal d'Ornano, qui a emprunté pareille somme « pour empescher le desbandement des gens de guerre à pied corses tenans garnison en l'année mil vi xviii ès villes du Pont-Saint-Esprit et Saint-André-lès-Avignon ».

E 24e, fo 17 ro, et ms. fr. 18176, fo 224 vo.

14749. — Arrêt ordonnant que Claude Le Caire sera mis en demeure de satisfaire, dans les trois jours, aux prescriptions de l'arrêt du 29 octobre (no 14576),

sinon, Denis Thouyn serait seul admis à expérimenter, en présence du duc de Sully, les nouveaux fours de son invention.

E 24e, fo 18 ro, et ms. fr. 18176, fo 225 ro.

1609, 3 décembre. — Paris.

14750. — Arrêt portant règlement au sujet des droits de traites que seront tenus de payer les habitants des pays d'Armagnac, de Quercy, de Rouergue et de Comminges et des jugeries de Rivière-Verdun (partie comprise en la généralité de Guyenne).

E 24e, fo 22 ro, et ms. fr. 18176, fo 225 vo; AD ✝ 147, no 34.

14751. — Arrêt défendant aux cinq clercs au greffe criminel du parlement de Paris de continuer à exercer leurs charges, dont le prix a été consigné par Me Alexandre Marchant, en vertu de son traité.

E 24e, fo 26 ro, et ms. fr. 18176, fo 230 ro.

14752. — Arrêt défendant à Me Charles d'Argentré, président au parlement de Bretagne, et aux autres créanciers de la ville de Nantes de saisir le produit du « devoir » destiné au payement des dettes de ladite ville.

E 24e, fo 28 ro, et ms. fr. 18176, fo 232 vo.

14753. — Arrêt déclarant que les ecclésiastiques des diocèses de Soissons et de Noyon ne peuvent être, sous prétexte de payement des droits de franc-fief et de nouveaux acquêts, contraints de bailler des aveux et dénombrements de leurs fiefs, terres et autres héritages amortis, mais leur ordonnant de bailler, dans le délai d'un an, un aveu et dénombrement de tous leurs domaines, justices, cens, rentes, etc., nécessaire à la confection du papier terrier, et les autorisant à faire eux-mêmes des papiers terriers de leurs seigneuries et domaines.

E 24e, fo 29 ro, et ms. fr. 18176, fo 232 vo.

14754. — Arrêt renvoyant au Parlement les frères Henri, Jean, Charles et Antoine de Chabannes, possesseurs des terres de Reilhac, de Saint-Christophe, de Moussages, de la Ténières, etc., dont on s'efforce de les déposséder en vertu d'un arrêt rendu au Parlement en faveur de la reine Marguerite et contre messire Charles de Valois.

E 24°, f° 31 r°, et ms fr. 18176, f° 234 r°.

14755. — Arrêt fixant un nouveau délai de quinze jours dans lequel Louis de Boulogne, prieur commendataire de Sainte-Catherine, sera tenu de comparoir au Conseil pour voir liquider l'indemnité à laquelle il pourrait prétendre « à l'occasion de la réunion faicte par Sa Majesté d'aulcunes places et maisons estans en l'enclos de la Place royalle ».

E 24°, f° 33 r°, et ms. fr. 18176, f° 234 v°.

14756. — Arrêt confirmant aux maire et échevins de Nantes le droit de percevoir 20 sols par pipe de vin « venant d'Anjou ou de la mer ».

E 24°, f° 35 r°, et ms. fr. 18176, f° 235 r°.

14757. — Arrêt chargeant les sieurs Langlois et Barentin, maîtres des requêtes de l'Hôtel, de « faire » la taxe qui doit être levée, par forme de « supplément », sur les huissiers et sergents du royaume.

E 24°, f° 37 r°, et ms. fr. 18176, f° 236 r°.

14758. — Arrêt prorogeant durant trois ans l'exemption d'impôts accordée aux habitants de Brienon-l'Archevêque, « en considération des grandes pertes et ruynes par eux souffertes par le moien du feu survenu audit lieu au mois de septembre M VI° et six ».

E 24°, f° 38 r°.

14759. — Avis du Conseil tendant à faire exécuter au Pays Messin l'article VI de l'édit de Nantes, et à ce que les protestants puissent placer leurs coreligionnaires comme fermiers dans des seigneuries appartenant à des catholiques.

E 24°, f° 39 r°, et ms. fr. 18176, f° 237 r°.

14760. — Arrêt statuant sur diverses instances pendantes entre les maîtres et gardes de l'orfèvrerie de Paris, Pierre Hallevault, Michel Pollux, Mathurin Ferré et autres orfèvres de Paris, David Vimont, Paul de Louvigny, Laurent Du Couldray et autres maîtres orfèvres professant la Religion réformée, réglant le renouvellement des jurés et gardes de l'orfèvrerie.

E 24°, f° 40 r°, et ms. fr. 18176, f° 237 v°.

14761. — Acceptation conditionnelle des offres faites par Baptiste Nicolas pour le rachat de rentes et de portions de domaine jusqu'à concurrence de 600,000 livres.

E 24°, f° 44 r°, et ms. fr. 18176, f° 241 r°.

14762. — Arrêt réglant le payement d'une rente de 100 livres donnée au chapitre d'Angers, le 25 mars 1388 et le 21 novembre 1404, par la reine Marie de Bretagne et le roi de Sicile Louis II, pour la fondation de deux obits.

E 24°, f° 46 r°, et ms. fr. 18176, f° 231 r°.

14763. — Acceptation conditionnelle des offres faites par Georges Quétif pour « l'establissement de cent mestiers travaillans en draps de soye » et pour le rachat de 300,000 livres de rentes.

E 24°, f° 48 r°, et ms. fr. 18176, f° 241 v°.

14764. — Acceptation conditionnelle des offres faites par Toussaint Bertrand pour le rachat de rentes et de portions de domaine jusqu'à concurrence d'un million de livres.

E 24°, f° 50 r°, et ms. fr. 18176, f° 242 r°.

1609, 5 décembre. — Paris.

14765. — Arrêt statuant sur une remontrance de Gilles de Ruellan, sieur du Rocher-Portail, au sujet de l'exécution du contrat passé par Antoine Des Montz pour le rachat de 3,600,000 livres de rentes et de portions de domaine en Bretagne.

E 24°, f° 52 r°, et ms. fr. 18176, f° 242 v°.

1609, 10 décembre. — Paris.

14766. — Compte présenté au Conseil par Claude Blachette, « cy devant commis à la poursuitte de l'arrest de reiglement des affaires du Vellay, et qu'il avoit voullu rendre aux gens des Estatz (bien qu'ilz feussent ses adversaires) du diocèse du Puy », pour obéir aux ordres du duc de Ventadour.

E 24°, f° 54 r°.

14767. — Arrêt autorisant les échevins et habitants de Coulommiers à lever une somme de 600 livres destinée à l'acquittement des dettes de la ville.

E 24ᵉ, f° 72 r°, et ms. fr. 18176, f° 243 v°.

14768. — Arrêt ordonnant la levée d'une somme de 4,146 livres 1 sol 2 deniers destinée au payement d'une partie des dettes de la ville de Cordes.

E 24ᵉ, f° 73 r°, et ms. fr. 18176, f° 244 r°.

14769. — Arrêt ordonnant la levée d'une somme de 1,136 livres due par les habitants de Pezénas aux héritiers de Claude Bonnet, pour fourniture de vin faite, en 1574, à la garnison de Pezénas.

E 24ᵉ, f° 75 r°, et ms. fr. 18176, f° 244 v°.

14770. — Arrêt statuant sur diverses instances pendantes entre Mᵉ Pierre Moynier, fermier des impositions de la Garonne et de la Dordogne, et Jean Vaissade, fermier du droit levé sur le sel en Quercy, pour le payement des gages des officiers présidiaux, et défendant à ce dernier d'établir aucun bureau de recette à Souillac.

E 24ᵉ, f° 76 r°, et ms. fr. 18176, f° 245 r°.

14771. — Arrêt défendant à la cour des aides de Montferrand de prendre aucune connaissance du fait des gabelles de Languedoc, du haut pays d'Auvergne, etc., ordonnant que les poursuites contre les faux-sauniers d'Auvergne seront faites par le visiteur général des gabelles, ses lieutenants et ses commis, et que les parties, en cas d'appel, se pourvoiront par-devers la cour des aides de Montpellier.

E 24ᵉ, f° 78 r°, et ms. fr. 18176, f° 246 r°.

14772. — Arrêt réglant le payement d'une augmentation de gages de 1,200 livres accordée au sieur de La Guesle, procureur général au Parlement, par lettres patentes du 23 septembre 1587.

E 24ᵉ, f° 80 r°, et ms. fr. 18176, f° 247 v°.

14773. — Arrêt autorisant la reine Marguerite à rembourser à Mᵉ Isaac de Grelière la finance par lui payée pour l'office de greffier des affirmations des juridictions royales d'Agen.

E 24ᵉ, f° 81 r°, et ms. fr. 18176, f° 248 r°.

14774. — Arrêt suspendant de leurs fonctions, pendant un an, Mᵉˢ Sylvestre Hardouin et François Dubois, huissiers-collecteurs des finances, qui ont refusé de saisir les gages de MM. de Cussé, premier président du parlement de Bretagne, de La Guerrande, premier président de la chambre des comptes de Nantes, de La Touche-Cornulier, trésorier de France en Bretagne, etc., en exécution d'un arrêt du Conseil.

E 24ᵉ, f° 83 r°, et ms. fr. 18176, f° 249 r°.

14775. — Arrêt statuant sur diverses instances pendantes entre Mᵉˢ Jean et François Martin, commissaires-examinateurs en la sénéchaussée et au présidial de Limoges, les officiers présidiaux de Limoges, les clercs au greffe dudit siège et Mᵉ Germain de Chalange, notaire et secrétaire du Roi.

E 24ᵉ, f° 85 r°, et ms. fr. 18176, f° 249 v°.

14776. — Arrêt autorisant André Paparel à exercer, en l'année prochaine, la recette des aides et tailles du Forez à la place de Mᵉ François Tantillon, son compagnon d'office.

E 24ᵉ, f° 89 r°, et ms. fr. 18176, f° 252 r°.

14777. — Arrêt autorisant les habitants de Touget à lever sur eux-mêmes une somme de 4,500 livres destinée au payement de leurs dettes et aux réparations de l'église du prieuré.

E 24ᵉ, f° 91 r°, et ms. fr. 18176, f° 252 v°.

14778. — Arrêt ordonnant la levée, en six ans, sur tous les contribuables de Beaucaire de la somme nécessaire au payement des dettes de ladite ville.

E 24ᵉ, f° 93 r°, et ms. fr. 18176, f° 253 v°..

14779. — Arrêt renvoyant à la Cour des aides une requête des officiers de l'élection particulière de la Ferté-Milon tendante à ce que vingt-huit villages, tels que Marizy-Sainte-Geneviève, Marizy-Saint-Mard, etc., soient rattachés à leur circonscription.

E 24ᵉ, f° 95 r°, et ms. fr. 18176, f° 254 r°.

14780. — Arrêt commettant MM. Jeannin, Maupeou et Arnoult, conseillers d'État, pour estimer le sel appartenant à Mᵉ Nicolas Largentier et demeuré,

..u. 1ᵉʳ octobre dernier, dans les greniers des généralités de Paris, de Picardie et de Bourgogne.

E 24ᵉ, fᵒ 96 rᵒ, et ms. fr. 18176, fᵒ 254 vᵒ.

14781. — Arrêt renvoyant aux trésoriers de France
à Caen une requête en remise de tailles présentée par
les habitants de la ville et de l'élection de Coutances,
parmi lesquels la peste a fait, depuis un an, plus de
dix mille victimes.

E 24ᵉ, fᵒ 98 rᵒ, et ms. fr. 18176, fᵒ 255 rᵒ.

14782. — Arrêt autorisant les habitants de Châteauneuf-en-Thymerais à lever, durant six ans,
15 sols par poinçon de vin et 3 sols par poinçon de
cidre consommés en leur ville, le produit de cet octroi
devant être employé à la réparation des portes, ponts,
murailles, pavé, etc.

E 24ᵉ, fᵒ 100 rᵒ, et ms. fr. 18176, fᵒ 255 vᵒ.

14783. — Arrêt renvoyant aux trésoriers de France
à Tours une requête des habitants de la ville et de
l'élection de Saumur tendante à ce que nouvelle estimation soit faite des terrains expropriés pour la construction des turcies entre le faubourg et l'Authion.

E 24ᵉ, fᵒ 101 rᵒ, et ms. fr. 18176, fᵒ 256 vᵒ.

14784. — Arrêt portant suppression des trois
offices d'huissiers en la Chambre des comptes vacants
par la mort de Michel Chevalier, de Louis Lesclin et
de Tobie Petit-Jehan.

E 24ᵉ, fᵒ 103 rᵒ, et ms. fr. 18176, fᵒ 257 rᵒ.

14785. — Arrêt autorisant les consuls et habitants de Beaucaire à lever annuellement, pendant
neuf ans, une somme de 1,200 livres destinée à l'entretien des chaussées du Rhône.

E 24ᵉ, fᵒ 105 rᵒ, et ms. fr. 18176, fᵒ 257 vᵒ.

14786. — Arrêt statuant sur diverses instances
pendantes entre Mᵉ Jean Sarrault, lieutenant en la juridiction royale de Monflanquin, Mᵉ Jacques Sarrault,
lieutenant criminel au même siège, la veuve et les
enfants de Mᵉ Isaac Beccais, juge à Monflanquin, la
reine Marguerite, comme comtesse d'Agenais, et Mᵉ Jean
Rocques, procureur au parlement de Bordeaux.

E 24ᵉ, fᵒ 106 rᵒ, et ms. fr. 18176, fᵒ 258 rᵒ.

14787. — Arrêt déchargeant Mᵉ Jean de Moisset,
de l'amende à laquelle il a été condamné par la
Chambre des comptes pour n'avoir point rendu compte
des maîtrises créées par le Roi à l'occasion de son
mariage et de la naissance de ses enfants.

E 24ᵉ, fᵒ 108 rᵒ, et ms. fr. 18176, fᵒ 261 rᵒ.

14788. — Arrêt ordonnant une enquête sur la
condition soi-disant roturière d'Alexis Lourry-Dumesnil, ci-devant avocat du Roi en la vicomté de Falaise.

E 24ᵉ, fᵒ 109 rᵒ, et ms. fr. 18176, fᵒ 261 vᵒ.

14789. — Arrêt ordonnant que Humfrey Bradley,
gentilhomme brabançon, maître des digues de France,
et ses associés seront subrogés au lieu et place d'André
Yves, à qui le Roi avait fait don des marais infects
avoisinant la ville de Fréjus, à la condition de les
désinfecter.

E 24ᵉ, fᵒ 111 rᵒ, et ms. fr. 18176, fᵒ 263 rᵒ.

14790. — Arrêt assignant au Conseil le sieur
Aubry qui a signé, et le garde du sceau capitulaire
qui a scellé certain placard affiché, le 7 novembre
dernier, aux portes de l'église de Toul, lequel, rédigé
aux noms du doyen et du chapitre de Toul, contient
« plusieurs parolles contre l'authorité de Sa Majesté
et de ses officiers, repos et seureté de la ville ».

E 24ᵉ, fᵒ 113 rᵒ, et ms. fr. 18176, fᵒ 264 rᵒ.

14791. — Arrêt défendant expressément aux protestants de la Côte-Saint-André de faire, en ce lieu,
aucun exercice public de leur culte, autorisant néanmoins les habitants de la ville à « faire les prières et
baptesmes, en cas de nécessité, dans telle des maisons particulières de ladite ville qu'ilz adviseront ».

E 24ᵉ, fᵒ 114 rᵒ, et ms. fr. 18176, fᵒ 264 vᵒ.

14792. — Arrêt renvoyant aux commissaires qui
présideront les prochains États du Languedoc une requête des habitants du diocèse d'Agde tendante à ce
que la somme de 996 livres destinée aux « ustan-
cilles » des garnisons dudit diocèse soit levée sur l'ensemble de la province.

E 24ᵉ, fᵒ 117 rᵒ, et ms. fr. 18176, fᵒ 264 vᵒ.

14793. — Arrêt déclarant que les dettes des communautés villageoises du Dauphiné seront réduites d'un quart, d'un tiers ou de la moitié, suivant qu'elles auront été contractées du 1er mars au 31 décembre 1591, du 1er janvier au 30 septembre 1592, ou du 1er octobre 1592 au 13 mars 1593.

E 24e, f° 118 r°, et ms. fr. 18176, f° 266 r°.

14794. — Arrêt déchargeant les habitants d'Achères des amendes auxquelles ils ont été condamnés pour avoir pris du bois mort et mené paître leurs bestiaux dans la forêt de Saint-Germain-en-Laye.

E 24e, f° 120 r°, et ms. fr. 18176, f° 266 v°.

14795. — Arrêt déclarant que les receveurs des tailles au Mans seront dispensés de rendre compte des droits de port de commissions pour le remboursement desquels Isaac Duryer avait traité avec le Roi.

E 24e, f° 122 r°, et ms. fr. 18176, f° 267 r°.

14796. — Arrêt ordonnant que les levées ordonnées en Languedoc par lettres patentes scellées du grand sceau auront lieu, nonobstant toutes oppositions, sauf aux particuliers qui se croiraient trop taxés à se pourvoir devant les juges compétents, et sauf aux syndics à débattre les comptes desdites levées par-devant la chambre des comptes de Montpellier.

E 24e, f° 123 r°, et ms. fr. 18176, f° 267 v°.

14797. — « Articles accordez. . . à Jacques Rougealz sur les offres par luy faictes. . . pour conserver les notaires, tabellions et gardenottes des ressortz des cours de parlement de Tholouse et Aix en l'héréditté de leurs offices. »

E 24e, f° 125 r°, et ms. fr. 18176, f° 268 v°.

14798. — Acceptation conditionnelle des offres des sieurs « Depechineja » et Christophe de Neufville qui proposent de construire à leurs frais des moulins qui « tourneront sans eaue ny vent, et mouldront avec sy grande facillité que ung enfant de douze ans les fera travailler, et feront plus d'ung septier par heure et la farine meilleure que ne font les moullins ».

E 24e, f° 133 r°, et ms. fr. 18176, f° 275 v°.

14799. — Articles accordés à Me Jean Le Normant, avocat au Conseil, qui a traité avec le Roi, dès le 30 juin dernier, pour le rachat de 500,000 livres de rentes ou de domaine.

E 24e, f° 135 r°, et ms. fr. 18176, f° 276 r°.

14800. — Arrêt révoquant le règlement fait, sans la permission du Roi, par les Cours souveraines sur la nécessité de prendre leur *pareatis,* et ordonnant que tous les huissiers ou sergents seront tenus d'exécuter, à première réquisition, les lettres patentes et arrêts du Conseil, sous peine de confiscation de leurs offices.

E 24e, f° 143 r°, et ms. fr. 18176, f° 280 v°.

14801. — Arrêt renvoyant aux prévôt des marchands et échevins de Paris une requête par laquelle Paul Du Thier, fermier des 30 sols par muid de vin entrant à Paris, demande l'autorisation de faire tendre, la nuit, une chaîne en travers de la Seine, à la hauteur du port au Foin et du quai de la Tournelle; ordonnant, en outre, que bail sera fait audit Du Thier des 15 sols par muid de vin passant sous le pont de Meulan.

E 24e, f° 145 r°, et ms. fr. 18176, f° 281 r°.

14802. — Arrêt ordonnant qu'il soit fait nouvelle estimation de la maison du sieur d'Urfé sise au bourg de Fontainebleau.

E 24e, f° 147 r°, et ms. fr. 18176, f° 262 v°.

14803. — Arrêt ordonnant à toute personne soi-disant exempte des tailles de se pourvoir, en première instance, par-devant les élus et, en appel, devant la Cour des aides.

E 24e, f° 149 r°; ms. fr. 18176, f° 282 r°, et AD ✠ 147, n° 35.

14804. — Arrêt condamnant Guillaume de Limbourg, soi-disant subrogé au lieu et place de René Brouard, fermier général des Cinq grosses fermes, à restituer 2,700 écus 9 sols à la veuve de Jean Milles, sieur des Morelles.

E 24e, f° 151 r°, et ms. fr. 18176, f° 285 v°.

———

1609, 12 décembre. — Paris.

14805. — « Règlement ordonné pour. . . remédier aux différends meus tant entre les secrettaires de

Sa Majesté, maison et couronne de France résidans à Thoulouse, que les audienciers et controlleurs des chancelleries establies près les cours de parlement de Paris, dudict Thoulouse et autres.... »

E 24°, f° 153 r°, et ms. fr. 18176, f° 283 r°.

1609, 15 décembre. — Paris.

14806. — Arrêt défendant aux officiers du Berry de remettre des prisonniers en appelant au Parlement entre les mains d'aucun huissier, messager ou cocher, avant que le prix du transport desdits prisonniers ait été fixé par le moyen d'une adjudication.

E 24°, f° 157 r°, et ms. fr. 18176, f° 287 r°.

14807. — Arrêt ordonnant que Germain Gendreau ne pourra être reçu en un office de receveur du domaine de Berry, avant que Mᵉ Clément Poirieulx, qui a été suspendu de ladite charge, fournisse des preuves de la clôture de ses comptes.

E 24°, f° 159 r°, et ms. fr. 18176, f° 312 v°.

14808. — Acceptation de l'offre faite par Pierre Lardy de prendre à ferme, pour six ans, les droits levés sur la Charente, la Gironde et la Seudre.

E 24°, f° 161 r°.

14809. — Arrêt confirmant l'élection de six jurés et gardes de l'orfèvrerie de Paris pour l'année 1610.

E 24°, f° 163 r°, et ms. fr. 18176, f° 287 v°.

1609, 16 décembre. — Paris.

14810. — Arrêt, signé seulement par Sully, ordonnant le payement de 50 livres dues à Étienne Rousseau pour ses gages d'élu à Saint-Aignan.

E 24°, f° 165 r°.

1609, 17 décembre. — Paris.

14811. — Arrêt déclarant que le fermier des gabelles de Provence pourra observer les clauses de l'arrêt rendu, le 12 mai dernier (n° 13690), au profit des propriétaires des salines d'Hyères, ou bien continuer, comme par le passé, à faire la fourniture du sel nécessaire auxdites salines.

E 24°, f° 166 r°, et ms. fr. 18176, f° 288 v°.

14812. — Acceptation conditionnelle des offres faites par René Delamarre, secrétaire de la chambre du Roi, et par Jean Catillon, sieur de La Fosse, pour le rachat de 3 millions de rentes et pour l'acquittement de 600,000 livres de dettes.

E 24°, f° 167 r°, et ms. fr. 18176, f° 289 r°.

1609, 19 décembre. — Paris.

14813. — Arrêt ordonnant la vérification des dettes de la ville de Vienne, particulièrement des sommes dues pour l'exécution des conventions passées, au sujet du collège, entre la ville et les Jésuites, réduisant à quatre le nombre des consuls, déterminant le mode d'élection du maire et des consuls, des pennoniers et des bannerets, confirmant et complétant les anciens règlements sur l'administration municipale, sur la répartition des tailles, sur la conservation des archives, etc.

E 24°, f° 169 r°, et ms. fr. 18176, f° 322 v°
(sous la date du 17 décembre).

14814. — Arrêt ordonnant que le sieur de Rieux-Dauvet ou le sieur et la dame de Moussy seront payés, préférablement à tous autres créanciers, de ce qui est dû audit sieur de Rieux par la ville de Troyes.

E 24°, f° 173 r°, et ms. fr. 18176, f° 290 r°.

14815. — Arrêt renvoyant au duc de Sully, grand maître de l'Artillerie, le procès du sieur Soubeyran, écuyer de la Grande écurie, poursuivi pour avoir fait fondre, avec l'autorisation du Roi, un canon qu'il devait restituer au « Caroussoman » des Janissaires de Barbarie, « afin que par la restitution d'iceluy les subjectz de Sa Majesté qui traficquent avec lesditz Janissaires en peussent recevoir quelque utilité ».

E 24°, f° 175 r°, et ms. fr. 18176, f° 291 v°.

14816. — « Articles contenans les conditions accordées par le Roy en son Conseil à Pierre de Branges pour rachepter, au proffict de Sa Majesté, pour

5o,ooo livres au moings de son domaine alienné en l'estendue du parlement de Provence. »

E 24°, f° 177 r°, et ms. fr. 18176, f° 292 v°.

14817. — Acceptation conditionnelle des offres faites par Pierre Meusnyer par François Lebel, par Benjamin Le Tailleur et par Sébastien Laigneau pour le rachat de 150,000 livres, de 200,000 livres, de 300,000 livres et de 200,000 livres de rentes ou de portions de domaine.

E 24°, f°° 179 r°, 181 r°, 183 r° et 185 r°; ms. fr. 18176, f°° 294 r° à 295 r°.

14818. — Arrêt déterminant l'ordre qui doit être suivi par ceux qui ont traité pour le rachat du domaine ou pour l'amortissement des rentes.

E 24°, f° 187 r°, et ms. fr. 18176, f° 295 r°.

14819. — Adjudication des droits levés sur la Charente, la Gironde et la Seudre faite, pour six ans, à M° Pierre Lardy moyennant le payement annuel de 102,000 livres.

E 24°, f° 189 r°, et ms. fr. 18176, f° 296 r°.

14820. — Arrêt ordonnant au trésorier de l'Épargne de payer une somme de 100,000 livres destinée aux réparations des levées de la Loire.

E 24°, f° 193 r°, et ms. fr. 18176, f° 298 v°.

14821.— Avis du Conseil tendant à accorder dix lettres d'anoblissement à M° Guillaume Prehou, qui a fait parti des taxes levées sur les anoblis de Normandie, afin de le dédommager du préjudice que lui causent certaines décharges et modérations.

E 24°, f° 195 r°, et ms. fr. 18176, f° 299 r°.

14822. — Arrêt maintenant Pierre Jacqueneau en l'office de rapporteur et certificateur des saisies et criées à Saint-Jean-d'Angely, nonobstant l'opposition de M° Bénigne Saulnier.

E 24°, f° 197 r°, et ms. fr. 18176, f° 299 v°.

14823. — Arrêt défendant à Pierre Mauzion et à Jean Hardellet de s'immiscer en l'exercice des charges de sergents royaux en Bretagne.

E 24°, f° 199 r°, et ms. fr. 18176, f° 300 v°.

14824. — Arrêt maintenant Antoine de Bosco en jouissance du greffe de l'amirauté du Levant au siège de Marseille, nonobstant une requête de Pierre de Tousel.

E 24°, f° 200 r°, et ms. fr. 18176, f° 301 r°.

14825. — Arrêt déclarant vacant l'office de sergent royal à Bellac dont le titulaire, Jean Milhault, est mort moins de quarante jours après avoir résigné, et condamnant sa veuve à payer 270 livres à Jean Genebrias.

E 24°, f° 202 r°, et ms. fr. 18176, f° 302 r°.

14826. — Arrêt déclarant que le duc de Wurtemberg doit jouir du produit des ventes de bois faites dans les forêts d'Alençon, d'Essai, de Moulins et de Bonmoulins, mais doit payer les gages des officiers desdites forêts.

E 24°, f° 204 r°, et ms. fr. 18176, f° 303 r°.

14827. — Arrêt ordonnant que les arrêts donnés au Conseil le 22 novembre 1608, le 2 mai et le 17 septembre 1609 (n°° 12803, 13619 et 14286), au profit du cardinal de Joyeuse et à l'encontre de M° Antoine Roger, receveur de la ville de Lyon, seront exécutés nonobstant toute opposition.

E 24°, f° 206 r°, et ms. fr. 18176, f° 304 r°.

14828. — Arrêt relatif à une assignation de 146,000 livres donnée à M° Claude Charlot, commis à la charge de trésorier des réparations et fortifications de Picardie et d'Île-de-France.

E 24°, f° 208 r°, et ms. fr. 18176, f° 304 v°.

14829. — Arrêt retenant au Conseil le procès pendant entre Fernand de Longwy, archevêque de Besançon, d'une part, le maréchal de Lesdiguières, Antoine, Gabriel, Jean et Étienne Maillet, d'autre part, au sujet du marquisat de Treffort et de la châtellenie de Pont-d'Ain.

E 24°, f° 210 r°, et ms. fr. 18176, f° 305 v°.

14830. —Arrêt renvoyant aux trésoriers de France à Bordeaux une requête des députés de la sénéchaussée de Guyenne tendante à la fixation des droits dus aux élus nouvellement établis dans le pays.

E 24°, f° 211 r°, et ms. fr. 18176, f° 306 r°.

14831. — Arrêt ordonnant que les officiers de l'élection de Provins seront dorénavant payés de leurs gages sur les fonds réservés à cet effet, mais qu'ils seront compris dans les rôles des Parties casuelles et prendront lettres de provision du Roi, «sans aucune nomination de la dame de Montglat ny de ses ayans causes».

E 24°, f° 212 r°, et ms. fr. 18176, f° 306 r°.

14832. — Arrêt établissant au pont de Saint-Jean-de-Losne un octroi sur le fer, le vin, etc., dont le produit sera affecté aux réparations dudit pont, si utile aux points de vue commercial et stratégique.

E 24°, f° 213 r°, et ms. fr. 18176, f° 306 v°.

14833. — Arrêt suspendant toutes les poursuites dirigées contre les consuls actuels de Saint-Flour au sujet de sommes dues par les habitants aux consuls des années 1595, 1596, 1604 à 1607.

E 24°, f° 215 r°, et ms. fr. 18176, f° 307 v°.

14834. — Arrêt suspendant les poursuites dirigées contre les habitants de la Bretagne pour le payement des amendes qu'ils auraient encourues par suite de malversations commises dans les bois et forêts durant les troubles.

E 24°, f° 217 r°, et ms. fr. 18176, f° 308 r°.

14835. — Arrêt ordonnant à M° Jacques Josse de se démettre de son office de secrétaire du Roi du nombre des Six-Vingts.

E 24°, f° 218 r°.

14836. — Arrêt chargeant le sieur Barentin, maître des requêtes, de se transporter à Rue pour faire enquête au sujet de l'échauffourée advenue entre les soldats de la garnison et les archers de la gabelle.

E 24°, f° 219 r°, et ms. fr. 18176, f° 308 v°.

14837. — Arrêt autorisant les habitants de Montiers-sur-Saulx et d'Ancerville à amener, pour leur usage, d'une distance de trois ou quatre lieues «les grains en herbes non battus, vins en grappes ou fustalles, foings et aultres fruictz creuz» sur leurs terres, sans payer aucun droit de traite.

E 24°, f° 220 r°, et ms. fr. 18176, f° 309 r°.

14838. — Arrêt cassant les arrêts du parlement de Toulouse des 11 mai et 14 juillet derniers, et renouvelant les défenses faites à ladite cour de prendre aucune connaissance des taxes faites sur les officiers de finance.

E 24°, f° 222 r°, et ms. fr. 18176, f° 310 v°.

14839. — Arrêt confirmant la ville de Bayonne en la jouissance de la moitié de l'imposition levée sur le vin en ladite ville.

E 24°, f° 224 r°, et ms. fr. 18176, f° 311 v°.

14840. — Arrêt autorisant les syndic et consuls de Cahors à lever, «sur les habitants de ladite ville qui y vouldront contribuer de gré à gré seulement,» une somme de 2,350 livres que ladite ville a été condamnée à payer aux Jésuites.

E 24°, f° 226 r°, et ms. fr. 18176, f° 314 r°.

14841. — Arrêt maintenant M° Jean Baudu, secrétaire du Roi, conformément à son traité, en la jouissance de tous les deniers provenant de la recherche des droits de francs-fiefs et de nouveaux acquêts dus au Roi dans le ressort de Paris.

E 24°, f° 227 r°, et ms. fr. 18176, f° 314 v°.

14842. — Arrêt déchargeant le greffe des présentations de Bayeux de la «réduction au denier vingt», attendu qu'il est compris dans le traité d'Alexandre Marchant.

E 24°, f° 229 r°, et ms. fr. 18176, f° 315 v°.

14843. — Arrêt statuant sur un procès pendant entre M° Nicolas Regnard, ci-devant receveur général des finances et trésorier de France à Paris, et Madeleine Despence, héritière de M° Claude Despence.

E 24°, f° 230 r°, et ms. fr. 18176, f° 316 r°.

14844. — Arrêt déclarant le greffe civil et le greffe des présentations de la prévôté d'Orléans, les places de clercs, droits de parisis, etc., exempts de «la réduction au denier vingt», en telle sorte que Marie Vallée, dame de Chenailles, veuve de M° Robert Miron, ne saurait en être dépossédée que contre remboursement.

E 24°, f° 232 r°, et ms. fr. 18176, f° 317 v°.

14845. — Arrêt ordonnant le payement d'une somme de 300 livres due par le colonel de Dompmartin, à Marie Regnault, veuve d'Étienne Romain.

E 24°, f° 234 r°, et ms. fr. 18176, f° 318 v°.

14846. — Arrêt autorisant les habitants des Rosiers-sur-Loire à lever, en deux ans, une somme de 1,752 livres destinée au payement d'une cloche.

E 24°, f° 235 r°, et ms. fr. 18176, f° 321 r°.

14847. — Arrêt condamnant M° Denis Feydeau à payer 9,000 livres aux habitants de Chauny pour les dédommager de la perte de leurs huitièmes et vingtièmes.

E 24°, f° 236 r°, et ms. fr. 18176, f° 321 v°.

14848. — Arrêt renvoyant aux trésoriers de France à Poitiers une requête en remise de tailles présentée par les habitants de Saint-Gilles et du Fenouiller, dont les terres et marais salants ont été ravagés par la grêle et par la crue des eaux.

E 24°, f° 238 r°, et ms. fr. 18176, f° 322 v°.

14849. — Arrêt annulant les obligations contractées par M° Louis Massuau à la suite du traité qu'il avait passé pour le remboursement des offices de notaires, et qui a été révoqué.

E 24°, f° 239 r°, et ms. fr. 18176, f° 350 v°.

14850. — Arrêt ordonnant qu'une requête par laquelle Barthélemy et Pierre d'Elbène, gentilshommes ordinaires de la Chambre, demandent à être maintenus en possession des bois taillis d'Épernay et de l'étang d'Orléans sera communiquée à M° Nicolas Horquelin, qui a traité avec le Roi pour le rachat de 200,000 livres de domaine en Champagne.

E 24°, f° 240 r°, et ms. fr. 18176, f° 326 v°.

14851. — Arrêt réglant les conditions dans lesquelles les protestants de Vitré pourront se construire un édifice pour l'exercice de leur culte.

E 24°, f° 242 r°, et ms. fr. 18176, f° 327 v°.

14852. — Arrêt suspendant l'exécution d'un arrêt rendu par la chambre des comptes de Bretagne contre M° René Sain, receveur général des finances.

E 24°, f° 244 r°, et ms. fr. 18176, f° 328 v°.

14853. — Arrêt renvoyant aux commissaires députés pour la réunion du domaine de Dauphiné et aux trésoriers de France audit pays une requête de Daniel Chambault tendante à l'acensement des relais, îles, champarts, etc., compris dans les mandements et juridictions de Baix-sur-Baix et du Pouzin.

E 24°, f° 246 r°, et ms. fr. 18176, f° 329 v°.

14854. — Arrêt statuant sur diverses instances pendantes entre les capitouls et les magistrats présidiaux de Toulouse au sujet de leurs prérogatives et préséances.

E 24°, f° 247 r°, et ms. fr. 18176, f° 330 r°.

14855. — Arrêt ordonnant que le produit des droits de francs-fiefs et de nouveaux acquêts dans les comtés de Clermont, en Auvergne, et de Senlis, dans le duché de Valois et dans la baronnie de Latour sera remis à la reine Marguerite jusqu'à concurrence de 20,000 livres.

E 24°, f° 249 r°, et ms. fr. 18176, f° 332 v°.

14856. — Arrêt déclarant que la présence d'un intendant des finances ne sera nécessaire que lors du jugement qui interviendra après l'achèvement du travail de correction des comptes de M° Jean Du Tremblay, ci-devant trésorier de l'Extraordinaire des guerres.

E 24°, f° 251 r°, et ms. fr. 18176, f° 333 v°.

14857. — Arrêt ordonnant que la requête de Jean Durant, tendante au maintien du contrat par lui passé avec le feu duc de Lorraine et les magistrats de Metz pour la fourniture du sel, sera communiquée aux agents du duc de Lorraine et aux magistrats, échevins et treize de ladite ville.

E 24°, f° 252 r°, et ms. fr. 18176, f° 334 r°.

14858. — Arrêt réglant le payement des gages de M° André Bouer et Denis Lespinay, présidents, de Pierre de Saint-Quentin, élu, et de Pierre Bouer, procureur du Roi en l'élection de Chaumont.

E 24°, f° 253 r°, et ms. fr. 18176, f° 334 v°.

14859. — Arrêt statuant sur un procès pendant entre Jean de Gasquignolles, d'une part, demoiselle

Jeanne de Pons, veuve de M° Omer de Gérard, général en la cour des aides de Montpellier, et Emmanuel de Gérard, son fils, d'autre part.

E 24°, f° 254 r°, et ms. fr. 18176, f° 335 r°.

14860. — Arrêt statuant sur un procès pendant entre le sieur de Beringhen, notaire et secrétaire du Roi, d'une part, Anne de Barbanson, veuve du sieur de Chanlivault, et Claude Mau, sieur de La Boisselière, d'autre part.

E 24°, f° 258 r°, et ms. fr. 18176, f° 337 r°.

14861. — Arrêt défendant à M° Jacques Dalmas d'exercer l'office de notaire royal à Gignac.

E 24°, f° 260 r°, et ms. fr. 18176, f° 238 r°.

14862. — Arrêt déclarant que le commis de M° Jean de Moisset, fermier général des gabelles, ne saurait être contraint de faire la recette des deniers d'octroi attribués aux officiers du grenier à sel de Rouen.

E 24°, f° 261 r°, et ms. fr. 18176, f° 338 v°.

14863. — Avis du Conseil tendant au rejet d'une requête présentée par le sieur de Montlouet, et à l'octroi d'une gratification pour reconnaître ses services.

E 24°, f° 262 r°, et ms. fr. 18176, f° 339 r°.

14864. — Arrêt fixant à 12,000 livres la somme qui devra être payée à M° Nicolas Bigot, secrétaire du Roi, pour ses taxations en « la recherche, veriffication et recouvrement des deniers des debetz de quittances ».

E 24°, f° 263 r°, et ms. fr. 18176, f° 339 v°.

14865. — Arrêt chargeant M° Jean Allard, contrôleur des tailles au diocèse de Montpellier, d'exercer, en 1610, la recette générale des finances de Montpellier à la place du receveur général, M° Jacques Moreau, continuellement occupé « à l'occasion des grandz procès qu'il a pendant au Conseil ».

E 24°, f° 265 r°, et ms. fr. 18176, f° 340 v°.

14866. — Arrêt évoquant un procès pendant entre M° Jean de Moisset et M° Philippe Burel, receveur des amendes en la cour des aides de Normandie.

E 24°, f° 266 r°, et ms. fr. 18176, f° 341 r°.

14867. — Arrêt interdisant tout exercice de leurs charges aux greffiers de Bourgogne qui ont été remboursés par M° Louis Faroul.

E 24°, f° 267 r°, et ms. fr. 18176, f° 341 v°.

14868. — Arrêt renvoyant au parlement de Rouen un procès pendant entre le duc de Nemours, comte de Gisors, et les héritiers de Pierre Guéroust, Robert Fauvel, Robert de La Ville, etc., marchands voituriers sur la rivière de Seine.

E 24°, f° 269 r°, et ms. fr. 18176, f° 342 r°.

14869. — Arrêt statuant sur diverses instances pendantes entre François-Jean-Charles de Pardaillan, vicomte de Panjas, et Jeanne de Monceau, son épouse, ci-devant dame d'honneur de la duchesse de Bar, M° Robert Le Bis, sieur de La Chapelle, commis à la recette des « deniers provenans des amandes et confiscations des faux monnoyeurs », et Jacques Regnault, sieur des Granges.

E 24°, f° 271 r°, et ms. fr. 18176, f° 343 v°.

14870. — Arrêt ordonnant que les arrérages des rentes constituées au denier douze, en 1584, par la ville de Senlis ne seront plus désormais payés qu'au taux du denier vingt.

E 24°, f° 273 r°, et ms. fr. 18176, f° 345 r°.

14871. — Arrêt ordonnant à M° Paul Arnauld, receveur général des finances à Montpellier, de verser à l'Épargne une somme de 10,000 livres.

E 24°, f° 275 r°, et ms. fr. 18176, f° 345 v°.

14872. — Arrêt autorisant les gens des États du Languedoc à imposer sur le diocèse de Narbonne une somme de 3,000 livres destinée à la reconstruction de l'église et du couvent des Minimes de Narbonne.

E 24°, f° 277 r°, et ms. fr. 18176, f° 346 r°.

14873. — Arrêt évoquant les poursuites faites, à la requête du procureur général en la cour des aides de Rouen, contre les officiers de l'élection de Paris au sujet de la réception des cautions présentées par M° Bourbonne Chuppin pour la recette des tailles de Chaumont et Magny.

E 24°, f° 278 r°, et ms. fr. 18176, f° 346 v°.

14874. — Arrêt renvoyant au Parlement le procès pendant entre le capitaine Thibault, maître d'hôtel de la Reine, d'une part, M⁰ Bernard Feytis, docteur en médecine, et Marie Du Lac, sa femme, d'autre part.

E 24⁵, f⁰ 280 r⁰, et ms. fr. 18176, f⁰ 347 v⁰.

14875. — Arrêt fixant à 6,000 livres l'indemnité qu'Étienne Bachelier devra payer à Jean Morel pour jouir de la ferme des crues d'Ingrande.

E 24⁵, f⁰ 282 r⁰, et ms. fr. 18176, f⁰ 348 r⁰.

14876. — Arrêt révoquant celui du 9 août dernier, et comblant un déficit de 40,660 livres qui s'est produit dans la recette de M⁰ Antoine Billard, adjudicataire du revenu de l'ancien domaine de Navarre.

E 24⁵, f⁰ 283 r⁰, et ms. fr. 18176, f⁰ 348 v⁰.

14877. — Arrêt ordonnant que M⁰ Simon Richer, président en l'élection du Mans, touchera dorénavant 50 livres pour droit d'augmentation de chevauchées.

E 24⁵, f⁰ 285 r⁰, et ms. fr. 18176, f⁰ 348 bis v⁰.

14878. — Arrêt cassant un arrêt du parlement de Bordeaux rendu au préjudice d'Antoine Billard, fermier général de l'ancien domaine de Navarre.

E 24⁵, f⁰ 287 r⁰, et ms. fr. 18176, f⁰ 349 v⁰.

14879. — Arrêt renvoyant aux trésoriers de France à Orléans une requête par laquelle Abraham Rommyer demande remise de 1,000 livres sur le prix de certaine quantité de bois, qui a été emportée à Ouzouer-sur-Loire par l'inondation du fleuve.

E 24⁵, f⁰ 289 r⁰, et ms. fr. 18176, f⁰ 351 r⁰.

14880. — Arrêt ordonnant la vérification et le payement des sommes dues à Jean Chevalier, habitant de Condrieu, «pour le reste de ses appointemens à cause de deux frégates qu'il a entretenues, pour le service de Sa Majesté, asseurance et commerce des habitans de Lyon, ès rivières du Raosne et de la Saosne».

E 24⁵, f⁰ 290 r⁰, et ms. fr. 18176, f⁰ 351 v⁰.

14881. — Arrêt statuant sur diverses instances pendantes entre M⁰ Richard Bugrand, secrétaire de la chambre du Roi, receveur des aides et tailles à Melun, le chapitre de la Sainte-Chapelle du Bois-de-Vincennes, M⁰⁰ Jacques Baunier et René Le Berment, receveurs anciens des amendes du parlement et de la cour des aides de Rouen.

E 24⁵, f⁰ 292 r⁰, et ms. fr. 18176, f⁰ 352 v⁰.

14882. — Arrêt renvoyant aux élus de l'élection de Rozoy-en-Brie les procès de Daniel Desbordes et d'André Lelong, qui auraient levé certaines sommes en vertu de lettres exécutoires fausses et supposées.

E 24⁵, f⁰ 298 r⁰, et ms. fr. 18176, f⁰ 355 v⁰.

14883. — Arrêt ordonnant le payement de 10,000 livres assignées sur la recette générale de Bretagne au prince et à la princesse de Conti.

E 24⁵, f⁰ 300 r⁰, et ms. fr. 18176, f⁰ 356 v⁰.

14884. — Arrêt ordonnant la levée d'une somme de 1,000 livres due par les habitants de Neuilly-Saint-Front à Diane de La Vergne, femme de Charles de Romain.

E 24⁵, f⁰ 301 r⁰, et ms. fr. 18176, f⁰ 357 r⁰.

14885. — Arrêt ordonnant la levée sur les habitants de Talmont d'une somme de 1,500 livres destinée au curage des canaux, à la construction d'une écluse, etc.

E 24⁵, f⁰ 302 r⁰, et ms. fr. 18176, f⁰ 357 v⁰.

14886. — Arrêt évoquant au Conseil le procès pendant entre M⁰ Christophe Le Breton, grènetier, et les autres officiers de Pouancé, d'une part, René Masson, sergent, Simon Suart, notaire, et le capitaine Darcé, d'autre part, au sujet de la confiscation d'une charretée de faux sel.

E 24⁵, f⁰ 303 r⁰, et ms. fr. 18176, f⁰ 358 r⁰.

14887. — Arrêt déclarant que, conformément aux ordonnances, les officiers des greniers à sel de Normandie procéderont aux perquisitions dans le ressort de leurs greniers sans être obligés d'en demander la permission à la cour des aides de Normandie.

E 24⁵, f⁰ 305 r⁰, et ms. fr. 18176, f⁰ 359 r⁰.

14888. — Arrêt ordonnant la restitution des biens

saisis sur la veuve et les enfants de Jean Salonnier, élu en l'élection de Château-Chinon.

E 24°, f° 307 r°, et ms. fr. 18176, f° 360 v°.

14889. — Adjudication des offices de receveurs ancien et alternatif du domaine de la vicomté de Rouen faite, pour 15,000 livres, à Antoine Salomon.

E 24°, f° 309 r°, et ms. fr. 18176, f° 318 v°.

14890. — Arrêt adjugeant à M° Guillaume Perrochel l'office de maître des Comptes dont était pourvu M° Jean de Saint-Germain, à M° Guillaume Mesnager celui de receveur général des bois de l'Île-de-France dont était pourvu M° Claude Josse, et à M° Timothée Fromaget celui de trésorier des réparations de Picardie et Île-de-France dont était pourvu Jacques Josse.

E 24°, f° 313 r°, et ms. fr. 18176, f° 313 r°.

14891. — Arrêt réglant la levée d'une somme de 9,848 livres due aux députés de Guyenne pour leurs vacations «à la poursuitte des cahiers présentés à Sa Majesté pour les affaires de ladite province».

E 24°, f° 315 r°, et ms. fr. 18176, f° 361 v°.

14892. — Arrêt statuant sur un procès pendant entre l'évêque et les consuls de Gap, et ordonnant la vérification des dettes de la ville.

E 24°, f° 317 r°, et ms. fr. 18176, f° 362 v°.

14893. — Arrêt condamnant les habitants de Nogent-le-Roi à payer les sommes auxquelles ils ont été taxés, pour le passé, par les officiers de l'élection de Chartres, mais ordonnant que, dorénavant, le soin de répartir les tailles sur lesdits habitants appartiendra aux trésoriers de France à Orléans.

E 24°, f° 319 r°, et ms. fr. 18176, f° 364 r°.

1609, 22 décembre. — Paris.

14894. — Arrêt déclarant que les officiers des eaux et forêts de Saint-Germain et de Fontainebleau, ne sauraient être dépossédés de leurs offices à raison du contrat passé avec M° Charles Paulet.

E 24°, f° 321 r°, et ms. fr. 18176, f° 384 v°.

14895. — Acceptation conditionnelle des offres faites par Jacob Videl, de Briançon, pour l'acquittement de 360,000 livres de dettes.

E 24°, f° 323 r°, et ms. fr. 18176, f° 366 r°.

14896. — «Articles des conditions accordées... à Jehan de Sainct-Remy, en exécution des offres par luy faictes et acceptées, à cause des offices de receveurs des deniers extraordinaires nouvellement créez ès vingt deux diocèses de Languedoc.»

E 24°, f° 325 r°, et ms. fr. 18176, f° 366 r°.

14897. — Arrêt autorisant M° Charles Paulet à rembourser les offices de maîtres gardes, de verdiers, de gruyers, de gardes-marteaux, de sergents et de gardes des eaux et forêts de France.

E 24°, f° 327 r°, et ms. fr. 18176, f° 386 r°.

14898. — Adjudication de la douane de Vienne faite, pour deux ans, à Claude David, contrôleur aux greniers à sel de Lyon et de Saint-Chamond, moyennant le payement annuel de 135,000 livres.

E 24°, f° 329 r°, et ms. fr. 18176, f° 368 r°.

14899. — Arrêt ordonnant que Paul Parent, sieur de Villemenon, sera mis, conformément à l'arrêt du 26 septembre dernier (n° 14365), et nonobstant l'opposition du sénéchal de Nîmes, en possession de la capitainerie de la tour de Villeneuve-lès-Avignon.

E 24°, f° 333 r°, et ms. fr. 18176, f° 380 v°.

14900. — Adjudication des droits levés à Meulan sur le vin, le plâtre et autres marchandises, faite pour trois nouvelles années à Paul Duthier, lequel a, en même temps, sollicité l'autorisation d'établir, de nuit, une chaîne, à Paris, en travers de la Seine.

E 24°, f° 335 r°, et ms. fr. 18176, f° 371 r°.

14901. — Arrêt réglant le payement de 6,677 écus 29 sols 9 deniers dus à la veuve de Vincent de La Tour, marchand de Provence, pour fournitures de marbres qui ont été employés, en partie, dans les châteaux du Louvre et de Fontainebleau.

E 24°, f° 337 r°, et ms. fr. 18176, f° 372 r°.

14902. — Arrêt suspendant les poursuites dirigées

contre Jean Rouillé, l'une des cautions de M° Claude Josse, pour payement de rentes assignées sur le sel.

E 24°, f° 338 r°, et ms. fr. 18176, f° 372 v°.

14903. — Arrêt ordonnant que Noël Parent, entrepreneur de crêpes fins, façon de Bologne, établi par ordre du Roi dans le château de Mantes, sera assigné d'une somme de 1,500 livres.

E 24°, f° 340 r°, et ms. fr. 18176, f° 373 r°.

14904. — Arrêt statuant sur un procès pendant entre Arthus Chancey, orfèvre, et les maîtres et gardes de l'orfèvrerie de Paris, et donnant audit Chancey mainlevée de pièces d'orfèvrerie saisies.

E 24°, f° 341 r°, et ms. fr. 18176, f° 373 v°.

14905. — Arrêt ordonnant la réception de M° Claude Panier en un office de commissaire-examinateur au Châtelet, nonobstant l'opposition de la communauté des commissaires-examinateurs.

E 24°, f° 343 r°, et ms. fr. 18176, f° 375 r°.

14906. — Arrêt déterminant les conditions auxquelles les avocats pourront exercer les charges de procureurs-postulants en toute espèce de juridictions.

E 24°, f° 345 r°; ms. fr. 18176, f° 376 r°, et AD ✝ 147, n° 38.

14907. — Arrêt autorisant le sieur de Bellengreville, grand prévôt de France, à disposer de la charge d'archer exercée par M° Samson Michel, si, dans un délai de trois mois, celui-ci n'a pas résigné sa charge entre les mains d'une personne capable.

E 24°, f° 347 r°, et ms. fr. 18176, f° 377 v°.

14908. — Arrêt renvoyant au Parlement les procès pendants entre Pierre Hallevault, maître orfèvre de Paris, ci-devant clerc de l'orfèvrerie, et les maîtres jurés et gardes de l'orfèvrerie de Paris.

E 24°, f° 349 r°, et ms. fr. 18176, f° 378 r°.

14909. — Arrêt ordonnant que M° Michel Martinet sera pourvu de l'office de grènetier à Vailly, à lui résigné par son père, à la condition qu'il payera à M° Bénigne Saulnier 400 livres, outre les 250 livres dues pour le droit de huitième denier.

F. 24°, f° 351 r°, et ms. fr. 18176, f° 379 r°.

14910. — Arrêt maintenant en l'exercice de leurs charges les sergents royaux de Bourbonnais, et suspendant « la recherche des sergens qui n'ont prins des ampliations pour exploicter par tout le royaume ».

E 24°, f° 353 r°, et ms. fr. 18176, f° 380 r°.

14911. — Arrêt ordonnant une enquête au sujet des exactions qu'aurait commises M° Pierre Moynier, fermier des impositions de la Garonne et de la Dordogne ainsi que de l'extinction du convoi de Bordeaux.

E 24°, f° 354 r°, et ms. fr. 18176, f° 382 r°.

14912. — Arrêt rendu sur la requête des députés de Guyenne, déclarant que les droits de traite domaniale ne seront dues que pour les marchandises passées avant le 1ᵉʳ décembre et vendues hors du royaume.

E 24°, f° 356 r°; ms. fr. 18176, f° 383 v°, et AD ✝ 147, n° 37.

14913. — Arrêt enjoignant, conformément à l'ordonnance de 1577, aux contrôleurs et marqueurs de cuirs de marquer les peaux des bestiaux nouvellement écorchés, et ordonnant aux bouchers et écorcheurs d'envoyer ces peaux, chaque semaine, aux halles et aux marchés, où, les tanneurs et mégissiers étant servis, le surplus seulement sera vendu aux marchands forains.

E 24°, f° 357 r°, et ms. fr. 18176, f° 384 r°.

14914. — Arrêt ordonnant que M° Pierre Lardy entrera en jouissance de la ferme des impositions levées sur la Charente, la Seudre et la Gironde, si, dans la quinzaine, René Revel ne propose pas des conditions plus avantageuses.

E 24°, f° 359 r°, et ms. fr. 18176, f° 385 r°.

14915. — Arrêt ordonnant le renvoi au procureur général au parlement de Bourgogne d'une requête des députés protestants tendante à ce que le Roi prenne sous sa sauvegarde les protestants de Monthureux-sur-Saône, persécutés par le sieur de Vaudémont.

E 24°, f° 384 r°, et ms. fr. 18176, f° 396 r°.

14916. — Arrêt déclarant que les habitants de Péronne demeureront, conformément à l'édit de juin

1594, exempts des droits de francs-fiefs et de nouveaux acquêts échus de 1585 à 1588.

E 24°, f° 386 r°, et ms. fr. 18176, f° 397 r°.

14917. — Arrêt renvoyant aux trésoriers de France à Châlons une requête de François Rivière, valet de pied du Roi, qui sollicite le don du terrain où s'élevait autrefois le château de Vassy.

E 24°, f° 387 r°, et ms. fr. 18176, f° 397 v°.

14918. — Arrêt ordonnant la mise en adjudication des travaux de réparation de la chambre du conseil et de l'auditoire du bailliage et de la chancellerie de Dijon.

E 24°, f° 388 r°, et ms. fr. 18176, f° 398 r°.

14919. — Arrêt ordonnant que les grèneteiers des greniers « où le sel se débite par impost » feront savoir si les sergents des gabelles jouissent d'un droit de 10 sols pour le port des mandements et commissions, et s'ils en sont payés par les adjudicataires des gabelles ou par le peuple.

E 24°, f° 390 r°, et ms. fr. 18176, f° 398 v°.

14920. — Arrêt réglant la suppression des offices de lieutenant particulier, assesseur criminel et de commissaire-examinateur au siège de Gap et leur union aux offices de vice-bailli et de lieutenant particulier.

E 24°, f° 391 r°, et ms. fr. 18176, f° 399 r°.

14921. — Arrêt renvoyant aux trésoriers de France à Paris une requête par laquelle les jardiniers possédant des arbres fruitiers dans les terrains où doivent être contruits la Porte royale, la Place de France et les sept pavillons du Grand Conseil demandent estimation et payement des plants d'arbres qu'ils n'auront pu vendre dans les délais prescrits par l'arrêt du 19 novembre dernier (n° 14651).

E 24°, f° 393 r°, et ms. fr. 18176, f° 403 v°.

14922. — Arrêt ordonnant que M° Pierre Bengy, receveur des tailles en l'élection de Bourges, sera déchargé des poursuites dirigées contre lui en la Cour des aides.

E 24°, f° 394 r°, et ms. fr. 18176, f° 404 r°.

14923. — Arrêt relatif à l'exécution du traité passé par M° Guillaume Prehou pour le recouvrement des taxes levées sur les anoblis de Normandie.

E 24°, f° 396 r°, et ms. fr. 18176, f° 405 r°.

14924. — « Articles des conditions accordées... à Sébastien Dubiez sur les offres par lui faictes à Sa Majesté de rachepter dans douze années... 100,000 livres en principal de rentes constituées sur les finances de Sa Majesté et pour pareille somme de 100,000 livres du domaine de Sa Majesté aliéné tant au duché que comtez d'Auvergne, Clermont et baronnie de la Tour. »

E 24°, f° 398 r°, et ms. fr. 18176, f° 406 r°.

14925. — Acceptation conditionnelle des offres faites par Jean Berger pour l'amortissement de 600,000 livres de rentes.

E 24°, f° 404 r°, et ms. fr. 18176, f° 408 r°.

14926. — Arrêt maintenant les gardes, contregardes, essayeurs et tailleurs des monnaies en la jouissance de leurs offices, nonobstant les assignations à eux données sur la requête de M° Charles Paulet.

E 24°, f° 406 r°, et ms. fr. 18176, f° 409 r°.

14927. — Arrêt renvoyant aux trésoriers de France à Orléans une requête en remise de tailles présentée par les habitants de Saint-Victor, près Blois, attendu les ravages causés, depuis trois ans, dans leurs champs et leurs vignes par la grêle, la gelée et l'inondation de la Loire.

E 24°, f° 408 r°, et ms. fr. 18176, f° 409 v°.

14928. — Arrêt ordonnant à M° Nicolas Chevremont, qui a traité pour le rachat du domaine de Bourgogne, de rembourser à Roger de Bellegarde, sieur de Termes, grand écuyer de France, et à Guy Blondeau, secrétaire du Roi, le prix des seigneuries de Sagy, de Glennes et de Vieux-Château, du fief de Courcelles et du bois appelé le Taureau-de-Bar.

E 24°, f° 409 r°, et ms. fr. 18176, f° 410 r°.

14929. — Arrêt prorogeant de trois semaines le sursis accordé à Jacques Du Bois, ci-devant commis à la recette des deniers provenant de taxes levées sur les marchands de vin en gros, par arrêt du 30 novembre dernier.

E 24°, f° 411 r°, et ms. fr. 18176, f° 411 r°.

14930. — Arrêt fixant à 10,000 livres la caution que devra fournir M° Jean Picot, receveur général des finances à Moulins.

E 24°, f° 412 r°, et ms. fr. 18176, f° 411 v°.

14931. — Arrêt ordonnant la vérification des comptes de Thomas Maillet et de Jacques de Combles, ci-devant commis à la levée de certains octrois en la ville de Troyes.

E 24°, f° 413 r°, et ms. fr. 18176, f° 412 v°.

14932. — Arrêt renvoyant au sénéchal de Poitou ou à son lieutenant criminel de Saint-Maixent le procès des marchands-maréchaux et autres qui ont enlevé de force les bœufs de M° Bonaventure Billard, ci-devant trésorier provincial, lesquels venaient d'être saisis sur le refus dudit Billard d'acquitter la taxe levée, en 1608, sur les officiers de finance.

E 24°, f° 415 r°, et ms. fr. 18176, f° 414 r°.

14933. — Arrêt relatif à diverses instances pendantes entre M° Auguste Prévost et Martin Hérissé, Claude Rouvre, René Le Comte, Pierre Petit, et Henri de Gondi, évêque de Paris.

E 24°, f° 417 r°, et ms. fr. 18176, f° 414 v°.

14934. — Arrêt ordonnant l'élargissement sous caution de Jonathas Petit, ci-devant commis de M° Guillaume Du Fayot dans les généralités de Poitou et de Limousin.

E 24°, f° 419 r°, et ms. fr. 18176, f° 415 v°.

14935. — Arrêt autorisant les consuls et habitants d'Ouveillan à lever, en trois ans, une somme de 3,000 livres destinée au rachat d'un fief dépendant du domaine royal.

E 24°, f° 421 r°, et ms. fr. 18176, f° 416 r°.

14936. — Arrêt maintenant les habitants de Flagey dans le droit de faire exercer la justice par quatre délégués, moyennant le payement d'une redevance de 26 livres à la recette de la châtellenie d'Argilly.

E 24°, f° 422 r°, et ms. fr. 18176, f° 416 v°.

14937. — Arrêt défendant aux receveurs généraux des finances, du domaine, des décimes et des États de Dauphiné de confier le recouvrement des deniers de leurs recettes à d'autres qu'aux huissiers audienciers du pays.

E 24°, f° 423 r°, et ms. fr. 18176, f° 417 r°.

14938. — Arrêt ordonnant que la Chambre des comptes vérifiera purement et simplement le don, que le Roi a fait à Augustin Arzelier, sieur de La Moulière, capitaine d'une compagnie de gens de pied, des biens d'Albert de Thelis, sieur de Charvan, condamné à mort comme faux monnayeur, à condition toutefois que ledit capitaine abandonne au Roi la moitié de l'actif net de la succession.

E 24°, f° 425 r°, et ms. fr. 18176, f° 418 r°.

14939. — Arrêt renvoyant à la cour des aides de Normandie une requête d'Innocent Desbois, qui a traité avec le Roi pour le rachat des greffes de paroisses.

E 24°, f° 426 r°, et ms. fr. 18176, f° 418 v°.

14940. — Arrêt relatif à l'exécution du bail d'Auguste Prévost et de Martin Hérissé, fermiers du domaine de la vicomté de Paris.

E 24°, f° 427 r°, et ms. fr. 18176, f° 419 r°.

14941. — Arrêt relatif au payement des gages restés dus au sieur de Montifray, président en la chambre des comptes de Bretagne, pour son office de grand maître des eaux et forêts de Bretagne.

E 24°, f° 429 r°, et ms. fr. 18176, f° 419 v°.

14942. — Arrêt renvoyant aux trésoriers de France à Bourges une requête des maîtres et gouverneurs de l'Hôtel-Dieu de Bourges tendant à l'homologation du contrat par lequel est concédée à perpétuité audit hôpital la pêche dans les deux canaux nouvellement creusés au travers des marais communs de Bourges.

E 24°, f° 431 r°, et ms. fr. 18176, f° 421 r°.

14943. — Arrêt ordonnant la restitution des sommes retenues indûment par les grènetiers pour taxations de crues extraordinaires.

E 24°, f° 432 r°, et ms. fr. 18176, f° 408 v°.

14944. — Arrêt réglant l'exécution de l'édit de février 1598 et de l'arrêt du 10 mai 1608 qui attribuent aux grènetiers un droit de 6 deniers par livre pour la recette des crues extraordinaires sur le sel.

E 24ᵉ, fᵒ 433 rᵒ, et ms. fr. 18176, fᵒ 409 rᵒ.

14945. — Arrêt ordonnant le remboursement d'une somme de 4,000 écus prêtée au Roi, le 27 mars 1593, par feu Pierre Breschard, sieur de La Corbinière, commissaire général des vivres, «pour subvenir à partie du licentiement des Suisses».

E 24ᵉ, fᵒ 434 rᵒ, et ms. fr. 18176, fᵒ 397 rᵒ.

14946. — Acceptation conditionnelle des offres faites par Étienne Le Goute pour le rachat du duché d'Alençon.

E 24ᵉ, fᵒ 435 rᵒ, et ms. fr. 18176, fᵒ 408 rᵒ.

1609, 29 décembre. — Paris.

14947. — Arrêt déclarant que les ordonnances ne doivent pas être appliquées dans toute leur rigueur aux officiers et autres qui passent des baux et contrats pour le rachat du domaine et pour l'amortissement des rentes, que ceux-ci, par exemple, continueront d'exercer leurs offices et d'en toucher les gages.

E 24ᵉ, fᵒ 361 rᵒ, et ms. fr. 18176, fᵒ 404 vᵒ.

14948. — Arrêt autorisant la levée sur tous les habitants de Provins, même privilégiés, d'une somme de 6,239 livres destinée aux réparations des murailles et des tours.

E 24ᵉ, fᵒ 363 rᵒ, et ms. fr. 18176, fᵒ 401 rᵒ.

14949. — Arrêt maintenant Mᵉ François Marchant en possession de l'état de lieutenant général à Loches.

E 24ᵉ, fᵒ 365 rᵒ, et ms. fr. 18176, fᵒ 402 rᵒ.

14950. — Arrêt ordonnant le rétablissement d'une somme de 5,700 livres au profit d'Antoine Douelles, secrétaire ordinaire de la chambre du Roi.

E 24ᵉ, fᵒ 367 rᵒ, et ms. fr. 18176, fᵒ 386 vᵒ.

14951. — Arrêt statuant sur un procès pendant entre Melchior Maignan et Melchior Genoier, maître apothicaire à Manosque.

E 24ᵉ, fᵒ 369 rᵒ, et ms. fr. 18176, fᵒ 387 rᵒ.

14952. — Arrêt ordonnant que les sommes affectées aux dépenses ordinaires et nécessaires du Quercy seront levées, chaque année, conformément à la réponse faite sur l'article xix du cahier des députés de Guyenne et au règlement dressé par Mᵉ Martin, trésorier de France audit pays.

E 24ᵉ, fᵒ 371 rᵒ, et ms. fr. 18176, fᵒ 388 vᵒ.

14953. — Arrêt déclarant que le délai de deux mois dans lequel les officiers de l'élection du Mans et autres peuvent opter entre leurs offices et ceux de commissaires ès élections, créés par édit de janvier 1598, ne commencera à courir qu'à partir du jour où leur sera signifiée la taxe de ces derniers offices.

E 24ᵉ, fᵒ 372 rᵒ, et ms. fr. 18176, fᵒ 389 rᵒ.

14954. — Arrêt retenant au Conseil le procès pendant entre Guillaume de Pierrepont, soi-disant sieur d'Étienville, de Rouville, etc., et le chapitre de la Sainte-Chapelle de Paris, au sujet du marais du Pré, et recevant comme partie intervenante Mᵉ Tanneguy Bazire, avocat général en la chambre des comptes de Normandie.

E 24ᵉ, fᵒ 373 rᵒ, et ms. fr. 18176, fᵒ 389 rᵒ.

14955. — Arrêt relatif à l'exécution du traité passé avec Jean de Saint-Remy (nᵒ 14896).

E 24ᵉ, fᵒ 375 rᵒ, et ms. fr. 18176, fᵒ 391 vᵒ.

14956. — Arrêt rétablissant les procureurs postulants de Poitiers en l'exercice de leurs charges, quelque contrainte qu'on ait faite pour les obliger à prendre des lettres de provision.

E 24ᵉ, fᵒ 377 rᵒ, et ms. fr. 18176, fᵒ 392 vᵒ.

14957. — Arrêt maintenant Mᵉ Claude de Marle, receveur triennal des tailles en l'élection de Doullens, en jouissance des droits attribués pour le port des commissions des tailles.

E 24ᵉ, fᵒ 378 rᵒ, et ms. fr. 18176, fᵒ 393 rᵒ.

14958. — Arrêt renvoyant aux trésoriers de France une requête par laquelle Pierre Lorrin, ancien munitionnaire du fort de la Capelle, demande à être déchargé de la garde de 40 muids de blé conservés depuis huit ans dans les greniers du fort.

E 24°, f° 380 r°, et ms. fr. 18176, f° 394 v°.

14959. — Arrêt fixant les émoluments des vendeurs jurés de bétail à pied fourché créés dans toutes les villes et dans toutes les bourgades où il y a foire ou marché.

E 24°, f° 381 r°, et ms. fr. 18176, f° 394 v°.

14960. — Arrêt déclarant que Bernard Du Bay et consorts, habitants de Castelsarrasin, de Montech et de Finham, seront déchargés de l'assignation à eux donnée sur la requête de M° Louis Massuau pour raison du rachat de certaines terres vaines et vagues dépendantes de la forêt de Montech.

E 24°, f° 382 r°, et ms. fr. 18176, f° 395 v°.

14961. — Arrêt faisant remise du droit de marc d'or à tous ceux qui se feront pourvoir des charges et offices dont la finance a été donnée à la Reine.

E 24°, f° 437 r°.

14962. — Acceptation conditionnelle de l'offre que fait Jean Picotin de racheter des portions de domaine jusqu'à concurrence de 170,000 livres.

E 24°, f° 439 r°.

14963. — Arrêt statuant sur un procès pendant entre Thibaud Du Plessis et Alexandre Le Vieux, valets de chambre du Roi, d'une part, M° Bénigne Saulnier et M° Jean Goureau, d'autre part, au sujet de l'office de conseiller en la Cour des aides vacant par la mort de M° Robert Allaire.

E 24°, f° 441 r°, et ms. fr. 18176, f° 412 r°.

14964. — Acceptation conditionnelle des offres faites par Jean Rhodes pour le rachat de 360,000 livres de rentes ou de portions de domaine.

E 24°, f° 443 r°.

14965. — Arrêt ordonnant que M° Jacques Josse sera tenu de donner sa démission de secrétaire du Roi du nombre des Six-Vingts «en faveur de celluy qui fera la condition meilleure», et qu'au besoin son refus sera considéré comme une démission.

Ms. fr. 18176, f° 392 v°.

1609, 31 décembre. — Paris.

14966. — «Roolle des offices ordinaires des comtés d'Auvergne, Clermont et baronnye de la Tour appartenantz à M⁰ʳ le Daulphin, desquelles Sébastien Dubiez entend jouyr moiennant le traicté faict avec Sa Majesté.....», suivi de l'approbation du Conseil.

E 24°, f° 402 r°, et ms. fr. 18176, f° 390 v° (sous la date du 29 décembre).

14967. — Arrêt condamnant Élisabeth Bourneau, veuve de M° Jean Canaye, maître des Comptes, à payer 1,000 livres à M° Jean Palot.

E 24°, f° 445 r°, et ms. fr. 18176, f° 420 v°.

14968. — Arrêt réglant «ce qui sera à observer pour la vériffication» des rachats de greffes, de rentes ou de portions de domaine que les traitants s'obligent à effectuer.

E 24°, f° 446 r°, et ms. fr. 18176, f° 438 v°.

14969. — Arrêt statuant sur diverses instances pendantes entre M°ˢ Mathieu Vidard et Émery Chessé, procureurs au présidial de Poitiers, les habitants des châtellenies de Bellac, Rancon et Champagnac, M° François Raymond, lieutenant et juge ordinaire au siège de Bellac, M° Jean Bonnin, procureur du Roi au présidial de Limoges, et ordonnant que les appels des jugements du sénéchal de la Basse-Marche rendus au siège de Bellac ressortiront, soit au présidial de Poitiers, soit au parlement de Paris.

E 24°, f° 448 r°, et ms. fr. 18176, f° 421 v°.

14970. — Arrêt déterminant les conditions dans lesquelles pourront être reçues les offres de tiercement faites par Philippe Maignat pour la ferme des impositions levées sur le sel et les marchandises passant devant Vienne et Valence.

E 24°, f° 452 r°, et ms. fr. 18176, f° 424 r°.

14971. — Arrêt relatif à l'exécution d'un don d'offices de greffiers fait à la reine Marguerite, et ordonnant la vérification des comptes de M° Nicolas Robert, commis à la recette des deniers provenant de la revente des offices dans les sénéchaussées d'Agenais et de Condomois.

E 24°, f° 454 r°, et ms. fr. 18176, f° 425 r°.

14972. — Arrêt ordonnant le rétablissement d'une somme de 500 écus rayée, sur le compte de l'Extraordinaire des guerres de Piémont, au nom de Claude Thonnar-Labbé, secrétaire du sieur de Lesdiguières.

E 24ᵉ, fᵒ 455 rᵒ, et ms. fr. 18176, fᵒ 426 rᵒ.

14973. — Arrêt statuant sur un procès pendant entre Mᵉ Charles Du Han, fermier général des Cinq grosses fermes, et les habitants d'Auxonne.

E 24ᵉ, fᵒ 456 rᵒ, et ms. fr. 18176, fᵒ 426 vᵒ.

14974. — État particulier des greffes, offices et autres portions de domaine dont Mᵉ Louis Massuau a fait ou entend faire le rachat, conformément à son traité; suivi de l'approbation du Conseil.

E 24ᵉ, fᵒ 458 rᵒ, et ms. fr. 18176, fᵒ 429 rᵒ.

14975. — « Estat que Pierre de Branges, ayant contracté avec Sa Majesté pour le rachapt de 50,000 livres du moings de son domaine de Provence, présente à Sa Majesté... pour les partz et portions du domaine de Sa Majesté qu'il nomme dès à présent pour estre par luy racheptées... », avec l'approbation du Conseil.

E 24ᵉ, fᵒ 464 rᵒ, et ms. fr. 18176, fᵒ 433 vᵒ.

14976. — Arrêt ordonnant l'acquisition de deux terrains destinés à recevoir les dépôts d'immondices hors de la porte Saint-Antoine et de la porte Saint-Michel, et d'un troisième destiné à remplacer celui qu'a donné l'évêque de Paris, hors de la porte Saint-Honoré, lequel est trop rapproché de la ville « et apporte une trop mauvaise vapeur en tout ledit quartier, et spéciallement au Louvre et Thuillerie ».

E 24ᵉ, fᵒ 468 rᵒ, et ms. fr. 18176, fᵒ 437 rᵒ.

14977. — Arrêt ordonnant que les sommes nécessaires à l'entretien du pavé et à l'enlèvement des boues et immondices de Paris ne seront plus levées sur les habitants sous forme de capitation, mais prélevées sur le produit des 15 sols par muid de vin entrant en ladite ville; réglant, en outre, le payement des sommes dues, pour le passé, aux entrepreneurs.

E 24ᵉ, fᵒ 470 rᵒ, et ms. fr. 18176, fᵒ 437 vᵒ.

14978. — Arrêt faisant remise du droit de marc d'or aux personnes qui se feront pourvoir des offices de notaires, huissiers, arpenteurs, etc., dont la finance a été donnée à la Reine, pourvu toutefois que cette finance ne dépasse pas 150 livres.

E 24ᵉ, fᵒ 472 rᵒ, et ms. fr. 18176, fᵒ 439 vᵒ.

14979. — Articles accordés à Pierre de Lane, subrogé au bail de Denis Denyert : il devra parachever le bastion de Bayonne, jouira durant seize ans de la foraine de Bayonne, etc.

E 24ᵉ, fᵒ 474 rᵒ, et ms. fr. 18176, fᵒ 447 rᵒ.

14980. — Arrêt défendant provisoirement à Mᵉ Louis Beschon, receveur du domaine à Péronne, et à Jérôme Allory, commis à la recette des consignations du Trésor à Paris, de faire aucune poursuite contre Mᵉ Ézéchiel Wyon, maître des Comptes.

E 24ᵉ, fᵒ 476 rᵒ, et ms. fr. 18176, fᵒ 448 vᵒ.

14981. — Arrêt fixant à 9,000 livres l'indemnité due par Mᵉˢ Claude Barbin et Guillaume de Sève, sieur de Saint-Julien, à Mathieu Bastard et à Pierre Bizet.

E 24ᵉ, fᵒ 477 rᵒ, et ms. fr. 18176, fᵒ 449 rᵒ.

14982. — Arrêt ordonnant que les offices de commissaires créés dans les élections et greniers à sel par édit de janvier 1598 seront taxés au Conseil, mais que la taxe n'en pourra excéder 300,000 livres.

E 24ᵉ, fᵒ 479 rᵒ, et ms. fr. 18176, fᵒ 450 rᵒ.

14983. — Arrêt ordonnant l'exécution du contrat passé avec Étienne Goutte pour la recherche des usurpations commises sur le domaine de Guyenne et de Languedoc, et ce nonobstant l'opposition du parlement de Bordeaux.

E 24ᵉ, fᵒ 480 rᵒ, et ms. fr. 18176, fᵒ 450 vᵒ.

14984. — Arrêt ordonnant la vérification des sommes que Mᵉ Joseph Camé, receveur des tailles au pays d'Armagnac, prétend lui être dues par les habitants de Jegun et de Rivière-Basse.

E 24ᵉ, fᵒ 482 rᵒ, et ms. fr. 18176, fᵒ 451 rᵒ.

14985. — Arrêt renvoyant aux trésoriers de France à Rouen une requête par laquelle les échevins de Rouen demandent nouvelle assignation d'une somme de 56,641 livres 8 sols 3 deniers.

E 24ᵉ, fᵒ 484 rᵒ, et ms. fr. 18176, fᵒ 452 rᵒ.

14986. — Arrêt statuant sur diverses instances pendantes entre la veuve, la mère et le beau-frère de Gédéon de Moustier et les députés généraux de la Religion prétendue réformée.

E 24ᵉ, fᵒ 485 rᵒ, et ms. fr. 18176, fᵒ 452 vᵒ.

14987. — Arrêt ordonnant l'expédition de lettres d'assiette qui permettront aux habitants de Tournon de lever une somme de 800 livres destinée aux frais d'un procès au Conseil.

E 24ᵉ, fᵒ 487 rᵒ, et ms. fr. 18176, fᵒ 454 vᵒ.

14988. — Arrêts ordonnant que les propriétaires des salines de Peccais, de Narbonne, de Peyriac et de Sigean seront déchargés des taxes, s'ils ne se sont point immiscés en la fourniture des greniers à sel, et ouvrant une enquête sur les abus et malversations dont ils ont pu se rendre coupables.

E 24ᵉ, fᵒˢ 489 rᵒ et 496 rᵒ; ms. fr. 18176, fᵒˢ 454 vᵒ et 458 rᵒ.

14989. — Arrêt autorisant les consuls, jurats et députés des villes de la sénéchaussée d'Agenais à lever, en deux ans, une somme de 2,000 livres destinée à des frais de poursuites et de voyages.

E 24ᵉ, fᵒ 491 rᵒ, et ms. fr. 18176, fᵒ 455 vᵒ.

14990. — Arrêt ordonnant la vérification du compte rendu par Antoine Reboul, de Narbonne, pour l'administration de la crue de 40 sols.

E 24ᵉ, fᵒ 492 rᵒ, et ms. fr. 18176, fᵒ 456 rᵒ.

14991. — Arrêt statuant sur un procès pendant entre Jean Masuyer, ancien fermier, et André Valentin, fermier actuel de l'imposition d'un sol par charge de marchandise et par minot de sel destiné aux réparations du pont de Vienne.

E 24ᵉ, fᵒ 494 rᵒ, et ms. fr. 18176, fᵒ 456 vᵒ.

14992. — Arrêt ordonnant la levée d'une somme de 6,302 livres 15 sols destinée à l'acquittement des dettes de la ville d'Auxerre.

E 24ᵉ, fᵒ 497 rᵒ, et ms. fr. 18176, fᵒ 458 vᵒ.

14993. — Arrêt ordonnant le recouvrement des taxes levées sur les officiers des gabelles, les marchands, fournisseurs et propriétaires des salines de Languedoc, et réservant au Conseil la connaissance des oppositions.

E 24ᵉ, fᵒ 498 rᵒ, et ms. fr. 18176, fᵒ 459 rᵒ.

14994. — Arrêt réglant le payement de ce qui est dû aux héritiers de Jacqueline de Montigny et à ceux de Mᵉ Jacques de Fontenay, qui, en 1573, s'est obligé, pour le Roi, au payement d'une rente de 1,000 livres.

E 24ᵉ, fᵒ 500 rᵒ, et ms. fr. 18176, fᵒ 460 rᵒ.

14995. — Arrêt renvoyant aux commissaires du clergé du bureau de Lyon une requête en remise de décimes présentée par les habitants du mandement de Château-Dauphin.

E 24ᵉ, fᵒ 502 rᵒ, et ms. fr. 18176, fᵒ 461 rᵒ.

14996. — Arrêt autorisant la levée d'une somme de 637 livres due par les habitants de la paroisse la Madeleine de Châteaudun à leurs procureurs-syndics.

E 24ᵉ, fᵒ 503 rᵒ, et ms. fr. 18176, fᵒ 460 vᵒ.

14997. — Arrêt attribuant au Parlement la connaissance du procès pendant entre Charles de Durfort, seigneur de la terre et de la justice de Cubzaguez, et Étienne Goutte, qui a traité pour la recherche du domaine de Guyenne.

E 24ᵉ, fᵒ 504 rᵒ, et ms. fr. 18176, fᵒ 461 vᵒ.

14998. — Arrêt ordonnant que les gages des officiers de l'élection de Nogent-sur-Seine pourvus à la nomination du duc et de la duchesse de Nemours seront payés sur les revenus du domaine de Nogent, à moins que le duc de Nemours ne préfère renoncer à son droit de nomination.

E 24ᵉ, fᵒ 506 rᵒ, et ms. fr. 18176, fᵒ 462 vᵒ.

14999. — Arrêt ordonnant que les procès pendants entre Mᵉ Denis Feydeau, Mathieu Lambert, fermier du vingtième, appelé le gros du vin, vendu à Paris, les sieurs Lecomte et Passart, seront remis en l'état où ils étaient avant les arrêts de la Cour des aides du 17 et du 23 décembre 1609.

E 24ᵉ, fᵒ 507 rᵒ, et ms. fr. 18176, fᵒ 463 rᵒ.

15000. — Arrêt statuant sur un procès intenté à Jérémie d'Anglade, receveur des tailles de Condomois, par M⁰ Robert Du Puy, archidiacre de Saint-Pierre de Condom, comme curateur de Charles Du Drot, au sujet d'une somme de 1,000 francs prêtée au Roi par feu Guillaume Du Drot.

E 24⁰, f⁰ 509 r⁰, et ms. fr. 18176, f⁰ 463 v⁰.

15001. — Arrêt cassant un arrêt du Parlement du 27 novembre 1609, ordonnant l'emprisonnement de l'huissier qui l'a signifié, et ordonnant que les clercs ci-devant commis au greffe criminel du Parlement seront contraints au payement des amendes portées par les arrêts du Conseil du 30 juin (n° 13904), du 5 septembre et du 29 octobre 1609 (n° 14563).

(«Le présent arrest n'a esté expédié, par l'ordre de MM. du Conseil.»)

E 24⁰, f⁰ 511 r⁰.

15002. — Adjudication de la ferme des gabelles de Provence faite, pour quatre ans, à Jean Chevalier, moyennant le payement annuel de 210,000 livres.

E 24⁰, f⁰ 513 r⁰, et ms. fr. 18176, f⁰ 440 r⁰.

———

1610, 2 janvier. — Paris.

15003. — Arrêt autorisant le baron de Calvisson à creuser un canal traversant la Terre-des-Ports et aboutissant au Vidourle.

E 25⁰, f⁰ 1 r⁰, et ms. fr. 18177, f⁰ 1 r⁰.

15004. — Arrêt suspendant les poursuites dirigées contre les ecclésiastiques du Loudunois par M⁰ Galiot Mandat, trésorier de France à Tours, commissaire député à la recherche des malversations commises au fait des gabelles.

E 25⁰, f⁰ 3 r⁰, et ms. fr. 18177, f⁰ 1 v⁰.

15005. — Arrêt ordonnant le payement des gages des élus en l'élection de Senlis.

E 25⁰, f⁰ 4 r⁰, et ms. fr. 18177, f⁰ 2 r⁰.

15006. — Arrêt interprétant un arrêt rendu en la Cour des aides, le 2 septembre 1609, entre le curateur à la succession vacante de Bénédict Massey et M⁰ Pierre Nivelle, condamnant aux dépens ledit Nivelle et le duc de Guise.

E 25⁰, f⁰ 5 r⁰, et ms. fr. 18177, f⁰ 2 v⁰.

15007. — Arrêt renvoyant au Grand Conseil un procès pendant entre Jean Dasneau, l'un des douze marchands de vin suivant la Cour, d'une part, et Jean de La Grange, d'autre part.

E 25⁰, f⁰ 7 r⁰, et ms. fr. 18177, f⁰ 4 v⁰.

15008. — Arrêt déclarant que les Cordeliers de Paris continueront d'être exempts de toute taxe pour le vin destiné à leur usage qu'ils font venir à Paris, et ce conformément aux anciens privilèges à eux concédés par les Rois, «en considération de la pauvreté dudit couvent et en faveur des estudians qui y viennent de toutes partz et y sont ordinairement de III à IIII⁰ du moins».

E 25⁰, f⁰ 9 r⁰, et ms. fr. 18177, f⁰ 5 r⁰.

15009. — Arrêt renvoyant au procureur du Roi au Châtelet une requête présentée par Jean Gautrin, maître jardinier à Paris, «afin qu'il pleust au Roy luy adjuger la visitation qui se faict par aucuns se disans jurez visiteurs de fruitz savoureux et esgrims, beurre frais, sallé, œufz et fromage apportez ès halles de la ville et faulx bourgs de Paris».

E 25⁰, f⁰ 11 r⁰, et ms. fr. 18177, f⁰ 6 v⁰.

15010. — Arrêt recevant le procureur général en la Chambre des comptes comme partie intervenante dans le procès pendant entre M⁰ François d'Allemagne, trésorier du domaine en Auvergne, et Charles Hotman, sieur d'Achères.

E 25⁰, f⁰ 12 r⁰, et ms. fr. 18177, f⁰ 6 r⁰.

———

1610, 5 janvier. — Paris.

15011. — Arrêt condamnant M⁰ Jean Bordier, ci-devant receveur des aides et tailles en l'élection de Troyes, à restituer une somme de 1,575 livres qu'il avait retenue pour l'attribution des taxes de 3 deniers par livre durant les années 1602, 1604 et 1606 et, de plus, à payer au sieur de Courbouzon les frais et dépens évalués à 500 livres.

E 25⁰, f⁰ 13 r⁰, et ms. fr. 18177, f⁰ 10 r⁰.

15012. — Arrêt donnant aux marchands de Bordeaux et de la sénéchaussée de Guyenne mainlevée des soieries saisies sur eux par le fermier de la douane de Lyon, ordonnant toutefois que lesdits marchands devront payer les droits de douane, notamment pour des marchandises achetées à la Rochelle après le 1ᵉʳ octobre 1604 et avant la publication de l'arrêt du 8 octobre dernier (n° 14440).

E 25ᵉ, fᵒ 17 rᵒ, et ms. fr. 18177, fᵒ 12 vᵒ.

15013. — Arrêt portant suppression de l'office de maître des ports alternatif de Narbonne concédé à Pierre de Villa.

E 25ᵉ, fᵒ 21 rᵒ, et ms. fr. 18177, fᵒ 9 vᵒ.

15014. — Arrêt maintenant Thomas Bouneau en la jouissance des greffes des présentations de Caen, etc., lesquels ne seront point soumis à la réduction au denier vingt.

E 25ᵉ, fᵒ 23 rᵒ, et ms. fr. 18177, fᵒ 8 vᵒ.

15015. — Arrêt ordonnant la vérification des dettes des habitants d'Autreville, qui ont été, durant les dernières guerres, pillés et rançonnés par les gens de guerre des deux partis, notamment par les garnisons de Chaumont, de Langres, de Châtillon-sur-Seine, de Châteauvillain, de Maranville, de Brienne, etc.

E 25ᵉ, fᵒ 24 rᵒ, et ms. fr. 18177, fᵒ 8 vᵒ.

15016. — Arrêt évoquant, sur la requête de Mᵉ Louis Massuau, et renvoyant à la Cour des aides, les instances des « criées encommancées sur les biens de Mᵉ François de Vigny, cy devant receveur et payeur des rentes de la ville de Paris ».

E 25ᵉ, fᵒ 25 rᵒ, et ms. fr. 18177, fᵒ 14 vᵒ.

15017. — Arrêt ordonnant vérification de ce qui a été payé à Philibert de Foissy, grand prieur de Champagne, pour la construction et l'entretien de la galère qu'il entend céder au Roi moyennant 7,200 écus.

E 25ᵉ, fᵒ 26 rᵒ, et ms. fr. 18177, fᵒ 7 vᵒ.

15018. — Arrêt ordonnant l'élargissement sous caution de Jonathas Petit, ci-devant commis à la recette des taxes qui ont été levées sur les huissiers et sergents du royaume pour l'attribution de la qualité de priseurs-vendeurs de biens.

E 25ᵉ, fᵒ 27 rᵒ, et ms. fr. 18177, fᵒ 7 rᵒ.

15019. — Arrêt accordant un sursis de trois mois à Maurice Aymard, fermier des traites de Poitou et de Marans, et ordonnant que les maire et échevins de la Rochelle s'expliqueront au Conseil au sujet du refus qu'ont fait les habitants de payer les droits de traite pour leurs toiles, blés, vins et légumes.

E 25ᵉ, fᵒ 28 rᵒ, et ms. fr. 18177, fᵒ 23 vᵒ.

1610, 7 janvier. — Paris.

15020. — Arrêt chargeant trois conseillers d'État de régler les questions pendantes entre Mᵉ Louis Massuau et les créanciers et cautions de Mᵉ Claude Josse.

E 25ᵉ, fᵒ 30 rᵒ, et ms. fr. 18177, fᵒ 14 vᵒ.

15021. — Arrêt ordonnant au marquis de Rosny, surintendant des fortifications de France, de faire vérifier par un ingénieur si l'agrandissement de la ville de Vitry-le-François, sollicité par les habitants, ne présente aucun inconvénient.

E 25ᵉ, fᵒ 31 rᵒ, et ms. fr. 18177, fᵒ 15 rᵒ.

15022. — Arrêt ordonnant aux commissaires députés par arrêt du 10 décembre 1609 (n° 14780) de passer outre au jugement des différends soulevés entre Mᵉˢ Jean de Moisset et Nicolas Largentier.

E 25ᵉ, fᵒ 32 rᵒ, et ms. fr. 18177, fᵒ 15 vᵒ.

15023. — Arrêt ordonnant que, nonobstant les offres nouvelles de Gabriel de Guénegaud, Mᵉ Germain de Chalange, secrétaire du Roi, jouira de l'effet de son traité « pour la recherche et vente des offices vaccans et restans à expédier non comprins au contract de Mᵉ Bénigne Saulnyer ».

E 25ᵉ, fᵒ 33 rᵒ, et ms. fr. 18177, fᵒ 16 rᵒ.

15024. — Arrêt réglant la composition des assemblées particulières et des assemblées générales de la ville de Blois.

E 25ᵉ, fᵒ 35 rᵒ, et ms. fr. 18177, fᵒ 26 rᵒ.

15025. — Arrêt ordonnant aux trésoriers de

France en Bourgogne ou au lieutenant du duc de Sully de porter sur l'état des réparations à faire durant la présente année les réparations du pont situé sur la Beaulche, près d'Auxerre, et du grand chemin de Saint-Siméon, allant de Paris à Auxerre.

E 25*, f° 36 r°, et ms. fr. 18177, f° 17 r°.

15026. — Arrêt ordonnant l'élargissement et la réintégration en leurs charges de M⁰ˢ Pierre Petit et Antoine Charton, contrôleur et président en l'élection de Montluçon, ainsi que du sergent François Brandonnet.

E 25*, f° 38 r°, et ms. fr. 18177, f° 18 r°.

15027. — Arrêt statuant sur un procès pendant entre le syndic des procureurs au bailliage et au présidial de Beauvais, Me François Gérard et Me Bénigne Saulnier.

E 25*, f° 40 r°, et ms. fr. 18177, f° 19 v°.

15028. — Arrêt ordonnant que, nonobstant l'opposition des recteurs et régents du collège des Jésuites, à Dijon, les sieurs d'Andelot et Deriat jouiront de la remise des droits seigneuriaux qu'ils pouvaient devoir à Sa Majesté à raison de terres dont ils ont hérité à la mort du sieur de Dinteville.

E 25*, f° 42 r°, et ms. fr. 18177, f° 21 v°.

15029. — Avis du Conseil tendant à faire don de 10,000 livres aux enfants de feu le capitaine Du Tarrault, bien qu'il n'y ait point lieu de reconnaître la dette contractée par lui, en 1587, envers la ville de Genève pour fournitures d'argent, de vivres et de vêtements faites à quatre compagnies suisses levées pour le service du Roi avant son avènement, lesquelles furent défaites en Dauphiné.

E 25*, f° 43 r°, et ms. fr. 18177, f° 22 r°.

15030. — Arrêt accordant un rabais de 1607 livres à Manjoin Dulivier, ci-devant fermier de la monnaie de Bayonne.

E 25*, f° 44 r°, et ms. fr. 18177, f° 23 r°.

15031. — Arrêt assurant le payement des gages des avocats généraux et du procureur général en la Cour des aides, montant annuellement au chiffre de 1,000 livres.

E 25*, f° 45 r°, et ms. fr. 18177, f° 24 r°.

15032. — Arrêt évoquant le procès pendant entre la ville d'Albi et les chanoines et habitués de la collégiale de Sainte-Cécile au sujet de «l'exemption des tailles par eulx prétendue d'une maison, vigne et jardin à chacun d'iceulx».

E 25*, f° 47 r°, et ms. fr. 18177, f° 25 r°.

15033. — Arrêt maintenant M⁰ˢ François Briçonnet, Gabriel de Machault et Louis Quatrehommes, conseillers en la Cour des aides, en jouissance de leurs gages annuels de 300 livres.

E 25*, f° 49 r°, et ms. fr. 18177, f° 26 v°.

15034. — Arrêt maintenant les avocats généraux et le procureur général au Parlement en jouissance de leurs gages annuels de 3,000 livres.

E 25*, f° 50 r°, et ms. fr. 18177, f° 27 r°.

15035. — Arrêt maintenant M. de Sève, premier président de la Cour des aides, en jouissance de ses gages annuels de 2,100 livres.

E 25*, f° 51 r°, et ms. fr. 18177, f° 28 r°.

1610, 9 janvier. — Paris.

15036. — Arrêt statuant sur un procès pendant entre Me Jean de La Serre, lieutenant général du maître des ports en la sénéchaussée de Carcassonne, et Me Mathurin Valtère, avocat en la cour de Narbonne, et réglant la suppression d'un office alternatif de lieutenant en ladite maîtrise.

E 25*, f° 52 r°, et ms. fr. 18177, f° 28 r°.

15037. — Arrêt défendant à tous les officiers de l'ancien domaine de Navarre «de pourvoir par matriculles à l'exercice d'aucuns offices vaccans par mort, forfaitures, résignations ou autrement, et à toutes personnes d'exercer lesdits offices sans avoir provision de Sa Majesté».

E 25*, f° 54 r°, et ms. fr. 18177, f° 30 r°.

15038. — Arrêt renvoyant à la Cour des aides le

différend soulevé entre M⁰ Jean Roland, receveur des tailles en l'élection de Reims, et M⁰ Gabriel de Guénegaud, «cy-devant commis à la recette des deniers provenans des taxes des receveurs des tailles».

E 25⁵, f° 55 r°, et ms. fr. 18177, f° 30 v°.

1610, 12 janvier. — Paris.

15039. — Arrêt prorogeant de six mois le sursis accordé à M⁰ Jean Saulnier, receveur des tailles en l'élection de Forez, pour le recouvrement des restes des années 1597 à 1603.

E 25⁵, f° 56 r°, et ms. fr. 18177, f° 31 r°.

15040. — Arrêt fixant le jour auquel il sera procédé à la nouvelle adjudication des droits de la Charente sur les dernières offres du fermier actuel, M⁰ Pierre Lardy.

E 25⁵, f° 57 r°, et ms. fr. 18177, f° 31 v°.

15041. — Arrêt renvoyant à la Cour des aides les procès pendants entre M⁰ Jean de Ligny, trésorier des Parties casuelles, M⁰ Balthazar Chahu, trésorier de France en Bretagne, et Nicolas Hennequin, sieur de Subligny, au sujet d'un office de receveur général des gabelles en Champagne.

E 25⁵, f° 58 r°, et ms. fr. 18177, f° 32 r°.

15042. — Arrêt ordonnant qu'il soit dressé un rôle général de tous les offices créés en vertu d'édits dûment vérifiés, et ordonnant la suppression de tous les autres offices, «de quelque qualitté qu'ilz soient».

E 25⁵, f° 60 r°, et ms. fr. 18177, f° 124 v°.

15043. — Arrêt réservant au Conseil et interdisant à la Cour des aides la connaissance du procès pendant, au sujet du droit de «banc d'aoust», entre Antoine Douet, secrétaire de la chambre du Roi, et les fermiers des aides de la généralité de Moulins.

E 25⁵, f° 62 r°, et ms. fr. 18177, f° 34 v°.

1610, 14 janvier. — Paris.

15044. — Arrêt renvoyant au parlement de Bretagne le différend soulevé entre le duc de Rohan et le comte de Vertus, baron d'Avaugour, ordonnant que les lettres de provision de gouverneur de Rennes et de lieutenant du Roi aux évêchés de Rennes, Dol, Vannes et Saint-Malo seront délivrées à ce dernier, et réservant la question du titre de premier baron de Bretagne.

E 25⁵, f° 64 r°, et ms. fr. 18177, f° 35 v°.

15045. — Arrêt maintenant la suppression de deux offices de conseillers au siège de Châtellerault.

E 25⁵, f° 66 r°, et ms. fr. 18177, f° 36 r°.

15046. — Arrêt rétablissant les procureurs-postulants de Loudun en l'exercice de leurs charges.

E 25⁵, f° 68 r°, et ms. fr. 18177, f° 37 r°.

1610, 16 janvier. — Paris.

15047. — Arrêt suspendant l'exécution de l'arrêt du Parlement rendu, le 2 janvier, contre M⁰ Florent d'Argouges, trésorier général de la maison de la Reine, et ordonnant au procureur général d'en expliquer les motifs.

E 25⁵, f° 69 r°, et ms. fr. 18177, f° 37 v°.

15048. — Arrêt réduisant à 10,000 livres le chiffre du cautionnement que devra fournir M⁰ Noël Hureau, receveur général des finances à Paris.

E 25⁵, f° 71 r°, et ms. fr. 18177, f° 38 v°.

15049. — Arrêt ordonnant que le curage des fossés de Provins sera fait peu à peu, au moyen de corvées, par tous les habitants de la ville, même par les nobles et les ecclésiastiques.

E 25⁵, f° 72 r°, et ms. fr. 18177, f° 39 r°.

1610, 19 janvier. — Paris.

15050. — Arrêt ordonnant l'élargissement sous caution de Jean Lequin, caution d'un fermier de Picardie, et de son commis, et attribuant à la Cour des aides la connaissance de ladite cause.

E 25⁵, f° 73 r°, et ms. fr. 18177, f° 40 r°.

1610, 21 janvier. — Paris.

15051. — Arrêt autorisant les États de Languedoc à faire lever sur la province, en la présente année, jusqu'à 25,000 livres, dont toutefois il ne sera rien payé à aucun particulier avant la vérification des dettes de la province.

E 25°, f° 75 r°, et ms. fr. 18177, f° 40 v°.

15052. — Arrêt renvoyant aux trésoriers de France à Tours une requête de la veuve de M° Jean de Convers, lieutenant général au bailliage d'Amboise, au sujet d'une rente réclamée par M° Jean Gaillard, avocat du Roi à Amboise.

E 25°, f° 77 r°, et ms. fr. 18177, f° 41 v°.

15053. — Arrêt ordonnant que les habitants de Janville seront taxés à 1,800 livres pour les tailles de la présente année.

E 25°, f° 78 r°, et ms. fr. 18177, f° 42 v°.

15054. — Arrêt accordant à Charles Du Han un délai de six mois pour le recouvrement du tiers des amendes et des confiscations que s'est réservé le Roi.

E 25°, f° 80 r°, et ms. fr. 18177, f° 43 r°.

15055. — Arrêt réglant le payement d'une somme de 600 livres due à André Bossuet, grènetier aux greniers à sel d'Auxonne et de Mirebeau.

E 25°, f° 82 r°, et ms. fr. 18177, f° 44 r°.

15056. — Arrêt déclarant que M° Jean Alexandre, lieutenant général civil et criminel à Montluçon, sera porté sur le rôle des tailles de ladite ville, bien qu'il prétende faire partie du conseil de la duchesse d'Angoulême.

E 25°, f° 84 r°, et ms. fr. 18177, f° 45 r°.

15057. — Arrêt assignant une pension viagère de 400 livres à M° Joseph de La Nagerye, qui a rempli les fonctions de maître des requêtes en Navarre, à partir de 1568, et qui a été employé par le Roi en plusieurs occasions importantes.

E 25°, f° 85 r°, et ms. fr. 18177, f° 46 r°.

15058. — Arrêt portant à 13,000 livres la somme levée sur la ville d'Orléans en place du sol pour livre, et réduisant à 5,000 la somme levée sur la ville de Chartres, attendu « qu'elle est sans trafficq, au milieu de la Beausse, remplye d'ung grand clergé et chappitre qui possède au moings la moictié du revenu de ladite ville et des environs ».

E 25°, f° 86 r°, et ms. fr. 18177, f° 46 v°.

15059. — Arrêt validant un versement de 3,351 livres 17 sols 2 deniers fait par M° Gervais Le Noir entre les mains du maire et des échevins de Chartres pour les préparatifs qu'ils ont faits à deux reprises, sur l'ordre du Roi, à l'occasion de l'entrée de la Reine dans leur ville.

E 25°, f° 88 r°, et ms. fr. 18177, f° 47 r°.

15060. — Arrêt ajournant l'exécution d'un arrêt du 9 janvier dernier par lequel il était ordonné à M° Jacques Bernard et Jean Maupin, lieutenant général et conseiller en la sénéchaussée de Ponthieu, de venir répondre au Conseil sur les accusations de rébellion portées contre eux par le sieur Loysel, président en la Cour des aides et commissaire député pour le fait des gabelles en Picardie.

E 25°, f° 90 r°, et ms. fr. 18177, f° 48 r°.

15061. — Arrêt autorisant les habitants de Pouzols à lever sur eux-mêmes une somme de 3,500 livres destinée au remboursement des emprunts qu'ils ont faits pour racheter la seigneurie de Pouzols.

E 25°, f° 92 r°, et ms. fr. 18177, f° 49 v°.

15062. — Arrêt accordant aux mayeur et échevins d'Abbeville décharge d'une somme de 1,383 écus 1/3, et les dispensant de rendre compte de 166 muids de vin déposés, en 1581, dans le magasin de Rue, dont ils eurent la garde pendant dix-huit années.

E 25°, f° 94 r°, et ms. fr. 18177, f° 50 v°.

15063. — Arrêt rétablissant les procureurs postulants du siège de Cognac en l'exercice de leurs charges.

E 25°, f° 96 r°, et ms. fr. 18177, f° 52 r°.

15064. — Arrêt ordonnant qu'Antoine Billard, valet de chambre du Roi, sera subrogé au lieu et place de Sébastien Dubiez dans le traité conclu sous le nom de ce dernier pour le rachat de 200,000 livres de rentes et de domaines aliénés en Auvergne, au comté de Clermont et en la baronnie de Latour.

E 25*, f° 97 r°, et ms. fr. 18177, f° 52 v°.

15065. — Arrêt dispensant M° Pierre de Pleurre, maître des Comptes, de faire le recouvrement des restes mentionnés sur les états de son frère feu M° Jean de Pleurre, receveur général à Toulouse.

E 25*, f° 99 r°, et ms. fr. 18177, f° 53 v°.

15066. — Arrêt ordonnant que M° Michel Chesnard sera pourvu d'un office de secrétaire du Roi du nombre des Six-Vingts dont M° Jacques Josse refuse de se démettre.

E 25*, f° 101 r°, et ms. fr. 18177, f° 54 r°.

15067. — Arrêt statuant sur un procès pendant entre les conseillers et échevins de Rouen et Martin Baudry, mari de Jeanne Le Caillier.

E 25*, f° 102 r°, et ms. fr. 18177, f° 54 v°.

15068. — Arrêt réglant le payement d'une somme de 200,000 livres assignée au duc de Nemours sur les adjudications d'offices de contrôleurs-visiteurs-marqueurs de cuirs.

E 25*, f° 104 r°, et ms. fr. 18177, f° 57 v°.

15069. — Arrêt ordonnant que les provisions des offices de vendeurs jurés de bétail créés dans les domaines du Roi seront remises à Charles Bardon, et renvoyant au sieur de Fresne-Canaye l'opposition de Thomas Le Légal, sieur de Villepont, en ce qui concerne les offices créés sur les terres de la reine Marguerite.

E 25*, f° 105 r°, et ms. fr. 18177, f° 58 r°.

15070. — Arrêt confirmant à la ville de Chartres la jouissance de l'octroi de 30 sols par tonneau de vin entrant en ladite ville et de 5 sols par minot de sel vendu au grenier de Chartres, à condition qu'elle garantisse par une caution valable l'acquittement de ses dettes.

E 25*, f° 107 r°, et ms. fr. 18177, f° 59 r°.

15071. — Arrêt ordonnant à M° Antoine Grand-

jean, lieutenant criminel à Provins, de restituer 400 livres à un fermier de la dame de Montglat, gouvernante des enfants de France.

E 25*, f° 109 r°, et ms. fr. 18177, f° 60 r°.

15072. — Arrêt, rendu sur la requête des consuls du Bourg et de la vallée d'Oisans, ordonnant qu'il soit fait un devis des travaux nécessaires pour déblayer le lit de la rivière de Romanche, qui est obstrué par de grands quartiers de rocher.

E 25*, f° 110 r°, et ms. fr. 18177, f° 60 v°.

15073. — Arrêt prorogeant le délai accordé au sieur de Coëtnisan pour le rachat de ses terres, attendu qu'il lui est encore dû 40,000 livres sur les 135,000 qui lui ont été octroyées pour l'indemniser de la prise de son château de la Prouzère.

E 25*, f° 111 r°, et ms. fr. 18177, f° 61 r°.

15074. — Arrêt suspendant l'exécution d'un arrêt obtenu au Parlement par M° Pierre Guérin, auditeur des Comptes, contre Ézéchias de Prestreval et Suzanne Langlois, sa mère.

E 25*, f° 112 r°, et ms. fr. 18177, f° 61 v°.

15075. — Arrêt réduisant de 1,200 livres la somme imposée sur la ville de Troyes pour la subvention de l'année 1609.

E 25*, f° 113 r°, et ms. fr. 18177, f° 62 r°.

15076. — Arrêt renvoyant au sieur de Ventadour, lieutenant général en Languedoc, une requête par laquelle Jean Godey demande à jouir des greffes de Carcassonne.

E 25*, f° 114 r°, et ms. fr. 18177, f° 125 v°.

15077. — Arrêt renvoyant à la Chambre de l'Édit une requête d'Olda de Lhommeau, d'Élisée Blanquet, etc., relative à un procès entamé à l'occasion d'excès commis, le 2 janvier 1609, au bourg de la Tremblade par des soldats de la garnison de Brouage.

E 25*, f° 116 r°, et ms. fr. 18177, f° 126 r°.

15078. — Arrêt ordonnant l'exécution de celui du 19 décembre dernier (n° 14886), et renouvelant la défense faite au parlement de Rennes de prendre connaissance de cette affaire.

E 25ᵉ, fᵒ 117 rᵒ, et ms. fr. 18177, fᵒ 126 vᵒ.

15079. — Arrêt réglant le payement des gages des officiers de l'élection de Crépy-en-Valois.

E 25ᵉ, fᵒ 119 rᵒ, et ms. fr. 18177, fᵒ 63 rᵒ.

15080. — Arrêt statuant sur un procès pendant entre Mᵉ Jacques Paon, Mᵉ Charles Le Chevalier, sieur de La Bretonnière, vicomte de Montivilliers, et Jacques Langlois, son ancien commis, au sujet de l'exercice du greffe des présentations de Montivilliers.

E 25ᵉ, fᵒ 120 rᵒ, et ms. fr. 18177, fᵒ 63 vᵒ.

15081. — Arrêt partageant par moitié entre le chapitre de Cléry et l'abbaye de Saint-Euverte d'Orléans une somme de 900 livres à prendre, pendant neuf ans, sur les greniers de quatre généralités, cette somme devant être employée aux réparations des deux églises.

E 25ᵉ, fᵒ 122 rᵒ, et ms. fr. 18177, fᵒ 79 rᵒ.

1610, 23 janvier. — Paris.

15082. — Arrêt déclarant l'office de maître particulier des eaux et forêts en la vicomté d'Orbec éteint et supprimé, et réuni à celui de Mᵉ Claude Boullenc, sieur d'Engerville, maître particulier des eaux et forêts au bailliage d'Évreux.

E 25ᵉ, fᵒ 124 rᵒ, et ms. fr. 18177, fᵒ 103 vᵒ.

15083. — Arrêt ordonnant la vérification des comptes d'André Peyras, qui s'étant réfugié, durant les troubles, de Salon à Pertuis, fut chargé par M. de La Valette, gouverneur de Provence, de toucher les revenus de « ceulx qui s'estoient retirez au party contraire ».

E 25ᵉ, fᵒ 126 rᵒ, et ms. fr. 18177, fᵒ 65 vᵒ.

15084. — Arrêt ordonnant l'envoi de lettres de jussion à la chambre des comptes de Bretagne, afin qu'elle vérifie purement et simplement le contrat de Mᵉ Louis Massuau.

E 25ᵉ, fᵒ 127 rᵒ, et ms. fr. 18177, fᵒ 66 rᵒ.

15085. — Arrêt faisant remise de quatre années de décimes au chapitre de Saint-Étienne de Toulouse, afin qu'il puisse plus facilement reconstruire la cathédrale, brûlée pendant la nuit du 9 décembre 1609.

E 25ᵉ, fᵒ 129 rᵒ, et ms. fr. 18177, fᵒ 66 vᵒ.

15086. — Arrêt réglant la suppression de l'office de receveur général triennal en la généralité de Montpellier.

E 25ᵉ, fᵒ 131 rᵒ, et ms. fr. 18177, fᵒ 68 rᵒ.

15087. — Arrêt renvoyant au Grand Conseil l'opposition formée par les lingères de la Cour contre des lettres patentes obtenues, le 24 août dernier, par les marchands merciers privilégiés suivant la Cour.

E 25ᵉ, fᵒ 133 rᵒ, et ms. fr. 18177, fᵒ 69 vᵒ.

15088. — Arrêt statuant sur un procès pendant entre Mᵉ Laurent Ficquet, qui a traité pour l'acquittement des dettes de la ville de Troyes, d'une part, les maire et échevins de Troyes et Nicolas Aubry, soi-disant fermier des 10 sols par muid de vin entrant en ladite ville, d'autre part.

E 25ᵉ, fᵒ 135 rᵒ, et ms. fr. 18177, fᵒ 72 rᵒ.

15089. — Arrêt statuant sur un procès pendant entre Mᵉ Laurent Ficquet, Nicolas Benoist, hôtelier, et les maire et échevins de Troyes.

E 25ᵉ, fᵒ 137 rᵒ, et ms. fr. 18177, fᵒ 73 vᵒ.

15090. — Arrêt ordonnant l'élargissement de Jean de Tronquidy, subdélégué du sieur de La Vallée, lieutenant du Grand voyer de France en Bretagne, et interdisant au parlement de Rennes la connaissance des questions de voirie.

E 25ᵉ, fᵒ 139 rᵒ, et ms. fr. 18177, fᵒ 75 vᵒ.

15091. — Arrêt déclarant que le nombre des offices de notaires et de sergents auxquels il a été pourvu par le Roi, en titre d'offices, dans le comté de Périgord et dans la vicomté de Limoges ne saurait être réduit par Mᵉ Jean de Marquesat, juge-mage et président au présidial de Périgord.

E 25ᵉ, fᵒ 141 rᵒ, et ms. fr. 18177, fᵒ 76 vᵒ.

15092. — Arrêt ordonnant à Mᵉ Louis Massuau

de suspendre ses poursuites contre les associés de feu Noël de Here.

E 25*, f° 143 r°, et ms. fr. 18177, f° 77 v°.

15093. — Arrêt ordonnant la mise en adjudication des « isles, graviers et sablons que le fleuve du Rosne a faictz, changeant son cours, depuis le port d'Irigny jusques à la Genetière », et dont Thomas Deschamps, gentilhomme servant ordinaire de la maison du Roi, demande concession.

E 25*, f° 145 r°, et ms. fr. 18177, f° 78 r°.

15094. — Arrêt évoquant au Conseil l'instance pendante en la Chambre de l'Édit entre M⁰ˢ Guillaume Gouault, Guillaume Affaneur et Isaac de La Grange, secrétaires de la princesse et du jeune prince de Condé, et le sieur de Montataire, lieutenant de la compagnie du prince de Condé, au sujet de l'expédition des lettres de maîtrise concédées audit prince « à cause de sa qualité de premier prince du sang ».

E 25*, f° 147 r°, et ms. fr. 18177, f° 80 r°.

15095. — Arrêt ordonnant que Mᵉ Jean de Moisset, fermier du domaine de Navarre, sera entendu au sujet d'une requête des officiers du présidial de Dax, qui voudraient connaître des appels du siège particulier de Tartas.

E 25*, f° 148 r°, et ms. fr. 18177, f° 81 r°.

15096. — Arrêt ordonnant que Jean Morel sera mis en possession de la ferme des crues d'Ingrande.

E 25*, f° 149 r°, et ms. fr. 18177, f° 81 v°.

15097. — Arrêt renvoyant au parlement de Rouen le procès pendant entre François Jubel, Michel et Guillaume Le Loutre, d'une part, Charles Louvel, sieur de Montmartin, et Jean Le Maistre, sieur de La Noblerie, caution de l'ancien fermier du domaine de Saint-Sauveur-Lendelin, d'autre part.

E 25*, f° 151 r°, et ms. fr. 18177, f° 82 v°.

15098. — Arrêt ordonnant nouvelle adjudication d'un moulin situé à Gonesse, dont Mᵉ Michel Du Vivier revendique la jouissance pour moitié.

E 25*, f° 153 r°, et ms. fr. 18177, f° 83 v°.

15099. — Arrêt ordonnant que les prêteurs qui aideront le marquis d'Urfé à payer la somme nécessaire au tiercement des terres de Sury, de Saint-Marcellin, de Saint-Romain, etc., auront une hypothèque spéciale sur lesdites terres.

E 25*, f° 154 r°, et ms. fr. 18177, f° 84 r°.

15100. — Arrêt réglant l'union de l'office de lieutenant particulier assesseur criminel et de commissaire-examinateur au siège de Gap à ceux de vice-bailli et de lieutenant particulier audit siège.

E 25*, f° 156 r°, et ms. fr. 18177, f° 85 r°.

15101. — Arrêt déclarant qu'Adam Lallemant et consorts sont dispensés de contribuer au payement des gages de François Cordon, contrôleur du domaine en Angoumois.

E 25*, f° 157 r°, et ms. fr. 18177, f° 86 r°.

15102. — Arrêt ordonnant qu'une somme de 7,200 livres sera imposée, en la présente année, sur les habitants de l'élection du Lyonnais, puis remise à Mᵉ Louis Riboteau, ci-devant fermier des aides en la ville de Lyon.

E 25*, f° 159 r°, et ms. fr. 18177, f° 88 r°.

15103. — Arrêt statuant sur divers procès pendants entre Mᵉ Denis Feydeau, les habitants de Ricey-Haute-Rive, les sous-fermiers de Feydeau, Absalon Girard, Étienne Barbier et Claude Girault.

E 25*, f° 161 r°, et ms. fr. 18177, f° 89 r°.

15104. — Arrêt statuant sur diverses instances pendantes entre Mᵉ Balthazar Gautelmy, « notaire et greffier pour l'enregistrement des saisies et collocations establies en la ville de Marseille », et Mᵉ Antoine Barnier, « notaire et greffier de l'enregistrement des insinuations des procès litératoires et collations en ladite ville de Marseille ».

E 25*, f° 163 r°, et ms. fr. 18177, f° 92 r°.

15105. — Arrêt statuant sur un procès pendant entre Henri Guillemot, sieur de Kerbodo, et Mᵉ Antoine Le Lièvre.

E 25*, f° 165 r°, et ms. fr. 18177, f° 95 r°.

15106. — Arrêt ordonnant la levée sur l'élection de Doullens d'une somme de 586 livres destinée à être restituée à la ville de Montreuil, qui a été trop imposée pour le taillon en l'année 1605 et en l'année 1606.

E 25°, f° 167 r°, et ms. fr. 18177, f° 97 r°.

15107. — Arrêt suspendant l'adjudication d'une partie de la forêt de Perseigne que prétend faire M° Berthout, conseiller en la cour des aides de Rouen et commissaire chargé de l'exécution du bail de M° Antoine Billard, comme s'il s'agissait de terres vaines et vagues, et ordonnant aux officiers de la baronnie de Saosnois de dresser un état détaillé de la consistance de ladite forêt.

E 25°, f° 169 r°, et ms. fr. 18177, f° 97 v°.

15108. — Arrêt ordonnant qu'il soit fait état et description des terres incultes dépendantes de la forêt de Champrond et acquises par le feu sieur de Montereau.

E 25°, f° 171 r°, et ms. fr. 18177, f° 98 v°.

15109. — Arrêt réglant le payement des gages et pension de 6,000 livres accordés par arrêt du 13 septembre 1607 (n° 11475) au sieur de Verdun, premier président du parlement de Toulouse.

E 25°, f° 173 r°, et ms. fr. 18177, f° 99 r°.

15110. — Arrêt renvoyant aux trésoriers de France à Orléans une requête en remise de tailles présentée par les habitants de Montlivault, à raison des pertes que leur ont fait subir les inondations de la Loire.

E 25°, f° 174 r°, et ms. fr. 18177, f° 99 v°.

15111. — Arrêt déclarant que la reine Marguerite jouira des taxes d'hérédité levées sur les notaires d'Agenais, de Condomois, de Valois et de Senlis.

E 25°, f° 175 r°, et ms. fr. 18177, f° 100 r°.

15112. — Arrêt déclarant que les marchands du Palais jouiront des soixante-dix-sept boutiques, bancs et échoppes établis dans la salle du Palais ou dans le voisinage, conformément à l'arrêt du 25 août 1605 (n° 9516), et nonobstant l'opposition de M° Auguste Prévost et de Martin Hérissé.

E 25°, f° 177 r°, et ms. fr. 18177, f° 101 v°.

1610, 26 janvier. — Paris.

15113. — Ordre, signé seulement par Sully, portant rétablissement d'une somme de 1,050 livres destinée au payement des gages de M™ Henri Simon et Charles Moreau, ci-devant trésoriers de l'Extraordinaire des guerres en Bourbonnais et en Nivernais.

E 25°, f° 179 r°, et ms. fr. 18177, f° 127 v°.

1610, 28 janvier. — Paris.

15114. — Arrêt ordonnant la mise en adjudication des travaux de réparations à faire à la conciergerie de Dijon.

E 25°, f° 180 r°, et ms. fr. 18177, f° 105 r°.

15115. — Arrêt ordonnant la vérification de ce qui a été fait par M° Jacques Venot, maître en la chambre des comptes de Dijon, « commis, dès le mois de janvier XVI° sept, pour le renouvellement et confection des terriers de toutes les terres et seigneuries du domaine estans en la généralité de Bourgongne ».

E 25°, f° 181 r°, et ms. fr. 18177, f° 105 v°.

15116. — Arrêt ordonnant que Julien Le Tessier, ci-devant secrétaire du prince de Conti, sera payé, avant tous les autres créanciers du prince et de la comtesse de Soissons, d'une somme de 5,000 livres sur les deniers provenant des amendes encourues par les usuriers.

E 25°, f° 182 r°, et ms. fr. 18177, f° 106 v°.

15117. — Arrêt renvoyant aux commissaires députés sur le fait des francs-fiefs et des nouveaux acquêts une requête de Jean et François Fraust et de Pierre Cayron, bourgeois de Figeac, qui se prétendent exempts des droits de lods et ventes pour les fiefs nobles en vertu d'un privilège de Pépin le Bref, de 755, confirmé par tous les successeurs de ce roi.

E 25°, f° 184 r°, et ms. fr. 18177, f° 108 r°.

15118. — Arrêt ordonnant aux grènetiers et contrôleurs des greniers à sel de Saint-Quentin de continuer à exercer leurs fonctions habituelles, en veillant à la recherche et au châtiment des faux-sauniers, ordonnant toutefois qu'ilss eront tenus de rendre compte de leurs charges et de représenter leurs procédures à M⁰ Claude Loysel, président en la Cour des aides et commissaire sur le fait des gabelles en Picardie, pendant le séjour de celui-ci dans leur ville.

E 25ᵉ, f° 185 r°, et ms. fr. 18177, f° 108 v°.

15119. — Arrêt déterminant les sommes que doivent payer les habitants de la ville et de la châtellenie de Talmont-sur-Gironde pour les tailles, crues, taillon, etc., et suspendant le payement de ce qui leur a été réclamé pour subventions extraordinaires, notamment pour la réparation de la tour de Cordouan.

E 25ᵉ, f° 187 r°, et ms. fr. 18177, f° 109 v°.

15120. — Arrêt refusant un sursis de trois mois à Jean Chevalier, fermier général des gabelles de Provence et de Dauphiné.

E 25ᵉ, f° 189 r°, et ms. fr. 18177, f° 110 v°.

15121. — Arrêt renvoyant aux trésoriers de France à Aix une requête de Jean Chevalier tendante à ce que l'on comprenne dans son bail la taxe sur le sel levée pour l'entretien du collège de Bourbon, à Aix, et pour le payement des officiers nouvellement créés en la cour des comptes de ladite ville.

E 25ᵉ, f° 190 r°, et ms. fr. 18177, f° 111 r°.

15122. — Arrêt réservant au Conseil la connaissance des différends soulevés, pour questions de préséance, entre les consuls de Lectoure et les officiers de la sénéchaussée d'Armagnac au siège de Lectoure.

E 25ᵉ, f° 191 r°, et ms. fr. 18177, f° 112 r°.

15123. — Arrêt renvoyant à la chambre des comptes de Montpellier, et interdisant à la cour des aides de la même ville la connaissance des poursuites dirigées contre M⁰ Mathieu Comingnan par M⁰ Claude de Saint-Félix, président au parlement de Toulouse, qui réclame 82,222 livres 10 sols pour ses gages des années 1591 à 1597.

E 25ᵉ, f° 194 r°, et ms. fr. 18177, f° 112 v°.

15124. — Arrêt prorogeant un délai accordé à Nicolas Paris, attendu que, dans le procès pendant au Conseil entre lui et Alexis Lourry, dit Dumesnil, « il s'agist de supposition de nom, monopolles, corruption de juges et suppression d'informations, dont on ne peult avoir facille preuve que par publication monitoire ».

E 25ᵉ, f° 195 r°, et ms. fr. 18177, f° 113 r°.

15125. — Arrêt réglant le payement de 700 livres dues annuellement aux héritiers d'Edme Marchant, acquéreur des greffes de la sénéchaussée et du présidial de Clermont, en Auvergne.

E 25ᵉ, f° 196 r°, et ms. fr. 18177, f° 113 v°.

15126. — Arrêt relatif à la réunion des nouveaux offices de maître des eaux et forêts en Bourbonnais à l'office ancien dont est pourvu Claude Roy.

E 25ᵉ, f° 198 r°, et ms. fr. 18177, f° 114 v°.

15127. — Arrêts rétablissant les procureurs-postulants de Montmorillon, de Romorantin, de Blois et de Châtellerault en l'exercice de leurs charges, nonobstant les défenses de M⁰ Germain Chalange.

E 25ᵉ, f° 199 r°, 200 r°, 202 r° et 203 r°; ms. fr. 18177, f° 115 v°, 116 v°, 117 v° et 118 r°.

15128. — Arrêt déclarant que le sieur Picardet, procureur général au parlement de Bourgogne, ne touchera plus dorénavant que 800 livres de gages et 1,000 livres de pension, attendu que l'augmentation de 1,000 livres ne lui avait été accordée que momentanément, « pour la considération des troubles et de son absence, durant iceux, de la ville de Dijon ».

E 25ᵉ, f° 201 r°, et ms. fr. 18177, f° 116 r°.

15129. — Arrêt relatif à l'exécution du traité passé par M⁰ Laurent Ficquet pour l'acquittement des dettes de la ville de Troyes.

E 25ᵉ, f° 204 r°, et ms. fr. 18177, f° 118 v°.

15130. — Arrêt statuant sur les requêtes respectivement présentées par les consuls et habitants de Tournon, en Agenais, et par Armoise de Loumagne, dame de Montagut.

E 25ᵉ, f° 206 r°, et ms. fr. 18177, f° 120 r°.

15131. — Arrêts approuvant les comptes des octrois de Tréguier et de Fougères, « encores que les deniers en ayent esté divertis à autres effectz que ceux auxquels ils estoient destinez », et concédant auxdites villes, pour neuf ans, de nouveaux octrois, dont le produit devra être employé à l'entretien des port, ponts, murailles, fontaines, pavé, chemins, etc.

E 25ᵉ, fᵒˢ 208 rᵒ et 210 rᵒ; ms. fr. 18177, fᵒˢ 122 1ᵒ et 123 rᵒ.

1610, 4 février. — Paris.

15132. — Arrêt statuant sur un procès pendant entre François d'Orléans, comte de Saint-Pol, duc de Fronsac, gouverneur de Picardie, et Mᵉ Adam Cheyrier, trésorier de France en Picardie.

Ms. fr. 18177, fᵒ 128 rᵒ.

15133. — Arrêt évoquant et renvoyant à la grand' chambre du Parlement les procès pendants entre Mᵉ Jean de Puypéroux, secrétaire du Roi, et André Pijaud, secrétaire de la chambre du Roi, d'une part, Mᵉ Jean de Moisset, d'autre part.

Ms. fr. 18177, fᵒ 129 rᵒ.

1610, 6 février. — Paris.

15134. — Arrêts rétablissant les procureurs-postulants d'Angoulême, de Fontenay-le-Comte et de Niort en l'exercice de leurs charges, nonobstant les défenses de Mᵉ Germain Chalange.

E 25ᵉ, fᵒˢ 213 rᵒ, 214 rᵒ et 215 rᵒ; ms. fr. 18177, fᵒˢ 129 vᵒ, 130 rᵒ et vᵒ.

15135. — Arrêt ordonnant à la Chambre des comptes de délivrer à Philibert de Foissy, grand prieur de Champagne, un extrait de la déclaration qu'il a faite et des quittances qu'il a données en exécution de l'arrêt du 5 janvier dernier (nᵒ 15017).

E 25ᵉ, fᵒ 216 rᵒ, et ms. fr. 18177, fᵒ 131 rᵒ.

15136. — Arrêt ordonnant communication à Abraham Pinager, à Auguste Prévost et à Martin Hérissé d'une requête de Claude Richard, geôlier du Grand Châtelet.

E 25ᵉ, fᵒ 217 rᵒ, et ms. fr. 18177, fᵒ 132 rᵒ.

15137. — Arrêt ordonnant que les élus en l'élec-

tion de Caen seront entendus au Conseil au sujet du droit que les officiers du bailliage, les gouverneurs, échevins et habitants de Caen prétendent avoir de lever et d'affermer certaines taxes sur les marchandises et les denrées vendues en ladite ville.

E 25ᵉ, fᵒ 218 rᵒ, et ms. fr. 18177, fᵒ 132 vᵒ.

15138. — Arrêt renvoyant au bailli de Chaumont une requête des habitants de Passavant, de la Côte-en-Vosges, de Vougécourt et de Lironcourt, qui voudraient être autorisés à prendre le bois mort des forêts de la prévôté de Passavant, et conserver leurs anciens privilèges.

E 25ᵉ, fᵒ 219 rᵒ, et ms. fr. 18177, fᵒ 133 rᵒ.

15139. — Arrêt supprimant deux offices de conseillers et un office de sec ondavocat au siège de Montpellier.

E 25ᵉ, fᵒ 220 rᵒ, et ms. fr. 18177, fᵒ 506 rᵒ.

15140. — Arrêt rétablissant les procureurs de la sénéchaussée d'Auvergne et du présidial de Riom en l'exercice de leurs charges, nonobstant les défenses de Mᵉ Germain Chalange.

E 25ᵉ, fᵒ 222 rᵒ, et ms. fr. 18177, fᵒ 133 vᵒ.

15141. — Arrêt renvoyant aux trésoriers de France à Lyon et à Riom une requête par laquelle les habitants de Celles, ou du moins de la partie de cette paroisse comprise en l'élection de Montbrison, demandent l'incorporation en l'élection de Clermont de tous les villages et hameaux dépendant de ladite paroisse.

E 25ᵉ, fᵒ 223 rᵒ, et ms. fr. 18177, fᵒ 134 rᵒ.

15142. — Arrêt autorisant Louise Le Roy, Anne Héricourt, Marie Vincent et les autres couturières de Paris à travailler pour les personnes et à employer les étoffes qui sont mentionnées dans un avis du lieutenant civil du 1ᵉʳ février dernier.

E 25ᵉ, fᵒ 224 rᵒ, et ms. fr. 18177, fᵒ 134 vᵒ.

15143. — Arrêt relatif à l'exécution du contrat de Mᵉ Charles Paulet.

E 25ᵉ, fᵒ 225 rᵒ, et ms. fr. 18177, fᵒ 135 rᵒ.

15144. — Arrêt autorisant les officiers de la sénéchaussée et du présidial d'Angers à faire construire dans l'enclos du palais, « deux chambres spacieuses » devant servir de dépôt aux minutes des greffiers et de local aux huissiers.

E 25*, f° 227 r°, et ms. fr. 18177, f° 138 r°.

15145. — Arrêt déclarant que Charlotte de Mouchy, veuve de Nicolas de Mailloc, baron de Cailly, qui a acquis, à un prix élevé, la fiefferme de Cailly, ne pourra être taxée par les trésoriers de France au delà d'une certaine quotité.

E 25*, f° 228 r°, et ms. fr. 18177, f° 138 v°.

15146. — Arrêt suspendant provisoirement la réception de Robert Calippe et de Jacques Boinet en deux offices de notaires à Abbeville.

E 25*, f° 229 r°, et ms. fr. 18177, f° 139 r°.

15147. — Arrêt ordonnant que Melchior Valbot, ayant droit de la reine Marguerite, sera entendu au Conseil au sujet de la réclamation des États de Languedoc, qui lui contestent le droit de contraindre les habitants de Lauraguais, d'Albigeois et de Rieux au payement des francs-fiefs et des nouveaux acquêts.

E 25*, f° 230 r°, et ms. fr. 18177, f° 139 v°.

15148. — Arrêt renvoyant aux trésoriers de France à Grenoble une requête des Minimes du couvent de Jésus-Maria, situé en la plaine de Grenoble, lesquels demandent à jouir pendant quatre ans de la taxe sur le sel dont le produit avait été précédemment concédé aux religieuses de Montfleury, puis aux Clarisses et aux Récollets de Grenoble.

E 25*, f° 232 r°, et ms. fr. 18177, f° 140 v°.

15149. — Arrêt approuvant le contrat passé entre l'Hôtel-Dieu de Bourges et les commissaires chargés des travaux de la Loire et de ses affluents, traité qui assure audit Hôtel-Dieu le droit de pêche à perpétuité dans les deux nouveaux canaux destinés à rendre l'Auron navigable.

E 25*, f° 233 r°, et ms. fr. 18177, f° 141 r°.

15150. — Arrêt accordant une surséance de six mois aux bénéficiers du diocèse de Chartres pour l'acquittement de certaines dettes litigieuses.

E 25*, f° 234 r°, et ms. fr. 18177, f° 141 v°.

15151. — Arrêt ordonnant, sur la requête du sieur de Fresnes-Forget, conseiller d'État, que dame Angélique d'Estrées, abbesse de Maubuisson, sera contrainte par saisie de son temporel, et que M° Jacques Nicolas, avocat au Conseil, sera contraint par emprisonnement de sa personne à représenter au greffe certain acte d'inscription de faux qui doit être lacéré et biffé.

E 25*, f° 235 r°, et ms. fr. 18177, f° 142 r°.

15152. — Arrêt évoquant au Conseil privé un procès pendant au Grand Conseil entre M° Guillaume de Baigneaux, secrétaire du Roi, maison et couronne de France, M° François Pelletier, conseiller au Parlement, et M° Félix Vialart, bachelier en théologie, au sujet d'une des prébendes de Chartres.

E 25*, f° 237 r°, et ms. fr. 18177, f° 143 r°.

15153. — Arrêts approuvant les comptes des octrois de Quimper-Corentin, de Morlaix et de Dinan, « encores que les deniers en aient esté divertiz à autres effectz que ceulx ausquelz ilz estoient destinez », mais à condition que de tels abus ne se renouvellent pas.

E 25*, f° 239 r°, 241 r° et 243 r°; ms. fr. 18177, f° 143 v°, 145 r° et 146 v°.

15154. — Arrêt autorisant les habitants de Guingamp à lever, pendant six ans, 6 deniers par pot de vin et 3 deniers par pot de cidre vendu en ladite ville, le produit de ces octrois devant être affecté à la réparation des murailles, des portes, du pavé, de l'horloge, de la pompe amenant l'eau dans la ville, etc.

E 25*, f° 245 r°, et ms. fr. 18177, f° 148 r°.

15155. — Arrêt prorogeant de neuf ans les octrois concédés à la ville de Vitré, le produit en devant être employé à la réparation des murs, tours, pavé, etc.

E 25*, f° 247 r°, et ms. fr. 18177, f° 149 r°.

15156. — Arrêt autorisant les habitants d'Hennebont à lever, pendant neuf ans, 30 sols par pipe de vin consommée en ladite ville, le produit de cet octroi devant servir à la réparation de l'église, à la reconstruction du presbytère, de l'Hôtel-Dieu et du collège, et à l'entretien d'un maître d'école.

E 25*, f° 249 r°, et ms. fr. 18177, f° 150 r°.

15157. — Arrêt déchargeant les habitants de Saint-Malo de toutes poursuites au sujet du maniement des deniers communs et provenant des octrois.

E 25*, f° 250 r°, et ms. fr. 18177, f° 150 v°.

15158. — Arrêt ordonnant le versement à l'Épargne de tous les deniers provenant de diverses corrections faites par la chambre des comptes de Normandie sur des comptes de l'an 1600 environ et restés dus par feu M° Michel de Fremont ou par M° Jacques de Fremont, son frère.

E 25*, f° 252 r°, et ms. fr. 18177, f° 151 v°.

15159. — Arrêt faisant remise de 24,000 livres, sur les tailles de l'année 1609, aux paroisses des élections de Tours, d'Amboise, de Chinon, de Saumur et d'Angers qui ont souffert des inondations de la Loire, et ordonnant aux trésoriers de France à Tours d'indiquer consciencieusement les remises qu'il conviendrait de faire en la présente année.

E 25*, f° 254 r°, et ms. fr. 18177, f° 152 v°.

15160. — Arrêt supprimant deux offices de conseillers en la sénéchaussée d'Anjou et au présidial d'Angers vacants par la mort de M°° Morille Deslandes et Simon Sagnier.

E 25*, f° 255 r°, et ms. fr. 18177, f° 153 r°.

15161. — Arrêt ordonnant que, sur les amendes adjugées dans le bailliage de Bugey, Valromey et Gex, il soit prélevé une somme de 2,000 livres destinée à l'acquittement des dettes du tiers état desdits pays.

E 25*, f° 257 r°, et ms. fr. 18177, f° 154 r°.

15162. — Arrêt déclarant qu'Antoine Billard jouira de la ferme du domaine royal dans les comtés d'Auvergne et de Clermont et dans la baronnie de Latour, réserve étant faite seulement pour les terres de Besse, de Ravel, de Clavières et de Moussages, conformément à un arrêt du Parlement obtenu par Octavien Dony, sieur d'Attichy.

E 25*, f° 258 r°, et ms. fr. 18177, f° 154 v°.

15163. — Arrêt autorisant Louis Roussel, ci-devant sergent royal fieffé et héréditaire en la baronnie de Sapsnois, à reprendre, par-devant le séné-

chal du Maine, ses poursuites contre Alexandre Vauloger et consorts.

E 25*, f° 260 r°, et ms. fr. 18177, f° 155 v°.

15164. — Arrêt donnant au colonel Gallaty nouvelle assignation d'une somme de 10,000 livres.

E 25*, f° 261 r°, et ms. fr. 18177, f° 156 v°.

15165. — Arrêt réglant le payement des rentes et redevances que les Trinitaires de Fontainebleau percevaient sur des terres maintenant englobées dans le parc de Fontainebleau et sur un moulin maintenant démoli.

E 25*, f° 262 r°, et ms. fr. 18177, f° 156 v°.

15166. — Arrêt prolongeant de trois mois le délai accordé à la ville de Langres pour la vérification de ses dettes.

E 25*, f° 263 r°, et ms. fr. 18177, f° 157 v°.

15167. — Arrêt renvoyant au sénéchal de Clermont un différend soulevé entre Guy Durand, receveur général du taillon en Auvergne, et la veuve de M° Gilbert Durand, son frère, trésorier de France en Auvergne.

E 25*, f° 264 r°, et ms. fr. 18177, f° 158 r°.

15168. — Arrêt déclarant que les trésoriers de France seront obligés, quand ils procéderont, en la ville où leur bureau est établi, à l'exécution des commissions particulières qui leur sont adressées, de se servir du greffier désigné par M° Charles Paulet.

E 25*, f° 265 r°, et ms. fr. 18177, f° 160 r°.

15169. — Arrêt relatif au recouvrement des taxes levées sur les officiers de finance de la généralité de Toulouse.

E 25*, f° 267 r°, et ms. fr. 18177, f° 161 r°.

15170. — Arrêt autorisant les syndics généraux du Bas-Armagnac à lever, en deux ans, sur tous les contribuables dudit pays, excepté sur ceux de Nogaro, une somme de 4,118 livres 8 sols 9 deniers destinée au remboursement de ce qui a été avancé, en 1574, par Bertrand, sieur d'Esparsac, pour l'entretien des troupes royales.

E 25*, f° 269 r°, et ms. fr. 18177, f° 161 v°.

15171. — État des rentes qui doivent être payées aux acquéreurs des aides, octrois et équivalent des diocèses de Castres et d'Albi.

Ms. fr. 18177, f° 136 r°.

15172. — Arrêt ordonnant une nouvelle estimation des travaux faits ou à faire dans les rivières du Trezée et du Loing par Hugues Cosnier, adjudicataire du canal d'entre Loire et Seine.

Ms. fr. 18177, f° 159 r°.

15173. — « Estat de ce que montent les descharges ordonnées par le Roy estre faictes aux parroisses deppendans des ellections de Tours, Amboise, Chinon, Saulmur et Angers qui ont receu des pertes et dommages par les inondations des rivières de Loire, Cher et autres, sur ce qu'ilz doibvent des tailles, creues et taillons de l'année dernière M VI° neuf. »

Ms. fr. 18177, f° 248 r°.

1610, 11 février. — Paris.

15174. — Arrêt statuant sur les oppositions formées par les villes d'Anjou et du Maine, notamment par les villes d'Angers et de Laval, à l'exécution du traité passé avec Étienne Ringues et Jean Ravenel, fermiers généraux des traites et impositions foraines.

E 25°, f° 271 r°, et ms. fr. 18177, f° 315 v°.

15175. — Arrêt ordonnant une enquête au sujet du droit de « coupponage » que lèvent en la ville de Lyon l'archevêque et les chanoines de Saint-Jean, afin de savoir à qui il appartient, et s'il est domanial.

E 25°, f° 275 r°, et ms. fr. 18177, f° 163 r°.

15176. — Arrêt réduisant à 10,000 livres le cautionnement que doit fournir M° Antoine Feydeau, receveur général des finances à Poitiers.

E 25°, f° 276 r°, et ms. fr. 18177, f° 163 v°.

15177. — Arrêt ordonnant la vérification des levées faites par les États, les villes et les communautés de Rouergue durant les années 1604 à 1609.

E 25°, f° 277 r°, et ms. fr. 18177, f° 164 r°.

15178. — Arrêt ordonnant à M°° Charles Paulet

et Bénigne Saulnier de restituer ce qu'ils ont indûment touché sur des offices qui étaient devenus vacants avant la conclusion de leur traité.

E 25°, f° 279 r°, et ms. fr. 18177, f° 164 r°.

15179. — Arrêt statuant sur un procès pendant entre M° Bénigne Saulnier et M° Michel Sterpin au sujet du « quart denier » de l'office de receveur triennal en l'élection de Brioude.

E 25°, f° 280 r°, et ms. fr. 18177, f° 165 v°.

15180. — Arrêt réglant l'union de l'office de substitut à celui de procureur du Roi au bailliage de Pont-sur-Seine.

E 25°, f° 281 r°, et ms. fr. 18177, f° 164 v°.

15181. — Arrêt autorisant la reine Marguerite à pratiquer une nouvelle coupe dans le bois de Boulogne, en conservant toutefois les baliveaux nécessaires, en maintenant, le long des routes, une bande de bois de l'épaisseur d'une perche et en réservant 150 arpents pour le chauffage des religieuses de Longchamp.

E 25°, f° 282 r°, et ms. fr. 18177, f° 166 r°.

15182. — Arrêt renvoyant en la Cour des aides le différend soulevé entre le lieutenant général et les officiers de l'élection de Sézanne au sujet de l'élection des asséeurs et collecteurs des tailles.

E 25°, f° 283 r°, et ms. fr. 18177, f° 166 v°.

15183. — Arrêt autorisant André Legeay, sieur de La Gestière, vice-sénéchal et prévôt général en Poitou, à résigner l'office de lieutenant criminel de robe courte à Lusignan.

E 25°, f° 284 r°, et ms. fr. 18177, f° 167 r°.

15184. — Arrêt ordonnant à M° Michel Chenart de payer à M° Camille de Ramerupt une somme de 15,100 livres, montant du prix d'adjudication d'un office de secrétaire du Roi dont était pourvu M° Jacques Josse.

E 25°, f° 286 r°, et ms. fr. 18177, f° 168 r°.

15185. — Arrêt déchargeant Pierre et Philippe Doudeau, marchands de Nogent-sur-Seine, de toute répétition au sujet d'un double payement qui aurait été fait pour fourniture de froment et de seigle.

E 25°, f° 288 r°, et ms. fr. 18177, f° 169 r°.

15186. — Arrêt ordonnant aux huit secrétaires-greffiers du parlement de Dauphiné et aux clercs-secrétaires ordinaires de la chambre des comptes de Grenoble de représenter les édits de création, lettres de confirmation, arrêts, etc., en vertu desquels ils jouissent de leurs émoluments.

E 25°, f° 290 r°, et ms. fr. 18177, f° 170 v°.

15187. — Arrêt ordonnant que, dans le ressort de la ferme dite « à la part du royaume », les condamnations portées par les officiers des gabelles et n'excédant pas 25 livres seront exécutoires nonobstant appel, et déclarant qu'en cas d'abus commis par les archers ou gardes pour la recherche des faux-sauniers, le parlement de Dijon punira les coupables après enquête faite par les officiers des gabelles.

E 25°, f° 292 r°, et ms. fr. 18177, f° 171 v°.

15188. — Arrêt interdisant à la cour des aides de Normandie la connaissance d'un appel que Daniel Guestre a interjeté d'une sentence de Mᵉ Jean Berthou, commissaire pour la réforme des gabelles en Normandie.

E 25°, f° 294 r°, et ms. fr. 18177, f° 172 v°.

15189. — Arrêt déclarant Antoine Claperon subrogé au lieu et place d'André Valentin, fermier de l'impôt d'un sol par charge qui est levé sur les marchandises à Valence et à Vienne, etc.

E 25°, f° 296 r°, et ms. fr. 18177, f° 324 r°.

15190. — Arrêt révoquant, sur la demande de Mᵉ Auguste Prévost et de Martin Hérissé, la commission précédemment expédiée au prince de Condé pour la confection du terrier de la vicomté de Paris.

E 25°, f° 298 r°, et ms. fr. 18177, f° 173 v°.

15191. — Arrêt ordonnant la réception de Mᵉ Claude Panier en un office de commissaire-examinateur au Châtelet.

E 25°, f° 299 r°, et ms. fr. 18177, f° 174 r°.

15192. — Arrêt renvoyant aux trésoriers de France

à Caen une requête de Guillaume Moisant, marchand drapier de Caen, qui demande l'autorisation de bâtir six « loges » de pierre à la place des six « loges » de bois qu'il possède sur la place où se tient la foire de la Guibray.

E 25°, f° 300 r°, et ms. fr. 18177, f° 175 r°.

15193. — Arrêt relatif au recouvrement de 4,100 livres restées dues sur les taxes imposées aux officiers de Dauphiné pour l'érection des offices d'assesseurs criminels et de commissaires-examinateurs.

E 25°, f° 301 r°, et ms. fr. 18177, f° 175 r°.

15194. — Arrêt statuant sur les procès pendants entre la veuve et les héritiers de Jean de Senaux, sieur de Montbrun, le syndic du diocèse de Saint-Papoul, la veuve de Jean Capelle, le syndic général de Languedoc, etc., et réglant les juridictions de la chambre des comptes et de la cour des aides de Montpellier.

E 25°, f° 302 r°, et ms. fr. 18177, f° 175 v°.

15195. — Arrêt statuant sur divers procès pendants entre la reine Marguerite, Robert Cossart, notaire de Beauvais, les autres notaires de ladite ville et Mᵉ Claude Barbin.

E 25°, f° 306 r°, et ms. fr. 18177, f° 180 r°.

15196. — Arrêt attribuant à Mᵉ Pierre Cauquigny, lieutenant général au bailliage de Caux, l'office de lieutenant criminel à Montivilliers, nonobstant le versement effectué par Mᵉ Pierre Halingois.

E 25°, f° 310 r°, et ms. fr. 18177, f° 182 v°.

1610, 18 février. — Paris.

15197. — Arrêt ordonnant une enquête sur les réparations qu'il est le plus urgent de faire aux ponts et chaussées de Bourgogne, et promettant dès à présent de faire lever, à cet effet, 20,000 livres.

E 25°, f° 312 r°, et ms. fr. 18177, f° 473 v°.

15198. — Arrêt autorisant François de Castille, receveur général du Clergé, à faire arrêter Mᵉ Philippe Patté, receveur des décimes au diocèse d'Amiens.

E 25°, f° 314 r°, et ms. fr. 18177, f° 184 v°.

15199. — Arrêt déclarant les religieuses Filles pénitentes de Paris exemptes, dans une certaine mesure, du droit de 3o sols par muid de vin.

E 25°, f° 316 r°, et ms. fr. 18177, f° 185 v°.

15200. — Arrêt relatif à un différend soulevé entre les veuve et héritiers de Pierre Le Clerc, d'une part, les agents généraux du Clergé et M° François de Castille, d'autre part.

E 25°, f° 317 r°, et ms. fr. 18177, f° 186 v°.

15201. — Arrêt réglant le payement de la rente de 200 livres donnée aux Cordeliers du Mans par Philippe le Bel.

E 25°, f° 319 r°, et ms. fr. 18177, f° 187 r°.

15202. — Arrêt suspendant les poursuites dirigées contre le sieur de Sourdéac, lieutenant du Roi en Basse-Bretagne, à raison de certaines sommes qu'il aurait fait payer aux capitaines du régiment du sieur Du Pré.

E 25°, f° 320 r°, et ms. fr. 18177, f° 187 v°.

15203. — Arrêt ordonnant que, sur le revenu de la terre de Château-Gontier, une somme de 1,500 livres sera payée, chaque année, aux héritiers de Nicolas Alasneau, qui avait acquis du feu duc de Nevers le domaine de Château-Gontier.

E 25°, f° 321 r°, et ms. fr. 18177, f° 188 r°.

15204. — Arrêt interprétant les articles du bail cédé par André Valentin à Antoine Claperon.

E 25°, f° 323 r°, et ms. fr. 18177, f° 189 r°.

15205. — Arrêt autorisant provisoirement Jacques Maynier, Abraham Nicolas et Pierre Guillaudeau à jouir des greffes de la Rochelle.

E 25°, f° 325 r°, et ms. fr. 18177, f° 190 v°.

15206. — Arrêt donnant mainlevée de leurs gages aux commissaires députés pour la vente des devoirs, impôts, billots, traites, etc., de Bretagne.

E 25°, f° 327 r°, et ms. fr. 18177, f° 191 v°.

15207. — Arrêt déchargeant Antoine de Grammont, religieux, et Antoine Thoulousin, abbé de l'ordre de Saint-Antoine-de-Viennois, de l'assignation au Grand Conseil à eux donnée par Lucien Du Frayer, lequel prétend se faire pourvoir de la commanderie de Pont-de-Ratz en vertu de l'indult de M° Jean-Jacques de Mesmes, sieur des Arches, président en la Chambre des comptes, déclarant les bénéfices dudit ordre exempts du droit d'indult, et renvoyant au parlement de Toulouse le différend soulevé au sujet de ladite commanderie entre Antoine de Grammont et François Anisson.

E 25°, f° 328 r°, et ms. fr. 18177, f° 192 r°.

15208. — Arrêt autorisant le sieur de Maigneulx, gouverneur de Montreuil, à rembourser l'office de vendeur de marée à Berck, à Merlimont et dans les autres ports voisins.

E 25°, f° 329 r°, et ms. fr. 18177, f° 193 r°.

15209. — Arrêt accordant au duc de Nevers un sursis d'un an pour le payement de 2,820 livres 2 sols 6 deniers qu'il doit encore aux héritiers de Maisse et à M° François Du Lion, premier président de la Cour des monnaies, etc., sur le prix d'acquisition de la baronnie de Châteauneuf-en-Thymerais.

E 25°, f° 330 r°, et ms. fr. 18177, f° 193 v°.

15210. — Arrêt rétablissant les procureurs-postulants du présidial de Rennes en l'exercice de leurs charges, nonobstant les défenses de M° Germain Chalange.

E 25°, f° 331 r°, et ms. fr. 18177, f° 194 r°.

15211. — Arrêt autorisant les habitants de Chartres à prélever annuellement, pendant six ans, pour les réparations urgentes, une somme de 2,000 livres sur le produit des octrois destinés à l'acquittement de leurs dettes.

E 25°, f° 332 r°, et ms. fr. 18177, f° 195 r°.

15212. — Arrêt déclarant que les appels des sentences rendues au siège de Tartas seront déférés aux officiers du présidial de Dax dans tous les cas prévus par l'édit des présidiaux, et, dans les autres cas, au parlement de Bordeaux.

E 25°, f° 334 r°, et ms. fr. 18177, f° 195 v°.

15213. — Arrêt statuant sur un procès pendant

entre le syndic de la ville de Saint-Sever, d'une part, le fermier des droits de la grande coutume de Bayonne et Antoine, comte de Gramont, gouverneur de Bayonne, d'autre part.

E 25°, f° 336 r°, et ms. fr. 18177, f° 196 v°.

15214. — Arrêt maintenant M° Gabriel Jouet en l'office de procureur du Roi aux eaux et forêts d'Angers, qu'il cumulera avec celui de procureur du Roi en la sénéchaussée, au présidial, en la maréchaussée et en la monnaie d'Angers.

E 25°, f° 338 r°, et ms. fr. 18177, f° 197 v°.

15215. — Arrêt réglant le payement de 16,650 livres dues à M° Claude Charlot sur le prix d'un office de trésorier des fortifications de Picardie.

E 25°, f° 340 r°, et ms. fr. 18177, f° 198 v°.

15216. — Arrêt cassant un arrêt du parlement de Toulouse du 19 janvier dernier, interdisant audit parlement la connaissance du bail passé par M° Antoine Billard pour la jouissance des revenus de l'ancien domaine de Navarre, et lui défendant de troubler le sieur Renard en l'exécution de sa commission.

E 25°, f° 342 r°, et ms. fr. 18177, f° 199 v°.

15217. — Arrêt suspendant les poursuites dirigées par les habitants de Belley contre ceux du ressort de Rossillon, pour les forcer à contribuer au payement d'une somme de 4,000 livres.

E 25°, f° 344 r°, et ms. fr. 18177, f° 200 v°.

15218. — Arrêt autorisant les habitants de Saint-Côme, en Cotentin, à lever une somme de 900 livres destinée à la réparation de leur église.

E 25°, f° 345 r°, et ms. fr. 18177, f° 201 r°.

15219. — Arrêt prescrivant les mesures nécessaires à l'apurement définitif des comptes respectifs de M° Nicolas Largentier, associé au bail général des gabelles, et de M° Jean de Moisset, adjudicataire général des greniers à sel de France.

E 25°, f° 346 r°, et ms. fr. 18177, f° 201 v°.

15220. — Arrêt ordonnant que la ville d'Auxerre sera tenue de verser 5,100 livres aux mains de M° Jacques Dubois, « commis à la recepte des deniers provenans du vin vendu en gros en ce royaume », sauf à la dame de Sobolle à se pourvoir au Conseil.

E 25°, f° 348 r°, et ms. fr. 18177, f° 202 v°.

15221. — Arrêt ordonnant que l'état de conseiller de la ville de Paris dont était pourvu M° Henri de Saint-Germain sera distrait de ses autres biens, saisis à la requête de ses créanciers.

E 25°, f° 350 r°, et ms. fr. 18177, f° 203 r°.

15222. — Arrêt relatif au différend soulevé entre M° Guillaume Mesnager, M° Bénigne Saulnier, Jean Palot et Jean de Moisset, au sujet d'un office de receveur général des bois dont était pourvu M° Claude Josse.

E 25°, f° 351 r°, et ms. fr. 18177, f° 204 r°.

15223. — Arrêt renvoyant aux commissaires chargés de l'exécution du contrat de M° Louis Massuau un différend soulevé entre ledit Massuau et les associés de feu Noël de Hère.

E 25°, f° 353 r°, et ms. fr. 18177, f° 205 r°.

15224. — Arrêt assignant au Conseil l'évêque de Châlons pour représenter les titres en vertu desquels il lève certaines taxes sur les denrées et marchandises entrant en ladite ville.

E 25°, f° 354 r°, et ms. fr. 18177, f° 204 v°.

15225. — Avis du Conseil tendant à faire remise aux habitants de Châlons du tiers de leur subvention de l'année 1609.

E 25°, f° 355 r°, et ms. fr. 18177, f° 205 v°.

15226. — Arrêt déclarant que les rachats de domaines effectués par M° Nicolas Horquelin l'ont été conformément aux articles du traité passé le 28 septembre 1608.

E 25°, f° 356 r°, et ms. fr. 18177, f° 206 r°.

15227. — Arrêt autorisant M° Paul Galland, à exercer, pendant l'année présente, après avoir baillé caution de 10,000 livres, l'office de receveur général à Lyon, en remplacement de M° Bénigne Saulnier.

E 25°, f° 357 r°, et ms. fr. 18177, f° 206 v°.

15228. — Arrêt réglant les droits payables aux mains de M° Bénigne Saulnier par M° Paul Arnauld, receveur général ancien des finances en la généralité de Montpellier, pour la suppression d'un office triennal.

E 25°, f° 358 r°, et ms. fr. 18177, f° 207 r°.

15229. — Arrêt déclarant que les trésoriers de France devront se réunir au nombre de sept au moins pour faire le département de la taille et pour arrêter l'état de leur généralité, et au nombre de cinq au moins pour traiter des autres affaires, toute infraction à ce règlement devant être punie par la privation d'une année de leurs gages.

E 25°, f° 360 r°, et ms. fr. 18177, f° 207 v°.

15230. — Arrêt réglant le remboursement d'une somme de 27,762 livres 6 sols 7 deniers due à M° Guillaume Hallé, secrétaire de Madame, sœur du Roi, pour fournitures faites aux armées royales par son père, feu Pierre Hallé.

E 25°, f° 362 r°, et ms. fr. 18177, f° 208 v°.

15231. — Arrêt portant validation d'une dépense de 583 écus 53 sols 6 deniers faite, par ordre du feu duc de Nevers, en 1592, pour la défense du château de Decize.

E 25°, f° 364 r°, et ms. fr. 18177, f° 210 r°.

15232. — Arrêt autorisant le syndic de la sénéchaussée des Lannes à lever une somme de 1,590 livres qu'il avait empruntée à la dame de Castelnau pour désintéresser Antoine-Arnauld de Pardaillan, sieur de Montespan, et obtenir ainsi la suppression des offices de courtiers établis en la sénéchaussée des Lannes.

E 25°, f° 366 r°, et ms. fr. 18177, f° 211 r°.

15233. — Arrêt maintenant provisoirement M° Pasquier Morin en jouissance des émoluments anciennement attribués aux greffes du bailliage et de la vicomté d'Orbec, nonobstant un règlement fait par M° Adrien Du Houllay, lieutenant du bailli d'Évreux, et dont l'examen est renvoyé aux gens du Roi du parlement de Rouen.

E 25°, f° 368 r°, et ms. fr. 18177, f° 212 r°.

15234. — Arrêt statuant sur un procès pendant entre Jean de Calvimont, sieur de Saint-Martial, Anne de Lévis, duc de Ventadour et M° Julien de Peny, receveur du domaine de Limousin.

E 25°, f° 370 r°, et ms. fr. 18177, f° 212 v°.

15235. — Arrêt statuant sur un procès pendant entre M° Achille Du Faure, ci-devant député du tiers état de Dauphiné, et M° Martin Le Febvre, commis à la recette des deniers provenant des amendes de la Chambre royale.

E 25°, f° 372 r°, et ms. fr. 18177, f° 214 r°.

15236. — Arrêt mettant fin aux vexations que commettent, en la généralité de Tours, soit les traitants chargés du remboursement des greffes des paroisses, soit le commissaire député pour la recherche de l'impôt du sel, supprimant les gourmets de vin pourvus par les paroisses et suspendant, nonobstant la demande de la marquise de Verneuil, l'exécution de l'édit des marchands de vin en gros.

E 25°, f° 374 r°, et ms. fr. 18177, f° 215 v°.

15237. — Adjudication de la ferme de la crue d'Ingrande faite, pour seize ans, à M° Jean Morel.

Ms. fr. 18177, f° 217 r°.

———

1610, 25 février. — Paris.

15238. — Arrêt ordonnant la répartition et la levée, sur les habitants du bailliage de Chauny, d'une crue de 2,202 livres destinée à couvrir les frais de la rédaction et de l'homologation des coutumes dudit bailliage.

E 25°, f° 376 r°, et ms. fr. 18177, f° 220 r°.

15239. — Arrêt déchargeant un sergent en la sénéchaussée de Lyon d'une amende de 500 livres à laquelle il avait été condamné par les trésoriers de France pour avoir exécuté à Lyon une ordonnance du sieur Bavyn, conseiller au Parlement et commissaire député pour la recherche des aubaines et des naturalités dans les pays de Lyonnais, de Forez et de Bresse.

E 25°, f° 378 r°, et ms. fr. 18177, f° 221 r°.

15240. — Arrêt faisant remise de 16,000 livres

aux paroisses de l'élection de Bourges et du comptoir de la Châtre qui ont été dévastées par la grêle.

E 25ᵉ, fᵒ 379 rᵒ, et ms. fr. 18177, fᵒ 221 vᵒ.

15241. — Arrêt maintenant les fermiers généraux des comtés d'Auvergne et de Clermont et de la baronnie de Latour en jouissance de leur bail jusqu'au 25 décembre 1610, et déterminant ce qu'ils doivent payer à Antoine Billard, d'une part, au sieur d'Attichy, à la veuve de Frédeville et aux héritiers d'Edme Marchant, d'autre part.

E 25ᵉ, fᵒ 380 rᵒ, et ms. fr. 18177, fᵒ 222 rᵒ.

15242. — Arrêt affectant 500 livres au payement des frais de justice du siège ordinaire et du présidial de Tours, attendu qu'à raison du déficit constaté en la recette du domaine, on ne trouve point de sergent pour transférer les prisonniers, ni pour exécuter les sentences.

E 25ᵉ, fᵒ 381 rᵒ, et ms. fr. 18177, fᵒ 222 vᵒ.

15243. — Arrêt réglant les difficultés soulevées entre le receveur général des décimes et le clergé du diocèse de Dax.

E 25ᵉ, fᵒ 382 rᵒ, et ms. fr. 18177, fᵒ 223 rᵒ.

15244. — Arrêt ordonnant aux trésoriers de France à Montpellier de procéder à l'arpentage des terres nouvellement découvertes par suite du desséchement de l'étang de Pujaut, et d'en distraire cent saulnées destinées à être réunies au domaine royal; ordonnant, en outre, que défenses seront faites aux habitants de Rochefort de laisser dorénavant les eaux de leur étang se déverser dans celui de Pujaut.

E 25ᵉ, fᵒ 384 rᵒ, et ms. fr. 18177, fᵒ 224 rᵒ.

15245. — Arrêt évoquant au Conseil le procès pendant au Parlement entre les habitants du Bazadais et le procureur-syndic de la ville de Bordeaux au sujet de la jauge et de la mesure des barriques du Bazadais.

E 25ᵉ, fᵒ 386 rᵒ, et ms. fr. 18177, fᵒ 225 rᵒ.

15246. — Arrêt déclarant que, par celui du 12 janvier dernier (nᵒ 15042), il n'a point entendu révoquer les qualités de présidents des bureaux des finances, et

ordonnant l'exécution de l'arrêt du 13 décembre 1608 (nᵒ 12893).

Ms. fr. 18177, fᵒ 220 vᵒ.

15247. — Adjudication de la ferme de 3 deniers par pot de vin vendu en détail en Dauphiné, faite, pour huit années, à Gaspard Masclaris moyennant le payement annuel de 36,000 livres.

Ms. fr. 18177, fᵒ 226 rᵒ.

15248. — Adjudication du droit de 3 livres par tonneau de mer levé dans les ports de Normandie, faite, pour trois années, à Jacques Tartier moyennant le payement annuel de 100,000 livres.

Ms. fr. 18177, fᵒ 228 vᵒ.

15249. — Procès-verbal d'estimation du sel demeuré dans les greniers des généralités de Paris, de Picardie et de Bourgogne, et qui appartient à Mᵉ Nicolas Largentier, cessionnaire de Mᵉ Jean de Moisset, fermier général des gabelles.

Ms. fr. 18177, fᵒ 230 vᵒ.

15250. — « Estat de ce que montent les descharges ordonnées par le Roy estre faictes aux parroisses deppendans de l'eslection et recepte des tailles de Bourges et comptouer de la Chastre..., qui ont receu pertes et dommages à cause des gresles et orages. »

Ms. fr. 18177, fᵒ 246 vᵒ.

1610, 6 mars. — Paris.

15251. — Arrêt autorisant les habitants de la paroisse Saint-Valérien de Châteaudun à lever sur eux-mêmes une somme de 653 livres 3 sols 2 deniers par eux due à leur syndic.

E 25ᵇ, fᵒ 1 rᵒ, et ms. fr. 18177, fᵒ 252 rᵒ.

15252. — Arrêt autorisant les habitants de la Pooté-des-Nids à lever sur eux-mêmes une somme de 1,800 livres par eux due à leur procureur-syndic.

E 25ᵇ, fᵒ 3 rᵒ, et ms. fr. 18177, fᵒ 253 rᵒ.

15253. — Arrêt accordant à Mᵉ André Paparel, receveur des aides et tailles en l'élection de Forez, un délai d'un mois pour prêter serment par-devant les trésoriers de France à Lyon.

E 25^b, f° 5 r°, et ms. fr. 18177, f° 253 v°.

15254. — Arrêt assignant au Conseil Jean Brisset, qui aurait été pourvu de deux offices de vendeur de poisson à Calais en violation de l'article xi de la coutume de Calais.

E 25^b, f° 7 r°, et ms. fr. 18177, f° 255 r°.

15255. — Arrêt déclarant que Jean Le Comte, fermier des 60 sols par muid de vin, des 40 sols par tonneau de cidre et des 20 sols par tonneau de poiré entrant en la ville de Rouen, comptera par état des deniers de sa ferme par-devant M° de Maupeou.

E 25^b, f° 8 r°, et ms. fr. 18177, f° 254 v°.

15256. — Arrêt ordonnant au lieutenant général civil et criminel de Saint-Jean-d'Angely d'informer contre ceux qui, par malveillance et nuitamment, ont pratiqué une ouverture dans les levées que Humfrey Bradley et ses associés avaient construites, à grands frais, pour dessécher les marais de Tonnay-Charente appartenant à Mme de Mortemart.

E 25^b, f° 9 r°; ms. fr. 18177, f° 255 v°,
et AD ✝ 148, n° 11 bis.

15257. — Arrêt renvoyant au parlement de Grenoble une requête de Guillaume Verdier, qui demande à être exempt de tous impôts, pour les biens ruraux qu'il possède dans le mandement de Grenoble, tant qu'il exercera le métier d'imprimeur-libraire en ladite ville.

E 25^b, f° 10 r°, et ms. fr. 18177, f° 256 r°.

15258. — Arrêt relatif à l'exécution en Champagne du traité passé par M° Isaac Duryer « pour le remboursement de la finance paiée pour le droict de port des commissions ès cours des aydes de Paris et Montferrand ».

E 25^b, f° 11 r°, et ms. fr. 18177, f° 256 v°.

15259. — Arrêt maintenant Jean Daneau en la place de marchand de vin privilégié suivant la Cour, dont il a été pourvu par le Grand prévôt de France,

sauf à payer 360 livres à Guillaume Perrier, nommé à sa place par le même Grand prévôt.

E 25^b, f° 13 r°, et ms. fr. 18177, f° 257 v°.

15260. — Arrêt réglant les obligations et droits respectifs d'Antoine Fremin, ci-devant commis à la recette du revenu temporel des bénéfices de Louis de Lorraine, archevêque de Reims, abbé de Saint-Remi de Reims, de Saint-Denis, de Corbie, d'Ourscamps, de Montiérender et de Saint-Urbain, et de M° Jacques Le Grand, lieutenant au bailliage de Saint-Denis, qui a traité avec ledit archevêque pour la jouissance desdits revenus.

E 25^b, f° 15 r°, et ms. fr. 18177, f° 258 v°.

15261. — Arrêt renvoyant aux trésoriers de France à Riom et aux élus en l'élection de Clermont une requête par laquelle les habitants des villages dépendants de la ville d'Arlanc demandent à être taxés aux tailles séparément.

E 25^b, f° 17 r°, et ms. fr. 18177, f° 259 v°.

15262. — Arrêt rétablissant les procureurs-postulants de Brive en l'exercice de leurs charges, nonobstant les défenses de M° Germain Chalange.

E 25^b, f° 18 r°, et ms. fr. 18177, f° 260 r°.

15263. — Arrêt renvoyant aux trésoriers de France à Orléans une requête en réduction de tailles présentée par les habitants de l'élection de Montargis, qui se plaignent d'avoir subi, depuis 1596, une augmentation de 10,000 livres, alors que l'ensemble de la généralité n'en a subi qu'une de 43,000 livres.

E 25^b, f° 19 r°, et ms. fr. 18177, f° 260 v°.

15264. — Arrêt ordonnant l'élargissement sous caution de M° Olivier Fondriac, emprisonné à la requête de M° Charles Paulet, avec lequel il avait traité pour le rachat des greffes d'Auxerre.

E 25^b, f° 21 r°, et ms. fr. 18177, f° 261 r°.

15265. — Arrêt donnant décharge à Gaspard Cardinal, sous le nom duquel M° René Bordier, secrétaire de la chambre du Roi, avait traité pour la réunion des droits ou terrains usurpés dans les forêts royales.

E 25^b, f° 22 r°, et ms. fr. 18177, f° 261 r°.

15266. — Arrêt déchargeant le pauvre peuple de Bretagne du payement des amendes frappées pour délits commis dans les forêts, et ordonnant que les comptes de M⁰ Charles Le Febvre, receveur desdites amendes, seront vérifiés avant qu'il soit statué sur les requêtes respectives du duc de Monthazon et dudit receveur.

E 25ᵇ, fᵒ 23 rᵒ, et ms. fr. 18177, fᵒ 261 vᵒ.

15267. — Arrêt ordonnant le versement aux mains de Mᵉ Nicolas Bigot, secrétaire du Roi, de tous les deniers provenant de l'impôt levé en Auvergne «pour le remboursement de ce qui estoit deub à cause de la révocquation du bail du fournissement du sel».

E 25ᵇ, fᵒ 25 rᵒ, et ms. fr. 18177, fᵒ 262 vᵒ.

15268. — Arrêt ordonnant que Jacques Roux, Michel Lévesque et autres habitants de Cognac et de Tonnay-Charente s'expliqueront au sujet des rébellions et voies de fait qu'ils auraient commises en violation du privilège accordé à Isaac Bernard, trésorier des mortes-payes de Bretagne, de pouvoir seul fabriquer et faire transporter de l'eau-de-vie dans les généralités de Tours, Poitiers, Toulouse, Guyenne, Limoges et dans les comtés de Nantes et de Blois.

E 25ᵇ, fᵒ 26 rᵒ, et ms. fr. 18177, fᵒ 262 vᵒ.

15269. — Arrêt renvoyant au parlement de Rouen le procès pendant entre Mᵉ François Lemercher, Mᵉ Pierre Legras, lieutenant général civil et criminel, Richard Legras, lieutenant ancien civil et criminel au siège de Pont-Authou et de Pont-Audemer, Georges Du Fay, sieur de La Mésangère, vicomte, et Mᵉ Pierre Thirel, enquêteur, au sujet de l'office de commissaire-examinateur audit siège.

E 25ᵇ, fᵒ 27 rᵒ, et ms. fr. 18177, fᵒ 263 rᵒ.

15270. — Arrêt autorisant le syndic de Forez à lever, en la présente année, une somme de 3,000 livres destinée aux «affaires communes» du pays.

E 25ᵇ, fᵒ 29 rᵒ, et ms. fr. 18177, fᵒ 263 vᵒ.

15271. — Arrêt relatif au payement des gages des officiers du présidial de Gisors établis à Andely.

E 25ᵇ, fᵒ 30 rᵒ, et ms. fr. 18177, fᵒ 264 rᵒ.

15272. — Arrêt ordonnant aux élus en l'élection de Mauléon de faire savoir pour quels motifs ils ont, en 1609, taxé à 4,100 livres la paroisse de Saint-Étienne-du-Bois, qui est abonnée au taux de 69 livres.

E 25ᵇ, fᵒ 31 rᵒ, et ms. fr. 18177, fᵒ 264 vᵒ.

15273. — Arrêt révoquant, sur la demande des habitants des îles de Saintonge, de Marennes, d'Arvert, d'Oloron, de Soubize et des habitants du gouvernement de Brouage, l'édit de juillet 1606 qui réglementait les mesures à sel et établissait des officiers en chaque paroisse de Saintonge, Poitou, Angoumois, Aunis et Limousin.

E 25ᵇ, fᵒ 32 rᵒ, et ms. fr. 18177, fᵒ 265 rᵒ.

15274. — Arrêt autorisant les habitants de Saint-Denis, en la vicomté d'Alençon, à lever sur tous les propriétaires fonciers une somme de 1,390 livres destinée à la reconstruction de leur église.

E 25ᵇ, fᵒ 34 rᵒ, et ms. fr. 18177, fᵒ 266 rᵒ.

15275. — Arrêt ordonnant aux trésoriers de France à Rouen de faire savoir pour quels motifs ils ont suspendu de ses fonctions Pierre Sohier, receveur du domaine de la vicomté de Lyons.

E 25ᵇ, fᵒ 35 rᵒ, et ms. fr. 18177, fᵒ 266 vᵒ.

15276. — Arrêt statuant sur un procès pendant entre Georges Birat, premier valet de la garde-robe ordinaire du Dauphin, et Mᵉ Daniel Beguin, élu en l'élection de Château-Thierry.

E 25ᵇ, fᵒ 36 rᵒ, et ms. fr. 18177, fᵒ 267 rᵒ.

15277. — Arrêt déclarant que les tanneurs de Tours demeureront déchargés de l'impôt du sol pour livre «pour les cuirs tannez qu'ilz ouvreront et apareilleront en ladicte ville de Tours».

E 25ᵇ, fᵒ 38 rᵒ, et ms. fr. 18177, fᵒ 267 vᵒ.

15278. — Arrêt condamnant les communautés de Riez et de Saint-Jurs à payer aux frères Philippe et Louis Pena les sommes fixées par arrêt du Grand Conseil, sans recours possible contre les États de Provence.

E 25ᵇ, fᵒ 40 rᵒ, et ms. fr. 18177, fᵒ 268 vᵒ.

15279. — Arrêt ordonnant la réception de

Mᵉ Claude Tixier en l'office de procureur-postulant dans les cours de Lyon, et maintenant Mᵉ Jacques Buirin en l'exercice du même office, «à la charge de suppression du premier vacquant».

E 25ᵇ, fᵒ 42 rᵒ, et ms. fr. 18177, fᵒ 270 vᵒ.

15280. — Arrêt accordant mainlevée du fer saisi sur les maîtres de forges de la frontière de Champagne et sur les marchands de fer de Châlons, autorisant toutefois les gouverneurs et habitants de ladite ville à percevoir la taxe de 7 sols 6 deniers, mais seulement sur le fer entrant et consommé dans la ville.

E 25ᵇ, fᵒ 44 rᵒ, et ms. fr. 18177, fᵒ 271 vᵒ.

15281. — Arrêt ordonnant le payement d'une somme de 10,113 livres assignée au colonel Gaspard Gallaty sur le prix des offices de commissaires-examinateurs, nonobstant une saisie pratiquée à la requête de Mᵉ Severat.

E 25ᵇ, fᵒ 46 rᵒ, et ms. fr. 18177, fᵒ 272 vᵒ.

15282. — Arrêt réduisant à deux le nombre des offices de commissaires-examinateurs au siège de Dijon, attendu le peu d'importance de la ville «soit en traficq, grandeur, estendue de ressort que en habitans».

E 25ᵇ, fᵒ 47 rᵒ, et ms. fr. 18177, fᵒ 273 rᵒ.

15283. — Arrêt ordonnant que toutes les lettres expédiées soit dans les chancelleries établies près des parlements, soit dans les chancelleries présidiales, devront mentionner expressément la cause de leur obtention, de telle sorte que l'on puisse distinguer les lettres civiles des lettres criminelles et les taxer conformément aux règlements.

E 25ᵇ, fᵒ 48 rᵒ, et ms. fr. 18177, fᵒ 273 vᵒ.

15284. — Arrêt ordonnant que Pierre Houdry, commis de Mᵉ Jean Vignier, continuera, malgré les défenses du parlement de Bretagne, à faire le recouvrement des taxes levées sur les huissiers et sergents de Bretagne.

E 25ᵇ, fᵒ 50 rᵒ, et ms. fr. 18177, fᵒ 274 rᵒ.

15285. — Arrêt renvoyant aux trésoriers de France à Poitiers une requête en remise de tailles présentée par les habitants de Vernon, de Gizay, de Marnay et de Nieuil, dont les champs et les vignes ont été dévastés par la tempête du 14 juillet dernier.

E 25ᵇ, fᵒ 51 rᵒ, et ms. fr. 18177, fᵒ 274 vᵒ.

15286. — Arrêt attribuant 1,001 livres 20 sols 10 deniers à Mᵉ Claude Monet, receveur général du domaine de Calais, pour la location des greniers et pour l'entretien des grains durant l'année 1608.

E 25ᵇ, fᵒ 52 rᵒ, et ms. fr. 18177, fᵒ 275 rᵒ.

15287. — Arrêt dispensant de donner caution, sous certaines conditions, Mᵉ Jean Didier, qui a traité pour le rachat de 200,000 livres de rentes ou de domaine aliéné.

E 25ᵇ, fᵒ 53 rᵒ, et ms. fr. 18177, fᵒ 275 vᵒ.

15288. — Arrêt accordant à Claude Du Cayre, un des entrepreneurs des minières de France, le privilège de pouvoir seul construire, durant quinze ans, les fours et fourneaux de son invention mentionnés dans le brevet du 22 septembre 1608, et ordonnant qu'au sujet de ses autres inventions, il fera de nouvelles expériences en présence du duc de Sully.

E 25ᵇ, fᵒ 54 rᵒ, et ms. fr. 18177, fᵒ 276 rᵒ.

15289. — Arrêt interdisant au parlement de Bretagne et réservant au juge des traites à Angers la connaissance des procès intentés à Étienne Ringues, au sujet de la perception des traites et impositions foraines d'Anjou, du duché de Beaumont, de Thouars, etc.

E 25ᵇ, fᵒ 56 rᵒ, et ms. fr. 18177, fᵒ 277 vᵒ.

15290. — Arrêt maintenant Pierre de Locgratte en jouissance de l'office de «garde du sel de la rigueur de Guyenne».

E 25ᵇ, fᵒ 58 rᵒ, et ms. fr. 18177, fᵒ 278 vᵒ.

15291. — Arrêt ordonnant au sieur de Fleury de passer outre à l'exécution d'un arrêt du 28 avril 1609 (nᵒ 13606), relatif aux abus commis en la forêt de Dourdan, nonobstant un appel interjeté par le sieur de Sainte-Mesme, maître particulier en ladite forêt.

E 25ᵇ, fᵒ 60 rᵒ, et ms. fr. 18177, fᵒ 280 rᵒ.

15292. — Arrêt cassant la sentence de condamnation rendue, contrairement aux articles LVIII et LIX de l'édit de Nantes, par le lieutenant de la maréchaussée à la Table de marbre, contre Gabriel de Lamet, sieur de Coudun, échevin et capitaine de la Rochelle, qui avait refusé l'entrée d'une des portes de la ville à Philippe Faligon, sieur de La Chapelle, et à son «homme à cheval», sur leur refus de décliner leurs noms.

E 25ᵇ, fᵒ 62 rᵒ, et ms. fr. 18177, fᵒ 280 vᵒ.

15293. — Arrêt ordonnant que le procureur-syndic des États de Normandie sera entendu au Conseil au sujet de son opposition à l'enregistrement du traité de Mᵉ Louis Massuau.

E 25ᵇ, fᵒ 64 rᵒ, et ms. fr. 18177, fᵒ 281 vᵒ.

15294. — Arrêt renvoyant aux trésoriers de France à Châlons les offres faites par Richard Javot au sujet des moulins à blé, à draps, etc., situés en la ville et dans le bailliage de Bar-sur-Aube.

E 25ᵇ, fᵒ 65 rᵒ, et ms. fr. 18177, fᵒ 282 rᵒ.

15295. — Arrêt ordonnant aux trésoriers de France à Orléans de comprendre dans le terrier qu'ils dressent pour la généralité d'Orléans les maisons dont les emplacements ont été anciennement baillés à ferme moyennant payement de certaines rentes, ces maisons devant être soumises au payement d'un cens et, en cas de mutation, au payement du droit de «relevoisons à plaisir».

E 25ᵇ, fᵒ 66 rᵒ, et ms. fr. 18177, fᵒ 282 vᵒ.

15296. — Arrêt ordonnant le payement de 33,466 livres 16 sols dus au vidame du Mans, mari de Catherine de Vivonne, afin qu'il puisse acquitter les dettes contractées par son beau-père, le feu marquis de Pisani, lors de ses ambassades en Espagne et à Rome.

E 25ᵇ, fᵒ 68 rᵒ, et ms. fr. 18177, fᵒ 283 rᵒ.

15297. — Arrêt ordonnant le rétablissement sur le compte du receveur des aides en l'élection de Mantes d'une somme de 200 écus attribuée au feu sieur de Rosny, puis rayée par la Chambre des comptes.

E 25ᵇ, fᵒ 69 rᵒ, et ms. fr. 18177, fᵒ 283 vᵒ.

15298. — Arrêt déclarant que l'office de maître auditeur en la chambre des comptes de Grenoble va-

cant par la mort de Mᵉ Muzy appartient à Mᵉ Bénigne Saulnier, et ordonnant la réception de Mᵉ Ducros audit office.

E 25ᵇ, fᵒ 70 rᵒ, et ms. fr. 18177, fᵒ 284 rᵒ.

15299. — Arrêt ordonnant le rétablissement au compte de la recette générale de Rouen (année 1601) d'une somme de 1,962 livres affectée au payement des menues nécessités de la chambre des comptes de Normandie, mais ordonnant que, désormais, un règlement décidera sur quels fonds devront être payées lesdites menues nécessités.

E 25ᵇ, fᵒ 71 rᵒ, et ms. fr. 18177, fᵒ 285 rᵒ.

15300. — Arrêt ordonnant que Pierre Houdry, commis de Mᵉ Jean Vignier, passera outre au recouvrement des taxes levées sur les huissiers et sergents de la généralité de Tours, nonobstant un arrêt du Parlement du 3 juin 1598.

E 25ᵇ, fᵒ 72 rᵒ, et ms. fr. 18177, fᵒ 284 vᵒ.

15301. — Arrêt renvoyant au maître des ports et juge des traites d'Anjou le procès pendant entre Guillaume Lemarier et autres marchands de vin de Paris et les fermiers généraux de l'imposition de Loire.

E 25ᵇ, fᵒ 73 rᵒ, et ms. fr. 18177, fᵒ 286 vᵒ.

15302. — Arrêt ordonnant qu'en chacune des juridictions du royaume, des avocats et procureurs seront désignés pour assister judiciairement les pauvres, et qu'ils devront se contenter des gages et prérogatives qu'il plaira au Roi de leur attribuer.

E 25ᵇ, fᵒ 75 rᵒ, et ms. fr. 18177, fᵒ 286 rᵒ.

15303. — Arrêt évoquant et renvoyant au Parlement les procès pendants en la Cour des aides au sujet des biens de feu Remi Le Cat.

E 25ᵇ, fᵒ 77 rᵒ, et ms. fr. 18177, fᵒ 288 rᵒ.

15304. — Arrêt ordonnant la vérification des dettes des habitants de Villemur, les autorisant toutefois provisoirement à lever 3,000 livres pour l'acquittement desdites dettes.

E 25ᵇ, fᵒ 79 rᵒ, et ms. fr. 18177, fᵒ 289 rᵒ.

15305. — Arrêt évoquant au Conseil le procès

pendant au parlement de Grenoble entre Jacques Paradis et Étienne Villars, ci-devant fermiers des péages de Baix, d'Ancone, de Saint-Symphorien et de la Patte-Saint-Rambert, d'une part, le procureur général au parlement de Grenoble et Abraham Valentin, ci-devant fermier des mêmes péages, d'autre part.

E 25ᵇ, fᵒ 81 rᵒ, et ms. fr. 18177, fᵒ 290 rᵒ.

15306. — Arrêt renvoyant aux trésoriers de France à Bourges une requête des habitants de la ville de Lignières et de la paroisse Notre-Dame-de-Lignières, tendante à ce qu'au point de vue financier, le faubourg Saint-Hilaire soit séparé de la ville et rattaché à la paroisse Notre-Dame.

E 25ᵇ, fᵒ 85 rᵒ, et ms. fr. 18177, fᵒ 293 rᵒ.

15307. — Arrêt attribuant à Marie de Bourbon, demoiselle de Montpensier, le droit de provision aux offices ordinaires de Bar-sur-Seine et d'Aisey-le-Duc, conformément aux lettres de François Iᵉʳ et de Henri II du 23 février 1538 et du 14 septembre 1547.

E 25ᵇ, fᵒ 86 rᵒ, et ms. fr. 18177, fᵒ 293 vᵒ.

15308. — Arrêt ordonnant l'élargissement sous caution de Mᵉ Claude Amaury, receveur du domaine de Paris, emprisonné à la requête de Mᵉ Louis Massuau.

E 25ᵇ, fᵒ 88 rᵒ, et ms. fr. 18177, fᵒ 295 rᵒ.

15309. — Arrêt défendant à Sébastien Zamet de poursuivre ailleurs qu'au Conseil les héritiers du duc de Retz, de MM. de Cheverny, de Bellièvre, de Chenailles, Marcel et Molan pour l'acquittement de deux obligations remontant à l'année 1593 et contractées sur l'ordre du Roi, obligations que lesdits héritiers soutiennent avoir été totalement acquittées.

E 25ᵇ, fᵒ 90 rᵒ, et ms. fr. 18177, fᵒ 296 rᵒ.

15310. — Arrêt maintenant provisoirement les officiers de la cour des aides de Montpellier en possession, durant l'année courante, de leurs gages et de leur augmentation de gages, mais leur ordonnant de représenter les titres en vertu desquels ils jouissent de cette augmentation.

E 25ᵇ, fᵒ 91 rᵒ, et ms. fr. 18177, fᵒ 296 vᵒ.

15311. — Arrêt maintenant provisoirement Mᵉ Denis Feydeau en jouissance des « quartz du sel » de Normandie, et ordonnant aux trésoriers de France en Normandie de faire savoir si lesdits droits ont toujours été et sont encore affermés comme les aides.

E 25ᵇ, fᵒ 92 rᵒ, et ms. fr. 18177, fᵒ 297 rᵒ.

15312. — Arrêt enjoignant à Mᵉ Claude Amaury, receveur du domaine de Paris, de remettre ses comptes à Auguste Prévost et à Martin Hérissé, adjudicataires dudit domaine.

E 25ᵇ, fᵒ 94 rᵒ, et ms. fr. 18177, fᵒ 298 rᵒ.

15313. — Arrêt relatif à l'exécution du traité passé par Jean de Saint-Remy pour la jouissance des offices de receveurs des deniers extraordinaires en Languedoc.

E 25ᵇ, fᵒ 96 rᵒ, et ms. fr. 18177, fᵒ 299 rᵒ.

15314. — Arrêt statuant sur un procès pendant entre plusieurs habitants de Dinan et les héritiers de Jeanne Ollivier, d'une part, un ancien commis de Mᵉ Jean Loriot, trésorier des États de Bretagne sous l'autorité du duc de Mercœur, d'autre part; ordonnant l'exécution de l'arrêt du 12 février 1609 (nᵒ 13215).

E 25ᵇ, fᵒ 98 rᵒ, et ms. fr. 18177, fᵒ 300 rᵒ.

15315. — Arrêt ordonnant l'expédition des quittances relatives à un payement de 116,609 écus 26 sols 11 deniers fait par Mᵐ Léon Luquin et René Brunet, ci-devant fermiers généraux des Cinq grosses fermes, aux sieurs Zamet et Gondi, cessionnaires de Guillaume de Limbourg.

E 25ᵇ, fᵒ 100 rᵒ, et ms. fr. 18177, fᵒ 295 vᵒ.

1610, 9 mars. — Paris.

15316. — Arrêt relatif au remboursement des sommes avancées, en 1600, par le sieur d'Auriac, commandant du côté d'Exilles et sur la frontière du Piémont, pour l'avitaillement et la fortification d'Exilles et des autres forts de la vallée.

E 25ᵇ, fᵒ 101 rᵒ, et ms. fr. 18177, fᵒ 308 vᵒ.

15317. — Acceptation conditionnelle des offres de Robert Ryoton, qui, moyennant abandon d'un sixième, propose de faire recouvrer «une notable somme de deniers retenus et deuz à Sa Majesté».

E 25ᵇ, f° 103 r°, et ms. fr. 18177, f° 301 v°.

15318. — Acceptation conditionnelle des offres d'Antoine de Simonas, qui, moyennant l'abandon d'un sixième, propose de faire connaître un excellent moyen d'augmenter de 500,000 livres les revenus annuels du royaume.

E 25ᵇ, f° 105 r°, et ms. fr. 18177, f° 301 v°.

15319. — Adjudication des droits levés sur la Gironde et la Seudre faite, pour six ans, à Mᵉ Pierre Lardy, secrétaire du Roi, et à René Revel, moyennant le payement annuel de 112,000 livres.

Ms. fr. 18177, f° 302 r°.

15320.— Adjudication du droit de 3 deniers pour cent pesant levé sur les marchandises et denrées passant sur le Rhône et dans le territoire d'Arles, faite, pour six années, à Josias Le Mercier-Delahaye, moyennant le payement annuel de 5,200 livres.

Ms. fr. 18177, f° 306 r°.

1610, 11 mars. — Paris.

15321. — Arrêt interprétant celui du 18 décembre 1608 (n° 12955), et réglant le payement des trois, archers supplémentaires qui ont été concédés au lieutenant criminel de robe courte à Châtillon-sur-Indre.

E 25ᵇ, f° 107 r°, et ms. fr. 18177, f° 310 r°.

15322. — Arrêt interdisant à la Cour des aides et attribuant aux commissaires chargés de taxer les officiers de finance la connaissance du différend soulevé entre Mᵉ Jean Marteau, secrétaire du Roi, commis à la recette desdites taxes, et Mᵉ François Le Roy, chargé par ledit Marteau de faire ce recouvrement dans la généralité de Toulouse.

E 25ᵇ, f° 109 r°, et ms. fr. 18177, f° 309 v°.

15323. — Arrêt autorisant les habitants d'Agen à lever sur eux-mêmes une somme de 1,200 livres, «pour employer aux affaires communes d'icelle ville», mais leur ordonnant, à l'avenir, de mieux spécifier les causes pour lesquelles ils ont besoin de procéder à des levées extraordinaires.

E 25ᵇ, f° 111 r°, et ms. fr. 18177, f° 311 v°.

15324. — Arrêt renvoyant aux trésoriers de France à Montpellier une requête par laquelle la veuve de Mᵉ Pierre Grangier, receveur général des finances à Montpellier, réclame 20,000 livres sur le prix de l'office de son défunt mari.

E 25ᵇ, f° 112 r°, et ms. fr. 18177, f° 311 r°.

15325. — Arrêt ordonnant le rétablissement sur les comptes de Mᵉ Gabriel Hus, trésorier des États de Bretagne, de certaines sommes par lui payées à Jean Du Mas, sieur de Montmartin, maréchal de camp.

E 25ᵇ, f° 113 r°, et ms. fr. 18177, f° 312 r°.

15326. — Arrêt évoquant au Conseil le procès pendant au Parlement entre Arnauld de Johanne, sieur de Saumery, trésorier de France en la comté de Blois, et Mathieu Hardouyneau, adjudicataire de la ferme du grand port Tolly et de la vicomté de Blois.

E 25ᵇ, f° 115 r°, et ms. fr. 18177, f° 313 r°.

15327. — Arrêt relatif à l'exécution du traité passé par Mᵉ Jean Le Normant, avocat au Conseil, pour la vente d'offices de procureurs-postulants aux avocats qui voudraient cumuler les deux charges.

E 25ᵇ, f° 117 r°, et ms. fr. 18177, f° 314 r°.

15328. — Arrêt autorisant les consuls de Villemur à lever, en trois ans, sur tous les contribuables 12,600 livres destinées à l'acquittement des dettes contractées particulièrement envers le maréchal de Lesdiguières, et déclarant que les créanciers de la ville devront se contenter d'un intérêt au denier vingt.

E 25ᵇ, f° 119 r°, et ms. fr. 18177, f° 314 v°.

15329.— Arrêt renvoyant aux trésoriers de France à Béziers la requête de Charles de Rabeau, sieur de Beauregard, maréchal des logis de la compagnie du duc d'Orléans, et du capitaine Jean de Robiou, sergent-majeur au gouvernement d'Ardres, qui sollicitent la concession des terres et marais usurpés dans les territoires de Fourques, de Saint-Gilles, de Beaucaire, etc.

E 25ᵇ, f° 121 r°, et ms. fr. 18177, f° 318 r°.

15330. — Arrêt ordonnant que les receveurs généraux des finances ne toucheront dorénavant que l'intérêt au denier dix de la « finance » qu'ils ont versée pour jouir du droit de 2 deniers par livre sur tous les revenus extraordinaires de leurs charges, cet intérêt devant leur tenir lieu du droit de 2 deniers par livre.

E 25ᵇ, fᵒ 122 rᵒ, et ms. fr. 18177, fᵒ 318 vᵒ.

15331. — Arrêt ordonnant que Mathieu de Fontenay sera subrogé, sous certaines conditions, à Antoine Billard pour la jouissance des revenus du duché d'Auvergne, du comté de Clermont et de la baronnie de Latour, du moins en ce qui concerne les offices des trésoriers et contrôleurs généraux du domaine d'Auvergne et de Carladais.

E 25ᵇ, fᵒ 124 rᵒ, et ms. fr. 18177, fᵒ 319 rᵒ.

15332. — Arrêt ordonnant le payement du reste des 6,000 livres données par le Roi, en 1602, au sieur de Vic, gouverneur de Calais, en considération de ses services.

E 25ᵇ, fᵒ 126 rᵒ, et ms. fr. 18177, fᵒ 320 rᵒ.

15333. — Arrêt relatif à un procès pendant entre la ville de Bordeaux et Mᵉ Pierre Moynier, fermier des impositions de la Garonne et de la Dordogne.

E 25ᵇ, fᵒ 128 rᵒ, et ms. fr. 18177, fᵒ 321 rᵒ.

15334. — Arrêt déclarant contribuable aux tailles Mᵉ Pierre Soucanye, secrétaire de la chambre du Roi, habitant de Noyon, « attendu qu'il ne fait aucun service en ladite charge ».

E 25ᵇ, fᵒ 130 rᵒ, et ms. fr. 18177, fᵒ 322 rᵒ.

15335. — Arrêt ordonnant que Mᵉˢ Claude Bertrand et Guillaume Héricourt seront entendus au Conseil au sujet de la requête de la reine Marguerite, qui demande à rembourser leurs offices de lieutenant et d'élu en l'élection de la Ferté-Milon, laquelle « est imaginaire ».

E 25ᵇ, fᵒ 133 rᵒ, et ms. fr. 18177, fᵒ 324 vᵒ.

15336. — « Estat du domaine que Mᵉ Jehan Sarazin, advocat en Parlement, entend rachepter, la présente année M VIᶜ dix, en suitte du traicté à luy accordé par Sa Majesté.... »

Ms. fr. 18177, fᵒ 309 rᵒ.

1610, 13 mars. — Paris.

15337. — Arrêt renvoyant aux trésoriers de France une requête de Jean Le Royer, qui demande à établir un bac sur la Marne, « au banc et finage » de Bienville.

E 25ᵇ, fᵒ 134 rᵒ, et ms. fr. 18177, fᵒ 325 rᵒ.

15338. — Arrêt ordonnant le payement de 158 livres dues à François Le Maire, archer de la maréchaussée du Perche, qui a conduit de Mortagne à Paris Abraham et René Les Brossartz, Josse Gaultier et Jacques de Simetière, condamnés aux galères à perpétuité et appelant de cette condamnation.

E 25ᵇ, fᵒ 135 rᵒ, et ms. fr. 18177, fᵒ 325 vᵒ.

15339. — Arrêt relatif à une requête du comte de La Roche (en Dauphiné), qui demande à être garanti par les États de Dauphiné contre les poursuites du sieur Zamet, auquel il avait pris 500 émines de sel, afin de pouvoir payer la garnison de Romans et de conserver cette ville en l'obéissance du Roi.

E 25ᵇ, fᵒ 137 rᵒ, et ms. fr. 18177, fᵒ 326 vᵒ.

15340. — Arrêt régularisant un payement de 203,825 écus 45 sols fait au sieur de Lussan pour l'entretien de la garnison, des fortifications et munitions de Blaye durant les années 1595 à 1599.

E 25ᵇ, fᵒ 138 rᵒ, et ms. fr. 18177, fᵒ 326 rᵒ.

15341. — Arrêt donnant à Mᵉ Pierre Ramon, élu en l'élection de Nemours, acte de sa dénonciation, et renvoyant à la Cour des aides le jugement du différend soulevé entre ses collègues et lui.

E 25ᵇ, fᵒ 139 rᵒ, et ms. fr. 18177, fᵒ 328 rᵒ.

15342. — Arrêt déclarant, nonobstant une requête de Mᵉ Jean Moireau, avocat au Parlement, que les sergents fieffés, et notamment celui du bailliage d'Orléans, sont tenus aux mêmes taxes que les autres huissiers et sergents du royaume.

E 25ᵇ, fᵒ 140 rᵒ, et ms. fr. 18177, fᵒ 328 vᵒ.

15343. — Arrêt déclarant que les rachats de domaine effectués par Mᵉ Jean de Moulceau l'ont été conformément aux articles de son contrat arrêtés le 25 septembre 1608.

E 25ᵇ, fᵒ 141 rᵒ, et ms. fr. 18177, fᵒ 329 rᵒ.

15344. — Arrêt ordonnant que les droits levés sur la moitié de la coutume de Bayonne seront de nouveau mis en adjudication sur les offres de Bernard de Saint-Martin.

E 25ᵇ, fᵒ 142 rᵒ, et ms. fr. 18177, fᵒ 330 rᵒ.

15345. — Arrêt ordonnant que, nonobstant les défenses du parlement de Dijon, le commis de Mᵉ Jean Vignier procédera au recouvrement des taxes levées, par forme de supplément, sur les huissiers et sergents dudit parlement.

E 25ᵇ, fᵒ 143 rᵒ, et ms. fr. 18177, fᵒ 329 vᵒ.

15346. — Arrêt ordonnant le payement des gages de Mᵉ Alexandre Galliffet, receveur général des finances à Aix, le dispensant de fournir, pour sa réception, quarante pans de velours aux trésoriers de France en Provence, et défendant à ces derniers de rendre aucune ordonnance à moins d'avoir délibéré au nombre de cinq au moins.

E 25ᵇ, fᵒ 144 rᵒ, et ms. fr. 18177, fᵒ 330 vᵒ.

15347. — Arrêt défendant à Amanieu et à Jean de La Mothe et consorts, habitants de la «contau» de Castres et de Portets, de procéder à une levée de 1,800 livres autorisée par arrêt du 14 février 1609 (nᵒ 13241).

E 25ᵇ, fᵒ 146 rᵒ, et ms. fr. 18177, fᵒ 332 vᵒ.

15348. — Arrêt ordonnant qu'en payant 300 livres, Mᵉ François Gousselin, conseiller-enquêteur au siège royal de Langres, jouira du bénéfice de l'arrêt du 11 avril dernier (nᵒ 13604).

E 25ᵇ, fᵒ 148 rᵒ, et ms. fr. 18177, fᵒ 334 rᵒ.

15349. — Arrêt autorisant la levée du capital et des intérêts d'une somme de 1,515 livres que les habitants d'Aigueperse ont été condamnés à payer à Mᵉ Christophe Murat, trésorier provincial de l'Extraordinaire des guerres.

E 25ᵇ, fᵒ 150 rᵒ, et ms. fr. 18177, fᵒ 335 rᵒ.

15350. — Arrêt renvoyant aux trésoriers de France à Orléans une requête par laquelle Martin Julien et consorts, adjudicataires de deux ventes de haut bois, demandent remise de ce qu'il leur reste à payer, attendu qu'une crue leur a enlevé tout le bois qu'ils avaient transporté au port d'Ouzouer.

E 25ᵇ, fᵒ 151 rᵒ, et ms. fr. 18177, fᵒ 335 vᵒ.

15351. — Arrêt ordonnant la restitution des sommes payées par Mᵉ Blaise Polly pour un office de lieutenant particulier assesseur criminel et de premier commissaire à la conservation de Poitiers dont un arrêt du 3 courant lui défend de se faire pourvoir.

E 25ᵇ, fᵒ 152 rᵒ, et ms. fr. 18177, fᵒ 336 rᵒ.

15352. — Arrêt déchargeant les habitants de la Bretagne du payement des amendes auxquelles les ont condamnés, en matière d'eaux et forêts, des officiers ou commissaires nommés par le feu duc de Mercœur, renvoyant au parlement de Bretagne les procès commencés contre les officiers qui ont pris part ou ne se sont point opposés à la dévastation des forêts, durant les troubles, ordonnant toutefois que le procès du sieur de Tressay, soi-disant sous-garde de la forêt du Parc, sera jugé en la Table de marbre.

E 25ᵇ, fᵒ 153 rᵒ, et ms. fr. 18177, fᵒ 336 vᵒ.

15353. — Arrêt autorisant la levée sur tous les marchands de Tours du capital et des intérêts d'une somme de 3,132 livres 13 sols qui a été avancée auxdits marchands par certains bourgeois de Tours pour les frais du procès contre Mᵉ Jean de Moisset.

E 25ᵇ, fᵒ 155 rᵒ, et ms. fr. 18177, fᵒ 337 vᵒ.

15354. — Arrêt ordonnant que les héritiers de Michel Randon seront payés, suivant leur ordre d'hypothèque, d'une somme de 312 livres 10 sols et des dépens et dommages-intérêts à eux adjugés par une sentence des Requêtes du Palais rendue à l'encontre du prince de Conti et du comte de Soissons.

E 25ᵇ, fᵒ 157 rᵒ, et ms. fr. 18177, fᵒ 338 vᵒ.

15355. — Arrêt ordonnant que, conformément à l'arrêt du 6 courant (nᵒ 15291), le sieur de Fleury, fils, passera outre à l'instruction et au jugement du procès commencé contre le sieur de Sainte-Mesme, maître des eaux et forêts en la forêt de Dourdan.

E 25ᵇ, fᵒ 159 rᵒ, et ms. fr. 18177, fᵒ 340 vᵒ.

15356. — Arrêt renvoyant à la Cour des mon-

naies une requête de Mathieu Solymon, marchand
d'Angers, qui demande remise d'une somme de
3,980 livres, ainsi que de la somme « à laquelle se
trouvera monter le fayfort non faict en la monnoye
de Saint-Lo pendant l'année m vi⁰ neuf ».

E 25ᵇ, f° 160 r°, et ms. fr. 18177, f° 341 r°.

15357. — Arrêt relatif à une instance pendante
entre M⁰ François Procez, procureur du Roi au siège
de la table de marbre à Dijon, et les habitants de
Villiers-les-Hauts.

E 25ᵇ, f° 161 r°, et ms. fr. 18177, f° 341 v°.

15358. — Arrêt déclarant que les rachats de domaine effectués par M⁰ Antoine Douet l'ont été conformément aux articles de son contrat, arrêtés les
22 février et 29 avril 1608.

E 25ᵇ, f° 162 r°, et ms. fr. 18177, f° 341 v°.

15359. — Arrêt autorisant les habitants de la paroisse Saint-Valérien de Châteaudun à lever sur eux-
mêmes une somme de 960 livres 13 sols 2 deniers,
par eux due à M⁰ Mathurin Mesnager.

E 25ᵇ, f° 163 r°, et ms. fr. 18177, f° 342 r°.

15360. — Arrêt ordonnant au trésorier des Parties casuelles de délivrer au prince de Conti des quittances d'offices de commissaires aux élections et aux
greniers à sel jusqu'à concurrence d'une somme de
300,000 livres, dont Sa Majesté lui a fait don.

E 25ᵇ, f° 164 r°, et ms. fr. 18177, f° 342 v°.

15361. — Arrêt renvoyant à la Table de marbre
une requête de la reine Marguerite tendante à ce que
l'arrêt du 11 février dernier (n° 15181) soit exécuté
nonobstant l'opposition des religieuses de Longchamp.

E 25ᵇ, f° 165 r°, et ms. fr. 18177, f° 344 r°.

15362. — Arrêt réglant la suppression d'un office
d'avocat du Roi au mesurage d'Ingrande.

E 25ᵇ, f° 166 r°, et ms. fr. 18177, f° 344 r°.

15363. — Arrêt attribuant aux maire et échevins
de Tours la jouissance d'une crue de 3 sols par minot
de sel vendu dans les greniers de la généralité, mais

les condamnant à payer annuellement 1,000 livres
pour la reconstruction de Sainte-Croix d'Orléans.

E 25ᵇ, f° 170 r°, et ms. fr. 18177, f° 347 v°.

15364. — Arrêt ordonnant que, moyennant le
payement annuel de 80 livres, les acquéreurs des
quinze maisons dépendantes du domaine royal qui se
trouvent sur le pont Saint-Michel jouiront encore
desdites maisons durant cinq années à partir du remboursement que leur fera Jean Picotin de ce qu'ils
ont versé dans les coffres du Roi.

E 25ᵇ, f° 172 r°, et ms. fr. 18177, f° 349 r°.

15365. — Arrêt réglant le recouvrement de la
somme due aux Parties casuelles par les trésoriers de
France à Aix pour le rétablissement de leur bureau,
et interdisant à la cour des aides d'Aix la connaissance
de telles matières.

E 25ᵇ, f° 174 r°, et ms. fr. 18177, f° 350 v°.

15366. — Arrêt déclarant que les seize années
pendant lesquelles M⁰ Innocent Desbois doit jouir des
effets de son contrat ne commenceront à courir, en la
généralité de Lyon, qu'à partir du 1ᵉʳ janvier 1610,
attendu les empêchements que lui ont apportés
M⁰ Jean Du Monceau et M⁰ Martin Le Fèvre pour le
rachat des greffes des tailles en l'élection de Forez.

E 25ᵇ, f° 176 r°, et ms. fr. 18177, f° 351 v°.

15367. — Arrêt ordonnant le payement de
8,200 livres destinées à la pension des écoliers suisses
et grisons « qu'il plaist au Roy entretenir aux estudes
de l'Université de Paris ».

E 25ᵇ, f° 178 r°, et ms. fr. 18177, f° 343 r°.

15368. — Arrêt réglant le payement de ladite
pension à raison de 200 livres, par an, pour chaque
écolier.

E 25ᵇ, f° 179 r°, et ms. fr. 18177, f° 343 v°.

———

1610, 16 mars. — Paris.

15369. — Arrêt maintenant M⁰ Robert Danes en
l'office de trésorier et receveur général des comtés
d'Auvergne et de Clermont et de la baronnie de Latour, dont il a été pourvu par la reine Marguerite, et

ce nonobstant l'opposition de dame Cléophile de Béthune, veuve de messire Étienne Saladin d'Anglure.

E 25ᵇ, fᵒ 180 rᵒ, et ms. fr. 18177, fᵒ 352 rᵒ.

1610, 18 mars. — Paris.

15370. — Arrêt réglant l'exécution du contrat passé par Mᵉ Étienne Goutte pour les recherches des usurpations commises sur le domaine en Guyenne, en Languedoc et en Aunis.

E 25ᵇ, fᵒ 182 rᵒ, et ms. fr. 18177, fᵒ 354 rᵒ.

15371. — Arrêt ordonnant qu'Antoine Billard continuera de procéder à la recherche des droits seigneuriaux dans l'étendue de l'ancien domaine de Navarre, nonobstant le contrat passé avec Mᵉ Étienne Goutte.

E 25ᵇ, fᵒ 184 rᵒ, et ms. fr. 18177, fᵒ 355 vᵒ.

1610, 20 mars. — Paris.

15372. — Arrêt renvoyant au parlement de Bordeaux le procès pendant, au sujet des tailles, entre Jean-Denis de Barrault, sieur du Parron, et Jean de Castillon, sieur de Mauvezin et de Carboste, d'une part, et les consuls de Mezin, d'autre part.

E 25ᵇ, fᵒ 186 rᵒ.

15373. — Arrêt statuant sur un procès pendant entre Mᵉ Claude Du Nesmes, ci-devant receveur général des finances à Poitiers, d'une part, la veuve de Mᵉ René Chessé, sieur d'Ingrande, trésorier de France à Poitiers, et André Richard, sieur de La Roche-de-Brande, également trésorier de France à Poitiers, d'autre part.

E 25ᵇ, fᵒ 188 rᵒ, et ms. fr. 18177, fᵒ 370 rᵒ.

15374. — Arrêt interprétant celui du 23 janvier dernier (nᵒ 15088), et annulant les procédures faites en la Cour des aides au sujet de l'exemption prétendue par certains habitants de Troyes pour le vin vendu en ladite ville.

E 25ᵇ, fᵒ 190 rᵒ, et ms. fr. 18177, fᵒ 356 vᵒ.

15375. — Arrêt évoquant au Conseil le procès

pendant par-devant le prévôt de Paris entre Germain de Chalange, secrétaire du Roi, et Mᵉ Jacques Germain au sujet d'un office de receveur des aides de Paris.

E 25ᵇ, fᵒ 191 rᵒ, et ms. fr. 18177, fᵒ 357 vᵒ.

15376. — Arrêt ordonnant la restitution à deux marchands de Mons d'une somme de 200 livres provenant de la vente qu'ils avaient faite de quelques chevaux en la foire de Laon, cette somme leur ayant été confisquée par sentence du juge des traites au bureau de Guise.

E 25ᵇ, fᵒ 193 rᵒ, et ms. fr. 18177, fᵒ 358 vᵒ.

15377. — Arrêt réglant le payement entre les mains du cardinal de Joyeuse d'une somme de 6,000 livres assignée, en 1607, au feu duc de Montpensier.

E 25ᵇ, fᵒ 194 rᵒ, et ms. fr. 18177, fᵒ 358 rᵒ.

15378. — Arrêt autorisant les échevins d'Aubigny à rembourser à Jean Marchant le prix de l'office de maître courtier juré en ladite ville.

E 25ᵇ, fᵒ 195 rᵒ, et ms. fr. 18177, fᵒ 359 rᵒ.

15379. — Arrêt défendant à Antoine Bonnet et consorts, ci-devant contrôleurs et gardes aux ponts et portes de Paris, de procéder au recouvrement du droit de 30 sols par muid de vin entrant en ladite ville, au préjudice du fermier Paul Du Thier.

E 25ᵇ, fᵒ 196 rᵒ, et ms. fr. 18177, fᵒ 359 vᵒ.

15380. — Arrêt renvoyant aux trésoriers de France à Châlons une requête en remise de tailles présentée par les habitants d'Anglure, dont un incendie, en 1609, a détruit les récoltes, les biens et les habitations.

E 25ᵇ, fᵒ 197 rᵒ, et ms. fr. 18177, fᵒ 360 rᵒ.

15381. — Arrêt autorisant les habitants de Pithiviers à lever sur eux-mêmes une somme de 900 livres, destinée tant au payement de leurs dettes qu'aux frais de divers procès.

E 25ᵇ, fᵒ 198 rᵒ, et ms. fr. 18177, fᵒ 360 vᵒ.

15382. — Arrêt portant validation d'un don de

600 écus fait, en 1597, à M⁰ Simon Prévost, secrétaire du Roi, maison et couronne de Navarre.

E 25ᵇ, fᵒ 199 rᵒ, et ms. fr. 18177, fᵒ 361 rᵒ.

15383. — Arrêt accordant une surséance d'un an à M⁰ Guy Trouillet, receveur du domaine d'Anjou.

E 25ᵇ, fᵒ 200 rᵒ, et ms. fr. 18177, fᵒ 361 vᵒ.

15384. — Arrêt renvoyant aux trésoriers de France à Soissons une requête par laquelle Adam Du Puy, exempt des Gardes du corps, demande à jouir du don que lui a fait le Roi de 450 arpents de terre sis à Mareuil-sur-Marne.

E 25ᵇ, fᵒ 201 rᵒ, et ms. fr. 18177, fᵒ 362 rᵒ.

15385. — Arrêt ordonnant le remboursement d'une somme de 12,000 livres payée par M⁰ Pierre Boucher pour un office de trésorier de France à Toulouse dont il n'a pas pu jouir.

E 25ᵇ, fᵒ 202 rᵒ, et ms. fr. 18177, fᵒ 362 vᵒ.

15386. — Arrêt renvoyant aux commissaires chargés de la vérification des dettes du Dauphiné une requête par laquelle les consuls et habitants d'Exilles demandent à jouir de la surséance accordée par les États de Saint-Marcelin, en 1595, à être remboursés des fournitures faites lors des trois sièges dudit lieu, qui a été tour à tour occupé par le duc de Savoie et par le sieur de Lesdiguières, enfin à être indemnisés de l'incendie de leurs faubourgs.

E 25ᵇ, fᵒ 203 rᵒ, et ms. fr. 18177, fᵒ 363 vᵒ.

15387. — Arrêt rétablissant les procureurs-postulants au présidial de Périgueux en l'exercice de leurs charges, nonobstant les défenses de M⁰ Germain Chalange.

E 25ᵇ, fᵒ 204 rᵒ, et ms. fr. 18177, fᵒ 364 rᵒ.

15388. — Arrêt ordonnant aux trésoriers de France en Bourgogne d'adresser un rapport au sujet des réparations à faire à la maison de justice de Châtillon-sur-Seine.

E 25ᵇ, fᵒ 205 rᵒ, et ms. fr. 18177, fᵒ 364 vᵒ.

15389. — Arrêt accordant, jusqu'à plus ample informé, surséance aux anciens collecteurs d'Heugnes

pour le payement de 398 écus 4 sols qui seraient restés dus sur les tailles.

E 25ᵇ, fᵒ 206 rᵒ, et ms. fr. 18177, fᵒ 365 rᵒ.

15390. — Arrêt contraignant Pierre Laurenceau à recevoir des mains de M⁰ Louis de Pampelùne, procureur du Roi au bailliage de Pont-sur-Seine, son remboursement de l'office de substitut et adjoint aux enquêtes.

E 25ᵇ, fᵒ 207 rᵒ, et ms. fr. 18177, fᵒ 365 vᵒ.

15391. — Arrêt renvoyant au Parlement une requête de la communauté des sergents de Lyon tendante à l'observation des règlements et à l'exclusion des sergents de diverses qualités qui viennent exercer en ladite ville au préjudice des sergents ordinaires.

E 25ᵇ, fᵒ 208 rᵒ, et ms. fr. 18177, fᵒ 366 rᵒ.

15392. — Acceptation conditionnelle des offres du baron de Dompmartin, colonel des reîtres, qui, en déduction de ce qui lui est dû, demande à percevoir la moitié du bénéfice qu'il procurera au Roi au moyen de certain avis.

E 25ᵇ, fᵒ 209 rᵒ, et ms. fr. 18177, fᵒ 366 vᵒ.

15393. — Arrêt ordonnant la restitution des sommes payées par François, baron de Clermont, et Léonard de La Forestie, abbé de Bonlieu, acquéreurs du domaine des Lannes, pour les charges ordinaires du domaine de 1595 à 1601.

E 25ᵇ, fᵒ 210 rᵒ, et ms. fr. 18177, fᵒ 367 rᵒ.

15394. — Arrêt autorisant les consuls et habitants de Villemur à lever, pendant six ans, 1 denier par livre de viande ou par «quart» de vin vendu en ladite ville, le produit de cet octroi devant être affecté aux réparations des murailles, ponts, chaussées, etc.

E 25ᵇ, fᵒ 212 rᵒ, et ms. fr. 18177, fᵒ 367 vᵒ.

15395. — Arrêt condamnant Thomas Bourdon, marchand de Metz, à partager avec son frère, Claude Bourdon, joaillier de la même ville, une somme de 9,000 livres par lui reçue du trésorier général de Navarre et Béarn, et ce au prorata de ce qui leur était dû par feu la duchesse de Bar.

E 25ᵇ, fᵒ 213 rᵒ, et ms. fr. 18177, fᵒ 368 rᵒ.

15396. — Arrêt accordant au clergé du diocèse de Bourges décharge de 49,910 livres 7 sols sur les décimes des années 1609 à 1611, attendu que pareille somme a été prise, en 1594 et en 1596, sur ce qui était dû au clergé de Berry et a été employée aux dépenses de l'armée de Picardie.

E 25ᵇ, f° 214 r°, et ms. fr. 18177, f° 368 v°.

15397. — Arrêt réglant pour le passé, depuis l'année 1606, et pour l'avenir le payement des gages de Mᵉ Claude Chastelain, trésorier provincial de l'Extraordinaire des guerres en Picardie, en Boulonnais, à Calais et dans le Pays reconquis.

E 25ᵇ, f° 216 r°, et ms. fr. 18177, f° 371 r°.

15398. — Arrêt autorisant les consuls de Montferrand à lever sur tous les habitants, même privilégiés, le capital et les intérêts d'une somme de 1,800 livres empruntée pour la construction d'une fontaine d'eau potable « tirant à huict tuyaulx ».

E 25ᵇ, f° 218 r°, et ms. fr. 18177, f° 372 r°.

15399. — Arrêt relatif à un procès pendant entre Gabriel de Chazeron et les commissaires délégués à l'administration des biens saisis sur son père, feu Gilbert de Chazeron, gouverneur du Bourbonnais, au sujet du payement de certaine troupe commandée par Pierre de Beaufort, sieur de La Vergne.

E 25ᵇ, f° 220 r°, et ms. fr. 18177, f° 373 r°.

15400. — Arrêt ordonnant le remboursement de la finance payée par Mᵉ Benoît Tournuz, secrétaire de la chambre du Roi, pour un office de lieutenant criminel en la prétendue prévôté de Mâcon.

E 25ᵇ, f° 222 r°, et ms. fr. 18177, f° 373 v°.

15401. — Arrêt statuant sur divers procès pendants entre la veuve de Mᵉ Jacques Laverne, vicomte-mayeur de Dijon, Robert Caillin, Nicolas Tortal, ci-devant commis à la recette des deniers de la Ligue, Jean Baudouin, ci-devant procureur-syndic des États de Bourgogne, Denis Besançon, ci-devant greffier de la Chambre de la Ligue, les maire et échevins de Dijon.

E 25ᵇ, f° 224 r°, et ms. fr. 18177, f° 375 r°.

15402. — Arrêt renvoyant au Parlement un pro-

cès pendant entre les maîtres teinturiers en soie et les maîtres ouvriers en draps d'or, d'argent et de soie de la ville de Tours.

E 25ᵇ, f° 226 r°, et ms. fr. 18177, f° 377 v°.

15403. — Arrêt renvoyant aux trésoriers de France à Tours une requête en décharge présentée par Denis Crosnier, fermier des 5 sols par pipe de vin octroyés aux habitants de Laval pour l'entretien des portes marinières et des chaussées de la Mayenne entre Laval et Château-Gontier.

E 25ᵇ, f° 228 r°, et ms. fr. 18177, f° 433 r°.

15404. — Arrêt déclarant que les terres de Busséol et autres, acquises, dès 1590, de la reine Marguerite par la veuve du sieur de Frédeville ne seront pas comprises dans le bail d'Antoine Billard, bien que faisant partie de la comté d'Auvergne.

E 25ᵇ, f° 229 r°, et ms. fr. 18177, f° 378 v°.

15405. — Arrêt évoquant au Conseil un procès pendant entre Mᵉ Denis Feydeau, fermier général des aides, et Jean Laurens, d'une part, Antoine Filassier, marchand demeurant à Saint-Just-des-Marais, d'autre part.

E 25ᵇ, f° 231 r°, et ms. fr. 18177, f° 379 v°.

15406. — Arrêt ordonnant la vérification des dettes de la ville de Langres.

E 25ᵇ, f° 233 r°, et ms. fr. 18177, f° 380 r°.

15407. — Arrêt ordonnant la suppression des offices de conseillers en la châtellenie de Montluçon dont sont pourvus Gilbert Girault et Antoine Autixier.

E 25ᵇ, f° 235 r°, et ms. fr. 18177, f° 381 r°.

15408. — Arrêt statuant sur un procès pendant entre la veuve de François Garnier, sieur des Garestz, et la ville de Villefranche.

E 25ᵇ, f° 237 r°, et ms. fr. 18177, f° 381 v°.

15409. — Arrêt réglant le payement des gages de Mᵉ Nicolas Cupif, président en l'élection d'Angers.

E 25ᵇ, f° 239 r°, et ms. fr. 18177, f° 383 r°.

15410. — Arrêt approuvant les comptes des deniers patrimoniaux et d'octroi de la ville de Caen pour les années 1603 à 1605 et ceux des états au vrai pour les années 1606 à 1608.

E 25ᵇ, fᵒ 241 rᵒ, et ms. fr. 18177, fᵒ 384 rᵒ.

15411. — Arrêt déclarant que Georges Thoré sera dispensé de compter en la Chambre des comptes pour les 2,666 écus 2/3 destinés au payement des garnisons du pays de Bigorre, et dont le marquis de Villars l'avait chargé, pendant les troubles, d'opérer le recouvrement.

E 25ᵇ, fᵒ 243 rᵒ, et ms. fr. 18177, fᵒ 384 vᵒ.

15412. — Arrêt annulant les procédures entamées en la Cour des aides par Mᵉ Louis Houel, abbé de Longues, et par Philippe, Élie et David Heudebert, sieurs de La Noe, au nom du clergé et de la noblesse de la vicomté de Bayeux, sauf aux particuliers condamnés au sujet des gabelles à se pourvoir, par la voie de l'appel, devant la Cour des aides.

E 25ᵇ, fᵒ 245 rᵒ, et ms. fr. 18177, fᵒ 385 rᵒ.

15413. — Arrêt ordonnant que Robert Cousin jouira d'un office de mesureur au grenier à sel de Paris en vertu des provisions à lui données par le prévôt des marchands et par les échevins, et cassant les provisions obtenues par François Catel.

E 25ᵇ, fᵒ 247 rᵒ, et ms. fr. 18177, fᵒ 386 vᵒ.

15414. — Arrêt ordonnant la réception de Mᵉ Claude Bossuet en un office de conseiller au parlement de Dijon, ordonnant toutefois audit Bossuet de payer 3,000 livres à Pierre de La Mare et 1,500 livres aux héritiers du sieur Belin, maire de Beaune, sauf son recours contre les États de Bourgogne, attendu que ces offices de conseillers ont été créés en vue de la réduction de la ville de Beaune en l'obéissance du Roi.

E 25ᵇ, fᵒ 249 rᵒ, et ms. fr. 18177, fᵒ 388 rᵒ.

15415. — Arrêt attribuant à Mᵉ Adam Bonfilz l'état de lieutenant général civil et criminel du sénéchal de Provence et de juge ordinaire d'Aix, à lui résigné par feu Denis Bonfilz.

E 25ᵇ, fᵒ 251 rᵒ, et ms. fr. 18177, fᵒ 389 rᵒ.

15416. — Arrêt ordonnant l'exécution du traité passé avec Antoine Billard pour la jouissance du revenu de l'ancien domaine de Navarre, nonobstant l'opposition du parlement de Toulouse.

E 25ᵇ, fᵒ 253 rᵒ, et ms. fr. 18177, fᵒ 390 vᵒ.

15417. — Arrêt statuant sur un procès pendant entre le syndic d'Agenais et Mᵉ Guillaume Maures, avocat au parlement de Bordeaux, au sujet du prix d'un office de receveur des consignations en Agenais.

E 25ᵇ, fᵒ 255 rᵒ, et ms. fr. 18177, fᵒ 392 rᵒ.

15418. — Arrêt portant suppression d'un office de conseiller au siège d'Issoudun et attribution d'un autre office semblable à Mᵉ Pierre Mayet.

E 25ᵇ, fᵒ 257 rᵒ, et ms. fr. 18177, fᵒ 393 rᵒ.

15419. — Arrêt renvoyant au parlement de Bordeaux un procès pendant entre Mᵉ Antoine Fumoze, receveur général du taillon en Guyenne, et Marie de Lestoille, femme de Jean Maluz, ci-devant maître de la monnaie de Bordeaux.

E 25ᵇ, fᵒ 259 rᵒ, et ms. fr. 18177, fᵒ 394 vᵒ.

15420. — Arrêt ordonnant aux trésoriers de France à Béziers d'envoyer un rapport au sujet du revenu des «greffes tant civil, criminel que d'appeaulx et lieux ecclipsez du gouvernement et siège présidial de Montpellier», etc., qui ont été cédés à Mᵉ Charles Falaizeau par Charlotte de Beaune, marquise de Noirmoutier.

E 25ᵇ, fᵒ 261 rᵒ, et ms. fr. 18177, fᵒ 396 rᵒ.

15421. — Arrêt ordonnant que, dorénavant, les lieutenants, archers et autres officiers du sieur Du Raullet, prévôt général de Normandie, seront payés de leurs gages conformément aux états arrêtés au Conseil.

E 25ᵇ, fᵒ 263 rᵒ, et ms. fr. 18177, fᵒ 396 vᵒ.

15422. — Arrêt ordonnant qu'après l'expiration de la surséance accordée aux consuls de Saint-Flour, les arrêts obtenus par Jean Bonafos, juge de Saint-Flour, et par François Bonafos, son fils, au sujet des revenus du prieuré de Saint-Michel, seront exécutés.

E 25ᵇ, fᵒ 265 rᵒ, et ms. fr. 18177, fᵒ 397 rᵒ.

15423. — Arrêt maintenant Louise de Varey, dame de Malleval, en possession des terres de Malleval, de Virieux et de Chavanay, nonobstant une requête de Pierre Du Fournel, sieur du Chastelard, qui a traité pour le rachat du domaine de Forez.

E 25ᵇ, fᵒ 267 rᵒ, et ms. fr. 18177, fᵒ 398 rᵒ.

15424. — Arrêt supprimant deux offices de conseillers au bailliage de Chauny, réunissant la prévôté au bailliage, et ordonnant le remboursement des conseillers et des commissaires-examinateurs.

E 25ᵇ, fᵒ 271 rᵒ, et ms. fr. 18177, fᵒ 404 vᵒ.

15425. — Acceptation conditionnelle des offres de Jacques Lunel, qui se fait fort de prouver qu'un ancien fermier a indûment perçu une somme de 12,000 écus, facilement recouvrable.

E 25ᵇ, fᵒ 275 rᵒ, et ms. fr. 18177, fᵒ 391 vᵒ.

15426. — Adjudication des droits de 60 sols par muid de vin, 40 sols par tonneau de cidre et 20 sols par tonneau de poiré entrant à Rouen, à Dieppe et au Havre, faite, pour trois ans, à Jacques Tartier moyennant le payement annuel de 126,000 livres.

Ms. fr. 18177, fᵒ 401 rᵒ.

1610, 27 mars. — Paris.

15427. — Arrêt accordant à Jean de Bertier, évêque de Rieux, «pour des considérations particulières», remise d'une somme de 5,750 livres et d'une autre de 4,500 livres sur les décimes de l'année 1609.

E 25ᵇ, fᵒ 278 rᵒ, et ms. fr. 18177, fᵒ 403 vᵒ.

15428. — Arrêt cassant toutes les procédures faites par le parlement de Rouen à l'encontre de Mᵉ Robert Aubery, maître des requêtes de l'Hôtel, chargé de l'exécution de l'arrêt du Conseil du 5 février 1609 (nᵒ 13149).

E 25ᵇ, fᵒ 279 rᵒ, et ms. fr. 18177, fᵒ 506 vᵒ.

1610, 30 mars. — Paris.

15429. — Arrêt déterminant dans quelle mesure il sera tenu compte à Mᵉ Bénigne Saulnier du prix de trois résignations d'offices de lieutenant du juge de Gallargues, ou de lieutenant de robe longue du prévôt général de Normandie, ce prix ayant été versé à l'Épargne par le trésorier des Parties casuelles.

E 25ᵇ, fᵒ 280 rᵒ, et ms. fr. 18177, fᵒ 430 vᵒ.

15430. — Arrêt réglant l'union de l'office d'avocat du Roi à Ingrande à celui de procureur du Roi au passage et mesurage d'Ingrande.

E 25ᵇ, fᵒ 281 rᵒ, et ms. fr. 18177, fᵒ 406 vᵒ.

15431. — Arrêt renvoyant à la Cour des monnaies une requête par laquelle Jacques Prieur, maître de la monnaie de la Rochelle, demande à être déchargé de son bail, «attendu qu'à l'occasion du surhaulcement de la monnoye que le roy d'Espaigne a faict en son royaulme, il ne s'apporte plus de réalles en ladite monnoye...».

E 25ᵇ, fᵒ 283 rᵒ, et ms. fr. 18177, fᵒ 407 vᵒ.

15432. — Arrêt renvoyant aux trésoriers de France et aux visiteurs généraux des gabelles de Provence l'examen du règlement que propose Jean Chevalier, fermier général des gabelles de Dauphiné et Provence.

E 25ᵇ, fᵒ 284 rᵒ, et ms. fr. 18177, fᵒ 408 rᵒ.

15433. — Arrêt ordonnant que les consuls d'Arles en charge depuis 1603 seront assignés au Conseil pour s'expliquer au sujet de la distribution du sel.

E 25ᵇ, fᵒ 285 rᵒ, et ms. fr. 18177, fᵒ 408 rᵒ.

15434. — Arrêt renvoyant aux Requêtes de l'Hôtel les instances pendantes entre Gaspard de Rabastens, écuyer de Marseille, les séquestres du sel saisi à sa requête, d'une part, et les consuls d'Arles, d'autre part.

E 25ᵇ, fᵒ 286 rᵒ, et ms. fr. 18177, fᵒ 408 rᵒ.

15435. — Arrêt ordonnant la vérification des dettes de la ville de Gimont.

E 25ᵇ, fᵒ 287 rᵒ, et ms. fr. 18177, fᵒ 409 rᵒ.

15436. — Arrêt relatif à l'exécution du contrat passé par Mᵉ Germain Chalange «pour les offices vacquans auparavant le parti des Parties casuelles et ceulx de nouvelle création restans à expédier».

E 25ᵇ, fᵒ 289 rᵒ, et ms. fr. 18177, fᵒ 409 vᵒ.

15437. — Arrêt ordonnant que M⁰ Germain Gendreau exercera son office de receveur alternatif du domaine de Berry, nonobstant la commission donnée à M⁰ Antoine Descayeulx.

E 25ᵇ, fᵒ 290 rᵒ, et ms. fr. 18177, fᵒ 416 vᵒ.

15438. — Arrêt ordonnant que l'exercice public du culte réformé sera transféré, pour les habitants de Beaune, de Vosnes à Volnay.

E 25ᵇ, fᵒ 292 rᵒ, et ms. fr. 18177, fᵒ 411 rᵒ.

15439. — Arrêt ordonnant aux créanciers de la ville d'Ennezat de se conformer à l'état arrêté au Conseil, et autorisant les habitants à lever sur eux-mêmes une somme de 13,598 livres 2 sols 9 deniers.

E 25ᵇ, fᵒ 294 rᵒ, et ms. fr. 18177, fᵒ 412 vᵒ.

15440. — Arrêt relatif à l'exécution du contrat passé par Mᵉˢ Claude Barbin et Martin Le Febvre pour les « deniers du supplément des nottaires, tabellions et gardenottes du ressort des parlemens de Paris, Rouen, Bretaigne, Bourdeaux, Grenoble et Dijon ».

E 25ᵇ, fᵒ 296 rᵒ, et ms. fr. 18177, fᵒ 413 vᵒ.

15441. — Arrêt ordonnant la restitution des ballots de soie et autres marchandises du Levant appartenant à des marchands de Saint-Malo et faisant partie de la cargaison d'un navire qui a fait naufrage sur la côte de Picardie, ces marchandises ayant été saisies par le fermier des Cinq grosses fermes comme n'ayant pas acquitté les droits de traite.

E 25ᵇ, fᵒ 298 rᵒ, et ms. fr. 18177, fᵒ 424 vᵒ.

15442. — Arrêt renvoyant à la Cour des aides les procès pendants entre Mᵉ Girard Guyot, Mᵉ Guillaume Le Goix et les maire et échevins de Sainte-Menehould au sujet de l'office de receveur des deniers communs de ladite ville.

E 25ᵇ, fᵒ 300 rᵒ, et ms. fr. 18177, fᵒ 415 vᵒ.

15443. — Arrêt ordonnant que Joseph d'Esparbez-Lussan, évêque et seigneur de Pamiers, et les consuls et habitants de Pamiers produiront, quant au fond, au sujet de leurs différends relatifs au rétablissement de la religion catholique.

E 25ᵇ, fᵒ 302 rᵒ, et ms. fr. 18177, fᵒ 416 rᵒ.

15444. — Arrêt ordonnant le recouvrement de la taxe de 112,000 livres imposée, en Languedoc, sur les officiers des gabelles, fournisseurs de greniers et propriétaires de salines, nonobstant l'opposition de la chambre des comptes de Montpellier.

E 25ᵇ, fᵒ 304 rᵒ, et ms. fr. 18177, fᵒ 417 rᵒ.

15445. — Arrêt maintenant André de La Cou en jouissance des offices de regrattiers à Annonay.

E 25ᵇ, fᵒ 306 rᵒ, et ms. fr. 18177, fᵒ 418 rᵒ.

15446. — Arrêt ordonnant vérification des comptes de Rostaing Raynaud et consorts, fermiers de la gabelle d'Arles, accusés d'avoir commis divers abus et exactions.

E 25ᵇ, fᵒ 308 rᵒ, et ms. fr. 18177, fᵒ 419 rᵒ.

15447. — Arrêt recevant le chapitre de la Sainte-Chapelle comme partie intervenante dans le procès pendant entre Naudé, huissier au Trésor, Louis Cognet et Étienne Charpentier au sujet de la construction d'un « estably » sur la petite montée de la Sainte-Chapelle.

E 25ᵇ, fᵒ 309 rᵒ, et ms. fr. 18177, fᵒ 419 vᵒ.

15448. — Arrêt déclarant qu'en payant sa cote personnelle, Jérôme de Birague, prévôt d'Oulx, sera déchargé du payement des décimes dues par les autres bénéficiers de la prévôté, à condition toutefois qu'il désigne, pour faire ce payement, une personne suffisante dont il sera responsable.

E 25ᵇ, fᵒ 310 rᵒ, et ms. fr. 18177, fᵒ 420 rᵒ.

15449. — Arrêt maintenant, sous certaines conditions, la veuve du sieur de Saint-Pater, maître d'hôtel ordinaire du Roi, en jouissance de terres vaines et vagues appelées la commune de Saint-Pater.

E 25ᵇ, fᵒ 312 rᵒ, et ms. fr. 18177, fᵒ 421 rᵒ.

15450. — Arrêt ordonnant aux habitants de la paroisse Saint-Jean d'Argences de s'assembler, le dimanche suivant, pour consentir à une levée de 2,270 livres qui sont dues pour les réparations de l'église.

E 25ᵇ, fᵒ 314 rᵒ, et ms. fr. 18177, fᵒ 423 rᵒ.

15451. — Arrêt statuant sur un procès pendant entre Jacques Odin, habitant de Semur, et ci-devant

commis par les États à la recette des impôts du bailliage, et les élus des États de Bourgogne.

E 25^b, f° 316 r°, et ms. fr. 18177, f° 424 r°.

15452. — Arrêt évoquant et renvoyant à la
chambre de l'Édit de Grenoble les procès criminels
pendants au parlement d'Aix entre Me Honoré de Ca-
banes, auditeur en la chambre des comptes de Provence, et Me Jean-Louis Laidet, sieur de Sigoyer,
conseiller au parlement de Provence.

E 25^b, f° 318 r°, et ms. fr. 18177, f° 425 v°.

15453. — Arrêt ordonnant la remise au marquis
de Choisy du bois nécessaire pour la réparation de
son château de Choisy.

E 25^b, f° 320 r°, et ms. fr. 18177, f° 428 v°.

15454. — Arrêt autorisant les habitants de Saint-
Martin-sur-Loire à employer aux réparations de leur
église les deniers dont Sa Majesté leur a fait remise
sur les tailles des années 1608 et 1609.

E 25^b, f° 321 r°, et ms. fr. 18177, f° 429 r°.

15455. — Arrêt ordonnant le rétablissement d'une
somme de 263 écus 17 sols 10 deniers tenue en
souffrance sur les comptes de feu Me Laurent Romé,
receveur des aides à Rouen, attendu qu'ayant, en
1589, abandonné sa maison «pour se retirer au service du Roy, l'argent de sa recepte et ses meubles qu'il
avoit cachez en icelle auroient esté pris et emportez
par ceulx du party contraire».

E 25^b, f° 322 r°, et ms. fr. 18177, f° 430 r°.

15456. — Arrêt ordonnant que la duchesse de
Longueville, qui jouit par engagement du comté de
Chaumont, sera assignée au Conseil au sujet d'une
réclamation des officiers en l'élection de Chaumont,
et autorisant provisoirement ces derniers à faire saisir, en garantie du payement de leurs gages, ce qu'ils
trouveront être dû à ladite dame.

E 25^b, f° 323 r°, et ms. fr. 18177, f° 431 r°.

15457. — Arrêt portant à 900 livres, à partir du
dernier semestre de l'année 1609, les gages annuels
de Me Pierre de Villa, visiteur général des gabelles de
Languedoc.

E 25^b, f° 324 r°, et ms. fr. 18177, f° 431 v°.

15458. — Arrêt admettant les notaires, tabellions
et garde-notes héréditaires du comté d'Auxerre à jouir
du bénéfice accordé par arrêt du 26 septembre dernier aux notaires, tabellions, etc., des ressorts de
Paris, Bordeaux et autres.

E 25^b, f° 326 r°, et ms. fr. 18177, f° 432 r°.

15459. — Arrêt renvoyant à la Cour des aides
un différend soulevé entre Me Louis Follet, substitut
du procureur du Roi en l'élection de Poitiers, et
Me Joachim Guillot, juge d'Usson.

E 25^b, f° 327 r°, et ms. fr. 18177, f° 433 v°.

15460. — Arrêt enjoignant au capitaine Lavaure
de faire évacuer le château de Gimel aux gens de
guerre qu'il y a indûment rassemblés, et de remettre
le château aux mains du gouverneur de Limousin,
ordonnant, d'autre part, au sieur de Saint-Chamans
Du Peschié de faire sortir ses gens de guerre, s'il
en a encore dans le château de Palies, et ordonnant
à l'un et à l'autre de s'abstenir de voies de fait et de
porter leurs différends par-devant la justice.

E 25^b, f° 329 r°, et ms. fr. 18177, f° 434 v°.

15461. — Arrêt statuant sur diverses instances
pendantes entre la veuve de Robert Du Plessis,
Me Martin Le Febvre, ci-devant commis à la recette
des amendes adjugées par la Chambre royale, et
Me François Dufour, ci-devant commis à la recette du
grenier à sel d'Argentan et d'Exmes.

E 25^b, f° 331 r°, et ms. fr. 18177, f° 435 v°.

15462. — Arrêt recevant la marquise de Verneuil
comme partie intervenante pour la partie de Me Jacques Dubois, ci-devant chargé de recouvrer les deniers
provenant de l'exécution d'un édit qui autorisait la
vente du vin en gros, et suspendant l'exécution des
jugements rendus au profit de feu Jean Le Febvre et
du nommé Portelin.

E 25^b, f° 333 r°, et ms. fr. 18177, f° 437 v°.

15463. — Arrêt maintenant Me Bertrand de Fil-
lère en l'office de conseiller au parlement de Toulouse,
à la condition de payer à Me Bénigne Saulnier, outre
la taxe de résignation, une somme de 10,000 livres.

E 25^b, f° 335 r°, et ms. fr. 18177, f° 439 v°.

15464. — Arrêt ordonnant que Balthazar Pellier et Florent de Putheaulx, habitants de Vitry-sur-Seine et d'Auteuil, qui se prétendent exempts des tailles comme gardes de la varenne du Louvre, ne pourront poursuivre les habitants de Vitry, d'Auteuil et de Passy ailleurs que par-devant les élus en l'élection de Paris et, en appel, par-devant la Cour des aides.

E 25ᵇ, fᵒ 337 rᵒ, et ms. fr. 18177, fᵒ 441 rᵒ.

15465. — Arrêt défendant aux voituriers par eau de faire passer aucun bateau dans le bras de la Seine proche du port de Neuilly, tant que Christophe Marie n'aura point achevé la construction de son pont de bois, et leur ordonnant, pour plus de sûreté, de ne point faire passer, dans l'autre bras, sous les arches déjà construites les « batteaux avallans... sans les cajoller à cul pendant ».

E 25ᵇ, fᵒ 338 rᵒ, et ms. fr. 18177, fᵒ 441 rᵒ.

15466. — Arrêt prolongeant de six semaines le délai accordé aux sieurs de Neufville et de Pechineja pour l'expérimentation du nouveau mode de construction de moulins dont ils sont les inventeurs.

E 25ᵇ, fᵒ 339 rᵒ, et ms. fr. 18177, fᵒ 442 rᵒ.

15467. — Arrêt réglant le payement des gages de Mᵉ Antoine Bouyn, conseiller assesseur en la maréchaussée de Berry établie à Châteauroux.

E 25ᵇ, fᵒ 340 rᵒ, et ms. fr. 18177, fᵒ 442 rᵒ.

15468. — Arrêt statuant sur un procès pendant entre la veuve d'André Toulouse et Élisabeth Toulouse, femme de Mᵉ Guichard Deagent, secrétaire du Roi, maison et couronne de France, d'une part, Mᵉ Antoine Ricouart, conseiller au Parlement, et Jean Du Monceau, qui a traité pour le payement des dettes de Lyon, d'autre part.

E 25ᵇ, fᵒ 341 rᵒ, et ms. fr. 18177, fᵒ 444 vᵒ.

15469. — Arrêt ordonnant que le baron de Senecey sera payé par le pays de Bourgogne de la moitié de la somme qui était due à son père pour la réduction d'Auxonne.

E 25ᵇ, fᵒ 343 rᵒ, et ms. fr. 18177, fᵒ 442 vᵒ.

15470. — Arrêt autorisant provisoirement les ha-

bitants d'Entraygues à lever sur eux-mêmes une somme de 450 livres destinée aux frais de « la poursuitte qu'ilz font pour la réunyon au domayne du Roy de la chastellenye » d'Entraygues.

E 25ᵇ, fᵒ 345 rᵒ, et ms. fr. 18177, fᵒ 443 rᵒ.

15471. — Arrêt condamnant Mᵉ Henri de Carrière, audiencier en la chancellerie de Toulouse, à contribuer aux tailles et autres impôts pour les biens ruraux qu'il possède.

E 25ᵇ, fᵒ 346 rᵒ, et ms. fr. 18177, fᵒ 443 vᵒ.

15472. — Arrêt déclarant que les offices dont étaient pourvus Jean de Saint-Germain, Claude et Jacques Josse demeureront hypothéqués au payement de leurs dettes.

E 25ᵇ, fᵒ 348 rᵒ, et ms. fr. 18177, fᵒ 446 vᵒ.

15473. — Arrêt déclarant qu'Antoine Billard, adjudicataire de l'ancien domaine de Navarre, est dispensé de payer des gages au sieur Du Bourg, gouverneur de l'Isle-en-Jourdain, chargé d'une « recherche générale des eaux et foreslz » dans les ressorts des parlements de Toulouse et de Bordeaux.

E 25ᵇ, fᵒ 350 rᵒ, et ms. fr. 18177, fᵒ 447 vᵒ.

15474. — Arrêt ordonnant que le lieu de Monnet, assigné aux protestants du Mans pour l'exercice de leur culte, sera remplacé par un autre situé hors de la ville, et renvoyant à la Chambre de l'Édit le procès pendant au sujet de la maison et du jardin donnés par Jean Guillon, sieur de Montibert.

E 25ᵇ, fᵒ 352 rᵒ, et ms. fr. 18177, fᵒ 448 vᵒ.

15475. — Arrêt donnant à Claude Mouchon, archer des Gardes du Roi, mainlevée de ses gages saisis par ses créanciers,

E 25ᵇ, fᵒ 354 rᵒ, et ms. fr. 18177, fᵒ 450 rᵒ.

15476. — Arrêt autorisant les habitants des îles de Marennes et des villages en dépendant à lever sur eux-mêmes une somme de 3,000 livres destinée au payement de leurs dettes.

E 25ᵇ, fᵒ 355 rᵒ, et ms. fr. 18177, fᵒ 450 vᵒ.

15477. — Arrêt ordonnant que les trésoriers de

France qui tarderont encore, durant quinze jours, à accepter ou à refuser la qualité de président seront déchus du droit de préférence à eux attribué par l'arrêt du 13 décembre 1608 (n° 12893), et que ceux qui ont accepté ladite qualité seront contraints au payement de leur taxe.

E 25ᵇ, f° 356 r°, et ms. fr. 18177, f° 451 r°.

15478. — Arrêt rétablissant les procureurs du siège de Sarlat en l'exercice de leurs charges, nonobstant les défenses de Mᵉ Germain Chalange.

E 25ᵇ, f° 357 r°, et ms. fr. 18177, f° 451 v°.

15479. — Arrêt ordonnant au trésorier des Parties casuelles de fournir à Antoine Billard de nouvelles quittances d'offices de notaires et de sergents sur lesquelles ne figure pas la mention de la demeure.

E 25ᵇ, f° 358 r°, et ms. fr. 18177, f° 452 r°.

15480. — Arrêt ordonnant une enquête au sujet de l'utilité des nouveaux bureaux des traites établis en Poitou, en Bretagne et jusqu'aux portes de Nantes.

E 25ᵇ, f° 359 r°, et ms. fr. 18177, f° 452 r°.

15481. — Arrêt enjoignant de nouveau au receveur et payeur des gages de la chambre des comptes de Normandie et au « receveur des restes des comptes renduz en icelle » de présenter leurs comptes à M. de Maupeou.

E 25ᵇ, f° 361 r°, et ms. fr. 18177, f° 453 r°.

15482. — Arrêt autorisant les habitants de Brioude à lever sur eux-mêmes une somme de 1,420 livres destinée au payement de ce qu'ils doivent à Mᵉ Antoine Charrier, conseiller au présidial de Riom.

E 25ᵇ, f° 363 r°, et ms. fr. 18177, f° 453 v°.

15483. — Arrêt ordonnant que, nonobstant une requête de la reine Marguerite, Isaac de Grelière sera mis en possession du greffe des affirmations des différentes juridictions d'Agen.

E 25ᵇ, f° 364 r°, et ms. fr. 18177, f° 454 r°.

15484. — Arrêt déclarant qu'aucun office de lieutenant criminel ne sera établi dans les vigueries de Provence, ordonnant toutefois la levée audit pays d'une somme de 6,000 livres destinée au remboursement des quelques offices semblables qui ont déjà été levés.

E 25ᵇ, f° 365 r°, et ms. fr. 18177, f° 455 r°.

15485. — Arrêt ordonnant à Mᵉ Robert Danes de payer 2,400 livres à dame Cléophile de Béthune, conformément à l'arrêt du 16 courant (n° 15369), et nonobstant une saisie de Mᵉ André Paparel.

E 25ᵇ, f° 367 r°, et ms. fr. 18177, f° 455 v°.

15486. — Arrêt renvoyant aux trésoriers de France à Bordeaux une requête par laquelle la reine Marguerite demande à jouir des greffes des élections nouvellement établies dans les sénéchaussées d'Agenais, de Condomois, de Rouergue et de Rivière-Verdun.

E 25ᵇ, f° 369 r°, et ms. fr. 18177, f° 456 v°.

15487. — Arrêt ordonnant que les contrôleurs des aides et tailles du Languedoc seront maintenus en leurs offices à la condition de payer une somme de 8,000 livres à Jacques Gervais, qui avait traité du remboursement desdits offices.

E 25ᵇ, f° 371 r°, et ms. fr. 18177, f° 457 v°.

15488. — Arrêt renvoyant au Parlement un procès pendant entre la reine Marguerite et le sieur d'Attichy au sujet des terres de Besse, Ravel, Clavières et Moussages.

E 25ᵇ, f° 373 r°, et ms. fr. 18177, f° 458 v°.

15489. — Arrêt maintenant les maire et échevins d'Abbeville en possession du droit de pourvoir aux offices de vendeurs de poisson de mer en ladite ville, nonobstant les lettres obtenues par Noël de Caen.

E 25ᵇ, f° 375 r°, et ms. fr. 18177, f° 459 v°.

15490. — Arrêt statuant sur un procès pendant entre les habitants de Lancié et plusieurs particuliers au sujet du payement des tailles.

E 25ᵇ, f° 377 r°, et ms. fr. 18177, f° 460 v°.

15491. — Arrêt cassant les provisions de juge royal et de procureur du Roi à Montredon obtenues par Mᵉˢ Jean Catto et Étienne Philippe, ordonnant que la justice de la baronnie de Montredon demeurera unie à la viguerie de Sommières, et que les juges et officiers de Sommières devront aller quatre fois par an tenir leurs assises à Montredon, etc.

E 25ᵇ, f° 379 r° et ms. fr. 18177, f° 461 v°.

15492. — Arrêt condamnant les officiers de la foraine de Narbonne à restituer à Jean Lejay, ci-devant fermier général des droits forains en la généralité de Toulouse, une partie de ce qu'ils ont reçu pour leurs gages des quartiers d'avril et juillet 1603.

E 25ᵇ, f° 383 r°. et ms. fr. 18177, f° 465 v°.

15493. — Arrêt ordonnant à Mᵉ Antoine Billard, fermier du domaine de Navarre, de payer 9,000 livres dues à la maréchale de Balagny et à Damien de Monluc, fils émancipé du feu maréchal de Balagny, pour rentes qu'ils percevaient sur le comté de Marle.

E 25ᵇ, f° 385 r°, et ms. fr. 18177, f° 467 r°.

15494. — Arrêt ordonnant l'exécution dans la généralité de Poitiers de l'arrêt du 16 mai (n° 13746) et des lettres patentes du 26 septembre 1609, ainsi que la mise en liberté des commis de Mᵉ Jean Vignier, chargé du recouvrement des taxes levées sur les huissiers et sergents du royaume.

E 25ᵇ, f° 387 r°, et ms. fr. 18177, f° 468 r°.

15495. — Arrêt accordant aux sergents ordinaires et gardes des forêts décharge de la taxe levée, par forme de supplément, sur tous les huissiers et sergents du royaume.

E 25ᵇ, f° 389 r°, et ms. fr. 18177, f° 469 v°.

15496. — Arrêt ordonnant que Nicolas Du Noyer, receveur et payeur des rentes en la généralité d'Orléans, sera tenu de bailler caution de 6,000 livres en ladite généralité.

E 25ᵇ, f° 390 r°, et ms. fr. 18177, f° 470 r°.

15497. — Arrêt ordonnant le payement de 165,000 livres dues aux capitaines ordinaires du charroi de l'Artillerie pour leurs services durant les dernières guerres, à la charge de fournir douze cents chevaux bons et forts.

E 25ᵇ, f° 391 r°, et ms. fr. 18177, f° 470 v°.

15498. — Arrêt ordonnant au trésorier des Par-

ties casuelles de reprendre les quittances qui sont demeurées inutiles entre les mains de Mᵉ Florent d'Argouges, trésorier général de la maison de la Reine.

E 25ᵇ, f° 393 r°, et ms. fr. 18177, f° 471 r°.

15499. — Arrêt annulant les lettres de provision obtenues par Louis de La Vergne et par Jacques Féron pour les offices de lieutenant des eaux et forêts de Montmorillon et de substitut du procureur du Roi et adjoint aux enquêtes des eaux et forêts de Poitiers, attendu que lesdits offices ont été supprimés.

E 25ᵇ, f° 395 r°, et ms. fr. 18177, f° 471 v°.

15500. — Arrêt ordonnant que toutes les personnes pourvues d'offices de greffiers dans les élections d'Agenais, de Condomois, de Rouergue et de Rivière-Verdun seront tenues de prêter serment dans les trois mois et d'exercer effectivement leurs charges.

E 25ᵇ, f° 397 r°, et ms. fr. 18177, f° 472 v°.

15501. — Arrêt renvoyant à la première chambre des Enquêtes du Parlement un procès pendant entre le comte d'Auvergne, Nicolas Charbonnet et Robine Le Goust.

E 25ᵇ, f° 399 r°, et ms. fr. 18177, f° 473 r°.

15502. — Arrêt défendant aux héritiers de Jean Grimaudet et aux commissaires mis en possession des biens dudit défunt de poursuivre ailleurs qu'au Conseil la veuve et les héritiers de M. de Maupeou, syndic des créanciers de l'ancien domaine de Navarre.

E 25ᵇ, f° 400 r°, et ms. fr. 18177, f° 474 r°.

15503. — Arrêt autorisant les habitants de Mer à employer l'argent dont il leur a été fait remise sur les tailles des années 1608 et 1609 au pavage du grand chemin qui réunit la ville à la Loire et à d'autres réparations urgentes.

E 25ᵇ, f° 402 r°, et ms. fr. 18177, f° 474 v°.

15504. — Arrêt maintenant Mᵉ Jean Baudu, secrétaire du Roi, en jouissance des droits de francs-fiefs et de nouveaux acquêts dans le ressort du parlement de Paris, à la charge de payer un supplément de 60,000 livres.

E 25ᵇ, f° 403 r°, et ms. fr. 18177, f° 475 r°.

15505. — Arrêt acceptant les offres de tiercement faites par Pierre de La Serre pour la ferme des 3 deniers par pot de vin destinés à l'acquittement des charges du Dauphiné.

E 25ᵇ, fᵒ 4o5 rᵒ, et ms. fr. 18177, fᵒ 476 rᵒ.

15506. — Arrêt réglant le payement des gages et droits attribués aux trésoriers provinciaux du royaume, mais les obligeant à payer, en guise de « finance », une somme de 129,000 livres.

E 25ᵇ, fᵒ 4o7 rᵒ, et ms. fr. 18177, fᵒ 477 rᵒ.

15507. — Arrêts maintenant les clercs et secrétaires ordinaires de la chambre des comptes de Dauphiné, ainsi que les huit secrétaires-greffiers du parlement de Dauphiné, en possession de leurs offices, et révoquant le traité passé avec Hugues Huvet.

E 25ᵇ, fᵒˢ 4o9 rᵒ et 419 rᵒ, et ms. fr. 18177, fᵒ 478 rᵒ.

15508. — Arrêt accordant à Mᵉ David Danneray, receveur général des finances à Rouen, une surséance pour le payement d'une somme de 7,473 livres 14 sols, attendu l'insuffisance de la somme produite par la vente de l'office de Mᵉ Bourbonne Chuppin, receveur des tailles de Chaumont et Magny.

E 25ᵇ, fᵒ 411 rᵒ, et ms. fr. 18177, fᵒ 479 vᵒ.

15509. — Arrêt ordonnant qu'Abraham Pinager et Guillaume Gendron, qui ont traité pour le remboursement des geôles, greffes des écrous, etc., seront tenus de bailler, dans la huitaine, caution de 4o,ooo livres.

E 25ᵇ, fᵒ 413 rᵒ, et ms. fr. 18177, fᵒ 48o rᵒ.

15510. — Arrêt renvoyant au Parlement les procès pendants entre François Belin, fermier des 6o sols par quintal d'alun entrant dans le royaume, les maire et échevins de la Rochelle et divers marchands.

E 25ᵇ, fᵒ 415 rᵒ, et ms. fr. 18177, fᵒ 481 rᵒ.

15511. — Arrêt attribuant à la cour des aides de Montpellier le soin de procéder à la vente des biens de Pons Richard, ci-devant receveur général du taillon en la généralité de Montpellier, lui ordonnant de contraindre ledit Richard à payer 3,029 livres au payeur de la compagnie du Connétable et aussi de le poursuivre, ainsi que son fils, pour certaines rebellions.

E 25ᵇ, fᵒ 417 rᵒ, et ms. fr. 18177, fᵒ 482 vᵒ.

15512. — Arrêt statuant sur divers procès pendants entre Mᵉˢ Antoine Turmet et Pierre Cruseau, avocats au parlement de Bordeaux, Arnaud de Maillard et autres bourgeois de Bordeaux, propriétaires de biens en la juridiction d'Ambarès, Mᵉ Claude Ménardeau, sieur de Beaumont, conseiller d'État, Mᵐᵉ Jean de Martin, et Jacques de Pichon, trésorier de France en Guyenne, François Bryant, secrétaire de la chambre du Roi, Jean Frapier, receveur du taillon en Guyenne, les maire et jurats de Bordeaux, les habitants d'Ambarès, Bassens, etc.

E 25ᵇ, fᵒ 421 rᵒ, et ms. fr. 18177, fᵒ 488 rᵒ.

15513. — Arrêt statuant sur les requêtes respectivement présentées par Mᵉ Jean de Moisset et le sieur Du Raullet, prévôt général de Normandie, et déterminant les juridictions compétentes en cas de crimes ou délits commis, en Normandie, par les capitaines ou archers des gabelles.

E 25ᵇ, fᵒ 425 rᵒ, et ms. fr. 18177, fᵒ 493 vᵒ.

15514. — Arrêt autorisant les maire et habitants de Chalon-sur-Saône à lever un droit de huitième sur les vins vendus dans les cabarets et hôtelleries de la ville et des faubourgs, le produit en devant être employé à la réparation des chemins et des fossés.

(Addition au texte original motivée par une lettre du conseiller-rapporteur.)

E 25ᵇ, fᵒ 429 rᵒ, et ms. fr. 18177, fᵒ 497 vᵒ.

15515. — Arrêt confirmant, du consentement de Ferdinand de Longwy, archevêque de Besançon, l'adjudication des terres de Treffort et de Pont-d'Ain faite au maréchal de Lesdiguières.

E 25ᵇ, fᵒˢ 432 rᵒ et 434 rᵒ; ms. fr. 18177, fᵒ 498 vᵒ.

15516. — Arrêt déclarant que la revision générale des feux du Dauphiné ne s'appliquera point aux bailliages d'Embrun, de Briançon, de Gap et autres localités jointes auxdits bailliages.

Ms. fr. 18177, fᵒ 427 rᵒ.

15517. — Arrêt renvoyant au parlement de Bordeaux un procès pendant, au sujet des tailles, entre Jean-Denis de Barrault, sieur du Parron, et Jean de Castillon, sieur de Mauvezin et de Carboste, d'une part, les consuls de Mezin, d'autre part.

Ms. fr. 18177, f° 445 v°.

15518. — Arrêt révoquant le contrat passé avec Hugues Huvet en vertu de l'arrêt du 26 septembre dernier (n° 14355), et maintenant en la jouissance de leurs offices les huit secrétaires-greffiers du parlement de Grenoble.

Ms. fr. 18177, f° 484 r°.

15519. — « Despartement de la somme de vIIIᵐ livres ordonné estre faict sur les conterolleurs des aydes et tailles du païs de Languedoc..., laquelle somme Sa Majesté a accordée... à Jacques Gervais pour les frais et prétentions qu'il pouvoit avoir contre lesdictz conterolleurs accause du party qu'il avoit faict pour le remboursement de leurs offices... »

Ms. fr. 18177, f° 486 r°.

15520. — « Estat particulier au vray des sommes qu'il convient rembourser, tant à cause de la somme de xLᵐ vᶜ livres paiée au sieur de Montferrand et autres pour le rachapt de la terre et baronnie » d'Ambarès..., « que frais et despens faictz pour raison dudit rachapt... »

Ms. fr. 18177, f° 499 v°.

1610, 3 avril. — Paris.

15521. — Arrêt autorisant le prévôt des marchands et les échevins de Paris à prélever, durant cinq ans, 5 sols sur les 15 sols par muid de vin affectés à la construction du Pont-Neuf, à la restauration des fontaines, etc., le produit de ces 5 sols devant servir à couvrir la dépense de l'entrée de la Reine.

E 26ᵉ, f° 1 r°.

15522. — Arrêt accordant à l'évêque et au clergé du diocèse de Cornouaille remise d'un tiers de leurs décimes des années 1609, 1610 et 1611, attendu les pertes que leur ont fait subir les guerres, la famine, la stérilité, les épidémies et les inondations.

E 26ᵉ, f° 2 r°.

15523. — Arrêt enjoignant à Mᵉ Jean d'Hémery, grènetier au grenier à sel de Langres, d'opérer régulièrement le versement des deniers d'octroi dont il a voulu faire la levée.

E 26ᵉ, f° 4 r°.

15524. — Arrêt réglant le payement d'une somme de 36,000 livres due, pour l'entretien de gens de guerre, au sieur de Royboux, qui a dû vendre tout son bien pour satisfaire ses créanciers et pour délivrer sa femme et ses enfants, prisonniers en Allemagne.

E 26ᵉ, f° 5 r°.

15525. — Arrêt ordonnant que la chambre des comptes de Rouen sera mise en demeure, par des lettres de jussion, d'enregistrer purement et simplement le contrat de Mᵉ Louis Massuau, nonobstant l'opposition du syndic des États de Normandie.

E 26ᵉ, f° 6 r°.

15526. — Arrêt renvoyant aux trésoriers de France à Amiens une requête par laquelle les habitants des villages dépendants du gouvernement de Montreuil demandent à être exempts de tous impôts pendant une nouvelle période de six années, attendu que les inondations les ont réduits à une telle misère « que le bled leur est distribué par bulletins et la plus part des terres non ensemancées ».

E 26ᵉ, f° 8 r°.

15527. — Arrêt statuant sur diverses instances pendantes entre Mathurin Choisnard, la communauté des bouchers de Tours, Mᵉ Denis Feydeau, receveur et payeur des rentes assignées sur les aides, Jean de Moisset, ci-devant fermier et payeur des mêmes rentes, les maire et échevins de Tours, et ordonnant l'exécution de l'arrêt du 22 février 1607 (n° 10938).

E 26ᵉ, f° 9 r°.

15528. — Arrêt ratifiant la cession des droits seigneuriaux du comté de Périgord et de la vicomté de Limoges faite à Mᵉˢ Jean de Moisset et Abraham

Boulleau par M° Innocent Ruel, sieur de Launay, qui avait été subrogé au lieu et place de Sa Majesté.

E 26°, f° 11 r°.

15529. — Arrêt donnant décharge à Barthélemy Carteret, ci-devant fermier des 9 livres 18 sols par tonneau de vin entrant et vendu dans la généralité de Picardie, ainsi que des 60 sols par muid de vin sortant du royaume par les généralités de Picardie, de Champagne et de Soissons.

E 26°, f° 13 r°.

15530. — Arrêt statuant sur un procès pendant entre M° Gabriel Lepaige, procureur général en la cour des aides de Normandie, d'une part, M° Guillaume Deshayes, greffier en l'amirauté au siège de Honfleur, et M° Jacques Baunier, receveur des amendes au parlement de Rouen, d'autre part.

E 26°, f° 14 r°.

15531. — Ordre au premier huissier du Conseil sur ce requis de contraindre Jean de Saint-Remy ou son associé à l'exécution de l'arrêt du 6 mars dernier.

E 26°, f° 15 r°.

1610, 6 avril. — Paris.

15532. — Arrêt ordonnant que la ferme des gabelles de Provence sera adjugée à Robert de Boniface, écuyer, de Marseille, à moins que, dans le délai d'un mois, le fermier actuel, Jean Chevalier, n'ait fourni ses cautions.

E 26°, f° 16 r°.

15533. — Arrêt réglant le payement des gages de M° Antoine Ferrand, lieutenant particulier civil et assesseur criminel du Châtelet de Paris, et des conseillers au présidial de Paris.

E 26°, f° 18 r°.

1610, 20 avril. — Paris.

15534. — Arrêt condamnant certains fermiers de dîmes à verser ce qu'ils ont perçu aux mains de dom Pierre Bernard, abbé du Lieu-Dieu-en-Jard.

E 26°, f° 20 r°.

1610, 24 avril. — Paris.

15535. — Arrêt réglant la reddition des comptes des consuls de Treignac.

E 26°, f° 22 r°.

15536. — Arrêt ordonnant à Louis de Saint-Martin de représenter au Conseil les titres en vertu desquels il prétend jouir de la baronnie de Seignans.

E 26°, f° 24 r°.

15537. — Arrêt statuant sur un procès pendant entre la ville de la Charité et les marchands de la Loire, défendant aux habitants de la Charité de lever, à l'avenir, le « double péage sur les marchandises passans . . . dans les destroictz de ladite ville».

E 26°, f° 26 r°.

15538. — Avis du Conseil tendant à faire don aux Minimes de Château-Thierry de la place appelée la Halle aux cuirs, sise au faubourg de Saint-Crépin.

E 26°, f° 28 r°.

15539. — Arrêt prorogeant d'un an le délai accordé, par arrêt du 2 mai 1609 (n° 13613), aux habitants des villages dépendants de Saint-Victor et du chapitre de Genève.

E 26°, f° 30 r°.

15540. — Arrêt autorisant Louis Fumée, sieur de Bourdelles, gentilhomme de la Chambre, à se faire bâtir une maison au port d'Agay, à la condition de n'y élever aucune fortification qui puisse porter ombrage aux Provençaux, et à moins toutefois que ceux-ci ne préfèrent l'indemniser de la non-jouissance du bail que lui a fait l'évêque de Fréjus.

E 26°, f° 31 r°.

15541. — Arrêt ordonnant que les trésoriers de France nouvellement pourvus seront remboursés, par ceux qui ont exercé leurs charges de 1598 à 1607, de la moitié de la somme de 3,214 livres 5 sols 4 deniers à laquelle ils ont été taxés en l'année 1608.

E 26°, f° 32 r°.

15542. — Arrêt autorisant la levée de 1,500 livres destinées aux réparations des murailles de Brive.

E 26°, f° 34 r°.

15543. — Arrêt ordonnant qu'une somme de 9,000 livres destinée à la reconstruction de la grande église de Toulouse, brûlée au mois de décembre 1609, sera levée, en trois ans, sur tous les contribuables de Languedoc.

E 26°, f° 35 r°.

15544. — Arrêt ordonnant à Nicolas Tourte, huissier au Conseil, de payer à dame Cléophile de Béthune, conformément à l'arrêt du 30 mars dernier (n° 15485), la somme de 2,400 livres consignée en ses mains par M° Robert Danes.

E 26°, f° 36 r°.

15545. — Arrêt ordonnant à la cour des aides de Montpellier d'expliquer au Conseil l'arrêt de suspension par elle rendu contre M° Antoine Ranchin, avocat général en ladite cour.

E 26°, f° 38 r°.

15546. — Arrêt ordonnant la levée en la ville de Lauzerte des sommes dues par les habitants à M° Jean Vendanges, avocat, et au sieur de Beaucaire.

E 26°, f° 40 r°.

15547. — Arrêt ordonnant que les loueurs de chevaux de Paris pourront continuer à fournir des chevaux de louage aux particuliers conformément au règlement de police du 27 janvier 1605, et réduisant à 6 livres par cheval la taxe qu'ils devront, chaque année, payer au sieur de La Varane, contrôleur général des Postes.

E 26°, f° 41 r°.

15548. — Arrêt statuant sur un procès pendant entre Jacques Paradis et Étienne Villars, ci-devant fermiers des péages de Baix, d'Ancone, de Saint-Symphorien et de la Patte-Saint-Rambert, d'une part, M° François Faure, procureur général au parlement de Dauphiné, et Abraham Valentin, ci-devant fermier des mêmes péages, d'autre part.

E 26°, f° 43 r°.

15549. — Arrêt déclarant contribuable aux tailles en la paroisse de Bazoques Jean Cordouan, soi-disant archer des toiles de chasse et pavillons du Roi.

E 26°, f° 45 r°.

15550. — Arrêt interdisant aux habitants de Saint-Chamas de lever la taille à Confoux, et les condamnant aux dépens envers les héritiers de Jean Éguisier, sieur de Confoux, Claude-Marc de Tripoly, Claude Teissier, Innocent Valière, les consuls et habitants de Cornillon et de Confoux.

E 26°, f° 49 r°.

15551. — Arrêt ordonnant qu'il soit procédé, en la Chambre des comptes, au rétablissement des parties rayées sur les comptes de M° Martin Roland, qui, en 1589 et en 1590, a exercé la charge de trésorier de l'Épargne sous le duc de Mayenne, et ce conformément à l'article xxii du traité passé avec le duc.

E 26°, f° 51 r°.

15552. — Arrêt ordonnant aux trésoriers de France des généralités où le sel se débite par impôt de faire savoir si les sergents des gabelles jouissent du droit de 10 sols pour le port des mandements et commissions et du même droit pour le port et les significations de toutes autres commissions extraordinaires, s'ils en sont payés par les adjudicataires des gabelles, et s'ils ont payé quelque finance à ce sujet.

E 26°, f° 52 r°.

15553. — Arrêt ordonnant aux maîtres bouchers des grands et petits bourgs d'Orléans de représenter, dans le délai d'un mois, un état des deniers qu'ils ont levés et de l'emploi qu'ils en ont fait.

E 26°, f° 53 r°.

15554. — Arrêt statuant sur diverses instances pendantes entre Pierre Bédacier et Denis Marest, ci-devant adjudicataires du greffe de la Cour des aides, et M° Jean Bernard, greffier de ladite Cour.

E 26°, f° 55 r°.

15555. — Arrêt ordonnant la levée sur les habitants de Saint-Étienne-de-Furens d'une somme de 600 livres destinée à l'acquittement des frais de divers procès que les consuls actuels sont chargés de poursuivre.

E 26°, f° 59 r°.

15556. — Arrêt confirmant à M° Claude Amaury la charge de garde-guet et buvetier au Grand Châtelet, et l'unissant à ses autres offices de receveur ancien et alternatif du domaine de Paris, à la condition de rembourser 615 livres à M⁰ René Le Roux.

E 26⁰, f⁰ 60 r⁰.

15557. — Arrêt suspendant l'exécution du jugement rendu aux Requêtes de l'Hôtel contre M⁰ Germain Chalange à la demande de M⁰ Henri Roussel, au sujet d'un office de conseiller au présidial de Coutances.

E 26⁰, f⁰ 62 r⁰.

15558. — Arrêt réglant le payement des salaires et vacations dus à M⁰ˢ Gilbert Reverdy, Jean Rougevalet, Jean Geoffle et Louis Moreau, secrétaires de la chambre du Roi.

E 26⁰, f⁰ 64 r⁰.

15559. — Arrêt déterminant les conditions auxquelles M⁰ Pierre de Bordeaux sera maintenu en son office de lieutenant criminel à Vernon, ou cet office réuni à ceux de M⁰ Georges de Bordeaux et Nicolas Damonville, lieutenants civils en la vicomté de Vernon.

E 26⁰, f⁰ 66 r⁰.

15560. — Arrêt renvoyant au lieutenant général de Bayonne le procès de Marco Dilhumbe, originaire de Saint-Sébastien.

E 26⁰, f⁰ 68 r⁰.

15561. — Arrêt déclarant que le greffier des eaux et forêts du Bourbonnais doit, chaque année, envoyer aux trésoriers de France un rôle des amendes prononcées en ladite juridiction, et réglant le payement des gages de Claude Roy, maître des eaux et forêts de Bourbonnais.

E 26⁰, f⁰ 69 r⁰.

15562. — Arrêt ordonnant la mise en adjudication des travaux de réparation qu'il est nécessaire de faire aux murs, ponts, portes, etc., de Cluny.

E 26⁰, f⁰ 71 r⁰.

15563. — Arrêt renvoyant au parlement de Rouen une requête du sieur de Beuvron, capitaine de 50 hommes d'armes des ordonnances du Roi, qui demande à être maintenu en jouissance de « la fief-

ferme et sieurye » de Bohon et de la « table » de Carentan, etc.

E 26⁰, f⁰ 73 r⁰.

15564. — Arrêt autorisant M⁰ Guillaume Redon, juge de Moissac, à rembourser à M⁰ Jean de Bigorre son office de lieutenant criminel en la ville de Moissac.

E 26⁰, f⁰ 75 r⁰.

15565. — Arrêt renvoyant en la Chambre des comptes un procès pendant entre M⁰ Étienne Regnault, ci-devant trésorier de l'Extraordinaire des guerres, et M⁰ Jean de Vauhardy, sieur de Saint-Martin, ci-devant trésorier provincial des guerres en Champagne.

E 26⁰, f⁰ 77 r⁰.

15566. — Arrêt maintenant, durant quinze années, M⁰ Pierre Vigor, conseiller au parlement de Rouen, et Nicolas Vigor, avocat au Conseil, en jouissance des greffes d'Évreux, d'Ézy, de Pacy et de Nonancourt.

E 26⁰, f⁰ 79 r⁰.

15567. — Arrêt autorisant les habitants de Raulhac à lever sur eux-mêmes, en deux ans, une somme de 1,800 livres destinée à la reconstruction de leur église, qui a « esté destruicte par la malice des troubles ».

E 26⁰, f⁰ 81 r⁰.

15568. — Arrêt maintenant M⁰ Guy de Plantadis en possession de l'office de lieutenant général à Guéret.

E 26⁰, f⁰ 83 r⁰.

15569. — Arrêt ordonnant que M⁰ François Gousselin jouira de toutes les prérogatives attribuées par arrêt du 11 avril 1609 (n⁰ 13604) à son office de commissaire-examinateur au siège de Langres, nonobstant l'opposition de M⁰ Philibert Piétrequin.

E 26⁰, f⁰ 84 r⁰.

15570. — Arrêt ordonnant que Marie Regnault, pauvre veuve chargée d'enfants, créancière du colonel de Dompmartin, sera payée par préférence d'une somme de 150 livres.

E 26⁰, f⁰ 86 r⁰.

15571. — Arrêt faisant remise d'une année de

tailles aux habitants de Saint-Gilles-sur-Vie et du Fenouiller, attendu les pertes que leur ont fait subir les grêles du mois de mai dernier.

E 26*, f° 88 r°.

15572. — Arrêt condamnant Pierre Lardy, associé à la ferme de Charente, à payer comptant à Charles Valliech une somme de 7,500 livres.

E 26*, f° 90 r°.

15573. — Arrêt statuant sur un procès pendant entre Pierre Du Fournel, sieur du Chastelard, intendant des fortifications de Lyonnais et Bresse, qui a traité pour la réunion du domaine de Forez, et M° Pierre Carton, capitaine de Cervières, maître particulier des eaux et forêts au comté de Forez.

E 26*, f° 91 r°.

15574. — Arrêt déclarant que Géraud Descarriotz, qui a servi, en 1590 et en 1591, sous les ordres du marquis de Villars et de son frère, le sieur de Montpezat, sera dispensé de rendre compte d'une somme de 5,902 écus 47 sols 9 deniers qui lui a été délivrée, sur l'ordre du sieur de Montpezat, pour le gouverneur de Quercy.

E 26*, f° 93 r°.

15575. — Arrêt déclarant que Nicolas Cupif, président en l'élection d'Angers, jouira des 30 livres supplémentaires attribuées à son office pour droits de chevauchées, comme il le faisait avant la réduction de ses gages opérée par les trésoriers de France au mois de janvier 1592.

E 26*, f° 95 r°.

15576. — Arrêt relatif au payement d'une somme de 21,000 livres assignée au sieur de La Vieuville, grand fauconnier de France.

E 26*, f° 97 r°.

15577. — Arrêt donnant décharge de 37,536 livres 13 sols 9 deniers aux procureurs-fabriciers et habitants de Saint-Maixent et des autres paroisses de l'élection de Fontenay.

E 26*, f° 99 r°.

15578. — Arrêt interdisant à la Cour des aides et réservant aux élus en l'élection de Paris, au moins en première instance, la connaissance du procès intenté aux habitants de Marly-le-Châtel par Thomas Broche et consorts, au sujet de leur cotisation aux tailles.

E 26*, f° 101 r°.

15579. — Arrêt défendant aux cabaretiers et autres vendeurs de vin « à potz et bouteilles » de la généralité de Picardie de faire encaver aucune quantité de vin sans la déclarer au fermier général, et ordonnant à ceux qui louent ou prêtent des caves auxdits marchands de faire la même déclaration.

E 26*, f° 103 r°.

15580. — Arrêt réduisant à 30,000 livres la somme due par les États de Bourgogne à la veuve de Philippe Baillet, sieur de Vaugrenant, gouverneur de Saint-Jean-de-Losne.

E 26*, f° 104 r°.

15581. — Arrêt ordonnant l'élargissement de René Tremault ci-devant commis à la recette et à la dépense des deniers provenant de la vente des impôts et billots de Bretagne, à condition qu'il paye au sieur de La Vieuville 8,227 livres 10 sols.

E 26*, f° 106 r°.

1610, 27 avril. — Paris.

15582. — Arrêt cassant un arrêt du parlement de Toulouse du 9 janvier dernier, et ordonnant l'exécution des arrêts rendus au Conseil au sujet de l'établissement des maîtres clercs de greffes dans les sénéchaussées de Beaucaire, de Nîmes et de Carcassonne.

E 26*, f° 108 r°.

1610, 29 avril. — Paris.

15583. — Arrêt autorisant Brunet de Saint-André à faire construire un moulin à eau au Pont-de-Peyre, en la ville de Hastingues.

E 26*, f° 112 r°.

15584. — Arrêt ordonnant que le procès fait aux consuls de Saint-Flour des années 1595, 1596, 1604, 1605 et 1607, et commencé par les consuls de l'année 1609, sera continué par ceux de l'année 1610.

E 26*, f°° 114 r° et 116 r°.

15585. — Arrêt déclarant que les maîtres et gardes du corps des marchands de vin de Paris ne doivent pas porter le dais lors de l'entrée de la Reine, mais les autorisant à assister, en costume, à cette entrée avec les six corps de marchands.

E 26°, f° 118 r°.

15586. — Arrêt renvoyant au Parlement un procès pendant au Conseil entre le baron de Montricher et Jean Jacquinot, maître particulier des eaux et forêts de Troyes, au sujet de la terre de Vauchassis.

E 26°, f° 120 r°; cf. ibid., f° 121 r°.

15587. — Arrêt ordonnant la vérification des comptes de M⁰⁰ Godefroy et Feydeau, receveurs généraux des finances en Picardie.

E 26°, f° 122 r°.

15588. — Arrêt relatif à un procès pendant entre Thomas Robin, maître d'hôtel de la reine Marguerite, et la reine Marguerite elle-même.

E 26°, f° 124 r°.

15589. — Arrêt renvoyant au Parlement un procès pendant entre M° Pierre de La Mare, ci-devant commis à la recette générale des amendes et confiscations de la Cour des aides, et la veuve d'André Planté.

E 26°, f° 126 r°.

15590. — Arrêt condamnant le syndic général du Languedoc à rembourser à Guillaume Alliez, fermier général des gabelles en ladite province, une somme de 22,538 livres par lui payée au trésorier de la Bourse du Languedoc.

E 26°, f° 128 r°.

15591. — Arrêt relatif à un procès pendant entre M° Alexandre Galliffet, receveur général des finances en Provence, et M⁰⁰ Jean et Philippe de Repelin.

E 26°, f° 130 r°.

15592. — Arrêt renvoyant à la Cour des aides le soin de procéder à la vente de l'office de François Tantillon, receveur des aides et tailles de Forez, et lui attribuant la connaissance de toutes oppositions et procès avec Nicolas Malebranche, ordonnant, en outre, le versement à l'Épargne d'une somme de 6,000 livres sur le prix d'adjudication.

E 26°, f° 132 r°.

15593. — Arrêt statuant sur un procès pendant entre Jean Baudouin, Anceaume Gaillard et autres créanciers de la reine Marguerite, d'une part, Thomas Robin et ses associés, d'autre part.

E 26°, f° 133 r°.

15594. — Arrêt ordonnant qu'Antoine Billard, fermier du revenu de l'ancien domaine de Navarre, sera logé, pendant la durée de son bail, avec ses gens et commis, dans la partie du château de Nérac qu'occupe actuellement le concierge.

E 26°, f° 135 r°.

15595. — Arrêt ordonnant que l'archevêque d'Auch et le sieur de Pibrac seront entendus au Conseil au sujet d'une requête d'Antoine Billard, fermier de l'ancien domaine de Navarre.

E 26°, f° 137 r°.

15596. — Arrêt renvoyant à la Cour des aides le procès pendant entre le sieur de Palaiseau, le vicomte d'Auchy et le sieur de Livernot, Nicolas Buchet, fermier de l'impôt du poisson de mer vendu en gros à Paris, M° Denis Feydeau, fermier général des aides, etc.

E 26°, f° 139 r°.

15597. — Arrêt renvoyant à la Cour des aides les procès pendants entre M° Pierre Corbonnois, trésorier de France en Bourgogne, et les ayants droit de feu M° Claude Dijon, receveur des tailles en l'élection de Mantes.

E 26°, f° 141 r°.

15598. — Arrêt relatif à une réclamation des créanciers de feu Simon Dauvergne, pourvu par Henri III d'un des huit offices de trésoriers de France à Moulins.

E 26°, f° 143 r°.

15599. — Avis du Conseil, portant qu'il ne saurait intervenir dans la vérification des avances faites par le sieur de La Buisse pour l'entretien d'un régiment de gens de pied durant la guerre de Piémont et de Savoie, le chiffre de ces avances ayant été réduit à 31,200 écus par le Conseil du Roi établi en l'armée du Piémont.

E 26°, f° 145 r°.

15600. — Arrêt prorogeant d'une année, à partir du 1er octobre 1617, le bail de Me Antoine Billard.

E 26°, f° 147 r°.

15601. — Arrêt réservant au Conseil la connaissance des différends soulevés au sujet du prix d'un office de maître des ports et havres de Poitou, d'Aunis, de Saintonge et d'Angoumois.

E 26°, f° 149 r°.

15602. — Arrêt rendu sur la requête d'Antoine Billard et ordonnant que, dorénavant, les sommes données annuellement au Roi par les pays de l'ancien domaine de Navarre seront fixées, pour le comté de Bigorre, à 7,000 livres, et pour la vicomté de Nébouzan, à 2,000 livres.

E 26°, f° 151 r°.

15603. — Arrêt déclarant que les amortissements de rentes opérés par Laurent Ficquet l'ont été conformément aux articles de son traité.

E 26°, f° 153 r°.

15604. — Arrêts déclarant que les rachats de domaines opérés par Alexandre Marchant et par Me Louis Massuau l'ont été conformément aux articles de leurs traités.

E 26°, f°ˢ 154 r° et 155 r°.

15605. — Arrêt ordonnant vérification de toutes les sommes allouées pour voyages ou autres motifs par la chambre des comptes de Nantes depuis l'année 1600, interdisant tous payements ordonnancés de cette façon par ladite chambre, et réglant l'exécution de la commission chargée de vérifier les débets de quittances.

E 26°, f° 156 r°.

15606. — Arrêt relatif au remboursement des offices de receveur au grenier à sel de Mondoubleau, dont était pourvu feu François Brisset.

E 26°, f° 158 r°.

15607. — Arrêt ordonnant l'exécution de celui du 18 février dernier relatif à la confection du terrier de Bretagne.

E 26°, f° 159 r°.

15608. — Annonce de mise en adjudication pour la ferme des gabelles des généralités de Paris, Rouen, Caen, Picardie, Soissons, Champagne, Orléans, Tours, Bourges, Moulins et Blois.

E 26°, f° 160 r°.

15609. — Acceptation conditionnelle des offres faites par René de Saint-Clément pour le rachat de 60,000 livres de rentes; il s'engagerait à verser 40,000 livres « pour employer au couvert et emmeublement des pauvres habandonnez de la ville et faulxbourgs de Paris, pour les reserrer et les faire travailler en tous artz et mestiers ».

E 26°, f° 161 r°.

1610, 4 mai. — Paris.

15610. — Arrêt défendant aux trésoriers de France en Provence de poursuivre Philippe de Repelin, receveur général des finances, pour le payement de leurs droits de présence de l'année 1609.

E 26°, f° 164 r°.

15611. — Arrêt autorisant Jacques Tartier à fournir par-devant les trésoriers de France à Rouen ses cautions pour une somme de 36,500 livres, équivalant à un quartier de sa ferme.

E 26°, f° 165 r°.

15612. — Arrêt rétablissant, sur la requête d'Antoine Billard, les gages attribués aux officiers de l'ancien domaine de Navarre.

E 26°, f° 166 r°.

15613. — Arrêt autorisant les habitants de Nantes à continuer, nonobstant toute opposition, la levée des 20 sols par pipe de vin venant d'Anjou ou de la mer, ordonnant l'élargissement du fermier Noël Tertoux et du sergent Adrien Lahaste, condamnant enfin à l'acquittement desdits droits Jean Pithois, Julien Preheu et Julien Clochais, marchands de Reims.

E 26°, f° 167 r°.

15614. — Arrêt autorisant Mᵉ Jean de Moisset, suivant le deuxième article de son bail, à faire conduire, quittes de tout droit, 128 muids 8 septiers de sel aux greniers de Senlis, de Creil et de Compiègne, attendu la perte qu'il a éprouvée par suite du naufrage de deux bateaux chargés de sel.

E 26ᵉ, f° 169 r°.

15615. — Arrêt ordonnant l'enregistrement en la Chambre des comptes et réglant l'exécution du contrat passé avec Mᵉ Jacques Girardot pour le rachat de 150,000 livres de rente.

E 26ᵉ, f° 173 r°.

15616. — Arrêt ordonnant la levée en la paroisse de Saint-Hilaire de Leigné d'une somme de 1,000 livres destinée aux réparations de l'église.

E 26ᵉ, f° 175 r°.

15617. — Arrêt ordonnant qu'acte soit donné de la fourniture de ses cautions à Mᵉ Abraham Pinagier, qui a traité pour le rachat des geôles et conciergeries.

E 26ᵉ, f° 176 r°.

15618. — Arrêt autorisant les habitants catholiques de Saint-Jean-d'Angely à lever sur eux-mêmes une somme de 6,000 livres destinée à la reconstruction de leur église.

E 26ᵉ, f° 177 r°.

15619. — Arrêt ordonnant de nouveau la représentation des comptes d'une somme de 340,000 livres qui a été levée dans le Rouergue, « oultre les deniers de Sa Majesté », durant les années 1606 à 1608.

E 26ᵉ, f° 178 r°.

15620. — Arrêt ordonnant à la chambre des comptes de Provence de procéder à la vérification des comptes du receveur général Alexandre de Galliffet sans exiger d'épices, et déclarant qu'elle n'aura satisfaction sur ce point qu'après avoir justifié de son droit.

E 26ᵉ, f° 179 r°.

15621. — Arrêt ordonnant la vérification des dettes contractées par les habitants de Montauban pour la fortification de leur ville, pour l'achat de plu-

sieurs maisons et jardins proches des murailles, etc., et les autorisant provisoirement à lever 6,000 livres.

E 26ᵉ, f° 181 r°.

15622. — Arrêt déboutant Thibaud Du Plessis, valet de chambre du Roi, de sa demande relative à un office de général en la Cour des aides, et ordonnant l'exécution de l'arrêt du 29 décembre 1609 (n° 14963).

E 26ᵉ, f° 183 r°.

15623. — Arrêt défendant à Pierre Gaultier, à Jacques Macé et à Claude Hubert, soi-disant « clercqs pour prendre la venue des vins » dans les faubourgs de Paris, de troubler Alexandre Jannel, Louis Ribauldon et François Dhostel en la jouissance de leurs fermes, chargeant toutefois le procureur général en la Cour des aides de commettre telles personnes qu'il lui conviendra pour contrôler la marque des vins entrant dans ces faubourgs.

E 26ᵉ, f° 185 r°.

15624. — Arrêt autorisant les consuls et habitants d'Entraygues à traiter avec qui bon leur semblera pour le rachat et la réunion au domaine de la seigneurie et châtellenie d'Entraygues, et les autorisant à lever 12,000 livres à cet effet.

E 26ᵉ, f° 187 r°.

15625. — Arrêt relatif au différend soulevé entre François Dhostel, bourgeois de Paris, et Mᵉ Denis Feydeau, commis à l'administration du bail général des aides.

E 26ᵉ, f° 189 r°.

15626. — Arrêt autorisant Mᵉ Jean Bernard, greffier en la Cour des aides, à consigner entre les mains d'un secrétaire du Conseil les sommes adjugées à Denis Marest par arrêt du Conseil du 24 avril 1610 (n° 15554).

E 26ᵉ, f° 190 r°.

15627. — Arrêt statuant sur un procès pendant entre Jacques Maynier et Abraham Nicolas, d'une part, Mᵉ Élie Chaurroy et Paul Berthet, d'autre part, au sujet des greffes du présidial de la Rochelle.

E 26ᵉ, f° 192 r°.

15628. — Arrêt réglant le payement d'une somme de 2,000 écus donnée par le prince et feu la princesse de Conti à François de Mainville, sieur de Mommerel, gentilhomme ordinaire de la chambre dudit prince, à l'occasion de son mariage avec demoiselle Jeanne Danjan.

E 26°, f° 194 r°.

15629. — Arrêt renvoyant au prévôt de Paris, au prévôt des marchands et aux échevins de ladite ville un placet du prince et de la princesse de Conti, qui sollicitent le don du produit de la taxe des offices de contrôleurs jurés maçons et charpentiers de la ville de Paris.

E 26°, f° 196 r°.

15630. — Arrêt ordonnant à Guillaume Gendron, ou, à son défaut, à Jean de Moisset, de fournir caution dans les quatre jours, conformément à l'arrêt du 30 mars dernier (n° 15509), sinon Louis Moussigot serait subrogé en leur lieu et place.

E 26°, f° 197 r°.

15631. — Arrêt confirmant le don de cent sommées de terre en l'étang de Pujaut précédemment fait par le Roi au sieur de Beringhen, l'un de ses premiers valets de chambre, ainsi qu'à la veuve et aux enfants du sieur Du Laurens, son premier médecin.

E 26°, f° 199 r°.

15632. — Arrêt validant divers payements faits, durant les années 1606 à 1608, sur les deniers communs de la ville de Boulogne.

E 26°, f° 201 r°.

15633. — Arrêt levant les défenses faites aux maîtres jurés épiciers de Paris « de n'admettre ou recevoir aucuns, soient apprentifs ou filz de maistre, par chef d'œuvre ou aultrement, que, au préallable, les lettres de maistrise données en faveur du mariage de M. le prince de Condé ne soient remplyes, et les pourveuz d'icelles receuz et mis en possession ».

E 26°, f° 203 r°.

_____

1610, 6 mai. — Paris.

15634. — Arrêt ordonnant que, chaque année,

sur le prix de sa ferme, Maurice Aymard, fermier des traites de Poitou et de Marans, aura surséance d'une somme de 20,000 livres, jusqu'à ce que le procès pendant entre lui et les maire et échevins de la Rochelle soit jugé au Conseil.

E 26°, f° 205 r°.

15635. — Arrêt relatif à un procès depuis longtemps pendant entre Charles de Langle, procureur de Jean Vanderbecken, marchand de Rotterdam, et le duc de Vendôme, amiral de France, au sujet d'un navire perdu sur les côtes de Bretagne.

E 26°, f° 207 r°.

15636. — Arrêt faisant remise d'une année de tailles aux habitants de Saint-Martin-du-Tertre.

E 26°, f° 208 r°.

15637. — Arrêt désignant M° Bigot, secrétaire du Roi, pour vérifier l'existence d'un abus signalé par Jacques Lunel dans la perception que M° Claude Josse fait d'un droit de parisis, et ordonnant que la dixième partie du bénéfice résultant de cet avis soit attribuée audit Lunel.

E 26°, f° 209 r°.

15638. — Arrêt chargeant le sieur de Maupeou de taxer les frais de voyage dus à M° Jean Berthout, général en la cour des aides de Normandie, commis au « regallement de l'impost du sel ».

E 26°, f° 210 r°.

15639. — Arrêt ordonnant à la chambre des comptes de Rouen de passer outre à l'enregistrement de l'édit relatif aux offices de receveurs et payeurs de rentes, nonobstant l'opposition du syndic des États de Normandie.

E 26°, f° 211 r°.

15640. — Arrêt déclarant que tous les officiers des gabelles de Languedoc, les fournisseurs de sel, les voituriers, regrattiers, commis, etc., contribueront au payement des 112,000 livres levées en vertu de « l'édict d'abollition des malversations ».

E 26°, f° 213 r°.

15641. — Arrêt supprimant l'office de conseiller

au présidial de Chartres vacant par la mort de Jean Febvrier, nonobstant les lettres de provision qu'avait obtenues Jean Couart.

E 26°, f° 215 r°.

15642. — Arrêt ordonnant que René Limoys, sieur de La Richerie, et M° Laurent Rouelle, receveur des tailles au Blanc, poursuivront les procès qu'ils ont intentés à M° Martin Le Febvre, commis à la recette des restes des amendes de la Chambre royale, par-devant les commissaires députés pour l'exécution de l'arrêt du Conseil du 4 juin dernier (n° 13803).

E 26°, f° 217 r°.

15643. — Arrêt ordonnant que la chambre des comptes de Bretagne désignera un maître et deux auditeurs pour procéder immédiatement à l'exécution de la commission précédemment expédiée pour la vérification des débets de quittances.

E 26°, f° 219 r°.

15644. — Arrêt renvoyant aux trésoriers de France un placet de Constance de Sitolfy, écuyer de l'Écurie du Roi, lequel demande concession d'un « vieulx creux de maison », sis aux faubourgs d'Évreux et nommé la Foulerie ou le moulin de Malcrestz, pour y reconstruire un moulin.

E 26°, f° 220 r°.

15645. — Arrêt ordonnant au présidial de Soissons de faire exécuter provisoirement la sentence donnée en la Chambre de la Charité au profit de Pierre Sosson, religieux lai de l'abbaye de Saint-Jean-des-Vignes.

E 26°, f° 221 r°.

15646. — Arrêt chargeant un maître des requêtes de rechercher de quel gouvernement dépend la ville de Suèvres, et défendant provisoirement tant au sieur de Marcoussis, gouverneur du duché d'Orléans, qu'au comte de Cheverny, gouverneur de Blois, d'y exercer leur charge.

E 26°, f° 222 r°.

15647. — Arrêt renvoyant aux trésoriers de France à Bordeaux une requête du sieur de Lussan, qui sollicite l'inféodation du lieu de Hautdivers, situé « dans le taillable de la paroisse de Lussan ».

E 26°, f° 223 r°.

15648. — Arrêt annulant les modifications apportées par les trésoriers de France en Dauphiné aux conditions du bail de Claude David, fermier de la douane de Vienne.

E 26°, f° 224 r°.

15649. — Arrêt ordonnant le versement à l'Épargne des sommes retenues par M°° Jean Charron et Simon Collon, trésoriers généraux de l'Extraordinaire des guerres, ou par les receveurs généraux des finances sur les gages des trésoriers provinciaux de l'Extraordinaire des guerres.

E 26°, f° 226 r°.

1610, 7 mai. — Paris.

15650. — Arrêt défendant au lieutenant criminel d'Angers de passer outre au jugement du procès criminel intenté à l'occasion de la tentative d'assassinat qui a été commise sur la personne de Louis Turpin, sieur de Charzai, par feu Ambroise Du Plessis, et désignant un maître des requêtes pour en faire un rapport au Conseil.

E 26°, f° 228 r°.

1610, 8 mai. — Paris.

15651. — Arrêt décidant que, nonobstant une ordonnance de M° Nicolas Le Jay, lieutenant civil en la prévôté de Paris, les sergents à cheval et à verge du Châtelet devront se rendre à la revue prescrite par le baron de Chappes, prévôt de Paris, en vue de l'entrée prochaine de la Reine, et que les lieutenants civil et autres seront tenus d'y assister; décidant, en outre, que, lors de l'entrée de la Reine, le prévôt lui présentera le corps des officiers de la prévôté et du Châtelet, après quoi le lieutenant civil pourra lui faire sa harangue.

E 26°, f° 230 r°.

15652. — Avis du Conseil tendant à augmenter de 1,666 livres 13 sols 4 deniers les gages de M° Vincent Bouhier et Raymond Phélypeaux, trésoriers de

l'Épargne, attendu le préjudice que leur cause la création d'un trésorier de l'Épargne triennal.

E 26*, f° 239 r°.

15653. — Arrêt réglant l'indemnité due à M** Philippe Coullanges et Claude Barbin, munitionnaires
de l'armée du Roi, résidant aux environs de Mézières,
attendu le nombre exceptionnel de charrettes et de
mulets qu'ils ont été ou qu'ils seront obligés de fournir
le 30 du mois d'avril, le 10 et le 20 du mois de
juin.

E 26*, f° 234 r°.

ADDITIONS.

1592, 6 février. — Camp de Darnetal.

15654. — Lettre des gens du Conseil au Roi le priant d'envoyer quelqu'un pour réprimer les pillages et les exactions des gens de guerre.

Clair. 654, p. 47; cf. ibid., p. 159.

1595, 23 juin. — Camp devant Dijon.

15655. — Propositions présentées par les habitants de Dijon pour la reddition de la ville, suivies des réponses du Roi.

E 1°, f° 133 r°.

1595, 1er décembre. — Camp de Travecy.

15656. — Lettre du Roi aux gens du Conseil leur donnant des nouvelles du siège de la Fère et les priant de lui faire envoyer de l'argent.

E 1°, f° 279 r°.

1595, 3 décembre. — Camp devant la Fère.

15657. — Lettre du Roi aux gens du Conseil, portant approbation des conventions passées entre eux et les représentants suisses de Gallaty et de Balthazar, leur donnant avis d'une entreprise de l'ennemi sur le château de Ham, et les priant de se transporter à Compiègne.

E 1°, f° 280 r°.

1597, 9 octobre. — Camp devant Doullens.

15658. — Ordonnance royale révoquant la com-

mission ci-devant expédiée, à l'occasion de la surprise d'Amiens, pour renforcer les garnisons, en établir de nouvelles et fortifier diverses places dans la région située au delà de la Somme.

E 1^b, f° 308 r°, et ms. fr. 18161, f° 37 v°.

1600, 12 février. — Paris.

15659. — Arrêt défendant expressément qu'il soit fait dans les paroisses aucune levée excédant 50 livres, à moins qu'elle ne soit autorisée par lettres patentes du Roi, et ordonnant une enquête sur les levées irrégulières qui ont été faites en vertu de sentences des élus ou autres, particulièrement en la généralité d'Orléans.

Ms. fr. 10842, f° 134 v°; cf. ibid., f° 135 r°.

1600, 27 mars. — Paris.

15660. — Arrêt réglant en détail les fonctions des trésoriers de France, des élus, des receveurs particuliers, etc.

Ms. fr. 10842, f° 14 r°.

1601, 3 janvier. — Lyon.

15661. — «Estat des gaiges des officiers et autres charges estans sur le pris du sel qui se distribue ès greniers de la ferme dicte à la part du royaume.»

E 3°, f° 4 bis r°.

1601, mars. — Paris.

15662. — Arrêt portant règlement au sujet des fonctions des élus, particulièrement en ce qui concerne le recouvrement des impôts.

Ms. fr. 10842, f° 36 r°.

1603, 3 février. — Paris.

15663. — « Articles ordonnez par le Roy estre doresnavant observez par les officiers de la chambre des comptes de Montpellier, moyennant lesquelz articles Sa Majesté a remis à ladite chambre l'attribution des comptes des receptes géneralles de Languedoc... »

Ms. fr. 10842, f° 2 r°.

1603, 11 mars. — Paris.

15664. — Annonce de la mise en adjudication de la ferme générale des gabelles de Provence.

Clair. 655, f° 35 r°.

1603, 27 mai. — Paris.

15665. — Arrêt déclarant que toutes les commissions expédiées pour vente ou revente du domaine, pour vente de bois, pour levée de deniers, devront être présentées et enregistrées au greffe des trésoriers de France, et que ceux-ci, sans pouvoir retarder l'exécution desdites commissions, seront admis néanmoins à présenter au Conseil leurs observations.

Ms. fr. 10842, f° 135 r°.

1603, 1er juillet. — Paris.

15666. — Requête du sieur de Villebouche demandant à être élargi sous la caution de son frère, avec le consentement de la dame de Saint-Gelais, et renvoi de cette requête au procureur du Roi aux Requêtes de l'Hôtel.

Clair. 655, f° 36 r°; cf. ibid., f° 38 r°, 40 r° et 84 r°.

1603, 3 juillet. — Paris.

15667. — Arrêt réservant au Conseil la connaissance du procès pendant entre les protestants et les catholiques de Mortagne, et assignant provisoirement une maison aux premiers pour l'exercice de leur culte.

Clair. 655, f° 42 r°.

1603, 8 juillet. — Paris.

15668. — Arrêt déchargeant Louise de Clermont, veuve du sieur de Sainte-Soline, de toute part dans la subvention levée en la ville de Poitiers.

Clair. 655, f° 49 r°.

1603, 10 juillet. — Paris.

15669. — Arrêt réglant le payement des sommes assignées aux colonels et aux capitaines suisses sur le produit de la vente du domaine.

Clair. 655, f° 44 r°.

15670. — Arrêt portant nouvelle assignation d'une somme de 12,000 livres donnée par le Roi au sieur de La Buisse.

Clair. 655, f° 46 r°.

15671. — Arrêt réglant le payement de 5,521 livres restées dues au sieur d'Arquien, commandant de la citadelle de Metz, sur ce qu'il a avancé pour le logement de la garnison.

Clair. 655, f° 48 r°.

1603, 15 juillet. — Paris.

15672. — Arrêt condamnant M° Raymond de Cup, receveur des tailles au diocèse de Carcassonne, à payer 1,333 écus 1/3 à M° Jean Ysarn.

Clair. 655, f° 55 r°.

15673. — Arrêt ordonnant la réception d'Étienne Tardieu en l'office de lieutenant des soumissions au siège de Grasse.

Clair. 655, f° 57 r°.

1603, 17 juillet. — Paris.

15674. — Arrêt relatif au payement du supplément de taxe dû par les clercs, commissaires et contrôleurs des fermes des aides de la ville de Paris.

Clair. 655, f° 58 r°.

15675. — Arrêt ordonnant de surseoir à la vente des recettes des consignations d'Angers acquises par feu Claude Foubert.

Clair. 655, f° 59 r°.

15676. — Arrêt ordonnant la vérification des comptes de Jean Noyraud, ci-devant commis à la recette des deniers provenant-de l'impôt levé à Royan.

Clair. 655, f° 60 r°.

1603, 24 juillet. — Paris.

15677. — Arrêt réglant la suppression de l'office de receveur triennal des tailles et de l'équivalent à Tulle.

Clair. 655, f° 61 r°.

15678. — Arrêt ordonnant que l'arrêt du 30 avril dernier relatif à l'apurement des comptes de Jean Fineau, ci-devant receveur général à Bourges, sera exécuté à l'encontre de M° Étienne Girard, « cy-devant commis à la recepte des deniers ordonnez pour les rivières » du Cher et de l'Auron.

Clair. 655, f° 62 r°.

15679. — Arrêt enjoignant aux marchands de Rouen de payer immédiatement le quartier de janvier des nouvelles impositions, nonobstant l'arrêt de surséance par eux obtenu de la cour des aides de Rouen.

Clair. 655, f° 64 r°.

15680. — Arrêt ordonnant de surseoir aux poursuites exercées contre le garde des « quaderness » de la ville de Langres par M° Vincent Kébert, conseiller en la Cour des aides.

Clair. 655, f° 66 r°.

1603, 26 juillet. — Paris.

15681. — Arrêt ordonnant de surseoir à l'exécution de l'arrêt du 30 avril dernier en ce qui concerne la restitution d'une somme de 1,520 livres, payée à M° Étienne Girard, commis à la recette et dépense

« des deniers ordonnez pour la repparation de la navigation » de l'Yèvre et de l'Auron.

Clair. 655, f° 70 r°.

15682. — Arrêt ordonnant que Jean Emé, sieur de Saint-Julien, sera remis en possession des greffes du bailliage de Bugey et de Valromey, dont s'est récemment fait pourvoir Noël Sourley.

Clair. 655, f° 71 r°.

15683. — Arrêt déclarant que les habitants de la ville et du mandement de Monistrol demeureront déchargés de tous les arrérages de tailles antérieurs à 1596.

Clair. 655, f° 73 r°.

1603, 31 juillet. — Paris.

15684. — Arrêt déchargeant de diverses sommes Noël Sourley, adjudicataire des greffes du bailliage de Bugey et de Valromey.

Clair. 655, f° 75 r°.

15685. — Arrêt autorisant le syndic du Périgord à rembourser au receveur des tailles de la sénéchaussée la taxe par lui payée pour l'attribution du droit de port des commissions des tailles, moyennant quoi ledit droit demeurera supprimé.

Clair. 655, f° 77 r°.

15686. — Arrêt renvoyant au grand maître des eaux et forêts en Bretagne l'examen d'une commission expédiée au sujet de l'aliénation des terres vaines et vagues.

Clair. 655, f° 79 r°.

15687. — Arrêt condamnant M° Pierre de La Roche à rembourser à M° Pierre Apchier la finance par lui payée pour l'office de greffier en l'élection de Saint-Flour.

Clair. 655, f° 80 r°.

15688. — Arrêt enjoignant à M° Barbin, ci-devant receveur général des finances à Paris, de remettre dans la huitaine aux mains de M. de Maupeou « les proceddures qu'il a deu faire à l'encontre de ceulx qui ont receu les deniers provenans de la ferme du nouvel impost de Meulan ».

Clair. 655, f° 82 r°.

92.

1603, 1er août. — Paris.

15689. — Arrêt maintenant le premier secrétaire
et greffier patrimonial et criminel du parlement de
Grenoble et le premier secrétaire et greffier de la
chambre des comptes de Grenoble en possession de
leurs anciens privilèges et de leur exemption des
tailles.

Clair. 655, f° 85 r°.

1603, 2 août. — Paris.

15690. — Arrêt renvoyant au lieutenant criminel à Sens le procès criminel intenté à M° Jean Gaul-
chier, notaire apostolique, par M° Jean Collin, ancien
abbé, et messire Jean de Balzac, abbé actuel de Saint-
Quentin-lès-Beauvais.

Clair. 655, f° 87 r°.

15691. — Arrêt ordonnant que, pendant la présente année, les maire et jurats de Bordeaux toucheront intégralement la somme à eux assignée pour
l'acquittement des dettes de la ville sur la « ferme des
rivières et extinction du convoi ».

Clair. 655, f° 88 r°.

15692. — Arrêt maintenant Léonard de Musy,
trésorier de France à Grenoble, en jouissance de ses
anciens privilèges et de son exemption des tailles.

Clair. 655, f° 91 r°.

15693. — Arrêt ordonnant à M° Jean Jacquier
et Claude Rousseau de surseoir à l'exécution de la
commission qui leur a été décernée pour la réforme
des eaux et forêts dans le comté de Blois.

Clair. 655, f° 93 r°.

15694. — Arrêt déclarant insaisissable la pension
du sieur de Lignerac, chevalier de l'ordre du Roi et
mestre de camp d'un régiment de gens de pied.

Clair. 655, f° 95 r°.

15695. — Arrêt déchargeant les habitants de
Saint-Malo « des recherches contre eux faictes » par
le sieur de Trélon, maître des requêtes de l'Hôtel,
commissaire député en Bretagne pour la recherche
des malversations.

Clair. 655, f° 96 r°.

1604, 5 octobre. — Paris.

15696. — Arrêt enjoignant aux fermiers et receveurs des traites de dresser un état des amendes et
confiscations prononcées, au profit de Sa Majesté, par
les juges et officiers des traites depuis le dernier bail.

Ms. fr. 10842, f° 117 v°.

1608, 12 janvier. — Paris.

15697. — Arrêt acceptant conditionnellement les
offres faites par le sieur Du Mayne, gentilhomme ordinaire de la Chambre, pour le rachat de domaines
d'une valeur de 50,000 livres.

Clair. 655, f° 118 r°.

Sans date.

15698. — Arrêt renvoyant au Parlement les procès pendants entre Pierre Gallet et « ses associez à la
blanque naguères tirée en la ville de Paris », d'une
part, M° Nicolas Thomas, receveur des aides en l'élection de Paris, et Jean Thomas, son frère, d'autre
part.

E 24°, f° 20 r°.

TABLE ALPHABÉTIQUE.

A

Amiens (Prévôté d'), 8825.
— (Ville d'), 8185, 8197, 8265, 13988, 14208. — Bureau des traites, 10838. — Citadelle, 5767, 5841. — Dettes, 12923. — Échevins, 13208, 13423. — Fortifications, 7008. — Gouverneur, 8376, 8505, 8930, 11347, 13711. — Grenier à sel, 9335. — Hôtel de Hoilly, 5767, 5841. — Impôts, 5854, 5968, 6100, 6168, 6346, 6512, 7008, 7906, 8247, 8505, 10025, 12596, 13805, 13832. — Industrie, 8136, 9681. — Marchands, 6938, 12418, 14503. — Monnaie, 10083. — Protestants, 6905, 7606. — Receveurs, 11332, 13799. — Reprise d'Amiens, 6162, 6236, 6312, 6362, 6431, 9061, 11098. — Siège, 5859, 6669, 7246, 7732, 9981, 11113, 11503. — Surprise d'Amiens par les Espagnols, 5787, 5938, 11332, 15658. — Tour aux Colons, 11678.
Amions (Loire), 13940.
Amiral de France, 5885, 7344, 8526, 12927, 15635. — Voir Montmorency, Vice-amiral.
Amirauté, 8180, 8762, 8817, 8845, 14245.
— (Officiers de l'), 7406, 8052, 8490, 8526, 8688, 8762, 8946, 10029, 10979, 12081.
Amirautés, 15530. Voir Guyenne, Havre (Le), Levant.
Amortissement (Droits d'), 11211, 12730, 12822, 13277.
Amphoux (Guillaume d'), 13751, 13752.
Amsterdam (Pays-Bas), 9568..
Amyot (Jean), 10057, 11336.
Ancenis (Loire-Inférieure), 8384, 10559.
Ancerville (Meuse), 11940, 14011, 14837.
Ancezune (Louise d'), dame de Saint-Chaumont, 10161.
Anchois (Commerce des), 6000.
Ancone (Drôme), 10599, 11808, 15305, 15548.
Ancrage (Droit d'), 5865, 7081, 9982.
Andegloux (Loiret, commune de Chevilly), 14148.
Andelot (Haute-Marne), 10630, 14698.
Andelot. Voir Coligny.
Andely (Eure). — (Élection d'), 7867, 12611. — (Ville d'), 9626, 10364, 11791, 12469, 15271..
Andouins. Voir Guiche.
Andrault (Joseph d'), 11453.
André (Jean), 13181.
— (Jean), récollet, 8594.
Androuet du Cerceau (Charles), 13148.

Anfernet (Jean d'), baron du Pontbellenger, 14378.
Angennes (Charles d'), vidame du Mans, 15296.
— (Nicolas d'). Voir Rambouillet.
Angenoust (Guillaume), 6782.
— (Jacques), 11755.
Angers (Maine-et-Loire). — (Abbaye de Saint-Serge d'), 10919.
— (Diocèse d'), 14224, 14762.
— (Élection d'), 5788, 11182, 13699, 13969, 15159, 15173, 15409, 15575.
— (Présidial d'), 8958, 9136, 9967, 11525, 11576, 15144, 15160, 15214.
— (Sénéchaussée d'). Voir Anjou.
— (Ville d'), 7299, 8116, 9310, 9400, 9967, 11562, 11670, 12767, 14277, 14525, 15174, 15214, 15356, 15675. — Château, 9439. — Clergé, 6291, 13739. — Enfants trouvés, 10492, 12723. — Épidémies, 8435, 8530, 9440. — Gouverneur, 10407, 11644, 12854, 13331. — Impôts, 5881, 5957, 6026, 7925, 7996, 8116, 8435, 8877, 8974, 9310, 9400, 9440, 10453, 10492, 10566, 10942, 12723, 14020. — Lieutenant général et criminel, 6531, 6605, 15650. — Maire et échevins, 5881, 7299, 8435, 9440, 12372, 12723, 13739. — Palais, 12951, 15144. — Université, 10453.
Anglade (Jérémie d'), 15000.
Anglais. — (Collèges), 6446. — (Gentilshommes, 6446, 12081, 12545. — (Invasion des), 11713. — (Marchands), 6137, 7559, 7798, 8891, 9990, 10127, 10873, 11752, 13253. — (Marque contre les), 14099. — (Navires), 8885.
Angles-du-Tarn (Tarn), 10768.
Angleterre, 6934, 7360, 7983, 7999, 8438, 12025, 14665. — (Ambassadeurs d'). Voir Ambassadeurs. — (Commerce avec l'), 8000, 8599, 8706, 9024. — Voir Cornouaille, Élisabeth, Londres.
Anglure (Marne), 12035, 13603, 15380.
Anglure (Anne d'). Voir Givry.
— (Antoinette d'). Voir Lallemant.
— (Étienne Saladin d'), 15369.
Angoulême (Charente). — (Diocèse d'), 10376, 11201. — (Élection d'), 6061, 12340, 14274. — (Présidial d'), 11862, 13218. — (Sénéchaussée d'), 6324. — (Ville d'), 6348, 11862, 13189, 14081, 14584, 15134.
Angoulême (Diane de France, duchesse d'), 685a, 7808, 7590, 7647, 7747, 7902, 9121, 13917, 15056.

Angoulle (François d'), 13394.
Angoumois (Pays d'), 6852, 7756, 7918, 10193, 10483, 10504, 11099, 13916, 15101, 15273, 15601.
Angy (Oise), 14366.
Anhalt (Christian I⁰ʳ, prince d'), 6310, 8149, 8697, 9376, 9408, 9642, 9673, 9816, 10484, 10997, 12597, 14367.
Anil, 9636, 9822, 10056, 10222, 11199.
Anisson (François), 15207.
Anjou (Pays d'), 6202, 8290, 9359, 9635, 9925, 10139, 11213, 11562, 13969, 14277, 14640. — Bois, 7090, 10139, 10295. — Clergé, 7299. — Domaine, 7304, 10699, 12935. — Eaux et forêts, 8639, 9788, 10328, 11119, 11959, 12705, 13748. — Épidémie, 8828. — Impôts, 5784, 8423. — Lieutenant général, 5881, 8086. — Marches, 7475. — Receveurs, 5780, 6056, 11290, 12121, 13524, 15383. — Seigneurs, 6910. — Sénéchaussée, 8423, 9967, 10120, 13376, 15144, 15160, 15214. — Traites, 6004, 6034, 7304, 7594, 7654, 7990, 8211, 8951, 9316, 11553, 11779, 12013, 12038, 12111, 13331, 13538, 13588, 14525, 15289, 15301. — Vin, 7154, 14146, 14756, 15613.
Anjou (François, duc d'), 7413, 9088, 10784, 11106, 11794, 12566.
— (Henri d'), 10684.
— (Louis II, duc d'), roi de Sicile, 14762.
Annonay (Ardèche), 12423, 15445.
Anoblis, 8680, 11252, 12820, 13932. — Voir Normandie.
Anoblissements, 7021, 9029, 10946, 12730, 14821.
Antibes (Var), 8815, 9173, 9982, 12452, 13608, 13765, 14062, 14521.
Anvers (Belgique), 12290, 14255.
Aoste (Italie), 13620.
Apanages, 6218, 6715, 9088.
Apchier (Pierre), 15687.
Apchon (Jean d'), sieur de Serezat, 9028.
Apoil (Eustache), 13050, 13148.
Apothicaires, 10055, 10975, 14065, 14951; — du Roi, 13831. — Voir Artillerie.
Appétissement (Droit d'), 7299, 8691, 8713, 9034, 9487.
Appoigny (Yonne), 8816, 8954, 10413.
Apremont (Cher), 8570.
Apt (Vaucluse), 5889, 7288.
Aquart (Claude), 14300.
Aquaviva. Voir Châteauvillain.
Aquitaine (Grand prieur d'). Voir Pellóquin.
Arancy. Voir Du Glas.
Arbalestrier (Claude), 12093.

93

B

94

C

D

ARRÊTS DU CONSEIL D'ÉTAT.

E

F

G

GODETZ. *Voir* DU MONT.

GODET (Philippe), 14638.

GODEY. *Voir* GODAY.

GODICEAU (Jean), 13296.

GODON (Nicolas), 10800.

GŒRIBY (Nicolas), 11457.

GOETTY (Balthazar DE), 8795, 10690, 11630, 12612, 13065, 13472, 13567, 13849.

GOFFROY (François), 8455.

GOHIER (Étienne), 12372.

—— (François), 13622.

—— (Pierre), 11525, 11576, 12263.

—— (René), 8958.

GOHORY (Jean), 14357.

GOIRANT (Mathieu), 9009.

GOITY. *Voir* GOETTY.

GOMBAULT (Pierre), 9286, 10978.

GOMBERT DE CAMINADE (Jean), 12506.

GOMERON (Louis de Moy, sieur DE), 6268, 8685, 10819.

GON (Louis), 8996.

GOND (Jean-Jacques-Louis), 6792.

GONDI (Albert DE). *Voir* RETZ.

—— (Claude-Marguerite DE), 6847.

—— (Henri DE), évêque de Paris, 5810, 8818, 14933.

—— (Jérôme DE), 6799, 7212, 13479, 15315.

—— (Philippe-Emmanuel DE), 11023. — *Voir* DAMPIERRE.

—— (Pierre, cardinal DE), 9089, 10192, 10707, 11278.

GONDONNIÈRE. *Voir* AUVRAY.

GONDOUINE, canton de l'ancienne forêt de Beaufort (*Maine-et-Loire*), 12854.

GONDRAS. *Voir* DES SERPENTZ.

GONDREVILLE. *Voir* LE GENDRE.

GONESSE (*Seine-et-Oise*), 15098.

GONESSE (Jean), 13139, 13575, 14722.

GONNET (Raymond), 7718.

GONTAUT. *Voir* BIRON, SAINT-BLANCART et SALAGNAC.

GONTIER (Le P.), 11506.

GONZAGUE. *Voir* LONGUEVILLE, NEVERS.

GONZALEZ. *Voir* HOSMES, PASSALIN.

GORET (Jean), 8330.

GORINY (Louise), 11458.

GORREVOD (*Ain*), 9532.

GORNOX (*Mayenne*), 7717, 12307.

GOS (Étienne DE), 12560, 12804, 12827, 12837.

GOSSARD (Michel), 13481, 13880.

GOTY. *Voir* GOETTY.

GOUAULT (Guillaume), 15094.

GOUBÉ (Pierre), 8518.

GOUDIS (Jean DE), 11727.

GOUFFIER (Claude), comte de Caravas, 8664, 12409, 12551, 13795.

GOUGET (Florent), 11562.

GOUJON (Jean), 7231, 7411, 8158, 9112.

—— (Renaud), sieur de Thuisy, 10481.

GOULAINES (Jean DE), sieur du Favouet, 6401, 6622, 6790, 6831, 6952.

GOULAS (Jean), 7517, 7540, 8943.

GOURBET (Semis DE), 6144.

GOURDON (*Lot*), 13395, 13471.

GOUREAU (Jean), 14963.

GOURGUES (Ogier DE), 9869, 12646.

GOURMIL (Olivier), 11451.

GOURNAY-EN-BRAY (*Seine-Inférieure*), 13281, 13322, 13469.

GOURNET (Speusippe), 10136, 14108.

GOUSSELIN (François), 15348, 15569.

GOUSSET (Camille), 14129.

GOUSSOT (Jacques), 7074.

GOUSTIMENIL (Charles DE), sieur de Boisrozay, 9131.

—— (Jean DE), sieur de Boisrozay, 8529.

GOUTARD (Louis), *dit* Saint-Martin, 9378.

GOUTTE (Étienne), 14041, 14074, 14983, 15370, 15371.

GOUVERNANTE du Dauphin, 6602.

GOUVERNET (René de La Tour, sieur DE), conseiller d'État, 11230.

GOUVERNEURS : — de châteaux. *Voir* FIENNE, HAM; — de provinces. *Voir* AUVERGNE, BAZADAIS, BÉARN, BOURGOGNE, BRESSE, CHAMPAGNE, LIMOUSIN, MARCHE, NAVARRE, PICARDIE, PROVENCE, QUERCY, TOURAINE; — de villes, 6208, 6641, 8407.— *Voir* ALENÇON, AMBOISE, ANGERS, BAR-SUR-SEINE, BAYONNE, BEAUNE, BELLÊME, BLAYE, BOULOGNE, BROUAGE, CALAIS, CAPITAINES, CARLAT, CATELET (Le), CHÂTEAU-THIERRY, CLERMONT, COMPIÈGNE, CONCHES, CUSSET, DIEPPE, DIJON, DOULLENS, FERTÉ-BERNARD (La), FIGEAC, GRENOBLE, HAVRE-DE-GRÂCE (Le), LEUCATE, LIEUTENANTS GÉNÉRAUX, LISIEUX, LYON, MANTES, MÉZIÈRES, MONTÉLIMAR, MONLAIX, NANTES, ORLÉANS, PENNE, PITHIVIERS, PONTORSON, RENNES, ROCROI, ROMORANTIN, SAINT-AIGNAN, SAINT-MAIXENT, SAINT-QUENTIN, SAUMUR, SENLIS, SISTERON, TOUL, TOURNON, VENDÔME, VERDUN, VITRÉ.

GOYER (Isaïe), sieur de La Borde, 8081, 8168, 8666, 10437, 10654.

—— (Pierre), 8898.

GOYET. *Voir* BECHEREL.

GOZ (Regnault), sieur de Grosieux, 10260.

GOZILLON (Jean DE), 11086.

GRAÇAY (*Cher*), 8570.

GRAFFART (Roger), 10127.

GRAIN DE SAINT-MARSAULT (François), 5764.

—— (Jean), 5764.

GRAINS. — (Commerce des), 11638. — (Exportation des), 7846. — (Fourniture de), 9401. — (Prise de), 8414, 8744. — (Saisie de), 6746, 6915, 8109. — (Taxe sur les), 8053, 13618. — (Transport de), 7502, 11638.

GRAINS DE MANCELLE (Pierre DE), sieur de La Roche-Saint-Angel, 11614, 11781.

GRAISIVAUDAN (Bailliage de), 5834, 14036.

GRAMMONT (Antoine DE), 15207.

GRAMONT (Antoine, comte DE), 8885, 9084, 9471, 10029, 11061, 11208, 15213, 12648.

GRAND (*Vosges*), 10630.

GRAND AUMÔNIER, 6388, 9099.

GRAND-CHAMP (*Sarthe*), 11050.

GRAND CONSEIL. — (Arrêts du), 10566, 12627, 15278. — (Avocat au), 12361. — (Causes dont la connaissance est attribuée au), 12362, 12369. — (Causes dont la connaissance est interdite au), 9562, 13169, 13238, 13870, 14227, 14683. — (Conseillers au), 5754, 5981, 6031, 6679, 7206, 7539, 8143, 8188, 9291, 9581, 9911, 11882, 12532, 12777, 13137, 13324, 14302. — (Consignation au), 9469. — (Gages du), 7352. — (Greffes, greffiers du), 5761, 5777, 5808, 5866, 5895, 8413, 13278, 14639. — (Huissiers du), 6403, 7668, 11129, 12882. — (Pavillons du), 14651, 14921. — (Présidents au), 5984, 6003, 6153, 8143, 8273, 8301, 9844, 11647, 13166, 14302, 14478. — (Prisons du), 5869. — (Procès pendants au), 6041, 7604, 9310, 9906, 12394, 12920, 14366, 15152. — (Procureur général au), 8368, 12361. — (Receveur des amendes au), 11223, 14214. — (Receveur des consignations au), 8413, 14147, 15207. — (Renvois au). *Voir* RENVOIS.

GRANDCOTTE (Pellegrin), 8521.

GRANDEAU (Nicolas), 9959, 13057.

GRANDE-BRETAGNE. *Voir* ANGLETERRE.

GRANDE-CHARTREUSE (La) (*Isère, commune de de Saint-Pierre-de-Chartreuse*), 8234.

GRAND ÉCUYER, 5980, 13576, 14928. — *Voir* BELLEGARDE.

GRANDE-PAROISSE (La) (*Seine-et-Marne*), 5876.

GRAND-FRANÇOIS (Le). *Voir* GUTTE.

GRANDJEAN (Antoine), 13681, 15071.

GRAND-LANDES (*Vendée*), 10310.

H

I

J

K

L

Longues (*Calvados*). — Abbaye, 15412.

Longuet (François), 14311.

—— (Mathurin), 5811, 5882.

—— (Michel), 7177.

—— (Philippe), 11834.

—— (Pierre), 8497, 8500, 10615.

Longueville (Catherine de Gonzague et de Clèves, duchesse de), 7904, 14255, 15456.

Lonowy (Fernand de), archevêque de Besançon, 14829, 15515.

Lordonné (Olivier), 7489.

L'Orfèvre (Alexandre), sieur de Saint-Amand, 13052.

Lorge. *Voir* Montgommery.

Lorges (*Loir-et-Cher*), 14534.

Lorion (Jean), 5884.

Loriot (Jean), 7372, 8508, 10513, 11191, 11241, 11309, 13215, 14610, 15314.

Lormaye (*Eure-et-Loir*), 11693, 13101.

Lorme (Benoît de). *Voir* Fretat.

—— (François de). *Voir* Ricordeau.

—— (Thomas de), sieur des Bordes, 7264, 8335, 10965.

Lormel (Robert de), 7931.

Lormont (*Gironde*), 11396.

Lorn (Jeanne de), 14037.

Lorraine (Duché de), 8311, 9115, 9462, 10584.

Lorraine (Antoine, duc de), 13596.

—— (Catherine-Marie de). *Voir* Montpensier.

—— (Charles de). *Voir* Joinville, Mayenne.

—— (Charles II, duc de), 7783, 8311, 9245, 10584, 10616, 10951, 11233, 14200, 14857.

—— (Françoise de), 8595, 10233, 13596.

—— (Henri de). *Voir* Aiguillon, Bar.

—— (Henri II, duc de), 13365, 14857.

—— (Louis de), archevêque de Reims, 10438, 10806, 10858, 11193, 11198, 11310, 11355, 11600, 12468, 13534, 13678, 15260.

—— (Louise de). *Voir* Louise de Lorraine.

—— (Louise-Marguerite de). *Voir* Conti.

—— (Marguerite de). *Voir* Luxembourg.

—— (Philippe-Emmanuel de). *Voir* Mercœur.

Lorrez-le-Bocage (*Seine-et-Marne*), 12411.

Lorris (Pierre), 14958.

Lorris (*Loiret*), 9256, 12513, 13028.

Lostelnau (Capitaine), 11103.

Lot (Rivière du), 6212, 8721.

Loterie, 15698.

Lou (Hector de), sieur du Presqué, 11530.

Louans (*Indre-et-Loire*), 10485.

Louans (Bernard de), 7249.

Louat (Jean), 13903.

Loubart (André), 8781.

Loubeau. *Voir* Grégoire.

Loubriac (Bertrand), 10490.

Loudéac (*Côtes-du-Nord*), 11395.

Loudon (Sieur de), 7531.

Loudrière (Sieurs de Talensac de), 9188.

Loudun (*Vienne*). — (Élection de), 7714, 8133, 10344. — (Prévôté de), 9080. — (Ville de), 6270, 6298, 6896, 8064, 8133, 9503, 10203, 12343, 12509, 13476, 15046.

Loudunois (Pays de), 15004.

Louen (Merri de), 10777.

Louens (Bernard de), 13526.

Louhans (*Saône-et-Loire*), 7547, 9605.

Louis, Dauphin, 6602, 7782, 8419, 8450, 14284, 14966, 15276.

Louis VII, roi de France, 10353.

Louis IX, 13474.

Louis X, 13980.

Louis XI, 6035, 7533, 11703.

Louise de Lorraine, reine de France, 5898, 5918, 6020, 6476, 6583, 6838, 6883, 8070, 8595, 8749, 8878, 10970, 11445, 11446, 12156, 12687, 14589.

Louise de Savoie, régente de France, 13596.

Loumagne. *Voir* Montagut.

Loups, 10446. — *Voir* Louvetiers.

Lourry-Dumesnil (Alexis), 14788, 15124.

Louvancourt (Augustin de), 10965, 13988.

Louveau (Jean), sieur de Clairvaux, abbé commendataire de Notre-Dame-du-Reclus, 7287.

Louvel (Charles), sieur de Montmartin, 15097.

Louvet (Claude), 11050.

Louvetiers, 12650, 13612, 13703, 14383, 14645.

Louviers (*Eure*), 10126, 10993, 11548.

Louvigny (Paul de), 9773, 14760.

—— (Robert de), 5891, 12895, 12990.

—— (Sieur de), 7311.

Louvre. — (Château du), 6276, 9127, 12743, 14901. — (Garenne du), 12023.

Loyac (Jean de), jurat de Bordeaux, 5984.

—— (Jean de), receveur des tailles en l'élection de Tulle, 12734.

—— (Léonard de), 12734.

Loye (*Cher*), 11471.

Loys (Pierre), 7156.

Loysel (Antoine), 11201.

—— (Claude), 15060, 15118.

—— (M.), 12417.

Lubet (Jean), 13198.

Luc (Sieur de), 13163.

Lucas (Guillaume), 14499.

Lucé (*Orne*), 9070.

Lucenay (*Rhône*), 11107.

Lucé-sous-Ballon (*Sarthe*), 10023, 11237.

Lucinge (René de), sieur des Alimes, 6908, 6993, 10443.

Luçon (*Vendée*), 6197.

Ludet (Louis), 6539.

Lucques (*Italie*), 10950.

Luigny (*Eure-et-Loir*), 10149.

Luillier (Antoine), 12221.

—— (François), sieur des Bas-Chastelliers, 14177.

—— (Jérôme), 6254, 6265.

Lumagne (Jean-André), 10091, 11013.

Lumes (*Ardennes*), 10227.

Lunebourg. *Voir* Brunswick.

Lunel (*Hérault*), 6987, 6989.

Lunel (Jacques), 15425, 15637.

Loquin (Léon), 6345, 8000, 15315.

Lusignan (*Vienne*), 8808, 9910, 15183.

Lusignan. *Voir* Saint-Gelais.

Lussan (*Gers*), 15647.

Lussan. *Voir* Esparbez.

Lussay (*Loir-et-Cher*, commune de Séris), 14534.

Lusson (Guillaume), 13740.

Lux (Edme de Malain, baron de), 7637, 13350.

Luxembourg (François de), duc de Piney, 5862, 6503, 8440, 8076, 9278, 9513, 9748, 11034, 12312, 13213, 13683.

—— (Louise de); 12916.

—— (Marie de). *Voir* Mercœur.

—— (Marguerite de Lorraine, duchesse de), 13213.

Luz (Charles de), 5809.

Luzeau (Simon), 7213.

Lyère (Philippe de), 6323.

Lyon (*Rhône*). — (Abbaye de Saint-Pierre de), 10954.

—— (Diocèse de), 6036, 6968, 12444, 13446, 15175.

—— (Élection de), 5997, 6417, 7093, 9488, 10356, 10499, 10756, 12085, 12116, 15102.

—— (Faubourgs de), 12907, 13025.

—— (Généralité de), 5886, 6018, 6033, 6232, 7674, 9579, 12815, 13525, 14714, 15366. — Contrôleur général des finances, 13935, 14015; — des Postes, 6665.— Direction des finances, 6305, 6572.— Impôts, 6033, 6661, 6744, 6787, 6949, 7053, 7212, 7232, 7255, 7803, 9539.— Intendant de la justice, 6407, 6599, 6601, 7720, 8464, 9777, 10339, 11746, 12385, 12422, 14458. — Recette générale, 6789, 7789, 10658, 13971. — Receveurs gé-

M

Manifacier (Marcellin ou Marcellin de), 12416, 13242, 13503.

Manneville (Antoine et Paris de), 13466.

Manoir (Le) (Eure), 13171.

Manon (Richard), 11461.

Manosque (Basses-Alpes), 10334, 10674, 14951.

Mans (Le) (Sarthe), 6700, 6741, 7239, 7315, 7317, 7539, 7578, 8136, 9034, 9487, 11613, 12233, 12999, 13088, 13162, 14707. — Abbaye de la Couture, 9711. — Chapelle-du-Gué-de-Maulny, 7419, 9627, 14660. — Cordeliers, 15201. — Élection, 7347, 7717, 9368, 11613, 12307, 12882, 13759, 14795, 14877, 14953. — Présidial, 8236, 8624, 9208, 12613. — Prévôt des maréchaux, 11070, 13153. — Protestants, 13178, 15474. — Saint-Ouen et Saint-Hilaire, 13162, 14707. — Vidame, 15296.

Mantes (Seine-et-Oise). — (Bailliage de), 12748, 13221, 13545, 13779, 14454. — Greffes, 6163, 6405, 7100, 12763. — (Élection de), 5911, 8123, 8232, 13050, 13145, 15297. — (Présidial de), 5914, 7240, 12287, 12748, 12763, 13545, 13779. — (Prévôté de), 12287, 12748, 12763, 13221, 14454. — (Sainte-Trinité-lès), 6834. — (Ville de), 6378, 7040, 8199, 8726, 9791, 10653, 11666, 12531, 12591, 13050, 13389, 14454. — Chapitre de Notre-Dame, 9069, 11666, 12287. — Domaine, 6943, 8304, 8863, 8905, 12287. — Gouverneur, 9811. — Greffes, 6405, 12748. — Grenier à sel, 13779. — Manufacture, 11197, 11235, 11325, 11360, 12146, 13269, 14903. — Pont, 6834.

Mantoue. Voir Médicis.

Manufactures (Établissement de), 10795, 11197, 11325, 11360, 11954, 12109, 12146.

Marais. — (Assainissement de), 14789. — (Desséchement des), 8131, 12673, 15256. — (Usurpation de), 15329. — Voir Étangs.

Marais salants, 9122, 10738, 11006, 14848.

Marans (Charente-Inférieure), 6933. — Traites domaniales, 5740, 5826, 6002, 7414, 8292, 8346, 8787, 9274, 9884, 10051, 10429, 10964, 11017, 11075, 11300, 11711, 12738, 12753, 13556, 13756, 14207, 14448, 15019, 15634.

Maranville (Haute-Marne), 15015.

Maraude (Jean), 8044.

Marbais (Sieur), grand arpenteur de France, 9797.

Marbre. — (Fournitures de), 14901. — (Industrie du), 7836.

Marc (Pierre), 13693, 14141.

Marc d'argent (Droit de), 13327.

Marc d'or. — (Droit de), 6259, 6515, 6659, 7435, 7540, 7709, 7777, 8160, 9250, 10153, 11303, 11610, 12283, 12604, 13156, 13164. — (Offices soumis au), 7885, 7898, 7914. — (Recherche du), 7706, 7869, 7878, 7912, 8005, 8033, 8282, 8283, 8437, 8593. — Voir Décharges, Exemptions, Parties casuelles, Réductions, Remises.

Marcel (Claude), avocat au parlement de Provence, 8471.

— (Claude), contrôleur général des finances, 15309.

—— (François), 8428, 8471, 9575, 10345, 10351, 11129, 11567, 11782, 12083, 12498, 13049, 13061, 13979, 14263.

— (Martial), 14458.

— (Pierre), 8471.

— (Sieur), 12701.

Marcelle (Pierre), 8031.

Marchand. Voir Marchant.

Marchandeau (Jean), 11291.

Marchandises. — (Saisie de), 7360, 10873. — (Taxes sur les), 5840, 5921, 5928, 6007, 6152, 6154, 7579, 7866, 8379, 9220, 9285, 10227, 10322, 10642, 10656, 10899, 10906, 12223, 13043, 14343, 14709, 15137, 15189. — (Transport des), 6492, 9632, 10853, 13529, 14572, 14646, 14724, 14970, 14991. — Voir Mainlevées.

Marchands (Privilèges des), 7406.

Marchant (Alexandre), 12020, 12021, 12112, 12127, 12128, 12150, 12261, 12619, 12777, 13100, 13278, 13338, 13358, 13371, 13383, 13737, 13905, 14245, 14374, 14563, 14570, 14619, 14751, 14842, 15604. — (Edme), 9251, 14479, 15125, 15241. — (François), 14949. — (Jean), 15378. — (Joachim), 8935. — (Louis), 11196. — (Raoul), 6521, 7669. — (Samson), 6569.

Marchastel (Geoffroy-Aldebert de), baron de Peyre, 8083.

Marchat (André), 11411.

Marchaumont (Pierre Clausse, sieur de), 5768.

Marche (Province de la), 6992, 7243, 8695, 11651, 12027, 12224, 13894, 13946, 14569. — Gouverneur, 7088, 10783.

—— (Basse-), 9224, 12216, 11846, 12486. — Sénéchal, 8693, 14969.

—— (Haute-), 6843, 8693, 12925, 13183. — Élection, 7076, 7151, 7995, 11486, 11816, 11961, 14320. — Sénéchaussée, 6843, 12775, 14401, 14458. — Vice-sénéchal, 6992.

Marchés, 10247, 10610. — (Franchise des), 6226. — (Villes de), 6942, 7155, 7255.

Marcigny (Saône-et-Loire), 10848.

Marcile (Théodore), 9099.

Marcillac (Lot). — Abbaye, 12863, 14539.

Marcousses (Seine-et-Oise), 11293, 11531.

Marcoussis (Sieur de), 15646.

Marcq (Pierre), 13226.

Marec. Voir Montbarrot.

Maréchaussée. — (Lieutenants de la), 7659. — (Officiers de la), 8915. — (Prévôt de la), 13326. — Voir Archers.

Maréchaux de camp, 11044, 11341, 11975, 12544, 13102, 15325.

— de France, 8602. — Voir Aumont, Biron, Bois-Dauphin, Bouillon, Brissac, Fervacques, La Châtre, Lavendin, Lesdiguières, Matignon, Ornano, Prévôts.

—— des logis. Voir Grand maréchal des logis du Roi.

Marée (Procureur général de la), 10749.

Mareil-sur-Mauldre (Seine-et-Oise), 11068.

Marennes (Charente-Inférieure). — (Bailliage de), 9065, 10906. — (Îles de), 10299, 10820, 10932, 11322, 15273, 15476. — (Terre de), 12305.

Marennes. Voir Lindebeuf.

Marès (Denis), 12609, 14728.

Mareschal (Jacques), 6809.

— (Jean), 7767, 13186.

— (Philibert). Voir Montsimon.

Marest (Denis), 15554, 15626.

— (Louis), 13331.

— (Roland), 8624.

Mareuil (Sieur de), 7840.

Mareuil-lès-Meaux (Seine-et-Marne), 15384.

Margny-lès-Compiègne (Oise), 11771.

Margonne (Claude), 10034.

Marguerite d'Autriche, reine d'Espagne, 9840.

Marguerite de Valois, reine de France, duchesse de Valois, comtesse de Lauraguais et d'Agenais, 6361, 8048, 8141, 9547, 9566, 10302, 10366, 10396, 10398, 10399, 10956, 11278, 12549, 14688,

MONTAGUT (Josué DE), sieur de Formiguières, 10841.

MONTAIGNAC (Sieur DE), 7313, 13942, 14205, 14437, 14486.

MONTAIGNET (Allier), 13940.

MONTAIGU-LE-BLIN (Allier), 14684.

MONTAIGU-LES-BOIS (Manche), 13853.

MONTAIGUT-EN-COMBRAILLE (Puy-de-Dôme), 9538, 10269, 11137, 12750, 12848.

MONTANER (Baron DE), 13830.

MONTANET (Ain, commune de Pervex), 8421.

MONTANGON (Aube), 8876.

MONTARGIS (Loiret) (Bailliage de), 9346.

—— (Élection de), 7092, 7459, 15263.

—— (Forêt de), 7646.

—— (Ville de), 5840, 5931, 7409, 8154, 11270, 12807. — Le Conseil d'État y siège, 10587-10594.

MONTARLIER (Guillaume), 12358.

MONTATAIRE (Sieur DE), 12338, 15094.

MONTAUBAN (Tarn-et-Garonne). — (Diocèse de), 5725, 7471, 10032, 10822, 12579, 12622. Voir MURVIEL. — (Ville de), 6591, 8748, 10635, 11780, 12494, 12653, 13164, 13200, 13519, 14037, 14400, 15621.

MONTAUBAN. Voir FLOTTE.

MONTAUT (Loir-et-Cher, commune de Millançay), 10746.

MONTBARD (Côte-d'Or), 13236.

MONTBARROT (Marce, sieur DE), 5744, 8403, 8941, 10088, 10623, 11975.

MONTBAZON (Indre-et-Loire), 6349.

MONTBAZON (Hercule de Rohan, duc DE), 6282, 6638, 9925, 10223, 10237, 11338, 15266.

MONTBERTRAND (Calvados), 13871.

MONTBOISSIER (Sieur DE), 14143.

MONTBONNOT-SAINT-MARTIN (Isère), 12661.

MONTBOUCHER. Voir BEZANGIEN.

MONTBOURCHER (René DE), sieur du Bordage, 11287, 12601.

MONTBOUY (Loiret), 14054.

MONTBRISON (Loire). — (Élection de), 5892, 6416, 8699, 13886, 15141. — Commis à la recette des tailles, 5853, 8483, 8780, 8821, 12287, 13430, 14776. — Élus, 5937, 6305, 6417. — Impôts, 6145, 6429, 12028. — Receveur des tailles, 5937, 6429, 8761, 8792, 9339, 9602, 9868, 10011, 10701, 11845, 11995, 12132, 12717, 12797, 13172, 13391, 14158, 14359, 14617, 15039, 15253, 15592.

—— (Ville de), 6027, 6921, 7722, 7723, 8586, 9444, 10973, 12635, 13437, 13921, 14078.

MONTBRUN (Jean de Senaux, sieur DE), 6219, 12712, 15194.

MONTCABRIER (Tarn), 12823.

MONTCASSIN (Sieur DE), 11134.

MONTCAVREL (Sieur DE), 11684.

MONT-CENIS (Le), 11236.

MONTCENIS (Saône-et-Loire), 14509.

MONTCRAL (Jacques), 10510.

—— (Timothée), 10255.

MONTCONIS (Claude DE), 9017.

—— (Sieur DE), 10688.

MONTCORNET (Aisne), 9067.

MONTCUQ (Lot), 13519.

MONT-DE-MARSAN (Landes), 11564, 11641, 11980, 12718, 13624.

MONTDIDIER (Jura), 9087.

—— (Somme). — (Bailliage de), 10181.

—— (Élection de), 6095, 10095, 12496. — (Prévôté de), 10181. — (Ville de), 5896, 6131, 7153, 8725, 9779, 10320, 11279, 12456, 12496.

MONTECH (Tarn-et-Garonne), 14960.

MONTÉCLAU, ville détruite (Haute-Marne, commune d'Andelot), 14373.

MONTÉLIMAR (Drôme), 10426, 11230, 14045.

MONTEREAU (Sieur DE), 15108.

MONTEREAU-FAUT-YONNE (Seine-et-Marne), 6282, 11190, 12157, 13561.

MONTESCOT (Claude DE), 7518, 7992, 9861, 9997, 11382, 12415, 13288, 13797.

MONTESPAN (Antoine-Arnaud DE). Voir PARDAILLAN.

—— (Sieur DE), 7623, 14178.

MONTESQUIEU (Tarn-et-Garonne), 10323.

MONTESQUIEU-VOLVESTRE (Haute-Garonne), 12623, 14333.

MONTESSON (Seine-et-Oise), 10013.

MONTESSON (René de), 12829.

MONTEVRAIN (Seine-et-Marne), 8981.

MONTFAU (Sieur DE), 13944.

MONTFAULCON (Nicolas DE), 14426.

MONTFERRAND (Puy-de-Dôme, commune de Clermont-Ferrand), 12018. — Cour des aides, 6404, 7102, 8338, 8398, 8665, 9083, 11979, 12022, 12048, 12563, 12788, 13777, 13989, 14622, 14771, 15258, 15398.

—— (Terre de), 12593.

—— Voir MONFERRAND.

MONTFERRAT (Pays de), 6264.

MONTFLEURY (Isère, commune de Corenc), 6085, 15148.

MONTFORT (Claude DE). Voir COUSTELY.

—— (Jean DE), duc de Bretagne, 9546.

—— (Jean-Louis, comte DE). Voir ÉPERNON.

MONTFORT-L'AMAURY (Seine-et-Oise). — (Bailliage de), 6295, 6343. — (Comté

de), 9011, 9820, 11145. — (Élection de), 12882. — (Grenier à sel de), 13779.

MONTFORT-SUR-MEU (Ille-et-Vilaine), 7234. — Prieuré de Saint-Nicolas, 9119, 10511, 11026.

MONTGAUGER (Indre-et-Loire, commune de Saint-Épain), 13938.

MONTGLAT (Françoise de Longuejoue, baronne DE), 6602, 11492, 14276, 14831, 15071.

MONTGOMMERY (Gabriel DE), 13315, 13648.

—— (Jacques DE), sieur de Courbouzon, 12950, 13425, 13599, 15011.

—— (Jacques II de Lorge, comte DE), 6473, 7057, 7451, 9743, 9765, 11904.

MONTGUIBERT (Pierre DE), 8751, 8754, 8888.

MONTHELOIS (Jean de), 11387.

MONTHERBU. Voir AUDOUYN.

MONTHOLON (François DE), 10657, 11746, 12385, 12422, 13934, 14192, 14258.

—— (Guillaume DE), 8156.

—— (Jacques DE), 11875.

MONTHUREUX-SUR-SAÔNE (Vosges), 14915.

MONTIBERT. Voir GUILLON.

MONTIEREGNAULT. Voir MONTIERNOZ.

MONTIÉRENDER (Haute-Marne). — Abbaye, 10438, 11310, 15260.

MONTIER-LA-CELLE. Voir MOUSTIER-LA-CELLE.

MONTIERNOZ (Louis d'Oncieux, sieur DE), 8085, 11281, 11349, 11350.

MONTIERS-SUR-SAULX (Meuse), 11940, 14011, 14837.

MONTIFRAY (Victor Binet, sieur DE), 6337, 6477, 14941.

MONTIGNÉ (Maine-et-Loire), 6116.

MONTIGNY (Seine-et-Marne, commune de Chailly), 10235.

MONTIGNY (François DE). Voir LA GRANGE.

—— (Guillaume DE), 11920, 12764, 13879.

—— (Jacqueline DE), 13616, 14994.

—— (Martin DE), 9103, 10882.

—— (Olivier-Julien DE), sieur de La Hottière, 5861, 7086.

MONTIGNY-LE-ROI (Haute-Marne), 5992, 11633.

MONTIVILLIERS (Seine-Inférieure). — (Abbaye de), 9350. — (Élection de), 8529. — (Vicomté de), 6420, 9350. — (Ville de), 6758, 11164, 12350, 15080, 15196.

MONTIVILLIERS. Voir LE CHEVALIER.

MONTJAY (Thomas), 13030.

MONTLAUR (Jacqueline DE), 10515.

MONTLAUR (Louis de Modène, comte DE), 14029.

—— (Marie DE), 10515.

—— (Philippe d'Agoult, marquis DE), 7184.

—— (Philippe-Louis d'Agoult DE), 10515.

MONTLHÉRY (Seine-et-Oise), 10970, 11445.

MONTLIVAULT (Loir-et-Cher), 12148, 15110.

MONTLOR. Voir MONTLAUR.

MONTLOUET (Eure-et-Loir), 8881.

MONTLOUET (Sieur DE), 14863.

MONTLOUIS (Cher), 9393.

MONTLUÇON (Allier). — (Élection de), 7151, 7701, 7995, 9787, 11112, 13595, 14320, 15026. — (Ville de), 6798, 7076, 7647, 7747, 7757, 8056, 9415, 9699, 10064, 14533, 15056, 15407.

MONTLUEL (Ain), 8297, 8348, 9106, 10061, 10465, 10676, 11340, 11522, 11993, 13966.

MONTMAGNY (Charles Huault, sieur DE), 10730.

MONTMARTIN (Charles DE). Voir LOUVEL.

—— (Jean Du Mas, sieur DE), 7005, 7630, 11044, 13102, 15325.

MONTMARTRE (Seine). — Abbaye, 9962.

MONTMAYEUR (Comte DE), 8937.

MONTMERET (Eure), 13466.

MONTMIRAIL (Louis Langes DE), 5833.

MONTMOR (Hugues DE), sieur de La Haye, 14219.

MONTMORENCY (Charles DE), sieur de Damville, amiral de France, 7344, 7903, 9219, 10979, 14245.

—— (François DE), sieur de Fosseux, 6053. 8194.

—— (Henri Iᵉʳ, duc DE), connétable de France, 7368, 8327, 8406, 8602, 10401, 10767, 10779, 11014, 11079, 11574, 11612, 12313, 13566, 13941, 15511.

—— (Louise de Budos, duchesse DE), 7368.

—— (Marguerite DE). Voir VENTADOUR.

MONTMORENCY-BOUTEVILLE (Louis DE), 11275.

MONTMORILLON (Vienne), 6507, 10282, 10283, 12429, 14531, 15127, 15499.

MONTMORIN. Voir SAINT-HÉREM.

MONTMOUTON (Jean), 13609.

MONTMOYEN (Regnier DE), 9496, 10166.

MONTMURAT (Balthazar de Felzins, sieur DE), 12548.

MONTOIRE (Loir-et-Cher), 10034.

MONTOURNAIS (Vendée), 13958.

MONTPELLIER (Hérault). — (Chambre des comptes de), 6520, 6866, 6875, 7044, 7423, 7438, 7442, 7748,

7868, 8016, 8063, 8279, 8319, 9058, 9197, 9314, 9461, 9467, 9624, 9732, 9995, 10000, 10255, 10297, 10510, 10605, 10643, 10829, 11532, 11602, 11674, 11675, 12133, 12638, 12821, 12965, 13041, 14451, 14659, 14796, 15123, 15194, 15444, 15663.

MONTPELLIER (Cour des aides de), 6517, 6599, 6639, 6640, 6691, 6885, 7025, 7107, 7216, 7815, 7923, 7966, 8067, 8215, 8223, 8320, 9296, 9377, 9591, 9733, 9801, 9883, 9965, 10000, 10318, 10428, 10430, 10647, 10648, 10666, 10781, 10900, 11025, 11129, 11314, 11534, 11623, 11944, 12080, 12459, 12853, 13041, 13075, 13165, 13700, 13741, 13865, 13914, 14436, 14599, 14771, 14859, 15123, 15194, 15310, 15511, 15545.

—— (Diocèse de), 14865.

—— (Généralité de), 6745, 10510, 11610, 11722, 14140. — Impôts, 6808, 10959. — Recette générale, 7438, 14865.—Receveur général des finances, 6255, 6359, 6493, 6984, 7703, 7868, 8198, 8583, 8870, 8985, 9732, 9933, 10117, 10400, 10551, 10605, 10645, 10826, 10889, 11722, 11794, 13001, 14616, 14871, 15228, 15324; — des gabelles, 6984, 7609, 8583, 13001, 13725; — du taillon, 15511. — Trésoriers de France, 5863, 5888, 6911, 6997, 8220, 8271, 8487, 8830, 8947, 8985, 9939, 10255, 10435, 10702, 10814, 11081, 11277, 11314, 11411, 11662, 14581, 15444, 15324.

—— (Gouvernement de), 8659, 8860, 12821, 12917, 14345. — Gouverneur, 9525.

—— (Présidial de), 7176, 7241, 7325, 9980, 11534, 12821, 14345, 15420. — (Ville de), 5813, 6400, 8564, 9361, 10516, 15139. — Dettes, 12583, 13407. — Greffes, 10425, 10516. — Grenier à sel, 8333, 8612, 9437, 12968, 13510. — Jardin des simples, 6730.— Monnaie, 8328, 8783, 8797, 13357.

MONTPENSIER (Puy-de-Dôme), 8391.

MONTPENSIER (Catherine-Marie de Lorraine, duchesse DE), 7481, 8858, 12057.

—— (Henri de Bourbon, duc DE), 6186, 6380, 6811, 8156, 8305, 8309, 9178, 10016, 10286, 10553, 10874, 11186, 11788, 11963, 12884, 15377.

MONTPENSIER (Marie de Bourbon, duchesse DE), 12803, 12848, 12943, 13341, 13619, 13980, 14003, 14286, 14562, 14594, 15307.

MONTPEZAT (Gard?), 5940.

MONTPEZAT (Henri Des Prez, sieur DE), 12012, 15574.

—— (Marguerite DE), 12505.

MONTRÉAL (Sieur DE), 12673.

MONTREDON (Gard, commune de Sommières), 15491.

MONTREUIL-BELLAY (Maine-et-Loire). — (Élection de), 5902, 6671, 7658, 12434, 12662, 14571. — (Sénéchal de), 6254. — (Ville de), 7904.

MONTREUIL-BONNIN (Vienne), 12963.

MONTREUIL-L'ARGILLÉ (Eure), 11480.

MONTREUIL-SOUS-BOIS (Seine), 5749, 5893, 6304, 11000, 11690, 12677.

MONTREUIL-SUR-MER (Pas-de-Calais). — (Gouvernement de), 12356, 15526. — (Ville de), 7061, 7645, 8120, 8121, 8155, 8556, 9299, 9568, 10052, 10089, 10090, 10855, 10958, 11741, 12064, 13431, 14472, 14596, 15106, 15208.

MONTREUX (Charles DE), 7239.

MONTRICHER. Voir WILLEMIN.

MONTROND (Loire), 10213.

MONTROZIER (Aveyron), 13609.

MONTS (Département de delà les), 6619.

MONTS (Pierre Du Guast, sieur de), 8903, 9271, 12212, 14431.

MONT-SAINT-JEAN. Voir CLERMONT.

MONT-SAINT-MICHEL (Le) (Manche), 13315.

MONT-SAINT-VINCENT (Saône-et-Loire), 6637.

MONTSALVE (Michel DE), 8722.

MONTSAUGEON (Haute-Marne), 5992, 5993.

MONTSIMON (Philibert Mareschal, sieur DE), 8085, 11281, 11349, 11350.

MONTVALLEUR (Henri DE), 12846, 13017, 13456.

MONTVERDUN (Loire), 11845.

MONTYON (Sieur DE), 14175.

MORAINVILLIERS (Seine-et-Oise), 11068, 11800.

MORAN (Ferrand DE), 12618.

MORANT (Thomas), 8226, 11918.

MOREAU (Alexandre), 7413.

—— (Barthélemy), 13693, 14117.

—— (Bernard), 11593.

—— (Charles), 15113.

—— (Christophe), 7461.

—— (Jacques), 9732, 10605, 10826, 14865.

—— (Jean), 9185, 9969, 10330, 10691, 13106.

O

P

PAUL (Gérard), 7811, 7816, 7991, 8347, 9575.
—— (Karl), 13083.
PAULASNE (Jean), 13079.
PAULET (Charles), sieur de Couberon, 6876.
6917,8362,8769,8770,8923,9113,
9175,9194,9982,9301,9321,9322,
9329,9649,9860,9862,9888,9988,
9997, 10116, 10629, 11165, 11205,
11494,11900,11935,12127,12190,
12214,12217,12284,12304,12483,
12509,12668,12814,12815,12864,
12898,12954,12966,12981,13400,
13438,13475,13488,13516,13523,
13611,13737,13759,13768,13807,
13889,13912,13972,13973,14091,
14137,14216,14230,14298,14894,
14897,14926,15143,15168,15178,
15264.
—— (Jacques), 12314.
PAULHAGUET (Haute-Loire), 13728.
PAULIAN. Voir VAYRAC.
PAULLAC. Voir NOIX.
PAULX (Loire-Inférieure), 12765.
PAUVRES, 9419, 9735, 12637, 13283,
13318, 13467, 15609. — (Asile pour
les), 8786. — (Attribution aux),9320,
9492. — (Bureaux des), 8786, 13192.
— (Exemption des), 7959, 11392. —
Voir ASSISTANCE JUDICIAIRE.
PAVARD (Pierre), 14663.
PAVEUR DU ROI, 6620.
PAVILLY (Seine-Inférieure), 10414.
PAYEN (Charles), 6731.
—— (Mathieu DE), 13161.
PAYEURS DES ARMÉES, 6423.
PAYON (Jean), 13620, 14258.
PAYOT (Charles), 11664.
—— (Josias), 13843.
—— (Nicolas), 14532.
PAYS-BAS, 6306, 6586, 7222, 7225, 7331,
7405, 8599, 9024, 9421, 10317,
10332,10352,10795,11325,11360,
11639, 12353.—Voir PROVINCES-UNIES.
PAYS RECONQUIS, 7094, 8930, 9257, 12732,
12872, 15259.
PÉAGES, 6036, 6079, 6092, 6572, 6581,
6596,6709,7696,7815,8889,9621,
10347,11169,11476,11650,11762,
12956,13378,13566,13982,14045,
14231,14322,15537. — (Commission
sur le fait des), 8067, 8445, 11949,
14317. — (Conservateur et juge des),
8248. — (Établissement de), 7968,
14176,14670.—(Rachat des), 13895.
— (Règlements sur les), 6454, 7822,
9965,14159.—Voir FERMES, EXEMPTIONS.

PÉAN (Martin), 5784.
PECCAIS (Gard), 9122, 14988. — Fort,
5813, 9319. — Sel, 7800, 8094,
8497, 8500, 9377, 10514, 10549,
10885.
PÊCHE, 8449, 9406, 10237,12272,13212,
13608, 13745, 13823, 15149.
PÊCHERIES, 6638, 11846.
PECHINEJA (Sieur DE), 14798, 15466.
PECQ (Le) (Seine-et-Oise), 5846, 8584,
8803, 9101, 10568, 11018, 11069.
PEIRET (André), 10216.
PÉLERIN (Jean), 13865.
PEL-ET-DER (Aube), 8876.
PELLEGRINE (Montagne) (Basses-Alpes),
7780.
PELLEHASTE (Eustache), 9399.
PELLEPONCQ (Pierre), 11914.
PELLETIER (Claude), 9410.
—— (Étienne), 6299.
—— (François), 15152.
—— (Jacques), 8690.
—— (Pierre), 12760.
PELLETOT (Pierre), 11832.
PELLIER (Balthazar), 15464.
PELLOQUIN (Bertrand), 12019.
—— (Louise), 13791.
PELLOT (Claude), 8608.
PELLU (Jean), 14883.
PENA (Louis et Philippe), 15278.
PENET (Pierre), 5857.
PENILLIÈRE (Bois de la) (Côte-d'Or), 8712.
PENNE (Lot-et-Garonne), 5947, 11578,
13055.
PENSIONS. — (Concession de), 7479, 8728,
14327, 15057. — (Payement de),
5820,5989,6103,6608,6816,6990,
7188,7652,7938,7982,8150,8408,
8757,8767,8918,9137,9143,9648,
9766, 10383, 11459,11462,11479,
11583, 11679, 12347. — (Proroga-
tion de), 10224. — (Saisie de), 5980,
8720, 15694. — (Suppression de),
7006, 12781, 13300.
PENSON (Hector DE), sieur de Graulun, 13842.
PENY (Julien ne), 14219, 15234.
PÉPIN LE BREF, roi des Francs, 15117.
PÉPIN (Antoine), 14300.
—— (François), 9947.
—— (Pierre), 13693, 14117.
PÉRAULT (Baron de), 12069.
PÉRAY (Sarthe), 12839, 13629.
PERCHE (Pays de), 6295, 7148, 8575,
15338.
PERCHERON (Jean), abbé de Saint-Germain-
des-Prés, 13562.
PÉNÉ (Charente-Inférieure), 9414.

PENEL (Charles), 11402.
PÉNELLES (Zacharie DE), sieur de Saumery,
10450.
PENEZ (Jean), 13730.
PÉNIER (Claude), 6104, 11020, 11947.
—— (Étienne), 13896.
—— (Guillaume), 14310, 15259.
—— (Jérôme). Voir GISERT.
PÉRIGORD (Pays de), 12413, 14071, 14686,
15091, 15528. — États, 5760. —
Syndic, 11011, 15685.
PÉRIGOT (Guillaume), 7669.
PÉRIGUEUX (Dordogne). — (Diocèse de),
11484. — (Élection de), 5757, 5760,
7713, 8962, 9957, 11135, 12675,
12739, 13380, 14071. — (Présidial
de), 7083, 7276, 10014, 13501,
14113, 15091, 15387. — (Séné-
chaussée de), 5764, 14370, 15685.
— (Ville de), 9002, 11009, 14113.
PERLES, 7360.
PÉRONNE (Somme), 6430, 6660, 6697,6980,
7017,7694,7934,8725,9290,9372,
10423, 13880, 14916, 14980. —
Élection, 12708.
PÉRONNE (Charles DE), 11998,12787,13646.
PÉROT (Blaise), 8922, 9603, 10258.
PÉROU (Pays de), 8438, 10979, 12927.
PERPIGNAN (Pyrénées-Orientales), 12319.
PERRABEL (Sieur DE), 12014.
PERRACHE (Charles), 5942, 5969.
PERRAUD (André), 12206.
PERRET (Jean), 11486.
PERREUSE (Yonne), 7087.
PERREUX (Yonne), 11579.
PERRIER. Voir PÉRIER.
PERRIN (François), 7631.
PERRINET (Gaspard), 8960.
PERROCHEL (Charles), 11050.
—— (Guillaume), 14890.
PERROT (Émile), 8986, 12197.
PERNOTEAULX (Guillaume), 9236.
PERRUQUIÈRES, 11041.
PERSAN. Voir VAUDETAR.
PERSEIGNE (Forêt de) (Sarthe), 11949,
12684, 14323, 14500, 15107.
PERSICAULT (Daniel), 8920, 11510, 13204,
13847.
PERTUIS (Vaucluse), 5889, 15083.
PESCHOT (René), 14112.
PESTILHAC. Voir DURFORT.
PETAU (Jacques), 9142, 12489.
—— (Paul), 14364.
PETIOT (Jean), 9382.
PETIT (Capitaine), 12616.
—— (Denis), 11785.

Q

Quesnoy (Pierre), 12861, 13459.
Quétif (Georges), 14763.
Queux (Fief de), près Coyolles (Aisne), 10865.
Quevauvillier (Jeanne de), 13684.
Quillebeuf (Eure), 6929, 7866, 11712.
Quimper-Corentin (Finistère). — (Diocèse de),
5745, 6398, 6706, 6944, 7872, 8051, 8325, 10257, 12296, 15522. — (Ville de), 8147, 9977, 10415, 11407, 12476, 12647, 14221, 15153.
Quincaillerie, 7214.
Quincieux (Rhône), 6524, 14545.

Quincy[-sous-le-Mont] (Aisne), 6737.
Quint et requint (Droit de), 10550, 11911, 12730.
Quiperoux. Voir Bailly.
Quiquebeuf (Denis), 14130.
Quitry. Voir Guitry.

R

Rabastens (Tarn), 12622.
Rabastens (Gaspard de), 6188, 7194, 7197, 7501, 7615, 7892, 8196, 10172, 13751, 13752, 15434.
Rabeau. Voir Beauregard.
Rabet (Claude), 5845.
Rabiot (Jean ou Pierre), 8696, 9060.
Rabot. Voir Illins.
Raby (Antoine), 6996.
Racan (Honorat et Louis de). Voir Bueil.
—— (Marguerite de Vendômois, dame de), 11087.
Rachat (Droits de), 6082, 7799, 7949.
Racoles (Jean de), 9888.
Raffan (V.), lecteur du Roi, 9099.
Raoueau (Jean), 7719, 8101, 8300, 8331, 8368, 8492, 8760, 9075, 9140, 9181, 11925, 12736, 13321, 14669.
Raigny (François de La Magdeleine, sieur de), 10174.
Rainéteau (Jacob), 11376, 11437, 12685, 13674.
Rains (Château de), en Querry, 14523.
Rains. Voir Lolmye.
Rallier (Pierre), 11768.
Rallu (Jean), 11585, 11927.
Ralluau (Jean), 7563.
Rambault (Jean), 13219.
Rambouillet (Nicolas d'Angennes, sieur de), conseiller d'État, 7238, 7281, 7379, 9176, 9813, 10152, 10219, 10955, 11196, 12169, 13592.
Rambures (Charles de), 8029.
Ramefort (Charles d'Espagne, sieur de), 6013, 6666, 7195, 7597, 11171.
—— (Jean d'Espagne, dit le capitaine de), 6013, 6666, 7195, 7597, 11171.
Ramerupt (Aube), 8876.
Ramerupt (Camille de), 15184.
Rames (Ennemond de), 13903.
Ramon (Pierre), 11620, 11898, 15341.
Ranchin (Antoine), 15545.
Rançon (Haute-Vienne), 12715, 13393, 14969.
Rançons, 6401, 6597, 7237, 7547, 9028,

12878, 13181, 14302, 14378, 14678.
Randan (Jean-Louis de La Rochefoucauld, comte de), 11130, 14287.
Randon (Michel), 15354.
Rapelin (Philippe), 12498, 12891, 14263.
Rassant, sieur de Bapaume, 12367.
Rastignac. Voir Messillac.
Rataud (Jacques), 6792.
Ratery (Pierre), 14037.
Ratte (Étienne ou Étienne de), 8016, 9058, 9197.
Raucques (Antoine de), 11575.
Raulhac (Cantal), 15567.
Rauquet (Claude), 9558, 11517.
Ravard (François), 11562.
Ravel (Puy-de-Dôme), 15162, 15488.
Ravenel (Jean), 6034, 9316, 9355, 12038, 12704, 14525, 15174.
Ray (Indre-et-Loire, commune de Saint-Branchs), 10485.
Raya (Florence et Gaspard de), 14282, 14502.
Raymond (Esprit), 10373.
—— (François), 14969.
—— (Pierre), 11048.
Raynaud (Rostaing), 15446.
Rayneteau (Jacob), 10525, 10527.
Razille (Mathurin), 11883.
Razin (Élie), 7824.
—— (Jacques), 7125.
Ré (Île de), 7443, 8317, 10299, 11953, 12123, 12886, 12887.
Réalville (M. de), 13046, 13656.
Réappréciation (Droit de), 9316.
Réau (Sieur de), 13858.
Rébellion : — d'habitants, de particuliers, 5746, 5958, 5987, 6090, 6091, 6396, 7036, 7112, 7757, 7776, 7782, 7792, 8816, 11606, 15268; — d'officiers ou autres notables, 5816, 5971, 6021, 6798, 6821, 7706, 7727, 10583, 15060, 15511. — Voir Meurtres, Séditions.
Reboul (Antoine), 14637, 14990.
—— (Guillaume), 14439.

Recettes : — des bois, 13792; — du Clergé, 9165; — des consignations, 6692, 7452, 12127, 15417, 15675; — du domaine, 6523, 15242; — générales, 6249, 6900. — Voir aux noms des diverses généralités.
Receveurs : — des aides et tailles, 6917, 7099, 7661, 7837, 8299, 9125, 10636, 10856, 10999, 11138, 11667, 11715, 11892, 13117, 13291, 13520, 13521, 14265, 14329, 14650, 15660 et passim; — des amendes, 6689, 6691, 9577, 10786, 11223, 11295, 11390, 11908, 12182, 13652, 15266, 15530; — des bois, 5753, 6743, 6779, 7047, 7207, 7756, 7835, 10295, 10329, 10813, 11014, 12240, 12405, 12566, 12791, 12866, 13748, 14311, 14676, 14899, 15222; — des boîtes, 13357; — des consignations, 7116, 7133, 7292, 7545, 10689, 10715, 10796, 11165, 11205, 11617, 11618, 11647, 12163, 14467; — des décimes, 5732, 6344, 6678, 7043, 7165, 7564, 8059, 8518, 8564, 8887, 9039, 9075, 9160, 9181, 10376, 10394, 11021, 11122, 11574, 12213, 12455, 12511, 12665, 12734, 12835, 13264, 13321, 13625, 13915, 15198, 15243; — des deniers communs des villes, 7887, 8138, 8467, 9971, 10176, 13247, 15442; — des deniers extraordinaires, 12218, 14636, 14896, 15313; — du domaine, 5719, 5828, 5851, 5973, 6184, 6283, 6712, 6820, et passim; — des drogueries, 14611; — des droits d'entrée, 7182; — de l'équivalent, 6062, 7457, 7850, 8752, 10856, 15677; — des États provinciaux, 5930, 8541; — généraux des finances, 6230, 6249, 6590, 6626, 6733, 6866, 6900, 7371, 7427, 7865, 7868, 7939, 7967, 9309, 10291, 10830, 11758, 11892, 12068, 12334, 13228, 13483, 15330. Voir Calais et aux noms des diverses généralités; — des fouages, 6267, 7322, 7537, 8322,

S

T

TABELLIONAGES, 6163, 6405, 7100, 7124, 7914, 7931, 9740. — *Voir* GREFFES.

TABELLIONS, 5717.

TABLE DE LA MER (Droits de la), 7686, 12301, 12375, 12959.

TABLE DE MARBRE DE PARIS, 8602, 8986, 9399, 9500, 9518, 9574, 9745, 11324, 11342, 12081, 12158, 12197, 12460, 12895, 12906, 13410, 14632, 15292, 15352. — *Voir* RENVOIS.

TAFFETAS (Industrie du), 5867, 9071.

TAFFOREL (Jean), 14177.

TAILLARDES (Jacques), 12719.

TAILLEBOURG (*Lot-et-Garonne*), 13378.

TAILLES. — (Abonnement aux), 5893, 5900, 5903, 7346, 7533, 7820, 7829, 8093, 8202, 8618, 9222, 9307, 9739, 10361, 10421, 10590, 10868, 10939, 13054, 14294. — (Asséeurs des), 6244, 6250, 7219, 11199, 15182. — (Assiette des), 5807, 9903, 12742, 14384. — (Augmentation des), 15263. — (Biens soumis aux), 6646. — (Brevets des), 7739. — (Collecteurs des), 5952, 6200, 6211, 6244, 6250, 6630, 7254, 8623, 9503, 10086, 10087, 10526, 11199, 11706, 12457, 13724, 14390, 15182. — (Commis à la recette des), 5853. — (Contribution aux), 5749, 5901, 7691, 8812, 9751, 10279, 10505, 10978, 11037, 11232, 11445, 11598, 11746, 11882, 11948, 12023, 13131, 13285, 13703, 13903, 13996, 15056, 15334, 15471, 15549. — (Crues incorporées aux), 13291. — (Département des), 5922, 6723, 7877, 9853, 10594, 11095, 11102, 11214, 12496, 15229. — (Greffiers des), 6297, 9903, 11199, 12755, 12896, 12949, 13059, 13860, 14545, 14714. — (Levées des), 8971. — (Payement des), 5919, 7467, 8890, 10840. — (Port des commissions des), 5794, 7661, 8299, 8717, 9323, 10999, 11370, 11979, 12048, 12118, 12788, 13777, 14622, 14957, 15258, 15685. — (Procès relatifs aux), 5848, 15372, 15496, 15517, 15578. — (Quotité des), 7056, 7382. — (Réalité des), 6646, 8188, 9800, 10229, 10277. — (Recouvrement des), 5950, 6867, 8502, 9255, 12456. — (Réga-

lement des), 5821, 6417. — (Règlement des), 11497. — (Répartition des), 5769, 5912, 7019, 11596, 11806, 11855, 11893, 12456, 12457, 13284, 14893, 15053, 15119. — (Restes des), 7728, 7832, 8641. — (Rôles des), 5884, 9041, 10137, 11593, 12457. — *Voir* DÉCHARGES, EXEMPTIONS, MODÉRATIONS, REMISES, RENTES, SERGENTS, SURSÉANCES.

TAILLEURS, 8899, 9666, 9747, 9835, 10385, 11508, 11556; — du Roi, 6914.

TAILLON, 7056, 7122, 7436, 7553, 7735, 8433, 15106. — *Voir* EXEMPTIONS, REMISES, SURSÉANCES.

TAINGY (*Yonne*), 7087.

TALANT (*Côte-d'Or*), 6529.

TALOUGËT (François DE), 8508.

TALLARD. *Voir* AURIAC.

TALLEYRAND DE GRIGNOLS (Françoise DE), 11778.

TALMONT (*Charente-Inférieure*), 14885, 15119.

TALON (Jean), 9422.

TANNAY (*Nièvre*), 5901, 14098.

TANNERRE (*Yonne*), 10441.

TANNERRE (Dame DE), 8378.

TANNEURS, 7289, 7711, 8506, 10724, 10812, 11547, 11590, 14913, 15277.

TANTILLON (François), 8774, 11995, 12132, 12797, 13172, 13391, 14776, 15592.

TANTONVILLE (Sieur DE), 9031.

TAPISSERIES, 6498, 7227, 8521, 9681, 10317, 12290.

TAPISSIER DU ROI, 8266.

TARARE (*Rhône*), 11328.

TARASCON (*Bouches-du-Rhône*), 11169, 11849, 12776.

TARBES (*Hautes-Pyrénées*), 9555, 12255. — Évêque, 13163.

TARDIEU (Dimanche), 12322.

—— (Étienne), 5942, 5969, 15673.

—— (François), 12222.

—— (Richard), 6482, 10341, 10765, 13270.

TARDIF (Josse), 8458, 10335.

TARDY (Maurice), 11486, 14569.

TARGAS (André et Pierre), 11277, 11640.

TARGER (Jeanne), 8522.

—— (Sieurs), 10597.

—— (Valentin), 11647.

TARN (Rivière de), 6591.

TAROTS, 9950. — *Voir* CARTES.

TARTAS (*Landes*), 12885, 15095, 15212.

TARTERON (Guillaume), 12314.

TARTIER (Jacques), 15248, 15426, 15611.

TASCHÉREAU (Luc, Michel et Pierre), 9019.

TAUREAU (Château du) (*Finistère, commune de Plouézoch*), 7262, 9074.

TAUREAU-DE-BAR (Le), bois de Bourgogne, 14928.

TAURISSON (Dorde DE), 13893.

TAUZIN (Jean), 13622.

—— (Martin), 14144.

TAVANNES (Comte DE), 13982, 14322, 14398.

—— (Jean de Saulx, vicomte DE), 5993, 6516, 6529.

TAVERNIERS, 11726. — *Voir* CABARETIERS.

TAYAC (*Dordogne*), 11388.

TAYAC. *Voir* BENOIST.

TEIL (Le) (*Ardèche*), 14317.

TEINTURE, 9956; — d'Inde, 6000.

TEINTURIERS, 9636, 10530, 15402.

TEISSIER (Claude), 15550.

TÉNIÈRE (La) (*Puy-de-Dôme*), 14754.

TENON (Étienne *ou* Étienne DE), 6798, 6821, 7036, 7395, 11742.

—— (Guillaume), 8760.

TERMES (Pierre DE), 11334. — *Voir* BELLE-GARDE.

TERRAS (Bertrand), 14741.

TERRASSON (Jean), 14673.

TERRE-DES-PORTS (*Gard*), 15003.

TERRE-NEUVE (Île de), 8449, 9010, 10738.

TERRES VAINES ET VAGUES, 6310, 6554, 6739, 6811, 6852, 6981, 7090, 7191, 7207, 7379, 7402, 7647, 7747, 8259, 8930, 10532, 10755, 10784, 10814, 10914, 11154, 11199, 11325, 11430, 12477, 12812, 12854, 13371, 13422, 13797, 13853, 13885, 13928, 14153, 14374, 14468, 14960, 15449, 15686.

TERRIER (Fiacre), 8453, 11948.

TERRIERS (Confection des), 7094, 7498, 7663, 7667, 9447, 9510, 10707, 13508, 14753, 15115, 15190, 15295, 15607.

TERRIN (Calixte), 13751, 13752.

TERSON (Honoré), 14381.

TERTOUX (Noël), 15613.

TESSIER. *Voir* TEXIER.

TESTE-DE-BUCH (La) (*Gironde*), 11980, 12718.

W

Y

Z

ERRATA.

TOME I.

Page cxxxiii, ligne 8. *Après :* 3 janvier 1563, *ajoutez :* (vieux style).

Page cxxxiii, ligne 21. *Au lieu de :* 3 janvier, *lisez :* 25 novembre, *et supprimez la note 3.*

Page cxxxv, ligne 23. *Au lieu de :* 1620, *lisez :* 1625.

Page cxxxviii, ligne 25. Le ms. français n° 18174 (dernier quartier de 1608) est pourvu d'une table. Au contraire, il n'y en a point dans le ms. français n° 18175 (premier quartier de 1609).

Page cxlii, note 3. *Au lieu de :* n° 182, *lisez :* n° 158.

Page cxliii, ligne 21. *Au lieu de :* cinq, *lisez :* six.

Page cxliii, ligne 22. *Avant :* de 1610, *ajoutez :* de 1608.

Page cxliii, note 10. *Après :* n°°, *ajoutez :* 18174.

Page cxlv, ligne 26. *Au lieu de :* 1725, *lisez :* 1715.

N° 25. *Au lieu de :* et de pourvoir, *lisez :* et à pourvoir.

N° 429. *Au lieu de :* Sa Majesté, *lisez :* l'armée de Sa Majesté.

N° 1430. *Au lieu de :* Charenton, de Saint-Maurice, *lisez :* Charenton-Saint-Maurice.

N° 1494. *Au lieu de :* sièges présidiaux, *lisez :* sénéchaussée et siège présidial du Bas-Limousin ès sièges.

N° 2387. *Au lieu de :* pont de Charenton, *lisez :* Pont-de-Charenton.

Page 387, col. 1, v° ANDELOT. *Au lieu de :* Charles, marquis d', *lisez :* Claude d'.

Page 400, col. 1, v° CABINET DU ROI. *Au lieu de :* 3229, *lisez :* 3231.

Page 404, col. 1, v° CHARENTON-LE-PONT. *Au lieu de :* 1430, *lisez :* 2387, et au lieu de : 956, 2387, 3360, *lisez :* 956, 3360.

Page 412, col. 2, v° DANNERAY. *Au lieu de :* 4309, *lisez :* 4308.

Page 416, col. 2, v° ÉCHELLES. *Au lieu de :* Isère, etc., *lisez :* Savoie, arrondissement de Chambéry, chef-lieu de canton.

Page 420, col. 3, v° FLEURY. *Au lieu de :* Clauze, *lisez :* Clausse.

Page 428, col. 2, v° HENRI IV, ligne 18. *Supprimez :* au Montier-Roseille, 429.

Page 431, col. 3, v° KERMELEC. *Au lieu de :* 5260, *lisez :* 5259.

Page 436, col. 2, v° LÉON. *Ajoutez :* Voy. Saint-Pol-de-Léon.

Page 443, col. 1, v° MAY. *Supprimez :* ou arrondissement de Saumur, etc.

Page 458, col. 3, v° PROTESTANTS. *Au lieu de :* 4076, *lisez :* 4075.

Page 466, col. 2, v° SAINT-LUC. Les n°° 4745 et 5302 se rapportent à Timoléon d'Espinay, sieur de Saint-Luc.

TOME II.

N° 5785. *Au lieu de :* Moissel, *lisez :* Moisset.

N° 7423. *Au lieu de :* 18165, *lisez :* 18166.

N° 7680. *Ajoutez :* Cf. Clair. 655, f° 50 r°.

N° 7707. *Ajoutez :* et Clair. 655, f° 68 r°.

N° 7711. *Au lieu de :* aiguilletiers, *lisez :* aiguillettiers.

N° 8219. *Au lieu de :* marmands, *lisez :* marchands.

N° 8285. *Au lieu de :* affonage, *lisez :* afforage.

N° 9811. *Au lieu de :* Boutin, *lisez :* Bontin.

N° 10486. *Au lieu de :* Carteref, *lisez :* Carteret.

Nᵒ 11381. *Au lieu de :* Brigand, *lisez :* Brigault.
Nᵒ 11561. *Au lieu de :* 11506, *lisez :* 11505.
Nᵒ 11659. *Au lieu de :* Brigand, *lisez :* Brigault.
Nᵒ 11694. *Au lieu de :* Martin, Le Febvre, *lisez :* Martin Le Febvre.
Nᵒ 11720. *Au lieu de :* Banquet, *lisez :* Beauquet.
Nᵒ 12151. *Ajoutez :* et Clair. 655, fᵒ 128 rᵒ.
Nᵒ 12177. *Au lieu de :* E 13ᵇ, *lisez :* E 16ᵇ.
Nᵒ 12522. *Ajoutez :* Cf. Clair. 655, fᵒ 129 rᵒ.
Nᵒ 12682. *Au lieu de :* Lestrille, *lisez :* Lestoille.
Nᵒ 12683. *Au lieu de :* 18171, *lisez :* 18174.
Nᵒ 12759. *Au lieu de :* Maleval, *lisez :* Malleval.
Nᵒ 12873. *Au lieu de :* 18175, *lisez :* 18174.
Nᵒ 12935. *Ajoutez :* Clair. 655, fᵒˢ 133 rᵒ et 134 rᵒ.
Nᵒ 13126. *Ajoutez :* Cf. Clair. 655, fᵒ 143 rᵒ.
Nᵒ 13190. *Au lieu de :* Robion, *lisez :* Robiou.
Nᵒ 13302. *Ajoutez :* Cf. Clair. 655, fᵒ 139 rᵒ.
Nᵒ 13315. *Au lieu de :* Brenons, *lisez :* Brevant.
Nᵒ 13396. *Au lieu de :* Bocquemaison, *lisez :* Bouquemaison.
Nᵒ 13512. *Au lieu de :* 18176, *lisez :* 18175.
Nᵒ 13590. *Au lieu de :* Montmirail, *lisez :* Mommerel.
Nᵒ 13867. *Au lieu de :* la Bazoque, *lisez :* Bazoques.
Nᵒ 14096. *Au lieu de :* Guarrigue, *lisez :* Garrigue.
Nᵒ 14150. *Au lieu de :* Figuet, *lisez :* Fiquet.
Nᵒ 14578. *Au lieu de :* 18174, *lisez :* 18176.
Nᵒ 14780. *Au lieu de :* Arnoult, *lisez :* Arnauld.

TABLE GÉNÉRALE.